D1725556

Walter Doberenz, Thomas Gewinnus

Datenbankprogrammierung mit Visual Basic 2012

Liebe Leserin, lieber Leser,

mit dem Kauf dieses Buchs haben Sie nicht nur ein gedrucktes Werk erworben, sondern auch ein E-Book in drei verschiedenen Formaten. Damit möchten wir Ihnen ein Leseerlebnis ermöglichen, das ganz auf Ihre Situation zugeschnitten ist – mobil auf dem Smartphone oder Tablet, auf dem PC oder mit dem Buch in der Hand. Auch die Wahl der besten Lesesoftware oder -hardware wollen wir Ihnen überlassen und stellen Ihnen das E-Book in den drei wichtigsten Formaten zur Verfügung:

- **PDF-Datei**
  Die seitengetreue Darstellung des gedruckten Buchs mit aktivem Inhaltsverzeichnis. Ideal für die Darstellung auf dem PC oder einem größeren Laptop.

- **EPUB-Datei**
  Das am weitesten verbreitete Format zur Darstellung von E-Books. Es passt sich der Bildschirmgröße an und ist deswegen am besten für kleinere Laptops, Smartphones und die meisten Hardware-E-Reader geeignet.

- **MOBI-Datei**
  Für alle, die einen Kindle von Amazon besitzen.

Alle E-Book-Formate von Microsoft Press sind ohne Kopierschutz (DRM-frei), um Ihnen den Umgang mit den Dateien möglichst einfach zu machen.

Das E-Book zu diesem Titel können Sie nach einem kurzen Registrierungsvorgang unter folgendem Link herunterladen:

WWW   www.microsoft-press.de/ebook-anfordern

Wir wünschen Ihnen viel Spaß beim Lesen dieses Buchs, ob in gedruckter oder elektronischer Form.

Ihr Microsoft Press-Team

Walter Doberenz, Thomas Gewinnus

Datenbankprogrammierung mit Visual Basic 2012

Kommentare und Fragen können Sie gerne an uns richten:

Microsoft Press Deutschland
Konrad-Zuse-Straße 1
85716 Unterschleißheim
E-Mail: mspressde@oreilly.de

15 14 13 12 11 10 9 8 7 6 5 4 3 2 1
15 14 13

Druck-ISBN 978-3-86645-467-5, PDF-ISBN 978-3-84833-004-1
EPUB-ISBN 978-3-84830-127-0, MOBI-ISBN 978-3-84830-196-6

© 2013 O'Reilly Verlag GmbH & Co. KG
Balthasarstr. 81, D-50670 Köln
Alle Rechte vorbehalten

Lektorat: René Majer, rene@oreilly.de
Satz: Ingenieurbüro Th. Gewinnus (www.doko-buch.de)
Layout: Gerhard Alfes, mediaService, Siegen (www.media-service.tv)
Umschlaggestaltung: Hommer Design GmbH, Haar (www.HommerDesign.com)
Gesamtherstellung: Kösel, Krugzell (www.KoeselBuch.de)

Inhaltsverzeichnis

Vorwort 33

1 Erste Schritte 37
   Unsere Werkstatt 38
      Betriebssystem 38
      Visual Studio 2012 38
      Anforderungen an Hard- und Software 40
      SQL Server oder LocalDB 41
      Microsoft Access 42
   Visual Basic und die Datenbankprogrammierung 42
      Zur Geschichte des universellen Datenzugriffs 43
      Merkmale webbasierter Anwendungen 44
      Ein Wort zum .NET-Sicherheitskonzept 47
   Was ist neu in .NET 4.5/Visual Studio 2012? 49
      ADO.NET und SQL-Server 49
      Die neue Visual Studio 2012 Entwicklungsumgebung 50
      Neuheiten im .NET Framework 4.5 52
      VB 2012 – Sprache und Compiler 52
   Ein wenig Datenbanktheorie 53
      Normalisieren von Tabellen 53
      Verknüpfen von Tabellen 58
      Weitere wichtige Begriffe 62
   Einführungsbeispiele 64
      1.1   ... auf eine lokale Access-Datenbank zugreifen? 64
      1.2   ... mit dem SQL Server arbeiten? 70
      1.3   ... eine einfache LINQ to SQL-Anwendung schreiben? 72
      1.4   ... eine einfache ASP.NET-Webanwendung entwickeln? 74
      1.5   ... meine erste WPF-Anwendung erstellen? 79
      1.6   ... einen einfachen WCF-Dienst entwickeln? 82
   Die Qual der Wahl 85
      DataReader – der schnelle Lesezugriff 85
      DataSet – die Datenbank im Hauptspeicher 85
      Objektrelationales Mapping – die Zukunft? 86
      Die Exoten 87

2 Einführung in LINQ 89
   Die LINQ-Philosophie 90
      OOP-Modell versus relationales Modell 90
      Besonderheiten beim ORM 91
      Ein erstes LINQ-Beispiel 92
      Der Weg zu LINQ 94
   Die neuen Sprachfeatures 97
      Typinferenz 97
      Nullable-Typen 99
      Objekt-Initialisierer 100

Anonyme Typen 101
Erweiterungsmethoden 102
Lambda-Ausdrücke 103
Abfragen mit LINQ to Objects 106
Grundlegende Syntax 106
Übersicht der wichtigsten Abfrageoperatoren 108
Die Projektionsoperatoren Select und SelectMany 110
Der Restriktionsoperator Where 112
Die Sortierungsoperatoren OrderBy und ThenBy 112
Der Gruppierungsoperator GroupBy 114
Verknüpfen mit Join 115
Aggregatoperatoren 116
Verzögertes Ausführen von LINQ-Abfragen 118
Konvertierungsmethoden 118
Der Zuweisungsoperator Let 119
Abfragen mit PLINQ 120
How-to-Beispiele 123
2.1   ... LINQ-Abfragen verstehen? 123
2.2   ... nichtgenerische Collections abfragen? 125
2.3   ... Datenbankabfragen mit LINQ und ADO.NET vergleichen? 128

3   **ADO.NET-Grundlagen** 131
Die wichtigsten Klassen in ADO.NET 132
Klassenhierarchie 132
Die Klassen der Datenprovider 133
Klassen im DataSet 136
Das Zusammenspiel der ADO.NET-Klassen 136
Das Connection-Objekt 137
Allgemeiner Aufbau 137
OleDbConnection 138
SqlConnection 139
Fehlerbehandlung beim Öffnen einer Verbindung 142
Schließen einer Verbindung 143
Verbindungspooling 143
Transaktionen 144
Eigenschaften des Connection-Objekts 145
Methoden des Connection-Objekts 147
Ereignisse des Connection-Objekts 148
Der ConnectionStringBuilder 149
ConnectionString in den Anwendungseinstellungen speichern 149
Das Command-Objekt 150
Erzeugen und Anwenden eines Command-Objekts 150
Erzeugen mittels CreateCommand-Methode 151
Eigenschaften des Command-Objekts 151
Methoden des Command-Objekts 154
Freigabe von Connection- und Command-Objekten 156
Parameter-Objekte 157
Erzeugen und Anwenden eines Parameter-Objekts 157
Eigenschaften des Parameter-Objekts 158

Das CommandBuilder-Objekt 159
  Erzeugen 159
  Anwenden 160
  Einsatzbeschränkungen 160
  Einige Regeln 161
  Optimistisches Konkurrenzmodell 161
Das DataReader-Objekt 162
  DataReader erzeugen 162
  Daten lesen 162
  Eigenschaften des DataReaders 163
  Methoden des DataReaders 164
Das DataAdapter-Objekt 164
  DataAdapter erzeugen 164
  Command-Eigenschaften 165
  Fill-Methode 166
  Update-Methode 167
  UpdateCommand und Parameter-Objekte 168
  InsertCommand und DeleteCommand 170
  MissingSchemaAction-Eigenschaft 172
  RowUpdating- und RowUpdated-Ereignis 173
Zugriff auf Excel-Arbeitsmappen 175
  Zugriffsmöglichkeiten 175
  OLE DB-Connectionstring 176
  Zugriff auf Excel 2007/2010-Arbeitsmappen 177
  Neue Mappen erstellen 178
  Daten in ein Tabellenblatt eintragen 179
  Daten aktualisieren 180
  Daten auslesen 180
  Zugriff auf Tabellenbereiche 182
  OLE-Automation 183
Weitere Features des Datenzugriffs 185
  Auslesen von Datenbankschemas 185
  Providerfabriken 186
  Task-orientierte asynchrone Programmierung 187
How-to-Beispiele 189
  3.1   ... wichtige ADO.NET-Objekte schnell kennen lernen? 189
  3.2   ... eine Aktionsabfrage ausführen? 191
  3.3   ... Daten direkt zur Datenbank hinzufügen oder löschen? 193
  3.4   ... eine Access-Auswahlabfrage ausführen? 196
  3.5   ... parametrierte Abfragen ausführen? 198
  3.6   ... die Datenbank aktualisieren? 201
  3.7   ... RowUpdating-/RowUpdated-Ereignisse verstehen? 206
  3.8   ... Schemainformationen von der Datenbank abrufen? 208
  3.9   ... einen Connectionstring verschlüsseln? 211
  3.10   ... die neuen asynchronen Methoden nutzen? 214
  3.11   ... eine klassische Datenzugriffsschicht entwickeln? 217
Übersichten 222
  Datentypen 222
  Connection-Objekt 223

Command-Objekt 223
Parameter-Objekt 224
DataReader-Objekt 225
DataAdapter 225
CommandBuilder 226

4   Das DataSet-Objekt im Detail 229
Einführung 230
Das Objektmodell 230
Methoden zum Erzeugen eines DataSets 232
Weitere wichtige Methoden des DataSets 234
Die XML-Fähigkeiten des DataSets 235
Das DataTable-Objekt 237
DataTable erzeugen 237
Spalten hinzufügen 238
Berechnete Spalten 239
Primärschlüssel ergänzen 240
Einbinden von Constraints 241
Hinzufügen von Relationen 243
Zeilen zur DataTable hinzufügen 246
Auf den Inhalt einer DataTable zugreifen 247
Weitere Hinweise zum Bearbeiten von Zeilen 250
Zeilen löschen 251
Zeilenstatus und Zeilenversion 252
Ereignisse des DataTable-Objekts 255
Datenansichten mit DataView 256
Erzeugen eines DataView 257
Sortieren und Filtern von Datensätzen 257
Suchen von Datensätzen 258
Zeilenansicht mit DataRowView 259
Weitere DataSet-Features 260
Umwandlungen zwischen DataSet und DataReader 260
Binäre Serialisierung für DataSet/DataTable 262
Die DataTable kann mehr XML 262
Schnelles Laden von DataSets 262
Typisierte DataSets 263
Was ist ein typisiertes DataSet? 263
Das Datenquellen-Konzept 265
Typisierte DataSets und TableAdapter 266
LINQ to DataSet 268
Untypisierte DataSets abfragen 269
Typisierte DataSets abfragen 270
Abhängigkeiten zwischen den Tabellen auflösen 271
How-to-Beispiele 273
4.1   ... eine DataTable erzeugen und in einer Binärdatei speichern? 273
4.2   ... eine DataTable in einer XML-Datei abspeichern? 277
4.3   ... Master-Detailbeziehungen im DataGrid anzeigen? 277
4.4   ... in einem DataView sortieren und filtern? 279
4.5   ... nach Datensätzen suchen? 281

4.6 ... vereinfacht nach Datensätzen suchen? 283
4.7 ... zwischen DataTable und DataReader umwandeln? 285
4.8 ... große Datenmengen in ein DataSet laden? 287
4.9 ... ein DataSet binär serialisieren? 289
4.10 ... ein DataSet in einen XML-String konvertieren? 291
4.11 ... ein untypisiertes in ein typisiertes DataSet laden? 296
4.12 ... ein typisiertes DataSet mit LINQ abfragen? 300
4.13 ... mit LINQ to DataSet die Datenbank aktualisieren? 302
Übersichten 305
DataSet 305
DataTable 306
DataColumn 307
DataRow 308
DataView 309

5 Windows Forms-Datenbindung

5 Windows Forms-Datenbindung **311**
Einführung 312
Manuelle Datenbindung an einfache Datenfelder 313
Manuelle Datenbindung an Listen und Tabelleninhalte 316
Entwurfszeit-Datenbindung an ein typisiertes DataSet 317
Drag & Drop-Datenbindung 318
Navigieren im DataSet 318
Vor- und Rückwärtsblättern 319
Hinzufügen und Löschen 319
Aktualisieren und Abbrechen 319
BindingNavigator 319
Die Anzeige formatieren 320
Das DataGridView 321
Vom DataGrid zum DataGridView 321
Grundlegende Datenbindung 322
Standardmäßige Anzeige und Bedienung 323
Wichtige Spalteneinstellungen 323
Automatische Größenanpassungen 324
Selektieren von Zellen 326
Columns- und Rows-Auflistungen 328
DataGridViewCellStyle-Objekte 329
Spaltentypen 331
Editieren im DataGridView 334
Fehlerbehandlung 335
Eingabeprüfung 336
How-to-Beispiele 336
5.1 ... eine Objekt-Datenquelle verwenden? 336
5.2 ... Steuerelemente an einen Objektbaum binden? 340
5.3 ... Detailinformationen mit ListBox/ComboBox anzeigen? 346
5.4 ... Steuerelemente manuell an ein DataSet binden? 347
5.5 ... zwei Formulare an eine Datenquelle binden? 353
5.6 ... mittels ComboBox zwei Tabellen verknüpfen? 358
5.7 ... ein typisiertes DataSet manuell binden? 361
5.8 ... 1:n-Beziehungen per Drag & Drop-Datenbindung anzeigen? ... 366

5.9   ... die Spalten im DataGridView formatieren? 369
5.10   ... mit DataReader und ListView arbeiten? 371
5.11   ... Bilder aus der Datenbank anzeigen? 374
5.12   ... das DataGridView als Datenbank-Frontend verwenden? 377
5.13   ... Datenbindung mit LINQ to SQL realisieren? 382
5.14   ... den DataRepeater für die Anzeige verwenden? 386

6   Datenbindung – WPF 389
    Grundprinzip 390
        Bindungsarten 391
        Wann wird eigentlich die Quelle aktualisiert? 392
        Geht es auch etwas langsamer? 393
        Bindung zur Laufzeit realisieren 394
    Binden an Laufzeit-Objekte 395
        Objekte im Code instanziieren 395
        DataContext – die universelle Alternative zur Source 397
        Verwenden der Instanz im VB-Quellcode 397
        Aktive Datenbindung – Anforderungen an die Quell-Klasse 398
        Instanziieren von Objekten per VB-Code 399
    Datenbindung von Collections 400
        Anforderung an die Collection 400
        Einfache Anzeige 401
        Navigation zwischen den Objekten 402
        Einfache Anzeige in einer ListBox 404
        DataTemplates zur Anzeigeformatierung 405
        Mehr zu List- und ComboBox 406
        Verwendung der ListView 408
        Probleme mit der Datenübernahme 410
    Ein Blick hinter die Kulissen 412
        Navigieren in den Daten 412
        Sortieren 414
        Filtern 414
        Gruppieren 415
        Live Shaping 417
    Die Anzeige von Datenbankinhalten 419
        DataSet 419
        LINQ to SQL 420
        Entity Framework 425
    Formatieren von Werten 429
        IValueConverter 429
        BindingBase.StringFormat-Eigenschaft 431
    Validieren von Nutzereingaben 433
        Validieren per Daten – oder Geschäftsobjekt 433
        Den Fehler optisch darstellen 434
        Wann wird eigentlich validiert? 436
        ValidationRule – die Alternative 437
        Validierungsfehler per Ereignis auswerten 439
        IDataErrorInfo 439

Das DataGrid als Universalwerkzeug 441
   Grundlagen der Anzeige 441
   Spalten selbst definieren 442
   Vom Betrachten zum Editieren 445
   UI-Virtualisierung 445
How-to-Beispiele 445
   6.1   ... Drag & Drop-Bindung für Master/Detail-Beziehungen umsetzen? 445
   6.2   ... Collections in Hintergrundthreads füllen? 449
   6.3   ... das MVVM-Pattern am einfachen Beispiel verstehen? 452
   6.4   ... mit Commands den MVVM-Code optimieren? 456
   6.5   ... mit MVVM und Collections arbeiten? 459
Tipps & Tricks 464
   Datenbindung von Null-Values 464
   Fallback-Values zuweisen 465
   Asynchrone Datenbindung von Einzelwerten 465
   Datenbindung an statische Werte 466
   Datenbindung an Settings 466

7   **Microsoft SQL Server-Einstieg** 469
   Übersicht 470
      SQL Server LocalDB 470
      SQL Server Express 472
      SQL Server Compact 472
      Unterschiede SQL Server/SQL Server Express/LocalDB/Jet-Engine 473
      Client- versus Fileserver-Programmierung 475
      Die wichtigsten Tools von SQL Server 477
      Vordefinierte Datenbanken 481
      Einschränkungen 481
      Weitere SQL Server-Funktionen im Kurzüberblick 482
      Zugriff aus Visual Basic 483
      Einrichten der Anbindung (Assistent) 484
      Einrichten der Verbindung (Quellcode) 485
   Datenbanken mit DMO verwalten 486
   SQL Server Management Objects (SMO) 487
      Einbindung 487
      Einführungsbeispiel 488
      Anmelden am Server 490
   Datensicherheit auf dem Microsoft SQL Server 490
      Überblick Sicherheitsmodell 491
      Verwalten mit dem SQL Server Management Studio 495
      Verwalten mit T-SQL 498
   How-to-Beispiele 502
      7.1   ... den Netzwerkzugriff für den SQL Server Express aktivieren? ... 502
      7.2   ... die SQL Server Express-Version erkennen? 504
      7.3   ... die SQL Server Express-Version administrieren? 505
      7.4   ... alle Nutzer einer Datenbank ermitteln? 505
      7.5   ... alle registrierten Microsoft SQL Server ermitteln? 506
      7.6   ... alle Datenbanken und deren Tabellen ermitteln? 506
      7.7   ... eine Tabelle löschen? 507

7.8   ... eine Tabelle mit den SMO erzeugen? 507
7.9   ... die Anzahl der Datensätze beschränken? 509
7.10   ... Platzhalterzeichen in T-SQL verwenden? 510
7.11   ... Teilstrings erzeugen? 510
7.12   ... Leerzeichen entfernen? 511
7.13   ... mit DROP INDEX jeden Index löschen? 511
7.14   ... @@ERROR korrekt verarbeiten? 511
7.15   ... die Anzahl der Datensätze einer Abfrage bestimmen? 512
7.16   ... mit Bedingungen Feldinhalte formatieren? 512
7.17   ... Abfragen mit Platzhaltern beschleunigen? 512
7.18   ... das Ergebnis einer Stored Procedure speichern? 513
7.19   ... eine Datenbank umbenennen? 513
7.20   ... eine Datenbank zwischen Servern verschieben? 514
7.21   ... eine Datenbankstruktur kopieren? 514
7.22   ... nach dem Löschen IDENTITY auf 0 setzen? 516
7.23   ... eine Tabellenspalte umbenennen? 516
7.24   ... Unterschiede zwischen temporären Tabellen erkennen? 516
7.25   ... Daten aus verschiedenen Datenbanken anzeigen? 517
7.26   ... die PRINT-Anweisung in VB anzeigen? 517

8   Microsoft SQL Server-Programmierung 519
    Praktisches Arbeiten mit dem SQL Server 520
        Erstellen von SQL Server-Datenbanken 520
        Erzeugen und Verwalten von Tabellen 524
        Datentypen 527
        Datenbankdiagramme 532
        Erzeugen und Verwenden von Sichten (Views) 533
        Gespeicherte Prozeduren verwenden 535
        Table Value Parameters (TVP) 538
        Programmierung/Verwendung von Triggern 539
        Volltextabfragen 543
        Die Verwendung von FileStream-Storage 548
        FileTable 554
        Massenkopieren 559
        Datenbanken sichern und wiederherstellen 561
    Fehlerbehandlung 566
        Das Fehlermodell 566
        Verwenden von @@ERROR 567
        Verwenden von RAISEERROR 567
        Fehlerbehandlung mit TRY...CATCH 568
        Fehlerbehandlung mit ADO.NET 570
    Weitere Features des Datenzugriffs unter ADO.NET 571
        Alle verfügbaren SQL Server ermitteln 571
        Klassische asynchrone Befehlsausführung 572
        Benachrichtigungen über Datenänderungen 574
        Multiple Active Resultsets (MARS) 574
    CLR-Integration im SQL Server 575
        Grundsätzlicher Ablauf 575
        CLR-Unterstützung aktivieren 576

Assembly erstellen 576
Ein erstes Beispiel 579
Benutzerdefinierte Funktionen (UDF) 581
Stored Procedures 582
Aggregat-Funktionen 588
Trigger in VB realisieren 590
Mehr Sicherheit 591
Fazit 592
XML-Unterstützung 592
Der XML-Datentyp 593
XML-Daten mit SELECT erzeugen 594
XML-Abfragen 598
Der Clientzugriff auf die XML-Daten 600
How-to-Beispiele 603
8.1 ... Aktualisierungs- und Löschweitergaben realisieren? 603
8.2 ... Änderungen in Tabellen protokollieren? 603
8.3 ... SQL-Anweisungen debuggen? 604
8.4 ... ein SqlConnection-Objekt programmieren? 606
8.5 ... eine Gespeicherte Prozedur aufrufen? 609
8.6 ... mit Table Value-Parametern arbeiten? 612
8.7 ... mit Stapel-Abfragen arbeiten? 614
8.8 ... Query Notifications einrichten und auswerten? 616
8.9 ... die MARS-Technologie kennen lernen? 620
8.10 ... Row-Constructors verwenden? 624

9 SQL Server Compact **625**
Einsatzszenarien 626
Einschränkungen 626
Die »tolle« neue Version 4.0 627
Fähigkeiten/Vorteile 628
Installation 628
Books Online 629
SQL Server Compact 3.5 SP2 629
SQL Server Compact Toolbox 630
Weitere Downloads 632
Datenbanken erstellen, verwalten und einbinden 632
Visual Studio 632
SQL Server Management Studio 634
Codebasiert mit VB 635
Tabellen und Referenzen erstellen 637
Zusammenarbeit mit dem DataSet 640
Datenzugriff mit SqlCeResultSet 640
Datenbindung 641
Das ResultSet konfigurieren 643
Datensätze löschen 643
Datensätze einfügen 644
Datensätze bearbeiten 644
Navigation zwischen den Datensätzen 645

Zugriff mit LINQ to SQL 646
   Anbinden einer vorhandenen Datenbank 646
   Erstellen einer neue Datenbank 648
   Ergänzungen 649
Zugriff per Entity Data Model 649
Der Einsatz als Local Database Cache 650
   Beispiel Einweg Synchronisation 650
   Bidirektionale Synchronisation 653
Tipps & Tricks 657
   Migration von Version 3.5 auf 4.0 657
   Datenbank auf Remotelaufwerk nutzen 658
   Performance verbessern 658
   Datenbank von schreibgeschütztem Medium starten 659
   Datenbankinformationen abrufen 659
   Datenbank reparieren 660
   Datenbank komprimieren 661
   Die Datenbank nachträglich verschlüsseln 662
   Ein Datenbank-Backup realisieren 662
   Fehler in der Visual Studio-IDE vermeiden 662
   Distribution 662
Fazit 664

10 SQLite – Ein Mini ganz groß 667
Was ist eigentlich SQLite? 668
   Vorteile 669
   Nachteile 670
Vorbereitungen 670
   Download/Installation 670
   Integration in Ihr VB-Projekt 671
Datenbank-Tools 672
   Verwalten von SQLite-Datenbanken mit Visual Studio 672
   Database .NET 673
   SQLite Administrator 675
Praktische Aufgabenstellungen 677
   Datenbank/Datenbankobjekte per Code erstellen 677
   Mögliche Connectionstring-Parameter 678
   Tabellen erzeugen 679
   Datenbankzugriff per DataSet realisieren 681
   Besonderheit: InMemory-Datenbank 683
   Datenzugriff mit dem Entity Framework 684
   Die Bedeutung von Transaktionen bei SQLite 686
   SOUNDEX verwenden 688
   Volltextabfragen realisieren 688
   Eigene skalare Funktionen in VB realisieren 692
   Eigene Aggregat-Funktionen in VB realisieren 694
SQLite – die Datenbank für Windows Store Apps 695
   Installation in einem WinRT-Projekt 696
   Erstellen der Datenbank 697
   Daten einfügen, lesen und abfragen 702

Tipps & Tricks 703
   Für Liebhaber der Kommandozeile – Sqlite3.exe 703
   Eine SQLite-Datenbank reparieren 704
   Eine Beispieldatenbank herunterladen 705
   Eine Datenbank ver- und entschlüsseln 706
   Eine verschlüsselte Datenbank öffnen 706
   Testen ob Tabelle vorhanden ist 706
   Die Datenbank defragmentieren 707
   Mehrere Datenbanken verknüpfen 707
   Testen, ob eine Tabelle vorhanden ist 708
   Eine Abfrage/Tabelle kopieren 708
   Backup/Restore implementieren 709
   Tabellen zwischen Datenbanken kopieren 711
   Ersatz für TOP 711
   Metadaten auswerten 712
   Timestamp als Defaultwert verwenden 713
   Export in XML-Format 714
Fazit 715

11 Datenbanken in der Cloud 717
Einführung in SQL Azure-Datenbanken 718
   Das Grundprinzip der »Webdatenbank« 718
   Der Azure-Server 720
   Die Frage nach den Kosten 722
Einrichten des Servers 723
   Die zentrale Organisationsstruktur 723
   Einen Server und eine Datenbank erstellen 724
   IP-Filter konfigurieren 728
   Bemerkungen zum neu erstellten Account 729
   Die drei konzeptionellen Zugriffsmodelle 729
Administrieren von Azure SQL-Datenbanken 731
   Zugriff mit dem SQL Server Management Studio 731
   Weitere Accounts erstellen 734
   Lokalen Datenbanken mit dem Management Studio migrieren 736
   Visual Studio 2012 als Management-Tool 739
Praktische Umsetzung in einer VB-Anwendung 741
   Verbindung aufbauen 741
   Datenbank erstellen 744
   Den aktuellen »Füllstand« abrufen 746
   Was passiert, wenn die Datenbank zu klein wird? 747
   Eine Datenbankkopie erstellen 748
   Tabelle(n) erstellen 749
   Daten schreiben/lesen 750
   Stored Procedures 755
   Implementieren einer temporären Fehlerbehandlung 756
Abschließende Hinweise 759
   Synchronisieren 759
   Performance-Tipps 760
   Die Firewall per T-SQL konfigurieren 761

Arbeiten mit sqlcmd 762

Migrieren von Access-Datenbanken 762

12 Arbeiten mit dem Entity Framework 767

Das Grundkonzept 768

Konzeptionelle Schicht 769

Logische Schicht 771

Zuordnungsschicht 772

Wie erstelle ich die Schema-Dateien? 772

Das Gesamtmodell im Überblick 773

Wie kann mit dem EDM gearbeitet werden? 774

Die Entwurfsmöglichkeiten im Überblick 775

Database-First 775

Model-First 776

Code-First 776

Noch ein Wort zur Code-Erzeugung 778

Überblick zu den Neuigkeiten für Umsteiger 778

Entity Framework 5 779

Entity Framework 6 779

Der Database-First/Model-First-Entwurf 780

Unsere Beispieldatenbank 780

Der EDM-Assistent 783

Der EDM-Designer 785

Weitere Fenster des EDM-Designers 788

Stored Procedures importieren 790

Komplexe Typen 792

Verwendung von Enums 794

Die erzeugten Klassen/partielle Klassen 796

Aktualisieren des Modells 798

Besonderheit des Model-First-Entwurfs 799

Code-First – Ein erster Einstieg 801

Vom Code zur Datenbank – unser erster Versuch 801

Wir machen es besser und nutzen Annotations 805

Festlegen der Zieldatenbank 808

Entity Framework Power Tools 809

Einsatz des EntityClient für die Datenabfrage 811

Ein Überblick 811

Einsatzbeispiel 811

Connection aufbauen 813

Parameterabfragen realisieren 813

Wann sollten Sie diese Variante nutzen? 814

Verwenden der Objektdienste 814

Eine Übersicht 815

Verwendung von eSQL 815

Verwendung von LINQ to Entities 816

Kurzeinführung in Entity SQL (eSQL) 819

Für den Umsteiger: Unterschiede zu T-SQL 819

Für den Einsteiger 820

Praktisches Arbeiten mit dem EDM 827

Skalare Werte abfragen 827

Abfrage mit Projektion 828

Detaildaten/Verwendung der Navigationseigenschaften 828

Lazy Loading 829

Wie funktioniert das explizite Laden? 831

Was passiert beim vorzeitigen Laden (Eager-Load)? 832

Delay Loaded 834

Zugriff mit Paging 835

Abrufen einzelner Entitäten 835

Lokale Datenaktualisierung per DbContext 836

Einfaches Einfügen von Datensätzen 837

Abrufen eines Identity-Wertes nach dem Einfügen 838

Einfügen von Datensätzen in 1:n/m:n-Beziehungen 839

Bearbeiten von Entitäten 840

Übernahme der Daten mit SaveChanges 841

Löschen von Daten 843

Verwendung von Stored Procedures 844

Funktionsimporte 847

Verwenden des ChangeTrackers 848

Anhängen von Objekten 851

Arbeiten mit Vererbung 853

Validierung 856

Verwenden der partiellen Klassen 858

How-to-Beispiele 860

12.1 ... den ConnectionString anpassen? 860

12.2 ... ChangeTracking deaktivieren? 862

12.3 ... Objekt per Schlüssel löschen, ohne diese zu laden? 862

12.4 ... LINQPad verwenden? 863

12.5 ... die Entity Framework Extended Library verwenden? 866

12.6 ... SQL-Anweisungen analysieren? 867

12.7 ... direkte SQL-Statements an den Server senden? 867

13 Reporting Services 869

Übersicht 870

Report Designer 870

Report Viewer 870

Wichtige Änderungen gegenüber der Vorgängerversion 871

Einführungsbeispiele 871

Der erste Bericht – so einfach geht das! 872

Ein zweiter Bericht – weg mit dem Assistenten! 876

Unsere Werkzeuge für den Berichtsentwurf 880

Oberfläche des Report-Designers 880

Werkzeugkasten 881

Bericht-Menü 883

Berichtsdaten-Fenster 884

Programmieren mit Visual Basic 886

Sortieren, Gruppieren und Filtern von Datensätzen 889
   Vorbereitungen 889
   Sortieren 890
   Gruppieren 892
   Filtern 894
Kreuztabellenberichte 895
   Einfache Matrix 895
   Zeilen- und Spaltensummen anzeigen 895
   Zusätzliche berechnete Spalten einfügen 896
   Matrix mit zwei Zeilengruppen 897
Bilder im Bericht anzeigen 898
   Ein Bild einbetten 898
   Bilder aus einer Datenbank 899
   Externe Bilder 899
   Hintergrundbilder 899
Diagramme darstellen 900
   Diagrammtypen 900
   Säulendiagramm 900
   Weitere Gruppen hinzufügen 902
   Weitere Diagramme 903
Parameter anwenden 904
   Parameterdefinition 904
   Einbau von Parametern in den Berichtsentwurf 905
   Parameterwerte an Bericht übergeben 906
Berichtsvariablen 907
Master-Detail-Reports 908
   Subreports 908
   Eingebettete Datenregionen 908
Noch mehr Reporting 908
   Hyperlink realisieren 909
   Verwenden von ReportViewer-Ereignissen 910
Hinzufügen von benutzerdefiniertem Code 912
   Variante 1: Eingebetteter Visual Basic-Code 912
   Variante 2: Benutzerdefinierte Assembly 913
Ergänzungen zum ReportViewer 914
   Local Mode versus Server Mode 914
   RDL- versus RDLC-Format 914
   Übersicht Datenbindung 915
How-to-Beispiele 917
   13.1 ... einen Bericht mit dem Berichtsassistenten erstellen? 917
   13.2 ... einen Unterbericht einsetzen? 920
   13.3 ... eine Rechnung anzeigen? 927
   13.4 ... das Drillthrough-Event behandeln? 933
   13.5 ... das Messgerät zur Anzeige nutzen? 936

14 **Das Microsoft Chart-Control** 939
Allgemeine Chart-Features 940
   Serien/Reihen und Datenpunkte direkt erzeugen 940
   Den Diagrammtyp ändern 941

3D-Darstellung 943

Farben für Serien und Datenpunkte 944

Leere Datenpunkte 945

Diagramm drucken 946

Diagramm exportieren/abspeichern 946

Einführung in die Chart-Datenbindung 947

Manuelle Datenbindung mittels Points.AddXY-Methode 947

Übersicht über die speziellen Datenbindungsmethoden 949

Unterstützte Datenquellen 949

Spezielle Chart-Datenbindungsmethoden 950

Die DataBindTable-Methode 950

DataBind-Methode/DataSource-Eigenschaft 952

Die DataBindCrossTable-Methode 954

Die Points.DataBind-Methode 956

Die Points.DataBind(X)Y-Methoden 957

How-to-Beispiele 959

14.1 ... das Chart-Control zur Laufzeit mit Daten füllen? 959

14.2 ... das Chart mit einer LINQ to SQL-Abfrage verbinden? 962

14.3 ... mit ASP.NET und Entity Framework ein Diagramm anzeigen? ... 964

A   Glossar 969

B   Wichtige Dateiendungen 975

Stichwortverzeichnis 977

Bonuskapitel im E-Book

Vorwort		1003
15	Access-Datenbanken	1005
	Ein erster Blick auf Microsoft Access-Datenbanken	1006
	Warum Access?	1006
	Access-Datentypen	1007
	Beschränkungen	1008
	Der Zugriff aus Visual Basic	1008
	Warum nicht nur ADO.NET?	1009
	Die ADOX-Library	1009
	Die JRO-Library	1010
	ADO MD	1010
	Einbinden von ADOX und JRO in VB	1012
	Parameter für ADO.NET-Connectionstrings	1013
	Access-Datenbankpasswort	1013
	Access-Datenbanksicherheit (Benutzer-/Gruppenebene)	1014
	Datenbankzugriff auf schreibgeschützte Medien (CD, DVD)	1015
	Datenbanken erstellen	1015
	Die Create-Methode	1016
	Weitere Parameter	1016
	Jet-spezifische Optionen	1016
	Tabellen/Indizes erstellen/verwalten	1018
	Tabellendefinition	1018
	Indexdefinition	1023
	Erstellen von Prozeduren und Sichten	1025
	Tabellen verknüpfen (Relationen)	1026
	Zugriffsschutz in Access-Datenbanken	1028
	Grundlagen	1028
	Sichern auf Datenbankebene	1029
	Erstellen neuer Benutzer und Gruppen	1030
	Vergabe von Rechten	1031
	Verschlüsseln von Datenbanken	1033
	Einbinden externer Tabellen	1035
	Erstellen einer Verbindung	1035
	Aktualisieren einer Verbindung	1036
	Löschen einer Verbindung	1037
	Replizieren von Datenbanken	1037
	Datenbankanalyse	1037
	Verwendung von GetSchema	1037
	Datenbankeigenschaften mit ADOX ermitteln	1040
	Tabellen mit ADOX bestimmen	1041
	Sichten/Abfragen mit ADOX bestimmen	1044
	Nutzer und Nutzergruppen auslesen	1047
	Nutzer- und Gruppenberechtigungen ermitteln	1048

Weitere Aufgabenstellungen 1050
    Access-Datenbanken reparieren/komprimieren 1050
    Distribution von Access-Datenbanken 1051
Access 2007-Datenbanken 1051
    Zugriff auf die Datenbanken 1052
    Neuer Connectionstring 1052
    Übersicht neue Datentypen 1053
    Arbeiten mit den DAOs 1053
    Memofeld mit Archiv-Funktion 1054
    Anlage-Feld 1056
    Rich-Text-Feld 1062
    Multivalue-Feld (MVF) 1064
Access 2010-/2013-Datenbanken 1067
    Download/Installation Access 2010 Database Engine 1068
    Berechnete Spalten 1068
    Trigger/Datenmakros 1071
    Unterschiede Access 2007/2010/2013 1073
How-to-Beispiele 1073
    15.1 ... ADO installieren? 1073
    15.2 ... Access-Datenbanken exklusiv öffnen? 1073
    15.3 ... die Zugriffsgeschwindigkeit auf Access-Datenbanken erhöhen? 1073
    15.4 ... Access-Datenbanken im Netzwerk verwenden? 1074
    15.5 ... alle aktiven Verbindungen zur Datenbank auflisten? 1074
    15.6 ... eine Spalte mit eindeutigen Zufallswerten erzeugen? 1075
    15.7 ... das Datenbank-Kennwort ändern? 1075
    15.8 ... Abfragen über mehrere Datenbanken realisieren? 1076
    15.9 ... die Beschreibung von Datenbankfeldern abrufen? 1076
    15.10 ... ohne Access auf Access-Datenbanken zugreifen? 1077

16 Jet-SQL in Theorie und Praxis 1079
Einführung 1080
    Kategorien von SQL-Anweisungen 1081
Testprogramm und Beispieldatenbank 1083
    Hinweise zur Bedienung 1083
    Unsere Beispieldatenbank im Überblick 1084
    Alternative Varianten für die SQL-Abfrage 1085
    Bemerkungen 1087
Daten abfragen 1087
    Abfragen mit SELECT 1088
    Alle Spalten auswählen 1088
    Auswahl der Spalten 1089
    Filtern 1090
    Beschränken der Ergebnismenge 1096
    Eindeutige Records/doppelte Datensätze 1097
    Tabellen verknüpfen 1098
    Tabellen vereinigen 1102
    Datensätze sortieren 1103
    Datensätze gruppieren 1103
    Unterabfragen 1105

Daten manipulieren 1110
    Einfügen einzelner Datensätze 1110
    Einfügen von Abfragedaten 1111
    Exportieren/Importieren von Abfragedaten 1113
    Aktualisieren/Ändern 1116
    Löschen 1116
Erweiterte SQL-Funktionen 1117
    Berechnete/Formatierte Spalten 1118
    Berechnungsfunktionen 1125
    NULL-Werte 1127
    Datum und Zeit in SQL-Abfragen 1128
    Datentypumwandlungen 1134
    Kreuztabellenabfragen 1135
Datenbankverwaltung mit SQL (DDL) 1137
    Datenbanken 1137
    Tabellen 1138
    Indizes 1139
    Tabellen/Indizes löschen oder verändern 1142
    Sichten (Views) 1142
    Nutzer- und Rechteverwaltung 1144
Datenbankentwurf optimieren 1147
    Indizes 1147
    Abfrageoptimierung 1148
    Weitere Möglichkeiten 1149
Jet-SQL in der Visual Basic-Praxis 1149
    Ausführen oder abfragen? 1149
    Einfügen von Strings zur Laufzeit 1151
    Datumseingabe 1151
    Parameterübergabe 1152
How-to-Beispiele 1154
    16.1 ... nach einem INSERT das Zählerfeld abfragen? 1154
    16.2 ... die Anzahl der Datensätze ermitteln? 1154
    16.3 ... Datumsteile in SQL zur Suche nutzen? 1155
    16.4 ... die Groß-/Kleinschreibung berücksichtigen? 1155
    16.5 ... WITH OWNERACCESS OPTION verwenden? 1156
    16.6 ... Datensätze richtig verknüpfen? 1157
    16.7 ... doppelte Datensätze aus einer Tabelle löschen? 1158
    16.8 ... die IFF-Funktion ersetzen? 1159
    16.9 ... ein einfaches SQL-Abfrageprogramm erstellen? 1159
    16.10 ... Aggregatfunktionen auswerten? 1162
    16.11 ... die Access 2007-Datenbankfeatures unterstützen? 1163
Übersichten 1163
    Die wichtigsten SQL-Befehle 1163
    Unterschiede ANSI-SQL und Access-SQL 1164

17 T-SQL in Theorie und Praxis **1167**
    Einführung 1168
        Kategorien von SQL-Anweisungen 1169
        Schreibweise 1171

Kommentare **1171**
Zeichenketten **1171**
Variablen deklarieren/verwenden **1172**
Bedingungen mit IF/ELSE auswerten **1173**
Verwenden von CASE **1174**
CHOOSE **1175**
Verwenden von WHILE ... BREAK/CONTINUE **1175**
Datum und Uhrzeit in T-SQL **1175**
Verwenden von GOTO **1176**
Fehlerbehandlung **1176**
Testprogramm und Beispieldatenbank **1177**
Hinweise zur Bedienung **1177**
Unsere Beispieldatenbank im Überblick **1178**
Alternative Varianten für die SQL-Abfrage **1179**
Bemerkungen **1181**
Daten abfragen **1181**
Abfragen mit SELECT **1182**
Alle Spalten auswählen **1182**
Auswahl der Spalten **1183**
Filtern **1185**
Beschränken der Ergebnismenge **1192**
Eindeutige Records/doppelte Datensätze **1193**
Tabellen verknüpfen **1194**
Tabellen vereinigen **1199**
Datensätze sortieren **1199**
Datensätze gruppieren **1200**
Unterabfragen **1202**
Daten manipulieren **1207**
Einfügen einzelner Datensätze **1207**
Einfügen von Abfragedaten **1209**
Exportieren/Importieren von Abfragedaten **1211**
Aktualisieren/Ändern **1212**
Löschen **1213**
Erweiterte T-SQL-Funktionen **1214**
Berechnete/Formatierte Spalten **1214**
Berechnungsfunktionen **1222**
NULL-Werte **1224**
Datum und Zeit in SQL-Abfragen **1225**
Datentypumwandlungen **1230**
Kreuztabellenabfragen **1232**
Datenbankverwaltung mit T-SQL (DDL) **1234**
Datenbankentwurf optimieren **1235**
Indizes **1235**
Abfrageoptimierung **1235**
Weitere Möglichkeiten **1236**
SQL in der Visual Basic-Praxis **1237**
Ausführen oder abfragen? **1237**
Einfügen von Strings zur Laufzeit **1238**

Parameterübergabe 1240
Datumseingabe 1241
How-to-Beispiele 1242
17.1 ... nach einem INSERT das Zählerfeld abfragen? 1242
17.2 ... die Anzahl der Datensätze ermitteln? 1244
17.3 ... Datumsteile in SQL zur Suche nutzen? 1244
17.4 ... die Groß-/Kleinschreibung berücksichtigen? 1245
17.5 ... Datensätze richtig verknüpfen? 1246
17.6 ... doppelte Datensätze aus einer Tabelle löschen? 1247
17.7 ... die IFF-Funktion ersetzen? 1248
17.8 ... Aggregatfunktionen auswerten? 1249
17.9 ... SQL-Injection verhindern? 1250
17.10 ... ein SQL-Abfrageprogramm erstellen 1255
Übersichten 1262
Die wichtigsten SQL-Befehle 1262

18   LINQ to SQL 1263
Übersicht 1264
Das LINQ to SQL-Datenmodell 1264
Der DataContext 1265
Die Entitäts-Klassen 1266
Umstiegsbeispiel für den »ehemaligen« SQL-Programmierer 1267
Datenbank-Entwurfskonzepte 1269
Der schnelle Weg zu den SQL Server-Daten 1269
Der LINQ to SQL-Designer 1269
Die .DBML-Datei 1270
Die Designer.vb-Datei 1272
Ein erster Test und ein Blick unter die Motorhaube 1274
SQL-Debugging leicht gemacht 1275
Der steinige Weg zur Persistenz 1277
Das Datenmodell entwickeln 1277
Erzeugen der Datenbank und Herstellen der Verbindung 1279
Ein paar Gedanken zum Erstellen neuer Datenbanken 1280
Datenauswahl/Datentypen 1280
Einfache Datentypen 1280
IQueryable(Of T) 1281
Datenauswahl basierend auf Detaildaten 1281
Bereichsauswahl (Paging) 1282
Probleme mit First() 1283
Datenbindung 1284
Datenquelle hinzufügen 1284
Anzeige von Detaildaten 1286
Listendarstellung mit anonymen Typen optimieren 1287
Lazy Loading/Prefetch/Delay Loaded 1287
ObjectTracking ausschalten 1290
Bearbeiten und Aktualisieren 1290
Editieren 1290
Fehler beim Aktualisieren 1291
Konflikte beim Aktualisieren von Datensätzen 1292

      Lokale Datenaktualisierung per DataContext 1296

      Neue Datensätze erzeugen 1297

      Löschen 1300

   Eingabevalidierung 1301

      Prüfung auf Feld-Ebene (Eigenschaft) 1302

      Prüfung auf Datensatz-Ebene (Objekt) 1303

      Überprüfung vor Update, Insert oder Delete 1303

   Stored Procedures 1304

      Allgemeine Verwendung 1304

      Skalare Rückgabewerte 1305

      Typisierte Rückgabewerte 1306

      Insert/Update/Delete per Stored Procedure 1307

   Weitere LINQ to SQL-Features 1309

      Direkte SQL-Programmierung 1309

      Verwendung der partiellen Klassen/Methoden 1310

   Schlussbemerkung 1312

19 Crystal Reports 1313

   Übersicht 1314

      Installieren 1314

      Ein Einsteigerbeispiel 1315

      Der Report-Designer 1321

      Der Reportaufbau 1322

      Die Druckvorschau-Komponente 1323

   Wichtige Funktionen im Überblick 1324

      Formelfelder 1324

      Parameterfelder 1325

      Gruppennamenfelder 1326

      Spezialfelder 1326

      SQL-Ausdrucksfelder 1327

      Laufende Summe-Felder 1328

      Unterberichte 1328

      Diagramme und Bilder 1329

      Weitere Komponenten 1330

      Das Ereignis-Modell 1330

   Reports entwerfen 1332

      Verbindung zur Datenbank herstellen 1332

      Sortieren und Gruppieren 1335

      Verwenden von Parameterfeldern 1339

      Berechnungen im Report 1342

      Gestalten mit bedingter Formatierung 1346

      Kreuztabellenberichte 1348

      Unterberichte 1352

   Programmieren der Druckvorschau 1356

      Der CrystalReportViewer im Überblick 1356

      Wichtige Eigenschaften, Methoden und Ereignisse 1356

   Direkte Ausgabe auf dem Drucker 1358

      Die Lizenz zum Drucken 1358

      Druckerauswahl und Konfiguration 1359

Drucken mit Druckerdialog 1360
Exportieren von Reports 1361
    Bestimmen des Exportformats 1361
    Export als Datei 1362
    Export als E-Mail 1363
Praxisbeispiel – Rechnung mit Crystal Report drucken 1364
    Datenbasis anpassen 1364
    Report erzeugen 1366
    Festlegen der Datenquelle 1366
    Berechnungen im Report durchführen 1367
    Auswahl der gewünschten Datensätze 1367
    Reportentwurf 1368
    Druckvorschaufenster entwerfen 1369
    Zuweisen der Daten und Übergabe der Parameter 1370
    Die fertige Rechnung 1371
How-to-Beispiele 1372
    19.1 ... ein Deckblatt erzeugen? 1372
    19.2 ... Seitenzahlen, Druckdatum etc. einblenden? 1372
    19.3 ... Spaltensatz oder Etiketten realisieren? 1372
    19.4 ... die Seitenränder festlegen? 1373
    19.5 ... mehrspaltige Reports erstellen? 1374
    19.6 ... einen Seitenumbruch erzwingen? 1374
    19.7 ... die Position und Größe der Druckvorschau vorgeben? 1375
    19.8 ... Reports in die Applikation einbetten? 1375
    19.9 ... Querdruck auswählen? 1376
    19.10 ... RTF-/HTML-Text ausgeben? 1376
    19.11 ... den Report zur Laufzeit auswählen? 1376
    19.12 ... Summen, Anzahlen, Mittelwerte etc. berechnen? 1377
    19.13 ... farbliche und optische Formatierungen realisieren? 1377
    19.14 ... den Datenbankpfad zur Laufzeit anpassen? 1378
    19.15 ... die Login-Informationen zur Laufzeit ändern? 1379

20 Datenbindung in ASP.NET-Anwendungen 1381
Übersicht Datenbindung unter ASP.NET 1382
    Konzept 1382
    Übersicht über die DataSource-Steuerelemente 1383
SqlDataSource im Detail 1385
    Datenauswahl mit Parametern 1386
    Parameter für INSERT, UPDATE und DELETE 1388
    FilterExpression 1390
    Caching 1391
    Weitere Methoden 1391
    Ereignisse 1391
Zugriff auf Geschäftsobjekte mit der ObjectDataSource 1393
    Verbindung zwischen Objekt und DataSource 1393
    Ein Beispiel sorgt für Klarheit 1394
    Geschäftsobjekte in einer Session verwalten 1398
Typisierte DataSets und ObjectDataSource 1400
    Verwendung von TableAdaptern in ASP.NET-Seiten 1400

Datenauswahl und Anzeige mit TableAdaptern 1401
Datenmanipulation mit TableAdaptern 1405
ObjectDataSource und typisierte DataSets 1407
LinqDataSource 1412
Bindung von einfachen LINQ-Collections 1412
Binden eines LINQ to SQL-DataContext 1414
Berechnete Spalten/Detaildaten 1415
Eigene LINQ-Ausdrücke zur Laufzeit übergeben 1417
Filtern mit der LinqDataSource 1418
EntityDataSource 1419
Entity Data Model erstellen 1419
EntityDataSource anbinden 1422
Datenmenge filtern 1425
QueryExtender 1425
Grundlagen 1426
Suchen 1426
Sortieren 1429
Weitere Datenquellen 1429
Spezialfall AccessDataSource 1430
Verwalten strukturierter Daten mit der XmlDataSource 1430
Typisierte Datenbindung 1431
Model Binding 1432
Das GridView-Steuerelement im Detail 1434
Auswahlfunktion (Zeilenauswahl) 1435
Auswahl mit mehrspaltigem Index realisieren 1435
Hyperlink-Spalte für Detailansicht nutzen 1436
Spalten erzeugen/konfigurieren 1437
Template-Spalten verwenden 1438
Paging im GridView realisieren 1442
Editieren und Löschen im GridView 1443
Einfügen von Datensätzen 1443
Keine Daten, was tun? 1444
Weitere Steuerelemente für die Datenbindung 1444
DetailsView 1444
FormView 1447
DataList 1450
Repeater 1452
ListView 1454
Label/TextBox 1458
CheckBoxList, BulletList, RadioButtonList, DropDownList, ListBox 1459
Hierarchische Datenanzeige mittels TreeView-Control 1461
Chart-Steuerelement 1464
Eingabeprüfung mit den Validator-Steuerelementen 1466
Übersicht 1466
Wo findet die Fehlerprüfung statt? 1466
Verwendung 1467
RequiredFieldValidator 1468
CompareValidator 1468
RangeValidator 1470

RegularExpressionValidator 1471
CustomValidator 1471
ValidationSummary 1473
Weitere Möglichkeiten der Validation-Steuerelemente 1474
Reports in ASP.NET-Anwendungen verwenden 1475
Der Microsoft ReportViewer 1475
Direkter Excel-/PDF-Export 1477
Parameterübergabe an lokale Reports 1479
Weitere Themen 1480
Dynamic Data 1480
ASP.NET MVC 1487
AJAX 1491
How-to-Beispiele 1494
20.1 ... die Zellen im GridView formatieren? 1494
20.2 ... ein GridView mit Scrollbar realisieren? 1496
20.3 ... ein GridView mit Mouseover-Effekt realisieren? 1497
20.4 ... GridView-Daten im Excel-Format exportieren? 1498
20.5 ... Detaildaten in einem Popup-Fenster anzeigen? 1500
20.6 ... eine Zeilensumme im GridView berechnen? 1503
20.7 ... reagieren, wenn keine Daten vorhanden sind? 1504
20.8 ... im GridView eine Spaltensummen berechnen? 1504
20.9 ... korrekte Währungswerte im GridView anzeigen? 1505
20.10 ... Eingabewerte im GridView validieren? 1506
20.11 ... einen E-Mail-Versand in ASP.NET realisieren? 1507

21 WCF – eine Einführung 1511
Die Programmierung verteilter Systeme 1512
Intranet oder Internet? 1512
Die Vorgänger 1513
WCF – die neue Technologie 1514
Allgemeiner Aufbau eines WCF-Systems 1516
WCF-Assemblies – die verfügbaren Bausteine 1516
Service, Host und Client 1516
Nachrichtenaustausch 1518
Das ABC der WCF-Endpunkte 1518
Verträge 1519
Bindungen 1520
Adressen 1523
Programmieren eines WCF-Dienstes 1524
Quellcode als Klassenbibliothek 1524
Das <ServiceContract>-Attribut 1525
Das <OperationContract>-Attribut 1526
Service Klassen ohne Vertrags-Interfaces 1527
Der WCF-Host 1527
Vorbereitungen 1528
Die App.config 1528
Die ServiceHost-Klasse 1529
Festlegen der Basisadressen 1529
Weitere Details der ServiceHost-Klasse 1530

Das <system.serviceModel>-Element 1531
Austausch der Metadaten (MEX) 1532
Der WCF-Client 1535
Vorbereitungen 1535
Verwenden von SvcUtil.exe 1535
Einsatz des Proxy-Generators von Visual Studio 1538
Weitere WCF-Features 1539
Vereinfachte Entwicklung von Host-Anwendungen 1539
Projektvorlage WCF-Dienstbibliothek 1541
Wichtige Neuigkeiten in WCF 4.5 1546
How-to-Beispiele 1547
21.1 ... einen WCF-Webdienst mit Datenzugriffsschicht entwickeln? 1547
21.2 ... einen Client für einen WCF-Webdienst entwickeln? 1554
21.3 ... was tun, wenn der IIS nicht funktioniert? 1557

22 Einführung WCF Data Services 1559
Einführung 1560
Warum WCF Data Services? 1560
Vor- und Nachteile 1563
Und was ist OData? 1564
Übersicht der OData-Abfrageoptionen 1565
Praktisches Arbeiten mit den WCF Data Services 1569
Ein erster Data Consumer 1569
Verwendung von CreateQuery(Of T) 1571
Verwendung von Execute(Of T) 1572
Asynchrone Verarbeitung 1573
Anzahl der Entitäten bestimmen 1574
Verwendung der DataServiceCollection 1575
Eigene Methoden über den Data Service bereitstellen 1577
Freigabe der Schnittstelle regeln 1580
Verwendung von Fiddler 1581
How-to-Beispiele 1582
22.1 ... einen einfachen WCF Data Service erstellen? 1582
22.2 ... einen Silverlight-Client mit WCF Data Services anbinden? 1583

23 Komplexbeispiel Webshop 1591
Grundkonzept 1592
Aufgabenstellung 1592
Unterschiedliche Frontends für Kunden und Verkäufer 1593
Die Datenbankstruktur 1593
Datenbankdiagramm 1593
Tabellen 1595
Stored Procedures 1597
Ansichten/Views 1601
Bemerkungen 1601
Entwurf Webshop-Projekt/Datenbank 1602
Stammdatenverwaltung mit Webdienst 1603
Das Interface 1604
Entwurf Webdienst 1604

Die Methoden im Einzelnen 1605

Windows-Verwaltungsfrontend 1610

Entwurf 1610

Verbindung zum Webdienst herstellen 1610

Oberflächengestaltung 1611

Implementierung Stammdatenverwaltung 1613

Test Stammdatenverwaltung 1616

Typisiertes DataSet für den Report 1617

Reportentwurf 1618

Reporteinbindung 1621

Filtern der Artikelgruppen 1623

Kunden-Tabelle 1623

ASP.NET-Kundeninterface 1624

Übersicht 1624

Entwurf Default.aspx 1625

Vorbereitung Benutzersteuerelemente 1631

Welcome.ascx 1633

Shop.ascx 1634

Warenkorb.ascx 1637

Anmeldung.ascx 1641

Bestellung.ascx 1642

Danke.ascx 1645

Kundenkonto.ascx 1646

NeuerKunde.ascx 1646

Abschlusstest und Bemerkungen 1648

Test 1648

Abschlussbemerkungen 1649

Stichwortverzeichnis 1651

Vorwort

Microsoft hat zu Beginn dieses Jahrtausends mit der Einführung der .NET-Technologie eine neue Ära der Windows-Anwendungsentwicklung eingeläutet. Damit sind jedoch nicht nur die umfassenden Möglichkeiten der Datenbank- und Internetprogrammierung gemeint. Auch die Barrieren zwischen den Entwicklern, die bislang in unterschiedlichen Sprachen ihr Brot verdienten, wurden eingerissen, da die Common Language Runtime (CLR) eine gemeinsame Ebene für alle Sprachen definiert.

Jetzt buhlt eine ständig wachsende Gruppe von .NET-Programmiersprachen um die Gunst des Entwicklers, zu den wichtigsten dieser Sprachen zählt Visual Basic.

HINWEIS Dieses Buch beschäftigt sich speziell mit dem Einsatz von Visual Basic 2012 zur Datenbank- und Web-Programmierung und kann demnach keine umfassende Einführung in die Grundlagen dieser Sprache nach Art eines Lehrbuchs geben. Dem Neuling sei deshalb wärmstens empfohlen, sich vorher mit einem der auch bei Microsoft Press erschienenen Visual Visual Basic 2012-Einsteigerbücher auseinanderzusetzen.

Ein Buch für Einsteiger und Fortgeschrittene

Vor Ihnen liegt die komplett für das .NET Framework 4.5 überarbeitete und durch neue Kapitel und Beiträge ergänzte Neuauflage unseres erfolgreichen Vorgängertitels »Datenbankprogrammierung mit Visual Basic 2012«.

Die Möglichkeiten der Datenbank- und Web-Programmierung mit den Mitteln von Visual Studio 2012 sind mittlerweile so komplex und vielgestaltig, dass dieses Buch trotz seines deutlich vergrößerten Umfangs den Anspruch auf Vollständigkeit aufgeben musste. Unser Ziel konnte es deshalb nur sein, nach dem Prinzip »soviel wie nötig« eine sorgfältige Auswahl zu treffen, die einerseits den Einsteiger nicht überfordert oder gar verwirrt und andererseits dem Profi Antworten auf Fragen liefert, die er bislang in anderen Quellen vergeblich gesucht hat.

Wie sein Vorgänger wagt auch dieses Buch den Spagat zwischen einem Leitfaden für Einsteiger und einem Nachschlagewerk für Fortgeschrittene.

HINWEIS Da das Buch auf Vollständigkeit zugunsten von Problemlösungen verzichtet, kann es die integrierte Online-Hilfe keinesfalls ersetzen!

Die wichtigsten allgemeinen Kapitel dieses Buchs sind in einen Grundlagenteil und einen How-to-Praxisteil untergliedert:

- Der Grundlagenteil vermittelt einen Einstieg in die jeweilige Thematik mit den Klassen des .NET-Frameworks 4.5. Es wird versucht, den in Sachen .NET und Datenbanken noch unerfahrenen Leser schrittweise an die doch ziemlich komplexe Problematik heranzuführen. Aber auch der Profi wird hier auf seine Kosten kommen, bietet sich ihm hier doch eine Nachschlagemöglichkeit für die wichtigsten Datenzugriffstechnologien.

- Programmieren lernt man nicht durch das Studium von Lehrbüchern, sondern nur durch das unermüdliche Ausprobieren von Beispielen! Gemäß diesem Motto finden Sie im How-to-Praxisteil der Kapitel eine Vielzahl von Beispielen, die Sie zum Auslösen von »Aha-Effekten« motivieren bzw. zur Lösung eigener Problemstellungen befähigen sollen.

- Als .NET-Programmierer haben Sie die Auswahl zwischen den unterschiedlichsten Datenbanksystemen (Access, SQL Server, Oracle etc.). Obwohl wir in den Beispielen dieses Buchs hauptsächlich auf Access- und SQL Server-Datenbanken Bezug nehmen, ist diese Beschränkung ohne gravierende praktische Auswirkungen, da es die .NET-Datenprovider gestatten, mit einheitlichem Muster auf beliebige Datenquellen zuzugreifen.

Nützlich auch für den Visual C#-Programmierer

Das Pendant zum vorliegenden Buch ist unser ebenfalls bei Microsoft Press erschienener Titel *Datenbankprogrammierung mit Visual C# 2012*. Da beide Bücher exakt das gleiche Inhaltsverzeichnis haben (inklusive Beispielcode), lassen sich ideale Vergleiche zwischen beiden Sprachen anstellen.

Eine solche »Übersetzungshilfe« scheint besonders nützlich zu sein, weil man in einem .NET-Entwicklerteam durchaus in mehreren .NET-Sprachen zusammenarbeitet.

Begleitdateien

Den Quellcode dieses Buchs können Sie sich unter einer der folgenden Adressen herunterladen:

WWW	www.doko-buch.de

WWW	www.microsoft-press.de/support/9783866454675

WWW	msp.oreilly.de/support/2344/791

Alle für die Beispiele benötigten *.mdb-* und *.mdf-*Datenbanken sind mehrfach in den Begleitdateien enthalten. Wir haben uns dabei bewusst nicht nur auf die bekannte *Northwind/Nordwind-*Datenbank beschränkt. Um flexibel zu bleiben und das einseitige Fixieren auf eine bestimmte Tabellenstruktur zu vermeiden wurden gelegentlich auch andere Datenbanken verwendet.

Für den Einsteiger drei weitere Hinweise, die wir aufgrund von Erfahrungen mit unserem Vorgängertitel diesmal nicht vergessen wollen:

- Sie sollten natürlich *Visual Studio 2012* auf Ihrem PC installiert haben, diese grundlegende Software ist nicht Teil der Begleitdateien! Ausführliche Hinweise zu dieser und weiteren erforderlichen Installationen finden Sie gleich zu Beginn des Kapitels 1.

- In der Regel sind alle von der Festplatte gestarteten Beispiele sofort lauffähig, da die Datenbanken meist direkt in das Projektverzeichnis kopiert wurden, wodurch Probleme mit absoluten Pfadangaben entfallen. Insbesondere bei den Beispielen zur Web-Programmierung empfiehlt es sich aber, vorher die beigefügten Readme-Dateien sorgfältig zu studieren.

- Die Datenbanken (*Nordwind.mdb* bzw. *Northwind.mdf*) befinden sich in der Regel im Projektverzeichnis (sie wurden dazu einfach per Drag & Drop in den Projektmappen-Explorer gezogen)! Stellen Sie sicher, dass die Eigenschaften dieser Dateien wie folgt eingestellt sind: *Buildvorgang=Inhalt, In Ausgabeverzeichnis kopieren=Kopieren, wenn neuer.* Der Zugriff auf Access-Datenbanken funktioniert nur reibungslos, wenn als Zielplattform »x86« eingestellt ist (*Projekt/Projektname...Eigenschaften/Kompilieren/Ziel-CPU= x86*), da es keine entsprechenden x64-Treiber gibt.

Zu den Autoren

Hinweise zum Buch und Leseranfragen können Sie über unsere Website

WWW	www.doko-buch.de

direkt an die Autoren schicken.

Dort finden Sie auch eventuelle Fehlerberichtigungen und ergänzende Beispiele.

Danksagungen

Danken möchten wir den Mitarbeitern von Microsoft Press für die Unterstützung beim Zustandekommen der Neuauflage des Werkes.

Auch Ihnen, liebe Leserin und lieber Leser, gebührt Dank für das durch den Kauf des Buches erwiesene Vertrauen in die Autoren. Wir hoffen, dass wir Ihnen damit einen nützlichen Begleiter für die Entwicklung anspruchsvoller .NET-Datenbankapplikationen in die Hände gegeben haben, der seinen Platz im Bücherregal möglichst lange behaupten kann.

Falls Sie dennoch dieses und jenes vermissen, so bitten wir Sie um Nachsicht, denn es ist einerseits die unglaubliche Vielfalt an Möglichkeiten, die Ihnen die Datenbankprogrammierung mit Visual Studio 2012 bietet, und andererseits das Bedürfnis des Praktikers nach unmittelbar anwendbaren Problemlösungen, die uns zu einigen inhaltlichen Kompromissen gezwungen haben.

Viel Spaß und Erfolg beim Programmieren!

Walter Doberenz und *Thomas Gewinnus*

Kapitel 1

Erste Schritte

In diesem Kapitel:

Unsere Werkstatt	38
Visual Basic und die Datenbankprogrammierung	42
Was ist neu in .NET 4.5/Visual Studio 2012?	49
Ein wenig Datenbanktheorie	53
Einführungsbeispiele	64
Die Qual der Wahl	85

Dieses Kapitel soll Ihnen nicht mehr und nicht weniger als einen ersten Überblick über die Datenbankprogrammierung unter Visual Basic 2012 vermitteln. Dabei gehen wir davon aus, dass Sie bereits über Grundkenntnisse der .NET-Programmierung verfügen, mit Klassen und Objekten einigermaßen umgehen können und wissen, wie die Entwicklungsumgebung *Visual Studio 2012* vom Prinzip her zu bedienen ist. Gewisse Erfahrungen im Umgang mit relationalen Datenbanken (Access, Microsoft SQL Server) wären zwar ebenfalls wünschenswert, sind aber nicht Bedingung.

Für den so »vorbelasteten« Leser haben wir dieses Einführungskapitel in folgende Abschnitte aufgeteilt:

- **Unsere Werkstatt**
  Hier noch einmal in Kürze das Wichtigste zu den auf Ihrem Entwicklungsrechner erforderlichen Software-Installationen.

- **Visual Basic und die Datenbankprogrammierung**
  Die zentralen Konzepte des Datenbankzugriffs werden skizziert. Für alle, die bereits mit Visual Studio 2010 gearbeitet haben, erfolgt ein kurzer Überblick über die unter Visual Studio 2012 bzw. .NET 4.5 eingeführten Neuerungen.

- **Etwas Datenbanktheorie**
  Das Allernotwendigste zum Entwurf von relationalen Datenbanken sowie Klärung der wichtigsten Begriffe.

- **Einführungsbeispiele**
  Sechs einfache Beispiele für den schnellen Einstieg in die Datenbank- und Internetprogrammierung.

Unsere Werkstatt

Bevor es so richtig losgehen kann, sollten wir unsere Werkstatt in einen aufgeräumten und funktionsbereiten Zustand versetzen.

Betriebssystem

Wir setzen voraus, dass Sie über Windows 7 bzw. 8 oder Windows Server ab 2008 verfügen und dazu die erforderlichen Service Packs installiert haben.

HINWEIS   Alle Beispiele in diesem Buch sind brandaktuell und wurden unter Windows 8 entwickelt.

Visual Studio 2012

Alle aktuell im Handel angebotenen Visual-Studio-Pakete basieren auf dem .NET-Framework 4.5. Für welches der im Folgenden aufgeführten Produkte man sich entscheidet, hängt von den eigenen Anforderungen und Wünschen ab und ist letztendlich auch eine Frage des Geldbeutels.

Visual Studio 2012 Express

Hier handelt es sich um abgespeckte, dafür aber kostenlose Versionen von Microsofts Entwicklungsumgebung. Wenn Sie als Hobby-Programmierer auf Features wie Berichte, Remote Debugging, ClickOnce etc.

verzichten können, sind diese Minimalpakete in vielen Fällen ausreichend, um eigene Anwendungen oder Webseiten zu erstellen. Folgende Editionen sind erhältlich:

- **Visual Studio Express 2012 für Windows 8**
  Mit dieser Edition können Sie WinRT-Applikationen für Windows 8 entwickeln. Enthalten sind neben Visual Basic auch Vorlagen für C#, JavaScript und C++, sowie das Windows 8 SDK und Blend für Visual Studio. Die von Ihnen geschriebenen Anwendungen können Sie anschließend im Windows Store Ihren potenziellen Kunden anbieten.

- **Visual Studio Express 2012 für Windows Desktop**
  Hiermit ist die einfache Entwicklung von Desktop- und Konsolenanwendungen für alle von Visual Studio 2012 unterstützten Windows-Versionen möglich. Neben Visual Basic stehen Ihnen dazu auch noch C# und C++ zur Verfügung. Enthalten sind auch einige Sprachtools (z.B. integrierter Unit-Test).

- **Visual Studio Express 2012 für Web**
  Bereits mit dieser Minimalausstattung ist die Entwicklung ansprechender interaktiver Webanwendungen möglich. Die Verteilung kann über den Webserver oder die Cloud unter Windows Azure erfolgen.

- **Visual Studio 2012 Express für Windows Phone**
  Unter Visual Studio 2012 wurde die Unterstützung für App-Entwickler nochmals stark erweitert.

- **Visual Studio Team Foundation Server Express 2012**
  Teams mit bis zu fünf Entwicklern erhalten mit dieser Edition die Tools zur Quellcodeverwaltung, Buildautomatisierung und Arbeitsaufgabennachverfolgung.

Visual Studio 2012 Professional

Wie es der Name bereits suggeriert, handelt es sich bei diesem Standard-Paket bereits um ein professionelles Werkzeug, denn es beinhaltet alle erforderlichen Kernfunktionen für die Entwicklung von Anwendungen für Windows, Office, das Web, die Cloud, Silverlight, SharePoint und Multi-Core-Szenarien.

Auch Visual Studio LightSwitch, die Entwicklungsumgebung für das Rapid Application Development (RAD), ist jetzt Bestandteil von Visual Studio Professional, Premium und Ultimate. Ähnliches gilt für die Team-Unterstützung und das Application Lifecycle Management (ALM), eine Sammlung von Tools und Prozessen zur Überwachung und Kontrolle des gesamten Entwicklungszyklus einer Applikation.

Sowohl ernstzunehmende Hobbyprogrammierer als auch professionelle Entwickler, die allein oder im kleinen Team an der Erstellung komplexer, mehrschichtiger Anwendungen arbeiten, sind mit dieser Edition gut beraten.

HINWEIS   Der Inhalt dieses Buches bezieht sich schwerpunktmäßig auf die Möglichkeiten der **Professional Edition**!

Visual Studio 2012 Premium

Bei diesem Paket handelt es sich um eine Vollausstattung für Softwareentwickler und -tester, um im Team Anwendungen auf Enterprise-Niveau zu entwickeln. Enthalten sind alle Funktionen der Professional-Version sowie weitere Funktionen, die komplexe Datenbankentwicklung und eine durchgängige Qualitätssicherung ermöglichen sollen. So finden sich

- Funktionen zur Verbesserung der Codequalität durch Codeüberprüfung mittels Peer-Workflow,
- bessere Entwicklungstools für den Entwurf von Multithreading-Anwendungen,

- Möglichkeiten zur Automatisieren von Benutzeroberflächentests
- Funktionen zum Suchen und Verwalten von doppeltem Code in der CodeBase zur Verbesserung der Architektur

Visual Studio 2012 Ultimate

Aufbauend auf dem Funktionsumfang von Visual Studio 2012 Premium finden sich zusätzlich folgende Funktionen:

- Zuverlässiges Erfassen und Reproduzieren von Fehlern, die während manueller und explorativer Tests gefunden werden, um nicht reproduzierbare Fehler zu vermeiden
- Verstehen der Abhängigkeiten und Beziehungen im Code durch Visualisierung
- Visualisieren der Auswirkung einer Änderung oder möglichen Änderung im Code
- Durchführen unbegrenzter Webleistungs- und Auslastungstests
- Entwerfen architektonischer Layerdiagramme zur Überprüfung des Codes und Implementierung in der Architektur

Anforderungen an Hard- und Software

Haben sich in der Vergangenheit die Hardwareanforderungen von Version zu Version in die Höhe geschraubt, so bleiben sie diesmal etwa auf dem gleichen Niveau wie beim Vorgänger Visual Studio 2010. Die folgende Auflistung kann lediglich eine Orientierungshilfe sein:

- Betriebssystem: Windows 8, Windows 7, Windows Server 2012, Windows Server 2008
- Unterstützte Architekturen: 32-Bit (x86) und 64-Bit (x64)
- Prozessor: 1,6-GHz-Pentium III+
- RAM: 1 GB verfügbarer physischer Arbeitsspeicher (x86) bzw. 2 GB (x64)
- Festplatte: 10 GB Speicherplatzbedarf
- Grafikkarte: DirectX 9-fähig mit einer Mindestauflösung von 1024 × 768 Pixeln
- DVD-ROM Laufwerk

Die Parameter von Prozessor und RAM sind als untere Grenzwerte zu verstehen, können aber für die Express-Editionen sicherlich noch etwas unterschritten werden.

Ganz wichtig:

HINWEIS   Wollen Sie WinRT-Anwendungen für Windows 8 entwickeln, so ist das Betriebssystem Windows 8 für das Entwicklungssystem unerlässlich!

Weiterhin ist zu beachten:

- Das neue .NET Framework 4.5 wird von Windows XP nicht mehr unterstützt – motten Sie also Ihren alten Computer ein.

- Das .NET-Framework 3.5 ist nicht mehr in Windows 8 enthalten, es muss nachinstalliert werden oder die Anwendungen müssen auf die Version 4 aktualisiert werden.

- Der *SQL Server Express 2012* ist nicht mehr im Installationspaket enthalten, sondern muss separat heruntergeladen werden. Alternativ steht nach der Installation von Visual Studio der neue *SQL Server Express 2012 LocalDB* zur Verfügung

Auf Details zur Installation von Visual Studio 2012 wollen wir hier nicht weiter eingehen, sondern lediglich darauf hinweisen, dass zumindest die Professional-Edition, vorhanden sein sollte.

HINWEIS   Vor dem Setup von Visual Studio 2012 deinstallieren Sie unbedingt eventuell vorhandene Test-Editionen.

Vergewissern Sie sich (Menüpunkt *Hilfe/Info über Microsoft Visual Studio*), dass *Visual Basic 2012,* die *SQL Server DataTools* und die *Web Developer Tools* installiert sind.

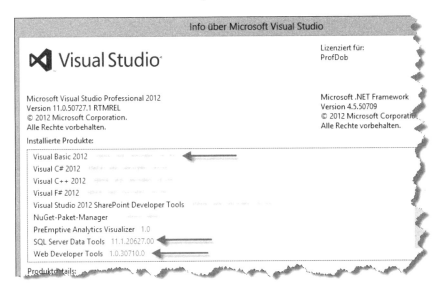

Abbildung 1.1   Übersicht über die mindestens zu installierenden Produkte

SQL Server oder LocalDB

Wer den Microsoft SQL Server nicht bereits sein Eigen nennt, für den ist *LocalDb* eine brauchbare Alternative[1]. *LocalDB* ist ein speziell für die Bedürfnisse des Entwicklers ausgelegter, abgerüsteter *SQL Server.* Damit entwickelte Anwendungen lassen sich problemlos auf einen »echten« SQL Server portieren.

HINWEIS   Im Unterschied zum *SQL Server* bzw. *SQL Server Express* läuft *LocalDb* nicht als Dienst, sondern wird automatisch mit dem Start der Anwendung geladen und mit Beendigung der Anwendung auch selbst beendet. Ein Netzwerkzugriff ist aus diesem Grund nicht möglich!

---

[1] Der in Visual Studio 2010 noch mitgelieferte *SQL Server Express* ist in der Standardinstallation von Visual Studio 2012 nicht mehr enthalten.

LocalDb erfordert keinerlei Installationsaufwand, benötigt keinerlei Management-Konsole und verfügt über dieselbe T-SQL-Sprache und clientseitigen Provider wie der reguläre SQL Server. Wollen Sie Anwendungen für den SQL Server entwickeln, so müssen Sie nicht länger eine volle Instanz von *SQL Server Express* auf Ihren Laptops usw. installieren und administrieren. Außerdem – falls die Einschränkungen von *LocalDB* den Anforderungen der Applikation genügen – können Sie diesen auch beim Endanwender einsetzen, da es sich in diesem Fall um eine durchaus praktikable Desktop-Datenbank handelt.

HINWEIS   Fast alle SQL Server-Beispiele dieses Buchs beziehen sich auf *LocalDb*, ein echter SQL-Server-Zugriff ist durch einfaches Austauschen von Connectionstring und Provider möglich. Auf die Einschränkungen von *LocalDB* bzw. *SQL Server Express* gehen wir in Kapitel 7 im Detail ein.

Northwind-Datenbank

Viele Beispiele beziehen sich auf die bekannte *Northwind*-Datenbank. Eine Installation dieser Datenbank auf dem SQL-Server ist nicht unbedingt erforderlich, da (nach entsprechender Änderung der Verbindungs-zeichenfolge) auch die in den Begleitdateien enthaltene Datenbankdatei *Northwind.mdf* unter *LocalDb* ver-wendet werden kann.

Microsoft Access

Zur Unterstützung unserer Arbeit empfiehlt sich auch die Installation von *Microsoft Office*, wobei vor allem *Microsoft Access* sehr hilfreich sein kann.

Nach wie vor erfreuen sich Access-Datenbanken großer Beliebtheit, da sie sich schnell erstellen und einfach administrieren lassen. Deshalb werden wir in diesem Buch auch den Zugriff auf Access-Datenbanken als Alternative zum Microsoft SQL-Server behandeln.

Allerdings müssen Sie sich darüber im Klaren sein, dass Access-Datenbanken schlecht skalierbar sind, also nicht für viele gleichzeitige Zugriffe entwickelt wurden, was ihren Einsatz insbesondere in ASP.NET- oder Webdienst-Anwendungen behindert.

HINWEIS   Bei der zu den Vorgängerversionen von Access mitgelieferten Beispieldatenbank *Nordwind.mdb* handelt es sich um eine eingedeutschte und etwas abgerüstete Version der *Northwind*-Datenbank des SQL-Servers. Für das neuere Access 2007-Format kommt die als Download und in den Begleitdaten verfügbare *Northwind.accdb* zum Einsatz. Mehr zu diesem Thema finden Sie im Kapitel 15.

Visual Basic und die Datenbankprogrammierung

Wir richten uns jetzt vor allem an jene Leser, die sich nicht mehr zum Kreis der absoluten Newcomer in Sachen Datenbankprogrammierung zählen und die sich deshalb kaum wundern werden, dass sich die Schwerpunkte dieses Buches weniger um Visual Basic 2012, als um die folgenden Themen gruppieren:

- ADO.NET
- SQL
- LINQ

- ADO.NET Entity Framework

- SQL Server

- Reporting

- ASP.NET

- WCF

All diese Themen stehen untereinander im engen Zusammenhang, das gemeinsame Dach heißt .NET! Die konkrete Wahl der Programmiersprache (Visual Basic, C# ...) ist dabei eher sekundär und lediglich Mittel zum Zweck.

Zur Geschichte des universellen Datenzugriffs

Das Web-Zeitalter stellt besondere Anforderungen an die Programmierung von Datenbankapplikationen. Wir wollen diese Anforderungen zunächst grob charakterisieren, um uns dann einen ersten Überblick über die Architektur von ADO.NET – dem (trotz oder gerade wegen LINQ) wohl wichtigsten Thema dieses Buchs – zu verschaffen.

Jedes Datenbanksystem stellt Schnittstellen (APIs) zur Verfügung, die es dem Programmierer erlauben, auf Datenbanken zuzugreifen bzw. welche zu erzeugen. Allerdings sind diese APIs herstellerspezifisch, und es war in der Vergangenheit für einen Anwendungsprogrammierer immer ziemlich schwierig und fehleranfällig, all diese Vielfalt zu beherrschen. Noch komplizierter wurde es, wenn ein neues Datenbanksystem herauskam und bereits vorhandene ältere Applikationen darauf umgestellt werden mussten. Der Ruf nach einer einheitlichen, universell einsetzbaren Datenbankschnittstelle wurde demzufolge immer lauter.

Microsoft hat schon seit vielen Jahren versucht, dieses Problem zu lösen. Die bisherigen Schritte in dieser Richtung sind:

- ODBC (Open Database Connectivity)

- OLE DB

- ADO (ActiveX Data Objects)

- ADO.NET

- LINQ (LINQ to SQL, LINQ to Entities ...)

- ODBC[1]

Eine rundum zufrieden stellende Lösung konnte und kann auch das alte ADO – der Vorgänger von ADO.-NET – nicht bieten, da es die speziellen Belange des Internets, auf die wir noch zu sprechen kommen, nur ungenügend berücksichtigt.

Zusammen mit der .NET-Plattform hatte Microsoft einen grundlegend neuen Mechanismus für den universellen Datenzugriff ins Leben gerufen: ADO.NET. Obwohl ADO für *ActiveX Data Objects* steht, hat ADO.NET mit der ActiveX-Technologie so gut wie nichts mehr zu tun – es heißt einfach nur ADO.NET!

ADO.NET bietet ein umfangreiches System von Klassen, mit denen auf unterschiedlichste Datenbanken zugegriffen werden kann. Von der einfachen Desktop-Anwendung bis hin zur komplexen transaktions-

---

[1] Ja, Sie lesen richtig, ODBC ist (mal) wieder aktuell. Gerade für Webdatenbanken und auch für Microsoft Access rückt ODBC wieder in den Fokus.

basierten Web-Applikation ist alles machbar. Im Unterschied zum klassischen ADO liefert ADO.NET ausschließlich so genannten *Managed Code* (verwalteten Code) und ist somit für die optimale Integration in das .NET Framework ausgelegt.

HINWEIS Das bereits unter .NET 3.5 eingeführte LINQ setzt auf ADO.NET auf und ermöglicht eine Integration von SQL-ähnlichen Abfragen direkt in die Sprache Visual Basic (siehe Einführungsbeispiel 1.3).

Merkmale webbasierter Anwendungen

Anders als bei klassischen Desktop-Anwendungen gibt es in verteilten Umgebungen keine feste Beziehung zwischen Datenquelle und Frontend mehr. Der kurzzeitige Kontakt eines Programms zur Datenquelle lässt sich auf drei Etappen reduzieren:

- Aufbau der Verbindung zur Datenquelle
- Übertragung der Daten
- Abbau der Verbindung

Die Anzahl gleichzeitiger Benutzer ist nie eindeutig vorhersehbar, d.h., die Web-Anwendung muss einen hohen Grad von Skalierbarkeit erreichen, um z.B. auch hundert gleichzeitige Zugriffe zu verkraften.

Allgemeine Architektur

ADO.NET wurde geschaffen, um den besonderen Anforderungen verteilter Anwendungen Rechnung zu tragen, die immer aus mehreren Teilprogrammen bzw. Ebenen bestehen:

- Datenebene (auch Data-Tier oder Backend)
- Geschäftsebene (auch Middle-Tier oder Business-Schicht)
- Präsentationsebene (auch Anwenderschnittstelle, Usertier oder Frontend)
- Das Internet/Intranet als Verbindungsschicht zwischen Präsentations- und Geschäftsebene

Die folgende Abbildung 1.7 soll Ihnen diese typische Struktur erläutern. Sie erkennen u.a. deutlich die Rolle von XML, welches als universelles Übertragungsprotokoll den Datenaustausch zwischen Präsentations- und Geschäftsebene übernimmt.

In der Abbildung erkennen Sie auch die zentrale Rolle der Hauptobjekte von ADO.NET: *DataSet*, *DataAdapter* und *Connection*.

Weiterhin sind die Projekttypen zur Gestaltung der Benutzerschnittstelle ersichtlich:

- Desktop-Anwendung (Windows-Forms, WPF)
- Web-Anwendung (Internet-Browser)

Wie Ihnen bereits die Einführungsbeispiele dieses Kapitels verdeutlichen, gibt es keine grundsätzlichen programmtechnischen Unterschiede zwischen beiden Anwendungstypen.

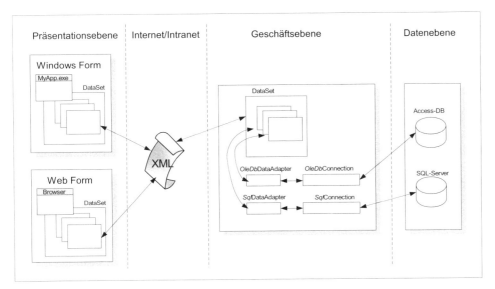

Abbildung 1.2 Zur Architektur webbasierter Anwendungen

Grundprinzip ist die Trennung von Datenbank und Datenhaltung

Das eherne Grundprinzip von ADO.NET ist die strikte Trennung von Datenbank und Datenhaltung. Die benötigten Datensätze werden einmal bei der Datenbank abgeholt und dann im Arbeitsspeicher bis auf Abruf vorgehalten. Alle vorgenommenen Änderungen schlagen sich zunächst hier nieder. Erst wenn diese Änderungen irgendwann in die Datenbank zurückgeschrieben werden sollen, erfolgt kurzzeitig ein erneuter Verbindungsaufbau zur Datenbank, die Aktualisierung wird also in einem Schwung erledigt. Dieser sehr flexible Update-Mechanismus erlaubt eine äußerst wirkungsvolle Reduktion der Anzahl gleichzeitiger Datenbankzugriffe und ermöglicht somit eine hohe Skalierbarkeit der Anwendung.

Kein Platz mehr für das Recordset-Objekt

Im Modell des asynchronen Datenzugriffs gibt es keine Verwendung mehr für das klassische (kursor-basierte) *Recordset*-Objekt, welches als Kernobjekt aller Vorgängertechnologien (DAO, ADO alt) gilt. Ein solches *Recordset* benötigt in der Regel eine ständige Datenbankverbindung und ermöglicht lediglich eine zeilenweise Bearbeitung der Datensätze. Das führt zu einer Verlagerung großer Teile der Anwendungslogik auf den Datenbankserver, um dort eine möglichst intelligente Verarbeitung (*Stored Procedures*) und damit eine Einschränkung der Ergebnismenge zu erreichen. Der asynchrone Datenzugriff eröffnet hingegen eine neue Sicht auf die Logik, die auf dem Datenbankserver zu implementieren ist.

Das DataSet als Mini-Datenbank

Das Kernobjekt von ADO.NET ist das *DataSet*. Es hat völlig andere und erheblich komplexere Eigenschaften und Fähigkeiten als das altbekannte *Recordset*. So kann es beispielsweise nicht nur eine, sondern mehrere Tabellen enthalten. Neben den eigentlichen Daten sind im Speicher auch die Strukturinformationen (Schema- bzw. Metadaten) hinterlegt. Es liegen also auch Informationen über die verwendeten Datentypen und die Beziehungen (Relationen) zwischen den Tabellen vor.

All diese Forderungen werden durch das *DataSet*-Objekt erfüllt. Es repräsentiert – ähnlich wie eine Datenbank – sowohl die Daten als auch die Metadaten und kann auch die Relationen speichern.

Das *DataSet* steht in enger Beziehung zur *Extensible Markup Language* (XML), es lässt sich komplett im XML-Format beschreiben und serialisieren bzw. abspeichern.

Ohne XML geht gar nichts mehr

Mittlerweile ist XML zu einem grundlegenden Standard geworden. Auch unter ADO.NET basieren neben dem *DataSet* viele weiteren Elemente auf XML, wobei primärer Einsatzzweck der Datenaustausch zwischen den verschiedenen Schichten einer Web-Applikation ist. Man verwendet diese Beschreibungssprache aber auch z.B. zum Ablegen der Daten im Arbeitsspeicher bzw. auf der Festplatte. Umgekehrt können Sie eine XML-Datei wie jede andere Datenquelle verwenden, um z.B. ein *DataSet* daraus zu erstellen.

Hier die wichtigsten Vorteile:

- **XML ist textbasiert**
  Da die XML-Darstellung keine binären Informationen verwendet, kann sie über jedes textbasierte Protokoll (z.B. HTTP) verschickt werden. Eine Blockade durch Firewalls ist unwahrscheinlich, da sich diese in der Regel nur gegen binäre Dateien richtet.

- **XML ist standardisiert**
  Aufgrund des einheitlichen Formats können die Datenkomponenten Ihrer Anwendung Daten mit jeder anderen Komponente in jeder anderen Anwendung austauschen, so lange diese Komponente XML versteht. Damit wird ein hohes Maß an Austauschbarkeit zwischen völlig verschiedenen Anwendungstypen erreicht.

> **HINWEIS**   Entwarnung für all diejenigen, die befürchten, schon wieder eine neue Sprache erlernen zu müssen: ADO.NET konvertiert Daten nach Bedarf automatisch in das und aus dem XML-Format. Der Zugriff auf die XML-Daten erfolgt meist über gewöhnliche Programmiermethoden.

LINQ to XML

Mit Einführung der LINQ-Technologie vereinfachte sich auch der Zugriff auf XML-Dokumente, denn diese können mit LINQ to XML nach dem gleichen Muster abgefragt werden, wie beispielsweise Datenbanken mit LINQ to SQL.

SQL

Wer bis jetzt noch ohne SQL[1]-Kenntnisse über die Runden gekommen ist, für den ist bei ADO.NET endgültig das Ende der Fahnenstange erreicht. Das gilt trotz, oder gerade wegen LINQ to SQL. Sie sollten sich zumindest Grundkenntnisse angeeignet haben, bevor Sie mit LINQ to SQL oder Entity SQL zu größeren Sprüngen abheben wollen.

Für all diejenigen, die bezüglich SQL noch Nachholbedarf haben, bietet das Kapitel 17 reichlich Übungsstoff.

---

[1] *Structured Query Language*

ASP.NET

ASP.NET ist keine Programmiersprache, sondern eher eine Technologie, die mit Hilfe einer bestimmten Programmiersprache (VB, C#, ...) umgesetzt wird. ASP.NET liefert dynamische Webseiten, die auf dem Server »intelligent« erzeugt werden, wobei der Client nach wie vor reines HTML »sieht«. Im Unterschied zum alten ASP[1] ist dank der Code Behind-Technologie von ASP.NET die Programmierung erheblich vereinfacht (siehe Einführungsbeispiel 1.4 bzw. Kapitel 20).

OOP

Wer beim Querlesen dieses Buchs glaubt, sofort mit der Datenbankprogrammierung beginnen zu können, ohne sich vorher mit den gnadenlos OOP[2]-orientierten Konzepten von Visual Basic beschäftigt zu haben, der wird wahrscheinlich größere Schwierigkeiten beim Nachvollziehen der Beispiele bekommen.

Man sollte schon etwas mit Begriffen wie Klassenbibliothek, Instanz, Konstruktor, Collection, überladene Methoden etc. anfangen können, denn diese Kenntnisse werden zum Verständnis des folgenden Stoffes im Sinn von Handwerkszeug einfach vorausgesetzt und nicht noch einmal grundlegend erläutert.

HINWEIS   Nochmals empfehlen wir deshalb dem Newcomer in Sachen .NET-Datenbankprogrammierung das vorhergehende Studium eines entsprechenden VB-Einsteigerbuchs.

Entity Framework

Und zu guter Letzt sind wir bei der Verknüpfung von OOP und Datenbanken angekommen. Das moderne Entity Framework schlägt die Brücke zwischen relationalen Datenbanken einerseits und objektorientierter Programmierung andererseits. Ein neutrales Datenmodell verbindet die beiden Schichten miteinander. Der Programmierer kümmert sich primär nur noch um Objekte und Collections, das Framework hingegen um die Persistenz (mehr dazu im Kapitel 12).

Ein Wort zum .NET-Sicherheitskonzept

Computer im Internet waren schon immer ein potenzielles Angriffsziel für Hacker und Virenattacken. Da der Grundgedanke von .NET auf der Verwendung verteilter Komponenten im Internet basiert, ist ein völlig neues Sicherheitskonzept erforderlich, welches sich deutlich von dem des klassischen (unsicheren) Codes im Internet abgrenzt. Das .NET-Framework stellt dazu ein ausgeklügeltes Sicherheitsmodell zur Verfügung, in welchem Sie durch entsprechende Konfiguration des Sicherheitssystems die Programmausführung und den Codezugriff von zugeordneten Berechtigungen abhängig machen können.

Wie es früher einmal war

In alten Zeiten vor .NET konnten lokale Netzwerke bzw. Computer nur als isolierte Bereiche gesehen werden, die den Zugriff auf ihre Ressourcen zwei Hauptgruppen von Benutzern etwa wie folgt ermöglichten:

- Lokale Benutzer mit differenzierten Rechten
- Anonyme externe Benutzer mit pauschalen Rechten

---

[1] *Active Server Pages*

[2] *Object Oriented Programming*

Eine wichtige Rolle in diesem klassischen Sicherheitskonzept spielt der Firewall, der viele Zugriffe von außen gänzlich abblocken muss, da das System nicht in der Lage ist, zwischen »guten« und »bösen« Absichten externer Benutzer zu unterscheiden.

Es dürfte klar sein, dass dieses defensive Konzept für die der .NET-Philosophie zugrunde liegenden Interaktion verteilter Komponenten im Internet völlig unbrauchbar ist, weil die Zugriffe im Allgemeinen nicht von Benutzern, sondern von anderen Komponenten ausgehen. Wie sollen sich da Zugriffskennungen sinnvoll verwalten lassen, wie die pauschalen Rechte risikolos verteilt werden?

In .NET wird diese Frage zunächst dadurch beantwortet, dass man Kommunikation und Objekttransfer grundsätzlich über das HTTP- bzw. XML-Protokoll abwickelt und damit die bestehenden Firewall-Lösungen umgeht. Aber dies allein reicht nicht aus.

Sicherheitsmechanismen

Nicht nur die Ausführung sicheren Codes aus dem Internet ist das Ziel von .NET-Anwendungen, sondern auch seine lokale Einbindung. Die Anwendungen sollen in der Lage sein, fremde Assemblies herunterzuladen, um sie anschließend auf dem lokalen Rechner risikofrei auszuführen.

Bereits auf Code-Ebene werden deshalb von der CLR (*Common Language Runtime*) alle Zugriffe auf eine Assembly kontrolliert. In Abhängigkeit von Herkunft und Identifikation des auszuführenden Codes (Wurde er lokal erzeugt? Hat er eine vertrauenswürdige Signatur? Stammt er aus einem Netzwerkpfad oder einem Download?) werden ihm unterschiedlich eingeschränkte Ausführungsrechte auf dem System erteilt.

Das bedeutet, dass nur Assemblies mit einem *strong name* erweiterte Ausführungsmöglichkeiten erhalten. Unter *strong name* versteht man eine Benennung, die mittels eines *PublicKeyToken* aus einer digitalen Signatur generiert wurde.

Bei der Vergabe von Rechten sind immer zwei Schritte zu unterscheiden:

- **Authentifizierung**
  … dient lediglich der Identifikation, vergleichbar mit einem Reisepass

- **Autorisierung**
  … erlaubt bzw. sperrt den Zugriff auf einzelne Module nach den Regeln der Assembly, vergleichbar mit einem Visum

Der Sicherheitsmechanismus der CLR blockt aber nicht nur ab, sondern informiert die zugreifende Anwendung auch über die ihr zustehenden Rechte, um ihr die Chance zum Abbruch unzulässiger Aktionen zu geben. So können die von der CLR für den Zugriff auf eine Assembly getroffenen Sicherheitsentscheidungen mittels SOAP (*Simple Object Access Protocol*) in einem Sicherheitsticket an andere Anwendungen bzw. Komponenten weitergereicht werden.

Natürlich sind all diese allgemeinen Ausführungen für den Einsteiger zunächst nur graue Theorie, die erst beim Nachvollzug der zahlreichen praktischen Beispiele dieses Buchs mit Leben erfüllt wird.

Was ist neu in .NET 4.5/Visual Studio 2012?

In diesem Abschnitt wollen wir in gebotener Kürze auf einige wichtige Neuerungen hinweisen, die mit der Version 4.5 des .NET Frameworks auf den VB-Datenbankprogrammierer zugekommen sind[1].

ADO.NET und SQL-Server

Neben vielen kleineren Änderungen und Ergänzungen sind vor allem die folgenden Features erwähnenswert:

Asynchrone Methoden

In der .NET 4.5-Klassenbibliothek wurden (im Gefolge von *Async* und *Await*) die Objekte *Connection*, *Command* und *DataReader* mit neuen asynchronen Task-orientierten Methoden nachgerüstet.

SQL-Server

In der Standardinstallation von Visual Studio 2012 ist kein *SQL Server Express* mehr enthalten. Stattdessen ist der speziell für die Bedürfnisse des Entwicklers ausgelegte *LocalDb* zusammen mit dem entsprechenden Provider enthalten, d.h., *SqlClient* unterstützt Verbindungen mit LocalDB-Datenbanken!

Sicherheit

- Bei Verwendung von SQL Server-Authentifizierung kann ein Kennwort als SecureString übergeben werden
- Die Verbindung schlägt fehl, wenn *TrustServerCertificate=False* und *Encrypt=True* ist. Der Servername (oder die IP-Adresse) in einem SQL Server SSL-Zertifikat muss genau dem Servernamen (oder der IP-Adresse) in der Verbindungszeichenfolge entsprechen[2].
- SqlClient unterstützt den erweiterten Schutz

Entity Framework

- Das Enity Framework liegt mittlerweile in der Version 5 vor (6 steht vor der Tür). Das Framework basiert jetzt auf .NET 4.5 und ist damit nicht mehr unter XP lauffähig.
- Neue Projekte werden jetzt standardmäßig mit *DbContext* und nicht mehr *ObjectContext* erzeugt
- Mit der Version 5 wurden eine ganze Reihe von Neuerungen (Designer, Modell-Import, Enums, geografische Datentypen ...) und APIs (Code-First) eingeführt, auf die wir im Detail in Kapitel 12 eingehen.

---

[1] Für den Einsteiger ist dieser Abschnitt allerdings wenig informativ, er sollte ihn deshalb überspringen. Der vorbelastete Leser erhält umfassende Informationen in den einschlägigen MSDN-Dokumenten.

[2] Diese Änderung kann Auswirkung auf ältere Anwendungen haben.

Die neue Visual Studio 2012 Entwicklungsumgebung

Das User Interface von Visual Studio 2012 wurde, aus welchen Gründen auch immer, deutlich umgestaltet und ist – unter weitgehendem Verzicht auf 3D-Effekte – vornehmlich in tristes Grau gehüllt[3]. Der Umsteiger wird einige Zeit brauchen, um altbekannte Funktionen an anderer Stelle wiederzufinden.

Neues Outfit der Symbolleiste

Die neue Schnellstart-Box (oben rechts) soll die die bequeme Suche nach momentan verfügbaren Befehlen und deren Auswahl in einer Dropdown-Liste ermöglichen.

Sehr gewöhnungsbedürftig ist die komplette Großschreibung der Menü-Oberpunkte.

Wem dieser aufdringliche Stil partout nicht gefällt, für den gibt es eine Lösung: Rufen Sie die Registry auf (*regedit* im Suchfeld des Windows-Startmenüs eingeben). Unter dem Schlüssel *HKEY_CURRENT_USER\-Software\Microsoft\VisualStudio\11.0\General* erzeugen Sie einen neuen DWORD-Eintrag mit dem Namen *SuppressUppercaseConversion* und weisen diesem den Wert 1 zu.

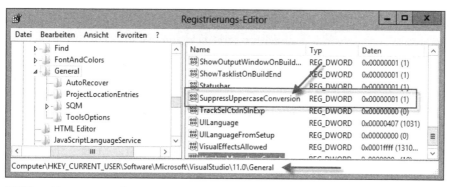

Abbildung 1.3   Dieser Eingriff in die Registry verändert die Hauptmenüleiste

Nach dem Neustart von Visual Studio werden Sie ab jetzt von einem viel freundlicheren Menü begrüßt:

Abbildung 1.4   Die geänderte Hauptmenüleiste

Veränderter Projektmappen-Explorer

Der Projektmappen-Explorer ist zum »Mädchen für alles« mutiert und unterstützt jetzt auch die Navigation durch das Objektmodell, Volltextsuche und mehr. Zum Beispiel können Sie eine .*vb*-Datei expandieren, um die Klassen innerhalb der Datei zu betrachten, dann die Klasse weiter expandieren, um ihre Mitglieder und deren Aufrufhierarchien zu untersuchen.

---

[3] Die Alternative, die Sie unter *Tools/Optionen* wählen können, wäre eine gruselige schwarze Bedienoberfläche.

Registerkartenverwaltung der geöffneten Dateien

Hier sollten Sie sich an eine interessante Neuigkeit gewöhnen: Haben Sie bisher eine Datei per Doppelklick im Projektmappen-Explorer geöffnet, so gibt es nunmehr die zusätzliche Möglichkeit, die Datei per Einfachklick als Vorschau temporär zu öffnen.

Suchen überall

In Visual Studio 2012 wird jetzt die (mehr oder weniger sinnvolle) Suche nach zahlreichen Features an zahlreichen Orten fast bis zur Perversion betrieben: Projektmappen-Explorer, Verweis hinzufügen, Integrierte Schnellsuche, Test Explorer, Fehlerliste, Parallel Watch, Werkzeugkasten, Team Foundation Server (TFS) u.a.

Neuer Verweis Manager-Dialog

Der sich öffnende Verweis-Manager bietet eine Übersicht über .NET-Komponenten im Global Assembly Cache und in den in der Registry gespeicherten Suchpfaden, zu Projekten in der gleichen Projektmappe und COM-Komponenten. Enthalten ist auch ein Browser zur Suche nach Assemblies.

Projekt-Kompatibilität

Visual Studio 2012 bietet jetzt die Projekt-Kompatibilität als spezielles Feature, sodass ein Projekt-Upgrade als gemeinsamer Schritt im Team nicht erforderlich ist. Projektdateien, die unter Visual Studio 2010 erzeugt wurden, bleiben auch nach ihrem Öffnen in Visual Studio 2012 unverändert. Wenn also ein Entwickler im Team ein Visual Studio 2010 Projekt in Visual Studio 2012 öffnet und den gemeinsamen Code ändert, können andere Entwickler dasselbe Projekt unter Visual Studio 2010 SP1 öffnen. Umgekehrt können auch Entwickler für Visual Studio 2012-Projekte daran gemeinsam mit anderen Entwicklern arbeiten, die Visual Studio 2010 SP1 verwenden.

HINWEIS Die Projekt-Kompatibilität in Visual Studio 2012 funktioniert nur ab Visual Studio 2010 SP1, alternativ werden Sie aufgefordert, das Projekt zu konvertieren.

Neue Projekttypen

Die meisten neuen Projekttypen gibt es bei den neuen Windows Store-Anwendungen und bei JavaScript, sie sind allerdings nur verfügbar, wenn Visual Studio 2012 auf einem Windows 8-System läuft. Diese Applikationen (Apps) benötigen die Windows Runtime (WinRT) und können in Visual Basic, C#, C++ oder JavaScript entwickelt werden. Achten Sie bei den einzelnen Projekttypen immer auch auf die jeweils unterstützte Framework-Version:

HINWEIS Visual Studio 2012 kann bis zurück zur Version 2.0 kompilieren. Bei älteren Versionen fehlen dann allerdings viele Projekt-Vorlagen.

Zusätzliche Tools und Features

Hervorzuheben ist die Integration von Expression Blend in die Visual Studio-IDE, davon profitieren Sie als WPF-Entwickler. Auch Visual Studio LightSwitch, die Entwicklungsumgebung für das Rapid Application Development (RAD), sowie das Application Lifecycle Management (ALM) gehören jetzt dazu.

Neuheiten im .NET Framework 4.5

Auch hier wollen wir nur die unserer Meinung nach wichtigsten Features hervorheben:

WinRT-Anwendungen

Unter Windows 8 kann eine Teilmenge von .NET Framework 4.5 zum Erstellen von Windows-Apps im WinRT-Stil verwendet werden. Allerdings werden Sie feststellen, dass derzeit nur eine rudimentäre Unterstützung für Datenbanken integriert ist, als Kommunikationswege bleiben Ihnen eigentlich nur WCF-Dienste bzw. Webservices.

Portable Klassenbibliotheken

Ein *Portable Klassenbibliothek*-Projekt erlaubt das Erstellen von verwalteten Assemblies für mehrere .NET-Framework-Plattformen. Nachdem Sie sich für die Zielplattform (Windows Phone, .NET für Windows Store-Apps) entschieden haben, werden die verfügbaren Typen und Mitglieder automatisch auf diese Plattformen beschränkt.

Parallele Computervorgänge

Das Framework 4.5 enthält mehrere neue Funktionen und Erweiterungen für parallele Berechnungen. Dazu gehören die verbesserte Unterstützung für asynchrone Programmierung, die optimierte Unterstützung für paralleles Debuggen und eine neue Datenflussbibliothek.

Internet

Hinzugekommen sind einige neue Funktionen für ASP.NET 4.5: Unterstützung für neue HTML5-Formulartypen, für das asynchrone Lesen und Schreiben von HTTP-Anforderungen und -Antworten, für asynchrone Module, für die E-Mail-Adressen-Internationalisierung (EAI) und für das WebSockets-Protokoll.

WPF

Mit dem *Ribbon*-Steuerelement können Sie eine Menüband-Benutzeroberfläche programmieren, die ein Anwendungsmenü und eine Symbolleiste für den Schnellzugriff enthält.

Die Datenvalidierung wird durch eine neue *INotifyDataErrorInfo*-Schnittstelle unterstützt.

Auch die Datenbindung an statische Eigenschaften und an benutzerdefinierte Typen, die die *ICustomTypeProvider*-Schnittstelle implementieren, ist möglich geworden.

WCF

Hervorzuheben ist hier vor allem die Unterstützung für die Contract-First-Entwicklung sowie für asynchrones Streaming.

VB 2012 – Sprache und Compiler

Wie die folgende Tabelle zeigt, sind die wirklichen Neuerungen im Vergleich zu denen der Vorgängerversionen relativ bescheiden.

IDE	Wichtigste Neuerungen in Visual Basic					
VS 2002	Managed Code					
VS 2005	Generics	Nullable Types		Operatoren-Überladung	Partielle Klassen	
VS 2008	Lambda-Ausdrücke	Erweiterungs-methoden	Objekt-initialisierer	Anonyme Typen	LINQ	Typinferenz
VS 2010	Late Binding (dynamisch)	Mehrzeilige Lambda-Ausdrücke		Collection-Initialisierer	Parallele Programmierung (TPL) PLINQ	
VS 2012	Asynchrone Features (Async, Await)	Caller Information		Iteratoren (Yield)		

Tabelle 1.1 Neuerungen in Visual Basic

Asynchrone Methoden

Es wurden zwei neue Schlüsselwörter eingeführt: der *Async*-Modifizierer und der *Await*-Operator. Eine mit *Async* markierte Methode heißt »asynchrone Methode«. Es ergeben sich dadurch teilweise erhebliche Vereinfachungen für den Programmierer.

Caller Information

Dieses neue Feature kann hilfreich sein beim Debugging und beim Entwickeln von Diagnose-Tools. So kann doppelter Code vermieden werden, wie zum Beispiel beim Logging und Tracing.

Iteratoren

Was unter C# schon lange möglich war, geht jetzt auch mit Visual Basic: Sie können das *Yield*-Statement verwenden, um mittels *For Each*-Schleife durch selbst definierte Collections zu iterieren.

Ein wenig Datenbanktheorie

Obwohl dieses Kapitel bis jetzt direkt auf die Praxis zielte, sollte damit keinesfalls der Eindruck erweckt werden, dass ein Datenbankprogrammierer ganz ohne abstrakte theoretische Grundlagen auskommt. Auch in unserem Buch können wir nicht ganz darauf verzichten. In diesem Abschnitt sollen deshalb die übergreifenden (allgemeinen) Begriffe und Konzepte Relationaler Datenbanken in gebotener Kürze erörtert werden:

- Normalisieren von Tabellen
- Tabellenoperationen
- Begriffsbestimmungen

Normalisieren von Tabellen

Zieht man die Tatsache in Betracht, dass die Lebensdauer der Stammdaten eines Unternehmens im Allgemeinen weit über die von Hard- und Software hinausgeht, können die aus einem dilettantischen Datenbankentwurf resultierenden Verluste gewaltig sein.

Die optimale Aufteilung einer relationalen Datenbank in mehrere Tabellen ist ein schrittweiser Prozess, der auch als *Normalisierung* bezeichnet wird. In den Einführungsbeispielen am Schluss dieses Kapitels werden wir eine »normalisierte« Datenbank verwenden, ohne uns über die zweckmäßige Aufteilung der Tabellen einen Kopf gemacht zu haben. Das hatte seinen guten Grund, denn ein effektiver Datenbankentwurf ist eine ziemlich komplexe Angelegenheit und für den Einsteiger ziemlich abstrakt und abschreckend. Manche betrachten das Ganze sogar mehr als Kunst denn als Wissenschaft. Das bedeutet, dass auch die Intuition eine größere Rolle dabei spielt.

Es gibt eine ziemlich abstrakte »Theorie des Datenbankentwurfs«, die allerdings Sache der Fachliteratur ist. In diesem Zusammenhang sei auf einen gewissen *E. F. Codd* verwiesen, der 1970 das Modell der relationalen Datenbank definierte und dafür zwölf Regeln aufstellte. Ziel dieses Abschnitts soll es lediglich sein, dem Einsteiger einen allgemeinen Überblick zu vermitteln, ohne ihn mit allzu vielen Details zu belästigen. Wir wollen das am praktischen Beispiel einer Firmen-Datenbank nachvollziehen, deren Ziel das Abspeichern von Rechnungsdaten ist.

Ausgangstabelle

Wir notieren zunächst einmal aus dem Stegreif eine erste Version einer Tabelle mit dem Namen *Rechungen*, in welche wir alle benötigten Informationen hineinpacken (Rechnungsdatum, Rechnungsbetrag, Kundennummer, Kundenname, Kundenort, Artikelnummer, Artikelname):

ReNr	ReDatum	ReBetrag	KuNr	KuName	KuOrt	ArtNr	ArtName
1	12.09.11	1.500	2	Müller	Berlin	2, 4, 11	Tisch, Stuhl, Lampe
2	15.10.11	950	5	Schultze	München	3	Sofa
3	17.01.12	1.025	1	Mayer	Hamburg	2, 4	Tisch, Stuhl

Tabelle 1.2 *Rechnungen*: Erster Entwurf

Aus Gründen der Übersichtlichkeit bleiben in unserem Beispiel diese Informationen auf das absolute Minimum reduziert (Artikelpreis und -anzahl fehlen zum Beispiel, könnten aber problemlos ergänzt werden).

Nach näherem Hinsehen sticht uns bereits ein gravierender Mangel ins Auge:

In den Feldern *ArtNr* und *ArtName* sind *mehrfache Merkmalswerte* eingetragen. Wenn ein Kunde viele Artikel kauft, passen diese möglicherweise nicht mehr alle in das dafür vorgesehene Feld. Wir müssen deshalb die Tabelle umstrukturieren, um die *Erste Normalform* zu erreichen.

Erste Normalform

Eine Tabelle hat dann die erste Normalform (1NF), wenn sie nur einfache Merkmalswerte enthält.

Durch einfaches Umgruppieren der Daten erreichen wir die 1NF:

ReNr	ReDatum	ReBetrag	KuNr	KuName	KuOrt	ArtNr	ArtName
1	12.09.11	1.500	2	Müller	Berlin	2	Tisch
1	12.09.11	1.500	2	Müller	Berlin	4	Stuhl

Tabelle 1.3 *Rechnungen*: Erste Normalform

ReNr	ReDatum	ReBetrag	KuNr	KuName	KuOrt	ArtNr	ArtName
1	12.09.11	1.500	2	Müller	Berlin	11	Lampe
2	15.10.11	950	5	Schultze	München	3	Sofa
3	17.01.12	1.025	1	Mayer	Hamburg	2	Tisch
3	17.01.12	1.025	1	Mayer	Hamburg	4	Stuhl

Tabelle 1.3 *Rechnungen*: Erste Normalform *(Fortsetzung)*

Mit diesem Anblick sollten wir uns aber keinesfalls zufrieden geben, da die gleichen Daten (Adresse des Kunden, Artikelname) mehrfach abgespeichert sind, es liegen also viele überflüssige Informationen vor, man spricht von *Redundanz*. Abgesehen von der Speicherplatzverschwendung stellen Sie sich bitte vor, ein Kunde wechselt seinen Wohnort. Sie müssten dann möglicherweise sehr viele Datensätze ändern, und wehe, Sie haben dabei einen vergessen! Lasst uns also etwas gegen diese lästige Redundanz unternehmen.

Zweite Normalform

Eine Tabelle weist dann die zweite Normalform (2NF) auf, wenn sie sich in der 1NF befindet und wenn jedes Merkmal (außer dem Schlüssel) unmittelbar vom Schlüssel abhängt.

Wie wir sehen, sind z.B. die Merkmale *KuNr*, *KuName*, *KuOrt*, *ArtNr* und *ArtName* vom Wert des Schlüssels (*ReNr*) unabhängig, sie widersprechen also der 2NF. Sie glauben es nicht? Dann überzeugen Sie sich bitte selbst davon, dass es zu jeder Rechnungsnummer nur ein bestimmtes Rechnungsdatum und einen bestimmten Rechnungsbetrag gibt. Der Inhalt der übrigen (unabhängigen) Felder wiederholt sich aber teilweise, da er mit der Rechnungsnummer nicht 1:1 gekoppelt ist.

Offenbar genügt eine einzige Tabelle nicht mehr, um die Forderungen der 2NF zu erfüllen. Wie wir im Folgenden sehen, erzwingt die 2NF die Aufteilung unserer Ausgangstabelle in mehrere Einzeltabellen (Entitäten), die bestimmten »Sachgebieten« entsprechen müssen:

KuNr	KuName	KuOrt
1	Mayer	Hamburg
2	Müller	Berlin
5	Schultze	München

Tabelle 1.4 Tabelle *Kunden*

ReNr	KuNr	ReDatum	ReBetrag
1	2	12.09.11	1500
2	5	15.10.11	950
3	1	17.01.12	1025

Tabelle 1.5 Tabelle *Rechnungen*

ReNr	ArtNr	ArtName
1	2	Tisch
1	4	Stuhl
1	11	Lampe
2	3	Sofa
3	2	Tisch
3	4	Stuhl

Tabelle 1.6 Tabelle *Artikel*

So richtig können wir uns aber auch an diesen drei Tabellen nicht erfreuen, zumindest die *Artikel*-Tabelle erregt unseren Unmut. Nach längerem Hinsehen entdecken wir nämlich wieder untrügliche Spuren der vermaledeiten Redundanz: Der gleiche Artikelname taucht mehrfach auf! Der Entschluss »Ach, lassen wir das doch so stehen ...« kann schnell zum Albtraum werden: Haben Sie vielleicht Lust, jede Menge Einträge nachträglich zu korrigieren, nur wenn sich z.B. später die Bezeichnung »Tisch« in »Schreibtisch« ändern sollte? Also knöpfen wir uns wohl oder übel noch einmal die *Artikel*-Tabelle vor (die *Kunden*- und die *Rechnungen*-Tabelle bleiben unverändert).

Dritte Normalform

Die dritte Normalform (3NF) einer Tabelle liegt dann vor, wenn sie sich in der 2NF befindet und wenn ihre Merkmale (außer Schlüssel) untereinander unabhängig sind, d.h., es dürfen keine transitiven Abhängigkeiten bestehen.

Dem Sinn dieser Definition kommt man erst nach längerem Grübeln auf die Spur. Was versteht man unter »transitiven Abhängigkeiten«? Aber halt, zäumen wir doch besser das Pferd von hinten auf und betrachten wir erst einmal ein Gegenbeispiel anhand der Tabelle *Kunden*, die offenbar über den Verdacht transitiver Abhängigkeiten völlig erhaben ist. In der Tat, der Kundenort ist nicht abhängig vom Kundennamen, denn der Kunde kann den Ort wechseln, oder es können mehrere Kunden im gleichen Ort wohnen. Etwas anders sieht es bei der *Artikel*-Tabelle aus. Der Name des Artikels ist fest an die Artikelnummer gekoppelt, mehrere Artikel dürfen nicht die gleiche Nummer haben, es besteht also eine transitive Abhängigkeit der Merkmale *ArtNr* und *ArtName*, die es zu beseitigen gilt. Dazu splitten wir die ursprüngliche *Artikel*-Tabelle in zwei Tabellen (*Rechnungsdaten* und *Artikel*) auf:

ReNr	ArtNr
1	2
1	4
1	11
2	3
3	2
3	4

Tabelle 1.7 Tabelle *Rechnungsdaten*

Eine Tabelle, wie die obige, bezeichnet man auch als *Interselektionstabelle*.

ArtNr	ArtName
2	Tisch
4	Stuhl
3	Sofa
11	Lampe

Tabelle 1.8 Tabelle *Artikel*

Nunmehr besteht unsere Datenbank aus vier Tabellen (*Kunden*, *Rechnungen*, *Artikel*, *Rechnungsdaten*), die alle die dritte Normalform (3NF) aufweisen, die Datenbasis ist quasi normalisiert.

Zwar kennt die Theorie noch weitere Normalformen, aber dies ist eine Angelegenheit der Spezialliteratur. Für die überwiegende Mehrheit praktischer Einsatzfälle dürfte das Erreichen der 3NF ausreichend sein.

HINWEIS   Hüten Sie sich vor einem »Normalisierungswahn«, der zu einer unüberschaubaren Vielzahl kleiner Tabellen (und der dafür erforderlichen künstlichen Schlüssel!) führen kann.

Einen kleinen Vorgeschmack auf derlei Auswüchse vermittelt die *Rechnungsdaten*-Tabelle, die quasi nur noch aus Schlüsselverweisen (Fremdschlüssel) besteht und ansonsten keine echten Felder mehr enthält. Auch die Performance des Datenbanksystems (Antwortverhalten) leidet unter einer Übernormalisierung, die Fehleranfälligkeit wächst als Folge der Komplexität.

Angestrebtes Ziel des Normalisierungsprozesses sollte stets ein optimaler Kompromiss zwischen System-leistung und Redundanzfreiheit sein. Leider liefern auch die zu vielen Datenbanksystemen mitgelieferten »Experten« in der Regel eine übernormalisierte Tabellenaufteilung. Verzichten Sie deshalb besser auf derlei »Bärendienste« und verlassen Sie sich lieber auf Ihren gesunden Menschenverstand!

Normalisierung nach dem Prinzip »Faule Sekretärin«

Wem das schrittweise Normalisieren der Tabellen einer Datenbank gar zu lästig ist, für den mag auch fol-gende rein pragmatische Vorgehensweise zu brauchbaren Resultaten führen.

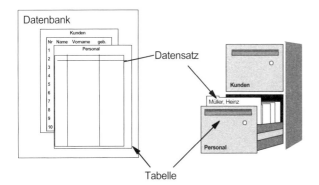

Abbildung 1.5 Analogie für relationale Datenbank

Versetzen Sie sich in die Rolle einer faulen, aber pfiffigen Sekretärin, die das Rechnungswesen der Firma mit einem System von Karteikästen verwalten soll. Sehr schnell wird die Sekretärin auf den Dreh kommen, dass es wenig Sinn und viel Arbeit macht, wenn sie nur einen einzigen Karteikasten (für jede Rechnung eine Karte) verwendet. Das Ändern der Anschrift eines einzigen Kunden oder die Preisänderung eines Artikels würde sie mit wachsendem Datenbestand zu immer mehr ungewollten Überstunden zwingen. Nach und nach würde sie zwangsläufig zunächst die Kunden und dann die Artikel in eigene Karteikästen auslagern und so – ohne jedes Verständnis der theoretischen Hintergründe – bis zur zweiten oder gar dritten Normalform vorstoßen!

Verknüpfen von Tabellen

Durch die Normalisierung unserer Datenbank ist deren Struktur verloren gegangen, und die ursprünglichen Beziehungen zwischen den Daten existieren nicht mehr. Indem wir die Tabellen miteinander verknüpfen, wollen wir die alten Beziehungen restaurieren.

Im Folgenden wollen wir die wichtigsten Beziehungen unter die Lupe nehmen.

1:1-Beziehung

In einer 1:1-Beziehung existiert für jeden Datensatz in Tabelle 1 genau ein Datensatz in Tabelle 2. Theoretisch könnte diese Beziehung aufgelöst werden, denn die Daten aus Tabelle 2 lassen sich auch in Tabelle 1 speichern. Es gibt allerdings Fälle, in denen 1:1-Beziehungen sinnvoll sind:

- Sicherheitsaspekte (die vertraulichen Daten werden in einer separaten Tabelle gespeichert, auf die nicht jeder Zugriff hat)

- Performance (selten gebrauchte Daten werden in eine zweite Tabelle ausgelagert, die relevanten Daten befinden sich alle in nahe liegenden Sektoren)

- Einschränkungen (das Datenbanksystem stellt nicht genügend Tabellenspalten zur Verfügung, um alle Attribute in einer Tabelle zu speichern)

Damit nicht jeder Mitarbeiter, der auf Tabelle 1 zugreifen kann, erfährt, wie viel sein Kollege verdient bzw. wie oft er krank war, werden diese Informationen in einer zweiten Tabelle gespeichert, auf die nur einige auserwählte Mitarbeiter zugreifen können.

Tabelle 1				Tabelle 2		
Nr.	Name	Vorname		Nr.	Gehalt	Krankentage
234	Naumann	Karin		234	5367,30	5
235	Wetzel	Kurt		235	4341,10	7
236	Hans	May		236	2500,20	47
237	Otto	Werner		237	7000,00	3
238	Specht	Dieter		238	1212,50	1
239	Lehmann	Isolde		239	3465,10	0
240	Mayer	Hans		240	4132,32	10

1:1

Abbildung 1.6 1:1-Beziehung

1:n-Beziehung

1:n-Beziehungen sind dadurch gekennzeichnet, dass zu einem Datensatz in Tabelle 1 beliebig viele Datensätze (0 ... n) in Tabelle 2 existieren können.

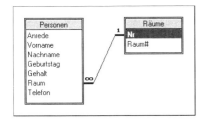

Abbildung 1.7 1:n-Beziehung

Umgekehrt gilt: Zu jedem Datensatz in Tabelle 2 gibt es genau einen Datensatz in Tabelle 1.

Wie Sie der folgenden Abbildung entnehmen können, arbeiten im Raum *A20* drei Personen, in Raum *A64* zwei Personen usw. Da diese Beziehung auch in SQL-Abfragen genutzt werden kann, ist es z.B. kein Problem, einen Raumbelegungsplan zu erstellen.

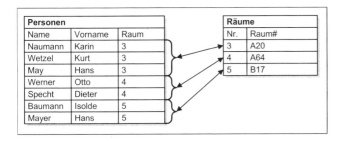

Abbildung 1.8 Beispiel aus der *Firma*-Datenbank

n:m-Beziehung

Als Beispiel für eine n:m-Beziehung soll die Mitgliedschaft von Personen in Vereinen herhalten. *N* Personen können Mitglied in *m* Vereinen sein. Allerdings genügen für die Darstellung dieser Beziehung nicht zwei Tabellen (Personen, Vereine), sondern es wird eine weitere Zwischentabelle benötigt, welche die n:m-Beziehung in zwei 1:n-Beziehungen überführt.

Wie Sie der folgenden Abbildung entnehmen können, ist es problemlos möglich, dass ein und dieselbe Person Mitglied in beliebig vielen Vereinen sein kann.

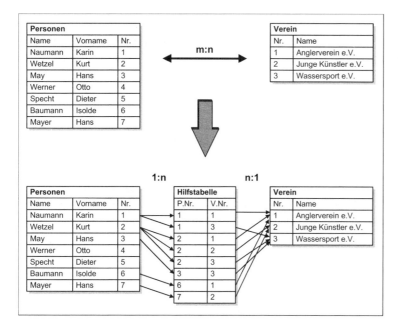

Abbildung 1.9 n:m-Beziehung

Für jeden Verein eine eigene Tabelle mit der Mitgliederliste zu erstellen, dürfte keine gute Idee sein, ist doch eine zusammenhängende redundanzfreie Darstellung auf diese Weise illusorisch.

Beziehungsdiagramm der FIRMA-Datenbank

Wir wollen uns an Hand der folgenden Abbildung einen Überblick über die grundlegenden Beziehungen zwischen allen Tabellen der FIRMA-Datenbank verschaffen.

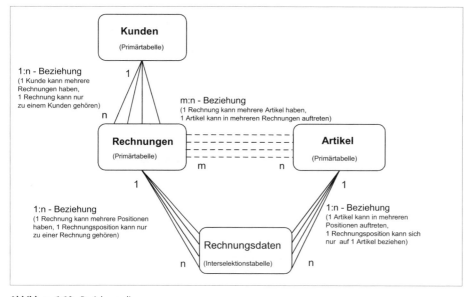

Abbildung 1.10 Beziehungsdiagramm

Aus dem Beziehungsdiagramm gewinnen wir folgende allgemein gültigen Erkenntnisse, die auch als Resultat der einzelnen Normalformen zu interpretieren sind:

- Eine m:n-Beziehung, wie sie zwischen den Tabellen *Rechnungen* und *Artikel* besteht, kann so nicht nachgebildet werden. Sie muss mit Hilfe einer *Interselektionstabelle* (*Rechnungsdaten*) in zwei 1:n-Beziehungen aufgelöst werden. Dies ist unter anderem Ergebnis der 1NF und 3NF.

- Nur Primärtabellen, wie *Kunden*, *Artikel* und *Rechnungen* müssen einen (künstlichen) Schlüssel haben. Die Entstehung dieser Tabellen kann man als Ergebnis der 2NF betrachten.

- Fremdschlüssel verweisen auf den Primärschlüssel einer anderen Tabelle. In unserem Beispiel haben die Tabellen *Rechnungen* und *Rechnungsdaten* einen bzw. zwei Fremdschlüssel.

- Als Verknüpfungsziele dienen die Schlüsselfelder der Tabellen, in unserem Fall sind dies die künstlichen Schlüssel *ReNr*, *KuNr* und *ArtNr*. Alle Felder mit Fremdschlüsseln (*ReNr* und *ArtNr* in *Rechnungsdaten* und *KuNr* in *Rechnungen*) sollten hingegen einen Sekundärindex zwecks Beschleunigung des Zugriffs erhalten.

Referenzielle Integrität

Dieser zentrale Begriff taucht immer wieder im Zusammenhang mit verknüpften Tabellen auf. Was passiert, wenn Sie in der FIRMA-Beispieldatenbank einen Kunden aus der *Kunden*-Tabelle löschen? Dann existieren möglicherweise noch »verwaiste« Datensätze in der Tabelle *Rechnungen*, die mit ihrem Fremdschlüssel (*KuNr*) auf einen nun nicht mehr vorhandenen Kunden zeigen. Auch die Tabelle *Rechnungsdaten* enthält nun viele sinnlose Einträge. Stellen Sie sich die verheerenden Auswirkungen in umfangreichen Datenbanken großer Unternehmen vor! Im Insider-Jargon heißt das: »Die Referenzielle Integrität wurde verletzt.« Das Problem *Referenzielle Integrität* wird umso akuter, je mehr Tabellen in Ihrer Datenbank miteinander verknüpft sind. Damit lernen wir eine weitere Schattenseite des angesprochenen »Normalisierungswahns« kennen, der ja bekanntlich eine Vielzahl von Einzeltabellen zur Folge hat.

Datenbank-Prototyp verwenden

Unsere FIRMA-Datenbank ist kein Sonderfall, sondern kann durchaus als Vorbild (Prototyp) für viele andere Datenbankmodelle dienen. Haben Sie eine solche Analogie erkannt, können Sie sich die Normalisierung sparen und (nach formalen Umbenennungen) die Struktur des Prototyps (bzw. Teile davon) direkt übernehmen.

Als Beispiel kann eine *Bibliotheks*-Datenbank dienen, die Analogien zwischen den Tabellen sind im Folgenden dargestellt:

FIRMA	BIBLIOTHEK
KUNDEN	VERLAGE
Nr	Nr
Name	Name
Straße	Straße
Ort	Ort
PLZ	PLZ
Telefon	Ansprechpartner
	Telefon

Tabelle 1.9 Analogie zwischen zwei Datenbanken

FIRMA	BIBLIOTHEK

RECHNUNGEN
  Nr
  Datum
  KundenNr
  Betrag
	TITEL
	  Nr
	  Erscheinungsjahr
	  VerlagsNr
	  ISBN
	  Anzahl

RECHNUNGSDATEN
  RechnungsNr
  ArtikelNr
  ArtikelAnzahl
	TITEL_AUTOR
	  TitelNr
	  AutorenNr

ARTIKEL
  Nr
  Name
  Einkaufspreis
  Verkaufspreis
  Bestand
	AUTOREN
	  Nr
	  Name
	  Vorname
	  Telefon
	  nKontoNr

Tabelle 1.9 Analogie zwischen zwei Datenbanken *(Fortsetzung)*

Analog zur Tabelle RECHNUNGEN steht hier die Tabelle TITEL, in der die einzelnen Bücher erfasst sind, im Mittelpunkt. Die Notwendigkeit einer Interselektionstabelle ergibt sich allein aus der Tatsache, dass einem bestimmten Buchtitel auch mehrere Autoren zugeordnet werden können (genauso wie zu einer Rechnung in der Regel mehrere Artikel gehören). Demgegenüber hat ein Buchtitel immer genau einen Verlag (genauso wie jede Rechnung genau einen Kunden hat).

HINWEIS   Vielleicht haben Sie jetzt endlich auch die erleuchtende Idee, wie Sie Ihre CD-Sammlung mittels einer Datenbank erfassen können!

Weitere wichtige Begriffe

Begriffe wie »NULL«-Werte oder »Sekundärindex« gehören zum Standardvokabular eines jeden Datenbankprogrammierers. In diesem Abschnitt werden wir diese Features näher beleuchten.

Sekundärindex

Normalerweise sind die Datensätze einer Tabelle ungeordnet, d.h., sie sind in der Reihenfolge so abgelegt, wie sie durch den Anwender eingegeben wurden. Das Suchen nach einer bestimmten Information erfordert deshalb das Durchlaufen des gesamten Datenbestandes. Werden nun einige Spalten der Tabelle indiziert, kann der Suchvorgang drastisch beschleunigt werden.

BEISPIEL

Da sehr häufig nach dem Namen eines Kunden gesucht wird, ist das entsprechende Feld (*KuName*) der Tabelle indiziert. Das Datenbanksystem legt dazu eine neue Indextabelle mit einer Liste der Namen an. Diese Tabelle ist alphabetisch geordnet und besitzt einen Querverweis auf den eigentlichen Datensatz in der Kundentabelle. Werden Daten über einen bestimmten Kunden benötigt, genügt die Suche in der geordneten Indextabelle, um über den Querverweis an die Information zu gelangen.

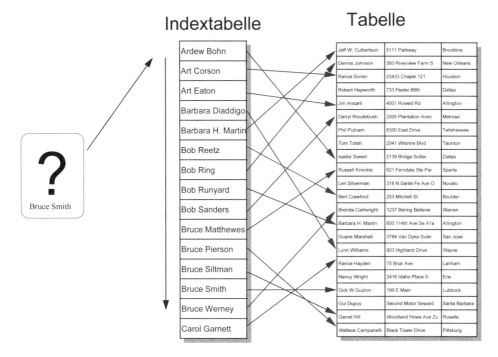

Abbildung 1.11 Sekundärindex

HINWEIS Ein Index lässt sich auch für das Sortieren von Tabellen verwenden. Alle Tabellenfelder, nach denen häufig sortiert werden muss, sollten deshalb indiziert sein.

Den Vorteilen einer Indizierung stehen auch mehrere Nachteile gegenüber:

- Das Einfügen von Datensätzen erfordert nicht nur ein Ändern der Tabelle, sondern auch die Änderung aller enthaltenen Indizes. Dies kann unter Umständen die Bearbeitung verlangsamen.

- Jeder Index stellt eine redundante (überflüssige) Information dar, d.h., es wird zusätzlicher Plattenspeicher benötigt.

NULL-Werte

Bereits in den obigen Beispielen zu Tabellenoperationen war mehrmals von NULL-Werten die Rede. Diese bezeichnen allerdings weder eine numerische Null noch eine leere Zeichenfolge! Mit NULL werden Felder gekennzeichnet, deren Inhalt nicht definiert ist.

BEISPIEL

Sie möchten die Adresse von Herrn Müller in die *Kunden*-Tabelle der FIRMA-Datenbank eintragen. Leider ist die Visitenkarte schon sehr abgegriffen und Sie können die Telefonnummer nicht mehr erkennen. In das Feld für die Telefonnummer werden Sie also vermutlich nichts eintragen. Die Datenbank-Engine füllt dieses Feld deshalb mit einem NULL-Wert.

Beim Entwurf von Datenbanktabellen können Sie gewöhnlich festlegen, ob für bestimmte Felder NULL-Werte zulässig sind, ob ein Standardwert automatisch zugewiesen wird oder ob die Eingabe eines Wertes erzwungen werden soll.

Einführungsbeispiele

Genug der langen Rede! Um einen Vorgeschmack auf das zu bekommen, was Sie in den folgenden Kapiteln erwartet, wollen wir abschließend einige typische Einsteigerbeispiele in die Datenbankprogrammierung demonstrieren:

- Zugriff auf eine lokale Access-Datenbank
- Klassischer Zugriff auf den Microsoft SQL-Server (LocalDb)
- Zugriff auf den Microsoft SQL-Server (LocalDb) mit LINQ to SQL
- ASP.NET-Anwendung
- WPF-Anwendung
- WCF-Anwendung

Diese sechs How-to-Beispiele sind inhaltlich aufeinander abgestimmt, ihr Schwierigkeitsgrad ist relativ gering, sodass sie sich auch ohne Vorkenntnisse in ADO.NET, ASP.NET, WCF und WPF mühelos bewältigen lassen dürften.

Allerdings müssen Sie die vielen neuen Objekte und die Details ihrer Programmierung ohne langes Nachfragen zunächst einmal blind zur Kenntnis nehmen und auf spätere Erleuchtung hoffen, wozu aber die restlichen Kapitel dieses Buchs noch reichlich Gelegenheit bieten dürften.

1.1   ... auf eine lokale Access-Datenbank zugreifen?

Datenquelle erzeugen; *DataGridView*-Komponente; *TableAdapter*: *Fill-*, *Update*-Methode; Access-Datenbank (**.mdb*)

Auch ohne tiefer greifende Kenntnisse von Visual Basic und den ADO.NET-Klassen können Sie mit Visual Studio bereits datengebundene Formulare programmieren und dadurch einiges an Entwicklungszeit gegenüber dem manuellen Erstellen einsparen.

Aufgabe dieses Einsteigerbeispiels soll es sein, in einem Datengitter alle Kunden der lokalen Beispieldatenbank *Nordwind.mdb* anzuzeigen. Ausgangspunkt ist eine so genannte »Datenquelle«, in deren Hintergrund ein Assistent agiert, der uns die Programmierarbeiten weitestgehend abnimmt.

Datenquelle einrichten

Wir erstellen ein neues Visual Basic-Projekt vom Typ *Windows Forms-Anwendung.* Das Startformular *Form1* bleibt zunächst unbeachtet liegen, stattdessen wählen wir den Menüpunkt *Projekt/Neue Datenquelle hinzufügen...*

Es erscheint der *Assistent zum Konfigurieren von Datenquellen,* mit welchem wir zunächst die Option *Datenbank* auswählen um sich anschließend im Dialog *Datenbankmodell auswählen* für *DataSet* zu entscheiden.

Im dritten Dialogfeld richten Sie eine neue Datenverbindung ein.

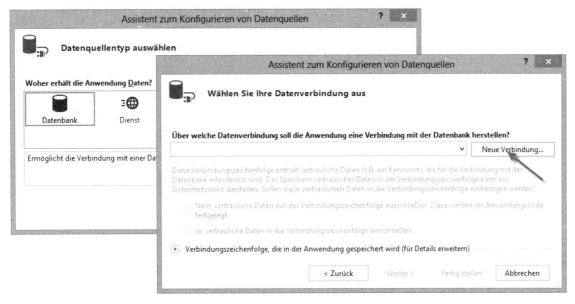

Abbildung 1.12 Erstellen einer neuen Datenbankverbindung

Im Dialog *Verbindung hinzufügen* wird standardmäßig als Datenquelle *Microsoft Access-Datenbankdatei* angezeigt[1]. Klicken Sie auf die *Durchsuchen*-Schaltfläche und stellen Sie den Pfad zu *Nordwind.mdb* ein.

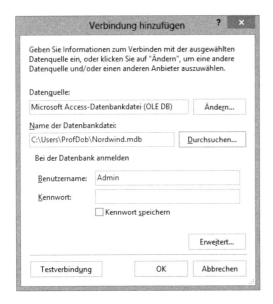

Abbildung 1.13 Einstellen von Datenquelle und Namen der Datenbankdatei

---

[1] Ist dies nicht der Fall, müssen Sie zunächst den Provider wechseln.

Durch Klick auf die Schaltfläche *Testverbindung* überzeugen wir uns, ob die Verbindung tatsächlich funktioniert.

Abbildung 1.14 Erfolgreicher Verbindungstest

Nach dem Verlassen des Verbindungsdialogs befinden wir uns wieder unter der Obhut des Assistenten und klicken auf die *Weiter*-Schaltfläche.

In einem Meldungsfenster wird gefragt, ob die ausgewählte Datenbank in das Projekt übernommen werden soll. Diese Frage sollten wir mit *Ja* beantworten, dann bei jedem Ausführen der Anwendung die Datenbank in das Ausgabeverzeichnis des Projekts kopiert wird, was z.B. die spätere Weitergabe des Programms vereinfacht.

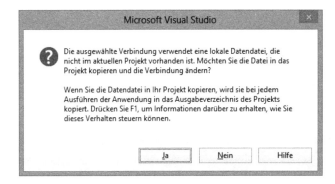

Abbildung 1.15 Abfrage, ob Datenbank in das Ausgabeverzeichnis des Projekts kopiert werden soll

Der neugierige Assistent möchte nun auch noch wissen, ob die Verbindungszeichenfolge in der Anwendungskonfigurationsdatei (*App.config*) gespeichert werden soll. Auch diese Frage können wir guten Gewissens bejahen, hat dadurch doch der spätere Programmbenutzer die Möglichkeit, die Verbindungszeichenfolge zu ändern, ohne in den Quellcode eingreifen zu müssen.

Schließlich zeigt uns der Assistent die Datenbankstruktur und wir sind aufgefordert, die uns interessierenden Tabellen und Felder zu markieren, in unserem Fall betrifft dies nur die *Kunden*-Tabelle.

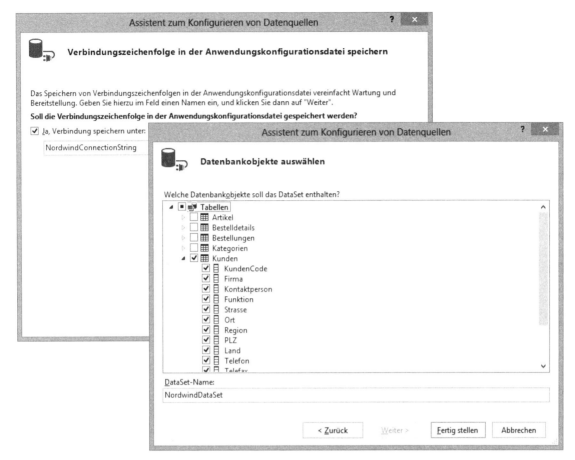

Abbildung 1.16 Die abschließenden Dialoge des Assistenten

Die fertige Datenquelle

Nach dem Klick auf *Fertigstellen* dauert es ein kleines Weilchen, bis uns die Entwicklungsumgebung zusammen mit der fertigen Datenquelle die folgenden Fenster präsentiert (Abbildung 1.20)

Im Datenquellen-Fenster (Menü *Ansicht/Weitere Fenster/Datenquellen*) sehen wir ein so genanntes *Typisiertes DataSet* mit dem Namen *NordwindDataSet*, welches die von uns ausgewählte Tabelle *Kunden* bereitstellt. Im Projektmappen-Explorer fällt uns die Datei *NordwindDataSet.xsd* auf. Hier handelt es sich um eine XML-Schemadatei, welche die Strukturinformationen unseres typisierten DataSets enthält. Außerdem entdecken wir unsere zum Projekt hinzugefügte Datenbank *Nordwind.mdb*.

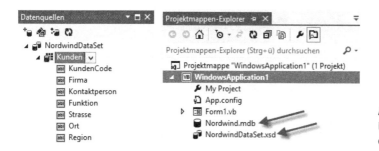

Abbildung 1.17 Datenquellenfenster und Projektmappen-Explorer nach dem Hinzufügen der Datenquelle *NordwindDataSet*

Benutzerschnittstelle

Das Erstellen einer zur Datenquelle passenden Benutzerschnittstelle ist kinderleicht:

Wir ziehen die Tabelle *Kunden* einfach per Drag & Drop aus dem Datenquellen-Fenster auf das Formular *Form1* und werden Zeuge wundersamer Aktivitäten des im Hintergrund agierenden Assistenten: Quasi wie aus dem Nichts erscheint auf dem Formular ein Datengitter (*DataGridView*-Steuerelement) mit den bereits fertigen Spaltenbezeichnern. Am oberen Rand hat ein *BindingNavigator* angedockt und im Komponentenfach tummeln sich diverse, automatisch generierte, Steuerelemente.

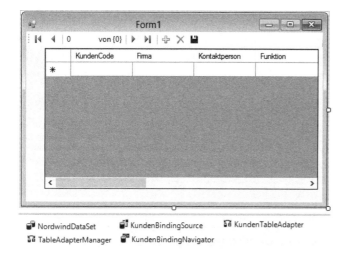

Abbildung 1.18 Vom Assistenten erzeugte Benutzerschnittstelle (Entwurfsansicht)

HINWEIS Ohne dass wir eine einzige Zeile Quellcode schreiben mussten, ist unser Programm bereits funktionsfähig!

Programm testen

Nach Programmstart zeigt uns das *DataGridView* den Inhalt der *Kunden*-Tabelle für die von uns ausgewählten Felder an (Abbildung 1.19).

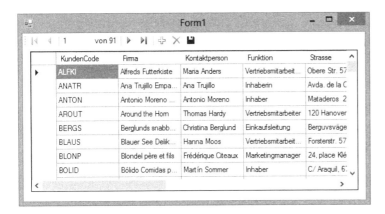

Abbildung 1.19 Laufzeitansicht des Beispiels unmittelbar nach Programmstart

Wir können die Datensätze (außer den *KundenCode*, denn das ist der Primärschlüssel) beliebig editieren. Der Datensatznavigator erlaubt das Hinzufügen und Löschen von Datensätzen und das Zurückschreiben der Änderungen in die Datenbank.

Quellcode

Wenn wir in den vom Assistenten generierten Quellcode von *Form1* schauen, erblicken wir zunächst nur zwei Ereignishandler, in denen die *UpdateAll*-Methode des *TableAdapterManager* und die *Fill*-Methode des des *KundenTableAdapter* aufgerufen werden. Diesen Code, der die Aktionen beim Abspeichern in und beim Laden von der Datenbank spezifiziert, könnten wir auch an eine andere Stelle verschieben, z.B. in das *Click*-Event eines zusätzlichen *Button*s.

```
Public Class Form1

    Private Sub KundenBindingNavigatorSaveItem_Click(sender As Object, e As EventArgs) _
                                         Handles KundenBindingNavigatorSaveItem.Click
        Me.Validate()
        Me.KundenBindingSource.EndEdit()
        Me.TableAdapterManager.UpdateAll(Me.NordwindDataSet)
    End Sub

    Private Sub Form1_Load(sender As Object, e As EventArgs) Handles MyBase.Load
        Me.KundenTableAdapter.Fill(Me.NordwindDataSet.Kunden)
    End Sub

End Class
```

Bemerkungen

Was wir im obigen Code sehen, ist nur die Spitze des Eisbergs, handelt es sich doch nur um eine partielle Klasse. Den restlichen Code von *Form1* finden wir in der Datei *Form1.Designer.vb*, die wir über den Projekt-mappen-Explorer öffnen können. Hinter den Kulissen hat der Assistent fleißig gewerkelt und eine Unmenge Quelltext für die Anwendung geschrieben, wie ein Blick in die Datei *NordwindDataSet.Designer.vb* bestätigt.

Die gesamte Programmierarbeit, die wir normalerweise selbst erledigen müssten, besteht aus folgenden Schritten:

- Erstellen einer Verbindung (Connection) zur Datenquelle

- Generieren eines typisierten DataSets (*NordwindDataSet*)

- Erstellen eines *TableAdapter* zwecks Verbindung zwischen Datenbank und *Kunden*-Tabelle

- Erzeugen datengebundener Steuerelemente (*DataGridView*) und deren Verbindung zum typisierten DataSet mittels *BindingSource* und *BindingNavigator*

So bequem die Assistenten auch sind, dem Einsteiger sei dringend empfohlen, ADO.NET zunächst »von der Pike auf« zu erlernen und die benötigten Objekte selbst zu programmieren. Wer sich blindlings dem Assistenten anvertraut, steht Fehlern oftmals hilflos gegenüber. Außerdem kann bei komplizierteren Anforderungen der Assistent oft nicht helfen, da er wenig eigene Gestaltungsspielräume lässt.

> **HINWEIS**　　Detailliert gehen wir im Kapitel 15 auf Access-Datenbanken ein!

1.2　... mit dem SQL Server arbeiten?

Datenquelle erzeugen; Detail-Benutzerschnittstelle; Datenbankdatei(*.mdf*);

Das Konzept der Datenquellen ist universell. Was im Vorgängerbeispiel mit einer Access-Datenbank geklappt hat, sollte also auch beim SQL Server funktionieren, und so wollen wir alle Kunden aus der *Customers*-Tabelle der *Northwind*-Beispieldatenbank des SQL Servers anzeigen.

> **HINWEIS**　　Voraussetzung für die Durchführung dieses Beispiels ist eine ordnungsgemäße Installation des *Microsoft SQL Servers* bzw. von *LocalDB*. Auch die SQL Server Datenbankdatei *Northwind.mdf sollte* vorhanden sein (siehe Begleitdateien).

Sie werden feststellen, dass sich die Vorgehensweise nur geringfügig von dem im Vorgängerbeispiel praktizierten Zugriff auf eine Access-Datenbank unterscheidet, weshalb wir die Erläuterungen knapp halten können.

> **HINWEIS**　　Ausführlich werden wir uns in den Kapiteln 7 und 8 mit dem Microsoft SQL Server beschäftigen!

Datenquelle einrichten

Der Umgang mit der Datenbankdatei *Northwind.mdf* entspricht dem mit der im Vorgängerbeispiel verwendeten *Nordwind.mdb*. Wir zeigen hier aber eine verkürzte Variante der Einbindung in das Projekt: Ziehen Sie die Datei *Northwind.mdf* einfach per Drag & Drop in den Projektmappen-Explorer!

Der *Assistent zum Konfigurieren von Datenquellen* tritt danach zwar ebenfalls automatisch in Aktion, hat aber seine ersten Schritte bereits übersprungen und verlangt von Ihnen lediglich noch das Markieren der gewünschten Tabelle *Customers*.

Um eine Wiederholung des Vorgängerbeispiels zu vermeiden, werden wir diesmal anstatt der *DataGridView*-Anzeige im *Datenquellen*-Fenster die *Details*-Option einstellen:

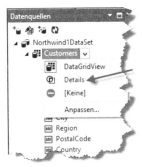

Abbildung 1.20 Detailansicht für die *Customers*-Tabelle auswählen

Nachdem Sie die *Customers*-Tabelle per Drag & Drop auf *Form1* gezogen haben, generiert der Assistent eine komplette Eingabemaske:

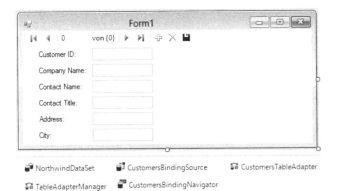

Abbildung 1.21 Entwurfsansicht der automatisch generierten Benutzerschnittstelle

Programm testen

Im Unterschied zum Datengitter (*DataGridView*) ermöglicht die hier aus einzelnen Eingabefeldern bestehende Detail-Benutzerschnittstelle eine bequemere Eingabe, allerdings ist es nicht möglich, mehrere Datensätze gleichzeitig zu betrachten.

Abbildung 1.22 Das Programm in Aktion

1.3 ... eine einfache LINQ to SQL-Anwendung schreiben?

O/R-Designer; Datenkontext; *DataGridView*-Control;

Dieses Beispiel kann lediglich einen kleinen Vorgeschmack auf *LINQ to SQL* vermitteln, hier handelt es sich um eine spezielle LINQ-Variante (*LINQ Flavour*),die das Abfragen von Datenbanken in einer SQL-ähnlichen Syntax ermöglicht und die deshalb im Rahmen dieses Buchs eine größere Rolle spielen wird.

> **HINWEIS**   LINQ to SQL funktioniert nur für den Microsoft SQL Server, also nicht für Access-Datenbanken!

Im Folgenden wollen wir mit LINQ to SQL eine ähnliche Aufgabenstellung wie im Vorgängerbeispiel lösen, nämlich die Anzeige aller Kunden der *Customers*-Tabelle aus der *Northwind*-Beispieldatenbank.

Oberfläche

Öffnen Sie eine neue Windows Forms-Anwendung und ziehen Sie zunächst die Datenbankdatei *Northwind.mdf* in den Projektmappen-Explorer. Den sich anschließend öffnenden *Assistenten zum Konfigurieren von Datenquellen* brechen Sie kurzerhand ab.

Fügen Sie über das Menü *Projekt/Neues Element hinzufügen...* eine neue *LINQ to SQL-Klasse* hinzu.

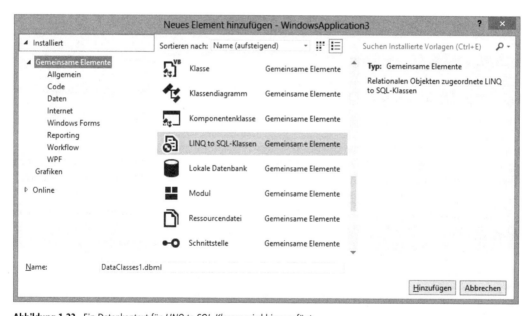

Abbildung 1.23 Ein Datenkontext für *LINQ to SQL-Klassen* wird hinzugefügt

Öffnen Sie den Server-Explorer (*Ansicht/Server-Explorer*) und ziehen Sie per Drag & Drop die *Customers*-Tabelle auf die Entwurfsoberfläche des LINQ to SQL-Designers[1]. Der Designer erstellt nun automatisch die erforderliche VB-Mapperklasse *Customers* für diese Tabelle.

---

[1] Hier auch *O/R-Designer* genannt, weil er das so genannte **O**bjekt-**R**elationale Mapping vornimmt.

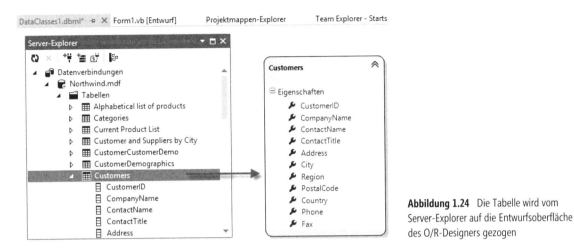

Abbildung 1.24 Die Tabelle wird vom Server-Explorer auf die Entwurfsoberfläche des O/R-Designers gezogen

Klicken Sie mit der rechten Maustaste auf die Entwurfsoberfläche des Designers und wählen Sie *Eigenschaften*. Ändern Sie den für den zentralen Datenkontext standardmäßig vergebenen Namen *DataClasses1DataContext* in *NWDataContext*.

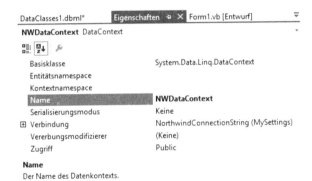

Abbildung 1.25 Der Name des Datenkontexts wird angepasst

Wechseln Sie zur Entwurfsansicht von *Form1* und setzen Sie ein *DataGridView*-Steuerelement auf dem Formular ab.

Quellcode

HINWEIS   Beachten Sie, dass Sie beim Schreiben des Datenzugriffscodes umfassende Intellisense-Unterstützung haben, denn die SQL-Abfragen sind keine Zeichenketten mehr, sondern sie sind direkt in die Sprache integriert und können deshalb sofort vom Compiler überprüft werden!

Eine Instanz des Datenkontexts erzeugen, welcher die zentrale Rolle bei der Verbindung zur Datenbank übernimmt:

```
Private dbnw As New NWDataContext()
```

In Variante 1 wollen wir den kompletten Inhalt der *Customers*-Tabelle anzeigen, indem wir die *Customers*-Collection direkt dem Datengitter zuweisen:

```
Private Sub Button1_Click(sender As Object, e As EventArgs) Handles Button1.Click
    DataGridView1.DataSource = dbnw.Customers
End Sub
```

In Variante 2 verwenden wir eine LINQ to SQL-Abfrage, mit der wir die Daten selektieren (vier Spalten), filtern (alle Londoner Firmen) und sortieren (nach Firmennamen):

```
Private Sub Button2_Click(sender As Object, e As EventArgs) Handles Button2.Click
    Dim Customers = From cust In dbnw.Customers
    Where cust.City = "London"
    Order By cust.CompanyName
    Select cust.CustomerID, cust.CompanyName, cust.Address, cust.City
    DataGridView1.DataSource = Customers
End Sub
```

Programm testen

Unter der Voraussetzung, dass der SQL Server läuft (bzw. dass LocalDB installiert ist), erhalten Sie für beide Varianten etwa die abgebildeten Ergebnisse.

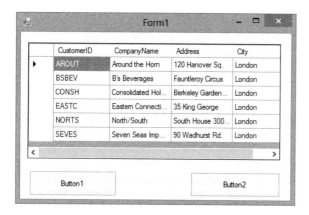

Abbildung 1.26 Laufzeitansicht des Beispiels (gefilterte Datensätze)

1.4   ... eine einfache ASP.NET-Webanwendung entwickeln?

Website; Internet Explorer; *GridView*-Control;

Mit dem *Visual Web Developer* (Bestandteil von *Visual Studio 2012*) ist der Aufwand für eine Web-Anwendung nicht viel höher als für eine lokale Datenbankapplikation. Das wollen wir unter Beweis stellen, indem wir den Zugriff auf die Datenbank *Northwind* als Web-Anwendung realisieren.

Erstellen der ASP.NET-Website

Öffnen Sie eine neue *ASP.NET-Website* (*Datei/Neu/Website...*):

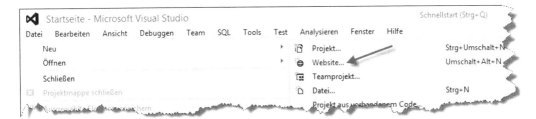

Abbildung 1.27 Neue Website erstellen

Im nachfolgenden Dialog wählen Sie *Website für ASP.NET-Web Forms* und belassen es bei der Standardein-stellung *Dateisystem*.

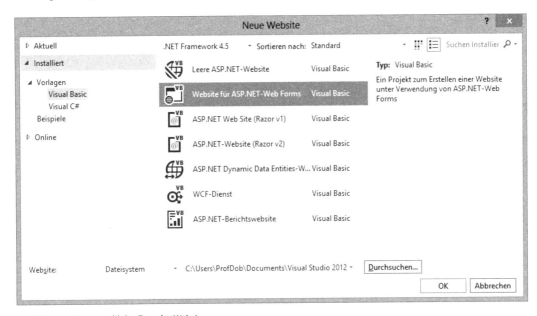

Abbildung 1.28 Auswahl des Typs der Website

Nach dem Klick auf *OK* vergeht eine kleine Weile, bis die Web-Entwicklungsumgebung von Visual Studio erscheint.

Öffnen Sie den Designer von *Default.aspx* indem Sie ganz unten links auf *Entwurf* klicken.

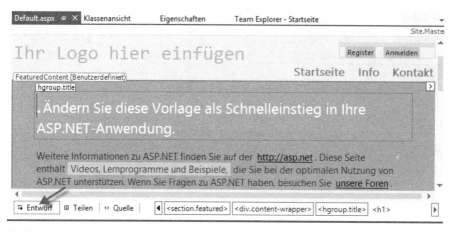

Abbildung 1.29 Eröffnungsseite der ASP.NET-Entwicklungsumgebung

Datenbank hinzufügen

Öffnen Sie den Projektmappen-Explorer (Menü *Ansicht/Projektmappen-Explorer*). Ziehen Sie die Datenbankdatei *Northwind.mdf* einfach per Drag & Drop vom Windows-Explorer in das *App_Data*-Verzeichnis des Projektmappen-Explorers.

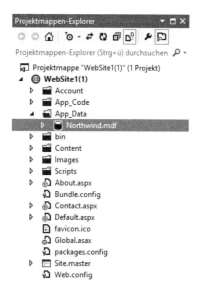

Abbildung 1.30 Die Datenbank *Northwind.mdf* im *App_Data* Verzeichnis

GridView hinzufügen

Ziehen Sie ein *GridView* vom Werkzeugkasten (Kategorie *Daten*) auf die Oberfläche des Designers.

Wir nutzen die vom *GridView* angebotene Möglichkeit, eine Datenquelle per Aufgaben-Menü hinzuzufügen/zu erstellen.

GridView an Datenquelle anbinden

Im folgenden Dialog entscheiden wir uns für eine Datenbank:

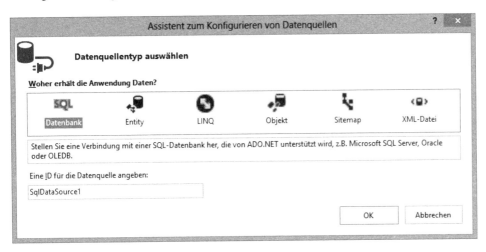

Abbildung 1.31 Auswahl des Datenquellentyps

Wir wählen im folgenden Schritt unsere bereits vorhandene Datenbank *Northwind.mdf* im Verzeichnis *App_Data* aus. Was noch zu tun bleibt, ist die Auswahl der Tabelle und der Spalten:

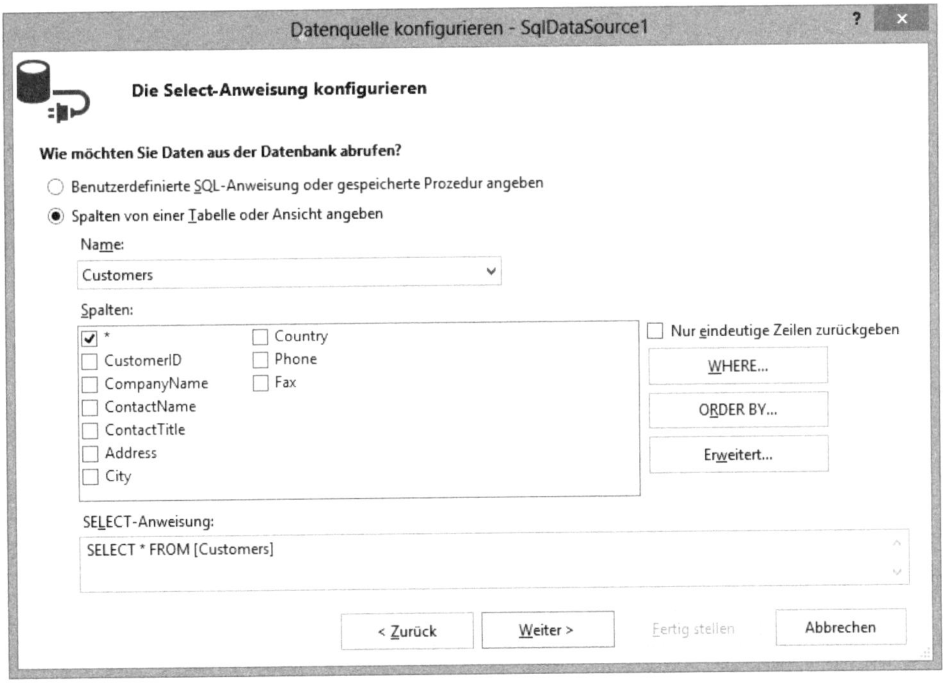

Abbildung 1.32 Auswahl der Tabelle und aller anzuzeigenden Spalten

Test

Wenn Sie wie gewohnt starten wollen (*F5*), werden Sie in einem Meldungsfenster zunächst aufgefordert, das Debuggen zu aktivieren:

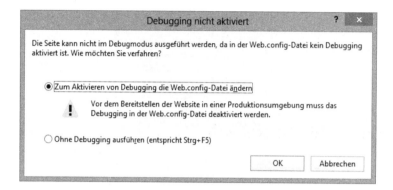

Abbildung 1.33 Im Meldungsfenster wird das Debuggen aktiviert

Nach dem Klick auf *OK* können Sie im Internet-Explorer bereits die erste Tabellenansicht bewundern:

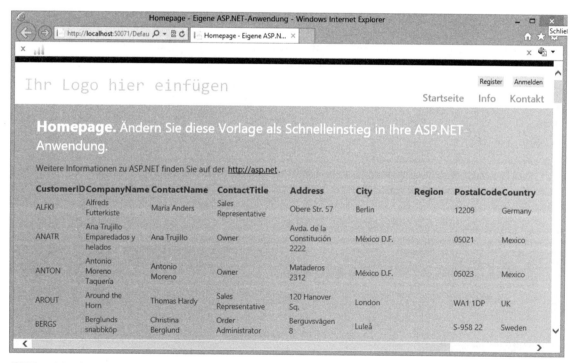

Abbildung 1.34 Ihre erste Website im Internet Explorer

HINWEIS Ohne eine einzige Zeile Code geschrieben zu haben, liegt bereits eine voll funktionsfähige Anwendung vor!

Bemerkungen

- Da wir beim Erstellen als Speicherort *Dateisystem* eingegeben haben, können Sie beim Öffnen der Anwendung (*Datei/Öffnen/Website...*) direkt das entsprechende Verzeichnis auswählen.

- Da das *GridView* standardmäßig in einem recht spartanischen Outfit erscheint, empfehlen sich einige kosmetische Korrekturen, wie zum Beispiel das Ändern der Eigenschaften *BorderStyle, Font.Size, AlternatingRowStyle.BackColor, HeaderStyle.BackColor, Caption ...*

HINWEIS Mehr Informationen zu ASP.NET-Webanwendungen finden Sie im Kapitel 20.

1.5 ... meine erste WPF-Anwendung erstellen?

WPF: *ListView*-Control;

Bei WPF[1]-Anwendungen handelt es sich um die moderne Alternative zu den mittlerweile in die Jahre gekommenen Windows Forms-Anwendungen. Das vorliegende Beispiel soll einen kleinen Vorgeschmack vermitteln. Wir wollen damit eine ähnliche Aufgabenstellung wie in den Vorgängerbeispielen lösen, nämlich die Anzeige aller Kunden der *Customers*-Tabelle aus der *Northwind*-Beispieldatenbank des SQL Servers.

Oberfläche

Öffnen Sie eine neue WPF-Anwendung:

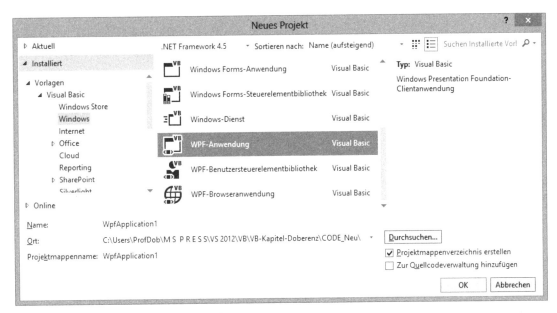

Abbildung 1.35 Eröffnen einer neuen WPF-Anwendung

---

[1] *Windows Presentation Foundation*

Wer bislang nur Windows Forms-Anwendungen entwickelt hat, muss sich zunächst an die neue Entwurfsumgebung gewöhnen (siehe Abbildung 1.36). So heißt zum Beispiel ein *Form* jetzt *Window* und die Beschreibungssprache basiert auf XAML.

HINWEIS   Mehr zur Datenbindung unter WPF erfahren Sie im Kapitel 6.

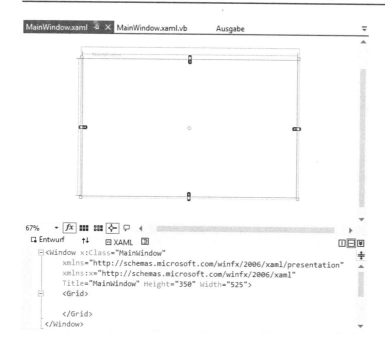

Abbildung 1.36 Der Designer zu Beginn eines neuen WPF-Projekts

Wie im Vorgängerbeispiel 1.4 »... eine einfache LINQ to SQL-Anwendung schreiben?«, ziehen Sie zunächst die Datenbankdatei *Northwind.mdf* in den Projektmappen-Explorer. Den sich anschließend öffnenden Assistenten können Sie abbrechen.

Da wir auch in unserer WPF-Anwendung zur Datenbindung die LINQ-Technologie einsetzen wollen, gleicht auch der nächste Schritt dem Beispiel 1.4.

Fügen Sie also zum Projekt eine *LINQ to SQL-Klasse* hinzu (Menü *Projekt/Neues Element hinzufügen...*) und ziehen Sie die *Customers*-Tabelle aus dem Server-Explorer auf die Oberfläche des Designers. Klicken Sie nun mit der rechten Maustaste auf die Oberfläche des Designers, wählen Sie das Kontextmenü *Eigenschaften* und ändern Sie den Namen *DataClasses1DataContext* in *NWDataContext*.

Quellcode (.xaml)

Die für die Oberflächenbeschreibung zuständige Datei *Window1.xaml* muss von Ihnen um die im Folgenden fett gedruckten Anweisungen ergänzt werden (Sie erzeugen damit eine *ListView* mit mehreren Spalten):

```
<Window x:Class="MainWindow"
    xmlns="http://schemas.microsoft.com/winfx/2006/xaml/presentation"
    xmlns:x="http://schemas.microsoft.com/winfx/2006/xaml"
    Title="Datenbindung unter WPF" Height="237" Width="300">
```

```
<Grid>
    <ListView Name="lvKunden" ItemsSource="{Binding}">
        <ListView.View>
            <GridView>
                <GridView.Columns>
                    <GridViewColumn Header="KundenCode" DisplayMemberBinding="{Binding CustomerID}" />
                    <GridViewColumn Header="Firma" DisplayMemberBinding="{Binding CompanyName}" />
                    <GridViewColumn Header="Kontaktperson" DisplayMemberBinding="{Binding ContactName}" />
                    <GridViewColumn Header="Funktion" DisplayMemberBinding="{Binding ContactTitle}" />
                    <GridViewColumn Header="Strasse" DisplayMemberBinding="{Binding Address}" />
                    <GridViewColumn Header="Ort" DisplayMemberBinding="{Binding City}" />
                </GridView.Columns>
            </GridView>
        </ListView.View>
    </ListView>
</Grid>
</Window>
```

HINWEIS Das etwas mühevolle Eintippen des Codes, insbesondere der mittleren Zeilen, kann man sich durch Kopieren und Einfügen (über die Zwischenablage) wesentlich erleichtern.

Quellcode (.vb)

Die hinter obigem Code liegende VB-Datei *MainWindow.xaml.vb* muss von Ihnen wie folgt ergänzt werden (Erzeugen des per LINQ to SQL definierten Datenkontexts und Verbinden der *ListView* mit dem Datenkontext):

```
Class MainWindow

    Private db As New NWDataContext        ' Datenkontext instanziieren

    Public Sub New()
        InitializeComponent()

        lvKunden.DataContext = db.Customers  ' ListView anbinden
    End Sub

End Class
```

Test

Starten Sie die WPF-Anwendung. Haben Sie alles richtig gemacht, so wird Sie (nach kurzer Wartezeit) etwa der folgende Anblick erfreuen:

Abbildung 1.37 Laufzeitansicht der WPF-Anwendung

1.6 ... einen einfachen WCF-Dienst entwickeln?

WCF: *ServiceContract-*, *OperationContract-*Attribut;

WCF ermöglicht es Applikationen, plattformübergreifend miteinander zu kommunizieren, egal ob sie sich auf demselben Computer oder irgendwo im Internet befinden. Dieses Beispiel soll Ihnen lediglich einen ersten Eindruck der WCF[1]-Technologie vermitteln.

Unser WCF-Dienst soll die *Kunden-*Tabelle der Datenbank *Nordwind.mdb* liefern. Die Anzeige erfolgt in einem Windows Forms-Client.

Webdienst

Starten Sie ein neues Projekt unter Visual Studio 2012 und wählen Sie die Vorlage *WCF-Dienstanwendung*.

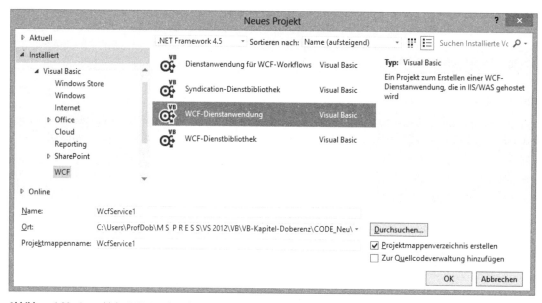

Abbildung 1.38 Auswahl der WCF-Projektvorlage

Wir belassen es bei der standardmäßigen Namensvergabe *WcfService1*. Nach dem *OK* erscheint der Rahmencode eines WCF-Webdienstes, in welchem bereits einige Definitionen für vorgefertigte Testroutinen enthalten sind. Um den Code überschaubar zu halten, entfernen wir diesen Testcode sowie die Schnittstellen-Datei *IService1.vb* (im Projektmappen-Explorer löschen).

Nun fügen wir die Datenbankdatei *Nordwind.mdb* hinzu, indem wir sie per Drag & Drop auf den *App_Data-*Zweig im Projektmappen-Explorer ziehen. Außerdem binden wir die Namespaces *System.Data* und *System.Data.OleDb* ein.

In den (noch leeren) Klassencode fügen wir die Methode *getKunden* ein (siehe Listing). Abschließend definieren wir die Verträge, d.h., wir stellen dem Klassenbezeichner *Service1* das Attribut *[ServiceContract]* und der Methode *getKunden* das Attribut *[OperationContract]* voran.

---

[1] *Windows Communication Foundation*

Der komplette Code unseres WCF-Webdienstes dürfte dann folgendermaßen aussehen:

```
Imports System.Data
Imports System.Data.OleDb

<ServiceContract()>
Public Class Service1
    <OperationContract()>
    Public Function getKunden() As DataSet
        Dim connStr = "Provider=Microsoft.Jet.OLEDB.4.0;Data Source=|DataDirectory|\Nordwind.mdb;" &
                      "Persist Security Info=True"
        Dim conn As New OleDbConnection(connStr)
        Dim da As New OleDbDataAdapter("SELECT * FROM Kunden", conn)
        Dim ds As New DataSet()
        da.Fill(ds, "Kunden")
        Return ds
    End Function
End Class
```

HINWEIS   Klicken Sie den Menüeintrag *Erstellen/WcfService1 erstellen*, um den Webdienst zu kompilieren[1].

Webclient

Über den Menüpunkt *Datei/Hinzufügen/Neues Projekt* ...fügen Sie zur Projektmappe eine *Windows Forms-*Anwendung hinzu (*WindowsApplication1*). Auf das Startformular (*Form1*) setzen Sie ein *DataGridView-*Steuerelement.

Klicken Sie im Projektmappen-Explorer mit der rechten Maustaste auf das Clientprojekt und wählen Sie den Eintrag *Dienstverweis hinzufügen* ...

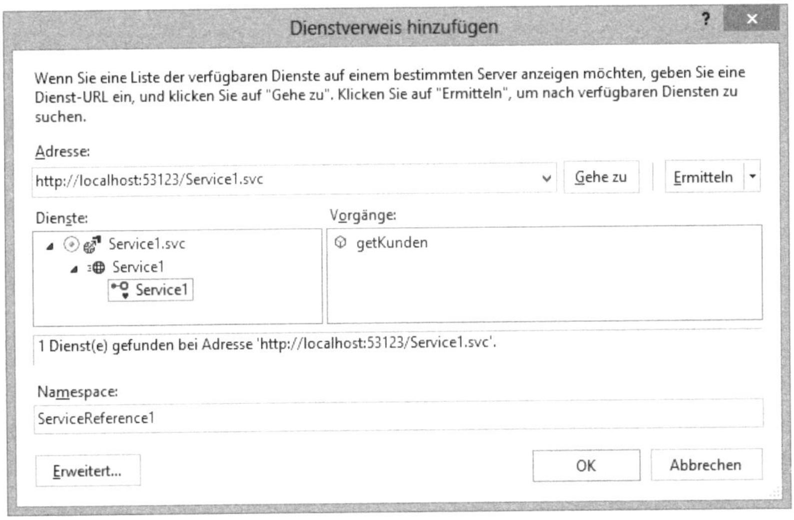

Abbildung 1.39   Auswahldialog für Dienstverweis

---

[1] Nicht *F5* o.ä., denn dann erscheint ein Testclient, der uns im konkreten Fall nichts nützt, da er keine *DataSet*s verarbeiten kann.

Im nachfolgenden Dialog (Abbildung 1.39) tragen Sie die Adresse des Webdienstes ein. Am schnellsten geht das, wenn Sie Sie das über die Schaltfläche *Ermitteln* tun.

Nach dem *OK* generiert Visual Studio jetzt hinter den Kulissen eine ganze Menge Code. Im Wesentlichen wird eine Stellvertreter-Klasse (ein so genannter Proxy) erstellt, der den clientseitigen Zugriff auf den Webdienst ermöglicht.

Jetzt können Sie den Zugriffscode auf die Webmethode *getKunden* einfügen und die Anzeige der empfangenen Daten realisieren:

```
Public Class Form1
    Private Sub Form1_Load(sender As Object, e As EventArgs) Handles MyBase.Load
        Dim proxy As New ServiceReference1.Service1Client()
        DataGridView1.DataSource = proxy.getKunden()
        DataGridView1.DataMember = "Kunden"
        proxy.Close()
    End Sub
End Class
```

Test

Halt, bevor es richtig losgehen kann, klicken Sie mit der rechten Maustaste im Projektmappen-Explorer auf die Clientanwendung *WindowsApplication1* und wählen Sie diese als Startprojekt (*Als Startprojekt festlegen*).

Beim Ausprobieren merken Sie nicht, dass Sie mit einem Webdienst arbeiten (abgesehen von einer kleinen Verzögerung).

Abbildung 1.40 Laufzeitansicht der WCF-Anwendung

Bemerkungen

- Zwischen einem WCF Service-Client und einer normalen Windows-Anwendung gibt es rein äußerlich keinerlei Unterschiede

- Damit der Client die vom WCF Service bereitgestellten Methoden verwenden kann, muss ein Dienstverweis eingerichtet werden

- Die in unserem Beispiel verwendete *Code First*-Architektur (Programmcode und Vertrag sind in einer Klasse zusammengefasst) ist nur für Minianwendungen zu empfehlen. Das WCF-Konzept hingegen favorisiert die *Contract First*-Architektur, bei der Verträge (Schnittstellen) und Implementierungen getrennt werden. Ein WCF-Vertrag wird dabei aus einer Schnittstelle mit den entsprechenden Attributen gebildet.

HINWEIS Mehr zur WCF-Programmierung finden Sie in den Kapiteln 21 und 22.

Die Qual der Wahl

Nachdem Ihnen die Einführungsbeispiele einen ersten Vorgeschmack vermittelt haben, wollen wir Sie nicht ratlos zurücklassen, denn die Frage, für welche der mittlerweile zahlreichen Datenzugriffstechnologien man sich denn nun entscheiden, soll, bereitet nicht nur dem Einsteiger, sondern auch manchem gestandenen .NET-Entwickler schlaflose Nächte. Damit Sie nicht orientierungslos in der verwirrenden Fülle der nachfolgenden Spezialkapitel untergehen und dabei möglicherweise wertvolle Zeit verschwenden, wollen wir Ihnen im vorliegenden abschließenden Abschnitt eine erste Orientierungshilfe geben.

Wir werden mit Ihnen deshalb kurz das Für und Wider der wichtigsten ADO.NET-Objekte, sowie die Rolle der neueren ORM[1]-Tools (LINQ to SQL, LINQ to Entities) diskutieren. Das soll Ihnen dabei helfen, gleich zu Beginn Ihr besonderes Augenmerk auf die Kapitel zu richten, die Ihren Zielen und Fähigkeiten am ehesten entsprechen.

DataReader – der schnelle Lesezugriff

Am schnellsten geht das Lesen von Daten mit dem *DataReader* (siehe Kapitel 3), dieser ist in der .NET-Klassenbibliothek das grundlegende Instrument für den Zugriff auf Datenbanken. Alle anderen Datenzugriffstechnologien greifen hinter den Kulissen auf den *DataReader* zu.

Allerdings kann der *DataReader* die Daten nur lesen und die Ergebnismenge sequenziell von vorn nach hinten durchlaufen. Während seiner Arbeit braucht der *DataReader* eine kontinuierliche Verbindung zur Datenbank, deshalb lässt er sich nicht serialisieren und in einem verteilten System nutzen.

Wie schnell der *DataReader* ist, hängt vom Datenbanktreiber, der Datenquelle und der Netzwerkverbindung ab. Von Hause aus sind im .NET-Framework nur ADO.NET-Treiber für den SQL Server und für Oracle enthalten. Weitere Datenbanktreiber werden direkt von den Herstellern oder von Drittanbietern geliefert[2].

Der DataReader ist zwar schnell, kann aber leider nur lesen. Will man Daten speichern, so braucht der *DataReader* einen »schreibfähigen« Partner. In der Regel wird man hierfür *Command*-Objekte einsetzen, mit denen die entsprechenden SQL-Befehle abgesetzt oder Gespeicherte Prozeduren aufgerufen werden. Für den Programmierer bleibt also viel mühselige Kleinarbeit übrig. Dafür wird er mit der besten Performance und dem geringsten Ressourcen-Verbrauch belohnt.

DataSet – die Datenbank im Hauptspeicher

Gegenüber dem *DataReader* ist das *DataSet* ein Alleskönner. Es ist ein im Hauptspeicher gehaltener Datencontainer, der mehrere Ergebnismengen gleichzeitig aufnehmen und miteinander verknüpfen kann. Wie bei einer »richtigen« Datenbank kann man zwischen Datensätzen navigieren und Filter- und Suchoperationen durchführen. Vor allem aber ist der Entwickler in der Lage, Daten im *DataSet* zu ändern, denn das *DataSet* unterstützt den Programmierer beim Zurückschreiben der Änderungen in die Datenbank. Ein *DataSet* kann im XML- oder im Binärformat serialisiert und über das Netz verschickt werden.

Bei so viel Licht gibt es natürlich auch viel Schatten: Im Unterschied zum *DataReader* verschlingt das *DataSet* Unmengen an Speicherplatz und benötigt eine deutlich höhere Rechnerleistung.

---

[1] Objektrelationale Mapper

[2] Wer noch mit Microsoft Access arbeitet, ist nach wie vor auf die relativ langsamen OLE DB-Treiber angewiesen.

Typisiertes versus untypisiertes DataSet

In das normale *DataSet* können Sie beliebige Tabellenschemen einlesen, es ist also untypisiert (so wie auch der *DataReader*). Diese Flexibilität hat den Nachteil, dass man im Programmcode die Spalten nur als Zeichenketten benennen kann, die vom Compiler nicht überprüfbar sind.

Ein typisiertes DataSet hingegen ist eine automatisch generierte Wrapper-Klasse, welche die *DataSet*-Klasse »umhüllt« und ein definiertes Schema zusammen mit Eigenschaften und Methoden besitzt.

Neben dem sauberen objektorientierten Code und der Intellisense-Unterstützung bieten typisierte DataSets auch Vorteile bei der Datenbindung, denn hier erleichtern Assistenten und Auswahlfelder in Visual Studio die Arbeit des Entwicklers deutlich.

Doch dieser Komfort hat seinen Preis: Beim Erzeugen typisierter DataSets ist man in der Regel auf die Unterstützung eines Assistenten angewiesen, dieser produziert im Hintergrund Unmengen von Code. Auch die Performance ist etwas schlechter als beim einfachen, untypisierten DataSet.

Ein DataSet (egal ob normal oder typisiert) hat eigentlich nur in klassischen Desktop-Anwendungen seinen angestammten Platz. Hier überwiegen die Vorteile und die schlechte Performance fällt kaum ins Gewicht. Anders sieht dies bei Webanwendungen und in verteilten Systemen aus, insbesondere bei größeren Datenmengen und Benutzerzahlen. Hier stößt das DataSet bezüglich Leistung und Skalierbarkeit an seine Grenzen.

> **HINWEIS**   Dies ist sicher auch ein Grund, dass für Silverlight-Anwendungen keine *DataSet*-Unterstützung vorhanden und auch nicht geplant ist.

Objektrelationales Mapping – die Zukunft?

Wer bisher nur mit *DataSet* und *DataReader* gearbeitet hat, weiß um die Komplexität einer ausgewachsenen Datenbankanwendung. In der Regel sind nicht nur einfache CRUD[1]-Operationen zu programmieren, sondern auch das Problem der Änderungsverfolgung ist zu lösen. Weitere Hürden lauern, wenn es um Primär- und Fremdschlüssel, Autowertspalten, Relationen und Transaktionen geht.

Ideal wäre ein typisierter Datenzugriff unter Vermeidung der Nachteile des DataSets. Dabei besteht das grundsätzliche Problem im Wesensunterschied zwischen dem relationalen Modell und dem Objektmodell. Relationale Datenbanken werden in Tabellen und Beziehungen normalisiert, während Objekte die Konzepte der Vererbung und Komposition, sowie komplexe Referenzhierarchien verwenden. Das verhindert ein direktes Mapping der Tabellen und Records an äquivalente Objekte und Auflistungen.

Die Lösung dieses Konflikts soll das objektrelationale Mapping (ORM) bringen. Die Grundidee besteht in der Definition von .NET-Klassen, deren Aufbau dem Tabellenschema einer Datenbank entspricht.

LINQ to SQL/LINQ to Entities

Nachdem Microsoft recht lange das ORM-Feld Drittanbietern überlassen hat[2], gibt es seit .NET 3.5 *LINQ to SQL* (siehe Kapitel 18) und *LINQ to Entities* bzw. das ADO.NET Entity Framework (siehe Kapitel 12).

---

[1] *Create, Retrieve, Update, Delete*

[2] z.B. *Hibernate* bzw. *NHibernate*

Die modernen ORM-Technologien lohnen sich für den Datenbankprogrammierer vor allem dann, wenn er ein völlig neues Projekt realisieren möchte, eine Datenbank also noch nicht vorhanden ist. In diesem Fall kann er mit dem Entwurf des Objektmodells beginnen und die Datenbank auf dieser Grundlage erzeugen.

Auch wenn Sie Wert auf sauberen objektorientierten Code, Vererbungsunterstützung, auf Datenbankunabhängigkeit und auf die Kommunikation mit anderen Plattformen legen, sollten Sie LINQ to SQL oder das leistungsfähigere LINQ to Entities ins Auge fassen.

Andererseits kann es für den geplagten Datenbankprogrammierer auch ein fataler Irrtum sein, in den ORM-Tools eine Allzweck-Wunderwaffe zu sehen. Für Massendatenänderungen sind ORMs kaum geeignet, denn es hat keinen Sinn, tausende Objekte erst in den Speicher zu laden, dort zu ändern und anschließend in die Datenbank zurückzubefördern. Hier sollten Sie gezielt mit gekapselten *Command*-Anweisungen SQL-Befehle direkt an die Datenbank absetzen.

Ein weiterer Schwachpunkt ist die Geschwindigkeit. Erwartungsgemäß sind ORMs keinesfalls schneller als typisierte *DataSets* oder gar *DataReader*. Damit fällt objektrelationales Mapping für zeitkritische Lese- und Schreiboperationen unter den Tisch. Nach wie vor sind hier der *DataReader* und das direkte SQL mit *Command*-Objekten zu empfehlen.

Die Exoten

Neben den bereits genannten Zugriffstechnologien sollen auch die neueren Webdatenbanken nicht unter den Tisch fallen. Hier ist aus Microsoft-Sicht zunächst *Windows Azure* zu nennen, das mit *Azure SQL* einen (fast) vollwertigen SQL Server im Web anbietet. Sicher ist dieser Ansatz nicht für jede Anwendung geeignet (Zugriffszeiten, Verbindung, Sicherheit), aber für einige Spezialfälle sollten Sie diese Lösung ebenfalls in Betracht ziehen. Als Zugriffstechnologie auf derartige Datenbanken steht Ihnen die ganze bereits aufgeführte Bandbreite vom *DataReader* bis zum Entity Framework zur Verfügung. Wir geben Ihnen in Kapitel 11 dazu einen umfassenden Überblick.

Für Spezialfälle sollten Sie auch einen Blick auf die so genannten NoSQL-Datenbanken werfen. Hierbei handelt es sich um schemafreie, dokumentenorientierte Datenbanken, die für die Verwaltung großer, unstrukturierter Datenmengen geeignet sind. Ein aus VB-Sicht wichtiger Vetreter ist hier *MongoDB*[1].

---

[1] Aus Zeitgründen hat es ein entsprechendes Kapitel leider nicht mehr in unser aktuelles Buch geschafft, doch die nächste Auflage kommt bestimmt.

Kapitel 2

Einführung in LINQ

In diesem Kapitel:

Die LINQ-Philosophie   90

Die neuen Sprachfeatures   97

Abfragen mit LINQ to Objects   106

How-to-Beispiele   123

Das bereits unter .NET 3.5 eingeführte LINQ (*Language Integrated Query*) ähnelt SQL, ist allerdings keine eigenständige Sprache, sondern eine grundlegend neue Technologie, welche das Implementieren aller Arten von Datenzugriffen vereinfacht und auf eine einheitliche Grundlage stellt, ohne an eine bestimmte Architektur gebunden zu sein.

Die LINQ-Philosophie

Weil das objektorientierte Paradigma das derzeit dominierende Software-Modell ist, müssen die Entwickler viel Zeit damit verbringen, um dieses Modell mit anderen Systemen, speziell relationale Datenbanken und XML, zu verbinden. Hier eilt uns LINQ zu Hilfe, indem es Transparenz und Produktivität der datenbezogenen Programmierung deutlich verbessert.

Aber es geht nicht nur um die Effektivität, sondern auch um die Qualität der Software-Entwicklung, denn das Schreiben von monotonen und fehleranfälligen Anpassungscode birgt die Gefahr von Instabilitäten in sich oder kann zur Herabsetzung der Performance führen.

Natürlich gab und gibt es neben LINQ bereits andere Lösungen. So könnten wir beispielsweise einen Codegenerator oder eines der verschiedenen objektrelationalen Mapping-Tools von Drittanbietern verwenden. Leider sind diese Tools alles andere als perfekt. Beispielsweise sind sie nur für den Datenbankzugriff geeignet und nicht für andere Datenquellen wie XML-Dokumente. Außerdem kann Microsoft etwas, was andere Anbieter nicht können, nämlich den Datenzugriff direkt in die Sprachen Visual Basic und C# integrieren.

OOP-Modell versus relationales Modell

Nehmen wir das objektorientierte und das relationale Modell, dann existiert der Widerspruch zwischen ihnen auf verschiedenen Ebenen:

- **Relationale Datenbanken und objektorientierte Sprachen verwenden nicht dieselben primitiven Datentypen.**
  Beispielsweise haben Strings in Datenbanken gewöhnlich eine begrenzte Länge, was in VB.NET oder in C# nicht der Fall ist. Das kann zum Problem werden, wenn Sie einen String mit 150-Zeichen in einem Tabellenfeld mit nur 100 Zeichen speichern wollen. Viele Datenbanken haben keinen booleschen Typ, während wir in Programmiersprachen oft *True/False* Werte verwenden.

- **OOP und relationale Theorien haben verschiedene Datenmodelle.**
  Aus Performancegründen und wegen ihres Wesens müssen relationale Datenbanken normalisiert werden. Normalisierung ist ein Prozess, bei dem Redundanzen eliminiert und Daten effektiv organisiert werden. Weiterhin wird das Potenzial für Anomalien während der Datenoperationen reduziert, auch die Datenkonsistenz wird verbessert. Normalisierung resultiert in einer Organisation der Daten die spezifisch für das relationale Datenmodell ist. Das verhindert ein direktes Mapping der Tabellen und Records mit Objekten und Auflistungen. Relationale Datenbanken werden in Tabellen und Beziehungen normalisiert, während Objekte Vererbung, Komposition und komplexe Referenzhierarchien verwenden. Ein grundsätzliches Problem existiert, weil relationale Datenbanken keine Konzepte wie das der Vererbung besitzen: das Mapping einer Klassenhierarchie an eine relationale Datenbank erfordert meist einige mehr oder weniger ausgefeilte Workarounds bzw. »Tricks«.

- **Programmiermodelle**
  In SQL schreiben Sie Abfragen und bewegen sich somit auf einer höheren Ebene der Deklaration, um auszudrücken, an welcher Datenmenge Sie interessiert sind. In allgemeinen Programmiersprachen wie C# oder VB müssen Sie hingegen Schleifenanweisungen, If-Statements usw. schreiben.

- **Kapselung**
  Objekte sind selbstenthaltend/selbstbeschreibend und enthalten sowohl Daten als auch Verhalten. In relationalen Datenbanken hingegen sind Code und Daten sauber voneinander getrennt.

HINWEIS   Objektrelationales Mapping (ORM) ist die Brücke zwischen objektorientierten Sprachen und relationalen Datenbanken.

ORM kann als der Akt bezeichnet werden, bei welchem festgelegt wird, wie Objekte und ihre Beziehungen in einem permanenten Datenspeicher abgelegt (persistiert) werden, in diesem Fall in einer relationalen Datenbank.

Besonderheiten beim ORM

Konzepte wie Vererbung oder Komposition werden von relationalen Datenbanken nicht direkt unterstützt, d.h., die Daten können nicht auf gleiche Weise in beiden Modellen repräsentiert werden. Wie Sie am folgenden Beispiel sehen, können verschiedene Objekte und Typen an eine einzige Tabelle gemappt werden.

BEISPIEL

Die folgende Abbildung zeigt ein Objektmodell und ein entsprechendes relationales Modell. Wie man leicht erkennt, ist trotz der Einfachheit beider Modelle das Mapping wegen der Unterschiede zwischen beiden Paradigmen nicht ganz trivial.

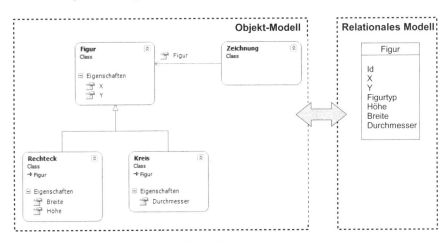

Abbildung 2.1 Objektmodell und relationales Modell

Auch wenn wir ein Objektmodell in einer neuen relationalen Datenbank speichern wollten, könnten wir kein direktes Mapping verwenden. Aus Performancegründen und um Duplikate zu vermeiden ist es im aktuellen Beispiel viel besser, wenn wir nur eine einzige Tabelle verwenden. Als Konsequenz können aber dann die von der Datenbanktabelle kommenden Daten nicht genutzt werden, ohne dass der Objektgraph im Arbeitsspeicher aktualisiert wird. Wie Sie sehen, bedeutet ein Gewinn auf der einen Seite einen Verlust auf der anderen.

Wir könnten zwar ein Datenbankschema oder ein Objektmodell entwerfen welches diese Fehlanpassung zwischen beiden Welten reduziert, wir könnten diese aber niemals, wegen der beiden Paradigmen innewohnenden Unterschiede, beseitigen.

Meist haben wir nicht einmal diese Wahl, da das Datenbankschema bereits definiert ist. Ein anderes Mal müssen wir mit Objekten arbeiten, die jemand anderes entwickelt hat.

Das komplexe Problem der Integration von Datenquellen in Programme umfasst mehr als nur das einfache Lesen und Schreiben von bzw. in die Datenquelle. Wenn wir mit einer objektorientierten Sprache programmieren, wollen wir dass unsere Anwendung ein Objektmodell benutzt, welches eine konzeptionelle Repräsentation der Geschäftsdomäne darstellt, anstatt direkt an die relationale Struktur gebunden zu sein. Das Problem dabei ist, dass an bestimmten Stellen das Objektmodell und das relationale Modell zusammenarbeiten müssen. Das ist nicht leicht, weil objektorientierte Programmiersprachen und .NET Entity-Klassen Geschäftsregeln, komplexe Beziehungen und Vererbung umfassen, während eine relationale Datenquelle Tabellen, Zeilen, Spalten, Primär- und Fremdschlüssel usw. enthält.

Ein erstes LINQ-Beispiel

Ehe wir detailliert die hinter LINQ stehenden Konzepte beleuchten, wollen wir Ihnen an einem typischen Beispiel einen ersten Eindruck von den neuen Sprachkonstrukten vermitteln, wie sie ab VB 9.0 zur Verfügung stehen.

Klassischer Datenbankzugriff

Das in der .NET-Klassenbibliothek enthaltene ADO.NET (siehe Kapitel 3) stellt bereits eine umfangreiche API für den Zugriff auf relationale Datenbanken zur Verfügung und ermöglicht die Repräsentation relationaler Daten im Speicher. Das Problem mit diesen Klassen (z.B. *SqlConnection, SqlCommand, SqlReader, DataSet, DataTable*) ist aber, dass sie den Entwickler dazu zwingen, explizit mit Tabellen, Records und Spalten zu arbeiten, während eine moderne Sprachen wie VB.NET auf dem objektorientierte Paradigma basiert. Das folgende Beispiel zeigt eine typische Anwendung im herkömmlichen Sinn.

BEISPIEL

Datenbankzugriff unter dem klassischen .NET

```
...
Dim connection As New SqlConnection("...")
Dim command As SqlCommand = connection.CreateCommand()
```

SQL-Abfrage als String:

```
command.CommandText = "SELECT CompanyName, Country FROM Customers  WHERE City = @City"
```

Lose gebundene Parameter:

```
command.Parameters.AddWithValue("@City", "London")
```

```
connection.Open()
Dim reader As SqlDataReader = command.ExecuteReader()
While reader.Read()
```

Lose typisierte Spalten:

```
        Dim name As String = reader.GetString(0)
        Dim land As String = reader.GetString(1)
```

Ausgabe:

```
        ListBox1.Items.Add(name & "   " & land)
    End While
    reader.Close()
    connection.Close()
    ...
```

Folgende Einschränkungen bzw. Fragen ergeben sich aus obigem Code:

- Alle SQL-Befehle sind als Zeichenketten notiert, sie unterliegen deshalb keinerlei Prüfungen durch den Compiler. Was also ist, wenn der String eine ungültige SQL-Abfrage enthält? Was passiert, wenn eine Spalte in der Datenbank umbenannt wurde?

- Dasselbe trifft auch auf die Parameter und auf die Ergebnismenge zu – sie sind nur lose definiert. Haben die Spalten den richtigen Typ? Haben wir die korrekte Anzahl von Parametern übergeben? Entsprechen die Parameter in der Abfrage exakt den Parameterdeklarationen?

- Die von uns verwendeten Klassen sind nur für den SQL Server bestimmt und können nicht von einem anderen Datenbankserver benutzt werden.

Das grundsätzliche Problem beim Zugriff auf relationale Datenbanken ist, dass sich eine tiefe Kluft zwischen Ihrer Programmiersprache und der Datenbank auftut, d.h., zwischen der relationalen und der objektorientierten Sicht gibt es Differenzen, die nicht einfach zu überbrücken sind. Zwar wurden viele mehr oder weniger erfolgreiche Versuche zur Einführung objektorientierter Datenbanken unternommen, die näher an objektorientierten Plattformen und wichtigen Programmiersprachen wie VB und C# angesiedelt sind, trotzdem ist diesen Datenbanken der große Durchbruch bis heute versagt geblieben und relationale Datenbanken sind nach wie vor weit verbreitet. D.h., Sie als Programmierer müssen nach wie vor mit dem Datenzugriff kämpfen.

Hierin also liegt die ursprüngliche Motivation, die zur Entwicklung von LINQ führte, nämlich die Überwindung des Widerspruchs zwischen den objektorientierten .NET-Programmiersprachen und den nach wie vor den Markt dominierenden relationalen Datenbanken.

Datenbankzugriff unter LINQ

Mit LINQ beabsichtigt Microsoft eine Lösung des Problems des objekt-relationalen Mapping (ORM), genauso wie die Vereinfachung der Interaktion zwischen Objekten und Datenquellen. Das folgende Beispiel zeigt eine Realisierung des Vorgängerbeispiels mit den neuen LINQ-Sprachkonstrukten (fett) und dürfte einen ersten Eindruck über die Vorteile dieser Technologie vermitteln.

BEISPIEL

Einfache LINQ-Abfrage (Prinzip)

Datenkontext instanziieren:

```
Dim DB As New MyDataContext()
```

LINQ to SQL-Abfrage formulieren:

```
Dim customers = From cust In DB.Customers
                Where cust.City = "London"
                Select cust.CompanyName, cust.Country
```

Durchlaufen der *customers*-Collection und Ausgabe:

```
For Each cust In customers
    ListBox1.Items.Add(cust.CompanyName & " " & cust.Country)
Next
```

Dieser Code überrascht durch seine Transparenz und Kürze, leistet aber das Gleiche wie das in klassischer ADO.NET-Technologie realisierte Vorgängerbeispiel. Obwohl eine Erklärung der neuen Sprachkonstrukte erst an späterer Stelle erfolgt, dürfte der Code bereits jetzt weitgehend selbsterklärend sein. Mehr noch: In LINQ-Abfragen können die Daten im Arbeitsspeicher, in einer Datenbank, in einem XML Dokument oder an einer anderen Stelle sein, die Syntax bleibt dieselbe. Wie wir noch sehen werden, kann dank der Erweiterbarkeit von LINQ diese Art von Abfragen auch mit mehreren Datentypen und verschiedenen Datenquellen verwendet werden.

Damit zeigt das Beispiel aber nur die Spitze des Eisbergs, denn LINQ hat sich aus seiner ursprünglichen Zweckbestimmung (Zugriff auf relationale Datenbanken) heraus zu einer allgemeinen Sammlung von Abfragewerkzeugen, die in eine Sprache integriert werden können, weiter entwickelt. Diese Tools werden verwendet um auf Daten zuzugreifen, die von In-Memory Objekten (LINQ to Objects), Datenbanken (LINQ to SQL), XML Dokumenten (LINQ to XML), dem Dateisystem oder von irgendeiner anderen Quelle kommen.

Der Weg zu LINQ

Wie wir bereits wissen, erfüllte Microsoft mit LINQ den Wunsch vieler Entwickler nach universell einsetzbaren Datenabfragemethoden, die SQL-Abfragen ähneln. Microsoft hatte bis dahin noch keine Lösung für das objektrelationale Daten-Mapping (ORM) und mit LINQ bot sich für MS die Gelegenheit, sowohl Mapping als auch Abfragemechanismen in seine .NET-Programmiersprachen zu integrieren.

Wie war es in der Zeit vor LINQ?

Damals mussten Sie sich mit verschiedenen Sprachen, wie SQL, XML oder XPath, und verschiedenen Technologien und APIs, wie ADO.NET oder *System.Xml*, in jeder Anwendung die mit allgemeinen Sprachen wie VB oder C# geschrieben wurden, herumplagen und waren ausschließlich auf die unterschiedlichen Datenzugriffsmodelle angewiesen bzw. mussten dafür eigene APIs entwickeln. So haben Sie für die Abfrage von Datenbanken üblicherweise SQL verwendet. Für den Zugriff auf XML-Dokumente benutzten Sie das DOM (*Document Object Model*) oder XQuery. Mit Schleifenanweisungen haben Sie Arrays durchsucht, oder Sie haben selbst spezielle Algorithmen geschrieben, um sich durch Objektbäume zu hangeln oder auf andere Arten von Daten wie Excel-Tabellen, E-Mails oder die Registrierdatenbank zuzugreifen. Unterm Strich war es also bislang so, dass verschiedene Datenquellen verschiedene Programmiermodelle erforderlich machten.

Ein weiteres Problem sind die verschiedenen Datentypen, mit denen Sie zu kämpfen haben, wenn ein bestimmtes Datenmodell nicht an die jeweilige Sprache gebunden ist. Das kann zu Anpassungsschwierigkeiten zwischen Daten und Code führen. LINQ stellt die bislang vermisste direkte Verbindung zwischen den unterschiedlichen Datenquellen und verschiedenen (.NET)-Programmiersprachen her und vereinheitlicht den Datenzugriff auf beliebige Datenquellen. Es erlaubt Abfrage- und Schreiboperationen, ähnlich wie bei SQL Anweisungen für Datenbanken. Durch zahlreiche Spracherweiterungen integriert LINQ diese Abfragen direkt in .NET-Sprachen wie Visual Basic und C#.

So sind beispielsweise der objektorientierte Zugriff auf XML oder das Mixen relationaler Daten mit XML einige der Aufgaben die LINQ vereinfacht.

Ein zentraler Aspekt ist weiterhin, dass LINQ die Zusammenarbeit mit beliebigen Typen von Objekten oder Datenquellen ermöglicht und dazu ein konsistentes Programmiermodell bereitstellt. Syntax und Konzepte für den Datenzugriff sind dieselben. Wenn Sie also wissen wie LINQ mit einem Array oder einer Collection funktioniert, dann kennen Sie auch die grundlegenden Konzepte für die Anwendung von LINQ auf Datenbanken oder XML-Dateien.

Ein weiterer Vorteil von LINQ ist, dass Sie damit in einer streng typisierten Welt arbeiten. Beim Entwurf erhalten Sie Hinweise von der IntelliSense und Ihre Abfragen werden bereits beim Kompilieren geprüft.

HINWEIS　LINQ wird einige Aspekte Ihres Umgangs mit Daten in Anwendungen und Komponenten grundlegend verändern. Sie werden merken, dass LINQ ein wesentlicher Schritt in Richtung deklaratives Programmieren darstellt. Sie werden sich sehr bald darüber wundern, warum Sie früher so viele Zeilen Code geschrieben haben.

Wichtige LINQ-Features

LINQ ermöglicht durch das Schreiben von Abfragemethoden den Zugriff auf jede beliebige Art von Datenquelle.

Konkret stellen sich die Vorteile von LINQ wie folgt dar:

- Erweiterung der Sprachen Visual Basic und C#
- streng typisiert
- Queries werden zur Entwurfszeit geprüft, nicht erst zur Laufzeit
- Intellisense-Unterstützung in Visual Studio
- keine CLR-Erweiterung notwendig

Die Funktionsweise:

- LINQ-Ausdrücke werden vom Compiler in Extension Methods (Erweiterungsmethoden) und Lambda Expressions übersetzt
- Durch die Lambda Expressions steht der LINQ-Ausdruck zur Laufzeit als Expression Tree (Abfragebaum) zur Verfügung
- Die Expression Trees werden je nach LINQ-Variante in eine andere Darstellung (wie z.B. SQL) übersetzt

LINQ Ausdrücke können auf folgende Typen angewendet werden:

- *IEnumerable* (LINQ to Objects)
- *IQueryable(Of T)* (LINQ to Entities, ... to SQL, ...)

Trotz all dieser euphorisch stimmenden LINQ-Features sollte eines nicht vergessen werden: SQL ist ein weit verbreiteter Standard und kann auch in Zukunft nicht generell durch LINQ ersetzt werden. Allerdings ist der deklarative Charakter der LINQ-Syntax unbestritten ein Meilenstein bei der Entwicklung der großen Programmiersprachen.

Die LINQ-Architektur

Die Abbildung 2.2 soll die grundsätzliche Architektur von LINQ verdeutlichen.

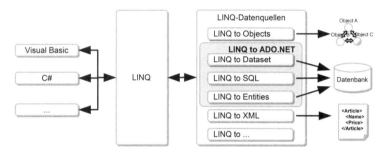

Abbildung 2.2 Die LINQ Architektur

Je nach Standort des Betrachters besteht LINQ einerseits aus einer Menge von Werkzeugen zur Arbeit mit Daten, was in den verschiedenen LINQ-Implementierungen (LINQ to Objects, LINQ to DataSets, LINQ to SQL, LINQ to Entities und LINQ to XML) zum Ausdruck kommt. Andererseits besteht LINQ aus einer Menge von Spracherweiterungen (momentan für VB und C#).

LINQ-Implementationen

LINQ bietet zahlreiche Varianten für den Zugriff auf verschiedenste Arten von Daten. Diese sind in den verschiedenen LINQ-Implementationen (auch als »LINQ Flavours«, d.h. »Geschmacksrichtungen« bezeichnet) enthalten. Folgende LINQ-Provider werden als Bestandteil des .NET Frameworks bereitgestellt:

- LINQ to Objects (arbeitet mit Collections die *IEnumerable* implementieren)
- LINQ to XML (Zugriff auf XML Strukturen)
- LINQ to SQL (Zugriff auf SQL Datenbanken)
- LINQ to DataSet (arbeitet auf Basis von DataSets) und
- LINQ to Entities (verwendet das ADO.NET Entity Framework als ORM)

Diese LINQ-Provider/Implementationen bilden eine Familie von Tools, die einzeln für bestimmte Aufgaben eingesetzt oder aber auch für leistungsfähige Lösungen mit einem Mix aus Objekten, XML und relationalen Daten miteinander kombiniert werden können.

HINWEIS   Nochmals sei hier betont, dass LINQ eine offene Technologie ist, der jederzeit neue Provider hinzugefügt werden können! Die im .NET Framework 3.5 enthaltenen Implementationen bilden lediglich eine Basis, die eine Menge von Grundbausteinen (Abfrageoperatoren, Abfrageausdrücke, Abfragebäume) bereitstellt.

Die neuen Sprachfeatures

Für die Einbindung von LINQ in VB mussten mehrere neue Sprachkonstrukte eingeführt werden, die wir Ihnen im Folgenden vorstellen möchten. Teilweise bauen diese auf den bereits unter .NET 2.0 eingeführten Neuerungen (generische Typen etc.) auf.

Typinferenz

Unter Typinferenz versteht man ein Sprachmerkmal welches es erlaubt, dass der Datentyp lokaler Variablen bei der Deklaration vom Compiler automatisch ermittelt wird, ohne dass explizit der Typ angegeben werden muss. Wie wir später noch sehen werden, erweist sich dieses Feature vor allem für anonyme Typen als praktisch bzw. notwendig.

Als Ersatz für einen konkreten Typ wird in VB das Schlüsselwort *Dim* verwendet, wobei man auf das *As* verzichtet.

Mancher mag denken, dass es sich hier um dasselbe Verhalten wie bei *Option Strict Off* handelt, tatsächlich aber erhalten Sie streng typisierte Variablen.

BEISPIEL

Die Initialisierung der Variablen *a* wird vom Compiler ausgewertet und der Typ aufgrund des Wertes 35 auf *Integer* festgelegt.

```
Dim a = 35
```

Obige Zeile ist semantisch identisch mit folgendem Ausdruck:

```
Dim a As Integer = 35
```

Der Datentyp wird einmalig bei der ersten Deklaration der Variablen vom Compiler festgelegt und kann danach nicht mehr verändert werden!

BEISPIEL

Da die Variable *b* vom Compiler als *Integer* festgelegt wurde, kann ihr später kein *Double*-Wert zugewiesen werden.

```
Dim b = 7
b = 12.3
MessageBox.Show(b.ToString)          ' zeigt 12
```

BEISPIEL

Verschiedene implizite lokale Variablendeklarationen

```
Dim txt = "abc"                  ' Typ : String
Dim pi = 3.1415                  ' Typ Double
For i = 1 To 10                  ' Typ von i: Integer
   ...
```

Obige Beispiele sind semantisch äquivalent zur »klassischen« Deklaration bei welcher der Datentyp explizit angegeben wird.

HINWEIS   Typinferenz ist nicht gleichbedeutend mit dem Zuweisen des *Object*-Datentyps, wie folgendes Beispiel belegt.

BEISPIEL

Zuweisen einer per Typinferenz deklarierten Integer-Variablen zu einer Variablen vom Typ *Object*

```
Option Strict On
...
Dim a = 5                          ' Deklarieren von a als Integer
Dim b As Object = 3                ' Boxing von Integer in Object
Dim c As Integer= a                ' kein Casting, kein Unboxing
Dim d As Integer = CType(b, Integer)  ' Casting und Unboxing sind notwendig
```

HINWEIS   Wie bereits erwähnt, ist die Typinferenz nur im lokalen Gültigkeitsbereich zulässig, d.h., sie darf nicht für Membervariablen und Parameter benutzt werden.

BEISPIEL

Einige zulässige implizite Variablendeklarationen

```
Public Sub test(d As Decimal)
    Dim x = 5.3          ' Double
    Dim y = x            ' Double
    Dim r = x / y        ' Double
    Dim s = "test"       ' String
    Dim w = d            ' Decimal
End Sub
```

BEISPIEL

Nicht zulässige implizite Variablendeklarationen

```
Option Strict On

Class Form1
    Dim a = 0                    ' Fehler, da nicht lokal

    Public Sub test1(Dim x)      ' Fehler, da Typ in Parameterliste erwartet wird
        ...
    End Sub

    Public Function test2()      ' Fehler, da Funktionstyp erwartet wird
        Return 5
    End Function

End Class
```

HINWEIS   Obwohl durch verwenden von Typinferenz das Schreiben von Code vereinfacht wird, kann die Lesbarkeit darunter erheblich leiden (besonders bei mehreren Methodenüberladungen).

Nullable-Typen

Der Compiler kann durch ein der Typdeklaration nachgestelltes Fragezeichen (?) einen Wertetyp in eine generische *System.Nullable(Of T As Structure)*-Struktur verpacken.

BEISPIEL

Einige Deklarationen von Nullable-Typen

```
Dim i As Integer? = 10
Dim j As Integer? = Nothing
Dim k As Integer? = i + j          ' Nothing
```

Von Nutzen sind Nullable-Typen besonders dann, wenn Daten aus einer relationalen Datenbank gelesen bzw. dorthin zurückgeschrieben werden sollen.

Was sind Nullable Types?

Einer der Hauptunterschiede zwischen Wertetypen wie *Integer* oder *Structure* und Referenztypen wie *Form* oder *String* ist der, dass Referenztypen so genannte Null-Werte unterstützen. Eine Referenztyp-Variable kann also den Wert *Nothing* enthalten, d.h., die Variable referenziert im Moment keinen bestimmten Wert. Demgegenüber enthält eine Wertetyp-Variable immer einen Wert, auch wenn dieser, wie bei einer *Integer*-Variablen, den Wert 0 (null) hat. Falls Sie einer Wertetyp-Variablen *Nothing* zuweisen, wird diese auf ihren Default-Wert zurückgesetzt, bei einer *Integer*-Variablen wäre das 0 (null).

Die aktuelle CLR bietet keine Möglichkeit um festzustellen, ob einer *Integer*-Variablen ein Wert zugewiesen wurde, die Tatsache dass die Variable den Wert 0 (null) hat bedeutet noch lange nicht, dass dieser Wert auch zugewiesen wurde, denn es könnte sich ja genauso gut um den Default-Value handeln.

Leider gibt es Situationen, wo es wünschenswert wäre, dass auch Wertetypen einen Null-Zustand annehmen könnten. Das allgemeinste Beispiel für solch einen Fall wäre ein Typ, der Informationen aus einer Datenbank repräsentiert. Viele Datenbanken erlauben Spalten beliebiger Typen, dass diese einen Null-Wert erhalten können. Das bedeutet, »man hat dieser Spalte noch keinen Wert zugewiesen«.

BEISPIEL

Eine Personal-Datenbank kann einen Null-Wert für die Spalte *Gehalt* für pensionierte Angestellte zulassen, d.h., dass diese nicht länger ein Gehalt beziehen[1].

Die Tatsache, dass die CLR keine Nullwerte für Wertetypen unterstützt, kann in solch einer Situation peinlich sein und ist auch der Grund dafür, dass es den *System.Data.SqlTypes* Namespace gibt. Die darin enthaltenen Typen sind speziell für SQL-Anwendungen optimiert – wäre es aber nicht schön, wenn wir dieses Verhalten für alle Wertetypen hätten?

Die Antwort ist »ja« und die Unterstützung für generische Typen macht es möglich. Ein neuer generischer Typ *Nullable(Of T)* ermöglicht es auch Wertetypen, »nullable« zu sein.

---

[1] Einen mysteriösen Wert wie 0 Euro zuzuweisen wäre irreführend, da man meinen könnte, der Angestellte arbeite ohne Geld.

BEISPIEL

Ein an die Subroutine *PrintValue* übergebener Integer-Wert wird nur angezeigt, wenn ihm ein Wert zugewiesen wurde. Ansonsten erfolgt die Ausgabe »Null Wert«.

```
Sub PrintValue(i As Nullable(Of Integer))
    If i.HasValue Then
       Console.WriteLine(CInt(i))
    Else
       Console.WriteLine("Null Wert!")
    End If
End Sub
```

Objekt-Initialisierer

Durch Objekt-Initialisierer wird es möglich, ähnlich wie bei der Initialisierung von Attributen, elegant Felder und Eigenschaften einer Klasse oder Struktur auf Anfangswerte zu setzen. Somit können nun öffentliche Eigenschaften und Felder von Objekten ohne das explizite Vorhandensein eines passenden Konstruktors in beliebiger Reihenfolge initialisiert werden.

HINWEIS   Wie wir noch sehen werden, ist diese Funktionalität notwendig um anonyme Typen zu initialisieren.

Das Initialisieren geschieht mit dem Schlüsselwort *With* und nachfolgenden geschweiften Klammern, in denen die einzelnen Felder/Eigenschaften des Objekts mit Werten belegt werden. Der Namen der Felder/Eigenschaften muss mit einem Punkt (.) beginnen.

BEISPIEL

Ausgangspunkt ist eine Klasse *CKunde*:

```
Public Class CKunde
    Public Name As String
    Public PLZ As Integer
    Public Ort As String
End Class
```

Das Erzeugen und Initialisieren einer Instanz von *CKunde* bedarf keines speziellen Konstruktors:

```
Private kunde As New CKunde With {.Name = "Müller", .PLZ = 12345, .Ort = "Musterhausen" }
```

BEISPIEL

Verschachtelte Objektinitialisierung beim Erzeugen einer Instanz der Klasse *Rectangle*:

```
Dim rect As New Rectangle With {
    .Location = New Point With {.X = 3, .Y = 7},
    .Size = New Size With {.Width = 19, .Height = 34}}
```

BEISPIEL

Initialisierung einer Collection aus Objekten der Klasse *CKunde*

```
Dim kunden() = {New CKunde With {.Name = "Müller", .PLZ = 12345, .Ort = "Musterhausen"},
```

```
          New CKunde With {.Name = "Meier", .PLZ = 2344, .Ort = "Walldorf"},
          New CKunde With {.Name = "Schulze", .PLZ = 32111, .Ort = "Biesdorf"}}
```

Auf ähnliche Weise wie bei Objektinitialisierern kann man auch zu Auflistungen, die *ICollection(Of T)* implementieren, elegant Elemente hinzufügen. Für die Elemente wird, entsprechend ihrer Reihenfolge, die Methode *ICollection(Of T).Add(element As T)* aufgerufen. Die aufgelisteten Elemente müssen natürlich vom Typ *T* sein oder es muss eine implizite Konvertierung zu *T* existieren.

BEISPIEL

Erzeugen und Initialisieren einer Auflistung.

```
Dim intList As New List(Of Integer) (New Integer() {0, 2, 2, 3, 6, 10, 15, 29, 44})
```

BEISPIEL

Diese Anweisung erzeugt einen Fehler, denn *Double* kann nicht nach *Integer* konvertiert werden.

```
Option Strict On
...
Dim intList As New List(Of Integer) (New Integer() {0, 2, 3, 5, 7.49})      ' Fehler!
```

Anonyme Typen

Darunter verstehen wir einfache namenlose Klassen, die vom Compiler automatisch erzeugt werden und die nur über Eigenschaften und dazugehörige private Felder verfügen. »Namenlos« bedeutet, dass uns der Name der Klasse nicht bekannt ist und man deshalb keinen direkten Zugriff auf die Klasse hat. Lediglich eine Instanz steht zur Verfügung, die man ausschließlich lokal, d.h. im Bereich der Deklaration, verwenden kann.

Das Deklarieren anonymer Typen erfolgt mittels eines anonymen Objekt-Initialisierers, d.h., man lässt beim Initialisieren einfach den Klassennamen weg. Der Compiler erzeugt die anonyme Klasse anhand der Eigenschaften im Objekt-Initialisierer und anhand des jeweiligen Typs der zugewiesenen Werte.

BEISPIEL

Eine Objektvariable *person* wird aus einer anonymen Klasse instanziiert.

```
Dim person = New With {.Vorname = "Maxhelm", .Nachname = "Müller", .Alter = 53}
```

Der Compiler generiert hierfür intern den MSIL-Code, der der folgenden Klasse entspricht:

```
Friend Class ???????
   Private _vorname As String
   Private _nachname As String
   Private _alter As Integer

   Public Property Vorname() As String
     Get
       Return _vorname
     End Get
     Set(value As String)
       _vorname = value
```

```
      End Set
   End Property

   Public Property Nachname() As String
     Get
       Return _nachname
     End Get
     Set(value As String)
       _nachname = value
     End Set
   End Property

   Public Property Alter() As Integer
     Get
       Return _alter
     End Get
     Set(value As Integer)
       _alter = value
     End Set
   End Property
End Class
```

Sobald eine weitere anonyme Klasse deklariert wird, bei der im Objekt-Initialisierer Eigenschaften mit dem gleichen Namen, Typ und in der gleichen Reihenfolge wie bei einer anderen bereits vorhandenen anonymen Klassen angegeben sind, verwendet der Compiler die gleiche anonyme Klasse, und es sind untereinander Zuweisungen möglich.

BEISPIEL

Da Name, Typ und Reihenfolge der Eigenschaften im Objekt-Initialisierer bei *person* (siehe oben) und *kunde* identisch sind, ist ein direktes Zuweisen möglich.

```
Dim kunde = New With {.Vorname = "Siegbast", .Nachname = "Krause", .Alter = 29}
kunde = person
```

Erweiterungsmethoden

Normalerweise erlaubt eine objektorientierte Programmiersprache das Erweitern von Klassen durch Vererbung. Visual Basic 9.0 führte eine neue Syntax ein, die das direkte Hinzufügen neuer Methoden zu einer bereits vorhandenen Klasse erlaubt. Mit anderen Worten: Mit Erweiterungsmethoden können Sie einem Datentyp oder einer Schnittstelle Methoden außerhalb der Definition hinzufügen.

In Visual Basic müssen sowohl die Erweiterungsmethode als auch das Modul, welches die Erweiterungsmethode enthält, mit dem Attribut *System.Runtime.CompilerServices.Extension* versehen werden.

BEISPIEL

Die Klasse *System.Int32* wird um die Methoden *mult()* und *abs()* erweitert.

```
Imports System.Runtime.CompilerServices
<Extension()>
Public Module IntExtension
   <Extension()>
```

```
Public Function mult(i As Integer, faktor As Integer) As Integer
    Return i * faktor
End Function

<Extension()>
Public Function abs(i As Integer) As Integer
    If i < 0 Then i = -1 * i
    Return i
End Function
End Module
```

Der Test:

```
Private Sub Button1_Click(sender As Object, e As System.EventArgs) Handles Button1.Click
    Dim zahl As Integer = -95
    TextBox1.Text = zahl.mult(7).ToString            ' -665
    TextBox2.Text = zahl.abs.ToString                '   95
End Sub
```

In diesem Beispiel kann man nun die Erweiterungsmethoden *mult* und *abs* für jede Integer-Variable so nutzen, als wären diese Methoden direkt in der Basisklasse *System.Int32* als Instanzenmethoden implementiert.

HINWEIS   Falls in *System.Int32* bereits eine *abs*-Methode mit der gleichen Signatur wie die gleichnamige Erweiterungsmethode existieren würde, so hätte die in *System.Int32* bereits vorhandene Methode Vorrang vor der Erweiterungsmethode.

Erweiterungsmethoden ermöglichen es Ihnen, einem vorhandenen Typ neue Methoden hinzuzufügen, ohne den Typ tatsächlich zu ändern. Die Standardabfrageoperatoren in LINQ stellen eine Reihe von Erweiterungsmethoden dar, die Abfragefunktionen für jeden Typ bieten, der *IEnumerable(Of T)* implementiert.

BEISPIEL

Durch die folgende Erweiterungsmethode wird der *String*-Klasse eine *Print*-Methode hinzugefügt.

```
<Extension()>
Public Sub Print(s As String)
    Console.WriteLine(s)
End Sub
```

Die Methode wird wie jede normale Instanzenmethode von *String* aufgerufen:

```
Dim msg As String = "Hallo"
msg.Print()
```

Lambda-Ausdrücke

Die Lambda-Ausdrücke (*Lambda Expressions*) gehörten zweifelsfrei mit zu den spektakulärsten sprachlichen Neuerungen von VB 9.0. Die Syntax basiert auf dem Schlüsselwort *Function*:

```
Function(Inputparameter) Expression
```

Die *Inputparameter* werden im *Expression* ausgewertet und liefern so gewissermaßen den Rückgabewert des Lambda-Ausdrucks.

Ein Lambda-Ausdruck ist quasi eine namenlose (anonyme) Funktion, von der ein einzelner Wert berechnet und zurückgegeben wird. Im Gegensatz zu benannten Funktionen kann ein Lambda-Ausdruck gleichzeitig definiert und ausgeführt werden.

BEISPIEL

Eine Methode zum Multiplizieren von zwei Gleitkommazahlen wird mittels Lambda-Ausdruck definiert.

```
Public Delegate Function opDeleg(x As Double, y As Double) As Double
```

Methode als Lambda-Ausdruck zuweisen:

```
Dim multDlg As opDeleg = Function(x As Double, y As Double) x * y
```

Der Test:

```
TextBox1.Text = multDlg(5.5, 4.3).ToString           ' 23.65
```

Einen kleinen Vorgeschmack auf den Einsatz von Lambda-Ausdrücken im Zusammenspiel mit LINQ-Ausdrücken soll das folgende Beispiel liefern:

BEISPIEL

Definition einer Abfrage über eine (generische) Liste

```
Dim employees As New List(Of Employee)
Dim query = employees.FindAll(Function(c) c.City = "London")
```

HINWEIS   In LINQ liegen vielen der Standardabfrageoperatoren Lambda-Ausdrücke zugrunde, diese werden vom Compiler erstellt, um Berechnungen zu erfassen, die in grundlegenden Abfragemethoden wie *Where, Select, Order By, Take While* usw. definiert sind.

Der Rückgabetyp eines Lambda-Ausdrucks wird durch den Typ des rechts stehenden Ausdrucks bestimmt. Folglich hat ein Lambda-Ausdruck mit nur einem Methodenaufruf den gleichen Rückgabetyp wie diese Methode.

BEISPIEL

Einige Lambda-Ausdrücke, die die Zuordnung des Rückgabetyps veranschaulichen sollen.

Rückgabetyp ist leer, da *Console.WriteLine()* nichts zurückliefert:

```
Function(j As Integer) Console.WriteLine(j.ToString)
```

Rückgabetyp *Integer*, da *j* und *k* vom Typ *Integer* sind:

```
Function(j As Integer, k As Integer) j * k
```

Rückgabetyp *Double*, da ein *Double (0.7)* zu einem *Integer* addiert wird und das Ergebnis *Double* ist:

```
Function(i As Integer) i + 0.7
```

Rückgabetyp *String*, da auf der rechten Seite ein *String* addiert wird:

```
Function(geb As Integer) "Alles Gute zum " & geb & ". !"
```

Natürlich müssen Anzahl der Parameter und deren jeweiliger Datentyp mit denen des Delegaten, für den der Lambda-Ausdruck angegeben wird, übereinstimmen. Allerdings kann bei Lambda-Ausdrücken auf die Angabe des Typs für die Parameter verzichtet werden, da diese vom Kontext her ableitbar sind. Dem jeweiligen Parameter des Lambda-Ausdrucks wird also automatisch der Typ des entsprechenden Parameters des Delegaten, für den der Lambda-Ausdruck angegeben wird, zugewiesen. Im folgenden Beispiel kann man dieses Konzept erkennen:

BEISPIEL

Parametertyperkennung in einem Lambda-Ausdruck

```
Public Class CPerson
    Public Name As String
    Public Alter As Integer
End Class
```

Schnell eine Instanz mittels Objektinitialisierer erzeugen:

```
Public person1 As New CPerson With {.Name = "Krause", .Alter = 45}
```

Einen Delegate-Typ definieren, der eine *CPerson*-Instanz als Parameter entgegennimmt und nichts zurückgibt (*Sub*):

```
Public Delegate Sub PDelegate(person As CPerson)
```

Wegen *PDelegate* ist der Parameter *p* vom Typ *CPerson*, der Rückgabetyp muss leer sein:

```
Dim dlg1 As PDelegate = Function(p) _
                    MessageBox.Show(p.Name & " ist " & p.Alter.ToString & " Jahre alt!")
```

Der Aufruf ist unspektakulär:

```
dlg1(person1)
```

Abbildung 2.3 Ergebnis des Beispiels

Allgemein bleibt es die Entscheidung des Entwicklers, ob er benannte Methoden oder Lambda-Ausdrücke verwenden möchte. Lambda-Ausdrücke haben den Vorteil der einfachsten und kompaktesten Syntax. Wichtiger noch dürfte es aber sein, dass Lambda-Ausdrücke sowohl als Code als auch als Daten kompiliert werden, was ihre Verarbeitung zur Laufzeit, d.h. ihre Optimierung, Übersetzung und Bewertung, ermöglicht.

Abfragen mit LINQ to Objects

Bei *LINQ to Objects* handelt es sich um die allgemeinste und grundlegendste LINQ-Implementierung, welche auch die wichtigsten Bausteine für die übrigen LINQ-Implementierungen liefert. In einer SQL-ähnlichen Syntax können miteinander verknüpfte Collections/Auflistungen abgefragt werden, die über die *IEnumerable*-Schnittstelle verfügen. LINQ-Code kann grundsätzlich in so genannter *Query Expression Syntax* oder in *Extension Method Syntax* geschrieben werden, auch Mischformen sind möglich.

Grundlegende Syntax

Dazu gehört zunächst als wichtigster Standard die Angabe einer Quelle (*From*), das Festlegen der zurückzu-gebenden Daten (*Select)*, das Filtern (*Where*) und das Sortieren (*Order By*). Hinzu kommt eine Fülle weiterer Operatoren, wie z.B. für das Gruppieren, Verknüpfen und Sammeln von Datensätzen usw.

Die LINQ-Abfrageoperatoren sind als Erweiterungsmethoden definiert und in der Regel auf beliebige Objekte, die *IEnumerable(Of T)* implementieren, anwendbar.

BEISPIEL

Gegeben sei die Auflistung:

```
Dim monate() As String = {"Januar", "Februar", "März", "April", "Mai", "Juni",
                          "Juli", "August", "September", "Oktober", "November", "Dezember"}
```

Die folgende LINQ-Abfrage selektiert die Monatsnamen mit einer Länge von 6 Buchstaben, wandelt sie in Großbuchstaben um und ordnet sie alphabetisch.

```
Dim expr = From s In monate
           Where s.Length = 6
           Order By s
           Select s.ToUpper()
```

Die Ergebnisanzeige:

```
For Each item As String In expr
    ListBox1.Items.Add(item)
Next item
```

Das Resultat in der *ListBox*:

```
AUGUST
JANUAR
```

Obiges Beispiel verdeutlicht das allgemeine Format einer LINQ-Abfrage:

```
From ... < Where ... Order By ... > Select ...
```

Eine LINQ-Abfrage muss immer mit *From* beginnen. Im Wesentlichen durchläuft *From* eine Liste von Daten. Dazu wird eine Variable benötigt, die jedem einzelnen Datenelement in der Quelle entspricht.

Wer die Sprache SQL kennt, der wird zunächst darüber irritiert sein, warum eine LINQ-Abfrage mit *From* und nicht mit *Select* beginnt. Der Grund hierfür ist der, dass nur so ein effektives Arbeiten mit der IntelliSense von Visual Studio möglich ist. Da zuerst die Datenquelle ausgewählt wird, kann die IntelliSense geeignete Typmitglieder für die Objekte der Auflistung anbieten.

Weiterhin erkennen Sie, wie vom neuen Sprachfeature der lokalen Typinferenz (implizite Variablendeklaration) Gebrauch gemacht wird, denn die Anweisung

```
Dim expr = From s In monate ...
```

ist für den Compiler identisch mit

```
Dim expr As IEnumerable(Of String) = From s In monate ...
```

Zwei alternative Schreibweisen von LINQ Abfragen

Grundsätzlich sind für LINQ Abfragen zwei gleichberechtigte Schreibweisen möglich:

- Query Expression-Syntax (Abfrage-Syntax)
- Extension Method-Syntax[1] (Erweiterungsmethoden-Syntax)

Bis jetzt haben wir aber nur die Query Expression-Syntax verwendet. Um die volle Leistungsfähigkeit von LINQ auszuschöpfen, sollten Sie aber beide Syntaxformen verstehen.

BEISPIEL

Die LINQ-Abfrage des obigen Beispiels in *Extension Method-Syntax*.

```
Dim expr =
            monate.Where(Function(s) s.Length = 6).
            OrderBy(Function(s) s).
            Select(Function(s) s.ToUpper())
```

Oder kompakt in einer Zeile:

```
Dim expr = monate.Where(Function(s) s.Length = 6).OrderBy(Function(s) s).
                      Select(Function(s) s.ToUpper())
```

Wie Sie sehen, verwenden wir bei dieser Notation Erweiterungsmethoden und Lambda-Ausdrücke. Aber auch eine Kombination von *Query Expression-Syntax* mit *Extension Method-Syntax* ist möglich.

BEISPIEL

Obiges Beispiel in gemischter Syntax:

```
Dim expr = (From s In monate
            Where s.Length = 6
            Select s.ToUpper()).
            OrderBy(Function(s) s)
```

---

[1] Die *Extension Method Syntax* wird auch als *Dot Notation Syntax* bezeichnet.

Hier wurde ein Abfrageausdruck in runde Klammern eingeschlossen, gefolgt von der Erweiterungsmethode *OrderBy*. Solange wie der Abfrageausdruck ein *IEnumerable* zurückgibt, kann darauf eine ganze Kette von Erweiterungsmethoden folgen.

Die Query Expression-Syntax (Abfragesyntax) ermöglicht das Schreiben von Abfragen in einer SQL-ähnlichen Weise. Wo immer es möglich ist, empfehlen wir, vor allem der besseren Lesbarkeit wegen, die Verwendung dieser Syntax. Letztendlich konvertiert jedoch der Compiler alle Queries in die andere, auf Erweiterungsmethoden basierende, Syntaxform. Dabei wird z.B. die Filterbedingung *Where* einfach in den Aufruf einer Erweiterungsmethode namens *Where* der *Enumerable*-Klasse übersetzt, die im Namespace *System.Linq* definiert ist.

Allerdings unterstützt die Query Expression-Syntax nicht jeden standardmäßigen Abfrageoperator bzw. kann nicht jeden unterstützen den Sie selbst hinzufügen. In einem solchen Fall sollten Sie direkt die Extension Method-Syntax verwenden.

Abfrageausdrücke unterstützen eine Anzahl verschiedener »Klauseln«, z. B. *Where*, *Select*, *Order By*, *Group By* und *Join*. Wie bereits erwähnt, lassen sich diese Klauseln in die gleichwertigen Operator-Aufrufe übersetzen, die wiederum über Erweiterungsmethoden implementiert werden. Die enge Beziehung zwischen den Abfrageklauseln und den Erweiterungsmethoden, welche die Operatoren implementieren, erleichtert ihre Kombination, falls die Abfragesyntax keine direkte Klausel für einen erforderlichen Operator unterstützt.

Übersicht der wichtigsten Abfrageoperatoren

Die Klasse *Enumerable* im Namespace *System.Linq* stellt zahlreiche Abfrageoperatoren für LINQ to Objects bereit und definiert diese als Erweiterungsmethoden für Typen die *IEnumerable(Of T)* implementieren.

HINWEIS   Kommen bei der Extension Method-Syntax (Erweiterungsmethoden-Syntax) Abfrageoperatoren bzw. -Methoden zur Anwendung, so sollten wir bei der Query Expression-Syntax (Abfrage-Syntax) präziser von Abfrage-Klauseln bzw. -Statements sprechen.

Die folgende Tabelle zeigt die wichtigsten standardmäßigen Abfrageoperatoren von LINQ.

Bezeichnung der Gruppe	Operator
Beschränkungsoperatoren (Restriction)	*Where*
Projektionsoperatoren (Projection)	*Select, SelectMany*
Sortieroperatoren (Ordering)	*OrderBy, ThenBy*
Gruppierungsoperatoren (Grouping)	*GroupBy*
Quantifizierungsoperatoren (Quantifiers)	*Any, All, Contains*
Aufteilungsoperatoren (Partitioning)	*Take, Skip, TakeWhile, SkipWhile*
Mengenoperatoren (Sets)	*Distinct, Union, Intersect, Except*
Elementoperatoren (Elements)	*First, FirstOrDefault, ElementAt*

Tabelle 2.1 LINQ-Abfrageoperatoren

Bezeichnung der Gruppe	Operator
Aggregatoperatoren (Aggregation)	*Count, Sum, Min, Max, Average*
Konvertierungsoperatoren (Conversion)	*ToArray, ToList, ToDictionary*
Typumwandlungsoperatoren (Casting)	*OfType T*
Zuweisungsoperator	*Let*

Tabelle 2.1 LINQ-Abfrageoperatoren *(Fortsetzung)*

Die folgende Abbildung illustriert an einem Beispiel, wie einige der bereits im Vorgängerabschnitt diskutierten neuen Sprach-Features in LINQ-Konstrukten zur Anwendung kommen und wie die Abfrage-Syntax vom Compiler in die äquivalente Erweiterungsmethoden-Syntax umgesetzt wird.

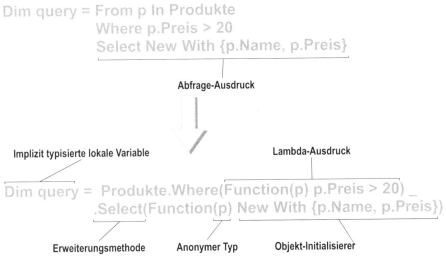

Abbildung 2.4 Vergleich zwischen Abfrage-Syntax (oben) und Erweiterungsmethoden-Syntax (unten)

Beispiele zu LINQ to Objects

Das Ziel der folgenden Beispiele ist nicht die vollständige Erläuterung aller in obiger Tabelle aufgeführten Operatoren und deren Überladungen, sondern vielmehr eine Demonstration des prinzipiellen Aufbaus von Anweisungen zur Abfrage von Objektauflistungen.

In der Regel werden beide Syntaxformen (*Query Expression-Syntax* und Extension *Method-Syntax*) gegenübergestellt, denn nur so erschließt sich am ehesten das allgemeine Verständnis für die auch für den SQL-Kundigen nicht immer leicht durchschaubare Logik der LINQ-Operatoren bzw. -Abfragen.

Für die Beispiele zu LINQ to Objects wird überwiegend auf eine Datenmenge zugegriffen, deren Struktur das folgende, mit dem Klassendesigner von Visual Studio entwickelte, Diagramm zeigt.

HINWEIS   Die verwendeten Daten haben ihren Ursprung nicht in einer Datenbank, sondern werden per Code erzeugt (Listing siehe Begleitdateien).

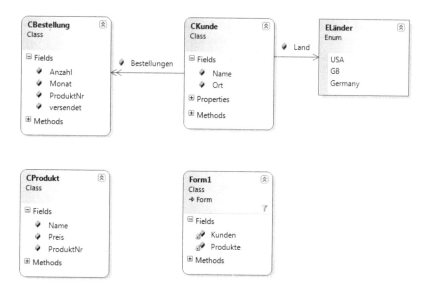

Abbildung 2.5 Das mit dem Klassendesigner entwickelte Klassendiagramm

Die Projektionsoperatoren Select und SelectMany

Diese Operatoren »projizieren« die Inhalte einer Quell-Auflistung in eine Ziel-Auflistung, die das Abfrageergebnis repräsentiert.

Select

Der Operator macht die Abfrageergebnisse über ein Objekt verfügbar, welches *IEnumerable(Of T)* implementiert.

BEISPIEL

Die komplette Produktliste wird ausgegeben. Zunächst in Extension Method-Syntax:

```
Dim allProdukte = Produkte.Select(Function(p) p.Name)
```

Alternativ die Query Expression-Syntax:

```
Dim allProdukte = From p In Produkte Select p.Name
```

Die Ausgabe der Ergebnisliste:

```
For Each p In allProdukte
    ListBox1.Items.Add(p)
Next
```

Der Inhalt der *ListBox* sollte dann etwa folgenden Anblick bieten:

```
Marmelade
Quark
Mohrrüben ...
```

Das Abfrageergebnis wird auf einen anonymen Typ projiziert, der als Tupel (Datensatz) definiert ist.

```
Dim expr = Kunden.Select(Function(k) New With {k.Name, k.Ort})
```

Die Ausgabeschleife:

```
For Each k In expr
    ListBox1.Items.Add(k)
Next
```

Das Ergebnis:

```
{Name = Walter, Ort = Altenburg}
{Name = Thomas, Ort = Berlin}
...
```

SelectMany

Stände nur der *Select*-Operator zur Verfügung, so hätte man zum Beispiel bei der Abfrage der Bestellungen für alle Kunden eines bestimmten Landes das Problem, dass das Ergebnis vom Typ *IEnumerable(Of CBestellung)* wäre, wobei es sich bei jedem Element um ein Array mit den Bestellungen eines einzelnen Kunden handeln würde. Um einen praktikableren, d.h. weniger tief geschachtelten, Ergebnistyp zu erhalten, wurde der Operator *SelectMany* eingeführt.

Die Bestellungen aller Kunden aus Deutschland sollen ermittelt werden.

```
Dim bestellungen = Kunden.Where(Function(k) k.Land = ELänder.Germany).
                                SelectMany(Function(k) k.Bestellungen)
```

Alternativ der Abfrageausdruck in Query Expression Syntax:

```
Dim bestellungen = From k In Kunden
                   Where k.Land = ELänder.Germany
                   From b In k.Bestellungen
                   Select b
```

Das Auslesen des Ergebnisses der Abfrage:

```
For Each b In bestellungen
    ListBox1.Items.Add(b)
Next
```

Das Ergebnis (Voraussetzung ist eine entsprechende Überschreibung der *ToString()*-Methode der Klasse *CBestellung*):

```
ProdNr: 2 , Anzahl: 4 , Monat: März, Versand: False
ProdNr: 1 , Anzahl: 11, Monat: Juni , Versand: True
...
```

Der Restriktionsoperator Where

Dieser Operator schränkt die Ergebnismenge anhand einer Bedingung ein. Sein prinzipieller Einsatz wurde bereits in den Vorgängerbeispielen hinreichend demonstriert. Außerdem können auch Indexparameter verwendet werden, um die Filterung auf bestimmte Indexpositionen zu begrenzen.

BEISPIEL

Die Kunden an den Positionen 2 und 3 der Kundenliste sollen angezeigt werden.

```
Dim expr = Kunden.Where(Function(k, index) (index >= 2) And (index < 4)).Select(Function(k) k.Name)
```

Die Ausgabe:

```
For Each kd In expr
    ListBox1.Items.Add(kd)
Next
```

Das Ergebnis:

```
Holger
Fernando
```

Die Sortierungsoperatoren OrderBy und ThenBy

Diese Operatoren bewirken ein Sortieren der Elemente innerhalb der Ergebnismenge.

OrderBy/OrderByDescending

Das Pärchen ermöglicht Sortieren in auf- bzw. absteigender Reihenfolge.

BEISPIEL

Alle Produkte mit einem Preis kleiner gleich 20 sollen ermittelt und nach dem Preis sortiert ausgegeben werden (der teuerste zuerst).

```
Dim prod = Produkte
        .Where(Function(p) p.Preis <= 20)
        .OrderByDescending(Function(p) p.Preis)
        .Select(Function(p) New With {p.Name, p.Preis})
```

Oder alternativ als Abfrageausdruck:

```
Dim prod = From p In Produkte
        Where (p.Preis <= 20)
        Order By p.Preis Descending
        Select p.Name, p.Preis
```

Die Ausgabeschleife:

```
For Each p In prod
    ListBox1.Items.Add(p)
Next
```

Das Resultat:

```
{Name = Käse, Preis = 20}
{Name = Mohrrüben, Preis = 15}
...
```

ThenBy/ThenByDescending

Diese Operatoren verwendet man, wenn nacheinander nach mehreren Schlüsseln sortiert werden soll. Da *ThenBy* und *ThenByDescending* nicht auf den Typ *IEnumerable(Of T)*, sondern nur auf den Typ *IOrdered-Sequence(Of T)* anwendbar sind, können diese Operatoren nur im Anschluss an *OrderBy/OrderByDescending* eingesetzt werden.

BEISPIEL

Alle Kunden sollen zunächst nach ihrem Land und dann nach ihren Namen sortiert werden.

```
Dim knd = Kunden.OrderBy(Function(k) k.Land).
          ThenBy(Function(k) k.Name).
          Select(Function(k) New With {k.Land, k.Name})
```

Der alternative Abfrageausdruck:

```
Dim knd = From k In Kunden
          Order By k.Land, k.Name
          Select k.Land, k.Name
```

Die Ausgabe

```
For Each ku In knd
    ListBox1.Items.Add(ku)
Next
```

... führt in beiden Fällen zu einem Ergebnis wie diesem:

```
{Land = USA, Name = Fernando}
{Land = USA, Name = Holger}
{Land = GB, Name = Alice}
{Land = Germany, Name = Thomas}
{Land = Germany, Name = Walter}
```

Reverse

Dieser Operator bietet eine einfache Möglichkeit, um die Aufeinanderfolge der Elemente im Abfrageergebnis umzukehren.

BEISPIEL

Das Vorgängerbeispiel mit umgekehrter Reihenfolge der Ergebniselemente:

```
Dim knd = Kunden.OrderBy(Function(k) k.Land).
          ThenBy(Function(k) k.Name).
          Select(Function(k) New With {k.Land, k.Name}).
          Reverse()
```

Ergebnis:

```
{Land = Germany, Name = Walter}
{Land = Germany, Name = Thomas}
...
```

Der Gruppierungsoperator GroupBy

Dieser Operator kommt dann zum Einsatz, wenn das Abfrageergebnis in gruppierter Form zur Verfügung stehen soll. *GroupBy* wählt die gewünschten Schlüssel-Elemente-Zuordnungen aus der abzufragenden Auflistung aus.

BEISPIEL

Alle Kunden nach Ländern gruppieren

```
Dim knd = Kunden.GroupBy(Function(k) k.Land)
```

Der alternative Abfrageausdruck:

```
Dim knd = From k In Kunden Group By k.Land Into Group
```

Durchlaufen der Ergebnismenge:

```
For Each kdGroup In knd
    ListBox1.Items.Add(kdGroup.Land)
    For Each kd In kdGroup.Group
        ListBox1.Items.Add("   " & kd.Name)
    Next
Next
```

Der Gruppenschlüssel (*kdGroup.Key*) ist hier das Land. Die Standardausgabe der Gruppenelemente erfolgt entsprechend der überschriebenen *ToString()*-Methode der Klasse *CKunden* (siehe Beispieldaten zum Buch):

```
Germany
    Walter – Altenburg – Germany
    Thomas – Berlin – Germany
USA
    Holger – Washington – USA
    Fernando – New York – USA
GB
    Alice – London - GB
```

Der *GroupBy*-Operator existiert in mehreren Überladungen, die alle den Typ *IEnumerable(Of IGrouping(Of K, T)* liefern. Die generische Schnittstelle *IGrouping(Of K, T)* definiert einen spezifischen Schlüssel vom Typ *K* für die Gruppenelemente (Typ *T*).

BEISPIEL

Alle Produkte werden nach ihren Anfangsbuchstaben gruppiert.

```
Dim prodGroups = Produkte.GroupBy(Function(p) p.Name(0), Function(p) p.Name)
```

Die (verschachtelte) Ausgabeschleife:

```
For Each pGroup In prodGroups
    ListBox1.Items.Add(pGroup.Key)
    For Each p In pGroup
        ListBox1.Items.Add("  " & p)
    Next
Next
```

Das Ergebnis:

```
M
  Marmelade
  Mohrrüben
  Mehl
Q
  Quark
K
  Käse
H
  Honig
```

Zum gleichen Resultat führt der folgende Code unter Verwendung eines Abfrageausdrucks:

```
Dim prodGroups = From p In Produkte
                 Group By FirstLetter = p.Name(0)
                 Into prods = Group
```

Die (verschachtelte) Ausgabeschleife:

```
For Each pGroup In prodGroups
    ListBox1.Items.Add(pGroup.FirstLetter)
    For Each pr In pGroup.prods
        ListBox1.Items.Add("  " & pr.Name)
    Next
Next
```

Verknüpfen mit Join

Mit diesem Operator definieren Sie Beziehungen zwischen verschiedenen Auflistungen. Im folgenden Beispiel werden Bestelldaten auf Produkte projiziert.

BEISPIEL

Die Bestellungen aller Kunden werden aufgelistet.

```
Dim bestprod = Kunden.
               SelectMany(Function(k) k.Bestellungen).
               Join(Produkte, Function(b) b.ProduktNr,
               Function(p) p.ProduktNr, Function(b, p) New With {b.Monat, p.ProduktNr,
               p.Name, p.Preis, b.versendet})
```

Alternativ die Notation in Abfragesyntax:

```
Dim bestprod = From k In Kunden
               From b In k.Bestellungen
```

```
            Join p In Produkte On b.ProduktNr Equals p.ProduktNr
            Select New With {b.Monat, p.ProduktNr, p.Name, p.Preis, b.versendet}
```

Beim Vergleich (*Equals*) ist zu beachten, dass zuerst der Schlüssel der äußeren Auflistung (*b.ProduktNr*) und dann der der inneren Auflistung (*p.ProduktNr*) angegeben werden muss.

Die Anzeigeroutine:

```
For Each bp In bestprod
    ListBox1.Items.Add(bp)
Next
```

Das Ergebnis liefert die Übersicht über alle Bestellungen:

```
{Monat = März, ProduktNr = 2, Name = Quark, Preis = 10, versendet = False}
{Monat = Juni, ProduktNr = 1, Name = Marmelade, Preis = 5, versendet = False}
{Monat = November, ProduktNr = 3, Name = Mohrrüben, Preis = 15, versendet = True}
{Monat = November, ProduktNr = 5, Name = Honig, Preis = 25, versendet = True}
{Monat = Juni, ProduktNr = 6, Name = Mehl, Preis = 30, versendet = False}
{Monat = Februar, ProduktNr = 4, Name = Käse, Preis = 20, versendet = True}
...
```

Aggregatoperatoren

Zum Abschluss unserer Stippvisite bei den LINQ-Operatoren wollen wir noch einen kurzen Blick auf eine weitere wichtige Familie werfen. Diese Operatoren, zu denen *Count, Sum, Max, Min, Average* etc. gehören, setzen Sie ein, wenn Sie verschiedenste Berechnungen mit den Elementen der Datenquelle durchführen wollen.

Count

Die von diesem Operator durchzuführende Aufgabe ist sehr einfach, es wird die Anzahl der Elemente in der abzufragenden Auflistung ermittelt.

BEISPIEL

Alle Kunden sollen, zusammen mit der Anzahl der von ihnen aufgegebenen Bestellungen, angezeigt werden.

```
Dim kdn = Kunden.Select(Function(k) New With {k.Name, k.Ort, .AnzahlBest = k.Bestellungen.Count})
```

Oder das Gleiche in Abfrage-Syntax:

```
Dim kdn = From k In Kunden
          Select k.Name, k.Ort, AnzahlBest = k.Bestellungen.Count()
```

Wir iterieren durch die Ergebnismenge:

```
For Each ku In kdn
    ListBox1.Items.Add(ku)
Next
```

Die Ausgabe:

```
{Name = Walter, Ort = Altenburg, AnzahlBest = 1}
{Name = Thomas, Ort = Berlin, AnzahlBest = 2}
...
```

Wie Sie sehen, scheint die Anwendung dieser Operatoren einfach und leicht verständlich zu sein.

Sum

Wie es der Name schon vermuten lässt, können mit diesem Operator verschiedenste Summen aus den Elementen der Quell-Auflistung gebildet werden. Zunächst ein einfaches Beispiel.

BEISPIEL

Die Summe aller Preise der Produktliste

```
Dim total = Produkte.Sum(Function(p) p.Preis)
```

Die alternative Abfrage-Syntax (eigentlich gemischte Syntax):

```
Dim total = (From p In Produkte Select p.Preis).Sum()
```

Die Ausgabe

```
ListBox1.Items.Add(total)
```

... liefert mit den ursprünglichen Beispieldaten den Wert *105*.

Das folgende Beispiel ist nicht mehr ganz so trivial, da sich hier der *Sum*-Operator innerhalb einer verschachtelten Abfrage versteckt.

BEISPIEL

Die Gesamtsumme der von allen Kunden aufgegebenen Bestellungen wird ermittelt.

```
Dim expr = From k In Kunden
           Join b In
           (
                   From k In Kunden
                   From b In k.Bestellungen
                   Join p In Produkte
                   On b.ProduktNr Equals p.ProduktNr
                   Select New With {k.Name, .BestellBetrag = b.Anzahl * p.Preis}
           ) On k.Name Equals b.Name
           For Each k In expr
               ListBox1.Items.Add(k.b)
           Next
```

Das Ergebnis:

```
{Name = Walter, BestellBetrag = 40}
{Name = Thomas, BestellBetrag = 340}
...
```

Verzögertes Ausführen von LINQ-Abfragen

Normalerweise werden LINQ-Ausdrücke nicht bereits bei ihrer Definition, sondern erst bei Verwendung der Ergebnismenge ausgeführt. Damit hat man die Möglichkeit, nachträglich Elemente zu der abzufragenden Auflistung hinzuzufügen bzw. zu ändern, ohne dazu die Abfrage nochmals neu erstellen zu müssen.

BEISPIEL

Alle Produkte, die mit dem Buchstaben »M« beginnen, sollen ermittelt werden.

```
Dim MProds = From p In Produkte Where p.Name(0) = "M" Select p.Name
```

Die Ergebnismenge wird das erste Mal durchlaufen und angezeigt:

```
For Each prod In MProds
    ListBox1.Items.Add(prod)
Next prod
ListBox1.Items.Add("----------")
```

Anschließend ändern wir ein Element in der der Abfrage zugrunde liegenden Quelle:

```
Produkte(0).Name = "Milch"
```

... und durchlaufen die Ergebnismenge ein zweites Mal:

```
For Each prod In MProds
    ListBox1.Items.Add(prod)
Next prod
```

Die Ausgabe im Listenfeld zeigt, dass in der zweiten Ergebnismenge das geänderte Element erscheint:

```
Marmelade
Mohrrüben
Mehl
----------
Milch
Mohrrüben
Mehl
```

Wir sehen, dass die definierte Abfrage immer dann neu ausgeführt wird, wenn wir (wie hier in der *For-Each*-Schleife) auf das Abfrageergebnis (*MProds*) zugreifen.

Abfragen dieser Art bezeichnet man deshalb auch als »verzögerte Abfragen«. Mitunter aber ist dieses Verhalten nicht erwünscht, d.h., man möchte das Abfrageergebnis nicht verzögert, sondern sofort nach Definition der Abfrage zur Verfügung haben. Das hätte auch den Vorteil, dass sich die Performance verbessert, weil die Abfrage nicht (wie im Beispiel innerhalb der *For Each*-Schleife) immer wieder zur Ausführung kommt. Abhilfe schafft hier die im nächsten Abschnitt beschriebene Anwendung von Konvertierungsmethoden.

Konvertierungsmethoden

Zu dieser Gruppe gehören *ToArray*, *ToList*, *ToDictionary*, *AsEnumerable*, *Cast* und *ToLookup*. Sowohl die Methoden *ToArray* als auch *ToList* forcieren ein sofortiges Durchführen der Abfrage.

Das Vorgängerbeispiel wird wiederholt, diesmal aber wird das Abfrageergebnis in einem Array zwischengespeichert.

```
Dim MProds = (From p In Produkte Where p.Name(0) = "M" Select p.Name).ToArray
...
```

Die Änderung der Quellfolge bleibt jetzt ohne Konsequenz für das Abfrageergebnis:

```
Produkte(0).Name = "Milch"
...
```

Die Ausgabe:

```
Marmelade
Mohrrüben
Mehl
-----------
Marmelade
Mohrrüben
Mehl
```

Der Zuweisungsoperator Let

In einem Abfrageausdruck ist es mitunter nützlich, das Ergebnis einer Zwischenberechnung zu speichern, um dieses dann in untergeordneten Klauseln zu nutzen.

Der *Let*-Operator erzeugt eine neue Bereichsvariable und initialisiert diese mit dem Ergebnis des zugewiesenen Ausdrucks. Wenn die Bereichsvariable ein enumerierbarer Typ ist, kann sie abgefragt werden.

In einer Sprüche-Sammlung wird jeder Spruch in ein Array aus Wörtern aufgesplittet. Es werden alle Wörter selektiert, die mit einem Vokal beginnen.

```
Dim sprüche As String() = {"Wer den Cent nicht ehrt ist den Euro nicht wert.",
                           "Müßiggang ist aller Laster Anfang.",
                           "Dummheit und Stolz wachsen auf einem Holz."}

Dim aQuery = From spruch In sprüche
             Let worte = spruch.Split(" "c)
             From wort In worte
             Let w = wort.ToLower()
             Where w(0) = "a" OrElse w(0) = "e" OrElse w(0) = "i"
                            OrElse w(0) = "o" OrElse w(0) = "u"
             Select wort
```

Abfrage ausführen:

```
Dim s As String = Nothing

For Each v In aQuery
        s += v.ToString() & "  "
Next
```

Der Ergebnisstring:

```
ehrt  ist  Euro  ist  aller  Anfang.  und  auf  einem
```

Obiges Beispiel benutzt *Let* auf zweierlei Art:

- Erzeugen eines abfragbaren (enumerierbaren) Typs *worte*
- Die Abfrage braucht *ToLower* nur einmal auf der Bereichsvariablen *wort* aufzurufen. Ohne *Let* müsste *ToLower* für jeden Teil in der *Where*-Klausel aufgerufen werden.

HINWEIS   Das komplette Beispiel finden Sie in den Begleitdaten zum Buch!

Abfragen mit PLINQ

Als Reaktion auf die zunehmende Verfügbarkeit von Mehrprozessorplattformen bietet PLINQ eine einfache Möglichkeit, die Vorteile paralleler Hardware zu nutzen. PLINQ ist eine parallele Implementierung von LINQ to Objects und kombiniert die Einfachheit und Lesbarkeit der LINQ Syntax mit der Leistungsfähigkeit der parallelen Programmierung. Es steht das komplette Angebot an Standard-Abfrageoperatoren zur Verfügung, zusätzlich gibt es spezielle Operatoren für parallele Operationen.

HINWEIS   In vielen Szenarien kann PLINQ signifikant die Geschwindigkeit von LINQ to Objects-Abfragen steigern, da es alle verfügbaren Prozessoren des Computers effizient nutzt.

Wer bereits mit LINQ vertraut ist, dem wird der Umstieg auf PLINQ kaum Sorgen bereiten. Die Verwendung von PLINQ entspricht meistens exakt der von LINQ-to-Objects und LINQ-to-XML. Sie können beliebige der bereits bekannten Operatoren nutzen, wie zum Beispiel *Join*, *Select*, *Where* usw.

Damit können Sie auch unter PLINQ Ihre bereits vorhandenen LINQ-Abfragen auf gewohnte Weise weiter verwenden, wenn Sie dabei einen wesentlichen Unterschied beachten:

HINWEIS   Parallelisieren Sie die Abfrage durch Aufruf der Erweiterungsmethode *AsParallel*!

Die Erweiterungsmethode *AsParallel* gehört zur *System.Linq.ParallelQuery*-Klasse, diese ist in der *System.-Core.dll* enthalten und repräsentiert eine parallele Sequenz. *AsParallel* kann auf jeder Datenmenge ausgeführt werden, die *IEnumerable(Of T)* implementiert.

Der Aufruf von *AsParallel* veranlasst den VB-Compiler, die parallele Version der Standard-Abfrageoperatoren zu binden. Damit übernimmt PLINQ die weitere Verarbeitung der Abfrage.

BEISPIEL

Eine einfache LINQ-Abfrage über eine Liste von Integer-Zahlen

```
Dim zahlen = { 0, 1, 2, 3, 4, 5, 6, 7, 8, 9 }
```

Oder auch:

```
Dim q = From x in zahlen
```

```
Where x > 3
Order By x Descending
Select x
```

Erst beim Iterieren über die Liste wird die Abfrage ausgeführt:

```
For Each z In q
    ListBox1.Items.Add(z.ToString)                ' 9, 8, 7, 6, 5, 4
Next
```

Um dieselbe Abfrage mittels PLINQ auszuführen, ist lediglich *AsParallel* auf den Daten aufzurufen:

BEISPIEL

Die Abfrage im obigen Beispiel mit PLINQ

```
Dim q = From x in zahlen.AsParallel
        Where x > 3
        Order By x Descending
        Select x
```

Die Abfragen in obigen Beispielen wurden in Query Expression-Syntax geschrieben. Alternativ kann man natürlich auch die Extension Method-Syntax[1] verwenden.

BEISPIEL

Beide obigen Abfragen in Erweiterungsmethoden-Syntax

Einfache LINQ-Version:

```
Dim q = zahlen.
        Where(Function(x) x > 3).
        OrderByDescending(Function(x) x).
        Select(Function(x) x)
```

PLINQ-Version:

```
Dim q = zahlen.AsParallel.
        Where(Function(x) x > 3).
        OrderByDescending(Function(x) x).
        Select(Function(x) x)
```

Nach dem Aufruf der *AsParallel*-Methode führt PLINQ transparent die Erweiterungsmethoden (*Where*, *OrderBy*, *Select* ...) auf allem verfügbaren Prozessoren aus. Genauso wie LINQ realisiert auch PLINQ eine verzögerte Ausführung von Abfragen, d.h., erst beim Durchlaufen der *For Each*-Schleife, beim Direktaufruf von *GetEnumerator*, oder beim Eintragen der Ergebnisse in eine Liste (*ToList*, *ToDictionary*,...) wird die Datenmenge abgefragt. Dann kümmert sich PLINQ darum, dass bestimmte Teile der Abfrage auf verschiedenen Prozessoren laufen, was mit versteckten multiplen Threads umgesetzt wird. Sie als Programmierer brauchen das nicht zu verstehen, Sie merken lediglich an der höheren Performance, dass die Prozessoren besser ausgelastet werden.

---

[1] Der Compiler konvertiert die Query Expression-Syntax ohnehin in die Extension Method-Syntax, sodass letztendlich bei beiden Syntaxformen Erweiterungsmethoden aufgerufen werden.

Probleme mit der Sortierfolge

Wie sollte es anders sein, bei genauerem Hinsehen werden Sie feststellen, dass es doch nicht ganz so unkompliziert ist, LINQ-Abfragen zu parallelisieren. Ganz abgesehen davon, dass die Parallelisierung nicht immer den erhofften Geschwindigkeitszuwachs bringt, habe wir es noch mit einem schwierigen und vor allem nicht gleich erkennbaren Problem zu tun: der Sortierfolge. Diese bereitet im Zusammenhang mit der parallelen Verarbeitung teilweise recht große Probleme, da auch bei einer geordneten Ausgangsmenge nicht eindeutig ist, in welcher Reihenfolge die Elemente durch PLINQ verarbeitet werden. Je nach LINQ-Operator kann es zu recht merkwürdigen Ergebnissen kommen[1].

Aus diesem Grund wurde die Erweiterungsmethode *AsOrdered* eingeführt. Verwenden Sie diese im Zusammenhang mit *AsParallel*, wird die Sortierfolge der Ausgangsmenge in jedem Fall beibehalten.

BEISPIEL

Verwendung von *AsOrdered*

```
Dim zahlen = {7, 4, 2, 3, 1, 6, 11, 5, 10, 8, 9, 13, 12}
Dim q = (From x In zahlen.AsParallel.AsOrdered
        Where x > 3
        Select x).
        Take(5)                            ' nur die ersten fünf
```

Das Ergebnis wird in jedem Fall

7, 4, 6, 11, 5

sein. Lassen Sie *AsOrdered* weg, sind weder die obige Reihenfolge noch die Zahlen eindeutig bestimmbar. Unter Umständen könnte auch

13, 7, 11, 6, 5

ausgegeben werden.

Wie sich Sortierfolgen auf bestimmte Operatoren auswirken, beschreibt im Detail die folgende Webseite:

WWW   http://msdn.microsoft.com/de-de/library/dd460677%28VS.100%29.aspx

HINWEIS   Grundsätzlich jedoch gilt: Vermeiden Sie im Zusammenhang mit PLINQ die Anwendung von Sortieroperationen, diese machen die Vorteile von PLINQ durch erhöhten Verwaltungsaufwand meist wieder zunichte.

---

[1] Dies ist auch von der Anzahl der Prozessoren und der Größe der Datenmenge abhängig.

How-to-Beispiele

2.1   ... LINQ-Abfragen verstehen?

LINQ-Abfrage: Query Expression Syntax, Extension Method Syntax; Lambda-Ausdruck; LINQ-Abfrage-operatoren: *Select, From, Where, Order By;* LINQ-Erweiterungsmethoden: *Where, OrderBy, Select;*

In diesem Lernbeispiel üben Sie den prinzipiellen Aufbau von LINQ-Abfragen. Im Zusammenhang damit kommen die neu eingeführten Sprachfeatures wie Typinferenz, Lambda-Ausdrücke und Erweiterungs-methoden zum Einsatz.

Die zwei grundlegenden Syntaxformen für LINQ-Abfragen:

- *Query* Expression *Syntax*
  Hier werden Standard-Query-Operatoren verwendet

- *Extension Method Syntax*
  Hier kommen Erweiterungsmethoden zum Einsatz

Im Folgenden werden diese beiden Syntaxformen gegenübergestellt, um den Inhalt eines Integer-Arrays zu verarbeiten. Außerdem wird eine Mischform vorgeführt.

Oberfläche

Auf dem Startformular *Form1* finden eine *ListBox* und vier *Button*s ihren Platz (siehe Laufzeitansicht).

Quellcode

```
...
Imports System.Linq
...
Partial Public Class Form1
```

Das abzufragende Integer-Array enthält irgendwelche Werte:

```
    Private zahlen() As Integer = {5, -4, 18, 26, 0, 19, 16, 2, -1, 0, 9, -5, 8, 15, 19 }
```

Die Abfrage in Query Expression Syntax:

```
    Private Sub Button1_Click(sender As Object, e As EventArgs) Handles Button1.Click
```

Im Abfrageergebnis sollen alle Zahlen, die größer als 10 sind, enthalten sein und nach ihrer Größe sortiert werden. Im Abfrageausdruck kommen die SQL-ähnlichen Standard-Abfrageoperatoren (*From, Where, Order By, Select*) und so genannte Typinferenz zum Einsatz:

```
        Dim expr = From z In zahlen
                   Where z > 10
                   Order By z
                   Select z
```

Die Anzeige:

```
For Each z As Integer In expr
        ListBox1.Items.Add(z.ToString())
Next z

End Sub
```

Dieselbe Abfrage in Extension Method Syntax:

```
Private Sub Button2_Click(sender As Object, e As EventArgs) Handles Button2.Click
```

Hier werden im Abfrageausdruck so genannte Erweiterungsmethoden (*Where*, *OrderBy*, *Select*) zusammen mit Lambda-Ausdrücken (*... Function(z) z > 10 ...*) benutzt:

```
Dim expr = zahlen.Where(Function(z) z > 10).OrderBy(Function(z) z).Select(Function(z) z)
```

Die Anzeige:

```
For Each z As Integer In expr
    ListBox1.Items.Add(z.ToString())
    Next z
End Sub
```

Die gleiche Abfrage in gemischter Syntax:

```
Private Sub Button3_Click(sender As Object, e As EventArgs) Handles Button3.Click
```

Hier wird der erste Teil des Abfrageausdrucks in Query Expression Syntax, und der zweite (mit einem Punkt eingeleitete) Teil in Extension Method Syntax geschrieben:

```
Dim expr = ( From z In zahlen
            Where z > 10
            Select z).OrderBy(Function(z) z)
```

Die Anzeige:

```
For Each z As Integer In expr
    ListBox1.Items.Add(z.ToString())
    Next z

End Sub
```

ListBox-Inhalt löschen:

```
Private Sub Button4_Click(sender As Object, e As EventArgs) Handles Button4.Click
    ListBox1.Items.Clear()
    End Sub
End Class
```

Test

Egal, auf welche der drei Schaltflächen Sie klicken, das Ergebnis wird stets dasselbe sein (Abbildung 2.6).

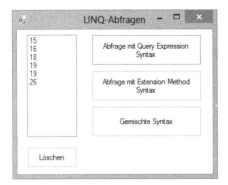

Abbildung 2.6 Laufzeitansicht

2.2 ... nichtgenerische Collections abfragen?

Cast-, *TypeOf*-Operator; LINQ-Abfrage: *ToList*-Methode; *ArrayList*-Objekt;

Wenn Sie das vorhergehende How-to durchgearbeitet haben, sollten Sie in der Lage sein, In-Memory-Collections mit LINQ to Objects abzufragen. Dies gilt allerdings nur für Collections, die das Interface *IEnumerable(Of T)* implementieren, wie beispielsweise *System.Collections.Generic. List(Of T)*, sowie Arrays, Dictionaries und Queues. Das Problem besteht darin, dass *IEnumerable(Of T)* ein generisches Interface ist, aber nicht alle Klassen generisch sind.

Ein Beispiel hierfür ist die Datenstruktur *System.Collections.ArrayList*. Hier handelt es sich um eine nicht-generische Collection, die eine Liste untypisierter Objekte enthält und die *IEnumerable(Of T)* nicht implementiert.

BEISPIEL

Der folgende Versuch, eine *ArrayList* abzufragen, misslingt:

```
Private autoListe As New ArrayList(5)
...
Dim abfrage = From auto In autoListe
              Where auto.Preis > 10000
              Select New With { auto.Typ, auto.Preis, auto.Baujahr }
```

Zur Entwurfszeit erhalten Sie keinerlei Unterstützung durch die Intellisense, was Sie bereits stutzig machen sollte. Beim Kompilieren erscheint eine Fehlermeldung, weil der Typ der Variablen *autoListe* nicht unterstützt wird.

Das vorliegende How-to demonstriert mehrere Lösungsmöglichkeiten.

Oberfläche

Auf das Startformular *Form1* setzen Sie ein *DataGridView*, sowie drei *Button*s (siehe Laufzeitansicht).

ArrayList erzeugen

Bevor wir mit unseren Experimenten beginnen, müssen wir uns zunächst eine geeignete nichtgenerische Collection besorgen.

Wegen unserer *ArrayList* ist folgender Namespace einzubinden:

```
Imports System.Collections
...

    Public Class Form1
```

Wir demonstrieren unser Problem anhand von Objekten einer Klasse *CAuto*, deren Eigenschaften einfachheitshalber als öffentliche Variablen vorliegen:

```
    Public Class CAuto
        Public Typ As String
        Public Baujahr As Integer
        Public Preis As Decimal
    End Class
```

Eine *ArrayList* mit der Startkapazität 5 wird erzeugt:

```
    Private autoListe As New ArrayList(5)
```

Im Konstruktor des Formulars füllen wir die *ArrayList* mit fünf Objekten:

```
    Public Sub New()
        InitializeComponent()
```

Das Erzeugen der einzelnen *CAuto*-Objekte wird hier mittels *Objektinitialisierer* realisiert. Diese Neuerung, die ohne einen extra Konstruktor auskommt, ist eine der sprachlichen Voraussetzungen für die LINQ-Technologie:

```
        With autoListe
            .Add(New CAuto With {.Typ = "Ford", .Baujahr = 2005, .Preis = 12000D})
            .Add(New CAuto With {.Typ = "Opel", .Baujahr = 2007, .Preis = 17500D})
            .Add(New CAuto With {.Typ = "Mazda", .Baujahr = 2006, .Preis = 9600D})
            .Add(New CAuto With {.Typ = "Opel", .Baujahr = 2005, .Preis = 7200D})
            .Add(New CAuto With {.Typ = "Ford", .Baujahr = 2008, .Preis = 21700D})
        End With
    End Sub
```

Variante 1 (mit Cast-Operator)

Cast nimmt einen nichtgenerischen *IEnumerable* und liefert Ihnen einen generischen *IEnumerable(Of T)* zurück. Wenn das zurückgegebene Objekt enumeriert ist, iteriert es durch die Quellensequenz und liefert jedes Element als Typ *T*.

```
    Private Sub Button1_Click(sender As Object, e As EventArgs) Handles Button1.Click
        Dim Abfrage = From auto In autoListe.Cast(Of CAuto)()
                      Where auto.Preis > 10000
                      Select New With {auto.Typ, auto.Preis, auto.Baujahr}
        DataGridView1.DataSource = Abfrage.ToList()
    End Sub
```

Variante 2 (mit Typisierung)

Unsere Abfrage kann auch ohne *Cast* formuliert werden, indem wir die Iterationsvariable explizit als Typ *CAuto* deklarieren.

```
Private Sub Button2_Click(sender As Object, e As EventArgs) Handles Button2.Click
    Dim Abfrage = From auto As CAuto In autoListe
                  Where auto.Preis > 10000
                  Select New With {auto.Typ, auto.Preis, auto.Baujahr}
    DataGridView1.DataSource = Abfrage.ToList()
End Sub
```

Variante 3 (mit OfType)

Als Alternative zum *Cast*-Operator können Sie auch den *OfType*-Operator einsetzen. Der Unterschied besteht darin, dass *OfType* nur die Objekte eines bestimmten Typs aus der Quell-Collection zurückgibt. Hätten Sie zum Beispiel eine *ArrayList* mit *CAuto*- und *CFahrrad*-Objekten, so würde der Aufruf von *ArrayList.OfType(Of CAuto)* nur die Instanzen von *CAuto* aus der *ArrayList* liefern.

```
Private Sub Button3_Click(sender As Object, e As EventArgs) Handles Button3.Click
    Dim Abfrage = From auto In autoListe.OfType(Of CAuto)()
                  Where auto.Preis > 10000
                  Select New With {auto.Typ, auto.Preis, auto.Baujahr}
    DataGridView1.DataSource = Abfrage.ToList()
End Sub
End Class
```

Test

Die drei Varianten zeigen erwartungsgemäß das gleiche Ergebnis (alle Autos mit einem Preis ab 10.000 Euro).

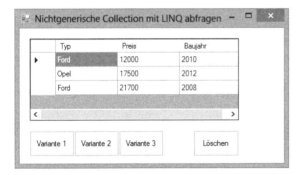

Abbildung 2.7 Laufzeitansicht

HINWEIS   In Zukunft werden Sie wahrscheinlich mehr und mehr auf die *ArrayList* und andere nichtgenerische Collections verzichten, denn generische Listen bieten neben einer Typüberprüfung auch eine verbesserte Performance.

2.3 ... Datenbankabfragen mit LINQ und ADO.NET vergleichen?

SQL-Befehle: SELECT, FROM, WHERE; LINQ-Abfrageoperatoren: *Select*, *From*, *Where*

Da in diesem Buch das Haupteinsatzgebiet von LINQ selbstverständlich die Abfrage von Datenbanken ist, wollen wir in diesem abschließendem How-to an einem simplen Beispiel den klassischen Datenbankzugriff mittels ADO.NET mit dem alternativen Zugriff über LINQ to SQL vergleichen.

Ziel ist die Anzeige der Firma (*CompanyName*) und des Landes (*Country*) aller Kunden der *Northwind*-Datenbank, die aus London sind. Der Fokus liegt auf dem Vergleich der Syntax einer klassischen SQL-Abfrage mit der LINQ-Syntax.

Oberfläche

Öffnen Sie eine neue Windows Forms-Anwendung und bestücken Sie das Startformular *Form1* mit einer *ListBox* und drei *Button*s (siehe Laufzeitansicht am Schluss).

Ziehen Sie die Datenbankdatei *Northwind.mdf* per Drag & Drop in den Projektmappen-Explorer. Den sich dabei ungefragt öffnenden Assistenten brechen Sie einfach ab.

Klassischer Datenbankzugriff

Binden Sie zunächst den Namespace *System.Data.SqlClient* ein:

```
Imports System.Data.SqlClient

Public Class Form1

    Private Sub Button1_Click(sender As Object, e As EventArgs) Handles Button1.Click

        Dim connStr As String =
            "Data Source=(LocalDB)\v11.0;AttachDbFilename=|DataDirectory|\Northwind.mdf;" +
                                        "Integrated Security=True;User Instance=False"
        Dim connection As New SqlConnection(connStr)
        Dim command As SqlCommand = connection.CreateCommand()
```

Die klassische SQL-Abfrage (mit Parameter):

```
        command.CommandText = "SELECT CompanyName, Country FROM Customers  WHERE City = @City"
        command.Parameters.AddWithValue("@City", "London")
```

Öffnen der Datenbankverbindung, Auslesen und Anzeige der Ergebnisse der Abfrage:

```
        connection.Open()

        Dim reader As SqlDataReader = command.ExecuteReader()
        While reader.Read()
            Dim name As String = reader.GetString(0)
            Dim land As String = reader.GetString(1)
            ListBox1.Items.Add(name & "  " & land)
        End While
        reader.Close()
        connection.Close()
    End Sub
```

Datenbankzugriff mit LINQ to SQL

Sie müssen zunächst über das Menü *Projekt/Neues Element hinzufügen...* eine neue *LINQ to SQL-Klasse* hinzufügen. Belassen Sie den standardmäßig vergebenen Namen *DataClasses1.dbml*. Öffnen Sie den Server-Explorer[1] (*Ansicht/Server-Explorer*) und ziehen Sie per Drag & Drop die *Customers*-Tabelle auf die Entwurfsoberfläche des LINQ to SQL-Designers.

```vb
Private Sub Button2_Click(sender As Object, e As EventArgs) Handles Button2.Click
    Dim DB As New DataClasses1DataContext
```

Datenbankabfrage als LINQ-Ausdruck:

```vb
        Dim customers = From cust In DB.Customers
                        Where cust.City = "London"
                        Select cust.CompanyName, cust.Country
```

Ausführen der LINQ-Abfrage und Anzeige der Ergebnisse:

```vb
        For Each cust In customers
            ListBox1.Items.Add(cust.CompanyName & " " & cust.Country)
        Next
    End Sub
```

Anzeige löschen:

```vb
    Private Sub Button3_Click(sender As Object, e As EventArgs) Handles Button3.Click
        ListBox1.Items.Clear()
    End Sub
End Class
```

Test

Beide Varianten zeigen erwartungsgemäß das gleiche Ergebnis:

Abbildung 2.8 Laufzeitansicht

Bemerkungen

- Vergleichen Sie die Syntax beider Abfrageformen, so sehen Sie, dass es sich bei LINQ um eine SQL-ähnliche Syntax handelt.

- In diesem Beispiel geht es uns lediglich um das Vermitteln eines kleinen Vorgeschmacks, denn eine systematische Einführung in ADO.NET, SQL und LINQ to SQL erfolgt erst in den Kapiteln 3, 17 und 18.

---

[1] Bitte nicht mit *SQL Server-Objekt-Explorer* verwechseln!

Kapitel 3

ADO.NET-Grundlagen

In diesem Kapitel:

Die wichtigsten Klassen in ADO.NET	132
Das Connection-Objekt	137
Das Command-Objekt	150
Parameter-Objekte	157
Das CommandBuilder-Objekt	159
Das DataReader-Objekt	162
Das DataAdapter-Objekt	164
Zugriff auf Excel-Arbeitsmappen	175
Weitere Features des Datenzugriffs	185
How-to-Beispiele	189
Übersichten	222

ADO.NET ist die zentrale Datenzugriffstechnologie für das .NET Framework und soll Entwickler dazu befähigen, effiziente mehrschichtige Datenbankanwendungen für Intranet und Internet zu erstellen.

Der Inhalt des vorliegenden Kapitels konzentriert sich auf eine Einführung in das ADO .NET-Objektmodell und eine Beschreibung der .NET-Datenprovider nach dem Prinzip »soviel wie nötig«[1].

HINWEIS   Bevor Sie mit dem Durcharbeiten dieses Kapitels beginnen, sollten Sie sich im Kapitel 1 das Einführungsbeispiel näher anschauen!

Die wichtigsten Klassen in ADO.NET

Die umfangreichen Klassenbibliotheken von ADO.NET verlangen vom Einsteiger eine erheblich steilere »Lernkurve« als dies z.B. bei den alten COM-basierten *ActiveX Data Objects* (ADO) der Fall war.

Klassenhierarchie

ADO.NET setzt sich aus einer ziemlich komplexen Hierarchie vieler Klassen zusammen. Die daraus erzeugten Objekte lassen sich zunächst in zwei Gruppen aufteilen:

- Datenprovider
- Datenkonsument

Während der *Datenprovider* die Daten zur Verfügung stellt, ist der *Datenkonsument* der Teil der Applikation, welche die Dienste eines Datenproviders nutzt, um auf beliebige Daten zuzugreifen, sie zu lesen, zu speichern und zu ändern.

Die Objekte *Connection*, *Command*, *DataReader* und *DataAdapter* sind die Hauptelemente des .NET-Datenprovider-Modells.

Man bezeichnet die Datenprovider auch als *Verbundene Objekte*, da sie immer in Beziehung zu einer bestimmten Datenquelle stehen. Die Datenkonsumenten hingegen sind *Unverbundene Objekte*, weil sie – ganz im Sinne der ADO.NET-Philosophie – unabhängig von einer Datenquelle ihr völlig autarkes Dasein führen.

Der allen übergeordnete Datenkonsument ist das *DataSet*, es ist gewissermaßen das Kernobjekt von ADO.-NET und ist vergleichbar mit den vom alten ADO her bekannten *Recordset*-Objekten, allerdings ist es weitaus komplizierter, da es z.B. mehrere *DataTable*-Objekte und die Beziehungen (Relationen) zwischen ihnen kapseln kann. Ein *DataSet* kann (unter Verwendung eines *DataAdapters*) direkt von der Datenquelle geladen werden, es kann aber auch – ähnlich einem Array – völlig unabhängig von einer Datenbank mit Werten gefüllt werden.

HINWEIS   Um ein erstes praktisches Feeling für die ADO.Net-Klassen zu entwickeln, sollte der Einsteiger bereits jetzt ein einfaches Beispiel ausprobieren, z.B. das How-to 3.1 »... wichtige ADO.NET-Objekte schnell kennen lernen?«.

---

[1] Das ADO.NET-DataSet sowie die Datenbindung von Windows Forms-, WPF- und ASP.NET-Komponenten werden ausführlich erst in den nachfolgenden Kapiteln behandelt!

Datenprovider   **Datenkonsument**

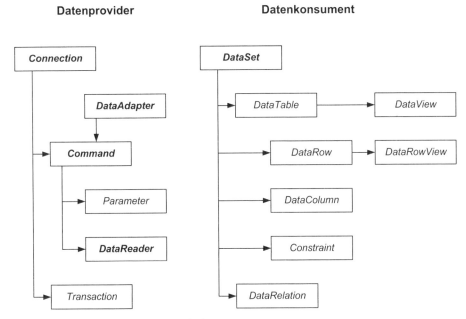

Abbildung 3.1 Die wichtigsten ADO.NET-Objekte

Die Klassen der Datenprovider

Im Einklang mit dem ADO.NET-Objektmodell sind Datenprovider stets in mehrfacher Ausfertigung vorhanden. Die Präfixe charakterisieren die Zugehörigkeit zu einem bestimmten *.NET-Datenprovider*, z.B.:

- *OleDb...*
  Diese Klassen (z.B. *OleDbConnection*) dienen dem OLE Db-Zugriff auf unterschiedlichste Datenbanktypen, für die ein Treiber installiert ist

- *Sql...*
  Diese Klassen (z.B. *SqlConnection*) dienen dem schnelleren Direktzugriff auf den »hauseigenen« Microsoft SQL Server

Der *Datenprovider* im .NET Framework kapselt die Datenbank und ermöglicht den Zugriff über eine einheitliche Schnittstelle, er fungiert quasi als Brücke zwischen einer Anwendung und einer Datenbank und wird zum Abrufen von Daten aus einer Datenbank und zum Abgleichen von Änderungen an diesen Daten mit der Datenbank verwendet.

Die Datenquelle selbst kann eine beliebige Struktur haben und sich an einem beliebigen Ort befinden, z.B. eine lokale Access-Datenbank, ein SQL Server oder aber auch verschiedene Adressen des Internets, auf die über Webdienste zugegriffen wird.

.NET-Datenprovider

In der folgenden Tabelle 3.1 sind die wichtigsten Klassen der *OleDb-* und *SqlServer*-Provider paarweise aufgelistet:

Namespace System.Data.OleDb	Namespace System.Data.SqlClient	Bedeutung
OleDbConnection	SqlConnection	Stellt die Verbindung zur Datenquelle her
OleDbCommand	SqlCommand	Führt eine SQL-Abfrage aus
OleDbDataReader	SqlDataReader	Ermöglicht einen sequenziellen Nur-Lese-Zugriff auf die Datenquelle
OleDbDataAdapter	SqlDataAdapter	Ermöglicht das Füllen eines *DataSets* mit den Ergebnissen einer SQL-Abfrage
OleDbCommandBuilder	SqlCommandBuilder	Erstellt automatisch *Command*-Objekte für die Übernahme der in einem *DataSet* vorgenommenen Änderungen in die Datenbank
OleDbTransaction	SqlTransaction	Organisiert die Anwendung von Transaktionen

Tabelle 3.1 Wichtige .NET-Datenprovider

Weitere Datenprovider

Die Liste der .NET-Datenprovider ist keinesfalls nur auf die beiden nach einer Standardinstallation vorhandenen Provider beschränkt. Neben *OleDb* und *SqlClient* sind in ADO.NET auch die folgenden Provider enthalten:

- *System.Data.Odbc*
- *System.Data.SqlServerCe*
- *System.Data.OracleClient*

Im Unterschied zu den Vorgängerversionen von Visual Studio werden Sie nach einer Standardinstallation von Visual Studio jedoch noch keine der Datenprovider-Komponenten im Werkzeugkasten vorfinden, was bei der Vielfalt auch nicht sinnvoll wäre. Falls Sie die Komponenten nicht – wie bei den meisten unserer Beispiele – per Code (*New*-Operator), sondern durch Einfügen aus dem Werkzeugkasten erzeugen wollen, wählen Sie das Werkzeugkasten-Kontextmenü *Elemente auswählen...* und fügen Sie die gewünschten Komponenten hinzu.

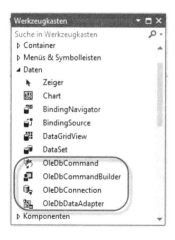

Abbildung 3.2   Die vier Komponenten des OleDb-Providers wurden zum *Daten*-Abschnitt des Werkzeugkastens hinzugefügt

Anzeige der installierten Datenprovider

Einen Überblick über alle auf Ihrem System installierten ADO.NET-Datenprovider können Sie mit der Methode *GetFactoryClasses* der *DbProviderFactories*-Auflistung aus dem *System.Data.Common*-Namespace gewinnen.

Alle verfügbaren Datenprovider in einer *ListBox* anzeigen.

```
Dim providers As DataTable = System.Data.Common.DbProviderFactories.GetFactoryClasses()
For Each provider As DataRow In providers.Rows
    For Each col As DataColumn In providers.Columns
        ListBox1.Items.Add(col.ColumnName & " : " & provider(col).ToString)
    Next
    ListBox1.Items.Add("---------------------------------------")
Next
```

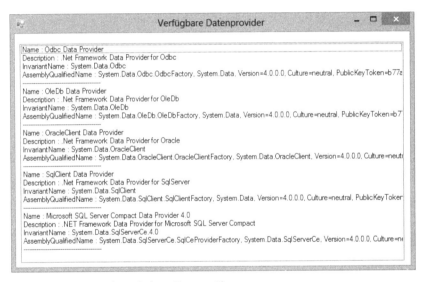

Abbildung 3.3 Anzeige der verfügbaren Datenprovider

Herstellerspezifische Datenprovider

Jeder Hersteller, der seine Datenbank für ADO.NET verfügbar machen möchte, hat zumindest zwei Alternativen:

- Er kann entweder einen weiteren .NET-Datenprovider zu den bereits existierenden hinzufügen oder
- dem vorhandenen OLE DB-.NET-Datenprovider eine weitere Schnittstelle anbieten

Für den *Microsoft SQL Server* existieren beide Möglichkeiten: Der schnelle Direktzugriff über die API des SQL Servers und der (etwas langsamere) Zugriff über die allgemeine OLE DB-Schnittstelle.

Zu den bekanntesten Datenprovidern zählen auch die für *MySQL*, *DB2*, *Sybase*, *Firebird* und *Informix*.

HINWEIS   Jeder .NET-Datenprovider implementiert die gleichen elementaren Schnittstellen, es ist deshalb nicht notwendig, diese Schnittstellen für jeden Provider einzeln zu erläutern. So sind z.B. alle folgenden Codebeispiele für *OleDb*-oder *Sql*-Provider durch Austauschen der beteiligten Klassen und Anpassen der Verbindungszeichenfolge auch auf die meisten anderen Provider übertragbar.

Klassen im DataSet

Wie bereits erwähnt, dient das *DataSet* zur lokalen Speicherung von Daten beliebiger Herkunft. In der nachfolgenden Tabelle sind die wichtigsten Klassen aufgelistet:

Klasse	Bedeutung	Enthalten in Auflistung
DataSet	Kernobjekt von ADO.NET, kann als Container für alle anderen untergeordneten Objekte dienen	
DataTable	Datentabelle, bestehend aus Zeilen und Spalten	*Tables*
DataRow	Eine bestimmte Zeile einer *DataTable*	*Rows*
DataColumn	Eine bestimmte Spalte einer *DataTable*	*Columns*
Constraint	Definiert Einschränkungen innerhalb einer *DataTable*	*Constraints*
DataRelation	Definiert Beziehungen zwischen den *DataTable*s	*Relations*
DataView	Sicht auf eine *DataTable*, z.B. für Sortieren und Suchen	

Tabelle 3.2 Die wichtigsten Klassen im *DataSet*

Die meisten Objekte werden in Auflistungen (Collections) verwaltet, die einen einfachen Zugriff gestatten.

HINWEIS   Ausführlich gehen wir auf das *DataSet* erst im Kapitel 4 ein.

Das Zusammenspiel der ADO.NET-Klassen

In der Abbildung 3.4 wird versucht, den grundlegenden Zusammenhang zwischen den ADO.NET-Klassen in vereinfachter Form zu verdeutlichen:

Die in der Abbildung angegebenen Namespaces (Namensräume) für die ADO.NET- Klassen sind:

- *System.Data*
- *System.Data.OleDb*
- *System.Data.SQLClient*

Das *DataSet* ist vollständig von der Datenbank entkoppelt, denn dazwischen hat sich ein *.NET-Datenprovider* geschoben, der im Bedarfsfall den Datentransport (über die OLE DB- bzw. die direkte SQL ServerSchnittstelle) übernimmt.

HINWEIS   Eine einfache und schnellere Möglichkeit für den Zugriff auf die Datenquelle ist der *DataReader*, da mit ihm auf direktem Wege – also ohne *DataAdapter* und *DataSet* – Daten in die Benutzeroberfläche eingelesen werden können.

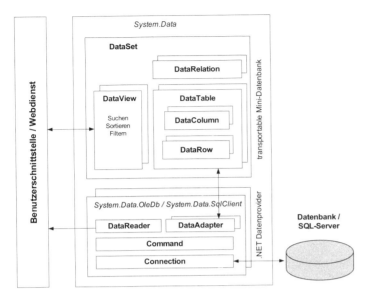

Abbildung 3.4 Zusammenspiel der ADO.NET-Klassen

Das Connection-Objekt

Um überhaupt auf eine Datenbank zugreifen zu können, muss als Erstes eine Verbindung zu ihr hergestellt werden. Dazu führt in der Regel kein Weg am *Connection*-Objekt vorbei.

Allgemeiner Aufbau

Der am häufigsten zum Erzeugen und Initialisieren eines *Connection*-Objekts benutzte Konstruktor nimmt einen *ConnectionString* als Parameter entgegen:

```
Dim conn As New Connection(ConnectionString As String)
```

Der *ConnectionString* – die gleichzeitig auch wichtigste Eigenschaft des *Connection*-Objekts – kapselt alle erforderlichen Verbindungsparameter.

Durch Aufruf der (parameterlosen) *Open*-Methode erhält das *Connection*-Objekt eine offene Verbindung aus dem Verbindungspool, falls diese verfügbar ist. Andernfalls wird eine neue Verbindung mit der Datenquelle erstellt.

Nach einer Standardinstallation von Visual Studio stehen – je nach Auswahl des .NET-Providers – verschiedene *Connection*-Objekte zur Verfügung, z.B.:

- *OleDbConnection*-Objekt
  ... gewährleistet den Zugriff auf eine Vielzahl von Datenquellen, angefangen von einfachen Textdateien über Tabellen bis hin zu kompletten Datenbanken

- *SqlConnection*-Objekt
  ... ist speziell für die Verwendung mit dem SQL Server optimiert, indem die OLE DB-Schicht umgangen wird

OleDbConnection

Parameter für OleDb-Zugriff

Die Parameter des *ConnectionString* (bzw. Eigenschaften des *Connection*-Objekts) hängen vom gewählten Datenprovider ab. Die Tabelle zeigt die wichtigsten Angaben für den OLE DB-Zugriff:

Parameter	Bedeutung
Provider	Name des OLE DB-Providers, so wie in der Registry abgelegt (z.B. Microsoft.Jet.OLEDB.4.0 für Microsoft Access, SQLOLEDB.1 für den SQL Server)
Data Source	Name der Datenquelle (bei Access-Datenbanken ein Dateiname, z.B. *Nordwind.mdb*)
DSN	Falls auf dem lokalen PC eine Benutzer- oder System-DSN (*Data Source Name*) vorhanden, kann auch über diesen Alias auf die Datenbank zugegriffen werden (Angabe von *Data Source* in diesem Fall nicht notwendig)
User	Wenn der Zugriff auf die Datenbank geschützt ist, kann hier der Benutzername angegeben werden
Password	Falls ein User notiert wurde, kann hier das zugehörige Passwort übergeben werden

Tabelle 3.3 Parameter für den OleDb-Zugriff

HINWEIS   Wer mit dem Zusammenstückeln des *ConnectionString* Schwierigkeiten hat, kann dazu auch die Hilfe eines Assistenten in Anspruch nehmen (Menü *Ansicht/Server-Explorer, Verbindung hinzufügen...*). Gleichzeitig lernt er dadurch die zahlreichen anderen Parameter bzw. Eigenschaften in der Praxis kennen.

OleDb-Provider für Access Datenbank (.mdb)

BEISPIEL

Öffnen einer OLE DB-Verbindung zur Access-Datenbank *Nordwind.mdb*, die sich im aktuellen Anwendungsverzeichnis befindet.

```
Imports System.Data.OleDb
...
Dim conn As New OleDbConnection("Provider=Microsoft.Jet.OLEDB.4.0; Data Source=Nordwind.mdb;")
conn.Open()
```

Anzeige der Verbindungsparameter:

```
MessageBox.Show("Provider: " & conn.Provider & vbCrLf & "Data Source: " & conn.DataSource)
```

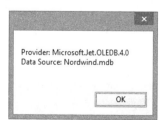

Abbildung 3.5 Meldungsfenster des Beispiels

Im obigen Beispiel wurde der *ConnectionString* dem *New*-Konstruktor als Parameter übergeben. Man kann ihn aber auch separat zuweisen, wie es das folgende Beispiel zeigt.

Eine zum Vorgängerbeispiel äquivalente Variante.

```
....
Dim conn As New OleDbConnection()
conn.ConnectionString = "Provider=Microsoft.Jet.OLEDB.4.0; Data Source=Nordwind.mdb;"
conn.Open()
...
```

Wie Sie erkennen, besteht ein *ConnectionString* aus einer Zeichenfolge mit Attribut/Wert-Paaren für Informationen, die zum Anmelden an eine Datenbank und Zeigen auf eine bestimmte Datenbank erforderlich sind.

HINWEIS   Die Reihenfolge der Parameter im *ConnectionString* ist ohne Bedeutung!

Im obigen Beispiel sind als Minimum nur der (OleDb-)*Provider* und die *DataSource* (Datenquelle) angegeben. Beide Parameter sind wiederum Eigenschaften des *Connection*-Objekts, die man allerdings nur lesen kann (*ReadOnly*).

HINWEIS   Ein *ConnectionString* ist eine Art »Behälter« für die zahlreichen Eigenschaften eines *Connection*-Objekts.

OleDb-Provider für Access 2007/2010 (.accdb)

Verbindungszeichenfolge zur Access-Datenbank *Nordwind.accdb*, die sich im aktuellen Anwendungsverzeichnis befindet.

```
Imports System.Data.OleDb
...
Dim connStr As String = "Provider=Microsoft.ACE.OLEDB.12.0; Data Source=Nordwind.accdb;"
...
```

HINWEIS   Haben Sie auf Ihrem Entwicklungsrechner neben Visual Studio auch Microsoft Office installiert, so dürfte es mit obigem Connectionstring keine Probleme geben. Ansonsten müssen Sie diesen Provider extra registrieren, siehe dazu auch Kapitel 15.

SqlConnection

Das Öffnen eines *SqlConnection*-Objekts weist gegenüber einer *OleDbConnection* keine gravierenden Unterschiede auf, außer dass einige Eigenschaften hinzugekommen sind bzw. fehlen (z.B. *Provider*-Eigenschaft).

Zugriff auf die *Northwind*-Datenbank des SQL Servers. Die Datenbankdatei *Northwind.mdf* wurde vorher in das Projektverzeichnis kopiert.

```
Imports System.Data.SqlClient
...
```

```
Dim CrLf As String = Environment.NewLine
Dim conn As New SqlConnection(
            "Data Source=(LocalDB)\v11.0;AttachDbFilename=|DataDirectory|\Northwind.mdf;" &
            "Integrated Security=True;User Instance=False")
conn.Open()
```

HINWEIS   Als weiteres praktisches Beispiel zum Thema empfiehlt sich das How-to 8.4 »... ein SqlConnection-Objekt programmieren?«.

Parameter für SQL Server-Zugriff

Die folgende Tabelle zeigt einige wichtige Parameter zum Zugriff auf den SQL Server, wobei Parameter mit gleichwertiger Bedeutung untereinander aufgelistet sind.

Parameter	Standard-wert	Bedeutung
Connect Timeout *Connection Timeout*	15	Liefert Zeitdauer (Sekunden), die auf eine Verbindung zum Server gewartet werden soll, bevor der Versuch abgebrochen und ein Fehler generiert wird
Connection Lifetime	0	Ist die Zeitspanne (in Sekunden) einer an den Pool zurückgegebenen Verbindung größer als dieser Wert, wird die Verbindung beendet
Connection Reset	*True*	Bestimmt, ob die Datenbankverbindung zurückgesetzt wird, wenn sie aus dem Pool entfernt wird
Current Language		Der Datensatzname der SQL Server-Sprache
Data Source, *Server, Addr,* *Network Address*		Der Name des SQL Servers oder dessen Adresse im lokalen Netzwerk. Falls SQL Server auf dem lokalen Rechner installiert ist, kann (local) angegeben werden
Initial Catalog, *Database*		Der Name der gewünschten Datenbank auf dem SQL Server
Integrated Security, *Trusted_Connection*	*False*	Gibt an, ob es sich um eine sichere Verbindung handelt. Der Wert *sspi* entspricht *True*
User ID		Falls Datenbankzugriff geschützt ist, kann hier der Benutzername angegeben werden
Packet Size	8192	Größe der Netzwerkpakete (Byte), die zum Kommunizieren mit einer Instanz von SQL Server verwendet werden
Password, Pwd		Wenn User ID gesetzt, kann hier das zugehörige Passwort übergeben werden
Pooling	*True*	Wenn *True*, dann wird das *SQLConnection*-Objekt aus dem Connection-Pool übernommen bzw. erstellt und dem Pool hinzugefügt

Tabelle 3.4 Parameter für den SQL Server-Zugriff

Verbindung mit einer SQL Server Datenbankdatei

In vielen Beispielen dieses Kapitels arbeiten wir mit *LocalDb* (eine stark abgerüstete Version des Microsoft SQL Servers) und nutzen dazu die Datei *Northwind.mdf*. Eine solche Datenbankdatei (.*mdf*) kann – wie auch eine Access-Datenbank (.*mdb*) – frei kopiert werden und muss auch nicht beim SQL Server angemeldet werden. Dies erfolgt erst durch den Aufbau der Connection.

Connectionstring zur *Northwind*-Datenbank (die Datei *Northwind.mdf* befindet sich im Projektverzeichnis)

```
Dim connStr As String = "Data Source=(LocalDB)\v11.0;AttachDbFilename=|DataDirectory|\Northwind.mdf;" &
                        "Integrated Security=True;User Instance=False"
```

Die Connection ist wie gewohnt nutzbar. Allerdings wird die *.mdf*-Datei erst beim Zugriff vom SQL Server geladen. Nach dem Schließen der Connection wird die Datenbank wieder freigegeben. Sie können diese also problemlos kopieren.

Die Angabe von *DataDirectory* in einem *ConnectionString* steht in einer Windows Forms-Anwendung für das Verzeichnis in dem sich die **.exe* befindet[1]. Bei Bedarf kann der Pfad mittels folgendem Befehl angepasst werden:

```
AppDomain.CurrentDomain.SetData("DataDirectory", newPath)
```

Diese Syntax kann sowohl für den *SqlClient-* als auch für den *OleDb*-Provider angewendet werden.

Die Datenbankdatei *Northwind.mdf* befindet sich vier Verzeichnisebenen oberhalb:

```
...
Imports System.Data.SqlClient
Imports System.IO
...
```

Zunächst das aktuelle Verzeichnis ermitteln (wo sich die *.exe* befindet):

```
Dim pfad As String = Directory.GetCurrentDirectory()
```

Vier Verzeichnisebenen nach oben gehen:

```
For i As Integer = 1 To 4
    pfad = Directory.GetParent(pfad).ToString()
Next
```

Die *DataDirectory* wird für den neuen Pfad angepasst:

```
AppDomain.CurrentDomain.SetData("DataDirectory", pfad)
```

Der Connectionstring braucht nicht geändert zu werden:

```
Dim conn As New SqlConnection(
            "Data Source=(LocalDB)\v11.0;AttachDbFilename=|DataDirectory|\Northwind.mdf;" &
            "Integrated Security=True;User Instance=False")
conn.Open()
MessageBox.Show(
        "Data Source: " & conn.DataSource & vbCrLf & "Server Version: " & conn.ServerVersion)
conn.Close()
...
```

---

[1] In einer Webanwendung bezieht es sich hingegen auf den *App_Data* Ordner.

Abbildung 3.6 Meldungsfenster des Beispiels

Fehlerbehandlung beim Öffnen einer Verbindung

Es braucht nur eine Kleinigkeit im *ConnectionString* nicht zu stimmen, und schon gibt es lange Gesichter. Wertvolle Antworten kann in einem solchen Fall eine *Try-Catch-Finally*-Fehlerbehandlung liefern.

BEISPIEL

Fehlerbehandlung beim Öffnen einer Verbindung zur Access Datenbank *Nordwind.mdb* (befindet sich im Anwendungspfad).

```
Imports System.Data.OleDb
...
Dim conn As New OleDbConnection("Provider=Microsoft.Jet.OLEDB.4.0; Data Source=Nordwind.mdb;")
Try
    conn.Open()
    MessageBox.Show("Die Verbindung wurde erfolgreich hergestellt !" & vbCrLf &
            "Der Provider: " & conn.Provider  & vbCrLf & "Die Datenquelle: " & conn.DataSource)
Catch ex As Exception
    MessageBox.Show(ex.Message, "Fehler")
Finally
    conn.Close()
End Try
```

Ist der *ConnectionString* fehlerfrei, so erscheint das folgende Meldungsfenster:

Abbildung 3.7 Meldungsfenster zum Beispiel

Haben Sie versehentlich einen falschen Provider angegeben (die veraltete Version 3.51)

```
Dim oConn As New OleDbConnection("Provider=Microsoft.Jet.OLEDB.3.51; Data Source=Nordwind.mdb;")
```

so erscheint die in Abbildung 3.8 gezeigte Fehlermeldung.

Hätten Sie auf die Fehlerbehandlung verzichtet, wäre scheinbar nichts passiert, denn Sie hätten gar nicht gemerkt, dass der Verbindungsaufbau fehlgeschlagen ist.

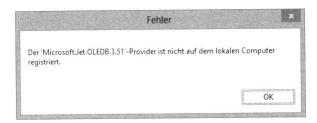

Abbildung 3.8 Fehlermeldung zum Beispiel

In den meisten Beispielen dieses Buchs werden wir aus Übersichtlichkeitsgründen keine Fehlerbehandlungen einbauen, Sie allerdings sollten in Ihren Projekten nicht darauf verzichten.

Schließen einer Verbindung

Nachdem die Daten übertragen worden sind, sollte die Verbindung mit Hilfe der *Close*-Methode wieder geschlossen werden. Ansonsten bleibt die Connection weiter geöffnet, auch nachdem die Connection-Instanz selbst terminiert wurde!

Um die Netzbelastung gering zu halten, sollte man – ganz im Sinne der ADO.NET-Philosophie – das Öffnen und Schließen einer Verbindung möglichst innerhalb einer einzigen Befehlskette durchführen.

BEISPIEL

Es wird kurzzeitig eine Verbindung zur Access-Datenbank *Firma.mdb* geöffnet, um die Kundentabelle in ein *DataSet* zu übertragen. Danach wird die Verbindung sofort wieder geschlossen.

```
Imports System.Data.OleDb
...

Dim conn As New OleDbConnection("Provider=Microsoft.Jet.OLEDB.4.0; Data Source=Firma.mdb;")
```

Verbindung öffnen:

```
conn.Open()
```

Daten übertragen:

```
Dim ds As New DataSet()
Dim da As New OleDbDataAdapter("SELECT * FROM Kunden", conn)
da.Fill(ds, "Kunden")
```

Verbindung schließen:

```
conn.Close()
```

Verbindungspooling

Da das Öffnen und Schließen von Datenbankverbindungen ziemlich viel Zeit und Ressourcen verbraucht, implementieren alle .NET-Datenprovider so genanntes *Verbindungspooling*. Das bedeutet, dass eine Verbindung nach Aufruf der *Close*-Methode nicht geschlossen wird, sondern an einen Pool übergeben wird.

Immer wenn eine neue Verbindung angefordert wird, durchsucht der Datenprovider den Pool nach einer passenden Verbindung. Erst wenn keine vorhanden ist, wird eine neue erzeugt.

Sie brauchen sich um Verbindungspooling eigentlich nicht selbst zu kümmern, denn es ist standardmäßig aktiviert.

HINWEIS   Wenn Sie kein Verbindungspooling anwenden wollen, d.h., Sie wollen die Verbindung durch Aufruf von *Close()* sofort schließen, so sollten Sie dieses Verhalten bereits beim Erzeugen der Verbindung implementieren, indem Sie in den *ConnectionString* das Element *OLE DB Services=–4;* einfügen.

Transaktionen

Eine Transaktion besteht aus einer Serie von SQL-Anweisungen (SELECT, INSERT, UPDATE oder DELETE). Verläuft eine Transaktion fehlerfrei, so werden alle Änderungen in die Datenbank geschrieben, andernfalls werden keine der Änderungen übernommen[1].

Die drei Transaktionsbefehle sind: BEGIN, COMMIT und ROLLBACK. Alle Prozeduren, die nach der BEGIN-Anweisung versucht werden, gelten als Teil der Transaktion, die mit der COMMIT-Anweisung bestätigt oder mit der ROLLBACK-Anweisung rückgängig gemacht wird.

BEISPIEL

Innerhalb einer Transaktion wird versucht, zwei Datensätze in die *Region*-Tabelle des SQL Servers einzufügen.

```
Imports System.Data.SqlClient
...
Dim conn As New SqlConnection(
                "Data Source=.\SQLEXPRESS;Initial Catalog=Northwind;Integrated Security=SSPI;")
conn.Open()
Dim trans As SqlTransaction

trans = conn.BeginTransaction()            ' lokale Transaktion starten
Dim cmd As New SqlCommand()                ' Befehl innerhalb der aktuellen Transaktion
cmd.Transaction = trans

Try
    cmd.CommandText = "INSERT INTO Region (RegionID, RegionDescription) VALUES (100,'Description')"
    cmd.ExecuteNonQuery()
    cmd.CommandText = "INSERT INTO Region (RegionID, RegionDescription) VALUES (101, 'Description')"
    cmd.ExecuteNonQuery()
    trans.Commit()
    Console.WriteLine("Beide Datensätze wurden in die Datenbank geschrieben!")
```

Im Fehlerfall machen wir unsere Aktionen rückgängig:

```
Catch ex As Exception
    trans.Rollback()
    Console.WriteLine(ex.ToString())
    Console.WriteLine("In die Datenbank wurden keine Datensätze geschrieben!")
```

---

[1] Wie wichtig Transaktionen sind, wird Ihnen spätestens dann deutlich, wenn mitten in einer Geldüberweisung, die Sie per Homebanking vornehmen, Ihr kleiner Sohn plötzlich den Netzstecker zieht.

Abschließend brauchen wir nur die Verbindung zu schließen:

```
Finally
    conn.Close()
End Try
```

Eigenschaften des Connection-Objekts

Da wir im Verlauf dieses Abschnittes bereits viele Eigenschaften des *Connection*-Objekts en passant besprochen haben, soll diese knappe Zusammenfassung den Überblick erleichtern und gleichzeitig einige zusätzliche Informationen liefern.

ConnectionString-Eigenschaft

Diese zweifelsohne wichtigste Eigenschaft des *Connection*-Objekts kapselt sämtliche Verbindungsinformationen zur Datenbank. Außerdem ist es die einzige Eigenschaft, die nicht schreibgeschützt ist (wenn keine Verbindung zur Datenquelle besteht).

Database- und DataSource-Eigenschaft

Was ist der Unterschied zwischen beiden Eigenschaften? Die *DataSource*-Eigenschaft des *Connection*-Objekts entspricht dem *Data Source*-Attribut innerhalb des *ConnectionString*s und enthält den Speicherort der Datenquelle.

Für eine serverbasierte Datenquelle (Microsoft SQL Server, Oracle) bedeutet der Speicherort den Namen des Computers, auf dem der Server installiert ist. Bei dateibasierten Datenbanken, wie z.B. Access, verweist diese Eigenschaft auf den Datenbankpfad (z.B. *c:\Beispiele\Nordwind.mdb*).

Die *Database*-Eigenschaft ist hingegen für Datenquellen, wie z.B. den SQL Server, gedacht, die mehrere Datenbanken unterstützen und entspricht dem Attribut *Initial Catalog* im *ConnectionString*. Beim *SQL Server OleDb-Provider* können wir aber alternativ beide Attributebezeichner verwenden.

BEISPIEL

Zwei gleichwertige Möglichkeiten.

```
conn.ConnectionString = "Provider=SQLOLEDB.1; Data Source=.\SQLEXPRESS; " &
                        "Initial Catalog=Northwind;Integrated Security=SSPI"
```

oder

```
conn.ConnectionString = "Provider=SQLOLEDB.1; Data Source=.\SQLEXPRESS; " &
                        "Database=Northwind;Integrated Security=SSPI"

Label1.Text = conn.DataSource                ' liefert ".\SQLEXPRESS"
Label2.Text = conn.Database                  ' liefert "Northwind"
```

Provider-Eigenschaft

Es klingt möglicherweise etwas verwirrend: Während wir unter dem Begriff *.NET-Datenprovider* eine Klassenbibliothek für den Datenzugriff verstehen, ist *Provider* auch eine Eigenschaft des *OleDbConnection*-Objekts.

Die *Provider*-Eigenschaft bezeichnet hier die OLE DB-Schnittstelle, welche die Datenquelle des jeweiligen Herstellers kapselt. Die Tabelle erklärt einige häufig benutzte OLE DB-Schnittstellen:

Datenquelle	Provider-Eigenschaft
Microsoft Access	Microsoft.Jet.OLEDB.4.0
Microsoft SQL Server	SQLOLEDB.1
Microsoft Indexing Service	MSIDXS.1
Oracle	MSDAORA.1

Tabelle 3.5 Wichtige OleDb-Provider

HINWEIS Die *Provider*-Eigenschaft gibt es nicht für die *SqlConnection*, da sie dort überflüssig ist!

ServerVersion-Eigenschaft

Diese Eigenschaft liefert eine Zeichenfolge zurück, die die Version der Datenbank enthält. Durch Abprüfen von *ServerVersion* können Sie z.B. gewährleisten, dass keine Abfragen an den Server geschickt werden, die von diesem nicht unterstützt werden (z.B. Abfrageergebnisse als XML liefern).

ConnectionTimeout-Eigenschaft

Obwohl diese Eigenschaft schreibgeschützt ist, haben Sie trotzdem die Möglichkeit, innerhalb des *ConnectionString* anzugeben, wie viel Sekunden der OleDb-Provider versuchen soll, die Verbindung zur Datenbank herzustellen.

BEISPIEL

Die Zeit bis zum Timeout der Verbindungsaufnahme wird auf 10 Sekunden festgelegt.

```
conn.ConnectionString = "Provider=SQLOLEDB.1; Data Source=.\SQLEXPRESS;...; Connect Timeout=10; ... "
```

State-Eigenschaft

Diese Eigenschaft liefert den aktuellen Verbindungsstatus. Die möglichen Werte sind Mitglieder der *ConnectionState*-Enumeration.

Konstante	Verbindungszustand
Open	Geöffnet
Closed	Geschlossen
Connecting	Verbindung wird aufgebaut
Executing	Eine Abfrage wird ausgeführt
Fetching	Daten werden abgerufen
Broken	Unterbrochen

Tabelle 3.6 Die Mitglieder der *ConnectionState*-Enumeration

Methoden des Connection-Objekts

Open- und Close-Methode

Wenn Sie die *Open*-Methode auf einem bereits geöffneten *Connection*-Objekt ausführen, wird ein Fehler ausgelöst. Hingegen verursacht der Aufruf von *Close* über einer bereits geschlossenen Verbindung keinen Fehler.

HINWEIS   Da Sie standardmäßig mit Verbindungspooling arbeiten, wird die Verbindung nicht wirklich geschlossen, sondern nur zurück an den Pool gesendet.

Es ist keine Vergesslichkeit der Autoren, wenn in manchen Beispielen das *Connection*-Objekt weder mit *Open* geöffnet noch mit *Close* geschlossen wird. Gewissermaßen im Hintergrund können *Fill*- und *Update*-Methode eines *DataAdapter*-Objekts automatisch die Verbindung öffnen (wenn sie nicht schon geöffnet ist) und sie auch wieder schließen, wenn die Operation beendet ist.

Trotzdem: Bei mehreren aufeinander folgenden Operationen, für die eine geöffnete Verbindung erforderlich ist, können Sie die Performance verbessern, wenn Sie explizit die *Open*-Methode des *Connection*-Objekts aufrufen, die Operationen für die Datenquelle durchführen und anschließend die Verbindung mit *Close* wieder schließen. Generell sollte die Verbindung zur Datenquelle so kurz wie möglich geöffnet bleiben, um die kostbare Ressource »Netzwerkverbindung« schnellstmöglich wieder freizugeben, damit sie von anderen Clientanwendungen genutzt werden kann.

ChangeDatabase-Methode

Viele Server, wie z.B. auch der SQL Server, unterstützen mehrere Datenbanken. Mit der *ChangeDatabase*-Methode können Sie die Datenbank zur Laufzeit wechseln, ohne extra den USE-Befehl verwenden zu müssen.

BEISPIEL

Zwei äquivalente Varianten zum Wechseln der Datenbank.

```
conn.ChangeDatabase("Northwind")
```

oder

```
Dim cmd As OleDbCommand = conn.CreateCommand()
cmd.CommandText = "USE Northwind"
cmd.ExecuteNonQuery()
```

CreateCommand-Methode

Mit dieser Methode können Sie ein neues *Command*-Objekt erzeugen und damit etwas Schreibarbeit einsparen (siehe obiges Beispiel).

BeginTransaction-Methode

Diese Methode leitet eine Transaktion ein. Rückgabewert ist ein neues *Transaction*-Objekt. Zum Ausführen oder Zurücksetzen der Transaktion werden die Methoden *Commit* oder *Rollback* des erzeugten *Transaction*-Objekts verwendet.

BEISPIEL

Start einer Transaktion

```
Dim ta As OleDbTransaction = conn.BeginTransaction()
```

Ereignisse des Connection-Objekts

Das *Connection*-Objekt besitzt zwei Ereignisse, mit denen Sie Informationsmeldungen aus einer Datenquelle abrufen oder eine Statusänderung feststellen können:

InfoMessage-Ereignis

... tritt auf, wenn eine Informationsmeldung aus einer Datenquelle zurückgegeben wird. Informationsmeldungen sind Meldungen aus einer Datenquelle, die keine Exception auslösen.

BEISPIEL

Hinzufügen einer Ereignisbehandlung für *InfoMessage*.

```
Imports System.Data.SqlClient
...
Dim conn As = New SqlConnection(
                    "Data Source=(local);Integrated Security=sspi; Initial Catalog=Northwind;")
AddHandler conn.InfoMessage, AddressOf OnInfoMessage
Private Sub OnInfoMessage(sender As Object, e As SqlInfoMessageEventArgs)
    Dim st As String = "{0} hat eine Meldung {1} erhalten, Zustand {2}, Fehlernummer {3}" &
                    "in Zeile {4} der Prozedur {5} auf Server {6}:{7}"

    For Each err As SqlError In e.Errors
        Label1.Text = String.Format(st, err.Source, err.Class, err.State, err.Number,
                            err.LineNumber, err.Procedure, err.Server, err.Message)
    Next
End Sub
```

HINWEIS　　　Beim SQL Server werden alle Meldungen mit einem Schweregrad von 10 oder weniger als Informationsmeldungen betrachtet!

StateChange-Ereignis

... tritt auf, wenn sich der Status des *Connection*-Objekts ändert (siehe *State*-Eigenschaft).

BEISPIEL

Mit dem *StateChange*-Ereignis wird eine Meldung ausgegeben, sobald sich der Status des *Connection*-Objekts ändert.

```
Imports System.Data.SqlClient
...
AddHandler conn.StateChange, AddressOf OnStateChange

Private Sub OnStateChange(sender As Object, e As StateChangeEventArgs)
  MessageBox.Show(String.Format("Der aktuelle Verbindungszustand hat sich geändert " &
                                "von {0} nach {1}.", e.OriginalState, e.CurrentState)
End Sub
```

Der ConnectionStringBuilder

Um das Zusammenbauen eines *ConnectionString*s etwas übersichtlicher zu gestalten, gibt es ab ADO.NET 2.0 die providerspezifische *ConnectionStringBuilder*-Klasse.

BEISPIEL

Vergleich von zwei Möglichkeiten für das Erstellen einer Verbindungszeichenfolge zur *Northwind*-Datenbank des SQL Servers

```
Imports System.Data.SqlClient
```

Ohne *ConnectionStringBuilder*:

```
Dim connStr As String =
                "Data Source = .\SQLEXPRESS; Initial Catalog=Northwind; Integrated Security=True"
Dim conn As New SqlConnection(connStr)
```

Mit *ConnectionStringBuilder*:

```
Dim csb As New SqlConnectionStringBuilder()
csb.DataSource = ".\SQLEXPRESS"
csb.IntegratedSecurity = True
csb.InitialCatalog = "Northwind"
```

ConnectionString in den Anwendungseinstellungen speichern

In der Regel werden Sie Verbindungszeichenfolgen nicht fest im Quellcode »verdrahten«, sondern in der Konfigurationsdatei der Anwendung (*App.config* bzw. **.exe.config*) hinterlegen, sodass sie vom späteren Programmnutzer leicht angepasst werden können.

Im umfangreichen *Projekteigenschaften*-Dialog (Menü *Projekt/<Projektname>-Eigenschaften...*) öffnen Sie die Registerseite *Einstellungen*. Als *Typ* stellen Sie »(Verbindungszeichenfolge)« ein und als *Bereich* wählen Sie *Anwendung*. Für den *Wert* tragen Sie die Verbindungszeichenfolge ein, ohne diese aber in doppelten Anführungszeichen einzuschließen.

BEISPIEL

Die Verbindungszeichenfolge

```
"Data Source = .\SQLEXPRESS; Initial Catalog=Northwind; Integrated Security=true"
```

wird unter dem Namen *connStr* eingetragen (Abbildung 3.9).

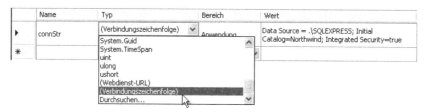

Abbildung 3.9 Eintragen des *ConnectionStrings* in die Anwendungseinstellungen

In der *App.config*-Datei sieht das Ergebnis dann folgendermaßen aus:

```
...
  - <connectionStrings>
      <add name="WindowsApplication1.My.Settings.connStr"
          connectionString="Data Source =
                     .\SQLEXPRESS; Initial Catalog=Northwind; Integrated Security=true" />
     </connectionStrings>
...
```

Der Zugriff im Quellcode:

```
Dim connStr = My.Settings.connStr
Dim conn As New SqlConnection(connStr)
```

> **HINWEIS**   Den kompletten Code finden Sie im How-to 8.4 »... ein SqlConnection-Objekt programmieren?«.

Das Command-Objekt

An Abfragen aller Art (SQL-Queries, Stored Procedures) führt beim Programmieren von Datenbank-anwendungen kein Weg vorbei. Unter ADO.NET werden für alle Datenbankabfragen *Command*-Objekte benutzt, die zentraler Bestandteil der jeweiligen .NET-Datenprovider sind.

Erzeugen und Anwenden eines Command-Objekts

Wie bei fast allen anderen ADO.NET-Objekten, bieten sich auch zum Erzeugen eines *Command*-Objekts verschiedene Konstruktoren an. Eine übliche Vorgehensweise ist es, die gewünschte Abfrage neben dem zuvor angelegten *Connection*-Objekt an den Konstruktor der Klasse zu übergeben:

```
Dim cmd As New Command(sql As String, conn As Connection)
```

Das so erzeugte und initialisierte *Command*-Objekt kann dann z.B. an den Konstruktor der *Data-Adapter*-Klasse weitergereicht werden, um letztendlich ein *DataSet* zu füllen.

Aber es geht auch ohne *DataAdapter* und *DataSet*, denn um SQL-Anweisungen direkt gegen die Daten-quelle zu fahren, kann eine der *Execute*-Methoden (*ExecuteNonQuery*, *ExecuteReader*, *ExecuteScalar*) aufge-rufen werden.

BEISPIEL

Es werden zwei *OleDbCommand*-Objekte erstellt. Mit dem ersten werden die Namen der Firmen aller Pariser Kunden aus *Nordwind.mdb* geändert, mit dem zweiten wird ein *DataAdapter* erstellt, der zum Befüllen eines *DataSet*-Objekts mit den *Kunden*-Datensätzen dient.

```
Dim conn As New OleDbConnection("Provider=Microsoft.Jet.OLEDB.4.0; Data Source=Nordwind.mdb;")
Dim updCmd As New OleDbCommand("UPDATE Kunden SET Firma = 'Pariser Kunde' WHERE Ort = 'Paris'", conn)
Dim selCmd As New OleDbCommand("SELECT Firma, Ort FROM Kunden WHERE Ort = 'Paris'", conn)

Dim da As New OleDbDataAdapter(selCmd)
Dim ds As New DataSet()
conn.Open()
```

UPDATE-Befehl wird gegen die Datenbank gefahren:

```
updCmd.ExecuteNonQuery()
```

DataSet erhält neue Tabelle (»PariserKunden«) mit Datensätzen gemäß SELECT-Befehl:

```
da.Fill(ds, "PariserKunden")
conn.Close()
```

HINWEIS   Den vollständigen Code finden Sie im How-to 3.3 »... eine Aktionsabfrage ausführen?«.

Erzeugen mittels CreateCommand-Methode

Auch mit Hilfe der *CreateCommand*-Methode eines *Connection*-Objekts können Sie ein *Command*-Objekt erzeugen. Damit ersparen Sie sich etwas Schreibarbeit.

BEISPIEL

Zwei äquivalente Varianten, wenn ein gültiges *Connection*-Objekt conn vorliegt.

Variante A:

```
Dim cmd As New OleDbCommand()
cmd.Connection = conn
```

Variante B:

```
Dim cmd As OleDbCommand = conn.CreateCommand()
```

Eigenschaften des Command-Objekts

Wir werden uns hier nur auf eine knappe Darstellung der wichtigsten Eigenschaften beschränken.

Connection- und CommandText-Eigenschaft

Beide Eigenschaften werden üblicherweise bereits im Konstruktor übergeben (siehe oben), man kann Sie aber auch separat zuweisen.

BEISPIEL

Zwei Varianten zum Erzeugen und Initialisieren eines *OleDbCommand*-Objekts.

```
Dim cmd As New OleDbCommand("UPDATE Kunden SET Firma = 'Pariser Firma' WHERE Ort = 'Paris'", conn)
```

ist äquivalent zu

```
Dim cmd As New OleDbCommand()
cmd.Connection = conn
cmd.CommandText = "UPDATE Kunden SET Firma = 'Pariser Firma' WHERE Ort = 'Paris'"
```

CommandTimeout-Eigenschaft

Um festzulegen, wie lange die Ausführung einer Abfrage maximal dauern darf, können Sie der *Command-Timeout*-Eigenschaft einen Wert in Sekunden zuweisen (Standardwert = 30 Sekunden).

BEISPIEL

Ein *DataSet* wird mit der Kundenliste der SQL-Datenbank *Northwind* gefüllt, wofür maximal 10 Sekunden zur Verfügung stehen.

```
Dim conn As New SqlConnection(
                    "Data Source=(local);Integrated Security=sspi;Initial Catalog=Northwind")

Dim cmd As New SqlCommand("SELECT CustomerID, CompanyName FROM Customers", conn)
```

Die Ausführung der Abfrage darf maximal 30 Sekunden dauern:

```
cmd.CommandTimeout = 30
Dim da As New SqlDataAdapter()
da.SelectCommand = cmd
Dim ds As New DataSet()
conn.Open()
da.Fill(ds, "Kunden")
conn.Close()
```

HINWEIS   Sollte eine Abfrage dennoch zu lange dauern, so können Sie diese innerhalb einer asynchronen Umgebung mit Hilfe der *Cancel*-Methode abbrechen.

Zum Ausführen einfacher Datenbankabfragen (wie im obigen Beispiel), können Sie auf das explizite Erzeugen eines *Command*-Objekts verzichten, denn man kann den SQL-String auch direkt dem *DataAdapter* als Parameter übergeben.

BEISPIEL

Eine gleichwertige Realisierung des Vorgängerbeispiels.

```
Dim da As New SqlDataAdapter("SELECT CustomerID, CompanyName FROM Customers", conn)
da.SelectCommand.CommandTimeout = 30
```

CommandType-Eigenschaft

Mit der *CommandType*-Eigenschaft definieren Sie die auszuführende Operation. Mittels der gleichnamigen Enumeration stehen drei Möglichkeiten zur Verfügung:

- *Text* (Standardwert)
  Hier können Sie eine frei definierbare SQL-Abfrage übergeben

- *StoredProcedure*
  Hier soll eine in der Datenbank gespeicherte Prozedur bzw. Auswahlabfrage aufgerufen werden

- *TableDirect*
  Hier wird direkt der Name einer Tabelle angegeben (entspricht *SELECT * FROM <Tabellenname>*)

BEISPIEL

Aufruf der Stored Procedure *Sales by Years* in der Datenbank *Northwind*.

```
Dim cmd As New SqlCommand("Sales by Year", conn)
cmd.CommandType = CommandType.StoredProcedure
Dim parm1 As New SqlParameter("@Beginning_Date", SqlDbType.DateTime)
```

Definition als Input-Parameter:

```
parm1.Direction = ParameterDirection.Input
```

Das *Beginn*-Datum wird der ersten *TextBox* entnommen:

```
parm1.Value = Convert.ToDateTime(TextBox1.Text)
```

Parameter hinzufügen:

```
cmd.Parameters.Add(parm1)
```

HINWEIS   Den kompletten Code finden Sie im How-to 8.5 »... eine Gespeicherte Prozedur aufrufen?«. Der nach dem gleichen Prinzip funktionierende Aufruf einer in der Datenbank *Nordwind.mdb* gespeicherten Auswahlabfrage ist im How-to 3.4 »... eine Access-Auswahlabfrage aufrufen?« erklärt.

UpdatedRowSource-Eigenschaft

Diese Eigenschaft dürfte für den Einsteiger zunächst nur von untergeordnetem Interesse sein. Der Profi weiß aber, dass man mit UPDATE- und INSERT-Abfragen nicht nur Datensätze in der Datenquelle ändert, sondern dass auch Ausgabeparameter oder sogar Datensätze zurückgegeben werden können.

Typisch ist dies bei so genannten Stapel- bzw. Batch-Abfragen, denn hier können Sie z.B. Ausgabeparameter bzw. Datensätze aus der Datenbank abrufen, sofort nachdem der *DataAdapter* eine Aktualisierung entsprechend seiner *UpdateCommand*- oder *InsertCommand*-Eigenschaft durchgeführt hat.

Mittels der *UpdatedRowSource*-Eigenschaft legen Sie fest, ob und wie das *Command*-Objekt die von der Datenquelle zurückgelieferten Parameter bzw. Zeilen in das *DataSet*-Objekt einfügen soll.

Die *UpdateRowSource*-Enumeration stellt dazu entsprechende Konstanten bereit (Tabelle 3.7).

UpdatedRowSource-Mitglied	Beschreibung
Both	Sowohl die erste zurückgegebene Zeile als auch die Ausgabeparameter werden der geänderten Zeile im DataSet zugeordnet (Standard)
FirstReturnedRecord	Nur die Daten in der ersten zurückgegebenen Zeile werden der geänderten Zeile im DataSet zugeordnet
OutputParameters	Nur die Ausgabeparameter werden der geänderten Zeile im DataSet zugeordnet
None	Alle zurückgegebenen Parameter oder Zeilen werden ignoriert

Tabelle 3.7 Die Mitglieder der *UpdatedRowSource*-Enumeration

BEISPIEL

Eine Batch-Abfrage kapselt zwei SELECT-Anweisungen in einem String

```
Dim sqlBatch As String = "SELECT CustomerID, CompanyName, ContactName, ContactTitle " & _
                         "FROM Customers WHERE CustomerID = 'ALFKI'; " & _
                         "SELECT OrderID, OrderDate, RequiredDate, ShippedDate, Freight " & _
                         "FROM Orders WHERE CustomerID = 'ALFKI'"

Dim cmd As New OleDbCommand(sqlBatch, conn)
cmd.UpdatedRowSource = UpdateRowSource.None
Dim da As New OleDbDataAdapter(cmd)
...
```

HINWEIS   Das vollständige Beispiel finden Sie im How-to 8.7 »... mit Stapel-Abfragen arbeiten?«.

Methoden des Command-Objekts

ExecuteNonQuery-Methode

Diese Methode setzen Sie vor allem ein, um Aktionsbefehle auf Basis von UPDATE, INSERT oder DELETE direkt gegen die Datenbank auszuführen (also ohne Verwendung von *DataAdapter* und *DataSet*). Rückgabewert ist hier die Anzahl der betroffenen Datensätze (sonst -1).

BEISPIEL

Ein *OleDbCommand*-Objekt wird erzeugt und eine UPDATE-Anweisung gegen die Datenbank gefahren. Die Anzahl betroffener Datensätze wird angezeigt (ein gültiges *OleDbConnection*-Objekt *conn* wird vorausgesetzt).

```
Dim updStr As String = "UPDATE Kunden SET Firma = 'Pariser Firma' WHERE Ort = 'Paris'"
Dim updCmd As New OleDbCommand(updStr, conn)
conn.Open()
```

SQL-Anweisung ausführen und Anzahl betroffener Datensätze anzeigen:

```
Label1.Text = cmd.ExecuteNonQuery.ToString()
```

HINWEIS   Das ausführliche Beispiel findet sich im How-to 3.2 »... eine Aktionsabfrage ausführen?«.

Weitere Möglichkeiten für Aktionsbefehle sind die Abfrage der Struktur einer Datenbank oder das Erstellen von Datenbankobjekten wie z.B. Tabellen (CREATE TABLE ...).

ExecuteReader-Methode

Auf Basis eines SELECT-Befehls erzeugt diese Methode ein *DataReader*-Objekt. Ein Instanziieren des *DataReader*s mittels *New*-Konstruktor entfällt deshalb.

BEISPIEL

Auf Basis eines gültigen *OleDbConnection*-Objekts und eines SELECT-Befehls wird ein *OleDbCommand*-Objekt erstellt und zum Erzeugen eines *DataReader*-Objekts verwendet.

```
Dim selStr As String = "SELECT Firma, Kontaktperson, Ort FROM Kunden WHERE Ort = 'Paris'"
Dim selCmd As New OleDbCommand(selStr, conn)
conn.Open()
Dim dr As OleDbDataReader = selCmd.ExecuteReader(CommandBehavior.CloseConnection)
```

HINWEIS   Mehr erfahren Sie im DataReader-Abschnitt dieses Kapitels bzw. im How-to 6.10 »... mit DataReader und ListView arbeiten?«.

ExecuteScalar-Methode

Rückgabewert dieser Methode ist das Objekt der ersten Spalte der ersten Zeile aus der Menge der zurückgegebenen Datensätze.

Generell eignet sich die *ExecuteScalar*-Methode des *Command*-Objekts für alle Abfragen, bei denen man nur an der Rückgabe eines einzigen Wertes interessiert ist.

BEISPIEL

Abfrage des Firmennamens eines bestimmten Kunden.

```
Dim cmd As New SqlCommand("SELECT Firma FROM Kunden WHERE KundenCode = 'ALFKI'", conn)
conn.Open()
Label1.Text = Convert.ToString(cmd.ExecuteScalar)
```

Besonders vorteilhaft kann man *ExecuteScalar* zur Ausführung von Aggregatfunktionen verwenden, was weniger Aufwand erfordert als die Anwendung der *ExecuteReader*-Methode.

BEISPIEL

Aus der Datenbank *Northwind* wird die Anzahl der in Paris wohnhaften Kunden abgefragt und angezeigt.

```
Dim cmd As New SqlCommand()
cmd.Connection = conn
cmd.CommandText = "SELECT COUNT(*) AS Anzahl FROM Customers WHERE City = 'Paris'"
cmd.Connection.Open()                       ' oder auch: conn.Open()
Label1.Text = cmd.ExecuteScalar().ToString()
cmd.Connection.Close()
```

HINWEIS   Zu den asynchronen Methoden des *Command*-Objekts siehe Abschnitt »Task-orientierte asynchrone Programmierung« (Seite 187).

Freigabe von Connection- und Command-Objekten

In einfachen Codebeispielen stellt man häufig fest, dass der Aufruf der *Dispose()*-Methode auf *SqlConnection*- und *SqlCommand*-Objekten fehlt[1]. Auch wird der Datenzugriffscode meist nicht in *Try-Finally*-Blöcke
eingerahmt.

BEISPIEL

Die (leider nicht ganz saubere) Programmierung einer Datenbankverbindung

```
Dim conn As New SqlConnection(connString)
Dim cmd As New SqlCommand(cmdString, conn)
conn.Open()
cmd.ExecuteNonQuery()
conn.Close()
```

Das Problem ist, dass *SqlConnection* und *SqlCommand* die Schnittstelle *IDisposable* implementieren, d.h., es
können auch Ressourcen aus nicht verwaltetem (unmanaged) Code zu bereinigen sein. Als Programmierer
müssen Sie dann unter allen Umständen absichern, dass *Dispose* auf diesen Objekten aufgerufen wird, nachdem die Arbeit mit ihnen beendet ist. Weil bei Nichtverfügbarkeit der Datenbank immer ein Fehler auftreten kann, sollten Sie den Aufruf von *Dispose* auch für diesen Fall gewährleisten.

Das Problem lässt sich elegant mittels *Using*-Schlüsselwort lösen, welches Ihnen lästige Schreibarbeiten
abnimmt, denn intern wird automatisch ein *Try-Finally*-Block um das entsprechende Objekt generiert und
beim Beenden wird für das Objekt *Dispose* aufgerufen.

BEISPIEL

Saubere Programmierung des Vorgängerbeispiels

```
Using conn As New SqlConnection(connString)
    Using cmd As New SqlCommand(cmdString, conn)
        conn.Open()
        cmd.ExecuteNonQuery()
    End Using
End Using
```

Der intern generierte Code für obige Zeilen könnte etwa folgendermaßen aussehen:

```
Dim conn As SqlConnection = Nothing
Dim cmd As SqlCommand = Nothing
Try
    conn = New SqlConnection(connString)
    cmd = New SqlCommand(cmdString, conn)
    conn.Open()
    cmd.ExecuteNonQuery()
Finally
```

---

[1] Auch die meisten Codebeispiele dieses Buchs bilden da (aus Platzgründen!) leider keine Ausnahme.

```
        If cmd IsNot Nothing Then cmd.Dispose()
        If conn IsNot Nothing Then conn.Dispose()
    End Try
```

HINWEIS   Falls Sie, wie im obigen Beispiel, den Aufruf von *Close* für die *SqlConnection* vermissen, seien Sie trotzdem unbesorgt: Intern überprüft *Dispose* den Status der Verbindung und schließt diese für Sie.

Parameter-Objekte

In vielen Fällen enthält ein *Command*-Objekt Parameter bzw. Parameter-Auflistungen, mit denen parametrisierte Abfragen durchführbar sind.

Erzeugen und Anwenden eines Parameter-Objekts

Einer der möglichen Konstruktoren:

```
Dim prm As New Parameter(pName As String, pType As DbType)
```

Nach dem Zuweisen weiterer Eigenschaften erfolgt das Hinzufügen zur *Parameters*-Auflistung des *Command*-Objekts:

```
cmd.Parameters.Add(prm As Parameter)
```

BEISPIEL

SqlParameter-Objekt *p1* zur *Parameters*-Collection eines vorhandenen *SqlCommand*-Objekts hinzufügen.

Im Konstruktor übergeben wir Namen und Datentyp:

```
Dim p1 As New SqlParameter("@Geburtstag", SqlDbType.DateTime)
```

Datumswert aus einer *TextBox* zuweisen ...

```
p1.Value = Convert.ToDateTime(TextBox1.Text)
```

... und zum *SqlCommand*-Objekt hinzufügen:

```
cmd.Parameters.Add(p1)
```

Die erzeugten Parameter werden zur Laufzeit in die *CommandText*-Eigenschaft des *Command*-Objekts »eingebaut«.

BEISPIEL

Der im Vorgängerbeispiel definierte Parameter *@Geburtstag* wird in eine SQL-Abfrage eingefügt.

```
cmd.CommandText = "SELECT * FROM Employees WHERE (BirthDate > @Geburtstag)"
```

Umfangreichere Anwendungen von parametrisierten Abfragen finden Sie im Zusammenhang mit gespeicherten Prozeduren oder dem Einsatz von Datenadaptern, siehe z.B.

- How-to 8.5 »... eine Gespeicherte Prozedur aufrufen?«

- How-to 3.6 »... die Datenbank aktualisieren?«

- How-to 8.9 »... die MARS-Technologie kennen lernen?«

Eigenschaften des Parameter-Objekts

ParameterName- und Value-Eigenschaft

Beide Eigenschaften dürften selbsterklärend sein.

BEISPIEL

Eine alternative Zuweisung für das obige erste Beispiel wäre:

```
p1.ParameterName = "@Geburtstag"
p1.Value = Convert.ToDateTime(TextBox1.Text)
```

DbType, OleDbType und SqlDbType-Eigenschaft

Durch das Spezifizieren des Datentyps wird der Wert des Parameters dem Datentyp des .NET-Daten-
providers angepasst, bevor er an die Datenquelle weitergereicht wird. Fehlt die Typangabe, so leitet ihn
ADO.NET von der *Value*-Eigenschaft des *Parameter*-Objekts ab.

Alternativ zu *OleDbType*- bzw. *SqlDbType*-Eigenschaft kann der Datentyp eines Parameters auch allgemein
(generisch) aus *System.Data.DbType* abgeleitet werden.

HINWEIS   Die exakten Zuordnungen zwischen den Datentypen entnehmen Sie am besten der Online-Hilfe bzw. den
Übersichten am Ende dieses Kapitels.

BEISPIEL

Ein *Byte*-Parameter wird erzeugt, initialisiert und zur *Parameters*-Collection eines *SqlCommand*-Objekts
hinzugefügt.

```
Dim prm As SqlParameter = cmd.Parameters.Add("@p2", SqlDbType.TinyInt)
```

BEISPIEL

Zwei Möglichkeiten zum Zuweisen des Datentyps eines *OleDbParameter*-Objekts.

```
Dim prm1 As New OleDbParameter()
```

Verwenden der *DbType*-Enumeration:

```
prm1.DbType = DbType.DateTime
```

Oder Verwenden der *OleDbType*-Enumeration:

```
prm1.OleDbType = OleDbType.DBDate
```

Direction-Eigenschaft

Die Eigenschaft bestimmt die Richtung des Parameters relativ zum *DataSet*. Die *ParameterDirec-tion*-Enumeration enthält die in der Tabelle aufgeführten Werte:

ParameterDirection-Mitglied	Beschreibung
Input	Es handelt sich um einen Eingabeparameter (Standard)
InputOutput	Der Parameter unterstützt sowohl Ein- als auch Ausgabe
Output	Es handelt sich um einen Ausgabeparameter
ReturnValue	Der Parameter ist ein Rückgabewert aus einer Operation

Tabelle 3.8 Die Mitglieder der *ParameterDirection*-Enumeration

BEISPIEL

Ein *OleDbParameter* wird erstellt und seine *Direction*-Eigenschaft festgelegt.

```
Public Sub CreateOleDbParameter()
    Dim p1 As New OleDbParameter("Description", OleDbType.VarChar, 50)
    p1.IsNullable = True
    p1.Direction = ParameterDirection.Output
End Sub
```

Weitere Eigenschaften

- *SourceColumn*- und *SourceVersion*-Eigenschaft werden im Zusammenhang mit der *Update*-Methode des *DataAdapter*-Objekts ausführlicher erläutert (siehe Seite 164)

- Weitere wichtige Eigenschaften von *Parameter*-Objekten sind am Ende des Kapitels aufgelistet

Das CommandBuilder-Objekt

Das manuelle Zuweisen der *Insert-, Update- und DeleteCommand*-Eigenschaften des *DataAdapter*s ist mitunter eine ziemlich aufwändige Angelegenheit. Aber auch in all jenen Fällen, in denen die *SelectCommand*-Eigenschaft erst zur Laufzeit festgelegt werden kann, wie z.B. bei Verwendung dynamischer SQL-Abfragen, sind Sie nicht in der Lage, bereits zur Entwurfszeit entsprechende *Command*-Objekte zu spezifizieren. Dann können Sie – falls Ihr *DataAdapter* auf einer einzigen Datenbanktabelle aufsetzt – vorteilhaft den *CommandBuilder* zum automatischen Generieren der *Command*-Objekte verwenden.

Erzeugen

Voraussetzung für den Einsatz eines *CommandBuilder*-Objekts ist, dass der *DataAdapter* über eine *Select-Command*-Eigenschaft verfügt. Das Tabellenschema, welches durch *SelectCommand* geliefert wird, bestimmt die Syntax der automatisch generierten INSERT-, UPDATE- und DELETE-Statements. Eine einzige Anweisung reicht dann aus, um einen *CommandBuilder* mit einem *DataAdapter* zu verkoppeln:

```
Dim cmdBuilder As New CommandBuilder(da As DataAdapter)
```

Der *CommandBuilder* verfolgt nun argwöhnisch alle am *DataSet* vorgenommenen Änderungen und generiert die erforderlichen Queries bzw. *Command*-Objekte selbstständig im Hintergrund.

Anwenden

Die *Update*-Methode des *DataAdapter*s würde im folgenden Beispiel ohne *OleDbCommandBuilder* fehlschlagen.

BEISPIEL

Aktualisieren der Kunden-Tabelle aus *Nordwind.mdb*.

Beim Instanziieren erhält der *DataAdapter* automatisch auch seine *SelectCommand*-Eigenschaft, sodass diese nicht explizit zugewiesen werden muss:

```
Dim da As New OleDbDataAdapter("SELECT * FROM Kunden", conn)
```

Ein *OleDbCommandBuilder* wird mit dem *OleDbDataAdapter* verbunden:

```
Dim cmdB As New OleDbCommandBuilder(da)
```

Ein *DataSet* wird mit den Daten gefüllt:

```
Dim ds As New DataSet()
conn.Open()
da.Fill(ds, "Kunden")
...
```

Nachdem die Daten geändert wurden werden die Änderungen in die Datenbank zurückgeschrieben:

```
da.Update(ds, "Kunden")
```

Beim Aufruf von *Dispose* wird die Zuordnung von *CommandBuilder* zu *DataAdapter* aufgehoben, und die generierten Befehle werden nicht mehr verwendet.

HINWEIS Ein Beispiel für den Einsatz des *CommandBuilder*s finden Sie im How-to 3.6 »... die Datenbank aktualisieren?«.

Einsatzbeschränkungen

Dass der *CommandBuilder* nicht immer problemlos *UpdateCommand*-, *InsertCommand*- und *DeleteCommand*-Objekte generieren kann, zeigen die folgenden Einschränkungen:

- Das *SelectCommand* muss mindestens einen Primärschlüssel bzw. eine eindeutige Spalte liefern. Falls diese Bedingung nicht erfüllt ist, wird eine *InvalidOperation*-Exception ausgelöst.

- Falls eine von den *InsertCommand-*, *UpdateCommand-* und *DeleteCommand-*Eigenschaften des *Data-Adapter*s bereits existiert, wird die existierende Eigenschaft genommen.

- Für Datenbankabfragen mit zwei oder mehr verknüpften Tabellen kann der *CommandBuilder* keine *Command*-Objekte erstellen.

- Einem *DataAdapter*-Objekt kann immer nur ein *CommandBuilder*-Objekt gleichzeitig zugeordnet werden und umgekehrt.

- Das automatische Generieren der *Command*-Objekte versagt, wenn in den Tabellen- oder Spaltenbezeichnern spezielle Zeichen wie Leerzeichen, Fragezeichen oder andere nicht alphanumerische Zeichen enthalten sind.

- Wenn Sie *SelectCommand* nach dem Abrufen der Metadaten ändern (z.B. nach der ersten Aktualisierung), müssen Sie die *RefreshSchema*-Methode aufrufen, um die Metadaten zu aktualisieren.

- Um die Strukturinformationen (Metadaten) zu gewinnen, muss der *CommandBuilder* das *SelectCommand* ausführen, was einen Extra-Trip zur Datenquelle erforderlich macht und die Performance nachteilig beeinflussen kann. Sie sollten deshalb in kritischen Fällen lieber auf den *CommandBuilder* verzichten und stattdessen die *Command*-Objekte manuell deklarieren.

Einige Regeln

Die folgende Tabelle fasst die Regeln zusammen, nach denen die verschiedenen *Command*-Objekte durch den *CommandBuilder* generiert werden. Grundlage ist das *Optimistische Konkurrenzmodell für Aktualisierungs- und Löschvorgänge*, welches im Anschluss erläutert wird.

Command-Objekt	Regel
InsertCommand	Fügt Datensätze in die Datenquelle ein für alle Zeilen im *DataSet* mit *RowState* = *DataRowState.Added* und fügt Werte für alle aktualisierbaren Spalten ein.
UpdateCommand	Aktualisiert alle Datensätze in der Datenquelle für alle Zeilen im *DataSet* mit *RowState* = *DataRowState.-Modified*. Aktualisiert die Werte aller Spalten mit Ausnahme der Spalten, die nicht aktualisierbar sind (z.B. Ausdrücke).
DeleteCommand	Löscht die Datensätze in der Datenquelle für alle Zeilen im *DataSet* mit *RowState* = *DataRowState.Deleted*.

Tabelle 3.9 Regeln für das automatische Generieren von *Command*-Objekten

Optimistisches Konkurrenzmodell

Die Logik für das automatische Generieren von UPDATE- und DELETE-Anweisungen durch den *CommandBuilder* beruht auf der so genannten *Optimistischen Konkurrenz*. Das bedeutet, dass die Datensätze beim Editieren nicht für andere Benutzer oder Prozesse gesperrt werden.

Weil ein Datensatz zwischenzeitlich durch Dritte geändert werden kann, nachdem er mit SELECT ermittelt wurde, aber bevor UPDATE oder DELETE ausgeführt werden, ist im automatisch generierten UPDATE-oder DELETE-Statement eine WHERE-Klausel angefügt, die bewirkt, dass ein Datensatz nur dann aktualisiert werden kann, wenn er in der Datenquelle nicht zwischenzeitlich geändert wurde, d.h., er hat dort noch seine ursprünglichen Werte bzw. wurde nicht gelöscht.

Durch diese Maßnahme wird vermieden, dass neue Daten einfach überschrieben werden. In Fällen, wo ein automatisch generiertes Update versucht, eine bereits gelöschte Zeile zu aktualisieren oder eine, deren Inhalt von den Originalwerten abweicht, wird eine *DBConcurrencyException* ausgelöst.

HINWEIS   Wenn Sie wünschen, dass UPDATE oder DELETE ohne Rücksicht auf die Originalwerte ausgeführt werden sollen, müssen Sie selbst explizit die *UpdateCommand*-Eigenschaft des *DataAdapter*s setzen und auf den Einsatz eines *CommandBuilder* verzichten.

Das DataReader-Objekt

Häufig genügt ein Lesezugriff auf die Datensätze. Dabei müssen im Frontend meist nur einige für die Listendarstellung benötigte Komponenten gefüllt bzw. aktualisiert werden (*ListBox*, *ComboBox*, *ListView*, *TreeView*, *DataGrid* usw.). Aber auch für komplexere Logik innerhalb der Business-Objekte der mittleren Schicht (Middle-Tier) ist häufig nur ein ReadOnly-Zugriff auf Datensätze erforderlich.

Im .NET Framework gibt es für diesen Zweck den *DataReader*. Diese Klasse ist für einen einmaligen ReadOnly-Hochgeschwindigkeitszugriff auf eine Datensatzgruppe optimiert und ähnelt anderen *Reader*-Objekten wie *TextReader*, *StreamReader* und *XmlReader*.

In Abhängigkeit vom verwendeten .NET-Datenprovider gibt es auch hier unterschiedliche Typen (*SqlData-Reader*, *OleDbDataReader*).

DataReader erzeugen

Einen *DataReader* erzeugt man in der Regel nicht mit dem *New*-Konstruktor, sondern mit der *Execute-Reader*-Methode des zugrunde liegenden *Command*-Objekts:

```
Dim dr As DataReader = cmd.ExecuteReader()
```

Mitunter wird auch dem *Execute*-Konstruktor als Argument der Wert *CloseConnection* (aus der *Com-mandBehavior*-Enumeration) übergeben. Damit ist gewährleistet, dass die Verbindung automatisch nach dem Durchlauf des *DataReader*s geschlossen wird.

BEISPIEL

Ein *DataReader*, der das Schließen des *Connection*-Objekts erledigt, wird instanziiert.

```
Dim dr As DataReader = cmd.ExecuteReader(CommandBehavior.CloseConnection)
```

Daten lesen

Das Auslesen der Informationen innerhalb einer Schleife ist typisch für die Arbeit mit dem *DataReader*.

HINWEIS   Es ist wichtig, dass Sie den *DataReader* so schnell wie möglich nach dem Auslesen der Daten wieder schließen, da sonst das *Connection*-Objekt blockiert ist!

BEISPIEL

Die Kundentabelle aus *Nordwind.mdb* wird zeilenweise in eine *ListBox* ausgelesen.

```
Const SQL As String = "SELECT * FROM Kunden ORDER BY KundenCode"
Dim conn As New OleDbConnection("Provider=Microsoft.Jet.OLEDB.4.0; Data Source=Nordwind.mdb;")
Dim cmd As New OleDbCommand(SQL, conn)
conn.Open()
Dim dr As OleDbDataReader = cmd.ExecuteReader()
Dim str As String = String.Empty
Dim tab As String = "   "
While dr.Read()
    str = dr("KundenCode").ToString & tab
    str &= dr("Firma").ToString & tab
    str &= dr("Kontaktperson").ToString & tab
    str &= dr("Strasse").ToString & tab
    str &= dr("PLZ").ToString & tab
    str &= dr("Ort").ToString
    ListBox1.Items.Add(str)
End While
dr.Close()
conn.Close()
```

Hier das Ergebnis:

Abbildung 3.10 Laufzeitansicht

HINWEIS   Weitere Beispiele zum Thema finden Sie im How-to 5.10 »... mit DataReader und ListView arbeiten?« und im How-to 8.9 »... die MARS-Technologie kennen lernen?«.

Eigenschaften des DataReaders

Item-Eigenschaft

Diese Eigenschaft ermöglicht den Zugriff auf die aktuelle Spalte, der Rückgabewert ist vom *Object*-Datentyp (ähnlich der *Item*-Eigenschaft des *DataRow*-Objekts). Falls der Datentyp vorher bekannt ist, sollte man eine der *Get*-Methoden (siehe unten) für den Zugriff verwenden.

FieldCount-Eigenschaft

Diese Eigenschaft liefert die Gesamtzahl der Datensätze.

IsClosed-Eigenschaft

Der Wert ist *True*, falls der *DataReader* geschlossen ist.

Methoden des DataReaders

Read-Methode

Damit wird das automatische Weiterbewegen zum nächsten Datensatz innerhalb der *While*-Schleife ermöglicht (Rückgabewert *True/False*).

GetValue- und GetValues-Methode

Während *GetValue* – ähnlich der *Item*-Eigenschaft – den Wert einer Spalte (basierend auf dem Spaltenindex) zurückgibt, nimmt *GetValues* ein Array entgegen, in welchem der *DataReader* den Inhalt der aktuellen Zeile ablegt. Mit *GetValues* wird beste Performance erreicht.

GetOrdinal- und ähnliche Methoden

Eine Vielzahl von *Get...*-Methoden ermöglichen ein Konvertieren der gelesenen Werte in fast jeden Datentyp.

BEISPIEL

Ein Datumswert aus der *Employee*-Tabelle der *Northwind*-Datenbank wird ausgelesen.

```
Dim aDate As DateTime
aDate = dr.GetDateTime(dr.GetOrdinal("BirthDate"))
```

HINWEIS   Zur asynchronen Methode *ReadAsync* siehe »Task-orientierte asynchrone Programmierung« (Seite 187).

Das DataAdapter-Objekt

Datenadapter werden in einer Art »Brückenfunktion« dazu genutzt, Daten mittels SQL-Anweisungen aus Datenquellen in *DataSet*s zu transportieren bzw. um Datenquellen mit den geänderten Inhalten von *DataSet*s zu aktualisieren. Das *DataAdapter*-Objekt verwendet das *Connection*-Objekt des jeweiligen .NET-Datenproviders, um eine Verbindung zu einer Datenquelle herzustellen, und ist außerdem auf verschiedene *Command*-Objekte angewiesen.

Hin- und Rücktransport der Daten zwischen Datenquelle und *DataSet* werden mit der *Fill*- und *Update*-Methode des DataAdapters realisiert. Beide lösen die entsprechenden SQL-Anweisungen aufgrund der dem *DataAdapter* übergebenen *Command*-Objekte aus.

DataAdapter erzeugen

Mehrere überladene Konstruktoren stellen den Newcomer vor die Qual der Wahl.

Konstruktor mit SELECT-String und Connection-Objekt

Im einfachsten Fall kommt man sogar ohne *Command*-Objekt aus, es genügt, dem Konstruktor eine SELECT-Anweisung und das *Connection*-Objekt als Parameter zu übergeben:

```
Dim da As New DataAdapter(selectStr As String, conn As Connection)
```

BEISPIEL

Ein *DataAdapter* füllt ein *DataSet* mit Datensätzen aus *Nordwind.mdb*.

```
Imports System.Data.OleDb
...
Dim conn As New OleDbConnection("Provider=Microsoft.Jet.OLEDB.4.0; Data Source=Nordwind.mdb;")
Dim da As New OleDbDataAdapter("SELECT * FROM Kunden WHERE Ort = 'Paris'", conn)
Dim ds As New DataSet()
conn.Open()
da.Fill(ds, "PariserKunden")
conn.Close()
```

Konstruktor mit SelectCommand-Objekt

Eine weitere Möglichkeit ist die Verwendung eines Konstruktors, dem ein *Command*-Objekt (SELECT-Befehl) zu übergeben ist:

```
Dim da As New DataAdapter(selectCommand As Command)
```

BEISPIEL

Das Vorgängerbeispiel wird mit einem *Command*-Objekt realisiert.

```
Imports System.Data.OleDb
...
Dim conn As New OleDbConnection("Provider=Microsoft.Jet.OLEDB.4.0; Data Source=Nordwind.mdb;")
Dim cmd As New OleDbCommand("SELECT Firma FROM Kunden WHERE Ort = 'Paris'")
cmd.Connection = conn
Dim da As New OleDbDataAdapter(cmd)
Dim ds As New DataSet()
conn.Open()
da.Fill(ds, "PariserKunden")
conn.Close()
```

Command-Eigenschaften

Ein Datenadapter benötigt für die komplette Zusammenarbeit mit der Datenquelle vier verschiedene *Command*-Objekte, die als Eigenschaften zugewiesen werden:

- *SelectCommand* zur Abfrage
- *UpdateCommand* zur Aktualisierung
- *InsertCommand* zum Einfügen
- *DeleteCommand* zum Löschen

Realisierung der Vorgängerbeispiele mittels *SelectCommand*-Eigenschaft.

```
Imports System.Data.OleDb
...
Dim conn As New OleDbConnection("Provider=Microsoft.Jet.OLEDB.4.0;Data Source=Nordwind.mdb;")
Dim cmd As New OleDbCommand("SELECT Firma FROM Kunden WHERE Ort = 'Paris'")
cmd.Connection = conn
Dim da As New OleDbDataAdapter()
da.SelectCommand = cmd
Dim ds As New DataSet()
conn.Open()
da.Fill(ds, "PariserKunden")
conn.Close()
```

Die *SelectCommand*-Eigenschaft muss gesetzt werden, bevor die *Fill*-Methode des *DataAdapters* aufgerufen wird.

Auf das explizite Setzen der *SelectCommand*-Eigenschaft kann verzichtet werden, wenn der *DataAdapter* mit dem SELECT-String instanziiert wird (vgl. obige und folgende Beispiele).

Fill-Methode

Die relativ unkomplizierte *Fill*-Methode des *DataAdapter* hatten Sie bereits in zahlreichen Beispielen kennen gelernt. Hier noch einmal die am häufigsten benutzte Aufrufvariante:

```
myDataAdapter.Fill(ds As DataSet, tblName As String)
```

Ein *DataSet* wird mit der Kundentabelle aus *Nordwind.mdb* gefüllt. Im *DataSet* sollen die Namen aller Firmen aus Paris geändert werden in »Pariser Firma«

```
Dim conn As New OleDbConnection("Provider=Microsoft.Jet.OLEDB.4.0; Data Source=Nordwind.mdb;")
Dim da As New OleDbDataAdapter("SELECT * FROM Kunden", conn)
Dim ds As New DataSet()
da.Fill(ds, "Kunden")
```

Das Arbeiten mit den Daten im *DataSet*:

```
Dim dt As DataTable = ds.Tables("Kunden")
```

Alle Zeilen der *DataTable* durchlaufen:

```
For Each cRow As DataRow cRow In dt.Rows
    If cRow("Ort") = "Paris" Then cRow("Firma") = "Pariser Firma"
 Next cRow
```

Das Beispiel wird im folgenden Abschnitt fortgesetzt!

Begrenzung der Datenmenge

Geht es nur um die Übertragung kleinerer Datenmengen, so ist die bislang praktizierte Vorgehensweise problemlos, nicht aber wenn es sich um Hunderte von Datensätzen handelt.

Abhilfe schafft eine (überladene) Version der *Fill*-Methode, die die Anzahl der zu transportierenden Datensätze begrenzt:

```
Dim z As Integer =
        myDataAdapter.Fill(ds As DataSet, start As Integer, anzahl As Integer, tblName As String)
```

start   = Nummer der Startzeile

anzahl = Anzahl der abzurufenden Datensätze

z   = Anzahl der tatsächlich zurückgegebenen Datensätze

BEISPIEL

Ab Zeile 100 werden 50 Zeilen aus der Datenbank abgerufen und in die *Kunden*-Tabelle gefüllt.

```
Dim z As Integer = da.Fill(ds, 100, 50, "Kunden")
```

Update-Methode

Irgendwann einmal müssen die im *DataSet* vorgenommenen Änderungen in die Datenquelle zurückgeschrieben werden. Zu diesem Zweck wird (kurzzeitig) eine Verbindung zur Datenbank aufgebaut. Genauso wie beim Füllen spielt auch hier ein *DataAdapter*-Objekt die Vermittlerrolle, wobei dessen *Update*-Methode gewissermaßen das Pendant zur *Fill*-Methode ist und zum Zurückschreiben der im *DataSet* vorgenommenen Änderungen in die Datenquelle dient.

Genauso wie die *Fill*-Methode benötigt die *Update*-Methode als Parameter die Instanz eines *DataSet* und (optional) den Namen der *DataTable*.

```
myDataAdapter.Update(ds As DataSet, tblName As String)
```

Bei der *Update*-Methode läuft es nicht ganz so einfach ab wie bei der *Fill*-Methode, denn es muss konsequenter Abschied von klassischen Vorstellungen zur Datenbankaktualisierung genommen werden. Die Tatsache, dass ein *DataSet* völlig autark existiert und nur gelegentlich mit der Datenbank verbunden wird, zwingt zu völlig neuen Überlegungen, da z.B. zwischenzeitlich das *DataSet* nicht nur seine Inhalte, sondern auch seine Struktur geändert haben kann.

BEISPIEL

Das Vorgängerbeispiel soll fortgesetzt werden. Ziel ist das Zurückschreiben der in der Spalte *Firma* (und nur dort!) vorgenommenen Änderungen in die Datenquelle. Grundlage ist eine UPDATE-Anweisung mit zwei Parametern (die ? sind die Platzhalter):

```
...
Dim cmd As New OleDbCommand("UPDATE Kunden SET Firma = ? WHERE KundenCode = ?", conn)
```

Der *Add*-Methode werden Parametername, Datentyp, Spaltenbreite und Spaltenname übergeben. Da es sich hier nicht um benannte Parameter handelt, muss die Reihenfolge ihrer Definition der Reihenfolge im SQL-String entsprechen:

```
cmd.Parameters.Add("?", OleDbType.VarChar, 30, "Firma")
```

Für die Schlüsselspalte eine Extrawurst:

```
Dim prm As OleDbParameter = cmd.Parameters.Add("?", OleDbType.VarChar)
prm.SourceColumn = "KundenCode"
```

Der ursprüngliche Wert (beim Füllen des *DataSet*s) ist maßgebend:

```
prm.SourceVersion = DataRowVersion.Original

da.UpdateCommand = cmd
da.Update(ds, "Kunden")
```

> **HINWEIS**   Der Kern der Aktualisierungslogik liegt in der WHERE-Bedingung der UPDATE-Anweisung. Der Datensatz wird nur dann aktualisiert, wenn der Wert der Schlüsselspalte, mit dem er geladen wurde, noch vorhanden ist.

Bemerkungen

- Durch Einsatz eines *CommandBuilder*-Objekts kann das manuelle Erstellen der *UpdateCommand*-, *InsertCommand*- und *DeleteCommand*-Eigenschaften automatisiert werden

- Ein komplettes Beispiel finden Sie im How-to 3.6 »... die Datenbank aktualisieren?«

UpdateCommand und Parameter-Objekte

Zum Aktualisieren eines Datensatzes in der Datenquelle wird die im *UpdateCommand*-Objekt des Datenadapters eingebaute UPDATE-Anweisung aufgerufen, welche ein Schlüsselfeld (normalerweise ist das der Primärschlüssel) benutzt, um den Datensatz innerhalb der Tabelle zu identifizieren.

Um einen fehlerfreien Abgleich von Datenquelle und *DataSet* zu ermöglichen, kommt den *Parameter*-Objekten des *UpdateCommand*-Objekts des *DataAdapter*s eine Schlüsselfunktion zu.

BEISPIEL

Das *CompanyName*-Feld in der SQL Server-Datenbank *Northwind* wird mit dem Wert des *@p1*-Parameters für den Datensatz aktualisiert, wo *CustomerID* dem Wert des Parameters *@p2* entspricht.

```
Imports System.Data.SqlClient
...
Dim da As New SqlDataAdapter()
...
Dim updCmd As New SqlCommand("UPDATE Customers SET CompanyName = @p1 WHERE CustomerID = @p2", conn)
da.UpdateCommand = updCmd
```

Der erste Parameter kann wie folgt erzeugt werden:

```
da.UpdateCommand.Parameters.Add("@p1", SqlDbType.NChar, 30, "CompanyName")
```

Der zweite Parameter lässt sich nicht ganz so elegant erzeugen, da zusätzlich die *DataRowVersion*-Eigenschaft zugewiesen werden muss und es dafür keinen geeigneten überladenen Konstruktor gibt:

```
Dim prm As SqlParameter = da.UpdateCommand.Parameters.Add("@p2", SqlDbType.NChar, 5, "CustomerID")
prm.SourceVersion = DataRowVersion.Original
```

Wie oben ersichtlich, werden der *Add*-Methode der *Parameters*-Collection folgende Werte übergeben, die sich auch als Eigenschaften des *Parameter*-Objekts zuweisen lassen (siehe auch die Übersicht am Ende des Kapitels):

- der Name des Parameters (*ParameterName*-Eigenschaft)

- der spezifische Datentyp (*SqlDbType* bzw. *OleDbType*-Eigenschaft)

- die Größe in Byte (*Size*-Eigenschaft)

- der Name der zugeordneten Spalte des *DataTable*-Objekts (*SourceColumn*-Eigenschaft)

- Aktualisierungsversion (*SourceVersion*-Eigenschaft)

Der Kenner parametrisierter UPDATE-Befehle wird im obigen Beispiel vielleicht das Zuweisen der *Value*-Eigenschaft (das ist der konkrete Wert eines Parameters) vermissen. Diese Funktionalität wird von der *Update*-Methode des *DataAdapters* automatisch übernommen, die im Hintergrund alle *DataRow*-Objekte der *DataTable* aufgrund deren *RowState*-Eigenschaft auf vorgenommene Änderungen überprüft. Falls Änderungen vorhanden sind, wird die *Value*-Eigenschaft des entsprechenden Parameters gesetzt und der UPDATE-Befehl (siehe *UpdateCommand*-Eigenschaft) gegen die Datenbank ausgeführt.

SourceVersion- und SourceColumn-Eigenschaft

Im obigen Beispiel wurde die *SourceVersion*-Eigenschaft des zweiten Parameter-Objekts (*prm*) auf *Original* gesetzt. Diese Eigenschaft ist Bestandteil der *DataRowVersion*-Enumeration und dient hier beim Updaten zur Identifikation des Datensatzes in der Datenquelle.

Die *SourceColumn*-Eigenschaft hatte für den ersten Parameter den Wert *CompanyName* für den zweiten *CustomerID*.

Was aber passiert, wenn im *DataSet* jemand auch einige Werte der *CustomerID*-Spalte verändert hat, z.B. das Schlüsselfeld AROUT in ANTON? Welcher Datensatz soll nun in der Datenquelle aktualisiert werden? Die Entscheidung darüber treffen Sie durch Festlegen der *SourceVersion*-Eigenschaft, wobei zwei Einstellungen interessant sind:

- *Current* (Standardwert)
  Es wird der Datensatz in der Datenquelle gesucht, dessen Schlüsselspalte exakt dem Wert entspricht, wie ihn der momentane Wert im *DataSet* hat.

- *Original*
  Bei dieser Einstellung spielen die eventuellen Änderungen, die Sie im *DataSet* an Werten der *Source-Column*-Spalte vorgenommen haben, keine Rolle. In der Datenquelle wird nach dem Datensatz gesucht, dessen Inhalt dem ursprünglichen übergebenen Wert entspricht. Es klingt logisch, dass zumindest eine Spalte (im Allgemeinen die mit der WHERE-Bedingung verknüpfte Primärschlüsselspalte) einen zugeordneten *Original*-Parameter haben muss, da sonst ein Wiederauffinden des Datensatzes in der Datenquelle unmöglich wäre.

InsertCommand und DeleteCommand

Nachdem wir ausführlich auf die Rolle der Parameter im *UpdateCommand*-Objekt des *DataAdapters* eingegangen sind, wollen wir dies jetzt auch für das *InsertCommand*- und das *DeleteCommand*-Objekt nachholen. Auf diese greift die *Update*-Methode des *DataAdapters* dann zurück, wenn die Datenquelle mit neu hinzugefügten bzw. gelöschten Datensätzen aktualisiert werden soll.

Vorgehensweise

Die prinzipielle Vorgehensweise entspricht der beim *UpdateCommand*-Objekt: Im ersten Schritt werden die parametrisierten SQL-Abfragen erstellt und im zweiten Schritt die dafür erforderlichen Parameter erzeugt und zur *Parameters*-Auflistung der *Command*-Objekte hinzugefügt.

- Die *InsertCommand*-, *UpdateCommand*- oder *DeleteCommand*-Eigenschaften müssen vor Aufruf der *Update*-Methode des Datenadapters gesetzt werden, abhängig davon, welche Änderungen im *DataSet* vorgenommen wurden (z.B. wenn Zeilen hinzugefügt wurden, muss *InsertCommand* vor dem Aufruf von *Update* gesetzt werden).

- Wenn *Update* eine eingefügte, geänderte oder gelöschte Zeile aktualisiert, benutzt der Datenadapter automatisch die entsprechende *Command*-Eigenschaft zum Ausführen der Aktion. Die aktuelle Information über die modifizierte Zeile erhält das *Command*-Objekt über die *Parameters*-Collection.

BEISPIEL

Die folgenden SQL-Statements werden als *CommandText* für die *SelectCommand*-, *InsertCommand*-, *UpdateCommand*-, und *DeleteCommand*-Eigenschaften des *DataAdapters* benutzt. Es werden Varianten für beide .NET-Datenprovider gezeigt.

Variante 1:

```
Imports System.Data.SqlClient
...
Dim selectSQL As String =
        "SELECT CustomerID, CompanyName FROM Customers WHERE Country = @Country AND City = @City"

Dim insertSQL As String =
        "INSERT INTO Customers (CustomerID, CompanyName) VALUES (@CustomerID, @CompanyName)"

Dim updateSQL As String =
        "UPDATE Customers SET CustomerID = @CustomerID, CompanyName = @CompanyName " &
        "WHERE CustomerID = @OldCustomerID"

Dim deleteSQL As String = "DELETE FROM Customers WHERE CustomerID = @CustomerID"
```

Variante 2:

```
Imports System.Data.OleDb
...
Dim selectSQL As String = "SELECT KundenCode, Firma FROM Kunden WHERE Land = ? AND Ort = ?"
Dim insertSQL As String = "INSERT INTO Kunden (KundenCode, Firma) VALUES (?, ?)"
Dim updateSQL As String = "UPDATE Kunden SET KundenCode = ?, Firma = ? WHERE KundenCode = ?"
Dim deleteSQL As String = "DELETE FROM Kunden WHERE KundenCode = ?"
```

Parameter definieren

Die parametrisierten SQL-Abfragen zeigen, welche Parameter von Ihnen definiert werden müssen. Um einen Parameter zu erzeugen, können Sie entweder die *Parameters.Add*-Methode oder den *Parameter*-Konstruktor verwenden, um den Spaltenbezeichner, den Datentyp und die Größe festzulegen. Für einfache Datentypen wie *Integer* brauchen Sie die Größe allerdings nicht anzugeben.

■ Bezüglich der Syntax sind – abhängig vom verwendeten .NET-Datenprovider – gewisse Unterschiede zu beachten. So werden für das *OleDbDataAdapter*-Objekt als Platzhalter in der Regel Fragezeichen (?) zur Identifikation der Parameter verwendet werden. Hier ist die Reihenfolge der Definitionen wichtig. Das *SqlDataAdapter*-Objekt hingegen benutzt benannte Parameter.

■ Falls Sie für einen Parameter keinen Namen angeben, erhält dieser automatisch einen inkrementell erzeugten Standardnamen wie *Parameter1, Parameter2, ...* Es wird deshalb dringend empfohlen, dass Sie selbst Ihre Parameter nicht nach der gleichen Namenskonvention benennen, weil dies zu Konflikten mit einem bereits existierenden Namen in der *ParameterCollection* führen könnte.

Datensätze hinzufügen

Anstatt vieler Worte soll ein kleines Beispiel Licht in die Dunkelheit bringen.

BEISPIEL

Hinzufügen von Datensätzen in die *Artikel*-Tabelle der *Nordwind*-Datenbank mit einem *InsertCommand*-Objekt. Ein gültiges *OleDbConnection*-Objekt (*conn*), ein *OleDbDataAdapter* (*da*) und ein *DataSet* (*ds*) werden vorausgesetzt.

Der INSERT-SQL-Anweisung werden drei Parameter übergeben:

```
Dim insSQL As String =
        "INSERT INTO Artikel (Artikelname, Einzelpreis, Mindestbestand) VALUES (?, ?, ?)"
Dim cmd As New OleDbCommand(insSQL, conn)
```

Erzeugen der Parameter:

```
cmd.Parameters.Add("?", OleDbType.VarChar, 40, "Artikelname")
cmd.Parameters.Add("?", OleDbType.Currency, 8, "Einzelpreis")
cmd.Parameters.Add("?", OleDbType.SmallInt, 4, "Mindestbestand")
da.InsertCommand = cmd
```

Erzeugen der neuen Zeile:

```
Dim dt As DataTable = ds.Tables("ArtikelListe")
Dim rw As DataRow = dt.NewRow()              ' leere Zeile mit Schema
rw("Artikelname") = "Marmelade"
rw("Einzelpreis") =  3.45
rw("Mindestbestand") = 120
```

Hinzufügen zur *DataTable*:

```
dt.Rows.Add(rw)
```

Die Verbindung zur Datenbank wird geöffnet, um die neue Zeile zu übertragen:

```
conn.Open()
da.Update(dt)
conn.Close()
```

Datensätze löschen

Auch hier soll ein kleines Beispiel für Erleuchtung sorgen.

BEISPIEL

Löschen von Datensätzen in der *Artikel*-Tabelle der *Nordwind*-Datenbank mit einem *DeleteCommand*-Objekt. Ein gültiges *OleDbConnection*-Objekt (*conn*), ein *OleDbDataAdapter* (*da*) und ein *DataSet* (*ds*) sind bereits vorhanden.

Der DELETE-SQL-Anweisung wird als Parameter der Primärschlüssel übergeben:

```
Dim delSQL As String = "DELETE FROM Artikel WHERE ArtikelNr = ?"
Dim cmd As New OleDbCommand(delSQL, conn)
Dim p1 As OleDbParameter = cmd.Parameters.Add("?", OleDbType.BigInt, 4, "ArtikelNr")
```

Löschen nur, wenn originaler Datensatz noch vorhanden ist:

```
p1.SourceVersion = DataRowVersion.Original
```

Zuweisen der *DeleteCommand*-Eigenschaft:

```
da.DeleteCommand = cmd
```

Es werden im *DataSet* alle Artikel mit dem Namen »Marmelade« gelöscht:

```
Dim dt As DataTable = ds.Tables("ArtikelListe")
For Each dr As DataRow In dt.Rows
    If dr("Artikelname") =  "Marmelade" Then
        dr.Delete()
    End If
Next dr
```

Die Löschweitergabe an die Datenbank:

```
conn.Open()
da.Update(dt)
conn.Close()
```

HINWEIS   Ein komplettes Beispiel finden Sie im How-to 3.6 »... die Datenbank aktualisieren?«.

MissingSchemaAction-Eigenschaft

Diese Eigenschaft bestimmt die auszuführende Aktion, wenn das aktuelle *DataSet*-Schema nicht mit den neuen Daten zusammenpasst, z.B. wenn zusätzliche Spalten vorhanden sind.

Die folgende Tabelle 3.10 zeigt eine Zusammenstellung der möglichen Werte.

MissingSchemaAction-Mitglied	Beschreibung
Add	Die erforderlichen Spalten werden hinzugefügt um das Schema zu komplettieren
AddWithKey	Die erforderlichen Spalten und Primärschlüsselinfos werden hinzugefügt
Error	Eine *InvalidOperationException* wird ausgelöst falls die Spalten nicht übereinstimmen
Ignore	Die zusätzlichen Spalten werden ignoriert

Tabelle 3.10 Mitglieder der *MissingSchemaAction*-Enumeration

Die *MissingSchemaAction*-Eigenschaft des *DataAdapters* hat besonders im Zusammenhang mit dem Hinzufügen von Datensätzen Bedeutung, wenn der Primärschlüssel automatisch von der Datenbank vergeben wird.

BEISPIEL

Der *DataAdapter* sorgt für das automatische Hinzufügen von Primärschlüsselinfos, falls diese fehlen sollten.

```
Dim da As New OleDbDataAdapter(selStr, conn)
da.MissingSchemaAction = MissingSchemaAction.AddWithKey
```

RowUpdating- und RowUpdated-Ereignis

Wenn Sie die *Update*-Methode eines *DataAdapters* aufrufen, treten pro aktualisierter Datenzeile zwei Ereignisse ein: *OnRowUpdating* und *OnRowUpdated*.

Beide sind in den folgenden Ablauf eingebettet:

- Die Werte in der *DataRow* werden in die zugeordneten Parameterwerte gefüllt
- Das *OnRowUpdating*-Ereignis wird ausgelöst
- Der Befehl wird ausgeführt
- Ist die *UpdatedRowSource*-Eigenschaft des *Command*-Objekts auf *FirstReturnedRecord* festgelegt, wird das erste zurückgegebene Ergebnis in der *DataRow* platziert
- Sind Ausgabeparameter vorhanden, so werden diese in der *DataRow* platziert
- Das *OnRowUpdated*-Ereignis wird ausgelöst
- Die *AcceptChanges*-Methode der *DataRow* wird aufgerufen

HINWEIS   Wollen Sie anstehende Änderungen in den Zeilen überprüfen, bevor diese übermittelt werden, so sollten Sie das *RowUpdating*-Ereignis verwenden. Soll bestimmter Code sofort nach Übermitteln der Änderungen ausgeführt werden, so verwenden Sie das *RowUpdated*-Ereignis.

Der Parameter RowUpdatingEventArgs

Der Delegate des *RowUpdating*- und *RowUpdated*-Ereignisses enthält den providerspezifischen Typ *RowUpdatingEventArgs* als Parameter. Die in diesem Parameter übergebenen Eigenschaften wie *Row*, *StatementType* oder *Status* ermöglichen es Ihnen, den ausgeführten Befehl sofort zu untersuchen und gegebenenfalls Ergebnisse zu manipulieren.

BEISPIEL

Der Lagerbestand des ersten Datensatzes der *Artikel*-Tabelle der *Nordwind*-Datenbank wird geändert. Dabei wird das *RowUpdating*-Event ausgewertet, und der Lagerbestand vor und nach der Aktualisierung angezeigt.

```
Dim da As New OleDbDataAdapter("SELECT TOP 1 ArtikelNr, Artikelname, Lagerbestand FROM Artikel", conn)

Dim cb As New OleDbCommandBuilder(da)

AddHandler da.RowUpdating, AddressOf OnRowUpdating
...

Private Sub OnRowUpdating(sender As Object, e As OleDbRowUpdatingEventArgs)
  Dim s As String = "Ereignis: " & e.StatementType.ToString() & vbCrLf
  s &= "Artikel-Nr: " & e.Row("ArtikelNr").ToString() & vbCrLf
  s &= "Lagerbestand davor:   " & e.Row("Lagerbestand", DataRowVersion.Original).ToString() & vbCrLf
  s &= "Lagerbestand danach: " & e.Row("Lagerbestand").ToString() & vbCrLf
  Label1.Text = s
End Sub
```

Routine zum Verändern des Lagerbestandes um die Anzahl *z*:

```
Private Sub changeStock(z As Integer)
   Dim dr As DataRow = dt.Rows(0)                        ' die erste (und einzige!) Zeile der DataTable
   Dim i As Integer = Convert.ToInt32(dr("Lagerbestand"))
   dt.Rows(0)("Lagerbestand") = i + z
   da.Update(dt)
End Sub
```

Lagerbestand erhöhen:

```
Private Sub Button1_Click(sender As Object, e AsEventArgs) Handles Button1.Click
   changeStock(1)
End Sub
```

```
Ereignis: Update
Artikel-Nr: 1
Lagerbestand davor: 18
Lagerbestand danach: 17
```

Abbildung 3.11 Ausgabe nach Verringern des Lagerbestands

HINWEIS   Das komplette Beispiel finden Sie im How-to 3.7 »... RowUpdating- und RowUpdated-Ereignis verstehen?«.

Die Status-Eigenschaft

Mit dieser Eigenschaft legen Sie fest, wie das Update im Fehlerfall zu behandeln ist. Die Tabelle zeigt die möglichen Werte als Mitglieder der *UpdateStatus*-Enumeration.

UpdateStatus-Mitglied	Beschreibung
Continue	Der *DataAdapter* setzt das Update fort
ErrorsOccured	Das Update wird unterbrochen und erzeugt eine Ausnahme
SkipAllRemainingRows	Es werden keine weiteren Zeilen verarbeitet
SkipCurrentRow	Die aktuelle Zeile wird ignoriert, Fortsetzung mit der nächsten

Tabelle 3.11 Die Mitglieder der *UpdateStatus*-Enumeration

BEISPIEL

Die *Status*-Eigenschaft wird im *RowUpdated*-Event eines *DataAdapter*s ausgewertet.

```
Private Sub OnRowUpdated(sender As Object, e As OleDbRowUpdatedEventArgs)
    If e.Status = UpdateStatus.ErrorsOccurred Then
        e.Row.RowError = e.Errors.Message
        e.Status = UpdateStatus.SkipCurrentRow          ' weitermachen!
    End If
End Sub
```

Zugriff auf Excel-Arbeitsmappen

In diesem Abschnitt wollen wir uns mit dem Zugriff auf Microsoft Excel-Arbeitsmappen einem etwas spezi-ellerem Thema widmen, das für viele Entwickler von großer Bedeutung ist. Einer der Hauptgründe ist sicher die weite Verbreitung und die exzellenten Möglichkeiten der Datenauswertung innerhalb der Excel-Tabellen. Ein weiterer Grund ist nicht gleich offensichtlich, aber viele Anwender können sich mit dem Konzept einer Datenbank nicht »anfreunden« und verwenden stattdessen lieber eine Excel-Tabelle, auch wenn dies in vielen Fällen nicht die optimale Lösung ist.

Im Weiteren wollen wir Ihnen deshalb Wege aufzeigen, wie Sie Ihre Datenbankkenntnisse auch für den Zugriff auf Excel-Arbeitsmappen nutzen können.

Zugriffsmöglichkeiten

Grundsätzlich bieten sich dem VB-Programmierer eine ganze Reihe von Möglichkeiten um auf Daten im Excel-Format zuzugreifen (siehe folgende Tabelle):

Variante	Bemerkung
OLE DB Provider	Die optimale Variante für den Im- und Export von Tabellen-Daten. Die Vorgehensweise entspricht dem be-kannten Zugriff auf Datenbanken mittels ADO.NET.
	Zur Realisierung siehe folgende Abschnitte.
OLE-Automation	Ist Microsoft Excel auf dem Computer installiert, kann dieses per OLE-Automation quasi »ferngesteuert« werden, um Tabellen und Diagramme zu erzeugen oder Daten auszulesen.
	Der Vorteil: Sie haben alle Möglichkeiten zur Tabellengestaltung, die auch Excel bietet, der Nachteil: der Export größerer Datenmengen ist viel zu langsam.

Tabelle 3.12 Zugriffsmöglichkeiten auf Excel-Daten

Variante	Bemerkung
ZIP+XML-Libraries	Für die Low-Level-Programmierer bietet sich seit Excel 2007 eine weitere Variante des Datenzugriffs an, da es sich bei den neueren Excel-Datenformat um gepackte XML-Daten handelt. Benennen Sie eine XLSX-Datei in .ZIP um und entpacken diese, erhalten Sie eine Verzeichnisstruktur mit einzelnen XML-Dateien. Diese lassen sich mit den umfangreichen XML-Fähigkeiten von VB bearbeiten. Abschließend verpacken Sie die Daten wieder um eine regelgerechte Excel-Datei zu erstellen. Dass diese Variante nicht für den Gelegenheitsprogrammierer relevant ist, brauchen wir sicher nicht weiter zu betonen.
Crystal Report, Reporting Servcies	Für den reinen Export bereits aufbereiteter Daten bieten sich auch die verfügbaren Reporting-Tools an, die auch über eine Excel-Export-.Schnittstelle verfügen.

Tabelle 3.12 Zugriffsmöglichkeiten auf Excel-Daten *(Fortsetzung)*

HINWEIS Kommt es auf den Export größerer Datenmengen an und sollen diese auch optisch aufbereitet werden, bietet es sich an, zunächst die Daten per OLE DB-Provider zu exportieren und die so erzeugten Tabellen nachträglich per OLE-Automation zu formatieren.

Ein Beispiel für den Zugriff per ZIP- und XML-Library finden Sie unter folgender Adresse:

WWW http://www.codeproject.com/KB/office/OpenXML.aspx

OLE DB-Connectionstring

Haben Sie sich dafür entschieden, per OLE DB-Provider auf Excel-Dokumente zuzugreifen, stehen Sie sicher zunächst vor der Frage, welcher Connectionstring in diesem Fall genutzt werden muss. Grundsätzlich müssen Sie zwischen zwei Dateiformaten unterscheiden:

- Excel-Dateien bis Version 2003
- Excel-Daten ab Version 2007

Während Sie auf erstere ohne weitere Installationsvoraussetzungen zugreifen können, müssen Sie für Excel-Tabellen ab 2007 zunächst die »Datenkonnektivitätskomponenten« bzw. die »Microsoft Access Database Engine 2010 Redistributable« installieren (siehe folgender Abschnitt). Alternativ genügt auch ein vorhandenes Excel in der Version 2007/2010/2013.

BEISPIEL

Connectionstring für eine Excel 2000-Arbeitsmappe

```
Provider=Microsoft.Jet.OLEDB.4.0;Data Source=C:\Beispiel.xls;Extended Properties="Excel 8.0;HDR=YES;"
```

Ihre Aufmerksamkeit sollte vor allem der Sektion »Extended Properties« gelten, da hier das genaue Format (siehe folgende Tabelle) und die Behandlung der Tabellenköpfe festgelegt werden.

Die Option »HDR=Yes« bestimmt, dass die erste Zeile der Excel-Tabelle als Tabellenkopf, d.h. für die Spaltennamen verwendet wird, setzen Sie den Wert auf *No*, behandelt der Provider die Zeile als normalen Datensatz.

Können keine Spaltennamen durch den Provider bestimmt werden, können Sie auf die einzelnen Felder über die Bezeichner »F1«, »F2« ... zugreifen (z.B. in SQL-Abfragen).

Eigenschaft	Bedeutung
Excel 8.0	Excel 97-Daten
Excel 9.0	Excel 2000-Daten
Excel 10.0	Excel 2002-Daten
Excel 11.0	Excel 2003-Daten

Tabelle 3.13 Zuordnung der Excel-Formate

BEISPIEL

Verwendung des Connectionstrings in VB

```
Using xlsconn As New OleDbConnection("Provider=Microsoft.Jet.OLEDB.4.0;" &
                "Data Source=MeinExport.xls;Extended Properties=""Excel 8.0;HDR=Yes""")
...
```

Beachten Sie die Schachtelung der Anführungszeichen im Zusammenhang mit der Übergabe der »Extended Properties«.

Welche Besonderheiten bei Excel 2007/2010-Dateien zu beachten sind, zeigt der folgende Abschnitt.

Zugriff auf Excel 2007/2010-Arbeitsmappen

Seit Excel 2007 ist es nicht mehr ohne weiteres möglich, über den standardmäßigen Jet-OLEDB-Treiber auf die erzeugten Excel-Arbeitsmappen zuzugreifen. Voraussetzung für eine erfolgreiche Verbindungsaufnahme ist die Installation der *Office 2007 System Driver*, die Sie unter folgender Adresse herunterladen können:

WWW http://www.microsoft.com/downloads/details.aspx?FamilyID=7554f536-8c28-4598-9b72-ef94e038c891

Alternativ sind Sie auf die Dienste der *Microsoft Access Database Engine 2010 Redistributable*[1] angewiesen. Diese können Sie unter der folgenden Adresse herunterladen:

WWW http://www.microsoft.com/downloads/details.aspx?FamilyID=c06b8369-60dd-4b64-a44b-84b371ede16d

Nach der erfolgreichen Installation eines der beiden Pakete (alternativ kann natürlich auch MS Office 2007/2010/2013 installiert werden) können Sie auch schon zur Tat schreiten und die Verbindung zu Ihren Excel-Arbeitsmappen aufnehmen.

---

[1] Die Namensgebung ist wieder einmal recht sinnfrei, aber das sind Sie sicher schon gewohnt.

BEISPIEL

Zugriff auf eine Excel 2007/2010/2013-Arbeitsmappe

```
Using xlsconn As New OleDbConnection("Provider=Microsoft.ACE.OLEDB.12.0;" &
                 "Data Source=MeinExport.xlsx;Extended Properties=""Excel 12.0 Xml""")
...
```

Der Provider ist in diesem Fall nicht mehr *Microsoft.Jet.OLEDB* sondern *Microsoft.ACE.OLEDB*. Beachten Sie, dass Sie bei den *Extended Properties* auch die Bezeichnung »Xml« angeben, andernfalls bekommen Sie beim Import in Microsoft Excel Probleme.

Neue Mappen erstellen

Nachdem wir uns mit dem neuen Connectionstring »angefreundet« haben, wollen wir in einem ersten Schritt eine neue Excel-Arbeitsmappe erstellen.

BEISPIEL

Erstellen einer neuen Arbeitmappe

```
    Private Sub Button1_Click(sender As Object, e AsEventArgs) Handles Button1.Click
```

Datei löschen falls bereits vorhanden:

```
    If File.Exists("MeinExport.xls") Then File.Delete("MeinExport.xls")
```

Verbindung zuweisen:

```
    Using xlsconn As New OleDbConnection("Provider=Microsoft.Jet.OLEDB.4.0;" &
                 "Data Source=MeinExport.xls;Extended Properties=""Excel 8.0;HDR=Yes""")
        Dim cmd As OleDbCommand = xlsconn.CreateCommand()
```

Einfach ein Tabellenblatt erstellen (dieses entspricht einer Tabelle in einer »normalen« Datenbank), damit wird auch die Arbeitsmappe erstellt:

```
        cmd.CommandText = "CREATE TABLE [MeineExportdaten]" &
                 "(Vorname char(255), Nachname char(255), Gehalt Currency)"
        xlsconn.Open()
```

SQL-Befehl ausführen:

```
        cmd.ExecuteNonQuery()
        xlsconn.Close()
    End Using
End Sub
```

Damit ist die Datei erstellt (siehe folgende Abbildung 3.12).

HINWEIS   Vielfach finden Sie im Internet Beispiele, bei denen an den Tabellennamen ein »$« angehängt ist. In diesem Fall geht der Provider davon aus, dass dieses Tabellenblatt bereits vorhanden ist, andernfalls wird ein Fehler ausgelöst.

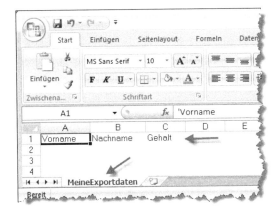

Abbildung 3.12 Das neue Tabellenblatt

Beim Blick auf obige SQL-Anweisung werden Sie sicher merken, dass wir für die Spalten jeweils auch die entsprechenden Datentypen (*Char, Currency*) angegeben haben. Welche Typen Sie hier angeben sollten Sie im Einzelfall mit dem jeweiligen Excel-Format ausprobieren.

Daten in ein Tabellenblatt eintragen

Sicher ist das Erstellen eines leeren Tabellenblatts nicht das endgültiger Ziel, und so wollen wir im nächsten Schritt einige Datensätze in das bereits erstellte Tabellenblatt einfügen. An dieser Stelle werden wir uns auf die Verwendung von *Command*-Objekten beschränken.

BEISPIEL

Exportieren von drei Datensätze in eine vorhandene Excel-Tabelle

Verbindung öffnen:

```
Using xlsconn As New OleDbConnection("Provider=Microsoft.Jet.OLEDB.4.0;" &
          "Data Source=MeinExport.xls;Extended Properties=""Excel 8.0;HDR=Yes""")
    Dim cmd As OleDbCommand = xlsconn.CreateCommand()
    xlsconn.Open()
```

Datensätze speichern:

```
    cmd.CommandText = "INSERT INTO [MeineExportdaten$]" &
          " (Vorname, Nachname, Gehalt) values ('Thomas', 'Gewinnus', 3456)"
    cmd.ExecuteNonQuery()
    cmd.CommandText = "INSERT INTO [MeineExportdaten$]" &
          " (Vorname, Nachname, Gehalt) values ('Walter', 'Doberenz', 3856)"
    cmd.ExecuteNonQuery()
    cmd.CommandText = "INSERT INTO [MeineExportdaten$]" &
          " (Vorname, Nachname, Gehalt) values ('Edwin', 'Müller', 1234)"
    cmd.ExecuteNonQuery()
    xlsconn.Close()
End Using
```

...

| HINWEIS | Natürlich können Sie auch Parameter erzeugen und die Daten auf diese Weise an das *OleDbCommand*-Objekt |

übergeben.

Daten aktualisieren

Auch hier kann der SQL-Programmierer mit seinen Kenntnissen glänzen.

| BEISPIEL |

Ändern eines spezifischen Datensatzes

```
Private Sub Button3_Click(sender As Object, e AsEventArgs) Handles Button3.Click
    Using xlsconn As New OleDbConnection("Provider=Microsoft.Jet.OLEDB.4.0;" &
                    "Data Source=MeinExport.xls;Extended Properties=""Excel 8.0;HDR=Yes""")
        Dim cmd As OleDbCommand = xlsconn.CreateCommand()
        xlsconn.Open()
        cmd.CommandText = "UPDATE [MeineExportdaten$] SET Gehalt= 2500 WHERE Nachname='Müller'"
        cmd.ExecuteNonQuery()
        xlsconn.Close()
    End Using
    Process.Start("MeinExport.xls")
End Sub
```

| HINWEIS | Sie können in Excel-Tabellen keine Datensätze löschen! |

Daten auslesen

Für das Auslesen der Excel-Tabellen bieten sich verschiedene Wege an, von denen wir Ihnen drei vorstellen möchten.

| BEISPIEL |

Auslesen mit *OleDbDataReader* unter Verwendung der Headerinformationen

```
Private Sub Button4_Click(sender As Object, e AsEventArgs) Handles Button4.Click

    Using xlsconn As New OleDbConnection("Provider=Microsoft.Jet.OLEDB.4.0;" &
                    "Data Source=MeinExport.xls;Extended Properties=""Excel 8.0;HDR=Yes""")
        Dim cmd As OleDbCommand = xlsconn.CreateCommand()
        cmd.CommandText = "SELECT * FROM [MeineExportdaten$]"
        xlsconn.Open()
        Dim dr As OleDbDataReader = cmd.ExecuteReader()
        Do While dr.Read()
            ListBox1.Items.Add(dr("Vorname").ToString() & " " &
                    dr("Nachname") & " = " & dr("Gehalt"))
        Loop
        xlsconn.Close()
    End Using
End Sub
```

Ist die Arbeitsmappenstruktur unbekannt, müssen Sie zunächst mit *GetOleDbSchemaTable* die vorhandenen Arbeitsblätter ermitteln, bevor Sie auf diese zugreifen können.

Auslesen des ersten Tabellenblatts mit *OleDbDataReader* ohne Kenntnis der Struktur und ohne Header

```
Private Sub Button5_Click(sender As Object, e AsEventArgs) Handles Button5.Click
    Using xlsconn As New OleDbConnection("Provider=Microsoft.Jet.OLEDB.4.0;" &
                       "Data Source=MeinExport.xls;Extended Properties=""Excel 8.0""")
        xlsconn.Open()
```

Zunächst vorhandene Tabellenblätter ermitteln:

```
        Dim dt As DataTable = xlsconn.GetOleDbSchemaTable(OleDbSchemaGuid.Tables, Nothing)
        Dim firstsheet As String = dt.Rows(0)("TABLE_NAME").ToString()
```

Jetzt können wir auf eines dieses Blätter zugreifen:

```
        Dim cmd As OleDbCommand = xlsconn.CreateCommand()
        cmd.CommandText = "SELECT * FROM [" & firstsheet & "$]"
        Dim dr As OleDbDataReader = cmd.ExecuteReader()
```

Wir lesen die Spalten über ihren Index aus:

```
        Do While dr.Read()
            ListBox1.Items.Add(dr(0) & " " & dr(1) & " = " & dr(2))
        Loop
        xlsconn.Close()
    End Using
End Sub
```

Möchten Sie Datenbindungen realisieren, ist die *DataTable* die erste Wahl. Im Folgenden zeigen wir Ihnen, wie Sie auf einfache Weise ein Excel-Tabellenblatt in eine *DataTable* einlesen.

Excel-Tabelle in *DataTable* einlesen und anzeigen

Eine kleine Hilfsfunktion für das Abrufen der *DataTable*:

```
    Private Function LoadDataTable(connection As String, sheet As String) As DataTable
```

DataTable erzeugen:

```
        Dim dt As New DataTable(sheet)
        Using xlsconn As New OleDbConnection(connection)
            Try
                xlsconn.Open()
```

DataAdapter für die gewünschte Tabelle erzeugen:

```
                Dim da As New OleDbDataAdapter("SELECT * FROM [" & sheet & "$]", xlsconn)
```

DataTable mit den Daten füllen:

```
                da.Fill(dt)
                xlsconn.Close()
            Catch e1 As Exception
            End Try
```

```
            Return dt
        End Using
    End Function
```

Anzeige der Daten:

```
    Private Sub Button8_Click(sender As Object, e AsEventArgs) Handles Button8.Click
        DataGridView1.DataSource = LoadDataTable("Provider=Microsoft.Jet.OLEDB.4.0;" &
                             "Data Source=MeinExport.xls;Extended Properties=""Excel 8.0""",
                             "MeineExportdaten")
    End Sub
```

Zugriff auf Tabellenbereiche

Möchten Sie aus umfangreichen Tabellenblättern nur einen kleinen Ausschnitt einlesen, ist auch dies problemlos möglich. Statt lediglich einen Tabellennamen bei der Datenauswahl anzugeben, können Sie zusätzlich auch einen Bereich mit Hilfe der Excel-Konventionen definieren und an den Tabellennamen anhängen (z.B. »Tabelle1$A1:B7«).

BEISPIEL

Laden von Tabellenbereichen

```
    Private Function LoadDataTableRange(connection As String, sheet As String,
                             range As String) As DataTable
        Dim dt As New DataTable(sheet)
        Using xlsconn As New OleDbConnection(connection)
            Try
                xlsconn.Open()
                Dim da As New OleDbDataAdapter("SELECT * FROM [" & sheet & "$" & range & "]", xlsconn)
                da.Fill(dt)
                xlsconn.Close()
            Catch e1 As Exception
            End Try
            Return dt
        End Using
    End Function
```

Mit

```
        DataGridView1.DataSource = LoadDataTableRange("Provider=Microsoft.Jet.OLEDB.4.0;" &
                             "Data Source=MeinExport.xls;Extended Properties=""Excel 8.0;HDR=Yes""",
                             "MeineExportdaten", "A1:B3")
```

erhalten Sie dann folgende Auswahl:

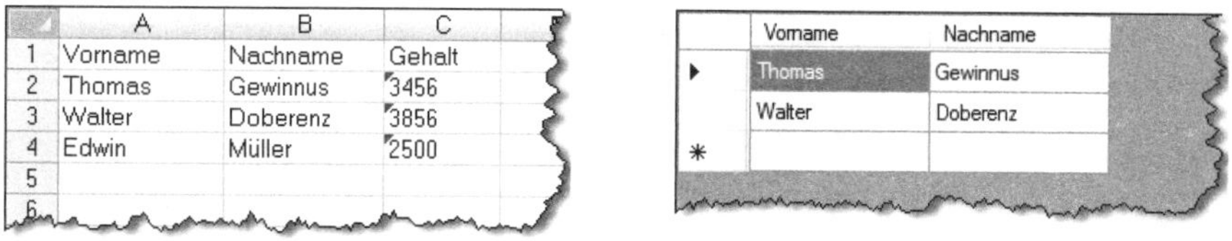

Abbildung 3.13   Datenauswahl durch obige Bereichsauswahl

Doch Achtung:

Nutzen Sie Headerinformationen (Tabellenköpfe), müssen Sie diese natürlich in den Bereich einschließen, andernfalls ist kein Zugriff möglich.

OLE-Automation

An dieser Stelle wollen wir keine umfassende Einführung in die Programmierung von Excel per OLE-Automation bzw. COM Interop geben, sondern uns auf zwei kurze Beispiele beschränken, die Ihnen zum einen das Erstellen einer gänzlich neuen Excel-Arbeitsmappe und zum anderen das Nachbearbeiten einer bestehenden Arbeitsmappe demonstrieren. Letzteres dürfte zusammen mit dem Datenexport per OLE DB-Provider der sinnvollste Weg sein.

Erster Schritt ist in jedem Fall das Hinzufügen eines Verweises auf die Interop-Library *Microsoft.Office.-Interop.Excel*.

Beim Entwickeln von Anwendungen die auf COM-Interop zugreifen brauchen Sie sich keine Sorgen um das Verteilen der Interop-Assembly mehr zu machen. Ein spezielles Feature in Visual Studio erlaubt es Ihnen, die Typen aus der Interop-Assembly direkt in Ihre Projekt-Assembly einzubetten. Öffnen Sie dazu den Knoten *Verweise* im Projektmappen-Explorer, klicken Sie mit der rechten Maustaste auf die Interop-Assembly und ändern Sie die Eigenschaft *Interop-Typen einbetten* in *True*.

BEISPIEL

Nachbearbeiten der Excel-Datei aus den vorhergehenden Beispielen

```
Imports Excel = Microsoft.Office.Interop.Excel
...
    Private Sub Button9_Click(sender As Object, e AsEventArgs) Handles Button9.Click
```

Excel-Instanz erzeugen:

```
    Dim eApp = New Excel.Application()
```

Excel anzeigen (das muss nicht sein):

```
    eApp.Visible = True
```

Wir öffnen die bereits vorhandene Datei:

```
    eApp.Workbooks.Open(Application.StartupPath & "\MeinExport.xls")
```

Einen Bereich auswählen und formatieren:

```
    eApp.Range("A1:C1").Select()
    eApp.Selection.Font.Bold = True
```

Hier setzen wir ebenfalls ein neues Format für die Spalte *Gehalt*:

```
    eApp.Range("C2:C5").Select()
    eApp.Selection.Style = "Currency"
```

Wir erzeugen eine Summe:

```
eApp.Range("C5").Activate()
eApp.ActiveCell.FormulaR1C1 = "=SUM(R[-3]C:R[-1]C)"
```

und formatieren diese:

```
eApp.Range("C5").Select()
eApp.Selection.Font.Bold = True
```

Spaltenbreiten anpassen:

```
eApp.Columns("B:B").ColumnWidth = 11.43
eApp.Columns("C:C").ColumnWidth = 11.43
```

Datei sichern:

```
eApp.ActiveWorkbook.Save()
```

Eventuell Excel wieder beenden:

```
'    eApp.Quit()
End Sub
```

Das Ergebnis unserer Bemühungen zeigt die folgende Abbildung:

Abbildung 3.14 Unser Tabellenblatt nach der Formatierung

BEISPIEL

Erzeugen einer neuen Excel-Datei

```
Imports Excel = Microsoft.Office.Interop.Excel
...
```

Excel-Instanz erzeugen und anzeigen:

```
Dim eApp = New Excel.Application()
eApp.Visible = True
```

Neue Arbeitsmappe erzeugen:

```
Dim wkBook As Object = eApp.Workbooks.Add()
Dim wsData As Excel.Worksheet = wkBook.ActiveSheet
```

Tabellenkopf festlegen:

```
wsData.Cells(1, 1) = "Name"
wsData.Cells(1, 2) = "Gehalt"
```

Wir fügen einen kompletten Bereich ein:

```
Dim data = New String(,) {{"Walter Doberenz", "4000"}, {"Thomas Gewinnus", "3900"}}
wsData.Range("A2", "B3").Value2 = data
```

Ein weiteres Tabellenblatt erzeugen:

```
Dim wsEnd As Excel.Worksheet = wkBook.Worksheets.Add(After:=wsData)
```

Daten eintragen:

```
wsEnd.Cells(2, 2) = "Testeintrag"
```

Daten sichern:

```
wkBook.SaveAs(Application.StartupPath & "\test.xls", Excel.XlSaveAsAccessMode.xlShared)
```

Eventuell Excel wieder beenden:

```
'   eApp.Quit()
```

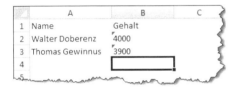

Abbildung 3.15   Das Ergebnis

HINWEIS   Selbstverständlich fehlt in obigem Beispiel noch jede Menge Fehlerbehandlung, die gerade in diesem Zusammenhang sehr wichtig ist, da im Zweifelsfall die Excel-Anwendung im Arbeitsspeicher verbleibt.

Weitere Features des Datenzugriffs

Bei der Vielfalt von Features, die Ihnen ADO.NET bietet, konnten wir in diesem Kapitel leider nicht alle denkbaren Szenarien berücksichtigen. Bei der folgenden Nachlese liegt der Schwerpunkt auf einigen interessanten Möglichkeiten, wie sie ab der Version 2.0 eingeführt wurden.

HINWEIS   Features, die vor allem den SQL Server betreffen, finden Sie im Kapitel 8.

Auslesen von Datenbankschemas

Zwar war es auch unter dem alten ADO.NET 1.x möglich, mit providerabhängigen Methoden, wie z.B. *GetOleDbSchemaTable* des *Connection*-Objekts, Schemainfos von der Datenbank abzurufen. Das neue Schema-API von ADO.NET besteht jedoch nur noch aus einer einzigen Methode *GetSchema*, welcher als zweiter Parameter ein Filter (Stringarray) zu übergeben ist. Auch diese Methode liefert – genauso wie ihre Vorgänger – die Schema-Informationen als *DataTable*-Objekt zurück.

BEISPIEL

Ermittlung des Schemas der *Kunden*-Tabelle der Datenbank *Nordwind.mdb*.

```
Private conn As New OleDbConnection("Provider=Microsoft.Jet.OLEDB.4.0;" &
                                    "Data Source=Nordwind.mdb;")
Dim filter() As String = { Nothing, Nothing, "Kunden", Nothing }
Dim dt As DataTable = conn.GetSchema("Columns", filter)
```

HINWEIS   Den vollständigen Quellcode finden Sie im How-to 3.8 »... Schemainformationen von der Datenbank abrufen?«.

Providerfabriken

Im Namespace *System.Data.Common* finden Sie die Klassen *DbProviderFactory, DbConnection, DbCommand, DbDataReader, ...* Damit können Sie auf einfache Weise Code schreiben, der unabhängig von einer konkreten Datenbank ist. Auf providerspezifische Klassen wie *SqlConnection, OleDbConnection, SqlCommand, OleDbCommand, SqlDataAdapter, OleDbDataAdapter...* sind Sie also nicht mehr angewiesen.

Alles beginnt mit einem *DbProviderFactory*-Objekt, welches Sie nicht mit *New*, sondern unter Verwendung der *GetFactory*-Methode mit dem gewünschten Providerstring instanziieren. Anschließend können Sie mit den Methoden *CreateConnection, CreateCommand, CreateDataAdapter, ...* Objekte der quasi »providerneutralen« Klassen *DbConnection, DbDataReader, DbCommand, DbDataAdapter* erzeugen und auf gewohnte Weise damit arbeiten.

BEISPIEL

Eine *DbProviderFactory* ermöglicht den Zugriff auf die *Artikel*-Tabelle der *Nordwind.mdb*-Datenbank. Die Anzeige erfolgt in einem *DataGridView*.

```
Imports System.Data
...
Const PROVIDERNAME As String = "System.Data.OleDb"
Const CONNSTR As String = "Provider=Microsoft.Jet.OLEDB.4.0; Data Source=Nordwind.mdb"

Const SQL As String = "SELECT ArtikelNr, Artikelname, Liefereinheit, Einzelpreis, " &
                      "Mindestbestand FROM Artikel"
...
Dim provider As DbProviderFactory = DbProviderFactories.GetFactory(PROVIDERNAME)
Dim Conn As DbConnection = provider.CreateConnection()
conn.ConnectionString = CONNSTR

Dim cmd As DbCommand = provider.CreateCommand()
cmd.Connection = conn
cmd.CommandText = SQL
Dim da As DbDataAdapter = provider.CreateDataAdapter()
da.SelectCommand = cmd
Dim ds As New DataSet()
da.Fill(ds, "ArtikelListe")
DataGridView1.DataSource = ds
DataGridView1.DataMember = "ArtikelListe"
```

HINWEIS   Den kompletten Code finden Sie in den Begleitdateien!

Task-orientierte asynchrone Programmierung

Im Gefolge der unter .NET 4.5 neu eingeführten Unterstützung der asynchronen Programmierung mit den Schlüsselwörter *Async* und *Await*, wurden *Connection-*, *Command-* und *DataReader*-Objekte um neue Methoden ergänzt, mit denen Tasks asynchron ausgeführt werden können (siehe Tabelle 3.14):

Klasse	Synchrone Methode	Asynchrone Methode (neu)
DbConnection *SqlConnection* *OleDbConnection*	*Open()*	*OpenAsync()*
DbCommand *SqlCommand* *OleDbCommand*	*ExecuteDbDataReader()* *ExecuteNonQuery()* *ExecuteReader()* *ExecuteScalar()* *ExecuteXmlReader*	*ExecuteDbDataReaderAsync()* *ExecuteNonQueryAsync()* *ExecuteReaderAsync()* *ExecuteScalarAsync()* *ExecuteXmlReaderAsync()*
DbDataReader *SqlDataReader* *OleDbDataReader*	*Read()* *NextResult()*	*ReadAsync()* *NextResultAsync()*

Tabelle 3.14 Synchrone Methoden und ihre neuen asynchronen Pendants

Wollen Sie in Ihren Methoden andere asynchrone Methoden aufrufen, müssen Sie Ihre Methoden mit dem *Async*-Schlüsselwort markieren. Den aufzurufenden asynchrone Methoden (wie zum Beispiel die in obiger Tabelle) ist das *Await*-Schlüsselwort voranzustellen.

BEISPIEL

Eine Verbindung zur *Northwind* Datenbank wird asynchron aufgebaut. Es folgen eine asynchrone Abfrage nach der Anzahl der in London wohnhaften Kunden und die Ergebnisanzeige in einem *Label*.

```
Imports System.Data.SqlClient
Imports System.Threading.Tasks
  ...
  Private connStr As String =
      "Data Source=(LocalDB)\v11.0;AttachDbFilename=|DataDirectory|\Northwind.mdf;" &
      "Integrated Security=True;User Instance=False"

  Private cmdStr As String = "SELECT COUNT(*) AS Anzahl FROM Customers WHERE City= 'London'"
```

Eine asynchrone Methode, die einen *Task(Of Integer)* zurückgibt:

```
  Private Async Function testAsync() As Task(Of Integer)
     Using conn = New SqlConnection(connStr)
```

Datenbankverbindung asynchron aufbauen:

```
        Await conn.OpenAsync()
```

Datenbankabfrage asynchron ausführen und im UI-Thread fortsetzen:

```
        Using cmd = New SqlCommand(cmdStr, conn)
           Return Await cmd.ExecuteScalarAsync().ContinueWith(Function(t) Convert.ToInt32(t.Result))
        End Using
```

```
      End Using
   End Function
```

Die aufrufende Methode:

```
Private Async Sub Button1_Click(sender As Object, e As EventArgs) Handles Button2.Click
    Dim n As Integer = Await testAsync()
    Label1.Text = n.ToString()
End Sub
```

Nach dem Klick auf die Schaltfläche erscheint nach kurzer Verzögerung im *Label* die Anzahl der gefundenen Datensätze, zum Beispiel »6«. Das Formular friert zwischenzeitlich nicht ein, sondern kann zum Beispiel verschoben werden.

BEISPIEL

Vollständigkeitshalber wollen wir noch die synchrone Variante für obiges Beispiel mit *Open* und *Execute-Scalar* gegenüberstellen:

```
Imports System.Data.SqlClient
...
   Private Function testSync() As Integer
      Using conn = New SqlConnection(connStr)
```

Datenbankverbindung synchron aufbauen:

```
         conn.Open()
```

Datenbankabfrage synchron ausführen:

```
         Using cmd = New SqlCommand(cmdStr, conn)
            Return CInt(cmd.ExecuteScalar())
         End Using
      End Using
   End Function
```

Die aufrufende Methode:

```
Private Sub Button2_Click(sender As Object, e As EventArgs) Handles Button1.Click
    Dim n As Integer = testSync()
    Label1.Text = n.ToString()
End Sub
```

Nach Klick auf die Schaltfläche ist zwar ein geringer Geschwindigkeitsgewinn feststellbar, allerdings lässt sich das Formular zwischenzeitlich nicht bewegen bzw. bedienen.

HINWEIS   Das komplette Beispiel finden Sie in den Begleitdaten.

Die Arbeit des Programmierers wird durch *Async* und *Await* erheblich vereinfacht, denn der Code sieht so aus, als ob nur simple Methoden aufgerufen werden. Der Compiler erledigt für Sie im Hintergrund alle für die asynchrone Verarbeitung erforderlichen Koordinierungsaufgaben.

HINWEIS   Ein weiteres Beispiel finden Sie im How-to 3.10 »... die neuen asynchronen Methoden nutzen?«.

How-to-Beispiele

3.1 ... wichtige ADO.NET-Objekte schnell kennen lernen?

*Connection-Objekt: Open-, Close-*Methode; *Command-Objekt: CommandText-, Connection-*Eigenschaft; *DataAdapter-Objekt: Fill-*Methode; *DataSet-Objekt: DataTables-*Auflistung; *DataTable-Objekt: Columns-, Rows-*Auflistungen: *DataRow-Objekt; ListBox-*Komponente: *Items-*Auflistung; *For Each-*Schleife;

Wer sich nicht nur auf die Hilfe von Assistenten verlassen möchte, sollte sich in der ADO.NET-Objekthierarchie ein wenig auskennen, damit er die Objekte bei Bedarf selbst per Code programmieren kann.

Die *Columns-* und *Rows-*Auflistungen zählen zu den wichtigsten Eigenschaften der *DataTable-*Klasse, weil sie den Zugriff auf sämtliche Spalten und Zeilen der Tabelle ermöglichen. Das vorliegende Beispiel soll das Zugriffsprinzip verdeutlichen, indem es uns den Inhalt der *Artikel-*Tabelle der *Nordwind-*Datenbank anzeigt.

Oberfläche

Sie brauchen lediglich eine *ListBox* und einen *Button* zum Beenden (siehe Laufzeitansicht).

Quellcode (OleDb)

```
Imports System.Data.OleDb
...
```

Alles beginnt mit dem Festlegen der Verbindungszeichenfolge (*ConnectionString*) zur Access-Datenbank, die wir aus Bequemlichkeitsgründen gleich mit in das Anwendungsverzeichnis kopiert haben, um nicht den kompletten Datenbankpfad eintragen zu müssen[1]:

```
Public Class Form1
```

Der Klick auf die *Start-*Schaltfläche:

```
Private Sub Button1_Click(sender As Object, e As EventArgs) Handles Button1.Click
    Dim conn As New OleDbConnection("Provider=Microsoft.Jet.OLEDB.4.0; Data Source=Nordwind.mdb")
    Dim cmdStr As String =
            "SELECT ArtikelNr,Artikelname,Liefereinheit,Einzelpreis,Mindestbestand FROM Artikel"
    Dim cmd As New OleDbCommand(cmdStr, conn)
```

Nun geht es um das Füllen des *DataSets* mit Hilfe des *DataAdapters*:

```
    Dim da As New OleDbDataAdapter(cmd)
    Dim ds As New DataSet()
    conn.Open()
    da.Fill(ds, "ArtikelListe")
    conn.Close()
```

---

[1] Letztlich dürfte das auch in Ihrem Interesse sein, denn die Buch-Beispiele laufen sofort, ohne dass Sie den Datenbankpfad neu einrichten müssten.

Die Datenbankverbindung ist ab jetzt wieder getrennt und der Benutzer arbeitet mit dem abgekoppelten *DataSet* quasi wie mit einer Minidatenbank:

```
Dim dt As DataTable = ds.Tables("ArtikelListe")
```

Nachdem je eine Zeilen- und Spaltenvariable definiert sind, sorgen zwei ineinander verschachtelte *For Each*-Schleifen für den Durchlauf der Auflistungen:

```
For Each cRow As DataRow In dt.Rows
    For Each cCol As DataColumn In dt.Columns
        ListBox1.Items.Add(cCol.ColumnName & " = " & cRow(cCol.Ordinal).ToString())
    Next
    ListBox1.Items.Add("-----------------------------------------------------")
Next
    End Sub
End Class
```

HINWEIS   Vielleicht wundert es Sie, dass im obigen Code sowohl das *DataTable*- als auch das *DataRow*-Objekt lediglich deklariert, nicht aber mit dem *New*-Konstruktor instanziiert wurden. Der Grund: Beide Objekte sind bereits im *DataSet* vorhanden und brauchen deshalb nicht nochmals erzeugt zu werden! Benötigt werden lediglich Zeiger auf die Objektvariablen.

Test

Sofort nach Programmstart erscheint der Inhalt der *Artikel*-Tabelle in der *ListBox*.

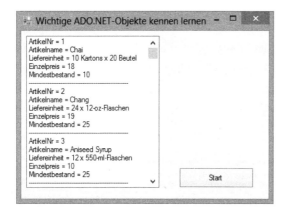

Abbildung 3.16 Laufzeitansicht

Bemerkungen

- Am Quellcode können Sie den typischen Ablauf einer Web-Applikation studieren: Verbindung öffnen, Daten übertragen, Verbindung schließen.

- Beim Durchlaufen der Datensätze werden Sie die vom altvertrauten ADO-*Recordset*-Objekt her bekannten Methoden wie *MoveFirst*, *MoveNext* etc. vergeblich suchen. Dafür besteht unter ADO.NET keinerlei Notwendigkeit mehr, da alle Datensätze im *DataSet* quasi wie in einem Array gespeichert sind und ein sofortiger (indizierter) Zugriff möglich ist, ohne dass man sich erst mühsam »hinbewegen« muss.

- Da es sich hier um einen reinen Lese-Zugriff handelt, wäre natürlich auch die Verwendung eines *DataReader*-Objekts möglich, siehe How-to 5.10 »... mit DataReader und ListView arbeiten?«.

3.2 ... eine Aktionsabfrage ausführen?

Command-Objekt: *Connection-, CommandText*-Eigenschaft, *ExecuteNonQuery*-Methode; SQL: UPDATE; *DataSet*-Objekt: *Clear*-Methode; *DataGridView*-Komponente: *DataSource-, DataMember*-Eigenschaft;

Wir wollen an die *Nordwind.mdb*-Beispieldatenbank folgendes SQL-Statement absetzen:

```
UPDATE Kunden SET Firma = 'Londoner Firma' WHERE Ort = 'London'
```

Das vorliegende Beispiel zeigt, wie Sie dazu die *ExecuteNonQuery*-Methode des *Command*-Objekts verwenden können.

Oberfläche

Sie brauchen ein *DataGridView*, zwei *TextBox*en, zwei *Buttons* und einige *Labels* (siehe Laufzeitansicht).

Beide *TextBox*en sollen dazu dienen, dass Sie die Einträge für den Firmennamen und den Ort zur Laufzeit verändern können.

Quellcode

Für das Ausführen des Beispiels wären eigentlich ein *Connection*- und ein *Command*-Objekt völlig ausreichend. Da wir uns aber auch von der Wirkung des UPDATE-Befehls überzeugen wollen, müssen wir einigen zusätzlichen Aufwand für die Anzeige betreiben: Das *DataGridView* benötigt ein *DataSet* als Datenquelle, welches wiederum von einem *DataAdapter* gefüllt wird.

```
Imports System.Data.OleDb

Public Class Form1
    Dim conn As New OleDbConnection("Provider=Microsoft.Jet.OLEDB.4.0; Data Source=Nordwind.mdb;")
    Dim ds As New DataSet()
    Dim cmd As New OleDbCommand()
```

Aktionsabfrage starten:

```
    Private Sub Button1_Click(sender As Object, e AsEventArgs) Handles Button1.Click
        Dim da As New OleDbDataAdapter(
                    "SELECT Firma, Kontaktperson, Ort FROM Kunden ORDER BY Firma", conn)
        ds.Clear()
        cmd.Connection = conn
```

Das Zusammenbasteln des UPDATE-Strings verlangt etwas Fingerspitzengefühl, darf man doch auch die Apostrophe ('), die die Feldbezeichner einschließen, nicht vergessen:

```
        cmd.CommandText = "UPDATE Kunden SET Firma = '" & TextBox1.Text & "' WHERE Ort = '" &
                    TextBox2.Text & "'"
```

Sicherheitshalber haben wir diesmal den kritischen Programmteil in eine Fehlerbehandlungsroutine eingebaut:

```
        Try
            conn.Open()
```

Die folgende Anweisung führt den UPDATE-Befehl aus und zeigt gleichzeitig die Anzahl der in der Datenbank geänderten Datensätze an:

```
        Label1.Text = cmd.ExecuteNonQuery().ToString()
    Catch ex As Exception
        MessageBox.Show(ex.Message)
    End Try
    da.Fill(ds, "Kunden")
    conn.Close()
```

Das *DataGridView* an das *DataSet* anklemmen:

```
        DataGridView1.DataSource = ds
        DataGridView1.DataMember = "Kunden"
    End Sub
End Class
```

Test

Stimmt die Verbindungszeichenfolge des *Connection*-Objekts, dürfte es keine Probleme beim Ausprobieren unterschiedlicher Updates geben.

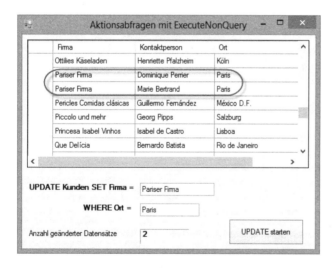

Abbildung 3.17 Laufzeitansicht nach dem Update

Bemerkungen

- Bei SQL-Aktionsabfragen werden keine Datensätze gelesen bzw. zurückgeliefert, sondern es geht lediglich um direkte Änderungen in der Datenquelle per SQL-Befehl (UPDATE, INSERT, DELETE). Ein *DataSet* ist dabei nicht beteiligt!

- Wie Sie die Änderungen zuerst in einer *DataTable* vornehmen und erst danach in die Datenbank zurückschreiben, erfahren Sie im How-to 4.6 »... die Datenbank aktualisieren?«

- Für den Zugriff auf die Datenbank *Nordwind.accdb* (Access 2007-Format) muss der entsprechende Provider auf Ihrem PC extra registriert werden (das ist automatisch der Fall, wenn Sie Office 2007/2010/2013 auf Ihrem Entwicklungsrechner installiert haben, siehe auch Kapitel 15).

- Die Verbindungszeichenfolge ist wie folgt anzupassen:

```
Dim conn As New OleDbConnection("Provider=Microsoft.ACE.OLEDB.12.0; Data Source=Nordwind.accdb;")
```

- Durch Ändern der Verbindungszeichenfolge und Anpassung der Spaltenbezeichner ist dieses Beispiel auch auf die *Customers*-Tabelle der *Northwind*-Datenbank des SQL Servers übertragbar.

3.3 ... Daten direkt zur Datenbank hinzufügen oder löschen?

Command-Objekt: *ExecuteNonQuery*-Methode; SQL-Befehle: INSERT, DELETE

Dieses Beispiel zeigen Ihnen, wie Sie mittels *ExecuteNonQuery*-Methode des *Command*-Objekts Datensätze direkt in die Datenbank einfügen können und wie Sie dort Löschungen vornehmen.

HINWEIS   Es geht hier also nicht um das Hinzufügen bzw. Löschen von Datensätzen in einem *DataSet*-Objekt, sondern nur um das unmittelbare Ausführen dieser Befehle in der Datenbank!

Oberfläche

Neben einem *DataGridView* werden noch einige *TextBox*en und *Button*s gebraucht. Ein breites *Label* soll den SQL-String zu Kontrollzwecken anzeigen (siehe Laufzeitabbildung).

Quellcode

```
Imports System.Data.OleDb

Public Class Form1
    ...
    Private conn As OleDbConnection
```

Beim Laden des Programms wird das *Connection*-Objekt instanziiert:

```
Protected Overrides Sub OnLoad(e AsEventArgs)
    conn = New OleDbConnection("Provider=Microsoft.Jet.OLEDB.4.0;Data Source=Nordwind.mdb;")
```

Standardeinträge in die Textfelder ersparen uns mühselige Tipparbeit:

```
        TextBox1.Text = "MUELL"
        TextBox2.Text = "Happy Software"
        TextBox3.Text = "Maxhelm Müller"
        TextBox4.Text = "Waldklinik"
        MyBase.OnLoad(e)
    End Sub
```

Die folgende Methode *execNQuery* erledigt auf Basis der übergebenen SQL-Anweisung die Hauptarbeit:

```
    Private Sub execNQuery(cmdText As String)
        Dim cmd As New OleDbCommand(cmdText, conn)
        Label5.Text = cmdText
```

Die Kapselung des kritischen Programmteils in einen *Try-Catch*-Fehlerblock hilft bei der späteren Fehlersuche:

```
Try
    conn.Open()
```

SQL-Befehl wird gegen die Datenbank gefahren:

```
        cmd.ExecuteNonQuery()
    Catch ex As Exception ex
        MessageBox.Show(ex.Message)
    End Try
    conn.Close()
End Sub
```

Ausführen von INSERT:

```
Private Sub Button1_Click(sender As Object, e AsEventArgs) Handles Button1.Click
    Dim sql As String = "INSERT INTO Kunden(KundenCode, " &
                "Firma, Kontaktperson, Ort) VALUES ('" & TextBox1.Text & " ', '" &
                TextBox2.Text & "', '" & TextBox3.Text & " ', '" & TextBox4.Text & "')"
    execNQuery(sql)
End Sub
```

Wie Sie sehen, entartet das »Zusammenbasteln« des SQL-Strings aus den Inhalten der Textboxen zu einer Sisyphus-Arbeit, besonders penibles Augenmerk ist auf die Hochkommas (') zu richten, in welche bekanntlich jeder »String im String« einzuschließen ist.

Nicht ganz so schlimm wird es beim Zusammenstückeln der DELETE-Anweisung:

```
Private Sub Button2_Click(sender As Object, e AsEventArgs) Handles Button2.Click
    Dim sql As String = "DELETE FROM Kunden WHERE KundenCode = '" & TextBox1.Text & "'"
    execNQuery(sql)
End Sub
```

Das abschließende Betrachten des Ergebnisses im *DataGridView* dient lediglich Kontrollzwecken:

```
Private Sub Button3_Click(sender As Object, e AsEventArgs) Handles Button3.Click
    Dim sql As String =
                "SELECT KundenCode, Firma, Kontaktperson, Ort FROM Kunden ORDER BY KundenCode"
    Dim da As New OleDbDataAdapter(Sql, conn)
    Dim ds As New DataSet()
    da.Fill(ds, "Kunden")
    DataGridView1.DataSource = ds
    DataGridView1.DataMember = "Kunden"
    End Sub
End Class
```

Test

Beginnen Sie mit dem Einfügen des Datensatzes. Die Kontrollausgabe des SQL-Strings leistet nicht nur bei der Fehlersuche gute Dienste, sondern trägt auch ganz wesentlich zum Verständnis bei.

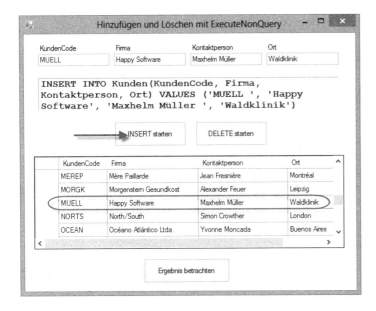

Abbildung 3.18 Laufzeitansicht nach dem Hinzufügen eines neuen Datensatzes

Zum Löschen mit DELETE eignen sich in unserem Fall nur neu hinzugefügte Datensätze. Es genügt, wenn nur der *KundenCode* in das erste Textfeld eingetragen wird.

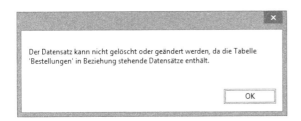

Abbildung 3.19 Anzeige des SQL-Strings beim Löschen eines Datensatzes

Jeder Versuch, einen »hauseigenen« *Nordwind*-Kunden zu liquidieren, wird mit einer Fehlermeldung quittiert, da in der Regel noch Datensätze in anderen Tabellen vorhanden sind, die auf diesen Kunden verweisen.

Der Datensatz kann nicht gelöscht oder geändert werden, da die Tabelle 'Bestellungen' in Beziehung stehende Datensätze enthält.

OK

Abbildung 3.20 Fehlermeldung beim Löschen eines Kunden wegen Verletzung der Referenziellen Integrität

Auch wenn Sie versuchen, zweimal hintereinander auf INSERT zu klicken, werden Sie durch eine entsprechende Fehlermeldung zurückgepfiffen, da die Eindeutigkeit des Primärschlüssels (*KundenCode*) verletzt wird.

Bemerkungen

- Falls es sich beim Primärschlüssel um ein Zählerfeld (Autowert) handelt, übernimmt die SQL-Engine die korrekte Zuordnung. Lassen Sie dann das Schlüsselfeld in der Feldliste einfach weg!

- Durch Ändern der Verbindungszeichenfolge und Anpassung der Spaltenbezeichner ist dieses Beispiel auch für die *Customers*-Tabelle der *Northwind*-Datenbank des SQL Servers verwendbar.

3.4   ... eine Access-Auswahlabfrage ausführen?

Command-Objekt: *CommandType*-Eigenschaft; *Parameter*-Objekt: *Direction*-, *Value*-Eigenschaft;

Die unter Microsoft Access gespeicherten Auswahlabfragen kann man quasi als Pendant zu den Stored Procedures des Microsoft SQL Servers betrachten. Öffnen Sie das Datenbankfenster von *Nordwind.mdb* und Sie sehen das zahlreiche Angebot an vorbereiteten Abfragen, die Sie natürlich auch selbst um weitere ergänzen können:

Abbildung 3.21   Die Auswahlabfragen von *Nordwind.mdb*

Hinter jeder Auswahlabfrage verbirgt sich in der Regel eine parametrisierte SQL-SELECT-Anweisung, die Sie sich im Access-Datenbankprogramm durch Öffnen der Entwurfsansicht über den Kontextmenübefehl *SQL-Ansicht* anschauen können. Dabei finden Sie auch die zu übergebenden Parameter und deren Datentypen leicht heraus:

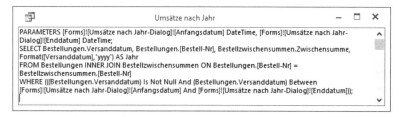

Abbildung 3.22   Die SQL-Ansicht der Auswahlabfrage *Umsätze nach Jahr*

Oberfläche

Ein *DataGridView*, zwei *TextBox*en und ein *Button* sollen für unseren Test genügen (siehe Laufzeitansicht).

Quellcode

```
Imports System.Data.OleDb
Public Class Form1
    ...
```

Die Verbindung zur Datenbank wird hergestellt:

```
Private Sub Button1_Click(sender As Object, e AsEventArgs) Handles Button1.Click
    Dim connStr As String = "Provider=Microsoft.Jet.OLEDB.4.0; Data Source=Nordwind.mdb;"
    Dim conn As New OleDbConnection(connStr)

    Dim cmd As New OleDbCommand("[Umsätze nach Jahr]", conn)
    cmd.CommandType = CommandType.StoredProcedure
```

Die Definition der Parameter und das Hinzufügen zur *Parameters*-Auflistung des *Command*-Objekts:

```
    Dim parm1 As New OleDbParameter("@Anfangsdatum", OleDbType.DBDate)
    parm1.Direction = ParameterDirection.Input
    parm1.Value = Convert.ToDateTime(TextBox1.Text)
    cmd.Parameters.Add(parm1)

    Dim parm2 As New OleDbParameter("@EndDatum", OleDbType.DBDate)
    parm2.Direction = ParameterDirection.Input
    parm2.Value = Convert.ToDateTime(TextBox2.Text)
    cmd.Parameters.Add(parm2)
```

Das *Command*-Objekt wird dem Konstruktor des *DataAdapters* übergeben. Nach dem Öffnen der *Connection* wird die Abfrage ausgeführt. Die zurückgegebenen Datensätze werden in einer im *DataSet* neu angelegten Tabelle mit einem von uns frei bestimmten Namen *Jahresumsätze* gespeichert:

```
    Dim da As New OleDbDataAdapter(cmd)
    Dim ds As New DataSet()
    Try
        conn.Open()
        da.Fill(ds, "Jahresumsätze")
        conn.Close()
    Catch ex As Exception

        MessageBox.Show(ex.ToString())
    End Try
```

Die Anzeige:

```
    DataGridView1.DataSource = ds
    DataGridView1.DataMember = "Jahresumsätze"
```

Wenigstens die Währungsspalte sollte eine ordentliche Formatierung erhalten (bei den übrigen Spalten belassen wir es bei den Standardeinstellungen):

```
    DataGridView1.Columns.Remove("Zwischensumme")
    Dim tbc As New DataGridViewTextBoxColumn()
    tbc.DataPropertyName = "Zwischensumme"
    tbc.HeaderText = "Zwischensumme"
    tbc.Width = 80
    tbc.DefaultCellStyle.Format = "c"
    tbc.DefaultCellStyle.Alignment = DataGridViewContentAlignment.MiddleRight
    tbc.DefaultCellStyle.Font = New Font(DataGridView1.Font, FontStyle.Bold)
    tbc.DisplayIndex = 2
    DataGridView1.Columns.Add(tbc)
    End Sub
End Class
```

Test

Nach Eingabe sinnvoller Datumswerte dürfte sich Ihnen der folgende Anblick bieten:

Abbildung 3.23 Laufzeitansicht mit formatierter Währungsspalte

Bemerkungen

- Vergessen Sie nicht, den Namen der Auswahlabfrage *[Umsätze nach Jahr]* in eckige Klammern einzuschließen!

- Ein entsprechendes Programm für den Microsoft SQL Server finden Sie im How-to 8.5 »... eine Gespeicherte Prozedur aufrufen?«

3.5 ... parametrierte Abfragen ausführen?

DataAdapter-Objekt: *SelectCommand*-Eigenschaft: *Parameters*-Auflistung; SQL-Befehl: BETWEEN

Parametrierte Abfragen sind normale SQL-Anweisungen, die Sie selbst definieren und mit Parametern ausstatten[1]. Wir wollen dies sowohl anhand der Tabelle *Bestellungen* der *Nordwind.mdb*- bzw. *Nordwind.accdb*-Datenbank[2] für MS Access, als auch der Tabelle *Orders* einer *Northwind.mdf*-Datenbankdatei für den Microsoft SQL-Server demonstrieren, indem wir uns die in einem bestimmten Zeitabschnitt registrierten Bestellungen anzeigen lassen.

Um besser vergleichen zu können, werden alle drei Varianten in separaten Anwendungen erstellt, wobei sich die Dateien *Nordwind.mdb*, *Nordwind.accdb* und *Northwind.mdf* im jeweiligen Anwendungsverzeichnis befinden.

Oberfläche

Pro Testformular verwenden wir ein *DataGridView*, zwei *TextBox*en und einen *Button*.

---

[1] Parametrierte Abfragen reduzieren die Gefahr der SQL-Injektion und sind deshalb dem einfachen Zusammenbau von SQL-Befehlen mittels Stringaddition vorzuziehen.

[2] Das *.accdb*-Format ist das Datenbankformat von Access 2007/2010/2013.

Quellcode 1 (Nordwind.mdb)

```
Imports System.Data.OleDb

Public Class Form1
    Private Sub Button1_Click(sender As Object, e AsEventArgs) Handles Button1.Click

        Dim connStr As String = "Provider=Microsoft.Jet.OLEDB.4.0; Data Source=Nordwind.mdb;"
        Dim conn As New OleDbConnection(connStr)
        Dim da As New OleDbDataAdapter("SELECT * FROM Bestellungen " &
                                "WHERE Bestelldatum BETWEEN ? AND ?", conn)
```

Die Reihenfolge der Parameterdefinition muss (bei Access-Datenbanken) der in der SQL-Abfrage entsprechen, was Sie anstatt des Fragezeichens (?) für einen Namen eingeben ist eigentlich egal:

```
        da.SelectCommand.Parameters.Add("?", OleDbType.DBDate).Value =
                                        Convert.ToDateTime(TextBox1.Text)

        da.SelectCommand.Parameters.Add("?", OleDbType.DBDate).Value =
                                        Convert.ToDateTime(TextBox2.Text)

        Dim ds As New DataSet()
        Try
            conn.Open()
            da.Fill(ds, "AbfrageBestellungen")
            conn.Close()
        Catch ex As Exception
            MessageBox.Show(ex.ToString())
        End Try
        DataGridView1.DataSource = ds
        DataGridView1.DataMember = "AbfrageBestellungen"
    End Sub

End Class
```

Erster Test

Nach Eingabe sinnvoller Datumswerte dürfte sich Ihnen ein Anblick entsprechend folgender Abbildung bieten:

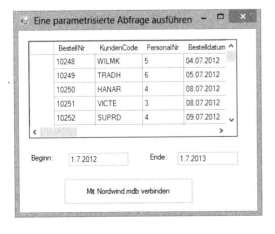

Abbildung 3.24 Laufzeitansicht der Variante mit *Nordwind.mdb*

Quellcode 2 (Northwind.accdb)

Um auf eine Datenbank im Format von Access 2007/2010/2013 zugreifen zu können, muss der entsprechende Provider auf Ihrem PC registriert sein[1].

Gegenüber der Vorgängervariante ist lediglich der Connectionstring anzupassen:

```
Dim connStr As String = "Provider=Microsoft.ACE.OLEDB.12.0; Data Source=Nordwind.accdb;"
```

Quellcode 3 (Northwind.mdf)

Voraussetzung ist eine Installation des Microsoft SQL Servers und das Vorhandensein der Datei *Northwind.mdf* im Anwendungsverzeichnis.

```
Imports System.Data.SqlClient

Public Class Form1

    Private Sub Button1_Click(sender As Object, e AsEventArgs) Handles Button1.Click
        Dim connStr As String =
        "Data Source=(LocalDB)\v11.0;AttachDbFilename=|DataDirectory|\Northwind.mdf;" &
                                        "Integrated Security=True;User Instance=False"
        Dim conn As New SqlConnection(connStr)

        Dim da As New SqlDataAdapter("SELECT * FROM Orders WHERE " &
                            "OrderDate BETWEEN @Beginning_Date AND @Ending_Date", conn)
```

Da wir hier, im Unterschied zu den beiden Vorgängervarianten, mit benannten Parametern arbeiten können, spielt die Reihenfolge der Definition keine Rolle:

```
        da.SelectCommand.Parameters.Add("@Beginning_Date", SqlDbType.DateTime).Value =
                                        Convert.ToDateTime(TextBox1.Text)

        da.SelectCommand.Parameters.Add("@Ending_Date", SqlDbType.DateTime).Value =
                                        Convert.ToDateTime(TextBox2.Text)
```

Da wir hier, im Unterschied zu den beiden Vorgängervarianten, mit benannten Parametern arbeiten können, spielt die Reihenfolge der Definition keine Rolle:

```
        Dim ds As New DataSet()
        Try
            conn.Open()
            da.Fill(ds, "AbfrageBestellungen")
            conn.Close()
        Catch ex As Exception
            MessageBox.Show(ex.ToString())
        End Try
        DataGridView1.DataSource = ds
        DataGridView1.DataMember = "AbfrageBestellungen"
    End Sub
End Class
```

---

[1] Das ist z.B. der Fall, wenn Sie Office 2007/2010/2013 auf Ihrem PC installiert haben, Visual Studio allein reicht dazu nicht aus!

Test

Das Ergebnis ist vergleichbar mit Variante 1.

OrderID	CustomerID	EmployeeID	OrderDate
10248	VINET	5	04.07.2012
10249	TOMSP	6	05.07.2012
10250	HANAR	4	08.07.2012
10251	VICTE	3	08.07.2012
10252	SUPRD	4	09.07.2012

Beginn: 1.7.2012   Ende: 1.7.2013

Mit SQL Server verbinden

Abbildung 3.25 Laufzeitansicht der Variante mit *Northwind.mdf*

HINWEIS Eine Zusammenstellung der Datentypen für die *Parameter*-Objekte finden Sie im Anhang dieses Kapitels.

3.6 ... die Datenbank aktualisieren?

DataAdapter-Objekt: *MissingSchemaAction*-Eigenschaft; *SelectCommand*-, *UpdateCommand*-, *InsertCommand*-, *DeleteCommand*-Eigenschaft, *Fill*-, *Update*-Methode; *Parameter*-Objekt: *SourceColumn*-, *SourceVersion*-Eigenschaft; *Command*-Objekt: *Parameters*-Auflistung; *CommandBuilder*-Objekt; *OleDbType*; *DataSet*-Objekt: *HasChanges*-Eigenschaft; *Clear*-, *Merge*-, *AcceptChanges*-, *RejectChanges*-Methode; SQL-Befehl: SELECT, UPDATE, INSERT, DELETE;

In diesem kleinen Beispiel sind so ziemlich alle wichtigen ADO.NET-Objekte versammelt, es eignet sich daher besonders gut für den Einsteiger. Schwerpunkte sind das Aktualisieren (UPDATE), Hinzufügen (INSERT) und Löschen (DELETE) von Datensätzen. Diese kritischen Datenbankoperationen erfordern weitaus mehr Aufmerksamkeit, als eine einfache SELECT-Abfrage.

Wir wollen zwei Varianten gegenüberstellen:

- Die manuelle Programmierung, wobei wir uns selbst um das Erstellen der parametrisierten *UpdateCommand*-, *InsertCommand*- und *DeleteCommand*-Objekte kümmern und

- das automatische Erstellen der *Command*-Objekte durch einen *CommandBuilder*

Ganz im Einklang mit der ADO.NET-Philosophie müssen wir dabei in folgenden drei Etappen vorgehen:

- Das *DataSet* mit der Datenbank verbinden, um bestimmte Datensätze von dort abzuholen (hierzu wird das *SelectCommand*-Objekt des *DataAdapter*s eingesetzt)

- Bei abgekoppelter Datenbank die Änderungen direkt im *DataSet* vornehmen (hierzu ist eine SQL-Anweisung leider untauglich, da das *DataSet* kein SQL kennt)

■ Das *DataSet* irgendwann mal wieder mit der Datenbank verbinden, um die Inhalte zu aktualisieren (hierzu werden *UpdateCommand*-, *InsertCommand*- und *DeleteCommand*-Objekt des *DataAdapter*s gebraucht)

Wir werden beide Varianten am Beispiel der *Artikel*-Tabelle aus *Nordwind.mdb* demonstrieren.

Oberfläche

Neben zwei *Buttons* zum Anzeigen und Aktualisieren brauchen wir noch eine *DataGridView*-Komponente (siehe Laufzeitabbildung).

Quellcode (Command-Objekte selbst programmiert)

```
Imports System.Data.OleDb

Public Class Form1
```

Die wichtigsten Objekte sollten global verfügbar sein:

```
Private conn As New OleDbConnection("Provider=Microsoft.Jet.OLEDB.4.0;Data Source=Nordwind.mdb;")
Private da As OleDbDataAdapter = Nothing
Private ds As DataSet = Nothing
```

Die Funktion *getArtikel* liefert ein gefülltes *DataSet* zurück:

```
Public Function getArtikel() As DataSet
```

SelectCommand-Objekt für *DataAdapter* erstellen (geschieht automatisch beim Instanziieren):

```
Dim selStr As String =
"SELECT ArtikelNr, Artikelname, Einzelpreis, Mindestbestand FROM Artikel ORDER BY Artikelname"
da = New OleDbDataAdapter(selStr, conn)
```

Die folgende Anweisung sorgt dafür, dass neu hinzugefügte Datensätze sofort einen Primärschlüssel erhalten:

```
da.MissingSchemaAction = MissingSchemaAction.AddWithKey
conn.Open()
Dim ds As New DataSet()
da.Fill(ds, "Artikel")
conn.Close()
Return ds
End Function
```

Der Methode *setArtikel* wird ein gefülltes *DataSet* per Referenz übergeben. Auf Basis von parametrierten SQL-Befehlen werden für den *DataAdapter* die *UpdateCommand*, *InsertCommand*- und *DeleteCommand*-Objekte erstellt, die für das Zurückschreiben der im *DataSet* vorgenommenen Änderungen in die Datenbank verantwortlich zeichnen.

```
Public Sub setArtikel(ByRef ds As DataSet)
```

UpdateCommand-Objekt:

```
Dim updStr As String = "UPDATE Artikel SET Artikelname = ?, Einzelpreis = ?, " &
                       "Mindestbestand = ? WHERE ArtikelNr = ?"
```

```
Dim updCmd As New OleDbCommand(updStr, conn)
```

Jede Parameterdefinition mittels *Add*-Methode benötigt Parametername, Datentyp, Spaltenbreite, Spaltenname (Reihenfolge beachten!):

```
updCmd.Parameters.Add("?", OleDbType.VarChar, 40, "Artikelname")
updCmd.Parameters.Add("?", OleDbType.Currency, 8, "Einzelpreis")
updCmd.Parameters.Add("?", OleDbType.SmallInt, 4, "Mindestbestand")
```

Für die Schlüsselspalte muss der Parameter detaillierter spezifiziert werden:

```
Dim p4 As OleDbParameter = updCmd.Parameters.Add("?", OleDbType.BigInt)
```

Der ursprüngliche Schlüsselwert ist maßgebend:

```
p4.SourceColumn = "ArtikelNr"
p4.SourceVersion = DataRowVersion.Original
da.UpdateCommand = updCmd
```

InsertCommand-Objekt:

Dem INSERT-Befehl werden drei Parameter übergeben:

```
Dim insSQL As String =
    "INSERT INTO Artikel (Artikelname, Einzelpreis, Mindestbestand) VALUES (?, ?, ?)"
Dim insCmd As New OleDbCommand(insSQL, conn)
insCmd.Parameters.Add("?", OleDbType.VarChar, 40, "Artikelname")
insCmd.Parameters.Add("?", OleDbType.Currency, 8, "Einzelpreis")
insCmd.Parameters.Add("?", OleDbType.SmallInt, 4, "Mindestbestand")
da.InsertCommand = insCmd
```

DeleteCommand-Objekt:

Die zugrundeliegende DELETE-Anweisung benötigt nur einen Parameter (den Primärschlüssel). Beim Erzeugen des Parameters ist auch noch die *SourceVersion*-Eigenschaft zuzuweisen. Der Wert *Original* bedeutet, dass der Datensatz mit seinem Original-Schlüsselwert (also der *ArtikelNr*, die er bei seinem Eintreffen in der *DataTable* hatte) in der Datenbank gesucht und gelöscht wird:

```
Dim delStr As String = "DELETE FROM Artikel WHERE ArtikelNr = ?"
Dim delCmd As New OleDbCommand(delStr, conn)
Dim p5 As OleDbParameter = delCmd.Parameters.Add("?", OleDbType.BigInt, 4, "ArtikelNr")
```

Datensatz muss unverändert in der Datenquelle vorhanden sein:

```
p5.SourceVersion = DataRowVersion.Original
da.DeleteCommand = delCmd
conn.Open()
da.Update(ds, "Artikel")
conn.Close()
End Sub
```

Anzeigen:

```
Private Sub Button1_Click(sender As Object, e As EventArgs) Handles Button1.Click
    DataGridView1.DataSource = Nothing
    ds = getArtikel()
```

DataGridView mit *DataSet* verbinden:

```
DataGridView1.DataSource = ds
DataGridView1.DataMember = "Artikel"
```

Für das Formatieren der Anzeige wird eine eigene Routine (siehe unten) aufgerufen:

```
    formatDataGridView(DataGridView1)
End Sub
```

Die Schaltfläche *Aktualisieren*:

```
Private Sub Button2_Click(sender As Object, e AsEventArgs) Handles Button2.Click
```

Nur die Änderungen zurück in die Datenbank schreiben:

```
Dim ds1 As DataSet = ds.GetChanges()
If ds1 IsNot Nothing Then
    Try
        setArtikel(ds1)
```

Die per Referenz zurückgegebenen Datensätze werden mit dem Original-*DataSet* zusammengeführt:

```
        ds.Merge(ds1)
        ds.AcceptChanges()
        MessageBox.Show("Datenbank wurde aktualisiert!", "Erfolg")
    Catch ex As Exceeption
```

Rücknahme der Änderungen:

```
        ds.RejectChanges()
        MessageBox.Show(ex.Message, "Fehler")
    End Try
    End If
End Sub
```

Die Routine zum Formatieren der *Einzelpreis*-Spalte des *DataGridView*:

```
Private Sub formatDataGridView(dgv As DataGridView)
    dgv.Columns.Remove("Einzelpreis")
    Dim tbc As New DataGridViewTextBoxColumn()
    tbc.DataPropertyName = "Einzelpreis"
    tbc.HeaderText = "Einzelpreis"
    tbc.Width = 80
    tbc.DefaultCellStyle.Format = "c"
    tbc.DefaultCellStyle.Alignment = DataGridViewContentAlignment.MiddleRight
    tbc.DefaultCellStyle.Font = New Font(DataGridView1.Font, FontStyle.Bold)
    tbc.DisplayIndex = 2
    dgv.Columns.Add(tbc)
End Sub
End Class
```

Test

Klicken Sie auf die *Artikel anzeigen*-Schaltfläche, um das *DataSet* anzuzeigen. Nehmen Sie dann einige Änderungen direkt im *DataGridView* vor, fügen Sie Datensätze hinzu (dazu an das Ende des *DataGridView* scrollen) oder löschen Sie Datensätze (mit *Entf*-Taste, vorher komplette Zeile markieren). Klicken Sie auf *Artikel aktualisieren* um die Änderungen in die Datenbank zu übertragen.

Lassen Sie dann erneut die Artikel anzeigen um sich davon zu überzeugen, dass alle Änderungen tatsächlich in der Datenbank gelandet sind.

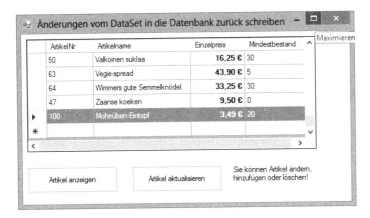

Abbildung 3.26 Laufzeitansicht nach Einfügen eines neuen Datensatzes

Quellcode (mit CommandBuilder)

Durch den Einsatz eines *CommandBuilder*-Objekts entfällt der Quellcode zum Erstellen der *Update-Command*-, *InsertCommand*- und *DeleteCommand*-Objekte für den *DataAdapter* unter der Bedingung, dass der *DataAdapter* bereits über ein gültiges *SelectCommand*-Objekt verfügt.

Der *CommandBuilder* generiert im Hintergrund aus dem vorhandenen *SelectCommand*-Objekt automatisch die restlichen Objekte. Wir brauchen uns also um den Zusammenbau der UPDATE-, INSERT- und DELETE-SQL-Anweisungen und die lästigen Parameterdefinitionen nicht mehr zu kümmern.

Gegenüber der Variante 1 ist lediglich die *setArtikel*-Methode wie folgt zu kürzen:

```
...
Public Sub setArtikel(ByRef ds As DataSet)
    Dim cb As New OleDbCommandBuilder(da)
    conn.Open()
    da.Update(ds, "Artikel")
    conn.Close()
End Sub
...
```

Test

Der Test der zweiten Variante sollte erwartungsgemäß zu gleichen Ergebnissen wie bei Variante 1 führen.

Bemerkungen

- Es ist auch möglich, mehrere Datensätze hintereinander zu ändern, hinzuzufügen bzw. zu löschen bevor der Abgleich mit der Datenbank erfolgt.

- In der Regel werden Sie nur die von Ihnen selbst hinzugefügten Datensätze löschen können, da die originalen Datensätze in Relationen zu anderen Tabellen eingebunden sind.

- Für jede zu einem *DataSet* neu hinzugefügte Zeile gilt die Eigenschaft *RowState = Added*. Beim Aufruf der *Update*-Methode des *DataAdapter* werden alle diese Zeilen gesucht und entsprechend dem im *InsertCommand*-Objekt gekapselten INSERT-Befehl zur Datenbank hinzugefügt. Analoges gilt für die Eigenschaften *RowState = Modified* und UPDATE bzw. *RowState = Deleted* und DELETE (siehe *DataSet*-Kapitel 4).

- Zwar kann man sich durch Einsatz eines *CommandBuilder*-Objekts viel Programmierarbeit ersparen, allerdings steht der Anfänger bei der Fehlersuche hilflos da, wenn er das grundlegende Handwerkszeug nicht beherrscht.

3.7   ... RowUpdating-/RowUpdated-Ereignisse verstehen?

DataAdapter-Objekt: *RowUpdating-*, *RowUpdated*-Ereignis; *RowUpdatingEventArgs*-Objekt: *Row-*, *StatementType*-Eigenschaft; *DataRowVersion*-Enumeration; *Command*-Objekt: *Parameters*-Auflistung; SQL-Befehle: SELECT TOP, UPDATE;

RowUpdating- und *RowUpdated*-Ereignis werden durch das *DataAdapter*-Objekt immer dann ausgelöst, wenn dessen *Update*-Methode aufgerufen wird.

Das vorliegende Beispiel soll den Einsatz beider Ereignisse demonstrieren. Wir verwenden dazu den ersten Datensatz der *Artikel*-Tabelle von *Nordwind.mdb* und greifen dabei auf das Integer-Feld *Lagerbestand* zu, welches wir erhöhen bzw. erniedrigen.

Oberfläche

Auf das Formular setzen Sie ein großes *Label* und zwei *Button*s. Eventuell sollten Sie dem *Label* eine größere Schrift gönnen (siehe Laufzeitabbildung).

Quellcode

```
Imports System.Data.OleDb

Public Class Form1
    Private s As String = String.Empty
    Private dt As DataTable = Nothing
    Private da As OleDbDataAdapter = Nothing
```

Beim Start wird der erste Datensatz aus der *Artikel*-Tabelle geladen:

```
Protected Overrides Sub OnLoad(e AsEventArgs)
    Dim conn As New OleDbConnection("Provider=Microsoft.Jet.OLEDB.4.0; Data Source=Nordwind.mdb;")
    da = New OleDbDataAdapter("SELECT TOP 1 ArtikelNr, Artikelname, Lagerbestand FROM Artikel",
                    conn)
```

Die beiden Ereignisbehandlungen hinzufügen (die Implementierung der beiden Eventhandler erfolgt weiter unten):

```
    AddHandler da.RowUpdating, AddressOf OnRowUpdating
    AddHandler da.RowUpdated, AddressOf OnRowUpdated
    dt = New DataTable("Artikel")
    da.Fill(dt)
```

Sie haben jetzt die Wahl, mit einem *OleDbCommandBuilder* automatisch das *UpdateCommand*-Objekt zu erstellen ...

```
Dim cb As New OleDbCommandBuilder(da)
```

... oder aber auch eine »handgestrickte« Version zu verwenden, wobei Sie gleichzeitig etwas für die eigene Weiterbildung in Sachen *Parameter*-Objekte tun:

```
Dim cmd As New OleDbCommand("UPDATE Artikel SET Lagerbestand = ? WHERE ArtikelNr = ?", conn)
cmd.Parameters.Add("@p1", OleDbType.Integer, 4, "Lagerbestand")
cmd.Parameters.Add("@p2", OleDbType.Integer, 4, "ArtikelNr")
da.UpdateCommand = cmd

MyBase.OnLoad(e)
End Sub
```

Der Eventhandler für *RowUpdating*:

```
Private Sub OnRowUpdating(sender As Object, e As OleDbRowUpdatingEventArgs)
    s &= "Ereignis: " & e.StatementType.ToString() & vbCrLf
    s &= "Artikel-Nr: " & e.Row("ArtikelNr").ToString() & vbCrLf
    s &= "Lagerbestand davor: " &
            e.Row("Lagerbestand", DataRowVersion.Original).ToString() & vb CrLf
    s &= "Lagerbestand danach: " & e.Row("Lagerbestand").ToString() & vbCrLf & vbCrLf
End Sub
```

Der Eventhandler für *RowUpdated*:

```
Private Sub OnRowUpdated(sender As Object, e As OleDbRowUpdatedEventArgs)
    s &= "Ereignis: " & e.StatementType.ToString() & vbCrLf
    s &= "Artikel-Nr: " & e.Row("ArtikelNr").ToString() & vbCrLf
    If e.Status = UpdateStatus.ErrorsOccurred Then
        s &= "Fehler!" & vbCrLf
    Else
        s &= "Update erfolgreich!" & vbCrLf & vbCrLf
    End If
    Label1.Text = s
    s = String.Empty
End Sub
```

Die Routine zum Verändern des Lagerbestands:

```
Private Sub changeStock(z As Integer)
    Try
```

Die erste (und einzige!) Zeile der *DataTable*:

```
        Dim dr As DataRow = dt.Rows(0)
        Dim i As Integer = Convert.ToInt32(dr("Lagerbestand"))
        dt.Rows(0)("Lagerbestand") = i + z
        da.Update(dt)
    Catch ex As Exception ex
        MessageBox.Show(ex.Message)
    End Try
End Sub
```

Lagerbestand erhöhen:

```
Private Sub Button1_Click(sender As Object, e AsEventArgs) Handles Button1.Click
    changeStock(1)
End Sub
```

Lagerbestand verringern:

```
Private Sub Button2_Click(sender As Object, e AsEventArgs) Handles Button2.Click
    changeStock(-1)
End Sub
```

```
End Class
```

Test

Wenn Sie den Lagerbestand erhöhen oder reduzieren werden die Änderungen angezeigt und sofort in die Datenbank geschrieben.

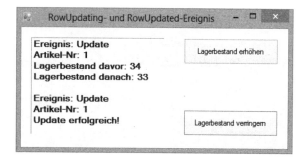

Abbildung 3.27 Laufzeitansicht des Beispiels

Bemerkungen

- Sie erkennen unter anderem, dass das *RowUpdating*-Event immer vor dem *RowUpdated*-Event ausgelöst wird

- Das Beispiel dient eher der Erkenntnisgewinnung als dem praktischen Gebrauch, denn man wird nicht nach jeder kleinen Änderung sofort die *Update*-Methode des *DataAdapter*s aufrufen

3.8 ... Schemainformationen von der Datenbank abrufen?

Connection-Objekt: *GetSchema*-Methode; *BindingSource*-, *BindingNavigator*-Komponente

Beim Strukturentwurf einer Datenbank wird für Textfelder meist die maximale Länge vorgegeben. Lädt man aber ein *DataSet* mittels *Fill*-Methode eines *DataAdapter*s, so gehen in der Regel diese Informationen verloren, d.h., dem XML-Schema des *DataSet*s sind zwar die einzelnen Datentypen zu entnehmen, nicht aber die konkrete Länge der String-Felder. Verbindet man nun das *DataSet* mit einer Eingabemaske, so »weiß« diese nichts von der maximal zulässigen Länge und man kann beliebig viele Zeichen eingeben. Erst beim Versuch, das *DataSet* in die Datenbank zurückzuschreiben, erfolgt eine Fehlermeldung, die auf die Längenüberschreitung hinweist.

Viel benutzerfreundlicher wäre es, wenn die *MaxLength*-Eigenschaft der Textboxen automatisch mit der Datenbank abgeglichen würde, so dass bei Eingaben die maximal zulässige Zeichenanzahl nicht überschritten werden kann.

Am Beispiel der *Kunden*-Tabelle aus *Nordwind.mdb* zeigen wir eine Lösung, bei der das Schema-API von ADO.NET zum Einsatz kommt.

Oberfläche

Auf dem Startformular *Form1* entwerfen Sie eine einfache Eingabemaske für ein paar beliebige Textfelder aus *Nordwind.mdb*. Die *Label*s auf der rechten Seite dienen lediglich Informationszwecken, denn sie zeigen die in der Datenbank gesetzte Maximallänge an.

Von der *Data*-Seite des Werkzeugkastens ziehen Sie eine *BindingSource* und einen *BindingNavigator* in das Komponentenfach. Im Eigenschaftenfenster verbinden Sie die *DataSource*-Property von *BindingNavigator1* mit *BindingSource1*.

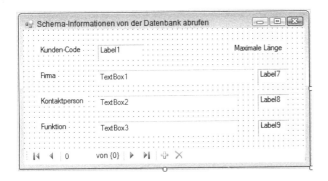

Abbildung 3.28 Entwurfsansicht

Quellcode

```
Imports System.Data
Imports System.Data.OleDb

Public Class Form1
    Private conn As New OleDbConnection("Provider=Microsoft.Jet.OLEDB.4.0;Data Source=Nordwind.mdb;")
```

Beim Laden des Formulars erfolgt der Aufruf der beiden Hauptroutinen *showKundenTable* und *setMax-Length*:

```
Protected Overrides Sub OnLoad(e AsEventArgs)
    Try
        conn.Open()
        showKundenTable()
        setMaxLength()
    Catch ex As Exception
        MessageBox.Show(ex.Message.ToString())
    Finally
        conn.Close()
```

```
            End Try
            MyBase.OnLoad(e)
    End Sub
```

Die Methode *showKundenTable* zeigt die Kundentabelle an:

```
    Private Sub showKundenTable()
        Dim da As New OleDbDataAdapter(
                            "SELECT KundenCode, Firma, Kontaktperson, Funktion FROM Kunden", conn)
        Dim dt As New DataTable()
```

Die *BindingSource* mit der *DataTable* synchronisieren:

```
        BindingSource1.DataSource = dt
        da.Fill(dt)
```

Die *Text*-Eigenschaft der Steuerelemente anbinden:

```
        Label1.DataBindings.Add("Text", BindingSource1, "KundenCode")
        TextBox1.DataBindings.Add("Text", BindingSource1, "Firma")
        TextBox2.DataBindings.Add("Text", BindingSource1, "Kontaktperson")
        TextBox3.DataBindings.Add("Text", BindingSource1, "Funktion")
    End Sub
```

Die Methode *setMaxLength* zum Herauslesen der maximalen Textlängen aus der Kundentabelle, Anpassen der *TextBox*en und Kontrollanzeige der Textlängen:

```
    Private Sub setMaxLength()
```

Ein *String*-Array kapselt die Filterbedingungen:

```
        Dim filter() As String = {Nothing, Nothing, "Kunden", Nothing}
```

Die Abfrage des Schemas, das Ergebnis wird in eine *DataTable* geladen:

```
        Dim dt As DataTable = conn.GetSchema("Columns", filter)
```

Alle Zeilen der Schematabelle durchlaufen, in jeder Zeile sind die Infos zu einer bestimmten Spalte enthalten:

```
        For i As Integer = 0 To dt.Rows.Count - 1
            Dim fName As String = dt.Rows(i)("COLUMN_NAME").ToString()
```

Die maximal zulässige Anzahl von Zeichen:

```
            Dim fLen As Integer = Convert.ToInt32(dt.Rows(i)("CHARACTER_MAXIMUM_LENGTH"))
            Select Case fName
                Case "Firma" : TextBox1.MaxLength = fLen
                    Label7.Text = fLen.ToString()
                Case "Kontaktperson" : TextBox2.MaxLength = fLen
                    Label8.Text = fLen.ToString()
                Case "Funktion" : TextBox3.MaxLength = fLen
                    Label9.Text = fLen.ToString()
            End Select
        Next
    End Sub
End Class
```

Test

Sofort nach Programmstart werden Sie über die maximal zulässige Zeichenanzahl je Textfeld informiert und können durch die Tabelle blättern. Wenn Sie versuchen, mehr Zeichen einzugeben als es die maximale Länge erlaubt, bleibt die Einfügemarke stehen und ein Warnton ertönt.

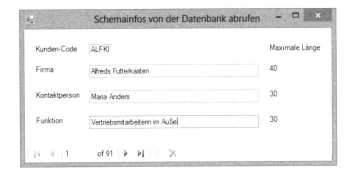

Abbildung 3.29 Die Eingabe *Vertriebsmitarbeiterin im Außendienst* gelingt nicht vollständig, da das Datenbankschema nur max. 30 Zeichen zulässt.

Bemerkungen

- Die gezeigte Lösung hat den Vorteil, dass sich nachträglich vorgenommene Änderungen der Datenbankstruktur (Textfeldlänge) sofort auf die Benutzerschnittstelle auswirken, ohne dass der Quellcode geändert werden müsste

- Ein Abspeichern der vorgenommenen Änderungen in der Datenbank ist in diesem Demo-Programm nicht vorgesehen

3.9 ... einen Connectionstring verschlüsseln?

Assembly *System.Configuration*; *ConfigurationManager*; Config-Datei

Wie bereits mehrfach erwähnt, sollten Sie Passwörter und andere sensible Informationen nicht als Klartext in Ihren Anwendungen abspeichern. Dies trifft nicht zuletzt auch auf die Verbindungszeichenfolgen und die entsprechenden Anmeldedaten für die jeweilige Datenverbindung zu.

Genau dafür wollen wir Ihnen an dieser Stelle eine Lösung aufzeigen, die neben einem einfachen Handling auch eine ausreichende Sicherheit verspricht.

Oberfläche

Erzeugen Sie zunächst ein neues Windows Forms-Projekt und fügen Sie die Datei *NORTHWIND.MDF* ein. Auf die Frage des Assistenten nach dem Datenmodell entscheiden Sie sich für »DataSet«, der Assistent erzeugt automatisch einen Connectionstring in den Anwendungseinstellungen und legt ein DataSet mit den ausgewählten Tabellen an.

Binden Sie nun noch einen Verweis auf die Assembly *System.Configuration* ein.

Für die Oberfläche genügen uns zwei *Button*s und ein *DataGridView*.

	Name	Typ	Bereich	Wert
▶	NORTHWINDConnectionString	(Verbindungszeichenfolge) ⌄	Anwendung	Data Source=(LocalDB) \v11.0;AttachDbFilename=|DataDirectory|\NORT HWIND.MDF;Integrated Security=True;Connect Timeout=30;User Instance=False;
*		⌄	⌄	

Abbildung 3.30 Der erzeugte Connectionstring in den Anwendungseinstellungen

Quelltext

Einbinden des Namespace:

```
Imports System.Configuration
...
```

Zunächst die ganz normale Vorgehensweise zur Anzeige der Tabelle *Products* im *DataGridView*:

```
Private Sub Button2_Click(sender As Object, e As EventArgs) Handles Button2.Click
    MessageBox.Show(My.Settings.NORTHWINDConnectionString)
    Dim ds As New NORTHWINDDataSet()
    Dim da As New NORTHWINDDataSetTableAdapters.ProductsTableAdapter()
    da.Fill(ds.Products)
    DataGridView1.DataSource = ds.Products
End Sub
```

Über die folgende Schaltfläche verschlüsseln wir den Connectionstring:

```
Private Sub Button1_Click(sender As Object, e As EventArgs) Handles Button1.Click
    ProtectSection("connectionStrings")
    MessageBox.Show(My.Settings.NORTHWINDConnectionString)
End Sub
```

Diese Methode verschlüsselt den gewünschten Abschnitt in der Anwendungskonfigurationsdatei:

```
Private Sub ProtectSection(sectionname As String)
    Dim config As Configuration =
            ConfigurationManager.OpenExeConfiguration(ConfigurationUserLevel.None)
    Dim section As ConfigurationSection = config.GetSection(sectionname)
    If section IsNot Nothing Then
        If Not section.IsReadOnly() Then
            section.SectionInformation.ProtectSection("RsaProtectedConfigurationProvider")
            section.SectionInformation.ForceSave = True
            config.Save(ConfigurationSaveMode.Modified)
        End If
    End If
End Sub
```

Ärger mit den Zugriffsrechten

Bevor Sie jetzt das Programm starten, gleich noch einen kurzen Exkurs zum Thema *Benutzerkontensteuerung*, ansonsten wird die Anwendung mit einer nichtssagenden Fehlermeldung abgebrochen, die in die Irre führt. Eigentlicher Grund des Fehlers sind fehlende Rechte zum Schreiben in die *App.config*-Datei.

Prinzipiell gibt es zwei Lösungen für das Problem:

- Sie fügen Ihrer Anwendung ein entsprechendes Manifest-File hinzu, das für die Anwendung grundsätzlich höhere Berechtigungen einfordert oder

- Sie starten Ihre Anwendung in den unbedingt nötigen Fällen (z.B. beim ersten Einrichten etc.) mit erhöhten Rechten (RunAs)

Mit Hilfe des Anwendungsmanifest-Files (*app.manifest*) können Sie als Entwickler festlegen, welche Berechtigungsstufe Ihre Anwendung für die korrekte Ausführung benötigt. Im Normalfall erbt die Anwendung die Berechtigungsstufe vom aufrufenden Programm (Windows Explorer[1]).

HINWEIS   Wenn Sie eine erhöhte Berechtigungsstufe festlegen heißt dies noch lange nicht, dass Ihre Anwendung diese auch erhält. Dazu muss erst der Nutzer zustimmen.

Das Manifest-File editieren Sie über Menüpunkt *Projekt/Eigenschaften/Anwendung,* Schaltfläche *Windows-Einstellungen anzeigen.* Übernehmen Sie die fett hervorgehobene Zeile, um Administratorenrechte zu erlangen:

```xml
<?xml version="1.0" encoding="utf-8"?>
<asmv1:assembly manifestVersion="1.0" xmlns="urn:schemas-microsoft-com:asm.v1"
xmlns:asmv1="urn:schemas-microsoft-com:asm.v1" xmlns:asmv2="urn:schemas-microsoft-com:asm.v2"
xmlns:xsi="http://www.w3.org/2001/XMLSchema-instance">
  <assemblyIdentity version="1.0.0.0" name="MyApplication.app"/>
...
  <trustInfo xmlns="urn:schemas-microsoft-com:asm.v2">
    <security>
      <requestedPrivileges xmlns="urn:schemas-microsoft-com:asm.v3">
        <requestedExecutionLevel  level="requireAdministrator" uiAccess="false" />
      </requestedPrivileges>
    </security>
  </trustInfo>
...
```

Test

Klicken Sie beim ersten Start auf die Schaltfläche *Verschlüsseln,* um den Connectionstring vor neugierigen Blicken zu schützen. Mit der Schaltfläche *Datenanzeige* können Sie sich davon überzeugen, dass die Daten trotz Verschlüsselung geladen werden. Ein Blick in die Konfigurationsdatei zeigt den Unterschied:

Aus dem ursprünglich unverschlüsselten Connectionstring

```xml
<?xml version="1.0" encoding="utf-8" ?>
<configuration>
    <configSections>
    </configSections>
    <connectionStrings>
        <add name="EncryptConn_Bsp.Properties.Settings.NORTHWINDConnectionString"
            connectionString="Data Source=(LocalDB)\v11.0;AttachDbFilename=
                              |DataDirectory|\Northwind.mdf;Integrated Security=True"
            providerName="System.Data.SqlClient" />
```

---

[1] Vorsicht, beim Entwickeln ist dies die Visual Studio IDE, wird diese mit erhöhten Rechten gestartet, haben auch Ihre Anwendungen dieses Rechte.

```
    </connectionStrings>
</configuration>
```

wird folgendes unlesbares Konstrukt:

```
<?xml version="1.0" encoding="utf-8" ?>
<configuration>
    <configSections>
    </configSections>
    <connectionStrings configProtectionProvider="RsaProtectedConfigurationProvider">
        <EncryptedData Type="http://www.w3.org/2001/04/xmlenc#Element"
            xmlns="http://www.w3.org/2001/04/xmlenc#">
            <EncryptionMethod Algorithm="http://www.w3.org/2001/04/xmlenc#tripledes-cbc" />
            <KeyInfo xmlns="http://www.w3.org/2000/09/xmldsig#">
                <EncryptedKey xmlns="http://www.w3.org/2001/04/xmlenc#">
                    <EncryptionMethod Algorithm="http://www.w3.org/2001/04/xmlenc#rsa-1_5" />
                    <KeyInfo xmlns="http://www.w3.org/2000/09/xmldsig#">
                        <KeyName>Rsa Key</KeyName>
                    </KeyInfo>
                    <CipherData>
                        <CipherValue>44dYeUw9pZbUF8hkNOLgJOa6aLjgtbnOyeJSx/1dAUvOUIOsQ9FVycgBc6T3QEOGCS
                            HDQymFkhoHGO4ngTBeKk4hGUGAJDI8ONykncb9VN6EIo8bxCRljZ2HvTrPMwX4tBNvKDj
                            mmXKRN5mQskgvIhUpSS+/3Qy5yxsQCtUrLeE=</CipherValue>
                    </CipherData>
                </EncryptedKey>
            </KeyInfo>
            <CipherData>
                <CipherValue>wWZx8IOa4efEou4upD+8UosI1syDX81XEt3IMsBrns2qqwktY5unnVieRE/zuTOy/ODI4cQisF
                    PDQY/T9kbKm+ckasxOVu3t1vxwHc3JKZMD126pgtKH1Dsbt/
                    +tR12jeOVufLvYZq6fyOVnUKokdg23SMD21x6HmEuLALfd/O7tStTzx8/ndaQk79gu7TaoxieuIlJwWexG
                    I1YyI+z4416C+EOlr8Vo5rc8hiWg6cRquW1DqFMu7h1WqB+xgttdroIKfWdAba4uxQa3aL32foDoEyfHy
                    MHIBOw2HMcgW1Z6F5YWko1/amP4pkUXiG21F4LKUTIOcf2sEf4iVDLTFI6zOXTv7jXQq3UO/YCBYOxU2OF
                    p6QCm2ITbFVkJGTLyjfPFaMv4pZ5Vz7dzTD1SKw==</CipherValue>
            </CipherData>
        </EncryptedData>
    </connectionStrings>
</configuration>
```

3.10   ... die neuen asynchronen Methoden nutzen?

Connection-Object: *Open-*, *OpenAsync*-Methode; *Command*-Object: *ExecuteReader-*, *ExecuteReaderAsync*-Methode; Schlüsselwörter *Async*, *Await*

In der .NET-4.5-Klassenbibliothek wurden (im Gefolge von *Async* und *Await*) die Objekte *Connection*, *Command* und *DataReader* mit neuen asynchronen Task-orientierten Methoden nachgerüstet (siehe dazu Seite 187).

An einem einfachen Beispiel wollen wir zeigen, wie man für eine vorhandene Anwendung (mit synchronem Datenbankzugriff) asynchrone Funktionalität ergänzen kann.

Oberfläche

Auf das Startformular einer Windows Forms-Anwendung setzen wir eine *ListBox*, drei *Button*s, eine *ProgressBar* und einen *Timer* (siehe Laufzeitabbildung).

In den Projektmappen-Explorer ziehen Sie die Datei *Northwind.mdf*.

Quellcode (klassischer synchroner Zugriff)

```
...
Imports System.Data.SqlClient

Public Class Form1
```

Verbindungszeichenfolge und SQL-Anweisung definieren:

```
Const CONNSTR =
    "Data Source=(LocalDB)\v11.0;AttachDbFilename=|DataDirectory|\Northwind.mdf;" +
    "Integrated Security=True;User Instance=False"
Const SQL = "SELECT * FROM Customers ORDER BY CompanyName"
```

Der folgenden Prozedur werden ein *Connection-* und ein *Command-*Objekt übergeben:

```
Private Sub testSync(conn As SqlConnection, cmd As SqlCommand)
```

Datenbankverbindung synchron aufbauen (UI-Thread wird blockiert):

```
conn.Open()
```

Datenbankabfrage synchron ausführen:

```
Dim dr = cmd.ExecuteReader()

showReader(dr)
End Sub
```

Eine Hilfsroutine zur Anzeige des *DataReader-*Inhalts:

```
Private Sub showReader(dr As IDataReader)
    Dim str As String = Nothing
    Dim spc = "    "
    While dr.Read()
        str = dr("CustomerID") & spc
        str &= dr("CompanyName") & spc
        str &= dr("ContactName") & spc
        str &= dr("ContactTitle") & spc
        str &= dr("Address") & spc
        str &= dr("City") & spc
        ListBox1.Items.Add(str)
    End While
    dr.Close()
End Sub
```

In der Hauptroutine wird vor Ausführung des Datenbankzugriffs der *Timer* gestartet und nach Beenden wieder gestoppt:

```
Private Sub Button1_Click(sender As Object, e As EventArgs) Handles Button1.Click
    Timer1.Start()
    Using conn = New SqlConnection(CONNSTR)
        Using command = New SqlCommand(SQL, conn)
```

Aufruf der Testmethode:

```
            testSync(conn, command)
        End Using
    End Using
    Timer1.Stop()
End Sub
```

Im *Tick*-Event des Timers soll der Balken der *ProgressBar* bewegt werden:

```
Private Sub Timer1_Tick(sender As Object, e As EventArgs) Handles Timer1.Tick
    If ProgressBar1.Value < ProgressBar1.Maximum Then
        ProgressBar1.Value += 10
    End If
End Sub
```

Aufräumarbeiten:

```
Private Sub Button3_Click(sender As Object, e As EventArgs) Handles Button3.Click
    ListBox1.Items.Clear()
    ProgressBar1.Value = 0
End Sub
```

Jetzt ist unser Beispiel auf klassische (synchrone) Art funktionsfähig. Bevor wir aber zum Test schreiten, werden wir gleich noch die asynchrone Version erstellen.

Quellcode (asynchroner Zugriff)

Um das Programm mit asynchronen Features auszustatten, ist zunächst der Namespace *System.Threading.Tasks* zu ergänzen. Im Weiteren sind die synchronen Routinen *testSync* und *Button1_Click* durch ihre asynchronen Pendants *testAsync* und *Button2_Click* zu ersetzen.

```
...
Imports System.Threading.Tasks
...
```

Die asynchrone Methode *testAsync* gibt einen *Task* zurück:

```
Private Async Function testAsync(conn As SqlConnection, cmd As SqlCommand) As Task(Of Integer)
```

Datenbankverbindung asynchron aufbauen:

```
    Await conn.OpenAsync()
```

Datenbankabfrage asynchron ausführen:

```
    Dim dr = Await cmd.ExecuteReaderAsync()
```

Nach Abschluss des Datenbankzugriffs wird im UI-Thread fortgesetzt:

```
    showReader(dr)
    Return 1
End Function
```

Da es sich auch bei der folgenden Methode um eine asynchrone Methode handelt (eine, die das *Await*-Schlüsselwort benutzt), müssen wir auch hier den *Async*-Modifizierer zur Methodendeklaration hinzufügen:

```
Private Async Sub Button2_Click(sender As Object, e As EventArgs) Handles Button2.Click
    Timer1.Start()
    Using conn = New SqlConnection(CONNSTR)
        Using command = New SqlCommand(SQL, conn)
            Await testAsync(conn, command)
        End Using
    End Using
    Timer1.Stop()
End Sub
```

Test

Rufen Sie die synchrone Variante auf, so wird sich der Fortschrittsbalken keinen Millimeter bewegen, weil der UI-Thread blockiert ist. Hingegen wird bei der asynchronen Variante (je nachdem, wie lange Verbindungsaufbau und Datenbankabfrage dauern) der Balken mehr oder weniger wachsen.

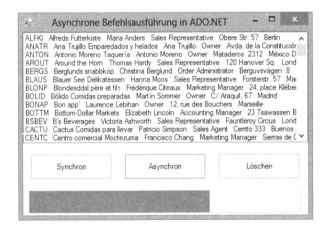

Abbildung 3.31 Laufzeitabbildung beim asynchronen Datenbankzugriff

Bemerkung

Die asynchrone Variante bringt keinerlei Geschwindigkeitsvorteil (eher das Gegenteil ist der Fall). Nutzen Sie deshalb dieses Programmiermuster nur dann, wenn der Verbindungsaufbau zur Datenbank oder die Ausführung von Abfragen oder von Stored Procedures wirklich wertvolle Zeit kosten (zum Beispiel beim Zugriff auf Webdatenbanken) und wenn sich in der Zwischenzeit sinnvolle andere Aufgaben erledigen lassen.

3.11 ... eine klassische Datenzugriffsschicht entwickeln?

DAL; CRUD; *DataTable*-Objekt: *Load*-Methode; *Command*-Objekt: *ExecuteNonQuery*-Methode; *DataReader*-Objekt: *Close*-Methode; SQL: SELECT, INSERT, UPDATE, DELETE

In einer Produktionsumgebung werden Sie Ihre ADO.NET Logik meistens in eine *.NET* *.dll* Assembly auslagern, da so eine optimale Wiederverwendbarkeit des Codes gewährleistet ist. Von vielen Applikationen mit verschiedenen Frontends (konsolen-, desktop- oder webbasierte) lässt sich diese Bibliothek völlig sprachunabhängig referenzieren. Andere .NET Programmierer können eine dazu passende Benutzerschnittstelle in einer Sprache ihrer Wahl entwickeln (VB, C++).

Unser vorliegendes Beispiel zeigt die Entwicklung einer wiederverwendbaren und erweiterungsfähigen Datenzugriffsbibliothek (*NordwindDAL.dll*), welche verschiedene CRUD[1]-Datenzugriffsoperationen kapselt.

Wir greifen allerdings nicht auf die SQL Serverdatenbank *Northwind* zu, sondern auf die Access-Datenbank *Nordwind.mdb*. Wir haben uns für diese Variante entschieden, um auch dem weniger erfahrenen Leser den sicheren Nachvollzug des Beispiels zu ermöglichen[2]. Ein Umschreiben des Codes für den *Northwind*-Zugriff auf ist mit wenigen Änderungen (Austausch von Providern und Bezeichnern) schnell und problemlos möglich.

HINWEIS   Der beabsichtigte spätere Einsatz innerhalb einer mehrschichtigen WCF-Anwendung (siehe Kapitel 21) ist der Hauptgrund dafür, dass wir auf das ressourcenfressende *DataSet*-Objekt verzichten, denn in verteilten Umgebungen erzielen wir die beste Performance mit der klassischen Kombination *DataReader* und *Command.Execute...* (siehe dazu auch Kapitel 1)!

Vorbereitungen

Öffnen Sie ein neues Projekt vom Typ *Klassenbibliothek*, und vergeben Sie dafür den Namen *NordwindDAL*[3]. Importieren Sie zusätzlich die Namespaces *System.Data* und *System.Data.OleDb*.

```
Imports System.Data
Imports System.Data.OleDb
```

Die Hilfsklasse *CKunde* mit vier selbst implementierenden Eigenschaften repräsentiert einen einzelnen Kunden:

```
Public Class CKunde
    Property KundenCode As String
    Property Firma As String
    Property Kontaktperson As String
    Property Funktion As String
End Class
```

Die Datenzugriffsschicht wird durch die Klasse *CKundenDAL* repräsentiert:

```
Public Class CKundenDAL

    Private conn As OleDbConnection
```

Die Methoden zum Öffnen und Schließen der Datenbankverbindung:

```
Public Sub OpenConnection(connStr As String)
    conn = New OleDbConnection()
    conn.ConnectionString = connStr
```

---

[1] *CRUD = Create Read Update Delete*

[2] Gleichzeitig erübrigt sich damit die Diskussion, ob man nicht doch besser *Linq to Sql* oder *Linq to Entities* verwenden sollte, denn diese moderneren Technologien lassen sich leider nicht auf Access-Datenbanken anwenden.

[3] *DAL = Data Access Layer*

```
        conn.Open()
    End Sub

    Public Sub CloseConnection()
        conn.Close()
    End Sub
```

Selektieren aller Kunden

Die folgende Methode liefert die Daten der *Kunden*-Tabelle in Form eines *DataTable*-Objekts. Deutliche Performance-Einbußen (wie bei der Übertragung serialisierter DataSets) sind nicht zu befürchten, denn dessen *Load*-Methode lädt die Daten automatisch mittels eines *DataReader* Objekts:

```
    Public Function GetAllKunden() As DataTable
        Dim kunden = New DataTable()
        Dim sql = "SELECT * FROM Kunden"
        Using cmd As New OleDbCommand(sql, conn)
            Dim dr = cmd.ExecuteReader()
            kunden.Load(dr)
            dr.Close()
        End Using
        Return kunden
    End Function
```

Kunde hinzufügen

Für das Hinzufügen eines neuen Kunden kann der Aufrufer ein streng typisiertes Objekt übergeben, welches die Daten einer neuen Zeile für die *Kunden*-Tabelle enthält:

```
Public Sub InsertKunde(kd As CKunde)
    Dim sql = String.Format("INSERT INTO Kunden " &
            "(KundenCode, Firma, Kontaktperson, Funktion) Values " &
                        "('{0}', '{1}', '{2}', '{3}')", kd.KundenCode, kd.Firma,
                                    kd.Kontaktperson, kd.Funktion)
    Using cmd As New OleDbCommand(sql, conn)
        cmd.ExecuteNonQuery()
    End Using
End Sub
```

Kunde löschen

Genauso einfach wie das Hinzufügen eines neuen Datensatzes ist auch das Löschen eines vorhandenen. Achten Sie hier aber besonders auf den *Try-Catch*-Block, der den Fehler behandelt der beim Löschversuch an einem noch in andere Beziehungen eingebundenen Kunden auftritt (Verletzung der referenziellen Integrität).

```
Public Sub DeleteKunde(kdCode As String)

    Dim sql = String.Format("DELETE FROM Kunden WHERE KundenCode = '{0}'", kdCode)

    Using cmd As New OleDbCommand(sql, conn)
        Try
            cmd.ExecuteNonQuery()
```

```
                Catch ex As OleDbException
                    Dim err = New Exception("Kunde darf nicht gelöscht werden!", ex)
                    Throw err
                End Try
            End Using
        End Sub
```

Kunden aktualisieren

Idealerweise schreiben Sie eine Anzahl von Methoden die es dem Aufrufer ermöglichen einen Datensatz auf verschiedene Weise zu aktualisieren. In unserem Fall ersetzen wir allerdings die Daten eines gegebenen Kunden komplett:

```
        Public Sub UpdateKunde(kd As CKunde)
            Dim sql = String.Format(
                "UPDATE Kunden SET Firma = '{0}', Kontaktperson = '{1}', Funktion = '{2}' & 
                                             WHERE KundenCode = '{3}'",
                        kd.Firma, kd.Kontaktperson, kd.Funktion, kd.KundenCode)
            Using cmd As New OleDbCommand(Sql, conn)
                cmd.ExecuteNonQuery()
            End Using
        End Sub

    End Class
```

Kompilieren Sie das Projekt, es entsteht die Assembly *NordwindDAL.dll*.

TestClient

Die prinzipielle Funktionalität unserer Datenzugriffsschicht testen wir mit einer einfachen Windows Forms-Anwendung, deren Startformular wir mit einem *DataGridView* und einigen *Button*s und *TextBox*en bestücken (siehe Laufzeitansicht).

- Fügen Sie im Projektmappen-Explorer einen Verweis auf die *NordwindDAL*-Assembly hinzu

- Ziehen Sie per Drag & Drop die Datenbank *Nordwind.mdb* in den Projektmappen-Explorer

Die DAL einbinden:

```
Imports NordwindDAL

Public Class Form1
    Private connStr As String = "Provider=Microsoft.Jet.OLEDB.4.0; Data Source=Nordwind.mdb"
    Private kuDAL As New CKundenDAL()
```

Alle Kunden laden:

```
    Private Sub Button1_Click(sender As Object, e AsEventArgs) Handles Button1.Click
        kuDAL.OpenConnection(connStr)
        DataGridView1.DataSource = kuDAL.GetAllKunden()
        kuDAL.CloseConnection()
    End Sub
```

Einen Kunden einfügen:

```
Private Sub Button2_Click(sender As Object, e AsEventArgs) Handles Button2.Click
    Dim kd = New CKunde With {.KundenCode = TextBox1.Text, .Firma = TextBox2.Text,
                              .Kontaktperson = TextBox3.Text, .Funktion = TextBox4.Text}
    kuDAL.OpenConnection(connStr)
    kuDAL.InsertKunde(kd)
    kuDAL.CloseConnection()
End Sub
```

Einen Kunden aktualisieren:

```
Private Sub Button3_Click(sender As Object, e AsEventArgs) Handles Button3.Click
    Dim kd = New CKunde With {.KundenCode = TextBox1.Text, .Firma = TextBox2.Text,
                              .Kontaktperson = TextBox3.Text, .Funktion = TextBox4.Text}
    kuDAL.OpenConnection(connStr)
    kuDAL.UpdateKunde(kd)
    kuDAL.CloseConnection()
End Sub
```

Einen Kunden löschen:

```
Private Sub Button4_Click(sender As Object, e AsEventArgs) Handles Button4.Click
    kuDAL.OpenConnection(connStr)
    kuDAL.DeleteKunde(TextBox1.Text)
    kuDAL.CloseConnection()
End Sub
```

Die Anzeige löschen:

```
Private Sub Button5_Click(sender As Object, e AsEventArgs) Handles Button5.Click
    DataGridView1.DataSource = Nothing
End Sub
End Class
```

Nach dem Kompilieren können Sie nun alle von der Datenzugriffsschicht bereitgestellten Methoden testen.

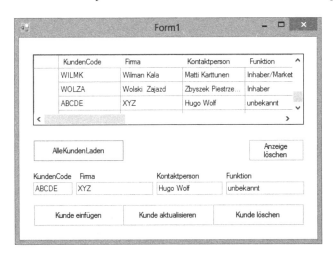

Abbildung 3.32 Testclient (Laufzeitansicht)

HINWEIS   In der Regel können Sie natürlich nur die von Ihnen selbst hinzugefügten Datensätze auch wieder problemlos löschen, da die standardmäßig vorhandenen Datensätze meist in Relationen eingebunden sind und Löschversuche wegen Verletzung der referenziellen Integrität abgewiesen werden.

Bemerkungen

- Das Definieren von Klassen, die Datensätze in einer relationalen Datenbank repräsentieren, ist ein allgemein üblicher Weg für den Aufbau einer Datenzugriffs-Bibliothek. Das ADO.NET Entity Framework (siehe Kapitel 18) kann automatisch streng typisierte Klassen generieren, die den Zugriff auf die Datenbank kapseln (geht leider nicht für Access-DBs).

- Die *ExecuteReader*-Methode extrahiert ein *DataReader*-Objekt, das die Untersuchung der Ergebnisse einer SQL-Abfrage mittels eines Vorwärts-ReadOnly-Informationsflusses ermöglicht. Wenn Sie jedoch SQL-Abfragen absetzen wollen, die Veränderungen an einer Tabelle bewirken sollen (auch Erzeugen von Tabellen, Berechtigungen ...) rufen Sie die *ExecuteNonQuery*-Methode Ihres *Command*-Objekts auf. Diese Methode führt Insert-, Update- und Delete-Operationen aus, die auf der *CommandText*-Eigenschaft des *Command*-Objekts basieren.

Übersichten

Datentypen

.NET Framework-Typ	System.Data.DbType	SqlDbType	OleDbType
	AnsiString	VarChar	VarChar
bool	Boolean	Bit	Boolean
byte	Byte	TinyInt	UnsignedTinyInt
char			Char
	Currency	Money	Currency
DateTime	DateTime	DateTime	DBTimeStamp
	Date	DateTime	DBDate
double	Double	Float	Double
float	Single	Real	Single
int		Int	Integer
long		BigInt	BigInt
object	Object	Variant	Variant
short		SmallInt	SmallInt
string	String	NVarChar	VarWChar
	Time	DateTime	DBTime

Tabelle 3.15 Datentypen

Connection-Objekt

Eigenschaft	Beschreibung
ConnectionString	Verbindungzeichenfolge zur Datenbank (Lese-/Schreibzugriff)
ConnectionTimeout	Zeit (in Sekunden) für Verbindungsversuch (Lesezugriff)
Database	Name der aktuellen Datenbank (Lesezugriff)
DataSource	Name der Datenbankdatei bzw. SQL Server-Instanz
PacketSize	Größe der Netzwerkpakete (in Byte, Lesezugriff)
Provider	Name des OleDb-Providers
ServerVersion	Version des Servers, mit dem Client verbunden ist (Lesezugriff)
State	Aktueller Zustand der Verbindung (Lesezugriff)
WorkstationId	Zeichenfolge, die den Datenbank-Client bezeichnet (Lesezugriff)

Tabelle 3.16 Eigenschaften des *Connection*-Objekts

Methode	Beschreibung
BeginTransaction()	Startet eine Datenbanktransaktion
ChangeDatabase()	Wechselt die aktuelle Datenbank einer offenen Connection
Close()	Schließt die Verbindung zur Datenquelle
CreateCommand()	Erstellt ein der Connection zugeordnetes *Command*-Objekt
Open(), OpenAsync()	Öffnet Datenbankverbindung entsprechend ConnectionString

Tabelle 3.17 Methoden des *Connection*-Objekts

Ereignis	... wird ausgelöst wenn ...
InfoMessage	... Warnungen/Infos durch den Provider bzw. SQL Server gesendet werden
StateChange	... sich der Zustand der Verbindung ändert

Tabelle 3.18 Ereignisse des *Connection*-Objekts

Command-Objekt

Eigenschaft	Beschreibung
CommandText	(Transact-)SQL-Anweisung oder Gespeicherte Prozedur, die gegen die Datenquelle gefahren wird (Lese-/Schreibzugriff)
Command-Timeout	Zeit, die gewartet wird, bis Versuch einer Befehlsausführung beendet und Fehler generiert wird (Lese-/Schreibzugriff)
CommandType	Interpretation der *CommandText*-Eigenschaft (Lese-/Schreibzugriff)
Connection	Von diesem *Command*-Objekt verwendete *Connection* (Lese-/Schreibzugriff)

Tabelle 3.19 Eigenschaften des *Command*-Objekts

Eigenschaft	Beschreibung
Parameters	ParameterCollection des Command-Objekts
Transaction	Transaktion, in der das Command-Objekt ausgeführt wird (Lese-/Schreibzugriff)
UpdatedRowSource	Anwendung der Ergebnisse von Befehlen auf ein DataRow-Objekt (Both, FirstReturnedRecord, None, OutputParameters)

Tabelle 3.19 Eigenschaften des Command-Objekts (Fortsetzung)

Methode	Beschreibung
Cancel()	Versucht, die Ausführung eines Commands abzubrechen
CreateParameter()	Erstellt neue Instanz eines Parameter-Objekts
ExecuteNonQuery() ExecuteNonQueryAsync()	Führt SQL-Befehl für Connection aus und liefert Anzahl Zeilen
ExecuteReader() ExecuteReaderAsync()	Sendet CommandText an Connection und erstellt einen DataReader
ExecuteScalar() ExecuteScalarAsync()	Führt Abfrage aus und gibt erste Spalte der ersten Zeile zurück
ExecuteXmlReader() ExecuteXmlReaderAsync()	Sendet CommandText an Connection und erstellt XmlReader
Prepare()	Erstellt vorbereitete (oder compilierte) Version des Befehls
ResetCommandTimeout()	Setzt CommandTimeout-Eigenschaft zurück auf Standardwert

Tabelle 3.20 Methoden des Command-Objekts

Parameter-Objekt

Eigenschaft	Beschreibung
IsNullable	Parameter darf NULL-Werte annehmen (True/False; Lese-/Schreibzugriff)
DbType	Generischer DbType des Parameters (Lese-/Schreibzugriff)
Direction	Anwendungsrichtung des Parameters (Input, InputOutput, Output, ReturnValue)
Offset	Offset für Value-Eigenschaft (Lese-/Schreibzugriff)
OleDbType	Providerspezifischer OleDbType des Parameters (Lese-/Schreibzugriff)
ParameterName	Name des Parameters (Lese-/Schreibzugriff)
Precision	Maximale Anzahl von Ziffern für Value-Eigenschaft (Lese-/Schreibzugriff)
Scale	Anzahl von Dezimalstellen in Value-Eigenschaft (Lese-/Schreibzugriff)
Size	Maximale Größe der Daten in Byte (Lese-/Schreibzugriff)
SourceColumn	Name der Quellspalte des DataSet, die zum Laden oder Zurückgeben der Value-Eigenschaft verwendet wird (Lese-/Schreibzugriff)

Tabelle 3.21 Eigenschaften des Parameter-Objekts

Eigenschaft	Beschreibung
SourceVersion	DataRowVersion beim Laden der Value-Eigenschaft (Current, Original, Proposed, Default; Lese-/Schreibzugriff)
SqlDbType	Providerspezifischer SqlDbType des Parameters (Lese-/Schreibzugriff)
Value	Wert des Parameters (Lese-/Schreibzugriff)

Tabelle 3.21 Eigenschaften des *Parameter*-Objekts *(Fortsetzung)*

DataReader-Objekt

Eigenschaft	Beschreibung
Depth	Ruft einen Wert ab, der die Tiefe der Schachtelung für die aktuelle Zeile angibt
FieldCount	Ruft die Anzahl der Spalten in der aktuellen Zeile ab
IsClosed	Gibt an, ob der Datenreader geschlossen ist
Item	Ruft den Wert einer Spalte im systemeigenen Format ab
RecordsAffected	Ruft die Anzahl der durch die Ausführung der SQL-Anweisung geänderten, eingefügten oder gelöschten Zeilen ab

Tabelle 3.22 Eigenschaften des *DataReader*-Objekts

Methode	Beschreibung
Close()	Schließt den DataReader
GetBoolean(), GetDateTime(), GetString(), GetFloat(), ...	Ruft Spalteninhalt als Wert eines bestimmten Datentyps ab (siehe Online-Hilfe)
GetSchemaTable()	Liefert ein DataTable-Objekt mit den Spaltenmetadaten
GetValue()	Ruft Spalteninhalt im systemeigenen Datenformat ab
IsDBNull()	Gibt an, ob Spalte fehlende Werte enthält
NextResult()	Setzt den DataReader beim Lesen der Ergebnisse von SQL-Batch-Anweisungen auf das nächste Ergebnis
Read()	Setzt den DataReader auf den nächsten Datensatz

Tabelle 3.23 Methoden des *DataReader*-Objekts

DataAdapter

Eigenschaft	Beschreibung
AcceptChangesDuringFill	Bestimmt, ob AcceptChanges für eine DataRow nach dem Hinzufügen zu einer DataTable aufgerufen werden soll (Lese-/Schreibzugriff)
ContinueUpdateOnError	Bestimmt, ob beim Auftreten eines Fehlers während der Aktualisierung von Zeilen eine Ausnahme ausgelöst oder die Zeile übersprungen werden soll (Lese-/Schreibzugriff)

Tabelle 3.24 Eigenschaften des *DataAdapter*-Objekts

Eigenschaft	Beschreibung
DeleteCommand	SQL-Anweisung oder gespeicherte Prozedur zum Löschen von Datensätzen in der Datenquelle (Lese-/Schreibzugriff)
InsertCommand	SQL-Anweisung oder gespeicherte Prozedur zum Hinzufügen neuer Datensätze zur Datenquelle (Lese-/Schreibzugriff)
MissingMappingAction	Bestimmt die auszuführende Aktion, wenn für eingehende Daten keine entsprechende Tabelle oder Spalte vorhanden ist
MissingSchemaAction	Bestimmt, was geschehen soll, wenn kein Schema für eine Tabelle vorhanden ist oder keine Schlüssel-spalte übertragen wurde
SelectCommand	SQL-Anweisung oder gespeicherte Prozedur, um Datensätze in der Datenquelle auszuwählen (Lese-/Schreibzugriff)
TableMappings	Auflistung für die Masterzuordnung zwischen einer Quelltabelle und einer DataTable
UpdateCommand	SQL-Anweisung oder gespeicherte Prozedur zum Aktualisieren von Datensätzen in der Datenquelle (Lese-/Schreibzugriff)

Tabelle 3.24 Eigenschaften des DataAdapter-Objekts (Fortsetzung)

Methode	Beschreibung
Fill()	Transportiert Zeilen aus der Datenquelle zum DataSet
FillSchema()	Fügt einem DataSet eine DataTable hinzu und passt deren Schema dem Schema in der Datenquelle an
GetFillParameters()	Liefert die Parameter, die vom Benutzer beim Ausführen einer SELECT-Anweisung festgelegt wurden
Update()	Ruft für jede eingefügte, aktualisierte oder gelöschte Zeile im DataSet die INSERT-, UPDATE- bzw. DELETE-Anweisung auf

Tabelle 3.25 Methoden des DataAdapter-Objekts

Ereignis	... wird ausgelöst, wenn ...
FillError	... während eines Füllvorgangs ein Fehler auftritt
RowUpdated	... während der Ausführung von Update ein Aktualisierungsbefehl für die Datenquelle ausgeführt wurde
RowUpdating	... während der Ausführung von Update ein Befehl für die Datenquelle ausgeführt werden soll

Tabelle 3.26 Ereignisse des DataAdapter-Objekts

CommandBuilder

Eigenschaft	Beschreibung
DataAdapter	DataAdapter-Objekt, für welches der CommandBuilder arbeitet
QuotePrefix	Anfangszeichen, die bei Namen für z. B. Tabellen oder Spalten anstatt Zeichen wie Leerzeichen ver-wendet werden sollen (Lese-/Schreibzugriff)
QuoteSuffix	Wie QuotePrefix, aber für Endzeichen

Tabelle 3.27 Eigenschaften des CommandBuilder-Objekts

Methode	Beschreibung
DeriveParameters()	Füllt die Parameters-Auflistung des *Command*-Objekts mit den Parameterinformationen auf
GetDeleteCommand()	Liefert das automatisch generierte *DeleteCommand*-Objekt, wenn eine Anwendung die Update-Methode für den *DataAdapter* aufruft
GetInsertCommand()	Liefert das automatisch generierte *InsertCommand*-Objekt, wenn eine Anwendung die Update-Methode für den *DataAdapter* aufruft
GetUpdateCommand()	Liefert das automatisch generierte *UpdateCommand*-Objekt, wenn eine Anwendung die Update-Methode für den *DataAdapter* aufruft
RefreshSchema()	Aktualisiert die Schemainformationen der Datenbank, die zum Generieren von INSERT-, UPDATE- und DELETE-Anweisungen verwendet werden

Tabelle 3.28 Methoden des *CommandBuilder*-Objekts

Kapitel 4

Das DataSet-Objekt im Detail

In diesem Kapitel:

Einführung	230
Das DataTable-Objekt	237
Datenansichten mit DataView	256
Weitere DataSet-Features	260
Typisierte DataSets	263
LINQ to DataSet	268
How-to-Beispiele	273
Übersichten	305

In diesem Kapitel, welches sich methodisch an seinen Vorgänger anfügt, wird das ADO.NET-Objektmodell um seine zweite Hälfte – die unverbundenen Objekte bzw. Datenkonsumenten – ergänzt. Da das *DataSet* zweifelsfrei das Kernobjekt von ADO.NET ist, dürfte das vorliegende Kapitel deshalb mit zu den wichtigsten dieses Buchs zählen.

Einführung

Beim *DataSet* handelt sich um eine ziemlich komplexe »Minidatenbank«, die komplett im Arbeitsspeicher gehalten wird und deren Interaktion mit vorhandenen Datenbanken in der Regel vom *DataAdapter*-Objekt gesteuert wird. Allerdings hinkt der Vergleich mit einer Minidatenbank etwas, denn das *DataSet* kennt keinerlei Datenbankmanager (wie z.B. die Jet-Engine bei Access), es kennt keinen aktuellen Datensatz, keinen Cursor[1] und kein SQL. Genau genommen ist das *DataSet* ein clientseitiger Datencache (Pufferspeicher), der die Änderungen mitprotokolliert[2].

Dem vom alten ADO kommenden Umsteiger wird deshalb vieles in Erstaunen versetzen. So wurden die vertrauten *MoveFirst-*, *MoveNext*-Methoden ersatzlos gestrichen, denn aufgrund der objektbasierten Array-Struktur kann der Programmierer jetzt sofort auf jeden Datensatz zugreifen, ohne sich erst mühselig »hinbewegen« zu müssen.

Es spielt auch keine Rolle, von welchem der .NET-Datenprovider das *DataSet* mit Daten gefüllt wurde oder ob es seine Daten auf andere Weise (z.B. aus einer XML-Datei oder direkt aus dem Programm) erhalten hat. Sie werden beim *DataSet*-Objekt auch keine Eigenschaften oder Methoden finden, die Aufschluss über die Datenherkunft geben.

HINWEIS   Dem *DataSet* ist es völlig egal, woher seine Daten kommen!

Da wir im Zusammenhang mit der *Fill-* und *Update*-Methode des *DataAdapter*-Objekts (siehe Kapitel 3) bereits ausführlich auf den Datentransport zwischen Datenquelle und *DataSet* eingegangen sind, können wir uns im Folgenden ganz auf den inneren Aufbau und die spezifischen Funktionalitäten des *DataSet*s konzentrieren.

Das Objektmodell

Im Gegensatz zum klassischen Recordset ist das ADO.NET-*DataSet* konsequent objektorientiert aufgebaut.

Objekthierarchie

Eine detaillierte Darstellung der Objekthierarchie zeigt die nachfolgende Abbildung.

---

[1] Die exakte Bedeutung für *Cursor* ist in diesem Zusammenhang nicht etwa »Datensatzzeiger«, wie oft fälschlich angenommen wird, sondern es handelt sich schlicht um die Abkürzung für *Current Set of Records*!

[2] Das Prinzip eines serverseitigen Cursors wird unter ADO.NET durch die *DataReader*-Klasse umgesetzt.

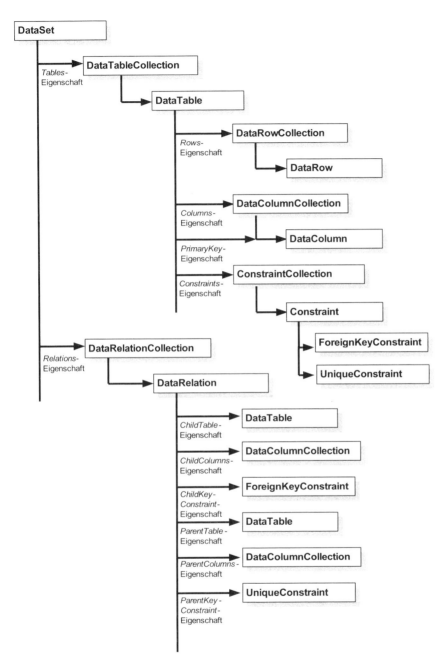

Abbildung 4.1 Objekthierarchie des *DataSet*s

Die wichtigsten Klassen

Die folgende Tabelle 4.1 vermittelt Ihnen zunächst einen groben Überblick über die wichtigsten Klassen.

Klasse (System.Data)	Bedeutung
DataSet	Repräsentiert eine »Mini-Datenbank«, die (ohne Verbindung zur Datenquelle) autark im Arbeitsspeicher existiert und sowohl Daten (das können mehrere Tabellen sein) als auch Strukturinformationen (Metadaten) und Beziehungen (Relationen) zwischen den Tabellen enthält
DataTable	Entspricht einer einzelnen Tabelle im DataSet-Objekt
DataView	Visualisiert eine DataTable bzw. einen Ausschnitt davon und erlaubt den Zugriff auf einzelne Zeilen und Spalten
DataRow	Entspricht einer einzelnen Zeile (quasi Datensatz) innerhalb eines DataTable-Objekts
DataColumn	Entspricht einer einzelnen Spalte (quasi Felddefinition) innerhalb eines DataTable-Objekts
DataRelation	Stellt die Verknüpfung zwischen einzelnen Tabellen im DataSet her und überwacht die referenzielle Integrität

Tabelle 4.1 Das DataSet und seine wichtigsten Klassen

Methoden zum Erzeugen eines DataSets

In den bisherigen Beispielen des Kapitels haben wir die DataSet-Instanzen meist durch Aufrufen eines argumentfreien DataSet-Konstruktors erstellt. Dabei wurde die Name-Eigenschaft des DataSets automatisch auf NewDataSet festgelegt.

Mit einem anderen Konstruktor lässt sich auch ein Namensargument übergeben:

```
Dim ds As New DataSet(Name As String)
```

BEISPIEL

Das Erstellen einer DataSet-Instanz.

```
Dim kuDS As New DataSet("KundenListe")
```

Sie können ein neues DataSet aber auch auf Basis eines bereits vorhandenen DataSets erstellen. Beim Kopieren stehen Ihnen folgende Möglichkeiten zur Verfügung:

- Eine exakte Kopie, einschließlich Schema, Daten, Informationen zum Zeilenstatus und Zeilenversionen (siehe Copy-Methode)

- Eine Teilmenge des DataSets, die nur die geänderten Zeilen enthält (siehe GetChanges-Methode)

- Ein leeres DataSet, welches nur das Schema und die relationale Struktur enthält (siehe Clone-Methode)

HINWEIS   Diese Möglichkeiten gelten auch für DataTable-Objekte!

Copy-Methode

Diese Methode verwenden Sie zum Erstellen einer exakten Kopie des DataSets, die sowohl das Schema (Struktur) als auch die Daten enthält.

Erstellen einer exakten Kopie von *kuDS*

```
Dim copyDS As DataSet = kuDS.Copy()
```

Clone-Methode

Die mit der *Clone*-Methode erzeugte Kopie eines *DataSet*s enthält hingegen nur die Struktur- bzw. Schema-informationen.

Ein Klon eines *DataSet*s wird erstellt.

```
Dim klonDS As DataSet = DS.Clone()
```

GetChanges-/HasChanges-Methode

Mit der *GetChanges*-Methode erstellen Sie eine Kopie, die das Schema und nur die Daten enthält, die

- *Added*-Zeilen
- *Modified*-Zeilen oder
- *Deleted*-Zeilen

darstellen.

Mit *GetChanges* können außerdem nur Zeilen mit einem bestimmten Zeilenstatus geliefert werden, indem beim Aufruf ein *DataRowState*-Wert übergeben wird.

Übergabe eines *DataRowState* beim Aufrufen von *GetChanges*

```
Dim changeDS As DataSet = custDS.GetChanges()                      ' alle Änderungen kopieren
Dim addedDS As DataSet = custDS.GetChanges(DataRowState.Added)     ' nur neue Zeilen kopieren
```

HINWEIS   Durch den Einsatz von *GetChanges* können Sie den Datenverkehr zwischen Geschäftslogik und Datenbank optimieren, weil nicht das gesamte *DataSet* übergeben werden muss, um Änderungen abzugleichen.

Die *HasChanges*-Methode hat eine ähnliche Syntax wie *GetChanges*, nur dass der Rückgabewert *True/False* ist, je nachdem ob Zeilen im *DataSet* geändert wurden oder nicht.

Die folgende Bedingung ist dann erfüllt, wenn zum DataSet *ds* neue Zeilen hinzugefügt wurden. Die neu hinzugefügten Zeilen werden dann in ein weiteres DataSet *ds1* kopiert.

```
If ds.HasChanges(DataRowState.Added) Then
   Dim ds1 As DataSet = ds.GetChanges(DataRowState.Added)
End If
```

Weitere wichtige Methoden des DataSets

Wie die meisten bisher erörterten Methoden gelten die folgenden mit analoger Bedeutung auch für *DataTable* und *DataRow*.

RejectChanges-/AcceptChanges-Methode

RejectChanges führt zu einer Rücknahme aller am *DataSet* vorgenommenen Änderungen seit seiner Erzeugung oder seit dem letztmaligen Aufruf der *AcceptChanges*-Methode.

AcceptChanges bestätigt alle am *DataSet* vorgenommenen Änderungen seitdem es geladen wurde oder seitdem letztmalig *AcceptChanges* aufgerufen wurde. Der Aufruf von *AcceptChanges* bewirkt, dass ein nachfolgendes *GetChanges* den Wert *Nothing* liefert, es handelt sich also quasi um einen »Reset« des Änderungsstatus.

Ein Anwendungsbeispiel für das Zusammenwirken dieser Methoden siehe *Merge*-Methode!

Merge-Methode

Mit *Merge* können Sie den Inhalt von zwei *DataSet*-Objekten zu einem einzigen *DataSet* kombinieren.

BEISPIEL

```
Dim ds1 As New DataSet()
...
Dim ds2 As New DataSet()
...
ds1.Merge(ds2)
```

Anwendungen von *Merge* (wie im obigen Beispiel) sind nicht sonderlich beeindruckend. Eine größere Bedeutung hat diese Methode aber z.B. in Zusammenarbeit mit der *GetChanges*-Methode bei der Aktualisierung einer Datenbank.

BEISPIEL

In die *Artikel*-Tabelle der Datenbank *Nordwind.mdb* werden die geänderten Datensätze zurückgeschrieben.

```
Dim ds1 As DataSet = ds.GetChanges()
If ds1 IsNot Nothing Then
    Try
        setArtikel(ds1)
        ds.Merge(ds1)
        ds.AcceptChanges()
        MessageBox.Show("Datenbank wurde aktualisiert!", "Erfolg")
    Catch ex As Exception
        ds.RejectChanges()
        MessageBox.Show(ex.Message, "Fehler")
    End Try
End If
```

Die *Merge*-Methode funktioniert nur dann richtig, wenn die passenden Primärschlüsselinformationen vorliegen (*PrimaryKey*-Eigenschaft der entsprechenden *DataTable*), ansonsten kommt es nicht zu einem »Vermischen«, sondern nur zu einem »Aneinanderhängen« der Datensätze. Insbesondere beim Neuhinzufügen von Datensätzen gewinnt dabei die *MissingSchemaAction*-Eigenschaft des *DataAdapter* an Bedeutung (siehe Kapitel 3).

HINWEIS	Den kompletten Code finden Sie im How-to 3.6 »... die Datenbank aktualisieren?«.

Die XML-Fähigkeiten des DataSets

Das *DataSet* ist strikt XML-orientiert aufgebaut. Die Tabelle zeigt die wichtigsten XML-Methoden, wie sie gleichermaßen auch für die *DataTable* gelten.

Methode	Bedeutung
GetXml	Liefert einen String mit den Daten des *DataSet*-Objekts
GetXmlSchema	Liefert einen String mit dem XSD-Schema des durch *GetXml* gewonnenen XML
WriteXml	Schreibt die XML-Darstellung (mit/ohne XSD-Schema) des *DataSet*-Objekts in ein *Stream*-, ein *TextWriter*-, ein *XmlWriter*-Objekt oder in eine Datei
WriteXmlSchema	Schreibt das XSD-Schema eines *DataSet*-Objekts in ein *Stream*-, ein *TextWriter*- oder ein *XmlWriter*-Objekt oder in eine Datei
ReadXml	Liest den XML-Code ein, welcher mit *WriteXml* geschrieben wurde
ReadXmlSchema	Liest das XSD-Schema ein, welches durch *WriteXmlSchema* geschrieben wurde

Tabelle 4.2 XML-Methoden des *DataSet*s

XML-Datei erzeugen

Anhand eines konkreten Beispiels, welches mit einem *DataRelation*-Objekt arbeitet, soll die Problematik verdeutlicht werden.

BEISPIEL

Es wird ein gültiges *OleDbConnection*-Objekt *conn* zur *Nordwind*-Datenbank vorausgesetzt. Im *DataSet* werden die Tabellen *Kunden* und *Bestellungen* verwendet.

```
Dim selStr As String =
                "SELECT TOP 5 KundenCode, Firma, Ort FROM Kunden WHERE KundenCode = 'ALFKI'"
Dim da As New OleDbDataAdapter (selStr, conn)
Dim das As New DataSet("Sender")
conn.Open()
```

Mastertabelle füllen:

```
da.Fill(ds, "KundeAlf")
selStr = "SELECT Bestellungen.* FROM Kunden, Bestellungen " &
        "WHERE (Kunden.KundenCode = Bestellungen.KundenCode) AND (Kunden.KundenCode = 'ALFKI')"

Dim da As New OleDbDataAdapter(selStr, conn)
```

Detailtabelle füllen:

```
da.Fill(ds, "Bestellungen")
conn.Close()
```

Beide Tabellen verknüpfen:

```
ds.Relations.Add("KundenBestellungen", ds.Tables("Kunden").Columns("KundenCode"),
                          ds.Tables("Bestellungen").Columns("KundenCode"))
```

XML-Datei erzeugen:

```
ds.WriteXml("Temp.xml", XmlWriteMode.WriteSchema)
```

Inhalt der XML-Datei

Im Projektverzeichnis findet sich jetzt die Datei *Temp.xml*. Per Doppelklick kann ihr Inhalt im Internet Explorer angezeigt werden. Hier ein Ausschnitt:

```
<?xml version="1.0" standalone="yes" ?>
- <Sender>
```

Am Anfang stehen die Schemadaten, sie beinhalten die Strukturinformationen einschließlich der Beziehungen (Relationen) zwischen den Tabellen:

```
- <xs:schema id="Sender" xmlns="" xmlns:xs="http://www.w3.org/2001/XMLSchema"
xmlns:msdata="urn:schemas-microsoft-com:xml-msdata">
- <xs:element name="Sender" msdata:IsDataSet="true" msdata:Locale="de-DE">
- <xs:complexType>
- <xs:choice maxOccurs="unbounded">
- <xs:element name="KundeAlf">
- <xs:complexType>
- <xs:sequence>
  <xs:element name="Kunden-Code" type="xs:string" minOccurs="0" />
   <xs:element name="Firma" type="xs:string" minOccurs="0" />
  <xs:element name="Ort" type="xs:string" minOccurs="0" />
  </xs:sequence>
  </xs:complexType>
  </xs:element>
- <xs:element name="Bestellungen">
- <xs:complexType>
- <xs:sequence>
  <xs:element name="Bestell-Nr" type="xs:int" minOccurs="0" />
  <xs:element name="Kunden-Code" type="xs:string" minOccurs="0" />
  <xs:element name="Personal-Nr" type="xs:int" minOccurs="0" />
  <xs:element name="Bestelldatum" type="xs:dateTime" minOccurs="0" />
...
  </xs:sequence>
</xs:complexType>
  </xs:element>
  </xs:choice>
  </xs:complexType>
- <xs:unique name="Constraint1">
  <xs:selector xpath=".//KundeAlf" />
  <xs:field xpath="Kunden-Code" />
  </xs:unique>
```

```
- <xs:keyref name="Bestellungen_Alf" refer="Constraint1">
  <xs:selector xpath=".//BestellungenAlf" />
  <xs:field xpath="Kunden-Code" />
  </xs:keyref>
  </xs:element>
  </xs:schema>
```

Erst jetzt kommt der eigentliche Inhalt:

```
- <KundeAlf>
  <Kunden-Code>ALFKI</Kunden-Code>
  <Firma>Alfreds Futterkiste</Firma>
  <Kontaktperson>Maria Anders</Kontaktperson>
  <Telefon>030-0074321</Telefon>
  </KundeAlf>
- <BestellungenAlf>
  <Bestell-Nr>10643</Bestell-Nr>
  <Kunden-Code>ALFKI</Kunden-Code>
  <Personal-Nr>6</Personal-Nr>
  <Bestelldatum>1997-08-25T00:00:00.0000000+02:00</Bestelldatum>
  <Lieferdatum>1997-09-22T00:00:00.0000000+02:00</Lieferdatum>
  <Versanddatum>1997-09-02T00:00:00.0000000+02:00</Versanddatum>
  <VersandÜber>1</VersandÜber>
  <Frachtkosten>29.46</Frachtkosten>
  <Empfänger>Alfred's Futterkiste</Empfänger>
  <Straße>Obere Str. 57</Straße>
  <Ort>Berlin</Ort>
  <PLZ>12209</PLZ>
  <Bestimmungsland>Deutschland</Bestimmungsland>
  </BestellungenAlf>
- <BestellungenAlf>
    <Bestell-Nr>10692</Bestell-Nr>
  Kunden-Code>ALFKI</Kunden-Code>
...
  </BestellungenAlf>
  </Sender>
```

Weitere konkrete Informationen entnehmen Sie den folgenden Beispielen:

■ How-to 4.2 »... eine DataTable in einer XML-Datei abspeichern?«

■ How-to 4.10 »... ein DataSet in einen XML-String konvertieren?«

Das DataTable-Objekt

Die eigentliche Datenspeicherung erfolgt in den *DataTable*-Objekten des *DataSet*s. Es ist deshalb logisch, dass die *DataTable* als wichtigstes und komplexestes Mitglied der *DataSet*-Hierarchie unsere besondere Aufmerksamkeit verdient.

DataTable erzeugen

Bereits im Vorgängerkapitel hatten wir im Zusammenhang mit der *Fill*-Methode des *DataAdapter*s häufig *DataTable*-Objekte erzeugt.

BEISPIEL

In ein vorhandenes *DataSet* wird mittels eines *DataAdapter*-Objekts *da* ein neues *DataTable*-Objekt *dt* mit der *TableName*-Eigenschaft *Artikel_Liste* eingefügt.

```
da.Fill(ds, "Artikel_Liste")
```

Sie können eine neue *DataTable* auch direkt an die *Tables*-Collection des *DataSets* anfügen.

BEISPIEL

Eine *DataTable* wird erzeugt.

```
Dim dt As DataTable = ds.Tables.Add("Ku_Liste")
```

Unabhängige DataTable

Eine *DataTable* muss man nicht immer nur im Zusammenhang mit Datenbanken oder *DataSets* betrachten, sie kann auch ähnlich wie ein zweidimensionales strukturiertes Array benutzt werden.

Um zu einer unabhängigen neuen *DataTable* zu kommen, verwenden Sie den üblichen Konstruktor, dem Sie optional die *TableName*-Eigenschaft übergeben können:

```
Dim dt As New DataTable(Name As String)
```

BEISPIEL

Ein unabhängiges *DataTable*-Objekt wird erzeugt.

```
Dim dt As New DataTable("Artikel_Liste")
```

HINWEIS   Wer sofort mit der *DataTable* und ihren Objekten arbeiten möchte, kann gleich mit dem How-to 4.1 »... eine DataTable erzeugen und in einer Binärdatei speichern?« beginnen.

Kopieren

Oft ist es einfacher, ein neues *DataTable*-Objekt durch Kopieren aus einer bereits vorhandenen *DataTable* zu erzeugen, anstatt es von Grund auf neu zu erstellen. Genauso wie beim *DataSet* stehen Ihnen auch hier die drei Möglichkeiten mittels *Copy-*, *GetChanges-* und *Clone*-Methode zur Verfügung.

Spalten hinzufügen

Das Schema bzw. die Struktur der *DataTable* wird – zusammen mit etwaigen Einschränkungen (Constraints) – durch eine Auflistung von *DataColumn*-Objekten bestimmt (*Columns*-Eigenschaft).

Zum Erstellen von *DataColumn*-Objekten gibt es die beiden .NET-typischen Möglichkeiten

- *DataColumn*-Konstruktor verwenden oder
- *Add*-Methode der *Columns*-Eigenschaft der *DataTable* aufrufen

Die *Add*-Methode akzeptiert optionale *ColumnName-*, *DataType-* und *Expression*-Argumente oder auch ein vorhandenes *DataColumn*-Objekt. Weil *DataTable*-Objekte nicht spezifisch für einen bestimmten .NET-Datenprovider ausgelegt sind, werden für den Datentyp die .NET Framework-Typen verwendet.

BEISPIEL

Eine *DataTable* wird erzeugt und vier Spalten werden hinzugefügt. Die Eigenschaften für die *KundenCode*-Spalte verbieten *DBNull*-Werte und verlangen, dass die Werte eindeutig sein müssen.

```
Dim dt As New DataTable("Kunden")
Dim col As DataColumn = dt.Columns.Add("KundenCode", GetType(System.Int32))
col.AllowDBNull = False
col.Unique = True
With dt.Columns
    .Add("Firma", GetType(System.String))
    .Add("Kontaktperson", GetType(System.String))
    .Add("Gehalt", GetTypeof(System.Double))
End With
```

HINWEIS Geben Sie für eine Spalte keinen Namen an, so erhält sie den inkrementellen Standardnamen »ColumnN...«, beginnend mit »Column1«, wenn sie zur *DataColumnCollection* hinzugefügt wird.

Berechnete Spalten

Mit der *Expression*-Eigenschaft einer *DataColumn* wird der Wert einer Spalte berechnet bzw. eine Aggregatspalte erstellt. Der Rückgabetyp des Ausdrucks wird durch den *DataType* der Spalte bestimmt.

BEISPIEL

Berechnen der Mehrwertsteuer

```
ds.Tables("Artikel").Columns("MWST").Expression = "Einzelpreis * 0.19"
```

Sie können auch selbst neue berechnete Spalten zu einer *DataTable* hinzufügen:

BEISPIEL

Es wird eine neue Spalte *Name* hinzugefügt, welche die bereits vorhandenen Spalten *Vorname* und *Nachname* zusammenfasst.

```
Dim col As New DataColumn("Name", GetType(System.String))
col.Expression = "Vorname & ' ' & Nachname"
dt.Columns.Add(col)
```

Wie auch bei einem berechneten Wert wird bei einem Aggregat eine Operation auf Grundlage des gesamten Zeilensets in der *DataTable* durchgeführt.

BEISPIEL

Die Anzahl der aufgenommenen Bestellungen eines Verkäufers wird gezählt.

```
ds.Tables("Bestellungen").Columns("AnzahlBestellungen").Expression = "Count(BestellNr)"
```

Primärschlüssel ergänzen

Zu (fast) jeder Datenbanktabelle gehört eine Spalte (oder auch mehrere), die jede Zeile eindeutig identifiziert und die als *Primärschlüssel* bezeichnet wird. Die *PrimaryKey*-Eigenschaft einer *DataTable* erhält als Wert ein Array aus einem oder auch mehreren *DataColumn*-Objekten.

BEISPIEL

Definition einer einzelnen Spalte als Primärschlüssel

```
Dim colArr(1) As DataColumn              ' Array mit einem einzigen Feld, das den Index 0 hat!
colArr(0) = dt.Columns("KundenCode")     '  Feld wird gefüllt
dt.PrimaryKey = colArr                   '  PrimaryKey-Eigenschaft wird zugewiesen
```

Man kann die Definition eines Primärschlüssels auch in nur einer einzigen Zeile zusammenfassen, wodurch der Code allerdings etwas unübersichtlicher wirkt.

BEISPIEL

Das gleiche Ergebnis wie im Vorgängerbeispiel

```
dt.PrimaryKey = New DataColumn() {dt.Columns("KundenCode")}
```

Ab und zu (z.B. bei Interselektionstabellen) braucht man auch zusammengesetzte Primärschlüssel, die aus zwei und (selten) noch mehr Spalten bestehen. Auch hier gibt es die Möglichkeiten der ausführlichen und der verkürzten Definition.

BEISPIEL

Zwei Spalten werden als Primärschlüssel zusammengefasst.

Ausführliche Variante:

```
Dim primKey(2) As DataColumn
primKey(0) = dt.Columns("Firma")
primKey(1) = dt.Columns("Kontaktperson")
dt.PrimaryKey = primKey
```

Verkürzte Variante:

```
dt.PrimaryKey = New DataColumn() {dt.Columns("Firma"), dt.Columns("Kontaktperson")}
```

Bemerkungen

- Haben Sie eine *DataTable* mittels *Fill*-Methode des *DataAdapters* gefüllt, so enthält die *DataTable* nur dann Primärschlüsselinformationen, wenn die *MissingSchemaAction* des *DataAdapters* auf *AddWithKey* gesetzt wurde

- Soll die Primärschlüsselspalte automatisch inkrementiert werden, so setzen Sie die Eigenschaften *AutoIncrement = True* und *AutoIncrementSeed = 1*

- Legen Sie eine *DataColumn* als *PrimaryKey* fest, so setzt die *DataTable* automatisch die *AllowDBNull*-Eigenschaft der Spalte auf *False* und die *Unique*-Eigenschaft auf *True*. Bei zusammengesetzten Primärschlüsseln wird nur die *AllowDBNull*-Eigenschaft automatisch *False* gesetzt.

> **HINWEIS**   Sie können in Verbindung mit der *Find*-Methode der *DataRowCollection* einen Primärschlüssel auch vorteilhaft für den Zugriff auf den Inhalt einer *DataTable* verwenden (siehe How-to 4.5 »... nach Datensätzen suchen?«).

Einbinden von Constraints

Unter einem Constraint bzw. einer Einschränkung versteht man eine Regel für eine Spalte, welche die weiteren Aktionen festlegt, wenn der Wert der Spalte sich verändert.

> **HINWEIS**   Constraints werden nur dann durchgesetzt, wenn die *EnforceConstraints*-Eigenschaft des *DataSets* den Wert *True* hat.

In ADO.NET gibt es zwei Arten von Constraints:

- die Fremdschlüsseleinschränkung (*ForeignKeyConstraint*) und

- die eindeutige Einschränkung (*UniqueConstraint*)

Beide Constraints werden standardmäßig erstellt, wenn Sie zum *DataSet* eine *DataRelation* hinzufügen, es sei denn, Sie haben beim Erstellen der *DataRelation* die Eigenschaft *CreateConstraints = False* festgelegt.

ForeignKeyConstraint

Die durch ein *ForeignKeyConstraint*-Objekt definierten Regeln legen fest, wie Aktualisierungen und Löschvorgänge an verknüpfte Tabellen weiterzugeben sind. Wenn Sie beispielsweise einen Wert in einer Tabellenzeile aktualisieren oder löschen und dieser Wert auch in einer oder mehreren verknüpften Tabellen verwendet wird, bestimmt eine *ForeignKeyConstraint*, was in den verknüpften Tabellen passieren soll.

Die Eigenschaften *DeleteRule* und *UpdateRule* der *ForeignKeyConstraint* definieren die Aktionen, die ausgeführt werden, wenn der Benutzer versucht, eine Zeile in einer verknüpften Tabelle zu löschen oder zu aktualisieren.

Die folgende Tabelle zeigt die Mitglieder der *Rules*-Enumeration für die Eigenschaften *DeleteRule* und *UpdateRule* der *ForeignKeyConstraint*:

Einstellung	Beschreibung
Cascade	Alle verknüpften Zeilen werden gelöscht oder aktualisiert (Standard)
SetNull	Die Werte in den verknüpften Zeilen werden auf *DBNull* gesetzt
SetDefault	Die Werte in verknüpften Zeilen werden auf ihren Standardwert gesetzt
None	In den verknüpften Zeilen wird keine Aktion ausgeführt

Tabelle 4.3 Mitglieder der *Rules*-Enumeration

Sie können beim Erzeugen einer *ForeignKeyConstraint* den *DeleteRule*- und den *UpdateRule*-Wert entweder an den Konstruktor übergeben oder als Eigenschaften festlegen.

Die Tabellen *Kunden* und *Bestellungen* sind miteinander verknüpft.

```
Dim kuBestFK As New ForeignKeyConstraint("kuBestFK",
                        kuDS.Tables("Kunden").Columns("KundenCode"),
                        kuDS.Tables("Bestellungen").Columns("KundenCode"))
```

Ein Kunde mit Bestellungen kann nicht gelöscht werden (für *UpdateRule* wurde der Standardwert *Cascade* festgelegt):

```
KuBestFK.DeleteRule = Rule.None
```

```
custDS.Tables("BestTable").Constraints.Add(custOrderFK)
```

AcceptRejectRule-Eigenschaft

Die *AcceptRejectRule*-Eigenschaft der *ForeignKeyConstraint* bestimmt, welche Aktion in den untergeordneten Zeilen auszuführen ist, wenn in der übergeordneten Zeile *AcceptChanges* oder *RejectChanges* aufgerufen wird.

Mit der *AcceptChanges*-Methode von *DataSet*, *DataTable* oder *DataRow* können Änderungen an Zeilen übernommen werden. Der Abbruch erfolgt mit der *RejectChanges*-Methode.

Aktion	Beschreibung
Cascade	Änderungen in untergeordneten Zeilen werden akzeptiert oder zurückgewiesen (Standard)
None	In den untergeordneten Zeilen wird keinerlei Aktion ausgeführt

Tabelle 4.4 Die Werte für *AcceptRejectRule*

UniqueConstraint

Das *UniqueConstraint*-Objekt kann entweder einer einzelnen Spalte oder einem Array aus Spalten in einer *DataTable* zugewiesen werden und stellt sicher, dass alle Daten in den angegebenen Spalten eindeutig sind.

Sie können eine *UniqueConstraint* einrichten, indem Sie die *Unique*-Eigenschaft der Spalte auf *True* setzen. Andererseits werden alle möglicherweise vorhandenen *UniqueConstraints* entfernt, wenn die *Unique*-Eigenschaft einer einzelnen Spalte *False* ist.

Durch das Definieren eines Primärschlüssels für eine Tabelle wird automatisch ein *UniqueConstraint* für die angegebene(n) Spalte(n) erstellt. Entfernen Sie die *PrimaryKey*-Eigenschaft einer Spalte, wird auch die *UniqueConstraint* entfernt.

Eine *UniqueConstraint* für zwei Spalten einer *DataTable* wird erstellt.

```
Dim dt As DataTable = ds.Tables("Kunden")
Dim uc As New UniqueConstraint(New DataColumn() {dt.Columns("KundenCode"), dt.Columns("Firma")})
ds.Tables("Kunden").Constraints.Add(uc)
```

Hinzufügen von Relationen

Eine *DataRelation* wird zum Definieren von Beziehungen zwischen über- und untergeordneten *Data-Column*-Objekten desselben Datentyps verwendet. Meist handelt es sich hier um eine Beziehung zwischen einer Primärschlüssel- und einer Fremdschlüssel-Spalte (Master-Detail-Relation). Derartige Beziehungen legen Regeln und Einschränkungen (Constraints) fest, die zur Laufzeit zu überwachen sind.

BEISPIEL

Die Datenspalte *KundenCode* aus der Tabelle *Bestellungen* ist ein Fremdschlüssel, der auf den Primärschlüssel *KundenCode* aus der Tabelle *Kunden* verweist. Damit sind jedem Kunden keine, eine oder mehrere Bestellungen zugeordnet (1:m-Beziehung).

Weil ein *DataSet* in der Regel über mehrere *DataAdapter* aus verschiedenen Datenbanktabellen gefüllt werden kann, müssen die *DataRelation*-Objekte die erforderlichen Verknüpfungen zwischen den *DataTable*s herstellen.

Erstellen einer DataRelation

DataRelation-Objekte sind in einer *DataRelationCollection* enthalten, auf die Sie über die *Relations*-Eigenschaft des *DataSets* zugreifen.

HINWEIS   Damit Sie eine Relation zwischen zwei Tabellen erstellen können, muss der *DataType*-Wert für beide Spalten identisch sein.

BEISPIEL

Die Tabellen *Kunden* und *Bestellungen* der Datenbank *Nordwind.mdb* werden in ein *DataSet* geladen und durch eine *DataRelation* miteinander verknüpft. Die verknüpften Tabellen werden in einem *DataGrid* angezeigt.

```
Imports System.Data.OleDb
...
Dim conn As New OleDbConnection(
                "Provider=Microsoft.Jet.OLEDB.4.0; Data Source=Nordwind.mdb;")
Dim selStr As String = "SELECT KundenCode, Firma, Kontaktperson, Telefon FROM Kunden"
Dim da As New OleDbDataAdapter(selStr, conn)
Dim ds As New DataSet()
conn.Open()
da.Fill(ds, "Kunden")
selStr = "SELECT Bestellungen.BestellNr, Bestellungen.KundenCode, » & 
         "Bestellungen.Bestelldatum, Bestellungen.Versanddatum " & 
         "FROM Kunden, Bestellungen WHERE (Kunden.KundenCode = Bestellungen.KundenCode)"
Dim da As New OleDbDataAdapter(selStr, conn)
da.Fill(ds, "Bestellungen")
conn.Close()
ds.Relations.Add("KundenBestellungen", ds.Tables("Kunden").Columns("KundenCode"),
                             ds.Tables("Bestellungen").Columns("KundenCode"))
DataGrid1.SetDataBinding(ds, "Kunden")
```

HINWEIS   Das komplette Beispiel finden Sie unter How-to 4.3 »... Master-Detailbeziehungen im DataGrid anzeigen?«.

Aus obigem Code ist ersichtlich, dass das Erstellen und Hinzufügen einer *DataRelation* innerhalb einer einzigen Befehlszeile abgewickelt werden kann. Wer es gerne ausführlicher hätte, der sollte sich das folgende Beispiel anschauen.

BEISPIEL

Die im Vorgängerbeispiel fettgedruckte Befehlszeile kann durch folgenden Code ersetzt werden:

```
Dim parentCol As DataColumn = ds.Tables("Kunden").Columns("KundenCode")
Dim childCol As DataColumn = ds.Tables("Bestellungen").Columns("KundenCode")
Dim relKuBest As New DataRelation("KundenBestellungen", parentCol, childCol)
ds.Relations.Add(relKuBest)
```

GetChildRows-Methode

Mit der *GetChildRows*-Methode einer *DataRow* können Sie alle untergeordneten *DataRow*-Objekte abrufen.

BEISPIEL

Es wird eine *DataRelation* zwischen der *Kunden*-Tabelle und der *Bestellungen*-Tabelle erzeugt. Alle Bestellungen pro Kunde werden in einer *ListBox* ausgegeben.

```
Dim relKuBest As DataRelation = ds.Relations.Add("KundenBestellungen",
                      ds.Tables("Kunden").Columns("KundenCode"),
                      ds.Tables("Bestellungen").Columns("KundenCode"))

For Each kuRow As DataRow In ds.Tables("Kunden").Rows
    ListBox1.Items.Add(kuRow("KundenCode"))
    For Each bestRow As DataRow In kuRow.GetChildRows(relKuBest)
        ListBox1.Items.Add(bestRow("BestellNr"))
    Next
Next
```

Beim Erstellen der *DataRelation* für die Tabellen *Kunden* und *Bestellungen* wurde davon ausgegangen, dass alle Zeilen in der *Bestellungen*-Tabelle einen *KundenCode* haben, der auch in der übergeordneten *Kunden*-Tabelle existiert. Besitzt die Tabelle *Bestellungen* einen *KundenCode*, der nicht in der *Kunden*-Tabelle vorhanden ist, wird durch eine *ForeignKeyConstraint* eine Fehlermeldung ausgelöst.

HINWEIS   Auf gleiche Weise können Sie mit der *GetParentRow*-Methode auf den übergeordneten Datensatz zugreifen. Dann ist das Ergebnis kein Array, sondern nur ein einzelner Datensatz.

CreateConstraints-Flag

Müssen Sie damit rechnen, dass die untergeordnete Spalte möglicherweise Werte enthält, die in der übergeordneten Spalte nicht enthalten sind, so legen Sie *False* für das *CreateConstraints*-Flag beim Hinzufügen der *DataRelation* fest. Im folgenden Beispiel wird dies zwischen den beiden Tabellen *Bestellungen* und *Bestelldetails* der *Nordwind.mdb*-Datenbank praktiziert.

Die Tabellen *Kunden*, *Bestellungen*, *Bestelldetails* und *Artikel* werden durch drei *DataRelation*-Objekte miteinander verknüpft. Es werden nacheinander alle Kunden mit ihren Bestellungen aufgelistet. Wenn die *Bestelldetails*-Tabelle auf nicht existierende Datensätze aus der Tabelle *Bestellungen* verweist, führt das zu keiner Fehlermeldung.

```
Dim relKuBest As DataRelation = ds.Relations.Add("KundenBestellungen",
        ds.Tables("Kunden").Columns("KundenCode"), ds.Tables("Bestellungen").Columns("KundenCode"))
```

In der folgenden Deklaration hat das *CreateConstraints*-Flag den Wert *False*!

```
Dim relBestDet As DataRelation = ds.Relations.Add("BestellDetail",
                        ds.Tables("Bestellungen").Columns("BestellNr"),
                        ds.Tables("Bestelldetails").Columns("BestellNr"), False)

Dim relBestArt As DataRelation = ds.Relations.Add("BestellungArtikel",
                        ds.Tables("Artikel").Columns("ArtikelNr"),
                        ds.Tables("Bestelldetails").Columns("ArtikelNr"))
For Each kuRow As DataRow In ds.Tables("Kunden").Rows
    ListBox1.Items.Add("Kunden Code:" & kuRow("KundenCode").ToString)
    ListBox1.Items.Add(" ----------------------------")
    For Each bestRow As DataRow In kuRow.GetChildRows(relKuBest)
        With ListBox1.Items
            .Add("  ")
            .Add("Bestell Nr: " & bestRow("BestellNr").ToString)
            .Add("Bestelldatum: " & bestRow("Bestelldatum").ToString)
            For Each detRow As DataRow In bestRow.GetChildRows(relBestDet)
                .Add("Artikel: " & detRow.GetParentRow(relBestArt)("Artikelname").ToString)
                .Add("Anzahl: " & detRow("Anzahl").ToString)
            Next
        End With
    Next
Next
```

Abbildung 4.2 Laufzeitansicht

HINWEIS   Den vollständigen Quellcode finden Sie in den Begleitdateien!

Zeilen zur DataTable hinzufügen

Haben Sie ein oder mehrere *DataTable*-Objekte erstellt und deren Struktur mit Hilfe von *DataColumn-*, *Constraint-* und *DataRelation*-Objekten definiert, können Sie den Tabellen beliebig viele neue Datenzeilen hinzufügen.

NewRow-Methode

Verwenden Sie die *NewRow*-Methode der *DataTable*, so hat die erzeugte Zeile sofort die zur Tabelle passende Struktur.

```
Dim myRow As DataRow = myTable.NewRow()
```

Anschließend lässt sich die neu hinzugefügte Zeile mit Hilfe von Spaltennamen oder Index bearbeiten.

BEISPIEL

Eine neue Zeile wird erzeugt, mit Werten gefüllt und zur *DataTable* hinzugefügt.

```
Dim dt As DataTable = ds.Tables("KundenListe")
DataRow rw = dt.NewRow()
rw("Firma") = "Catering Service"          ' Zugriff über Spaltennamen
rw(2) = "Willy Schneider"                 ' ... über Index
dt.Rows.Add(rw)                           ' Hinzufügen zur DataTable
```

BEISPIEL

Sieht trickreich aus, aber es funktioniert: Eine neue leere Zeile wird zu einer *DataTable* hinzugefügt.

```
dt.Rows.Add(dt.NewRow())
```

ImportRow-Methode

Um vorhandene Zeilen zu einem *DataTable*-Objekt hinzuzufügen, können Sie die *ImportRow*-Methode der *DataTable* verwenden. Diese übergibt die Daten, den Zeilenstatus sowie Versionsinformationen.

HINWEIS   Spaltenwerte werden nur berücksichtigt, wenn der Spaltenname übereinstimmt und wenn der Datentyp kompatibel ist!

BEISPIEL

Nachdem ein Klon des *DataSets* erstellt ist, werden all die Zeilen aus dem ursprünglichen *DataSet* zur *Kunden*-Tabelle im *DataSet*-Klon für Kunden hinzugefügt, deren *Land*-Spalte den Wert »Österreich« hat.

```
Dim kuGermDS As DataSet = kuDS.Clone()
Dim cRows() As DataRow = kuDS.Tables("Kunden").Select("Land = 'Österreich'")
Dim kuTable As DataTable = kuGermDS.Tables("Kunden")
For Each cRow As DataRow In cRows
    kuTable.ImportRow(cRow)
Next
```

Auf den Inhalt einer DataTable zugreifen

Eine *DataTable* ist (stark vereinfacht) durchaus mit einem zweidimensionalen Array vergleichbar, wie es die meisten Programmiersprachen kennen. Trotzdem gestaltet sich der Zugriff auf die Array-Elemente etwas komplizierter, denn die gnadenlose Objektorientierung von .NET verlangt, dass anstatt der einfachen Übergabe von Zeilen- und Spaltenindex komplette Objekte (*DataRow*, *DataColumn*) zu überreichen sind.

Columns- und Rows-Eigenschaften

Die beiden wichtigsten Eigenschaften der *DataTable*-Klasse sind die *Columns*- und *Rows*-Auflistungen, weil sie den Zugriff auf Zeilen und Spalten der *DataTable* ermöglichen.

BEISPIEL

Alle Zeilen und Spalten einer *DataTable* werden innerhalb von zwei geschachtelten *For Each*-Schleifen in eine *ListBox* ausgegeben.

```
Dim dt As DataTable = ds.Tables("ArtikelListe")
For Each cRow As DataRow In dt.Rows
    For Each cCol As DataColumn In dt.Columns
        ListBox1.Items.Add(cCol.ColumnName & " = " & cRow(cCol.Ordinal))
    Next
    ListBox1.Items.Add("---------------------------------------------------")
Next
```

HINWEIS   Den vollständigen Quellcode finden Sie im How-to 3.1 »... wichtige ADO.NET-Objekte schnell kennen lernen?«.

TableName- und ColumnName-Eigenschaften

Der Name einer Tabelle bzw. Spalte ist über die Eigenschaften *TableName* bzw. *ColumnName* erreichbar. Der Zugriff auf die einzelnen Daten erfolgt über den Indexer, dem entweder der Namen der Spalte, deren fortlaufende Ordinalnummer (beginnend mit 0) oder aber auch eine Instanz der zugehörigen *DataColumn* übergeben werden können.

Normalerweise sind also zwei Schritte auszuführen:

■ Das entsprechende *DataRow*-Objekt auswählen und

■ über dessen Indexer auf die gewünschte Spalte zugreifen

BEISPIEL

Die *Firma* des dritten Kunden eines *DataSet*s soll in einer *TextBox* ausgegeben werden.

```
Dim dt As DataTable = ds.Tables("Kunden")
Dim rw As DataRow = dt.Rows(2)              ' Auswahl der Zeile

TextBox1.Text = rw(1).ToString()           ' Zugriff auf Firma über Index

oder

TextBox1.Text = rw("Firma").ToString()     ' Zugriff über Spaltennamen
```

Man kann auf eine einzelne Zelle aber auch mit einer einzigen Anweisung zugreifen.

BEISPIEL

Der äquivalente Code zum Vorgängerbeispiel

```
TextBox1.Text = ds.Tables("Kunden").Rows(2)("Firma").ToString()
```

Find-Methode

Für das Auffinden einer bestimmten Zeile kann man auch die *Find*-Methode der *Rows*-Auflistung der *DataTable* verwenden. Der Zugriff funktioniert allerdings nur dann, wenn der *DataTable* vorher eine *PrimaryKey*-Eigenschaft zugewiesen wurde.

HINWEIS Beachten Sie, dass eine durch die *Fill*-Methode des *DataAdapters* erzeugte *DataTable* standardmäßig nicht über einen Primary-Key verfügt, obwohl die Datenbanktabelle einen Primärschlüssel besitzt! Dieser wird nur dann übernommen, wenn die *MissingSchemaAction*-Eigenschaft des *DataAdapters* auf *AddWithKeys* gesetzt wurde.

BEISPIEL

Der alternative Code zu den Vorgängerbeispielen, wobei aber die Zeilenauswahl über den Primärschlüssel erfolgt (die dritte Zeile hat den *KundenCode* ANTON)

```
Dim dt As DataTable = ds.Tables("Kunden")
Dim colArr(1) As DataColumn          ' Array mit einem Feld deklarieren
colArr(0) = dt.Columns("KundenCode") ' Array füllen mit Primärschlüsselspalte
dt.PrimaryKey = colArr               ' Primärschlüssel zuweisen
Dim rw As DataRow = dt.Rows.Find("ANTON") ' Zeilenauswahl über Primärschlüssel
TextBox1.Text = rw("Firma").ToString()    ' Spaltenauswahl und Zugriff
```

Übergabe eines DataColumn-Objekts

Eine weitere Alternative für den Zugriff ist die Auswahl der Datenspalte durch Übergabe eines *DataColumn*-Objekts.

BEISPIEL

Dieser Code liefert das gleiche Ergebnis wie die Vorgängerbeispiele.

```
Dim dt As DataTable = ds.Tables("Kunden")
Dim rw As DataRow = dt.Rows(2)            ' DataRow-Objekt auswählen
Dim col As DataColumn = dt.Columns("Firma") ' DataColumn-Objekt auswählen

TextBox1.Text = rw(col).ToString()       ' Zugriff auf Spalte
```

Select-Methode

Die *Select*-Methode einer *DataTable* dient dazu, Datensätze nach bestimmten Kriterien wie Suche, Sortierreihenfolge oder Zeilenstatus zurückzugeben. Hier die Syntax:

```
Function Select(filter As String, sort As String, recordStates As DataViewRowState) As DataRow()
```

Die Parameter:

- *filter*
  Die beim Filtern der Zeilen zu verwendenden Kriterien

- *sort*
  Eine Zeichenfolge, welche die Spalte und die Sortierrichtung angibt

- *recordStates*
  Einer der *DataViewRowState*-Werte

- Rückgabewert
  Ein Array von *DataRow*-Objekten

> **HINWEIS** Das *filter*-Argument ist analog der *Expression*-Eigenschaft der *DataColumn*-Klasse zu verwenden. Ähnliches gilt auch für das *sort*-Argument.

Anhand ihres *DataViewRowState* bestimmt die *Select*-Methode, welche Version der Zeilen angezeigt oder bearbeitet werden soll. Die folgende Tabelle zeigt die möglichen *DataViewRowState*-Enumerationswerte:

Konstante	Beschreibung
CurrentRows	Die aktuellen Zeilen, einschließlich nicht geänderter, hinzugefügter und geänderter Zeilen
Deleted	Eine gelöschte Zeile
ModifiedCurrent	Eine aktuelle Version, die eine modifizierte Version der ursprünglichen Daten ist (siehe *ModifiedOriginal*)
ModifiedOriginal	Die ursprüngliche Version aller geänderten Zeilen (die aktuelle Version kann über *ModifiedCurrent* abgerufen werden)
Added	Eine neue Zeile
None	Keine Zeile
OriginalRows	Ursprüngliche Zeilen, einschließlich nicht geänderter und gelöschter Zeilen
Unchanged	Eine nicht geänderte Zeile

Tabelle 4.5 Mitglieder der *DataViewRowState*-Enumeration

BEISPIEL

Es werden nur die Zeilen mit *DataViewRowState = CurrentRows* aus einer *DataTable* gefiltert und in einer *ListBox* ausgegeben.

```
Dim dt As DataTable = ds.Tables("Kunden")
Dim rws() As DataRow = dt.Select(Nothing, Nothing, DataViewRowState.CurrentRows)
If rws.Length < 1  Then
    ListBox1.Items.Add("Keine aktuellen Zeilen gefunden!")
Else
    ListBox1.Items.Add(" Nr   Name    RowState")
    ListBox1.Items.Add(" --------------------- ")
    For Each rw As DataRow In rws
        Dim rState As String = System.Enum.GetName(rw.RowState.GetType(), rw.RowState)
        ListBox1.Items.Add(rw("Nr").ToString & "  " & rw("Name").ToString & "   " & rState)
    Next
End If
```

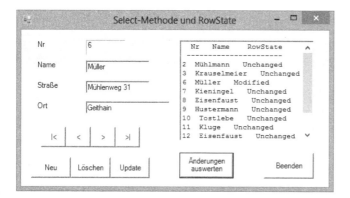

Abbildung 4.3 Laufzeitansicht des Beispiels

HINWEIS   Der komplette Quellcode befindet in den Begleitdateien!

BEISPIEL

Es wird ein *DataRow*-Array zurückgegeben, das auf alle gelöschten Zeilen verweist.

```
Dim delRows() As DataRow = dt.Select(Nothing, Nothing, DataViewRowState.Deleted)
```

BEISPIEL

Ein *DataRow*-Array, das – nach *NachName* sortiert – auf alle Zeilen verweist, in denen die *KundenNr*-Spalte einen Wert größer als 10 hat.

```
Dim kuRows() As DataRow = dt.Select("KundenNr > 10", "NachName ASC")
```

HINWEIS   Wollen Sie hintereinander eine Reihe von Aufrufen der *Select*-Methode ausführen, sollten Sie zuerst eine *DataView* für die *DataTable* erstellen, denn dadurch werden die Zeilen der Tabelle indiziert. Die *Select*-Methode nutzt dann diesen Index, wodurch die Zeit für das Generieren des Abfrageergebnisses deutlich verkürzt wird.

Weitere Hinweise zum Bearbeiten von Zeilen

- Wenn Sie Spaltenwerte direkt in einer *DataRow* bearbeiten, verwaltet die *DataRow* die Spaltenwerte mit Hilfe der Zeilenversionen *Current*, *Default* und *Original*. Die *BeginEdit-*, *EndEdit-* und *CancelEdit-* Methode verwenden darüber hinaus eine vierte Zeilenversion: *Proposed* (siehe Abschnitt »Zeilenstatus und Zeilenversion« ab Seite 252).

- Während der Bearbeitung können Sie einzelne Spalten überprüfen, indem Sie den *ProposedValue* im *ColumnChanged*-Ereignis der *DataTable* auswerten. Das *ColumnChanged*-Ereignis speichert *Data-ColumnChangeEventArgs*, die einen Verweis auf die sich ändernde Spalte und den *ProposedValue* enthalten.

- Ändern Sie Spaltenwerte in einer *DataRow*, wird der *RowState* auf *Modified* gesetzt, und die Änderungen werden mit der *AcceptChanges*-Methode oder der *RejectChanges*-Methode der *DataRow* übernommen oder zurückgewiesen. Die *DataRow* stellt außerdem drei Methoden bereit, mit denen Sie den Status der Zeile während ihrer Bearbeitung beeinflussen können: *BeginEdit*, *EndEdit* und *CancelEdit*.

Wir zeigen die Verwendung von *BeginEdit, EndEdit* und *CancelEdit.* Außerdem wird der *ProposedValue* im *ColumnChanged*-Ereignis überprüft.

```
Dim dt As New DataTable()
dt.Columns.Add("Firma", GetType("System.String"))
AddHandler dt.ColumnChanged, New DataColumnChangeEventHandler(AddressOf OnColumnChanged)
Dim rw As DataRow = dt.NewRow()
rw(0) = "Müllers Schnapsladen"
dt.Rows.Add(rw)
```

Sobald sich ein Wert in der *DataTable* geändert hat, wird der folgende Eventhandler abgearbeitet:

```
Private Sub OnColumnChanged(sender As Object, args As DataColumnChangeEventArgs)
    If args.Column.ColumnName = "Firma" Then
```

Wird ein Leerstring zugewiesen, so erfolgt eine Fehlermeldung und der ursprüngliche Wert wird wiederhergestellt:

```
        If args.ProposedValue.ToString = String.Empty Then
            ListBox1.Items.Add("Name der Firma muss angegeben werden.  Abbruch.")
            args.Row.CancelEdit()
        End If
    End If
End Sub
```

Die *DataRow* wird editiert, dadurch wird das *ColumnChanged*-Event der *DataTable* ausgelöst:

```
rw.BeginEdit()
rw(Firma") = TextBox1.Text
rw.EndEdit()
```

Die *ListBox* zeigt abschließend den aktuellen Inhalt der *DataRow* und deren *RowState* an.

```
ListBox1.Items.Add(rw("Firma").ToString & "  " & rw.RowState.ToString)
```

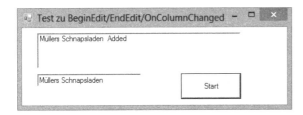

Abbildung 4.4 Laufzeitansicht des Beispiels

Den vollständigen Quellcode finden Sie in den Begleitdateien!

Zeilen löschen

Es gibt zwei grundsätzlich verschiedene Methoden, um ein *DataRow*-Objekt aus seinem *DataTable*-Objekt zu entfernen:

- Die *Remove*-Methode des *Rows*-Collection-Objekts und

- die *Delete*-Methode des *DataRow*-Objekts

Remove löscht eine *DataRow* aus der *Rows*-Collection, während *Delete* die Zeile nur zum Löschen markiert.

Die *Remove*-Methode der *Rows*-Collection erhält eine *DataRow* als Argument und entfernt diese aus der Auflistung. Die Syntax:

```
dt.Rows.Remove(rw)
```

Die *Delete*-Methode einer *DataRow* wird aufgerufen, um deren *RowState* in *Deleted* zu ändern:

```
rw.Delete
```

Delete oder Remove?

Verwenden Sie die *DataTable* in Verbindung mit einem *DataAdapter* und einer Datenbank, so sollten Sie die *Delete*-Methode der *DataRow* verwenden. Dadurch wird die Zeile zunächst als *Deleted* markiert, jedoch noch nicht entfernt. Das geschieht erst, wenn die *Update*-Methode des *DataAdapter*s aufgerufen wird. Findet dieser eine als *Deleted* markierte Zeile, wird das zugehörige *DeleteCommand* ausgeführt, um die Zeile in der Datenbank zu löschen. Anschließend kann die Zeile mit der *AcceptChanges*-Methode dauerhaft aus der *DataTable* entfernt werden.

- Wenn Sie *Remove* zum Löschen der Zeile verwenden, wird die Zeile zwar vollständig aus der Tabelle entfernt, vom *DataAdapter* jedoch nicht aus der Datenquelle gelöscht

- Ist eine Zeile zum Löschen markiert und rufen Sie die *AcceptChanges*-Methode des *DataTable*-Objekts auf, so wird die Zeile aus der *DataTable* entfernt

- Rufen Sie *RejectChanges* auf, kehrt der *RowState* der Zeile zu dem Status zurück, der gültig war, bevor die Zeile als *Deleted* markiert wurde

- Wenn *RowState* = *Added* gilt (d.h. die Zeile wurde gerade zur Tabelle hinzugefügt) und die Zeile wird dann als *Deleted* markiert, wird die Zeile aus der Tabelle entfernt

Zeilenstatus und Zeilenversion

Unter ADO.NET werden Zeilen in den *DataTable*s mit Hilfe ihres Zeilenstatus (*RowState*) und der Zeilenversion (*DataRowVersion*) verwaltet. Während ein *RowState* den Status einer Zeile angibt (*Unchanged*, *Added*, *Modified*, *Deleted*, *Detached*), werden in den verschiedenen *DataRowVersion*s (*Current*, *Original* und *Default*) die Werte während der Bearbeitung aufbewahrt.

Beispielsweise hat eine Zeile, nachdem Sie eine Spalte geändert haben, den Zeilenstatus *Modified*, und es sind zwei Zeilenversionen vorhanden: *Current*, welche die aktuellen Zeilenwerte enthält, und *Original*, welche die Zeilenwerte vor der Änderung der Spalte enthält.

RowState-Eigenschaft

Mit der *RowState*-Eigenschaft (ReadOnly!) eines *DataRow*-Objekts können Sie den aktuellen Status der Zeile untersuchen. Die Tabelle zeigt eine kurze Beschreibung der *RowState*-Enumerationswerte.

Konstante	Beschreibung
Unchanged	Keine Änderungen seit dem letzten Aufruf von *AcceptChanges* oder seit der Erstellung der Zeile durch die *Fill*-Methode des *DataAdapters*
Added	Zwar wurde die Zeile der Tabelle hinzugefügt, aber *AcceptChanges* wurde nicht aufgerufen
Modified	Ein Element der Zeile wurde geändert, aber *AcceptChanges* wurde nicht aufgerufen
Deleted	Die Zeile wurde aus einer Tabelle gelöscht, aber *AcceptChanges* wurde nicht aufgerufen
Detached	Entweder eine neu erstellte Zeile, die noch nicht mittels *Add*-Methode zur *DataRowCollection* hinzugefügt wurde (danach wird der Wert auf *Added* gesetzt) oder eine mittels *Remove*-Methode aus einer *DataRowCollection* entfernte Zeile (bzw. durch die *Delete*-Methode, gefolgt von *AcceptChanges*)

Tabelle 4.6 Die Mitglieder der *RowState*-Enumeration

AcceptChanges- und RejectChanges-Methode

Wird *AcceptChanges* für ein *DataSet*, eine *DataTable* oder eine *DataRow* aufgerufen, werden alle Zeilen mit dem Zeilenstatus *Deleted* gelöscht. Alle übrigen Zeilen erhalten den Zeilenstatus *RowState = Unchanged*, und die Werte in der *Original*-Zeilenversion werden mit denen der *Current*-Zeilenversion überschrieben.

HINWEIS Ein unmittelbar folgender Aufruf der *Update*-Methode bleibt damit ohne Wirkung, da dieser bekanntlich von der *RowState*-Eigenschaft jeder Zeile abhängt!

Wird *RejectChanges* aufgerufen, werden alle Zeilen mit dem Zeilenstatus *Added* entfernt. Die übrigen Zeilen erhalten den Zeilenstatus *Unchanged*, und die Werte in der *Current*-Zeilenversion werden mit den Werten der *Original*-Zeilenversion überschrieben.

BEISPIEL

Eine *DataTable* mit einer Spalte wird erstellt und anschließend eine einzelne *DataRow* hinzugefügt. Beim Erstellen, Hinzufügen, Ändern und Löschen der *DataRow* wird ihr *RowState* in einer *ListBox* ausgegeben.

```
Dim dt As DataTable = newTable()          ' nutzerdefinierte newTable-Funktion siehe unten

Dim rw As DataRow = dt.NewRow()
ListBox1.Items.Add("Neue Zeile: " & rw.RowState.ToString)        ' Detached

dt.Rows.Add(rw)
ListBox1.Items.Add("Hinzugefügt: " & rw.RowState.ToString)        ' Added

dt.AcceptChanges()
ListBox1.Items.Add("AcceptChanges: " & rw.RowState.ToString)        ' Unchanged

rw("Kontaktperson") = "Müller"
ListBox1.Items.Add("Modifiziert: " & rw.RowState.ToString)        ' Modified

rw.Delete()
ListBox1.Items.Add("Gelöscht: " & rw.RowState.ToString)        ' Deleted
```

Die folgende Hilfsfunktion liefert eine einfache Tabelle mit einer einzigen Spalte:

```
Private Function newTable() As DataTable
    Dim dt As New DataTable("aTable")
```

```
      Dim dc As DataColumn = New DataColumn("Kontaktperson", GetType(System.String))
      dt.Columns.Add(dc)
      Return dt
End Function
```

Die Laufzeitansicht des Beispiels:

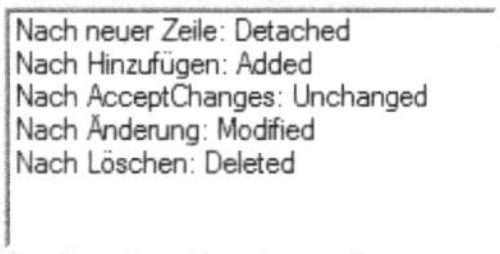

```
Nach neuer Zeile: Detached
Nach Hinzufügen: Added
Nach AcceptChanges: Unchanged
Nach Änderung: Modified
Nach Löschen: Deleted
```

Abbildung 4.5 Anzeige von *RowState* in der *ListBox*

HINWEIS   Den vollständigen Quellcode finden Sie in den Begleitdateien!

DataRowVersion-Enumeration und HasVersion-Methode

Die folgende Tabelle liefert eine Kurzbeschreibung der einzelnen *DataRowVersion*-Enumerationswerte.

DataRowVersion	Beschreibung
Current	Die aktuellen Werte für die Zeile. Für Zeilen mit *RowState = Deleted* nicht vorhanden
Default	Die standardmäßige Einstellung. Für eine Zeile mit dem Wert *Added*, *Modified* oder *Unchanged* gilt *Current*, für eine *Deleted*-Zeile *Original* und für eine *Detached*-Zeile *Proposed*
Original	Die ursprünglichen Werte für die Zeile. Für Zeilen mit *RowState = Added* nicht vorhanden
Proposed	Vorgeschlagene Werte für die Zeile. Liegt vor, während eine Zeile bearbeitet wird, bzw. wird für Zeilen verwendet, die nicht Teil einer *DataRowCollection* sind

Tabelle 4.7 Mitglieder der *DataRowVersion*-Enumeration

Mit der *HasVersion*-Methode eines *DataRow*-Objekts können Sie testen, ob eine *DataRow* eine bestimmte *DataRowVersion* aufweist.

BEISPIEL

Für neu hinzugefügte Zeilen liefert folgende Anweisung vor dem Aufruf von *AcceptChanges* den Wert *False*.

```
Dim b As Boolean = row.HasVersion(DataRowVersion.Original)
```

HINWEIS   Gelöschte Zeilen haben keine *Current*-Zeilenversion, daher müssen Sie *DataRowVersion=Original* übergeben, wenn Sie auf die Spaltenwerte zugreifen wollen.

BEISPIEL

Die Werte aller gelöschten Zeilen einer Tabelle werden in einer *ListBox* angezeigt.

```
Dim dt As DataTable = ds.Tables("Kunden")
Dim delRows() As DataRow = dt.Select(Nothing, Nothing, DataViewRowState.Deleted)

For Each rw As DataRow In delRows
```

```
    For Each col As DataColumn In dt.Columns
        ListBox1.Items.Add (rw(col, DataRowVersion.Original) & "  ")
    Next
Next
```

HINWEIS   Siehe auch How-to 3.7 »… RowUpdating-/RowUpdated-Ereignis verstehen?«.

Ereignisse des DataTable-Objekts

Übersicht

In der Tabelle werden die wichtigsten *DataTable*-Ereignisse kurz vorgestellt.

Ereignis	Tritt ein, …
ColumnChanged	… wenn ein Wert erfolgreich in eine Spalte eingefügt wurde
ColumnChanging	… wenn ein Wert für eine Spalte gesendet wurde
RowChanged	… nachdem eine Zeile in der Tabelle erfolgreich bearbeitet wurde
RowChanging	… wenn sich eine Zeile in der Tabelle ändert
RowDeleted	… nachdem eine Zeile in der Tabelle als *Deleted* markiert wurde
RowDeleting	… bevor eine Zeile in der Tabelle als *Deleted* markiert wird

Tabelle 4.8 Ereignisse des *DataTable*-Objekts

Die Ereignisse sind paarweise angelegt, so tritt beispielsweise *RowChanging* während der Änderung einer Tabellenzeile auf und *RowChanged* danach, wenn die Änderung erfolgreich abgeschlossen wurde.

ColumnChanging- und ColumnChanged-Ereignis

Das folgende Beispiel nutzt die Konsolenausgabe, um den Zugriff auf die Änderungseigenschaften zu demonstrieren.

BEISPIEL

Auswerten der Ereignisse *ColumnChanging* und *ColumnChanged*

```
AddHandler aTable.ColumnChanging,  New DataColumnChangeEventHandler(AddressOf OnColumnChanging)
AddHandler aTable.ColumnChanged, New DataColumnChangeEventHandler(AddressOf OnColumnChanged)

Private Sub OnColumnChanging(sender As Object, args As DataColumnChangeEventArgs)
    Console.Write("ColumnChanging-Ereignis wurde ausgelöst: ")
    Console.Write(args.Column.ColumnName & " ist '" & args.Row(args.Column).ToString &
                              "', ändert sich zu '" & args.ProposedValue.ToString & "'")
End Sub

Private Sub OnColumnChanged(sender As Object, args As DataColumnChangeEventArgs)
    Console.Write("ColumnChanged-Ereignis wurde ausgelöst: ")
    Console.Write(args.Column.ColumnName & " änderte sich zu '" & args.ProposedValue.ToString & "'"
End Sub
```

RowChanging- und RowChanged-Ereignis

Auch hierzu soll ein Beispiel für Erleuchtung sorgen.

BEISPIEL

Auswerten der Ereignisse *RowChanging* und *RowChanged*

```
AddHandler aTable.RowChanging, AddressOf OnRowChanging
AddHandler aTable.RowChanged, AddressOf OnRowChanged

Private Sub OnRowChanging(sender As Object sender, args As DataRowChangeEventArgs)
    If args.Action <> DataRowAction.Nothing Then
        Dim aStr As String = System.Enum.GetName(args.Action.GetType(), args.Action)
        Console.Write("RowChanging-Ereignis wurde ausgelöst: ")
        Console.WriteLine(" Zeile ändert sich: Aktion = " & aStr & ", KuID = " &
                                                    args.Row("KuID").ToString)
    End If
End Sub

Private Sub OnRowChanged(sender As Object, args As DataRowChangeEventArgs)
    If args.Action <> DataRowAction.Nothing Then
        Dim aStr As String = System.Enum.GetName(args.Action.GetType(), args.Action)
        Console.Write("RowChanged-Ereignis wurde ausgelöst: ")
        Console.WriteLine("Zeile wurde geändert: Aktion = " & aStr & ", KuID = " &
                                                    args.Row("KuID").ToString)
    End If
End Sub
```

Eigenschaften der Änderungsereignisse

Wie Sie obigen Beispielen entnehmen können, sind in dem von den Event-Handlern übergebenen Objekten (Datentyp *DataRowChangeEventArgs* bzw. *DataColumnChangeEventArgs*) bestimmte Eigenschaften enthalten, die ausgewertet werden. Die folgende Tabelle gibt dazu eine Übersicht:

Eigenschaft	Beschreibung
Action	Liest die Aktion, die für eine Datenzeile durchgeführt wurde
Column	Liest die Datenspalte, deren Wert geändert wird bzw. sich geändert hat
ProposedValue	Schreibt oder liest den neuen Wert, der in die Datenspalte eingetragen werden soll
Row	Liest die Datenzeile, in der Änderungen vorgenommen werden bzw. wurden

Tabelle 4.9 Eigenschaften von *DataRowChangeEventArgs* und *DataColumnChangeEventArgs*

Datenansichten mit DataView

Das Trennen der Daten von ihrer Darstellung macht es möglich, von einer *DataTable* ganz verschiedene Ansichten zu erstellen, ohne dass die Daten im Speicher dupliziert werden müssen. Die *DataView*-Klasse liefert die Ansicht einer *DataTable* nicht nur zwecks Datenanzeige, sondern erlaubt auch das Filtern, Sortieren und Suchen von Datensätzen. Wenn die *DataView* eine Teilmenge der Daten aus der *DataTable* darstellt, können Sie z.B. mit zwei Data-Controls arbeiten, die an dieselbe *DataTable* gebunden sind, aber verschiedene Versionen der Daten anzeigen.

Erzeugen eines DataView

Dem üblichen Konstruktor wird das zugrunde liegende *DataTable*-Objekt übergeben:

```
Dim dv As New DataView(dt As DataTable)
```

BEISPIEL

Zwei verschiedene Sichten der *Artikel*-Tabelle von *Nordwind.mdb* werden erzeugt.

```
Dim conn As New OleDbConnection("Provider=Microsoft.Jet.OLEDB.4.0; Data Source=Nordwind.mdb;")
Dim cmd As New OleDbCommand("SELECT * FROM Artikel", conn)
Dim da As New OleDbDataAdapter(cmd)
Dim ds As New DataSet()

conn.Open()
da.Fill(ds, "Artikel_Liste")
conn.Close()
Dim dt As DataTable = ds.Tables(0)
Dim dv1 As New DataView(dt)
...
Dim dv2 As New DataView(dt)
...
```

CreateDataView-Methode des DefaultViewManager

Eine weitere Möglichkeit ist das Erzeugen einer standardmäßigen *DataView* unter Verwendung des *Default-ViewManager* des *DataSet*-Objekts:

```
Dim dv As DataView = ds.DefaultViewManager.CreateDataView(dt As DataTable)
```

BEISPIEL

Ein *DataView*-Objekt zeigt den Inhalt einer Tabelle *Kundenliste* in einem *DataGridView* in der Standardansicht an.

```
Dim ds As New DataSet()
da.Fill(ds, "KundenListe")
dt = ds.Tables(0)
dv = ds.DefaultViewManager.CreateDataView(dt)
DataGridView1.DataSource = dv
```

Sortieren und Filtern von Datensätzen

Zum Sortieren übergeben Sie der *Sort*-Eigenschaft einfach die kommaseparierten Spalten, nach denen sortiert werden soll. Anschließend steht *ASC* für eine aufsteigende und *DESC* für eine absteigende Sortierfolge.

Das Filtern von Datensätzen ähnelt der WHERE-Klausel in einer SQL-Abfrage. Die gewünschte Filterbedingung wird der *RowFilter*-Eigenschaft zugewiesen. Die anschließende Sicht auf die *DataTable* enthält nur noch die Datensätze, auf welche die Bedingung zutrifft.

BEISPIEL

Aus der Tabelle *Artikel* werden alle Artikel mit einem Preis unter 20 Euro herausgefiltert und nach dem Artikelnamen (mit »Z« beginnend) umsortiert.

```
Dim dt As DataTable = ds.Tables("Artikel")
Dim dv As New DataView(dt)
dv.RowFilter = "Artikelname LIKE 'A%' AND Einzelpreis < 20"
dv.Sort = "Artikelname DESC"
```

HINWEIS   Den kompletten Quellcode finden Sie im How-to 4.4 »... in einem DataView sortieren und filtern?«.

Suchen von Datensätzen

Die beiden Methoden *Find* und *FindRows* erlauben (in Kombination mit einer vorgegebenen Sortierung) das Auffinden von Zeilen, bei denen die Sortierspalten mit den angegebenen Werten übereinstimmen.

Die *Find*-Methode liefert nur den Index der ersten Fundstelle bzw. -1, wenn kein Datensatz gefunden wurde. Hingegen überbringt die *FindRows*-Methode ein *DataRowView*-Array mit allen passenden Zeilen.

BEISPIEL

In der *Kunden*-Tabelle der *Nordwind*-Datenbank wird der **erste** Kunde mit der *Kontaktperson* »Hanna Moos« gesucht und in einem *DataGridView* markiert.

```
Dim dv As DataView = ds.DefaultViewManager.CreateDataView(dt)
dv.Sort = "Kontaktperson"                      ' in dieser Tabellenspalte wird gesucht
Dim i As Integer = dv.Find("Hanna Moos")        ' Zeile wird gesucht
DataGridView1.CurrentCell = DataGridView1.Rows(i).Cells(0)     ' Zeile wird vorn markiert
If i = -1 Then MessageBox.Show("Keinen Datensatz gefunden!")
```

BEISPIEL

In der *Kunden*-Tabelle der *Nordwind*-Datenbank werden alle Kunden mit der *Kontaktperson* »Hanna Moos« gesucht und in einem *DataGridView* angezeigt.

```
dv.Sort = "Kontaktperson"
Dim arr() As DataRowView = dv.FindRows("Hanna Moos")   ' Array wird mit gesuchten Datensätzen gefüllt
```

Array-Inhalt in eine *DataTable* kopieren:

```
Dim dt2 As DataTable = dt.Clone          ' leere DataTable erzeugen,
                                         ' Schema entspricht der bereits vorhandenen Tabelle dt
For i As Integer = 0 To arr.Length-1     ' alle Array-Zeilen durchlaufen
    Dim rw As DataRow = dt2.NewRow()             ' neue Zeile mit Schema der DataTable erzeugen
    For j As Integer = 0 To dt2.Columns.Count-1  ' alle Array-Spalten durchlaufen
        rw(j) = arr(i).Item(j)           ' DataRow mit Wert des Array füllen
    Next j
```

```
    dt2.Rows.Add(rw)                     ' DataRow zur DataTable hinzuaddieren
Next i
DataGridView1.DataSource = dt2           ' alle gefundenen Datensätze anzeigen
```

> **HINWEIS**   Ein entsprechendes Beispiel finden Sie im How-to 4.5 »... nach Datensätzen suchen?«.

Zeilenansicht mit DataRowView

Genauso wie ein *DataView* die Sicht auf eine komplette *DataTable* darstellt, liefert ein *DataRowView* die Ansicht einer einzelnen *DataRow*.

Zugriff

Der Zugriff auf einen bestimmten *DataRowView* ist über den Indexer des zugrunde liegenden *DataView* möglich.

> **BEISPIEL**

Einem *DataRowView*-Objekt wird die aktuellen Zeile im *DataGrid* zugewiesen.

```
DataGrid1.DataSource = dv
...
Dim drv As DataRowView = dv(DataGrid1.CurrentRowIndex)
```

Neu erzeugen

In der Regel erzeugt man ein neues *DataRowView*-Objekt nicht mit dem *New*-Konstruktor, sondern aus einem bereits vorhandenen *DataView*-Objekt:

```
Dim drv As DataRowView = dv.AddNew()
```

Das folgende Beispiel soll die Anwendung erläutern, wobei gleichzeitig auch die wichtigsten Eigenschaften und Methoden eines *DataRowView*-Objekts klar werden dürften.

> **BEISPIEL**

Eine neue (leere) Zeile wird zur *Kunden*-Tabelle eines vorhandenen *DataSet*s hinzugefügt und in einem zweiten (modalen) Formular editiert.

```
Public Class Form1
    ...
    Dim dv As New DataView(ds.Tables("Kunden"))
    Dim drv As DataRowView = dv.AddNew()           ' Erzeugen des DataRowView-Objekts als leere Zeile
    Dim f2 As New Form2()
    f2.editKunde(drv)                              ' Übergabe des Objekts an Form2
    f2.Dispose()
    ...
End Class

Public Class Form2
    ...
    Public Sub editKunde(ByBal drv As DataRowView)  ' Übergabeparameter ist ein DataRowView-Objekt!
```

```
            If Me.ShowDialog == DialogResult.OK Then      ' OK-Button
                drv.BeginEdit()
                drv("KundenCode") = TextBox1.Text
                drv("Firma") = TextBox2.Text
                drv.EndEdit()
            Else
                drv.CancelEdit()
            End If
        End Sub
        ...
End Class
```

HINWEIS   Der komplette Quellcode ist enthalten im How-to 5.5 »... zwei Formulare an eine Datenquelle binden?«.

Weitere DataSet-Features

Im Folgenden sollen einige spezielle Features der *DataSet*-Klasse vorgestellt werden, die sowohl funktionale als auch Performance-Verbesserungen betreffen.

Umwandlungen zwischen DataSet und DataReader

Der Datenaustausch zwischen *DataReader* und *DataSet* bzw. *DataTable* ist auch auf direktem Weg und in beiden Richtungen möglich.

DataTableReader

Die Klasse *DataTableReader* implementiert die *IDataReader*-Schnittstelle und kann mit der Übergabe einer *DataTable* instanziiert werden.

BEISPIEL

Die Daten einer mit dem Inhalt der *Customers*-Tabelle aus der *Northwind*-Datenbank gefüllten *DataTable* werden in einen *DataTableReader* übertragen und in einer *ListBox* angezeigt:

```
Dim dtr As New DataTableReader(dt)
Dim str As String = String.Empty
Dim spc As String = "    "

  ListBox1.Items.Clear()
  While dtr.Read()
     str = dr("CustomerID") & spc
     str &= dr("CompanyName") & spc
     ...
     ListBox1.Items.Add(str)
  End While
  dr.Close()
...
```

Load-Methode

Für die Umwandlung in umgekehrter Richtung, also für die Übertragung des Inhalts eines *DataReader*s in eine *DataTable*, stellen *DataSet/DataTable* die Methode *Load* zur Verfügung. Weil der zeilenbasierte Zugriff mittels *DataReader* immer deutlich schneller ist als die Übertragung eines *DataSet*s, dürfte dieser Weg insbesondere für das effektive Lesen von Daten und deren Weiterverarbeitung als *DataSet* interessant sein.

Umgekehrt macht es die *GetTableReader*-Methode möglich, auf den Inhalt einer *DataTable* mit einem *DataReader*-Interface und dessen Semantik zuzugreifen.

BEISPIEL

Ein *DataReader* wird aus der *Customers*-Tabelle der *Northwind*-Datenbank erzeugt und in eine *DataTable* geladen.

```
Const CONNSTR As String = "Data Source=.\SQLEXPRESS; Initial Catalog=Northwind; " &
                          "Integrated Security=sspi;"

Const SQL As String = "SELECT * FROM Customers ORDER BY CompanyName"

Dim conn As New SqlConnection(CONNSTR)

 conn.Open()
 Dim cmd As New SqlCommand(SQL, conn)
 Dim dr As SqlDataReader = cmd.ExecuteReader(CommandBehavior.CloseConnection)
 Dim dt As New DataTable()
 dt.Load(dr, LoadOption.OverwriteChanges)
```

HINWEIS   Auch mehrere *DataTable*s können gleichzeitig gefüllt werden, falls der *DataReader* mehrere Resultsets enthält.

Die Bedeutung der *OverwriteChanges*-Option für den (optionalen) *LoadOption*-Parameter wird im folgenden Abschnitt erklärt.

LoadOption-Enumeration

Diese Enumeration hat drei Werte, die für das Zusammenführen der aktuellen Zeilen der *DataTable* mit den Werten der vom *DataReader* hereinkommenden Zeilen zuständig sind:

- *OverwriteChanges*
  Aktualisiert die momentane und die originale Version der Zeile mit dem Wert der hereinkommenden Zeile.

- *PreserveChanges* (Standard)
  Aktualisiert die originale Version der Zeile mit dem Wert der hereinkommenden Zeile. Die momentane Zeilenversion bleibt unverändert.

- *Upsert*
  Aktualisiert die momentane Version der Zeile mit dem Wert der hereinkommenden Zeile. Die originale Zeilenversion bleibt unverändert.

Binäre Serialisierung für DataSet/DataTable

Genauso wie beim *DataSet* kann auch für die *DataTable* wahlweise XML- oder binäre Serialisierung eingerichtet werden. Das bringt vor allem beim .NET-Remoting und bei XML-Webservices beträchtlichen Performancegewinn und eine verbesserte Sicherheit.

RemotingFormat-Eigenschaft

Seit ADO.NET 2.0 können wir eine echte binäre Serialisierung anwenden. Dazu verfügt das *DataSet* über eine Eigenschaft *RemotingFormat*, mit der es möglich ist, alternativ zur standardmäßigen XML-Serialisierung eine binäre Serialisierung einzustellen.

BEISPIEL

Eine *DataTable* wird auf binäre Serialisierung eingestellt.

```
Dim dt As New DataTable()
dt.RemotingFormat = SerializationFormat.Binary
```

Binäre- kontra XML-Serialisierung

Die binäre Serialisierung ist auch unter Sicherheitsaspekten der XML-Serialisierung vorzuziehen, da man den Inhalt einer binären Datei nicht mehr so ohne weiteres lesen kann. Weiterhin ist die Dateigröße geringer, was eine deutliche Reduktion des zu übertragenden Datenvolumens und eine Entlastung der vom Prozess benötigten Ressourcen (CPU, Speicherplatz, Bandbreite) bedeutet. Allerdings ist dies nur beim .NET Remoting relevant und nicht bei Webdiensten, da letztere XML orientiert sind.

HINWEIS   Ein Testprogramm wird im How-to 4.9 »... ein DataSet binär serialisieren?« beschrieben.

Die DataTable kann mehr XML

Genauso wie das *DataSet* unterstützt auch die *DataTable* die folgenden Basismethoden für XML:

- *ReadXML*
- *ReadXMLSchema*
- *WriteXML*
- *WriteXMLSchema*

Die *DataTable* ist unabhängig serialisierbar und kann sowohl in Webdiensten als auch in Remoting-Szenarien benutzt werden. Zusätzlich zur *Merge*-Methode unterstützt die *DataTable* auch die bereits erwähnten ADO.NET Features des *DataSets* (*RemotingFormat*-Eigenschaft, *Load*- und *GetDataReader*-Methode).

Schnelles Laden von DataSets

Ein gravierender Nachteil der alten ADO.NET-Technologie, wie er allerdings nur bei größeren Datenmengen auffällt, war die relativ geringe Geschwindigkeit, mit welcher *DataSet*s gefüllt oder serialisiert werden können. Aufgrund einer komplett neu geschriebenen Index-Engine wird eine wesentlich bessere Performance beim Laden von *DataSet*s erreicht.

BEISPIEL

Vergleich der Zeiten für das Laden von einer Million Datensätzen in ein *DataSet* (mit einem Index für die Schlüsselspalte) auf dem PC des Autors:

```
ADO.NET 1.1 (Visual Studio 2003)   : 30 - 35 Minuten
ADO.NET 4.5 (ab Visual Studio 2012): 23 - 30 Sekunden
```

Der Performancegewinn wird noch auffälliger, wenn die Anzahl der Indexe steigt (zusätzliche *DataView*s, *UniqueKey*s und *ForeignKey*s). Allerdings ist der Gewinn beim Laden kleinerer Datenmengen weniger dramatisch, bei 100.000 Datensätzen beträgt im obigen Beispiel das Verhältnis nur noch etwa 1,5/4,5 Sekunden.

HINWEIS   Das Testprogramm wird im How-to 4.8 »... große Datenmengen in ein DataSet laden?« beschrieben!

Typisierte DataSets

Visual Studio verfügt über Assistenten bzw. Designer, mit deren Hilfe man so genannte *Typisierte DataSets* (*Typed DataSets*) erstellen kann. Auf den Einsteiger mögen diese Konstrukte durchaus verwirrend wirken, hat er doch mit den »normalen« *DataSet*s bereits genug zu kämpfen. Bei manchem Newcomer kann es deshalb eine ganze Weile dauern, bis das typisierte DataSet seinen abschreckenden Charakter verliert und als Freund und Helfer akzeptiert wird.

Was ist ein typisiertes DataSet?

Ein typisiertes DataSet ist eine von der Klasse *DataSet* abgeleitete Klasse mit Eigenschaften und Methoden, die einen wesentlich bequemeren, weil streng objektorientierten, Zugriff auf den Inhalt ermöglichen, als dies beim konventionellen DataSet der Fall ist.

Zu einem typisierten DataSet gehören auch eine XML-Schema-Beschreibung (*.xsd*-Datei) sowie die Beschreibung der Anordnung der Daten in der grafischen Ansicht (*.xss*- und *.xcs*-Dateien).

HINWEIS   Typisierte DataSets gibt es bereits seit der ersten Version von Visual Studio, sie wurden aber seit Visual Studio 2005 erheblich modifiziert und erweitert.

Welche Vorteile bietet ein typisiertes DataSet?

Stellen Sie sich zum Beispiel einmal vor, Sie hätten sich in der folgenden Codezeile vertippt:

```
Dim dt As DataTable = ds.Tables("Kunten")
```

Wäre »Kunten« der Name einer Variablen, Eigenschaft oder Methode, wäre das kein Problem, denn der Compiler würde natürlich beim Übersetzen sofort losmeckern, im vorliegenden Fall hat er aber keine

Ahnung, ob das *DataSet* nicht doch eine Tabelle mit dem Namen »Kunten« enthält. So also bleibt der Fehler unbemerkt, und das böse Erwachen kommt erst zur Laufzeit.

Sie sehen, wie vorteilhaft es wäre, wenn man solch heimtückische Fehler bereits beim Kompilieren erkennen würde und genau dies ist der Fall, wenn Sie ein typisiertes DataSet verwenden.

Weitere Vorteile ergeben sich durch die Möglichkeit, bereits zur Entwurfszeit ein Anbinden der datengebundenen Steuerelemente zu realisieren. Aber das ist nur die Spitze des Eisbergs, weitere wichtige Einsatzmöglichkeiten bieten sich im Zusammenhang mit dem Datenquellen-Konzept, auf welches wir später noch zu sprechen kommen.

Bei soviel Licht gibt es natürlich auch Schatten:

- Der Hauptnachteil typisierter DataSets ist die große Menge des für die Klassendefinition von einem Assistenten zu generierenden Codes[1]

- Wenn Sie Abfragen dynamisch erzeugen wollen, können Sie kein typisiertes DataSet verwenden, sondern müssen das standardmäßige DataSet nehmen

Wie erzeuge ich ein typisiertes DataSet?

Dank Assistenten-Unterstützung ist diese Arbeit in wenigen Schritten erledigt, die wir hier nur stichpunktartig aufzählen wollen, da später im Zusammenhang mit Datenquellen und in verschiedenen How-to-Beispielen (z.B. im Report-Kapitel 13) immer wieder detailliert darauf eingegangen wird.

Wählen Sie das Menü *Projekt/Neues Element hinzufügen...* und die Vorlage *DataSet*. Es wird eine *.xsd*-Datei (*DataSet1.xsd*) für ein typisiertes DataSet erzeugt.

Anschließend öffnet sich der DataSet-Designer, der z.B. per Drag & Drop aus dem Server-Explorer gefüllt werden kann. Sie können aber auch, wie in der folgenden Abbildung gezeigt, einen *TableAdapter* hinzufügen, um direkt auf eine bestimmte Datenbank zuzugreifen.

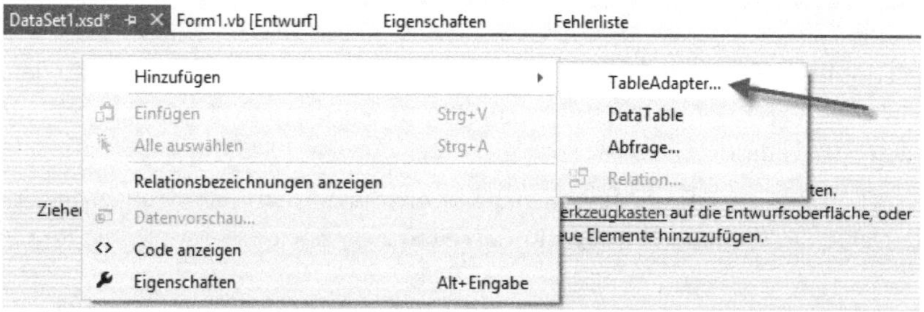

Abbildung 4.6 Entwurfsoberfläche des DataSet-Designers (Hinzufügen eines *TableAdapters*)

Mit dem *TableAdapter-Konfigurations-Assistenten* wählen Sie Ihre Datenverbindung aus und geben im später folgenden SQL-Dialog z.B. die Anweisung »SELECT * FROM Kunden« ein.

Wenn der Assistent fertig ist, bieten Ihnen das Datenquellen-Fenster (Menü *Daten/Datenquellen anzeigen*) und der DataSet-Designer den in der folgenden Abbildung gezeigten Anblick.

---

[1] Für zwei verknüpfte Tabellen können es durchaus 1500 und mehr Zeilen sein.

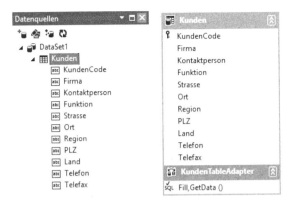

Abbildung 4.7 Datenquellen-Fenster (links) und DataSet-Designer (rechts) nach Fertigstellung des typisierten DataSets

Das typisierte DataSet kann zur Drag & Drop-Datenbindung in Windows Forms-Fenstern oder per Programmcode verwendet werden.

> **HINWEIS** Beachten Sie, dass es sich beim typisierten DataSet um eine Klasse handelt, die vor ihrer Verwendung erst noch zu instanziieren ist!

BEISPIEL

Das typisierte DataSet *DataSet1* (siehe obige Abbildung) wird instanziiert, mit Daten gefüllt und angezeigt.

```
Imports DataSet1TableAdapters              ' Namespace für TableAdapter

Dim kta As New KundenTableAdapter()        ' TableAdapter instanziieren
Dim ds1 As New DataSet1()                  ' typ. DataSet instanziieren
kta.Fill(ds1.Kunden)                       ' typ. DataSet füllen
DataGridView1.DataSource = ds1.Kunden      ' ... und anzeigen
```

> **HINWEIS** Das vollständige Beispiel finden Sie in den Begleitdateien!

Das Datenquellen-Konzept

Wie Sie bereits erfahren haben, sind typisierte DataSets und Datenquellen eng miteinander verknüpft. Ganz allgemein repräsentiert eine Datenquelle die Daten, die für die Applikation verfügbar sind. Die Daten müssen aber nicht unbedingt von einer Datenbank kommen. Der *Assistent zum Konfigurieren von Datenquellen* erlaubt Daten aus drei verschiedenen Quellen:

- **Datenbank**
  Das kann entweder eine serverbasierte Datenbank wie der SQL Server oder Oracle sein, oder eine dateibasierte Datenbank wie Access. Visual Studio generiert automatisch typisierte DataSets und andere Klassen und fügt diese zu Ihrem Projekt hinzu.

- **Objekt**
  Irgendein Objekt mit öffentlichen Eigenschaften kann ebenfalls als Datenquelle dienen. Es ist nicht notwendig, dafür ein spezielles Interface zu implementieren.

- **Webservice**

  Beim Erzeugen einer Datenquelle von einem Webdienst werden Objekte erstellt, die mit dem Datentyp korrespondieren, der vom Webdienst geliefert wird.

Eine Datenquelle dient einem doppelten Zweck:

Zum Ersten ist es ein Weg um das Erstellen streng typisierter Klassen zu spezifizieren, welche die Anwendungsdaten repräsentieren, zum Zweiten stellt die Datenquelle einen flexiblen Mechanismus zur schnellen Entwicklung attraktiver und funktioneller WinForms- und WebForms-Benutzerschnittstellen bereit.

Typisierte DataSets und TableAdapter

Eine Datenbank-Datenquelle ist die Kombination eines streng typisierten *DataSets* mit einem oder mehreren Pärchen von streng typisierten *DataTable*s und *TableAdapter*s.

Ein typisiertes DataSet ist, soviel wissen wir bereits, eine automatisch generierte Wrapper-Klasse, die die *DataSet*-Klasse »umhüllt« und ein definiertes Schema zusammen mit Eigenschaften und Methoden besitzt. Das ist aber noch nicht alles. Zusätzlich werden für jede *DataTable* des *DataSet*s drei abgeleitete Klassen generiert: eine typisierte *DataTable*, eine typisierte *DataRow* und eine typisierte *DataRowChangeEvent* Klasse.

> **BEISPIEL**
>
> Eine Datenquelle, basierend auf der *Customers* Tabelle der *Northwind*-Datenbank, führt zum Generieren folgender typisierter Klassen:
>
> ```
> NorthwindDataSet
> CustomersDataTable
> CustomersDataRow
> CustomersRowChangeEvent
> CustomersTableAdapter
> ```

Bereits die ersten vier Klassen des Beispiels charakterisieren ein typisiertes *DataSet*. In Visual Studio wird aber noch eine fünfte Klasse generiert, ein typisierter *TableAdapter* mit dem Namen*CustomersTableAdapter*, auf den wir noch ausführlicher zu sprechen kommen werden.

Warum sollte man ein typisiertes DataSet einsetzen?

Hier die wichtigsten Vorzüge im Detail:

- *DataSet*s, *DataTable*s, *DataRow*s und *RowChangeEvent* sind vom Datenschema abhängig

- *Tables*, *Columns* und *Relations* stehen als benannte Eigenschaften zur Verfügung und nicht mehr als allgemeine Mitglieder einer Auflistung

- Der Programmierer hat unter Visual Studio die volle Unterstützung der IntelliSense (automatische Codevervollständigung), was die Entwicklung des Codes beschleunigt und die Wahrscheinlichkeit von Tippfehlern verringert

- Fehlerprüfungen erfolgen bereits beim Kompilieren (z.B. führt ein falscher Feldname bereits zu einem Kompilier- und nicht erst zu einem Laufzeitfehler)

- Der Code ist konsistenter und lesbarer (siehe folgendes Beispiel)

Vergleich der Schreibweisen beim Zugriff auf die *ContactName*-Spalte in der vierten Zeile der *Customers*-Tabelle der *Northwind*-Datenbank.

Normales DataSet:

```
Dim cName As String = nwDS.Tables ("Customers").Rows(3)("ContactName").ToString()
```

Typisiertes DataSet:

```
Dim cName As String = northwindDataSet.Customers(3).ContactName
```

Die zweite Variante ist doch viel transparenter – oder? Die von seinem untypisierten Vorfahren geerbte Funktionalität bleibt natürlich erhalten, Sie können deshalb ein typisiertes DataSet optional auch mit der gleichen Syntax wie ein normales DataSet abfragen.

Der TableAdapter

Ein *TableAdapter* ist das streng typisierte Äquivalent zum normalen *DataAdapter*.

Sie verwenden den *TableAdapter* zunächst genauso wie den *DataAdapter*, d.h. zur Verbindungsaufnahme mit einer Datenbank, zum Ausführen von Abfragen (oder gespeicherten Prozeduren) und zum Befüllen einer *DataTable* mit Daten.

Die (typisierte) Tabelle *NorthwindDataSet.Customers* wird mit Daten gefüllt.

```
Me.CustomersTableAdapter.Fill(Me.NorthwindDataSet.Customers)
```

Der *TableAdapter* offeriert gegenüber seinem nichttypisierten Kollegen einige gewichtige Vorteile:

- Ein und dieselbe *TableAdapter*-Klasse kann von einer oder mehreren Forms oder Controls benutzt werden, sodass alle Änderungen der Abfragen sich automatisch in allen Instanzen auswirken. Dies ist ein deutlicher Unterschied zur bisherigen Situation, wo jede Datenzugriffskomponente ihren eigenen individuell konfigurierten *DataAdapter* haben musste. Damit sichern Sie ab, dass *DataTable*s und *DataAdapter*s synchron arbeiten.

- Anstatt mehrere *DataAdapter* zu verwenden (oder selbst Umschaltcode zu schreiben um mehrere Abfragen für eine einzelne *DataTable* zu ermöglichen), erlaubt ein *TableAdapter* die Definition mehrerer Abfragen pro *DataTable*.

- Die verschiedenen *Command*-Objekte treten nicht mehr direkt, sondern als benannte *Fill...* bzw. *Update...*-Methoden des *TableAdapter*s in Erscheinung, Sie können diese Methoden per DataSet-Designer beliebig hinzufügen, wobei automatisch Typ- und Werteinformationen für alle Parameter zur Verfügung stehen. Sie brauchen sich also nicht länger über providerspezifische Datentypen, wie z.B. *SqlInt*, zu ärgern!

Die folgende einfache Abfrage mit einem Parameter soll ausgeführt werden:

```
SELECT CompanyName, ContactName FROM Customers WHERE City = @city
```

Auch wenn Sie ein typisiertes DataSet verwenden bleibt der Code ohne *TableAdapter* doch ziemlich unübersichtlich:

```
SqlDataAdapter1.SelectCommand.Parameters("@city").Value = Listbox1.SelectedItem.ToString()
SqlDataAdapter1.Fill (Me.NorthwindDataSet.Customers)
```

Wenn sich die Anzahl der Parameter vergrößert wächst auch die Zahl der Codezeilen. Lästige Fehler entstehen, wenn man den Parameternamen falsch eintippt. Auch wenn Sie den Parameternamen richtig schreiben, müssen Sie sich auch noch an den dazugehörigen Datentyp erinnern. Das Schlimmste aber ist, dass Sie erst zur Laufzeit informiert werden, wenn mit den Parametern etwas nicht stimmt!

Mit dem *TableAdapter* von Visual Studio muss man nach Definition einer *Fill...*-Abfragemethode lediglich eine einzige Zeile Code schreiben um einen (oder auch mehrere) Parameterwerte zu übergeben:

Der Abfragemethode *FillByCity* wird als Parameter der Name einer Stadt aus einer *TextBox* übergeben.

```
Me.CustomersTableAdapter.FillByCity (Me.NorthwindDataSet.Customers, Me.TextBox1.Text)
```

Da die Abfragemethoden streng typisiert sind, erhalten Sie beim Schreiben von Code die volle Unterstützung der Intellisense von Visual Studio.

LINQ to DataSet

Die LINQ-Technologie (siehe Kapitel 2) hat natürlich auch vor *DataSet*s nicht halt gemacht. Ein spezielles LINQ-Flavour, genannt *LINQ to DataSet,* kann das Abfragen von *DataSet*s erheblich vereinfachen. Bislang können wir zwar fast beliebige Daten/Abfragen in den Arbeitsspeicher schaufeln, sind diese jedoch erstmal dort, fehlen uns die notwendigen Werkzeuge, um diese Daten auch komfortabel zu verarbeiten. Wir sind auf schnöde Schleifen, wie *For Each*-Anweisungen, angewiesen, um Berechnungen, Filter etc. zu realisieren. Auch die Verwendung einer *DataView* hilft uns hier nicht viel weiter.

Mit *LINQ to DataSet* steht uns eine Lösung in Form einer SQL-ähnlichen Abfragesprache zur Verfügung. Ausgehend von der Tatsache, dass die im *DataSet* enthaltenen *DataTable*-Objekte auch nichts anderes als Listen von Objekten (*DataRows*) sind, können wir die bereits im Kapitel 2 bei *LINQ to Objects* gewonnenen Erkenntnisse mit einigen Anpassungen auch auf die Verarbeitung von *DataSet*s übertragen. An dieser Stelle müssen wir allerdings eine Unterscheidung zwischen

- untypisierten *DataSet*s und
- typisierten *DataSe*ts vornehmen

Letztere bieten wesentlich bessere Voraussetzungen für das Abfragen von Feldinhalten (eine Typisierung in der LINQ-Abfrage kann meist entfallen). Auch steht uns nur bei diesem Typ die IntelliSense hilfreich zur Seite.

Untypisierte DataSets abfragen

Im Gegensatz zu den typisierten *DataSet*s bzw. *DataTable*-Objekten ist bei untypisierten *DataTable*s eine direkte Abfrage per LINQ nicht möglich. Mit Hilfe der Erweiterungsmethode *AsEnumerable()* können Sie aber eine abfragbare *IEnumerable*-Liste erzeugen.

BEISPIEL

Ein *DataSet* mit Inhalten der *Products*-Tabelle der *Northwind*-Datenbank füllen und nachträglich die Artikel mit einem Preis kleiner 10 heraussuchen. Zusätzlich sollen die Artikel nach dem Preis sortiert werden.

```
Imports System.Data.SqlClient
...
Dim ds As New DataSet()
Dim da As New SqlDataAdapter("SELECT * FROM Products",
            "Data Source=.\SQLEXPRESS;Initial Catalog=Northwind;Integrated Security=True")
da.Fill(ds)
Dim products As DataTable = ds.Tables(0)
```

Bis hier dürfte Ihnen alles bekannt vorkommen (Laden der Daten in das *DataSet*), neu ist die folgende LINQ-Abfrage:

```
Dim query = From p In products.AsEnumerable()
            Where p.Field(Of Decimal)("UnitPrice") < 10
            Order By p.Field(Of Decimal)("UnitPrice")
            Select p
```

Last but not least sorgen wir noch für die Anzeige in einem *DataGridView*:

```
DataGridView1.DataSource = query.AsDataView()
```

Wie schon erwähnt, müssen wir zunächst *AsEnumerable()* verwenden, um überhaupt mit LINQ arbeiten zu können. Zusätzlichen Aufwand müssen wir noch mit den Feldinhalten treiben, diese stehen uns nur über spezielle *Field((Of ...)*-Erweiterungsmethoden zur Verfügung. Diese Accessor-Methoden sind für die Typisierung der Feldinhalte verantwortlich.

Probleme mit NULL-Werten

Führen Sie obiges Beispiel aus, wird es problemlos funktionieren, doch wehe die abgefragte Tabellenspalte enthält einen NULL-Value (siehe Abbildung 4.8).

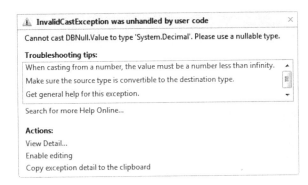

Abbildung 4.8 Fehlermeldung

Hier hilft nur eine vorherige Abfrage mit *IsNull()*, um das Schlimmste zu verhindern:

Wir erweitern obiges Beispiel um die zusätzliche Abfrage auf NULL-Values.

```
...
Dim query = From p In products.AsEnumerable()
            Where p.IsNull("UnitPrice") = False AndAlso p.Field(Of Decimal)("UnitPrice") < 10
            Order By p.Field(Of Decimal)("UnitPrice")
            Select p
...
```

Mit obigem Konstrukt wird die zweite Bedingung nicht ausgeführt wenn sich in der Spalte ein Null-Value befindet. Alternativ können Sie auch folgende Schreibweise nutzen:

```
    ...
    Where p.Field(Of Nullable(Of Decimal))("UnitPrice") < 10
    Order By p.Field(Of Nullable(Of Decimal))("UnitPrice")
    ...
```

Typisierte DataSets abfragen

Bei typisierten *DataSets* können wir auf die *Field*-Accessor-Methoden und die Umwandlung mit *AsEnumerable* verzichten, da die entsprechenden *DataTable*-Klassen bereits über die erforderliche Schnittstelle *IEnumerable* verfügen.

Fügen Sie dem Projekt ein *DataSet* hinzu und ziehen Sie die gewünschten Tabellendaten per Drag & Drop aus dem Server-Explorer hinein. Zu jeder Tabelle wird automatisch ein typisierter *TableAdapter* erzeugt, der mit seinen verschiedenen *Command*-Objekten für das Abrufen, Einfügen, Löschen und Aktualisieren der Daten verantwortlich ist.

Wir wollen unser Beispiel aus dem vorhergehenden Abschnitt mittels typisiertem *DataSet* realisieren. Dabei gehen wir davon aus, dass wir das entsprechende *DataSet* für die Tabelle *Products* bereits erstellt haben.

DataSet instanziieren und *TableAdapter* erzeugen:

```
Private dsNorth As New dsNorthwind()
Private taProducts As New dsNorthwindTableAdapters.ProductsTableAdapter()
...
```

Daten per *TableAdapter* in das *DataSet* laden (eigentlich in die *DataTable*):

```
 taProducts.Fill(dsNorth.Products)
```

Und hier die Abfrage, die wesentlich einfacher und transparenter als beim untypisierten *DataSet* ist:

```
Dim q = From p In dsNorth.Produccts
        Where p.UnitPrice < 10
        Order By p.UnitPrice
        Select p
```

Für die Anzeige müssen wir eine kleine Umwandlung vornehmen, so ist auch die Datenbindung problemlos möglich:

```
DataGridView2.DataSource = q.AsDataView()
```

Wie Sie sehen, können wir direkt mit der typisierten *DataTable* (*Products*) arbeiten, auch beim Feldzugriff sind keine »Kopfstände« erforderlich, die Typisierung ist ja bereits erfolgt. Für die Arbeit mit Null-Values gilt das Gleiche wie bei den untypisierten DataSets, d.h., Sie müssen entsprechende Bedingungen einbauen.

HINWEIS Ein komplettes Beispiel finden Sie im How-to 4.13 »... mit LINQ to DataSet die Datenbank aktualisieren?«.

Abhängigkeiten zwischen den Tabellen auflösen

Das Abfragen einer einzigen Tabelle mit LINQ dürfte bisher kaum den Aufwand rechtfertigen, das klappt mit einer *DataView* auch recht gut. Doch was ist, wenn Sie mit zwei oder mehr Tabellen arbeiten? Hier müssten Sie eine zusätzliche Abfrage im *DataSet* unterbringen.

Häufiges Anwendungsgebiet ist die bekannte 1:n-Beziehung. Diese können Sie in LINQ to DataSet über eine entsprechende Eigenschaft (...*Row*) auflösen.

BEISPIEL

Ausgehend von der in der Abbildung gezeigten Abhängigkeit, wollen wir in einer Liste der Bestelldetails den jeweiligen Produktnamen (aus Tabelle *Products*) direkt anzeigen.

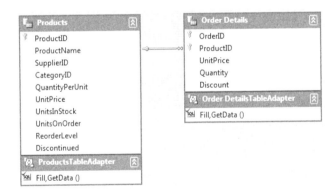

Abbildung 4.9 Datenbasis

DataSet füllen:

```
...
    taProducts.Fill(dsNorth.Products)
    taOrderDetails.Fill(dsNorth.Order_Details)
```

Die Abfrage:

```
Dim q = From od In dsNorth.Order_Details
        Select New With
        { .OrderId = od.OrderID,
          .ProductId = od.ProductID,
```

```
            .ProductName = od.ProductsRow.ProductName }
    DataGridView2.DataSource = q.ToList()
```

Wie Sie sehen, beziehen wir uns per *ProductsRow* (zu jeder Zeile in *OrderDetails* gibt es genau einen Datensatz in *Products*) auf den gewünschten Artikel:

OrderId	ProductId	ProductName
10248	11	Queso Cabrales
10248	42	Singaporean Hokkien Fried Mee
10248	72	Mozzarella di Giovanni
10249	14	Tofu
10249	51	Manjimup Dried Apples
10250	41	Jack's New England Clam Chowder
10250	51	Manjimup Dried Apples

Abbildung 4.10 Abfrageergebnis

Doch was ist mit der umgekehrten Variante, wenn Sie beispielsweise für jeden Artikel die Gesamtverkäufe bestimmen wollen? In SQL würden Sie dafür folgendes Statement programmieren:

```
SELECT
    p.ProductName,
    Sum(od.Quantity) AS Orders
FROM
    Products AS p,
    [Order Details] AS od
WHERE
    p.ProductId = od.ProductId
GROUP BY
    p.productname
```

Die Umsetzung in LINQ:

```
...
Dim q = From p In dsNorth.Products
        Group Join od In dsNorth.Order_Details On p.ProductID Equals od.ProductID
        Into ods = Group
        Select New With { .ProductId = p.ProductID,
                          .ProductName = p.ProductName,
                          .Orders = ods.Sum(Function(n) n.Quantity)}

    DataGridView2.DataSource = q.ToList()
...
```

Das Ergebnis ist eine Liste der Produkte mit der jeweiligen Anzahl der Bestellungen:

ProductId	ProductName	Orders
1	Chai	828
2	Chang	1057
3	Aniseed Syrup	328
4	Chef Anton's Cajun Seasoning	453
5	Chef Anton's Gumbo Mix	298
6	Grandma's Boysenberry Spread	301
7	Uncle Bob's Organic Dried Pears	763

Abbildung 4.11 Abfrageergebnis

Auf dem gleichen Weg können Sie auch alle anderen Aggregat-Funktionen nutzen oder weitere Berechnungen anstellen (zum Beispiel die Gesamtbestellsumme je Artikel ermitteln).

HINWEIS   Ein weiteres Beispiel mit Relationen finden Sie im How-to 4.12 »... ein typisiertes DataSet mit LINQ abfragen?«

How-to-Beispiele

4.1   ... eine DataTable erzeugen und in einer Binärdatei speichern?

FileStream-Objekt: *Length*-Eigenschaft; *BinaryReader*-Objekt: *ReadInt32*-, *ReadDecimal*-, *ReadString*-Methode; *BinaryWriter*-Objekt: *Write*-Methode; *DataColumn*-Objekt: *AutoIncrement*-, *AllowDBNull*-, *DefaultValue*-Eigenschaft; *DataRow*-Objekt: *NewRow*-Methode; *DataTable*-Objekt: *Rows*-Auflistung, *Add*-Methode;

Dieses How-to soll den Lernenden vor allem mit der *DataTable* und ihrer Struktur, die sich in den verschiedenen in ihr enthaltenen Objekten widerspiegelt, vertraut machen.

Dabei geht es auch um die Feststellung, dass der Inhalt eines *DataSets* bzw. einer *DataTable* nicht immer in einer Datenbank abgelegt werden muss, denn oft genügt auch das Abspeichern in eine normale Binärdatei.

Mangels Datenbank kann man sich dann seine *DataTable* nicht mehr so einfach per *Fill*-Methode vom *DataAdapter* erzeugen lassen, sondern muss sie schrittweise selbst per Code »zusammenbasteln«.

Vorbild ist eine Tabelle »Belege« mit folgender Struktur, die für den Lernenden den Vorteil bietet, dass in ihr mehrere unterschiedliche Datentypen enthalten sind.

Feld	Datentyp
Nr	Integer
EingangsDatum	DatumZeit
KuNr	Integer
GesamtNetto	Währung
Bemerkung	String

Tabelle 4.10 Tabellenstruktur

Oberfläche

Außer dem Startformular (*Form1*) werden ein *DataGridView* und drei *Buttons* benötigt (siehe Laufzeitansicht am Schluss).

Quellcode

```
...
Imports System.IO

Public Class Form1
    Private dt As DataTable = Nothing
```

Da die Tabellenstruktur nicht aus einer Datenbank übernommen werden kann, müssen wir uns um das Erzeugen der *DataTable* selbst kümmern:

```
Private Function getDataTable() As DataTable
    Dim dt As New DataTable("Belege")
    Dim col0 As DataColumn = dt.Columns.Add("Nr", GetType(System.Int32))
    col0.AutoIncrement = True
    col0.AutoIncrementStep = 1

    Dim col1 As DataColumn = dt.Columns.Add("EingangsDatum", GetType(System.DateTime))
    col1.AllowDBNull = False
    col1.DefaultValue = DateTime.Now

    Dim col2 As DataColumn = dt.Columns.Add("KuNr", GetType(System.Int32))
    col2.AllowDBNull = False

    Dim col3 As DataColumn = dt.Columns.Add("GesamtNetto", GetType(System.Decimal))
    col3.DefaultValue = 0

    Dim col4 As DataColumn = dt.Columns.Add("Bemerkung", GetType(System.String))
    col4.DefaultValue = ""
    col4.MaxLength = 50
    Return dt
End Function
```

Der Aufruf der Methode und das Verbinden mit dem *DataGridView* erfolgen beim Laden des Formulars:

```
Protected Overrides Sub OnLoad(e As EventArgs)
    dt = getDataTable()
    DataGridView1.DataSource = dt          ' Datengitter an DataTable anbinden
    formatDataGridView(DataGridView1)      ' ... und formatieren
    MyBase.OnLoad(e)
End Sub
```

Es erleichtert das Verständnis, wenn wir nicht mit dem Lesen, sondern mit dem Abspeichern der *Data-Table* beginnen:

```
Private Sub Button2_Click(sender As Object, e As EventArgs) Handles Button2.Click
    Dim wStream As New FileStream("Belege.dat", FileMode.OpenOrCreate, FileAccess.Write)
    Dim bWriter As New BinaryWriter(wStream)
```

Wichtig für das spätere Auslesen der Datei ist, dass wir als ersten Wert die Zeilenanzahl der *DataTable* abspeichern:

```
    bWriter.Write(dt.Rows.Count)
```

Jede Zeile der *DataTable* wird nun einzeln abgespeichert, die Typkonvertierung ist wegen des *Object*-Datentyps der *DataRow*-Elemente erforderlich:

```
    For Each rw As DataRow In dt.Rows
        bWriter.Write(CType(rw("Nr"), Integer))
        bWriter.Write(CType(rw("EingangsDatum"), String))
        bWriter.Write(CType(rw("KuNr"), Integer))
        bWriter.Write(CType(rw("GesamtNetto"), Decimal))
        bWriter.Write(CType(rw("Bemerkung"), String))
    Next
```

```
        bWriter.Flush()              ' Puffer => Datei
        bWriter.Close()
        wStream.Close()
    End Sub
```

Von der Datei laden:

```
    Private Sub Button1_Click(sender As Object, e As EventArgs) Handles Button1.Click
        Dim rStream As New FileStream("Belege.dat", FileMode.OpenOrCreate, FileAccess.Read)
        Dim bReader As New BinaryReader(rStream)
```

Zuerst muss die Anzahl der in der Datei abgespeicherten Datensätze eingelesen werden:

```
        Dim max As Integer = bReader.ReadInt32    ' zuerst die Anzahl der Datensätze lesen
        If (rStream.Length > 0) Then              ' kein Lesen bei leerer bzw. neu angelegter Datei
```

Nun den Dateiinhalt zeilenweise einlesen und in die *DataRow* schreiben:

```
            For i As Integer = 1 To max
                Dim rw As DataRow = dt.NewRow
```

Die Spalten der Zeile mit Werten füllen:

```
                rw("Nr") = bReader.ReadInt32
                rw("EingangsDatum") = Convert.ToDateTime(bReader.ReadString)
                rw("KuNr") = bReader.ReadInt32
                rw("GesamtNetto") = bReader.ReadDecimal
                rw("Bemerkung") = bReader.ReadString
```

Schließlich die komplett beschriebene *DataRow* zur *DataTable* hinzufügen:

```
                dt.Rows.Add(rw)
            Next i
        End If
        bReader.Close()
        rStream.Close()
    End Sub
```

Die Anzeige löschen wir, indem wir die komplette *DataTable* löschen:

```
    Private Sub Button3_Click(sender As Object, e As EventArgs) Handles Button3.Click
        dt.Clear()
    End Sub
```

Das Formatieren des *DataGridView* beschränken wir auf die Spalten *EingangsDatum* und *GesamtNetto*:

```
    Private Sub formatDataGridView(dgv As DataGridView)
```

Datum formatieren:

```
        dgv.Columns.Remove("EingangsDatum")
        Dim tbc1 As New DataGridViewTextBoxColumn()
        tbc1.DataPropertyName = "EingangsDatum"
        tbc1.HeaderText = "EingangsDatum"
        tbc1.Width = 90
        tbc1.DefaultCellStyle.Format = "d"
        tbc1.DefaultCellStyle.Alignment = DataGridViewContentAlignment.MiddleCenter
```

```
        tbc1.DisplayIndex = 1
        dgv.Columns.Add(tbc1)
```

Währung formatieren:

```
        dgv.Columns.Remove("GesamtNetto")
        Dim tbc2 As New DataGridViewTextBoxColumn()
        tbc2.DataPropertyName = "GesamtNetto"
        tbc2.HeaderText = "GesamtNetto"
        tbc2.Width = 80
        tbc2.DefaultCellStyle.Format = "c"
        tbc2.DefaultCellStyle.Alignment = DataGridViewContentAlignment.MiddleRight
        tbc2.DefaultCellStyle.Font = New Font(DataGridView1.Font, FontStyle.Bold)
        tbc2.DisplayIndex = 3
        dgv.Columns.Add(tbc2)
    End Sub
End Class
```

Test

Tragen Sie gleich zu Beginn einige Datensätze ein. Der Wert in der *Nr*-Spalte wird (dank *AutoIncrement=True*) automatisch ergänzt. Sie können Datensätze editieren oder mit der *Entf*-Taste löschen. Durch die *Esc*-Taste oder *Strg+Z* lassen sich Änderungen rückgängig machen.

Speichern Sie ab, löschen Sie die Anzeige und laden Sie dann erneut!

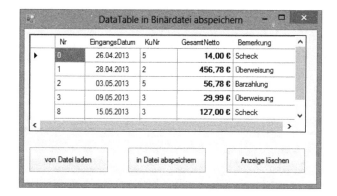

Abbildung 4.12 Laufzeitansicht

HINWEIS   Die erzeugte Datei *Belege.dat* findet sich im *\bin\Debug*-Unterverzeichnis des Projekts.

Bemerkungen

- Damit der Quellcode übersichtlich bleibt, wurde auf eine Fehlerbehandlung, z.B. bei Eingabe eines ungültigen Datums, verzichtet

- Um die Spalten des *DataGridView* zu formatieren (vor allem *GesamtNetto*), ist einiger zusätzlicher Aufwand erforderlich, siehe dazu How-to 5.9 »... die Spalten im DataGridView formatieren?«

- Wie man nicht nur eine einfache *DataTable*, sondern ein komplettes *DataSet* mit zwei über eine Relation verknüpften Tabellen »per Hand« erzeugt, ist Teil des How-to 4.10 »... ein DataSet in einen XML-String konvertieren?«

- Die Verwendung der neuen *RemotingFormat*-Eigenschaft von *DataSet/DataTable* zum binären Serialisieren wird im How-to 4.9 »... ein DataSet binär serialisieren?« beschrieben

- Wie das nachfolgende How-to 4.2 »... eine DataTable in einer XML-Datei abspeichern?« zeigt, kann man eine *DataTable* auch mit deutlich weniger Code auf der Festplatte ablegen

4.2 ... eine DataTable in einer XML-Datei abspeichern?

DataSet-/DataTable-Objekt: *ReadXml-*, *WriteXml*-Methode; *XmlWriteMode*-Enumeration;

Im vorhergehenden How-to 4.1 »... eine DataTable erzeugen und in einer Binärdatei speichern?« musste relativ aufwändig mit *FileStream*, *BinaryReader*, *BinaryWriter* etc. gearbeitet werden um die Datenpersistenz zu gewährleisten. Wenn Sie aber die *DataTable* statt in einer Binärdatei in einer XML-Datei abspeichern wollen, können Sie sich einige Codezeilen ersparen, denn genauso wie ein *DataSet* verfügt auch eine *DataTable* über die Methoden *ReadXml* und *WriteXml*, mit denen es von einer XML-Datei gelesen bzw. in diese geschrieben werden kann.

Oberfläche

Diese entspricht 100%-ig dem Vorgängerbeispiel.

Quellcode

Der Code hinter den Schaltflächen *von Datei laden* und *in Datei abspeichern* vereinfacht sich drastisch (der übrige Code bleibt unverändert):

Von Datei laden:

```
Private Sub Button1_Click(sender As Object, e As EventArgs e) Handles Button1.Click
    dt.ReadXml("Belege.xml")
End Sub
```

In Datei abspeichern (Inhalt plus Schema-Informationen):

```
Private Sub Button2_Click(sender As Object, e As EventArgs)  Handles Button2.Click
    dt.WriteXml("Belege.xml", XmlWriteMode.WriteSchema)
End Sub
```

Test

Im Vergleich zum Vorgängerbeispiel ist kein unterschiedliches Verhalten festzustellen, allerdings befindet sich jetzt im Anwendungsverzeichnis keine Binär- sondern eine XML-Datei (*Belege.xml*).

4.3 ... Master-Detailbeziehungen im DataGrid anzeigen?

DataSet-Objekt: *Tables-*, *Relations-*, -Auflistung: *Add*-Methode; *DataRelation*-Objekt; *DataGrid*-Control;

Das »gute alte« *DataGrid* kann mehrere Tabellen gleichzeitig verwalten, dies ist fast der einzige (wenn auch nicht unbedeutende) Vorteil gegenüber dem strahlenden Nachfolger *DataGridView*. Im vorliegenden Beispiel zeigen wir, wie man ohne viel Mehraufwand eine Darstellung von zwei verknüpften Tabellen (*Kunden* und *Bestellungen* aus der *Nordwind*-Datenbank) erreichen kann. Dabei lernen wir, wie man eine *Data-Relation* erstellt und anwendet.

Oberfläche

Ein *DataGrid* und ein *Button* genügen für einen kleinen Test. Da das *DataGrid* aus dem Werkzeugkasten vertrieben wurde[1], müssen wir es aus der »Mottenkiste« wieder herausholen (Kontextmenü *Elemente auswählen...* und unter *.NET Framework-Komponenten* suchen).

Quellcode

```
...

Imports System.Data.OleDb

Public Class Form1
```

Einrichten der Verbindung zur Datenbank:

```
    Private Sub Button1_Click(sender As Object, e As EventArgs) Handles Button1.Click
        Dim connStr As String = "Provider=Microsoft.Jet.OLEDB.4.0; Data Source=Nordwind.mdb;"
        Dim conn As New OleDbConnection(connStr)
```

Die Tabelle *Kunden* wird in das *DataSet* geladen:

```
        Dim selStr As String = "SELECT KundenCode, Firma, Kontaktperson, Telefon FROM Kunden"
        Dim da As New OleDbDataAdapter(selStr, conn)
        Dim ds As New DataSet()
        conn.Open()
        da.Fill(ds, "Kunden")
```

Die Tabelle *Bestellungen* wird geladen:

```
        selStr = "SELECT Bestellungen.BestellNr, Bestellungen.KundenCode," & _
                "  Bestellungen.Bestelldatum, Bestellungen.Versanddatum" & _
                "  FROM Kunden, Bestellungen WHERE (Kunden.KundenCode = Bestellungen.KundenCode)"
        da = New OleDbDataAdapter(selStr, conn)
        da.Fill(ds, "Bestellungen")
        conn.Close()
```

Die *DataRelation* wird zum *DataSet* hinzugefügt:

```
        ds.Relations.Add("KundenBestellungen", ds.Tables("Kunden").Columns("KundenCode"),
                                        ds.Tables("Bestellungen").Columns("KundenCode"))
```

Anbinden des *DataGrid*:

```
        DataGrid1.SetDataBinding(ds, "Kunden")
    End Sub
End Class
```

---

[1] Der Mohr hat seine Schuldigkeit getan?

Test

Das *DataGrid* zeigt zunächst eine scheinbar normale Darstellung der Kunden. Nach Klick auf das Kreuzchen in der ersten Tabellenspalte können Sie die Darstellung expandieren (siehe Abbildung links).

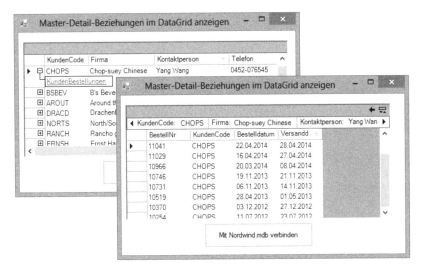

Abbildung 4.13 Master- und Detailansicht im *DataGrid*

Nachdem Sie auf den Hotspot *KundenBestellungen* geklickt haben erscheinen im *DataGrid* die gewünschten Detaildatensätze (siehe Abbildung rechts).

HINWEIS Um zur Master-Tabelle zurückzukehren, klicken Sie auf den kleinen Pfeil rechts oben in der Titelleiste der Detailansicht.

4.4 ... in einem DataView sortieren und filtern?

DataTable-Objekt: *DefaultView*-Eigenschaft; *DataView*-Objekt: *Sort-*, *RowFilter*-Eigenschaft;

Ein *DataView*-Objekt visualisiert die Daten eines *DataTable*-Objekts und ermöglicht gleichzeitig ein bequemes Suchen und Filtern. Das vorliegende Beispiel zeigt eine einfache Anwendung zum Sortieren und Filtern auf Basis der *Artikel*-Tabelle aus *Nordwind.mdb*.

Oberfläche

Wir brauchen ein *DataGridView*, einen *Button* und zwei *TextBox*en. Letztere dienen der Eingabe der *Sort-* und der *RowFilter*-Eigenschaft des *DataView*-Objekts. Die Syntax dieser Eigenschaften ist SQL-orientiert.

Um beim Experimentieren nicht jedes Mal komplett die *Sort-* und *RowFilter*-Eigenschaften neu eintippen zu müssen, sollten Sie gleich zur Entwurfszeit beiden *TextBox*en gültige Anfangswerte zuweisen, z.B.

- *Sort*:   Artikelname DESC
- *RowFilter*:   Artikelname LIKE 'M%' AND Einzelpreis < 50

Quellcode

```
...
Imports System.Data.OleDb

Public Class Form1
```

Alle benötigten Objekte werden global referenziert:

```
    Private dv As DataView = Nothing
```

Beim Laden der Anwendung erfolgt das Instanziieren und Initialisieren der Objekte:

```
    Protected Overrides Sub OnLoad(e As EventArgs)
        Dim conn As New OleDbConnection("Provider=Microsoft.Jet.OLEDB.4.0; Data Source=Nordwind.mdb;")
        Dim cmd As New OleDbCommand(
                "SELECT ArtikelNr, Artikelname,Liefereinheit,Einzelpreis FROM Artikel", conn)
        Dim da As New OleDbDataAdapter(cmd)
        Dim dt As New DataTable()
        da.Fill(dt)                        ' DataTable füllen
        dv = dt.DefaultView                ' Erzeugen des DataView in Standardansicht
        DataGridView1.DataSource = dv      ' Datengitter an DataView anbinden
        MyBase.OnLoad(e)
    End Sub
```

Zum Filtern und Sortieren werden die Inhalte aus den Textboxen zugewiesen:

```
    Private Sub Button1_Click(sender As Object, e As EventArgs) Handles Button1.Click
        dv.Sort = TextBox1.Text
        dv.RowFilter = TextBox2.Text
    End Sub
End Class
```

Test

Nach dem Programmstart zeigt die *DataView* zunächst alle Artikel in Standardansicht an. Nach dem An-klicken der *Start*-Schaltfläche werden z.B. nur noch alle mit »M« beginnenden Artikel mit einem Einzelpreis von z.B. unterhalb *50 Euro* in umgekehrter alphabetischer Reihenfolge angezeigt.

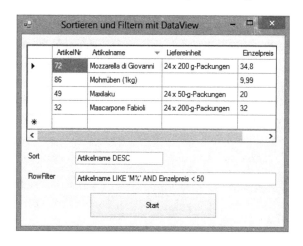

Abbildung 4.14   Laufzeitansicht

Weiteren Experimenten steht nun nichts mehr im Wege (bescheidene SQL-Kenntnisse vorausgesetzt).

Bemerkungen

- Die SQL-Syntax der *RowFilter*-Eigenschaft ist dieselbe wie die der *Expression*-Eigenschaft des *Data-Column*-Objekts

- Neben dem »%«-Platzhalterzeichen können Sie auch das Zeichen »*« verwenden

4.5 ... nach Datensätzen suchen?

DataView-Objekt: *Sort*-Eigenschaft, *Find*-, *FindRows*-Methode; *DataRowView*-Array; *DataTable*-Objekt: *Clone*-, *NewRow*-Methode; *ComboBox*-Control;

Nicht nur Sortieren und Filtern, auch das Suchen von Datensätzen ist ein wichtiges Anwendungsfeld des *DataView*-Objekts, wozu die *Find*- und die *FindRows*-Methode eingesetzt werden. Das vorliegende Beispiel zeigt außerdem die Auswahl von Spalten mittels *ComboBox* und die Übertragung eines *DataRowView*-Arrays in eine *DataTable*.

Oberfläche

Für unseren Test benötigen wir ein *DataGridView*, eine *ComboBox*, eine *TextBox* und drei *Buttons* (siehe Laufzeitabbildung).

Quellcode

```
...
Imports System.Data.OleDb
    Public Class Form1
        Private dv As DataView = Nothing
        Private dt As DataTable = Nothing
```

Die üblichen Routineaktivitäten beim Starten:

```
Protected Overrides Sub OnLoad(e As EventArgs)
    Dim conn As New OleDbConnection("Provider=Microsoft.Jet.OLEDB.4.0; Data Source=Nordwind.mdb;")
    Dim cmd As New OleDbCommand("SELECT * FROM Kunden", conn)
    Dim da As New OleDbDataAdapter(cmd)
    dt = New DataTable("Kundenliste")
    conn.Open()
    da.Fill(dt)
    conn.Close()
    dv = dt.DefaultView
```

Die Übertragung der Spaltenbezeichner in die *ComboBox*:

```
For Each c As DataColumn In dt.Columns
    ComboBox1.Items.Add(c.ColumnName)
Next
ComboBox1.SelectedIndex = 5          ' Spalte "Ort" anzeigen
TextBox1.Text = "London"             ' Default-Suchbegriff
```

Die Anzeige:

```
        DataGridView1.DataSource = dv
        MyBase.OnLoad(e)
    End Sub
```

Wir beginnen mit der *FindRows*-Methode, welche ein *DataRowView*-Array mit **allen** gefundenen Datensätzen füllt:

```
    Private Sub Button1_Click(sender As Object, e As EventArgs) Handles Button1.Click
        dv.Sort = ComboBox1.Text          ' vor dem Suchen muss sortiert werden!
        Dim arr() As DataRowView = dv.FindRows(TextBox1.Text)
```

Den Array-Inhalt in eine weitere *DataTable* kopieren, um die Datensätze bequem im *DataGridView* anzeigen zu können[1]:

```
        Dim dt2 As DataTable = dt.Clone()          ' neue leere DataTable erzeugen,
        ' Schema entspricht der ersten Tabelle
        For i As Integer = 0 To arr.Length - 1          ' alle Array-Zeilen durchlaufen
            Dim rw As DataRow = dt2.NewRow()               ' neue Zeile mit Schema der DataTable erzeugen
            For j As Integer = 0 To dt2.Columns.Count - 1          ' alle Array-Spalten durchlaufen
                rw(j) = arr(i)(j)                          ' DataRow-Feld mit Wert der Array-Zelle füllen
            Next
            dt2.Rows.Add(rw)                    ' DataRow zur DataTable addieren
        Next
        DataGridView1.DataSource = dt2          ' alle gefundenen Datensätze angezeigen
    End Sub
```

Die *Find*-Methode liefert lediglich den Index des ersten gefundenen Datensatzes. Auch hier muss die zu durchsuchende Tabellenspalte vorher mittels *Sort*-Eigenschaft zugewiesen werden:

```
    Private Sub Button2_Click(sender As Object, e As EventArgs) Handles Button2.Click
        dv.Sort = ComboBox1.Text
        Dim i As Integer = dv.Find(TextBox1.Text)
        If i < 0 Then
            MessageBox.Show("Keinen Datensatz gefunden!")
        Else
            DataGridView1.CurrentCell = DataGridView1.Rows(i).Cells(0)
        End If
    End Sub
```

Das Zurücksetzen der Anzeige:

```
    Private Sub Button3_Click(sender As Object, e As EventArgs) Handles Button3.Click
        DataGridView1.DataSource = dt
    End Sub
End Class
```

Test

Zu Beginn werden alle Datensätze in der Standardansicht angezeigt. Nach Auswahl der Tabellenspalte mittels *ComboBox* und Eingabe des Suchbegriffs wählen Sie die *FindRows*-Schaltfläche und es erscheinen alle gefundenen Datensätze im Datengitter.

---

[1] Möglicherweise gibt es eine elegantere Lösung, aber auf jeden Fall lernen Sie hier einiges über den Zugriff auf Arrays und DataTables.

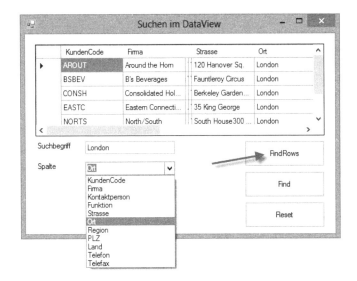

Abbildung 4.15 Laufzeitansicht nach Aufruf der *FindRows*-Methode

Die *Find*-Methode zeigt immer nur den ersten Treffer an und lohnt sich deshalb eigentlich nur bei der Suche in eindeutigen Spalten (z.B. *KundenCode*).

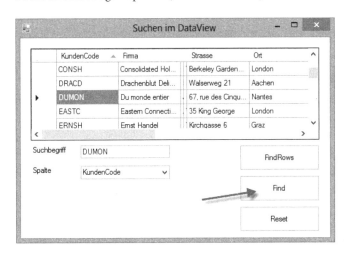

Abbildung 4.16 Laufzeitansicht nach Aufruf der *Find*-Methode

4.6 ... vereinfacht nach Datensätzen suchen?

DataView-Objekt: *RowFilter*-Eigenschaft; SQL: LIKE, %-Platzhalterzeichen

Das Vorgängerbeispiel ist zwar bezüglich des Umgangs mit *DataTable* und *DataView* sowie der Anwendung der Methoden *Find* und *FindRows* sehr aufschlussreich, für die praktische Suche nach Datensätzen aber eher ungeeignet, da stets der exakte Suchbegriff eingegeben werden muss.

Wer mit weniger Aufwand und mehr Komfort nach Datensätzen suchen will, der sollte sich an die im How-to 4.4 »... in einem DataView sortieren und filtern?« vorgestellte *RowFilter*-Eigenschaft erinnern. Unter Verwendung der SQL-Syntax (LIKE) und des Einbaus des Platzhalterzeichens »%« kann man erreichen, dass nicht der komplette Suchbegriff eingegeben werden muss, sondern dass die ersten Buchstaben ausreichen, um ähnliche Datensätze herauszufiltern.

Oberfläche

Für das Startformular benötigen Sie lediglich ein *DataGridView*, eine *ComboBox* und eine *TextBox* (siehe Laufzeitansicht).

Quellcode

```
...
Imports System.Data.OleDb

    Public Class Form1
        Private dv As DataView = Nothing

    Protected Overrides Sub OnLoad(e As EventArgs)
        Dim conn As New OleDbConnection("Provider=Microsoft.Jet.OLEDB.4.0; Data Source=Nordwind.mdb;")
        Dim cmd As New OleDbCommand("SELECT * FROM Kunden", conn)
        Dim da As New OleDbDataAdapter(cmd)
        Dim dt As New DataTable("Kundenliste")
        conn.Open()
        da.Fill(dt)
        conn.Close()
        dv = New DataView(dt)              ' oder dv = dt.DefaultView
```

Die Übertragung der Spaltenbezeichner in die *ComboBox*:

```
        For Each c As DataColumn In dt.Columns
            ComboBox1.Items.Add(c.ColumnName)
        Next
```

Standardanzeige einstellen:

```
        ComboBox1.SelectedIndex = 1           ' Spalte "Firma"
        TextBox1.Text = "L"                   ' Default-Suchbegriff
        DataGridView1.DataSource = dv
        MyBase.OnLoad(e)
    End Sub
```

Die Suche startet nach Betätigen der Eingabetaste:

```
    Private Sub TextBox1_KeyUp(sender As Object, e As KeyEventArgs) Handles TextBox1.KeyUp
        If e.KeyCode = Keys.Enter Then
            dv.Sort = ComboBox1.Text
            dv.RowFilter = dv.Sort & " LIKE '" & TextBox1.Text & "%'"
        End If
    End Sub
End Class
```

Test

Stellen Sie in der *ComboBox* zuerst die Spalte ein, in der Sie suchen möchten. Geben Sie dann in die *TextBox* ein oder mehrere Zeichen für die Anfangsbuchstaben des zu suchenden Begriffs ein und beenden Sie die Eingabe mit der Eingabetaste.

Abbildung 4.17 Suchen in der Spalte *Firma*

Wenn Sie einen leeren Suchbegriff eingeben, wird wieder die komplette Tabelle angezeigt.

4.7   ... zwischen DataTable und DataReader umwandeln?

DataTable-Objekt: *Load*-Methode; *DataTableReader*-Objekt: *Read*-Methode; *IDataReader*-Interface;

Zu den neueren ADO.NET Features gehört auch die Möglichkeit, auf direktem Weg den Inhalt einer *DataTable* bzw. eines *DataSet*s in einen *DataReader* zu schaufeln und umgekehrt. Unser Testprogramm demonstriert dies am Beispiel der *Customers*-Tabelle der *Northwind*-Datenbank des SQL Servers.

Oberfläche

Auf dem Startformular *Form1* platzieren wir eine *ListBox*, ein *DataGridView* und zwei *Button*s (siehe Laufzeitabbildung).

Quellcode (Allgemein)

```
...
Imports System.Data.SqlClient

Public Class Form1
```

Zunächst definieren wir die Verbindungszeichenfolge zum SQL-Server und die SQL-Abfrage:

```
Private Const CONNSTR As String =
        "Data Source=.\SQLEXPRESS; Initial Catalog=Northwind; Integrated Security=sspi;"

Private Const SQL As String = "SELECT * FROM Customers ORDER BY CompanyName"
```

Eine Hilfsmethode, die den Inhalt eines übergebenen *DataReader*-Objekts in der *ListBox* anzeigt:

```
Private Sub showReader(dr As IDataReader)
    Dim str As String = String.Empty
    Dim spc As String = "    "
    ListBox1.Items.Clear()
    While dr.Read()
        str = dr("CustomerID") & spc
        str &= dr("CompanyName") & spc
```

```
            str &= dr("ContactName") & spc
            str &= dr("ContactTitle") & spc
            str &= dr("Address") & spc
            str &= dr("City") & spc
            ListBox1.Items.Add(str)
        End While
        dr.Close()
    End Sub
```

Quellcode (DataTable => DataReader)

```
    Private Sub Button1_Click(sender As Object, e As EventArgs) Handles Button1.Click
        Dim conn As SqlConnection = New SqlConnection(CONNSTR)
        Try
            conn.Open()
            Dim cmd As New SqlCommand(SQL, conn)
            Dim da As New SqlDataAdapter(cmd)
            Dim dt As New DataTable()
            da.Fill(dt)
```

Die Klasse *DataTableReader* implementiert die *IDataReader*-Schnittstelle:

```
            Dim dtr As New DataTableReader(dt)
            showReader(dtr)
```

Wir leisten uns diesmal eine ausführliche Fehlerbehandlung:

```
        Catch ex As SqlException
            MessageBox.Show(ex.Message)
        Catch ex As InvalidOperationException
            MessageBox.Show(ex.Message)
        Catch ex As Exception
            MessageBox.Show(ex.Message)
        Finally
            conn.Close()
        End Try
    End Sub
```

Quellcode (DataReader => DataTable)

```
    Private Sub Button2_Click(sender As Object, e As EventArgs) Handles Button2.Click
        Dim conn As New SqlConnection(CONNSTR)
        Try
            conn.Open()
            Dim cmd As New SqlCommand(SQL, conn)
            Dim dr As SqlDataReader = cmd.ExecuteReader(CommandBehavior.CloseConnection)
            Dim dt As New DataTable()
```

Die *Load*-Methode ermöglicht die Übernahme eines *DataReader*:

```
            dt.Load(dr, LoadOption.OverwriteChanges)
```

Die nachfolgende Fehlerbehandlung entspricht der obigen und wird deshalb nicht nochmals abgedruckt.

```
        ...
```

```
    End Sub

End Class
```

Test

Die angezeigten Ergebnisse entsprechen unseren Erwartungen (Abbildung 4.18).

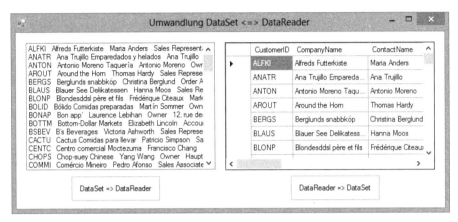

Abbildung 4.18 Laufzeitansicht des Beispiels

4.8 ... große Datenmengen in ein DataSet laden?

DataSet-Objekt: *Tables*-Auflistung; *DataTable*-Objekt: *Rows*-Auflistung; *DataRow*-Objekt; *TimeSpan*-Klasse;

Mit diesem Testprogramm können Sie sich von den teilweise dramatischen Geschwindigkeitsvorteilen überzeugen, mit denen sich unter ADO.NET größere Datenmengen in eine *DataTable* »schaufeln« lassen.

Wir definieren eine *DataTable* mit zwei Spalten und füllen diese in ein *DataSet*. In einer Schleife erzeugt das Programm eine vom Benutzer vorzugebende größere Anzahl von Datensätzen und fügt diese zur *DataTable* hinzu. Um ein reales Szenario möglichst gut nachzubilden, bestimmt ein Zufallszahlengenerator die Einträge. Die Zeit für den Aufbau des gefüllten *DataSet*s wird gemessen und angezeigt.

Warum nehmen wir nicht einfach den Wert des Schleifenzählers, sondern eine Zufallszahl? Weil in einem realen Szenario der Zugriff auf die Elemente einer *DataTable* nur selten sequenziell erfolgt. Für jede Operation (Insert, Update, Delete) muss zunächst die durch die Schlüsselspalte spezifizierte Zeile lokalisiert werden, anschließend erfolgt das Aktualisieren der Tabellenindizes. Würden wir eine Million Datensätze mit sequenziellen Schlüsselwerten in eine leere Tabelle laden, würde das viel zu schnell gehen und die Zeitmessung würde geschönte Ergebnisse liefern.

Oberfläche

Ein Formular, eine *TextBox* für die Eingabe der gewünschten Anzahl von Datensätzen, ein *Button* für den Start und einige *Label*s zur Anzeige genügen (siehe Laufzeitansicht).

Quellcode

```
Public Class Form1
    Private Sub Button1_Click(sender As Object, e As EventArgs) Handles Button1.Click
        Dim ds As New DataSet()
        Label1.Text = String.Empty
        Label2.Text = String.Empty
        Dim start As New DateTime()
```

Erzeugen des *DataSet*s:

```
        ds.Tables.Add("Test")
        ds.Tables(0).Columns.Add("Nr", GetType(System.Int32))
        ds.Tables(0).Columns("Nr").Unique = True          ' eindeutiger Schlüssel
        ds.Tables(0).Columns.Add("Wert", GetType(System.String))
        Dim n As Integer = Int32.Parse(TextBox1.Text)  ' Anzahl Iterationen
        Me.Cursor = Cursors.WaitCursor
        start = DateTime.Now        ' Startzeit
        Dim rnd As New Random()     ' Zufallszahlengenerator erzeugen
```

Hinzufügen von *n* Zeilen:

```
        For i As Integer = 1 To n - 1
            Try
                Dim z As Integer = rnd.Next()        ' neue Zufallszahl
                Dim dr As DataRow = ds.Tables(0).NewRow()
                dr("Nr") = z
                dr("Wert") = z.ToString()
                ds.Tables(0).Rows.Add(dr)
            Catch     ' Fehler bei doppeltem "Nr"-Wert
            End Try
        Next
        Me.Cursor = Me.DefaultCursor                ' Mauszeiger zurücksetzen
```

Die Zeitdauer in Sekunden ermitteln:

```
        Dim ts As New TimeSpan(DateTime.Now.Ticks - start.Ticks)
```

Ergebnisanzeige:

```
        Label1.Text = ds.Tables("Test").Rows.Count.ToString   ' tatsächliche Anzahl der Zeilen
        Label2.Text = ts.TotalSeconds.ToString        ' Zeitdauer
    End Sub

End Class
```

Test

Eine Million Datensätze sind kein Pappenstiel und so sind auch ADO.NET und ein 3,6 GHz-DualCore-PC stolze 16 Sekunden mit dieser Herkulesarbeit beschäftigt. Wundern Sie sich aber nicht, dass weniger Datensätze als vorgegeben hinzugefügt wurden (in unserem Fall laut Abbildung 999749). Die fehlenden Datensätze haben wir dem Zufallszahlengenerator zu verdanken, welcher ab und zu auch mal doppelte *Nr*-Werte generiert hat, die dann aber aufgrund der *Unique*-Eigenschaft wieder verworfen werden mussten.

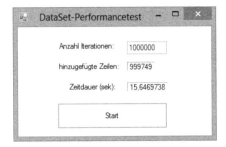

Abbildung 4.19 Laufzeitansicht nach Abschluss der Messung

4.9 ... ein DataSet binär serialisieren?

DataSet-/DataTable-Objekt: *RemotingFormat*-Eigenschaft; *ConnectionStringBuilder*-Objekt: *DataSource-*, *IntegratedSecurity-*, *InitialCatalog*-Eigenschaft;

In diesem Beispiel zeigen wir, wie Sie die *RemotingFormat*-Eigenschaft des *DataSets* verwenden. Auch weitere ADO.NET-Features, wie die geänderten Anwendungseinstellungen und der *ConnectionStringBuilder*, kommen zum Einsatz.

Oberfläche

Öffnen Sie eine neue Windows-Anwendung mit dem Namen SerialisierungsDemo, ziehen Sie die Datenbank *Northwind.mdf* in den Projektmappen-Explorer und gestalten Sie die abgebildete Oberfläche:

Abbildung 4.20 Bedienoberfläche

Quellcode

```
...
Imports System.Data.SqlClient
Imports System.Runtime.Serialization.Formatters.Binary
Imports System.IO

Public Class Form1
```

Die Verbindungszeichenfolge zum SQL Server:

```
Const CONNSTR = "Data Source=(LocalDB)\v11.0;" &
    "AttachDbFilename=|DataDirectory|\Northwind.mdf; Integrated Security = True;User Instance=False"
```

Die *Start*-Schaltfläche:

```
Private Sub Button1_Click(sender As Object, e As EventArgs) Handles Button1.Click
```

Der Standort der erzeugten Dateien soll – gemeinsam mit den übrigen Projektdateien – zwei Verzeichnis-ebenen oberhalb des Anwendungsverzeichnisses liegen:

```
Dim pfadXml As String = "..\..\Xml.txt"
Dim pfadBinary As String = "..\..\Binary.txt"
```

Die folgenden Anweisungen laden alle Kunden aus der *Customers*-Tabelle in ein *DataSet*:

```
Dim ds As New DataSet()
Dim da As New SqlDataAdapter("SELECT * FROM Customers", CONNSTR)
da.Fill(ds)
```

Zum Serialisieren des *DataSet*s werden ein *BinaryFormatter* und ein *FileStream*-Objekt benötigt:

```
Dim bf As New BinaryFormatter()
Dim fs As FileStream = Nothing
```

Die Entscheidung zwischen XML- und Binär-Serialisierung wird durch Festlegen der *RemotingFormat*-Eigenschaft des *DataSet*s getroffen. Mit der *Delete*-Methode der (statischen) *File*-Klasse wird eine eventuell vorhandene gleichnamige Datei gelöscht (falls die Datei nicht vorhanden ist, wird kein Fehler ausgelöst!):

```
If RadioButton1.Checked Then
    File.Delete(pfadXml)
    fs = New FileStream(pfadXml, FileMode.CreateNew)
    ds.RemotingFormat = SerializationFormat.Xml
Else
    File.Delete(pfadBinary)
    fs = New FileStream(pfadBinary, FileMode.CreateNew)
    ds.RemotingFormat = SerializationFormat.Binary    ' neu in ADO.NET 2.0!
End If
```

Jetzt wird serialisiert und die Ausgabe in die entsprechende Datei vorgenommen:

```
bf.Serialize(fs, ds)
```

Die letzte Anweisung darf nicht vergessen werden, ansonsten führt ein erneutes Betätigen der *Start*-Schaltfläche zu einem Fehler:

```
    fs.Close()
  End Sub

End Class
```

Test

Unter der Voraussetzung, dass die Verbindung zum SQL Server steht, finden sich nach Betätigen der *Start*-Schaltfläche im Projektverzeichnis die Dateien *Xml.txt* bzw. *Binary.txt*. Das Öffnen mit einem Texteditor offenbart die gravierenden Sicherheitsdefizite des XML-Formats, während die Binärdatei weitaus weniger »mitteilungsbedürftig« ist.

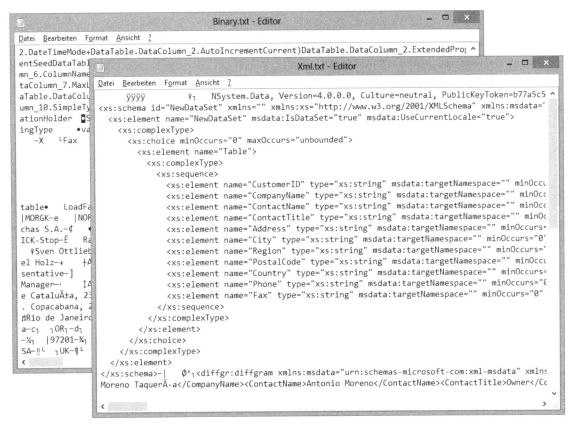

Abbildung 4.21 Textansicht der XML-Datei (vorn) und der Binärdatei (hinten)

4.10 … ein DataSet in einen XML-String konvertieren?

DataSet-Objekt: *ReadXml*-, *WriteXml*-Methode; *MemoryStream*-Objekt; *XmlTextWriter*-Objekt; *String-Reader*-Objekt; *Byte*-Array;

Dieses Beispiel zeigt Ihnen nicht nur, wie Sie ein beliebiges *DataSet*-Objekt in einen XML-String verwandeln, sondern erklärt auch den umgekehrten Weg, nämlich die Rücktransformation eines XML-Strings in ein *DataSet*.

Ganz nebenbei wird auch noch demonstriert, wie man ein *DataSet* (inklusive Relationen zwischen den Tabellen) in »Handarbeit« – also ganz ohne Datenbank – erstellen und füllen kann.

Konvertierungsmethoden

Grundlage beider Konvertierungen sind Überladungen der *WriteXml*- bzw. *ReadXml*-Methode des *DataSet*s, welche diesmal nicht auf die Festplatte, sondern direkt auf den Arbeitsspeicher zugreifen.

```
...
Imports System.Xml
Imports System.IO
```

Die folgende Methode konvertiert das übergebene *DataSet* in einen XML-String, wobei der Weg über einen *MemoryStream* und ein *Byte*-Array geht:

```
Public Function ConvertDataSetToXML(ds As DataSet) As String

    Dim stream As MemoryStream = Nothing
    Dim writer As XmlTextWriter = Nothing
    Try
        stream = New MemoryStream()
```

XmlTextWriter mit dem *MemoryStream* initialisieren:

```
        writer = New XmlTextWriter(stream, System.Text.Encoding.Unicode)
```

DataSet in den *MemoryStream* schreiben und dabei auch die Strukturinformationen mit übergeben:

```
        ds.WriteXml(writer, XmlWriteMode.WriteSchema)
```

Byte-Array als Puffer erstellen (*MemoryStream* kann grundsätzlich nur in ein Byte-Array einlesen):

```
        Dim arr() As Byte = stream.ToArray()
```

XML-String aus Byte-Array gewinnen und zurückgeben:

```
        Dim utf As New System.Text.UnicodeEncoding()
        Return utf.GetString(arr).Trim()
    Catch
        Return String.Empty
    Finally
        If writer IsNot Nothing Then writer.Close()
    End Try
End Function
```

Die zweite Methode arbeitet in umgekehrter Richtung, sie konvertiert einen übergebenen XML-String in ein *DataSet*, was dank *StringReader*-Objekt auf direktem Weg geht:

```
Public Function ConvertXMLToDataSet(xml As String) As DataSet
    Dim reader As StringReader = Nothing
    Try
        Dim ds As New DataSet()
        reader = New StringReader(xml)
```

XML-String in *DataSet* einlesen:

```
        ds.ReadXml(reader)
        Return ds
    Catch
        Return Nothing
    Finally
        If reader IsNot Nothing Then reader.Close()
    End Try
End Function
```

Testoberfläche Form1

Eine *TextBox* (*MultiLine* = *True*), zwei *Button*s und das gute alte *DataGrid* bilden die Testoberfläche. Da man im Unterschied zum modernen *DataGridView* im *DataGrid* auch mehrere Tabellen und ihre Beziehungen gleichzeitig darstellen kann, wurde letzteres extra zu diesem Zweck aus seiner Schmollecke zurückgeholt (Hinzufügen zum Werkzeugkasten über Kontextmenü *Elemente auswählen ...*).

```
...
Imports System.Xml
Imports System.IO

Public Class Form1
```

DataSet => XML-String:

```
    Private Sub Button1_Click(sender As Object, e As EventArgs) Handles Button1.Click
        Dim ds As DataSet = getTestDS()
        TextBox1.Text = ConvertDataSetToXML(ds)
        Button2.Enabled = True
    End Sub
```

XML-String => DataSet:

```
    Private Sub Button2_Click(sender As Object, e As EventArgs) Handles Button2.Click
        Dim ds As DataSet = ConvertXMLToDataSet(TextBox1.Text)
        DataGrid1.DataSource = Nothing
        DataGrid1.DataSource = ds
    End Sub
```

Erzeugen eines untypisierten DataSets als Testobjekt

Ein *DataSet* zum Experimentieren hätten wir uns auch einfach aus einer beliebigen Datenbanktabelle holen können (z.B. mittels *Fill*-Methode des *DataAdapters*). Da es hier aber um grundsätzliche Untersuchungen geht, wollen wir diesmal unser *DataSet* lieber eigenhändig per Code erstellen.

Vorbild ist die abgebildete Struktur, in welcher die Tabellen *Kunden* und *Bestellungen* über eine 1:n-Relation miteinander verbunden sind:

Kunden	
Nr	*Int32*
Vorname	*String*
Nachname	*String*
Geburtstag	*DateTime*

Bestellungen	
N	*Int32*
Datum	*DateTime*
Betrag	*Decimal*
KuNr	*Int32*
Bemerkung	*String*

Abbildung 4.22 DataSet-Struktur

Die Methode *getTestDS* erzeugt ein untypisiertes *DataSet* mit zwei *DataTable*s und einer *DataRelation* entsprechend obiger Abbildung und fügt jeder Tabelle zwei Datensätze hinzu:

```
    Private Function getTestDS() As DataSet
```

Tabelle *Personen*:

```
        Dim dt1 As New DataTable("Personen")
```

Primärschlüssel:

```
Dim col1 As DataColumn = dt1.Columns.Add("Nr", GetType(System.Int32))
col1.AllowDBNull = False
col1.Unique = True
col1.AutoIncrement = True
col1.AutoIncrementStep = 1
```

Die restlichen Spalten hinzufügen:

```
dt1.Columns.Add("Vorname", .GetType(System.String))
dt1.Columns.Add("Nachname", GetType(System.String))
dt1.Columns.Add("Geburtstag", GetType(System.DateTime))
```

Zwei Datensätze hinzufügen:

```
Dim rw11 As DataRow = dt1.NewRow()
rw11("Vorname") = "Klaus"
rw11("Nachname") = "Müller"
rw11("Geburtstag") = Convert.ToDateTime("3.4.1975")
Dim rw12 As DataRow = dt1.NewRow()
rw12("Vorname") = "Tobalt"
rw12("Nachname") = "Tonne"
rw12("Geburtstag") = Convert.ToDateTime("5.8.1984")
dt1.Rows.Add(rw11)
dt1.Rows.Add(rw12)
```

Tabelle *Bestellungen*:

```
Dim dt2 As New DataTable("Bestellungen")
Dim col2 As DataColumn = dt2.Columns.Add("Nr", GetType(System.Int32))
col2.AllowDBNull = False
col2.Unique = True
col2.AutoIncrement = True
col2.AutoIncrementStep = 1
dt2.Columns.Add("Datum", GetType(System.DateTime))
dt2.Columns.Add("Betrag", GetType(System.Decimal))
dt2.Columns.Add("PersNr", GetType(System.Int32))        ' Fremdschlüssel
dt2.Columns.Add("Bemerkung", GetType(System.String))
```

Zwei Datensätze hinzufügen:

```
Dim rw21 As DataRow = dt2.NewRow()
rw21("Datum") = Convert.ToDateTime("20.2.2006")
rw21("Betrag") = Convert.ToDecimal("256,50")
rw21("PersNr") = 0
rw21("Bemerkung") = "per Nachname"
dt2.Rows.Add(rw21)
Dim rw22 As DataRow = dt2.NewRow()
rw22("Datum") = Convert.ToDateTime("8.3.2006")
rw22("Betrag") = Convert.ToDecimal("12,95")
rw22("PersNr") = 0
rw22("Bemerkung") = "per Scheck"
dt2.Rows.Add(rw22)
```

DataSet zusammenbauen (mit 1:n-Relation zwischen *Kunden* und *Bestellungen*):

```
Dim ds As New DataSet()
```

```
        ds.Tables.Add(dt1)
        ds.Tables.Add(dt2)
        ds.Relations.Add("Person_Bestellungen", ds.Tables("Personen").Columns("Nr"),
                                ds.Tables("Bestellungen").Columns("PersNr"))

        Return ds
    End Function
End Class
```

Test

Zunächst lassen wir uns die XML-Darstellung des *DataSet*s in der *TextBox* anzeigen. Anschließend betätigen wir zwecks Rückkonvertierung die untere Schaltfläche.

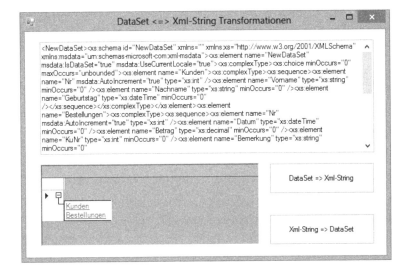

Abbildung 4.23 Laufzeitansicht

Nach Klick auf die Relation *Kunde_Bestellungen* erscheinen alle vom betreffenden Kunden aufgegebenen Bestellungen.

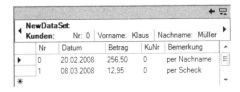

Abbildung 4.24 Laufzeitansicht (Detailtabelle)

Ein Klick auf den kleinen Pfeil in der rechten oberen Ecke des *DataGrid* bewirkt die Rückkehr zur Anzeige der *Kunden*-Tabelle.

Abbildung 4.25 Laufzeitansicht (Mastertabelle)

HINWEIS   Das als XML-String vorliegende *DataSet* bietet interessante Anwendungsmöglichkeiten: Man kann es z.B. mittels LINQ to XML bearbeiten oder auch als gepacktes Byte-Array über einen Webdienst versenden.

4.11   ... ein untypisiertes in ein typisiertes DataSet laden?

DataSet-Objekt: *ReadXml*-, *WriteXml*-Methode; *MemoryStream*-Objekt: *Seek*-Methode;

Als Ergebnis einer Datenbankabfrage oder eines Webmethodenaufrufs liegt häufig ein »normales« *DataSet* vor, für die weitere Informationsverarbeitung möchte man aber gern ein *typisiertes DataSet* nehmen, welches z.B. als Datenquelle für ein Windows-Frontend oder einen ReportService agieren soll.

Das vorliegende Beispiel zeigt eine Lösung, wie man die Informationen aus dem gefüllten untypisierten *DataSet*-Objekt *ds* in das leere typisierte *DataSet1*-Objekt *ds1* schaffen kann, ohne dabei mühselig durch alle Zeilen und Spalten der *DataTable*s iterieren zu müssen.

Während der umgekehrte Weg (typisiert → untypisiert) ziemlich einfach ist:

```
Dim ds As DataSet = CType(ds1, DataSet)
```

... funktioniert der folgende Code leider nicht:

```
Dim ds1 As DataSet1 = CType(ds, DataSet1)
```

Der »Dünnbrettbohrer« könnte allerdings mit folgendem Code sein Ziel erreichen:

```
ds.WriteXml("Temp.dat", XmlWriteMode.WriteSchema)
Dim ds1 As New DataSet1()
ds1.ReadXml("Temp.dat")
```

Neben der relativen Langsamkeit hat dieses Verfahren den gravierenden Nachteil, dass als Zwischenspeicher eine temporäre Datei auf der Festplatte herhalten muss. Dies kann z.B. beim Ausführen des Codes auf einem Internetserver mangels Schreibrechten zur Funktionsunfähigkeit führen.

Konvertierungscode

Die folgende Funktion konvertiert ein übergebenes untypisiertes *DataSet* in ein DataSet vom Typ *DataSet1*. Im Zentrum stehen dabei die bekannten Methoden *WriteXml* und *ReadXml*, allerdings arbeiten die Methoden diesmal nicht mit einer Datei sondern mit einem *MemoryStream*.

```
...
Imports System.IO

Public Class Form1
    Public Function ConvertUntypedToTypedDS(ds As DataSet) As DataSet1
        Dim stream As MemoryStream = Nothing
        Try
            stream = New MemoryStream()
```

DataSet inkl. Strukturinfo in den *MemoryStream* schreiben:

```
ds.WriteXml(stream, XmlWriteMode.WriteSchema)
```

Position im *MemoryStream* auf Anfang zurücksetzen:

```
stream.Seek(0, SeekOrigin.Begin)
```

Typisiertes DataSet instanziieren und Inhalt des *MemoryStream*s einlesen:

```
        Dim ds1 As New DataSet1()
        ds1.ReadXml(stream, XmlReadMode.InferSchema)
        Return ds1
    Catch
        Return Nothing
    Finally
        If stream IsNot Nothing Then stream.Close()
    End Try
End Function
```

Um die Funktion zu testen, brauchen wir sowohl ein gefülltes untypisiertes als auch ein leeres typisiertes DataSet mit identischen Strukturen. Unser Beispiel soll aber nicht nur den Trivialfall einer einzigen Tabelle abdecken, sondern zumindest aus zwei über eine Relation verknüpften Tabellen bestehen.

Normales DataSet erzeugen

Die beiden *DataTable*-Objekte *Kunden* und *Bestellungen* sind über eine 1:n-Relation miteinander verknüpft (ein Kunde hat keine, eine oder mehrere Bestellungen). Der Fremdschlüssel *KuNr* aus der Tabelle *Bestellungen* zeigt auf den Primärschlüssel *Nr* der Tabelle *Kunden*.

Um dieses *DataSet* per Code zu erzeugen, verwenden wir die Methode *getTestDS* aus dem How-to 4.10 »... ein DataSet in einen XML-String konvertieren?«, eine andere Möglichkeit wäre das Hinzufügen beider Tabellen inkl. Relation zu einer Testdatenbank (SQL-Server oder Access) mit anschließendem Einlesen in ein *DataSet*-Objekt.

Typisiertes DataSet

Ziel ist der Entwurf eines typisierten DataSets mit der gleichen Struktur wie das untypisierte DataSet.

Über das Menü *Projekt/Neues Element hinzufügen...* fügen Sie ein (typisiertes) DataSet hinzu.

HINWEIS Ein über das Projektmenü hinzugefügtes DataSet ist immer typisiert und automatisch eine Datenquelle!

Mit Hilfe des Menüs *Daten/Datenquellen anzeigen* bringen Sie das *Datenquellen*-Fenster zur Ansicht und entdecken das neu erzeugte typisierte *DataSet1*. Wählen Sie das Kontextmenü *DataSet mit Designer bearbeiten*. Klicken Sie mit der rechten Maustaste auf die leere Oberfläche des Designers und erzeugen Sie über das Kontextmenü *Hinzufügen/DataTable* die Tabellen *Kunden* und *Bestellungen* mit den entsprechenden Spalten. Über das Kontextmenü *Eigenschaften* weisen Sie jeder Spalte den Datentyp zu (vorher die volle Spalte markieren!).

Nachdem auch die Tabelle *Bestellungen* fertig ist, wählen Sie im Kontextmenü *Hinzufügen/Relation...* und verbinden im Dialogfeld *Beziehung* beide Tabellen entsprechend der Abbildung 4.26.

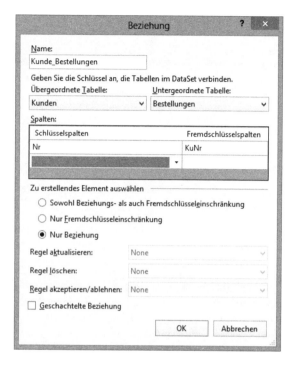

Abbildung 4.26   Hinzufügen einer Beziehung

Das Ergebnis im DataSet-Designer:

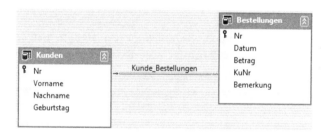

Abbildung 4.27   Typisiertes DataSet im DataSet-Designer

Das Datenquellen-Fenster bietet nun folgenden Anblick:

Abbildung 4.28   Typisiertes DataSet im Datenquellen-Fenster

Testoberfläche

Auf dem Startformular *Form1* findet (neben einem *Button*) das gute alte *DataGrid* seinen Platz. Gegenüber seinem strahlenden Nachfolger, dem *DataGridView*, hat dieses zum Schattendasein verdammte Control den Vorteil, dass man mit ihm sehr bequem mehrere Tabellen und deren Verknüpfungen betrachten kann.

Der Code beschränkt sich im Wesentlichen auf den Aufruf der Methoden *getTestDS* und *ConvertUntyped-ToTypedDS*:

```
Imports System.IO

Public Class Form1

    Private Sub Button1_Click(sender As Object, e As EventArgs) Handles Button1.Click
```

Das gefüllte untypisierte DataSet holen:

```
        Dim ds As DataSet = getTestDS()
```

Kontrollanzeige (umständlich weil nicht typisiert):

```
        MessageBox.Show(ds.Tables("Personen").Rows(0)("Vorname").ToString)
```

Typisiertes DataSet füllen:

```
        Dim ds1 As DataSet1 = ConvertUntypedToTypedDS(ds)
```

Datengitter mit dem typisierten DataSet verbinden:

```
        DataGrid1.DataSource = ds1
```

Kontrollanzeige (transparent weil typisiert):

```
        MessageBox.Show(ds1.Personen(0).Vorname)
    End Sub
End Class
```

Beide Meldungsfenster zeigen das gleiche Ergebnis (»Klaus«) und dienen dem Zweck, die unterschiedliche Syntax beim Zugriff auf untypisiertes und typisiertes DataSet gegenüberzustellen. Während der untypisierte Zugriff doch ziemlich umständlich ist, bietet der typisierte Zugriff zur Entwurfszeit bessere Transparenz und bequeme Intellisense-Unterstützung.

Test

Der Programmtest beweist, dass die Methode *ConvertUntypedToTypedDS* unsere Erwartungen voll erfüllt.

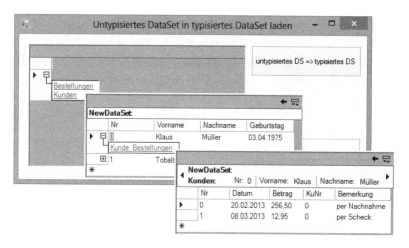

Abbildung 4.29 Laufzeitansichten des Beispiels

4.12 ... ein typisiertes DataSet mit LINQ abfragen?

LINQ to DataSet; typisiertes *DataSet*: *Add...Row*-Methoden;

Typisierte *DataSet*s können mit *LINQ to DataSet* zuverlässig und typsicher abgefragt werden (bei untypisierten *DataSet*s ist dies leider nicht der Fall). Das vorliegende How-to zeigt eine LINQ-Abfrage für ein typisiertes *DataSet*, welches zwei durch eine Relation miteinander verknüpfte Tabellen enthält.

> **HINWEIS**   Eine Datenbank ist nicht erforderlich, da ein DataSet auch völlig eigenständig existieren kann!

Oberfläche

Öffnen Sie eine neue Windows Forms-Anwendung und platzieren Sie auf dem Startformular *Form1* ein *DataGridView* und einen *Button* (siehe Laufzeitansicht).

Typisiertes DataSet

Über das Menü *Projekt/Neues Element hinzufügen ...* ergänzen Sie die Anwendung mit einem (typisierten) *DataSet*, welches Sie guten Gewissens auf seinem Standardnamen *DataSet1* belassen können.

Im sich automatisch öffnenden DataSet-Designer entwerfen Sie die Tabellen *Kunden* und *Bestellungen* entsprechend der folgenden Abbildung.

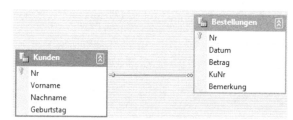

Abbildung 4.30 Das typisierte *DataSet* im Designer

Weisen Sie den einzelnen Spalten die entsprechenden Datentypen zu: *System.Int32* für die drei Schlüssel-spalten, *System.DateTime* für die Datumsspalten und *System.Decimal* für die Währungsspalte *Betrag*, alle anderen Spalten bleiben auf dem Standardtyp *System.String*. Beide *Nr*-Spalten sind Primärschlüssel und erhalten für ihre *AutoIncrement*-Eigenschaft den Wert *True*.

Fügen Sie eine Relation *Kunden_Bestellungen* hinzu (Fremdschlüssel = *KuNr* von *Bestellungen*, Primär-schlüssel = *Nr* aus *Kunden*).

HINWEIS   Das Hinzufügen einer Relation ist im HowTo 4.11 »... ein untypisiertes in ein typisiertes DataSet laden?« näher beschrieben.

Quellcode

```
Public Class Form1
```

Die *Start*-Schaltfläche:

```
Private Sub Button1_Click(sender As Object, e As EventArgs) Handles Button1.Click
```

Zunächst muss eine Instanz des typisierten *DataSets* erzeugt werden:

```
Dim ds1 As New DataSet1()
```

Zwei hart kodierte Datensätze für die *Kunden*-Tabelle (wir verzichten auf eine Datenbank):

```
With ds1 Kunden
    .AddKundenRow("Klaus", "Müller", Convert.ToDateTime("3.4.1975"))
    .AddKundenRow("Tobalt", "Tonne", Convert.ToDateTime("5.8.1984"))
End With
```

Die *Bestellungen*-Tabelle erhält ebenfalls einige Datensätze, die über ihre Fremdschlüssel mit der *Kunden*-Tabelle verknüpft werden:

```
With ds1.Bestellungen
    .AddBestellungenRow(Convert.ToDateTime("20.2.2008"), 256.50D,
                                        ds1.Kunden(0),"per Nachname")
    .AddBestellungenRow(Convert.ToDateTime("8.3.2008"), 12.95D,
                                        ds1.Kunden(0), "per Scheck")
    .AddBestellungenRow(Convert.ToDateTime("19.7.2008"), 524.15D,
                                        ds1.Kunden(1), "per Überweisung")
End With
```

Die folgende LINQ-Abfrage ist klar lesbar und einfach zu erstellen, da Sie dabei durch die Intellisense unterstützt werden:

```
Dim query = From kunden In ds1.Kunden, bestellungen In kunden.GetBestellungenRows()
    Select New With
    {.Kunde = kunden.Vorname & " " & kunden.Nachname,
     .Bestelldatum = bestellungen.Datum,
     .Betrag = bestellungen.Betrag,
     .Bemerkung = bestellungen.Bemerkung}
```

Die Anzeige:

```
            DataGridView1.DataSource = query.ToList()
        End Sub
End Class
```

Test

Nach Klick auf die *Start*-Schaltfläche erscheinen im Datengitter alle Kunden und die ihnen zugeordneten Bestellungen.

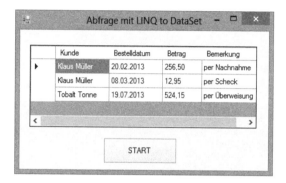

Abbildung 4.31   Laufzeitansicht

Bemerkungen

Die Vorteile einer LINQ-Abfrage über ein typisiertes *DataSet* unter Einbeziehung der Relationen lassen sich wie folgt zusammenfassen:

- Da die typisierten *DataRow*s auch Methoden für die zugeordneten Relationen anbieten, sind sowohl eine Intellisense-Unterstützung als auch eine Compilerprüfung möglich

- Weil die Relationen im *DataSet* bereits definiert wurden, brauchen sie nicht erneut festgelegt zu werden. Das ergibt kürzeren und einfacheren Code als bei untypisierten *DataSet*s

4.13   ... mit LINQ to DataSet die Datenbank aktualisieren?

Typisiertes DataSet erstellen; LINQ-Query: *AsDataView*-Methode;

Herkömmliche Datenbankabfragen mit LINQ to DataSet leiden unter einem Nachteil: sie erlauben nur eine Anzeige von Abfrageergebnissen, nicht aber eine Aktualisierung der Datenbank, d.h., die kompletten CRUD-Operationen sind nicht möglich. Wir wollen dennoch anhand der *Kunden*-Tabelle der Datenbank *Nordwind.mdb* eine Lösungsmöglichkeit zeigen.

Bedienoberfläche

Öffnen Sie eine neue Windows Forms-Anwendung. Auf das Startformular *Form1* setzen Sie untereinander zwei *DataGridView*-Controls und zwei *Button*s.

Typisiertes DataSet erstellen und anbinden

■ Ziehen Sie per Drag & Drop die Datenbank *Nordwind.mdb* aus einem beliebigen anderen Verzeichnis des Windows-Explorers in den Projektmappen-Explorer.

■ Automatisch erscheint der »Assistent zum Konfigurieren von Datenquellen«. Hier markieren Sie die Tabelle *Kunden* mit einem Häkchen, belassen es bei dem standardmäßig vergebenen Namen *Nordwind-DataSet* und klicken auf die Schaltfläche *Fertig stellen*.

■ Klicken Sie im oberen *DataGridView* auf den Smart Tag *DataGridView-Aufgaben* und öffnen Sie die Klappbox *Datenquelle auswählen*.

■ Expandieren Sie den Baum *Weitere Datenquellen* und wählen Sie unter *NordwindDataSet* die Tabelle *Kunden*. Automatisch erscheinen jetzt im Komponentenfach die Controls *NordwindDataSet*, *Kunden-BindingSource* und *KundenTableAdapter*, und das *DataGridView* zeigt bereits jetzt die Tabellenstruktur.

Quellcode

```
Public Class Form1
```

Der folgende Eventhandler ist bereits vorhanden, er lädt Daten in die Tabelle *NordwindDataSet.Kunden*:

```
Private Sub Form1_Load(sender As Object, e As EventArgs) Handles MyBase.Load
    Me.KundenTableAdapter.Fill(Me.NordwindDataSet.Kunden)
End Sub
```

Eine LINQ to DataSet-Abfrage, welche alle Firmen herausfiltert, deren *KundenCode* mit »D« beginnt, wird ausgeführt:

```
Private Sub Button1_Click(sender As Object, e As EventArgs) Handles Button1.Click
    Dim kunden = From kd In NordwindDataSet.Kunden()
                 Where (kd.KundenCode.StartsWith("D"))
                 Order By (kd.KundenCode)
                 Select kd
```

Mittels der *AsDataView*-Methode wird das Abfrageergebnis einer *DataView* zugewiesen und an das untere Datengitter gebunden:

```
    Dim dv As DataView = kunden.AsDataView()
    DataGridView2.DataSource = dv
```

Anstatt der obigen beiden Zeilen ginge es hier aber auch kürzer:

```
    ' DataGridView2.DataSource = kunden.AsDataView()
End Sub
```

Das Zurückschreiben in die Datenbank erfolgt mit der *Update*-Methode des *KundenTableAdapters*:

```
Private Sub Button2_Click(sender As Object, e As EventArgs) Handles Button2.Click
    Me.KundenTableAdapter.Update(Me.NordwindDataSet.Kunden)
End Sub
End Class
```

Test

Zu Beginn wird zunächst der komplette Inhalt der Kundentabelle im oberen Datengitter angezeigt. Nun starten Sie die Abfrage, und Sie sehen im unteren Datengitter alle Kunden, deren Kundencode mit »D« beginnt. Versuchen Sie nun, Datensätze zu editieren, hinzuzufügen oder zu löschen. Sie werden sehen, dass die Änderungen in einem der beiden Datengitter auch im anderen erscheinen, da das zugrunde liegende DataSet aktualisiert wird.

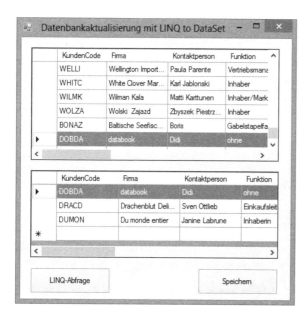

Abbildung 4.32 Laufzeitansicht

Bemerkungen

- Das ursprüngliche *NordwindDataSet* wurde automatisch durch die *DataView* aktualisiert und kann deshalb unter Verwendung des *KundenTableAdapter*s die Datenbank aktualisieren.

- Neben der *AsDataView*- kann auch die *CopyToDataTable*-Methode verwendet werden, um eine Aktualisierung der Abfrageergebnisse durch die GUI-Controls zu ermöglichen. *CopyToDataTable* ist ein Abfrageoperator zum Kopieren der Ergebnisse von LINQ to DataSet-Abfragen in eine *DataTable*.

Übersichten

DataSet

Eigenschaft	Beschreibung
CaseSensitive	Schreibt oder setzt, ob Zeichenkettenvergleiche die Groß-/Kleinschreibung berücksichtigen sollen (*True/False*)
DataSetName	Liefert den Namen des *DataSet*s
DefaultViewManager	Liefert eine eigene Sicht auf die Daten unter Verwendung eines *DataViewManager*
EnforceConstraints	Gibt an, ob Datenbankregeln bei Aktualisierungsaktionen gelten sollen (*True/False*)
ExtendedProperties	Ermöglicht Zugriff auf benutzerdefinierte Eigenschaften
HasErrors	Gibt an, ob nach einer Aktion Fehler in Zeilen aufgetreten sind (*True/False*)
Namespace	Schreibt oder liest den Namensraum für die XML-Präsentation der Daten
Relations	Liefert eine Auflistung von übergeordneten Beziehungen für Tabellen (*Nothing*, falls keine)
Tables	Liefert eine Auflistung der im *DataSet* enthaltenen Tabellen

Tabelle 4.11 *DataSet*-Eigenschaften

Methode	Beschreibung
AcceptChanges()	Bestätigt alle Änderungen, die am *DataSet* vorgenommen wurden, und ruft in allen Tabellen *AcceptChanges* auf
Clear()	Löscht den Inhalt des *DataSet*, indem alle Zeilen aus allen Tabellen entfernt werden
Clone()	Kopiert die Struktur des DataSets in ein neues, Daten werden nicht kopiert
Copy()	Kopiert die Struktur und die Daten eines DataSets in ein neues DataSet
GetChanges()	Liefert die Kopie des DataSets mit allen Änderungen, die seit dem Laden oder dem letzten Aufruf von *AcceptChanges* vorgenommen wurden (Spezifizierung durch Übergabe von *DataRowState* wie *Added, Deleted, Detached, Modified, Unchanged*)
GetXml()	Liefert eine Zeichenkette mit der XML-Präsentation der Daten
GetXmlSchema()	Liefert eine Zeichenkette mit der XML-Präsentation des Schemas
HasChanges()	Informiert, ob Änderungen durchgeführt wurden (*True/False*)
InferXmlSchema()	Kopiert ein XML-Schema aus einem *XMLReader*, *TextReader* oder *Stream*
Merge()	Führt zwei DataSet-Instanzen zusammen
ReadXml()	Liest die übergebenen XML-Daten inklusive ihrem Schema ein
ReadXmlSchema()	Liest das übergebene XML-Schema ein
RejectChanges()	Verwirft alle Änderungen seit dem Laden oder dem letzten Aufruf von *AcceptChanges*, ruft in allen Tabellen *RejectChanges* auf

Tabelle 4.12 *DataSet*-Methoden

Methode	Beschreibung
Reset()	Regeneriert den ursprünglichen Zustand des DataSet
WriteXml()	Schreibt XML-Daten inklusive ihrem Schema in einen *XMLWriter, TextWriter* oder *Stream*
WriteXmlSchema()	Schreibt ein XML-Schema in einen *XMLWriter, TextWriter* oder *Stream*

Tabelle 4.12 *DataSet*-Methoden *(Fortsetzung)*

DataTable

Eigenschaft	Beschreibung
CaseSensitive	Schreibt oder setzt, ob Zeichenkettenvergleiche die Groß-/Kleinschreibung berücksichtigen sollen (*True/False*)
ChildRelations	Liefert alle Detaildatenbeziehungen der Tabelle als Auflistung vom Typ *DataRelationCollection* (*Nothing*, falls keine)
Columns	Liefert alle Spalten als Auflistung vom Typ *DataColumnCollection* (*Nothing*, falls keine)
Constraints	Liefert alle Einschränkungen der Tabelle als Auflistung vom Typ *ConstraintCollection*
DataSet	Gibt das der *DataTable* übergeordnete *DataSet* zurück
DefaultView	Liefert ein *DataView*-Objekt mit einer benutzerdefinierten, sortierten oder gefilterten Sicht
DisplayExpression	Liest oder setzt Zeichenkette zur Kennzeichnung der *DataTable* in der Benutzeroberfläche
ExtendedProperties	Liest Auflistung der benutzerdefinierten Informationen als *PropertyCollection*. Ein Hinzufügen ist mittels der *Add*-Methode möglich
HasErrors	Liefert *True*, wenn in einer der Datenzeilen Fehler aufgetreten sind
Namespace	Setzt oder liest den Namensraum der XML-Präsentation der *DataTable*
ParentRelations	Liefert eine Auflistung der übergeordneten Beziehungen der *DataTable* (*Nothing*, falls keine)
PrimaryKey	Setzt oder liest ein *DataColumn*-Array mit Primärschlüsselspalten der *DataTable*
Rows	Liefert eine Auflistung der *DataRow*-Objekte der Tabelle (*Nothing*, falls keine)
TableName	Setzt oder liest den Namen der *DataTable*

Tabelle 4.13 *DataTable*-Eigenschaften

Methode	Beschreibung
AcceptChanges()	Bestätigt alle Änderungen seit dem Laden der *DataTable* oder dem letzten Aufruf von *AcceptChanges*
BeginInit()	Steuert die Initialisierung einer *DataTable*, wartet bis zum Aufruf von *EndEdit*, damit die *DataTable* nicht eher verwendet wird
BeginLoadData()	Deaktiviert im Zusammenhang mit *EndLoadData* Benachrichtigungen, Einschränkungen und Index-Aktualisierungen, während Daten geladen werden
Clear()	Löscht alle Daten in der *DataTable*, alle Zeilen werden entfernt
Clone()	Kopiert das Schema der *DataTable* inklusive aller Einschränkungen
Copy()	Kopiert die Struktur und die Daten der *DataTable* in eine neue *DataTable*

Tabelle 4.14 *DataTable*-Methoden

Methode	Beschreibung
EndInit()	Beendet die Initialisierung der *DataTable* und gibt sie zur Verwendung frei
EndLoadData()	Aktiviert im Zusammenhang mit *BeginLoadData* Benachrichtigungen, Einschränkungen und Index-Aktualisierungen, nachdem Daten geladen wurden
GetChanges()	Liefert eine Kopie aller an der *DataTable* vorgenommenen Änderungen seit dem Laden der *DataTable* oder dem letzten Aufruf von *AcceptChanges*
GetErrors()	Liefert ein Array von *DataRow*-Objekten mit allen fehlerhaften Zeilen
ImportRow()	Kopiert eine *DataRow* in eine *DataTable*
LoadDataRow()	Sucht und aktualisiert eine bestimmte Datenzeile, wird diese nicht gefunden, so wird eine neue Zeile mit den angegebenen Werten erstellt
NewRow()	Erzeugt eine neue *DataRow* auf Grundlage des Tabellenschemas
RejectChanges()	Verwirft alle Änderungen seit dem Laden der *DataTable* bzw. seit dem letzten Aufruf von *AcceptChanges*
Reset()	Stellt den Originalzustand der *DataTable* wieder her
Select()	Liefert ein *DataRow*-Array auf Basis eines übergebenen Ausdrucks

Tabelle 4.14 *DataTable*-Methoden *(Fortsetzung)*

Ereignis	Tritt ein, ...
ColumnChanging	... wenn ein Wert in eine Spalte eingetragen wird
ColumnChanged	... nachdem ein Wert in eine Spalte erfolgreich eingetragen wurde
RowChanging	... wenn eine Zeile in der *DataTable* verändert wird
RowChanged	... nachdem eine Zeile in der *DataTable* erfolgreich verändert wurde
RowDeleting	... bevor eine Zeile in der *DataTable* als gelöscht markiert wird
RowDeleted	... nachdem eine Zeile in der DataTable als gelöscht markiert wurde

Tabelle 4.15 *DataTable*-Ereignisse

DataColumn

Eigenschaft	Beschreibung
AllowDBNull	Gibt an, ob der Wert *DBNull* für diese Spalte erlaubt ist (*True/False*)
AutoIncrement	Gibt an, ob der numerische Wert der Spalte automatisch inkrementiert wird (*True/False*)
AutoIncrementSeed	Startwert des Zählerfeldes (falls *AutoIncrement = True*)
AutoIncrementStep	Schrittweite der Zählers (falls *AutoIncrement = True*)
Caption	Überschrift der Spalte
ColumnName	Name der Spalte
DataType	Datentyp der Spalte
DefaultValue	Initialer Standardwert der Spalte

Tabelle 4.16 *DataColumn*-Eigenschaften

Eigenschaft	Beschreibung
Expression	Ausdruck, mit dem der Spalteninhalt berechnet wird
MaxLength	Maximale Länge einer Zeichenketten-Spalte
Ordinal	Fortlaufende Spaltennummer
ReadOnly	Erlaubt nur Lesezugriff auf die Spalte (*True/False*)
Table	Liefert zugehöriges *DataTable*-Objekt
Unique	Gibt an, ob die Spalte einen eindeutigen Wert erhalten muss (*True/False*)

Tabelle 4.16 *DataColumn*-Eigenschaften *(Fortsetzung)*

DataRow

Eigenschaft	Beschreibung
HasErrors	Gibt an, ob die Zeile Fehler enthält
Item	Ruft die Daten aus einer angegebenen Spalte ab oder legt diese fest
ItemArray	Liefert alle Spalten als *Object()*-Array oder legt dieses fest
RowError	Liefert einen eventuell in der Zeile vorhandenen Fehler
RowState	Gibt den Zeilenstatus zurück (*Added, Deleted, Detached, Modified, Unchanged*)
Table	Liefert das zugehörige *DataTable*-Objekt

Tabelle 4.17 *DataRow*-Eigenschaften

Methode	Beschreibung
AcceptChanges()	Bestätigt alle Änderungen seit dem Laden oder dem letztmaligen Aufruf der Methode
BeginEdit()	Leitet den Änderungsmodus der Zeile ein
CancelEdit()	Bricht den Änderungsmodus ab
ClearErrors()	Löscht alle Fehler
Delete()	Markiert die Zeile als gelöscht
EndEdit()	Beendet den Änderungsmodus
GetChildRows()	Liefert alle untergeordneten Zeilen in einem *DataRow()*-Array
GetColumnError()	Liefert die Fehlerbeschreibung einer Spalte als Zeichenkette
GetColumnsInError()	Ruft ein *DataColumn()*-Array mit Spalten ab, die Fehler enthalten
GetParentRow()	Liefert unter Verwendung der angegebenen *DataRelation* das übergeordnete *DataRow*-Objekt
GetParentRows()	Liefert ein DataRow()-Array mit den übergeordneten *DataRow*-Objekten
HasVersion()	Gibt an, ob die angegebene *DataRowVersion* (*Current, Default, Original, Proposed*) vorhanden ist (True/False)

Tabelle 4.18 *DataRow*-Methoden

Methode	Beschreibung
IsNull()	Gibt an, ob die angegebene Spalte einen NULL-Wert enthält (*True/False*)
RejectChanges()	Verwirft alle Änderungen, die seit dem letzten Aufruf von *AcceptChanges* an der Zeile vorgenommen wurden
SetColumnError()	Setzt die Fehlerbeschreibung einer Spalte innerhalb der Zeile
SetParentRow()	Setzt die übergeordnete *DataRow*

Tabelle 4.18 *DataRow*-Methoden *(Fortsetzung)*

DataView

Eigenschaft	Beschreibung
AllowDelete	Löschen von Datensätzen erlaubt (*True/False*, Lese-/Schreibzugriff)
AllowEdit	Editieren von Datensätzen erlaubt (*True/False*, Lese-/Schreibzugriff)
AllowNew	Hinzufügen von Datensätzen erlaubt (*True/False*, Lese-/Schreibzugriff)
ApplyDefaultSort	Sortieren nach Standardvorgabe (*True/False*, Lese-/Schreibzugriff)
Count	Liefert die Anzahl an Datensätzen nach Anwenden von *RowFilter/RowStateFilter* (Lesezugriff)
DataViewManager	Liefert den *DataViewManager*, der mit *DataView* verbunden ist
Item	Identifiziert eine Zeile in der Datentabelle (über Indexer)
RowFilter	Zeichenkette mit Filtervorschrift (Lese-/Schreibzugriff)
Sort	Spalten, nach denen sortiert werden soll, und Sortierfolge (Lese-/Schreibzugriff)
Table	Liest Namen der zugrunde liegenden *DataTable* (Schreibzugriff nur *Nothing*)

Tabelle 4.19 *DataView*-Eigenschaften

Methode	Beschreibung
AddNew()	Fügt eine neue Datenzeile des Typs *DataRowView* hinzu
BeginInit()	Legt fest, wann DataView initialisiert wird (siehe *EndInit()*)
Delete()	Löscht die Datenzeile an der im Argument angegebenen Zeilenposition
EndInit()	Leitet das Ende der Initialisierung ein und gibt *DataView* frei (siehe *BeginInit()*)
Find()	Liefert die Zeilenposition einer gesuchten Datenzeile (Schlüsselwerte siehe *Sort*)
FindRows()	Liefert die Zeilenposition mehrerer gesuchter Datenzeilen als Array (siehe *Sort*)

Tabelle 4.20 *DataView*-Methoden

Kapitel 5

Windows Forms-Datenbindung

In diesem Kapitel:

Einführung	312
Drag & Drop-Datenbindung	318
Navigieren im DataSet	318
Die Anzeige formatieren	320
Das DataGridView	321
How-to-Beispiele	336

In den beiden Vorgänger-Kapiteln haben Sie die Grundlagen von ADO.NET bereits kennen gelernt und wissen, wie man Datenbanken abfragen und aktualisieren kann. Um Ein- und Ausgaben zu realisieren, hatten Sie dort bereits mit einfacher Datenbindung gearbeitet (meist unter Verwendung des *DataGridView*).

Unter Datenbindung verstehen wir ganz allgemein die Verknüpfung zwischen einer Steuerelementeigenschaft und einer Datenquelle. Im vorliegenden Kapitel wollen wir diese Materie ausgiebiger beleuchten und folgende Schwerpunkte setzen:

- Datenbindung von Windows Forms-Steuerelementen
- Beschreibung des *DataGridView*-Steuerelements

Da das Thema »Datenbindung« ohne ausreichenden praktischen Bezug nur schwer zu vermitteln ist, runden zahlreiche How-to-Beispiele das Kapitel ab.

> **HINWEIS**   Weil auch die Datenbindung von Windows Forms-Steuerelementen den mächtigen Mechanismus der .NET-Reflection nutzt, ist sie nicht nur auf ADO.NET-Datenquellen, wie *DataSet*s, *DataTable*s und *DataRow*s, beschränkt, sondern funktioniert mit (fast) jedem Objekt, welches über Properties verfügt.

Einführung

In Abhängigkeit von der Beantwortung der beiden Fragen

- Will ich die Datenbindung manuell oder mit Drag & Drop-Assistentenunterstützung programmieren?

und

- Sollen komplette Listen bzw. Tabelleninhalte oder nur einzelne Felder angebunden werden?

... kann man das Gebiet der Datenbindung grob in vier Bereiche aufteilen:

- Manuelle Datenbindung an einfache Datenfelder
- Manuelle Datenbindung an Listen/Tabelleninhalte
- Entwurfszeit-Datenbindung an ein typisiertes DataSet
- Drag & Drop-Datenbindung

Es soll nicht verschwiegen werden, dass die grundsätzliche Entscheidung darüber, ob man den Datenbindungscode selbst schreibt oder lieber per Drag & Drop von einem Assistenten automatisch generieren lässt, unter Experten durchaus kontrovers diskutiert wird. So schön und elegant das automatische Erstellen einer kompletten Eingabemaske durch einfaches Absetzen eines typisierten DataSets auf dem Formular auch sein mag, man darf die Augen nicht vor den ungeheuren Codemengen verschließen, die dabei im Hintergrund von überaus fleißigen Assistenten generiert werden und die vordergründig in einem vollgestopften Komponentenfach ihren Ausdruck finden.

> **HINWEIS**   Der solide Handwerker, der lieber etwas mehr Code schreibt und dafür aber die volle Kontrolle über sein Programm behält, wird nach wie vor auch die manuelle Datenbindung in seine Projekte einbeziehen.

Manuelle Datenbindung an einfache Datenfelder

Bestimmte Eigenschaften vieler Windows Forms-Controls lassen sich an eine Datenquelle binden. Damit ändert der Wert in der Datenquelle den Wert der gebundenen Eigenschaft und umgekehrt.

Bevor wir ins Detail gehen, zunächst ein einführendes Beispiel:

BEISPIEL

Ein DataSet *ds* enthält die Tabelle *Personal*. Eine *TextBox* soll an das Feld *Nachname* angebunden werden. Fügen Sie vom Werkzeugkasten eine *BindingSource*-Komponente zum Formular hinzu.

```
BindingSource1.DataSource = ds
BindingSource1.DataMember = "Personal"
```

Die *Text*-Eigenschaft der *TextBox* wird angebunden:

```
TextBox1.DataBindings.Add("Text", BindingSource1, "Nachname")
```

Um die Datensätze weiterblättern zu können, brauchen Sie nur noch eine *BindingNavigator*-Komponente hinzuzufügen, derene *BindingSource*-Eigenschaft Sie auf *BindingSource1* setzen.

BindingSource erzeugen

Eine *BindingSource* kapselt die Datenquelle des Formulars und schiebt sich quasi als zusätzliche Schicht zwischen Datenquelle und Anzeigecontrols.

Mittels *DataSource*- bzw. *DataMember*-Eigenschaft wird eine *BindingSource* mit der Datenquelle verbunden.

BEISPIEL

Verschiedene Varianten zum Erzeugen einer *BindingSource* und ihrer Verbindung mit der Tabelle *Personal* eines *DataSet*-Objekts *ds*

```
Dim bs As New BindingSource()
bs.DataSource = ds
bs.DataMember = "Personal"
```

oder

```
Dim bs As New BindingSource(ds, "Personal")
```

oder

```
Dim dt As DataTable = ds.Tables("Personal")
Dim bs As New BindingSource()
bs.DataSource = dt
```

oder

```
Dim dv As DataView = ds.Tables("Personal").DefaultView
Dim bs As New BindingSource()
bs.DataSource = dv
```

Binding-Objekt

Ein *Binding*-Objekt ermöglicht die einfache Bindung zwischen dem Wert einer Objekteigenschaft und dem Wert einer Steuerelementeigenschaft. Bei der Instanziierung sind drei Parameter zu übergeben:

- Die zu bindende Eigenschaft des Controls (z.B. *Text*)

- Die Datenquelle, an die gebunden werden soll (*BindingSource, DataSet, DataTable, DataView*)

- Das Feld innerhalb der Datenquelle, das angebunden werden soll (z.B. *Vorname*)

BEISPIEL

Die Steuerelementeigenschaft *Text* wird an die Eigenschaft Geburtsdatum der *Personal*-Tabelle gebunden.

```
Dim bs As New BindingSource(ds, "Personal")
Dim b1 As New Binding("Text", bs, "Geburtsdatum")
```

HINWEIS　　Neben den ADO.NET-spezifischen Klassen kommt als Datenquelle für die *BindingSource* auch jede indizierte Collection von Objekten infrage (jede Klasse, die *IList* implementiert), siehe dazu How-to 5.2 »... Steuerelemente an einen Objektbaum binden?«.

DataBindings-Collection

Die Datenanbindung für einfache Steuerelemente, wie z.B. *Label* oder *TextBox*, wird durch Hinzufügen von *Binding*-Objekten zur *DataBindings*-Auflistung des Steuerelements komplettiert. Der *Add*-Methode sind entweder ein komplettes *Binding*-Objekt oder aber dessen Argumente zu übergeben.

BEISPIEL

Das im Vorgängerbeispiel erzeugte *Binding*-Objekt wird zur *DataBindings*-Collection einer *TextBox* hinzugefügt:

```
TextBox1.DataBindings.Add(b1)
```

Eine Überladung der *Add*-Methode, die ohne explizit erzeugtes *Binding*-Objekt auskommt:

```
TextBox1.DataBindings.Add("Text", bs, "Geburtsdatum")
```

Die *Add*-Methode hat insgesamt sieben Überladungen. Eine Zusammenstellung der dafür möglichen Übergabeparameter zeigt die folgende Tabelle.

Parameter	Datentyp	Beschreibung
binding	*Binding*	hinzuzufügendes *Binding*-Objekt
propertyName	*String*	Name der zu bindenden Steuerelementeeigenschaft
dataSource	*Object*	Datenquelle
dataMember	*String*	Eigenschaft bzw. Liste, an welche gebunden werden soll
formattingEnabled	*Boolean*	*True*, wenn angezeigte Daten formatiert werden sollen

Tabelle 5.1 Mögliche Übergabeparameter der *Add*-Methode einer *ControlBindingsCollection*

Parameter	Datentyp	Beschreibung
updateMode	*DataSourceUpdateMode*	*Never*: Datenquelle wird niemals aktualisiert, überprüft oder formatiert
		OnPropertyChanged: Datenquelle wird aktualisiert, wenn sich Wert der Steuerelementeigenschaft ändert
		OnValidation: Datenquelle wird aktualisiert, wenn Steuerelementeigenschaft überprüft wird
nullValue	*Object*	angewendeter Wert (z.B. null), wenn Wert der Datenquelle System.DBNull
formatString	*String*	Formatierungsstring (z.B. »"C2"«)

Tabelle 5.1 Mögliche Übergabeparameter der *Add*-Methode einer *ControlBindingsCollection (Fortsetzung)*

BEISPIEL

Eine *TextBox* wird an das Feld *Freight* der *Northwind*-Datenbank angebunden. Die Anzeige wird als Währung formatiert.

```
TextBox4.DataBindings.Add("Text", BindingSourceOrders,"Freight", True,
                                DataSourceUpdateMode.OnValidation, Nothing, "C2")
```

HINWEIS   Den kompletten Quellcode finden Sie im How-to 5.13 »... Datenbindung unter LINQ to SQL realisieren?«.

Bindungen löschen

Um die Datenbindungen eines bestimmten Controls wieder zu löschen, muss die *Clear*-Methode der *DataBindings*-Collection aufgerufen werden.

BEISPIEL

Die Datenbindungen aller in einer *GroupBox* zusammengefassten Steuerelemente werden zurückgesetzt.

```
For Each ctl As Object In Me.GroupBox1.Controls
  If ctl.GetType().Name = "TextBox" Then
      TryCast(ctl, TextBox).DataBindings.Clear()
  End If
Next ctl
```

Bemerkungen

- Mit der *Control*-Eigenschaft können Sie das Steuerelement abrufen, zu dem die *DataBindings*-Collection gehört

- Nachdem die Steuerelemente angebunden sind, werden lediglich die Werte der ersten Zeile der *DataTable* angezeigt, Möglichkeiten zum Navigieren bzw. Blättern sind noch nicht vorhanden

- Die *BindingSource* spielt bei der Datenbindung eine zentrale Rolle. In diesem kurzen Abriss konnten wir aber nicht all ihre Eigenschaften, Methoden und Ereignisse behandeln. Viele davon werden Sie noch im umfangreichen How-to-Teil dieses Kapitels kennen lernen, den Rest erklärt Ihnen die Online-Hilfe.

Manuelle Datenbindung an Listen und Tabelleninhalte

Bei dieser komplexeren Form der Datenbindung wollen wir Steuerelemente, die mehrere Werte anzeigen können, an eine Liste von Werten binden. Die dafür am häufigsten verwendeten Steuerelemente sind *Data-GridView*, *ComboBox* oder *ListBox*[1].

DataGridView

Das *DataGridView* ist ein sehr leistungsfähiges Datengitter-Steuerelement, welches Sie bereits häufig für die Anzeige von Tabelleninhalten benutzt haben und welches im zweiten Teil dieses Kapitels noch ausgiebig beschrieben wird (Seite 321).

BEISPIEL

Anzeige der *Personal*-Tabelle im *DataGridView*

```
DataGridView1.DataSource = ds
DataGridView1.DataMember = "Personal"
```

oder

```
Dim bs As New BindingSource(ds, "Personal")
DataGridView1.DataSource = bs
```

Datenbindung von ComboBox und ListBox

Häufig werden *ComboBox* und *ListBox* zum Implementieren sogenannter »Nachschlagefunktionalität« bei *DataTable*s (oder *DataView*s) eingesetzt, zwischen denen eine Master-Detail-Relation besteht.

Um die *ComboBox*/*ListBox* mit der Master-Tabelle zu verknüpfen, muss zunächst die *SelectedValue*-Eigenschaft an den in der Mastertabelle enthaltenen Fremdschlüssel angebunden werden.

Anschließend werden den *DataSource*-, *DisplayMember*- und *ValueMember*-Eigenschaften die entsprechenden Spalten der Detailtabelle zugewiesen.

BEISPIEL

Die Tabellen *Bestellungen* und *Personal* der *Nordwind*-Datenbank sind durch eine Master-Detail-Beziehung verknüpft. In der *ComboBox* soll der zur aktuellen Bestellung gehörige *Nachname* aus der *Personal*- Tabelle angezeigt werden.

Verbinden der *ComboBox* mit der Mastertabelle:

```
BindingSourceBest.DataSource = ds.Tables("Bestellungen")
ComboBox1.DataBindings.Add("SelectedValue", BindingSourceBest, "PersonalNr")
```

Anbinden der Detaildaten an die *ComboBox*:

```
BindingSourcePers.DataSource = ds.Tables("Personal")
```

---

[1] Leider unterstützt das *ListView*-Control nach wie vor keine Datenbindung.

```
With ComboBox1
    .DataSource = BindingSourcePers
    .DisplayMember = "Nachname"
    .ValueMember = "PersonalNr"
End With
```

HINWEIS   Den kompletten Code finden Sie im How-to 5.6 »... mit der ComboBox zwei Tabellen verknüpfen?«.

Entwurfszeit-Datenbindung an ein typisiertes DataSet

Zwar basiert ADO.NET auf dem Prinzip der strikten Trennung der Benutzerschnittstelle von der Datenbank, doch es gibt sie trotzdem, die Möglichkeit der Entwurfszeitanbindung der Steuerelemente. Allerdings muss dazu eine Datenquelle (typisiertes DataSet) vorhanden sein, welche nur mit Assistentenhilfe sinnvoll zu erstellen ist.

BEISPIEL

Die folgende Abbildung zeigt, wie Sie über den *(DataBindings)*-Knoten im Eigenschaftenfenster die Datenbindung für eine *TextBox* vornehmen. Die Datenfelder stehen dabei als *BindingSource*-Elemente zur Verfügung.

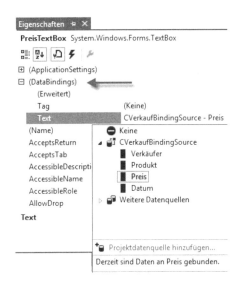

Abbildung 5.1 Anbinden einer *TextBox* an ein typisiertes DataSet

Auf analoge Weise realisieren Sie z.B. auch Entwurfszeit-Datenbindungen für *Label*, *ComboBox* und *ListBox*, sowie mit dem *DataGridView*.

BEISPIEL

Ein *DataGridView* wird an eine *BindingSource* gebunden. Bereits zur Entwurfszeit zeigt das *DataGridView* die Datenstruktur (siehe Abbildung 5.2).

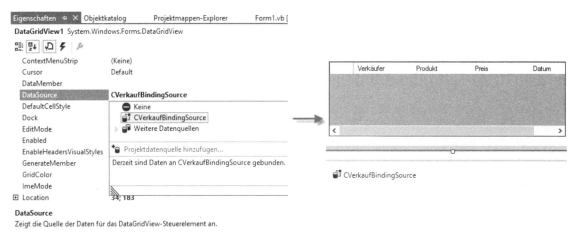

Abbildung 5.2 Datenbindung eines *DataGridView* zur Entwurfszeit

HINWEIS   Eine komplette Anleitung für die Datenbindung zur Entwurfszeit finden Sie im How-to 5.7 »... ein typisiertes DataSet manuell binden?«.

Drag & Drop-Datenbindung

Diese Technologie verkörpert den Gipfel der Bequemlichkeit, denn in der Regel brauchen Sie keine einzige Zeile Code mehr zu schreiben bzw. keinerlei Bindungen für Steuerelemente im Eigenschaftsfenster vorzunehmen. Unter der Voraussetzung, dass eine Datenquelle vorhanden ist, brauchen Sie nur noch per Drag & Drop komplette Tabellen aus dem Datenquellen-Fenster auf das Formular zu ziehen. Neben einer fertigen Eingabemaske (wahlweise Einzelkomponenten mit *BindingNavigator* oder als *DataGridView*) werden auch eine Unmenge von Datenzugriffskomponenten (*DataSet, BindingSource, TableAdapter, ...*) generiert und im Komponentenfach abgelegt.

HINWEIS   Eine Anleitung findet sich im How-to 5.8 »... 1:n-Beziehungen per Drag & Drop-Datenbindung anzeigen?«.

Navigieren im DataSet

Für das Durchblättern der Datensätze sowie für Editieren, Hinzufügen und Löschen haben Sie hauptsächlich zwei Möglichkeiten:

- Sie können die verschiedenen Methoden der *BindingSource* verwenden oder
- Sie verwenden einen *BindingNavigator,* der die Methodenaufrufe kapselt

Vor- und Rückwärtsblättern

So wie das »gute alte« Recordset-Objekt aus den Zeiten vor .NET verfügt auch die *BindingSource* über die Methoden *MoveNext*, *MovePrevious*, *MoveFirst* und *MoveLast*.

BEISPIEL

Bewegen zum ersten Datensatz:

```
Dim bs As New BindingSource(ds, "Personal")

Private Sub Button1_Click(sender As Object, e As EventArgs) Handles Button1.Click
    bs.MoveFirst()
End Sub
```

Hinzufügen und Löschen

Dafür bietet die *BindingSource* die Methoden *Add*, *AddNew*, *Remove*, *RemoveAt*, *RemoveCurrent* und *RemoveFilter*.

BEISPIEL

Ein neuer Datensatz wird hinzugefügt:

```
bs.AddNew()
```

Der aktuelle Datensatz wird gelöscht:

```
bs.RemoveCurrent()
```

Aktualisieren und Abbrechen

Mit der *EndEdit*- bzw. *CancelEdit*-Methode der *BindingSource* kann der aktuelle Editiervorgang beendet bzw. abgebrochen werden.

BEISPIEL

Die geänderten Daten werden vom *DataTable*-Objekt *dt* in die Datenbank übertragen.

```
bs.EndEdit()
da.Update(dt)
```

HINWEIS   Wenn Sie die *EndEdit*-Methode nicht aufrufen, werden die geänderten Daten erst beim Weiterblättern in die *DataTable* übernommen.

BindingNavigator

Ein *BindingNavigator* eignet sich nur für die Zusammenarbeit mit einer *BindingSource*.

BEISPIEL

Ein *BindingNavigator* wird mit einem *BindingSource*-Objekt *bs* verknüpft.

```
BindingNavigator1.BindingSource = bs
```

Der *BindingNavigator* bietet alle Funktionen zum Weiterblättern, sowie zum Hinzufügen und zum Löschen – mit Ausnahme der *Speichern-* und der *Abbrechen*-Schaltfläche, die Sie selbst hinzufügen und implementieren müssen.

BEISPIEL

Ein *BindingNavigator*, dem Sie zwei Schaltflächen hinzugefügt haben, wird für das Speichern eines *Data-Table*-Objekts *dt* und für das Abbrechen der aktuellen Operation »nachgerüstet«.

Speichern:

```
Private Sub ToolStripButton1_Click(sender As Object, e As EventArgs) _
                                 Handles ToolStripButton1.Click

    bs.EndEdit()
    da.Update(dt)
End Sub
```

Abbrechen:

```
Private Sub ToolStripButton2_Click(sender As Object, e As EventArgs) _
                                 Handles ToolStripButton2.Click

    bs.CancelEdit()
End Sub
```

   **Abbildung 5.3** *BindingNavigator* mit zwei zusätzlich hinzugefügten Schaltflächen

HINWEIS   Den kompletten Code finden Sie im How-to 5.4 »... Steuerelemente manuell an ein DataSet binden?«.

Die Anzeige formatieren

Zum Formatieren der Inhalte manuell gebundener Steuerelemente ist einiger zusätzlicher Aufwand erforderlich. Die *Binding*-Objekte müssen separat erzeugt und mit Event-Handlern für das *Format-* und für das *Parse*-Event nachgerüstet werden.

BEISPIEL

Die Anzeige des Geburtsdatums wird formatiert.

```
Dim b1 As New Binding("Text", bs, "Geburtstag")
AddHandler b1.Format, New ConvertEventHandler(AddressOf DatToDateString)
AddHandler b1.Parse,  New ConvertEventHandler(AddressOf DateStrToDat)
TextBox3.DataBindings.Add(b1)
```

Datenquelle → Anzeige:

```
Private Sub DateToDateString(sender As Object, e As ConvertEventArgs)
```

```
    Try
        e.Value = Convert.ToDateTime(e.Value).ToString("d.M.yyyy")
    Catch
    End Try
End Sub
```

Anzeige → Datenquelle:

```
Private Sub DateStringToDate(sender As Object, e As ConvertEventArgs)
    e.Value = Convert.ToDateTime(e.Value)
End Sub
```

> **HINWEIS**   Den kompletten Quellcode finden Sie im How-to 5.4 »... Steuerelemente manuell an ein DataSet binden?«.

Das DataGridView

Obwohl das Haupteinsatzgebiet des *DataGridView*-Controls die Darstellung von Datenbankinhalten ist, kann es auch ohne darunter liegende Datenquelle benutzt werden.

> **HINWEIS**   Wer ohne viel Theorie das *DataGridView* gleich in Aktion erleben will, der sei auf das How-to 5.12 »... das DataGridView als Datenbank-Frontend verwenden?« verwiesen.

Vom DataGrid zum DataGridView

Das »alte« .NET 1.x *DataGrid* – welches natürlich nach wie vor unterstützt wird – gilt bereits als Wunderwerk an Funktionalität, hat aber einige wichtige Einschränkungen:

- Das alte *DataGrid* ist vom Prinzip her ein datengebundenes Control. Zwar lässt es sich auch ohne Datenbank an Objekte binden, aber man kann es nicht wirklich ungebunden verwenden.

- Eine weitere große Einschränkung des alten *DataGrid*s ist seine strikt spaltenorientierte Arbeitsweise. Die für die einzelnen Spalten standardmäßig zur Verfügung stehenden Controls können nur vom Typ *TextBox* oder *CheckBox* sein. In vielen Fällen wünschte man sich aber weitere Controls, wie z.B. eine *ComboBox*, um auch Beziehungen zwischen verknüpften Tabellen darstellen und editieren zu können. Dies ist zwar nicht unmöglich, erfordert aber das relativ aufwändige Ableiten zusätzlicher Klassen, sodass die meisten Entwickler diesen Aufwand scheuen und sich lieber den Produkten von Drittanbietern zuwenden.

- Auch das Erzeugen einer Spalte, in der einige Zellen *CheckBox*en haben und andere *TextBox*en, gestaltet sich ziemlich schwierig.

Mit dem *DataGridView* hat Microsoft ein Steuerelement entwickelt, welches den Programmierer von aufwändigen Zusatzarbeiten entlastet:

- Das neue *DataGridView* ist nicht vordergründig ein datengebundenes Control, sondern es kann sowohl mit als auch ohne darunterliegende Datenquelle benutzt werden

- Es unterstützt allgemeine Aufgaben wie Master-Detail-Listen, Eingabevalidierung und Datenformatierung, wobei der Entwickler nur wenige Zeilen Code zu schreiben hat

- Es wurde von Grund auf als erweiterungsfähiges Control konzipiert, sodass sich zusätzliche Features ohne größere »Klimmzüge« integrieren lassen

Obwohl es bezüglich Programmierung und Bedienung viele Parallelen zum »alten« *DataGrid* gibt, handelt es sich beim *DataGridView* um ein grundlegend neues und universeller einsetzbares Steuerelement. So können Sie direkt Zeilen- und Zellen-Objekte erzeugen, ja es unterstützt sogar einen virtuellen Modus, in welchem der Zugriff auf eine beliebige Datenquelle frei programmiert werden kann. Zu den weiteren Verbesserungen zählen neben fein abgestimmter Formatierung, flexibler Größenänderung und Selektion vor allem eine bessere Performance und ein deutlich umfangreicheres Ereignismodell.

Das äußere Erscheinungsbild bestimmen zunächst selbst erklärende Eigenschaften wie *DefaultCellStyle*, *ColumnHeadersDefaultCellStyle*, *CellBorderStyle* und *GridColor*. Das ist aber nur die Spitze des Eisbergs. Das *DataGridView* konfrontiert Sie mit einer wahren Flut weiterer Eigenschaften, Methoden und Ereignisse, die teilweise ziemlich verwirrend sind und eine radikale Umstellung vom gewohnten Umgang mit dem »alten« *DataGrid* bedeuten.

Grundlegende Datenbindung

Genauso wie beim *DataGrid* können Sie ein *DataGridView* mittels *DataSource-* und *DataMember*-Properties direkt an ein *DataSet* oder ein davon abgeleitetes Objekt wie *DataTable* oder *DataGridView* anbinden[1].

BEISPIEL

Die Funktion *getDataSet()* liefert ein gefülltes *DataSet*, die *Buecher*-Tabelle wird angezeigt.

```
Dim ds As DataSet = getDataSet()
DataGridView1.DataSource = ds.Tables("Buecher")
```

An dieser Stelle soll auch gleich auf eine grundlegende Einschränkung gegenüber dem »alten« *DataGrid* hingewiesen werden, die mancher vielleicht sogar als Nachteil empfinden mag, weil nun nicht mehr der komplette Inhalt eines *DataSet*s (inklusive Relationen) angezeigt werden kann:

HINWEIS   Im Unterschied zum *DataGrid* kann das *DataGridView* immer nur eine einzige Tabelle gleichzeitig anzeigen!

Verbinden Sie das *DataGridView* mit einem kompletten *DataSet*, so wird zunächst nichts angezeigt, es sei denn, Sie setzen die *DataMember*-Property auf den Namen der anzuzeigenden Tabelle.

BEISPIEL

Die Tabelle *Buecher* eines *DataSet*s wird in einem *DataGridView* angezeigt.

```
DataGridView1.DataSource = ds
DataGridView1.DataMember = "Buecher"
```

Natürlich kann ein *DataGridView* auch mit einer *BindingSource* verbunden werden, die sich vor die Datenquelle schiebt.

---

[1] Damit enden aber auch schon fast die Gemeinsamkeiten zwischen *DataGrid* und *DataGridView*.

BEISPIEL

Das Vorgängerbeispiel mit einer *BindingSource*

```
Dim bs As New BindingSource(ds, "Buecher")
DataGridView1.DataSource = bs
```

Standardmäßige Anzeige und Bedienung

Die Spaltenköpfe des *DataGridView* zeigen sich im modernen Flat-Design und leuchten auf, wenn der User die Maus darüberbewegt.

Versanddatum	Bestell-Nr	Zwischensumme	Jahr
16.07.1996	10248	387,50 €	1996
10.07.1996	10249	1.863,40 €	1996
12.07.1996	10250	1.552,60 €	1996
15.07.1996	10251	654,06 €	1996
11.07.1996	10252	3.597,90 €	1996
16.07.1996	10253	1.444,80 €	1996

Abbildung 5.4 Bewegen der Maus über den Spaltenkopf lässt diesen aufleuchten

Die standardmäßige *DataGridView*-Anzeige und -Bedienung unterliegt folgenden Prinzipien, wie sie größtenteils auch für das »alte« *DataGrid* gelten:

- Für jedes Feld in der Datenquelle wird eine Spalte generiert, die Spaltenbezeichner entsprechen den Feldnamen.

- Zwecks automatischer Größenanpassung (Autosizing) muss der User auf den Trennstrich zwischen zwei Spalten doppelklicken. Die linke Spalte passt ihre Breite dann automatisch dem Zelleninhalt an.

- Zum Editieren kann der User in eine Zelle doppelklicken oder *F2* drücken, um den aktuellen Wert zu ändern. Einzige Ausnahme sind schreibgeschützte Felder (*DataColumn.ReadOnly = True*).

- Um eine Spalte automatisch in auf- oder absteigender Reihenfolge zu sortieren, genügt ein- oder zweimaliges Klicken auf den Spaltenkopf.

- Erlaubt sind verschiedene Arten von Selektion, so kann der User durch Klick und Ziehen mit der Maus eine oder mehrere Zellen oder auch Zeilen markieren. Bei Klick auf das kleine Rechteck in der linken oberen Ecke wird die gesamte Tabelle selektiert.

Wichtige Spalteneinstellungen

Eine Vielzahl von Manipulationen mit Spalten sind möglich, so lassen sich Spalten verstecken, verschieben oder »einfrieren«. Diese Features werden durch Properties der *DataGridView*- bzw. der *DataGridView-Column*-Klasse bereitgestellt:

AllowUserToOrderColumns

... falls *True*, lassen sich alle Spalten zur Laufzeit durch einfaches Anfassen des Spaltenkopfes mit der Maus verschieben.

Frozen

... falls *True*, bleibt die Spalte sichtbar und an der linken Seite der Tabelle fixiert, auch wenn der User nach rechts scrollt um weitere Spalten zu sichten.

BEISPIEL

Die erste Spalte wird »eingefroren«.

```
DataGridView1.Columns(1).Frozen = True
```

HeaderText

... setzt den Text, der im Spaltenkopf erscheinen soll.

BEISPIEL

Der Spaltentitel wird geändert.

```
DataGridView1.Columns("OrderID").HeaderText = "Order ID"
```

DisplayIndex

... setzt die Position einer Spalte (z.B. eine mit *DisplayIndex = 0* wird automatisch in der äußersten linken Spalte angezeigt). Falls mehrere Spalten den gleichen *DisplayIndex* haben, wird die erste Spalte der Collection gezeigt.

HINWEIS Falls Sie den *DisplayIndex* verwenden um eine Spalte nach links zu verschieben, müssen Sie ebenfalls den *DisplayIndex* der äußersten linken Spalte nach rechts verschieben.

Resizable und MinimumWidth

Setzen Sie *Resizable* auf *False*, um dem User das Verändern der Spaltenbreite zu verbieten, oder setzen Sie *MinimumWidth* auf die minimale Anzahl von zulässigen Pixeln.

Visible

... wenn *False*, so wird die Spalte versteckt.

Automatische Größenanpassungen

Die Inhalte der Zellen sind in vielen Fällen nicht vorhersehbar und so gibt es Möglichkeiten, die Abmessungen der Spaltenbreite bzw. Zeilenhöhe zur Laufzeit automatisch anzupassen.

AutoSizeColumnsMode-Eigenschaft/AutoResizeColumns-Methode

Um die Spaltenbreite aller Zeilen automatisch anzupassen, nutzen Sie die *AutoSizeColumnsMode*-Eigenschaft oder die *AutoResizeColumns*-Methode mit einem der Werte der *DataGridViewAutoSizeColumnMode*-Enumeration, von denen die Tabelle die wichtigsten zeigt:

DataGridViewAutoSizeColumnsMode-Enumeration	Die Spaltenbreite passt sich ...
AllCells	... dem Inhalt aller Zellen an
ColumnHeader	... dem Spaltenkopf an
DisplayedCells	... dem Inhalt der momentan angezeigten Zellen an
Fill	... so an, dass der Anzeigebereich des Gitters exakt ausgefüllt wird
None	... nicht automatisch an

Tabelle 5.2 Die Mitglieder der *DataGridViewAutosizeColumnsMode*-Enumeration

BEISPIEL

Anpassen der Spaltenbreite aller Spalten basierend auf der größten Textbreite der Zellen der Spalte

```
DataGridView1.AutoSizeColumnsMode = DataGridViewAutoSizeColumnsMode.AllCells
```

oder

```
DataGridView1.AutoResizeColumns(DataGridViewAutoSizeColumnsMode.AllCells)
```

AutoSizeMode-Eigenschaft/AutoResizeColumn-Methode

Will man gezielt nur einzelne Spalten in die automatische Breitenanpassung einbeziehen, so verwendet man die *AutoSizeMode*-Eigenschaft der betreffenden Spalte oder aber deren *AutoResizeColumn*-Methode. Die gewünschte Art des Resizing wird durch einen Wert der *DataGridViewAutoSizeColumnMode*-Enumeration eingestellt (man beachte den winzigen Unterschied in der Namensgebung im Vergleich zur *DataGridView-AutoSizeColumnsMode*-Enumeration, siehe obige Tabelle).

BEISPIEL

Wie Vorgängerbeispiel, aber nur für die zweite Spalte

```
DataGridView1.Columns(1).AutoSizeMode = DataGridViewAutoSizeColumnMode.AllCells
```

oder

```
DataGridView1.AutoResizeColumn(1, DataGridViewAutoSizeColumnMode.AllCells)
```

HINWEIS Die Breite einzelner Spalten können Sie nur dann ändern, wenn das *DataGridView* bereits mit der Datenquelle verbunden ist!

AutoSizeRowsMode-Eigenschaft/AutoResizeRows-Methode

Statt der Spaltenbreite können Sie mittels *AutoSizeRowsMode*-Eigenschaft bzw. mit *AutoResizeRows*-Methode auch die Zeilenhöhe ändern, um den Inhalt komplett anzuzeigen. Da es sich hier wohl meistens um Text handelt, müssen Sie noch den Zeilenumbruch (*WrapMode*) aktivieren, sonst bleibt der Effekt aus. In der Regel können Sie vorher die Spaltenbreite verringern, da sich jetzt die Zeilen nach unten ausdehnen.

BEISPIEL

Die Breite der zweiten Spalte wird auf einen festen Wert (100 Pixel) eingestellt und für die gesamte *Data-GridView* der Zeilenumbruch aktiviert. Anschließend wird die Zeilenhöhe dem Inhalt angepasst.

```
With DataGridView1
    .Columns(1).Width = 100
    .DefaultCellStyle.WrapMode = DataGridViewTriState.True
    .AutoSizeRowsMode = DataGridViewAutoSizeRowsMode.AllCellsExceptHeaders
End With
```

Eine alternative Schreibweise für die letzte Anweisung:

```
    .AutoResizeRows(DataGridViewAutoSizeRowsMode.AllCellsExceptHeaders)
```

AutoResizeRow-Methode

Sollen nicht alle, sondern nur einzelne Zeilen ihre Höhe automatisch anpassen, so verwendet man die *AutoResizeRow*-Methode der betreffenden Zeile. Die gewünschte Art der Größenanpassung wird durch einen Wert der *DataGridViewAutoSizeRowMode*-Enumeration eingestellt (auch hier beachte man den winzigen Unterschied in der Namensgebung im Vergleich zur *DataGridViewAutoSizeRowsMode*-Enumeration).

BEISPIEL

Außer der Kopfzeile passen alle Zellen ihre Höhe automatisch an.

```
DataGridView1.AutoResizeRow(0, DataGridViewAutoSizeRowMode.AllCellsExceptHeader)
```

Nr	Buchtitel	ISBN	Autor(en)	Verlag	Jahr	Preis	Z
27	Datenbankprogrammierung mit Visual Basic .NET	3-86063-670-7	Doberenz und Kowalski	Microsoft Press Deutschland	2003	30,00 €	
214	Datenbankprogrammierung mit Visual Basic 2005	3-86063-589-1	Doberenz und Gewinnus	Microsoft Press Deutschland	2006	49,90 €	
213	Datenbankprogrammierung mit Visual C# 2005	3-86063-588-3	Doberenz und Gewinnus	Microsoft Press Deutschland	2006	49,90 €	
39	Datenbankprogrammierung mit Visual C#.NET	3-86063-095-4	Doberenz und Kowalski	Microsoft Press Deutschland	2003	30,00 €	
134	Datenstrukturen und Algorithmen in C++	3-446-22075-5	Reß und Viebeck	Carl Hanser Verlag München Wien	2004	15,00 €	
160	Die Architektur erfolgreicher Projekte	3-446-22313-4	Strohmeier	Carl Hanser Verlag München Wien	2003	10,00 €	

Abbildung 5.5 Die Zeilenhöhe hat sich dem Inhalt angepasst

Selektieren von Zellen

Standardmäßig ist eine freie Selektion möglich. Der User kann einzelne Zellen, Gruppen von Zellen, alle Zellen (durch Klick auf das Quadrat in der linken oberen Ecke) oder eine oder mehrere Zeilen (durch Klick in die linke Randspalte) auswählen. In Abhängigkeit vom Selektionsmodus lassen sich auch eine oder mehrere Spalten durch Selektieren der Spaltenköpfe auswählen. Dieses Verhalten lässt sich mit der Eigenschaft *SelectionMode* steuern, die folgende Werte aus der *DataGridViewSelectionMode*-Enumeration annehmen kann:

DataGridViewSelectionMode-Enumeration	Der User kann ...
CellSelect	... Zellen selektieren, aber keine vollen Zeilen oder Headers. Er kann mehrfache Zellen selektieren wenn *MultiSelect = True*.
FullColumnSelect	... durch Klick auf den Spaltenkopf mehrere Spalten selektieren wenn *MultiSelect = True*. Kein Sortieren des Inhalts bei Klick auf den Spaltenkopf!
FullRowSelect	... volle Zeilen durch Klick auf die linke Randspalte selektieren. Mehrere Zeilen wenn *MultiSelect = True*.
ColumnHeaderSelect	... den *CellSelect*- oder *FullColumnSelect* Modus verwenden. Kein Sortieren des Inhalts bei Klick auf den Spaltenkopf!
RowHeaderSelect	... den *CellSelect*- oder *FullRowSelect*-Modus verwenden (Standard).

Tabelle 5.3 Die Mitglieder der *DataGridViewSelectionMode*-Enumeration

BEISPIEL

Das Selektieren voller Zeilen ist möglich.

```
DataGridView1.SelectionMode = DataGridViewSelectionMode.FullRowSelect
```

SelectedCells-, SelectedRows- und SelectedColumns-Eigenschaften

Die *DataGridView* erleichtert den Zugriff auf selektierte Zellen mit drei Eigenschaften:

Eigenschaft	Beschreibung
SelectedCells	... liefert eine Auflistung von *DataGridViewCell*-Objekten ohne Rücksicht auf den *SelectionMode*
SelectedRows	... liefert nur dann etwas, wenn eine volle Zeile selektiert wurde (durch Klick auf die linke Randspalte)
SelectedColumns	... liefert nur dann etwas, wenn eine volle Spalte selektiert wurde (durch Klick auf den Spaltenkopf)

Tabelle 5.4 Eigenschaften für den Zugriff auf selektierte Zellen

BEISPIEL

Für jede voll selektierte Zeile wird der Wert der zweiten Spalte in einem Meldungsfenster angezeigt:

```
For Each selRow As DataGridViewRow In DataGridView1.SelectedRows
    MessageBox.Show(selRow.Cells(1).Value.ToString)
```

Oder falls der Spaltenname *Titel* ist:

```
    MessageBox.Show(selRow.Cells("Titel").Value.ToString)
Next selRow
```

HINWEIS   Es ist zu beachten, dass zwar ein *DataGridViewRow*-Objekt über eine *Cells*-Auflistung verfügt, nicht aber ein *DataGridViewColumn*-Objekt!

BEISPIEL

Für jede selektierte Spalte wird die Beschriftung des Spaltenkopfes in einem Meldungsfenster angezeigt:

```
DataGridView1.SelectionMode = DataGridViewSelectionMode.ColumnHeaderSelect

For Each selCol As DataGridViewColumn In DataGridView1.SelectedColumns
    MessageBox.Show(selCol.HeaderText)
Next selCol
```

CurentCell- und CurrentCellAddress-Eigenschaften

Diese Eigenschaften ermöglichen den Zugriff auf die aktuelle Zelle.

HINWEIS   Auch wenn Sie mehrere Zellen selektiert haben, es gibt immer nur genau eine aktuelle Zelle, die durch ein ge-
punktetes schwarzes Rechteck eingerahmt ist!

BEISPIEL

Der Wert der aktuellen Zelle, sowie Zeilen- und Spaltenindex, werden in einem Meldungsfenster angezeigt.

```
Dim inhalt As String = DataGridView1.CurrentCell.Value.ToString
Dim zeile As String = DataGridView1.CurrentCellAddress.Y.ToString
Dim spalte As String = DataGridView1.CurrentCellAddress.X.ToString

MessageBox.Show("Inhalt = " & inhalt & " ; Zeile = " & zeile & " ; spalte = " & spalte)
```

Die *CurrentCellAddress* Property ist zwar schreibgeschützt, aber Sie können *CurrentCell* verwenden, um die aktuelle Position zu ändern. Das *DataGridView* wird dann automatisch zur aktuellen Position scrollen, sodass die Zelle im sichtbaren Bereich erscheint.

BEISPIEL

Als aktuelle Position die fünfte Zelle (bzw. Spalte) in der zehnten Zeile wählen.

```
DataGridView1.CurrentCell = DataGridView1.Rows(9).Cells(4)
```

Columns- und Rows-Auflistungen

Bis jetzt wissen wir nur, wie man auf die aktuell selektierten Zeilen, Zellen und Spalten zugreifen kann. Das *DataGridView* stellt aber auch grundlegende Auflistungen bereit, die das Arbeiten mit der kompletten Datenmenge ermöglichen:

- *Columns*
  Collection von *DataGridViewColumn* Objekten

- *Rows*
  Collection aus *DataGridViewRow*-Objekten, jedes Objekt davon enthält eine Auflistung von *DataGrid-ViewCell*-Objekten

Allgemein benutzt man *DataGridViewColumn*-Objekte zum Formatieren der Anzeige in einer Spalte. Hingegen braucht man *DataGridViewRow*- und *DataGridViewCell*-Objekte, um auf die Daten zuzugreifen.

Hat man das *DataGridView*-Objektmodell einmal verstanden, so kann man leicht Code schreiben, der auf die gesamte Tabelle zugreift Anstatt den Index der Zelle darf man auch direkt den Spaltennamen verwenden.

BEISPIEL

Der Inhalt der zweiten Zelle (*Titel*-Spalte) der dritten Zeile wird zugewiesen.

```
Dim s As String = DataGridView1.Rows(2).Cells(1).Value.ToString
```

oder

```
Dim s As String = DataGridView1.Rows(2).Cells("Titel").Value.ToString
```

Um eine bestimmte Zeile, Spalte oder Zelle zu selektieren, muss man lediglich das entsprechende *DataGridViewRow*-, *DataGridViewColumn*- oder *DataGridViewCell*-Objekt finden und seine *Selected*-Eigenschaft auf *True* setzen.

BEISPIEL

Alle Inhalte der Spalte *Jahr* für 2013 werden selektiert:

```
For Each row As DataGridViewRow In DataGridView1.Rows
    If Convert.ToInt32(row.Cells("Jahr").Value) = 2013 Then row.Selected = True
Next row
```

DataGridViewCellStyle-Objekte

Um auch größere Datenmengen effektiv formatieren zu können, verwendet das *DataGridView* ein mehrschichtiges Modell unter Verwendung von *DataGridViewCellStyle*-Objekten. Ein solches Objekt kapselt alle Details zur Darstellung der Daten einer Zelle (Color, Font, Alignment, Wrapping und Datenformatierung).

Es dürfte klar sein, dass sich das Formatieren zahlreicher einzelner Zellen negativ auf Speicherplatz und Performance des *DataGridView* auswirkt. Sie können aber auch nur einen einzigen *DataGridViewCellStyle* für die komplette Tabelle erzeugen und zusätzlich das Standardformat einer Spalte, Zeile oder einer individuellen Zelle spezifizieren.

HINWEIS Wenn Sie vorrangig eine spalten- oder eine zeilenbasierte Formatierung wählen und nur gelegentlich eine einzelne Zelle formatieren, so wird Ihr *DataGridView* kaum mehr Speicher beanspruchen als das »alte« *DataGrid*.

Wenn das *DataGridView* formatiert wird, gelten folgende Prioritäten (von der höchsten zur niedrigsten):

- *DataGridViewCellStyle*
- *DataGridViewRow.DefaultCellStyle*
- *DataGridView.AlternatingRowsDefaultCellStyle*
- *DataGridView.RowsDefaultCellStyle*
- *DataGridViewColumn.DefaultCellStyle*
- *DataGridView.DefaultCellStyle*

Haben Sie einer einzelnen *DataGridViewColumn* einen *DataGridViewCellStyle* zugewiesen, so setzt dieser den *DefaultCellStyle* des *DataGridView* außer Kraft.

Ein *DataGridViewCellStyle* definiert zwei Typen von Formatierungen: Daten und Outfit.

Datenformatierung

Die Datenformatierung bestimmt, wie der datengebundene Wert vor seiner Anzeige zu modifizieren ist. Typischerweise werden hierzu Formatierungsstrings benutzt, die numerische Werte in Text umformen. Dazu setzen Sie einfach den Format-Spezifizierer oder einen eigenen Formatstring unter Verwendung der *Format*-Property.

BEISPIEL

Formatieren aller Zahlen im *Preis*-Feld als Währungsgrößen (entsprechend den lokalen Währungseinstellungen).

```
DataGridView1.Columns("Preis").DefaultCellStyle.Format = "c"
```

Outfit

Die Formatierung des Zellenoutfits umfasst kosmetische Aspekte wie Farbe und Schriftart. Wichtige Eigenschaften sind *Font, Alignment, ForeColor, SelectionForeColor* oder *SelectionBackColor*.

BEISPIEL

Erzeugen einer neuen Spalte mit Bindung an das Feld *Verkaufspreis* und anschließendes Formatieren als rechtsbündige Währungsanzeige mit Fettschrift und gelber Hintergrundfarbe.

```
Dim tbc1 As New DataGridViewTextBoxColumn()
With tbc1
    .DataPropertyName = "Verkaufspreis"
    .HeaderText = "Preis"
    .DefaultCellStyle.Format = "c"
    .DefaultCellStyle.Alignment = DataGridViewContentAlignment.MiddleRight
    .DefaultCellStyle.Font = New Font(DataGridView1.Font, FontStyle.Bold)
    .DefaultCellStyle.BackColor = Color.LightYellow
End With
DataGridView1.Columns.Add(tbc1)
```

Die *WrapMode*-Eigenschaft bestimmt, ob ein Zeilenumbruch stattfinden soll, wobei drei Einstellungen möglich sind (ja, nein, nicht gesetzt). Ein entsprechendes Beispiel im Zusammenhang mit der automatischen Anpassung der Zeilenhöhe (*AutoResizeRows*-Methode) wurde oben bereits gezeigt.

HINWEIS   Visual Studio verfügt auch über einen *DataGridView*-Designer, mit dem Sie das Spaltenoutfit bereits zur Entwurfszeit konfigurieren und aus einer Vielzahl vordefinierter Styles auswählen können.

Benutzerdefinierte Zellenformatierung

Ziemlich häufig kommt es vor, dass zur Laufzeit bestimmte Zellen optisch hervorgehoben werden sollen, z.B. wenn ihr Wert ein bestimmtes Limit überschritten hat oder ein Suchkriterium erfüllt ist. Anstatt mühselig durch die Auflistung der Zellen zu iterieren und nach diesen Werten zu suchen, sollte man das *Cell-*

Formatting-Event des *DataGridView* verwenden. Das Ereignis »feuert« unmittelbar vor dem Neuzeichnen des Wertes in der Zelle. Das gibt Ihnen die Chance, das Outfit der Zelle in Abhängigkeit vom Inhalt anzupassen.

BEISPIEL

In der *Titel*-Spalte werden alle Buchtitel in denen der in *TextBox1* eingegebene Begriff vorkommt, gesucht und die betreffenden Zellen mit roter Schrift auf gelbem Hintergrund markiert.

```
AddHandler DataGridView1.CellFormatting,
          New DataGridViewCellFormattingEventHandler(AddressOf DataGridView1_CellFormatting)
...
Private Sub DataGridView1_CellFormatting(sender As Object,
                                  e As DataGridViewCellFormattingEventArgs)

    If DataGridView1.Columns(e.ColumnIndex).Name = "Titel" Then
        If e.RowIndex < DataGridView1.Rows.Count Then
```

Suchbegriff gefunden:

```
            If e.Value.ToString.IndexOf(TextBox1.Text) >= 0 Then
                e.CellStyle.ForeColor = Color.Red
                e.CellStyle.BackColor = Color.Yellow
            End If
        End If
    End If
End Sub
```

Nr	Buchtitel	ISBN	Autor(en)	Verlag	Jahr	Preis	Z
27	Datenbankprogrammierung mit Visual Basic .NET	3-86063-670-7	Doberenz und Kowalski	Microsoft Press Deutschland	2003	30,00 €	
214	Datenbankprogrammierung mit Visual Basic 2005	3-86063-589-1	Doberenz und Gewinnus	Microsoft Press Deutschland	2006	49,90 €	
213	Datenbankprogrammierung mit Visual C# 2005	3-86063-588-3	Doberenz und Gewinnus	Microsoft Press Deutschland	2006	49,90 €	
39	Datenbankprogrammierung mit Visual C# .NET	3-86063-095-4	Doberenz und Kowalski	Microsoft Press Deutschland	2003	30,00 €	
134	Datenstrukturen und Algorithmen in C++	3-446-22075-5	Reß und Viebeck	Carl Hanser Verlag München Wien	2004	15,00 €	
160	Die Architektur erfolgreicher Projekte	3-446-22313-4	Strohmeier	Carl Hanser Verlag München Wien	2003	10,00 €	

Abbildung 5.6 Die gesuchten Buchtitel, in denen ».NET« vorkommt, sind gelb markiert

Spaltentypen

Von *DataGridViewColumn* können verschiedene Klassen abgeleitet werden, fünf »vorgefertigte« sind bereits standardmäßig vorhanden:

- *DataGridViewButtonColumn*

- *DataGridViewCheckBoxColumn*

- *DataGridViewComboBoxColumn*

- *DataGridViewImageColumn*

- *DataGridViewTextBoxColumn*

DataGridViewButtonColumn

Dieser Spaltentyp zeigt in jeder Zelle einen *Button*, für den Sie Ereigniscode schreiben können.

BEISPIEL

Eine *Button*-Spalte mit der Spaltenbeschriftung »Details« wird erzeugt und ein Eventhandler deklariert:

```
Dim details As New DataGridViewButtonColumn()
With details
    .Name = "Details"
    .HeaderText = "Details"
    .UseColumnTextForButtonValue = True
End With
```

Der Text einer Zelle entspricht der Beschriftung:

```
details.Text = "..."                    ' Button-Beschriftung
```

Spalte ganz rechts hinzufügen:

```
DataGridView1.Columns.Insert(DataGridView1.Columns.Count, details)
```

Ereignisbehandlung anmelden:

```
AddHandler DataGridView1.CellClick, New DataGridViewCellEventHandler(AddressOf DataGridView_CellClick)
```

BEISPIEL

Der Klick auf einen *Button* zeigt die Informationen zum Datensatz:

```
Private Sub DataGridView_CellClick(sender As Object, e As DataGridViewCellEventArgs)
    DataGridView dgv = CType(sender, DataGridView)
    If dgv.Columns(e.ColumnIndex).Name = "Details" Then
        Dim s As String = dgv.Rows(e.RowIndex).Cells("Titel").Value.ToString
        s &= Environment.NewLine
        s &= dgv.Rows(e.RowIndex).Cells("ISBN").Value.ToString
        MessageBox.Show(s)
    End If
End Sub
```

DataGridViewComboBoxColumn

Dieser im »alten« *DataGrid* schmerzlich vermisste Spaltentyp erlaubt das Verknüpfen von zwei Tabellen.

BEISPIEL

Im *DataGridView* werden Buchtitel angezeigt. Die *Autor*-Spalte besteht aus *ComboBox*en, welche die Tabelle *Buecher* mit der Tabelle *Autoren* verknüpfen.

```
Dim cbc1 As New DataGridViewComboBoxColumn()
With cbc1
    .DataSource = bsAuthors.List        ' Detailtabelle
    .DataPropertyName = "AutorenNr"     ' Fremdschlüssel
    .ValueMember = "Nr"                 ' Primärschlüssel
    .DisplayMember = "Namen"            ' Detailanzeige
    .HeaderText = "Autor(en)"
```

```
        .DisplayStyle = DataGridViewComboBoxDisplayStyle.Nothing        ' nur bei aktiver Zelle
    End With
    DataGridView1.Columns.Add(cbc1)
```

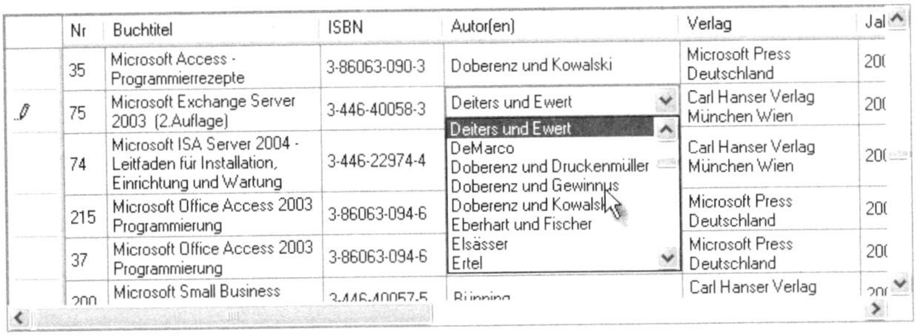

	Nr	Buchtitel	ISBN	Autor(en)	Verlag	Jal
	35	Microsoft Access - Programmierrezepte	3-86063-090-3	Doberenz und Kowalski	Microsoft Press Deutschland	200
	75	Microsoft Exchange Server 2003 (2.Auflage)	3-446-40058-3	Deiters und Ewert	Carl Hanser Verlag München Wien	200
				Deiters und Ewert		
	74	Microsoft ISA Server 2004 - Leitfaden für Installation, Einrichtung und Wartung	3-446-22974-4	DeMarco Doberenz und Druckenmüller Doberenz und Gewinnus	Carl Hanser Verlag München Wien	200
	215	Microsoft Office Access 2003 Programmierung	3-86063-094-6	Doberenz und Kowalski Eberhart und Fischer	Microsoft Press Deutschland	200
	37	Microsoft Office Access 2003 Programmierung	3-86063-094-6	Elsässer Ertel	Microsoft Press Deutschland	200
	200	Microsoft Small Business	3-446-40057-5	Bünning	Carl Hanser Verlag	200

Abbildung 5.7 Eine *ComboBox*-Spalte in Aktion

Leider funktioniert *cbc1.Sorted = True* nicht, so dass für eine sortierte Auflistung bereits per SQL vorgesorgt werden muss.

HINWEIS Eine Anwendung von *ComboBox*-Spalten finden Sie im How-to 5.14 »... das DataGridView als Datenbank-Frontend verwenden?«.

DataGridViewCheckBoxColumn

BEISPIEL

Eine simple Anwendung für eine *CheckBox*-Spalte

```
Dim chbc1 As New DataGridViewCheckBoxColumn()
With chbc1
    .DataPropertyName = "vorgemerkt"
    .HeaderText = "res."
    .Width = 40
End With
DataGridView1.Columns.Add(chbc1)
```

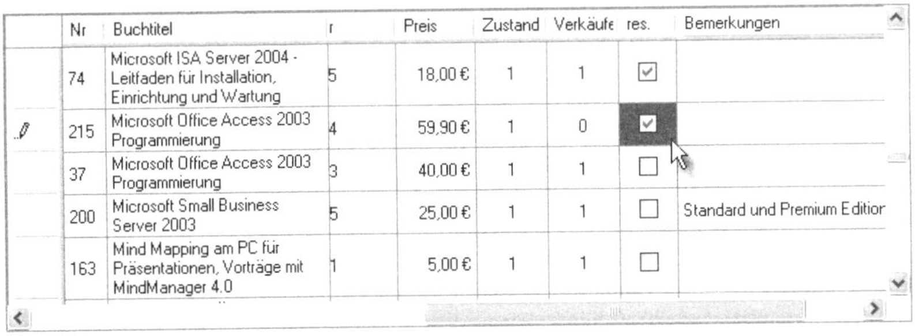

	Nr	Buchtitel	r	Preis	Zustand	Verkäufe	res.	Bemerkungen
	74	Microsoft ISA Server 2004 - Leitfaden für Installation, Einrichtung und Wartung	5	18,00 €	1	1	☑	
	215	Microsoft Office Access 2003 Programmierung	4	59,90 €	1	0	☑	
	37	Microsoft Office Access 2003 Programmierung	3	40,00 €	1	1	☐	
	200	Microsoft Small Business Server 2003	5	25,00 €	1	1	☐	Standard und Premium Edition
	163	Mind Mapping am PC für Präsentationen, Vorträge mit MindManager 4.0	1	5,00 €	1	1	☐	

Abbildung 5.8 Eine *CheckBox*-Spalte in Aktion

DataGridViewImageColumn

Dieser Spaltentyp ermöglicht die Darstellung eines Bildes innerhalb der Abmessungen der Zelle. Mittels der *DataGridViewImageColumn.Layout*-Property lassen sich die Bildeigenschaften festlegen (Bildgröße automatisch strecken oder abschneiden falls zu groß).

Es gibt zwei grundsätzliche Möglichkeiten eine *DataGridViewImageColumn* zu verwenden:

- Zunächst lässt sie sich auf die gleiche Weise wie z.B. eine *DataGridViewButtonColumn* erzeugen und hinzufügen. Dies ist besonders dann nützlich, wenn Sie zusätzliche Bilder anzeigen wollen, deren Daten nicht im *DataSet* gespeichert sind. Beispielsweise möchten Sie eine Bilddatei *ProductPic001.jpg* von einem Netzlaufwerk laden und im Datengitter anzeigen. Dazu müssen Sie auf ein *DataGridView*-Event wie *CellFormatting* reagieren, wo Sie den Bildverweis von der entsprechenden Zeile lesen, die Bilddaten laden und das Bild unter Verwendung der *Value*-Property der Spalte einfügen.

- Keinerlei Arbeit haben Sie hingegen, wenn das darunter liegende *DataSet* bereits die binären Bilddaten enthält (z.B. das Firmenlogo in der *pub_info*-Tabelle der *pubs*-Datenbank des SQL Servers). Das *DataGridView* stellt automatisch fest, dass Bilddaten vorliegen und erzeugt selbst die erforderliche *DataGridViewImageColumn*.

BEISPIEL

Anzeige eines Bildes aus der Tabelle *Employees* der *Northwind*-Datenbank (*AutoSizeColumnsMode = DisplayedCellsExceptHeader, AutoSizeRowsMode = DisplayedCells*).

Abbildung 5.9 Bildanzeige im *DataGridView*

Editieren im DataGridView

Das »alte« *DataGrid* gibt dem User relativ wenig Möglichkeiten, über Eingabevalidierung und Fehlerbenachrichtigung selbst zu bestimmen. Das *DataGridView* hingegen lässt Sie dieses Verhalten mittels einer Reihe von Ereignissen steuern, die bei allen Etappen des Editierprozesses ausgelöst werden.

Standardmäßig treten die Zellen des *DataGridView* in den Editiermodus ein, wenn der User auf die Zelle doppelklickt oder die F2-Taste drückt. Sie können aber auch das *DataGridView* so konfigurieren, dass eine Zelle in den Editiermodus umschaltet sobald der User die *EditCellOnEnter* Eigenschaft des *DataGridView* auf *True* setzt.

Das Editieren können Sie auch per Programm mit den Methoden *BeginEdit*, *CancelEdit*, *CommitEdit* und *EndEdit* starten bzw. stoppen. Wenn der User eine Zelle editiert, zeigt die linke Zeilenrandspalte ein bleistiftähnliches Editiersymbol.

Der User kann das Editieren mittels ESC-Taste abbrechen. Falls hier die *EditCellOnEnter*-Property auf *True* gesetzt wurde, bleibt die Zelle zwar im Edit-Modus, alle Änderungen werden aber verworfen. Um eine Änderung zu bestätigen, muss der User einfach nur zu einer neuen Zelle gehen oder den Eingabefokus zu einem anderen Control verlegen. Falls Ihr Code die Position der aktuellen Zelle verschiebt, wird dies ebenfalls die Änderungen bestätigen.

Um Zellen vom Editieren auszuschließen, setzen Sie die *ReadOnly*-Eigenschaft von *DataGridViewCell*, *DataGridViewColumn*, *DataGridViewRow* oder *DataGridView* in Abhängigkeit davon, ob Sie Änderungen nur in dieser einen Zelle, in allen Zellen der Spalte, der Zeile oder der gesamten Tabelle verhindern wollen.

HINWEIS   Das *DataGridView* hat auch ein *CellBeginEdit*-Event, welches Sie zum Abbrechen eines Editierversuchs verwenden können.

Ändern Sie die Daten in einer *DataGridViewCell* per Code, so passiert das Gleiche wie beim Editieren durch den User: die entsprechenden *DataGridViewChange*-Events werden ausgelöst und die angebundene *DataTable* wird modifiziert.

Fehlerbehandlung

Standardmäßig erlaubt eine *DataGridViewTextBoxColumn* dem User die Eingabe beliebiger Zeichen, auch solcher, die in der aktuellen Zelle nicht erlaubt sind. Zum Beispiel kann der User ein nichtnumerisches Zeichen in ein numerisches Feld eingeben oder einen Wert spezifizieren, der eine im darunterliegenden *DataSet* definierte Fremdschlüsselbeziehung (*ForeignKeyConstraint* oder *UniqueConstraint*) verletzt. Das *DataGridView* behandelt diese Probleme auf unterschiedliche Weise:

- Wenn der editierte Wert nicht in den geforderten Datentyp konvertiert werden kann (z.B. hat der User Text in eine numerische Spalte eingegeben), wird der User nicht in der Lage sein, die Eingabe zu bestätigen oder zu einer anderen Zeile zu navigieren. Stattdessen muss die Eingabe rückgängig gemacht oder korrigiert werden.

- Wenn der editierte Wert einen im *DataSet* definierten Constraint verletzt, wird die Änderung sofort wirkungslos, sobald der User diese durch Navigieren zu einer anderen Zeile bestätigen will oder die Eingabetaste drückt.

Diese allgemeinen Standardeinstellungen funktionieren bei den meisten Szenarien zufriedenstellend. Falls erforderlich können Sie eine Fehlerbehandlung hinzufügen, indem Sie das *DataGridView.DataError*-Event auswerten. Dieses feuert wenn das *DataGridView* einen Fehler von der Datenquelle abfängt.

BEISPIEL

Im Fall eines Fehlers wird bis zur entsprechenden Zelle gescrollt.

```
Private Sub DataGridView1_DataError(sender As Object, e As DataGridViewDataErrorEventArgs)
    DataGridView1.CurrentCell = DataGridView1.Rows(e.RowIndex).Cells(e.ColumnIndex)
    Throw New Exception("Fehler bei der Anzeige im Datengitter ! ")
End Sub
```

Eingabeprüfung

Eingabeprüfung bzw. Validierung ist etwas differenzierter zu handhaben als das Errorhandling. Beim Error-handling haben Sie es mit Problemen zu tun die in der Regel durch das darunterliegende *DataSet* zustande kommen. Beim Validieren hingegen fangen Sie Ihre eigenen Fehlerbedingungen ab, z.B. Daten die zwar im *DataSet* erlaubt sind, aber in Ihrer Applikation keinen Sinn machen.

Wenn der User eine vorgenommene Änderung bestätigt, indem er zu einer anderen Zelle navigiert, löst das *DataGridView* das *CellValidating-* und das *CellValidated-*Ereignis aus. Beiden folgen das *RowValidating-* und *RowValidated-*Ereignis. Auf diese Events können Sie reagieren und prüfen, ob der vom User eingegebene Wert korrekt ist um irgendwelche Maßnahmen ergreifen.

Falls der Wert ungültig ist, werden Sie typischerweise die vorgenommenen Änderungen verwerfen (durch Setzen der *Cancel-*Property des *EventArgs-*Objekts auf *True* oder durch Ausgabe einer Fehlermeldung). Der Text der Fehlermeldung kann in einem anderen Control ausgegeben werden oder aber auch im *DataGrid-View* unter Verwendung der *ErrorText-*Eigenschaft der entsprechenden *DataGridViewRow* und *DataGrid-ViewCell*:

- Wenn der *DataGridViewCell.ErrorText* gesetzt ist, erscheint ein Symbol mit Ausrufezeichen in der Zelle. Bewegen Sie die Maus auf das Ausrufezeichen, so erscheint die Fehlermeldung.

- Wenn der *DataGridViewRow.ErrorText* gesetzt ist, erscheint das Ausrufezeichen am linken Zeilenrand.

Normalerweise verwenden Sie beide Eigenschaften und setzen eine Fehlermeldung (Errormessage) sowohl in der Zeile als auch in der Zelle.

HINWEIS   Mehrere Codebeispiele, in denen ein *DataGridView* zum Einsatz kommt, finden Sie im How-to-Teil dieses Kapitels, sowie in den Kapiteln 3 und 4.

How-to-Beispiele

5.1 ... eine Objekt-Datenquelle verwenden?

BindingSource: *DataSource-*Eigenschaft; *BindingNavigator;* Datenquellen; generische Listen; Objekt-Initia-lisierer;

Nicht nur Datenbanken oder Webdienste, sondern auch ganz normale Objekte können als Datenquellen in Erscheinung treten.

In unserem Beispielszenarium haben wir es mit Angestellten einer Gebrauchtwagenfirma zu tun, deren Ver-kaufsabschlüsse Objekte sind.

Starten Sie eine neue Windows Forms-Anwendung und wählen Sie *Projekt/Klasse hinzufügen...* Geben Sie der Datei den Namen *BusinessObjects.vb*, da sie nicht nur eine, sondern zwei Klassen (*CVerkauf* und *CVer-käufe*) enthalten wird.

Quellcode (Geschäftsobjekte)

Die Klasse *CVerkauf* repräsentiert einen einzelnen Verkaufsvorgang mit vier (selbstimplementierenden) Eigenschaften:

```
Public Class CVerkauf

    Property Verkäufer As String
    Property Produkt As String
    Property Preis As Single
    Property Datum As DateTime
```

Dazu ein Konstruktor:

```
    Public Sub New(
                verk As String, prod As String, prs As Single, dat As DateTime)
        _Verkäufer = verk
        _Produkt = prod
        _Preis = prs
        _Datum = dat
    End Sub

End Class
```

Die Klasse *CVerkäufe* kapselt alle Verkäufe in einer generischen Liste:

```
Public Class CVerkäufe
    Private _verkäufe As List(Of CVerkauf)

    Public Sub New()
        _verkäufe = New List(Of CVerkauf)
```

Die Liste wird mit einigen Instanzen von *CVerkauf* gefüllt:

```
        _verkäufe.Add(New CVerkauf("Tobalt", "BMW", 10000.0F, New DateTime(2013, 10, 6)))
        _verkäufe.Add(New CVerkauf("Maxhelm", "Mercedes", 12000.0F, New DateTime(2013, 10, 8)))
        _verkäufe.Add(New CVerkauf("Maxhelm", "Opel", 4000.0F, New DateTime(2013, 10, 10)))
        _verkäufe.Add(New CVerkauf("Siegbast", "Opel", 6000.0F, New DateTime(2013, 10, 18)))
        _verkäufe.Add(New CVerkauf("Tobalt", "Mercedes", 16000.0F, New DateTime(2013, 10, 20)))
        _verkäufe.Add(New CVerkauf("Siegbast", "Opel", 2000.0F, New DateTime(2013, 10, 28)))
        _verkäufe.Add(New CVerkauf("Siegbast", "BMW", 9000.0F, New DateTime(2013, 11, 1)))
        _verkäufe.Add(New CVerkauf("Maxhelm", "BMW", 11000.0F, New DateTime(2013, 11, 2)))
        _verkäufe.Add(New CVerkauf("Tobalt", "BMW", 18000.0F, New DateTime(2013, 11, 9)))
        _verkäufe.Add(New CVerkauf("Tobalt", "Opel", 5000.0F, New DateTime(2013, 11, 12)))
        _verkäufe.Add(New CVerkauf("Siegbast", "Mercedes", 14000.0F, New DateTime(2013, 11, 15)))
        _verkäufe.Add(New CVerkauf("Tobalt", "Mercedes", 20000.0F, New DateTime(2013, 11, 21)))
        _verkäufe.Add(New CVerkauf("Maxhelm", "Mercedes", 26000.0F, New DateTime(2013, 11, 28)))
    End Sub
```

Die folgende Funktion liefert den Inhalt der Liste:

```
    Public Function GetVerkäufe() As List(Of CVerkauf)
        Return _verkäufe
    End Function
End Class
```

HINWEIS   Bevor der Typ *CVerkauf* als Objekt-Datenquelle hinzugefügt werden kann, muss die Assembly erstellt werden (Menü *Erstellen/Projektmappe erstellen*).

Datenquelle hinzufügen

Öffnen Sie das Fenster *Datenquellen* (Menü *Ansicht/Weitere Fenster/Datenquellen*) und klicken Sie auf *Neue Datenquelle hinzufügen...*

Im *Assistent zum Konfigurieren von Datenquellen* wählen Sie den Datenquellentyp *Objekt* und die Datenquelle *CVerkauf* aus.

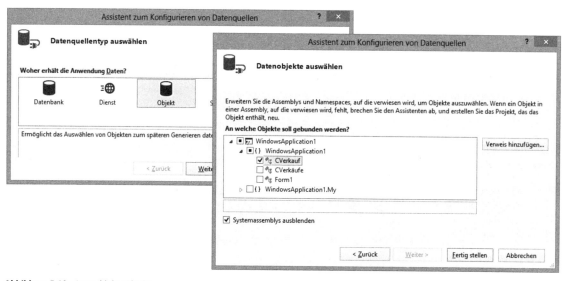

Abbildung 5.10   Auswahl des Objekts

Nach dem Klick auf *Fertigstellen* erscheint die Objekt-Datenquelle *CVerkauf* im Datenquellenfenster.

Abbildung 5.11   Die Objekt-Datenquelle steht zur Verwendung bereit

Ziehen Sie die Datenquelle *CVerkauf* per Drag & Drop auf das Startformular *Form1*, so wird von einem im Hintergrund agierenden Assistenten automatisch eine Benutzerschnittstelle generiert, die standardmäßig aus *DataGridView*, *BindingSource* und *BindingNavigator* besteht.

Fügen Sie noch einen *Button* hinzu.

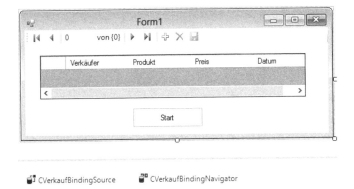

■ CVerkaufBindingSource   ■ CVerkaufBindingNavigator

Abbildung 5.12 Die Entwurfsansicht

Quellcode (Form1)

Wenn Sie das Programm jetzt starten, bleibt das Datengitter leer, da der *BindingSource* noch keine Instanz der Verkaufsliste zugewiesen wurde. Ergänzen Sie also den Formularcode wie folgt, sodass die erforderliche Zuweisung im Konstruktorcode erfolgt:

```
Public Class Form1

    Private verkäufe As New CVerkäufe()

    Private Sub Button1_Click(sender As Object, e As EventArgs) Handles Button1.Click
        Me.CVerkaufBindingSource.DataSource = verkäufe.GetVerkäufe()
    End Sub
End Class
```

Test

Starten Sie das Programm und schauen Sie, welche Geschäfte unsere fleißigen Verkäufer Maxhelm, Siegbast und Tobalt getätigt haben.

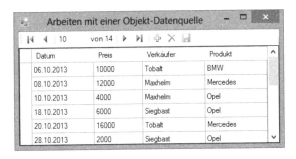

Abbildung 5.13 Anzeige des Inhalts der Objekt-Datenquelle

Bemerkungen

■ Da es hier nur um das Prinzip von Objekt-Datenquellen geht, wurde dieses Beispiel sehr einfach gehalten und beschränkt sich auf den reinen Lesezugriff

■ Das Beispiel dient im Report-Kapitel 13 als Datenquelle für das Gruppieren von Datensätzen und die Darstellung von Kreuztabellen-Abfragen

5.2 ... Steuerelemente an einen Objektbaum binden?

BinaryFormatter-Objekt: *Serialize-, Deserialize*-Methode; *FileStream*-Objekt; *BindingSource*-Objekt: *Data-Source-, Current*-Eigenschaft, *CurrentChanged*-Ereignis; *BindingNavigator*-Komponente: *BindingSource-*Eigenschaft; *TextBox*-Komponente: *DataBindings*-Auflistung; Abstrakte Klasse, *Serializable*-Attribut; *IList*-Interface; Auflistungszuordnung; Generische Liste; Klassendesigner

In diesem How-to soll gezeigt werden, wie man auch ohne Datenbank und ADO.NET komplexere Datenstrukturen auf der Festplatte abspeichern kann und wie einfach die Benutzerschnittstelle die Datenbindung mittels *BindingSource-* und *BindingNavigator*-Komponenten realisiert.

Klassendiagramm

Ausgangspunkt ist das mit dem Klassendesigner von Visual Studio erstellte Klassendiagramm, welches neben dem Startformular *Form1* die Klassen *CFirma, CKunde, CPerson, CBestellung* und *CPersistent* enthält.

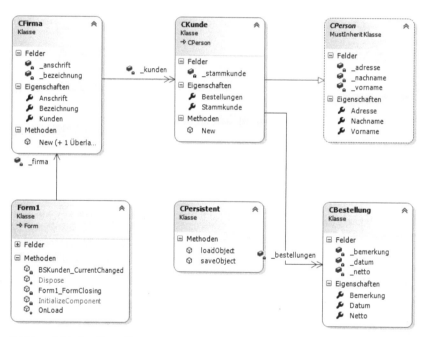

Abbildung 5.14 Das Klassendiagramm

Wie Sie sehen, verwaltet die Benutzerschnittstelle *Form1* eine Instanz der Klasse *CFirma,* die über eine multiple Assoziation (Auflistungszuordnung[1]) mit der Klasse *CKunde* verbunden ist (eine Firma kann keinen, einen oder mehrere Kunden haben).

Eine gleichartige Beziehung besteht auch zwischen den Klassen *CKunde* und *CBestellung* (ein Kunde kann keine, eine oder mehrere Bestellungen haben). Man erkennt aus diesen Zusammenhängen, dass sich – aus-

---

[1] Eine Auflistungszuordnung ist – im Unterschied zur einfachen Zuordnung – im Klassen Designer an den doppelten Pfeilspitzen erkennbar.

gehend von einer Instanz von *CFirma* – die Objekte über Auflistungen von *CKunde* zu *CBestellung* baumartig verzweigen.

Die Klasse *CKunde* erbt von der abstrakten Klasse *CPerson*. Weiterhin gibt es eine statische Klasse *CPersistent*, welche Methoden zum Speichern und Laden des Objektbaums – dieser wird von der in *Form1* erzeugten Instanzenvariablen *firma* gekapselt – bereitstellt.

| **HINWEIS** | Wie wir zu obigem Klassendiagramm kommen, wird am Schluss dieses Beispiels erklärt! |

Wer bereits über Erfahrungen mit dem in Visual Studio integrierten Klassen Designer verfügt (er ist kinderleicht zu bedienen!) kann ihn schon zu Beginn in die Codeentwicklung einbinden und sich dadurch mancherlei Arbeit ersparen, denn der Designer generiert z.B. den Rahmencode für Klassen und Methoden und kapselt Felder zu Eigenschaften. Der Quellcode wird automatisch mit dem Klassendiagramm synchronisiert.

Klasse CBestellung

Jede am Objektbaum beteiligte Klasse muss mit dem *<Serializable>*-Attribut markiert sein.

```
<Serializable()> Public Class CBestellung

    Property Datum As DateTime
    Property Netto As Decimal
    Property Bemerkung As String

End Class
```

Klasse CPerson

Diese abstrakte Klasse stellt ihren Nachkommen vier allgemeine Eigenschaften als »Erbmaterial« zur Verfügung:

```
<Serializable()> Public MustInherit Class CPerson

    Property Vorname As String
    Property Nachname As String
    Property Adresse As String

End Class
```

Klasse CKunde

Die Klasse *CKunde* erbt von *CPerson*. Die Bestellungen des Kunden werden in einer generischen Liste vom Typ *CBestellung* gekapselt.

```
<Serializable()> Public Class CKunde
    Inherits CPerson

    Property Stammkunde As Boolean

    Private _bestellungen As IList(Of CBestellung)
```

```
Sub New()
    _bestellungen = New List(Of CBestellung)              ' generische Liste
End Sub

Public Property Bestellungen() As IList(Of CBestellung)
    Get
        Return _bestellungen
    End Get
    Set(value As IList(Of CBestellung))
        _bestellungen = value
    End Set
End Property

End Class
```

Klasse CFirma

Diese Klasse ist die Wurzelklasse des Objektbaums und kapselt die Kundenliste (generische Liste vom Typ *CKunde*).

```
<Serializable()> Public Class CFirma

    Property Anschrift As String
    Property Bezeichnung As String

    Private _kunden As IList(Of CKunde)

    Sub New()
        _kunden = New List(Of CKunde)                     ' generische Liste
    End Sub

    Sub New(ans As String, bez As String)
        _Anschrift = ans
        _Bezeichnung = bez
        _kunden = New List(Of CKunde)
    End Sub

    Public Property Kunden() As IList(Of CKunde)
        Get
            Return _kunden
        End Get
        Set(value As IList(Of CKunde))
            _kunden = value
        End Set
    End Property
End Class
```

Klasse CPersistent

Diese Klasse exportiert die statischen Methoden *saveObject* und *loadObject*, mit denen die Serialisierung/ Deserialisierung beliebiger Objekte möglich ist.

Die Methode *saveObject* übernimmt als Parameter das Objekt und den Dateipfad, serialisiert das Objekt und speichert es auf der Festplatte ab.

Die Methode *loadObject* erwartet als Parameter den Dateipfad, holt sich das Objekt von der Festplatte und liefert es deserialisiert zurück.

```
Imports System.IO
Imports System.Runtime.Serialization.Formatters.Binary

Public Class CPersistent
    Public Shared Sub saveObject(o As Object, pfad As String)
        Dim fs As New FileStream(pfad, FileMode.Create, FileAccess.Write, FileShare.None)
        Dim bf As New BinaryFormatter()
        bf.Serialize(fs, o)
        fs.Close()
    End Sub

    Public Shared Function loadObject(pfad As String) As Object
        Dim fs As New FileStream(pfad, FileMode.Open, FileAccess.Read, FileShare.Read)
        Dim bf As New BinaryFormatter()
        Dim o As Object = bf.Deserialize(fs)
        fs.Close()
        Return o
    End Function

End Class
```

Form1

Die folgende Abbildung zeigt einen Vorschlag zur Gestaltung der Benutzerschnittstelle. Die Bedienelemente zu Kunden und Bestellungen sind in jeweils einer *GroupBox* angeordnet, an deren Fuß eine *BindingNavigator*-Komponente angedockt hat. Weiterhin werden zwei *BindingSource*-Komponenten benötigt.

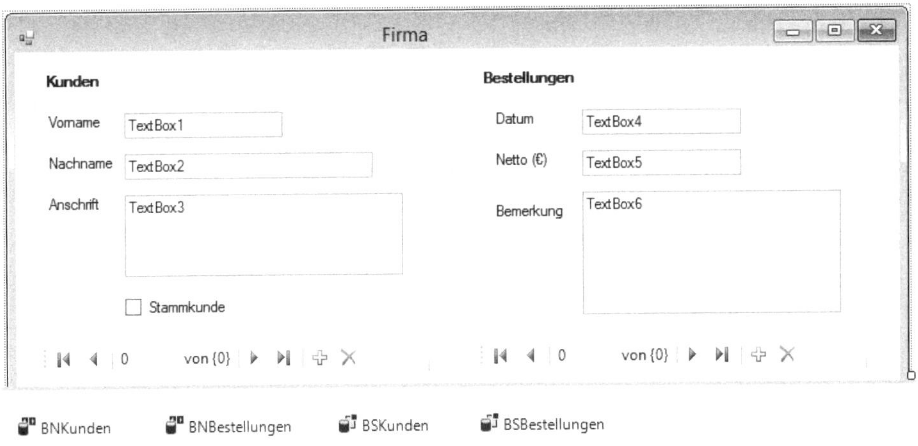

Abbildung 5.15 Entwurfsansicht der Bedienoberfläche

Verknüpfen Sie im Eigenschaftenfenster die *BindingSource*-Property von *BNKunden* mit *BSKunden* und von *BNBestellungen* mit *BSBestellungen*.

```
Public Class Form1
```

Man sieht es dieser Variablen nicht an, dass sie den kompletten Objektbaum kapselt:

```
Private _firma As New CFirma()
```

Der Dateipfad verweist in unserem Fall auf das Ausgabeverzeichnis des Projekts:

```
Private Const PFAD As String = "Bestellungen.dat"
```

Beim Laden des Formulars wird versucht, die Datei zu laden (falls die Datei nicht vorhanden ist, wird eine neue leere Datei angelegt):

```
Protected Overrides Sub OnLoad(e As EventArgs)
    Try
        _firma = CType(CPersistent.loadObject(PFAD), CFirma)
    Catch ex As Exception
        MessageBox.Show(ex.Message)
    End Try
    BSKunden.DataSource = _firma.Kunden
    TextBox1.DataBindings.Add(New Binding("Text", BSKunden, "Vorname", True))
    TextBox2.DataBindings.Add(New Binding("Text", BSKunden, "Nachname", True))
    TextBox3.DataBindings.Add(New Binding("Text", BSKunden, "Adresse", True))
    CheckBox1.DataBindings.Add(New Binding("Checked", BSKunden, "Stammkunde", True))
    MyBase.OnLoad(e)
End Sub
```

Wenn zu einem anderen Kunden gewechselt wird, müssen auch die zu diesem Kunden gehörenden Bestellungen ermittelt und der *BindingSource* zugewiesen werden. Anschließend werden die *TextBox*en erneut angebunden:

```
Private Sub BSKunden_CurrentChanged(sender As Object, e As EventArgs) _
                            Handles BSKunden.CurrentChanged

    Dim kunde As CKunde = CType(BSKunden.Current, CKunde)
    BSBestellungen.DataSource = kunde.Bestellungen
    TextBox4.DataBindings.Clear()
    TextBox4.DataBindings.Add("Text", BSBestellungen, "Datum", True)
    TextBox5.DataBindings.Clear()
    TextBox5.DataBindings.Add("Text", BSBestellungen, "Netto", True)
    TextBox6.DataBindings.Clear()
    TextBox6.DataBindings.Add("Text", BSBestellungen, "Bemerkung", True)
End Sub
```

Beim Schließen des Formulars wird der komplette Objektbaum gespeichert:

```
Private Sub Form1_FormClosing(sender As Object,
                    e As FormClosingEventArgs) Handles Me.FormClosing

    Try
        CPersistent.saveObject(_firma, PFAD)
    Catch ex As Exception
        MessageBox.Show(ex.Message)
    End Try
    MyBase.OnClosing(e)
End Sub
End Class
```

Test

Blättern Sie durch die Kunden, so werden rechts die vom Kunden getätigten Bestellungen angezeigt. Editieren und löschen Sie nach Belieben.

HINWEIS Um einen Kunden hinzuzufügen, muss zunächst die »+«-Schaltfläche des *BindingNavigator*s geklickt werden. Analog ist beim Hinzufügen einer Bestellung zu verfahren.

Wundern Sie sich nicht, dass in der folgenden Laufzeitabbildung auch eine *DataGridView*-Komponente enthalten ist (siehe Bemerkung).

HINWEIS Die eingegebenen Datensätze gehen nicht verloren, da sie beim Schließen des Formulars automatisch gespeichert werden, um nach einem erneuten Programmstart wieder zur Verfügung zu stehen.

Abbildung 5.16 Laufzeitansicht mit zusätzlichem Datengitter

Anbinden an ein DataGridView

Eine einzige Codezeile genügt, um alle Bestellungen eines Kunden in einer zusätzlich hinzugefügten *Data-GridView*-Komponente anzuzeigen:

```
DataGridView1.DataSource = BSBestellungen
```

Da das *DataGridView* editierbar ist, könnte auf die Detailanzeige in den *TextBox*en und auf den zweiten *BindingNavigator* auch verzichtet werden. Gleiches gilt natürlich auch für die Anzeige der Kundenliste.

5.3 ... Detailinformationen mit ListBox/ComboBox anzeigen?

ListBox-, ComboBox-Control: *DataSource-, ValueMember-, DisplayMember*-Eigenschaft; *ListControl*-Objekt: *SelectedValueChanged*-Ereignis; *DataView*-Objekt: *RowFilter*-Eigenschaft, *Item*-Methode; *DataTable*-Objekt: *DefaultView*-Eigenschaft;

Mittels ihrer *DataSource*-Eigenschaft lassen sich *ListBox* oder *ComboBox* mit verschiedenen Objekten (z.B. *DataTable, DataView*) verknüpfen. Das vorliegende Beispiel zeigt anhand der *Artikel*-Tabelle der *Nordwind.mdb*-Datenbank das Verbinden mit einem *DataView*-Objekt und demonstriert gleichzeitig, wie man einzelne Einträge auswählen und Detailinformationen anzeigen kann. Der Code ist neutral gehalten, sodass er ohne Änderung sowohl für eine *ListBox* als auch für eine *ComboBox* verwendet werden kann.

Oberfläche

Eine *ListBox* (oder *ComboBox*) und ein paar *Labels* sollen für unseren Test genügen (siehe Laufzeitansicht).

Quellcode

```
Imports System.Data.OleDb

Public Class Form1

    Private dv As DataView = Nothing
```

Der Programmstart:

```
    Protected Overrides Sub OnLoad(e As EventArgs)
        fillListControl(ListBox1)
```

Oder falls eine *ComboBox* verwendet werden soll:

```
        ' fillListControl(ComboBox1)

        MyBase.OnLoad(e)
    End Sub
```

Die folgende Routine füllt ein *ListControl* (das kann eine *ListBox* oder aber eine *ComboBox* sein) aus der Datenbank:

```
    Private Sub fillListControl(lc As ListControl)
        Dim conn As New OleDbConnection(
                           "Provider=Microsoft.Jet.OLEDB.4.0; Data Source=Nordwind.mdb;")
        Dim da As New OleDbDataAdapter("SELECT * FROM Artikel ORDER BY Artikelname", conn)
        Dim dt As New DataTable("ArtikelListe")
        da.Fill(dt)
        dv = dt.DefaultView                     ' DataView erzeugen und Standardsicht zuweisen
        dv.RowFilter = "Einzelpreis < 25"       ' Filterkriterium festlegen
        lc.DataSource = dv                      ' ListControl anbinden
        lc.ValueMember = "ArtikelNr"            ' Schlüsselspalte
        lc.DisplayMember = "Artikelname"        ' Anzeigespalte
```

Ereignisbehandlung anmelden:

```
        AddHandler lc.SelectedValueChanged,
                 New System.EventHandler(AddressOf listControl_SelectedIndexChanged)
    End Sub
```

Die Implementierung des Eventhandlers für das *SelectedValueChanged*-Ereignis (auch der Rahmencode muss per Hand eingetippt werden!):

```
    Private Sub listControl_SelectedIndexChanged(sender As Object, e As EventArgs)
        Dim lc As ListControl = CType(sender, ListControl)
        Label1.Text = dv(lc.SelectedIndex).Row(0).ToString
        Label2.Text = dv(lc.SelectedIndex).Row("Artikelname").ToString
        Label3.Text = dv(lc.SelectedIndex).Row("Liefereinheit").ToString
        Dim ep As Decimal = Convert.ToDecimal(dv(lc.SelectedIndex).Row("Einzelpreis"))
        Label4.Text = ep.ToString("c")
        Label5.Text = dv(lc.SelectedIndex).Row("Lagerbestand").ToString
    End Sub

End Class
```

Test

Nach Programmstart werden alle Artikelnamen mit einem Einzelpreis unter 25 Euro alphabetisch aufgelistet. Durch Mausklick auf einen bestimmten Artikel erfolgt in den vier *Label*s die detaillierte Anzeige.

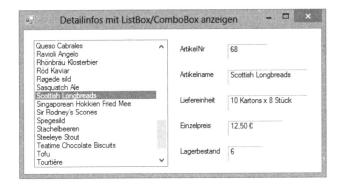

Abbildung 5.17 Laufzeitansicht

Bemerkungen

- *ListBox* und *ComboBox* haben als gemeinsamen Vorfahren das *ListControl*

- Das Beispiel funktioniert genauso mit einer *ComboBox*. wenn Sie der *fillListControl*-Methode eine *ComboBox* anstatt einer *ListBox* übergeben

5.4   ... Steuerelemente manuell an ein DataSet binden?

OleDbConnection-, *OleDbDataAdapter*-, *OleDbCommandBuilder*-, *DataTable*-Objekt; *BindingSource*-Objekt: *MoveFirst*-, *MoveNext*-, *MovePrevious*-, *MoveLast*-, *AddNew*-, *RemoveCurrent*-, *EndEdit*-Methode; *Binding*-Objekt: *Format*-, *Parse*-Event; *TextBox*-Objekt: *DataBindings*-Auflistung;

Wer ressourcensparend programmieren will, verzichtet bewusst auf ein typisiertes DataSet und bindet stattdessen die Controls zur Laufzeit manuell an ein normales *DataSet* bzw. eine *DataTable*. Im vorliegenden Beispiel geht es um die Datenbindung einfacher Steuerelemente (*Label*, *TextBox*). Dabei erfahren Sie auch, wie man formatierte Ausgaben (Datum, Währung) erzwingen kann.

Datenbasis ist die *Personal*-Tabelle der *Northwind*-Datenbank, zu welcher wir noch zusätzlich die Spalte *Monatsgehalt* hinzugefügt haben, damit mehrere Datentypen für die formatierte Datenbindung demonstriert werden können.

Benutzerschnittstelle

Über die Gestaltung des Eingabeformulars informiert Sie die Abbildung. Ganz bewusst wurde auf einen *BindingNavigator* verzichtet und stattdessen die Navigatorleiste durch einzelne *Button*s nachgebildet.

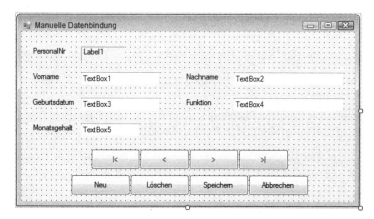

Abbildung 5.18 Entwurfsansicht der Benutzerschnittstelle

HINWEIS   Ziehen Sie die Datenbank *Nordwind.mdb* in den Projektmappen-Explorer und setzen Sie deren Eigenschaft *In Ausgabeverzeichnis kopieren* auf die Option *Kopieren, wenn neuer*, sodass evtl. vorgenommene Änderungen auch tatsächlich in die Datenbank übernommen werden!

Quellcode

```
Imports System.Data.OleDb

Public Class Form1
```

Auf Formularebene deklarieren wir zunächst die global erforderlichen Variablen bzw. Objektreferenzen.

```
    Private da As OleDbDataAdapter = Nothing
    Private dt As DataTable = Nothing
```

Die *BindingSource* verbindet die Anzeige-Controls mit der *DataTable*.

```
    Private bs As New BindingSource()
```

Beim Laden des Formulars werden die erforderlichen Objekte instanziiert und eine *DataTable* mit den *Personal*-Datensätzen aus *Nordwind.mdb* gefüllt. Anschließend werden die erforderlichen Datenbindungen der Steuerelemente eingerichtet.

```
Protected Overrides Sub OnLoad(e As EventArgs)
    Dim connStr As String = "Provider=Microsoft.Jet.OLEDB.4.0; Data Source=Nordwind.mdb;"
    Dim conn As New OleDbConnection(connStr)
    Dim selStr As String = "SELECT * FROM Personal"
    da = New OleDbDataAdapter(selStr, conn)
```

Wir wollen es uns einfach machen und verwenden einen *OleDbCommandBuilder,* der für uns auf Basis des SELECT-Strings automatisch die für den *DataAdapter* benötigten *Command*-Objekte erzeugt:

```
Dim cb As New OleDbCommandBuilder(da)
```

Ausführen der SQL-Abfrage (Anlegen und Füllen der Tabelle *Personal)* und zuweisen der *BindingSource*:

```
dt = New DataTable("Personal")
conn.Open()
da.Fill(dt)
conn.Close()
bs.DataSource = dt
```

Das Anbinden der Eingabemaske an die *DataTable* ist bei unformatierter Bindung pro Control mit einer Zeile Code erledigt:

```
Label1.DataBindings.Add("Text", bs, "PersonalNr")
TextBox1.DataBindings.Add("Text", bs, "Vorname")
TextBox2.DataBindings.Add("Text", bs, "Nachname")
TextBox4.DataBindings.Add("Text", bs, "Funktion")
```

Mit den beiden Textboxen für *Geburtsdatum* und *Monatsgehalt* könnten wir zwar ebenso verfahren, hätten dann aber wenig Freude mit der Anzeige (lästige Sekunden, kein Euro-Symbol …). Da aber hier eine bestimmte Datums- bzw. Währungsformatierung erwünscht ist, sind separate *Binding*-Objekte unumgänglich. Deren *Format*-Event feuert immer dann, wenn das Steuerelement neue Daten anzeigen muss, das *Parse*-Event dann, wenn der Steuerelement die Daten in die Datenquelle zurückschreiben muss. Beginnen wir mit dem Anbinden der *TextBox* zur Anzeige des Geburtsdatums:

```
Dim b1 As New Binding("Text", bs, "Geburtsdatum")
```

Aufruf der Formatierungsroutinen (s.u.):

```
Dim b1 As New Binding("Text", bs, "Geburtsdatum")
AddHandler b1.Format, New ConvertEventHandler(AddressOf Me.DateToDateString)
AddHandler b1.Parse, New ConvertEventHandler(AddressOf Me.DateStringToDate)
TextBox3.DataBindings.Add(b1)
```

Analog die Währungsformatierung beim Monatsgehalt:

```
Dim b2 As New Binding("Text", bs, "Monatsgehalt")
AddHandler b2.Format, New ConvertEventHandler(AddressOf Me.DecToCurrString)
AddHandler b2.Parse, New ConvertEventHandler(AddressOf Me.CurrStringToDec)
TextBox5.DataBindings.Add(b2)

MyBase.OnLoad(e)
End Sub
```

Offen ist noch die Implementierung der vier Eventhandler, die das »Wie« der Formatierungen bestimmen. Beginnen wir mit dem Geburtsdatum:

```
Private Sub DateToDateString(sender As Object, e As ConvertEventArgs)
                                                            ' DataTable => Anzeige
    Try
        e.Value = Convert.ToDateTime(e.Value).ToString("d.M.yyyy")
    Catch
    End Try
End Sub

Private Sub DateStringToDate(sender As Object, e As ConvertEventArgs)
                                                            ' Anzeige => DataTable
    e.Value = Convert.ToDateTime(e.Value)
End Sub
```

Die Formatierung des Gehalts als Währung:

```
Private Sub DecToCurrString(sender As Object, e As ConvertEventArgs)
                                                            ' DataTable => Anzeige
    Try
        e.Value = Convert.ToDecimal(e.Value).ToString("c")
    Catch
    End Try
End Sub

Private Sub CurrStringToDec(sender As Object, e As ConvertEventArgs)
                                                            ' Anzeige => Datenquelle
    e.Value = Convert.ToDecimal(e.Value)
End Sub
```

Die Bewegungsmethoden der *BindingSource* zum Durchblättern der Datensätze wecken nostalgische Erinnerungen an das gute alte Recordset-Objekt:

```
Private Sub Button1_Click(sender As Object, e As EventArgs) Handles Button1.Click
    bs.MoveFirst()
End Sub

Private Sub Button2_Click(sender As Object, e As EventArgs) Handles Button2.Click
    bs.MovePrevious()
End Sub

Private Sub Button3_Click(sender As Object, e As EventArgs) Handles Button3.Click
    bs.MoveNext()
End Sub

Private Sub Button4_Click(sender As Object, e As EventArgs) Handles Button4.Click
    bs.MoveLast()
End Sub
```

Beim Hinzufügen eines neuen Datensatzes verlassen wir uns auf die vom *OleDbCommandBuilder* im Hintergrund erzeugte *InsertCommand*-Eigenschaft für den *OleDbDataAdapter*:

```
Private Sub Button5_Click(sender As Object, e As EventArgs) Handles Button5.Click
    bs.AddNew()
End Sub
```

Analoges gilt für das Löschen eines Datensatzes:

```
Private Sub Button6_Click(sender As Object, e As EventArgs) Handles Button6.Click
    bs.RemoveCurrent()
End Sub
```

Das Abspeichern:

```
Private Sub Button7_Click(sender As Object, e As EventArgs) Handles Button7.Click
    bs.EndEdit()
    da.Update(dt)
End Sub
```

Das Abbrechen:

```
Private Sub Button8_Click(sender As Object, e As EventArgs) Handles Button8.Click
    bs.CancelEdit()
End Sub
End Class
```

Test

Erproben Sie alle Möglichkeiten, die Ihnen die Eingabemaske bietet! Vergessen Sie nach vorgenommenen Änderungen nicht, die *Speichern*-Schaltfläche zu betätigen, anderenfalls werden die Änderungen zwar in die *DataTable*, nicht aber in die Datenbank übertragen!

HINWEIS   Sie können nur solche Datensätze löschen, die Sie selbst hinzugefügt haben, da die anderen Datensätze in Beziehungen zu anderen Tabellen in *Nordwind.mdb* eingebunden sind.

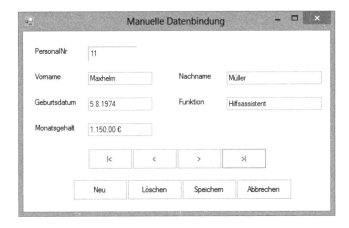

Abbildung 5.19 Laufzeitansicht

Bemerkungen

- Die Methoden der *BindingSource* sind recht leistungsfähig. So ersetzt beispielsweise die Anweisung

  ```
  bs.AddNew()
  ```

  die Anweisungsfolge:

```
Dim rw As DataRow = dt.NewRow()
dt.Rows.Add(rw)
bs.Position = bs.Count
```

Die Anweisung

```
bs.RemoveCurrent()
```

ersetzt

```
dt.Rows(bs.Position).Delete()
```

- Da bei einer Datenbindung die Daten normalerweise in beiden Richtungen fließen – von der Datenquelle zum Steuerelement zwecks Anzeige und umgekehrt vom Steuerelement in die Datenquelle zwecks Eingabe – müssen zwecks Formatierung der Anzeige sowohl Eventhandler für das *Format*- als auch für das *Parse*-Ereignis des entsprechenden *Binding*-Objekts hinzugefügt werden.

- In den *Format*- bzw. *Parse*-Eventhandlern kann nicht nur formatiert bzw. entformatiert werden, es lassen sich hier natürlich auch beliebige Umrechnungen durchführen.

- Sie sollten die Implementierungen der Eventhandler für das *Format*- und *Parse*-Event der *Binding*-Objekte in *Try-Catch*-Blöcke einfassen, um Fehlermeldungen durch falsche Dateneingabe oder *Null*-Werte der Datenbank vorzubeugen.

Variante mit BindingNavigator

Durch Einsatz eines *BindingNavigators* kann man den Quellcode etwa um die Hälfte kürzen, da (mit Ausnahme des Speicherns und Abbrechens) von diesem Steuerelement alle Navigationsaufgaben übernommen werden.

Fügen Sie zum *BindingNavigator* die fehlenden zwei *Button*s für Speichern und Abbrechen hinzu (Icons über *Image*-Eigenschaft direkt als lokale Ressourcen einfügen).

Im *Form_Load*-Ereigniscode müssen Sie folgende Zeile ergänzen:

```
BindingNavigator1.BindingSource = bs
```

Der hinter den beiden neu hinzugefügten *Button*s liegende Code:

```
Private Sub ToolStripButton1_Click(sender As Object, e As EventArgs) _
                                      Handles ToolStripButton1.Click
    bs.EndEdit()
    da.Update(dt)
End Sub

Private Sub ToolStripButton2_Click(sender As Object, e As EventArgs) _
                                      Handles ToolStripButton2.Click
    bs.CancelEdit()
End Sub
```

HINWEIS　　　Den kompletten Code finden Sie in den Begleitdateien!

Abbildung 5.20 Laufzeitansicht des Beispiels

5.5 ... zwei Formulare an eine Datenquelle binden?

DataAdapter-Objekt: *Fill*-, *Update*-Methode; *CommandBuilder*-Objekt; *DataView*-Objekt: *AddNew*-, *Delete*-Methode; *DataRowView*-Objekt: *Row*-Eigenschaft: *RowState*-Eigenschaft; *BeginEdit*-, *EndEdit*-, *CancelEdit*-Methode; *DataRowState*-Enumeration: *Detached*-Mitglied; *DataGridView*-Objekt: *CurrentRow.Index*-Eigenschaft; modales Formular; *MessageBox*-Löschabfrage;

Da eine Anwendung meist aus mehreren Formularen besteht, muss sich der ADO.NET-Programmierer auch mit der Frage auseinander setzen, wie er den Datenfluss zwischen den Formularen realisiert.

In unserer Anwendung wird anhand der *Kunden*-Tabelle von *Nordwind.mdb* gezeigt, wie man eine *Data-Table* zwar mit einem *DataGridView* anzeigt, zum Bearbeiten, Hinzufügen und Löschen von Datensätzen aber ein zweites Formular benutzt. Die Übergabe der Daten wird mit einem *DataRowView*-Objekt realisiert.

Oberfläche

Die Abbildung zeigt links das Hauptformular *Form1* und rechts das Detailformular *Form2*.

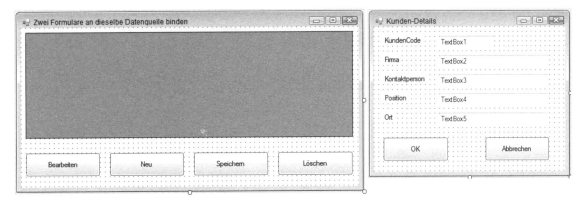

Abbildung 5.21 Entwurfsansichten von Hauptformular und Detailformular

Setzen Sie die *ReadOnly*-Eigenschaft des *DataGridView* auf *True*, um den Anwender zu zwingen, nicht direkt an den Inhalten des Datengitters herumzudoktern.

HINWEIS   Ziehen Sie die Datenbank *Nordwind.mdb* in den Projektmappen-Explorer und setzen Sie deren Eigenschaft *In Ausgabeverzeichnis kopieren* auf die Option *Kopieren, wenn neuer*, sodass evtl. vorgenommene Änderungen auch tatsächlich in die Datenbank übernommen werden!

Quellcode Form1

```
Public Class Form1
    Private conn As New OleDbConnection(
                        "Provider=Microsoft.Jet.OLEDB.4.0; Data Source = Nordwind.mdb;")
    Private da As OleDbDataAdapter = Nothing
    Private dt As DataTable = Nothing
    Private dv As DataView = Nothing
    Private drv As DataRowView = Nothing
```

Die Startaktivitäten:

```
Protected Overrides Sub OnLoad(e As EventArgs)
    da = New OleDbDataAdapter("SELECT KundenCode, Firma, Kontaktperson, Funktion, Ort " &
                        "FROM Kunden ORDER BY KundenCode", conn)
```

Ein *CommandBuilder* generiert im Hintergrund das *Update-*, *Insert-* und *DeleteCommand*-Objekt für den *DataAdapter* (*SelectCommand* wird beim Instanziieren des *DataAdapters* automatisch mit erzeugt):

```
Dim cb As New OleDbCommandBuilder(da)
```

Einlesen und Anzeigen der Daten:

```
dt = New DataTable("Kunden")
conn.Open()
da.Fill(dt)
conn.Close()
Dim bs As New BindingSource()
dv = New DataView(dt)
bs.DataSource = dv
DataGridView1.DataSource = bs
MyBase.OnLoad(e)
End Sub
```

Über die *Bearbeiten*-Schaltfläche wird das *DataRowView*-Objekt der aktuellen Zeile des *DataGridView* an das Detailformular *Form2* zum Editieren weitergereicht:

```
Private Sub Button1_Click(sender As Object, e As EventArgs) Handles Button1.Click
    drv = dv(DataGridView1.CurrentRow.Index)
    Dim f2 As New Form2()
    f2.editKunde(drv)
    f2.Dispose()
End Sub
```

Ähnlich funktioniert der Code hinter der *Neu*-Schaltfläche:

```
Private Sub Button2_Click(sender As Object, e As EventArgs) Handles Button2.Click
    drv = dv.AddNew()
    Dim f2 As New Form2()
    f2.editKunde(drv)
    f2.Dispose()
End Sub
```

Die *Speichern*-Schaltfläche, über welche die geänderten (und nur diese!) Datensätze der *DataTable* in die *Nordwind*-Datenbank zurückgeschrieben werden:

```
Private Sub Button3_Click(sender As Object, e As EventArgs) Handles Button3.Click
    Dim dt1 As DataTable = dt.GetChanges()                ' geänderte Datensätze ermitteln
    If dt1 IsNot Nothing Then
        Try
            conn.Open()
            Dim m As Integer = da.Update(dt1)             ' Datenbank-Update ausführen
            Dim s As String = "Anzahl der Änderungen: " & m.ToString
            MessageBox.Show(s, "Speichern war erfolgreich!", MessageBoxButtons.OK,
                                            MessageBoxIcon.Information)
            dt.AcceptChanges()
        Catch ex As Exception
            MessageBox.Show(ex.Message, "Speichern fehlgeschlagen!", MessageBoxButtons.OK,
                                            MessageBoxIcon.Information)
            dt.RejectChanges()
        End Try
        conn.Close()
    End If
End Sub
```

Das Löschen des aktuellen Datensatzes wird im Hauptformular erledigt, deshalb braucht die »Löschen«-Schaltfläche das Detailformular nicht aufzurufen. Eine zwischengeschaltete *MessageBox* erschwert das versehentliche Löschen eines Kunden.

```
Private Sub Button4_Click(sender As Object, e As EventArgs) Handles Button4.Click
    If dv.Count > 0 Then
        Dim msg As String = "Wollen Sie den Kunden " &
                dv(DataGridView1.CurrentRow.Index)("KundenCode").ToString & " wirklich löschen?"
        Dim cpt As String = "Kunde löschen"
        If (MessageBox.Show(msg, cpt, MessageBoxButtons.YesNo, MessageBoxIcon.Question) =
            Windows.Forms.DialogResult.Yes) Then
            dv(DataGridView1.CurrentRow.Index).Delete()
        Else
            MessageBox.Show("Kein Kunde zum Löschen!", "", MessageBoxButtons.OK,
                                MessageBoxIcon.Error)
        End If
    End If
End Sub
End Class
```

Quellcode Form2

Dem Detailformular wird als Parameter ein *DataRowView*-Objekt übergeben:

```
Public Class Form2
```

Die Editiermethode erhält als Parameter die aktuelle Zeile:

```
Public Sub editKunde(drv As DataRowView)
```

Die folgende Abfrage entscheidet, ob es sich um einen gerade neu hinzugefügten Datensatz oder aber um einen bereits vorhandenen handelt:

```
If drv.Row.RowState = DataRowState.Detached Then        ' wenn neuer Datensatz hinzugefügt wird
```

Irgendwelche Standardwerte in die Maske schreiben:

```
        TextBox1.Text = "DODAT"
        TextBox2.Text = "DataBook"
        TextBox3.Text = "Walter"
        TextBox4.Text = "Crazy Boss"
        TextBox5.Text = "Altenburg"
    Else
```

Wenn Datensatz geändert werden soll erfolgt zunächst die Anzeige der im übergebenen *DataRowView*-Objekt enthaltenen aktuellen Werte:

```
        TextBox1.Text = drv("KundenCode").ToString
        TextBox2.Text = drv("Firma").ToString
        TextBox3.Text = drv("Kontaktperson").ToString
        TextBox4.Text = drv("Funktion").ToString
        TextBox5.Text = drv("Ort").ToString
    End If
```

Das Formular soll modal aufgerufen werden:

```
    If Me.ShowDialog() = Windows.Forms.DialogResult.OK Then        ' "OK"
        drv.BeginEdit()
        drv("KundenCode") = TextBox1.Text
        drv("Firma") = TextBox2.Text
        drv("Kontaktperson") = TextBox3.Text
        drv("Funktion") = TextBox4.Text
        drv("Ort") = TextBox5.Text
        drv.EndEdit()
    Else                                              ' "Abbrechen"
        drv.CancelEdit()
    End If
End Sub
```

Die *OK*-Schaltfläche:

```
Private Sub Button1_Click(sender As Object, e As EventArgs) Handles Button1.Click
    DialogResult = Windows.Forms.DialogResult.OK
End Sub
```

Die *Abbrechen*-Schaltfläche:

```
Private Sub Button2_Click(sender As Object, e As EventArgs) Handles Button2.Click
    DialogResult = Windows.Forms.DialogResult.Cancel
End Sub
```

```
End Class
```

Test

Ihren Experimenten steht nun nichts mehr im Wege.

HINWEIS   Um am Hauptformular *Form1* weiterarbeiten zu können, muss das modale *Form2* erst über eine seiner beiden Schaltflächen geschlossen werden.

Abbildung 5.22 Editieren eines Datensatzes

Der Moment der Wahrheit schlägt normalerweise erst bei der Übernahme der Änderungen in die Datenbank, d.h. beim Klick auf die *Speichern*-Schaltfläche:

Abbildung 5.23 Meldung nach erfolgreichem Speichern

Falls Sie einen Datensatz hinzufügen wollen, dessen *KundenCode* bereits einmal in der Tabelle vorkommt, so wird er zwar zunächst in das Datengitter übernommen, das Speichern schlägt aber fehl:

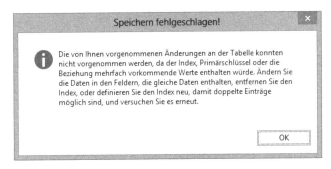

Abbildung 5.24 Meldungsfenster beim
fehlgeschlagenen Speichern

Das Löschen von Kunden mit offenen Bestellungen wird ebenfalls verhindert:

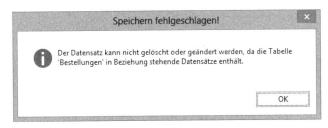

Abbildung 5.25 Meldungsfenster beim Löschversuch
von Kunden mit vorhandenen Bestellungen

Bemerkungen

- Mit den *DataView*- und *DataRowView*-Objekten haben Sie quasi die »Geschwister« von *DataTable* und *DataRow* kennen gelernt

- Anstatt eines *DataGridView* können Sie für die Anzeige der *Kunden*-Tabelle natürlich auch einzelne Steuerelemente wie *TextBox*en oder *ComboBox*en in Zusammenarbeit mit einem *BindingNavigator* verwenden

5.6 ... mittels ComboBox zwei Tabellen verknüpfen?

ComboBox-Objekt: *DataSource*-, *DisplayMember*-, *ValueMember*-, *SelectedValue*-Eigenschaft; *DataBindings*-Auflistung; *BindingSource*-, *BindingNavigator*-Objekt; *CommandBuilder*-Objekt;

Eine *ComboBox* eignet sich gut zum Implementieren von Master-Detail-Beziehungen, sodass in vielen Fällen auf das Hinzufügen von *DataRelation*-Objekten verzichtet werden kann.

Ziel dieses Beispiels ist das Verknüpfen der Tabellen *Bestellungen* (Mastertabelle) mit der Tabelle *Personal* (Detailtabelle) der Datenbank *Nordwind.mdb* in solider »Handarbeit«, weil wir auf die Dienste des Datenquellen-Fensters sowie auf Drag & Drop-Datenbindung verzichten.

Oberfläche

Die Abbildung zeigt einen Gestaltungsvorschlag, wobei die Bedienelemente für die Tabellen *Bestellungen* und *Personal* in zwei *GroupBox*-Containern angeordnet sind. Zwei *BindingSource*-Komponenten, die Sie vom Werkzeugkasten abziehen, stellen die Verbindung zu beiden Tabellen her. Die Mastertabelle *Bestellungen* ist mit einem *BindingNavigator* ausgestattet, zu dem zwei Schaltflächen (zum Abspeichern und zum Abbrechen) hinzugefügt wurden.

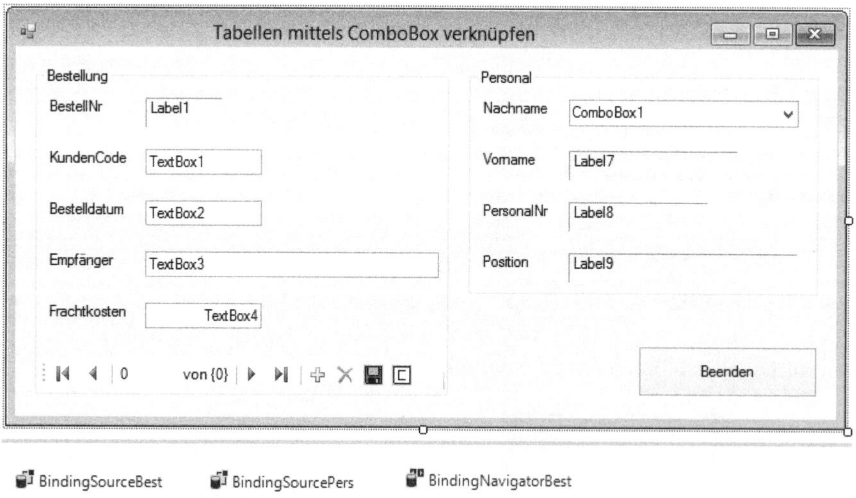

Abbildung 5.26 Bedienoberfläche in der Entwurfsansicht

Ziehen Sie die Datenbank *Nordwind.mdb* in den Projektmappen-Explorer und setzen Sie deren Eigenschaft *In Ausgabeverzeichnis kopieren* auf die Option *Kopieren, wenn neuer*, sodass evtl. vorgenommene Änderungen auch tatsächlich in die Datenbank übernommen werden!

Quellcode

```
Imports System.Data.OleDb

Public Class Form1
    Private conn As OleDbConnection = Nothing
    Private daBest As OleDbDataAdapter = Nothing
    Private daPers As OleDbDataAdapter = Nothing
    Private ds As DataSet = Nothing
```

Beim Laden des Formulars werden alle wichtigen Operationen (Füllen und Verknüpfen der Tabellen) durchgeführt:

```
Protected Overrides Sub OnLoad(e As EventArgs)
    Dim connStr As String = "Provider=Microsoft.Jet.OLEDB.4.0; Data Source=Nordwind.mdb;"
    Dim selStrBest As String = "SELECT BestellNr, KundenCode, PersonalNr, Bestelldatum, " & _
                               "Empfaenger, Frachtkosten FROM Bestellungen ORDER BY Bestelldatum"
    Dim selStrPers As String = "SELECT PersonalNr, Nachname, Vorname, Funktion FROM Personal " & _
                               "ORDER BY Nachname"
    conn = New OleDbConnection(connStr)
```

Ein *CommandBuilder* nimmt uns das mühselige Programmieren von *UpdateCommand*, *InsertCommand* und *DeleteCommand* für die Mastertabelle ab:

```
Dim cb As New OleDbCommandBuilder(daBest)
```

Für die Detailtabelle genügt die *SelectCommand*-Eigenschaft, da hier nur angezeigt wird und andere Befehle nicht auszuführen sind (mit dem Konstruktor wird *SelectCommand* automatisch erstellt):

```
daBest = New OleDbDataAdapter(selStrBest, conn)
Dim cb As New OleDbCommandBuilder(daBest)
daPers = New OleDbDataAdapter(selStrPers, conn)
ds = New DataSet()
conn.Open()
```

Ausführen der SELECT-Abfragen (Anlegen und Füllen der Tabellen):

```
daBest.Fill(ds, "Bestellungen")
daPers.Fill(ds, "Personal")
conn.Close()
```

Anbinden der Hauptmaske an die Mastertabelle:

```
BindingSourceBest.DataSource = ds.Tables("Bestellungen")
Label1.DataBindings.Add("Text", BindingSourceBest, "BestellNr")
TextBox1.DataBindings.Add("Text", BindingSourceBest, "KundenCode")
TextBox2.DataBindings.Add("Text", BindingSourceBest, "Bestelldatum")
TextBox3.DataBindings.Add("Text", BindingSourceBest, "Empfaenger")
TextBox4.DataBindings.Add("Text", BindingSourceBest, "Frachtkosten")
```

Anbinden der Detaildaten an die *ComboBox*:

```
BindingSourcePers.DataSource = ds.Tables("Personal")
With ComboBox1
    .DataSource = BindingSourcePers
    .DisplayMember = "Nachname"
    .ValueMember = "PersonalNr"
```

Verbinden der *ComboBox* mit der Mastertabelle:

```
    .DataBindings.Add("SelectedValue", BindingSourceBest, "PersonalNr")
End With
```

Weitere Detaildaten anzeigen:

```
Label7.DataBindings.Add("Text", BindingSourcePers, "Vorname")
Label8.DataBindings.Add("Text", BindingSourcePers, "PersonalNr")
Label9.DataBindings.Add("Text", BindingSourcePers, "Funktion")
MyBase.OnLoad(e)
End Sub
```

Ein entscheidender Moment schlägt dann, wenn das Update gegen die Datenbank zu fahren ist:

```
Private Sub ToolStripButton1_Click(sender As Object, e As EventArgs) _
                                 Handles ToolStripButton1.Click
    BindingSourceBest.EndEdit()
```

Geänderte Masterdaten werden vom *DataSet* in die Datenbank übertragen:

```
Try
    daBest.Update(ds, "Bestellungen")
 Catch ex As Exception
    MessageBox.Show(ex.Message)
 End Try
End Sub
```

Abbrechen der aktuellen Operation:

```
Private Sub ToolStripButton2_Click(sender As Object, e As EventArgs) _
                                 Handles ToolStripButton2.Click
    BindingSourceBest.CancelEdit()
End Sub
```

```
End Class
```

Test

Obwohl auf eine ausgiebige Fehlerbehandlung verzichtet wurde, arbeitet die Anwendung relativ stabil. Sie können Datensätze editieren, neu hinzufügen oder löschen.

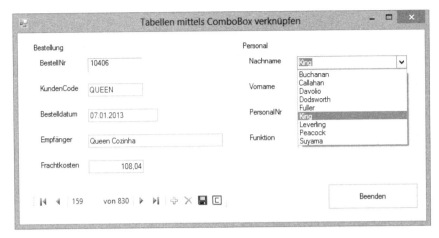

Abbildung 5.27 Laufzeitansicht des Beispiels

Die übrigen Felder der Detailtabelle werden nach jeder neuen Auswahl sofort aktualisiert:

Abbildung 5.28 Anzeige von Detailinformationen

Bemerkungen

- Auf das Formatieren von Datum und Währung bei der Bestelldatum- und Frachtkosten-Anzeige haben wir hier verzichtet, um den Quellcode nicht noch weiter aufzublähen. Zum Formatieren siehe How-to 5.4 »... Steuerelemente manuell an ein DataSet binden?«.

- Wer hofft, mit weniger Code auszukommen, der kann ja mal sein Glück mit einem typisierten DataSet versuchen, siehe How-to 5.7 »... ein typisiertes DataSet manuell binden?«.

5.7   ... ein typisiertes DataSet manuell binden?

TableAdapter: *Fill-*, *Update*-Methode; *BindingSource*-Objekt; SQL-UPDATE-Befehl; Datenquelle;

Um die Vorteile typisierter DataSets so richtig würdigen zu können, wollen wir das How-to 5.6 »... mit der ComboBox zwei Tabellen verknüpfen?« diesmal mit Hilfe des Datenquellen-Konzepts realisieren.

Oberfläche

Die Eingabemaske entspricht 100%-ig dem How-to 5.6!

Datenquelle erstellen

Die dafür erforderlichen Schritte dürften Ihnen bereits aus dem DataSet-Kapitel 4 bekannt sein:

- Fügen Sie über das Menü *Projekt/Neues Element hinzufügen...* ein (typisiertes) *DataSet* unter dem Namen *NordwindDataSet.xsd* hinzu

- Öffnen Sie das Kontextmenü *Hinzufügen/TableAdapter...* des leeren DataSet-Designers und wählen Sie im *TableAdapter-Konfigurations-Assistenten* zunächst eine vorhandene Verbindung zu einer *Nordwind-*Datenbank aus bzw. erstellen Sie eine neue

- Im zwischengeschalteten Dialog bejahen Sie die Option, dass die Datenbank in Ihr Projektverzeichnis kopiert wird

- Setzen Sie auf der folgenden Dialogseite das Häkchen, damit die Verbindungszeichenfolge in der Anwendungskonfigurationsdatei als »NordwindConnectionString« gespeichert wird

- Als Befehlstyp kommt nur eine SQL-Anweisung infrage

- Geben Sie im SQL-Fenster die folgende Anweisung ein:

```
SELECT
    BestellNr, KundenCode, PersonalNr,
    Bestelldatum, Empfaenger,
    Frachtkosten
FROM
    Bestellungen
```

- Auf der Dialogseite *Zu generierende Methode auswählen* lassen Sie alle Häkchen stehen

- Im Ergebnis ist das *NordwindDataSet* mit der Tabelle *Bestellungen* entstanden (siehe auch Datenquellen-Fenster)

- Fügen Sie nun einen weiteren *TableAdapter* hinzu. Die Vorgehensweise ist identisch, wobei Sie diesmal aber die SQL-Anweisung »*SELECT PersonalNr, Nachname, Vorname, Funktion FROM Personal*« nehmen. Als zu generierende Methode reicht *Fill*, weshalb das Häkchen bei *DataTable füllen* genügt.

- Im Ergebnis steht Ihnen im *Datenquellen*-Fenster ein typisiertes DataSet *NordwindDataSet* mit den *DataTable*-Objekten *Bestellungen* und *Personal* zur Verfügung.

HINWEIS   Die zwischen beiden *DataTable*s automatisch eingetragene Relation brauchen Sie für das vorliegende Beispiel nicht, Sie können (müssen aber nicht) diese Beziehung löschen.

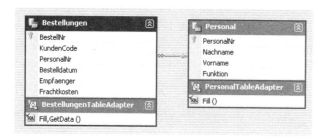

Abbildung 5.29 Das fertige typisierte DataSet im Designer

Steuerelemente manuell anbinden

Widerstehen Sie der Verlockung, per Drag & Drop die Tabellen vom Datenquellen-Fenster auf das Formular zu ziehen, sondern praktizieren Sie das manuelle Anbinden.

Beginnen Sie mit *Label1*, welches die *BestellNr* anzeigen soll. Öffnen Sie das Eigenschaftenfenster und klappen Sie den *(DataBindings)*-Knoten auf. Wählen Sie *Text* als zu bindende Eigenschaft und öffnen Sie in der Klappbox unter *Weitere Datenquellen* den Knoten *Projektdatenquellen*. Expandieren Sie diesen Knoten und binden Sie die Eigenschaft an das Feld *BestellNr* aus *Bestellungen*.

Mit der Auswahl einer Eigenschaft einer Projektdatenquelle wird eine Instanz der Datenquelle auf dem Formular erstellt und über eine neue *BindingSource* eine Bindung an diese Eigenschaft hergestellt. Ein Blick in das Komponentenfach bestätigt dies, hier sind die Instanzen *NordwindDataSet*, *BestellungenBindingSource* und *BestellungenTableAdapter* hinzugekommen.

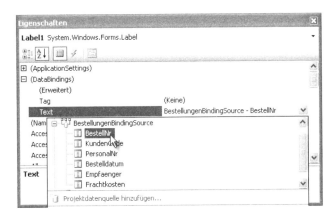

Abbildung 5.30 Binden einer Eigenschaft an ein Feld der Datenquelle

Es dürfte für Sie nun kein Problem sein, nach dem gleichen Prinzip auch die *Text*-Eigenschaft von *TextBox1* bis *TextBox4* an die entsprechenden Felder zu binden.

Auch die für die Personal-Anzeige zuständigen *Label6* bis *Label8* verbinden Sie auf analoge Weise, natürlich müssen Sie dazu zur *PersonalBindingSource* wechseln.

ComboBox anbinden

Das Anbinden der *ComboBox* verlangt einen klaren Kopf, denn zu leicht kommt es zu Verwechslungen zwischen den vier für die Bindung verantwortlichen Eigenschaften *SelectedValue*, *DataSource*, *ValueMember* und *DisplayMember*.

Zunächst stellen Sie unter dem *(DataBindings)*-Knoten die Datenbindung zum Fremdschlüssel *PersonalNr* der Tabelle *Bestellungen* her.

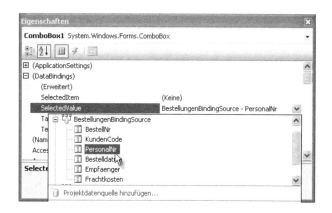

Abbildung 5.31   Verbinden der *ComboBox* mit der Mastertabelle

Die anschließenden Zuweisungen nehmen Sie in der folgenden Reihenfolge vor:

- *DataSource = PersonalBindingSource*
- *ValueMember = PersonalNr*
- *DisplayMember = Nachname*

Wenn Sie abschließend noch die *BindingSource*-Eigenschaft des *BindingNavigators* auf *BestellungenBinding-Source* setzen, dürfte einem ersten Test nichts mehr im Weg stehen.

Ein Blick auf den Code von *Form1* zeigt, dass der Aufruf der *Fill*-Methode für beide *TableAdapter* bereits automatisch eingetragen wurde:

```
Private Sub Form1_Load(sender As Object, e As EventArgs) Handles MyBase.Load
    Me.PersonalTableAdapter.Fill(Me.NordwindDataSet.Personal)
    Me.BestellungenTableAdapter.Fill(Me.NordwindDataSet.Bestellungen)
End Sub
```

Test 1

Bei diesem Test, bei dem Sie noch nichts in die Datenbank zurückschreiben können, geht es lediglich um die prinzipielle Funktionsfähigkeit beim Lesezugriff.

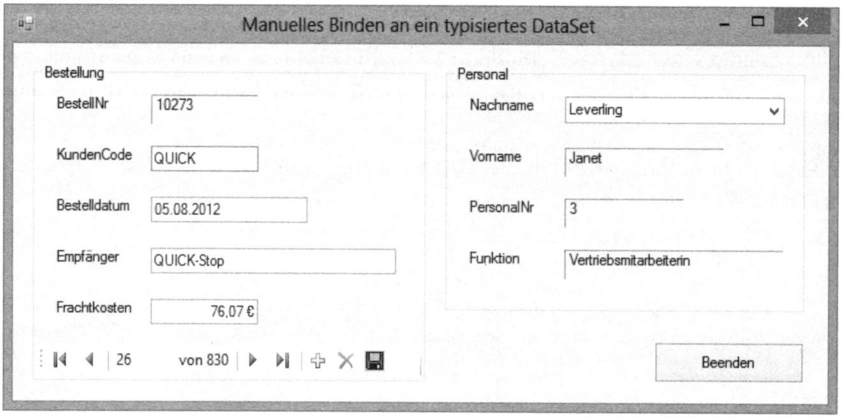

![Laufzeitabbildung: Fenster "Manuelles Binden an ein typisiertes DataSet" mit Feldern Bestellung (BestellNr 10273, KundenCode QUICK, Bestelldatum 05.08.2012, Empfänger QUICK-Stop, Frachtkosten 76,07 €) und Personal (Nachname Leverling, Vorname Janet, PersonalNr 3, Funktion Vertriebsmitarbeiterin). Navigationsleiste zeigt 26 von 830.]

Abbildung 5.32   Laufzeitabbildung

Die Euro-Formatierung der Frachtkosten kommt nicht von allein zu Stande. Diese Einstellung nehmen Sie im Dialog *Formatierung und erweiterte Bindung* vor, den Sie über den Knoten *(Erweitert)* der *(Data-Bindings)*-Eigenschaft von *TextBox4* öffnen.

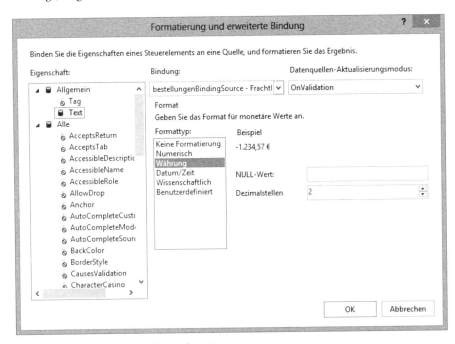

Abbildung 5.33 Einstellung der Währungsformatierung

> **HINWEIS** Auf gleiche Weise lässt sich auch das Datumsformat bei der Anzeige des Bestelldatums ändern!

Test 2

Um Änderungen in die Datenbank zurückschreiben zu können, ist die zusätzlich zum *BindingNavigator* hinzugefügte *Speichern*-Schaltfläche mit folgendem Code zu hinterlegen:

```
Private Sub ToolStripButton1_Click(sender As Object, e As EventArgs) Handles ToolStripButton1.Click
    Try
        Me.Validate()
        Me.BestellungenBindingSource.EndEdit()
        Me.BestellungenTableAdapter.Update(Me.NordwindDataSet.Bestellungen)
        MessageBox.Show("Update erfolgreich")
    Catch ex As System.Exception
        MessageBox.Show("Update fehlgeschlagen", ex.Message)
    End Try
End Sub
```

Ein nachfolgender Test kann möglicherweise für Sie enttäuschend verlaufen, weil zwar die *MessageBox* ein erfolgreiches Update verkündet, ein Neustart des Programms aber wieder die alten Werte anzeigt.

Dieser schwer auffindbare Fehler lässt sich dadurch beheben, dass man im Projektmappen-Explorer auf *Nordwind.mdb* klickt und dort den Wert der Eigenschaft *In Ausgabeverzeichnis kopieren* von *Immer kopieren* ändert in *Kopieren, wenn neuer.*

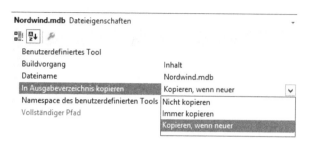

Abbildung 5.34 Ändern der Eigenschaft *In Ausgabeverzeichnis kopieren*

Bemerkung

Wer sich an der gewaltig aufgeblähten UPDATE-Anweisung stört, die der *TableAdapter-Konfigurations-Assistent* erzeugt hat, der kann den SQL-Code nochmals generieren lassen, sodass er überschaubarer wird:

- Öffnen Sie dazu den DataSet-Designer und wählen Sie für *Bestellungen* den Kontextmenüpunkt *Konfigurieren...*

- Klicken Sie auf der Dialogseite *SQL-Anweisung eingeben* die Schaltfläche *Erweiterte Optionen...* und entfernen Sie das Häkchen bei *Vollständige Parallelität verwenden*

- Ein abschließender Blick in das vollgestopfte Komponentenfach deutet darauf hin, dass die Verwendung typisierter DataSets die Komplexität der Datenbindung keinesfalls verringert hat

Abbildung 5.35 Das vollgestopfte Komponentenfach

5.8 ... 1:n-Beziehungen per Drag & Drop-Datenbindung anzeigen?

DataAdapter: *Fill-*, *Update*-Methode; Master-Detail-Relationen;

In diesem Beispiel wollen wir die Vorteile der Drag & Drop-Datenbindung am Beispiel der Tabellen *Bestellungen* und *Personal* aus *Nordwind.mdb* demonstrieren. Voraussetzung ist das Vorhandensein einer entsprechenden Datenquelle *NordwindDataSet*, deren Erstellung im How-to 5.7 »... ein typisiertes DataSet manuell binden?« bereits beschrieben wurde.

Oberfläche

Das nackte Startformular *Form1* genügt uns!

Datenquelle erstellen

Über das Menü *Projekt/Neues Element hinzufügen...* ergänzen Sie Ihr Projekt um ein (typisiertes) DataSet *NordwindDataSet.xsd* mit automatisch erzeugten *BestellungenTableAdapter* und *PersonalTableAdapter* (weitere Einzelheiten siehe How-to 5.7).

> **HINWEIS** Achten Sie darauf, dass im DataSet-Designer die Beziehung (Relation) zwischen dem Feld *PersonalNr* aus der Tabelle *Bestellungen* und dem Primärschlüssel *PersonalNr* aus der Tabelle *Personal* eingetragen ist.

Personal-Eingabemaske per Drag & Drop erzeugen

Öffnen Sie das Datenquellen-Fenster (Menü *Ansicht/Weitere Fenster/Datenquellen*) und stellen Sie für die *Personal*-Tabelle die *Details*-Option ein (siehe Abbildung).

Abbildung 5.36 Einstelllen der Anzeigeoption für die *Personal*-Tabelle

Ziehen Sie die *Personal*-Tabelle auf das Formular. Es entsteht automatisch eine Eingabemaske mit *TextBox*en und einem *BindingNavigator*.

Datengitter für die Detailtabelle per Drag & Drop erzeugen

Wählen Sie jetzt im Datenquellen-Fenster die der Master-Detail-Relation zugeordnete Tabelle *Bestellungen* aus (diejenige, die unterhalb des *Personal*-Knotens liegt!) und ziehen Sie diese auf das Formular.

Abbildung 5.37 Richtige Auswahl der Detailtabelle *Bestellungen*

Das Ergebnis ist überzeugend wenn man bedenkt, dass wir keinerlei Bedienoberfläche erstellen und keine einzige Zeile Code schreiben mussten und dass auch die komplette Datenbindung vollautomatisch erfolgte.

Beachten Sie, dass der *BindingNavigator* diesmal automatisch über eine *Speichern*-Schaltfläche verfügt, über welche Änderungen an der *Personal*-Tabelle in die Datenbank zurückgeschrieben werden können!

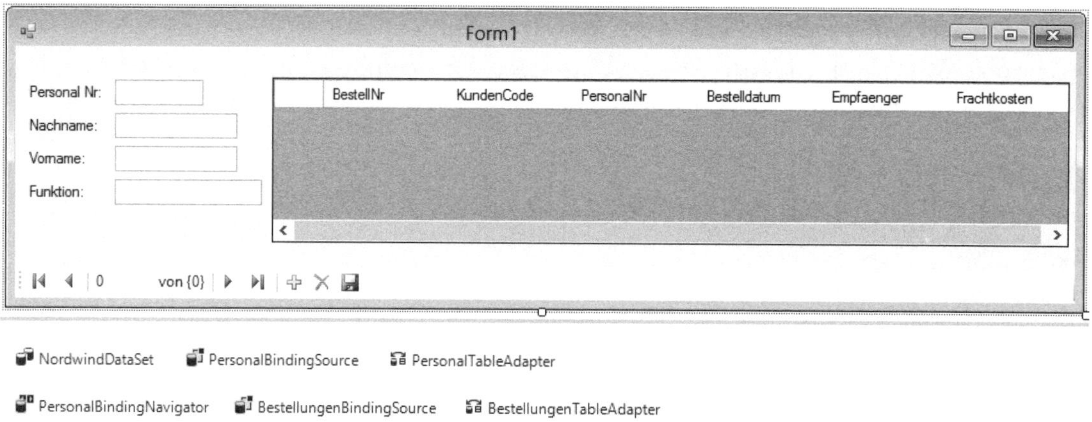

Abbildung 5.38   Entwurfsansicht (automatisch per Drag & Drop erzeugt!)

Test

Beim Durchblättern der Master-Tabelle (links) werden im Datengitter alle dazugehörigen Detaildatensätze angezeigt.

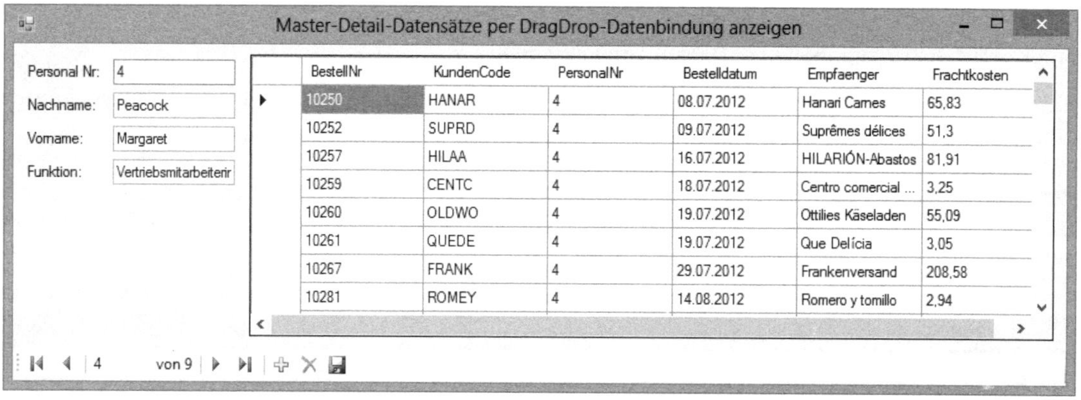

Abbildung 5.39   Laufzeitansicht

Quellcode Form1

Der automatisch generierte Code für den Aufruf der *Fill-* und der *Update*-Methode:

```
Public Class Form1

    Private Sub PersonalBindingNavigatorSaveItem_Click(sender As Object,
                    e As EventArgs) Handles PersonalBindingNavigatorSaveItem.Click
        Me.Validate()
```

```
    Me.PersonalBindingSource.EndEdit()
    Me.PersonalTableAdapter.Update(Me.NordwindDataSet.Personal)
End Sub

Private Sub Form1_Load(sender As Object, e As EventArgs) Handles MyBase.Load
    Me.BestellungenTableAdapter.Fill(Me.NordwindDataSet.Bestellungen)
    Me.PersonalTableAdapter.Fill(Me.NordwindDataSet.Personal)
End Sub

End Class
```

5.9 ... die Spalten im DataGridView formatieren?

DataGridView-Control: *Columns*-Auflistung; *DataGridViewTextBoxColumn*-, *DefaultCellStyle*-Objekt; *Format*-, *DisplayIndex*-Eigenschaft; *RowsDefaultCellStyle*-, *AlternatingRowsDefaultCellStyle*-Objekt: *Back-Color*-Eigenschaft;

Verbinden Sie ein *DataGridView* durch Zuweisen seiner *DataSource*- bzw. *DataMember*-Eigenschaft mit einer Datenquelle, so werden standardmäßig alle Spalten der Datenquelle angezeigt. Wollen Sie bestimmte Spalten unterdrücken, deren Reihenfolge, Überschrift, Breite etc. verändern oder deren formatierte Anzeige erzwingen, so lässt sich das kaum auf die Schnelle erledigen.

Sie müssen zunächst die alte Spalte entfernen und dann eine neue Spalte an das Datenfeld anbinden, die Sie mit den gewünschten Format-Eigenschaften ausstatten. Schließlich muss die fertige Spalte zum *DataGridView* hinzugefügt werden.

Ausgangspunkt ist das How-to 3.4 »... eine Access-Auswahlabfrage ausführen?«, welches die in der Datenbank *Nordwind.mdb* enthaltene Abfrage »Umsätze nach Jahr« benutzt.

Oberfläche

Gestalten Sie eine Benutzerschnittstelle mit einem *DataGridView*, zwei *TextBox*en und zwei *Button*s (siehe Laufzeitansichten).

Quellcode

Der hinter *Button1* liegende Code hat lediglich die Aufgabe das *DataGridView* mit Datensätzen zu füllen und wird deshalb nicht noch einmal aufgelistet (siehe Begleitdateien).

```
Imports System.Data.OleDb

Public Class Form1
```

Der folgenden Methode wird ein *DataGridView* übergeben, welches eine Spalte *Zwischensumme* besitzt. Diese Spalte wird komplett neu erzeugt.

```
Private Sub formatColumn(dgv As DataGridView)
    If dgv.Columns("Zwischensumme") IsNot Nothing Then
```

Die standardmäßig vorhandene Spalte entfernen:

```
        dgv.Columns.Remove("Zwischensumme")
```

Eine neue Spalte erzeugen und an die gewünschte Eigenschaft binden:

```
Dim tbc As New DataGridViewTextBoxColumn()
tbc.DataPropertyName = "Zwischensumme"
```

Die Spaltenüberschrift:

```
tbc.HeaderText = "Zwischensumme"
```

Die Spaltenbreite (in Pixeln):

```
tbc.Width = 80
```

Das Währungsformat (entsprechend den Systemeinstellungen):

```
tbc.DefaultCellStyle.Format = "c"
```

Rechtsbündige Textausrichtung und Fettschrift

```
tbc.DefaultCellStyle.Alignment = DataGridViewContentAlignment.MiddleRight
tbc.DefaultCellStyle.Font = New Font(DataGridView1.Font, FontStyle.Bold)
```

Die Spalte soll an dritter Position erscheinen:

```
tbc.DisplayIndex = 2
```

Die fertige Spalte wird zum *DataGridView* hinzugefügt:

```
        dgv.Columns.Add(tbc)
    End If
End Sub
```

Der Aufruf:

```
Private Sub Button2_Click(sender As Object, e As EventArgs) Handles Button2.Click
    formatColumn(DataGridView1)
```

Als zusätzliches Schmankerln eine alternierende Zeilenfarbe einstellen:

```
    DataGridView1.RowsDefaultCellStyle.BackColor = Color.Bisque
    DataGridView1.AlternatingRowsDefaultCellStyle.BackColor = Color.Beige
End Sub
```

```
End Class
```

Test

Nach dem Verbinden mit *Nordwind.mdb* erscheint zunächst die unformatierte Darstellung der Daten, doch der dann folgende Anblick entschädigt für den Programmieraufwand.

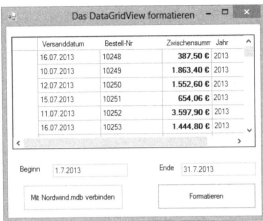

Abbildung 5.40 Das *DataGridView* vor und nach seiner Formatierung

Bemerkungen

- Wir haben in diesem Beispiel aus Gründen der Übersichtlichkeit nur eine einzige Spalte (Typ *DataGrid-ViewTextBoxColumn*) formatiert. Falls erforderlich, werden die anderen Spalten nach dem gleichen Muster formatiert, wobei auf die unterschiedlichen Spaltentypen und deren Eigenschaften zu achten ist (z.B. *DataGridViewCheckBoxColumn*, *DataGridViewComboBoxColumn*, ...).

- Mehr Informationen siehe Seite 321 oder How-to 5.12 »... das DataGridView als Datenbank-Frontend einsetzen?«.

5.10 ... mit DataReader und ListView arbeiten?

DataReader-Objekt: *Read-*, *Close*-Methode; *Command*-Objekt: *ExecuteReader*-Methode; *Parameter*-Objekt: *Direction-*, *Value*-Eigenschaft; *ListView*-Komponente: *View*-Eigenschaft, *Items-*, *Columns*-Auflistung; *ListViewItem*-Objekt: *SubItems*-Auflistung: *Add*-Methode;

Das vorliegende Beispiel benutzt einen *DataReader*, um eine *ListView*-Komponente mit den Datensätzen der *Kunden*-Tabelle der *Nordwind.mdb*-Datenbank zu füllen. Nebenbei erfahren Sie auch etwas über den Einsatz eines *Parameter*-Objekts, mit dessen Hilfe weitere Informationen in einem *Label* angezeigt werden.

Oberfläche

Außer dem mit einer *ListView*-Komponente bestückten Startformular *Form1* werden zumindest noch ein attraktiv herausgeputztes *Label* und ein *Button* benötigt (siehe Laufzeitabbildung).

Quellcode

```
Imports System.Data.OleDb

Public Class Form1
```

Die Verbindungszeichenfolge zur Datenbank, die sich auch hier direkt im Anwendungsverzeichnis befindet:

```
Private Const CONNSTR As String = "Provider=Microsoft.Jet.OLEDB.4.0; Data Source=Nordwind.mdb"
```

Nach einem Klick auf die Schaltfläche soll die Verbindung hergestellt werden:

```
Private Sub Button1_Click(sender As Object, e As EventArgs) Handles Button1.Click
    Const SQLSTR As String = "SELECT KundenCode, Firma, Funktion FROM Kunden"
    Dim conn As New OleDbConnection(CONNSTR)
```

Nun kann ein *Command*-Objekt erzeugt werden:

```
Dim cmd As New OleDbCommand(SQLSTR, conn)
```

Last but not least wird der Verweis auf einen *DataReader* benötigt (das Instanziieren erfolgt später, nach Öffnen der Verbindung!):

```
Dim dr As OleDbDataReader = Nothing
```

Die folgenden Anweisungen dienen lediglich zur Vorbereitung der *ListView*-Anzeige und sind für das Verständnis des *DataReaders* von untergeordneter Bedeutung:

```
With ListView1
    .Items.Clear()
    .View = View.Details
    .AllowColumnReorder = True
    .FullRowSelect = True
    .Columns.Add("KundenCode", 80, HorizontalAlignment.Center)
    .Columns.Add("Firma", 200, HorizontalAlignment.Left)
    .Columns.Add("Funktion", 120, HorizontalAlignment.Left)
End With
```

Nach dem Öffnen der Verbindung wird der *DataReader* durch Übergabe an die *ExecuteReader*-Methode des *Command*-Objekts instanziert und der »Schnelldurchlauf« durch die Datensätze und deren Anzeige im *ListView* kann beginnen:

```
Try
    conn.Open()
    dr = cmd.ExecuteReader(CommandBehavior.CloseConnection)
```

Der Parameter *CommandBehavior.CloseConnection* bewirkt, dass beim Ausführen des Befehls das zugeordnete *Connection*-Objekt geschlossen wird, wenn das zugeordnete *DataReader*-Objekt geschlossen wird. Nacheinander werden nun die *ListViewItem*-Objekte gefüllt und zur *Items*-Auflistung der *ListView*-Komponente hinzugefügt:

```
Do While dr.Read()
    Dim lvItem As New ListViewItem(dr.Item("KundenCode").ToString)
    lvItem.SubItems.Add(dr.Item("Firma").ToString)
    lvItem.SubItems.Add(dr.Item("Funktion").ToString)
```

Items zum *ListView* hinzufügen:

```
    ListView1.Items.Add(lvItem)
Loop
```

```
        Catch ex As Exception
            MsgBox(ex.Message)
        Finally
            dr.Close()
        End Try
    End Sub
```

Bis jetzt haben wir bereits ein voll funktionsfähiges Programm, dem wir aber noch ein zusätzliches Feature hinzufügen wollen: Beim Anklicken eines bestimmten Eintrags soll die komplette Kunden-Adresse im *Label* angezeigt werden. Diese Aufgabe erfüllt die folgende Methode *loadAddressInfo*, der lediglich ein *KundenCode* übergeben wird. Weiterhin ermittelt diese Methode auf Basis einer parametrisierten SQL-Abfrage völlig selbstständig die benötigten Informationen:

```
    Private Sub loadAddressInfo(kuCode As String)
        Dim SQL As String = "SELECT Kontaktperson, Strasse, PLZ, Ort FROM Kunden WHERE KundenCode = ?"
        Dim conn As New OleDbConnection(CONNSTR)
        Dim cmd As New OleDbCommand(SQL, conn)
        Dim prm As New OleDbParameter("@p", OleDbType.Char)
        Dim dr As OleDbDataReader = Nothing
        prm.Direction = Data.ParameterDirection.Input
        prm.Value = kuCode
        cmd.Parameters.Add(prm)
        Try
            conn.Open()
            dr = cmd.ExecuteReader(CommandBehavior.CloseConnection)
            If (dr.Read()) Then
                Label1.Text = dr.Item("Kontaktperson").ToString & ControlChars.CrLf & _
                dr.Item("Strasse").ToString & " " & _
                dr.Item("PLZ").ToString & " " & _
                dr.Item("Ort").ToString
            End If
        Finally
            dr.Close()
            conn.Close()
        End Try
    End Sub
```

Nun zum Aufruf der *loadAdressInfo*-Methode, wobei auch deutlich werden dürfte, wie man auf ein bestimmtes Element einer *ListView* zugreift. In unserem Fall steckt der gesuchte *KundenCode* als *Text*-Eigenschaft im ersten Element der *SubItems*-Auflistung des *ListViewItem*-Objekts:

```
    Private Sub ListView1_Click(sender As Object, e As EventArgs) Handles ListView1.Click
        Dim lv As ListViewItem = ListView1.SelectedItems(0)
        loadAddressInfo(lv.SubItems(0).Text)
    End Sub
```

```
End Class
```

Test

Nach Herstellen der Verbindung zu *Nordwind.mdb* werden alle Kunden aufgelistet. Nach Anklicken einer bestimmten Zeile der *ListView* erscheinen rechts unten die Adressdaten.

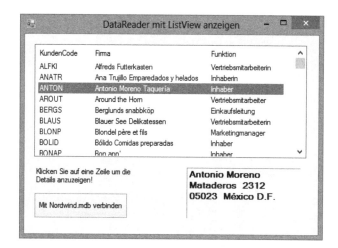

Abbildung 5.41 Laufzeitansicht des Beispiels

Bemerkungen

- Die *Read*-Methode eilt zum nächsten Datensatz weiter, bis *False* zurückgegeben wird. Ein Vorteil dieser Syntax ist, dass das Weiterbewegen quasi automatisch erfolgt und ein Überprüfen der Abbruchbedingung nicht mehr notwendig ist.

- Leider unterstützt die *ListView* nicht, wie viele andere Windows Forms Steuerelemente, eine Datenbindung an ein *DataSet*, denn normalerweise wollen Sie Datensätze nicht nur anzeigen, sondern auch ändern, neu hinzufügen bzw. löschen. Eine *DataReader*-Lösung im Zusammenhang mit der *Execute-NonQuery*-Methode des *Command*-Objekts zeigt das How-to 8.9 »... die MARS-Technologie kennen lernen?«.

HINWEIS   Beachten Sie, dass wir auch in diesem Beispiel nicht die originale *Nordwind.mdb*-Datenbank verwenden, sondern eine geringfügig modifizierte Version (einige geänderte Spaltenbezeichner, siehe Anhang).

5.11 ... Bilder aus der Datenbank anzeigen?

BindingSource-Objekt: *Current*-Eigenschaft, *PositionChanged*-Ereignis; *BindingNavigator*-Control: *DataRowView*-Objekt: *Item*-Eigenschaft; *PictureBox*-Control: *Image*-Eigenschaft; *Bitmap*-Objekt; *FileStream*-Objekt: *Close*-Methode;

In der *Personal*-Tabelle der *Nordwind*-Datenbank gibt es auch eine Spalte *Foto* (*Text*-Datentyp), in der die Dateinamen der entsprechenden Bitmaps abgelegt sind (*EmpID1.bmp*, *EmpID2.bmp* ...).

Das vorliegende How-to soll demonstrieren, wie Sie diese Bilder in einer *PictureBox* anzeigen können. Außerdem gibt es für den Einsteiger eine kleine Wiederholung in Sachen »Einmaleins der Datenbindung«, siehe auch How-to 5.4 »... Steuerelemente manuell an ein DataSet binden?«.

Oberfläche

Wie der folgenden Abbildung zu entnehmen ist, brauchen wir neben einigen *TextBox*en, *Label*s und *Button*s auch eine *PictureBox* mit *SizeMode = AutoSize,* sowie eine *BindingSource* und einen *BindingNavigator,* dessen *BindingSource*-Eigenschaft wir mit *BindingSource1* verkoppeln.

Da wir weder Datensätze hinzufügen noch löschen wollen, ändern wir die *Visible*-Eigenschaft von *Binding-NavigatorAddNewItem* und *BindingNavigatorDeleteItem* auf *False*.

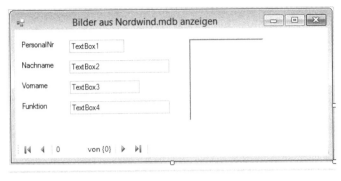

Abbildung 5.42 Entwurfsansicht

Wir ziehen die Datenbank *Nordwind.mdb* und die Bilddateien *EmpID1.bmp ... EmpID9.bmp* (siehe Begleit-dateien) in den Projektmappen-Explorer. Die Eigenschaft *In Ausgabeverzeichnis kopieren* ändern wir in *Immer kopieren*.

Quellcode

```
Imports System.Data.OleDb
Imports System.IO

Public Class Form1
```

Beim Laden des Formulars werden die Datenbankabfrage durchgeführt, die *DataTable* gefüllt und die *TextBox*-Steuerelemente an die entsprechenden Spalten angebunden:

```
Protected Overrides Sub OnLoad(e As EventArgs)
    Dim connStr As String = "Provider=Microsoft.Jet.OLEDB.4.0; Data Source=Nordwind.mdb"
    Dim conn As New OleDbConnection(connStr)
    Dim cmdSel As New OleDbCommand(
                "SELECT PersonalNr, Nachname, Vorname, Funktion, Foto FROM Personal", conn)
    Dim da As New OleDbDataAdapter(cmdSel)
    Dim dt As New DataTable("Personal")
    conn.Open()
    da.Fill(dt)
    conn.Close()
    BindingSource1.DataSource = dt
    TextBox1.DataBindings.Add("Text", BindingSource1, "PersonalNr")
    TextBox2.DataBindings.Add("Text", BindingSource1, "Nachname")
    TextBox3.DataBindings.Add("Text", BindingSource1, "Vorname")
    TextBox4.DataBindings.Add("Text", BindingSource1, "Funktion")
    showFoto()
```

Anmelden eines Eventhandlers für das Weiterblättern:

```
    AddHandler BindingSource1.PositionChanged, New EventHandler(AddressOf Me.bs_PositionChanged)
```

```
        MyBase.OnLoad(e)
    End Sub
```

Die Implementierung des Eventhandlers:

```
    Private Sub bs_PositionChanged(sender As Object, e As EventArgs)
        showFoto()
    End Sub
```

Die folgende Methode bindet die *PictureBox* in »Handarbeit« an den Inhalt der entsprechenden Bilddatei:

```
    Private Sub showFoto()
        If PictureBox1.Image IsNot Nothing Then PictureBox1.Image.Dispose()
        Dim drv As DataRowView = CType(BindingSource1.Current, DataRowView)  ' Sicht auf aktuelle Zeile
        Dim pfad As String = drv.Item("Foto").ToString      ' Pfad zur Bilddatei!
        Dim fs As New FileStream(pfad, FileMode.Open)
        Dim bmp As New Bitmap(fs)
        PictureBox1.Image = bmp                              ' Anzeige des Bilds
        fs.Close()                                           ' nicht vergessen!
    End Sub
End Class
```

Test

Der Anblick der reizenden *Margaret Peacock* dürfte Sie für die Mühen der Programmierung reichlich entschädigen:

Abbildung 5.43 Laufzeitansicht

Bemerkungen

- Das Beispiel zeigt Ihnen, wie Sie prinzipiell Bildinformationen zur Anzeige bringen können, ist aber bei größeren Datenmengen für den praktischen Gebrauch etwas umständlich, weil bei jedem Blättern das Bild erneut aus der Datei geladen werden muss

- Eine elegantere aber auch aufwändigere Lösung wäre der Einsatz von zwei über eine Master-Detail-Relation verknüpften *DataTable*-Objekten, wobei die Detailtabelle die Bilddaten nur bei Bedarf abruft und die Mastertabelle die restlichen Spalten verwaltet

5.12   ... das DataGridView als Datenbank-Frontend verwenden?

DataAdapter-Objekt: *MissingSchemaAction*-Eigenschaft, *GetChanges*-, *AcceptChanges*-Methode; *DataTable*-Objekt: *Merge*-Methode; *DataGridView*-Komponente: Formatieren;

DbProviderFactory-Klasse; *StatusStrip*-Komponente; SQL-Datum;

In diesem Beispiel wollen wir eine zweischichtige Anwendung entwickeln, die lesend und schreibend auf eine Datenbank zugreift und deren Frontend im Wesentlichen nur mit einem *DataGridView*-Steuerelement bestückt ist. Inhaltliche Schwerpunkte sind:

- Lesen und Schreiben der Datenbank mit den Komponenten einer so genannten »Providerfabrik«

- Standalone-Einsatz einer *DataTable* (also ohne *DataSet*)

- Formatieren der Spalten eines *DataGridView*, insbesondere das Vermeiden von Eingabefehlern durch Einsatz von *ComboBox*-Spalten

- Zusammenbau eines SQL-gerechten Datum-Strings

- Als weitere Features kommen eine statische Klasse, die Connectionstring-Settings der Anwendungskonfiguration sowie ein *StatusStrip*-Steuerelement zum Einsatz

Vorbereitungen

Für unser Beispiel wählen wir eine einfache Tabelle *Ausgaben* einer Access-Datenbank mit folgender Struktur:

	Feldname	Felddatentyp	Beschreibung
🔑	Nr	AutoWert	
▶	Datum	Datum/Uhrzeit	
	Netto	Währung	
	MWSt	Zahl	in %
	Bemerkung	Text	

Abbildung 5.44   Tabellenstruktur

Den *ConnectionString* lagern wir in die Konfigurationsdatei *App.config* unserer Anwendung aus, damit ihn auch der spätere User auf einfache Weise anpassen kann. Öffnen Sie die Registerseite *Einstellungen* (Menü *Projekt/<Projektname>-Eigenschaften...*) und tragen Sie die folgende Verbindungszeichenfolge ein (in unserem Fall befindet sich die Datenbank im Anwendungsverzeichnis):

```
Provider=Microsoft.Jet.OLEDB.4.0; Data Source=Test.mdb
```

	Name	Typ	Bereich	Wert
	Nordwind	(Verbindungszeichenfolge) ⌄	Anwendung	Provider=Microsoft.Jet.OLEDB.4.0; Data Source=Test.mdb
*		⌄	⌄	

Abbildung 5.45   Speichern der Verbindungszeichenfolge

Bedienoberfläche

Auf dem Startformular platzieren Sie ein *DataGridView*, zwei *TextBox*en, zwei *Button*s, einige *Label*s und am unteren Rand ein *StatusStrip*-Control mit dem Element *toolStripStatusLabel1* (siehe Laufzeitabbildung).

Statische Klasse CData

Fügen Sie zunächst über das Projektmenü eine neue statische Klasse (*CData*) hinzu.

```
Imports System.Data
Imports System.Data.Common
Imports System.Globalization

Public Class CData
```

Die folgende statische Methode *getAusgaben* füllt eine *DataTable* mit dem Inhalt der Datenbanktabelle *Ausgaben*, wobei Beginn- und Endedatum als Parameter übergeben werden:

```
Public Shared Function getAusgaben(d1 As String, d2 As String) As DataTable
```

SQL-gerechte Datumstrings zusammenbauen:

```
Dim dat1 As DateTime = Convert.ToDateTime(d1)
d1 = "#" & dat1.ToString("d", New CultureInfo("en-US")) & "#"
Dim dat2 As DateTime = Convert.ToDateTime(d2)
d2 = "#" & dat2.ToString("d", New CultureInfo("en-US")) & "#"
```

Providerunabhängiger Code für den Lesezugriff:

```
Dim provider As DbProviderFactory = DbProviderFactories.GetFactory("System.Data.OleDb")
Dim conn As DbConnection = provider.CreateConnection()
```

Verbindungszeichenfolge aus Konfigurationsdatei holen:

```
conn.ConnectionString = My.Settings.TestDB
```

Die Datenbankabfrage vorbereiten:

```
Dim cmd As DbCommand = provider.CreateCommand()
cmd.Connection = conn
cmd.CommandText = "SELECT * FROM Ausgaben WHERE DATUM BETWEEN " & d1 &
                  " AND " & d2 & " ORDER BY Datum"
Dim da As DbDataAdapter = provider.CreateDataAdapter()
da.SelectCommand = cmd
```

Die folgende Anweisung ist wichtig für das clientseitige Mergen beim Einfügen neuer Datensätze:

```
da.MissingSchemaAction = MissingSchemaAction.AddWithKey
```

Das Einlesen der Datensätze:

```
Dim dt As New DataTable()
conn.Open()
da.Fill(dt)
conn.Close()
Return dt
End Function
```

Der Methode zum Zurückschreiben der Änderungen in die Datenbank wird eine *DataTable* per Referenz übergeben:

```
Public Shared Sub setAusgaben(ByRef dt As DataTable)
```

Providerunabhängiger Code für den Schreibzugriff:

```
Dim provider As DbProviderFactory = DbProviderFactories.GetFactory("System.Data.OleDb")
Dim conn As DbConnection = provider.CreateConnection()
conn.ConnectionString = My.Settings.TestDB
Dim cmd As DbCommand = provider.CreateCommand()
cmd.Connection = conn
cmd.CommandText = "SELECT * FROM Ausgaben"
Dim da As DbDataAdapter = provider.CreateDataAdapter()
da.SelectCommand = cmd
```

Ein *CommandBuilder* erstellt im Hintergrund automatisch alle weiteren *Command*-Objekte:

```
Dim cb As DbCommandBuilder = provider.CreateCommandBuilder()
```

Die Datenbank wird aktualisiert:

```
    cb.DataAdapter = da
    conn.Open()
    da.Update(dt)
    conn.Close()
  End Sub
End Class
```

Quellcode Form1 (Teil 1)

```
Public Class Form1
```

Da wir es nur mit einer einzigen Tabelle zu tun haben, kommen wir sehr gut ohne *DataSet* aus, es genügt eine *DataTable*, die hier die Funktion eines globalen Zwischenspeichers für die Tabelle *Ausgaben* übernimmt:

```
Private dtA As DataTable = Nothing
```

Eine zweite *DataTable*, die mit der Datenbank nichts zu tun hat, dient lediglich als »hart codierte« Hilfstabelle für die gültigen Mehrwertsteuersätze:

```
Private dtMWSt As DataTable = Nothing
```

Beim Laden des Formulars wird die Methode *createMWStTbl* aufgerufen, welche eine Hilfstabelle erzeugt:

```
Protected Overrides Sub OnLoad(e As EventArgs)
    dtMWSt = createMWStTbl()

    MyBase.OnLoad(e)
End Sub
```

Die Methode *createMWStTbl* baut eine *DataTable* zusammen, die lediglich aus den Spalten *Nr* und *Betrag* und drei Zeilen entsprechend der folgenden Struktur besteht:

```
Nr   Betrag
0    "keine"
7    "7%"
19   "19%"
```

```
Private Function createMWStTbl() As DataTable
    Dim dt As New DataTable("MWSt")
    dt.Columns.Add("Nr", GetType(System.Byte))
    dt.Columns.Add("Betrag", GetType(System.String))
    Dim ma() As String = {"keine", "7%", "19%"}
    For i As Integer = 1 To 3              ' drei Zeilen hinzufügen
        dt.Rows.Add(dt.NewRow())           ' neue leere Zeile
        dt.Rows(i - 1)(1) = ma(i - 1)      ' "Betrag" eintragen
    Next
    dt.Rows(0)(0) = 0     ' "Nr" eintragen (0, 7, 19)
    dt.Rows(1)(0) = 7
    dt.Rows(2)(0) = 19
    Return dt
End Function
```

Der hinter der Schaltfläche *Anzeigen* liegende Code:

```
Private Sub Button1_Click(sender As Object, e As EventArgs) Handles Button1.Click
    Dim bs As New BindingSource()
    Try
        dtA = CData.getAusgaben(TextBox1.Text, TextBox2.Text)
        If dtA Is Nothing Then
            DataGridView1.DataSource = Nothing
            ToolStripStatusLabel1.Text = "Zugriff nicht möglich!"
        Else
            bs.DataSource = dtA
            DataGridView1.Columns.Clear()
            DataGridView1.DataSource = bs
        ...
```

Formatieren des DataGridView

Der folgende Code erklärt alle Fragen bezüglich Spaltenbeschriftung und -positionierung, Einstellen der
Spaltenbreite, Währungsformatierung, Farbgebung, Verknüpfungen mittels *ComboBox* etc.:

```
DataGridView1.Columns.Remove("Nr")
Dim tbc0 As New DataGridViewTextBoxColumn()
tbc0.DataPropertyName = "Nr"
tbc0.HeaderText = "Nr"
tbc0.Width = 30
tbc0.DisplayIndex = 0                ' erscheint an erster Position
DataGridView1.Columns.Add(tbc0)
DataGridView1.Columns.Remove("Netto")
Dim tbc1 As New DataGridViewTextBoxColumn()
tbc1.DataPropertyName = "Netto"
tbc1.HeaderText = "Netto"
tbc1.Width = 80                          ' Breite einstellen
tbc1.DefaultCellStyle.Format = "c"
tbc1.DefaultCellStyle.Alignment = DataGridViewContentAlignment.MiddleRight
tbc1.DefaultCellStyle.Font = New Font(DataGridView1.Font, FontStyle.Bold)
tbc1.DefaultCellStyle.BackColor = Color.LightYellow
tbc1.DisplayIndex = 2
DataGridView1.Columns.Add(tbc1)
```

Besonders interessant ist die *MWSt*-Spalte, in welcher man durch Aufklappen einer *ComboBox* bequem die
gültigen Mehrwertsteuersätze auswählen kann:

```
DataGridView1.Columns.Remove("MWSt")
Dim cbc0 As New DataGridViewComboBoxColumn()
cbc0.DataSource = dtMWSt          ' Detailtabelle
cbc0.DataPropertyName = "MWSt"    ' Fremdschlüssel  aus Primärtabelle
cbc0.ValueMember = "Nr"           ' Primärschlüssel aus Detailtabelle
cbc0.DisplayMember = "Betrag"     ' Detailanzeige aus Detailtabelle
cbc0.HeaderText = "MWSt"
cbc0.DisplayIndex = 3
cbc0.Width = 60
...
```

Die Spalten *Datum* und *Bemerkung* wurden nicht formatiert, d.h., sie behalten ihre Standardwerte.

Quellcode Form1 (Teil 2)

```
ToolStripStatusLabel1.Text = bs.Count.ToString() &
                       " Einnahmen zum Editieren von der Datenbank geladen!"
            End If
        Catch ex As Exception
            MessageBox.Show(ex.Message.ToString(), "Fehler beim Laden der DataTable!")
        End Try
    End Sub
```

Die *Speichern*-Schaltfläche:

```
Private Sub Button2_Click(sender As Object, e As EventArgs) Handles Button2.Click
    If dtA IsNot Nothing Then
        Try
```

Nur die geänderten Datensätze werden zurückgeschrieben:

```
        Dim dt1 As DataTable = dtA.GetChanges()        ' Änderungen ermitteln
        If dt1 IsNot Nothing Then
```

Das Update gegen die Datenbank fahren:

```
            CData.setAusgaben(dt1)
```

Die *DataTable* besitzt eine *Merge*-Methode, sodass ein Zusammenführen beider *DataTable*s möglich ist:

```
            dtA.Merge(dt1)
            dtA.AcceptChanges()
            ToolStripStatusLabel1.Text = "Alle Änderungen wurden von der Datenbank übernommen!"
        Else
            ToolStripStatusLabel1.Text = "Keine Änderungen zum Speichern!"
        End If
    Catch ex As Exception ex
        MessageBox.Show(ex.Message.ToString, "Fehler beim Speichern der DataTable!")
        dtA.RejectChanges()
    End Try
Else
    ToolStripStatusLabel1.Text = "Speichern nicht möglich!"
End If
    End Sub
    ...
End Class
```

Test

Es bleibt Ihnen viel Raum zum Experimentieren, testen Sie auch das Hinzufügen und Löschen von Datensätzen. Die Fehlermöglichkeiten bei der MWSt-Eingabe sind dank *ComboBox*-Spalte drastisch reduziert.

> **HINWEIS** In unserem Fall erscheint die *ComboBox* nur dann, wenn man auf eine Zelle der *MWSt*-Spalte klickt.

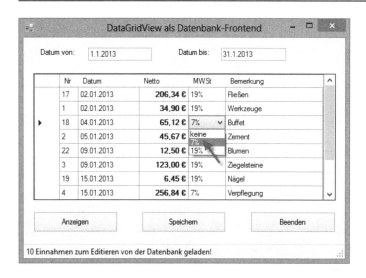

Abbildung 5.46 Laufzeitansicht des Beispiels

Bemerkungen

- In diesem Beispiel wurde bewusst auf die Hilfe von Assistenten (Datenquellen, typisierte DataSets, *TableAdapter*, etc.) verzichtet

- Die praktizierte zustandslose Anwendungsarchitektur ermöglicht auch eine problemlose Realisierung der Klasse *CData* als Webdienst

5.13   ... Datenbindung mit LINQ to SQL realisieren?

BindingSource-Control: *DataSource*-Eigenschaft; Datenkontext: *SubmitChanges*-Methode; *DataBindings*-Auflistung: *Add*-Methode;

In diesem How-to wollen wir zu Vergleichszwecken eine ähnliche Aufgabenstellung wie in den beiden mittels klassischer ADO.NET-Technologie realisierten How-to-Beispielen 5.6 »... mittels ComboBox zwei Tabellen verknüpfen« bzw. 5.7 »... ein typisiertes DataSet manuell binden?« unter Verwendung von LINQ to SQL lösen.

Datenkontext

Öffnen Sie eine neue Windows Forms-Anwendung und ziehen Sie zunächst die Datenbankdatei *Northwind.mdf* in den Projektmappen-Explorer. Den sich anschließend öffnenden *Assistenten zum Konfigurieren von Datenquellen* brechen Sie ab.

HINWEIS Ändern Sie für *Northwind.mdf* erforderlichenfalls den Wert der Eigenschaft *In Ausgabeverzeichnis kopieren* von *Immer kopieren* in *Kopieren, wenn neuer,* ansonsten wundern Sie sich später vielleicht, dass die geänderten Werte nicht in die Datenbank übernommen wurden.

Fügen Sie über das Menü *Projekt/Neues Element hinzufügen...* eine neue *LINQ to SQL-Klasse* hinzu.

Öffnen Sie den Server-Explorer (*Ansicht/Server-Explorer*) und ziehen Sie per Drag & Drop die *Orders-* und die *Employees*-Tabelle auf die Entwurfsoberfläche des O/R-Designers. Dieser erstellt nun automatisch die erforderliche VB-Mapperklassen für beide Tabellen.

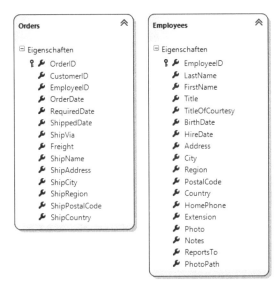

Abbildung 5.47 Die Mapper-Klassen im O/R-Designer (*DataClasses1.dbml*)

HINWEIS Die *Employees_Orders*-Relation zwischen beiden Tabellen können Sie löschen, da die Verknüpfung über die *ComboBox* realisiert wird.

Klicken Sie mit der rechten Maustaste auf die Entwurfsoberfläche des Designers und wählen Sie *Eigenschaften*. Ändern Sie den für den zentralen Datenkontext standardmäßig vergebenen Namen *DataClasses1Data-Context* in *NWDataContext*.

Oberfläche

Die Abbildung zeigt die Eingabemaske, welche (bis auf die englischsprachige Beschriftung) den How-to-Beispielen 5.6 bzw. 5.7 entspricht (siehe dortige Erklärungen).

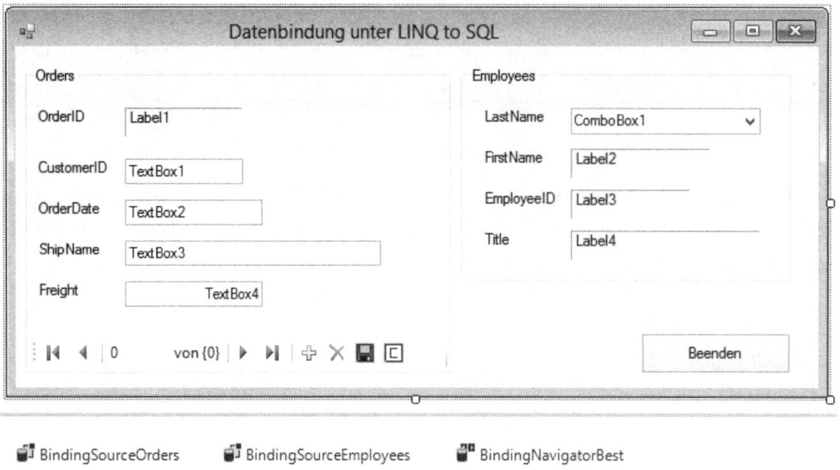

Abbildung 5.48 Entwurfsansicht

Quellcode

```
Public Class Form1
```

Eine globale Instanz des Datenkontexts erzeugen:

```
Private dcNW As New NWDataContext()
```

Die Datenbindung nehmen wir hier im Konstruktorcode des Formulars vor:

```
Public Sub New()

    InitializeComponent()
```

Die LINQ to SQL-Abfrage für die Master-Tabelle:

```
    Dim orders = From ord In dcNW.Orders
                 Order By ord.OrderDate
                 Select ord
```

Der *BindingSource* kann direkt die LINQ-Abfragevariable zugewiesen werden:

```
    BindingSourceOrders.DataSource = orders
```

Die Datenbindung der Steuerelemente erfolgt auf herkömmliche Weise:

```
    Label1.DataBindings.Add("Text", BindingSourceOrders, "OrderID", True)
    TextBox1.DataBindings.Add("Text", BindingSourceOrders, "CustomerID", True)
    TextBox2.DataBindings.Add("Text", BindingSourceOrders, "OrderDate", True)
    TextBox3.DataBindings.Add("Text", BindingSourceOrders, "ShipName", True)
```

Die Währungsformatierung erfordert etwas mehr Aufwand:

```
    TextBox4.DataBindings.Add("Text", BindingSourceOrders, "Freight", True,
                                DataSourceUpdateMode.OnValidation, Nothing, "C2")
```

Die LINQ-Abfrage für die Detailtabelle:

```
Dim employees = From emps In dcNW.Employees
                Order By emps.LastName
                Select emps

BindingSourceEmployees.DataSource = employees
```

Das Anbinden der *ComboBox*:

```
With ComboBox1
    .DataSource = BindingSourceEmployees
    .DisplayMember = "LastName"
    .ValueMember = "EmployeeID"
```

Die Verbindung zur Mastertabelle gestaltet sich etwas aufwändiger:

```
    .DataBindings.Add("SelectedValue", BindingSourceOrders,
                      "EmployeeID", True, DataSourceUpdateMode.OnPropertyChanged)
End With
```

Der Rest ist Routine:

```
    Label2.DataBindings.Add("Text", BindingSourceEmployees, "FirstName")
    Label3.DataBindings.Add("Text", BindingSourceEmployees, "EmployeeID")
    Label4.DataBindings.Add("Text", BindingSourceEmployees, "Title")
End Sub
```

Rücknahme der Änderungen:

```
Private Sub ToolStripButton10_Click(sender As Object, e As EventArgs) _
                                    Handles ToolStripButton10.Click
    BindingSourceOrders.CancelEdit()
End Sub
```

Zwecks Abspeichern der Änderungen in die Datenbank ist die *SubmitChanges*-Methode des Datenkontexts aufzurufen:

```
Private Sub ToolStripButton9_Click(sender As Object, e As EventArgs) _
                                   Handles ToolStripButton9.Click
    BindingSourceOrders.EndEdit()
    Try
        dcNW.SubmitChanges()
    Catch ex As Exception
        MessageBox.Show(ex.Message)
    End Try
End Sub
...

End Class
```

Test

Wenn der SQL Server gestartet ist, können Sie nach Belieben Datensätze editieren und zum Beispiel mittels *ComboBox* den Bestellungen neues Personal zuweisen.

Bemerkungen

- Die Datenbankdatei *Northwind.mdf* ist mehrfach in den Begleitdateien enthalten

- Auf die Datenbindung unter LINQ to SQL gehen wir erst im Kapitel 18 ausführlich ein

5.14   ... den DataRepeater für die Anzeige verwenden?

DataRepeater-Komponente; DataSet; Datenbindung;

Im vorliegenden Beispiel wollen wir Ihnen zeigen, wie Sie den *DataRepeater* nutzen können, um übersichtliche Tabellendarstellungen in Ihren Windows Forms-Anwendungen zu realisieren.

> **HINWEIS**   ASP.NET-Programmierern wird die Komponente bekannt vorkommen, diese gibt es dort schon länger.

Oberfläche

Erzeugen Sie zunächst eine neue Windows Forms-Anwendung. Fügen Sie dem Projekt die Datenbank *Northwind.mdf* hinzu und erstellen Sie in diesem Zusammenhang auch gleich ein typisiertes DataSet, das in jedem Fall die Tabelle *Products* enthalten sollte.

Für die Gestaltung der Oberfläche genügt es, wenn Sie ein *DataRepeater*-Control im Formular platzieren und per Dock-Eigenschaft ausrichten. Der *DataRepeater* gliedert sich in zwei Bereiche, von denen der obere das Template für die einzelnen Zeilen/Spalten darstellt. In diesen Bereich müssen Sie die gewünschten Anzeige-Controls einfügen. Am einfachsten realisieren Sie dies, indem Sie die Felder der betreffenden Tabelle im *Datenquellen*-Fenster auswählen und per Drag & Drop in den *DataRepeater* einfügen.

Die Abbildung zeigt eine mögliche Variante:

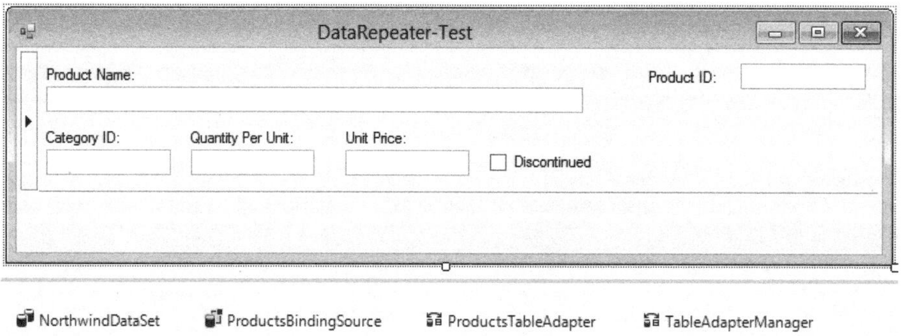

Abbildung 5.49   DataRepeater in der Entwurfsansicht

Quelltext

Falls Sie die Anzeige-Controls aus dem Datenquellen-Fenster eingefügt haben, ist bereits der komplette Code implementiert (siehe folgendes Listing), andernfalls müssen Sie zunächst die Verbindung zur Datenbank öffnen und die Tabelle *Products* im DataSet per *DataAdapter* füllen.

```
Private Sub Form1_Load(sender As Object, e As EventArgs) Handles MyBase.Load
    Me.ProductsTableAdapter.Fill(Me.NorthwindDataSet.Products)
End Sub
```

Test

Nach dem Start können Sie sich bereits von der Funktionsweise des DataRepeaters überzeugen:

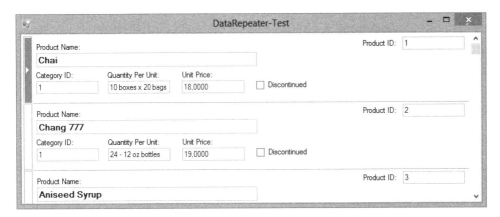

Bemerkungen

- Sie können die Komponente auch für ein horizontales Layout verwenden, verwenden Sie dazu die Eigenschaft *LayoutStyle* und setzen Sie diese auf *Horizontal*

- Wer sich näher mit dem Thema Datenbindung beschäftigen will, wird sich sicher fragen, wo eigentlich die Datenbindung definiert wird. Hier hilft ein Blick in die Datei *Form1.Designer.vb* weiter:

```
...
        Me.UnitPriceTextBox.DataBindings.Add(New System.Windows.Forms.Binding("Text",
                            Me.ProductsBindingSource, "UnitPrice", True))
        Me.UnitPriceTextBox.Location = New System.Drawing.Point(247, 76)
        Me.UnitPriceTextBox.Name = "UnitPriceTextBox"
        Me.UnitPriceTextBox.Size = New System.Drawing.Size(100, 20)
        Me.UnitPriceTextBox.TabIndex = 7
        '
        ' quantityPerUnitTextBox
        '
        Me.QuantityPerUnitTextBox.DataBindings.Add(New System.Windows.Forms.Binding("Text",
                            Me.ProductsBindingSource, "QuantityPerUnit", True))
...
```

Wie Sie sehen, wird die Datenbindung per *DataBindings* für die einzelnen Anzeige-Controls zugewiesen, der *DataRepeater* ist in diesem Zusammenhang nur der Container für diese Controls.

Kapitel 6

Datenbindung – WPF

In diesem Kapitel:

Grundprinzip	390
Binden an Laufzeit-Objekte	395
Datenbindung von Collections	400
Ein Blick hinter die Kulissen	412
Die Anzeige von Datenbankinhalten	419
Formatieren von Werten	429
Validieren von Nutzereingaben	433
Das DataGrid als Universalwerkzeug	441
How-to-Beispiele	445
Tipps & Tricks	464

Mit WPF (*Windows Presentation Foundation*) steht dem Programmierer eine alternative Technologie zur Gestaltung von Benutzerschnittstellen zur Verfügung. Anders als bei den Windows Forms-Anwendungen sind Sie bei der Datenbindung nicht auf spezielle Controls angewiesen, denn hier kann fast jede (Abhängigkeits-) Eigenschaft an andere Eigenschaften gebunden werden.

HINWEIS   Ein erstes Einführungsbeispiel zur WPF-Datenbindung finden Sie im Kapitel 1 (How-to 1.5).

Als Datenquelle können Sie beispielsweise:

- Eigenschaften anderer WPF-Controls (Elemente)
- Ressourcen
- XML-Elemente oder
- beliebige Objekte (auch ADO.NET-Objekte, z.B. *DataTable*)

verwenden.

HINWEIS   Unbedingte Voraussetzung für das Verständnis der WPF-Datenbindung sind Grundkenntnisse des Einsatzes der WPF-Technologie (XAML-Code!), auf die wir an dieser Stelle jedoch nicht eingehen können. Wir verweisen Sie deshalb auf unser Buch [Visual Basic 2012 Grundlagen und Profiwissen]!

Grundprinzip

Zunächst wollen wir Ihnen das Grundprinzip der Datenbindung in WPF an einem recht einfachen Beispiel demonstrieren.

BEISPIEL

Datenbindung zwischen Slider und ProgressBar

Fügen Sie in ein *Window* einen *ProgressBar* und einen *Slider* ein. Mit dem *Slider* soll der aktuelle Wert des *ProgressBar* direkt und ohne zusätzlichen Quellcode verändert werden. Hier sehen Sie auch schon den Ablauf: Das Ziel (*ProgressBar*) bindet seine Eigenschaft *Value* an die Quelle (*Slider*) mit deren Eigenschaft *Value*.

```
...
  <ProgressBar Height="20" Name="progressBar1" Maximum="100"
               Value="{Binding ElementName=slider1, Path=Value}"/>
  <Separator Height="10"/>
  <Slider Name="slider1" Maximum="100" />
...
```

Zur Laufzeit können Sie den *Slider* beliebig verändern, der *ProgressBar* passt sofort seinen Wert an:

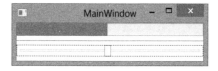

Abbildung 6.1 Datenbindung zwischen *Slider* und *ProgressBar*

Sehen wir uns noch einmal die Syntax im Detail an:

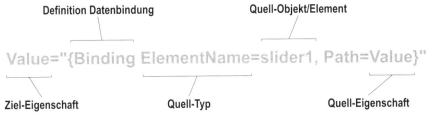

Abbildung 6.2 Syntax für die Datenbindung

HINWEIS Kann die Quelleigenschaft nicht automatisch in den Datentyp der Zieleigenschaft konvertiert werden, können Sie zusätzlich einen Typkonverter angeben (siehe dazu Seite 429).

Bindungsarten

Das vorhergehende Beispiel zeigte bereits recht eindrucksvoll, wie einfach sich Eigenschaften verschiedener Objekte miteinander verknüpfen lassen. Doch das ist noch nicht alles. Über ein zusätzliches Attribut *Mode* lässt sich auch bestimmen, in welche Richtungen die Bindung aktiv ist, d.h., ob die Werte nur von der Quelle zum Ziel oder auch umgekehrt übertragen werden. Die folgende Tabelle 6.1 zeigt die möglichen Varianten:

Typ	Beschreibung
OneTime	Mit der Initialisierung wird der Wert einmalig von der Quelle zum Ziel kopiert. Danach wird die Bindung aufgehoben.
OneWay	Der Wert wird nur von der Quelle zum Ziel übertragen (readonly). Ändert sich der Wert des Ziels, wird die Bindung aufgehoben.
OneWayToSource	Der Wert wird vom Ziel zur Quelle übertragen (writeonly). Ändert sich der Wert der Quelle, bleibt die Bindung erhalten, eine Wertübertragung findet jedoch nicht statt.
TwoWay	(meist Defaultwert[1]) Werte werden zwischen Quelle und Ziel in beiden Richtungen übertragen.

Tabelle 6.1 Bindungsarten

BEISPIEL

Testen der verschiedenen Bindungsarten

```
...
    <StackPanel Grid.Column="2">
      <Slider Name="sl2" Maximum="100" Height="30"
              Value="{Binding ElementName=sl1, Path=Value, Mode=OneTime}"/>
      <Slider Name="sl4" Maximum="100" Height="30"
              Value="{Binding ElementName=sl3, Path=Value, Mode=OneWay}"/>
      <Slider Name="sl6" Maximum="100" Height="30"
              Value="{Binding ElementName=sl5, Path=Value, Mode=OneWayToSource}"/>
```

---

[1] Bei Bindung an eine *ItemsSource* wird standardmäßig OneWay-Binding verwendet.

```
<Slider Name="sl8" Maximum="100" Height="30"
        Value="{Binding ElementName=sl7, Path=Value, Mode=TwoWay}"/>
...
```

Verschieben Sie ruhig einmal die *Slider* im Testprogramm. Jeweils der linke und der rechte *Slider* bilden eine Datenbindung und sollten auch das entsprechende Verhalten zeigen:

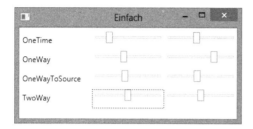

Abbildung 6.3 Laufzeitansicht des Testprogramms

Wann wird eigentlich die Quelle aktualisiert?

Im obigen Beispiel scheint alles ganz einfach zu sein, Sie ziehen an einem Schieberegler und der andere bewegt sich mit. Doch was, wenn Sie beispielsweise eine *TextBox* in einer Datenbindung verwenden? Hier steht die Frage, wann der »gewünschte« Wert wirklich in der *TextBox* steht. Eine eingegebene Ziffer ist vielleicht nicht der richtige Wert, kann aber schon als gültiger Inhalt interpretiert werden. Nicht in jedem Fall möchte man deshalb sofort einen Datenaustausch zwischen Ziel und Quelle zulassen (bei *TwoWay* oder *OneWayToSource*).

Über das optionale Attribut *UpdateSourceTrigger* haben Sie direkten Einfluss darauf, wann die Aktualisierung der Quelle durchgeführt wird. Vier Varianten bieten sich dabei an:

- *Default*
  Meist wird das *PropertyChanged*-Ereignis für die Datenübernahme genutzt, bei einigen Controls kann es auch *LostFocus* sein

- *Explicit*
  Die Datenübernahme muss »manuell« per *UpdateSource*-Methode ausgelöst werden

- *LostFocus*
  Die Datenübernahme erfolgt bei Fokusverlust des Ziels

- *PropertyChanged*
  Die Datenübernahme erfolgt mit jeder Werteänderung. Dies kann bei komplexeren Abläufen zu Problemen führen, da der Abgleich, z.B. bei einem Schieberegler/Scrollbar, recht häufig vorgenommen wird.

BEISPIEL

Explizite Datenübernahme nur mit der Eingabetaste

```
<StackPanel>
  <TextBox Name="txt1">Hallo</TextBox>
  <TextBox Name="txt2"
      Text="{Binding ElementName=txt1, Path=Text, UpdateSourceTrigger=Explicit}"
      KeyDown="TextBox_KeyDown"/>
</StackPanel>
```

Der VB-Quelltext:

```vb
Private Sub TextBox_KeyDown(sender As Object,
                           e As System.Windows.Input.KeyEventArgs)
    If (e.Key = Key.Enter) Then
        txt2.GetBindingExpression(TextBox.TextProperty).UpdateSource()
    End If
End Sub
```

HINWEIS Da die Bindung im XAML-Code vorgenommen wurde, müssen wir im VB-Code erst mit *GetBindingExpression* das *BindingExpression*-Objekt abrufen, um die *UpdateSource*-Methode aufzurufen.

Geht es auch etwas langsamer?

Am obigen Beispiel konnten Sie es ja schon beobachten: Sie verschieben den *Slider* und der zweite *Slider* reagiert sofort. So weit – so schön, was aber, wenn Sie erst nach einiger Zeit auf die Veränderung reagieren wollen?

Hier hilft die mit WPF 4.5 eingeführte Eigenschaft *Delay* weiter. Diese verzögert die Datenübergabe um den angegebenen Wert (Millisekunden). Das heißt, erst wenn die Zeit nach einer Änderung verstrichen ist, wird der jetzt aktuelle Wert weitergegeben, jede Änderung in dieser Zeitspanne setzt den internen Timer zurück und lässt die Zeit erneut laufen. Bewegen Sie also den *Silder* dauernd hin und her passiert nichts, erst nach der letzten Bewegung und dem Ablaufen der Zeit wird auch die Änderung berücksichtigt.

BEISPIEL

Zeitverzögerung bei Datenbindung

```xml
...
    <Slider Name="sl0" Maximum="100" Height="30" Value="{Binding ElementName=sl9,
            Path=Value, Mode=TwoWay, Delay=500 }"/>
...
```

Was dem einen oder anderen als nutzlose Spielerei vorkommen mag, ist ein fast unverzichtbares Feature im Zusammenhang mit größeren Datenmengen oder langsamen Datenverbindungen. Folgende Szenarien sind denkbar:

- 1:n-Beziehung
  Änderungen in einer *ListBox* sollen sich nicht sofort auf die Detaildaten auswirken, sondern erst nachdem sich der Anwender für einen Datensatz final entschieden hat (Scrollen per Tastatur durch die Liste). Andernfalls kann es schnell zum Ruckeln oder Springen zwischen den Datensätzen kommen.

- Texteingaben
  Nutzen Sie laufende Eingaben als Filter oder Suchwert, kann gerade bei großen Ergebnismengen eine Verzögerung bei der Eingabe auftreten (ein kurzer Filter mit Platzhalter hat meist große Ergebnismengen zur Folge).

- Anzeige großer Datenmengen
  Mit der Auswahl in einer Liste soll eine größere Grafik angezeigt werden. Jede Änderung, z.B. beim Scrollen, führt im Normalfall zum Laden der Grafik. Hier ist eine entsprechende Verzögerung sinnvoll. Erinnert sei in diesem Zusammenhang auch an Lazy Loading bei LINQ to SQL bzw. LINQ to Entities.

Alle obigen Fälle lassen sich natürlich auch mit einem eigenen *Timer* realisieren, aber warum kompliziert, wenn es jetzt auch wesentlich einfacher geht?

Eine Einschränkung sollten Sie allerdings beachten, auch wenn sie meist nicht von Bedeutung ist:

HINWEIS Die Verzögerung gilt nur für eine Richtung der Datenbindung, d.h. nur für das Control, dem auch die Verzögerung zugeordnet ist.

Bindung zur Laufzeit realisieren

Nicht immer werden Sie mit den schon zur Entwurfszeit definierten Datenbindungen auskommen. Es ist aber auch kein Problem, die Datenbindung erst zur Laufzeit per VB-Code zu realisieren. Alles was Sie dazu benötigen ist ein *Binding*-Objekt, dessen Konstruktor Sie bereits den BindingPath zuweisen können. Legen Sie anschließend noch die *BindingSource* sowie gegebenenfalls den *Mode* (z.B. *OneWay*) fest. Letzter Schritt ist das eigentliche Binden mit der *SetBinding*-Methode des jeweiligen Controls.

BEISPIEL

Bindung zur Laufzeit realisieren

Unsere Testoberfläche:

```
<Window x:Class="Datenbindung.Bindung_Laufzeit"
...
        Title="Bindung_Laufzeit" Height="300" Width="300" Loaded="Window_Loaded">
    <StackPanel>
        <Label Name="Label1"></Label>
        <Button Name="Button1" Click="Button_Click">Test</Button>
    </StackPanel>
</Window>
```

Mit dem Laden des Fensters erzeugen wir die Bindung wie oben beschrieben:

```
Public Sub New()
    InitializeComponent()
```

Wir binden an die Beschriftung eines Buttons:

```
Dim binding As New Binding("Content")
binding.Source = Button1
binding.Mode = BindingMode.OneWay
```

Binden an den Content:

```
Label1.SetBinding(Label.ContentProperty, binding)
End Sub
```

Und hier verändern wir die Beschriftung des Buttons:

```
Private Sub Button_Click(sender As Object, e As RoutedEventArgs)
    Button1.Content = "Ein neuer Text"
End Sub
End Class
```

Nach dem Start dürfte im Label zunächst »Test« stehen, die ursprüngliche Button-Beschriftung. Nach einem Klick auf die Schaltfläche ändert sich sowohl die Button-Beschriftung als auch die Label-Beschriftung.

Die Bindung selbst können Sie recht einfach wieder aufheben, indem Sie der Ziel-Eigenschaft der Bindung einen neuen Wert zuweisen.

BEISPIEL

Bindung zur Laufzeit aufheben

Entweder so:

```
Label1.Content = "Bindung beendet"
```

Oder so:

```
Label1.ClearValue(Label.ContentProperty)
```

Binden an Laufzeit-Objekte

Nachdem wir uns bereits mit dem Binden an Oberflächen-Elemente vertraut gemacht haben, wollen wir jetzt den Schritt hin zu selbstdefinierten Objekten gehen.

Prinzipiell bieten sich zwei Varianten der Instanziierung von Objekten an:

■ Sie instanziieren die Objekte in XAML (in einem Ressource-Abschnitt)

■ Sie instanziieren wie bisher die Objekte im Quellcode

HINWEIS Von der Möglichkeit, Objekte im XAML-Code zu instanziieren, halten die Autoren nicht allzuviel. Einerseits wird mit Klassen gearbeitet, die per Code definiert und verarbeitet werden, andererseits wird die Instanz in der Oberfläche, d.h. im XAML-Code, erzeugt. Das ist sicher nicht der Weisheit letzter Schluss. Gerade die üble Vermischung von Code und Oberfläche sollte eigentlich vermieden werden.

Fragwürdig werden Beispielprogramme dann, wenn im VB-Quellcode das zunächst in XAML erzeugte Objekt per *FindResource* gesucht wird (siehe folgender Abschnitt). Da pervertiert doch jede Form der sauberen Programmierung.

Wohlgemerkt wollen wir nicht die komplette Datenbindung im Code realisieren. Das ist sicher zu aufwändig und auch nicht notwendig. Doch aus Sicht des Programmierers sollte nicht die Oberfläche (XAML) sondern der Code im Mittelpunkt des Programms stehen.

Objekte im Code instanziieren

Erster Schritt, nach der Definition der Klasse, ist das Importieren des entsprechenden Namespaces in die XAML-Datei.

> **BEISPIEL**
>
> Import des aktuelle Namespace Datenbindung in die XAML-Datei
>
> ```
> <Window x:Class="Datenbindung.Window1"
>     xmlns="http://schemas.microsoft.com/winfx/2006/xaml/presentation"
>     xmlns:x="http://schemas.microsoft.com/winfx/2006/xaml"
>     xmlns:local="clr-namespace:Datenbindung"
> ...
> </Window>
> ```

Nachdem in XAML die entsprechende Klasse bekannt ist, kann diese auch verwendet werden, um eine eigene Instanz zu erzeugen.

> **BEISPIEL**
>
> Erzeugen der Instanz im XAML-Code (wir nutzen eine fiktive Klasse Schüler)
>
> ```
> ...
>  <Window.Resources>
>    <local:Schüler x:Key="sch1" Nachname="Gurkenkopf" Vorname="Sigfried" />
>  </Window.Resources>
> ```

Die Werte im Einzelnen:

- *local*: Der Bezug auf den Namespace

- *Schüler:* Der Klassenname

- *x:Key*: Der Schlüssel unter dem die Instanz verwendet werden kann

- Nachname, Vorname: Das Setzen einzelner Eigenschaften für die Instanz von *Schüler*

Letzter Schritt: wir nutzen die Möglichkeiten der Datenbindung und binden zwei *TextBox*en an die Eigenschaften *Nachname* und *Vorname*.

> **BEISPIEL**
>
> Bindung an das neue Objekt erzeugen
>
> ```
> <StackPanel Name="StackPanel1">
>   <TextBox Text="{Binding Source={StaticResource sch1}, Path=Nachname}" />
>   <TextBox Text="{Binding Source={StaticResource sch1}, Path=Vorname}" />
> </StackPanel>
> ```

Schon zur Entwurfszeit dürfte in den beiden *TextBox*en der gewünschte Inhalt auftauchen:

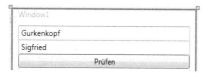

Abbildung 6.4 Entwurfsansicht

DataContext – die universelle Alternative zur Source

Wem die Verwendung der *Source*-Eigenschaft zu viel Schreibarbeit ist, der kann mit dem *DataContext* auch eine alternative Variante der Zuweisung nutzen. Diese Eigenschaft funktioniert wie *Source*, die Herkunft der Daten, hat jedoch zusätzlich die Fähigkeit, von übergeordneten auf untergeordnete Elemente vererbt zu werden. Damit können Sie beispielsweise einem *Panel* oder sogar dem gesamten *Window* einen *DataContext* zuweisen und diesen in allen enthaltenen Elementen nutzen. Sie sparen sich also die Angabe von *Source* bei jedem einzelnen Element.

> **BEISPIEL**
>
> Vereinfachung durch Verwendung eines *DataContext*

```
<StackPanel Name="StackPanel1" DataContext="{StaticResource sch1}">
  <TextBox Text="{Binding Path=Nachname}" />
  <TextBox Text="{Binding Path=Vorname}" />
...
```

Verwenden der Instanz im VB-Quellcode

Sicher nicht ganz abwegig ist der Wunsch, zur Laufzeit per VB-Code mit dem Objekt zu arbeiten, um z.B. die Werte in einer MessageBox anzuzeigen.

Hier wird die Programmierung dann schon recht windig, müssen Sie doch zunächst die entsprechende Ressource des *Window* suchen und typisieren.

> **BEISPIEL**
>
> Anzeige der Werte eines per XAML instanziierten Objekts

```
Private Sub Button_Click(sender As Object, e As RoutedEventArgs)
    Dim mySch As Schüler = CType(FindResource("sch1"), Schüler)
    MessageBox.Show(mySch.Nachname & ", " & mySch.Vorname)
End Sub
```

Aus Sicht eines Programmierers sieht das doch ziemlich merkwürdig aus, auch wenn sich hier der XAML-Profi freut, dass er sogar eine Instanz plus Wertzuweisung per XAML-Code realisiert hat.

Doch was passiert eigentlich mit der Datenbindung, wenn wir der Instanz ein paar neue Werte zuweisen? Ein Test ist schnell realisiert:

```
Private Sub Button_Click(sender As Object, e As RoutedEventArgs)
    Dim mySch As Schüler = CType(FindResource("sch1"), Schüler)
    mySch.Nachname = "Strohkopf"
End Sub
```

Der nachfolgende Blick auf die Oberfläche dürfte in den meisten Fällen für Ernüchterung sorgen, haben Sie Ihre .NET-Klasse (in diesem Fall *Schüler*) nicht entsprechend angepasst, passiert überhaupt nichts und in den *TextBox*en stehen nach wie vor die alten Werte.

Aktive Datenbindung – Anforderungen an die Quell-Klasse

Was im obigen Beispiel ist schief gelaufen? Eigentlich nichts, die neuen Werte stehen wirklich im Objekt, werden aber nicht angezeigt, weil die darstellenden Elemente von einer Wertänderung einfach nichts mitbekommen haben. Wir müssen diese quasi »wecken«, und was eignet sich dafür besser als Ereignisse?

WPF bietet für diese Aufgabe prinzipiell drei Varianten an:

- Sie implementieren in Ihrer Klasse das Interface *INotifyPropertyChanged* (Namespace *System.ComponentModel*) und nutzen das Ereignis *PropertyChanged* zur Mitteilung von Änderungen an den Eigenschaften

- Sie erstellen für jede relevante Eigenschaft des Objekts ein spezielles *<Eigenschaftsname>Changed*-Ereignis, das Änderungen anzeigt. Hier steigt mit zunehmnder Komplexität der Klasse auch der Aufwand überproportional an.

- Die dritte Variante ist das Implementieren von Abhängigkeitseigenschaften, diese verfügen »ab Werk« über die erforderliche Benachrichtigung an die gebundenen Elemente. Allerdings sollten Sie aus Aufwandsgründen Abhängigkeitseigenschaften nur für das Erstellen von WPF-Komponenten nutzen.

Sie ahnen es sicher, wir wollen das Brett an der dünnsten Stelle bohren und nutzen das *INotifyProperty-Changed*-Interface.

BEISPIEL

Unsere Klasse Schüler mit implementiertem *NotifyPropertyChanged*-Ereignis

```
Imports System.ComponentModel
Imports System.Collections.Specialized

Public Class Schüler
    Implements INotifyPropertyChanged

    Private _Nachname As String
    Private _Vorname As String
    Private _Geburtstag As DateTime

    Public Event PropertyChanged As PropertyChangedEventHandler _
                        Implements INotifyPropertyChanged.PropertyChanged

    Public Property Geburtstag() As DateTime
        Get
            Return _Geburtstag
        End Get
        Set(value As DateTime)
            _Geburtstag = value
            NotifyPropertyChanged("Geburtstag")
        End Set
    End Property
...
    Public Property Nachname() As String
        Get
            Return _Nachname
        End Get
        Set(value As String)
            _Nachname = value
```

```
        NotifyPropertyChanged("Nachname")
      End Set
   End Property

   Public Overloads Overrides Function ToString() As String
      Return Me._Nachname & ", " & Me._Vorname
   End Function

   Private Sub NotifyPropertyChanged(info As String)
      RaiseEvent PropertyChanged(Me, New PropertyChangedEventArgs(info))
   End Sub
End Class
```

HINWEIS   Geben Sie keinen Wert für *PropertyChangedEventArgs* an, geht WPF davon aus, dass sich alle Eigenschaften geändert haben, es werden also alle Bindungen aktualisiert.

Ändern Sie im Quellobjekt mehrere Eigenschaften gleichzeitig (z.B. per Methode), kann es sinnvoll sein, diese Änderung nur einmal anzuzeigen, d.h. das Ereignis auch nur einmal auszulösen.

HINWEIS   Damit die Klasse auch im XAML-Code instanziiert werden kann, muss diese über einen parameterlosen Konstruktor verfügen.

Einzige sinnvolle Ausnahme: Sie erzeugen per XAML Objekte und nutzen diese auch nur dort (z.B. Zugriff auf XML-Ressourcen per Url).

Instanziieren von Objekten per VB-Code

Eigentlich könnten wir Ihnen an dieser Stelle noch weitere Möglichkeiten zeigen, wie Sie in XAML-Objekte erzeugen bzw. zuweisen können, aber dies ist weder sinnvoll noch besonders übersichtlich. Wir wollen uns stattdessen mit der Vorgehensweise bei vorhandenen, d.h. per Code erzeugten, .NET-Objekten beschäftigen.

Zunächst bleiben wir bei unserem einfachen Beispiel mit der Instanz der Klasse *Schüler*.

BEISPIEL

Verwendung von instanziierten Objekten in XAML

Zunächst die Instanziierung:

```
Partial Public Class Objects_Collections

    Public Schueler As Schüler

    Private Sub Window_Loaded(sender As Object,
                              e As RoutedEventArgs)
```

Instanz erzeugen und Werte zuweisen:

```
        Schueler = New Schüler With {.Nachname = "Möhre", .Vorname = "Willi",
                                .Geburtstag = New DateTime(1919, 1, 1)})
```

Hier legen wir per VB-Code den DataContext fest:

```
        StackPanel1.DataContext = Schueler
    End Sub
```

Die spätere Abfrage des Objekts stellt jetzt überhaupt kein Problem dar, die Instanz liegt ja bereits vor:

```
    Private Sub Button_Click(sender As Object, e As RoutedEventArgs)
        MessageBox.Show(Schueler.Nachname & ", " & Schueler.Vorname)
    End Sub
...
```

Der vollständige XAML-Code:

```
<Window x:Class="Datenbindung.Window1"
    xmlns="http://schemas.microsoft.com/winfx/2006/xaml/presentation"
    xmlns:x="http://schemas.microsoft.com/winfx/2006/xaml"
    Title="Window1" Height="300" Width="300">
 <StackPanel Name="StackPanel1">
  <TextBox Text="{Binding Path=Nachname}" />
  <TextBox Text="{Binding Path=Vorname}" />
  <Button Click="Button_Click">Prüfen</Button>
 </StackPanel>
</Window>
```

Der Vorteil dieser Vorgehensweise: Sie entscheiden, wie und wann die Instanz erzeugt wird, können vorher noch diverse Methoden aufrufen, profitieren von der Syntaxprüfung und haben einen lesbaren Code.

Der einzige Nachteil: Sie haben keine Wertanzeige zur Entwurfszeit, im XAML-Code ist es nicht sofort erkennbar, welches Objekt zugeordnet wird. Dies ist allerdings auch gleich wieder der Vorteil, mit einem Klick können Sie einen neuen *DataContext* zuweisen und eine andere Instanz bearbeiten.

Datenbindung von Collections

Die bisherigen Ausführungen dürften zwar schon das Potenzial der Datenbindung demonstriert haben, doch nach der Pflicht kommt jetzt die Kür, d.h. die Arbeit mit einer Reihe von Objekten (Collections). Diese sind vor allem dann interessant, wenn Sie Objekte von Datenbanken abrufen, um diese in Eingabedialogen oder gleich in Listenfeldern darzustellen. Ausgangspunkt können hier Geschäftsobjekte, LINQ-Abfragen, Webdienste etc. sein.

> **HINWEIS**   Im vorliegenden Abschnitt werden wir uns zunächst auf eine »selbstgestrickte« Collection beziehen (wir verwenden das *Schüler*-Objekt aus dem vorhergehenden Abschnitt). Ab Seite 419 geht es dann mit Datenbindung in Verbindung mit LINQ to SQL-Abfragen weiter.

Anforderung an die Collection

Wie auch bei der Klassendefinition für das einzelne Objekt, werden auch an die Collection einige Anforderungen gestellt. Zwar können die WPF-Elemente durch die Verwendung der *INotifyPropertyChanged*-Schnittstelle auf Änderungen einzelner Objekteigenschaften reagieren, das Hinzufügen oder Löschen von ganzen Objekten ist davon aber nicht betroffen, eine *ListBox* oder ein *DataGrid* würden also nicht reagieren, wenn Sie per Code Einträge hinzufügen oder löschen würden.

Aus diesem Grund bietet WPF auch hier ein genormtes Interface für die Rückmeldung an: *INotifyCollectionChanged*.

> **HINWEIS** Eine Grundvoraussetzung für die Anzeige von Listen per WPF ist die Verwendung des *IEnumerable*-Interfaces.

Wollen Sie es sich leicht machen, können Sie direkt Collections der Klasse *ObservableCollection* (Namespace *System.Collections.ObjectModel*) erzeugen.

> **BEISPIEL**

(Fortsetzung) Erzeugen und Verwenden einer geeigneten Klasse für die Datenbindung von Collections

```
Partial Public Class Objects_Collections
```

Eine Collection von Schülern:

```
Public klasse As ObservableCollection(Of Schüler)
```

Im Loaded-Ereignis des Window erzeugen wir eine Instanz und füllen diese mit einigen Datensätzen:

```
Private Sub Window_Loaded(sender As Object, e As RoutedEventArgs)

    klasse = New ObservableCollection(Of Schüler)
    klasse.Add(New Schüler With {.Nachname = "Mayer", .Vorname = "Alexander",
                            .Geburtstag = New DateTime(2001, 11, 7)})
    klasse.Add(New Schüler With {.Nachname = "Müller", .Vorname = "Thomas",
                            .Geburtstag = New DateTime(2001, 10, 18)})
    klasse.Add(New Schüler With {.Nachname = "Lehmann", .Vorname = "Walter",
                            .Geburtstag = New DateTime(2001, 1, 21)})
```

Hier dürften Sie die Verbindung zur bisherigen Vorgehensweise sehen, die Collection wird als DataContext für das Fenster und damit für alle untergeordneten Elemente ausgewählt:

```
    Me.DataContext = klasse
End Sub
```

Einfache Anzeige

Damit können wir uns zunächst der einfachen Anzeige, z.B. in *TextBox*en, widmen.

> **BEISPIEL**

(Fortsetzung) Binden von TextBoxen an die Collection

```
<StackPanel Grid.Column="1" Background="Aqua">
  <Label Content="Nachname:" />
```

Hier werden die *TextBox*en an die Eigenschaften der Collection bzw. an das aktive Objekt der Collection gebunden:

```
<TextBox Name="txt1" Text="{Binding Path=Nachname}" />
<Label Content="Vorname:" />
```

Beachten Sie auch diese mögliche Kurzsyntax, die auf die Angabe von *Path* verzichtet:

```
<TextBox Name="txt2" Text="{Binding Vorname}" />
<Label Content="Geburtstag:" />
<TextBox Name="txt3" Text="{Binding Geburtstag}" />
```

Einige Schaltflächen definieren:

```
<StackPanel Orientation="Horizontal">
  <Button Content=" &lt; " Click="Button_Click_1" />
  <Button Content=" &gt; " Click="Button_Click"/>
  <Button Content=" New " Click="Button_Click_2"/>
  <Button Content=" Del " Click="Button_Click_3"/>
</StackPanel>
</StackPanel>
```

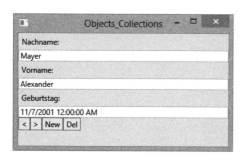

Abbildung 6.5 Das erzeugte Formular

Nach dem Start dürfte schon etwas in den Textfeldern angezeigt werden (das erste Objekt der Collection), ein Navigieren zwischen den einzelnen Datensätzen (Objekten) ist allerdings noch nicht möglich.

HINWEIS   An dieser Stelle müssen wir etwas vorgreifen, ab Seite 412 gehen wir auf dieses Thema im Detail ein.

Navigation zwischen den Objekten

Navigation zwischen Datensätzen bedeutet, dass auch irgendwo ein aktueller Datensatz gespeichert wird und entsprechende Navigationsmethoden zur Verfügung stehen. Auch bei intensiver Suche werden Sie aber derartige Eigenschaften zunächst nicht finden.

WPF erzeugt beim Binden von Collections automatisch eine Sicht auf die eigentliche Collection. Diese Sicht verwaltet den aktuellen Datensatz, bietet Navigationsmethoden an und ermöglicht das Filtern und Sortieren der Daten[1].

Diese automatisch erzeugte Sicht können Sie mit der Methode *CollectionViewSource.GetDefaultView* für eine spezifische Collection abrufen.

---

[1] Derartige Sichten können Sie auch selbst erstellen und quasi als Schicht zwischen Daten und DataContext schieben.

BEISPIEL

(Fortsetzung) Abrufen und Verwenden der *DefaultView* für unsere Collection

Wir erweitern die Liste der lokalen Variablen, um die Sicht zu speichern:

```
Private view As ICollectionView
...
Private Sub Window_Loaded(sender As Object, e As RoutedEventArgs)
    klasse = New ObservableCollection(Of Schüler)
    ...
```

Im *Loaded*-Ereignis rufen wir die Sicht ab:

```
    Me.view = CollectionViewSource.GetDefaultView(klasse)
End Sub
```

Jetzt können wir mit dieser Sicht auch die Navigation zwischen den einzelnen Elementen der Collection realisieren.

Nächstes Objekt:

```
Private Sub Button_Click(sender As Object, e As RoutedEventArgs)
    view.MoveCurrentToNext()
    If (view.IsCurrentAfterLast) Then view.MoveCurrentToLast()
End Sub
```

Vorhergehendes Objekt:

```
Private Sub Button_Click_1(sender As Object, e As RoutedEventArgs)
    view.MoveCurrentToPrevious()
    If (view.IsCurrentBeforeFirst) Then view.MoveCurrentToFirst()
End Sub
```

Wir fügen zum Testen ein neues Objekt zur Laufzeit in die Collection ein:

```
Private Sub Button_Click_2(sender As Object, e As RoutedEventArgs)
    klasse.Add(New Schüler With {.Nachname = "Möhre", .Vorname = "Willi",
                                 .Geburtstag = New DateTime(1919, 1, 1)})
End Sub
```

Auch das Löschen von Objekten ist auf diesem Wege möglich:

```
Private Sub Button_Click_3(sender As Object, e As RoutedEventArgs)
    klasse.Remove(CType(view.CurrentItem, Schüler))
End Sub
```

Nach dem Start des Beispiels können Sie zwischen den Objekten »navigieren«, Objekte hinzufügen und diese auch wieder löschen. Das Ganze kommt Ihnen sicherlich unter dem Stichwort »Datenbanknavigator« bekannt vor.

Einfache Anzeige in einer ListBox

Das Anzeigen von Einzeldatensätzen ist ja schon ganz gut, wie aber steht es mit dem Füllen von ganzen Listen? Auch hier können Sie, dank Datenbindung, schnell zu brauchbaren Ergebnissen kommen.

Aus XAML-Sicht sind für diese Aufgabe zunächst drei Eigenschaften von Interesse:

- *ItemsSource*
  diese Eigenschaft beschreibt die Herkunft der Daten (Objekt vom Typ *IEnumerable*).

- *DisplayMemberPath*
  bestimmt den Member des Einzelobjekts, der zur Anzeige genutzt werden soll

- *ItemTemplate*
  diese optionale Eigenschaft weist ein DataTemplate für die Darstellung des Einzeleintrags zu.

BEISPIEL

(Fortsetzung) Anbinden einer ListBox an unsere Collection

Es genügt zunächst die einfache Zuweisung von »{Binding}« an die *ItemsSource*:

```
<ListBox Height="100"  IsSynchronizedWithCurrentItem="True" Name="ListBox1"
         ItemsSource="{Binding}"/>
```

Der Hintergrund: Da die Collection bereits direkt an das Formular gebunden ist, brauchen wir hier nicht weitere Eigenschaften zu spezifizieren. Alternativ könnten Sie hier auch die Collection per *DataContext* zuweisen.

Und wofür ist das Attribut *IsSynchronizedWithCurrentItem* verantwortlich? Hier sollten Sie sich an unsere Sicht erinnern, die auch den aktuellen »Satzzeiger« verwaltet.

HINWEIS   Nur wenn Sie das Attribut auf *True* setzen, wird das aktuelle Item mit dem »Satzzeiger« synchronisiert (dies gilt für beide Richtungen).

```
Mayer, Alexander
Müller, Thomas
Lehmann, Walter
Möhre, Willi
```

Abbildung 6.6 Die angezeigte ListBox zur Laufzeit

HINWEIS   Die *ItemsSource*-Eigenschaft kann nur verwendet werden, wenn die *Items*-Collection eines *ItemsControl* leer ist. Falls nicht, wird Ihre Anwendung eine *InvalidOperationException* auslösen.

Doch woher »weiß« die *ListBox* eigentlich, welche Eigenschaften des *Schüler*-Objekts in der Liste darzustellen sind? Antwort: Sie weiß es nicht und verwendet in diesem Fall einfach die *ToString*-Methode des betreffenden Objekts. Wenn Sie jetzt mal kurz auf Seite 395 nachschlagen, werden Sie feststellen, dass wir in weiser Vorahnung bereits die *ToString*-Methode überschrieben haben und damit jetzt eine Kombination aus *Nachname* und *Vorname* zurückgeben (siehe oben).

Verwendung von DisplayMemberPath

Natürlich ist das Überschreiben der *ToString*-Methode nicht der Weisheit letzter Schluss und so ist es sicher sinnvoll noch einen anderen Weg zur Auswahl des anzuzeigenden Members zu unterstützen. Genau für diesen Zweck wird die *DisplayMemberPath*-Eigenschaft angeboten, diese bestimmt, welcher Member für den Text des Listeneintrags verwendet wird.

BEISPIEL

Verwendung von DisplayMemberPath für die Auswahl der anzuzeigenden Eigenschaft

```
<ListBox Height="100"  IsSynchronizedWithCurrentItem="True" Name="ListBox1"
         ItemsSource="{Binding}" DisplayMemberPath="Nachname"/>
```

Abbildung 6.7 Laufzeitansicht

Leider genügt jedoch auch diese Version der Anzeigeformatierung nicht immer, und so landen wir unweigerlich bei den *DataTemplates*.

DataTemplates zur Anzeigeformatierung

Obige Art der Datenbindung dürfte in vielen Fällen wohl kaum genügen. Die WPF-Entwickler haben auch für diesen Fall vorgesorgt und mit dem *DataTemplate* ein mächtiges Werkzeug geschaffen.

Das Prinzip: Jeder *ListBox/ComboBox* können Sie ein *DataTemplate* zuweisen, das dafür verantwortlich ist, wie das einzelne Item aufgebaut ist (quasi eine Schablone in die die Daten eingefügt werden). Und da WPF im Content eines Items fast jede Zusammenstellung von Elementen akzeptiert, können Sie hier Formatierungen beliebiger Art erzeugen (natürlich im Rahmen der XAML-Vorgaben).

BEISPIEL

(Fortsetzung) Wir wollen in der ListBox eine zweispaltige Anzeige realisieren (links der Nachname, rechts der Nachname und der Vorname).

In den Ressourcen (z.B. Window) erzeugen Sie das erforderliche *DataTemplate*:

```
<Window.Resources>
  <DataTemplate x:Key="SchülerListTemplate">
```

Das Layout bestimmen Sie:

```
<StackPanel Orientation="Horizontal">
```

Bei der Zuweisung von Inhalten können Sie jetzt direkt auf die Eigenschaften zugreifen:

```
<TextBlock VerticalAlignment="Top" Width="100" Text="{Binding Path=Nachname}" />
<StackPanel>
  <TextBlock Text="{Binding Path=Nachname}" />
  <TextBlock Text="{Binding Path=Vorname}" />
</StackPanel>
</StackPanel>
```

```
    </DataTemplate>
  </Window.Resources>
...
```

Last but not least müssen Sie der *ListBox* auch noch das Template zuweisen:

```
...
    <ListBox Height="100"  IsSynchronizedWithCurrentItem="True" Name="ListBox2"
          ItemsSource="{Binding}" ItemTemplate="{StaticResource SchülerListTemplate}"/>
...
```

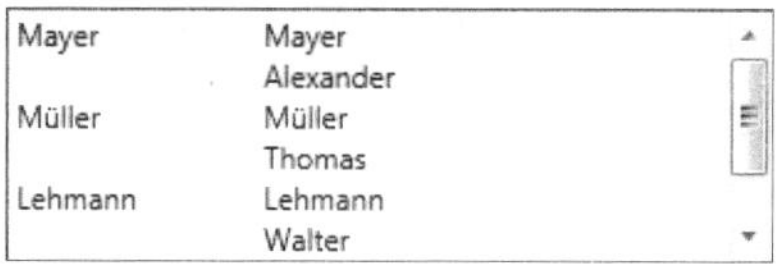

Mayer	Mayer	
	Alexander	
Müller	Müller	
	Thomas	
Lehmann	Lehmann	
	Walter	

Abbildung 6.8 Die erzeugte ListBox

Dass Sie hier auch mit Grafiken, optischen Effekten, KontextMenüs etc. arbeiten können, sollte nach den Darstellungen der vorhergehenden Kapitel klar sein.

Mehr zu List- und ComboBox

An dieser Stelle wollen wir uns noch einige spezielle Eigenschaften von *List-* und *ComboBox* ansehen, die in der täglichen Programmierpraxis von Bedeutung sind.

SelectedIndex

Möchten Sie Einträge in der *ListBox* auswählen bzw. bestimmen der wievielte Eintrag (Index) in der Liste markiert ist, können Sie die *SelectedIndex*-Eigenschaft verwenden.

BEISPIEL

Auswahl des **zweiten** Eintrags

```
    Private Sub Button_Click(sender As Object, e As RoutedEventArgs)
        ListBox1.SelectedIndex = 1
    End Sub
```

SelectedItem/SelectedItems

Möchten Sie das markierte Listenelement selbst abrufen bzw. das damit verbundene Objekt, verwenden Sie die *SelectedItem*-Eigenschaft. Alternativ können Sie auch eine Liste der markierten Einträge mit *Selected-Items* abrufen.

HINWEIS   Die Collection *SelectedItems* steht Ihnen nur zur Verfügung, wenn Sie *SelectionMode* auf *Multiple* festgelegt haben.

Verwendung *SelectedItem/SelectedItems*

Wir nutzen unsere überschriebene *ToString*-Methode:

```
MessageBox.Show(ListBox1.SelectedItem.ToString)
```

Wir greifen direkt auf einen Member (typisieren nicht vergessen) zu:

```
MessageBox.Show(CType(ListBox1.SelectedItem, Schüler).Nachname)
```

Wir zeigen alle markierten Einträge:

```
For Each s As Schüler In ListBox1.SelectedItems
    MessageBox.Show(s.Nachname)
Next
```

SelectedValuePath und SelectedValue

Mit *SelectedValuePath* können Sie festlegen, welcher Member von der Eigenschaft *SelectedValue* zurückgegeben wird. Dies ist im Zusammenhang mit Datenbanken meist der Primärindex der Tabelle, mit dem Sie einen Datensatz eindeutig identifizieren können.

HINWEIS Ist *SelectedValuePath* nicht festgelegt, gibt *SelectedValue* das komplette Objekt zurück (dies entspricht *SelectedItem*).

Verwendung *SelectedValuePath* und *SelectedValue*

```
<ListBox  IsSynchronizedWithCurrentItem="True" Name="ListBox1"
          ItemsSource="{Binding}" DisplayMemberPath="Nachname"
          SelectedValuePath="Geburtstag"/>
```

Der VB-Quelltext:

```
Private Sub Button2_Click(sender As Object, e As RoutedEventArgs)
    MessageBox.Show(ListBox1.SelectedValue.ToString())
End Sub
```

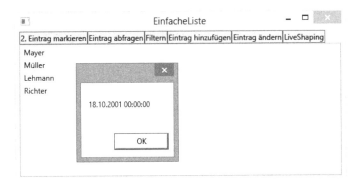

Abbildung 6.9 Das Ergebnis zur Laufzeit

Verwendung der ListView

Im vorhergehenden Kapitel hatten wir die *ListView* ja bereits kurz gestreift (Trockenschwimmen), an dieser Stelle zeigen wir Ihnen die *ListView* »in Action«.

Einfache Bindung

Prinzipiell ist die *ListView* der *ListBox* recht ähnlich, die Anbindung der Einträge erfolgt ebenfalls per *Items-Source*, die Auswahl bzw. Bestimmung (*SelectedItem, SelectedValue* etc.) der markierten Einträge ist analog realisiert.

Neu ist, dass die *ListView* über Spaltenköpfe verfügt, die Sie getrennt konfigurieren können (*GridView-ColumnHeader*) und gegebenenfalls auch für das Sortieren (siehe 2. Beispiel) verwenden können.

Ein weiterer Unterschied ist die Unterstützung von verschiedenen Ansichten, von denen jedoch nur die *GridView* vordefiniert ist. Im weiteren werden wir uns auch nur auf diese Ansicht beschränken.

BEISPIEL

(Fortsetzung) Anzeige der Collection-Daten in einer ListView

Zuweisen der Datenquelle (Übernahme von *Window.DataContext*):

```
<ListView Height="100" IsSynchronizedWithCurrentItem="True" ItemsSource="{Binding}">
  <ListView.View>
```

Hier wird die *GridView* definiert:

```
<GridView>
```

Die einzelnen Spalten definieren:

```
<GridView.Columns>
```

Und jetzt wird es einfach, binden Sie lediglich die gewünschten Eigenschaften an die einzelnen Spalten der *GridView*:

```
<GridViewColumn Header="Name" DisplayMemberBinding="{Binding Path=Nachname}" />
<GridViewColumn Header="Vorname"
                DisplayMemberBinding="{Binding Path=Vorname}" />
    </GridView.Columns>
  </GridView>
 </ListView.View>
</ListView>
...
```

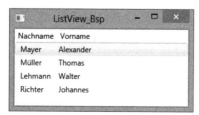

Abbildung 6.10 Das Endergebnis zur Laufzeit

Sortieren der Einträge

Wie schon erwähnt, können Sie die Spaltenköpfe auch für das Sortieren der Einträge nutzen. Ein einfaches Beispiel zeigt die Vorgehensweise:

BEISPIEL

Sortieren nach Klick auf den jeweiligen Spaltenkopf

Unsere Änderung in der Seitenbeschreibung:

```
<ListView Name="ListView1" IsSynchronizedWithCurrentItem="True"
          ItemsSource="{Binding}">
    <ListView.View>
        <GridView>
            <GridView.Columns>
                <GridViewColumn DisplayMemberBinding="{Binding Path=Nachname}" >
                    <GridViewColumnHeader Click="SortClick" Content="Nachname" />
                </GridViewColumn>
                <GridViewColumn DisplayMemberBinding="{Binding Path=Vorname}" >
                    <GridViewColumnHeader Click="SortClick" Content="Vorname" />
                </GridViewColumn>
            </GridView.Columns>
        </GridView>
    </ListView.View>
</ListView>
```

Der nötige Quellcode fällt recht kurz aus:

```
Imports System.ComponentModel
Imports System.Collections.ObjectModel
...
    Private Sub SortClick(sender As Object, e As RoutedEventArgs)
```

Zunächst die betreffende Spalte bestimmen:

```
Dim spalte As GridViewColumnHeader = TryCast(sender, GridViewColumnHeader)
```

Die Defaultview bestimmen:

```
Dim view As ICollectionView =
            CollectionViewSource.GetDefaultView(ListView1.ItemsSource)
```

Eine neue Sortierfolge festlegen:

```
view.SortDescriptions.Clear()
view.SortDescriptions.Add(New SortDescription(spalte.Content.ToString(),
                        ListSortDirection.Ascending))
```

Und aktualisieren:

```
    view.Refresh()
End Sub
```

Auf weitere Experimente mit der *ListView* verzichten wir an dieser Stelle, mit dem *DataGrid* steht uns ein wesentlich mächtigeres Control zur Verfügung. Mehr dazu ab Seite 441.

Probleme mit der Datenübernahme

Haben Sie die bisherigen Beispiele ausprobiert, wird Ihnen vielleicht ein kleines logisches Problem aufgefallen sein. Gehen wir zunächst von einer Eingabemaske mit mehreren Textfeldern und einer Übersichtsliste aus. Editieren Sie jetzt einen Wert in einem Textfeld und wechseln Sie zum nächsten Textfeld, wird der Eingabewert dem gebundenen Objekt zugewiesen. Automatisch erfolgt nun auch die Anzeige im Listenfeld. So weit – so gut, doch was, wenn Sie diese Änderungen nur in Ihrer Gesamtheit realisieren wollen? Insbesondere bei neuen Datensätzen möchten Sie vielleicht erst alle Member zuweisen, bevor Sie das Objekt der Liste hinzufügen. In der »Computersteinzeit« gab es für diesen Fall eigentlich immer drei Schaltflächen »Editieren«, »Speichern« und »Abbrechen«. Dieses Konzept lässt sich auf den ersten Blick so nicht mit der automatischen Datenbindung vereinen. Gott sei Dank hatten die WPF-Entwickler ein Einsehen, und so findet sich mit der *BindingGroup* eine Lösung für unser Problem.

Mit einer *BindingGroup* können Sie die Eingaben quasi in einer Transaktion ablaufen lassen. Die drei passenden Methoden *BeginEdit*, *CommitEdit* und *CancelEdit* dürften selbsterklärend sein. Ein kleines Beispiel zeigt die Vorgehensweise.

BEISPIEL

Verwendung einer *BindingGroup*

```
<Window x:Class="Datenbindung.Objects_Collections_BindingGroup"
    xmlns="http://schemas.microsoft.com/winfx/2006/xaml/presentation"
    xmlns:x="http://schemas.microsoft.com/winfx/2006/xaml"
    xmlns:local="clr-namespace:Datenbindung"
    Title="Objects Collections mit BindingGroup" Height="300" Width="511">
```

Zentrale Definition im Window:

```
<Window.BindingGroup>
    <BindingGroup Name="SchuelerGroup" />
</Window.BindingGroup>
<Window.Resources>
...
    <StackPanel Grid.Column="1" Background="Aqua">
        <Label Content="Nachname:" />
        <TextBox Name="txt1" Text="{Binding Path=Nachname" />
        <Label Content="Vorname:" />
...
```

Mit zwei zusätzlichen Schaltflächen realisieren wir die Abbruch- und die Sichern-Funktion:

```
Private Sub Button_Click_5(sender As Object, e As RoutedEventArgs)
    Me.BindingGroup.CommitEdit()
End Sub

Private Sub Button_Click_4(sender As Object, e As RoutedEventArgs)
    Me.BindingGroup.CancelEdit()
End Sub
```

Und wo bleibt das initiale *BeginEdit*? Ganz einfach, wenn Sie im ersten Textfeld etwas bearbeiten, wird diese Methode automatisch gestartet.

Starten Sie obiges Beispiel, können Sie in die Textfelder neue Werte eingeben, ohne dass dies sich zunächst auf die gleichzeitig gebundenen Listenfelder auswirkt. Erst mit dem *CommitEdit* werden die Änderungen auch wirklich in die gebundenen Objekte geschrieben und damit auch in den Listenfeldern sichtbar. Ein Klick auf die *Abbruch*-Schaltfläche bringt die ursprünglichen Werte wieder zurück.

Doch was passiert eigentlich bei einem Wechsel des aktiven Objekts (Satzzeiger) per Listenauswahl oder über die Navigationsmethoden? Hier wird standardmäßig der eingegebene Wert übernommen, also die Methode *CommitEdit* aufgerufen.

Wem dieses Verhalten nicht passt, d.h. wer Wert darauf legt, dass die *CommitEdit*-Methode explizit aufgerufen wird, der sollte auf die Navigation zwischen den einzelnen Objekten per Ereignis reagieren.

BEISPIEL

Verwerfen der Werte beim Navigieren zwischen den einzelnen Objekten

```
Imports System.Collections.ObjectModel
Imports System.ComponentModel

Public Class Objects_Collection_BindingGroup

    Public Klasse As ObservableCollection(Of Schüler)
```

Wir benötigen die *CollectionViewSource* unserer Klasse:

```
    Private view As ICollectionView

    Public Sub New()
        Klasse = New ObservableCollection(Of Schüler)()
...
        InitializeComponent()
        Me.DataContext = Klasse
        Me.view = CollectionViewSource.GetDefaultView(Klasse)
        AddHandler Me.view.CurrentChanging, AddressOf view_CurrentChanging
    End Sub
```

Mit jedem anstehendem Wechsel werden die Änderungen verworfen:

```
    Private Sub view_CurrentChanging(sender As Object, e As CurrentChangingEventArgs)
        Me.BindingGroup.CancelEdit()
    End Sub
```

Optional können Sie natürlich auch gezielter vorgehen und dem Endanwender die Auswahl überlassen:

```
...
    Private Sub view_CurrentChanging(sender As Object, e As CurrentChangingEventArgs)
        If Me.BindingGroup.IsDirty Then
            If MessageBox.Show("Änderung verwerfen?", "Frage",
                            MessageBoxButton.YesNo) = MessageBoxResult.Yes Then
                Me.BindingGroup.CancelEdit()
            Else
                Me.BindingGroup.CommitEdit()
            End If
        End If
    End Sub
...
```

Obige Verwendung ist eigentlich ein »Abfallprodukt« der *BindingGroup*. Hauptanwendungsgebiet ist die Fehlerprüfung, auf die wir aber erst ab Seite 433 eingehen.

Ein Blick hinter die Kulissen

Nachdem wir in den vorhergehenden Abschnitten schon mehrfach vorgegriffen haben, wollen wir an dieser Stelle noch einmal kurz auf einige Details der Datenbindung eingehen.

Interessant für den Datenbankprogrammierer ist vor allem eine Zwischenschicht, die vom WPF quasi zwischen die Daten (Collections) und die reinen Anzeige-Controls (z.B. *ListView*) geschoben wird, um einige datenbanktypische Operationen zu ermöglichen:

- Verwaltung des aktuellen Satzzeigers
- Navigation zwischen den Datensätzen
- Sortieren
- Filtern
- Gruppieren

Die Rede ist von der Klasse *CollectionView,* um deren Erzeugung Sie sich nicht selbst kümmern müssen, da Sie diese automatisch erstellte View recht einfach abrufen können.

BEISPIEL

Abrufen der CollectionView

```
...
    Private view As ICollectionView
...
    Private Sub Window_Loaded(sender As Object, e As RoutedEventArgs)
        lvOrder.DataContext = db.Orders
        Me.view = CollectionViewSource.GetDefaultView(lvOrder.DataContext)
    End Sub
...
```

Mit dieser *CollectionView* stellt es jetzt kein Problem dar, die oben gewünschten Datenbankfunktionen zu implementieren.

Navigieren in den Daten

Wie schon in den vorhergehenden Abschnitten gezeigt, ist eine der Hauptaufgaben der *CollectionView* die Verwaltung des »Satzzeigers«. Dazu steht Ihnen zunächst die Eigenschaft *CurrentItem* zur Verfügung, die das aktuell ausgewählte Element der gebundenen Collection zurückgibt.

Weitere interessante Eigenschaften zeigt die Tabelle 6.2.

Eigenschaften	Beschreibung
CurrentItem	Aktuelles Element der Auflistung
CurrentPosition	Ordinalposition des aktuellen Elements in der Auflistung
IsCurrentAfterLast	Befindet sich der »Satzzeiger« hinter dem Ende der Auflistung?
IsCurrentBeforeFirst	Befindet sich der »Satzzeiger« vor dem Beginn der Auflistung?

Tabelle 6.2 *CollectionView*-Eigenschaften

Die eigentliche Navigation realisieren Sie mit den folgenden Methoden:

Methoden	Beschreibung
MoveCurrentTo	Das übergebene Element wird als *CurrentItem* festgelegt
MoveCurrentToFirst	»Satzzeiger« auf das erste Element verschieben
MoveCurrentToLast	»Satzzeiger« auf das letzte Element verschieben
MoveCurrentToNext	»Satzzeiger« auf das folgende Element verschieben
MoveCurrentToPosition	»Satzzeiger« auf den angegebenen Index verschieben
MoveCurrentToPrevious	»Satzzeiger« auf das vorhergehende Element verschieben

Tabelle 6.3 *CollectionView*-Methoden

BEISPIEL

Navigationstasten für »Vor« und »Zurück«

```
Private Sub Button_Click(sender As Object, e As RoutedEventArgs)

    view.MoveCurrentToNext()
    If (view.IsCurrentAfterLast) Then view.MoveCurrentToLast()
End Sub

Private Sub Button_Click_1(sender As Object, e As RoutedEventArgs)

    view.MoveCurrentToPrevious()
    If (view.IsCurrentBeforeFirst) Then view.MoveCurrentToFirst()
End Sub
```

BEISPIEL

Verwendung von *CurrentItem*

Löschen eines Listeneintrags per *CurrentItem* und Typisierung:

```
Private Sub Button_Click_3(sender As Object, e As RoutedEventArgs)
    klasse.Remove(CType(view.CurrentItem, Schüler))
End Sub
```

Sortieren

Das sich die *CollectionView* auch zum Sortieren eignet, haben wir ja bereits am Beispiel der *ListView* gezeigt, wo durch Klicken auf den Spaltenkopf die Collection nach der jeweiligen Spalte sortiert wurde.

Zum Einsatz kommt die Collection *SortDescriptions,* die neben den Membernamen auch die Sortierfolge enthält. Da es sich um eine Collection handelt, können Sie auch mehrere Elemente angeben:

BEISPIEL

Sortieren einer Collection

```
Private Sub SortClick(sender As Object, e As RoutedEventArgs)
    Dim spalte As GridViewColumnHeader = TryCast(sender, GridViewColumnHeader)
```

CollectionView abrufen:

```
Dim view As ICollectionView =
        CollectionViewSource.GetDefaultView(ListView1.ItemsSource)
```

Bisherige Sortiervorgaben löschen:

```
view.SortDescriptions.Clear()
```

Eine neue Sortierfolge (Spaltenname, Aufsteigend) festlegen:

```
view.SortDescriptions.Add(New SortDescription(spalte.Content.ToString(),
                    ListSortDirection.Ascending))
```

Ansicht aktualisieren:

```
    view.Refresh()
End Sub
```

Filtern

Auch wenn Sie mit dieser Variante vorsichtig sein sollten (Daten werden vor der Anzeige gefiltert, um unnötigen Traffic zu vermeiden), so besteht doch die Möglichkeit, zur Laufzeit gezielt Daten aus der gebundenen Collection herauszufiltern. Nutzen Sie dazu die *Filter*-Eigenschaft, der Sie eine selbst zu definierende Methode zuweisen.

BEISPIEL

Filter festlegen

Zunächst unsere Filterfunktion (alle Einträge die mit »T« beginnen):

```
Protected Function MeinFilter(value As Object) As Boolean
    Dim s As Schüler = TryCast(value, Schüler)
    Return s.Vorname.StartsWith("T")
End Function
```

Und hier wird der Filter zugewiesen (ein Aktualisieren ist nicht nötig):

```
Private Sub Button3_Click(sender As Object, e As RoutedEventArgs)
    Dim view As ICollectionView = CollectionViewSource.GetDefaultView(ListBox1.ItemsSource)
    view.Filter = AddressOf MeinFilter
End Sub
```

> **HINWEIS**   Möchten Sie den Filter wieder löschen, weisen Sie der Eigenschaft einfach *Nothing* zu.

Obiges Verfahren eignet sich beispielsweise sehr gut dazu, Filter auf die Inhalte von Auswahllisten anzuwenden. Der Anwender gibt Werte ein und zeitgleich werden alle betreffenden Einträge herausgefiltert. Abschließend kann der Nutzer einen Eintrag selektieren. Dies ist ohne erneute Datenbankzugriffe möglich und damit auch entsprechend schnell.

Gruppieren

Wem die bisherigen Möglichkeiten noch nicht genügen, dem bietet sich als dritte Variante noch das Gruppieren der Daten an. Doch bevor Sie die Erfolge z.B. in einer *ListView* betrachten können, ist etwas Handarbeit nötig. In einem ersten Schritt fügen Sie der aktuellen *View* eine *PropertyGroupDescription* hinzu, die definiert, welches Feld für die Gruppierung genutzt werden soll. Optional haben Sie hier die Möglichkeit, auch einen *ValueConverter* einzusetzen. Mit Hilfe des Konverters lässt sich beispielsweise der Feldwert anpassen (z.B. nur der erste Buchstabe oder nur das Jahr eines Datums), alternativ können Sie hier aber auch etwas mehr Aufwand investieren und auch Daten aus anderen Tabellen nachschlagen.

Die solcherart gruppierte *View* hat zunächst noch keine Auswirkungen auf die Anzeige, dafür müssen Sie schon den *GroupStyle* der *ListView* entsprechend anpassen. Dies betrifft vor allem das *HeaderTemplate*, also die Zeile, welche die einzelnen Gruppen voneinander trennt.

> **BEISPIEL**
>
> Gruppieren der Schülerliste nach dem ersten Buchstaben des Nachnamens

```
Imports System.Collections.ObjectModel
Imports System.ComponentModel

Public Class ListView_Gruppiert

    Public Klasse As ObservableCollection(Of Schüler)
    Private view As ICollectionView

    Public Sub New()
        InitializeComponent()

        Klasse = New ObservableCollection(Of Schüler)()

        Klasse.Add(New Schüler() With {
            .Nachname = "Mayer",
            .Vorname = "Alexander",
            .Geburtstag = New DateTime(2001, 11, 7)
        })
```

```
        Klasse.Add(New Schüler() With {
            .Nachname = "Rammer",
            .Vorname = "Willi",
            .Geburtstag = New DateTime(2001, 10, 18)
        })
...
        Me.DataContext = Klasse
```

View abrufen:

```
        Me.view = CollectionViewSource.GetDefaultView(Me.DataContext)
```

Wir fügen unsere *PropertyGroupDescription* für die Spalte *Nachname* hinzu:

```
        this.view.GroupDescriptions.Add(
            Me.view.GroupDescriptions.Add(New PropertyGroupDescription("Nachname",
                                        New FirstLetterConverter()))
    End Sub
```

Das Problem ist an dieser Stelle, dass wir lediglich den ersten Buchstaben als Gruppierungskriterium nutzen wollen. Dazu benötigen wir einen einfachen *ValueConverter*, der uns den ersten Buchstaben »herausfiltert«:

```
Imports System.Globalization

Public Class FirstLetterConverter
    Implements IValueConverter

    Public Function Convert(value As Object, targetType As Type, parameter As Object,
                            culture As CultureInfo) As Object Implements IValueConverter.Convert
        Dim s As String = DirectCast(value, String)
        Return s(0)
    End Function

    Public Function ConvertBack(value As Object, targetType As Type, parameter As Object,
                            culture As CultureInfo) As Object Implements IValueConverter.ConvertBack
        Throw New NotSupportedException()
    End Function
End Class
```

Der letzte Schritt ist das Anpassen unserer *ListView*:

```
...
        <ListView>
            <ListView.GroupStyle>
                <GroupStyle>
```

Hier wird die »Trennzeile« zwischen den Gruppen definiert:

```
                <GroupStyle.HeaderTemplate>
                    <DataTemplate>
```

Wir können unter anderem auf den Gruppierungsnamen zugreifen, das ist das Kriterium:

```
                        <TextBlock Text="{Binding Path=Name}"
                            FontWeight="Bold"  Foreground="Yellow"
                            Background="Red"  Margin="0,5,0,5" Padding="5"/>
```

```
                </DataTemplate>
              </GroupStyle.HeaderTemplate>
            </GroupStyle>
          </ListView.GroupStyle>
        </ListView>
...
```

Das Endergebnis unserer Bemühungen:

Abbildung 6.11 Eine gruppierte ListView

Live Shaping

Die vorhergehenden Funktionen zum Sortieren, Filtern und auch Gruppieren funktionieren recht gut, auch wenn Sie zum Beispiel neue Einträge zur Collection hinzufügen. Alternativ können Sie auch die *Refresh*-Methode der *CollectionView* aufrufen.

Doch was, wenn Sie lediglich ein Objekt der Collection bearbeiten und sich so z.B. die Filterbedingung für dieses Objekt ändert? In diesem Fall werden Sie schnell feststellen, dass Anzeige und Inhalt der Collection nicht mehr übereinstimmt.

BEISPIEL

(Fortsetzung) Fehlende Aktualisierung

Filtern Sie die Daten und rufen Sie folgende Methode auf, passiert nichts:

```
Private Sub Button5_Click(sender As Object, e As RoutedEventArgs)
    Dim schueler As Schüler = Klasse.Where(
                        Function(sch) sch.Vorname = "Thomas").FirstOrDefault()
    schueler.Vorname = "aaaa"
```

Erst nach einem Refresh sind die gefilterten Daten auch aktuell:

```
    ' Dim view As ICollectionView =
            CollectionViewSource.GetDefaultView(ListBox1.ItemsSource)
    ' view.Refresh()
End Sub
...
```

Hier hilft Ihnen Live Shaping weiter. Über das Interface *ICollectionViewLiveShaping* können Sie bestimmte Spalten zur Überwachung anmelden.

Jeweils drei neue Member sind für die weitere Arbeit interessant:

- Die Eigenschaft *CanChangeLiveFiltering (... Sorting, ...Grouping)* bestimmt, ob die Überwachung möglich ist.

- Die Eigenschaft *IsLiveFiltering (... Sorting, ...Grouping)* bestimmt, ob die Überwachung eingeschaltet ist

- Die Collection *LiveFilteringProperties (... Sorting..., ...Grouping...)* enthält die Namen der zu überwachenden Eigenschaften.

BEISPIEL

Filtern mit Live Shaping

```
...
    Private Sub Button6_Click(sender As Object, e As RoutedEventArgs)
```

Filter wie bekannt festlegen:

```
        Dim view As ICollectionView =
                    CollectionViewSource.GetDefaultView(ListBox1.ItemsSource)
        view.Filter = AddressOf MeinFilter
```

Wir rufen das neue Interface ab:

```
        Dim viewls As ICollectionViewLiveShaping = TryCast(view, ICollectionViewLiveShaping)
```

Test auf Interface:

```
        If viewls Is Nothing Then
            MessageBox.Show("Nicht unterstützt!")
        End If
```

Ist die Überwachung möglich:

```
        If viewls.CanChangeLiveFiltering Then
```

Feld *Vorname* soll überwacht werden:

```
            viewls.LiveFilteringProperties.Add("Vorname")
            viewls.IsLiveFiltering = True
        End If
    End Sub
...
```

HINWEIS   Da diese Form der Überwachung recht ressourcenintensiv ist, sollten Sie davon nur Gebrauch machen, wenn es unbedingt nötig ist.

Die Anzeige von Datenbankinhalten

Anzeige eigener Collections gut und schön, aber wir wollen auch noch kurz einen Blick auf das große Ganze werfen und damit sind wir schon bei der "Königsdisziplin", den Datenbanken, angelangt.

Folgende wichtige Möglichkeiten bestehen:

- Sie laden die Daten per *DataReader* in Ihre eigenen Collections (*ObservableCollection*) und binden diese an die Oberflächenelemente

- Sie verwenden DataSets bzw. die enthaltenen DataTables für die Datenbindung

- Sie nutzen LINQ to SQL oder LINQ to Entities, um Daten aus den entsprechenden Quellen abzurufen.

Auf die erste Variante müssen wir sicher nicht weiter eingehen, diese wird in Kapitel 3 (ADO.NET) ausführlich vorgestellt. Wer Wert auf maximale Performance legt ist damit gut beraten.

Die drei anderen Verfahren stellen wir Ihnen im Folgenden kurz vor, entsprechende Beispiele im How-to-Teil runden die Ausführungen dazu ab.

DataSet

Prinzipiell erwartet Sie hier nichts Neues, Sie können Datenbindung sowohl zu typisierten als auch zu untypisierten DataSets realisieren.

HINWEIS　　Bei untypisierten DataSets müssen Sie beachten, dass Sie eine *DataTable* nicht direkt an die *ItemsSource* binden können. Nutzen Sie in diesen Fällen einfach die *DefaultView* der *DataTable*, diese implementiert die nötige Schnittstelle *IEnumerable*.

BEISPIEL

Datenbindung untypisiertes DataSet

```
Imports System.Data.SqlClient
Imports System.Data
...
    Private Sub Button_Click_1(sender As Object, e As RoutedEventArgs)
        Dim connstr As String = My.Settings.NORTHWINDConnectionString
        Dim conn As New SqlConnection(connstr)
        Dim cmd As New SqlCommand("SELECT * FROM Customers", conn)
        Dim ds As New DataSet()
        Dim da As New SqlDataAdapter(cmd)
        da.Fill(ds)
        DataGrid1.ItemsSource = ds.Tables(0).DefaultView
    End Sub
```

Alternativ geht es mit Hilfe des DataContext aber auch so:

```
        Me.DataContext = ds.Tables(0)
```

Datenbindung typisierte DataSet

```
Private Sub Button_Click_2(sender As Object, e As RoutedEventArgs)
    Dim ds As New NORTHWINDDataSet()
    Dim ta As New NORTHWINDDataSetTableAdapters.ProductsTableAdapter()
    ta.Fill(ds.Products)
    DataGrid1.ItemsSource = ds.Products
End Sub
```

LINQ to SQL

Ist Ihnen die Arbeit mit den DataSets zu umständlich und nicht »objektorientiert« genug, werden Sie früher oder später auch mit LINQ to SQL in Berührung kommen. Bei den Grundlagen wollen wir uns an dieser Stelle nicht lange aufhalten, dazu steht Ihnen das Kapitel 18 zur Verfügung.

Ein Beispiel zur Anzeige aller Bestelldetails für eine bestimmte Bestellnummer zeigt die Vorgehensweise.

Mapperklassen erzeugen

Fügen Sie zunächst Ihrem WPF-Projekt eine neue »LINQ to SQL Klasse« hinzu, um den LINQ to SQL-Designer zu öffnen (*Projekt|Neues Element hinzufügen*). Damit haben Sie bereits die zentrale *DataContext*-Klasse[1] erstellt. Den Namen dieser Klasse können Sie jetzt gegebenenfalls über das Eigenschaftenfenster anpassen (wir wählen *NWDataContext*).

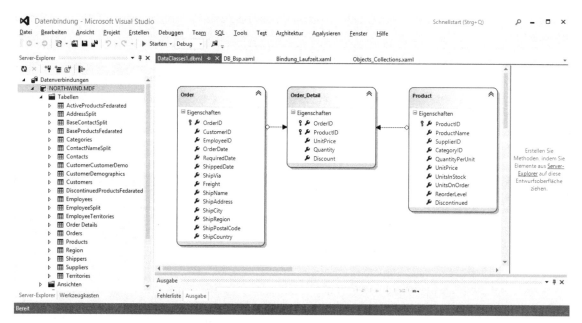

Abbildung 6.12   Die gewünschten Tabellen im LINQ to SQL-Designer

---

[1] Ja, das ist wieder eine der »glücklich« gewählten Namensübereinstimmungen. Dieser *DataContext* hat nichts mit dem WPF-Data-Context zu tun!

In die noch leere Arbeitsfläche (diese ähnelt dem Klassendesigner) fügen Sie die benötigten SQL-Server-Tabellen ein. Nutzen Sie dazu den Server-Explorer (siehe linke Seite).

> **HINWEIS**   Für unser Beispiel fügen Sie die Tabellen *Order, Order_Detail* und *Product* ein.

Der Designer erstellt nachfolgend automatisch die erforderlichen VB-Mapperklassen für die einzelnen Tabellen sowie deren Associations. Damit sind wir aber auch schon wieder bei den schon bekannten Collections angekommen, die weitere Vorgehensweise dürfte Ihnen also bekannt vorkommen.

> **HINWEIS**   Sie können neben reinen Tabellen auch Views bzw. Gespeicherte Prozeduren in den Designer einfügen. Views werden wie Tabellen behandelt, Gespeicherte Prozeduren werden als Methoden der *DataContext*-Klasse mit typisierten Rückgabewerten gemappt.

Die Programm-Oberfläche

Nach Schließen des Designers wollen wir uns mit einem einfachen WPF-Projekt von der Funktionsfähigkeit überzeugen.

```
<Window x:Class="Datenbindung.DB_Bsp"
    xmlns="http://schemas.microsoft.com/winfx/2006/xaml/presentation"
    xmlns:x="http://schemas.microsoft.com/winfx/2006/xaml"
```

Eine Ereignisprozedur beim Öffnen des Window:

```
    Title="DB_Bsp" Height="300" Width="476" Loaded="Window_Loaded">
```

Zweispaltiges Layout per *Grid*:

```
<Grid>
  <Grid.ColumnDefinitions>
    <ColumnDefinition Width="75" />
    <ColumnDefinition Width="*" />
  </Grid.ColumnDefinitions>
```

Hier die *ListView* mit den vorhandenen Bestellungen (Tabelle *Order*):

```
<ListView Grid.Column="0" Name="lvOrder" IsSynchronizedWithCurrentItem="True"
        ItemsSource="{Binding}" HorizontalAlignment="Left" >
```

Die eigentlich Bindung erfolgt per *DataContext*-Zuweisung im VB-Code.

```
    <ListView.View>
      <GridView>
        <GridView.Columns>
```

Wir zeigen nur die Spalte mit der Bestellnummer an:

```
          <GridViewColumn Header="OrderID" DisplayMemberBinding="{Binding OrderID}" />
        </GridView.Columns>
      </GridView>
    </ListView.View>
</ListView>
```

Die *ListView* für die Detaildaten, die Datenherkunft bestimmen wir ebenfalls per *DataContext* zur Laufzeit:

```
<ListView Grid.Column="1" Name="lvOrderDetails" ItemsSource="{Binding Path=Order_Details}" >
```

Wie Sie sehen, picken wir uns aber jetzt nur eine Eigenschaft (*Order_Details*) der *Order*-Tabelle heraus, diese liefert wiederum eine Liste von Werten.

```
<ListView.View>
  <GridView>
    <GridView.Columns>
```

Wir benötigen drei Member des *Order_Details*-Objekts:

```
<GridViewColumn Header="OrderId" DisplayMemberBinding="{Binding OrderID}" />
<GridViewColumn Header="ID" DisplayMemberBinding="{Binding ProductID}" />
```

Wer jetzt erwartet, dass die Autoren sich die Mühe machen und noch eine dritte *GridView* für die Artikelnamen einbinden, hat nicht mit der Leistungsfähigkeit von LINQ to SQL gerechnet. Es genügt die Abfrage der untergeordneten Collection *Product*:

```
<GridViewColumn Header="Artikelname"
                DisplayMemberBinding="{Binding Product.ProductName}" />
```

Ein sinnvoller Vorteil von objekt-relationalen Mapper-Klassen!

```
    </GridView.Columns>
  </GridView>
</ListView.View>
</ListView>
</Grid>
</Window>
```

Der Zugriff auf die Daten

Jetzt müssen wir noch den erforderlichen VB-Code erstellen, um die Daten auch aus der Datenbank abzurufen.

```
...
Imports System.ComponentModel
Imports System.Data.Linq

Partial Public Class DB_Bsp
```

Die meiste Arbeit nimmt uns der LINQ to SQL-DataContext ab, den wir gleich zu Beginn instanziieren:

```
Dim db As New NWDataContext()
Dim view0 As ICollectionView
```

Beim Laden des Fensters:

```
Private Sub Window_Loaded(sender As Object, e As System.Windows.RoutedEventArgs)
```

Dem *DataContext* des Windows und damit auch dem DataContext für beide Listen wird die Tabelle *Orders* zugewiesen:

```
Me.DataContext = db.Orders
End Sub
```

So, das ist schon alles, die Order_Details werden über die entsprechende Eigenschaft des jeweils aktuellen *Order*-Objekts abgerufen und in der rechten *ListView* angezeigt (siehe Abbildung 6.13).

HINWEIS So langsam, wie sich das Programm in der IDE gibt, ist es nicht wirklich. Starten Sie die EXE ruhig einmal aus dem *Bin*-Verzeichnis und Sie werden sehen, dass die Anwendung ausreichend schnell ist.

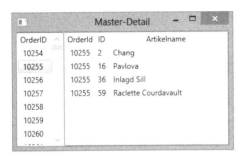

Abbildung 6.13 Laufzeitansicht

Optimieren des Datenzugriffs

Doch was läuft eigentlich im Hintergrund ab? Wer einen Blick mit dem SQL Server Profiler riskiert, wird feststellen, dass mit jedem Datensatzwechsel in der linken *ListView* mehrere Abfragen an den Server gesendet werden:

BEISPIEL

TSQL-Abfragen beim Datensatzwechsel

```
exec sp_executesql N'SELECT [t0].[OrderID], [t0].[ProductID], [t0].[UnitPrice], [t0].[Quantity], [t0].
[Discount]
FROM [dbo].[Order Details] AS [t0]
WHERE [t0].[OrderID] = @p0',N'@p0 int',@p0=11019
```

bzw.

```
exec sp_executesql N'SELECT [t0].[ProductID], [t0].[ProductName], [t0].[SupplierID], [t0].[CategoryID],
[t0].[QuantityPerUnit], [t0].[UnitPrice], [t0].[UnitsInStock], [t0].[UnitsOnOrder], [t0].
[ReorderLevel], [t0].[Discontinued]
FROM [dbo].[Products] AS [t0]
WHERE [t0].[ProductID] = @p0',N'@p0 int',@p0=46
```

...

Der Hintergrund: Mit der Auswahl einer *OrderID* müssen auch die nötigen Orderdetails abgerufen werden (diese befinden sich zunächst nicht im Speicher). Nachfolgend muss für jeden enthaltenen Artikel auch der Name bestimmt werden, d.h., bei fünf Einträgen müssen weitere fünf Abfragen gesendet werden. Das kostet nicht nur Zeit, sondern belastet auch den SQL Server unnötig. Verwenden Sie also besser die Prefetch-Funktionalität des DataContext.

Mit folgender Erweiterung reduzieren Sie die SQL-Abfragen auf eine SQL-Abfrage pro Bestellung, da gleich alle Produktdaten mitgeladen werden:

```
Private Sub Window_Loaded(sender As Object, e As System.Windows.RoutedEventArgs)
    Dim options As New DataLoadOptions()
```

Alle Produkte mitladen:

```
    options.LoadWith(Of Order_Detail)(Function(o) o.Product)
    db.LoadOptions = options
    Me.DataContext = db.Orders
End Sub
```

Die SQL-Abfrage beim Datensatzwechsel:

```
exec sp_executesql N'SELECT [t0].[OrderID], [t0].[ProductID], [t0].[UnitPrice], [t0].[Quantity], [t0].
[Discount], [t1].[ProductID] AS [ProductID2], [t1].[ProductName], [t1].[SupplierID], [t1].[CategoryID],
[t1].[QuantityPerUnit], [t1].[UnitPrice] AS [UnitPrice2], [t1].[UnitsInStock], [t1].[UnitsOnOrder],
[t1].[ReorderLevel], [t1].[Discontinued]
FROM [dbo].[Order Details] AS [t0]
INNER JOIN [dbo].[Products] AS [t1] ON [t1].[ProductID] = [t0].[ProductID]
WHERE [t0].[OrderID] = @p0',N'@p0 int',@p0=10249
```

Wer geringe Datenmengen erwartet, kann auch folgende Änderung vornehmen:

```
...
    Dim options As New DataLoadOptions()
```

Alle Bestellungen mitladen:

```
    options.LoadWith(Of Order)(Function(o) o.Order_Details)
    options.LoadWith(Of Order_Detail)(Function(o) o.Product)
    db.LoadOptions = options
    Me.DataContext = db.Orders
...
```

Jetzt werden gleich die kompletten Daten in den Speicher geschaufelt (mit einer Abfrage):

```
SELECT [t0].[OrderID], [t0].[CustomerID], [t0].[EmployeeID], [t0].[OrderDate], [t0].[RequiredDate],
[t0].[ShippedDate], [t0].[ShipVia], [t0].[Freight], [t0].[ShipName], [t0].[ShipAddress], [t0].
[ShipCity], [t0].[ShipRegion], [t0].[ShipPostalCode], [t0].[ShipCountry], [t1].[OrderID] AS [OrderID2],
[t1].[ProductID], [t1].[UnitPrice], [t1].[Quantity], [t1].[Discount], [t2].[ProductID] AS [ProductID2],
[t2].[ProductName], [t2].[SupplierID], [t2].[CategoryID], [t2].[QuantityPerUnit], [t2].[UnitPrice] AS
[UnitPrice2], [t2].[UnitsInStock], [t2].[UnitsOnOrder], [t2].[ReorderLevel], [t2].[Discontinued], (
    SELECT COUNT(*)
    FROM [dbo].[Order Details] AS [t3]
    INNER JOIN [dbo].[Products] AS [t4] ON [t4].[ProductID] = [t3].[ProductID]
    WHERE [t3].[OrderID] = [t0].[OrderID]
    ) AS [value]
FROM [dbo].[Orders] AS [t0]
LEFT OUTER JOIN ([dbo].[Order Details] AS [t1]
```

```
    INNER JOIN [dbo].[Products] AS [t2] ON [t2].[ProductID] = [t1].[ProductID]) ON [t1].[OrderID] =
[t0].[OrderID]
ORDER BY [t0].[OrderID], [t1].[ProductID]
```

Spätere Wechsel des aktiven Datensatzes bei den Bestellungen haben jetzt keine Abfragen in der Datenbank mehr zur Folge, alle Daten befinden sich bereits im Client.

> **HINWEIS** Wer jetzt beim Zugriff auf den Microsoft SQL Server noch Wert auf ADO.NET-Objekte legt, dem ist nicht zu helfen. Kürzer kann das Beispiel kaum ausfallen.

Ach ja, wie kommen eigentlich neue Datensätze in die Tabellen? Hier genügt es, wenn Sie z.B. ein neues *Product*-Objekt erstellen und es an die *Products*-Collection anhängen. Mit einem *SubmitChanges* des *Data-Context*-Objekts (der LINQ to SQL *DataContext*) ist die Änderung dann auch schon zum Server übertragen.

Beachten Sie jedoch, dass in diesem Fall keine *ObservableCollection* zum Einsatz kommt, Datensatzänderungen per Code werden nicht in der Oberfläche sichtbar. Dies erfolgt erst nach dem Übertragen der Daten an den Server und deren erneutem Abruf.

Hier geht das Entity Framework einen Schritt weiter, womit wir auch schon beim nächsten Thema sind.

Entity Framework

Hier sind wir bei der Königsdisziplin angelangt und so verwundert es nicht, dass gerade beim Zusammenspiel von EDM und WPF kaum Probleme zu erwarten sind. Zunächst verweisen wir Sie jedoch an das Kapitel 12, wo die erforderlichen Grundlagen zur Arbeit mit dem Entity Framework vorgestellt werden.

> **HINWEIS** Wir beziehen uns im Folgenden auf die Verwendung des *Entity Framework 5*, das standardmäßig einen *DbContext* erzeugt und nicht wie früher einen *ObjectContext*. Der wesentliche Vorteil für Sie als WPF-Programmierer: Sie können die ObservableCollections des *DbContext* für die Datenbindung nutzen, Änderungen im Code wirken sich sofort auf die Darstellung in der Oberfläche aus.

Zwecks Vergleich mit LINQ to SQL erstellen wir das gleiche Projekt noch einmal mit einem Entity Data Model. Dabei verzichten wir konsequent auf die Verwendung von Drag & Drop, Sie werden sehen, dass Sie damit wesentlich übersichtlichere Anwendungen schreiben (zum Vergleich siehe Seite 420).

EDM erstellen

Fügen Sie auch hier zunächst Ihrem WPF-Projekt eine neues *ADO.NET Entity Data Model* hinzu, um den EDM-Designer zu öffnen (*Projekt|Neues Element hinzufügen*). Beim Erstellen wählen Sie im Assistenten die drei Tabellen *Orders*, *Order_Details* und *Products* aus, um folgendes Modell zu erhalten (siehe folgende Abbildung 6.14).

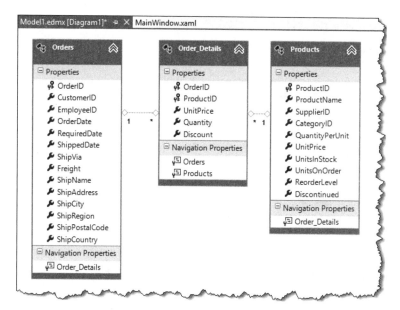

Abbildung 6.14 Unser Datenmodell

Oberfläche

Die Oberfläche können wir 1:1 von unserem LINQ to SQL-Beispiel übernehmen:

Die linke *ListView* mit den Order-Ids:

```
<ListView Grid.Column="0" Name="lvOrder" IsSynchronizedWithCurrentItem="True"
    ItemsSource="{Binding}" HorizontalAlignment="Left" Grid.RowSpan="2" >
    <ListView.View>
        <GridView>
            <GridView.Columns>
                <GridViewColumn Header="OrderID" DisplayMemberBinding="{Binding OrderID}" />
            </GridView.Columns>
        </GridView>
    </ListView.View>
</ListView>
```

Die rechte *ListView* binden wir per *Path* an die Navigationseigenschaft *Order_Details*:

```
<ListView Grid.Column="1" Name="lvOrderDetails" IsSynchronizedWithCurrentItem="True"
    ItemsSource="{Binding Path=Order_Details}"  >
    <ListView.View>
        <GridView>
            <GridView.Columns>
                <GridViewColumn Header="OrderId" DisplayMemberBinding="{Binding OrderID}" />
                <GridViewColumn Header="ID" DisplayMemberBinding="{Binding ProductID}" />
                <GridViewColumn Header="Artikelname"
                    DisplayMemberBinding="{Binding Products.ProductName}" />
            </GridView.Columns>
        </GridView>
    </ListView.View>
</ListView>
...
```

Quellcode

Mit dem Laden des Formulars instanziieren wir zunächst den erzeugten *DbContext*, der unser Datenmodell »zusammenhält«:

```
...
Imports System.Data.Entity
Imports System.ComponentModel

Class MainWindow

    Private db As New NORTHWINDEntities()

    Public Sub New()
        InitializeComponent()
```

Ein direktes Binden der Orders an Oberflächenelemente ist bei einem *DbContext* nicht mehr möglich. Wir müssen vorher die Daten explizit zum Client laden und können dann die lokalen Daten binden:

```
        db.Orders.Load()
        Me.DataContext = db.Orders.Local
    End Sub
```

> **HINWEIS**   Die Eigenschaft *db.Orders.Local* ist eine *ObservableCollection*, damit wirken sich Änderungen an der Collection in beiden Richtungen aus.

Optimierung

Starten Sie das Programm, wird Ihnen die Liste der Bestellungen mit den Bestelldetails angezeigt. Auch hier wird mit jedem Datensatzwechsel zunächst die Liste der Bestelldetails abgerufen, nachfolgend wird für jeden Eintrag noch der Artikelname bestimmt.

Besser ist es, wenn Sie einige Daten vorladen:

BEISPIEL

Vorladen der Bestelldetails, später werden nur noch die Artikelnamen bestimmt

```
Public Sub New()
    InitializeComponent()
    db.Orders.Include("Order_Details").Load()
    Me.DataContext = db.Orders.Local
End Sub
```

BEISPIEL

Vorladen der Artikelnamen, später werden nur noch die Bestelldetails bestimmt

```
Public Sub New()
    InitializeComponent()
    db.Orders.Load()
    db.Products.Load()
    Me.DataContext = db.Orders.Local
End Sub
```

Alles vorladen, es werden später keine Daten mehr nachgeladen

```
Public Sub New()
    InitializeComponent()
    db.Orders.Include("Order_Details").Load()
    db.Products.Load()
    Me.DataContext = db.Orders.Local
End Sub
```

Neue Daten einfügen

Auch hier zeigt sich die Flexibilität des Entity Frameworks. Sie arbeiten zunächst mit ganz normalen Objekten und fügen diese einfach in die betreffenden Collections an der »richtigen« Stelle ein:

Einfügen einer zusätzlichen Bestell-Position (Artikel *Tofu*)

```
Private Sub Button_Click_1(sender As Object, e As RoutedEventArgs)
```

Ein neues Objekt erstellen:

```
Dim od As New Order_Details()
```

Wir spezifizieren den Artikel (als Objekt), indem wir diesen aus der Liste der Artikel per Name abrufen:

```
od.Products = db.Products.FirstOrDefault(Function(p) p.ProductName = "Tofu")
```

Anzahl bestimmen:

```
od.Quantity = 10
```

Hier könnten Sie weitere einfache Eigenschaften setzen ...

Je nach Auswahl in der linken *ListView* fügen wir der betreffenden Bestellung den neuen Eintrag hinzu:

```
TryCast(lvOrder.SelectedItem, Orders).Order_Details.Add(od)
```

Daten zum Server senden (die IDs stehen im Programm automatisch zur Verfügung):

```
db.SaveChanges()
```

Wir aktualisieren die Ansicht:

```
CollectionViewSource.GetDefaultView(lvOrderDetails.ItemsSource).Refresh()
End Sub
```

Sie können auf diese Weise auch recht komplexe Vorgänge realisieren. Da Sie mit Objekten und Collections statt mit Datenbankobjekten arbeiten, dürften viele Vorgänge wesentlich einfacher programmierbar sein. So löschen Sie einfach Objekte innerhalb der Collections, ändern deren Werte und schreiben die Änderungen später mit *SaveChanges* in die Datenbank zurück.

Weitere Anregungen zur Arbeit mit dem Entity Framework finden Sie im Kapitel 12. Wir wollen uns nun mit der Darstellung von Werten beschäftigen.

Formatieren von Werten

In unseren Beispielen haben wir uns bisher erfolgreich davor gedrückt, Datumswerte, Währungen etc. in einem sinnvollen Format anzuzeigen bzw. zu formatieren.

Binden Sie beispielsweise einen Datumswert an eine *TextBox,* wird zunächst das Standardformat angezeigt:

Abbildung 6.15 Standardausgabeformat

Das sieht aus deutscher Sicht zunächst wenig erfreulich aus, aber mit dem *Language*-Attribut können Sie hier etwas nachhelfen.

BEISPIEL

Verwendung Language-Attribut

```
<TextBox Text="{Binding Path=Geburtstag}" Language="de"/>
```

Nachfolgend sollte zumindest ein deutscher Datumswert angezeigt werden:

Abbildung 6.16 Ausgabeformat mit lokalen Einstellungen

Doch auch dies ist noch nicht der Weisheit letzter Schluss, und so landen Sie früher oder später bei den nutzerdefinierten Wertkonvertierungen.

IValueConverter

Mit Hilfe der WPF-Wertkonvertierer können Sie jede beliebige Konvertierung zwischen Quelle und Ziel einer Datenbindung realisieren. Dazu erstellen Sie eine Klasse, die das *IValueConverter*-Interface unterstützt. Diese Klasse muss zwei Methoden implementieren:

- *Convert* (von der Quelle zum Ziel)
- *ConvertBack* (vom Ziel zur Quelle)

Sicher können Sie sich denken, dass die *ConvertBack*-Methode den höheren Programmieraufwand erfordert, hat doch hier der User die Möglichkeit, zunächst beliebige Werte in die Textfelder einzugeben, die Sie dann mühsam in den geforderten Datentyp umwandeln müssen.

Implementieren und Verwenden eines Wert-Konvertierers

An dieser Stelle wollen wir allerdings nicht das Rad neu erfinden, sondern ein Beispiel aus dem Microsoft MSDN darstellen.

Hier die neue Klasse *DateConverter,* die Sie mit entsprechenden Attributen versehen sollten:

```
Imports System.Globalization

<ValueConversion(GetType(DateTime), GetType(String))>
Public Class DateConverter
    Implements IValueConverter
```

Konvertieren von der Quelle zum Ziel (übergeben werden die Quelleigenschaft, der Zieleigenschaft-Typ, ein Konverter-Parameter sowie die aktuellen Landeseinstellungen):

```
    Public Function Convert(value As Object, targetType As System.Type,
                parameter As Object, culture As CultureInfo) As Object _
                        Implements System.Windows.Data.IValueConverter.Convert
        Dim [date] As DateTime = DirectCast(value, DateTime)
        Return [date].ToShortDateString()
    End Function
```

Konvertieren vom Ziel (z.B. *TextBox*) zur Quelle (z.B. Objekt):

```
    Public Function ConvertBack(value As Object, targetType As System.Type,
                parameter As Object, culture As CultureInfo) As Object _
                        Implements System.Windows.Data.IValueConverter.ConvertBack
        Dim strValue As String = value.ToString()
        Dim resultDateTime As DateTime
        If DateTime.TryParse(strValue, resultDateTime) Then Return resultDateTime
        Return value
    End Function

End Class
```

Die Verwendung im XAML-Code:

```
<Window x:Class="Datenbindung.Window1"
    xmlns="http://schemas.microsoft.com/winfx/2006/xaml/presentation"
    xmlns:x="http://schemas.microsoft.com/winfx/2006/xaml"
```

Zunächst den lokalen Namespace einbinden:

```
    xmlns:local="clr-namespace:Datenbindung"
    Title="Window1" Height="300" Width="300" >
```

Die Einbindung der Klasse erfolgt per Ressource:

```
<Window.Resources>
  <local:DateConverter x:Key="dateConverter"/>
</Window.Resources>
<StackPanel Name="StackPanel1">
  <TextBox Text="{Binding Path=Nachname}" Name="txt1" />
  <TextBox Text="{Binding Path=Vorname}" />
```

Und hier verwenden wir den Konverter bei der Bindung:

```
  <TextBox Text="{Binding Path=Geburtstag, Converter={StaticResource dateConverter}}" />
  <Button Click="Button_Click">Prüfen</Button>
 </StackPanel>
</Window>
```

Abbildung 6.17 Das neue Ergebnis sieht schon viel ansprechender aus

HINWEIS   Seit Visual Studio 2010 gibt es auch die Möglichkeit, vorhandene Wertkonvertierer per Eigenschafteneditor (siehe folgende Abbildung) zuzuweisen. Der Eigenschafteneditor erstellt, falls erforderlich, die entsprechenden Einträge im *<Window.Resources>*-Abschnitt des Formulars und weist das Attribut »Converter« zu.

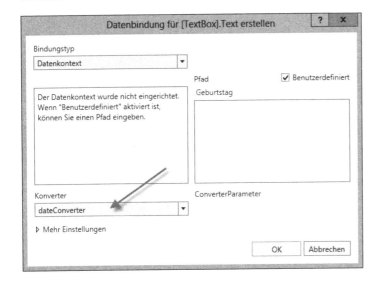

Abbildung 6.18 Auswahl des Konverters

BindingBase.StringFormat-Eigenschaft

Nachdem Sie sich durch unser obiges Beispiel gequält haben, wollen wir Ihnen auch nicht die dritte Variante zur Formatierung von Werten vorenthalten.

Bereits mit dem .NET 3.5 Framework SP1 wurde ein entsprechendes Feature eingeführt. An dieser Stelle wollen wir deshalb noch kurz auf die *BindingBase.StringFormat*-Eigenschaft eingehen, welche die Verwendung eines *IValueConverters* in vielen Standardfällen überflüssig macht.

Datenbindung für [TextBox].Text erstellen

Bindungstyp

Datenkontext

Der Datenkontext wurde nicht eingerichtet.
Wenn "Benutzerdefiniert" aktiviert ist,
können Sie einen Pfad eingeben.

Pfad   ☑ Benutzerdefiniert
Geburtstag

Konverter   ConverterParameter

dateConverter

▲ Weniger Einstellungen

StringFormat   ☐ BindsDirectlyToSource

dd.MM yyyy   ☐ IsAsync

Bindungsrichtung (Modus)   ☐ NotifyOnSourceUpdated

Default   ☐ NotifyOnTargetUpdated

UpdateSourceTrigger   ☐ NotifyOnValidationError

Default   ☐ ValidatesOnDataErrors

FallbackValue   ☐ ValidatesOnExceptions

TargetNullValue

OK   Abbrechen

Abbildung 6.19 Stringformat per
Eigenschafteneditor festlegen

BEISPIEL

Zwei verschiedene Datumsformate zuweisen

```
...
<TextBox Text="{Binding Path=Geburtstag, StringFormat= d. MMM yyyy}" />
...
<TextBox Text="{Binding Path=Geburtstag, StringFormat= dd.MM.yyyy }" />
...
```

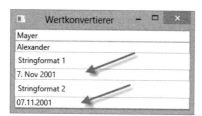

Wertkonvertierer   – ☐ ✕

Mayer
Alexander
Stringformat 1
7. Nov 2001
Stringformat 2
07.11.2001

Abbildung 6.20 Das Ergebnis für unterschiedliche Stringformate

Validieren von Nutzereingaben

Leider muss Ihr Programm auch mit dem Endanwender kommunizieren und so bleibt es nicht aus, dass er auch Werte eingibt. Hat er lediglich die Qual der Wahl, eine *CheckBox* anzuklicken oder einen Listeneintrag aus einer *ComboBox* zu wählen, sind Sie als Programmierer auf der sicheren Seite, denn Sie wissen, welche Werte zu erwarten sind. Ganz anders, wenn es sich um die beliebten Textfelder handelt. Angefangen von fehlenden Eingaben (sind das jetzt Null-Values bzw. Leerstrings) über Falscheingaben (Zeichen statt Ziffern) und Werteüberläufen bis hin zu logischen Fehlern (Geburtsdatum in der Zukunft), es gibt wohl keine Variante, die ausgeschlossen werden kann.

Hier hilft zunächst nur die Verwendung möglichst spezialisierter Steuerelemente, die möglichst schon Datentyp und Wertebereich weitgehend einschränken. Doch das soll hier nicht der Gegenstand unserer Betrachtungen sein. Wir wollen uns um das Aufspüren und Anzeigen logischer Fehler kümmern. Dafür bieten sich in Ihrer WPF-Anwendung folgende Varianten/Möglichkeiten an:

- Validieren im Daten- oder Geschäftsobjekt
- Validieren per *ValidationRule*
- Implementieren der Schnittstelle *IDataErrorInfo*
- Darstellen von Fehlern über ein angepasstes *ErrorTemplate*

Kommen wir zur Umsetzung.

Validieren per Daten – oder Geschäftsobjekt

Am Beispiel unserer mittlerweile schon berühmt berüchtigten Schüler-Klasse wollen wir demonstrieren, wie Sie eine Validierung im Geschäftsobjekt implementieren. Dazu schreiben wir die Klasse etwas um:

```
Imports System.ComponentModel
Imports System.Globalization

Public Class ErrSchüler
    Implements INotifyPropertyChanged

    Private _Nachname As String
    Private _Vorname As String
    Private _Geburtstag As System.Nullable(Of DateTime)

    Public Property Vorname() As String
        Get
            Return _Vorname
        End Get
        Set(value As String)
            If String.IsNullOrEmpty(value) Then
                Throw New ApplicationException("Bitte geben Sie einen Vornamen ein")
            End If
            _Vorname = value
            NotifyPropertyChanged("Vorname")
        End Set
    End Property
```

```
    Public Property Nachname() As String
        Get
            Return _Nachname
        End Get
        Set(value As String)
            If String.IsNullOrEmpty(value) Then
                Throw New ApplicationException("Bitte geben Sie einen Nachnamen ein")
            End If
            _Nachname = value
            NotifyPropertyChanged("Nachname")
        End Set
    End Property
...
End Class
```

An dieser Stelle soll uns eine einfache Prüfung auf einen vorhandenen Wert genügen. Starten Sie das Programm, werden Sie feststellen, dass bei fehlenden Werten die Eigenschaften nicht gesetzt werden[1]. Das ist zwar aus Sicht der Logik in Ordnung, der Anwender bekommt davon aber nichts mit, was schnell zu Missverständnissen führen kann.

Ein optisches Feedback muss her und das ist einfacher als gedacht realisierbar. Es genügt, wenn Sie in der Datenbindung die Eigenschaft *ValidatesOnExceptions* auf *True* setzen:

```
...
    <TextBox Name="txt1" Text="{Binding Path=Nachname, ValidatesOnExceptions=True}"/>
...
```

Starten Sie jetzt die Anwendung und provozieren Sie einen Fehler, sollte um die *TextBox* ein roter Rahmen gezeichnet werden:

Vorname:

Abbildung 6.21 Die markierte *TextBox*

Als erster Hinweis ist dies zwar recht hübsch, es wird jedoch kaum einem Nutzer auffallen, ganz zu schweigen davon, dass der Nutzer bei logischen Fehlern nicht über die Ursache aufgeklärt wird.

Den Fehler optisch darstellen

Das Öffnen einer Dialogbox für jeden einzelnen Fehler dürfte wohl kaum auf das Wohlwollen des späteren Opfers stoßen, und so müssen wir uns um obige Darstellung noch einmal kümmern.

Die Microsoft-Entwickler haben an dieser Stelle mit dem *ErrorTemplate* ein recht interessantes Feature implementiert, das sicher all Ihre Vorstellungen erfüllen kann.

Ausgangspunkt ist die Fehlerquelle, d.h. in diesem Fall die *TextBox*. Um diese herum können Sie weitere Controls platzieren, um dem Anwender die gewünschten Informationen zukommen zu lassen.

Stellen Sie sich das Ganze so vor, als ob diese Controls in einem extra Layer über den bisherigen Steuerelementen angezeigt werden. Das im Folgenden verwendete *AdornedElementPlaceholder*-Element (nicht sichtbar) entspricht in seinen Abmessungen der *TextBox*. Die umgebenden Steuerelemente für das *Adorned-*

---

[1] Vorausgesetzt, Sie lassen die Anwendung außerhalb von Visual Studio laufen, andernfalls stolpern Sie über die ausgelöste *Execption*.

ElementPlaceholder-Element passen sich in Ihrer Größe an und werden z.B. per *DockPanel* positioniert (diesmal jedoch von innen nach außen).

Ein simples *ErrorTemplate*, das lediglich einen breiteren Rahmen zeichnet

```
<Window.Resources>
    <ControlTemplate x:Key="TxtErrTemplate">
        <DockPanel LastChildFill="True">
            <Border BorderBrush="Red" BorderThickness="3">
                <AdornedElementPlaceholder />
            </Border>
        </DockPanel>
    </ControlTemplate>
</Window.Resources>
```

Wir müssen das Template den jeweiligen Controls zuweisen:

```
<TextBox Name="txt2" Text="{Binding Path=Vorname, ValidatesOnExceptions=True,
         NotifyOnValidationError=True}"
         Validation.ErrorTemplate="{StaticResource TxtErrTemplate}" />
```

Nach dem Test sollte jetzt ein breiterer Rahmen gezeichnet werden. Doch was ist mit den Fehlertexten? Hier erweitern wir das Template einfach noch um einen *TextBlock* und lesen die Fehlertexte aus:

```
<Window.Resources>
    <ControlTemplate x:Key="TxtErrTemplate">
        <DockPanel LastChildFill="True">
            <Image Source="cancel.png" DockPanel.Dock="Right" VerticalAlignment="Top"
                   Margin="3,3,0,0"/>
            <TextBlock DockPanel.Dock="Bottom" Foreground="Red" FontSize="10pt"
                    Text="{Binding ElementName=MyAdorner,
                           Path=AdornedElement.(Validation.Errors)[0].ErrorContent}"/>
            <Border BorderBrush="Red" BorderThickness="3">
                <AdornedElementPlaceholder Name="MyAdorner" />
            </Border>
        </DockPanel>
    </ControlTemplate>
</Window.Resources>
```

Wie Sie sehen, stellt uns der *AdornedElementPlaceholder* per Datenbindung die gewünschten Informationen zur Verfügung. Für die Datenbindung benötigen wir dann auch den Namen des *AdornedElementPlaceholder*-Elements. Der *TextBlock* wird unterhalb der *TextBox* platziert, zusätzlich fügen wir als optische Markierung noch ein *Image* in das Template ein, das rechts platziert wird.

Die folgende Abbildung 6.22 zeigt die Laufzeitansicht im Fehlerfall.

Abbildung 6.22 Unser Template in Aktion

Das dürfte schon recht informativ sein, allerdings ist hier der Schreibaufwand recht hoch, da wir das Template jedem einzelnen extra Textfeld zuweisen müssten. Doch wofür haben wir in WPF die Styles? Packen wir doch einfach den TemplateCode in einen entsprechenden TextBox-Style:

```
...
    <Window.Resources>
        <Style TargetType="{x:Type TextBox}">
            <Setter Property="Validation.ErrorTemplate">
                <Setter.Value>
                    <ControlTemplate>
                        <DockPanel LastChildFill="True">
                            <Image Source="cancel.png" DockPanel.Dock="Right"
                                   VerticalAlignment="Top" Margin="3,3,0,0"/>
                            <TextBlock DockPanel.Dock="Bottom" Foreground="Red" FontSize="10pt"
                                       Text="{Binding ElementName=MyAdorner,
                                       Path=AdornedElement.(Validation.Errors)[0].ErrorContent}"/>
                            <Border BorderBrush="Red" BorderThickness="3">
                                <AdornedElementPlaceholder Name="MyAdorner" />
                            </Border>
                        </DockPanel>
                    </ControlTemplate>
                </Setter.Value>
            </Setter>
        </Style>
    </Window.Resources>
...
```

Den Textfeldern brauchen Sie jetzt das Template nicht mehr zuzuweisen, es genügt folgender Code:

```
<TextBox Name="txt2" Text="{Binding Path=Vorname, ValidatesOnExceptions=True,
         NotifyOnValidationError=True}"
         Validation.ErrorTemplate="{StaticResource TxtErrTemplate}" />
```

Wann wird eigentlich validiert?

Hier müssen wir Sie noch mal an den Kapitelanfang verweisen (siehe Seite 392). Da die Fehlerprüfung in den Geschäftsobjekten stattfindet, hängt der Zeitpunkt der Datenübergabe (Oberfläche → Konverter → Geschäftsobjekt) von den Einstellungen der Eigenschaft *UpdateSourceTrigger* ab. Im Normalfall werden die Daten beim Verlassen des Controls (*LostFocus*) übergeben, Sie können aber auch bei jeder Änderung (*UpdateSourceTrigger=PropertyChanged*) eine Übernahme und damit Fehlerprüfung ausführen.

HINWEIS   Entscheiden Sie je nach Inhalt/Datentyp in der *TextBox*. Ein Datum während der Eingabe zu prüfen, ist recht sinnlos, teilweise werden Ihre Eingaben durch den Typ-Konverter durcheinandergebracht. Einfache Texteingaben können Sie hingegen laufend prüfen, beachten Sie jedoch, dass dies bei umfangreichen Prüfungen zu Verzögerungen bei der Eingabe führen kann.

ValidationRule – die Alternative

Nicht in jedem Fall können Sie beliebig an Ihren Geschäftsobjekten herumspielen, werden diese z.B. automatisch aus einem Datenmodell generiert, haben Sie »schlechte Karten«. In diesem Fall hilft das Definieren eines eigenen *ValidationRule*-Objekts, das sich gezielt um eine spezifische Regel kümmert (hier ist auch eine gute Wiederverwendbarkeit möglich).

BEISPIEL

Wir möchten die Eingabe des Geburtstagsdatums prüfen

Erstellen Sie zunächst eine neue Klasse *GeburtstagsCheck*, die Sie von *ValidationRule* ableiten:

```
Public Class GeburtstagsCheck
    Inherits ValidationRule
```

In einem zweiten Schritt müssen Sie die Methode *Validate* überschreiben:

```
Public Overrides Function Validate(value As Object, cultureInfo As CultureInfo) _
                           As ValidationResult
    Try
```

Den Eingabewert abrufen und versuchen, diesen in ein Datum umzuwandeln:

```
        Dim datum As DateTime = Convert.ToDateTime(value)
```

Untere Datumsgrenze prüfen:

```
        If DateTime.Now.Subtract(datum).Days \ 365 < 16 Then
            Return New ValidationResult(False, "Etwas jung ... (" &
                                        datum.ToShortDateString() & ")")
        End If
```

Obere Datumsgrenze prüfen:

```
        If DateTime.Now.Subtract(datum).Days \ 365 > 80 Then
            Return New ValidationResult(False, "Etwas alt ... (" &
                                        datum.ToShortDateString() & ")")
        End If
```

Es sind keine Fehler aufgetreten, wir geben ein *Alles OK* zurück:

```
        Return New ValidationResult(True, Nothing)
    Catch generatedExceptionName As Exception
```

Der Fehler bei der Typumwandlung:

```
        Return New ValidationResult(False, "Kein Datumswert!")
    End Try
  End Function
End Class
```

Dem zurückgegebenen *ValidationResult*-Objekt übergeben Sie das Prüfungsergebnis (*True/False*), sowie eine mögliche Fehlermeldung. Das war es an dieser Stelle schon.

Das Definieren der Klasse allein genügt sicher nicht, Sie müssen dem Programm auch klar machen, wo und wann die obige *ValidationRule* zum Einsatz kommen soll.

BEISPIEL

Das Einbinden der Regel in den XAML-Code

```
<Window x:Class="Datenbindung.Validierung_Bsp"
        xmlns="http://schemas.microsoft.com/winfx/2006/xaml/presentation"
        xmlns:x="http://schemas.microsoft.com/winfx/2006/xaml"
```

Verweis auf das aktuelle Projekt, andernfalls können wir die Klasse nicht nutzen:

```
        xmlns:local="clr-namespace:Datenbindung"
        Title="Validierung_Bsp" Height="312" Width="528">
...
        <TextBox Name="txt3" Language="de">
            <Binding Path="Geburtstag" StringFormat="dd.MM.yyyy"
                    UpdateSourceTrigger="PropertyChanged" >
```

Zuweisen der Regel:

```
            <Binding.ValidationRules>
                <local:GeburtstagsCheck ValidationStep="RawProposedValue" />
            </Binding.ValidationRules>
        </Binding>
    </TextBox>
```

Interessant ist an dieser Stelle noch die Eigenschaft *ValidationStep*. Diese legt fest, zu welchem Zeitpunkt der Wert geprüft werden soll. Hierbei geht es darum, ob vor der Prüfung schon der Typ-Konverter aktiv gewesen sein soll (*ConvertedProposedValue*), oder ob es sich um die Rohdaten aus dem Textfeld handelt (*RawProposedValue*). Optional können Sie auch nach der Datenübernahme (*UpdatedValue*) oder ganz zum Schluss (*CommittedValue*) prüfen. Die beiden letzten Varianten erfordern die Unterstützung der *IEditableObject*- Schnittstelle, um Änderungen gegebenenfalls rückgängig zu machen.

In unserem Beispiel haben wir uns für die Rohdaten entschieden, so können/müssen wir die volle Bandbreite bei der Prüfung abdecken.

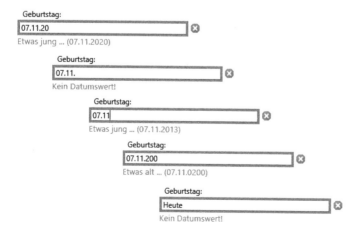

Abbildung 6.23 Beispiele für die Reaktion unserer *ValidationRule*

HINWEIS Beachten Sie auch, dass Teileingaben auch als Datum (aktuelles Jahrhundert, aktuelles Jahr etc.) interpretiert werden. Aus diesem Grund zeigen wir zeitgleich den interpretierten Wert an.

Validierungsfehler per Ereignis auswerten

Ergänzend zu obigen Möglichkeiten können Sie auch mittels Ereignis auf Fehler reagieren, die durch Ihre Validierung auftreten. Setzen Sie dazu zunächst die *NotifyOnValidationError*-Eigenschaft auf *True*, um das Ereignis überhaupt auszulösen:

```
<TextBox Name="txt2" Text="{Binding Path=Vorname, ValidatesOnExceptions=True,
    NotifyOnValidationError=True}" />
```

Nachfolgend können Sie zum Beispiel im übergeordneten Element (oder gleich im *Window*) das Ereignis auswerten. Auf diese Weise lassen sich die *Validation.Error*-Ereignisse mehrerer Elemente zusammenfassen und Sie müssen das Ereignis nicht mehrfach »anklemmen«.

```
<StackPanel Grid.Column="1" Margin="10,0,30,0" Validation.Error="StackPanel_Error_1" >
```

Das Ereignis selbst bietet über den Parameter *e* reichlich Möglichkeiten, den Fehler zu analysieren und entsprechend zu reagieren, im einfachsten Fall zum Beispiel mit einer *MessageBox*:

```
Private Sub StackPanel_Error_1(sender As Object, e As ValidationErrorEventArgs)
    MessageBox.Show(e.Error.ErrorContent.ToString(), "Problem", MessageBoxButton.OK)
End Sub
```

HINWEIS Die restliche Fehlerauswertung wird davon nicht beeinträchtigt, nach dem Ereignis wird, falls ein ErrorTemplate vorhanden ist, der Fehler normal angezeigt.

IDataErrorInfo

Zu guter Letzt wollen wir Ihnen noch einen alten Bekannten vorstellen, der schon bei den Windows Forms gute Dienste geleistet hat, die Schnittstelle *IDataErrorInfo*. Diese ermöglicht auf recht einfache Weise eine zentrale Fehlerprüfung innerhalb des Geschäftsobjekts.

Änderung am Objekt

Zunächst müssen wir uns um unser Datenmodell kümmern. Dieses implementiert nun zusätzlich die Schnittstelle *IDataErrorInfo*, das bedeutet, dass Sie die *Error*-Eigenschaft und einen speziellen Indexer implementieren müssen. Der Indexer ermöglicht es, Fehlermeldungen für einen übergebenen Eigenschaftsnamen zu ermitteln.

```
Public Class ErrSchülerEx
    Implements INotifyPropertyChanged
    Implements IDataErrorInfo

    Private _Nachname As String
    Private _Vorname As String
```

```
   Private _Geburtstag As System.Nullable(Of DateTime)
```

Die *Error*-Eigenschaft müssen Sie implementieren, wir benötigen diese jedoch nicht:

```
   Public ReadOnly Property [Error] As String Implements IDataErrorInfo.Error
      Get
          Return Nothing
      End Get
   End Property
```

Ganz anders der Indexer. Das aufrufende Programm übergibt hier die zu prüfenden Eigenschaftsnamen als Zeichenkette:

```
   Default Public ReadOnly Property Item(propName As String) As String Implements IDataErrorInfo.Item
      Get
          Select Case propName
```

Sie entscheiden anhand der Eigenschaftswerte, ob diese zulässig sind oder nicht:

```
                Case "Vorname"
                    If _Vorname.Length < 3 Then
                        Return "Bitte Vorname eingeben ..."
                    End If
                    Return Nothing
                Case "Nachname"
                    If _Nachname.Length < 3 Then
                        Return "Bitte Nachname eingeben ..."
                    End If
                    Return Nothing
                Case "Geburtstag"
                    Dim datum As DateTime = Convert.ToDateTime(_Geburtstag)
                    If DateTime.Now.Subtract(datum).Days \ 365 < 16 Then
                        Return "Etwas jung ..."
                    End If
                    If DateTime.Now.Subtract(datum).Days \ 365 > 80 Then
                        Return "Etwas alt ..."
                    End If
                    Return Nothing
                Case Else
                    ' Alles OK!
                    Exit Select
            End Select
            Return Nothing
      End Get
   End Property
... ' hier folgt die restliche Klassendefinition ohne Fehlerprüfung
```

Allein der Rückgabewert (Null oder eine Fehlermeldung) entscheidet über die Anzeige eines Fehlers. Doch bevor es soweit ist, müssen wir den beteiligten Controls auch klarmachen, dass die entsprechende Schnittstelle zu nutzen ist. Setzen Sie dazu einfach die *ValidatesOnDataErrors*-Eigenschaft auf *True*:

```
...
  <TextBox Name="txt1" Text="{Binding Path=Nachname, ValidatesOnDataErrors=True,
           UpdateSourceTrigger=PropertyChanged}" />
...
```

> **HINWEIS**   Verwenden Sie Styles, können Sie obige Konzepte natürlich wesentlich effizienter umsetzen, beispielsweise lassen sich so die Feldprüfungen einmal zentral zuweisen, ohne dass Sie jedes Mal die entsprechende Eigenschaften setzen müssen. Für weitere Details zur Validierung, wie z.B. die Verwendung von *BindingGroups*, müssen wir Sie an die Spezialliteratur verweisen, einen ersten Einblick dürften Sie jedoch gewonnen haben.

Das DataGrid als Universalwerkzeug

Bereits seit der WPF-Version 4 wird auch ein *DataGrid* regulär unterstützt, ohne zusätzliche Toolkits etc. laden zu müssen. Wie die schon besprochene *ListView* erlaubt auch das *DataGrid* die Anzeige von Collections im Tabellenformat. Zusätzlich werden Funktionen zum Editeren, Löschen, Auswählen und Sortieren angeboten.

> **HINWEIS**   Anhand einiger Fallbeispiele wollen wir Ihnen ein Übersicht des Funktionsumfangs geben, für eine komplette Beschreibung aller Eigenschaften bzw. Möglichkeiten fehlt hier jedoch der Platz, und wir verweisen auf die recht umfangreiche Hilfe zum *DataGrid*-Control.

Grundlagen der Anzeige

Wie fast nicht anders zu erwarten, erfolgt die Anbindung an die Datenquelle mittels *ItemsSource*-Eigenschaft, wir erzählen Ihnen an dieser Stelle also nichts neues und verweisen auf die vorhergehenden Abschnitte.

Im Gegensatz zu den bereits beschriebenen Controls bietet das *DataGrid* jedoch einen wesentlichen Vorteil, Sie brauchen sich nicht um das Erstellen der einzelnen Spalten zu kümmern, dank *AutoGenerate-Columns*-Eigenschaft (Default *True*) werden automatisch die nötigen Spalten erzeugt.

BEISPIEL

Anbinden des DataGrid an LINQ to SQL-Daten

```
<DataGrid Name="DataGrid1" />
```

Der VB-Quellcode:

```
Partial Public Class DB_Bsp

    Dim db As New NWDataContext()

    Private Sub Window_Loaded(sender As Object, e As RoutedEventArgs)
...
        DataGrid1.ItemsSource = db.Products
    End Sub
```

Die Verwendung der *AutoGenerateColumns*-Eigenschaft ist sicher recht praktisch, doch haben Sie in diesem Fall keinen Einfluss auf Anzahl, Reihenfolge und Aussehen der Spalten.

Das *DataGrid* selbst unterscheidet in diesem Fall lediglich zwischen Spalten der Typen *DataGridText-Column* und *DataGridCheckBoxColumn* deren Bedeutung sich bereits durch den Namen erklärt.

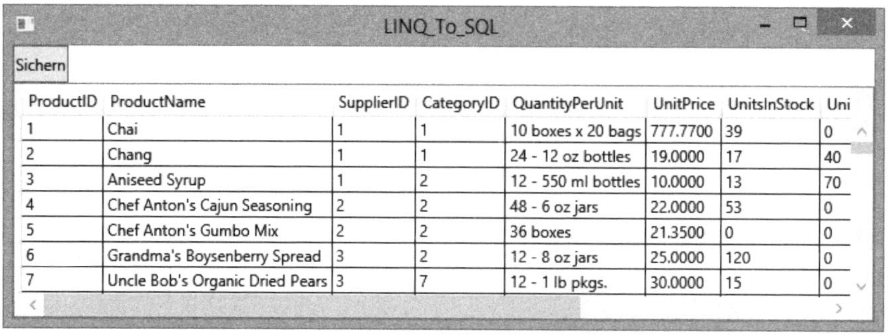

ProductID	ProductName	SupplierID	CategoryID	QuantityPerUnit	UnitPrice	UnitsInStock	Uni
1	Chai	1	1	10 boxes x 20 bags	777.7700	39	0
2	Chang	1	1	24 - 12 oz bottles	19.0000	17	40
3	Aniseed Syrup	1	2	12 - 550 ml bottles	10.0000	13	70
4	Chef Anton's Cajun Seasoning	2	2	48 - 6 oz jars	22.0000	53	0
5	Chef Anton's Gumbo Mix	2	2	36 boxes	21.3500	0	0
6	Grandma's Boysenberry Spread	3	2	12 - 8 oz jars	25.0000	120	0
7	Uncle Bob's Organic Dried Pears	3	7	12 - 1 lb pkgs.	30.0000	15	0

Abbildung 6.24 Das Ergebnis

Spalten selbst definieren

Gehen Ihnen die Möglichkeiten von *AutoGenerateColumns* nicht weit genug, können Sie alternativ auch selbst Hand anlegen und die einzelnen Spalten frei definieren. Setzen Sie in diesem Fall das Attribut *AutoGenerateColumns* auf *False* und fügen Sie die Spaltendefinitionen der *Columns*-Eigenschaft hinzu (die Reihenfolge der Definition entscheidet über die Anzeigereihenfolge).

Wir machen es uns in diesem Fall zunächst etwas einfacher und generieren das *DataGrid* mit allen Spaltendefinition per Drag & Drop-Datenbindung.

BEISPIEL

DataGrid mit einzeln definierten Spalten

Zunächst das Erzeugen der *CollectionViewSource*:

```
...
        <CollectionViewSource x:Key="schülerViewSource" d:DesignSource=
                                "{d:DesignInstance my:Schüler, CreateList=True}" />
    </Window.Resources>
    <DockPanel DataContext="{StaticResource schülerViewSource}">
```

Hier das *DataGrid*:

```
        <DataGrid AutoGenerateColumns="False" EnableRowVirtualization="True"
                  ItemsSource="{Binding}" Name="DataGrid1"
                  RowDetailsVisibilityMode="VisibleWhenSelected" >
```

Und hier folgen die Definitionen der einzelnen Spalten:

```
            <DataGrid.Columns>
```

Eine Textspalte erzeugen, Bindung an den Member *Nachname* herstellen, die Kopfzeile mit *Nachname* beschriften und eine Größenanpassung vornehmen::

```
                <DataGridTextColumn x:Name="nachnameColumn"
                  Binding="{Binding Path=Nachname}" Header="Nachname" Width="SizeToHeader" />
```

Gleiches für den Vornamen:

```
<DataGridTextColumn x:Name="vornameColumn" Binding="{Binding Path=Vorname}"
                    Header="Vorname" Width="SizeToHeader" />
```

An dieser Stelle war der Assistent schon ganz »pfiffig«, statt einer einfachen Textspalte wurde bereits ein *DataTemplate* erzeugt, dass einen *DatePicker* für die Datumsanzeige verwendet:

```
<DataGridTemplateColumn x:Name="geburtstagColumn"
                        Header="Geburtstag" Width="SizeToHeader">
    <DataGridTemplateColumn.CellTemplate>
        <DataTemplate>
            <DatePicker SelectedDate="{Binding Path=Geburtstag}" />
        </DataTemplate>
    </DataGridTemplateColumn.CellTemplate>
</DataGridTemplateColumn>
                </DataGrid.Columns>
            </DataGrid>
        </DockPanel>
```

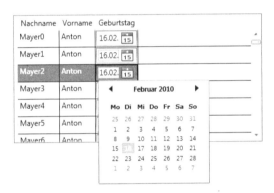

Abbildung 6.25 Das erzeugte *DataGrid*

Im obigen Beispiel ist die Datumsspalte noch zu schmal, weisen Sie einfach der Eigenschaft *Width* einen größeren Wert zu:

```
<DataGridTemplateColumn x:Name="geburtstagColumn" Header="Geburtstag" Width="100">
```

Abbildung 6.26 Die geänderte Datumsspalte

HINWEIS Sie können die Spaltenbreite auch mit »*« angeben, in diesem Fall verwendet die Spalte den restlichen verfügbaren Platz.

Wie Sie gesehen haben, stehen Ihnen neben den Standard-Spaltentypen

- *DataGridTextColumn*
- *DataGridCheckBoxColumn*
- *DataGridComboBoxColumn*
- *DataGridHyperlinkColumn*

auch die sehr flexible *DataGridTemplateColumn* zur Verfügung. Welche Controls Sie hier einbinden (*Image, Chart, RichTextBox* etc.) bleibt Ihrer Phantasie überlassen.

Weitere Gestaltungsmöglichkeiten bieten sich mit dem Ein- und Ausblenden der Trennlinien, der Konfiguration der Spaltenköpfe per Template usw.

Zusatzinformationen in den Zeilen anzeigen

Nicht alle Informationen sollen immer gleich in einem Grid sichtbar sein, vielfach werden Detailfenster etc. eingeblendet um nach der Auswahl eines Datensatzes weitere Informationen einzublenden. An dieser Stelle bietet das *DataGrid* mit dem *RowDetailsTemplate* ein recht interessantes Feature, versetzt Sie dieses Template doch in die Lage unter bestimmten Umständen (*RowDetailsVisibilityMode*-Eigenschaft) zusätzliche Inhalte einzublenden.

BEISPIEL

Verwendung von *RowDetailsTemplate*

Zunächst müssen Sie bestimmen, wann die Details eingeblendet werden:

```
<DataGrid AutoGenerateColumns="False" EnableRowVirtualization="True"
    ItemsSource="{Binding}" RowDetailsVisibilityMode="VisibleWhenSelected" >
    <DataGrid.Columns>
...
```

Nach der Spaltendefinition können Sie dann das *RowDetailsTemplate* einfügen und mit den gewünschten Informationen füllen:

```
<DataGrid.RowDetailsTemplate>
    <DataTemplate>
        <StackPanel Orientation="Horizontal" Background="AliceBlue">
            <TextBlock>Nachname: </TextBlock>
            <TextBlock Text="{Binding Path=Nachname}" FontSize="11" />
            <TextBlock> Vorname: </TextBlock>
            <TextBlock Text="{Binding Path=Vorname}" FontSize="11" />
        </StackPanel>
    </DataTemplate>
</DataGrid.RowDetailsTemplate>
</DataGrid>
```

Abbildung 6.27 Ein einfaches *RowDetailsTemplate*

Mit *RowDetailsVisibilityMode* bestimmen Sie, wann die Zeilendetails angezeigt werden. Standardwert ist *Collapsed* (nicht sichtbar) alternativ steht *Visible* (immer sichtbar) oder *VisibleWhenSelected* zur Verfügung (nur die aktuelle Zeile).

Vom Betrachten zum Editieren

Auch wenn die umfangreichen Anzeigeoptionen das *DataGrid* für diverse Aufgaben prädestinieren, eine Hauptaufgabe dürfte in den meisten Fällen auch das Editieren der Inhalte sein.

Grundsätzlich entscheidet zunächst die übergreifende Eigenschaft *IsReadOnly* über die Fähigkeit, Inhalte des *DataGrids* zu editieren oder nur zu betrachten. Gleiches gilt auch auf Spaltenebene, auch hier können Sie mit *IsReadOnly* darüber entscheiden, welche Spalten editierbar sind und welche nicht. Zusätzlich unterstützen Sie diverse Ereignisse vor, während und nach dem Editiervorgang (*BeginningEdit*, *PreparingCell-ForEdit*, *CellEditEnding* ...).

UI-Virtualisierung

Sicher interessiert es Sie auch, wie leistungsfähig das *DataGrid* ist. Erstellen Sie dazu eine Collection mit 1.000.000 Datensätzen und weisen Sie diese als *ItemsSource* zu. Sie werden feststellen, dass das Erzeugen der Collection wesentlich länger dauert als die Anzeige der Daten. Der Grund für dieses Verhalten basiert auf der UI-Virtualisierung, die mit Hilfe eines *VirtualizingStackPanel* als Layoutpanel innerhalb des *DataGrid* (auch *ListView*, *ListBox* etc.) verwendet wird.

Das *VirtualizingStackPanel* sorgt dafür, dass nur die gerade sichtbaren Einträge (bzw. die dazu notwendigen Controls) erzeugt werden. Was passiert, wenn dies nicht so ist, können Sie ganz einfach ausprobieren. Es genügt, wenn Sie das folgende Attribut in die Elementedefinition einfügen:

```
<DataGrid VirtualizingStackPanel.IsVirtualizing="False" Name="DataGrid1" />
```

Bitte besorgen Sie sich rechtzeitig eine Zeitung und eine Kanne Kaffee wenn Sie versuchen wollen, eine große Collection an das *DataGrid* zu binden. Im extremsten Fall kommt es zur Meldung, dass der verfügbare Arbeitsspeicher nicht ausreicht. Die Ursache dürfte schnell klar werden, wenn Sie sich vorstellen, dass für jede erforderliche Zeile und alle angezeigten Spalten die entsprechenden Anzeige-Controls generiert werden müssen.

How-to-Beispiele

6.1   ... Drag & Drop-Bindung für Master/Detail-Beziehungen umsetzen?

Grundlage unseres kleinen Beispiels soll in diesem Fall ein Entity Data Model sein, bei dem wir die Beziehung zwischen den Tabellen *Orders* und *Order_Details* mit zwei *DataGrids* visualisieren wollen. Wir machen es uns jetzt jedoch einfach und verwenden für den Entwurf das Datenquellen-Fenster, so kommen wir ohne eine einzige Zeile eigenen Quellcodes aus.

HINWEIS   Drag & Drop-Datenbindung funktioniert nur mit einem *ObjectContext*, nicht mit einem *DbContext*. Stellen Sie also beim Generieren Ihres *Entity Data Models* die Eigenschaft *Code Generation Strategy* auf *Default* statt *None*.

Oberfläche

Erstellen Sie zunächst ein neues WPF-Projekt, in das Sie die Datenbank *Northwind.mdf* einfügen. Bei der Frage nach dem zu erzeugenden Datenbankmodell wählen Sie *Entity Data Model*, um ein entsprechendes Modell zu erzeugen. Bei der Auswahl der Tabellen können Sie sich auf die Tabellen *Orders*, *Order_Details* und *Products* beschränken.

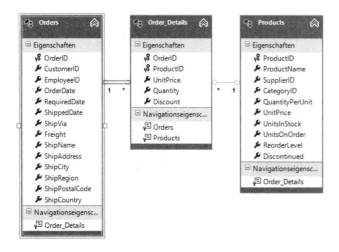

Abbildung 6.28 Unser kleines Datenmodell

Nachfolgend wenden Sie sich dem Entwurf der Oberfläche zu.

Ziehen Sie nachfolgend aus dem Datenquellen-Fenster den Eintrag *Orders* direkt in die Freifläche des WPF-Formulars. Automatisch wird jetzt ein *DataGrid* für die Anzeige der Bestellungen erzeugt (siehe Laufzeitansicht). Für die Anzeige der Bestellungsdetails ziehen Sie einfach den untergeordneten Knoten *Order_Details* ebenfalls in das WPF-Formular.

Abbildung 6.29 Auswahl des richtigen Knotens

Verwechseln Sie diesen nicht mit dem Knoten *Order_Details*, der unabhängig im DataContext definiert ist!

Damit ist unser Programm bereits »komplett«, wir wollen jedoch noch kurz einen Blick auf den generierten Quellcode werfen, um die Funktionsweise besser zu verstehen.

Quellcode (XAML)

Bei der Oberflächendefinition interessieren wir uns nur für die beiden *DataGrid*s:

```
<Window x:Class="EDM_WPF.MainWindow"
        xmlns="http://schemas.microsoft.com/winfx/2006/xaml/presentation"
        xmlns:x="http://schemas.microsoft.com/winfx/2006/xaml"
        Title="Master/Detail-Beziehung" Height="456" Width="630" mc:Ignorable="d"
        xmlns:d="http://schemas.microsoft.com/expression/blend/2008"
        xmlns:mc="http://schemas.openxmlformats.org/markup-compatibility/2006"
```

Einbinden des aktuellen Namespace und Zuweisen einer Ereignismethode in der die Daten geladen werden:

```
        xmlns:my="clr-namespace:EDM_WPF" Loaded="Window_Loaded">
    <Window.Resources>
```

Für jedes der beiden DataGrids wird eine *CollectionViewSource* erzeugt:

```
        <CollectionViewSource x:Key="ordersViewSource"
                              d:DesignSource="{d:DesignInstance my:Orders, CreateList=True}" />
        <CollectionViewSource x:Key="ordersOrder_DetailsViewSource"
                              Source="{Binding Path=Order_Details,
                              Source={StaticResource ordersViewSource}}" />
    </Window.Resources>
```

Den Datenkontext zentral zuweisen, beide *DataGrid*-Objekte befinden sich im *DockPanel* und erben deshalb diese Eigenschaft (Achtung: hier werden die Details zugewiesen):

```
    <DockPanel DataContext="{StaticResource ordersOrder_DetailsViewSource}">
```

Das Master-*DataGrid* an die entsprechende *CollectionViewSource* binden:

```
        <DataGrid DockPanel.Dock="Top" AutoGenerateColumns="False" EnableRowVirtualization="True"
            Height="188" ItemsSource="{Binding Source={StaticResource ordersViewSource}}"
            Name="ordersDataGrid" RowDetailsVisibilityMode="VisibleWhenSelected">
...
        </DataGrid>
```

Das Detail-*DataGrid* nutzt die im *DockPanel* definierte Bindung:

```
        <DataGrid AutoGenerateColumns="False" EnableRowVirtualization="True"
                ItemsSource="{Binding}"
        Name="order_DetailsDataGrid" RowDetailsVisibilityMode="VisibleWhenSelected" >
...
        </DataGrid>
    </DockPanel>
</Window>
```

HINWEIS Obiger Code ist sicher nicht der Weisheit letzter Schluss, besser Sie räumen hier etwas auf und löschen die *DataContext*-Zuweisung beim *DockPanel* und ändern die Definition des Detail-DataGrids wie folgt:

```
<DataGrid AutoGenerateColumns="False" EnableRowVirtualization="True"
        ItemsSource="{Binding Source={StaticResource ordersOrder_DetailsViewSource}}"
        Name="order_DetailsDataGrid" RowDetailsVisibilityMode="VisibleWhenSelected" >
```

Quellcode (VB)

Auch der automatisch erzeugte Quellcode scheint noch verbesserungswürdig:

```
Class MainWindow
...
```

Mit dem Laden des Formulars werden die Daten geladen:

```
Private Sub Window_Loaded(sender As Object,
                    e As RoutedEventArgs) Handles MyBase.Loaded

    Dim NORTHWINDEntities As WpfApplication1.NORTHWINDEntities =
            New WpfApplication1.NORTHWINDEntities()
```

Die *CollectionViewSource*-Instanz (Master) aus der Oberfläche abrufen:

```
    Dim OrdersViewSource As System.Windows.Data.CollectionViewSource =
            CType(Me.FindResource("OrdersViewSource"), System.Windows.Data.CollectionViewSource)
```

Hier wird zunächst die Datenabfrage definiert (siehe Hilfsmethode):

```
    Dim OrdersQuery As System.Data.Objects.ObjectQuery(Of WpfApplication1.Orders) =
                Me.GetOrdersQuery(NORTHWINDEntities)
```

Abrufen der Daten und zuweisen an die *CollectionViewSource*:

```
    OrdersViewSource.Source = OrdersQuery.Execute(System.Data.Objects.MergeOption.AppendOnly)
    End Sub
```

Folgende Hilfsmethode definiert die Abfrage für die Master- und die Detail-Tabelle:

```
Private Function GetOrdersQuery(NORTHWINDEntities As WpfApplication1.NORTHWINDEntities) _
                    As System.Data.Objects.ObjectQuery(Of WpfApplication1.Orders)

    Dim OrdersQuery As System.Data.Objects.ObjectQuery(Of WpfApplication1.Orders) =
                NORTHWINDEntities.Orders
```

Hier schließen wir die Detaildaten in die Abfrage ein:

```
    OrdersQuery = OrdersQuery.Include("Order_Details")
    Return OrdersQuery
    End Function
End Class
```

Sie können den Quellcode durchaus noch etwas vereinfachen: Löschen Sie die Methode *GetOrdersQuery* und ändern Sie das *Window_Loaded*-Ereignis wie folgt:

```
Private Sub Window_Loaded(sender As Object,
                          e As RoutedEventArgs) Handles MyBase.Loaded

    Dim NORTHWINDEntities As New WpfApplication1.NORTHWINDEntities()
    Dim OrdersViewSource As System.Windows.Data.CollectionViewSource =
        CType(Me.FindResource("OrdersViewSource"), System.Windows.Data.CollectionViewSource)
    OrdersViewSource.Source = NORTHWINDEntities.Orders.Include("Order_Details")
End Sub
```

Test

Ein Test wird Sie von der Funktionsweise überzeugen:

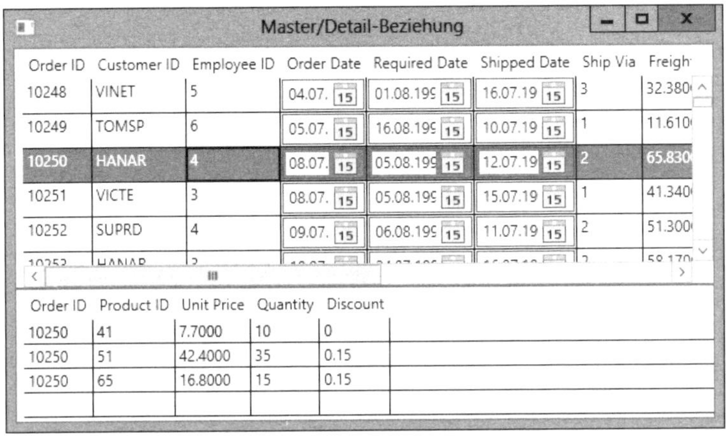

Abbildung 6.30   Laufzeitansicht

Wie Sie sehen, können Sie bereits mit dem per Drag & Drop erzeugten Programm gut leben, einige Änderungen machen jedoch den Quellcode übersichtlicher und besser verständlich.

6.2 ... Collections in Hintergrundthreads füllen?

In den vorhergehenden Beispielen haben wir es uns recht einfach gemacht. Eine Collection wurde erzeugt, gefüllt und angezeigt. Soweit so gut, aber was, wenn das Erzeugen der Collection etwas länger dauert? Ein kleines Beispielprogramm zeigt das Problem und natürlich auch die Lösung dafür. Dabei trennen wir aber zwischen der bisherigen Lösung und einer mit .NET 4.5 eingeführten Neuerung.

Oberfläche

Ein einfaches *Window* mit einigen Schaltflächen und einer *ListView* zur Anzeige der Daten:

```
<Window x:Class="Datenbindung.Laden_im_Hintergrund"
        xmlns="http://schemas.microsoft.com/winfx/2006/xaml/presentation"
        xmlns:x="http://schemas.microsoft.com/winfx/2006/xaml"
        Title="Laden_im_Hintergrund" Height="300" Width="530">
    <DockPanel>
        <StackPanel DockPanel.Dock="Top" Orientation="Horizontal">
            <Button Click="Button_Click_2">Laden Vordergrund-Thread</Button>
            <Button Click="Button_Click_3">Laden Hintergrund-Thread</Button>
```

```
        <Button Click="Button_Click_4">Laden Hintergrund Lösung</Button>
        <Button Click="Button_Click_1">Laden neu</Button>
      </StackPanel>
      <ListView Name="ListView1" IsSynchronizedWithCurrentItem="True"
                ItemsSource="{Binding}" VirtualizingPanel.IsVirtualizing="True" />
    </DockPanel>
</Window>
```

Das Problem

Stellen Sie sich folgendes Szenario vor: Sie füllen eine Liste von *Schüler*-Objekten[1], leider dauert der Abruf jedes einzelnen Objekts etwas länger:

```
Imports System.Collections.ObjectModel
Imports System.Threading
Imports System.Threading.Tasks

Public Class Laden_im_Hintergrund
    Public _klasse As ObservableCollection(Of Schüler)

    Public Sub New()
        InitializeComponent()
        _klasse = New ObservableCollection(Of Schüler)()
        Me.DataContext = _klasse
    End Sub

    Private Sub Datenabrufen()
        _klasse.Clear()
        For i As Integer = 0 To 99
```

Hier simulieren wir eine Zeitverzögerung, z.B. eine langsame Datenverbindung:

```
            _klasse.Add(New Schüler() With {
                .Nachname = "Mayer" & i.ToString(),
                .Vorname = "Alexander",
                .Geburtstag = New DateTime(2001, 11, 7)
            })
        Next
    End Sub

    Private Sub Button_Click_2(sender As Object, e As RoutedEventArgs)
        Datenabrufen()
    End Sub
```

Starten Sie die Anwendung, werden Sie nach einem Klick auf die Schaltfläche feststellen, dass Ihre Anwendung »einfriert«. Diese Lösung wollen Sie dem Endanwender sicher nicht zumuten. Was liegt also näher, als diese Aufgabe in einen Hintergrundthread zu verlagern.

Gesagt, getan, wir kapseln obigen Methodenaufruf in einem extra Thread:

```
    Private Sub Button_Click_3(sender As Object, e As RoutedEventArgs)
        Task.Factory.StartNew(AddressOf Datenabrufen)
    End Sub
```

---

[1] Definition siehe Seite 395.

Doch nach einem Start der Anwendung werden Sie schnell wieder auf den Boden zurückgeholt:

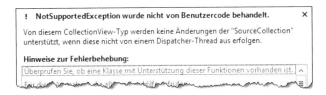

Abbildung 6.31 Fehler beim Übergeben der Daten

Sie können auf die Collection nicht per Hintergrundthread zugreifen. Das ist erstmal ein Show-Stopper. Doch es gibt zwei Lösungen:

- Laden einer extra Collection im Hintergrund und kopieren dieser Collection in den Vordergrund. Nachfolgend Abgleich mit der gebundenen Collection.

- Laden der Daten im Hintergrund, Einfügen der einzelnen Einträge durch jeweiligen Wechsel in den Vordergrundthread.

Die zweite Lösung ist mit häufigen Threadwechseln verbunden, wir sehen uns also die erste Lösung näher an.

Lösung (bis .NET 4.0)

Wir lagern das Laden der Daten in eine Funktion aus, die eine komplette Liste zurückgibt:

```
Private Function Datenabrufen_alteLoesung() As ObservableCollection(Of Schüler)
    Dim _threadklasse As New ObservableCollection(Of Schüler)()
    For i As Integer = 0 To 99
        Thread.Sleep(100)
        ' simuliert Laden aus der Quelle
        _threadklasse.Add(New Schüler() With {
            .Nachname = "Mayer" & i.ToString(),
            .Vorname = "Alexander",
            .Geburtstag = New DateTime(2001, 11, 7)
        })
    Next
    Return _threadklasse
End Function
```

Unser Aufruf:

```
Private Sub Button_Click_4(sender As Object, e As RoutedEventArgs)
```

Anzeige, dass der Nutzer warten soll:

```
Me.Cursor = Cursors.Wait
```

In einem extra Thread werden die Daten geladen:

```
Task.Factory.StartNew(Of ObservableCollection(Of Schüler))(AddressOf
                    Datenabrufen_alteLoesung).ContinueWith(Sub(t)
```

Ist dies erfolgt, kopieren wir diese in die gebundene Liste:

```
_klasse.Clear()
```

```
    For Each s In t.Result
        _klasse.Add(s)
    Next
```

Und blenden die Sanduhr aus:

```
    Me.Cursor = Nothing
    End Sub, TaskScheduler.FromCurrentSynchronizationContext())
End Sub
```

Test

Nach dem Start wird die »Sanduhr« angezeigt, nach einigen Sekunden ist die Liste gefüllt. Wie Sie sehen, muss sich der Nutzer auch hier gedulden, die Oberfläche bleibt in dieser Zeit aber voll bedienbar.

Lösung (ab .NET 4.5)

Neu seit .NET 4.5 ist die Möglichkeit, Collections für die gleichzeitige Bearbeitung in Threads quasi anzumelden. Nutzen Sie dazu einen Aufruf der Methode *EnableCollectionSynchronization*.

```
    Private Sub Button_Click_1(sender As Object, e As RoutedEventArgs)
```

Anmelden der Collection, wir übergeben noch das aktuelle Window-Objekt als Sperrobjekt[1]:

```
        BindingOperations.EnableCollectionSynchronization(_klasse, Me)
```

Wir rufen die Daten per extra Thread ab:

```
        Task.Factory.StartNew(AddressOf Datenabrufen)
    End Sub
```

Test

Nach dem Start werden Sie feststellen, dass die Oberfläche beweglich bleibt, und dass die Daten »tröpfchenweise« in die Liste geladen werden, Sie können beim Füllen quasi zusehen. Eine einfache und recht elegante Lösung für das Einlesen größerer Datenmengen.

6.3   ... das MVVM-Pattern am einfachen Beispiel verstehen?

Die Datenbindung unter WPF ist ein gleichermaßen wichtiges wie heikles Thema, insbesondere der Einsteiger hat dabei mit vielen Irritationen zu kämpfen, wie sie leider auch durch viele im Web kursierende schlechte Beispiele befördert werden. Grund genug also, um uns in diesem Rezept zunächst einmal prinzipiell mit dieser Thematik auseinanderzusetzen.

WPF besteht aus zwei Teilen, dem XAML welches das Layout der Benutzerschnittstelle (GUI) beschreibt, und dem so genannten Codebehind, der an das XAML gebunden ist.

Die typische Problemstellung: Wir haben Daten, die typischerweise in einer Collection beliebiger Art abgespeichert sind, und wollen sie dem User anzeigen. Daraus ergibt sich die Frage: Wie kann ich mein XAML

---

[1] Es tut auch jede andere Objekt-Instanz.

effektiv an diese Daten binden, sodass Transparenz, Wiederverwendbarkeit und Testbarkeit des Codes gewährleistet sind?

Der optimale Weg, Ihren Code zu organisieren, besteht in der Verwendung des MVVM-Pattern: Model, View, ViewModel. Das sichert ab, dass Ihr View minimalen (oder gar keinen) Code enthält und nur aus XAML besteht.

Dieses erste einer Serie von drei Beispielen soll Ihnen zeigen, wie einfach man unter Verwendung des MVVM-Pattern eine datengebundene WPF-Applikation entwickeln kann[1]. Da wir Ihnen hier zunächst nur das Prinzip des MVVM-Pattern erläutern wollen, verzichten wir auf die Anzeige einer Collection und beschränken uns auf eine einzelne Eigenschaft.

CBuch – unser Model

Fügen Sie zu Ihrem WPF-Projekt eine Klasse *CBuch* mit den Eigenschaften *AutorName* und *BuchTitel* hinzu:

```
Class CBuch
    Private _autorName As String
    Private _buchTitel As String

    Public Property AutorName() As String
        Get
            Return _autorName
        End Get
        Set(value As String)
            _autorName = value
        End Set
    End Property

    Public Property BuchTitel() As String
        Get
            Return _buchTitel
        End Get
        Set(value As String)
            _buchTitel = value
        End Set
    End Property
End Class
```

In der WPF-Terminologie ist das unser »Model«.

CBuchViewModel – unser ViewModel

Gemäß MVVM-Pattern werden *Model* und *View* miteinander über ein *ViewModel* verknüpft, welches nichts weiter ist als ein Adapter, der unser *Model* in etwas verwandelt, was das WPF-Framework verstehen kann. Fügen Sie also zum Projekt eine Klasse *CBuchViewModel* hinzu.

Da diese Klasse alle angeschlossenen Views über Änderungen im Model informieren will, kommen wir nicht umhin, das Interface *INotifyPropertyChanged* zu implementieren.

---

[1] Bestimmte Ideen dieser Beispiele und Teile des Codes gehen auf Artikel von Joe Smith bzw. Barry Lapthorn zurück, siehe auch *http://www.codeproject.com/Articles/165368/WPF-MVVM-Quick-Start-Tutorial.*

```
Imports System.ComponentModel

Class CBuchViewModel
    Implements INotifyPropertyChanged
```

Die Referenz auf das Model:

```
Private _buch As CBuch
```

Der Konstruktor:

```
Public Sub New()
    _buch = New CBuch() With {
        .AutorName = "Unbekannt",
        .BuchTitel = "Unbekannt" }
End Sub

Public Property Buch() As CBuch
    Get
        Return _buch
    End Get
    Set(value As CBuch)
        _buch = value
    End Set
End Property
```

Wir beschränken uns hier auf die *AutorName*-Eigenschaft des Models:

```
Public Property AutorName() As String
    Get
        Return _buch.AutorName
    End Get
    Set(value As String)
```

Nur wenn sich der Namen des Autors tatsächlich geändert hat, soll die das *PropertyChanged*-Ereignis auslösende Methode *OnPropertyChanged* aufgerufen werden:

```
        If _buch.AutorName <> value Then
            _buch.AutorName = value
            ' Ereignis auslösen
            OnPropertyChanged("AutorName")
        End If
    End Set
End Property
```

Wie es das Interface *INotifyPropertyChanged* verlangt, muss jetzt noch das Ereignis *PropertyChanged* implementiert werden:

```
Public Event PropertyChanged(sender As Object, e As PropertyChangedEventArgs) _
            Implements INotifyPropertyChanged.PropertyChanged
```

Die ereignisauslösende Methode (gemäß Microsoft-Konvention beginnt sie mit *On...*):

```
Private Sub OnPropertyChanged(propertyName As String)
    RaiseEvent PropertyChanged(Me, New PropertyChangedEventArgs(propertyName))
End Sub
End Class
```

MainWindow – unsere View

In der WPF-Terminologie ist das GUI unsere »View«. Belassen Sie im *MainWindow* das standardmäßige *Grid* als Stammelement und platzieren Sie irgendwo ein *Label*- und ein *Button*-Control. Die erforderliche Logik für das *ViewModel* müssen wir im Codebehind implementieren:

```
Class MainWindow
```

Eine *ViewModel*-Instanz hier erzeugen[1]:

```
    Private _viewModel As New CBuchViewModel()
```

Der Konstruktor:

```
    Public Sub New()
        InitializeComponent()
```

Der Datenkontext der *View* verbindet sich mit dem *ViewModel*:

```
        Me.DataContext = _viewModel
    End Sub
```

Im folgenden Eventhandler (erzeugt durch Doppelklick auf den *Button*) wollen wir die Eigenschaft *Autor-Name* im *Label* anzeigen lassen:

```
    Private Sub Button_Click_1(sender As Object, e As RoutedEventArgs)
        _viewModel.AutorName = "Doberenz"
    End Sub
```

```
End Class
```

Wie Sie nachfolgendem XAML-Code entnehmen, wurde der *Click*-Eintrag automatisch vorgenommen. Eine weitere Anpassung müssen Sie aber selbst vornehmen: Um die Eigenschaft *AutorName* an unser *BuchView-Model* zu binden, ändern Sie das *Content* -Attribut des *Labels*. Das *Binding*-Keyword bindet den Inhalt des Controls an die Eigenschaft *AutorName* des vom DataContext zurückgegebenen Objekts.

```
<Window x:Class="WpfApplication1.MainWindow"
        xmlns="http://schemas.microsoft.com/winfx/2006/xaml/presentation"
        xmlns:x="http://schemas.microsoft.com/winfx/2006/xaml"
        Title="MainWindow        (MVVM-Beispiel 1)" Height="212" Width="386">
    <Grid >
        <Grid.RowDefinitions>
            <RowDefinition Height="*"/>
            <RowDefinition Height="*"/>
        </Grid.RowDefinitions>
        <Label Grid.Row="0" Content="{Binding AutorName}" HorizontalAlignment="Center"
            Height="55" VerticalAlignment="Center" Width="235"/>
        <Button Grid.Row="1" Content="Autor aktualisieren" HorizontalAlignment="Center"
            Height="50" VerticalAlignment="Center" Width="235" Click="Button_Click_1" />
    </Grid>
</Window>
```

---

[1] Ja, ja – wir könnten dies auch deklarativ im *DataContext* des XAML-Codes tun, aber da sträubt sich doch das Gefieder des VB-Programmierers!

Test

MVVM funktioniert! Nach dem Kompilieren des Projekts und dem Klick auf den Button wird tatsächlich der Name des Autors angezeigt:

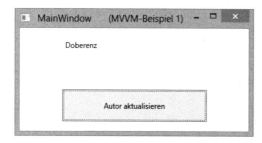

Abbildung 6.32 Laufzeitansicht

Bemerkungen

Ganz zufrieden können wir mit diesem Ergebnis allerdings nicht sein, denn unser MVVM-Pattern entspricht noch nicht 100%-ig den WPF-Richtlinien:

- Wir haben unsere Aktualisierungslogik in den Codebehind verlagert, sie gehört aber eigentlich nicht dorthin, denn die *Window*-Klasse sollte sich vorrangig mit anderen Dingen beschäftigen

- Angenommen, wir wollen Logik in das *Click*-Ereignis eines anderen Controls verlagern, z.B. um einen Menüeintrag vorzunehmen. Das würde Cut und Paste von Code an mehreren Stellen bedeuten.

6.4 ... mit Commands den MVVM-Code optimieren?

Das direkte Binden an GUI-Ereignisse kann mitunter zu umständlich sein. WPF bietet mit *ICommand* eine effektivere Alternative. Viele Controls verfügen über ein *Command*-Attribut. Dies ermöglicht im XAML ein Anbinden auf dieselbe Weise wie bei den Attributen *Content* und *ItemsSource*, wenn die zu bindende Property ein *ICommand* zurückgibt.

ICommand verlangt die Definition von zwei Methoden: *CanExecute* und *Execute*.

CCommand

Um den *ICommand*-Code leicht wiederverwenden zu können, kapseln wir ihn in der *CCommand*-Klasse.

```
...
Imports System.Windows.Input    ' für ICommand

Class CCommand
    Implements ICommand

    ReadOnly _canExecute As Func(Of Boolean)
    ReadOnly _execute As Action

    Public Sub New(execute As Action)
        Me.New(execute, Nothing)
    End Sub
```

```
Public Sub New(execute As Action, canExecute As Func(Of Boolean))
    If execute Is Nothing Then
        Throw New ArgumentNullException("execute")
    End If
    _execute = execute
    _canExecute = canExecute
End Sub

Public Custom Event CanExecuteChanged As EventHandler Implements ICommand.CanExecuteChanged
    AddHandler(value As EventHandler)
        If _canExecute IsNot Nothing Then
            AddHandler CommandManager.RequerySuggested, value
        End If
    End AddHandler

    RemoveHandler(value As EventHandler)
        If _canExecute IsNot Nothing Then
            RemoveHandler CommandManager.RequerySuggested, value
        End If
    End RemoveHandler

    RaiseEvent(sender As Object, e As EventArgs)
        If _canExecute IsNot Nothing Then

        End If
    End RaiseEvent
End Event

<DebuggerStepThrough> _
Public Function CanExecute(parameter As Object) As Boolean Implements ICommand.CanExecute
    Return If(_canExecute Is Nothing, True, _canExecute())
End Function

Public Sub Execute(parameter As Object) Implements ICommand.Execute
    _execute()
End Sub
End Class
```

CBuchViewModel

Ergänzen Sie nun die Klasse *CBuchViewModel* mit folgendem Code:

```
Imports System.ComponentModel
Imports System.Windows.Input

Class CBuchViewModel
    Implements INotifyPropertyChanged
        ...
```

Die Zählvariable soll lediglich für etwas Abwechslung bei aufeinanderfolgenden Updates sorgen:

```
Private _nr As Integer = 0

Private Sub UpdateAutorNameExecute()
    _nr += 1
    AutorName = String.Format("Doberenz ({0})", _nr)
End Sub
```

```
Private Function CanUpdateAutorNameExecute() As Boolean
    Return True
End Function
```

Die Übergabe an *ICommand*:

```
Public ReadOnly Property UpdateAutorName() As ICommand
    Get
        Return New CCommand(AddressOf UpdateAutorNameExecute, AddressOf CanUpdateAutorNameExecute)
    End Get
End Property
...

End Class
```

Beachten Sie, dass wir nicht länger an ein Button- oder Menü-spezifisches *Click*-Event binden, also auch keine Eventhandler mehr benötigen!

MainWindow.xaml

Um zu zeigen, wie einfach die Wiederverwendbarkeit von *ICommand* ist, binden wir im XAML an den *UpdateAutorName*-Befehl sowohl einen Button als auch einen Menüeintrag.

```
<Window x:Class="WpfApplication1.MainWindow"
...
    <Label Content="{Binding AutorName}"        ...              />

    <Button Content="Autor aktualisieren"  Command="{Binding UpdateAutorName}"  ...  />

        <Menu HorizontalAlignment="Left" Height="23" VerticalAlignment="Top" Width="517">
            <MenuItem Header="Test-Menü" Width="97" Height="23">
                <MenuItem Header="Autor aktualisieren" Command="{Binding UpdateAutorName}" />
        </MenuItem>
    ...
</Window>
```

Test

MVVM funktioniert – sowohl beim Klick auf den Menüeintrag als auch auf den Button wird aktualisiert (hochgezählt).

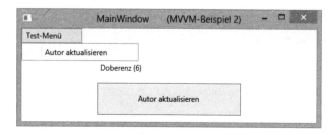

Abbildung 6.33 Laufzeitansicht

Bemerkungen

- Die *CanExecute*-Methode ist nützlich für die Steuerung des Kontexts, in welchem Sie GUI-Aktionen ausführen können. In unserem Beispiel kümmern wir uns nicht darum und geben *True* zurück, d.h., das Framework darf unsere *Execute*-Methode immer ausführen.

- Es kann aber Situationen geben, wo ein Befehl an einen Button gebunden ist und nur dann ausgeführt werden darf, wenn Sie ein Element aus einer Liste gewählt haben. Die entsprechende Logik würden Sie dann in der *CanExecute*-Methode implementieren.

6.5 ... mit MVVM und Collections arbeiten?

Nachdem wir nun wissen, wie einzelne *Model*-Eigenschaften zu aktualisieren sind, haben wir gewissermaßen die Pflicht hinter uns gelassen und können uns der Kür widmen.

Ziel soll eine einfache Büchersammlung sein, bei denen Titel und Autor in einer Collection abgespeichert sind.

> **HINWEIS**   Ganz wichtig: Zur Anzeige der Collection-Elemente in unserer *View* muss das *ViewModel* eine *Observable-Collection(Of Type)* bereitstellen, also keine *List*, kein *Dictionary* etc.

Die *ObservableCollection* (Namespace *System.Collections.ObjectModel*) implementiert verschiedene WPF-Interfaces. Das Wort »Observable« gibt hier den entscheidenden Hinweis: das WPF-Fenster muss in der Lage sein, Ihre Daten-Collection zu beobachten.

CBuchDB

Als Datenbasis für unsere Collection begnügen wir uns mit einer nicht ganz ernst zu nehmenden »Bücher-Datenbank« in Gestalt einer Klasse *CBuchDB*:

```
Class CBuchDB
    Private _random As New Random()
    Private _autorenNamen As String() = {"Goethe", "Schiller", "Doberenz",
                            "Gewinnus", "Heine", "Lessing"}
    Private _buchTitel As String() = {"Wilhelm Tell", "Faust", "Minna v. B.",
                            "Die Glocke", "Die Leiden des jungen W.", "Die Räuber",
                            "Lorelei"}
```

Die folgenden zwei Methoden ermöglichen einen zufälligen Zugriff auf einzelne Autoren bzw. Bücher:

```
    Public ReadOnly Property GetRandomAutorName() As String
        Get
            Return _autorenNamen(_random.Next(_autorenNamen.Length))
        End Get
    End Property

    Public ReadOnly Property GetRandomBuchTitel() As String
        Get
            Return _buchTitel(_random.Next(_buchTitel.Length))
        End Get
    End Property
End Class
```

CBuecherViewModel

In unserem Beispiel erzeugen wir eine neue Klasse *CBuecherViewModel*, welche nun für die Präsentationslogik verantwortlich sein soll. Nach wie vor benötigen wir aber auch noch die Klasse *CBuchViewModel*.

...

```
Imports System.Collections.ObjectModel
Imports System.Windows.Input

Class CBuecherViewModel
```

Die Referenz auf unsere Datenbank:

```
Private _database As New CBuchDB()
```

Beachten Sie, dass die folgende *ObservableCollection* nicht (wie zunächst naheliegend) vom Typ *CBuch* ist, sondern vom Typ *CBuchViewModel* sein muss[1]:

```
Private _buecher As New ObservableCollection(Of CBuchViewModel)()
```

Der Zugriff auf die Büchersammlung:

```
Public Property Buecher() As ObservableCollection(Of CBuchViewModel)
    Get
        Return _buecher
    End Get
    Set(value As ObservableCollection(Of CBuchViewModel))
        _buecher = value
    End Set
End Property
```

Im Konstruktor unseres ViewModel werden nun drei zufällig ausgewählte Bücher zur *ObservableCollection* hinzugefügt:

```
Public Sub New()
    ' Konstruktor
    For i As Integer = 0 To 2
        _buecher.Add(New CBuchViewModel() With {
            .Buch = New CBuch() With {
                .AutorName = _database.GetRandomAutorName,
                .BuchTitel = _database.GetRandomBuchTitel
            }
        })
    Next
End Sub
```

Es folgt die Vorbereitung von drei Commands (jedes verlangt die Definition einer *Update...*- und einer *CanUpdate...*-Methode).

---

[1] Originalton MSDN: Um die Datenübertragung von Binding Source-Objekten zu Binding-Zielen vollständig zu realisieren, muss jedes Objekt der Collection, welches bindungsfähige Eigenschaften besitzt, einen entsprechenden *PropertyChanged*-Benachrichtigungsmechanismus unterstützen, so wie das *INotifyPropertyChanged*-Interface.

AddBuchAutor: Es soll ein zufällig ausgewählter Autor mit einem ebenfalls zufällig ausgewählten Buch an das Ende der *ObservableCollection* angefügt werden:

```
Private Sub AddBuchAutorExecute()
    If _buecher Is Nothing Then
        Return
    End If

    _buecher.Add(New CBuchViewModel() With {
        .Buch = New CBuch() With {
            .AutorName = _database.GetRandomAutorName,
            .BuchTitel = _database.GetRandomBuchTitel
        } _
    })
End Sub

Private Function CanAddBuchAutorExecute() As Boolean
    Return True
End Function
```

Aufruf des *ICommand*-Interface:

```
Public ReadOnly Property AddBuchAutor() As ICommand
    Get
        Return New CCommand(AddressOf AddBuchAutorExecute,
                            AddressOf CanAddBuchAutorExecute)
    End Get
End Property
```

UpdateBuchAutoren: Jedem Buch der *ObservableCollection* werden neue, zufällig ausgewählte Autoren zugeordnet:

```
Private Sub UpdateBuchAutorenExecute()
    If _buecher Is Nothing Then
        Return
    End If

    For Each buch In _buecher
        buch.AutorName = _database.GetRandomAutorName
    Next
End Sub

Private Function CanUpdateBuchAutorenExecute() As Boolean
    Return True
End Function

Public ReadOnly Property UpdateBuchAutoren() As ICommand
    Get
        Return New CCommand(AddressOf UpdateBuchAutorenExecute,
                            AddressOf CanUpdateBuchAutorenExecute)
    End Get
End Property
```

UpdateBuchTitel: Jedem Buch der *ObservableCollection* werden neue, zufällig ausgewählte Titel zugeordnet:

```
Private Sub UpdateBuchTitelExecute()
```

```
        If _buecher Is Nothing Then
            Return
        End If
        For Each buch In _buecher
            buch.BuchTitel = _database.GetRandomBuchTitel
        Next
    End Sub

    Private Function CanUpdateBuchTitelExecute() As Boolean
        Return True
    End Function

    Public ReadOnly Property UpdateBuchTitel() As ICommand
        Get
            Return New CCommand(AddressOf UpdateBuchTitelExecute,
                                AddressOf CanUpdateBuchTitelExecute)
        End Get
    End Property

End Class
```

MainWindow.xaml

Stammelement unserer Testoberfläche ist ein *Grid* mit drei Zeilen. Den weiteren Aufbau der Oberfläche entnehmen Sie dem folgenden XAML-Code:

```xml
<Window x:Class="MVVM.MainWindow"
        xmlns="http://schemas.microsoft.com/winfx/2006/xaml/presentation"
        xmlns:x="http://schemas.microsoft.com/winfx/2006/xaml"
        Title="MainWindow            (MVVM-Beispiel 3)" Height="238" Width="534" >

    <Grid>
        <Grid.RowDefinitions>
            <RowDefinition Height="Auto" />
            <RowDefinition Height="Auto" />
            <RowDefinition Height="Auto" />
        </Grid.RowDefinitions>
```

Der Aufruf der Befehle:

```xml
        <StackPanel Grid.Row="1" Orientation="Horizontal">
            <Button  Content="Neuen Autor hinzufügen" Command="{Binding AddBuchAutor}" />
            <Button  Content="Autoren aktualisieren" Command="{Binding UpdateBuchAutoren}" />
            <Button  Content="Buchtitel aktualisieren" Command="{Binding UpdateBuchTitel}" />
        </StackPanel>
```

Um zu demonstrieren, wie einfach die Wiederverwendbarkeit von Code mittels Commands ist, können die drei Befehle auch noch über ein Menü aufgerufen werden:

```xml
        <Menu Grid.Row="0" >
            <MenuItem Header="Test-Menü">
                <MenuItem Header="Autoren aktualisieren"
                        Command="{Binding UpdateBuchAutoren}" />
                <MenuItem Header="Autor hinzufügen"
                        Command="{Binding AddBuchAutor}" />
                <MenuItem Header="Bücher aktualisieren"
```

```
                         Command="{Binding UpdateBuchTitel}" />
            </MenuItem>
        </Menu>
        <Label Grid.Column="0" Grid.Row="2" Content="" />
```

Die Anzeige der Bücherliste erfolgt in einer *ListView*:

```
        <ListView Grid.Row="2" ItemsSource="{Binding Buecher}" >
            <ListView.ItemTemplate>
                <DataTemplate>
                    <StackPanel>
                        <Label Content="{Binding AutorName}" />
                        <Label Content="{Binding BuchTitel}" FontSize="10" />
                    </StackPanel>
                </DataTemplate>
            </ListView.ItemTemplate>
        </ListView>
    </Grid>
</Window>
```

Test

So lächerlich auch die angezeigten Inhalte sein mögen – hier geht es nur um das Prinzip und da dürften sowohl die Klicks auf das Menü, als auch die auf die Buttons, die gewünschten Wirkungen erzielen.

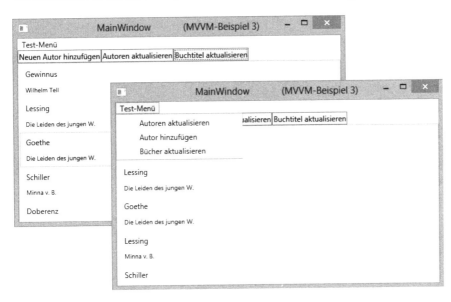

Abbildung 6.34 Laufzeitansicht

Bemerkungen

- Jedes WPF-Control (*Window* inbegriffen) hat einen *DataContext* und Collection-Controls haben ein *ItemsSource*-Attribut, um daran anzubinden

- Das Interface *INotifyPropertyChanged* wird extensiv genutzt, um alle Datenänderungen zwischen GUI und Ihrem Code zu kommunizieren

- Die Instanziierung Ihres *ViewModel* ist ein bemerkenswerter Punkt: Wenn Sie Ihr *ViewModel* deklarativ in XAML definieren, können Sie keinerlei Parameter übergeben, d.h., Ihr *ViewModel* muss einen Standard-Konstruktor haben. Wie Sie Zustände zum *ViewModel* hinzufügen ist Ihre Sache. Die Autoren finden es jedenfalls konsequenter, das *ViewModel* im *MainWindow.vb* Codebehind zu definieren. Hier kann man nicht nur Konstruktionsparameter übergeben, sondern vermeidet auch die hässliche Vermischung von XAML- und VB-Code.

- In unseren bisherigen Beispielen gibt es eine Menge von Codewiederholungen, wie das Auslösen von INPC[1] oder das Erzeugen von Befehlen. Dies ist für den Programmierer sehr aufwändig und ermüdend, und der Wunsch liegt nahe, das Ganze in eine Basisklasse *ObservableObject* zu verschieben. Die Klassen *ObservableObject* und *CCommand* könnten dann in eine kleine Klassenbibliothek verlagert werden, um diese in weiteren Beispielen zu nutzen. Nach dem Auslagern des grundlegenden Codes in eine DLL *MicroMvvm* und dem Einbinden der Assembly in die Klasse *CBuchViewModel* dürfte sich deren Code erheblich vereinfachen.

Tipps & Tricks

Zum Schluss noch einige kleinere Tipps, die Sie vielleicht in Ihren Programmen nutzen können.

Datenbindung von Null-Values

Als Datenbankentwickler ist Ihnen der Begriff Null-Values sicher keine Fremdwort, hat der Anwender in eine Feld nichts eingeben, wird dies nicht als Leerstring, sondern als Null-Value abgespeichert (nicht zugewiesen). Gleiches ist mit den nullable Typen in VB möglich. Doch wie reagiert die WPF-Oberfläche auf derartige Werte? Einfache Antwort: in einer *TextBox* wird nichts angezeigt.

Wem das nicht gefällt, der kann in der *TextBox* in diesem Fall einen *TargetNullValue* eingeben, der statt des Leerstrings angezeigt wird.

BEISPIEL

Alternative Anzeige eines Null-Value

Unsere Beispielklasse:

```
Imports System.ComponentModel
Imports System.Threading

Class BeispielKlasse
    Implements INotifyPropertyChanged

    Private _Nachname As String
    Private _Vorname As String
    Private _Verheiratet As System.Nullable(Of Boolean)
...
    Public Property Verheiratet() As System.Nullable(Of Boolean)
        Get
            Return _Verheiratet
```

---

[1] *INotifyPropertyChanged*

```
        End Get
        Set(value As System.Nullable(Of Boolean))
            _Verheiratet = value
            NotifyPropertyChanged("Verheiratet")
        End Set
    End Property
...
```

Der XAML-Code zur Darstellung:

```
        <TextBlock Margin="0,10,0,10">nullable Wert</TextBlock>
        <TextBox Text="{Binding Path=Verheiratet }" />
        <TextBlock Margin="0,10,0,10">nullable Wert mit TargetNullValue</TextBlock>
        <TextBox Text="{Binding Path=Verheiratet, TargetNullValue=#unbestimmter Wert# }" />
```

Zur Laufzeit wird dem Anwender jetzt signalisiert, dass an dieser Stelle noch etwas fehlt:

nullable Wert

nullable Wert mit TargetNullValue

#unbestimmter Wert#   **Abbildung 6.35** Laufzeitansicht

Fallback-Values zuweisen

Stellen Sie sich vor, dass aus irgendwelchen Gründen (kein Zugriff, fehlerhafter XAML-Code etc.) der Wert einer Eigenschaft nicht angezeigt werden kann. In diesem Fall bliebt das Feld einfach leer, was nicht immer korrekt ist. Mit Hilfe der *FallBackValue*-Eigenschaft können Sie quasi einen Standardanzeigewert für den Fall einer fehlenden Datenbindung vorgeben.

BEISPIEL

Anzeige eines Fallback-Values (die Eigenschaft *Geburtstag* ist nicht vorhanden)

```
<TextBox Text="{Binding Path=Geburtsort, FallbackValue=[Fallback-Value],
        TargetNullValue=unbestimmter Wert}" />
```

Asynchrone Datenbindung von Einzelwerten

Eigentlich sind die aktuellen PCs schnell genug. Das trifft aber nicht unbedingt auf alle Datenverbindungen zu. Sei es, dass Sie umfangreiche Daten laden wollen (Bilder), oder dass per Lookup Detail-Daten nach einer Auswahl angezeigt werden sollen. Ihr Programm wird hakelig/rucklig in der Bedienung, da erst die Anzeigedaten geladen werden, bevor der Anwender neue Eingaben tätigen kann.

Sie brauchen also einen Weg, um den normalen Programmablauf nicht zu stören und die Informationen asynchron anzuzeigen. Dies ist auch das Stichwort für die entsprechende Eigenschaft, mit *IsAsync* können Sie das Laden von Eigenschaftswerten in einen Hintergrundthread auslagern.

BEISPIEL

Asynchrone Anzeige von Eigenschaftswerten

Eine Eigenschaft, die etwas länger braucht (es könnte sich z.B. um einen zusätzlichen Roundtrip zur Datenbank handeln):

```
Public Property LangsameEigenschaft() As String
    Get
        Thread.Sleep(5000)
        Return "Ich brauche etwas länger!"
    End Get
    Set(value As String)
    End Set
End Property
```

Die Bindung an diese Eigenschaft:

```
<TextBox Text="{Binding Path=LangsameEigenschaft, IsAsync=True}" />
```

Nach dem Start dauert es fünf Sekunden, dann taucht in der *TextBox* die obige Zeichenkette auf. Probieren Sie was passiert, wenn Sie *IsAsync* auf *False* setzen. Jetzt wird Ihre Anwendung mindestens fünf Sekunden brauchen, bevor sie auf dem Bildschirm erscheint.

Datenbindung an statische Werte

Möchten Sie auf die aktuelle Uhrzeit oder die Werte anderer statischer Eigenschaften zugreifen, müssen Sie zunächst den entsprechenden Namespace einbinden. Zusätzlich ist bei der Datenbindung aber auch die Angabe »x:Static« erforderlich.

BEISPIEL

Anzeige der aktuellen Uhrzeit (ohne Aktualisierung, dafür benötigen Sie einen Timer)

```
<Window x:Class="WPF_Tipps.MainWindow"
        xmlns="http://schemas.microsoft.com/winfx/2006/xaml/presentation"
        xmlns:x="http://schemas.microsoft.com/winfx/2006/xaml"
```

Einbinden des Namespcae:

```
        xmlns:sys="clr-namespace:System;assembly=mscorlib"
        Title="Tipps und Tricks" Height="350" Width="525">
...

        <TextBox Text="{Binding Source={x:Static sys:DateTime.Now}, StringFormat='HH:mm:ss',
                Mode=OneWay}" />
```

Datenbindung an Settings

Gern werden Settings für Connectionstrings und andere Einstellungen genutzt. Wie Sie diese an Controls binden, zeigt das folgende Beispiel.

Binden eines Settings an eine *TextBox*

```
<Window x:Class="WPF_Tipps.MainWindow"
        xmlns="http://schemas.microsoft.com/winfx/2006/xaml/presentation"
        xmlns:x="http://schemas.microsoft.com/winfx/2006/xaml"
```

Namespace einbinden (aktuelles Projekt):

```
        xmlns:local="clr-namespace:WPF_Tipps"
        Title="Tipps und Tricks" Height="350" Width="525">
...
    <TextBox Text="{Binding Source={x:Static local:Properties.Settings.Default}, Path=Setting1,
            Mode=TwoWay}"/>
```

Kapitel 7

Microsoft SQL Server-Einstieg

In diesem Kapitel:

Übersicht	470
Datenbanken mit DMO verwalten	486
SQL Server Management Objects (SMO)	487
Datensicherheit auf dem Microsoft SQL Server	490
How-to-Beispiele	502

Schwerpunkt dieses Kapitels ist zunächst eine Einführung bzw. ein grundlegender Überblick zum Microsoft SQL Server 2012, bevor wir dann im nachfolgenden Kapitel auf das Zusammenspiel mit unseren .NET-Frontend-Anwendungen im Detail eingehen.

Weitere Informationen zum Thema »SQL Server« finden Sie in den folgenden Kapiteln dieses Buchs:

- Kapitel 3 (Datenzugriff unter ADO.NET)

- Kapitel 9 (SQL Server Compact)

- Kapitel 12 (ADO.NET Entity Framework)

- Kapitel 18 (LINQ to SQL)

> **HINWEIS**   Das vorliegende Kapitel kann und soll auch nicht eine komplette Einführung in den Microsoft SQL Server vermitteln. Dazu gibt es auf dem Buchmarkt genügend spezielle Literatur.

Übersicht

Zusammen mit Visual Studio 2012 werden zwei Varianten des Microsoft SQL Servers vertrieben, die als

- *SQL Server 2012 Express LocalDB* bzw.

- *SQL Server Compact 4.0*

bezeichnet werden[1]. Zusätzlich steht auch der früher mit Visual Studio 2010 vertriebene *SQL Server 2012 Express* zur Verfügung (siehe Seite 472).

Letzterer bringt, je nach Downloadvariante, weitere Tools und Feature mit, die der *SQL Server 2012 Express LocalDB* nicht bietet.

Da es einige Unterschiede zwischen der Vollversion und den obigen Versionen gibt, die auch für Sie als .NET-Programmierer relevant sind, möchten wir zunächst auf die Unterschiede und Einschränkungen eingehen.

SQL Server LocalDB

Hier haben wir es mit dem »jüngsten« Kind der Microsoft SQL Server-Familie zu tun. Es handelt sich um eine abgespeckte Version des SQL Server Express und gleichzeitig um dessen (teilweisen) Nachfolger im Bereich der Entwicklung. Wer Visual Studio 2012 auf einem neuen System installiert hat, wird schnell festgestellt haben, dass die alten Connectionstrings bei den Projekten angepasst werden mussten. Ursache war der Wechsel von SQL Server Express auf SQL Server LocalDB.

Die Hauptvorteile dieser Version liegen in den reduzierten Anforderungen an das System. Grundsätzlich stehen die wichtigsten Features des SQL Server Express zur Verfügung, der wesentlichste Unterschied ist aus Entwicklersicht die gänzlich fehlende Unterstützung für den Netzwerkzugriff. Diese resultiert aus der Tatsache, dass der SQL Server LocalDB nur noch während der Ausführung der Clientanwendung läuft. Startet die Anwendung, wird auch der Server gestartet. Mit dem Ende der Anwendung wird auch der Server heruntergefahren. Ein dauernd laufender Dienst, wie beim SQL Server Express, ist nicht mehr erforderlich.

---

[1] Im Buch verwenden wir den Begriff *LocalDB*.

Umstellung

Für Sie als Entwickler ist zunächst wichtig, dass Sie bei einem Wechsel vom SQL Server Express zum SQL Server LocalDB lediglich die Verbindungszeichenfolge anpassen müssen[1].

BEISPIEL

Änderung bei den Verbindungzeichenfolgen

Aus

```
Data Source=.\SQLEXPRESS; AttachDbFilename=|DataDirectory|\NORTHWIND.MDF;Integrated Security=True;
User Instance=True
```

wird

```
Data Source=(LocalDB)\v11.0; AttachDbFilename=|DataDirectory|\NORTHWIND.MDF;Integrated Security=True;
User Instance=False
```

HINWEIS   Ein Umstellen bisheriger Datenbank-Projekte erfordert auch die Konvertierung der Datenbankdatei (*.mdf). Erstellen Sie besser eine Sicherheitskopie, bevor Sie per Visual Studio-Assistent die Umstellung in Angriff nehmen. Dazu ändern Sie einfach den Connectionstring wie oben gezeigt, beim ersten Verbinden unter Visual Studio 2012 werden Sie dann gefragt, ob die Datenbank in das neue Format konvertiert werden soll.

Download und Installation

Die aktuellen Installationspakete für den SQL Server LocalDB (x86 oder x64) können Sie unter der folgenden Adresse kostenlos herunterladen:

WWW   http://www.microsoft.com/de-de/download/details.aspx?id=29062

Mit 33 MByte (x64) ist das Installationspaket im Vergleich zu den SQL Server bzw. SQL Server Express-Varianten fast schon winzig.

Auch die Installation gestaltet sich relativ problemlos.

BEISPIEL

Installation des SQL Server LocalDB ohne Nutzereingriff

Starten Sie die folgende Anweisung **mit Admin-Rechten**:

```
msiexec /i SqlLocalDB.msi /qn IACCEPTSQLLOCALDBLICENSETERMS=YES
```

Nach wenigen Sekunden sind alle Dateien auf dem System installiert und Sie können den Server nutzen.

---

[1] Auf weitere Änderungen und Einschränkungen gehen wir ab Seite 473 ein.

SQL Server Express

Beim *SQL Server Express 2012* handelt es sich ebenfalls um eine »abgespeckte« SQL Server 2012 Datenbank-Engine, die unter allen aktuellen Windows-Betriebssystemen lauffähig ist. Die Weitergabe Ihrer damit entwickelten Anwendungen an den Endkunden ist lizenzgebührenfrei.

Sie können die aktuelle Version (derzeit SQL Server 2012) unter folgender Adresse herunterladen:

WWW	http://www.microsoft.com/de-de/download/details.aspx?id=29062

Dabei stehen mehrere Versionen zur Auswahl:

- **SQL Server Express** (x86, x64)
  der reine Server (Datenbankmodul) ohne SQL Server Express Management Studio

- **SQL Server Express mit Tools** (x86, x64)
  Datenbankmodul inklusive SQL Server Management Studio Express

- **SQL Server Express Advanced** (x86, x64)
  Datenbankmodul inklusive SQL Server Management Studio Express sowie zusätzlich Reporting Services und Volltextsuche

Im Normalfall werden die SQL Server Express-Applikationen aus der Visual Studio-Oberfläche heraus entwickelt, ohne weitere Tools verwenden zu müssen. Neben dem Erstellen von Datenbanken, Tabellen, Views und Datenbankdiagrammen, können Sie auch Stored Procedures aus Visual Studio heraus erzeugen. Aufgaben, wie das Verwalten und Administrieren, müssen Sie jedoch nach wie vor mit dem *SQL Server Management Studio* oder Ihren eigenen Programmen realisieren. Installieren Sie sich also im Zweifel mindesten die *SQL Server Express mit Tools*-Version.

Als echte Client/Server-Datenbank-Engine bietet sich die Express Edition als Alternative zu den üblichen Desktop/Fileserver-Datenbanken an. Allerdings sollten Sie beachten, dass es sich beim Client/Server-Prinzip um einen etwas anderen Ansatz als bisher handelt, mit dem einfachen Portieren Ihrer alten Desktop-Anwendung auf den SQL Server ist es meist nicht getan.

SQL Server Compact

Wer nun denkt, kleiner ginge ist nicht mehr, der hat sich getäuscht. Mit der *SQL Server Compact Edition* möchten wir Ihnen den kleinsten Vertreter der Gattung Microsoft SQL Server vorstellen.

Hierbei handelt es sich um einen sehr kompakten (< 2 MByte) SQL Server, der unter anderem auch auf mobilen Geräten (Tablet PCs, Pocket PCs etc.) lauffähig ist. Die wichtigsten Eigenschaften auf einen Blick:

- die Datenbankgröße ist auf 4 GByte beschränkt

- es sind mehrere Verbindungen möglich

- die Datenbank kann verschlüsselt werden

- Transaktionen sind realisierbar

- fast alle Datentypen des SQL Servers werden unterstützt

- es gibt SET-Funktionen, INNER/ OUTER JOIN, Unterabfragen, GROUP BY und HAVING

- Unterstützung für Cursor-Programmierung

- kann in die Anwendung eingebettet werden

- wie auch der SQL Server Express kann diese Version frei vertrieben werden

Doch was sind nun die Besonderheiten im Vergleich zu den anderen Vertretern der Gattung »SQL Server«? Hier die wichtigsten Unterschiede auf einen Blick:

- der Server kann **nicht** als Service betriebene werden

- es handelt sich **nicht** um einen multiuserfähigen Datenbankserver

- es werden **nicht** alle SQL Server-Funktionen unterstützt

Damit dürfte auch die Bedeutung dieser Version klar werden. Sie haben es hier mit einer Datenbank-Engine zu tun, die fast alle Vorteile eines SQL Servers aufweist und damit eine einfache Migration und einen Datenabgleich ermöglicht. Gleichzeitig ist der administrative Aufwand (Installation, Wartung) recht gering und das bei sehr moderaten Ressourcenanforderungen. Die SQL Server Compact Edition ist der ideale lokale Datenspeicher für Desktop-Anwendungen, Sie brauchen sich nicht mehr mit Access- oder XML-Dateien herumzuschlagen und können mit gänzlich anderen Konzepten auf die Daten zuzugreifen.

> **HINWEIS**   Weitere Informationen dazu finden Sie im Kapitel 9 (SQL Server Compact).

Unterschiede SQL Server/SQL Server Express/LocalDB/Jet-Engine

Trotz weitgehender Kompatibilität von Express Edition/Express Edition LocalDB und dem Standard SQL Server bestehen auch Unterschiede zwischen beiden Versionen. Während der SQL Server als eigenständiges Produkt vertrieben wird, finden Sie die Express Edition im Normalfall als reine Datenbank-Engine ohne eigene Administrationsoberfläche vor (es gibt lediglich einige Programme zum Konfigurieren des Netzwerkprotokolls/der Dienste, sowie ein einfaches Abfragetool).

Vergleich Express Edition und Standard SQL Server

Die wichtigsten Unterschiede zwischen der Express Edition und dem Standard SQL Server:

- Unbedingt zu beachten ist die Beschränkung von Express Edition-Datenbanken auf 10 GByte[1]. Dieses Volumen ist für viele Anwendungen völlig ausreichend. Sollte das Datenaufkommen dieses Limit überschreiten, spricht nichts gegen eine Umstellung auf den eigentlichen SQL Server, Änderungen sind nicht erforderlich. Diese Beschränkung gilt allerdings nur auf Datenbankebene (eine Express Edition kann mehrere Datenbanken verwalten).

- Die Express Edition ist für den Desktop-Einsatz optimiert, d.h., es wird nur eine CPU unterstützt

- Die Standard Express Edition unterstützt weder die Notification Services noch die Analysis Services

- Bei Verwendung der Express Edition sind die Replikationsfunktionen eingeschränkt

- Die Express Edition kann als »silent install« gut in eigene Installationspakete integriert werden, auch die Weitergabe von Datenbankdateien ist per »XCopy«-Fähigkeit recht einfach gelöst

---

[1] Dies gilt ab der Version 2008 R2, vorher waren es 4 GByte.

- Last but not least ist die Express Edition kostenlos, was wohl in vielen Fällen der wichtigste Grund für ihren Einsatz sein wird

Wer in obiger Liste Einschränkungen hinsichtlich Reporting Services, Volltextsuche und Administrationsoberfläche vermisst, hat vermutlich nur die einfache SQL-Server Express Edition installiert. Auf der Microsoft-Homepage werden jedoch auch noch weitere Express Editionen zum Download angeboten, die einen wesentlich größeren Funktionsumfang aufweisen (siehe Seite 472).

Unterschiede Express und LocalDB

Zunächst haben wir die Express-Version vom Standard SQL Server abgegrenzt. Doch worin unterscheiden sich nun SQL Server Express und SQL Server LocalDB?

- SQL Server Express läuft als eigenständiger Windows Service, SQL Server LocalDB wird als neuer Prozess durch den Datenbankzugriff (Treiber) gestartet und final auch wieder beendet

- SQL Server Express gestattet nach entsprechender Konfiguration auch den Zugriff aus dem Netzwerk, SQL Server LocalDB ist auf das aktuelle System beschränkt (nur Kommunikation per Shared Memory).

- SQL Server LocalDB unterstützt nicht das Speichern von Daten per FILESTREAM

- Merge-Replication, Multiuser-Zugriff (aber mehrere Connections) und Volltextsuche werden vom SQL Server LocalDB ebenfalls nicht unterstützt

Betrachten Sie den SQL Server LocalDB also als Desktop-Datenbankengine mit eingeschränkten Fähigkeiten eines SQL Servers, quasi als Nachfolger der Jet-Engine. Gerade für reine Desktop-Projekte bietet sich diese Variante an, haben Sie doch später problemlos die Möglichkeit, Ihr Projekt zu migrieren, denn bis auf die Connectionstrings ändert sich nichts.

Vergleich zur Jet-Engine

Trotz der genannten Einschränkungen dürfte die Express-Version (teilweise auch LocalDB-Edition) für den Workgroup-Einsatz in kleineren Netzen die ideale Plattform sein, da sie im Gegensatz zu Desktop-Datenbanken, wie z.B. Access, einige wesentliche Vorteile bietet:

- Echte Client/Server-Datenbank-Engine

- Dynamische Sperren sind möglich (auf Satz-, Seiten-, Tabellenebene), diese werden durch die Engine automatisch verwaltet

- Die Express Edition bietet eine echte Transaktionsverwaltung, die im Fehlerfall eine konsistente Wiederherstellung der Datenbank ermöglicht

- Höhere Sicherheit, da kein direkter Zugriff auf die Datenbank möglich ist (zwei getrennte PCs vorausgesetzt)

- Bessere Unterstützung für XML-Daten

- Spätere Migration auf die Voll-Versionen des Microsoft SQL Servers ist problemlos möglich

Client- versus Fileserver-Programmierung

Bevor es in diesem Kapitel zu Missverständnissen kommt, möchten wir noch einmal die wesentlichen Unterschiede zwischen dem Fileserver- und dem Client/Server-Prinzip erläutern.

Die Begriffe »Client/Server« und »Fileserver« tauchen in (fast) jedem Beitrag zum Thema »Datenbanken im Netz« auf. Aus Anwendersicht sind die Grundprinzipien äquivalent, in beiden Fällen wird von einem oder mehreren Computern auf ein und dieselbe Datenbank zugegriffen. Die Netztopologie spielt in diesem Zusammenhang eine untergeordnete Rolle, wichtig ist nur, dass alle Anwender Zugriff auf den Rechner haben, der die Datenbank verwaltet.

Gänzlich unterschiedlich ist allerdings die Schnittstelle zu dieser Datenbank. Während beim Fileserver die einzelnen Arbeitsstationen auf Datei-Ebene (physisch) mit der Datenbank arbeiten, greifen beim Client-/Server-Prinzip die Clients nur noch auf logischer Ebene auf die Datei zu, die eigentliche Datei- bzw. Verwaltungsstruktur ist überhaupt nicht relevant.

Möchte ein Client mit der Datenbank arbeiten (z.B. eine Tabelle öffnen), muss er eine Anfrage (z.B. SQL SELECT) an den Server senden. Dieser (nicht der Client!) bearbeitet und optimiert die Abfrage, prüft die Zugriffsberechtigungen und sendet gegebenenfalls die Daten über das Netz an den Client zurück.

Ein Fileserver hingegen kann nur eine Dateistruktur bereitstellen. Sind Daten abzufragen, muss die Arbeitsstation alle Tabellen/Indizes, welche die Abfrage betreffen, über das Netz laden und die Daten lokal bearbeiten. Für den Datenschutz ist jede einzelne Arbeitsstation selbst verantwortlich. Dies trifft auch auf die Zugriffsverwaltung bei Mehrnutzerbetrieb zu. Beim Client/Server-Prinzip wird dies zentral geregelt, beim Fileserver-Prinzip muss jede Arbeitsstation selbst für das Sperren von Seiten bzw. Datensätzen sorgen (z.B. per LACCDB/LDB-Datei bei Access).

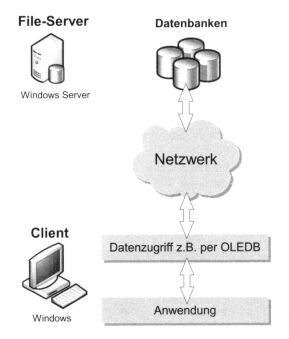

Abbildung 7.1 Fileserver-Grundprinzip

Die wichtigsten Vor- und Nachteile beider Prinzipien auf einen Blick zeigt die folgende Tabelle 7.1:

Kriterium	Fileserver	Client/Server
Sicherheit	Die physische Datei ist ungeschützt, jede Arbeitsstation besitzt Schreib-/Leserechte.	Die physische Datei kann mit allen Mitteln des Servers geschützt werden (z.B. nicht sichtbar).
	Für die interne Sicherheit muss jede Arbeitsstation selbst sorgen.	Die interne Sicherheit gewährleistet die Server-Engine.
Geschwindigkeit, Netzbelastung	Jede Abfrage erfordert den vollen Zugriff auf alle beteiligten Tabellen, sowie deren Übertragung.	Geringe Netzbelastung, da nur die angeforderten Daten übertragen werden müssen.
	Jede Arbeitsstation muss verhältnismäßig großzügig ausgestattet sein, um eine halbwegs akzeptable Geschwindigkeit zu erreichen.	Durch Multiprozessor-Server lassen sich auch höchste Anforderungen an die Geschwindigkeit befriedigen.
Datenintegrität	Jede Anwendung ist für die Datenintegrität selbst verantwortlich, entsprechend hoch ist die Fehleranfälligkeit.	Die Integritätsregeln sind auf dem Server abgelegt und werden auch dort verwaltet. Fehlerhafte Daten werden durch den Server abgewiesen.
	Änderungen an der Datenbankstruktur wirken sich auf alle Arbeitsstations-Programme aus.	Eine Erweiterung bzw. eine Änderung der Datenbankstruktur hat im Wesentlichen nur Einfluss auf den Server.

Tabelle 7.1 Vergleich beider Server-Varianten

Stellen Sie sich vor, Sie wollen in einer Tabelle mit 500.000 Datensätzen einen Eintrag löschen. Ein SQL Server bewältigt diese Aufgabe problemlos. Nach der SQL-Anweisung DELETE FROM ... wird über das Netz höchstens noch eine Vollzugsmeldung zurückgesendet. Beim Fileserver müssen jedoch zunächst einmal alle Datensätze der betroffenen Tabelle auf den lokalen Computer geladen werden. Ein normales Netzwerk ist da schon ein paar Sekunden beschäftigt. Außerdem wollen ja vielleicht auch noch andere Teilnehmer mit der Tabelle bzw. dem Netzwerk arbeiten. Die Vorteile der Client/Server-Technologie dürften also an diesem Beispiel klar erkennbar sein.

Eine einfache Fileserver-Datenbank können Sie schon mit zwei Windows-PCs aufbauen. Sie speichern die Datenbank auf einem Rechner und geben das Verzeichnis im Netzwerk frei. Binden Sie auf dem zweiten Rechner das Verzeichnis ein, haben Sie die Möglichkeit, gleichzeitig von zwei Arbeitsstationen aus auf eine Datenbank zuzugreifen. Wer nicht über zwei PCs verfügt, kann das Verhalten nachvollziehen, indem er zwei Instanzen von Access auf einem PC ausführt (genügend Arbeitsspeicher vorausgesetzt).

Eine Client/Server-Datenbank erfordert schon etwas mehr Aufwand. Sie brauchen neben dem Client, der zum Beispiel unter Windows Vista/7 läuft, einen Server (z.B. Windows 7 oder Windows 2008 Server). Zusätzlich müssen Sie die SQL Server-Software kaufen (trifft nicht auf die Express Edition zu) und installieren. Dies könnte zum Beispiel Informix, Oracle oder MS SQL Server sein.

Obwohl wir uns in diesem Buch auf den MS SQL Server beschränken, lassen sich die Ausführungen sinngemäß auch auf die anderen SQL Server übertragen. Dies trifft auch zu, wenn es sich zum Beispiel um einen Informix-Server handelt, der unter UNIX läuft. Das Betriebssystem spielt an dieser Stelle eine untergeordnete Rolle, wichtig ist nur, dass beide Rechner auf das gleiche Netzwerkprotokoll aufsetzen.

Wie Sie der Abbildung 7.2 entnehmen können, befindet sich auf der Client-Seite zwischen Anwendung (z.B. VB-WPF-Anwendung) und Netzwerk-Interface eine zweite Schicht. Dabei kann es sich entweder um bestimmte Libraries, mit denen über das Netzwerk direkt auf den jeweiligen SQL Server zugegriffen werden kann (DLLs), OLEDB-Provider, oder um einen ODBC-Treiber handeln.

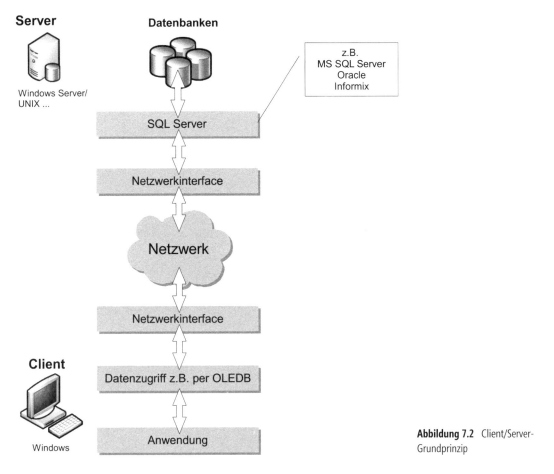

Abbildung 7.2 Client/Server-Grundprinzip

Für Sie als VB-Programmierer dürften meist der ».NET-Framework-Datenanbieter für SQL« in Frage kommen, auch wenn Sie bei LINQ to SQL von derartigen Details weitgehend abgeschirmt werden. Einfacher als auf diesem Weg lassen sich Anwendungen wohl kaum entwickeln.

Die wichtigsten Tools von SQL Server

Im Folgenden möchten wir Ihnen kurz die wichtigsten Tools, die mit dem Microsoft SQL Server ausgeliefert werden, vorstellen.

SQL Server Management Studio

Das wohl wichtigste Programm für den angehenden Datenbank-Administrator ist das *SQL Server Management Studio*. Angefangen mit dem Starten und Beenden von Serverdiensten über das Erstellen und Verwalten von Datenbanken und Nutzern bis hin zum Backup bzw. Restore, fast alle wesentlichen Aufgaben lassen sich mit diesem Tool realisieren.

HINWEIS   Das Tool ist leider nicht in der Standard SQL-Server Express-/LocalDB-Installation enthalten (siehe Seite 472).

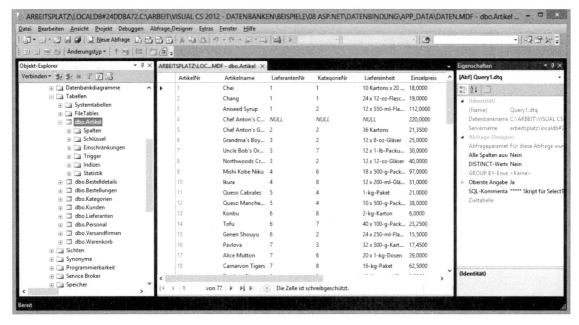

Abbildung 7.3 SQL Server Management Studio Express

HINWEIS   Im Rahmen dieses Kapitels werden wir mehrfach das SQL Server Management Studio als Alternative zur reinen T-SQL-Programmierung vorstellen.

SQLCMD

Auch das gibt es noch, ein Kommandozeilentool wie in der DOS-Steinzeit[1]! Neben dem Konfigurations-Manager ist SQLCMD das einzige Hilfsmittel der Standard Express Edition[2]. Doch für einen kurzen Test von Verbindungen oder das schnelle Abfragen einiger Statusinformationen mit Hilfe von Stored Procedures reicht das Programm vollkommen aus.

Wechseln Sie also ganz untypisch zur Eingabeaufforderung *(Start/Alle Programme/Zubehör/Eingabeauf-forderung)* und starten Sie SQLCMD mit folgenden Parametern:

```
SQLCMD.EXE -S <Servername> -U <Username> -P <Passwort>
```

Nach erfolgreichem Login wählen Sie mit dem SQL-Kommando *USE <datenbankname>* eine Datenbank aus.

HINWEIS   SQL-Befehle werden erst mit dem GO-Kommando gestartet.

---

[1] Der Nachfolger für das berühmt berüchtigte OSQL.

[2] Die *Advanced Version* besitzt ein umfangreiches Konfigurationsprogramm.

Die folgende Abbildung zeigt das Programm in Aktion:

```
C:\Users\Thomas>sqlcmd -S arbeitsplatz\sqlexpress -U sa -P tom
1> use northwind
2> select * from products
3> go
Der Datenbankkontext wurde in 'NORTHWIND' geändert.
ProductID    ProductName                        SupplierID  CategoryID  QuantityPerUnit       Unit
UnitsInStock UnitsOnOrder ReorderLevel Discontinued
------------ ------------ ------------ ------------          ----------- ----------- --------------------- ----
           1 Chai                                         1           1 10 boxes x 20 bags
          39            0           10            0
           2 Chang                                        1           1 24 - 12 oz bottles
          17           40           25            0
           3 Aniseed Syrup                                1           2 12 - 550 ml bottles
          13           70           25            0
           4 Chef Anton's Cajun Seasoning                 2           2 48 - 6 oz jars
          53            0            0            0
           5 Chef Anton's Gumbo Mix                       2           2 36 boxes
           0            0            0            1
           6 Grandma's Boysenberry Spread                 3           2 12 - 8 oz jars
         120            0           25            0
           7 Uncle Bob's Organic Dried Pears              3           7 12 - 1 lb pkgs.
          15            0           10            0
           8 Northwoods Cranberry Sauce                   3           2 12 - 12 oz jars
           6            0            0            0
           9 Mishi Kobe Niku                              4           6 18 - 500 g pkgs.
          29            0            0            1
```

Abbildung 7.4 Kommandozeilentool SQLCMD

Query Analyzer (SQL Server Management Studio)

Ab der Version 2005 wurde auch das Abfrage- und Analysetool *Query Analyzer* in das SQL Server Management Studio integriert. Neben der Funktion als recht komfortables Abfragetool ist das Optimieren von Abfragen/Datenbanklayouts eines der Haupteinsatzgebiete des Server Query Analyzer.

Geben Sie eine SQL-Anweisung ein, können Sie sich einen »Ausführungsplan« erstellen lassen, der detailliert Auskunft darüber gibt, welche Einzeloperation wie viel Zeit benötigt bzw. in welcher Reihenfolge die Operationen ausgeführt werden.

BEISPIEL

Es wird eine GROUP BY-Abfrage in der Tabelle *Mitarbeiter* ausgeführt. Deutlich ist die Verteilung der Rechenzeit zwischen den einzelnen Operationen zu erkennen. Der wesentlichste Teil kommt dem Sortieren der Tabelle (70%) zu.

Abbildung 7.5 Ergebnis der Abfrage

SQL Server Profiler

Mit dem SQL Profiler kann der Administrator einzelne Ereignisse auf dem SQL Server überwachen und in eine Log-Datei schreiben. Zum Beispiel lässt sich auf diese Weise die Nutzungsfrequenz einzelner Objekte (Prozeduren, Trigger) aufzeichnen und für eine Optimierung auswerten.

Weiterhin lassen sich auf diese Weise Fehler in Stored Procedure bzw. Triggern recht gut lokalisieren, da alle Einzelschritte im Logfile aufgezeichnet werden:

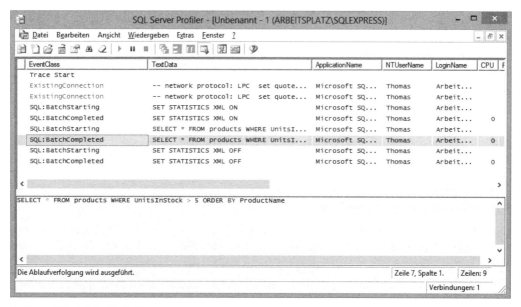

Abbildung 7.6 SQL Profiler im Einsatz

SQL Server Konfigurationsmanager

Mit diesem Tool können Sie zum einen die mit dem SQL Server im Zusammenhang stehenden Dienste starten und stoppen, gleichzeitig werden hier auch die verfügbaren Netzwerkprotokolle festgelegt.

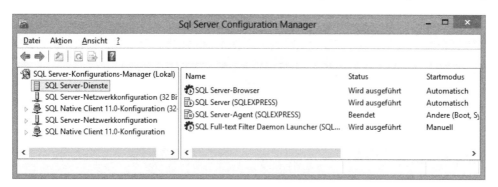

Abbildung 7.7 SQL Server Konfigurationsmanager

Das Tool finden Sie in der Programmgruppe des Microsoft SQL Servers.

Vordefinierte Datenbanken

Nach der Installation des Microsoft SQL Servers stehen Ihnen einige vordefinierte Datenbanken zur Verfügung. Welche Bedeutung diese haben, zeigt die folgende Tabelle:

Datenbank	Beschreibung
master	Enthält diverse Systemtabellen (z.B. sysdatabases) und Systemprozeduren (z.B. *sp_addrole*), in der Datenbank werden alle Anmeldekonten und alle Systemkonfigurationseinstellungen verwaltet
model	Ist eine Standarddatenbank, die beim Erzeugen neuer Datenbanken als Vorlage dient
msdb	Wird vom SQL Server-Agent verwendet, um Termine für Warnungen und Aufträge zu planen und Operatoren aufzuzeichnen
Northwind	(optional) Beispieldatenbank, die in leicht abgewandelter Form auch für viele Buchbeispiele eingesetzt wird (kann gegebenenfalls gelöscht werden)
AdventureWorks	(optional) Beispieldatenbank (kann gegebenenfalls gelöscht werden)
tempdb	Verwaltet diverse temporäre Objekte, die während des Betriebs erzeugt werden. Das Medium, auf dem diese Datenbank (Datei) abgelegt ist, sollte nicht zu knapp dimensioniert sein, da die Datenbank teilweise recht groß werden kann. Die Datenbank wird bei jedem Start vom SQL Server neu erstellt.

Tabelle 7.2 Die vordefinierten Datenbanken

Einschränkungen

Die folgende Tabelle zeigt Ihnen die wichtigsten Einschränkungen beim SQL Server (teilweise versionsabhängig), obwohl man bei den meisten Werten kaum von Einschränkung reden kann. Meist setzt die verfügbare Plattenkapazität den Träumen des Entwicklers die Grenzen.

Einschränkung	SQL Server
Bytes pro Spalte (kurze Zeichenfolgen)	8.000
Bytes pro Spalte (text, ntext oder image)	2 Gigabyte
Bytes pro Zeile	8.060
Spalten pro Index	16
Spalten pro Tabelle	1.024
Spalten pro SELECT-Anweisung	4.096
Spalten pro INSERT-Anweisung	4096
Datenbankgröße	524.272 Terabyte
Datenbanken pro Instanz von SQL Server	32.767
Bezeichnerlänge (in Zeichen)	128
Schachtelungsebenen gespeicherter Prozeduren	32
Geschachtelte Unterabfragen	32
Schachtelungsebenen für Trigger	32

Tabelle 7.3 Datenbankeinschränkungen

Einschränkung	SQL Server
Nicht gruppierte Indizes pro Tabelle	999
Zeilen pro Tabelle	Begrenzt durch verfügbaren Speicherplatz
Tabellen pro Datenbank	Begrenzt durch die Anzahl der Objekte in einer Datenbank
Tabellen pro SELECT-Anweisung	Begrenzt durch die Anzahl der Objekte in einer Datenbank
Trigger pro Tabelle	Begrenzt durch die Anzahl der Objekte in einer Datenbank
UNIQUE-Indizes oder -Einschränkungen pro Tabelle	249 nicht gruppierte und 1 gruppierter

Tabelle 7.3 Datenbankeinschränkungen *(Fortsetzung)*

Weitere SQL Server-Funktionen im Kurzüberblick

Neben der reinen SQL Server-Funktionalität als Datenbankmanagement-System (Datenverwaltung, Abfragen, Backup etc.) stellt eine SQL Serverinstallation noch weitere Dienste zur Verfügung, die wir kurz einordnen wollen.

HINWEIS   Welche Dienste installiert und auch gestartet sind, hängt von der jeweiligen SQL Server-Version ab.

SQL Server-Agent

Der SQL Server-Agent-Dienst ermöglicht es, administrative Aufgaben (Tasks) zeitgesteuert auszuführen. Die Aufträge können einen oder auch mehrere Schritte enthalten, die zu einem vorgegebenen Zeitpunkt oder als Reaktion auf ein Ereignis ausgeführt werden. Beispielsweise lässt sich auf diese Weise ein zeitgesteuertes Backup der Datenbanken realisieren. Last but not least, können von diesem Dienst auch Benachrichtigungen oder Einträge in Windows-Protokolle vorgenommen werden. Verwalten können Sie diesen Dienst über das *Microsoft SQL Server Management Studio*.

Volltextsuche

Eine für den Datenbankprogrammierer recht wichtige Funktion ist die Volltextsuche, die in früheren Versionen (vor 2008) als eigener Dienst ausgeführt wurde. Im Unterschied zur Suche in Tabellenspalten mittels LIKE bietet die Volltextsuche wesentlich flexiblere Möglichkeiten der Suche, auf die wir im nächsten Kapitel näher eingehen werden.

Reporting Services

Die *Reporting Services* bieten Ihnen die Möglichkeit, komplexe Datenbankberichte serverbasiert zu entwickeln und bereitzustellen. Es ist also nicht mehr nötig, dass der Client die Daten herunterlädt und nachfolgend mit einem Reporting-Tool verarbeitet.

HINWEIS   Für die Anzeige können Sie das *ReportViewer*-Control verwenden, siehe dazu Kapitel 13.

Integration Services

Häufig ist es erforderlich, Daten unterschiedlichster Herkunft zusammenzuführen und zu verarbeiten. Bei dieser Aufgabe unterstützen Sie die *Microsoft Integration Services*, die sowohl das Kopieren/Herunterladen von Daten unterschiedlichster Form (XML, Excel CSV, Text etc.) als auch das Konvertieren/Verarbeiten übernehmen. Die Integration Services nutzen dazu so genannte Pakete in denen die Aufgaben organisiert sind.

> **HINWEIS** Im Rahmen dieses Buchs gehen wir nicht auf die Integration Services ein.

Analysis Services

Die *Microsoft SQL Server Analysis Services* (SSAS) stellen dem Anwender OLAP- (*Online Analytical Processing*) und Data Mining-Funktionen für Geschäftsanwendungen zur Verfügung. Kern des Ganzen sind mehrdimensionale Strukturen von Daten, die aus unterschiedlichen Datenquellen gesammelt und mit Hilfe von Data Mining-Modellen verarbeitet und ausgewertet werden.

> **HINWEIS** Im Rahmen dieses Buchs gehen wir nicht auf die Analysis Services ein.

Zugriff aus Visual Basic

Aus VB heraus bieten sich zunächst vier relevante Varianten an, wie Sie mit einem Microsoft SQL Server Kontakt aufnehmen können:

- .NET Framework-Datenanbieter für SQL Server
- .NET Framework-Datenanbieter für OLE DB[1]
- SMO (*SQL Management Objects*)
- SQLDMO (*SQL Distributed Management Objects*)

Während die erste Variante auch die vorteilhafteste ist, stellt Variante 2 für den Umsteiger ein Hilfsmittel dar, das jedoch nicht unbedingt empfehlenswert ist. Zum einen leidet die Performance, zum anderen arbeiten Sie wieder mit den COM-Objekten, die jedoch nur über eine Kompatibilitäts-Schicht angesprochen werden können.

Variante 3 wurde mit dem SQL Server 2005 eingeführt. Es handelt sich um verwaltete (managed) Code-Libraries, mit denen die Administration und Analyse des SQL-Servers realisiert werden kann.

Variante 4 ist nach heutigen Stand nicht mehr empfehlenswert, zukünftige Versionen von SQL Server werden die SQLDMO nicht mehr unterstützen!

> **HINWEIS** Sollten Sie nicht unbedingt ein Uralt-Projekt pflegen, steigen Sie auf die ADO.NET-Objekte um, zumal die Autoren den Schwerpunkt dieses Buches ohnehin auf eben diese Technologie gelegt haben. ODBC-Datenquellen sind allerdings, im Gegensatz zu OLE DB, mittlerweile bei Microsoft wieder ganz aktuell. Wer soll da noch nachkommen?

---

[1] Der SQL Server 2012 ist die letzte Version, die den OLE DB-Zugriff erlaubt, nachfolgende Versionen werden OLE DB nicht mehr unterstützen!

Einrichten der Anbindung (Assistent)

Für die Verbindung zum SQL Server mittels ADO.NET erzeugen Sie zunächst eine neue Datenverbindung (Visual Studio Server-Explorer). Über die Eigenschaft *Datenquelle* bestimmen Sie mittels Assistent zunächst den jeweiligen Provider. Wählen Sie den *Microsoft SQL Server (SqlClient)*. Nachfolgend müssen Sie den Namen des Servers bestimmen.

Danach entscheiden Sie, auf welche Art und Weise Sie sich auf dem Server anmelden wollen. Die integrierte Sicherheit verwendet Ihren aktuellen Windows-Account, die spezifische Sicherheit nutzt den eingegebenen Benutzernamen und das Passwort. Welche der beiden Varianten auf Sie zutrifft, hängt davon ab, welche Sicherheit für den SQL Server bei der Installation ausgewählt wurde.

Im letzten Schritt wählen Sie eine Datenbank aus, die nach Öffnen der Verbindung aktiviert werden soll.

Abbildung 7.8 Verbindungs-Assistent

HINWEIS   Sie können in einer geöffneten Verbindung jederzeit mit dem SQL-USE-Befehl die aktive Datenbank wechseln. Folgende SQL-Befehle beziehen sich dann auf die ausgewählte Datenbank.

Nachfolgend steht Ihnen diese Datenverbindung zum Beispiel für das Erstellen eines typisierten DataSets in Visual Studio zur Verfügung.

> **HINWEIS**   Arbeiten Sie mit einer SQL Server Express-Datenbankdatei (.mdf), müssen Sie als Datenquelle *Microsoft SQL Server-Datenbankdatei (SqlClient)* auswählen und den kompletten Pfad zur gewünschten Datei angeben. Alternativ können Sie auch den Platzhalter *|DataDirectory|* für den Zugriff auf das aktuelle Verzeichnis angeben.

Einrichten der Verbindung (Quellcode)

Beim Öffnen einer Verbindung (Connection) aus dem Programm heraus müssen Sie sich mit den einzelnen Optionen des Connectionstrings beschäftigen. Folgende Optionen sind für den Verbindungsaufbau wichtig:

```
Data Source=HPSERVER;
Persist Security Info=True;
User ID=sa;
Password=tom;
Initial Catalog=FirmaSQL;
```

Data Source bestimmt den SQL Server. Mit *Persist Security Info* bestimmen Sie, ob nach dem Verbindungsaufbau das Passwort aus der Verbindungszeichenfolge entfernt wird (nur wenn keine integrierte Sicherheit). *User Id* und *Password* dürften selbsterklärend sein, werden jedoch nur angegeben, wenn es sich um spezifische Sicherheit handelt. *Initial Catalog* bestimmt die auszuwählende Datenbank.

BEISPIEL

Integrierte Sicherheit

```
Integrated Security=SSPI;Persist Security Info=False; Initial Catalog=FirmaSQL;Data Source=HPSERVER
```

BEISPIEL

Spezifische Sicherheit

```
User ID=sa;Password=geheim;Persist Security Info=True;Initial Catalog=FirmaSQL;Data Source=HPSERVER
```

BEISPIEL

Öffnen einer Verbindung zur *FirmaSQL*-Beispieldatenbank auf dem lokalen PC

```
Imports System.Data.SqlClient
...

    Dim conn As New SqlConnection("Server=.\SQLEXPRESS;Initial Catalog=FirmaSQL;" &
                                  "Integrated Security=True")
    conn.Open()
    ' Hier können Sie die Verbindung nutzen
    '...
    conn.Close()
```

BEISPIEL

Connectionstring für den Zugriff auf eine Datenbankdatei (SQL Server Express)

```
Data Source=.\SQLEXPRESS;AttachDbFilename=|DataDirectory|\NORTHWIND.MDF;Integrated Security=True;
                                                                        User Instance=True
```

Alternativ können Sie auch einen Pfad zur Datenbankdatei angeben.

BEISPIEL

Beispiel Connectionstring für SQL Server LocalDB

```
Data Source=(LocalDB)\v11.0;AttachDbFilename=|DataDirectory|\NORTHWIND.MDF;Integrated Security=True
```

HINWEIS   Weitere Informationen zur Einrichtung einer Verbindung zum SQL Server finden Sie im Kapitel 3 (Datenzugriff unter ADO.NET).

Datenbanken mit DMO verwalten

Für das Verwalten des Microsoft SQL Servers stellte Microsoft eine eigene Library zur Verfügung. Seit der Version 6.0 des Microsoft SQL Servers wurden so genannte *SQL Distributed Management Objects* (kurz SQLDMO) ausgeliefert. Über diese Objekte ist es auch Ihnen als Programmierer möglich, den SQL Server aus dem VB-Programm heraus zu administrieren.

HINWEIS   Verwenden Sie den SQL Server ab Version 2005, nutzen Sie die dort bereitgestellten SQL Server Management Objects kurz SMOs, auf die wir im folgende Abschnitt eingehen werden.

Geben Sie Ihre Applikationen mit DMO-Unterstützung weiter, brauchen Sie dazu auch die erforderlichen Librarys. Dazu installieren Sie die *Microsoft SQL Server 2005 Backward Compatibility Components*, die Sie unter folgender Adresse finden:

WWW   http://www.microsoft.com/de-de/download/details.aspx?id=15748

Da es sich bei den SQLDMO um COM-Objekte handelt, bleibt Ihnen nichts anderes übrig, als zunächst einen Verweis auf die entsprechende COM-Library in das Projekt aufzunehmen:

1. Wählen Sie dazu den Menüpunkt *Projekt/Verweis hinzufügen*

2. Auf der Registerkarte *COM* suchen Sie den Eintrag *Microsoft SQLDMO Object Library*

3. Klicken Sie auf die Schaltfläche *Auswählen* und nachfolgend auf *OK*

Im Projektmappen-Explorer sollte jetzt unter *Verweise* ein entsprechender Eintrag zu finden sein.

BEISPIEL

Im Folgenden wird gezeigt, wie Sie sich in einen SQL Server einloggen und wie Sie Informationen über die vorhandenen Datenbanken mit den enthaltenen Tabellen abfragen und in einer *ListBox* ausgeben.

```
Dim serv As New SQLDMO.SQLServer()
```

Der Ablauf ist recht einfach zu verstehen: Nach dem Öffnen einer Verbindung (Sie müssen sich gegebenenfalls mit Name und Passwort anmelden), können wir die *Databases*-Collection durchlaufen.

```
serv.LoginSecure = True
```

```
serv.LoginTimeout = 8
serv.Connect(combobox1.Text, "sa", "")
ListBox1.Items.Add("Datenbanken auf dem Server")
ListBox1.Items.Add("------------------------------------------")
For i As Integer = 1 To serv.Databases.Count
```

Zu jeder Datenbank auf dem SQL Server findet sich ein entsprechendes *Database*-Objekt mit seinen Eigenschaften und, last but not least, auch die enthaltenen Tabellen, die über eine *Tables*-Collection verwaltet werden. Was bleibt, ist noch die Unterscheidung zwischen Systemtabellen und Anwendertabellen (Eigenschaft *SystemObject*), um nicht unnötig viele Tabellen anzuzeigen.

```
ListBox1.Items.Add(serv.Databases.Item(i).Name)
ListBox1.Items.Add("---------")
For j As Integer = 1 To serv.Databases.Item(i).Tables.Count
    If Not serv.Databases.Item(i).Tables.Item(j).SystemObject Then _
        ListBox1.Items.Add("    " & serv.Databases.Item(i).Tables.Item(j).Name)
Next
ListBox1.Items.Add("")
Next
serv.DisConnect()
```

> **HINWEIS**   Da die DMOs in zukünftigen SQL Server-Versionen nicht mehr unterstützt werden, gehen wir im Rahmen dieses Buchs auch nicht mehr auf diese ein.

SQL Server Management Objects (SMO)

Mit dem SQL Server 2005 hatte Microsoft auch eine Library für die Administration des SQL Servers eingeführt. Das Ganze fungiert unter dem Namen *SQL Server Management Objects*, kurz SMO.

Die Namensverwandtschaft zu den schon bekannten DMOs ist sicher nicht ganz zufällig, soll doch damit das gleiche Aufgabengebiet abgedeckt werden. Der wesentlichen Unterschied zwischen DMOs und SMOs: bei letzteren handelt es sich um eine reine .NET-Klassenbibliothek.

Einbindung

Dank der Realisierung als .NET-Assemblies müssen wir uns nicht mehr mit COM-Objekten herumärgern (im Zusammenspiel mit den Interop-Libraries gab es teilweise Probleme), binden Sie einfach die beiden Libraries

- *Microsoft.SqlServer.ConnectionInfo* und

- *Microsoft.SqlServer.Smo*

in Ihre Anwendung ein (*Projekt/Verweis hinzufügen/.NET*)

Finden Sie die Assemblies nicht im GAC, können Sie diese mit »Durchsuchen« aus dem Verzeichnis

```
C:\Programme\Microsoft SQL Server\110\SDK\Assemblies
```

importieren.

Mit diesen beiden Assemblies können Sie bereits eine Verbindung zu einem SQL Server herstellen und die verfügbaren Datenbanken abrufen.

Einführungsbeispiel

Mit einem kleinen Einstiegsbeispiel wollen wir die grundsätzliche Vorgehensweise beschreiben.

BEISPIEL

Auflisten aller Datenbanken/Tabellen eines gewählten SQL Servers

Binden Sie zunächst die Assembly in Ihr Projekt ein:

```
...
Imports Microsoft.SqlServer.Management.Smo
...
```

Nachfolgend können Sie die gewünschten Daten abrufen:

```
    Private Sub Button1_Click(sender As Object, e As EventArgs) Handles Button1.Click

        ListBox1.Items.Clear()
```

Hier bestimmen Sie den Servernamen:

```
        Dim serv As New Server(TextBox1.Text)
```

```
            serv.ConnectionContext.LoginSecure = False
            serv.ConnectionContext.Login = "sa"
            serv.ConnectionContext.Password = "geheim"
```

Für alle Datenbanken:

```
        For Each db As Database In serv.Databases
            If db.IsSystemObject Then
                ListBox1.Items.Add("(System) " & db.Name)
            Else
```

Anzeige:

```
                ListBox1.Items.Add(db.Name & "---------------------")
                Try
```

Für alle Tabellen:

```
For Each t As Table In db.Tables
```

Anzeige:

```
            ListBox1.Items.Add("     " & t.Name)
        Next

        Catch generatedExceptionName As Exception
        End Try


    End If
  Next
End Sub
```

HINWEIS   Bei einer SQL Express-Installation werden auch die dynamisch eingebundenen Datenbank-Files mit angezeigt.

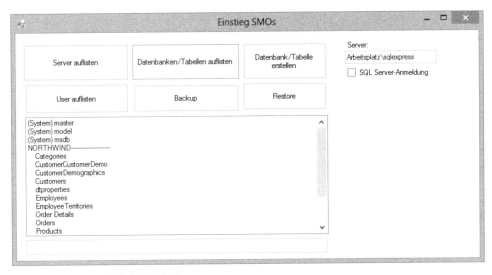

Abbildung 7.9   Das Kapitelbeispiel in Aktion

Im Vergleich mit der DMO-Variante des Beispiels fällt sicher auf, dass ein wesentlich einfacherer und intuitiverer Zugriff auf die einzelnen Objekte und Collections möglich ist – sicher ein guter Grund, um die bisherigen DMO-Codes langfristig auf SMO umzustellen.

BEISPIEL

Ausgabe der SQL Server Version

```
...
    Dim svr As New Server(".\SQLEXPRESS")
    MessageBox.Show(svr.Information.VersionString)
...
```

Abbildung 7.10 Ausgabe des Beispiels für den SQL Server 2012

Anmelden am Server

Wie bereits im obigen Beispiel gezeigt, müssen Sie den SMOs bei Verwendung der SQL Server-Sicherheit die nötigen Anmeldedaten übergeben. Neben dem gezeigten Weg per *ConnectionContext*-Eigenschaft können Sie auch direkt ein *ServerConnection*-Objekt (*Microsoft.SqlServer.Management.Common*) beim Erzeugen der Server-Instanz übergeben.

BEISPIEL

Verbinden bei SQL Server Sicherheit

```
Imports Microsoft.SqlServer.Management.Common
Imports Microsoft.SqlServer.Management.Smo
...
        Dim sc As New ServerConnection()
        sc.LoginSecure = False
        sc.Login = "Admin5"
        sc.ConnectTimeout = 2
        sc.Password = "534343"
        sc.ServerInstance = "server"          ' der gewünschte Server
        Dim svr As New Server(sc)
        MessageBox.Show(svr.Information.VersionString)
...
```

Weitere Beispiele für die Verwendung der SMOs finden Sie an mehreren Stellen dieses Kapitels und des folgenden Kapitels im Zusammenhang mit praktischen Lösungen, für eine komplette und umfassende Darstellung fehlt uns einfach der Platz.

Datensicherheit auf dem Microsoft SQL Server

Im Folgenden stellen wir Ihnen, nach einem kleinen Überblick, zwei Varianten zum Administrieren des SQL Servers vor. Neben dem SQL Server Management Studio kommen T-SQL-Anweisungen zum Einsatz. Auf die Darstellung der SMO verzichten wir an dieser Stelle, da dies den Rahmen des Kapitels sprengen würde, außerdem ist die Verwendung von T-SQL an dieser Stelle wesentlich intuitiver als der endlose Aufruf von Objekten und Methoden.

HINWEIS   Vergessen Sie nach der Installation des SQL Servers[1] nicht, dem auf jedem Microsoft SQL Server vorhandenen Systemadministrator *sa* ein sicheres Kennwort zuzuweisen.

---

[1] Das gilt mittlerweile nur noch für »ältere« Exemplare, in den neueren Versionen hat Microsoft dazu gelernt und vergibt für den Systemadministrator automatisch ein Zufallspasswort (bei integrierter Sicherheit), das Sie später ändern können.

Unterlassen Sie dies, kann jeder die Verwaltung der Datenbank übernehmen. Damit ist es möglich, Sie vom Datenbankzugriff auszuschließen – ein Szenario, das Sie sicherlich nicht verantworten möchten.

Klicken Sie im SQL Server Management Studio im Konsolenstamm *Sicherheit/Anmeldung* auf *sa*. Im folgenden Dialogfeld vergeben Sie ein neues Passwort, das Sie gut aufheben sollten.

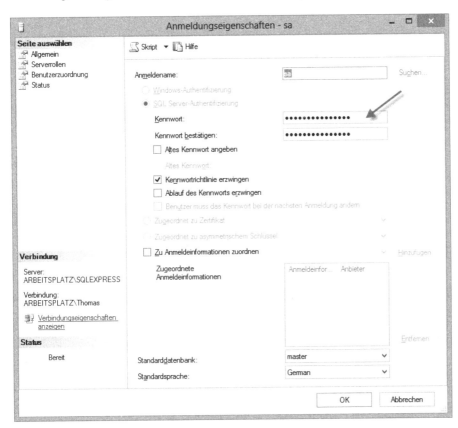

Abbildung 7.11 Zuweisen der Anmeldungseigenschaften

Überblick Sicherheitsmodell

Die Datenbanksicherheit eines SQL Servers stellt sich wesentlich komplexer dar als zum Beispiel bei einer lokalen Access-Datenbank. Zunächst gilt es zwischen

- SQL Server-Authentifizierung und
- Windows-Authentifizierung

zu unterscheiden. Während die erste Variante auf den User-Konten des SQL Servers beruht und auch nur dort verwaltet wird, verwendet die zweite Variante das Windows-Sicherheitsmodell und übernimmt die User des Betriebssystems für die Anmeldung am SQL Server. Meist wird jedoch eine Vermischung von SQL Server- und Windows Authentifizierung stattfinden, Sie sollten also dieses Modell verwenden. Mit Hilfe des SQL Server Management Studios können Sie das gewünschte Sicherheitsmodell festlegen.

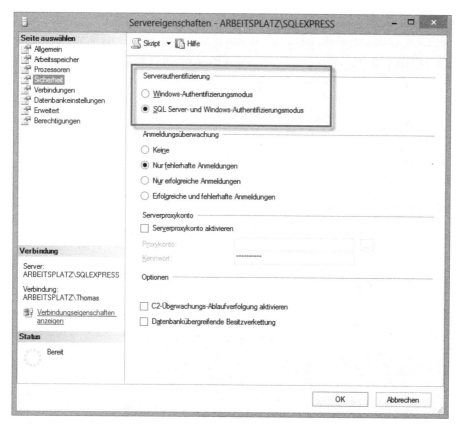

Abbildung 7.12 Einstellen des Sicherheitsmodells

Der Vorteil dieser Variante: Die User brauchen sich im Allgemeinen nur einmal anzumelden (System-Login), für die Verbindung zum SQL Server wird in diesem Fall eine *Trusted Connection* aufgebaut. Sie kennen diese Form auch von den ADO-Connectionstrings.

Der Verbindungsstring enthält keinerlei Konteninformationen (Name, Passwort). Diese werden intern an den SQL Server übermittelt.

BEISPIEL

Connectionstring für eine Verbindung mit integrierter Sicherheit

```
Integrated Security=SSPI;Persist Security Info=False;Initial Catalog=Beispieldatenbank;Data Source=P200
```

Andererseits können Sie reine SQL Server-Konten erstellen, die zum Beispiel von Ihren Programmen zur internen Verwaltung genutzt werden, ohne dass es ein entsprechendes Windows-Konto gibt. Insbesondere für Internet-Verbindungen bietet sich diese Variante an, der Client sendet seine Login-Id sowie sein Passwort an den Server und erhält gegebenenfalls die Zugriffsrechte an der Datenbank bzw. bestimmten Tabellen.

Connectionstring für eine Verbindung mit SQL Server-Sicherheit

```
Persist Security Info=True;User ID=Doberenz; Password=geheim;Initial Catalog=Beispieldatenbank; ...
```

Rollen (Gruppen)

Vielleicht ist Ihnen schon der Begriff *Rolle* aufgefallen, dabei handelt es sich im Grunde genommen um Gruppen, wie Sie sie auch von lokalen Datenbanksystemen (z.B. Access) oder der Windows-Systemverwaltung kennen. Derartige Rollen vereinfachen die Zuweisung von Rechten für User mit einheitlichen Anforderungen. Sie brauchen nicht mehr jedem einzelnen Nutzer diverse Rechte an unterschiedlichen Datenbankobjekten zuzuweisen, sondern es genügt, wenn Sie dies für die Rolle tun. Nachfolgend können Sie beliebige Nutzer in die Rolle einfügen.

Grundsätzlich müssen Sie zwei Typen von Rollen unterscheiden:

- Server-Rollen
- Datenbank-Rollen

Während Erstere für alle verwalteten Datenbanken gelten, lassen sich Datenbank-Rollen nur einer spezifischen Datenbank zuordnen.

Rolle	Bedeutung
bulkadmin	Darf BULK INSERT-Anweisung ausführen
dbcreator	Darf Datenbanken erstellen und verwalten
diskadmin	Darf Festplattendateien verwalten
processadmin	Darf SQL Server-Prozesse verwalten
securityadmin	Darf SQL-Benutzernamen verwalten
serveradmin	Darf SQL Server-Einstellungen konfigurieren
setupadmin	Darf erweiterte gespeicherte Prozeduren verwalten
sysadmin	Darf SQL Server-Installation durchführen

Tabelle 7.4 Die vordefinierten Server-Rollen

Neben den Server-Rollen sind auch für jede Datenbank bereits einige Rollen vordefiniert.

Rolle	Bedeutung
db_owner	Darf alle Aufgaben innerhalb der Datenbank wahrnehmen (inkl. Wartungs- und Konfigurationsaktivitäten)
db_accessadmin	Darf Benutzer und Gruppen der Datenbank hinzufügen
db_datareader	Darf Daten aus Tabellen abrufen (lesen)
db_datawriter	Darf Daten lesen und schreiben bzw. löschen
db_ddladmin	Darf Datenbankobjekte erzeugen und verwalten (DDL-Befehle)
db_securityadmin	Darf Anweisungs- und Objektberechtigungen in der Datenbank vergeben

Tabelle 7.5 Die vordefinierten Datenbank-Rollen

Rolle	Bedeutung
db_backupoperator	Darf die Datenbank sichern
db_denydatareader	Darf keine Daten in der Datenbank anzeigen
db_denydatawriter	Darf keine Daten in der Datenbank ändern
public	Jeder Nutzer

Tabelle 7.5 Die vordefinierten Datenbank-Rollen *(Fortsetzung)*

Erstellen Sie in Ihrer Datenbank neue Konten (Nutzerlogins), können Sie diese den o.g. Rollen zuordnen. Damit sind auch die entsprechenden Rechte an die User vergeben.

HINWEIS   Sollten Sie weitere Rollen benötigen, können Sie auch *nutzerdefinierte Rollen* erzeugen. In diesem Fall müssen Sie der Rolle jedoch noch entsprechende Rechte an den Datenbankobjekten einräumen, bevor Sie Nutzer in diese Rolle eintragen.

Rechte

Dass die Rechtevergabe recht differenziert für die unterschiedlichen Objekte sein kann, zeigt die folgende Tabelle:

Recht	Recht
ALTER DATABASE	DENY für Objekte
ALTER PROCEDURE	DROP
ALTER TABLE	EXECUTE
ALTER TRIGGER	GRANT
ALTER VIEW	GRANT für Objekt
BACKUP	INSERT
CHECKPOINT	READTEXT
CREATE DEFAULT	REFERENCES
CREATE INDEX	RESTORE
CREATE PROCEDURE	REVOKE
CREATE RULE	REVOKE für Objekt
CREATE SCHEMA	SELECT
CREATE TABLE	SETUSER
CREATE TRIGGER	TRUNCATE TABLE
CREATE VIEW	UPDATE
DBCC	UPDATE STATISTICS
DELETE	UPDATETEXT
DENY	WRITETEXT

Tabelle 7.6 Mögliche Rechte

Verwalten mit dem SQL Server Management Studio

Bevor wir zur eigentlichen Programmierung kommen, wollen wir Ihnen zeigen, wie Sie mit Hilfe des SQL Server Management Studios die Sicherheit auf SQL Server-Datenbanken verwalten können.

Erstellen einer neuen Anmeldung

Neue Nutzer definieren Sie über den Konsolenstamm *Sicherheit/Anmeldungen*. Über das Kontextmenü können Sie einen neuen Nutzer hinzufügen. Im folgenden Dialogfeld (siehe Abbildung 7.13) geben Sie einen Nutzernamen ein. Gleichzeitig müssen Sie sich entscheiden, ob das Nutzerkonto auf dem SQL Server oder unter Windows verwaltet werden soll.

HINWEIS Verwenden Sie die Windows-Sicherheit, muss der Nutzer unter Windows bereits existieren.

Legen Sie bei SQL Server-Authentifizierung noch das Passwort fest. Ganz zum Schluss lässt sich in diesem Dialogfeld auch die Standarddatenbank des neuen Kontos festlegen. Dabei handelt es sich um die Datenbank, die geöffnet ist, wenn keine Angabe im Connectionstring gemacht wurde.

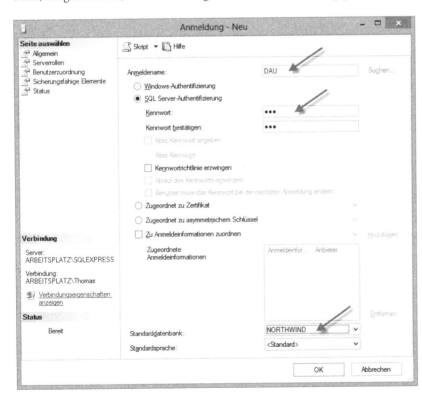

Abbildung 7.13 Neue Anmeldung erzeugen

Beenden Sie nach obiger Definition ruhig einmal das Management Studio und loggen Sie sich mit dem gerade erstellten Account erneut ein. Sie werden feststellen, dass Sie (falls vorhanden) Zugriff auf die Tabellen der Datenbank *Northwind* haben (wir hatten diese ja als Standarddatenbank festgelegt).

Übermütig geworden, versuchen Sie jetzt auch einmal eine neue Datenbank zu erzeugen. Doch ach, hier werden Sie brüsk zurückgewiesen:

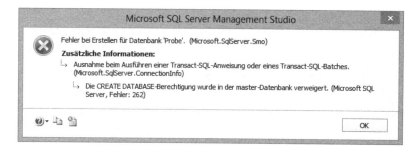

Abbildung 7.14 So weit gehen Ihre Rechte nicht

Hier fehlen dem Nutzer *DAU* einfach die entsprechenden Rechte an den Systemdatenbanken. Gleiches trifft auch zu, wenn Sie versuchen, Änderungen an der Tabellenstruktur in *Northwind* vorzunehmen.

Erstellen von Rollen

Nach dem Erstellen einer Anmeldung können Sie sich der Definition von Rollen (Gruppen) zuwenden.

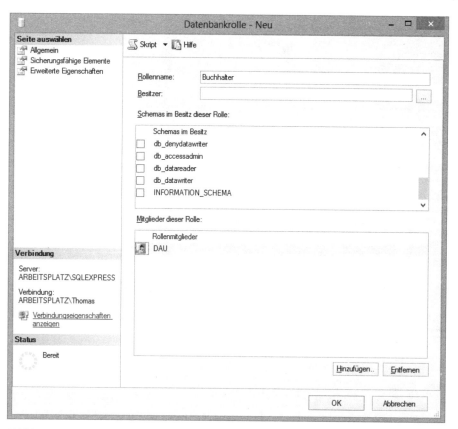

Abbildung 7.15 Neue Rolle erstellen

Das entsprechende Dialogfeld (siehe Abbildung 7.15) rufen Sie ebenfalls über den Konsolenstamm *Datenbanken/XYZ/Sicherheit/Rollen* auf. Tragen Sie einen Namen für die Rolle ein und fügen Sie die gewünschten Nutzer der Rolle hinzu.

Verwalten von Rechten

Auf dem gleichen Weg wie das Erstellen von Nutzern oder Rollen können Sie auch das Dialogfeld zur Vergabe der Rechte aufrufen. Entsprechend der Vorgehensweise in geschützten Access-Datenbanken werden jetzt den Nutzern bzw. den Gruppen bestimmte Rechte an den einzelnen Datenbankobjekten eingeräumt bzw. wieder entzogen.

Zunächst müssen Sie jedoch dem einzelnen Nutzer auch den Zugriff auf die Datenbank überhaupt erlauben. Wählen Sie dazu in der Rubrik *Sicherheit/Anmeldung* den entsprechenden Nutzer und danach *Eigenschaften*. Im folgenden Dialogfeld aktivieren Sie die Rubrik *Benutzerzuordnung* (siehe Abbildung 7.16).

Legen Sie hier die Berechtigung für die gewünschten Datenbanken fest.

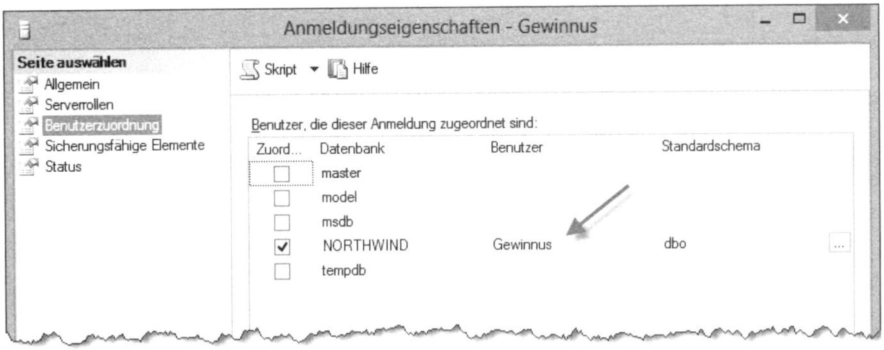

Abbildung 7.16 Rechte für die Datenbank zuordnen

Nach diesen Vorarbeiten können wir uns der eigentlichen Rechtevergabe innerhalb der Datenbank zuwenden. Schließen Sie das Dialogfeld und wählen Sie die Eigenschaften der gewünschten Datenbank. Im nachfolgenden Dialogfeld (siehe Abbildung 7.17) können Sie jedem einzelnen Nutzer die gewünschten Rechte zuweisen.

Die gleiche Vorgehensweise ist auch für die Datenbank-Rollen möglich.

Damit steht das Grundgerüst.

HINWEIS   Loggen Sie sich unter verschiedenen Namen in die Datenbank ein und testen Sie, ob die gewünschten Rechte richtig realisiert wurden.

Doch warum konnten wir eigentlich mit der frisch erstellten Anmeldung *DAU* auf die Datenbank *Northwind* bzw. die darin liegenden Tabellen zugreifen? Hier hilft ein Blick auf die Eigenschaften, z.B. der Tabelle *Products*, weiter. In der Rubrik *Berechtigungen* finden Sie die Rolle *public* mit den erteilten Rechten für Aktualisieren, Auswählen, Einfügen und Löschen. Bei Erstellen des Nutzers *DAU* wurde dieser bereits automatisch der Rolle *public* zugeordnet, damit stehen dem Nutzer *DAU* alle Rechte der Rolle *public* zur Verfügung.

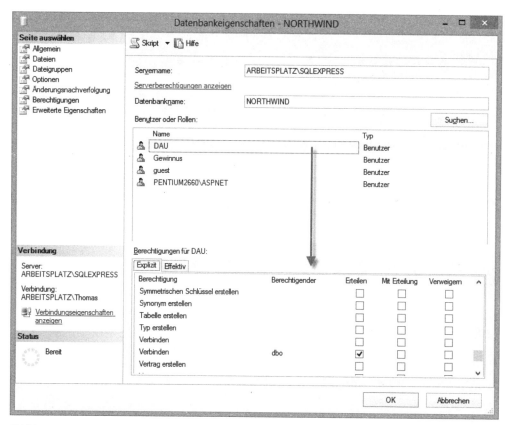

Abbildung 7.17   Rechte zuweisen

Nach all diesen Ausführungen dürfte es für Sie etwas einfacher sein, die Administration per T-SQL-Anweisungen im folgenden Abschnitt zu verstehen.

Verwalten mit T-SQL

Diese Variante sollten Sie verwenden, wenn Sie ohnehin viel mit SQL-Anweisungen arbeiten (z.B. SQL-Skripte). Gerade für VB-Programmierer bietet sich diese Möglichkeit an, da Sie diverse Hilfetexte und Microsoft-Quellen ohne Probleme übernehmen können.

HINWEIS   Der folgende Abschnitt erhebt nicht den Anspruch auf Vollständigkeit. Optionen und Parameter werden nur so weit besprochen, wie es unbedingt notwendig erscheint.

Überblick

Die folgende Tabelle zeigt die wichtigsten T-SQL-Anweisungen zum Administrieren von SQL Server-Datenbanken.

Anweisung	Beschreibung
sp_addlogin	Erstellt ein neues Nutzerkonto auf dem SQL Server
sp_password	Ändert das Kennwort eines Nutzers
sp_droplogin	Entfernt ein Nutzerkonto
sp_grantlogin	Erlaubt den Zugriff von NT-Konten auf den SQL Server
sp_revokelogin	Verhindert dauerhaft den Zugriff von NT-Konten auf den SQL Server
sp_denylogin	Verhindert den Zugriff von NT-Konten auf den SQL Server
sp_grantdbaccess	Fügt der aktuellen Datenbank ein Nutzerkonto hinzu
sp_addrole	Fügt der aktuellen Datenbank eine Rolle hinzu
sp_addrolemember	Fügt der Rolle ein neues Benutzerkonto hinzu
GRANT	Zuweisen von Rechten an Nutzer/Gruppen
REVOKE	Entziehen von Rechten.

Tabelle 7.7 T-SQL-Anweisungen zum Administrieren

Der Aufruf der T-SQL-Anweisungen gestaltet sich mit der *ExecuteNonQuery*-Methode des *Command*-Objektes absolut einfach.

BEISPIEL

Aufruf einer T-SQL-Anweisung

```
Imports System.Data.SqlClient
    ...
    conn.Open()
    Dim cmd As New SqlCommand("EXECUTE sp_addlogin 'Gewinnus', "'geheim','Beispieldatenbank'", conn)
    cmd.ExecuteNonQuery()
```

Voraussetzung für obiges Beispiel sind die entsprechenden Rechte innerhalb der Datenbank. Auf die Anweisung EXECUTE können Sie eigentlich verzichten. Aus Gründen der besseren Lesbarkeit (es handelt sich ja um einen Prozeduraufruf) sollten Sie es dennoch tun.

Erstellen eines neuen Users

Geht es darum, einen neuen Nutzer zu erzeugen, genügt der einfache Aufruf der Prozedur *sp_addlogin:*

```
sp_addlogin '<Loginname>'[, '<Password>'][, '<Datenbank>'][, '<Sprache>']
```

Übergeben Sie neben dem Nutzernamen noch das Passwort und den Namen der Standarddatenbank.

BEISPIEL

Erzeugen des neuen Kontos *Müller*

```
EXECUTE sp_addlogin "Müller", "geheim","Beispieldatenbank"
```

Löschen eines Benutzers

Vorhandene User/Konten löschen Sie mit der Prozedur *sp_droplogin*.

BEISPIEL

Löschen des Kontos *Müller*

```
EXECUTE sp_droplogin "Müller"
```

Erstellen einer neuen Rolle

Eine neue Rolle erzeugen Sie mit der Prozedur *sp_addrole*.

BEISPIEL

Erzeugen der Rolle *Verwaltung*

```
sp_addrole "Verwaltung"
```

Hinzufügen von Usern zu einer Rolle

Ein Konto bzw. einen User fügen Sie mit *sp_addrolemember* in eine bestehende Rolle ein.

BEISPIEL

Einfügen von *Müller* in die Rolle *Verwaltung*

```
EXECUTE sp_addrolemember "Verwaltung", "Müller"
```

Mit *sp_droprolemember* können Sie diesen User wieder entfernen.

Verwaltung von Rechten

Wie schon bei der Verwaltung mit dem SQL Server Management Studio, müssen wir zunächst einen Zugriff auf die Datenbank ermöglichen. Dazu nutzen wir die Prozedur *sp_grantdbaccess*.

HINWEIS Da sich die Prozedur *sp_grantdbaccess* nur auf die aktuelle Datenbank bezieht, müssen Sie gegebenenfalls mit *USE* die Datenbank wechseln. Es ist kein Problem, zwei SQL-Anweisungen mit einem Aufruf von *Execute* auszuführen. Trennen Sie beide Anweisungen einfach per Semikolon.

BEISPIEL

User *Müller* erhält die Zugriffsrechte auf die Datenbank *Verleger*.

```
USE Verleger; EXECUTE sp_grantdbaccess 'Müller'
```

Das eigentliche Zuweisen von Rechten innerhalb der Datenbank erfolgt mit dem Befehl GRANT (es handelt sich nicht um eine Prozedur!).

```
GRANT {ALL | Recht[,...n]} TO User|Rolle [, User|Rolle] ...
```

Folgende Rechte können Sie vergeben (die Bezeichner dürften für sich sprechen):

- CREATE DATABASE

- CREATE DEFAULT

- CREATE PROCEDURE

- CREATE RULE

- CREATE TABLE

- CREATE VIEW

BEISPIEL

Der User *Müller* erhält das Recht, Tabellen und Views zu erzeugen (der Aufruf bezieht sich auf die momentan aktive Datenbank).

```
GRANT CREATE TABLE, CREATE VIEW TO Müller
```

Möchten Sie Rechte an speziellen Objekten vergeben, müssen Sie eine erweiterte Form des GRANT-Befehls nutzen.

```
GRANT {ALL | Recht[,...n]}
      { [(Spalte[,...n])] ON {Tabelle | View}
        | ON {Tabelle | View}[(Spalte[,...n])]
        | ON {StoredProcedure }
      } TO User|Rolle [,...n]
```

Für Tabellen und Views können Sie die folgenden Rechte vergeben:

- SELECT

- UPDATE

- INSERT

- REFERENCES

- DELETE

BEISPIEL

Die User *Müller* und *Gewinnus* erhalten Lese-/Schreibrechte an der Tabelle *Personen.*

```
GRANT INSERT, UPDATE ON personen TO Müller, Gewinnus
```

How-to-Beispiele

7.1 ... den Netzwerkzugriff für den SQL Server Express aktivieren?

Aus Sicherheitsgründen ist bei einem »frisch« installierten SQL Server Express die Unterstützung für Netzwerkzugriffe, d.h. Zugriffe von anderen Arbeitsstationen, deaktiviert. Versuchen Sie von einer anderen Arbeitsstation auf den SQL Server Express zuzugreifen, dürften Sie schnell eine Meldung in der Art »Keine Verbindung mit dem Server xxx« erhalten.

Für einen erfolgreichen Remotezugriff auf den SQL Server Express sind folgende Punkte wichtig:

- Der SQL Server Browser muss gestartet sein, damit der Server auch gefunden wird
- Der SQL Server muss das TCP/IP-Protokoll unterstützen
- Der SQL Server muss den Remotezugriff erlauben
- Meist ist es auch erforderlich, die gemischte Sicherheit zu aktivieren

Im Folgenden wollen wir obige Schritte abarbeiten.

SQL Server Browser aktivieren

Bei einer Installation des SQL Server Express wird zwar der Browser-Dienst installiert, er ist jedoch nicht aktiviert und kann damit auch nicht gestartet werden.

Wechseln Sie zum Aktivieren des Dienstes in den Konfigurations Manager (*Start/Alle Programme/SQL Server 2012/Konfigurationstools*) und wählen Sie in der Rubrik *SQL Server Dienste* den *SQL Server Browser* aus (siehe folgende Abbildung).

Abbildung 7.18　SQL Server Browser konfigurieren

Über das Kontextmenü können Sie nun zunächst den Dienst aktivieren bevor Sie dessen Startart auf *Automatisch* festlegen.

Jetzt steht anderen Computern der Browser-Dienst (und damit die Informationen über aktuell laufende SQL-Server-Instanzen) zur Verfügung.

TCP/IP-Protokoll aktivieren

Standardmäßig ist für den SQL Server Express nur der Zugriff per »Shared Memory« aktiviert, nutzen Sie auch hier den Konfigurations Manager um das TCP/IP-Protokoll zu aktivieren. Wählen Sie dazu die Rubrik »SQL Server-Netzwerkkonfiguration/Protokolle für SQLEXPRESS« und aktivieren Sie auf der rechten Seite das TCP/IP-Protokoll (siehe folgende Abbildung).

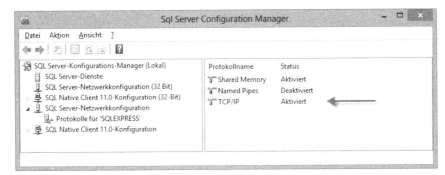

Abbildung 7.19 TCP/IP-Protokoll aktivieren

HINWEIS   Der Server muss nach dieser Änderung erneut gestartet werden.

Erlaubnis für Remotezugriff überprüfen

Öffnen Sie das SQL Server Management Studio und öffnen Sie über das Kontextmenü die Eigenschaften des aktuellen Servers. In der Rubrik *Verbindungen* muss die Option *Remoteverbindungen mit diesem Server zulassen* aktiviert sein (siehe folgende Abbildung).

Abbildung 7.20 Dialog »Servereigenschaften«

Gemischte Anmeldung aktivieren

Soll sich der Client mit Name und Passwort anmelden, müssen Sie die »gemischte Anmeldung« aktivieren. Dies realisieren Sie ebenfalls über das SQL Server Management Studio. Rufen Sie auch hier über das Kontextmenü den Dialog mit den Servereigenschaften auf und ändern Sie in der Rubrik *Sicherheit* die Serverauthentifizierung auf *SQL Server- und Windows-Authentifizierungsmodus* (siehe folgende Abbildung).

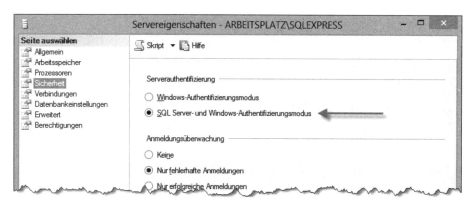

Abbildung 7.21 Wechsel des Authentifizierungsmodus

Haben Sie alle obigen Schritte abgearbeitet, dürfte dem Remotezugriff auf Ihren SQL Server Express nichts mehr im Wege stehen.

Für alle, die sich vergeblich abgemüht haben, eine Verbindung zum *SQL Server LocalDB* herzustellen:

HINWEIS   Es ist **nicht** möglich, auf den SQL Server LocalDB per Netzwerk zuzugreifen! Dies ist prinzipbedingt, es handelt sich nicht um eine Konfigurationsfrage (wie beim SQL Server Express).

7.2 ... die SQL Server Express-Version erkennen?

Möchten Sie aus dem Programm heraus feststellen, ob es sich beim aktuellen Server um eine Express-Version handelt, können Sie mit Hilfe der SMOs wie folgt vorgehen:

BEISPIEL

```
Imports Microsoft.SqlServer.Management.Common
Imports Microsoft.SqlServer.Management.Smo
...
        Dim serv As New Server(TextBox1.Text)
        MessageBox.Show(serv.Information.Edition)
```

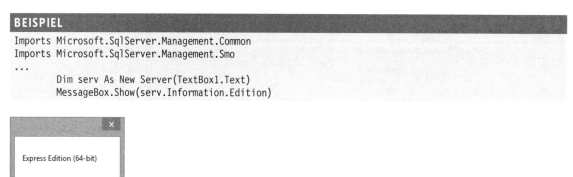

Abbildung 7.22 Möglicher Ausgabewert

7.3 ... die SQL Server Express-Version administrieren?

Da Sie sich für die »Light Variante« entschieden haben, müssen Sie auf den Komfort praktischer Tools zunächst verzichten.

Sollten Sie gleichzeitig im Besitz einer Visual Studio-Lizenz sein, können Sie mit Hilfe des Server-Explorers Ihre SQL Server-Datenbank rudimentär verwalten. Alternativ bietet sich das Tool *Microsoft SQL Server Management Studio Express* von der Microsoft-Homepage an:

| **WWW** | http://www.microsoft.com/de-de/download/details.aspx?id=29062 |

Zwei Varianten stehen zur Auswahl:

- DEU\x64\SQLManagementStudio_x64_DEU.exe
- DEU\x86\SQLManagementStudio_x86_DEU.exe

| **HINWEIS** | Haben Sie die *SQL Server 2012 Express Edition with Advanced Services* installiert, ist das obige Programm bereits auf Ihrer Festplatte. |

7.4 ... alle Nutzer einer Datenbank ermitteln?

BEISPIEL

Mit Hilfe der SMO können Sie eine Liste aller vordefinierten Nutzer einer Datenbank ermitteln.

```
Imports Microsoft.SqlServer.Management.Common
Imports Microsoft.SqlServer.Management.Smo
Imports System.Data.SqlClient
....
```

Verbinden zum Server herstellen:

```
        Dim serv As New Server(TextBox1.Text)
        If checkBox1.Checked Then
            serv.ConnectionContext.LoginSecure = False
            serv.ConnectionContext.Login = TextBox2.Text
            serv.ConnectionContext.Password = TextBox3.Text
        End If
```

Für alle Datenbanken:

```
        For Each db As Database In serv.Databases
            If db.IsSystemObject Then
                ListBox1.Items.Add("(System) " & db.Name)
            Else
                ListBox1.Items.Add(db.Name & "--------------------")
                Try
```

Nutzer auflisten:

```
                For Each u As User In db.Users
```

```
                    ListBox1.Items.Add("    " & u.Name)
                Next u
            Catch e1 As Exception
            End Try
        End If
    Next db
```

> **HINWEIS** Sie müssen die entsprechenden Rechte in der Datenbank besitzen!

```
(System) master
(System) model
(System) msdb
Northwind
    dbo
    guest
    INFORMATION_SCHEMA
    sys
ReportServer
    dbo
    guest
    INFORMATION_SCHEMA
    NT-AUTORITÄT\NETZWERKDIENST
    sys
```

Abbildung 7.23 Beispiel für Abfrageergebnis

7.5 ... alle registrierten Microsoft SQL Server ermitteln?

BEISPIEL

Auch hier helfen die SMO weiter:

```
Imports Microsoft.SqlServer.Management.Smo
...
        ListBox1.Items.Clear()
        Dim dt As DataTable = SmoApplication.EnumAvailableSqlServers(False)
        For Each dr As DataRow In dt.Rows
            ListBox1.Items.Add(dr("Server").ToString())
        Next
...
```

> **HINWEIS** Damit sinnvolle Werte angezeigt werden, muss auch der *SQL Server Browser-Dienst* aktiviert und gestartet sein. Bei der Express Edition ist dies standardmäßig nicht der Fall.

7.6 ... alle Datenbanken und deren Tabellen ermitteln?

Möchten Sie den Inhalt des SQK Servers näher analysieren, können Sie sich über die *Databases-* bzw. die *Tables-*Collection der SMO tiefe Einblicke verschaffen.

> **HINWEIS** Das entsprechende SMO-Beispiel finden Sie auf Seite 488, das komplette Programm in den Begleitdateien.

Alternativ können Sie sich auch mit T-SQL behelfen (siehe folgendes Beispiel).

BEISPIEL

Auflisten aller Tabellen in der **aktuell geöffneten** Datenbank.

```
SELECT *
FROM
   Information_Schema.Tables
```

Das Ergebnis:

Ergebnisse | Meldungen

	TABLE_CATALOG	TABLE_SCHEMA	TABLE_NAME	TABLE_TYPE
1	Northwind	dbo	Customers	BASE TABLE
2	Northwind	dbo	Shippers	BASE TABLE
3	Northwind	dbo	Suppliers	BASE TABLE
4	Northwind	dbo	Orders	BASE TABLE
5	Northwind	dbo	Products	BASE TABLE
6	Northwind	dbo	Order Details	BASE TABLE
7	Northwind	dbo	Customer an...	VIEW
8	Northwind	dbo	Alphabetical ...	VIEW
9	Northwind	dbo	Current Prod...	VIEW
10	Northwind	dbo	Orders Qry	VIEW

Abbildung 7.24 Abfrageergebnis

7.7 ... eine Tabelle löschen?

BEISPIEL

Mit SQL

```
DROP TABLE Mitarbeiter
```

BEISPIEL

Mit den SMO

```
Dim serv As New Server("SERVER")
Dim db As Database = serv.Databases("BuchBeispiel")
db.Tables("ErsteTabelle").Drop()
```

7.8 ... eine Tabelle mit den SMO erzeugen?

An dieser Stelle wollen wir es bei einem Beispiel belassen. Mit T-SQL kommen Sie wesentlich schneller ans Ziel.

BEISPIEL

Erstellen einer einfachen Tabelle mit einer Spalte in der neuen Datenbank *BuchBeispiel*

```
Imports Microsoft.SqlServer.Management.Common
Imports Microsoft.SqlServer.Management.Smo
Imports System.Data.SqlClient
...
```

Verbindung herstellen:

```
Dim serv As New Server(TextBox1.Text)
If checkBox1.Checked Then
    serv.ConnectionContext.LoginSecure = False
    serv.ConnectionContext.Login = TextBox2.Text
    serv.ConnectionContext.Password = TextBox3.Text
End If
```

Datenbank erzeugen:

```
Dim db As New Database(serv, "BuchBeispiel")
db.Create()
```

Table-Objekt erzeugen:

```
Dim tb As New Table(db, "ErsteTabelle")
```

Spalten zum *Table*-Objekt hinzufügen:

```
Dim col As New Column(tb, "Id")
col.DataType = DataType.Int
col.Nullable = False
col.Identity = True
col.IdentitySeed = 1
col.IdentityIncrement = 1
tb.Columns.Add(col)
col = New Column(tb, "Nachname")
col.DataType = DataType.VarChar(50)
col.Nullable = False
tb.Columns.Add(col)
```

Index erzeugen:

```
Dim idx As New Index(tb, "PK_ErsteTabelle")
idx.IndexKeyType = IndexKeyType.DriPrimaryKey
idx.IndexedColumns.Add(New IndexedColumn(idx, "Id"))
tb.Indexes.Add(idx)
```

Tabelle in der Datenbank erstellen:

```
tb.Create()
```

HINWEIS   Sie sehen schon, ohne einigen Schreibaufwand geht es nicht, wenn Sie sich an eine Datenbankdefinition per SMOs wagen wollen.

BEISPIEL

Dasselbe in SQL mit wesentlich weniger Aufwand

```
USE FirmaSQL;
CREATE TABLE TestTable (Nachname VARCHAR(25))
```

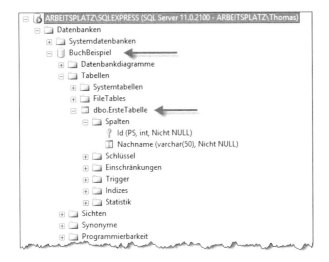

Abbildung 7.25 Die geöffnete Datenbank im SQL Server Management Studio

7.9 ... die Anzahl der Datensätze beschränken?

Zwei Varianten bieten sich an:

Variante 1 (TOP)

Wie auch in Jet-SQL können Sie die TOP-Klausel für die Einschränkung der Datensätze verwenden.

BEISPIEL

Maximal fünf Mitarbeiter anzeigen

```
SELECT
   TOP 5 *
FROM Mitarbeiter
```

Variante 2 (SET ROWCOUNT)

Mit Hilfe der Option SET ROWCOUNT können Sie für alle folgenden SQL-Anweisungen die maximale Anzahl der zurückgegebenen Datensätze bestimmen.

BEISPIEL

Maximal zehn Datensätze sollen zurückgegeben werden

```
SET ROWCOUNT 10
go
SELECT * FROM Mitarbeiter
go
```

HINWEIS Mit »SET ROWCOUNT 0« schalten Sie die Beschränkung wieder aus!

Variante 3 (ROW_NUMBER)

Seit dem SQL Server 2005 steht auch eine ROW_NUMBER-Funktion zur Verfügung, die es ermöglicht, nicht nur die Anzahl der Datensätze zu beschränken sondern gleich einen Bereich auszuwählen (Paging). Die Funktion liefert eine sequenzielle Folge von Zahlen, beginnend bei 1 für jede Zeile der Datenmenge.

BEISPIEL

Die ersten zehn Datensätze der sortierten Tabelle *Orders* ermitteln

```
SELECT  OrderId, OrderDate
FROM       (SELECT  ROW_NUMBER() OVER (ORDER BY OrderDate DESC)
                AS Row, OrderId, OrderDate FROM Orders)
                AS t1
WHERE   Row BETWEEN 1 AND 10
```

Einen anderen Bereich auswählen:

```
SELECT  OrderId, OrderDate
FROM       (SELECT  ROW_NUMBER() OVER (ORDER BY OrderDate DESC)
                AS Row, OrderId, OrderDate FROM Orders)
                AS t1
WHERE   Row BETWEEN 11 AND 15
```

HINWEIS   Handelt es sich um eine große Anzahl von Datensätzen und befindet sich der gesuchte Bereich im vorderen Teil der Datenmenge, sollten Sie eventuell die Datenmenge mit TOP einschränken, um die Ausführungszeiten zu optimieren.

7.10 ... Platzhalterzeichen in T-SQL verwenden?

Für beliebige Zeichen verwenden Sie das Prozentzeichen (%), für einzelne Zeichen den Unterstrich (_).

BEISPIEL
```
SELECT *
FROM
  Mitarbeiter
WHERE
  nachname LIKE 'Mül%'
```

7.11 ... Teilstrings erzeugen?

Statt der von Jet-SQL bekannten MID-Funktion verwenden Sie SUBSTRING.

```
SUBSTRING (stringausdruck, start, length)
```

BEISPIEL

Es soll die Anzahl der Mitarbeiter bestimmt werden, deren Name mit einem bestimmten Buchstaben beginnt.

```
SELECT
  SUBSTRING(nachname,1,1), Count(*)
```

```
FROM
    Mitarbeiter
GROUP BY
    SUBSTRING(nachname,1,1)
```

	(No column name)	(No column name)
1	B	1
2	C	1
3	D	2
4	F	1
5	K	1
6	L	1

Abbildung 7.26 Abfrageergebnis

7.12   ... Leerzeichen entfernen?

Im Gegensatz zu Jet-SQL findet sich auf dem Microsoft SQL Server keine TRIM-Funktion. Es stehen lediglich die Funktionen RTRIM (rechte Leerzeichen entfernen) und LTRIM (linke Leerzeichen entfernen) zur Verfügung. Sie können natürlich beide Funktionen gleichzeitig aufrufen.

BEISPIEL

Entfernen von Leerzeichen

```
SELECT *
FROM
    Mitarbeiter
WHERE
    nachname = LTRIM(RTRIM(@eingabewert))
```

7.13   ... mit DROP INDEX jeden Index löschen?

Es ist wie verhext: Sie wollen einen Index löschen, aber es funktioniert nicht. Das Problem: Vermutlich handelt es sich um eine Constraint (Einschränkung). Diesen Index müssen Sie mit

```
ALTER TABLE <Tabellenname> DROP CONSTRAINT <Constraintname>
```

löschen.

7.14   ... @@ERROR korrekt verarbeiten?

Vielleicht haben Sie auch schon mal vergessen, den Wert von @@ERROR in einer lokalen *Integer*-Variablen zu speichern. Führen Sie weitere SQL-Anweisungen aus, wird @@ERROR automatisch auf *null* zurückgesetzt, weitere Abfragen des Wertes oder die Rückgabe mit RETURN sind also sinnlos.

BEISPIEL

Fehlerauswertung

```
...
DECLARE @myError INT
```

```
...
SELECT @myError  = @@ERROR
...
IF @myError <> 0
   ...
```

7.15 ... die Anzahl der Datensätze einer Abfrage bestimmen?

Führen Sie eine SELECT-Anweisung aus, steht Ihnen nach der Verarbeitung in der Variablen @@ROW-COUNT die Anzahl der Datensätze zur Verfügung.

7.16 ... mit Bedingungen Feldinhalte formatieren?

Geht es um das Formatieren und Auswerten von Feldinhalten, wäre die Verwendung von Funktionen und Bedingungen häufig sinnvoll.

Auch hier hilft uns die T-SQL-CASE-Anweisung weiter.

BEISPIEL

Verwendung von CASE

```
SELECT
   CASE
      WHEN gehalt IS NULL THEN 'Vergessen worden ...'
      WHEN gehalt < 1000  THEN 'Armer Kerl ...'
      WHEN gehalt >= 1000 and gehalt < 3000 THEN 'Na ja'
      ELSE 'Ganz gut'
   END AS "Gehaltsbeurteilung",
   nachname
FROM
   Mitarbeiter
```

	Gehaltsbeurteilung	nachname
1	Ganz gut	Detert
2	Ganz gut	Obst
3	Na ja	Behn
4	Na ja	Riester
5	Ganz gut	Braun
6	Na ja	Schmidt

Abbildung 7.27 Abfrageergebnis

7.17 ... Abfragen mit Platzhaltern beschleunigen?

Vielleicht sind Sie nach endlosem Warten auf das Ergebnis einer Abfrage endlich bei diesem Tipp angelangt. Die vermutliche Ursache für Ihre Pein: Sie verwenden eine LIKE-Klausel mit Platzhalterzeichen am Beginn des Suchstrings.

BEISPIEL

```
SELECT *
FROM Mitarbeiter
WHERE nachname LIKE '%aye%'
```

Das Problem: Durch Verwendung des Platzhalterzeichens am Beginn des Suchstrings kann der eventuell vorhandene Index nicht zur Suche genutzt werden. Es werden alle Datensätze durchlaufen, was je nach Tabellengröße eben seine Zeit dauert.

7.18 ... das Ergebnis einer Stored Procedure speichern?

Dass eine Stored Procedure ein DataSet zurückgeben kann, dürfte sicher bekannt sein. Was aber, wenn Sie die Daten gar nicht zum Client senden möchten, sondern gleich auf dem Server, d.h. in einer Tabelle, sichern wollen?

Die Antwort findet sich in der INSERT INTO-Anweisung.

BEISPIEL

Die Stored Procedure

```
CREATE PROCEDURE Test @Nachname VARCHAR(50)
As
SELECT * FROM Mitarbeiter
WHERE nachname LIKE @nachname
return
```

Der entsprechende Aufruf zum Sichern der Daten:

```
INSERT INTO
  SaveTable EXEC test 'Müller'
```

7.19 ... eine Datenbank umbenennen?

Mit Hilfe von T-SQL ist es fast kein Problem, eine bestehende Datenbank umzubenennen. Über das Wörtchen »fast« sollten Sie in jedem Fall stolpern, ist es doch notwendig, dass für diesen Vorgang die Datenbank in den Einzelbenutzermodus geschaltet werden muss.

Dazu rufen Sie ALTER DATABASE auf:

```
ALTER DATABASE FirmaSQL
SET SINGLE_USER
```

Ist die Ausführung erfolgreich, können Sie nachfolgend mit ALTER DATABASE die Datenbank umbenennen.

HINWEIS Die bisher verwendete Stored Procedure sollten Sie laut Microsoft nicht mehr einsetzen!

```
ALTER DATABASE FirmaSQL
MODIFY NAME=FIRMA22
```

HINWEIS Vergessen Sie nicht, die Datenbank wieder in den Normalmodus zurückzuschalten.

```
ALTER DATABASE Firma22
SET MULTI_USER;
```

Beachten Sie aber in jedem Fall, ob weitere User angemeldet sind, denn dann haben Sie schlechte Karten:

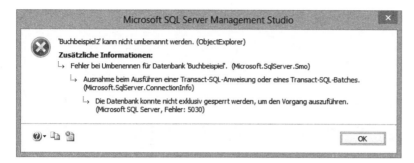

Abbildung 7.28 Fehler beim Umbenennen

7.20 ... eine Datenbank zwischen Servern verschieben?

Möchten Sie die bereits erstellte Datenbank auf einem neuen System wieder verwenden, bietet sich die folgende Vorgehensweise an:

Trennen Sie zunächst auf dem Ausgangs-PC die Datenbank vom SQL Server. Dazu verwenden Sie die Prozedur *sp_detach_db*.

BEISPIEL

```
EXEC sp_detach_db 'Firmasql', 'true'
```

Danach ist die Datenbank vom Server getrennt, Sie können die beiden zugehörigen Dateien *(*.mdf, *.ldf)* kopieren.

Auf dem neuen Server kopieren Sie die Daten in das *\\MSSQL\Data*-Verzeichnis und rufen die Prozedur *sp_attach_db* auf.

BEISPIEL

```
EXEC sp_attach_db @dbname = 'FirmaSQL',
   @filename1 = 'c:\Programme\Microsoft SQL Server\MSSQL\Data\Firmasql.mdf',
   @filename2 = 'c:\Programme\Microsoft SQL Server\MSSQL\Data\Firmasql.ldf'
```

Danach können Sie die Datenbank auf dem neuen Server wie gewohnt nutzen.

7.21 ... eine Datenbankstruktur kopieren?

Ein sicher häufiges Problem: Sie haben auf Ihrem PC eine SQL Server-Datenbank entwickelt und getestet und möchten nun diese Datenbank, bzw. deren Struktur, beim Kunden installieren.

Auf die Idee, die Struktur mit Hilfe des SQL Server Management Studios beim Kunden zu erstellen, werden Sie hoffentlich nicht kommen. Doch das Management Studio ist dafür schon das richtige Tool.

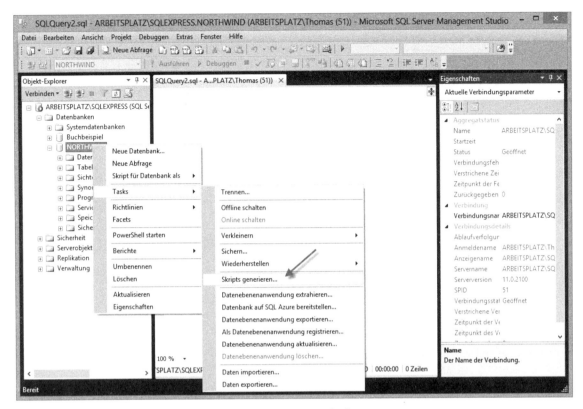

Abbildung 7.29 Erzeugen eines SQL-Skripts mit dem SQL Server Management Studio

Wählen Sie Ihre Datenbank im Baum aus und klicken Sie mit der rechten Maustaste darauf. Über den Menüpunkt *Tasks/Skripts generieren* erreichen Sie einen Assistenten, der Ihnen alle wesentlichen Schritte beim Erzeugen eines SQL-Skripts erleichtert. Dieses Skript ist eine normale Textdatei, die auf dem Zielrechner mit dem Query Analyzer wieder eingespielt werden kann.

BEISPIEL

Auszug aus einem SQL-Skript

```
IF NOT EXISTS (SELECT * FROM sys.database_principals WHERE name = N'Gewinnus')
CREATE USER [Gewinnus] FOR LOGIN [Gewinnus] WITH DEFAULT_SCHEMA=[dbo]
GO
SET ANSI_NULLS ON
GO
SET QUOTED_IDENTIFIER ON
GO
IF NOT EXISTS (SELECT * FROM sys.objects WHERE object_id = OBJECT_ID(N'[dbo].[personal]') AND type in
(N'U'))
BEGIN
CREATE TABLE [dbo].[personal](
 [Name] [nvarchar](30) NULL,
 [Vorname] [nvarchar](20) NULL,
 [Geboren] [datetime] NULL,
 [Gehalt] [money] NULL,
```

```
[Bemerkung] [ntext] NULL
) ON [PRIMARY] TEXTIMAGE_ON [PRIMARY]
END
GO

...
```

7.22   ... nach dem Löschen IDENTITY auf 0 setzen?

Löschen Sie alle Datensätze einer Tabelle (z.B. *DELETE FROM Mitarbeiter*) und fügen Sie einen neuen Datensatz ein, wird ein Identity-Feld statt mit Null mit dem nächstfolgenden Wert gefüllt.

Abhilfe schafft die Funktion DBCC CHECKIDENT, mit der Sie den Zählerwert wieder zurücksetzen können.

BEISPIEL

Zurücksetzen des Zählerwertes

```
DBCC CHECKIDENT (Mitarbeiter, RESEED, 0)
```

HINWEIS   Sind in der Tabelle keine Fremdschlüssel enthalten, können Sie auch die Anweisung TRUNCATE TABLE nutzen. Beachten Sie jedoch, dass TRUNCATE TABLE keine Trigger aktiviert.

7.23   ... eine Tabellenspalte umbenennen?

Mit Hilfe von T-SQL ist es kein Problem, auch Tabellenspalten umzubenennen. Rufen Sie die Systemprozedur *sp_rename* mit folgender Syntax auf:

```
sp_rename '<Tabelle.Spalte>', '<Tabelle.NeuerName>', 'COLUMN'
```

BEISPIEL

```
EXEC sp_rename 'Mitarbeiter.geburtstag', '[geboren am]', 'COLUMN'
```

7.24   ... Unterschiede zwischen temporären Tabellen erkennen?

Zunächst gibt es natürlich einen Unterschied bei der Vergabe des Namens, während bei einer lokalen Tabelle lediglich ein Nummernzeichen (#) vorangestellt wird, müssen es bei einer globalen Tabelle schon zwei Nummernzeichen sein.

- Globale Tabellen werden in der Datenbank *TempDB* erzeugt, Besitzer ist in diesem Fall *dbo*. Die Tabelle wird erst gelöscht, wenn kein Benutzer die Tabelle verwendet

- Lokale Tabellen nutzt man lediglich für das kurzzeitige Speichern von Daten, werden diese Tabellen innerhalb von Prozeduren erzeugt, werden diese mit dem Ende der Prozedur wieder gelöscht

7.25 ... Daten aus verschiedenen Datenbanken anzeigen?

Handelt es sich um die gleiche Verbindung und verfügen Sie über die entsprechenden Zugriffsrechte, sollte es kein Problem sein, Daten aus einer weiteren Datenbank zu lesen. Sie müssen in diesem Fall lediglich den vollständigen Tabellennamen angeben.

```
<Datenbankname>.<Username>.>Tabellenname>
```

BEISPIEL

Obwohl aktuell die Datenbank *TestSQL* geöffnet ist, können Sie die folgende SQL-Abfrage ausführen:

```
SELECT
    *
FROM
    northwind.dbo.customers
```

Alternativ können Sie die USE-Anweisung (T-SQL) verwenden, um vollständig die aktuelle Datenbank zu wechseln.

7.26 ... die PRINT-Anweisung in VB anzeigen?

Im Gegensatz zur Vorgängerversion von ADO.NET brauchen Sie sich um die Anzeige von SQL-PRINT-Ausgaben keine Sorgen machen. Derartige Nachrichten, die aus einer Stored Procedure heraus gesendet werden können, lassen sich jetzt komfortabel mit Hilfe des *InfoMessage*-Events auswerten bzw. anzeigen.

BEISPIEL

Anzeige der Nachricht in einer *MessageBox*

```
Private Sub conn_InfoMessage(sender As Object, e As SqlInfoMessageEventArgs) Handles conn.InfoMessage

    MessageBox.Show(e.Message)
End Sub
```

Kapitel 8

Microsoft SQL Server-Programmierung

In diesem Kapitel:

Praktisches Arbeiten mit dem SQL Server	520
Fehlerbehandlung	566
Weitere Features des Datenzugriffs unter ADO.NET	571
CLR-Integration im SQL Server	575
XML-Unterstützung	592
How-to-Beispiele	603

Nachdem wir uns bereits im vorhergehenden Kapitel mit den wichtigsten Grundlagen des Microsoft SQL Server beschäftigt haben, wollen wir uns nun den Themen zuwenden, die unmittelbar für den VB-Programmierer von Bedeutung sind.

Praktisches Arbeiten mit dem SQL Server

In diesem ersten Abschnitt wollen wir uns der SQL Server-Programmierung von der praktischen Seite nähern. Im Mittelpunkt stehen Realisierungsmöglichkeiten mit den ADO.NET-Objekten, den SMO[1] sowie T-SQL-Anweisungen. Für welche dieser Varianten Sie sich letztendlich entscheiden, hängt natürlich auch vom konkreten Einsatzfall ab.

Erstellen von SQL Server-Datenbanken

Der erste Schritt zu einer Client/Server-Anwendung ist das Erzeugen der Datenbank auf dem SQL Server. Einen fertig installierten SQL Server bzw. eine installierte Express Edition setzen wir an dieser Stelle natürlich voraus.

Wie Sie mit Hilfe der SQL Server Management Studio-Oberfläche oder dem Visual Studio Server Explorer die Datenbank erstellen und konfigurieren, möchten wir an dieser Stelle nicht weiter ausführen. Für uns ist interessant, wie aus dem Programm heraus eine neue Datenbank erzeugt werden kann.

Mit SMO und T-SQL bieten sich zwei verschiedene Varianten an. Für die folgenden Beispiele müssen Sie zum einen den Namen des SQL Servers wissen, zum anderen brauchen Sie auch die nötigen Rechte für den Zugriff auf den Server.

Verwenden von SMO

Ausgangspunkt für das Erstellen neuer Datenbanken auf dem SQL Server ist zunächst ein *Server*-Objekt. Diesem sind eventuell über die Eigenschaft *ConnectionContext* die erforderlichen Anmeldeinformationen zu übergeben, wenn es sich um eine SQL Server-Anmeldung handelt.

BEISPIEL

Erstellen einer Datenbank

```
Imports Microsoft.SqlServer.Management.Common
Imports Microsoft.SqlServer.Management.Smo
...
    Dim serv As New Server("server")
    If checkBox1.Checked Then
      serv.ConnectionContext.LoginSecure = False
      serv.ConnectionContext.Login = "sa"
      serv.ConnectionContext.Password = "geheim"
    End If
    Dim db As New Database(serv, "BuchBeispiel")
```

---

[1] Wie bereits im vorhergehenden Kapitel erwähnt, verzichten wir auf die Darstellung der DMOs, da diese mittlerweile nicht mehr installiert/unterstützt werden.

Etwas aufwändiger wird es, wenn Sie auch eine Maximalgröße für die Datenbank angeben wollen. Dies entspricht den Einstellungen, die Sie auch mit Hilfe des SQL Server Management Studios vornehmen können.

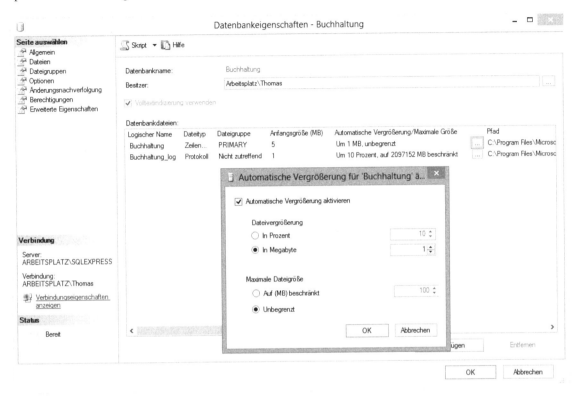

Abbildung 8.1 Datenbank-Eigenschaften im SQL Server Management Studio

In diesem Fall müssen Sie ein neues *FileGroup-* und ein zugeordnetes *DataFile-*Objekt erstellen, mit dem Sie neben der maximalen Dateigröße auch diverse Einstellungen für den Speicherort (Dateien/Medien) vornehmen können.

HINWEIS   Sie müssen eventuell einen Verweis auf *Microsoft.SqlServer.SqlEnum* einrichten.

BEISPIEL

Mit Vorgaben für die Datenbankdatei:

```
Dim serv As New Server("server")
If checkBox1.Checked Then
  serv.ConnectionContext.LoginSecure = False
  serv.ConnectionContext.Login = "sa"
  serv.ConnectionContext.Password = "geheim"
End If
Dim db As New Database(serv, "BuchBeispiel")
```

FileGroup erzeugen:

```
Dim fg As New FileGroup(db, "PRIMARY")
```

DataFile erzeugen:

```
Dim df As New DataFile(fg, "BuchBeispiel_Data", "c:\BuchBeispiel_Data.mdf")
```

Parametrieren:

```
df.GrowthType = FileGrowthType.Percent
df.Growth = 10
df.Size = 4000
fg.Files.Add(df)
db.FileGroups.Add(fg)
```

Datenbank erzeugen:

```
db.Create()
```

HINWEIS　　　Über die *DatabaseOptions*-Eigenschaft des jeweiligen *Database*-Objekts haben Sie Zugriff auf eine ganze Reihe von Eigenschaften, z.B. *ReadOnly* und *UserAccess* (Mehr-/Einzelbenutzermodus), die Sie auch mit dem SQL Server Management Studio bearbeiten können.

Verwenden von T-SQL

Für den SQL-Profi wenig überraschend, verwenden wir die CREATE DATABASE-Anweisung zum Erzeugen neuer Datenbanken.

```
CREATE DATABASE <datenbankname>
    [ ON [PRIMARY][ <filespec> [,...n] ] ]
    <filespec> ::=
    ( [ NAME = logical_file_name, ]
    FILENAME = 'os_file_name'
    [, SIZE = size]
    [, MAXSIZE = { max_size | UNLIMITED } ]
    [, FILEGROWTH = growth_increment] ) [,…n]
```

Bevor Sie vor der Vielfalt der Optionen zurückschrecken, seien Sie beruhigt, mit

```
CREATE DATABASE abc
```

haben Sie bereits eine Datenbank auf dem Server erzeugt. Die automatisch eingestellten Optionen: 1 MByte Größe, 10% automatische Vergrößerung, unbeschränkte Dateigröße.

BEISPIEL

Aufruf aus einem VB-Programm (ADO.NET) heraus

```
Imports System.Data.SqlClient
...
    conn.Open()
```

Command-Objekt erzeugen:

```
Dim cmd As New SqlCommand("CREATE DATABASE abc", conn)
Try
```

und ausführen:

```
cmd.ExecuteNonQuery()
```

Mögliche Fehlerbehandlung:

```
Catch Ex As SqlException
    MessageBox.Show(Ex.Message)
End Try
```

Verbindung schließen:

```
conn.Close()
```
...

BEISPIEL

Erzeugen einer Datenbank, mit einer Anfangsgröße von 14 MByte, einer Maximalgröße von 100 MByte und einer automatischen Vergrößerung um jeweils 1 MByte. Der Speicherort wird explizit vorgegeben.

```
CREATE DATABASE Test2
ON
( NAME = buch_dat,
  FILENAME = 'e:\mssql7\data\buch.mdf',
  SIZE = 14,
  MAXSIZE = 100,
  FILEGROWTH = 1
)
```

Ergänzungen

Bevor Sie sich jetzt auf das Erstellen von Datenbanken stürzen, sollten Sie zunächst einige Grundregeln beachten:

- Der Microsoft SQL Server legt die zu speichernden Informationen in einer Datei mit der Extension .MDF bzw. .NDF ab. Hier finden sich auch die nötigen Schema-Informationen zum Aufbau der Datenbank

- Zusätzlich wird noch ein Transaktionsprotokoll erzeugt, das in einer Datei mit der Extension .LDF gesichert wird

- Standardmäßig werden die beiden Dateien in dem Verzeichnis abgelegt, das bei der SQL Server Installation dafür vorgesehen wurde (z.B. *Program Files\Microsoft SQL Server\MSSQL10.MSSQLSERVER\ MSSQL\DATA*)

- Alternativ können Sie auch ein anderes Verzeichnis beim Erstellen der Datenbank vorgeben, beachten Sie jedoch, dass es sich dabei um ein lokales Laufwerk (kein Netzlaufwerk) ohne Komprimierung und ohne Verschlüsselung handeln muss

Erzeugen und Verwalten von Tabellen

Nach dem Erstellen der Datenbank können wir die gewünschten Tabellen erzeugen oder Informationen aus anderen Datenquellen importieren.

Visual Studio

Erzeugen Sie mit dem Server-Explorer eine Datenverbindung zur gewünschten SQL Server-Datenbank. In der Rubrik *Tabellen* können Sie über das Kontextmenü eine neue Tabelle erzeugen (siehe Abbildung 8.2).

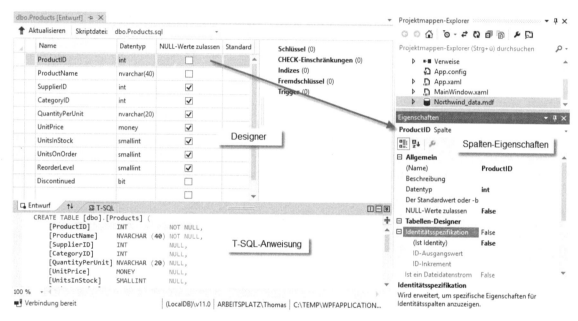

Abbildung 8.2   Neue Tabelle in Visual Studio erstellen

Legen Sie zunächst wie gewohnt den Namen der Spalte fest. Bei den Datentypen werden Sie sicher zum ersten Mal stutzig, müssen Sie doch teilweise neben der Größe auch die Genauigkeit und die Dezimalstellen angeben. Sollten Sie den Datentyp *AutoWert* vermissen, gedulden Sie sich noch etwas.

Die Option *NULL-Werte zulassen* ist Ihnen sicher auch bekannt. Spätestens beim *Standardwert* werden Sie jedoch erstmals mit dem Client/Server-Prinzip Bekanntschaft machen. So können Sie zwar auch hier Standardwerte für Tabellenspalten vorgeben, diese werden jedoch erst beim Speichern eingetragen. Der Hintergrund: Da der Standardwert auf dem SQL Server gespeichert ist, kann auch erst der Server die Werte eintragen. Neben einfachen Ausdrücken können Sie hier auch Funktionen wie *GetDate* oder *suser_sname* aufrufen, um zum Beispiel den Benutzer eintragen zu lassen, der den Datensatz erzeugt hat.

Mit *Identität* (oder auch *Identity*) haben Sie das Pendant für die Access-Zählerfelder gefunden. Basierend auf dem Datentyp *Int* bietet auch der SQL Server die Möglichkeit, Spalten mit eindeutigen IDs zu erzeugen. Für den Zähler können Sie hier zusätzlich den Startwert und das Inkrement angeben.

Die Option *Ist RowGuid* ist im Zusammenhang mit der Replikation von Bedeutung und ermöglicht eine schnellere Bearbeitung.

HINWEIS Vergessen Sie nicht einen Primärschlüssel festzulegen, diesen brauchen Sie im Zusammenhang mit einem Client-Programm in jedem Fall.

Ebenfalls über die rechte Maustaste können Sie die Tabellen-Eigenschaften anzeigen bzw. bearbeiten. Dazu zählen neben Einschränkungen auch Beziehungen und weitere Indizes.

Mit den Einschränkungen steht Ihnen als Programmierer ein wichtiges Werkzeug zur Sicherung der Datenintegrität zur Verfügung. So können Sie hier sicherstellen, dass nur Datensätze in der Tabelle stehen bzw. eingetragen werden, die dieses Kriterium erfüllen.

```
⊿ Schlüssel (1)
      PK_Orders  (Primärschlüssel, Clustered: OrderID)
   CHECK-Einschränkungen (0)
⊿ Indizes (8)
      CustomerID   (CustomerID)
      CustomersOrders   (CustomerID)
      EmployeeID   (EmployeeID)
      EmployeesOrders   (EmployeeID)
      OrderDate   (OrderDate)
      ShippedDate   (ShippedDate)
      ShippersOrders   (ShipVia)
      ShipPostalCode   (ShipPostalCode)
⊿ Fremdschlüssel (3)
      FK_Orders_Customers   (CustomerID)
      FK_Orders_Employees   (EmployeeID)
      FK_Orders_Shippers   (ShipperID)
   Trigger (0)
```

Abbildung 8.3 Beziehungen und Indizes der Tabelle in der Übersicht

Allerdings ist die Art und Weise, wie Sie später bei einem Verstoß gegen diese Einschränkung benachrichtigt werden, nicht gerade motivierend, es tritt ein Laufzeitfehler auf, den Sie erst umständlich auswerten müssen. Wir werden uns mit diesem Thema später noch eingehender beschäftigen.

An dieser Stelle nur so viel:

HINWEIS Betrachten Sie die Einschränkungen als letztes Mittel zum Sichern der Datenintegrität, verwenden Sie besser einen Trigger bzw. eine Gespeicherte Prozedur, um Gültigkeitsprüfungen vorzunehmen.

Indizes

Neben den Einschränkungen verdienen auch die Indizes eine nähere Betrachtung. Wie auch bei Access-Datenbanken lassen sich einzelnen oder auch mehreren Spalten Indizes zuordnen.

Gänzlich neu für den Desktop-Programmierer dürften die Begriffe *Füllfaktor* und *Clustered* sein. Mit dem Füllfaktor geben Sie an, zu wie viel Prozent eine Indexseite belegt wird. Ist eine Indexseite gefüllt und muss ein neuer Eintrag eingefügt werden, ist dieser Vorgang recht aufwändig. Günstiger (aber nicht so platzsparend) ist es, wenn freier Platz für das Einfügen weiterer Einträge gelassen wird.

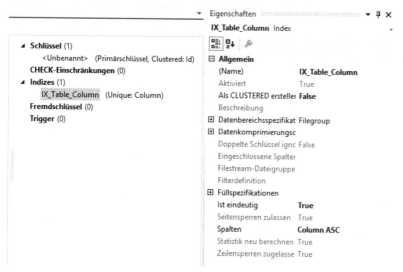

Abbildung 8.4 Indexdefinition

Handelt es sich um final schreibgeschützte Daten, können Sie den Füllfaktor mit 100% angeben.

Die Option *Clustered* erstellt einen gruppierten Index, bei dem die physikalische Reihenfolge der Zeilen in der Tabelle gleich der logischen (indizierten) Reihenfolge der Schlüsselwerte ist. Logischerweise kann es nur einen derartigen Schlüssel pro Tabelle geben. Insbesondere UPDATE- und DELETE-Anweisungen werden durch einen solchen Index beschleunigt, da bei diesen Vorgängen meist große Datenmengen gelesen werden müssen.

Tabellen erzeugen/verwalten mit T-SQL

Zum Erstellen neuer Tabellen verwenden Sie in T-SQL die Anweisung CREATE TABLE.

```
CREATE TABLE
    [ database_name . [ schema_name ] ] table_name
    ( { <column_definition> | <computed_column_definition>
       | <column_set_definition> | [ <table_constraint> ] [ ,...n ] } )
    [ ON { partition_scheme_name ( partition_column_name ) | filegroup
       | "default" } ]
    [ { TEXTIMAGE_ON { filegroup | "default" } ]
    [ FILESTREAM_ON { partition_scheme_name | filegroup
       | "default" } ]
    [ WITH ( <table_option> [ ,...n ] ) ]
```

Für den Tabellen- und die Feldnamen gelten die jeweiligen Datenbankkonventionen: Leerzeichen dürfen enthalten sein. Beachten Sie jedoch, dass in diesem Fall der Name in eckige Klammern einzuschließen ist (z.B. [Abschlussbilanz 2013]).

Welche Datentypen Sie beim Definieren der Tabelle verwenden, können Sie der folgenden Tabelle 8.1 entnehmen.

Datentypen

Datentyp	Bedeutung/Bemerkung
bit	Daten mit einem Wert von 0 oder 1
integer, int	4 Byte-Datentyp, der Zahlen von −2.147.483.648 bis 2.147.483.647 speichert
smallint	2 Byte-Datentyp, der Zahlen von −32.768 bis 32.767 speichert
tinyint	1 Byte-Datentyp, der Zahlen von 0 bis 255 speichert
decimal, numeric	Numerische Daten mit fester Genauigkeit und Dezimalstellenanzahl von −10^38−1 bis 10^38−1. Sie müssen die Genauigkeit (Anzahl der Ziffern) und die Anzahl der Dezimalstellen festlegen
float	Fließkommazahlen zwischen −1,79E+308 und 1,79E+308. Verwenden Sie derartige Werte nicht in WHERE-Klauseln, da es zu Rundungsfehlern kommen kann
real	Fließkommazahlen zwischen −3,40E+38 und 3,40E+38. Verwenden Sie derartige Werte nicht in WHERE-Klauseln, da es zu Rundungsfehlern kommen kann
money	Währungsdatenwerte zwischen −922.337.203.685.477,5808 und 922.337.203.685.477,5807 mit der Genauigkeit eines Zehntausendstels der Währungseinheit
smallmoney	Währungsdatenwerte von −214.748,3648 bis 214.748,3647 mit der Genauigkeit eines Zehntausendstels der Währungseinheit
date	Datumswerte ohne Uhrzeitangaben, der Datumsbereich erstreckt sich vom 1. Januar 1000 bis zum 31. Dezember 9999. Die Genauigkeit des Datentyps ist auf einen einzigen Tag beschränkt.
time	Tageszeit ohne Datumskomponente, der Wertebereich ist auf 00:00:00.0000000 bis 23:59:59.9999999 (Stunden, Minuten, Sekunden und Sekundenbruchteile) festgelegt
datetime	Datums- und Zeitdaten zwischen dem 1. Januar 1753 und dem 31. Dezember 9999 mit einer Genauigkeit von 300stel-Sekunden, also 3,33 Millisekunden
datetimeoffset	Dieser Datentyp berücksichtigt Zeitzonen, die als Zeitunterschied zusätzlich zur Datums- und Zeitangabe gespeichert werden
datetime2	Erweiterung des Datentyps datetime. Der Datumsbereich wurde vergrößerte (1. Januar 0001 bis zum 31. Dezember 9999) und eine höhere Sekundenbruchteilgenauigkeit eingeführt
smalldatetime	Datums- und Zeitdaten zwischen dem 1. Januar 1900 und dem 6. Juni 2079 mit einer Genauigkeit von einer Minute
cursor	Ein Verweis auf einen Cursor
uniqueidentifier	Ein global eindeutiger Bezeichner (GUID, Globally Unique Identifier), verwenden Sie besser einen Identity-Wert
char	Nicht-Unicode-Zeichendaten fester Länge mit max. 8.000 Zeichen
varchar	Nicht-Unicode-Daten variabler Länge mit max. 8.000 Zeichen
text	Nicht-Unicode-Daten variabler Länge mit max. 2.147.483.647 Zeichen
nchar	Unicode-Daten fester Länge mit max. 4.000 Zeichen
nvarchar	Unicode-Daten variabler Länge mit max. 4.000 Zeichen
ntext	Unicode-Daten variabler Länge mit max. 1.073.741.823 Zeichen
binary	Binärdaten fester Länge mit max. 8.000 Byte

Tabelle 8.1 Datentypen

Datentyp	Bedeutung/Bemerkung
varbinary	Binärdaten variabler Länge mit max. 8.000 Byte
image	Binärdaten variabler Länge mit max. 2.147.483.647 Byte
varbinary(max)	externes Speichern unstrukturierter Daten im NTFS-Dateisystem
hierarchyid	Darstellung hierarchischer Strukturen. Sie können die Struktur sowohl in vertikaler als auch in horizontaler Richtung beschreiben. Zusätzliche Navigationsmethoden helfen Ihnen bei der SQL-Abfrage.
geography	Beschreibt Daten im WGS84-Koordinatensystem, d.h. in Längen- und Breitengraden. Die Datenübergabe erfolgt mit Hilfe spezieller Methoden (z.B. *STGeomFromText*) und Objekten (z.B. *Polygon*)
geometry	Darstellung von Daten im zweidimensionalen Raum. Die Datenübergabe erfolgt mit Hilfe spezieller Methoden (z.B. *STGeomFromText*) und Objekten (z.B. *Polygon*)
xml	XML-Daten variabler Länge mit max. 2.147.483.647 Zeichen

Tabelle 8.1 Datentypen *(Fortsetzung)*

HINWEIS Die fett hervorgehobenen Datentypen wurden mit dem SQL Server 2008 eingeführt und stehen auch ab diesem zur Verfügung.

HINWEIS Die Feldgröße ist nur bei Textfeldern interessant, in allen anderen Fällen können Sie diesen Parameter weglassen.

An dieser Stelle möchten wir Ihnen nur einige Beispiele vorstellen, für eine vollständige Darstellung aller Optionen müssen wir Sie an die T-SQL-Dokumentation verweisen.

BEISPIEL

Erstellen einer Tabelle *Kunden* mit diversen Einschränkungen und einem Defaultwert für das Feld *Status* und *Datum*

```
CREATE TABLE [dbo].[Table]
(
    [Id] INT NOT NULL PRIMARY KEY,
    [Nachname] NCHAR(50) NOT NULL,
    [Vorname] NCHAR(50) NOT NULL,
    [Status] NCHAR(10) NULL DEFAULT 'Aktiv',
    [Datum] DATETIME NOT NULL DEFAULT getdate()
)
```

BEISPIEL

Mögliche Ausdrücke für *Check*

```
CHECK (PLZ IN ('12345', '23456', '34567'))
CHECK (ID LIKE '99999[0-9][0-9]')
CHECK (gehalt > 2000)AND(gehalt < 6000)
```

BEISPIEL

Mögliche Ausdrücke für *Default*

```
Kennziffer  int  NOT NULL DEFAULT 1
Datum       datetime NOT NULL DEFAULT getdate()
Land        varchar(30) NULL DEFAULT 'Deutschland'
```

BEISPIEL

Erzeugen einer berechneten Spalte

```
CREATE TABLE Buchungen
(
    netto money,
    brutto money,
    mwst AS (brutto-netto)
)
```

Ist die Tabelle einmal angelegt, können Sie entweder mit ALTER TABLE deren Struktur ändern, oder Sie löschen die Tabelle und erzeugen eine neue.

Mit ALTER TABLE lässt sich nachträglich eine neue Spalte erzeugen oder eine Spalte löschen. Weiterhin können Sie Indizes anlegen bzw. löschen.

BEISPIEL

Einfügen einer Tabellenspalte

```
ALTER TABLE
    Personal
ADD
    Telefon VARCHAR(30)
```

BEISPIEL

Löschen einer Tabellenspalte

```
ALTER TABLE
    Personal
DROP COLUMN
    Telefon
```

Mit DROP TABLE bzw. DROP INDEX lassen sich Tabellen und Indizes löschen. Allerdings sollten Sie die DROP TABLE-Anweisung mit Bedacht einsetzen, denn es wird weder eine Sicherheitsabfrage angezeigt noch kann die Tabelle restauriert werden.

Möchten Sie eine Tabelle/Tabellenspalte umbenennen, nutzen Sie die Stored Procedure *sp_rename*. Übergeben Sie den Objektnamen, den neuen Bezeichner und den Objekttyp (z.B. COLUMN).

BEISPIEL

Umbenennen einer Tabelle

```
sp_rename 'Buchhaltung', 'Buchhaltung_alt'
```

Wenn es lediglich darum geht, alle Datensätze einer Tabelle zu löschen, nutzen Sie nicht DROP Table, sondern TRUNCATE TABLE.

Temporäre Tabellen

Ein besonderes Feature des SQL Servers ist das Erzeugen von temporären Tabellen. Sie können sowohl lokale als auch globale temporäre Tabellen erstellen. Lokale temporäre Tabellen sind nur während der aktuellen Sitzung sichtbar, globale temporäre Tabellen sind von allen Sitzungen aus sichtbar.

Stellen Sie lokalen temporären Tabellennamen ein einzelnes Nummernzeichen (#) und globalen temporären Tabellennamen ein doppeltes Nummernzeichen voran (##).

Es stellt auch kein Problem dar, wenn zwei Nutzer gleichzeitig dieselbe temporäre Tabelle erstellen wollen. Der SQL Server hängt intern einen numerischen Suffix an den temporären Tabellennamen an, so bleiben die Tabellen immer eindeutig.

Temporäre Tabellen brauchen Sie nicht explizit zu löschen, da sie ohnehin automatisch entfernt werden. In einigen Fällen sollten Sie dennoch nicht darauf verzichten (siehe folgende Beispiele), insbesondere wenn ein und dieselbe Tabelle häufig erzeugt und gelöscht werden soll. Verwenden Sie einfach die DROP TABLE-Anweisung.

BEISPIEL

Erzeugen und Verwenden einer temporären Tabelle

```
Imports System.Data.SqlClient
...
conn.Open()
```

Erzeugen:

```
Dim cmd As New SqlCommand("CREATE TABLE #test " &
                          "(nachname VARCHAR(30) NOT NULL Primary KEY)", conn)
cmd.ExecuteNonQuery()
```

Verwenden:

```
cmd = New SqlCommand("INSERT INTO #test VALUES ('Mayer')", conn)
cmd.ExecuteNonQuery()
cmd.ExecuteNonQuery()
conn.Close()
```

Der zweite Aufruf von *ExecuteNonQuery* führt zu einem Fehler, da die Tabelle immer noch existiert! Der Grund für dieses Verhalten: Die Tabelle wird erst mit dem Schließen der Connection gelöscht.

Tabellen mit SMO erzeugen

Dass auch mit den SMO das Erstellen nicht »unmöglich« ist, zeigt das folgende Beispiel:

Tabelle erzeugen

```
Imports Microsoft.SqlServer.Management.Common
Imports Microsoft.SqlServer.Management.Smo
...
```

Server verbinden:

```
Dim serv As New Server("HPSERVER")
```

Datenbank erstellen (Sie können auch eine Datenbank aus der *DataBases*-Collection abrufen):

```
Dim db As New Database(serv, "BuchBeispiel")
db.Create()
```

Table-Objekt erstellen (die Datenbanktabelle ist noch nicht erzeugt):

```
Dim tb As New Table(db, "ErsteTabelle")
```

Erste Spalte erzeugen (Integer, Zählerfeld):

```
Dim col As New Column(tb, "Id")
col.DataType = DataType.Int
col.Nullable = False
col.Identity = True
col.IdentitySeed = 1
col.IdentityIncrement = 1
tb.Columns.Add(col)
```

Zweite Spalte erzeugen (*VarChar*):

```
col = New Column(tb, "Nachname")
col.DataType = DataType.VarChar(50)
col.Nullable = False
tb.Columns.Add(col)
```

Primärschlüssel erzeugen:

```
Dim idx As Index = New Index(tb, "PK_ErsteTabelle")
idx.IndexKeyType = IndexKeyType.DriPrimaryKey
idx.IndexedColumns.Add(New IndexedColumn(idx, "Id"))
tb.Indexes.Add(idx)
```

Tabelle mit allen obigen Einstellungen auf dem Server erzeugen:

```
tb.Create()
```

Ein Blick in den Objekt-Explorer des SQL Server Management Studios zeigt den Erfolg (siehe folgende Abbildung 8.5)

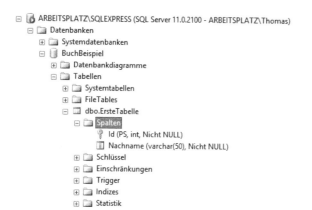

Abbildung 8.5 Die neu erzeugte Tabelle

> **HINWEIS**   Die SMO-Variante erfordert zwar den höheren Schreibaufwand im Vergleich zu T-SQL, bietet jedoch den Vorteil recht gut strukturiert zu sein. Damit empfiehlt sich dieser Weg, wenn Sie Tabellen dynamisch durch den Anwender erstellen lassen wollen und dabei jeweils Optionen aktivieren bzw. deaktivieren. Als Beispiel sei hier eine Mini-Management-Oberfläche genannt.

Datenbankdiagramme

Je umfangreicher Ihre Datenbanken werden, desto mehr Augenmerk sollten Sie auf die Verwaltung richten. Ein wichtiges Hilfsmittel in diesem Zusammenhang sind die Datenbankdiagramme.

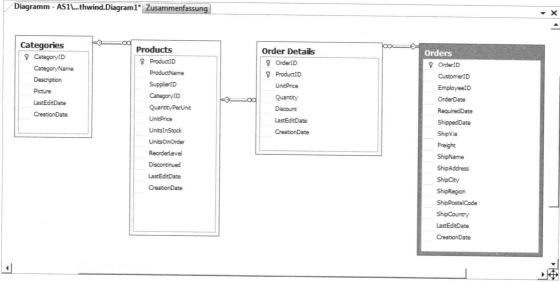

Abbildung 8.6 Datenbankdiagramm

Zu einem fertigen Datenbankdiagramm gelangen Sie auf zwei Wegen:

- Sie definieren alle Tabellen mit den jeweiligen Abhängigkeiten und rufen dann den Diagramm-Designer in Visual Studio auf. So war es zumindest bis zur Version 2010, leider hat es auch dieses nicht in die Version 2012 geschafft[1]. Es bleibt Ihnen also nichts anderes übrig, als das SQL Server Management Studio für diesen Zweck zu nutzen. Nachdem die nötigen Unterstützungsobjekte erstellt worden sind, ziehen Sie nur noch die gewünschten Tabellen in den Designer, die Verbindungen werden automatisch angezeigt.

- Sie verwenden den Designer von Anfang an als Entwurfsmittel für die gesamte Datenbank. In diesem Fall können Sie hier sowohl die Tabellen als auch die Beziehungen zwischen den Tabellen erstellen.

Abbildung 8.7 Beziehungen definieren

Folgende Operationen können Sie im Designer ausführen:

- Tabellen erzeugen/hinzufügen

- Tabellen löschen

- Beziehungen zwischen Tabellen aufbauen/löschen

- Eigenschaften von Tabellen bearbeiten

- Indizes verwalten

- Übersichten drucken

- Kommentare einfügen

HINWEIS   Nutzen Sie das Datenbankdiagramm als übersichtliches Hilfsmittel zur Verwaltung der SQL Server-Datenbank. Teilen Sie die Diagramme auf, wenn ein Diagramm nicht genügend Übersicht bietet.

Erzeugen und Verwenden von Sichten (Views)

Mit den Sichten, auch als Views bezeichnet, bietet sich dem Programmierer die Möglichkeit, Daten aufzubereiten (Verknüpfungen) oder vor dem Nutzer zu verstecken. Hintergrund ist in jedem Fall eine SQL-SELECT-Abfrage, die eine Menge von Datensätzen zurückgibt. Dabei ist es unerheblich, ob die Daten aus einer oder auch aus mehreren Tabellen stammen.

---

[1] Es ist schon recht merkwürdig, dieses mysteriöse Verschwinden von Features, das auch nirgendwo richtig dokumentiert ist. Vermutlich war mal wieder keine Zeit ...

HINWEIS   Sie können auch Abfragen über mehrere Datenbanken hinweg realisieren.

Verwenden von T-SQL

Der einfachste Weg, aus einem Programm heraus eine View zu erzeugen, bietet sich mit T-SQL an. Haben Sie die nötigen Zugriffsrechte, genügt ein einziger Befehl, um die View auf dem SQL Server zu erstellen.

```
CREATE VIEW view_name [(column [,...n])]
    [WITH ENCRYPTION]
    AS
      select_statement
    [WITH CHECK OPTION]
```

Übergeben Sie der Anweisung neben dem View-Namen gegebenenfalls auch die Namen der einzelnen Spalten. Dies ist jedoch nur nötig, wenn es sich um berechnete Spalten oder gleiche Spaltennamen (bei Verknüpfungen) handelt.

Mit dem zusätzlichen Schlüsselwort WITH ENCRYPTION verschlüsseln Sie die View auf dem Server, d.h., die View-Definition kann nicht mehr gelesen/geändert werden.

BEISPIEL

Die folgende View ist verschlüsselt[1]

```
CREATE VIEW Sonderaktion WITH ENCRYPTION
AS SELECT
     Artikelname,
     Einzelpreis * 1.5 AS Aktionspreis
FROM
   Artikel
```

BEISPIEL

Erstellen der View aus einem VB-Programm

```
Imports System.Data.SqlClient
    ...
    conn.Open()
    Dim cmd As New SqlCommand("CREATE VIEW Sonderaktion WITH ENCRYPTION AS " &
                   "SELECT Artikelname, Einzelpreis * 1.5 As Aktionspreis FROM Artikel", conn)
    cmd.ExecuteNonQuery()
    conn.Close()
...
```

HINWEIS   Sie könnten zwar auch die DMO zum Erstellen der Sicht verwenden, das ist allerdings umständlicher als bei den T-SQL-Anweisungen.

---

[1] Wahrscheinlich soll der Betrug bei den Preisen nicht entdeckt werden.

Gespeicherte Prozeduren verwenden

Mit den Gespeicherten Prozeduren (Stored Procedures) wenden wir uns einem der interessantesten SQL Server-Objekte zu. Bis zur Version 2000 wurden diese in T-SQL programmiert und auf dem Server gespeichert und ausgeführt (über eine API-Schnittstelle konnten auch Prozeduren mit Compiler-Sprachen, wie C oder Delphi, programmiert werden).

Mit der Einführung des SQL Servers 2005 wurden auch VB- und C#-Programmierer in die Lage versetzt, Stored Procedures als verwalteten (managed) Code für den SQL Server zu programmieren. Mehr dazu in einem eigenen Abschnitt ab Seite 575, der auf den Grundlagen dieses Abschnitts aufbaut.

Das wichtigste Aufgabengebiet der Stored Procedures: Auslagern von Aufgaben auf den Server, das Netzwerk als Flaschenhals entfällt.

Daneben bieten sich Gespeicherte Prozeduren auch als zusätzliche Programmebene an, zum Beispiel kann ein Satz von Prozeduren Geschäftsprozesse zentral auf dem Server realisieren. Die Programmlogik wird aus der einzelnen Client-Anwendung auf den Server verlagert. Damit lassen sich Anpassungen wesentlich einfacher und schneller realisieren, als wenn Sie jede einzelne Client-Anwendung neu erstellen. Der Vorteil bei der Entwicklung im Team: Nicht jeder muss alle Tabellen auf dem Server kennen, es genügen die Schnittstellen, die mit Hilfe der Gespeicherten Prozeduren geschaffen wurden:

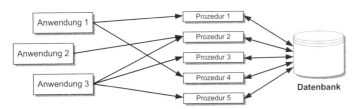

Abbildung 8.8 Grundprinzip der Gespeicherten Prozeduren

Neben den bereits vordefinierten Systemprozeduren (diese beginnen mit *sp_*), die den direkten Zugriff auf die Systemtabellen verhindern, können Sie eigene Prozeduren definieren, die Daten auf vier verschiedenen Wegen mit Ihrem VB-Programm austauschen können:

- Verwenden von Ausgabeparametern, die entweder Daten (z.B. eine Ganzzahl oder einen Zeichenwert) oder eine Cursor-Variable zurückgeben können

- Rückgabecodes, die immer einen ganzzahligen Wert beinhalten (wie bei Funktionen)

- Ein *DataTable* für jede SELECT-Anweisung, die von der Gespeicherten Prozedur aufgerufen wird

- Globaler Cursor, der auch außerhalb der Gespeicherten Prozedur referenziert werden kann

HINWEIS Auch für Prozeduren gilt: Lassen Sie die Daten da, wo sie sind: auf dem SQL Server. Was immer Sie auch mit den Daten anfangen wollen, überlegen Sie dreimal, bevor Sie diese zum Client herunterladen und bearbeiten. Dafür ist T-SQL auf dem Server da.

HINWEIS Wie Views können Sie auch Stored Procedures verschlüsseln, um deren Definition vor neugierigen Blicken zu schützen.

Verwenden von Parametern

Wie jede Prozedur in VB, lassen sich auch Gespeicherte Prozeduren mit Parametern aufrufen. Diese können sowohl zur Übergabe als auch zur Rückgabe von Werten dienen. Innerhalb der Prozedur können Sie den Parameter wie eine Variable verwenden.

Einen Parameter deklarieren Sie mit Name, Datentyp und gegebenenfalls mit einem Defaultwert.

BEISPIEL

Prozedur mit zwei Parametern (Integer und String) definieren

```
CREATE PROCEDURE Test @Parameter1 int, @Parameter2 VARCHAR(50)
AS SELECT
    @Parameter1 AS 'Parameter1',
    @Parameter2 AS 'Parameter2'
return
```

Rufen Sie die obige Prozedur aus VB auf, müssen Sie vorher die Parameter festlegen. Verwenden Sie dazu die *Parameters*-Auflistung.

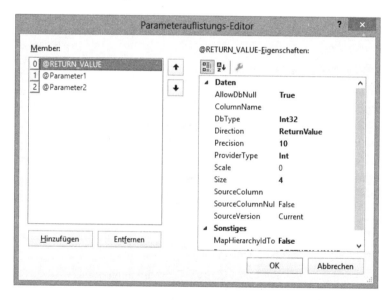

Abbildung 8.9 Parameter per Assistent definieren

BEISPIEL

Definieren und Parametrieren zur Laufzeit

```
Imports System.Data.SqlClient
...
da.SelectCommand.CommandType = CommandType.StoredProcedure
da.SelectCommand.Parameters.Add("@Parameter1", "K%")
da.SelectCommand.Parameters.Add("@Parameter2", "S%")
Dim dt As New DataTable()
da.Fill(dt)
DataGridView1.DataSource = dt
...
```

HINWEIS   Im Gegensatz zur Vorgehensweise bei Access-Datenbanken ist hier die Reihenfolge der Parameterdefinition egal, es kommt auf den Namen des Parameters an.

Resultsets als Rückgabewerte

Vielleicht haben Sie sich schon gefragt, wie Sie die Rückgabewerte der Prozedur (in unserem Fall ein Resultset) auswerten können. Die Lösung ist in ADO.NET recht einfach, Sie führen die Prozedur statt mit *Execute-NonQuery* mittels *SelectCommand*-Objekt aus.

BEISPIEL

Gespeicherte Prozedur, die eine Tabelle abfragt

```
CREATE PROCEDURE TestSP @Nachname VARCHAR(50)
AS SELECT *
    FROM mitarbeiter
    WHERE
        nachname LIKE @nachname
return
```

Das zugehörige ADO.NET-Programm zur Anzeige der *DataTable* (die Prozedur wurde mittels Assistent zugewiesen und parametriert):

```
Imports System.Data.SqlClient
...
da.SelectCommand.Parameters("@Nachname").Value = "K%"
Dim dt As New DataTable()
da.Fill(dt)
DataGridView1.DataSource = dt
```

Output-Parameter

Sie können Parameter nicht nur für den Hinweg, sondern auch für den Rückweg verwenden, d.h., die Prozedur gibt über die Parameterwerte zurück. In diesem Fall müssen bei der Definition der Prozedur die Parameter als OUTPUT deklariert werden:

BEISPIEL

Prozedur mit OUTPUT-Parametern

```
Create Procedure Testsp @Parameter1 int OUTPUT, @Parameter2 VARCHAR(50) OUTPUT
As
    Set    @Parameter1 = 12
    Set    @Parameter2 = 'abcedfg'
return
```

BEISPIEL

Der Aufruf aus dem Programm

```
    conn.Open()
    SqlCommand1.ExecuteNonQuery()
    MessageBox.Show(SqlCommand1.Parameters("@Parameter1").Value.ToString)
    MessageBox.Show(SqlCommand1.Parameters("@Parameter2").Value.ToString)
```

> **HINWEIS**   Achten Sie darauf, dass die *Parameters*-Collection die richtigen Datentypen und *Direction*-Werte enthält. Dies ist insbesondere für den Rückgabewert wichtig.

Verwenden des Rückgabewertes

Neben den beiden bereits gezeigten Varianten bietet sich auch der bisher vernachlässigte *Return*-Wert jeder Gespeicherten Prozedur an. Damit lassen sich einfache Integer-Werte an das aufrufende Programm zurückgeben.

> **BEISPIEL**

Verwendung von *Return*

```
Alter Procedure TestSP @Nachname VARCHAR(50)
As
DECLARE @anzahl int

SELECT
    @anzahl = Count(*)
 FROM mitarbeiter
 WHERE nachname LIKE @nachname
return @anzahl
```

Der Aufruf aus dem Programm:

```
conn.Open()
SqlCommand1.Parameters("@Nachname").Value = "K%"
Try
   SqlCommand1.ExecuteNonQuery()
Catch Ex As SqlException
   MessageBox.Show(Ex.Message)
End Try

MessageBox.Show(SqlCommand1.Parameters("@RETURN_VALUE").Value.ToString)
```

> **HINWEIS**   Meist wird der Rückgabewert im Zusammenhang mit der Fehlerbehandlung verwendet. Rückgabewerte kleiner Null werden als Error-Codes interpretiert.

Table Value Parameters (TVP)

> **HINWEIS**   Dieses Feature steht erst ab dem SQL Server 2008 zur Verfügung!

Mit dem SQL Server 2008 hielt auch eine weitere Neuerung Einzug, die auch für den VB-Programmierer von Interesse ist. *Table Value Parameters*, kurz TVP, bieten die Möglichkeit, Tabellendaten (z.B. *DataTable*) als Parameter für eine Stored Procedure zu verwenden. Statt mehrfachen Aufrufs einer Stored Procedure können Sie jetzt eine komplette Tabelle an den Server senden.

> **HINWEIS**   Beachten Sie jedoch, das es sich aus Sicht der Stored Procedure um einen Read-only-Parameter handelt.

Die praktische Verwendung wird im How-to 14.6 demonstriert.

HINWEIS   Zur Verwendung verweisen wir Sie aber auch ins Kapitel 11 (Azure), wo sich auf diese Weise drastische Performance-Vorteile erreichen lassen.

Programmierung/Verwendung von Triggern

Als VB-Programmierer sind Sie es gewohnt, mit Event-Prozeduren auf bestimmte Ereignisse zu reagieren. Einen ähnlichen Mechanismus stellen die Trigger dar. Ein Trigger wird gestartet, wenn Daten in Tabellen geändert, d.h., wenn die Anweisungen INSERT, UPDATE oder DELETE aufgerufen werden.

Trigger werden wie Stored Procedures auf dem SQL Server gespeichert und ausgeführt. Innerhalb eines Triggers, der in T-SQL oder per CLR-Assembly programmiert ist, können Sie zum Beispiel andere Tabellen bearbeiten, Daten auf Einhaltung bestimmter Regeln überprüfen oder Aktionen rückgängig machen. Die gesamte Routine läuft in einer eigenen Transaktion ab, auftretende Fehler führen automatisch zu einem Rollback.

Kommen wir nun zu den Einzelheiten.

DDL-Trigger

Mit dem SQL Server 2005 wurden auch DDL-Trigger eingeführt, die bei der Verwendung von DDL-Anweisungen (CREATE ...) ausgelöst werden. An dieser Stelle wollen wir nicht weiter auf diese Thema eingehen, da es sich um rein administrative Möglichkeiten der Überwachung handelt, die im Zusammenhang mit VB eher nicht zum Einsatz kommen.

Trigger-Arten (DML-Trigger)

Wie schon erwähnt, können Sie Trigger für drei verschiedene Ereignistypen einsetzen:

- *Update*
- *Insert*
- *Delete*

Worauf Sie mit Ihrem Trigger reagieren, entscheiden Sie innerhalb der Trigger-Routine durch die Angabe der entsprechenden Schlüsselwörter.

Beim Erstellen eines Triggers müssen Sie Folgendes angeben:

- Einen Namen
- Den Namen der Tabelle, für die der Trigger definiert wird
- Die Anweisungen, die den Trigger aktivieren (INSERT, UPDATE oder DELETE)
- Die eigentliche Programmlogik

Die Syntax:

```
CREATE TRIGGER <Triggername>
       ON <Tabellenname>
       [WITH ENCRYPTION]
```

```
{    {FOR { [DELETE] [,] [INSERT] [,] [UPDATE] }
     [WITH APPEND]
     [NOT FOR REPLICATION]
  AS
  <Anweisungen>
}
```

BEISPIEL

Langsam haben Sie es satt, dass Sie als Systemadministrator weniger verdienen als die meisten anderen Mitarbeiter. Aus diesem Grund legen Sie eine maximale Gehaltsgrenze für alle Mitarbeiter fest. Dazu brauchen Sie nicht unbedingt die ganzen Client-Anwendungen anzupassen. Es genügt, wenn Sie auf dem Server einen Einfüge- bzw. Update-Trigger bereitstellen.

```
CREATE Trigger Personen_Trigger1
On dbo.Personen
FOR INSERT, UPDATE
AS
   DECLARE @neuesgehalt money

   SELECT @neuesgehalt = i.gehalt
   FROM inserted I
   IF (@neuesgehalt > 5000)
   BEGIN
     RAISERROR ('Sind Sie sicher? Schade um das Geld!',16,-1)
     ROLLBACK TRANSACTION
   END
```

Ist der Wert der Spalte *Gehalt* größer als 5000 wird auf dem Client ein Laufzeitfehler ausgelöst und die Transaktion wird abgebrochen.

Gezielte Datensatzauswertung

Vielleicht haben Sie sich schon gefragt, wie man feststellen kann, welche Datensätze von einem UPDATE, INSERT oder DELETE betroffen sind. Zu diesem Zweck stellt der SQL Server innerhalb der Trigger-Routine zwei zusätzliche temporäre Tabellen zur Verfügung:

- Tabelle *inserted*

- Tabelle *deleted*

Diese Tabellen weisen das gleiche Layout auf wie die Tabelle, die den Trigger auslöst. Der Inhalt hängt von der jeweiligen Operation ab:

Operation	Tabelleninhalt
INSERT	Die Tabelle *inserted* enthält die neuen Datensätze, die Tabelle *deleted* ist nicht definiert
UPDATE	Die Tabelle *deleted* enthält die Datensätze, die überschrieben werden sollen (alte Werte), die Tabelle *inserted* die neuen Werte
DELETE	Die Tabelle *deleted* enthält alle zu löschenden Datensätze, die Tabelle *inserted* ist nicht definiert

Tabelle 8.2 Inhalt der virtuellen Tabellen

Beachten Sie, dass Trigger nur einmal pro T-SQL-Anweisung aufgerufen werden, d.h., die Tabellen *inserted* und *deleted* können mehr als einen Datensatz enthalten. Müssen Sie spezifische Auswertungen realisieren, kommen Sie um eine Cursor-Programmierung (T-SQL) auf dem Server nicht herum. Arbeiten Sie mit CLR-Assemblies müssen Sie ebenfalls alle Datensätze z.B. mit einem *DataReader* verarbeiten.

BEISPIEL

Als misstrauischer Administrator möchten Sie verhindern, dass Datensätze endgültig gelöscht werden. Dazu erstellen Sie zunächst eine Tabelle mit dem gleichen Layout wie die Ursprungstabelle. Nachfolgend erzeugen Sie einen DELETE-Trigger, der die zu löschenden Datensätze in die zweite (Backup-)Tabelle kopiert (entfernen Sie Indizes, Identitäten und TimeStamp-Felder aus der Backup-Tabelle).

```
ALTER TRIGGER tr_Backup
On dbo.Personen
FOR DELETE
AS
INSERT INTO PersonenBackup
        SELECT
            Nr, Anrede, Vorname,
            Nachname, Geburtstag, Gehalt,
            Raum, Telefon, Vorgesetzter
        FROM
            deleted
```

Geht Ihr Misstrauen noch weiter und möchten Sie zusätzlich den Usernamen und das Löschdatum speichern, verwenden Sie den folgenden Trigger:

```
ALTER TRIGGER "tr_Backup" On dbo.Personen
FOR DELETE
AS
INSERT INTO PersonenBackup
        SELECT Nr, Anrede,
            Vorname, Nachname,
            Geburtstag, Gehalt,
            Raum, Telefon,
            Vorgesetzter,
            SYSTEM_User,
            GetDate()
        FROM deleted
```

Vergessen Sie nicht, der Backup-Tabelle vorher zwei neue Spalten hinzuzufügen (*Nutzer, Datum*).

Mit einem Trigger können Sie auch die Löschweitergabe bei verknüpften Tabellen realisieren.

BEISPIEL

Inhalt eines DELETE-Triggers für die Haupttabelle der Beziehung

```
CREATE TRIGGER deleteroom ON raum
FOR DELETE
AS
DELETE FROM personen
WHERE
    raum = deleted.nr
```

Nach dem Test werden Sie feststellen, dass dieser Trigger nicht ganz Ihren Erwartungen entspricht. Löschen Sie mehr als einen Datensatz in der Haupttabelle, bleiben bei den Details Datensätze übrig. Die Ursache haben wir bereits angesprochen: Der Trigger wird nur einmal ausgelöst, in der *Deleted*-Tabelle befindet sich aber mehr als ein Datensatz. Damit kann auch die WHERE-Klausel nicht funktionieren. Eine kleine Änderung löst das Problem:

```
CREATE TRIGGER deleteroom ON raum
FOR DELETE
AS DELETE FROM
     personen
   WHERE
     raum IN (SELECT nr FROM deleted)
```

Allerdings wird diese Abfrage relativ langsam ausgeführt, wenn Sie nur einen Datensatz ändern. Mit Hilfe der Systemfunktion @@ROWCOUNT können Sie unterscheiden, ob es sich um mehr als einen Datensatz handelt:

```
CREATE TRIGGER deleteroom
ON raum
FOR DELETE AS
IF @@ROWCOUNT = 1
  DELETE FROM
     personen
  WHERE
     raum = deleted.nr
ELSE
  DELETE FROM
    personen
  WHERE
    raum IN (SELECT nr FROM deleted)
```

Auswerten von Spaltenänderungen

Innerhalb eines Triggers können Sie nicht nur feststellen, welche Datensätze von Änderungen betroffen sind, sondern auch in welcher Spalte die Änderungen vorgenommen wurden. Diese Auswertung ist sinnvollerweise nur bei UPDATE-Triggern möglich, ein INSERT- oder ein DELETE-Trigger ändert bzw. löscht ja immer einen ganzen Record.

BEISPIEL

Mit einem Trigger wird eine Änderung in der Spalte *Nachname* verhindert

```
Alter Trigger "Personen_Trigger1" On dbo.Personen FOR  UPDATE
AS
IF UPDATE (nachname)
BEGIN
   RAISERROR ('Der Nachname darf nicht geändert werden!',16,-1)
   ROLLBACK TRANSACTION
END
```

Diese Einschränkung könnten Sie auch mit der Auswertung des aktuellen Nutzers oder einer Abfrage in einer Referenztabelle verbinden.

Volltextabfragen

Mit dem zunehmenden Einsatz von Datenbanken zur Verwaltung von Texten oder Dokumenten haben sich auch die Anforderungen an die Server-Software verändert. Informationen werden nicht mehr nur in einzelnen Tabellenspalten verwaltet (Nachname, Vorname etc.), sondern auch in bis zu 2 GByte großen Memofeldern[1]. Doch wie sollen die Daten in diesen Feldern gefunden werden? Das vielfach gebräuchliche

```
SELECT * FROM xyz WHERE memofeld LIKE '%Suchausdruck%'
```

ist viel zu langsam und unflexibel.

Die Lösung ist eine Volltextindizierung von beliebigen Tabellenspalten und -inhalten, d.h., in einem separaten Index wird für jedes eindeutige Wort gespeichert, in welcher Zeile bzw. in welcher Spalte es sich befindet. Bei der späteren Suche nach dem Wort genügt der Index, um alle Fundstellen des Wortes zu ermitteln.

Seit der Version 7 des SQL Servers hat auch Microsoft eine derartige Funktion integriert, die seit dem SQL Server 2005 im Performance-Bereich wesentlich verbessert wurde.

HINWEIS Möchten Sie dieses Feature auch mit der Express Edition nutzen, müssen Sie sich die *SQL Server Express Edition* **with Advanced Services** von der Microsoft-Homepage herunterladen.

Bereits die Version 2008 wartete an dieser Stelle mit einer wesentlichen Änderung auf: die Volltextsuche ist jetzt fest in den SQL Server integriert, die Daten werden nicht mehr als eigene Dateien abgelegt, sondern in den Datenbank-Dateigruppen. Gleichzeitig ist es auch möglich, Daten die per Filestream abgelegt wurden zu indizieren. Die gültigen Datei-Extensions können Sie mit einer entsprechenden Spalte in der Datentabelle vorgeben.

Für die Administration der Volltextsuchfunktionen verwenden Sie entweder T-SQL-Befehle oder das SQL Server Management Studio. Die eigentlichen Abfragen werden wie gewohnt mit SQL ausgeführt, dazu stehen mit CONTAINS und FREETEXT zwei komplexe Befehle bereit. Im Gegensatz zur LIKE-Anweisung sind die beiden genannten Befehle nicht nur wesentlich schneller, sondern auch leistungsfähiger. Neben der reinen linguistischen Suche nach Wörtern und Ausdrücken lassen sich auch Abfragebegriffe wichten, d.h., es kann eine unscharfe Suche realisiert werden. Zusätzlich sind auch Angaben wie NEAR möglich, d.h. ein Wort befindet sich »in der Nähe« des anderen Wortes.

Allgemeine Voraussetzungen

Bevor Sie eine Tabelle mit einem Volltextindex versehen, müssen Sie sich einige Gedanken über das Layout machen.

Die zu indizierende Tabelle sollte über einen möglichst kurzen Primärschlüssel verfügen. Dies kann zum Beispiel eine *Identity*-Spalte (Integer, 4 Byte) sein. Je länger der Schlüssel, desto mehr Informationen müssen in den Volltextindex aufgenommen werden (über den Schlüssel wird die Position eines Wortes bestimmt). Ein wie auch immer gestalteter Primärindex ist jedoch Voraussetzung für eine Indizierung.

Nehmen Sie nur die Spalten in den Index auf, die Sie unbedingt benötigen, da sowohl Indexerstellung als auch Verwaltung sehr ressourcenintensiv sind.

---

[1] Bei Unicode nur 1 GByte, was aber auch reichen dürfte.

Bedenken Sie, dass nur textbasierte Spalten indiziert werden können (TEXT, VARCHAR, NVARCHAR, FILESTREAM etc.).

Haben Sie diese Vorbereitungen abgeschlossen, können Sie über das SQL Server Management Studio die gewünschten Tabellen für die Volltextsuche anmelden:

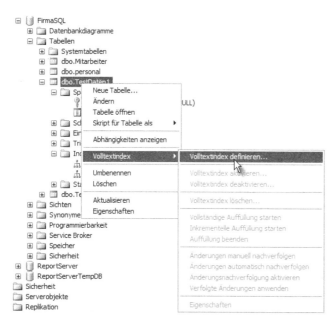

Abbildung 8.10 Anmelden der Tabellen für die Volltextsuche

Nach dem Festlegen des Primärschlüssels und der Auswahl der zu indizierenden Spalten müssen Sie entscheiden, wie Änderungen in der Tabelle in Bezug auf den Volltextindex verarbeitet werden sollen:

Abbildung 8.11 Optionen für die Nachverfolgung

Ändern sich die Daten relativ selten und werden wenige Daten geändert, empfiehlt es sich, den Index automatisch zu aktualisieren (bei INSERT- bzw. UPDATE-Vorgängen), so bleibt der Index immer aktuell. Werden jedoch häufig umfangreiche Änderungen vorgenommen oder viele externe Dokumente verwaltet, kann es sinnvoller sein, den Index per Zeitplan zu aktualisieren.

Im folgende Schritt weisen Sie nur noch einen Volltextkatalog zu bzw. erstellen einen neuen Katalog. Dazu müssen Sie im SQL Server nur noch einen Namen angeben.

HINWEIS   Verwenden Sie noch den SQL Server 2005, muss auch der Speicherort für den Volltextindex (die Daten werden **nicht** in der Datenbank gespeichert) angegeben werden.

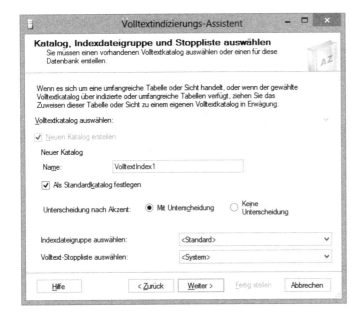

Abbildung 8.12 Volltext-Katalog zuordnen

Über den Katalog lassen sich die Zeiten festlegen, zu denen der Index aktualisiert bzw. neu aufgebaut wird (siehe Abbildung 8.13).

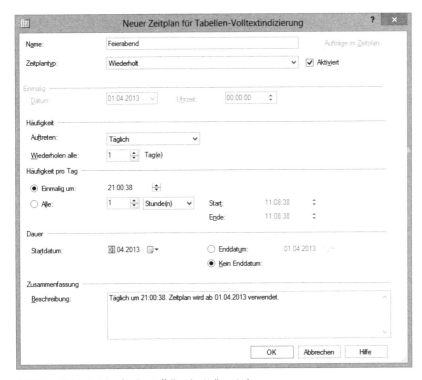

Abbildung 8.13 Zeitplan für das Auffüllen des Volltext-Index

HINWEIS   Vergessen Sie nicht, dass kurz nach dem Erstellen zwar ein Volltextindex existiert, dieser ist jedoch in keinem Fall aktuell. Je nach Größe des Datenbestandes dauert es einige Zeit, bis alle Stichworte verarbeitet sind.

Erstellen mit T-SQL

Auch mit TSQL können Sie einen Volltextindex erzeugen.

BEISPIEL

Volltextindex erzeugen

```
USE TestDB;
CREATE FULLTEXT CATALOG myCatalog AS DEFAULT;
CREATE FULLTEXT INDEX ON Lexikon(Beschreibung) KEY INDEX PK_Lexikon;
```

Abfragen von Daten

Damit können wir uns dem eigentlichen Ziel unserer Bemühungen zuwenden: der Abfrage von Informationen.

Wie schon erwähnt, bietet T-SQL in diesem Zusammenhang mit CONTAINS und FREETEXT zwei spezielle Anweisungen. Während CONTAINS sowohl für genaue als auch unscharfe Suche verwendet werden kann, bietet FREETEXT die Möglichkeit, auch ungenaue Ausdrücke suchen zu lassen (Gewichtung).

Die Syntax:

```
SELECT <feldliste>
     FROM <tabellenname>
     CONTAINS
       ( {spalte | *}, '<Suchausdruck>' )

SELECT <feldliste>
     FROM <tabellenname>
     FREETEXT
       ( {spalte | *}, '<Suchausdruck>' )
```

BEISPIEL

Suche aller Einträge in einem Online-Lexikon, welche die Begriffe »Lehrbuch«, »Kinderbuch«, »Buch« enthalten.

```
SELECT *
FROM lexikon
WHERE
    FREETEXT(*,'Lehrbuch Kinderbuch Buch')
```

Der Stern bei FREETEXT gibt an, dass alle Spalten durchsucht werden sollen. Sie können auch explizit die zu durchsuchenden Spalten angeben.

HINWEIS   Das Ergebnis aus 95.000 Datensätzen lag nach 0,05 Sekunden vor.

Ergebnisse | Meldungen

	Id	wort	beschreibung
1	6	Dee (Fluß, Schottland)	Lehrbuch des röm. Rechts von Gaius, das zu einem Teil des Corpus juris civilis wurde.
2	13	Weyer	Titel eines illustrierten Kinderbuchs des Frankfurter Arztes H. ðHoffmann, 1845 erstmals erschienen.
3	119	Buchsbaum	eine Glaubenshaltung, in der Reste frühzeitl. relig. Denkens bewahrt werden, durch die ein magischer Zusam...
4	139	Seleukiden	Deszendenten, Verwandte in absteigender Linie, Kinder, Enkel usw.
5	152	Elisabeth (Neues Testament)	[-'mä] der Bezug von Zeitungen, Zeitschriften u. Büchern über einen größeren Zeitraum, meist gegen Voraus...
6	255	Dinner	eine bei Kindern bes. zwischen dem 2. u. 8. Lebensjahr vorkommende Störung des Zuckerstoffwechsels, die...

Abbildung 8.14 Suchergebnis

BEISPIEL

Gesucht werden alle bekannten Maler.

```
SELECT
    wort, beschreibung
FROM
    Lexikon
WHERE
    CONTAINS(*, '"Maler"')
```

BEISPIEL

Gesucht werden alle bekannten Maler, die keine Bildhauer waren.

```
SELECT
   wort, beschreibung
FROM
   Lexikon
WHERE
   CONTAINS(*, '"Maler" AND NOT "Bildhauer"')
```

Ergebnisse | Meldungen

	wort	beschreibung
7	Uexküll	Christoph, * um 1500, † 1562, dt. Maler; hpts. Porträt- u. Altarbilder in Augsburg.
8	Geständnis	Friedrich von, * 1803, † 1887, östr. Maler. Historienbilder; Bildnisse der Wiener Aristokratie.
9	Blacher	[an'dÑe:-] Fra A., eigtl. Giovanni da Fiesole, * 1387, † 1455, ital. Maler der Frührenaissance (Altarbilder u. Fresken, u. a. im Klost...
10	Lübke	Horst, * 28.10.1936, dt. Maler u. Graphiker; Schüler von HAP Grieshaber.
11	Äthiopien	* 1430, † 1479, ital. Maler; religiöse Szenen u. Bildnisse; führte die Ölmalerei in die oberital. Kunst ein.
12	Aubusson	bed. grch. Maler, tätig um 330 v. Chr.; Hofmaler Alexanders d. Gr.

Abbildung 8.15 Suchergebnis

BEISPIEL

Gesucht werden alle bekannten Maler, die sich auch als Architekt betätigt haben. Das Wort »Architekt« sollte im Zusammenhang mit dem Begriff »Maler« auftauchen.

```
SELECT
    wort, beschreibung
FROM
   Lexikon
WHERE
    CONTAINS(*, 'Maler NEAR Architekt')
```

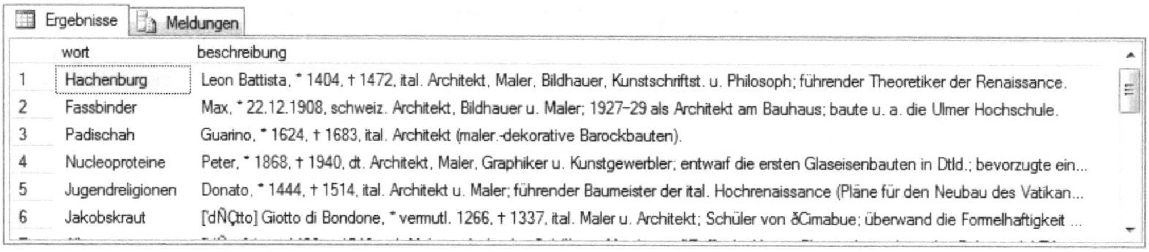

	wort	beschreibung
	Ergebnisse	Meldungen
	wort	beschreibung
1	Hachenburg	Leon Battista, * 1404, † 1472, ital. Architekt, Maler, Bildhauer, Kunstschriftst. u. Philosoph; führender Theoretiker der Renaissance.
2	Fassbinder	Max, * 22.12.1908, schweiz. Architekt, Bildhauer u. Maler; 1927–29 als Architekt am Bauhaus; baute u. a. die Ulmer Hochschule.
3	Padischah	Guarino, * 1624, † 1683, ital. Architekt (maler.-dekorative Barockbauten).
4	Nucleoproteine	Peter, * 1868, † 1940, dt. Architekt, Maler, Graphiker u. Kunstgewerbler; entwarf die ersten Glaseisenbauten in Dtld.; bevorzugte ein...
5	Jugendreligionen	Donato, * 1444, † 1514, ital. Architekt u. Maler; führender Baumeister der ital. Hochrenaissance (Pläne für den Neubau des Vatikan...
6	Jakobskraut	['dƝ(tto] Giotto di Bondone, * vermutl. 1266, † 1337, ital. Maler u. Architekt; Schüler von ƌCimabue; überwand die Formelhaftigkeit ...

Abbildung 8.16 Abfrageergebnis

BEISPIEL

Die Suche nach Teilbegriffen realisieren Sie mit Platzhaltern (*).

```
SELECT wort, beschreibung
FROM Lexikon
WHERE
    CONTAINS(*, '"Funk*"')
```

Auf gewichtetes Suchen mit ISABOUT bzw. WEIGHT können wir an dieser Stelle leider nicht weiter eingehen, der erste Ausblick dürfte jedoch schon die Vielfalt der Möglichkeiten andeuten.

Ergänzungen/Hinweise

Möchten Sie die Volltextsuche in Ihren Anwendungen einsetzen, sollten Sie sich in jedem Fall noch intensiver mit deren Grundlagen beschäftigen. So werden, basierend auf dem jeweiligen Ländercode, auch Wörter gefunden, die mit dem Suchwort verwandt sind (Mehrzahl, Steigerungsformen etc.). Zusätzlich bietet sich die Möglichkeit, so genannte Stoppwortlisten zu erstellen, die Wörter enthalten, die nicht in den Volltextindex aufgenommen werden sollen. Last, but not least, steht Ihnen auch ein Thesaurus zur Verfügung um die Suche auch per Synonym zu realisieren.

Die Verwendung von FileStream-Storage

HINWEIS   Dieses Feature steht erst ab SQL Server 2008 zur Verfügung!

Mit dem SQL Server 2008 hielt unter dem Begriff »FileStream-Storage« auch eine Technologie für das Ablegen von Dokumenten Einzug. Die Dokumente (z.B. Word-Dateien, Bilder, PDF-Dokumente) werden nicht wie bisher gewohnt in den Spalten einer Datenbank-Tabelle als Binärdaten gesichert, sondern als externe Dateien im Dateisystem.

HINWEIS   Das Dateisystem muss zwingend mit NTFS formatiert sein, andernfalls könnte die nötige Sicherheit für den Datenzugriff nicht gewährleistet sein.

Auf diese Weise können Sie sehr effektiv große Datenmengen ablegen, ohne die Performance des SQL Servers negativ zu beeinflussen.

HINWEIS Für Nutzer der Express-Edition interessant: Die maximale Datenbankgröße von 12 GByte erfasst nicht die externen Daten, sondern nur die direkt in der Datenbank gespeicherten Informationen.

Folgende Schritte sind notwendig um die Technologie zu verwenden:

- FileStream-Storage muss bei der Installation oder per System-Prozedur *sp_filestream_configure* aktiviert werden

- Die Datenbank besitzt eine Dateigruppe, die mit CONTAINS FILEGROUP definiert wurde

- Die Tabelle verfügt über eine Spalte vom Typ *VARBINARY(MAX) FILESTREAM*

FileStream-Storage aktivieren

Die Aktivierung/Konfiguration kann für die jeweilige SQL Server-Instanz bereits zum Zeitpunkt der Installation erfolgen (siehe Abbildung 8.17).

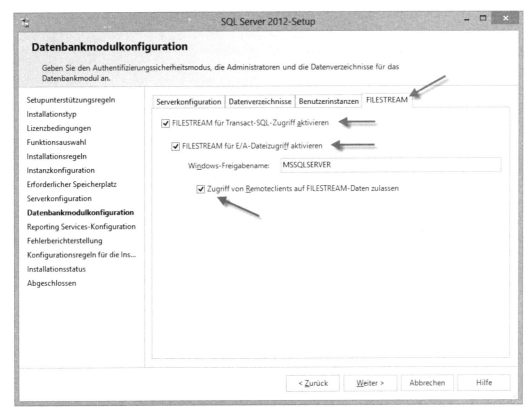

Abbildung 8.17 FileStream-Storage bei der Installation konfigurieren

Alternativ können Sie auch die Prozedur *sp_filestream_configure* verwenden. Entsprechend dem in der Abbildung gezeigten Dialog können Sie dem Parameter *@enable_level* einen der Werte aus der folgenden Tabelle 8.3 übergeben, optional lässt sich der Freigabename mit *@share_nam*e festlegen.

Wert	Bedeutung
0	Deaktivieren
1	Zugriff per T-SQL ermöglichen
2	Zugriff per T-SQL und lokales Filesystem ermöglichen
3	Zugriff per T-SQL, lokales Filesystem und als Freigabe für den Remotezugriff ermöglichen

Tabelle 8.3 Werte für *@enable_level*

Damit sind zunächst die Grundvoraussetzungen auf Serverebene erfüllt.

CONTAINS FILEGROUP

Erzeugen Sie für die Datenbank eine Filegroup vom Typ FILESTREAM.

BEISPIEL

Erzeugen einer neuen Datenbank *TestDB* mit einer FileGroup für die FileStream-Daten.

```
CREATE DATABASE TestDB ON PRIMARY (
  NAME='TestDB',
  FILENAME = 'C:\MyDB\TestDB.mdf',
  SIZE = 10MB),
FILEGROUP FSGroup CONTAINS FILESTREAM(
  NAME = FSGroup,
  FILENAME = 'C:\MyDB\FileStream')
```

HINWEIS   Das angegebene Verzeichnis muss zu diesem Zeitpunkt bereits existieren.

Nach der Ausführung werden vom Server im angegebenen Verzeichnis eine Datei *FileStream.hdr*, sowie ein Ordner *$FSLog* erzeugt. Alternativ können Sie die FileGroup auch per Datenbank-Eigenschaftendialog im SQL Server Management Studio generieren:

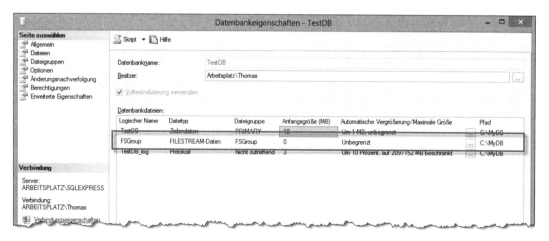

Abbildung 8.18   Datenbankeigenschaften im SQL Server Management Studio festlegen

Tabellenlayout

Letzter Schritt ist das eigentliche Definieren der Datentabelle.

HINWEIS   Die Tabelle muss über eine Spalte vom Typ UNIQUEIDENTIFIER verfügen!

BEISPIEL

Wir erzeugen eine einfache Tabelle *Dokumente*.

```
USE TestDB
GO
CREATE TABLE Dokumente
(
    ID INT IDENTITY(1,1) NOT NULL,
    FileID UNIQUEIDENTIFIER ROWGUIDCOL NOT NULL UNIQUE DEFAULT newId(),
    Titel NVARCHAR(50),
    Dokument VARBINARY(MAX) FILESTREAM
)
```

HINWEIS   Die Spalte *ID* könnte eigentlich entfallen, da auch die Spalte *FileID* als Primärindex verwendet werden kann, doch dürfte eine fortlaufende Nummer in vielen Fällen besser lesbar sein als ein UNIQUEIDENTIFIER.

Und wie kommen die Daten in die Tabelle?

Natürlich stellt sich auch die Frage, wie wir mit den FileStream-Spalten arbeiten.

BEISPIEL

Einfügen von Daten per SQL (Grundprinzip)

```
INSERT INTO
    Dokumente (Titel, Dokument)
VALUES
    ('Mein erstes Dokument', CAST ('Testdaten für FileStream, Testdaten, Testdaten' AS VARBINARY(MAX)))
```

Nach der Ausführung obiger Anweisung können Sie sich im Dateisystem davon überzeugen, dass die Binärdaten auch als Datei gesichert wurden (siehe folgende Abbildung).

Abbildung 8.19 Die als Datei gesicherten Binärdaten

Wie aber die Daten per VB-Programm in den *FileStream* schaufeln? Hier gibt es aktuell zwei relevante Varianten:

- Verwendung ganz normaler Parameter

- Verwendung der *SqlFileStream*-Klasse

Variante 1 wird von den Autoren bevorzugt. Zum einen unterscheidet sich die Programmierung nicht von der bekannten Vorgehensweise, da der FileStream wie ein binäres Feld angesprochen wird. Alle entsprechenden Programmbeispiele lassen sich somit übertragen. Zum anderen ist diese Version in den meisten Fällen auch noch der schnellere Weg, es sei denn, Sie speichern Riesendatenmengen und hier meinen wir wirklich 40 MB aufwärts pro Eintrag. Die Verwendung der *SqlFileStream*-Klasse lohnt sich nur bei großen Dateien, auf die Sie per Stream zugreifen wollen (z.B. zu Manipulation bzw. Auswertung).

BEISPIEL

Verwendung von Parametern beim Zugriff auf FileStream-Daten

Zunächst ein paar Namespaces einbinden:

Wir schreiben komplette Dateien in den FileStream;

```
If OpenFileDialog1.ShowDialog() = System.Windows.Forms.DialogResult.OK Then
```

Dateiname bestimmen:

```
Dim filename As String = OpenFileDialog1.FileName
```

Verbindung zum Server aufnehmen:

```
Using conn As New SqlConnection("Data Source=.\SQLEXPRESS; Initial Catalog=TestDB;" &
                                "Integrated Security=False; User Id=sa;Password=tom")

    Dim cmd As SqlCommand = conn.CreateCommand()
    cmd.CommandText = "INSERT INTO Dokumente(Titel, Dokument) VALUES (@titel, @dokument)"
    cmd.CommandType = System.Data.CommandType.Text
```

Der Dateinamen wird mit abgespeichert:

```
cmd.Parameters.AddWithValue("@titel", OpenFileDialog1.SafeFileName)
```

Für den Zugriff auf die Spalte *Dokument* (das ist der FileStream) nutzen wir einen entsprechenden Parameter:

```
Dim param As SqlParameter = New System.Data.SqlClient.SqlParameter("@dokument",
                            SqlDbType.VarBinary)
```

Daten einlesen:

```
param.Value = File.ReadAllBytes(filename)
cmd.Parameters.Add(param)
```

Verbindung öffnen und Daten senden:

```
conn.Open()
cmd.Transaction = conn.BeginTransaction()
```

```
                cmd.ExecuteNonQuery()
                cmd.Transaction.Commit()
            End Using
        End If
```

HINWEIS   Die Verwendung der Transaktion ist für die Arbeit mit FileStreams nötig.

Das Zurücklesen der Daten (wir fragen einen Verzeichnisnamen ab und speichern dort alle Daten aus der Tabelle):

Verzeichnisname bestimmen:

```
    If FolderBrowserDialog1.ShowDialog() = System.Windows.Forms.DialogResult.OK Then
        Using conn As New SqlConnection("Data Source=.\SQLEXPRESS; Initial Catalog=TestDB;" &
                                "Integrated Security=False; User Id=sa;Password=tom")
            Dim cmd As SqlCommand = conn.CreateCommand()
            cmd.CommandText = "SELECT Titel, Dokument FROM Dokumente"
            cmd.CommandType = System.Data.CommandType.Text
            conn.Open()
```

Ein ganz normaler *DataReader* genügt für das Auslesen der Daten:

```
            Dim reader As SqlDataReader = cmd.ExecuteReader()
            While reader.Read()
                Dim filename As String = DirectCast(reader("Titel"), String)
                filename = Path.Combine(FolderBrowserDialog1.SelectedPath, filename)
```

Speichern der Binärdaten:

```
                Dim data As Byte() = DirectCast(reader("Dokument"), Byte())
                File.WriteAllBytes(filename, data)

            End While
        End Using
    End If
```

Neugierig geworden, wollen wir noch per T-SQL einen Blick in die Tabelle werfen (siehe Abbildung 8.20).

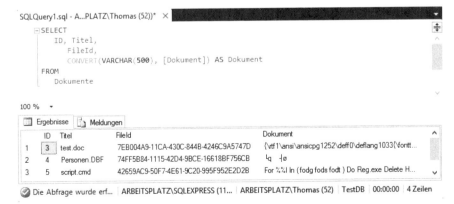

Abbildung 8.20 Die abgerufenen BLOB-Daten aus dem VB-Beispiel

HINWEIS   Nach einem Blick in das FileStream-Storage-Verzeichnis werden Sie feststellen, dass beim Editieren (Update) die Dateien nicht überschrieben werden, sondern es wird immer eine neue Datei erzeugt. Erst beim Verkleinern der Datenbank werden die alten, nicht mehr relevanten Daten verworfen.

Auf die Verwendung der *SqlFileStream*-Klasse gehen wir nicht extra ein, nutzen Sie besser die im folgenden Abschnitt vorgestellte FileTables.

FileTable

Leider hat die Verwendung der FileStreams (siehe vorhergehenden Abschnitt) auch ihre Nachteile. Da ein direkter Zugriff auf die Dateien nicht vorgesehen ist, kommt es teilweise zu Problemen mit der Datenkonsistenz. Nicht zuletzt der umständliche Zugriff bei direkter Arbeit mit den Daten (File-API) machte eine Erweiterung des Konzepts nötig. Wollten Sie gar externe Programme mit den Daten »füttern«, sah es ganz schlecht aus. Dem soll mit den FileTables abgeholfen werden.

Die mit SQL Server 2012 eingeführten FileTables stellen sich quasi wie ein virtuelles Abbild eines Dateipfades dar. Kopieren, bearbeiten oder löschen Sie Dateien in diesem Pfad, führen nachfolgende SQL-Abfragen auf die FileTable zu entsprechenden Ergebnissen. Umgekehrt führen Zugriffe per T-SQL zu entsprechenden Ergebnissen im Dateisystem. Ein Abgleich zwischen beiden ist nicht nötig, da alle Operationen direkt an den zugrunde liegenden Daten ausgeführt werden.

Einrichten

HINWEIS   Das FileTable-Feature basiert auf der Verwendung von FileStreams, Sie sollten also zunächst den vorhergehenden Abschnitt durchgearbeitet und dann die nötigen Voraussetzungen geschaffen haben.

Im Unterschied zu den FileStreams müssen Sie in den Optionen der jeweiligen Datenbank auch die Option *Nicht transaktionsgebundener FILESTREAM-Zugriff* auf *Full* setzen (siehe Abbildung 8.21).

Die Einstellungen, die bei Dateien und Dateigruppen vorgenommen werden, hatten wir bereits per T-SQL-Skript im vorhergehenden Abschnitt umgesetzt. Damit ist auch der physische Speicherort für die neue File-Table bestimmt, d.h. das Verzeichnis, wo die Daten abgelegt werden.

HINWEIS   Dies ist nicht der Pfad, über den auf die Daten zugegriffen wird!

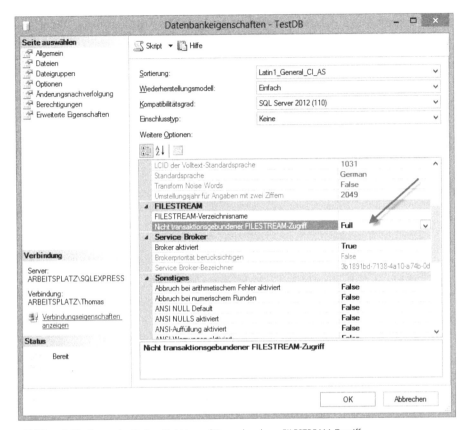

Abbildung 8.21 Setzen der Option *Nicht transaktionsgebundener FILESTREAM-Zugriff*

Alternativ können Sie natürlich auch komplett alles per T-SQL-Skript realisieren, so sparen Sie sich die Herumsucherei in den diversen Menüs und Einstellungen.

BEISPIEL

Komplett-Skript, das eine neue Datenbank erstellt, diese vorbereitet und abschließend eine FileTable erzeugt

```
USE Master;
GO
```

Zunächst eine neue Datenbank erstellen:

```
CREATE DATABASE TestDB;
GO
```

Eine FileGroup erzeugen (das ist eine Verwaltungseinheit für den SQL Server):

```
ALTER DATABASE TestDB ADD FILEGROUP FileStreamGruppe CONTAINS FILESTREAM;
GO
```

Einen Eintrag zur FileGroup hinzufügen, dies ist der physische Speicherort, auf den Sie zwar **keinen Zugriff** haben, wo aber die Daten gespeichert werden.

```
ALTER DATABASE TestDB ADD FILE
(
    NAME = N'FileStream',
    FILENAME = N'c:\PhysischesDatenverzeichnis'
) TO FILEGROUP FileStreamGruppe;
GO
```

Die Optionen für die Datenbank anpassen (Zugriffsmodus und Rootverzeichnis in der UNC-Freigabe):

```
ALTER DATABASE TestDB
    SET FILESTREAM ( NON_TRANSACTED_ACCESS = FULL, DIRECTORY_NAME = N'UncVerzeichnisname' );
GO
USE TestDB
GO
```

Zu guter Letzt können Sie die eigentliche FileTable erzeugen, deren Name bestimmt gleichzeitig den Namen des Arbeitsverzeichnisses in der UNC-Freigabe:

```
CREATE TABLE NameDerFileTable AS FILETABLE;
GO
```

HINWEIS   Wir haben die obigen Befehle als Änderungen ausgelegt, so können Sie die Anweisungen leichter auf eigene Projekte/Datenbanken übertragen. Alternativ kann auch schon beim Erstellen der Datenbank das komplette »Programm« abgearbeitet werden.

Im *SQL Server Management Studio* finden Sie jetzt im Baumzweig *Datenbanken\TestDB\Tabellen\FileTables* unsere neue Tabelle:

Abbildung 8.22   Die neue FileTable

Auch auf der Festplatte hat sich nach dieser Aktion einiges getan (siehe Abbildung 8.23). Zwei Änderungen werden Sie bemerken:

- Es wurde ein physisches Datenverzeichnis erstellt, auf das Sie nur als Administrator zugreifen können und das später die eigentlichen Daten enthält

- Eine neue UNC-Freigabe mit zwei Unterverzeichnissen, in der Sie jetzt Dateien und Verzeichnisse erstellen, bearbeiten und löschen können. Alle Änderungen hier werden real im physischen Verzeichnis umgesetzt und vom Server überwacht.

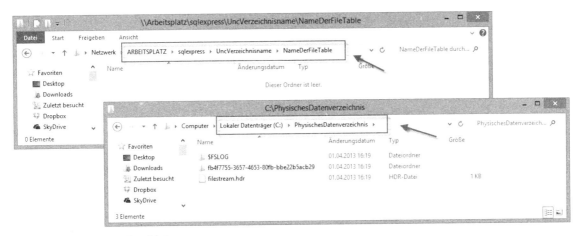

Abbildung 8.23 Die neuen Verzeichnisse

So und nun können Sie schon loslegen und ein paar Dateien per Explorer in das freigegebene UNC-Verzeichnis kopieren.

Ein nachfolgendes

```
SELECT
    *
FROM
    TestDB.dbo.NameDerFileTable
```

im SQL Server Management Studio verschafft uns tiefe Einblicke in die Verzeichnis-Inhalte (siehe folgende Abbildung 8.24).

	stream_id	file_stream	name	path_locator	parent_path_locator	file_type	cached_file_size	creation_time	last_
1	D06ED031-DA9A-E211-BE9E-5404A6C58699	0x89504E470D0A1A0A000...	application_error.png	0xFDE61268485DB1AFEA905379E07290F8DDC61E7620	NULL	png	656	2013-04-01 16.41.11.4172566 +02:00	201
2	D26ED031-DA9A-E211-BE9E-5404A6C58699	0x89504E470D0A1A0A000...	accept.png	0xFEE8A0D98A0E336FCDD0101A351330FAD8D62F2620	NULL	png	781	2013-04-01 16.41.11.4519333 +02:00	201
3	D46ED031-DA9A-E211-BE9E-5404A6C58699	0x89504E470D0A1A0A000...	add.png	0xFF8EB568A1CC09EFC213124B3983BEF97B1B3D7760	NULL	png	733	2013-04-01 16.41.11.4759835 +02:00	201
4	D66ED031-DA9A-E211-BE9E-5404A6C58699	0x89504E470D0A1A0A000...	anchor.png	0xFFB3D08D4A0691CFD10F774E391396FA5CC51446A0	NULL	png	523	2013-04-01 16.41.11.4999687 +02:00	201
5	D86ED031-DA9A-E211-BE9E-5404A6C58699	0x89504E470D0A1A0A000...	application.png	0xFEFB92BAABD389EFEF9037A454F996F9D54E960260	NULL	png	464	2013-04-01 16.41.11.5573477 +02:00	201
6	D86ED031-DA9A-E211-BE9E-5404A6C58699	0x89504E470D0A1A0A000...	application_delete.png	0xFF79A71A598BB1AFE852172F08619AFB46183C26E0	NULL	png	610	2013-04-01 16.41.11.5573477 +02:00	201
7	DC6ED031-DA9A-E211-BE9E-5404A6C58699	0x89504E470D0A1A0A000...	application_double.png	0xFC31D16ED80099CFE25236F29D9994F9D0008303A0	NULL	png	533	2013-04-01 16.41.11.5829123 +02:00	201
8	DE6ED031-DA9A-E211-BE9E-5404A6C58699	0x89504E470D0A1A0A000...	application_edit.png	0xFC1AF63DAF8E236FDB111162F87334F93426B312E0	NULL	png	703	2013-04-01 16.41.11.6084923 +02:00	201

Abbildung 8.24 Auszug aus den Abfrageergebnissen

Wie Sie sehen, wirken sich Änderungen im Dateisystem sofort auf die Inhalte der FileTable aus.

Spalte	Verwendung
stream_id	Die eindeutige ID dieser Datei in der FileTable
file_stream	Der Inhalt der Datei (Binärdaten)
Name	Der Datei- bzw. Verzeichnisname
path_locator	Da die Dateien auch hierarchisch angeordnet werden können, wird mit diesem Feld die Position beschrieben

Tabelle 8.4 Die Spalten der FileTable und deren Bedeutung

Spalte	Verwendung
parent_path_locator	Die hierarchische Position des übergeordneten Elements (siehe Abbildung 8.24, in der Root ist der Wert NULL)
file_type	Datei-Extension
cached_file_size	Die Größe der Datei, wird gerade an der Datei gearbeitet, muss der Wert nicht mit der physischen Größe übereinstimmen
creation_time last_write_time last_access_time	Die vom Dateisystem bekannten Zeitangaben
is_directory	Ist der Wert 1, handelt es sich um ein Verzeichnis
is_offline is_hidden is_readonly is_archive is_system is_temporary	Die dem Filesystem entsprechenden Attribute werden ebenfalls in der Tabelle abgebildet.

Tabelle 8.4 Die Spalten der FileTable und deren Bedeutung *(Fortsetzung)*

Im Unterschied zu den reinen FileStreams können Sie jetzt ein komplettes Dateisystem in der FileTable aufbauen. Zur Unterscheidung von Dateien und Verzeichnissen steht Ihnen die Spalte *is_directory* zur Verfügung. Bei Verzeichnissen sind zusätzlich die Spalten *file_stream*, *file_type* und *chached_file_size* mit NULL-Values belegt.

Zugriff auf das Basisverzeichnis realisieren

Wir hatten ja bereits einige Dateien einfach per Explorer in den Freigabepfad bzw. dessen Unterverzeichnis kopiert. Doch woher weiß eigentlich Ihr Programm, wohin es gegebenenfalls Datei kopieren soll bzw. wo es ein Unterverzeichnis erstellen soll?

Dafür nutzen Sie die folgende SQL-Abfrage, die Ihnen den Rootpfad zurückgibt:

```
SELECT FileTableRootPath('dbo.NameDerFileTable');
```

Das Ergebnis entspricht den Angaben in Abbildung 8.23:

Abbildung 8.25 Rückgabewert

Erstellen Sie jetzt in diesem Verzeichnis eine Datei oder kopieren Sie eine neue hinein, taucht diese auch in der FileTable auf und wird im Basisverzeichnis abgelegt.

Zugriff auf eine Datei/ein Unterverzeichnis realisieren

Hier stehen Ihnen zwei Optionen offen:

- Verwendung von *FileTableRootPath* und Navigieren im Verzeichnis
- Verwendung von *GetFileNamespacePath* und der FileTable

Wir beschränken uns auf die zweite Variante, die Arbeit mit dem Dateisystem dürfte Ihnen sicher bekannt sein. Die *GetFileNamespacePath*-Methode liefert uns für den jeweiligen Eintrag in der FileTable entweder einen relativen oder einen absoluten Pfad:

```
SELECT
    file_stream.GetFileNamespacePath(0) AS RelativerPfad,
    file_stream.GetFileNamespacePath(1) AS AbsoluterPfad
FROM
    dbo.NameDerFileTable;
```

	RelativerPfad	AbsoluterPfad
1	\NameDerFileTable\Testordner	\\ARBEITSPLATZ\SQLEXPRESS\UncVerzeichnisname\NameDerFileTable\Testordner
2	\NameDerFileTable\Testordner\application_error.png	\\ARBEITSPLATZ\SQLEXPRESS\UncVerzeichnisname\NameDerFileTable\Testordner\application_error.png
3	\NameDerFileTable\Testordner\application_delete.png	\\ARBEITSPLATZ\SQLEXPRESS\UncVerzeichnisname\NameDerFileTable\Testordner\application_delete.png
4	\NameDerFileTable\Testordner\application_edit.png	\\ARBEITSPLATZ\SQLEXPRESS\UncVerzeichnisname\NameDerFileTable\Testordner\application_edit.png
5	\NameDerFileTable\Testordner\application_double.png	\\ARBEITSPLATZ\SQLEXPRESS\UncVerzeichnisname\NameDerFileTable\Testordner\application_double.png
6	\NameDerFileTable\accept.png	\\ARBEITSPLATZ\SQLEXPRESS\UncVerzeichnisname\NameDerFileTable\accept.png
7	\NameDerFileTable\application.png	\\ARBEITSPLATZ\SQLEXPRESS\UncVerzeichnisname\NameDerFileTable\application.png
8	\NameDerFileTable\add.png	\\ARBEITSPLATZ\SQLEXPRESS\UncVerzeichnisname\NameDerFileTable\add.png
9	\NameDerFileTable\anchor.png	\\ARBEITSPLATZ\SQLEXPRESS\UncVerzeichnisname\NameDerFileTable\anchor.png

Abbildung 8.26 Das Ergebnis obiger Abfrage

Mit dem absoluten Pfad dürfte es für Ihr Programm kein Problem darstellen, z.B. eine Datei zu öffnen oder zu löschen. Alternativ kann natürlich auch gleich in der Tabelle gelöscht werden.

An dieser Stelle könnten wir jetzt noch endlos darüber fabulieren, wie Sie Einträge filtern, FileTables rekursiv durchsuchen etc. Aber das soll nicht Gegenstand dieses Buches sein. Fazit für Sie: Mit den FileTables können Sie problemlos große Datenmengen mit dem SQL Server verwalten, gespeichert und zugegriffen wird jedoch im Dateisystem. Ein Datenbank-Backup schließt hingegen die externen Dateien mit ein.

Massenkopieren

Sollen größere Datenmengen hin- und herbewegt werden, so ist eine zeilenweise Übertragung ziemlich zeitraubend. Die Klasse *SqlBulkCopy* stellt auch eine Funktion zum Massenkopieren (Bulkcopy/Bulkimport) zur Verfügung.

BEISPIEL

Das Ergebnis einer SQL-Abfrage der *Artikel*-Tabelle der Access-Datenbank *Nordwind.mdb* wird in die (bereits vorhandene) Tabelle *ProductsBackup* der *Northwind*-Datenbank des SQL Servers kopiert.

```
Imports System.Data.OleDb
Imports System.Data.SqlClient
...
```

Verbindungszeichenfolgen zur Quell- und zur Zieldatenbank:

```
Const CONNSTR_SRC As String = "Provider=Microsoft.Jet.OLEDB.4.0; Data Source=Nordwind.mdb"

Const CONNSTR_DEST As String =
                "Data Source=.\SQLEXPRESS; Initial Catalog=Northwind; Integrated Security=True"
```

SQL-Abfrage der Quelldatenbank und Namen der Zieltabelle festlegen:

```
Const SQL_SRC As String =
          "SELECT ArtikelNr, Artikelname, Liefereinheit, Einzelpreis, Mindestbestand FROM Artikel"

Const TBL_DEST As String = "ProductsBackup"
```

Mit der Quelldatenbank verbinden:

```
Dim connSrc As New OleDbConnection(CONNSTR_SRC)
connSrc.Open()
```

Mit der Zieldatenbank verbinden:

```
Dim connDest As New SqlConnection(CONNSTR_DEST)
connDest.Open()
```

Quelldaten bereitstellen:

```
Dim cmdSrc As New OleDbCommand(SQL_SRC, connSrc)
Dim reader As OleDbDataReader = cmdSrc.ExecuteReader()
```

Daten zum SQL Server kopieren:

```
Dim blkCop As New SqlBulkCopy(connDest)
blkCop.DestinationTableName = TBL_DEST
blkCop.WriteToServer(reader)
```

Alles beenden:

```
reader.Close()
connSrc.Close()
connDest.Close()
```

HINWEIS   Das komplette Beispiel finden Sie in den Begleitdateien!

Wer es gern etwas komplexer hat, der kann natürlich auch über das *SqlRowsCopied*-Ereignis dem Nutzer einen entsprechenden Kopierfortschritt anzeigen. Mit der *NotifyAfter*-Eigenschaft können Sie bestimmen, nach wie viel kopierten Datensätzen das Ereignis ausgelöst wird.

Mit der Eigenschaft *BatchSize* bestimmen Sie die Größe der einzelnen Datenpakete. Diese ist standardmäßig auf 1 gesetzt, welcher Wert bei Ihnen die besten Performance bietet, müssen Sie selbst ausprobieren.

Doch was, wenn es Differenzen zwischen den Tabellendefinitionen (Spaltenbezeichner) gibt? Hier hilft Ihnen die *ColumnnsMappings*-Collection weiter, diese bestimmt, welche Spalte der Quelltabelle auf welche Spalte der Zieltabelle gemappt wird.

BEISPIEL

Mappen von Spalten

```
...
   Dim blkCop As New SqlBulkCopy(connDest)

   blkCop.ColumnMappings.Add("KundenID", "ID")
```

```
blkCop.ColumnMappings.Add("KundenName", "Name")
blkCop.ColumnMappings.Add("KundenPLZ", "PLZ")
blkCop.DestinationTableName = TBL_DEST
...
```

Datenbanken sichern und wiederherstellen

Zu jeder SQL Server-Anwendung sollte auch eine Funktion zum Sichern und Wiederherstellen der Daten gehören. Dies ist insbesondere seit der Version 2008 auch für Sie als Programmierer relevant, kann doch das Transaktionsprotokoll nicht mehr explizit abgeschnitten werden (DUMP TRANSACTION etc.).

Grundsätzlich bietet der SQL Server drei Varianten für eine Sicherung an:

- **Vollständig**
  Sichern Sie auf diese Weise die komplette Datenbank, dies ist immer empfehlenswert, wenn die Datenmenge dies zulässt, da Sie beim Wiederherstellen keine weiteren Dateien benötigen.

- **Differenziell**
  Diese Variante sichert nur die Änderungen, die seit der letzten vollständigen Sicherung erfolgt sind. Daraus folgt auch, dass Sie für das Wiederherstellen die komplette und die differenzielle Sicherung benötigen.

- **Transaktionsprotokoll**
  Diese Variante sichert lediglich das Transaktionsprotokoll und schneidet es anschließend ab.

Auf einen gern gemachten Fehler im Zusammenhang mit dem Backup eines SQL Servers möchten wir Sie an dieser Stelle noch einmal explizit hinweisen:

HINWEIS   Die Auswahl des Backup-Ziellaufwerks muss immer aus Sicht des SQL Servers, nicht aus Sicht der Arbeitsstation erfolgen. Der Server löst das Backup aus, nicht der Client, und so handelt es sich bei einem Ziellaufwerk »C:« um das des Servers und nicht des Clients.

Ein weiterer Stolperstein:

HINWEIS   Eine Backup-Datei kann mehrere Sicherungen enthalten. Wollen Sie immer größer werdende Backupdateien vermeiden, müssen Sie explizit vorgeben, dass die alten Sicherungen überschrieben werden (siehe weitere Ausführungen).

Vier Varianten für das Backup bieten sich an:

- das Microsoft SQL Server Management Studio
- T-SQL
- SMOs oder
- Sie kopieren einfach das Datenfile auf Ihr Backup-Medium (SQL Server Express)

Microsoft SQL Server Management Studio

Über das *Task*-Menü steht Ihnen im Microsoft SQL Server Management Studio die Backup-Funktion zur Verfügung. Im zugehörigen Dialog können Sie unter anderem das Zielmedium, den Backup-Typ, das Ablaufdatum, eine Beschreibung etc. vorgeben.

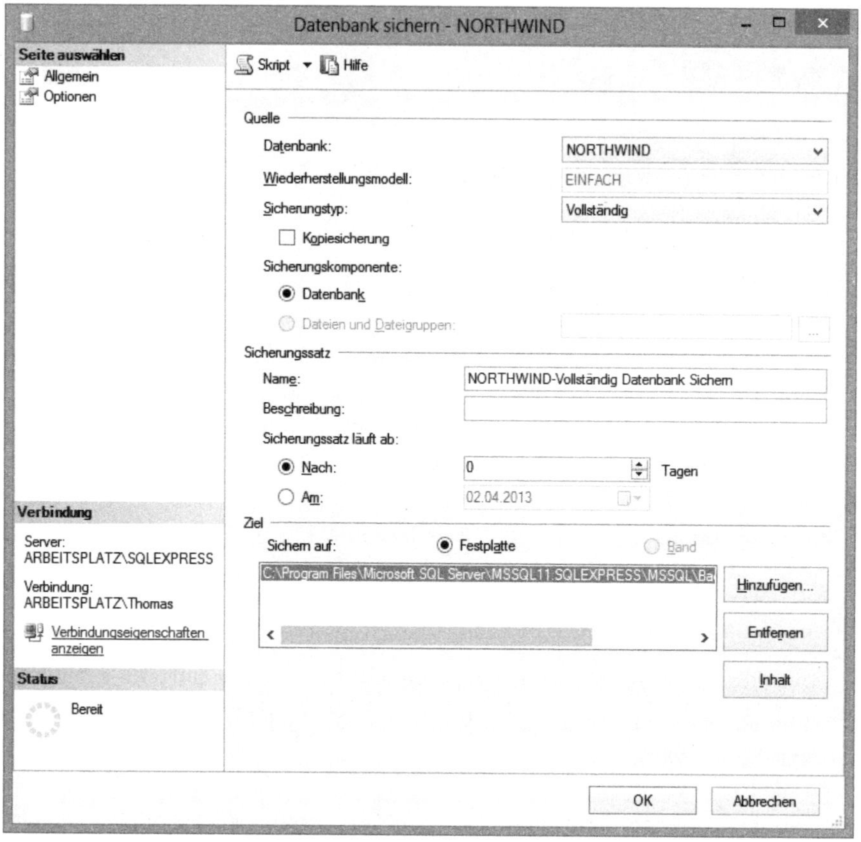

Abbildung 8.27 Dialog für das Sichern einer Datenbank

Unter *Optionen* finden sich erweiterte Einstellungen mit denen Sie festlegen können, ob alte Sicherungen überschrieben werden, ob die Sicherung überprüft werden soll, ob Prüfsummen gebildet und ob die Sicherung komprimiert werden soll.

T-SQL

Der schnellste Weg zum Backup führt über T-SQL, allerdings haben Sie hier als Programmierer kein sinnvolles Feedback.

HINWEIS   Achten Sie darauf, dass Sie sich bei der Connection mit dem Server nicht mit der gewünschten Datenbank sondern zum Beispiel mit der Master-Datenbank verbinden, dies gilt insbesondere bei einem Wiederherstellen der Datenbank. Sie selbst sind sonst ein »störender« Anwender der betreffenden Datenbank.

BEISPIEL

Sichern der Datenbank *FirmaSQL* als Datei

```
BACKUP DATABASE FirmaSQL
   TO DISK ='c:\mitarbeiter.bak'
```

Später können Sie zum Beispiel auf einem anderen PC die Datenbank folgendermaßen wiederherstellen:

```
RESTORE DATABASE FirmaSQL
    FROM DISK ='c:\mitarbeiter.bak'
```

Ganz so einfach wie in den oben gezeigten Beispielen ist es im Normalfall nicht. Meist müssen Sie damit kämpfen, dass noch einige User in der Datenbank eingeloggt sind. Auch das komplette Wiederherstellen der Datenbank ist sicher nicht der Regelfall.

Mehr über die Anweisungen BACKUP und RESTORE finden Sie in der SQL Server-Online-Hilfe, der folgende Auszug bietet einen ersten Vorgeschmack:

```
BACKUP DATABASE { database_name | @database_name_var }
      < file_or_filegroup > [ ,...n ]
    TO < backup_device > [ ,...n ]
    [ WITH
      [ BLOCKSIZE = { blocksize | @blocksize_variable } ]
      [ [ , ] DESCRIPTION = { 'text' | @text_variable } ]
      [ [ , ] EXPIREDATE = { date | @date_var }
          | RETAINDAYS = { days | @days_var } ]
      [ [ , ] PASSWORD = { password | @password_variable } ]
      [ [ , ] FORMAT | NOFORMAT ]
      [ [ , ] { INIT | NOINIT } ]
      [ [ , ] MEDIADESCRIPTION = { 'text' | @text_variable } ]
      [ [ , ] MEDIANAME = { media_name | @media_name_variable } ]
      [ [ , ] MEDIAPASSWORD = { mediapassword | @mediapassword_variable } ]
      [ [ , ] NAME = { backup_set_name | @backup_set_name_var } ]
      [ [ , ] { NOSKIP | SKIP } ]
      [ [ , ] { NOREWIND | REWIND } ]
      [ [ , ] { NOUNLOAD | UNLOAD } ]
      [ [ , ] RESTART ]
      [ [ , ] STATS [ = percentage ] ] ]
```

HINWEIS   Nutzen Sie die ADO.NET-Objekte, sollten Sie damit rechnen, dass ein Timeout auftritt, da das Wiederherstellen der Datenbank auch seine Zeit dauert. Prüfen Sie also, ob es sich um einen »normalen« Fehler oder lediglich eine Zeitüberschreitung handelt. Gegebenenfalls sollten Sie über die *Connection*-Komponente die Timeout-Zeiten anpassen.

Backup mit den SMO

Wer gern einen übersichtlichen Quellcode und Ereignisbehandlung bevorzugt, der ist bei den SMOs besser aufgehoben, wie es das folgende Beispiel zeigt.

BEISPIEL

Datenbanksicherung per SMO

Binden Sie zunächst folgende Assemblies in Ihr Projekt ein:

```
Microsoft.SqlServer.ConnectionInfo
Microsoft.SqlServer.Management.Sdk.Sfc
Microsoft.SqlServer.Smo
Microsoft.SqlServer.SmoExtended
Microsoft.SqlServer.SqlEnum
```

Nun zum Quellcode:

```
Imports Microsoft.SqlServer.Management.Common
Imports Microsoft.SqlServer.Management.Smo
Imports System.Data.SqlClient

...
    Private Sub Button5_Click(sender As Object, e As EventArgs) Handles Button5.Click
```

Auswahl Server (Eingabe per Textbox):

```
    Dim serv As New Server(TextBox1.Text)
```

Bei SQL Server-Sicherheit:

```
    If checkBox1.Checked Then
        serv.ConnectionContext.LoginSecure = False
        serv.ConnectionContext.Login = TextBox2.Text
        serv.ConnectionContext.Password = TextBox3.Text
    End If
```

Backup konfigurieren:

```
    Dim bck As New Backup()
    bck.Action = BackupActionType.Database
    bck.Database = "Northwind"
    bck.Incremental = False           ' inkrementell
    bck.Initialize = True             ' überschreiben
    bck.PercentCompleteNotification = 10
```

Da das Backup asynchron erfolgt, hier die Ereignishandler zuweisen:

```
    AddHandler bck.PercentComplete, AddressOf bck_PercentComplete
    AddHandler bck.Complete, AddressOf bck_Complete
```

Festlegen der Zieldatei:

```
    bck.Devices.Add(New BackupDeviceItem("c:\temp\Sicherung.bak", DeviceType.File))
```

Das eigentliche Backup auslösen:

```
    bck.SqlBackup(serv)
End Sub
```

Die beiden Ereignishandler:

```
Private Sub bck_Complete(sender As Object, e As ServerMessageEventArgs)
    MessageBox.Show("Fertig !")
    progressBar1.Value = 0
End Sub

Private Sub bck_PercentComplete(sender As Object, e As PercentCompleteEventArgs)
    progressBar1.Value = e.Percent
End Sub
```

HINWEIS   Das komplette Programm finden Sie in den Begleitdateien.

Restore mit den SMO

BEISPIEL

Datenbankrestore per SMO

Binden Sie zunächst folgende Assemblies in Ihr Projekt ein:

```
Microsoft.SqlServer.ConnectionInfo
Microsoft.SqlServer.Management.Sdk.Sfc
Microsoft.SqlServer.Smo
Microsoft.SqlServer.SmoExtended
Microsoft.SqlServer.SqlEnum
```

Der Quellcode:

```
Imports Microsoft.SqlServer.Management.Common
Imports Microsoft.SqlServer.Management.Smo
Imports System.Data.SqlClient
...

    Private Sub Button6_Click(sender As Object, e As EventArgs) Handles Button6.Click
```

Auswahl Server (Eingabe per Textbox):

```
        Dim serv As New Server(TextBox1.Text)
```

Bei SQL Server-Sicherheit:

```
        If checkBox1.Checked Then
            serv.ConnectionContext.LoginSecure = False
            serv.ConnectionContext.Login = TextBox2.Text
            serv.ConnectionContext.Password = TextBox3.Text
        End If
```

Restore konfigurieren:

```
        Dim res As New Restore()
        res.Action = RestoreActionType.Database
        res.Database = "Northwind"
```

Ereignishandler zuweisen:

```
        AddHandler res.PercentComplete, AddressOf bck_PercentComplete
        AddHandler res.Complete, AddressOf bck_Complete
```

Datei auswählen:

```
        res.Devices.Add(New BackupDeviceItem("c:\temp\Sicherung.bak", DeviceType.File))
```

Starten:

```
        res.SqlRestore(serv)
    End Sub
```

HINWEIS   Das komplette Programm finden Sie in den Begleitdateien.

Fehlerbehandlung

Nach dem Vorstellen der wichtigsten SQL Server-Objekte und -Funktionen wollen wir noch auf ein gern vernachlässigtes Thema eingehen. Es handelt sich um die leidige Behandlung von Fehlern, die im Zusammenhang mit der Ausführung von Triggern oder Gespeicherten Prozeduren auf dem Server auftreten.

Das Fehlermodell

Grundsätzlich sollten Sie zwischen zwei Teilen der Fehlerbehandlung unterscheiden:

- Fehlerbehandlung auf dem Server, nachdem ein Fehler in einer Gespeicherten Prozedur oder einem Trigger aufgetreten ist

- Fehlerbehandlung auf dem Client, nachdem der Server einen Fehler zurückgegeben hat

Dass sich die Fehlerbehandlung auf dem Server nicht auf die Anzeige eines einfachen Dialogfeldes beschränken kann, dürfte auf der Hand liegen. Deshalb werden Ereignisse im SQL Server-Fehlerprotokoll, im Windows-Anwendungsprotokoll oder in beiden protokolliert (siehe Abbildung 8.28).

Der SQL Server unterscheidet – im Gegensatz zu VB – die Fehler nach bestimmten Schweregraden:

- Bei Fehlern mit einem Schweregrad von 10 handelt es sich um Informationsmeldungen, die durch Fehler in den eingegebenen Informationen hervorgerufen wurden

- Schweregrade von 11 bis 16 werden vom Benutzer erzeugt und können auch durch diesen behoben werden. Selbst definierte Fehlermeldungen sollten in diesem Bereich liegen

- Software- oder Hardwarefehler haben die Schweregrade 17 bis 25. Der Fehler muss durch den Systemadministrator behoben werden. Liegt der Schweregrad zwischen 17 und 19, können Sie Ihre Arbeit dennoch fortsetzen, auch wenn möglicherweise eine bestimmte Anweisung nicht ausführbar ist.

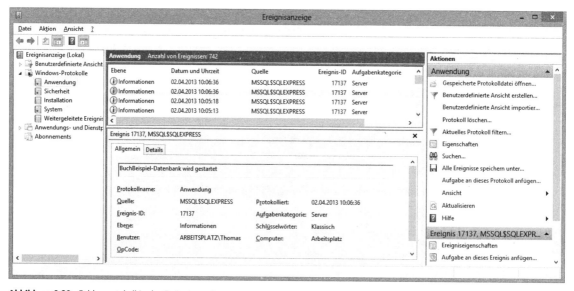

Abbildung 8.28   Fehlerprotokoll in der Ereignisanzeige

Verwenden von @@ERROR

Möchten Sie Fehler innerhalb einer Gespeicherten Prozedur oder eines Triggers behandeln, können Sie die Variable @@ERROR auswerten. Diese gibt 0 zurück, wenn die letzte Anweisung erfolgreich ausgeführt werden konnte, andernfalls die Fehlernummer. In der Prozedur selbst steht Ihnen weder der Schweregrad noch der Status der Meldungstexte zur Verfügung, dieser kann ausschließlich in der Frontend-Anwendung (in diesem Fall Ihr VB-Programm) ausgewertet werden.

Zwei Varianten bieten sich für die Auswertung von @@ERROR an:

- Sofortiges Testen oder Verwenden von @@ERROR nach der Anweisung.

- Speichern von @@ERROR in einer ganzzahligen Variablen, sofort nachdem die *TransactSQL*-Anweisung abgeschlossen ist. Der Wert der Variablen kann später verwendet oder über *Return* zurückgegeben werden.

BEISPIEL

Verwenden von @@ERROR

```
CREATE PROCEDURE test
@Id int,
@nachname varchar(40),
@vorname varchar(20)
AS
INSERT INTO Personen VALUES(@id,@nachname,@vorname)
IF @@ERROR <> 0
    RETURN(101)
ELSE
    RETURN(0)
```

Das aufrufende Programm kann den Error-Code über die Parameter abfragen.

HINWEIS   Sie sollten @@ERROR grundsätzlich in einer Variablen speichern, da mit der Ausführung weiterer SQL-Anweisungen der Wert von @@ERROR zurückgesetzt wird (ein gern gemachter Fehler).

Verwenden von RAISEERROR

Mit der RAISEERROR-Anweisung lösen Sie aus der T-SQL-Routine heraus einen Fehler aus, dessen Meldung Sie in Ihrem Programm auswerten und/oder anzeigen können. Zusätzlich können die Meldungen auch in das SQL Server-Fehlerprotokoll und im Microsoft Windows NT-Anwendungsprotokoll erscheinen.

Die Syntax:

```
RAISEERROR ({Message_id | Message_String}
           {, Schweregrad, Status} [, Argumente[,...n]] )
           [WITH option[,...n]]
```

Beim Aufruf können Sie entweder direkt einen Meldungstext übergeben, oder Sie rufen eine benutzerdefinierte Fehlermeldung über deren ID auf. Zusätzlich übergeben Sie noch den Schweregrad (z.B. 16) und den Status (ein Wert zwischen 1 und 127).

Option kann folgende Werte annehmen:

- **LOG:** Der Fehler wird in das Fehler- und Anwendungsprotokoll des Servers eingetragen. Im Server-Fehlerprotokoll protokollierte Fehler sind auf maximal 440 Byte beschränkt

- **NOWAIT:** Sendet Meldungen sofort an den Client

- **SETERROR:** Legt den @@ERROR-Wert auf *msg_id* oder 50.000 fest, unabhängig vom Schweregrad

---

BEISPIEL

Aufruf einer Meldung

```
...
IF (@neuesgehalt > 5000)
BEGIN
    RAISERROR ('Sind Sie sicher? Schade um das Geld!',16,-1)
    ROLLBACK TRANSACTION
END
...
```

Fehlerbehandlung mit TRY...CATCH

Endlich wurde auch für T-SQL eine moderne Fehlerbehandlung eingeführt, die nicht mehr aus dem Programmiermittelalter stammt. Als VB-Programmierer werden Sie sich schnell zu Hause fühlen, handelt es sich doch um ein ganz bekanntes Konstrukt:

```
BEGIN TRY
    { SQL-Anweisungen }
END TRY
BEGIN CATCH
    { SQL-Anweisungen }
END CATCH
```

HINWEIS   TRY...CATCH fängt nur Fehler mit einem Schweregrad größer 10 ab, niedrigere Schweregrade werden als Warnungen interpretiert! Fehler mit einem Schweregrad größer 20 werden nur abgefangen, solange die Datenbank-Engine die Verbindung nicht trennt.

Neben obigem Konstrukt stehen Ihnen auch noch folgende Funktionen zur Verfügung:

Funktion	Beschreibung/Rückgabewert
ERROR_NUMBER	Fehlernummer
ERROR_MESSAGE	Fehlerbeschreibung
ERROR_SEVERITY	Schweregrad
ERROR_STATE	Fehlerstatusnummer (Gleiche Fehlernummern können unterschiedliche Ursachen aufweisen, zur Unterscheidung gibt es die Fehlerstatusnummer)
ERROR_LINE	Zeilennummer
ERROR_PROCEDURE	Name der Prozedur, des Triggers oder der Funktion in dem der Fehler aufgetreten ist

Tabelle 8.5 Funktionen zur Abfrage der Fehlerursache

Last but not least gibt es noch eine Anweisung, die im Zusammenhang mit der Fehlerbehandlung nutzbar ist: das berüchtigte GOTO, mit dem Sie einen TRY- oder CATCH-Block »fluchtartig« verlassen können.

> **HINWEIS**   Wie Sie sehen, handelt es sich bei T-SQL nach wie vor um eine prozedurale Sprache, Kapselungen in Objekten (z.B. *Error*) sind noch Zukunftsmusik (zumindest auf der Server-Seite).

Doch jetzt wollen wir uns der Praxis zuwenden.

> **BEISPIEL**
>
> Einfache Stored Procedure, die einen recht vorhersehbaren Fehler auslöst

```
CREATE PROCEDURE Test
AS
     SELECT 10/0
return 0
```

```
Ergebnisse   Meldungen
Meldung 8134, Ebene 16, Status 1, Prozedur Test, Zeile 5
Fehler aufgrund einer Division durch Null.

(1 Zeile(n) betroffen)
```

Abbildung 8.29   Der zu erwartende Fehler

> **BEISPIEL**
>
> Wir wollen es besser machen

```
ALTER PROCEDURE Test
AS

BEGIN TRY
    SELECT 10/0
END TRY
BEGIN CATCH
    SELECT ERROR_MESSAGE(), ERROR_NUMBER(), ERROR_LINE(), ERROR_SEVERITY()
END CATCH
return 0
```

Abbildung 8.30   Die Rückgabe der Prozedur

Sie können natürlich auch einen Fehler auswerten und einen »neuen« mit RAISERROR generieren.

BEISPIEL

Fehler erneut auslösen

```
ALTER PROCEDURE Test
AS

BEGIN TRY
   SELECT 10/0
END TRY
BEGIN CATCH
   SELECT ERROR_MESSAGE(), ERROR_NUMBER(), ERROR_LINE(), ERROR_SEVERITY()
   RAISERROR('Wer programmiert so einen Mi...?',16, -1)
END CATCH
return 0
```

Wenden wir uns jetzt der Client-Seite zu.

Fehlerbehandlung mit ADO.NET

Ausgehend von den vorhergehenden Beispielen möchten wir Ihnen die Möglichkeiten der Fehlerbehandlung im Clientprogramm vorstellen. Anders als beim Vorgänger von ADO.NET brauchen wir hier nicht die Fehler über die *Errors*-Collection des *Connection*-Objekts auszuwerten. Ein Fehler wird einfach mit *Try-Catch* abgefangen und über ein zugehöriges Fehlerobjekt (*SqlException*) ausgewertet.

HINWEIS   Den Begriff »Fehler« sollten Sie in diesem Zusammenhang nicht zu wörtlich nehmen. Es kann sich auch um die Meldung eines Triggers handeln, dass ein Datensatz nicht eingefügt werden kann. Die RAISERROR-Anweisung stellt somit ein wesentliches Werkzeug zur Kommunikation zwischen Server und Client dar.

BEISPIEL

Das zum vorhergehenden Beispiel gehörende Client-Programm.

```
...
    Dim conn As New SqlConnection("Data Source=hpserver;Initial Catalog=BuchBeispiel;" &
                                  "Integrated Security=True")

    Dim cmd As New SqlCommand("EXEC Test Gewinnus", conn)
    conn.Open()
    Try
      cmd.ExecuteNonQuery()
    Catch Ex As SqlException
      If Ex.Number = 50000 Then
        MessageBox.Show(Ex.Message, "Frage", MessageBoxButtons.YesNo, MessageBoxIcon.Question)
      Else
        MessageBox.Show(Ex.Message, "Fehler", MessageBoxButtons.OK, MessageBoxIcon.Stop)
      End If
    End Try
...
```

Handelt es sich um unsere Fehlermeldung, wird diese als Dialogfeld angezeigt, andernfalls wird ein Standard-Fehlerdialog geöffnet.

Abbildung 8.31 Meldung auf dem Client

Mit Hilfe von Argumenten lassen sich Detaildaten auf einfache Weise im Messagetext platzieren. Sie müssen nicht lange Stringadditionen und Typumwandlungen vornehmen.

```
CREATE PROCEDURE "Test" @nachname VARCHAR(30)
AS
   ...
   RAISERROR (' %s kann nicht in die Datenbank eingefügt werden!',16,-1,@nachname)
...
```

HINWEIS   Mehr zum Thema Validierung finden Sie unter anderem im Kapitel 18 (LINQ to SQL) und im Kapitel 12 (Entity Framework).

Weitere Features des Datenzugriffs unter ADO.NET

Im ADO.NET-Kapitel 3 haben wir bewusst einige Themen ausgespart, die sich ausschließlich auf den SQL Server beziehen und die deshalb hier an dieser Stelle besser aufgehoben sind.

Alle verfügbaren SQL Server ermitteln

Im *System.Data.Sql*-Namespace gibt es eine neue Klasse *SqlDataSourceEnumerator* mit einer Methode *Get-DataSources* die es ermöglicht, alle innerhalb der Windows-Domäne verfügbaren MS SQL Server in eine *DataTable* mit den Feldern *ServerName*, *InstanceName*, *IsClustered* und *Version* zu laden.

BEISPIEL

Die Namen aller SQL Server-Installationen werden in einer *ListBox* angezeigt.

```
Dim servers As DataTable = System.Data.Sql.SqlDataSourceEnumerator.Instance.GetDataSources()
For Each rw As DataRow In servers.Rows
    ListBox1.Items.Add(rw("ServerName").ToString)
Next
```

HINWEIS   Sollten bei Ihnen keine Server angezeigt werden, ist bei Ihnen vermutlich der Browser-Dienst nicht gestartet.

Klassische asynchrone Befehlsausführung

Weil die Ausführung mancher Datenbankbefehle ziemlich viel Zeit beanspruchen kann, bietet der *SqlClient*-Namespace zusätzliche *SqlCommand*-Methoden für die asynchrone Ausführung an.

Neben den bereits vorhandenen synchronen Methoden wird jeweils auch eine *Begin-* und eine *End-*Methode für den asynchronen Zugriff bereitgestellt (Tabelle 8.6). ADO.NET realisiert alle asynchronen Aufrufe über die *IAsyncResult*-Schnittstelle. Vorbereitungen für die Durchführung sind bereits innerhalb des Connectionstrings zu treffen, hier muss der Eintrag *Asynchronous Processing=True* (bzw. *Async=True*) vorgenommen werden.

Synchrone Methode	Asynchrones Methodenpärchen
ExecuteNonQuery	*BeginExecuteNonQuery /EndExecuteNonQuery*
ExecuteReader	*BeginExecuteReader/EndExecuteReader*
ExecuteXmlReader	*BeginExecuteXmlReader/EndExecuteXmlReader*

Tabelle 8.6 Zuordnung asynchroner zu synchronen Methoden

BEISPIEL

Während des Auslesens der *Customers*-Tabelle der *Northwind*-Datenbank erfolgt zyklisches Abfragen (Polling) der *IAsyncResult*-Schnittstelle auf das *IsCompleted*-Attribut.

```
Imports System.Data.SqlClient
...
Const CONNSTR As String =
        "Data Source=.\SQLEXPRESS; Initial Catalog=Northwind; Integrated Security=sspi; Async=true"

Private Sub Button1_Click(sender As Object, e As EventArgs) Handles Button1.Click
    Dim conn As New SqlConnection(CONNSTR)
    conn.Open()
    Dim cmd As SqlCommand = New SqlCommand("SELECT * FROM Customers ORDER BY CompanyName", conn)
    Dim res As IAsyncResult = cmd.BeginExecuteReader(CommandBehavior.CloseConnection)
    ProgressBar1.Value = 0
    While (Not res.IsCompleted)
```

Bis der Reader fertig ist können andere Aufgaben erledigt werden, in unserem Fall rückt die *ProgressBar* kontinuierlich vorwärts:

```
        If (ProgressBar1.Value < ProgressBar1.Maximum) Then ProgressBar1.Value += 1
    End While
```

Ergebnis auswerten:

```
    Dim dr As SqlDataReader = cmd.EndExecuteReader(res)        ' Ergebnis auswerten
    showReader(dr)
End Sub
```

Inhalt des *DataReaders* anzeigen:

```
Private Sub showReader(dr As IDataReader)
    Dim str As String = String.Empty
    Dim spc As String = "    "
```

```
    ListBox1.Items.Clear()
    While dr.Read()
        str = dr("CustomerID") & spc
        str &= dr("CompanyName") & spc
        str &= dr("Address") & spc
        str &= dr("City") & spc
        ListBox1.Items.Add(str)
    End While
    dr.Close()
    MessageBox.Show("Asynchrone Operation beendet!")
End Sub
```

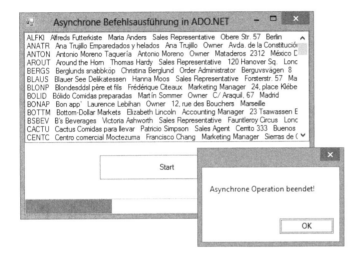

Abbildung 8.32 Während des Einlesens der Tabelle hat sich der Fortschrittsbalken weiter bewegt

HINWEIS   Das komplette Beispiel finden Sie in den Begleitdateien.

Außer dem im Beispiel gezeigten Polling können asynchrone Aufrufe auch mittels Callback-Routine (das übergebene Objekt muss die *IAsyncResult*-Schnittstelle implementieren) oder mittels *WaitHandle*-Objekt realisiert werden.

Asynchrone Aufrufe sind nicht nur bei Anweisungen mit mehreren Aktionen und bei Gespeicherten Prozeduren von Vorteil. Auch bei Verwendung mehrerer aktiver Resultsets (MARS) können Sie asynchrone SELECT-Anweisungen in einer einzelnen Datenbankverbindung bündeln.

Probleme können allerdings auftreten, wenn mit threadbezogenen .NET-Bibliotheken gearbeitet wird, denn bei der asynchronen Ausführung muss der Thread, mit dem der Vorgang startet, nicht zwangsläufig auch der Thread sein, mit dem er beendet wird.

HINWEIS   Verwenden Sie die asynchrone Ausführung nur dann, wenn die Befehlsausführung lange dauern kann und wenn sich in der Zwischenzeit sinnvolle andere Aktionen ausführen lassen.

Benachrichtigungen über Datenänderungen

Query Notifications erlauben es, auf das ständige Abfragen (Polling) der Datenbank zu verzichten. Unter ADO.NET wird dieses leistungsfähige Feature in den Klassen *SqlNotificationRequest* und *SqlDependency* bereitgestellt.

Und so funktioniert es: Der Client bekundet gegenüber der Datenbank sein Interesse an der Beobachtung einer bestimmten Datenmenge. Tritt eine Änderung ein – z.B. ein Datensatz wurde gelöscht – so wird der Client durch Aufruf des *OnChange*-Ereignisses benachrichtigt. Dabei wird ein Objekt vom Typ *SqlNotificationEventArgs* übergeben, welches Infos über die Art der Datenänderung (Ändern, Hinzufügen, Löschen) liefert, nicht aber die geänderten Zeilen.

BEISPIEL

Eine Instanz der *SqlDependency*-Klasse wird an ein *Command*-Objekt gebunden, um die Änderungen an der zurückgegebenen Datenmenge zu überwachen.

```
Dim cmd As New SqlCommand("SELECT * FROM Customers", conn)
Dim dep As New SqlDependency(cmd)
AddHandler dep.OnChanged, AddressOf Me.OnDepChanged
cmd.ExecuteReader()
```

HINWEIS   Eine ausführliche Demonstration der Query Notifications finden Sie im How-to 8.8!

Multiple Active Resultsets (MARS)

MARS erlaubt es, dass sowohl Abfragen als auch SQL-Befehle wie INSERT, UPDATE und DELETE auf einer gemeinsam benutzten Verbindung ausgeführt werden können.

Ohne MARS ist es z.B. nicht möglich, zwei *DataReader* auf einer Verbindung zu betreiben (Fehlermeldung: *Diesem Befehl ist bereits ein geöffneter DataReader zugeordnet, der zuerst geschlossen werden muss.*).

Der Connectionstring-Eintrag *MultipleActiveResultSets=True* markiert eine Verbindung als MARS-fähig.

BEISPIEL

Verbindungszeichenfolge zum SQL-Server mit MARS-Erlaubnis

```
Dim connStr As String = _
            "Data Source=.\SQLEXPRESS;Initial Catalog=Northwind;Integrated Security=True;" &
            "MultipleActiveResultSets=True"
```

Obwohl MARS multiple aktive Resultsets auf ein und derselben Verbindung ermöglicht, werden die Operationen nach wie vor sequenziell ausgeführt. Für die parallele Verarbeitung von Daten eignet sich diese Technologie nicht, dazu werden immer noch mehrfache Verbindungen benötigt.

Weiterhin ist zu beachten, dass eine MARS-Connection etwas mehr mehr Ressourcen verbraucht als eine einfache Verbindung. Natürlich überwiegen trotzdem die Vorteile, weil Sie mehrere Abfragen hintereinander ausführen können. Falls Sie aber nur ein einziges Resultset benötigen, sollten Sie im Interesse der Performance besser auf MARS verzichten.

HINWEIS Im How-to 8.9 »... die MARS-Technologie kennen lernen?« wird die Programmierung »mit MARS« und »ohne MARS« gegenübergestellt, sodass Sie sich selbst ein Bild über die Details der Implementierung und über die Vorteile dieser neuen Technologie machen können!

CLR-Integration im SQL Server

Mit der Version 2005 des SQL Servers wurde mit der CLR[1]-Integration eine aus Sicht des VB-Programmierers wichtige Neuerung eingeführt, welche die Möglichkeiten bietet,

- Funktionen

- Stored Procedures

- Trigger

- neue Aggregat-Funktionen

- und neue Datentypen

als managed Code zu realisieren.

HINWEIS Bevor Sie jetzt im Eifer des Gefechts gleich Ihre ganzen Anwendungen umstellen, vergessen Sie es gleich wieder. Die Einbindung von managed Code ist eine Möglichkeit für die SQL Server-Programmierung, die den bisherigen Funktionsumfang erweitert, sie ist nicht als Ersatz zu betrachten.

Grundsätzlicher Ablauf

Was Sie mit VB oder C# für den SQL Server programmieren können, wurde bereits oben angesprochen. Während Sie die ersten drei Objektarten auch mit T-SQL erstellen konnten/können, sind Aggregat-Funktionen (SUM, MAX etc.) und neue Datentypen den managed Code-Anwendungen vorbehalten.

Die Frage ist, wie Sie Ihren managed Code mit der unmanaged Welt des SQL Servers zusammenbringen.

Zunächst der Ablauf in Stichpunkten, die Einzelheiten folgen später:

1. Aktivieren Sie die CLR-Unterstützung des SQL Servers.

2. Erstellen Sie eine Assembly mit statischen Methoden und speziellen Attributen.

3. Registrieren Sie die Assembly mit CREATE ASSEMBLY auf dem SQL Server.

4. Registrieren Sie die einzelnen statischen Methoden als Funktion/Stored Procedure oder Trigger (z.B. mit CREATE FUNCTION).

5. Verwenden Sie die neu definierten Objekte wie die entsprechenden T-SQL-Objekte.

Wer jetzt befürchtet, sich wieder in T-SQL-Anweisungen zu verstricken, um die Registrierung zu realisieren, der sei beruhigt. All diese Aufgaben können Sie bequem aus Visual Studio heraus erledigen, ohne sich mit allzuviel SQL herumschlagen zu müssen.

---

[1] *Common Language Runtime*

HINWEIS   Das heißt jedoch nicht, dass Sie keinerlei SQL-Kenntnisse mehr brauchen. Spätestens beim Testen Ihrer neu erstellten Funktionen und Prozeduren in Visual Studio müssen Sie zumindest den Aufruf und die Parametrierung per SQL beherrschen.

Wir gehen deshalb im Weiteren davon aus, dass Sie die Registrierung auch aus Visual Studio heraus vornehmen.

CLR-Unterstützung aktivieren

Haben Sie es bei der Installation des SQL Servers versäumt, die CLR-Unterstützung zu aktivieren, müssen Sie dies nachholen. Dazu müssen Sie sich in den aktuellen Versionen mit der Kommandozeile, d.h. T-SQL herumplagen.

BEISPIEL

CLR-Unterstützung aktivieren:

```
sp_configure 'show advanced options', 1;
GO
RECONFIGURE;
GO
sp_configure 'clr enabled', 1;
GO
RECONFIGURE;
GO
```

Die Anweisungen können Sie beispielsweise über den Query Analyzer oder das SQL Server Management Studio ausführen.

Assembly erstellen

Ist die CLR-Unterstützung aktiviert und der SQL Server auch gestartet, können Sie sich schon an einem ersten Projekt versuchen. Starten Sie dazu Visual Studio und erstellen Sie ein neues SQL Server-Projekt. Dieses finden Sie unter der jeweiligen Sprache in der Rubrik *Datenbank* (siehe folgende Abbildung).

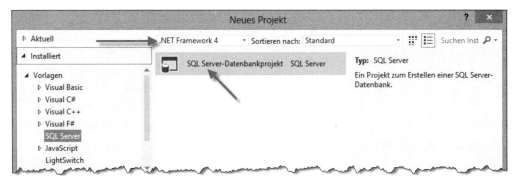

Abbildung 8.33   Neues SQL Server-Projekt erstellen

HINWEIS   Beachten Sie, dass Sie das *.NET Framework 4.0* für das neue Projekt auswählen, andernfalls kommt es beim Erstellen der Assembly bzw. dem Installieren auf dem Server zu Problemen.

Bevor Sie jetzt weiterarbeiten, müssen Sie als VB-Programmierer zunächst die Programmiersprache anpassen. Dies erfolgt über den Menüpunkt *Projekt/Eigenschaften/SQLCLR* Option *Sprache*. Standardmäßig ist hier C# voreingestellt.

Nun steht die Frage, mit welcher Datenbank Sie im Weiteren arbeiten. Standardmäßig wird zunächst eine LocalDB-Datenbank verwendet, deren Verbindungszeichenfolge Sie unter *Projekt/Eigenschaften/Datenbank* jederzeit ändern können (siehe Abbildung 8.34). Visual Studio nutzt diese Information lediglich, um die erstellte Assembly und die enthaltenen Methoden zu veröffentlichen bzw. zu registrieren. Einer späteren Umsetzung des Projekts auf einen anderen Server steht also nichts im Wege.

HINWEIS   Die Distribution Ihrer Assembly auf dem Produktiv-Server werden Sie später sicher per SQL-Skript realisieren, denn nicht immer und überall ist auch Visual Studio vorhanden.

Ändern Sie bei dieser Gelegenheit auch gleich die Option *Startaktion*, und wählen Sie als Startskript *(Leer)* (siehe Abbildung 8.34).

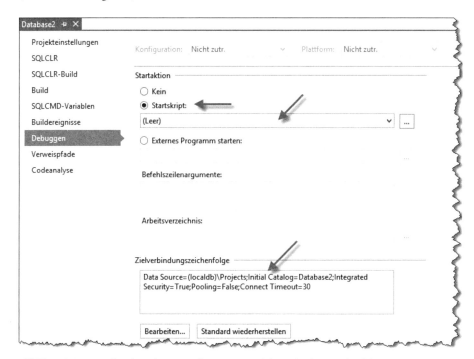

Abbildung 8.34 Einstellen der Debugging-Informationen und der Verbindungszeichenfolge

Nach dem Erstellen des Projekts finden Sie ein leeres Projekt (entspricht einer leeren Datenbank) vor, in das Sie zunächst neue Objekte einfügen müssen.

Dies können zunächst die ganz »normalen« Datenbankobjekte wie Tabellen, Sichten, Prozeduren (nicht CLR-Funktionen) etc. sein. Die gewünschten Funktionen stehen über den Kontextmenüpunkt *Hinzufügen* zur Verfügung:

Neues Element...	Strg+Umschalt+A	
Vorhandenes Element...	Umschalt+Alt+A	
Neuer Ordner		
Inlinefunktion...		
Tabelle...		
Tabellenwertfunktion...		
Sicht...		
Skalarwertfunktion...		
Gespeicherte Prozedur...		
Skript...		

Abbildung 8.35   Hinzufügen »normaler« Datenbankobjekte

HINWEIS   Zunächst werden die Funktionen im Visual Studio-Projekt gespeichert. Erst nach dem Erstellen und »Bereitstellen« werden die Objekte per Skript au dem Zielsystem erzeugt.

Die eigentlichen CLR-Funktionen, bzw. deren Templates, können Sie nur über den Menüpunkt *Projekt/Hinzufügen/Neues Element/SQL CLR VB* erreichen (siehe Abbildung 8.36).

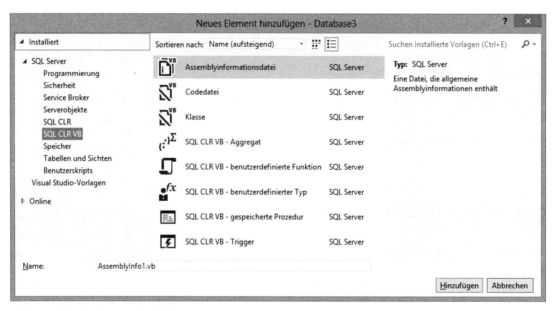

Abbildung 8.36   Die Templates für CLR-Funktionen

HINWEIS   Sollte hier C# angezeigt werden, müssen Sie die Sprach-Anpassung in den Projektoptionen vornehmen.

Ein erstes Beispiel

Erstellen Sie über obigen Dialog eine *SQL CLR VB – benutzerdefinierte Funktion*, erhalten Sie folgenden Klassenrumpf:

```
Imports System
Imports System.Data
Imports System.Data.SqlClient
Imports System.Data.SqlTypes
Imports Microsoft.SqlServer.Server
Partial Public Class UserDefinedFunctions

    <Microsoft.SqlServer.Server.SqlFunction()> _
    Public Shared Function SqlFunction1() As SqlString
        ' Fügen Sie hier Ihren Code hinzu
        Return New SqlString("")
    End Function

End Class
```

Die drei wichtigsten Punkte haben wir im obigen Code bereits fett hervorgehoben:

- Der Namespace *Microsoft.SqlServer.Server* für die Unterstützung der SQL Server-Funktionalität wird eingebunden

- Mit einem Attribut (in diesem Fall *Microsoft.SqlServer.Server.SqlFunction*) wird die neue Funktion in der Assembly entsprechend gekennzeichnet

- Die Funktion hat einen Rückgabewert vom Typ *SqlString*

HINWEIS Die SQL Server-Datentypen werden mit *Sql...* gekennzeichnet und sollten auch im Zusammenhang mit dem Erstellen von Stored Procedures und Funktionen verwendet werden, auch wenn Sie mit dem Typisieren später noch viel Freude haben werden. Auf diese Weise werden jedoch Probleme mit Null etc. beim Aufruf und der Verarbeitung der Funktionen vermieden.

Wichtig: Die Funktion wird als *Shared* gekennzeichnet, wer sollte auch eine neue Instanz der Klasse auf dem Server erstellen?

Ändern Sie noch schnell die Zeile

```
Return New SqlString("")
```

in

```
Return New SqlString("Return")
```

Klicken Sie jetzt auf *F5*, wird die Assembly erzeugt und auf dem zugeordneten SQL Server registriert. Gleichzeitig werden auch alle Funktionen und Prozeduren registriert, Sie können sich davon im SQL Server-Objekt-Explorer überzeugen:

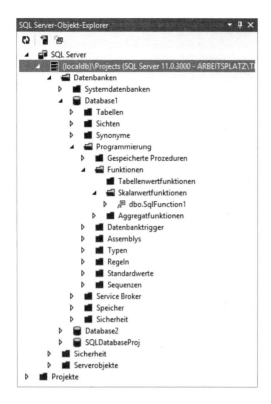

Abbildung 8.37 Die neu erzeugte Funktion ist bereits registriert

---

HINWEIS   *Die Assembly selbst finden Sie unter dem Knoten Assemblys.*

Doch noch passiert nichts Interessantes, dazu müssen Sie schon eine SQL-Anweisung ausführen. Nutzen Sie dazu das jetzt geöffnete Abfragefenster und geben Sie ein:

```
SELECT dbo.SqlFunction1()
```

Klicken Sie jetzt auf den »gut erkennbaren« kleinen grünen Pfeil, um die Anweisung auszuführen:

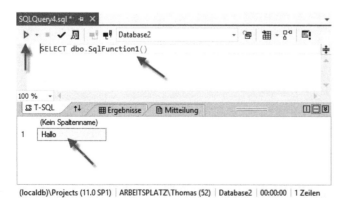

Abbildung 8.38 SQL-Befehl ausführen

Im unteren Fenster sollte jetzt die Meldung »Hallo« auftauchen.

Natürlich ist dieses Vorgehen recht aufwändig, wenn Sie eine Funktion z.B. mehrfach testen und debuggen wollen. Hier hilft Ihnen ein Test-Skript weiter, das Sie Ihrem Projekt hinzufügen (*Projekt/Hinzufügen/Neues Element/Benutzerskripts/Script (Nicht im Build)*. Öffnen Sie die neu erstellte *Script.sql*-Datei und fügen Sie die folgende Anweisung ein:

```
SELECT dbo.SqlFunction1()
```

In den Projektoptionen (siehe Abbildung 8.34) weisen Sie jetzt der Option *Startaktion* das neue Skript zu.

Starten Sie jetzt erneut das Projekt (*F5*), steht die entsprechende Zeile bereits im Abfragefenster, Sie müssen nur noch die Ausführung fortsetzen. Haben Sie einen Breakpoint in Ihrer VB-Funktion gesetzt, hält der Debugger an der entsprechenden Stelle an und Sie können Variablen etc. wie gewohnt auswerten.

HINWEIS   Die Assembly ist ab sofort in der SQL Server-Datenbank gespeichert, es handelt sich nicht um eine Referenz auf die externe Datei. Damit können auch alle per .NET erzeugten Objekte in ein SQL Server-Backup eingeschlossen werden.

Sehen wir uns im Folgenden die einzelnen Objektarten im Detail an.

Benutzerdefinierte Funktionen (UDF)

Ein erstes recht einfach gehaltenes Beispiel für eine benutzerdefinierte Funktion (*User Defined Function = UDF*) haben wir Ihnen ja bereits im vorhergehenden Abschnitt vorgestellt. Ein weiteres Beispiel zeigt, wie Sie Parameter definieren und verwenden können.

BEISPIEL

UDF mit Parametern

```
<Microsoft.SqlServer.Server.SqlFunction()> _
Public Shared Function MeineZweiteFunktion(a As SqlInt32, b As SqlInt32) As SqlString
```

Wie Sie sehen, nehmen wir eine Typisierung[1] vor, andernfalls würde VB diese implizit vornehmen:

```
Dim c As Int32
c = CType(a, Int32) + CType(b, Int32)
Return New SqlString("Mein zweites Funktionsergebnis: " & c.ToString())
End Function
```

Alternativ geht es auch so (hier arbeiten Sie mit *SqlInt32*):

```
Dim c = a + b
Return New SqlString("Mein zweites Funktionsergebnis: " & c.ToString())
```

Das Test-Skript für die neue Funktion:

```
SELECT dbo.MeineZweiteFunktion(10,20);
```

---

[1] Das ist der Nachteil der SQL Server-Datentypen.

Die Ausgabe:

```
...
Mein zweites Funktionsergebnis: 30
Keine Zeilen betroffen.
(1 Zeile(n) zurückgegeben)
```

BEISPIEL

Dass die neue Funktion auch mit ganz »normalen« SQL-Abfragen zusammenarbeitet, zeigt das folgende Test-Skript:

```
SELECT
    Artikel.Artikelname,
    dbo.MeineZweiteFunktion(Artikel.Lagerbestand,5)
FROM
    Artikel
```

Die Ausgabe:

```
...

Artikelname                          Column1
------------------------------------------------------------------------------
Chai                                 Mein zweites Funktionsergebnis: 23
Chang                                Mein zweites Funktionsergebnis: 22
Aniseed Syrup                        Mein zweites Funktionsergebnis: 18
Chef Anton's Cajun Seasoning         Mein zweites Funktionsergebnis: 58
Chef Anton's Gumbo Mix               Mein zweites Funktionsergebnis: 5
Grandma's Boysenberry Spread         Mein zweites Funktionsergebnis: 125
Uncle Bob's Organic Dried Pears      Mein zweites Funktionsergebnis: 20
Northwoods Cranberry Sauce           Mein zweites Funktionsergebnis: 11
Mishi Kobe Niku                      Mein zweites Funktionsergebnis: 34
...
```

Damit dürfte auch schon das Haupteinsatzgebiet der UDFs klar erkennbar sein: Aufwändige Berechnungen, Prüfungen (z.B. Regular Expressions) und Konvertierungen (XML) können mit dem kompilierten Code einer CLR-Funktion wesentlich besser und schneller ausgeführt werden als unter T-SQL.

Stored Procedures

Nachdem wir uns schon mit der Integration von CLR-Funktionen vertraut gemacht haben, erwartet Sie bei den Gespeicherten Prozeduren (Stored Procedures) zunächst nichts Neues. Diese werden ebenfalls als statische Methoden implementiert, lediglich das verwendete Attribut unterscheidet sich zunächst.

BEISPIEL

Vordefinierte Gespeicherte Prozedur

```
Imports Microsoft.SqlServer.Server

Partial Public Class StoredProcedures
    <Microsoft.SqlServer.Server.SqlProcedure()> _
```

```
    Public Shared Sub StoredProcedure2 ()
        ' Fügen Sie hier Ihren Code hinzu
    End Sub
End Class
```

HINWEIS Als Rückgabewerte sind lediglich *SqlInt32* und *Int32* zulässig.

Parameter/Rückgabewerte

Mit einem kleinen Beispiel wollen wir Ihnen zunächst die Verwendung der Parameter demonstrieren. Dies ist insofern von Bedeutung, da Stored Procedures auch Werte über die Parameter zurückgeben können (OUTPUT-Parameter).

BEISPIEL

Stored Procedure zur Berechnung der Summe zweier Werte, über den dritten Parameter wird das Ergebnis zurückgegeben

```
Imports System
Imports System.Data
Imports System.Data.SqlClient
Imports System.Data.SqlTypes
Imports Microsoft.SqlServer.Server


Partial Public Class StoredProcedures
    <Microsoft.SqlServer.Server.SqlProcedure()> _
```

OUTPUT-Parameter werden als *ref* deklariert:

```
    Public Shared Function Test_SP(a As SqlInt16, b As SqlInt16, _
                            ByRef c As SqlInt16) As SqlInt32
        Dim ret As SqlInt32 = c
```

OUTPUT-Parameter berechnen:

```
        c = a + b
```

Funktionsergebnis festlegen:

```
        Test_SP = ret
    End Function
End Class
```

Das Test-Skript fällt diesmal etwas umfangreicher aus, da wir dieses Beispiel gleich noch für das Debugging nutzen wollen:

Variablendeklaration in T-SQL:

```
DECLARE @a int;
DECLARE @b int;
DECLARE @c int;
DECLARE @d int;
```

Werte festlegen:

```
SET @a = 10;
SET @b = 20;
SET @c = 100;
```

Funktionsaufruf (beachten Sie die OUTPUT-Deklaration):

```
EXEC @d = dbo.Test_SP1 @a, @b, @c OUTPUT;
```

Anzeige von Parameter und Funktionsergebnis:

```
SELECT @c;
SELECT @d;
```

Die Ausgabe unseres T-SQL-Skripts:

```
...
Column1
-----------
30
Keine Zeilen betroffen.
(1 Zeile(n) zurückgegeben)
Column1
-----------
100
Keine Zeilen betroffen.
(1 Zeile(n) zurückgegeben)
...
```

Um die Debugging-Fähigkeiten zu testen, setzen Sie einfach einen Breakpoint in das T-SQL-Testskript und starten erneut mit *F5*:

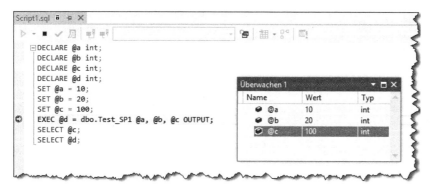

Abbildung 8.39   Der Debugger in Aktion (T-SQL-Skript)

Wie Sie sehen, können Sie problemlos die Werte im T-SQL-Script auslesen. Auch das Debugging in die eigentliche CLR-Prozedur hinein ist kein Problem, am einfachsten funktioniert es, wenn Sie dort ebenfalls einen Breakpoint setzen.

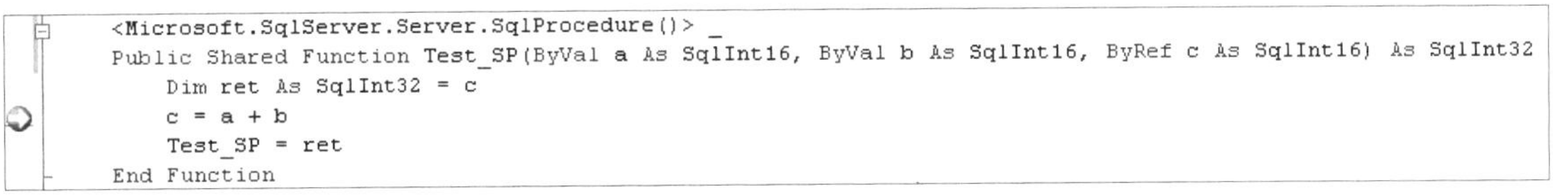

```
   <Microsoft.SqlServer.Server.SqlProcedure()> _
   Public Shared Function Test_SP(ByVal a As SqlInt16, ByVal b As SqlInt16, ByRef c As SqlInt16) As SqlInt32
       Dim ret As SqlInt32 = c
       c = a + b
       Test_SP = ret
   End Function
```

Abbildung 8.40 Breakpoint in der Stored Procedure

Die aktuelle Verbindung für den Datenzugriff nutzen

Nach diesem recht einfachen Beispiel wollen wir uns auch mit dem eigentlichen Einsatzgebiet der Stored Procedures beschäftigen, dem Zugriff auf die Daten von Abfragen. Wer jetzt ein revolutionär neues Konzept erwartet, der dürfte zunächst enttäuscht sein, wenn es wie immer heißt:

```
<Microsoft.SqlServer.Server.SqlProcedure()> _
Public Shared Sub Test_SP2()
    Dim conn As New SqlConnection()
    conn.ConnectionString = ...
```

Das sieht ja wie in meinen normalen Visual Basic-Programm aus, wird sicher der eine oder andere sagen. Das ist korrekt und auch beabsichtigt, soll doch die Codeumstellung von einer VB-Anwendung zu einer VB-Stored Procedure möglichst einfach sein (z.B. beim Verlagern der Business-Logik vom Client auf den SQL Server). Doch spätestens beim Zuweisen der *ConnectionString*-Eigenschaft kommt der kleine aber feine Unterschied ins Spiel:

```
...
    Dim conn As New SqlConnection()
    conn.ConnectionString = "context connection = true"
```

Statt eines kompletten ConnectionString übergeben Sie obige Zeichenfolge, und es wird die bereits existierende Connection verwendet.

Gleich der nächste Knackpunkt ist das folgende *Open*, obwohl die Verbindung schon geöffnet ist:

```
    conn.Open()
```

Doch auch hier gilt: der Code soll möglichst mit einem normalen Clientprogramm vergleichbar sein, deshalb bleibt es beim *Open*, auch wenn damit keine neue Verbindung geöffnet wird.

Die folgende Anweisung dürfte für Sie nichts Neues sein, wir erzeugen ein *Command*-Objekt, das auf der aktuellen Connection basiert:

```
    Dim cmd As New SqlCommand("SELECT * FROM Artikel", conn)
```

Für die Rückgabe der Daten an den Client wird das *SqlContext.Pipe*-Objekt verwendet[1]. An die *Send*-Methode des *Pipe*-Objekts können Sie neben einfachen Meldung (*String*) auch einen *SqlDataRecord* oder, wie hier gezeigt, einen *SQLDataReader* übergeben:

```
    SqlContext.Pipe.Send(cmd.ExecuteReader())
End Sub
```

---

[1] Fast wie *Response* bei ASP.NET-Anwendungen ...

Damit werden alle Datensätze des *SqlCommand* an den Client gesendet, wir können uns mit einem Test-Skript davon überzeugen:

```
EXEC dbo.Test_SP2;
```

Die Ausgabe verhält sich wie bei einer normalen T-SQL-Stored Procedure, mit dem Unterschied, dass die Daten von einer managed Stored Procedure erzeugt wurden:

```
ArtikelNr   Artikelname                       LieferantenNr KategorieNr Liefereinheit             Ei
----------- --------------------------------- ------------- ----------- ------------------------- --
1           Chai                              1             1           10 Kartons x 20 Beutel    18
2           Chang                             1             1           24 x 12-oz-Flaschen       19
3           Aniseed Syrup                     1             2           12 x 550-ml-Flaschen      11
4           Chef Anton's Cajun Seasoning      <NULL>        <NULL>      <NULL>                    22
5           Chef Anton's Gumbo Mix            2             2           36 Kartons                21
6           Grandma's Boysenberry Spread      3             2           12 x 8-oz-Gläser          25
7           Uncle Bob's Organic Dried Pears   3             7           12 x 1-lb-Packungen       30
8           Northwoods Cranberry Sauce        3             2           12 x 12-oz-Gläser         40
9           Mishi Kobe Niku                   4             6           18 x 500-g-Packungen      97
10          Ikura                             4             8           12 x 200-ml-Gläser        31
11          Queso Cabrales                    5             4           1-kg-Paket                21
12          Queso Manchego La Pastora         5             4           10 x 500-g-Packungen      38
13          Konbu                             6             8           2-kg-Karton               6
```

Abbildung 8.41 Die von der Stored Procedure zurückgegebenen Daten

---

HINWEIS   Natürlich ist es an dieser Stelle sinnfrei, mit der Stored Procedure nur eine Tabelle abzufragen, das geht mit T-SQL schneller und vor allem einfacher. Aber hier geht es um den Zugriff auf die aktuelle Connection und die Rückgabe von Tabellendaten.

Auch wenn im obigen Beispiel die aktuelle Connection genutzt wird, Sie können aus einer solchen Stored Procedure heraus jederzeit eine gänzlich andere Connection auch auf anderen Servern öffnen und abfragen. Ebenfalls möglich ist der Zugriff auf das Dateisystem des Servers, um zum Beispiel Binärdaten zu lesen oder zu schreiben (z.B. Grafiken). Allerdings müssen Sie in diesem Fall die Berechtigungsebene für Ihre Assembly anpassen, wir kommen später darauf zurück.

Eigenes Resultset erzeugen

Einer der Vorteile der .NET-Stored Procedures gegenüber Ihren T-SQL-Pendants ist sicher die Möglichkeit, ohne temporäre Tabellen direkt neue Resultsets zu erzeugen. Ein Beispiel soll dies demonstrieren.

BEISPIEL

Stored Procedure, die für einen gegebenen Betrag und Zeitraum den Zinseszins als Resultset zurückgibt

```
<Microsoft.SqlServer.Server.SqlProcedure()> _
Public Shared Sub ZinsesZins(Betrag As SqlSingle, Startjahr As SqlInt16, _
                   Laufzeit As SqlInt16, Zins As SqlSingle)
```

Zunächst müssen Sie die Beschreibung (Tabellenkopf) für das Resultset erzeugen:

```
Dim p As SqlPipe = SqlContext.Pipe
```

```
Dim dr As New SqlDataRecord(New SqlMetaData() _
        {New SqlMetaData("Jahr", SqlDbType.Int), New SqlMetaData("Betrag", SqlDbType.Float)})
```

Daten senden:

```
p.SendResultsStart(dr)
```

Für die gewählten Jahre:

```
Dim jahr As Integer = CType(Startjahr, Int16)
For j As Integer = 0 To CType(Laufzeit, Int16)
```

Jahr ausgeben:

```
dr.SetInt32(0, jahr)
```

Zinseszins bestimmen:

```
dr.SetSqlDouble(1, CType(Betrag, Double) *
                Math.Pow(1 + CType(Zins, Double) / 100, j))
jahr += 1
```

Zeile senden:

```
p.SendResultsRow(dr)
Next
```

Wir sind fertig:

```
p.SendResultsEnd()
End Sub
```

Das Test-Skript:

```
EXEC dbo.ZinsesZins 1000, 2000, 10, 5;
```

Die Ausgabe:

```
Jahr        Betrag
----------  ------------------------
2000        1000
2001        1050
2002        1102,5
2003        1157,625
2004        1215,50625
2005        1276,2815625
2006        1340,095640625
2007        1407,10042265625
2008        1477,45544378906
2009        1551,32821597852
2010        1628,89462677744
Keine Zeilen betroffen.
(11 Zeile(n) zurückgegeben)
...
```

Aggregat-Funktionen

Genügen die bereits verfügbaren T-SQL-Aggregat-Funktionen nicht Ihren Ansprüchen, können Sie diese auch um zusätzliche .NET-Aggregat-Funktionen bereichern. Allerdings ist die Umsetzung in diesem Fall nicht ganz so trivial, wie zum Beispiel bei einer einfachen Funktion.

Folgendes Grundgerüst müssen Sie mit Leben erfüllen:

```
Imports System
Imports System.Data
Imports System.Data.SqlClient
Imports System.Data.SqlTypes
Imports Microsoft.SqlServer.Server


<Serializable()> _
<Microsoft.SqlServer.Server.SqlUserDefinedAggregate(Format.Native)> _
Public Structure Spezialsumme
```

Eine private Variable, die für die Berechnung des Endergebnisses genutzt wird:

```
    Private var1 As Integer
```

Mit *Init* initalisieren Sie die private Variable, das ist erforderlich, weil es sich hier nur um eine *Struct* handelt:

```
    Public Sub Init()
        ' Fügen Sie hier Ihren Code ein.
    End Sub
```

Die Methode *Accumulate* wird für jede zu verarbeitende Zeile aufgerufen:

```
    Public Sub Accumulate(value As SqlString)
        ' Fügen Sie hier Ihren Code ein.
    End Sub
```

Merge ermöglicht die parallele Verarbeitung (der Server muss nicht alle Zeilen sequenziell durchlaufen, sondern kann die Arbeit in mehreren Happen/Threads bewältigen). Sie müssen hier die Einzelergebnisse verarbeiten:

```
    Public Sub Merge(value as Spezialsumme)
        ' Fügen Sie hier Ihren Code ein.
    End Sub
```

Mit *Terminate* wird schließlich das Ergebnis als *SqlString* zurückgegeben:

```
    Public Function Terminate() As SqlString
        ' Fügen Sie hier Ihren Code ein.
        Return New SqlString("")
    End Function

End Structure
```

Genug der Theorie, ein konkretes Beispiel sorgt für Klarheit.

Wir realisieren die SUM-Funktion zum zweiten Mal[1]

```
<Serializable()> _
<Microsoft.SqlServer.Server.SqlUserDefinedAggregate(Format.Native)> _
Public Structure Spezialsumme
```

Unsere spätere Endsumme:

```
Private _meineSumme As SqlDouble
```

Wert initialisieren:

```
Public Sub Init()
    _meineSumme = 0
End Sub
```

Für jeden Datensatz:

```
Public Sub Accumulate(value As SqlDouble)
    _meineSumme += value
End Sub
```

Für die parallele Ausführung:

```
Public Sub Merge(value as Spezialsumme)
    _meineSumme += value._meineSumme
End Sub
```

Alle Datensätze verarbeitet:

```
Public Function Terminate() As SqlString
    Return New SqlString(_meineSumme.ToString)
End Function
End Structure
```

Ein Skript für die Verwendung:

```
SELECT
    sum(artikel.Einzelpreis) As "Summe",
    dbo.Spezialsumme(artikel.Einzelpreis) As "Spezialsumme"
FROM Artikel
```

Test:

```
Summe            Spezialsumme
---------------- -------------------------------------------------
2522,71             2522,71
Keine Zeilen betroffen.
(1 Zeile(n) zurückgegeben)
...
```

Die beiden Ergebnisse stimmen überein, ein gutes Zeichen, wir haben wohl alles richtig gemacht.

---

[1] Das ist zwar sinnlos, so können wir aber das Beispiel einfach und überschaubar halten und Sie können zum Schluss auch noch vergleichen, ob wir richtig gerechnet haben.

Trigger in VB realisieren

Auch hier gilt wie für die T-SQL-Trigger:

> **HINWEIS**   Weniger ist mehr! Verzichten Sie, wann immer es geht, auf die Verwendung von Triggern, da diese weder der Übersichtlichkeit Ihrer Anwendung noch der Performance zuträglich sind.

Doch gänzlich werden Sie wahrscheinlich nicht auf Trigger verzichten können oder wollen, ein kleines Beispiel zeigt Ihnen deshalb die Herangehensweise.

> **BEISPIEL**

Ein Insert-Trigger soll erzeugt werden, der einen Preis über 100 Euro verhindern soll[1]:

```
Imports System
Imports System.Data
Imports System.Data.SqlClient
Imports System.Data.SqlTypes
Imports Microsoft.SqlServer.Server
```

Für die Transaktionsunterstützung:

```
Imports System.Transactions

Partial Public Class Triggers
```

Dem *Microsoft.SqlServer.Server.SqlTrigger*-Attribut übergeben Sie den Namen, die Zieltabelle sowie das Ereignis für den Trigger:

```
<Microsoft.SqlServer.Server.SqlTrigger(Name:="InsWarenkorb", Target:="Warenkorb",
    Event:="FOR INSERT")>
Public Shared Sub Trigger1()
    Dim conn As SqlConnection = New SqlConnection("context connection = true")
    conn.Open()
```

Wie auch bei den T-SQL-Triggern können Sie über die Tabelle *Inserted* die einzufügenden Datensätze abrufen:

```
Dim cmd As SqlCommand = New SqlCommand("SELECT * FROM Inserted", conn)
Dim dr As SqlDataReader = cmd.ExecuteReader()
```

Alle Zeilen durchlaufen:

```
While dr.Read()
    Try
```

Ist der Preis zu hoch, wird die Transaktion abgebrochen:

```
If DirectCast(dr("Preis"), Double) > 100 Then
    Transaction.Current.Rollback()
End If
```

---

[1] Ja, die Aufgabenstellung kann mit einer Einschränkung besser gelöst werden!

```
            Catch generatedExceptionName As Exception
            End Try
        End While
        dr.Close()
        conn.Close()
    End Sub
End Class
```

Mehr Sicherheit

Wie schon kurz im Zusammenhang mit dem Dateizugriff angedeutet, wird die .NET-Assembly vom Server auf einer der drei folgenden Berechtigungsebenen ausgeführt:

Berechtigungsebene	Beschreibung
Safe	(Standard) Freier Zugriff auf die lokalen Daten des aktuellen Kontext. Nur managed Code kann ausgeführt werden
External_access	Zugriff auf externe Ressourcen (Dateien, Registry, Netzwerk) ist möglich und wird nur durch die Rechte des Aufrufers beschränkt
Unsafe	Der Aufruf von unmanaged Code ist möglich, voller Zugriff auf die Ressourcen, keine Einschränkungen

Tabelle 8.7 Mögliche Berechtigungen für den erstellten .NET-Code

Die Berechtigungsebene können Sie entweder direkt in Ihrem Visual Studio-Projekt über den Menüpunkt *Projekt/Eigenschaften/Datenbank* festlegen (siehe folgende Abbildung).

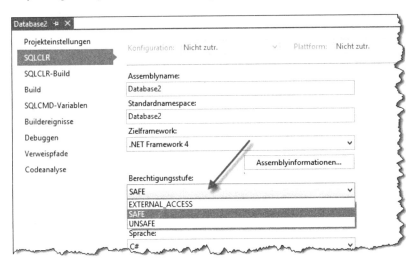

Abbildung 8.42 Einstellen der Berechtigungsebene

... oder Sie nutzen T-SQL zum Registrieren der Assembly:

```
CREATE ASSEMBLY Test FROM 'c:\Test.dll' WITH PERMISSION_SET = SAFE;
```

Fazit

Wann sollten Sie die CLR-Unterstützung nutzen? Die Antwort kann weder pauschal noch schnell gegeben werden und hängt immer vom Einzelfall ab.

Zunächst gilt:

> **HINWEIS**   Die CLR-Integration ist kein Ersatz für die Programmierung in T-SQL!

Ebenfalls sollten Sie immer im Hinterkopf behalten:

> **HINWEIS**   Verwenden Sie .NET-Code, muss zunächst aus der unmanaged Code-Umgebung des SQL Servers per PInvoke auf den managed Code Ihrer .NET-Funktion/Procedure etc. zugegriffen werden (Marshalling). Performance-Verluste in bestimmten Fällen sind damit fast vorprogrammiert.

Verwenden Sie CLR-Code wenn:

- ... komplexe mathematische oder String-basierte Operationen durch die Funktion/Prozedur realisiert werden. Hier können Sie auf den reichhaltigen Fundus an Klassenbibliotheken (z.B. RegularExpressions) in .NET zugreifen.
- ... wenn Sie umfangreiche logische Abläufe (z.B. Business Logik) implementieren wollen.
- ... wenn T-SQL die gewünschte Funktionalität nicht bereitstellt (z.B. Webservice-Aufrufe).
- ... Sie mit neuen Datentypen arbeiten wollen.

Verwenden Sie in jedem Fall T-SQL wenn:

- ... Sie mit umfangreichen Datenmengen arbeiten.

XML-Unterstützung

Bereits mit der Version 2005 des SQL Servers hielt eine umfangreiche XML-Unterstützung Einzug:

- XML-Datentyp
- XML-Abfragen und Modifikationen
- Indizierung von XML
- Verarbeitung von XML-Schemas

Ab dem SQL Server 2008 bietet sich hier noch etwas zusätzlicher Feinschliff:

- Verbesserte Schema-Validation
- Erweiterungen bei der XQuery-Unterstützung
- Erweiterte Funktionalität für XML-DML

Wir greifen uns aus der Menge dieser Features einige für den VB-Programmierer besonders interessante heraus, eine komplette Übersicht würde den Rahmen dieses Kapitels sprengen.

Der XML-Datentyp

Seit dem SQL Server 2005 ist XML »von Grund auf« integriert. Das bedeutet, dass es auch einen entsprechenden Datentyp gibt.

BEISPIEL

Tabelle mit XML-Spalte erzeugen

```
CREATE TABLE  XMLDokumente(
    id int IDENTITY(1,1) NOT NULL,
    Beschreibung nchar(50) COLLATE Latin1_General_CI_AS NOT NULL,
    Daten xml NULL
) ON [PRIMARY]
```

Wie kommen nun Daten in diese Tabelle bzw. Spalte?

BEISPIEL

Direktes Zuweisen der XML-Daten per INSERT INTO

```
INSERT INTO
    XmlDokumente (Beschreibung, Daten)
VALUES
    ('Erster Eintrag', '<Daten><Person>Müller</Person><Person>Mayer</Person></Daten>');
```

Im obigen Beispiel verwenden wir ein wohlgeformtes XML-Dokument für die Übergabe, Sie können jedoch auch die Root des Dokuments weglassen (XML-Fragment). Allerdings gibt es Ärger, wenn Sie sich nicht an die XML-Regeln halten und zum Beispiel Elemente vergessen oder sich Elemente überschneiden. Hier prüft der interne XML-Parser was zulässig ist und was nicht, wie folgende Abbildung beweist.

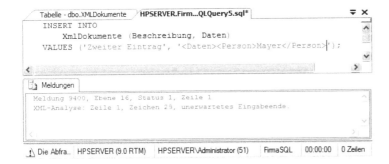

Abbildung 8.43 Fehler bei nicht wohlgeformten XML-Daten

Alternativ können Sie jetzt auch Variablen für das Zwischenspeichern von XML-Daten verwenden:

BEISPIEL

Speichern von XML in einer Variablen

```
DECLARE @doc xml
...
```

Aus einer Abfrage werden XML-Daten in der Variablen gesichert (wir kommen später darauf zurück):

```
SET @doc = (SELECT * FROM mitarbeiter FOR XML AUTO, ELEMENTS, XMLDATA, TYPE)
```

Wir speichern die Variable in einer XML-Tabellenspalte:

```
INSERT INTO
    XmlDokumente (Beschreibung, Daten)
VALUES
    ('Dritter', @doc)
```

Fragen Sie jetzt die Tabellendaten ab, erhalten Sie folgende Anzeige im Microsoft SQL Server Management Studio:

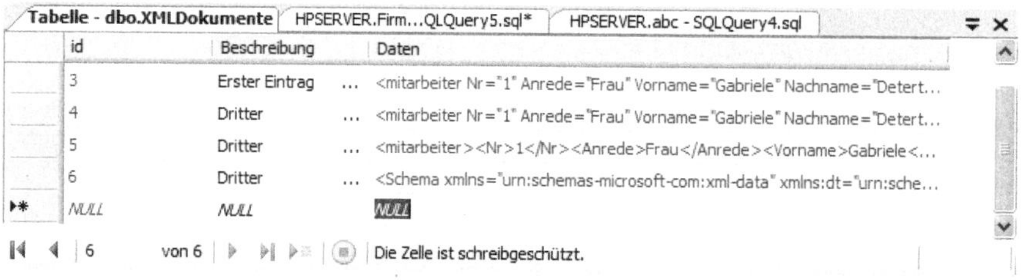

id	Beschreibung	Daten
3	Erster Eintrag ...	<mitarbeiter Nr="1" Anrede="Frau" Vorname="Gabriele" Nachname="Detert...
4	Dritter ...	<mitarbeiter Nr="1" Anrede="Frau" Vorname="Gabriele" Nachname="Detert...
5	Dritter ...	<mitarbeiter><Nr>1</Nr><Anrede>Frau</Anrede><Vorname>Gabriele<...
6	Dritter ...	<Schema xmlns="urn:schemas-microsoft-com:xml-data" xmlns:dt="urn:sche...
NULL	NULL	NULL

Abbildung 8.44 Anzeige von XML-Daten im Management Studio

Sie können den Datentyp *XML* auch als Parameter, zum Beispiel bei einer Stored Procedure, verwenden. In diesem Fall muss das aufrufende Programm auch den entsprechenden Datentyp unterstützen, was bei einem VB-Programm der Fall ist.

XML-Daten mit SELECT erzeugen

Bevor wir uns jetzt den eigentlichen XML-Abfragen zuwenden, wollen wir uns noch kurz mit der Möglichkeit beschäftigen, aus relationalen Daten XML-Daten zu generieren.

Der SQL Server bietet zu diesem Zweck mit »FOR XML« eine Erweiterung der SELECT-Anweisung an.

BEISPIEL

Abfrage der Artikel-Tabelle im XML-Format

```
SELECT *
FROM
   artikel
FOR XML AUTO
```

Das Ergebnis:

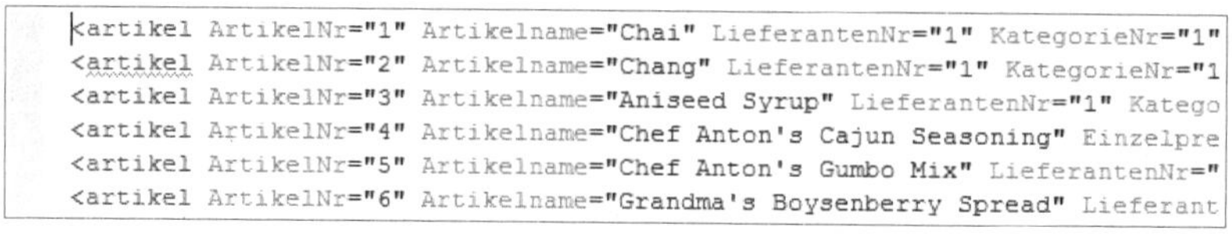

```
<artikel ArtikelNr="1" Artikelname="Chai" LieferantenNr="1" KategorieNr="1"
<artikel ArtikelNr="2" Artikelname="Chang" LieferantenNr="1" KategorieNr="1
<artikel ArtikelNr="3" Artikelname="Aniseed Syrup" LieferantenNr="1" Katego
<artikel ArtikelNr="4" Artikelname="Chef Anton's Cajun Seasoning" Einzelpre
<artikel ArtikelNr="5" Artikelname="Chef Anton's Gumbo Mix" LieferantenNr="
<artikel ArtikelNr="6" Artikelname="Grandma's Boysenberry Spread" Lieferant
```

Abbildung 8.45 Abfrageergebnis

Doch nicht jeder wird mit obigen Daten glücklich sein, versuchen Sie zum Beispiel derartige Daten im Internet-Explorer anzuzeigen, wird Ihnen eine Fehlermeldung die Stimmung verderben (»XML-Dokument muss ein Element der obersten Ebene enthalten ...«).

ROOT erzeugen

Ein Blick in die Handbücher des SQL Servers verrät die Ursache: Die obige Anweisung gibt kein komplettes XML-Dokument zurück. Das Root-Element fehlt, und damit handelt es sich für den Internet Explorer bzw. das DOM um ein ungültiges XML-Dokument.

Mit der zusätzlichen Option »ROOT« weisen Sie den SQL Server an, ein Stamm-Element mit dem gewünschten Namen zu erzeugen.

BEISPIEL

Root-Element *MeineArtikelliste* erzeugen

```
SELECT
    *
FROM
    artikel
FOR XML AUTO, ROOT('MeineArtikelliste')
```

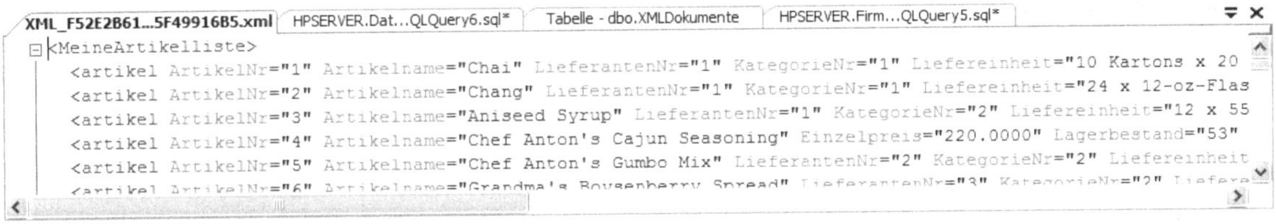

Abbildung 8.46   Die zurückgegebenen Daten

Bisher wurde der Elementname für die einzelnen Zeilen der Abfrage aus dem Tabellennamen gebildet. Wer hier eingreifen möchte, der kann die PATH-Option verwenden.

PATH

BEISPIEL

Neuen Element-Namen festlegen

```
SELECT
    *
FROM
    artikel
FOR XML PATH('ARTICLE')
```

Statt des Elements »Artikel« wird jetzt »ARTICLE« für jeden Eintrag in der Liste ausgegeben (siehe dazu Abbildung 8.47).

```
XML_F52E2B61...5F49916B8.xml   XML_F52E2B61...5F49916B7.xml           ▼ ×
 ⊟ <ARTICLE>
      <ArtikelNr>1</ArtikelNr>
      <Artikelname>Chai</Artikelname>
      <LieferantenNr>1</LieferantenNr>
      <KategorieNr>1</KategorieNr>
      <Liefereinheit>10 Kartons x 20 Beutel</Liefereinheit>
      <Einzelpreis>18.0000</Einzelpreis>
      <Lagerbestand>18</Lagerbestand>
      <BestellteEinheiten>0</BestellteEinheiten>
      <Mindestbestand>10</Mindestbestand>
      <Auslaufartikel>0</Auslaufartikel>
   └ </ARTICLE>
 ⊟ <ARTICLE>
   |  <ArtikelNr>2</ArtikelNr>
 ‹                            ┉                           ›
```

Abbildung 8.47 Abfrageergebnis des Beispiels

ELEMENTS

Über den Vor- oder Nachteil, Detaildaten als Elemente oder als Attribute zu speichern, kann man sicher streiten, durch Verwendung der ELEMENTS-Option können Sie statt der standardmäßig erzeugten Attribute einzelne Elemente ausgeben lassen.

BEISPIEL

Elemente erzeugen

```
SELECT
    *
FROM
    artikel
FOR XML AUTO, ELEMENTS
```

```
XML_F52E2B61...5F49916B6.xml   XML_F52E2B61...5F49916B5.xml           ▼ ×
 ⊟ <MeineArtikelliste>
 ⊟   <artikel>
        <ArtikelNr>1</ArtikelNr>
        <Artikelname>Chai</Artikelname>
        <LieferantenNr>1</LieferantenNr>
        <KategorieNr>1</KategorieNr>
        <Liefereinheit>10 Kartons x 20 Beutel</Liefereinheit>
        <Einzelpreis>18.0000</Einzelpreis>
        <Lagerbestand>18</Lagerbestand>
        <BestellteEinheiten>0</BestellteEinheiten>
        <Mindestbestand>10</Mindestbestand>
        <Auslaufartikel>0</Auslaufartikel>
   -  </artikel>
   ⊟   <artikel>
 ‹                            ┉                           ›
```

Abbildung 8.48 Abfrageergebnis des Beispiels

Hierarchische Daten abfragen

Gibt Ihre SQL-SELECT-Abfrage einen Join zurück, werden die Daten nicht wie gewohnt in einer zweidimensionalen Datenmenge (Zeilen/Spalten), sondern in hierarchischer Form zurückgegeben. Dass sich gerade XML für diese Form der Darstellung eignet, können Sie sich vielleicht denken.

```
SELECT
    *
FROM
    Bestellungen, Bestelldetails
WHERE
    Bestellungen.bestellnr=bestelldetails.bestellnr
```

	BestellNr	KundenCode	PersonalNr	Bestelldatum	Lieferdatum	Versanddatum	VersandUeber	Frachtkosten	Empfaenger
1	10248	WILMK	6	1995-07-04 00:00:00.000	1996-08-01 00:00:00.000	1996-07-16 00:00:00.000	3	32,38	Vins et alcools
2	10248	WILMK	6	1995-07-04 00:00:00.000	1996-08-01 00:00:00.000	1996-07-16 00:00:00.000	3	32,38	Vins et alcools
3	10248	WILMK	6	1995-07-04 00:00:00.000	1996-08-01 00:00:00.000	1996-07-16 00:00:00.000	3	32,38	Vins et alcools
4	10249	TRADH	7	1996-07-05 00:00:00.000	1996-08-16 00:00:00.000	1996-07-10 00:00:00.000	1	11,61	Toms Speziali
5	10249	TRADH	7	1996-07-05 00:00:00.000	1996-08-16 00:00:00.000	1996-07-10 00:00:00.000	1	11,61	Toms Speziali
6	10250	HANAR	4	1997-07-08 00:00:00.000	1996-08-05 00:00:00.000	1996-07-12 00:00:00.000	2	65,83	Hanari Cames
7	10250	HANAR	4	1997-07-08 00:00:00.000	1996-08-05 00:00:00.000	1996-07-12 00:00:00.000	2	65,83	Hanari Cames
8	10250	HANAR	4	1997-07-08 00:00:00.000	1996-08-05 00:00:00.000	1996-07-12 00:00:00.000	2	65,83	Hanari Cames
9	10251	VICTE	3	1996-07-08 00:00:00.000	1996-08-05 00:00:00.000	1996-07-15 00:00:00.000	1	41,34	Victuailles en

Abbildung 8.49 Relationale Daten

```
SELECT
    *
FROM
    Bestellungen, Bestelldetails
WHERE
    Bestellungen.bestellnr=bestelldetails.bestellnr
FOR XML AUTO
```

| XML_F52E2B61...5F49916B2.xml | HPSERVER.Dat...QLQuery6.sql* | Tabelle - dbo.XMLDokumente | HPSERVER.Firm...QLQuery5.sql* |

```
<bestellungen BestellNr="10248" KundenCode="WILMK" PersonalNr="6" Bestelldatum="1995-07-04T00:00:00" Lieferda
    <Bestelldetails BestellNr="10248" ArtikelNr="11" Einzelpreis="14.0000" Anzahl="12" Rabatt="0.0000000e+000"
    <Bestelldetails BestellNr="10248" ArtikelNr="42" Einzelpreis="9.8000" Anzahl="10" Rabatt="0.0000000e+000" u
    <Bestelldetails BestellNr="10248" ArtikelNr="72" Einzelpreis="24.3000" Anzahl="5" Rabatt="0.0000000e+000" u
</bestellungen>
<bestellungen BestellNr="10249" KundenCode="TRADH" PersonalNr="7" Bestelldatum="1996-07-05T00:00:00" Lieferda
    <Bestelldetails BestellNr="10249" ArtikelNr="14" Einzelpreis="18.6000" Anzahl="9" Rabatt="0.0000000e+000"
```

Abbildung 8.50 Relationale Daten in XML-Darstellung

Schema erzeugen

Nicht zuletzt gibt es auch noch die Möglichkeit, ein Schema in die zurückgegebenen Daten einzubetten. Verwenden Sie dazu die Option XMLDATA.

```
SELECT
    *
FROM
    artikel
FOR XML AUTO, ELEMENTS, XMLDATA
```

```
⊟ <Schema name="Schema1" xmlns="urn:schemas-microsoft-com:xml-data" xmlns:dt="urn:schem
⊟   <ElementType name="artikel" content="eltOnly" model="closed" order="many">
        <element type="ArtikelNr" />
        <element type="Artikelname" />
        <element type="LieferantenNr" />
        <element type="KategorieNr" />
        <element type="Liefereinheit" />
        <element type="Einzelpreis" />
        <element type="Lagerbestand" />
        <element type="BestellteEinheiten" />
        <element type="Mindestbestand" />
        <element type="Auslaufartikel" />
      </ElementType>
      <ElementType name="ArtikelNr" content="textOnly" model="closed" dt:type="i4" />
      <ElementType name="Artikelname" content="textOnly" model="closed" dt:type="string"
      <ElementType name="LieferantenNr" content="textOnly" model="closed" dt:type="i4" />
      <ElementType name="KategorieNr" content="textOnly" model="closed" dt:type="i4" />
      <ElementType name="Liefereinheit" content="textOnly" model="closed" dt:type="string
      <ElementType name="Einzelpreis" content="textOnly" model="closed" dt:type="fixed.14
      <ElementType name="Lagerbestand" content="textOnly" model="closed" dt:type="i2" />
      <ElementType name="BestellteEinheiten" content="textOnly" model="closed" dt:type="i
      <ElementType name="Mindestbestand" content="textOnly" model="closed" dt:type="i2" /
      <ElementType name="Auslaufartikel" content="textOnly" model="closed" dt:type="boole
  </Schema>
⊟ <artikel xmlns="x-schema:#Schema1">
    <ArtikelNr>1</ArtikelNr>
```

Abbildung 8.51 Das eingebettete Schema

XML-Abfragen

Die bisherigen Abfragen bezogen sich lediglich darauf, XML-Daten aus relationalen Daten zu erzeugen. Doch es ist sicher auch interessant, auf den Inhalt eines XML-Feldes zuzugreifen, um zum Beispiel Werte zu ermitteln oder Daten zu filtern. Dass wir hier nicht mit WHERE etc. arbeiten können, haben Sie sich vielleicht schon gedacht. XPATH heißt hier die Devise, und wer damit nichts anfangen kann, der sollte zunächst seine XML-Grundlagenkenntnisse etwas auffrischen.

Für die Verarbeitung und Abfrage der eigentlichen XML-Daten stellt uns der SQL Server einige Methoden zur Verfügung[1]:

- *query*
- *value*
- *exist*
- *nodes* und
- *modify.*

Query

Mit der *query*-Methode extrahieren Sie Teile des ursprünglichen XML-Dokuments, Sie übergeben lediglich einen entsprechenden XPath-Ausdruck.

---

[1] Ja, Sie haben richtig gelesen, es sind Methoden!

Abfrage des Mitarbeiters mit der Nummer 1

```
SELECT
    id, daten.query('/mitarbeiter[@Nr = 1]')
FROM
    XMLDokumente
```

Nur die XML-Dokumente der Datensätze 3 und 4 enthalten überhaupt ein entsprechendes XML-Dokument.

	id	(Kein Spaltenname)
1	1	
2	3	<mitarbeiter Nr="1" Anrede="Frau" Vorname="Gabriele" Nachname="Detert" Ge...
3	4	<mitarbeiter Nr="1" Anrede="Frau" Vorname="Gabriele" Nachname="Detert" Ge...
4	5	
5	6	

Abbildung 8.52 Abfrageergebnis

Filtern der Dokumente, es sollen nur die Frauen ausgegeben werden

```
SELECT
    id, daten.query('/mitarbeiter[@Anrede = "Frau"]')
FROM
    XMLDokumente
```

Rückgabe:

```
<mitarbeiter Nr="1" Anrede="Frau" Vorname="Gabriele" Nachname="Detert" Geburtsta
<mitarbeiter Nr="2" Anrede="Frau" Vorname="Heidemarie" Nachname="Obst" Geburtsta
<mitarbeiter Nr="3" Anrede="Frau" Vorname="Renate" Nachname="Behn" Geburtstag="1
<mitarbeiter Nr="5" Anrede="Frau" Vorname="Carola" Nachname="Braun" Geburtstag="
<mitarbeiter Nr="6" Anrede="Frau" Vorname="Simone" Nachname="Schmidt" Geburtstag
<mitarbeiter Nr="7" Anrede="Frau" Vorname="Christine" Nachname="Kamenz" Geburtst
<mitarbeiter Nr="9" Anrede="Frau" Vorname="Marion" Nachname="Adamski" Geburtstag
<mitarbeiter Nr="11" Anrede="Frau" Vorname="Hannelore" Nachname="Große" Geburtst
<mitarbeiter Nr="12" Anrede="Frau" Vorname="Brigitte" Nachname="Heil" Geburtst
<mitarbeiter Nr="13" Anrede="Frau" Vorname="Dana" Nachname="Hilgenfeld" Geburtst
<mitarbeiter Nr="15" Anrede="Frau" Vorname="Gisela" Nachname="Vorwerk" Geburtsta
<mitarbeiter Nr="17" Anrede="Frau" Vorname="Karin" Nachname="Schulze" Geburtstag
<mitarbeiter Nr="18" Anrede="Frau" Vorname="Martina" Nachname="Berg" Geburtstag=
<mitarbeiter Nr="19" Anrede="Frau" Vorname="Friedegard" Nachname="Warnke" Geburt
```

Abbildung 8.53 Abfrageergebnis (Auszug)

Exist

Wie Sie in den vorhergehenden Beispielen gesehen haben, werden bei nichtzutreffenden XPath-Ausdrücken leere Felder zurückgegeben. Diese können Sie per *exist*-Methode herausfiltern.

Alle Datensätze sind herauszufiltern, bei denen ein enthaltenes XML-Dokument das Element *mitarbeiter* mit dem Attribut *Anrede=Frau* aufweist.

```
SELECT  id, daten.query('/mitarbeiter[@Anrede = "Frau"]')
```

```
FROM
    XMLDokumente
WHERE
    daten.exist('/mitarbeiter[@Anrede = "Frau"]')=1
```

Value

Mit der *value*-Methode können Sie einen einzelnen (skalaren) Wert per XPath-Ausdruck abrufen und in einen SQL-Datentyp umwandeln.

BEISPIEL

Der Nachname des Mitarbeiters mit der Nummer 5 soll abgerufen werden.

```
SELECT
    id, daten.value('(/mitarbeiter[@Nr=5]/@Nachname)[1]', 'nvarchar(max)')
FROM
XMLDokumente
```

HINWEIS   Nur die XML-Dokumente der Datensätze 3 und 4 enthalten überhaupt ein entsprechendes XML-Dokument, in allen anderen Fällen wird NULL zurückgegeben.

	id	(Kein Spaltenname)
1	1	NULL
2	3	Braun
3	4	Braun
4	5	NULL
5	6	NULL

Abbildung 8.54 Abfrageergebnis des Beispiels

Der Clientzugriff auf die XML-Daten

Nachdem wir uns um die serverseitige Unterstützung für den XML-Datentyp gekümmert haben, ist sicher auch die Clientseite von Interesse. Allerdings werden wir uns an dieser Stelle nur für das reine Abrufen bzw. Speichern der Daten auf dem Server interessieren.

BEISPIEL

Zugriff auf eine XML-Datenspalte

```
Imports System.Data.SqlClient
Imports System.Data.SqlTypes
Imports System.Xml
...
        Dim conn As New SqlConnection("Data Source=hpserver;Initial Catalog=" &
                                      "FirmaSQL;Integrated Security=True")
        conn.Open()
```

Wir selektieren per SQL-WHERE den Datensatz mit der Nummer 3 und per XPath-Ausdruck den Mitarbeiter mit der Nummer 1 aus dem XML-Dokument:

```
        Dim cmd As New SqlCommand("SELECT daten.query('/mitarbeiter[@Nr = 1]') " &
                                  "FROM XMLDokumente WHERE id = 3", conn)
```

Einlesen der Daten:

```
Dim r As SqlDataReader = cmd.ExecuteReader()
r.Read()
```

Und hier können wir die Daten an den *SqlXml*-Datentyp übergeben:

```
Dim xml As SqlXml = r.GetSqlXml(0)
```

Wir speichern die Daten (hier könnte eine beliebige Verarbeitung stehen):

```
Dim xtw As New XmlTextWriter("C:\Test2.xml", System.Text.Encoding.UTF8)
xtw.WriteNode(xml.CreateReader(), True)
xtw.Flush()
xtw.Close()
```

> **HINWEIS** Alternativ können Sie auch gleich die *ExecuteXmlReader*-Methode verwenden, diese gibt einen *XmlReader* zurück.

Die Abbildung zeigt die Daten in der Datei *Test2.xml*:

```
<mitarbeiter Nr="1" Anrede="Frau" Vorname="Gabriele"
  Nachname="Detert" Geburtstag="1964-03-01T00:00:00"
  Gehalt="3165.3400" RaumId="15" TelefonId="18" Vorgesetzter="451" />
```

Abbildung 8.55 Dateiinhalt

BEISPIEL

Aktualisieren von XML-Daten auf dem Server

```
Imports System.Data.SqlClient
Imports System.Data.SqlTypes
Imports System.Xml
...
        Dim conn As New SqlConnection("Data Source=hpserver;Initial Catalog=" &
                                "FirmaSQL;Integrated Security=True")
        conn.Open()
```

Eine Update-Command zusammenbauen (die Spalte *Daten* ist vom Typ *XML*):

```
Dim cmd As New SqlCommand("UPDATE XMLDokumente SET daten=@xml WHERE id=1", conn)
```

Parameter und Wert festlegen (wir lesen einfach die Datei aus dem Vorgängerbeispiel wieder ein):

```
Dim p As SqlParameter = cmd.Parameters.Add("@xml", SqlDbType.Xml)
p.Value = New SqlXml(New XmlTextReader("C:\Test2.xml"))
```

Abfrage starten:

```
cmd.ExecuteNonQuery()
```

BEISPIEL

Zugriff auf XML-Ergebnisse von FOR XML-Abfragen

```
Imports System.Data.SqlClient
Imports System.Data.SqlTypes
Imports System.Xml
        Dim conn As New SqlConnection("Data Source=hpserver;Initial Catalog=" &
                              "FirmaSQL;Integrated Security=True")
        conn.Open()
```

Aus relationalen Daten erezugen wir ein XML-Dokument:

```
        Dim cmd As New SqlCommand("SELECT * FROM Artikel FOR XML AUTO, TYPE," &
                              " ROOT('Artikelliste')", conn)
```

Einlesen der Daten:

```
        Dim r As SqlDataReader = cmd.ExecuteReader()
        r.Read()
```

Und hier haben wir wieder den neuen Datentyp:

```
        Dim xml As SqlXml = r.GetSqlXml(0)
```

Speichern der Abfrageergebnisse in einer Datei:

```
        Dim xtw As New XmlTextWriter("C:\Test2.xml", System.Text.Encoding.UTF8)
        xtw.WriteNode(xml.CreateReader(), True)
        xtw.Flush()
        xtw.Close()
```

```
- <Artikelliste>
    <Artikel ArtikelNr="1" Artikelname="Chai" LieferantenNr="1"
     KategorieNr="1" Liefereinheit="10 Kartons x 20 Beutel"
     Einzelpreis="18.0000" Lagerbestand="18" BestellteEinheiten="0"
     Mindestbestand="10" Auslaufartikel="0" />
    <Artikel ArtikelNr="2" Artikelname="Chang" LieferantenNr="1"
     KategorieNr="1" Liefereinheit="24 x 12-oz-Flaschen"
     Einzelpreis="19.0000" Lagerbestand="17" BestellteEinheiten="40"
     Mindestbestand="25" Auslaufartikel="0" />
    <Artikel ArtikelNr="3" Artikelname="Aniseed Syrup" LieferantenNr="1"
     KategorieNr="2" Liefereinheit="12 x 550-ml-Flaschen"
     Einzelpreis="112.0000" Lagerbestand="13" BestellteEinheiten="70"
     Mindestbestand="25" Auslaufartikel="0" />
```

Abbildung 8.56 Die gespeicherten Daten

Natürlich können Sie auch ganz ohne XML-Datentyp auskommen.

BEISPIEL

Anzeige des erzeugten XML-DataSets in einem *DataGridView*

```
    Dim conn As New SqlConnection("Data Source=hpserver;" &
                        "Initial Catalog=Datensql1;Integrated Security=True")
    Dim cmd As New SqlCommand("SELECT * FROM Artikel FOR XML AUTO, XMLDATA, ELEMENTS", conn)
    conn.Open()
    Dim myXML As XmlReader = cmd.ExecuteXmlReader()
```

```
Dim ds As New DataSet()
ds.ReadXml(myXML, XmlReadMode.Fragment)
conn.Close()
DataGridView1.DataSource = ds.Tables(0)
```

How-to-Beispiele

8.1 ... Aktualisierungs- und Löschweitergaben realisieren?

Eine Aktualisierungs- und Löschweitergabe kann auf dem SQL Server mit Hilfe von Triggern realisiert werden.

BEISPIEL

Wird in der Tabelle *Mitarbeiter* eine Person gelöscht, zu der untergeordnete Mitarbeiter vorhanden sind, werden diese ebenfalls gelöscht. Im schlimmsten Fall werden alle Mitarbeiter gelöscht, wenn Sie den Chef aus der Tabelle entfernen, da der Trigger für alle Ebenen (Chef, Abteilungsleiter, Mitarbeiter) erneut ausgelöst wird.

```
CREATE TRIGGER myDelete
ON Mitarbeiter
FOR DELETE
AS
    DELETE FROM Mitarbeiter
    WHERE Mitarbeiter.vorgesetzter = deleted.id
```

8.2 ... Änderungen in Tabellen protokollieren?

Möchten Sie Änderungen an Tabelleninhalten automatisch protokollieren, verwenden Sie am besten einen Trigger, der die jeweiligen Änderungen in einer zweiten LOG-Tabelle (gleiches Layout) speichert. Über die Funktionen *SYSTEM_User* und *GetDate* können Sie zusätzlich speichern, wer wann die Änderung vorgenommen hat.

BEISPIEL

Änderungen in der Tabelle *Mitarbeiter* haben zur Folge, dass die Änderungen mittels Trigger in die Tabelle *mitarbeiter_LOG* geschrieben werden.

```
Create Trigger "tr_log" On dbo.Mitarbeiter
FOR UPDATE
AS
INSERT INTO mitarbeiter_LOG
      SELECT Nr, Anrede,
             Vorname, Nachname, Geburtstag, Gehalt, Raum, Telefon,
             Vorgesetzter, SYSTEM_User, GetDate()
      FROM inserted
```

HINWEIS   Da der Trigger direkt auf dem Server ausgeführt wird, ist es irrelevant, mit welcher Client-Anwendung die Daten verändert werden.

8.3   ... SQL-Anweisungen debuggen?

Zwei Varianten bieten sich an:

- Visual Studio 2012
- SQL Profiler

Debugging im Visual Studio 2012

Öffnen Sie über den Server-Explorer die zu untersuchende Stored Procedure/Function und setzen Sie in der Editoransicht wie gewohnt einen Breakpoint (*F9*).

Starten Sie nun über das Kontextmenü die gewünschte Prozedur mit *Einzelschritt in gespeicherter Prozedur*. Zunächst aber müssen Sie die Parameter für die Prozedur festlegen:

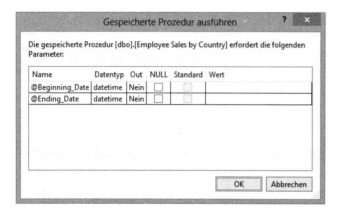

Abbildung 8.57 Beispiel für Parameter festlegen

Nachfolgend wird die Prozedur im Editorfenster geöffnet:

```
ALTER PROCEDURE dbo.NeuerArtikel
    (
    @Bezeichnung varchar(50),
    @Preis float,
    @Anzahl int,
    @Id int OUTPUT
    )

AS

    INSERT INTO [Warenkorb]
    ([Bezeichnung], [Preis], [Anzahl]) VALUES (@Bezeichnung, @Preis, @Anzahl);

    Set @Id = @@Identity


    RETURN 10
```

Abbildung 8.58 Stored Procedure im Debug-Modus

Sie können die Prozedur jetzt zeilenweise durchlaufen und auch Werte von Variablen abfragen (einfach die Maus über die entsprechende Variable bewegen).

SQL Server Profiler

Starten Sie auf dem SQL Server das Programm *SQL Server Profiler*. Über den Menüpunkt *Datei/Neue Ablaufverfolgung* können Sie eine eigene Ablaufverfolgung konfigurieren. Dazu wählen Sie die gewünschten Ereignisse sowie Datenspalten aus und setzen gegebenenfalls Filter, um die Ausgabe gezielt auf einzelne Anwendungen, Datenbanken oder auch Arbeitsstationen zu beschränken:

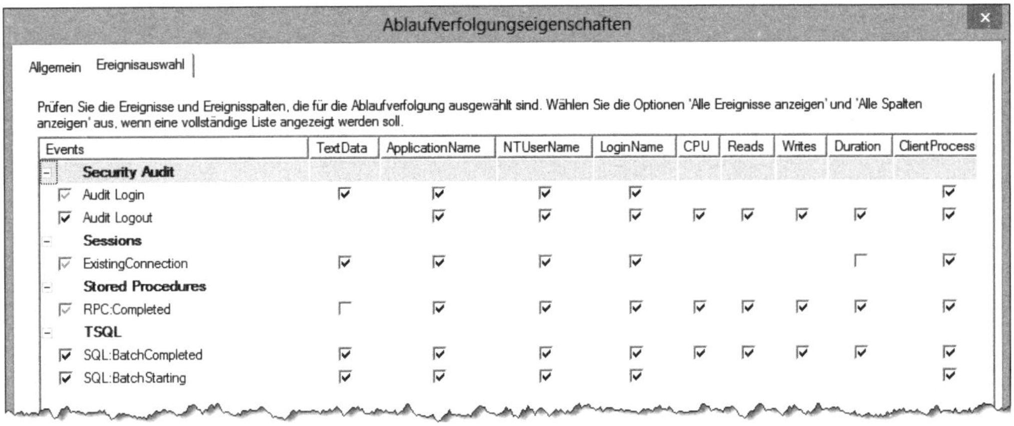

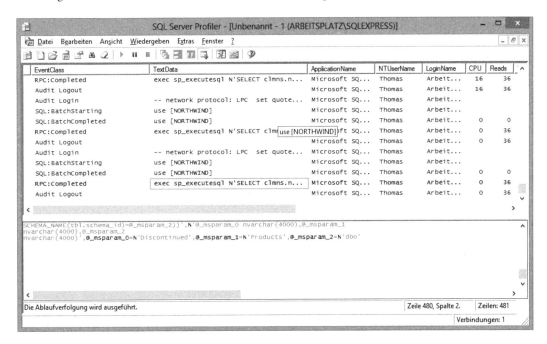

Abbildung 8.59 Eigenschaften für das Debugging setzen

Weiterhin können Sie auch eine LOG-Datei bestimmen, in der die einzelnen Schritte abgelegt werden. Nachfolgend können Sie im Profiler-Fenster die Ausführung der einzelnen SQL-Befehle verfolgen:

Abbildung 8.60 Debug-Protokoll

Interessant ist auch, was von der SQL-Anweisung tatsächlich im Server ankommt. Probleme mit Datentyp-umwandlungen und Währungswerten lassen sich so leicht erkennen.

8.4   ... ein SqlConnection-Objekt programmieren?

SqlConnection-Objekt: *DataSource-*, *ServerVersion-*, *ConnectionTimeout-*, *Database*-Eigenschaft;

Das vorliegende Beispiel zeigt drei verschiedene Möglichkeiten, wie Sie ein *SqlConnection*-Objekt zur SQL Server-Datenbank *Northwind* ohne Assistentenhilfe erstellen und testen.

Oberfläche

Ein Windows-Formular mit einem *DataGridView* und einem *Button* genügt.

Variante 1: Connectionstring hart kodieren

Bei dieser einfachsten Variante wird die Verbindungszeichenfolge direkt in den Quellcode eingetragen, was allerdings den Nachteil hat, dass der spätere Programmnutzer keine Möglichkeiten mehr hat, daran etwas zu ändern (z.B. Provider- oder Servernamen wechseln).

```
Imports System.Data.SqlClient
Public Class Form1

    Private Sub Button1_Click(sender As Object, e As EventArgs) Handles Button1.Click
        Dim connStr As String =
                    "Data Source=.\SQLEXPRESS;Initial Catalog=Northwind;Integrated Security=True"
        Dim conn As New SqlConnection(connStr)
        connect(conn)
    End Sub
End Sub
```

Variante 2: Connectionstring in der Anwendungskonfigurationsdatei hinterlegen

Bei dieser Variante wird die Verbindungszeichenfolge in der Konfigurationsdatei (*App.config* bzw. *<Anwen-dungsname>.exe.config*) gespeichert. Der spätere Programmnutzer kann die Datei mit einem Text- oder XML-Editor bearbeiten, um die Verbindungszeichenfolge seinen Bedürfnissen anzupassen.

Wählen Sie das Menü *Projekt/<Projektname>-Eigenschaften...* und öffnen Sie die Registerseite *Einstellungen*. Tragen Sie in die erste Zeile der Liste die folgende Einstellung ein:

- Name: *NorthwindConn*

- Typ: *(Verbindungszeichenfolge)*

- Bereich: *Anwendung*

- Wert: *Data Source=.\SQLEXPRESS;Initial Catalog=Northwind;Integrated Security=True*

Abbildung 8.61 Eintrag der Verbindungszeichenfolge in die Anwendungseinstellungen

Der Blick in die Datei *App.config* zeigt uns, dass die Verbindungszeichenfolge unter dem Namen *<Anwendungsname>.Properties.Settings.Default.NorthwindConn* in der *ConnectionStrings*-Sektion gelandet ist:

```
App.config  ⊕ ×
    <?xml version="1.0" encoding="utf-8" ?>
  ⊟<configuration>
  ⊟   <configSections>
  │   </configSections>
  ⊟   <connectionStrings>
  ⊟       <add name="WpfApplication11.Properties.Settings.NorthwindConn"
              connectionString="Data Source=.\\SQLEXPRESS;Initial Catalog=Northwind;Integrated Security=True" />
      </connectionStrings>
  ⊟   <startup>
          <supportedRuntime version="v4.0" sku=".NETFramework,Version=v4.5" />
      </startup>
  </configuration>
```

Abbildung 8.62 Inhalt der Datei *App.config*

```vbnet
Private Sub Button2_Click(sender As Object, e As EventArgs) Handles Button2.Click
    Dim connStr As String = My.Settings.NorthwindConn
    Dim conn As New SqlConnection(connStr)
    connect(conn)
End Sub
```

Variante 3: Eine Datenbankdatei (.mdf) verwenden

Falls die Datenbank nicht im SQL Server vorhanden ist, sondern in einer separaten Datei (*Northwind.mdf*) vorliegt, bietet sich diese Variante an. Das hat auch den Vorteil, dass die Datenbankdatei einfach zusammen mit der Anwendung weitergegeben werden kann, ohne auf dem SQL Server des Benutzers installiert werden zu müssen.

HINWEIS   Damit die folgende Verbindungszeichenfolge funktioniert, muss die Datenbankdatei *Northwind.mdf* in das Anwendungsverzeichnis kopiert werden (Datei befindet sich in den Begleitdateien).

```vbnet
Private Sub Button3_Click(sender As Object, e As EventArgs) Handles Button3.Click
    Dim connStr As String =
            "Data Source=.\SQLEXPRESS;AttachDbFilename=|DataDirectory|\Northwind.mdf;" &
                                     "Integrated Security=True;User Instance=True"
```

```
        Dim conn As New SqlConnection(connStr)
        connect(conn)
    End Sub
```

Verbindung zum SQL Server herstellen

Alle drei Varianten rufen die *connect*-Methode auf, um das neu erstellte *SqlConnection*-Objekt auf Brauchbarkeit zu testen. Nach erfolgreicher Verbindungsaufnahme wollen wir bestimmte Eigenschaften des *SqlConnection*-Objekts in einem Meldungsfenster anzeigen lassen. Danach soll der Inhalt der *Employees*-Tabelle im *DataGridView* dargestellt werden.

```
    Private Sub connect(conn As SqlConnection)
        Dim CrLf As String = Environment.NewLine        ' für Zeilenumbruch

        DataGridView1.DataSource = Nothing
        Try
            conn.Open()
            MessageBox.Show("DataSource: " & conn.DataSource & CrLf &
                        "Server Version: " & conn.ServerVersion & CrLf &
                        "TimeOut(sek): " & conn.ConnectionTimeout.ToString() & CrLf &
                        "Database: " & conn.Database, _
                        "Die Verbindung wurde erfolgreich hergestellt !")
        Catch ex As Exception
            MessageBox.Show(ex.Message)
        Finally
            conn.Close()
        End Try
```

Kontrollanzeige:

```
        Dim da As New SqlDataAdapter("SELECT * FROM Employees", conn)
        Dim dt As New DataTable()
        da.Fill(dt)
        DataGridView1.DataSource = dt
    End Sub
End Class
```

Test

Bevor Sie den Code ausprobieren können, muss natürlich der SQL Server bereit sein. Ist dies nicht der Fall, rufen Sie über das Windows-Startmenü (*Start/Programme/Microsoft SQL Server 2008/Konfigurationstools*) den *SQL Server-Konfigurations-Manager* auf und ändern den Status.

Nun dürfte einer Verbindungsaufnahme nichts mehr im Wege stehen:

Abbildung 8.63 Anzeige von Eigenschaften der *SqlConnection*

Bemerkungen

■ Wer es gern übersichtlicher hätte, kann für den Zusammenbau der Verbindungszeichenfolge auch einen *SqlConnectionStringBuilder* verwenden, muss dafür aber einige zusätzliche Zeilen Code schreiben

■ Ein *OleDbConnection*-Objekt wird auf prinzipiell die gleiche Weise erstellt, lediglich tragen einige Parameter andere Bezeichnungen

8.5 ... eine Gespeicherte Prozedur aufrufen?

Command-Objekt: *CommandType*-Eigenschaft, *Parameters*-Auflistung: *Add*-Methode; *Parameter*-Objekt: *Direction*-, *Value*-Eigenschaft;

Gespeicherte Prozeduren *(Stored Procedures)* werden auf dem Server verwaltet und sind eine besonders effektive Methode, um häufig benötigte Abfragen schnell auszuführen. Über den Menübefehl *Ansicht/ Server-Explorer* können Sie sich einen Überblick über die im SQL Server vorhandenen Beispieldatenbanken und die zugehörigen *Gespeicherten Prozeduren* verschaffen.

Unser Beispiel greift auf die in der *Northwind*-Datenbank enthaltene Gespeicherte Prozedur *Sales by Year* zu. Wie Sie dem Server-Explorer entnehmen können, müssen dazu der Prozedur die Parameter *@Beginning_Date* und *@Ending_Date* übergeben werden.

Falls der SQL Server und die *Northwind*-Datenbank nicht im Server-Explorer zu sehen sind, richten Sie zunächst über das Kontextmenü *Verbindung hinzufügen...* des Knotens *Datenverbindungen* eine neue Verbindung ein.

HINWEIS Da wir in unserem Beispiel die Verbindung komplett per Code programmieren werden, ist das Einrichten einer Verbindung im Server-Explorer eigentlich überflüssig. Es dient in unserem Fall lediglich dem Erkunden der verfügbaren Gespeicherten Prozeduren und der zu übergebenden Parameter.

Abbildung 8.64 Der Server-Explorer zeigt die verfügbaren Gespeicherten Prozeduren der *Northwind*-Datenbank und deren Parameter

Oberfläche

Ein *DataGridView*, zwei *TextBox*en und ein *Button* bilden die Testoberfläche (siehe Laufzeitabbildung). Die *TextBox*en dienen zur Eingabe der unteren und oberen Datumsgrenze, die *Button*s dem Start der Abfrage und dem Formatieren der Währungsspalte des *DataGridView*.

Quellcode

```
Public Class Form1
```

Mit SQL Server verbinden:

```
Private Sub Button1_Click(sender As Object, e As EventArgs) Handles Button1.Click
    Dim connStr As String = _
            "Data Source=.\SQLEXPRESS; Initial Catalog=Northwind; Integrated Security=True"
    Dim conn As New SqlConnection(connStr)
    Dim cmd As New SqlCommand("Sales by Year", conn)
    cmd.CommandType = CommandType.StoredProcedure
```

Es folgt nun die Definition der beiden Parameter und das Hinzufügen zur *Parameters*-Auflistung des *Command*-Objekts:

```
    Dim parm1 As New SqlParameter("@Beginning_Date", SqlDbType.DateTime)
    parm1.Direction = ParameterDirection.Input
    parm1.Value = Convert.ToDateTime(TextBox1.Text)
    cmd.Parameters.Add(parm1)

    Dim parm2 As New SqlParameter("@Ending_Date", SqlDbType.DateTime)
    parm2.Direction = ParameterDirection.Input
    parm2.Value = Convert.ToDateTime(TextBox2.Text)
    cmd.Parameters.Add(parm2)
```

Das nun fertige *Command*-Objekt wird dem Konstruktor des *DataAdapter*s übergeben. Nach dem Öffnen der *Connection* wird die Stored Procedure ausgeführt. Die zurückgegebenen Datensätze werden in einer im *DataSet* neu angelegten Tabelle mit einem von uns frei bestimmten Namen »SalesByDate« gespeichert:

```
    Dim da As New SqlDataAdapter(cmd)
    Dim ds As New DataSet()
    conn.Open()
    da.Fill(ds, "SalesByDate")
    conn.Close()
```

Nach dem Schließen des *Connection*-Objekts erfolgt die Anzeige des Tabelleninhalts im *DataGridView*:

```
    DataGridView1.DataSource = ds
    DataGridView1.DataMember = "SalesByDate"
End Sub
```

Zumindest die *Subtotal*-Spalte sollte eine ordentliche Euro-Formatierung erhalten, was allerdings einigen Aufwand erfordert:

```
Private Sub Button2_Click(sender As Object, e As EventArgs) Handles Button2.Click
    DataGridView1.Columns.Remove("Subtotal")
    Dim tbc As New DataGridViewTextBoxColumn()
    tbc.DataPropertyName = "Subtotal"
```

```
        tbc.HeaderText = "Subtotal"
        tbc.Width = 80
        tbc.DefaultCellStyle.Format = "c"
        tbc.DefaultCellStyle.Alignment = DataGridViewContentAlignment.MiddleRight
        tbc.DisplayIndex = 2
        DataGridView1.Columns.Add(tbc)
    End Sub
End Class
```

Test

Ist die Verbindungszeichenfolge zum SQL Server korrekt, so dürfte sich Ihnen nach kurzer Wartezeit der folgende Anblick bieten (Abbildung 8.65).

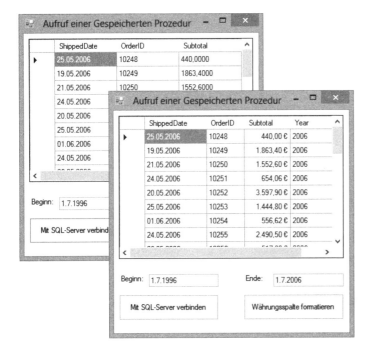

Abbildung 8.65 Laufzeitansicht vor und nach Formatierung der *Subtotal*-Spalte

Bemerkungen

■ Weitere Infos zum Formatieren des *DataGridView* finden Sie im How-to 5.9 »... die Spalten im Data-GridView formatieren?«

■ Im SQL-Explorer bietet sich Ihnen auch die Möglichkeit zum Testen der Gespeicherten Prozeduren

■ Eine Zusammenstellung der möglichen Datentypen für *Parameter*-Objekte finden Sie im Anhang des Kapitels 3

8.6   ... mit Table Value-Parametern arbeiten?

TVP; *DataTable;* Stored Procedure

Mit den Table Value Parameters (TVP) bietet der SQL Server 2008 eine einfache Möglichkeit, größere Datenmengen in Tabellenform mit einem Stored Procedure-Aufruf an den SQL Server zu senden.

Mit dem folgenden einfachen Beispiel werden wir eine lokal erzeugte *DataTable* mit Hilfe eines *DataGrid-View* füllen und nachfolgend an den SQL Server senden. Doch bevor es soweit ist, müssen wir einige Vorarbeiten auf dem SQL Server treffen:

- Erzeugen des Tabellen-Typs

- Erzeugen der Ziel-Tabelle

- Erzeugen der Stored Procedure

Vorarbeiten auf dem SQL Server

Nach Ausführung der folgenden Anweisungen sollten Sie diese Objekte in der Datenbank vorfinden:

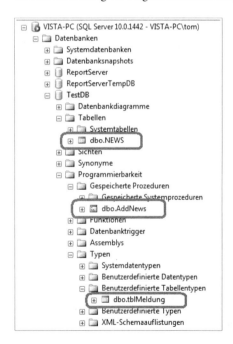

Abbildung 8.66   Die erzeugten Objekte auf dem Server

Zunächst den Typ erzeugen:

```
CREATE TYPE tblMeldung
AS TABLE (Kurztext nvarchar(50), Datum DateTime)
```

Dann die Tabelle erzeugen:

```
CREATE TABLE NEWS(
   Id INT IDENTITY PRIMARY KEY,
```

```
KurzText NVARCHAR(50),
Datum DATETIME);
```

Jetzt eine passende Prozedur, die den neuen Datentyp verwendet:

```
CREATE Procedure AddNews(@news tblMeldung READONLY)
AS
INSERT INTO News(Kurztext, Datum)
SELECT Kurztext, Datum FROM @news
```

In unserem Fall beschränken wir uns auf das triviale Kopieren der Daten in die Tabelle. An dieser Stelle könnte auch eine wesentlich komplexere Logik stehen.

> **HINWEIS** Führen Sie die obigen T-SQL-Statements beispielsweise mit dem SQL Server Management Studio aus.

Oberfläche (Client)

Lediglich ein *DataGridView* und eine Schaltfläche für die Übermittlung der Daten.

Quellcode

Die Programmierung auf dem Client ist ganz normale ADO.NET-Programmierung:

```
...
Imports System.Data.SqlClient
...
```

DataTable definieren

```
    Private tblNeueMeldungen As DataTable

    Private Sub Form1_Load(sender As Object, e As EventArgs) Handles MyBase.Load
        tblNeueMeldungen = New DataTable()
        tblNeueMeldungen.Columns.Add("Kurztext", GetType(String))
        tblNeueMeldungen.Columns.Add("Datum", GetType(System.DateTime))
```

... und an das *DataGridView* binden:

```
        DataGridView1.DataSource = tblNeueMeldungen
    End Sub
```

Verbindung zum Server aufbauen:

```
    Private Sub Button1_Click(sender As Object, e As EventArgs) Handles Button1.Click

        Dim conn As New SqlConnection("Data Source=.\SQLEXPRESS;" &
                                "AttachDbFilename=|DataDirectory|\NorthwindNeu.mdf;" &
                                "Integrated Security=True;User Instance=False")
        conn.Open()
```

Die Stored Procedure konfigurieren und den Parameter wie gewohnt übergeben. Einziger Unterschied: In diesem Fall handelt es sich um eine komplette Tabelle.

```
        Dim cmd As New SqlCommand("AddNews", conn)
```

```
        cmd.CommandType = CommandType.StoredProcedure
        cmd.Parameters.AddWithValue("News", tblNeueMeldungen)
```

Ausführen und Verbindung schließen:

```
        cmd.ExecuteNonQuery()
        conn.Close()
        cmd.Dispose()
        conn.Dispose()
    End Sub
```

Test

Geben Sie einige Werte in das *DataGridView* ein und übertragen Sie die Daten zum Server. Kontrollieren Sie beispielsweise mit dem Management Studio, ob die Daten auch korrekt in die Tabelle *News* eingefügt wurden.

8.7   ... mit Stapel-Abfragen arbeiten?

DataAdapter-Objekt: *TableMappings*-Auflistung; *Command*-Objekt: *CommandText*-, *UpdatedRowSource*-Eigenschaft;

Mit einer Stapel- bzw. Batch-Abfrage werden mehrere SQL-Befehle hintereinander ausgeführt, sodass Sie sich mehrere Datensatzgruppen quasi »in einem Schwung« von der Datenbank abholen können. In diesem Beispiel wollen wir uns mittels Batch-Abfrage Datensätze der Tabellen *Customers* und *Orders* der *Northwind*-Datenbank des SQL Servers anzeigen lassen.

Oberfläche

Ein *DataGridView* und zwei *Button*s genügen für einen Test (siehe Laufzeitabbildung).

Quellcode

```
Public Class Form1
    Private ds As DataSet
```

Alles Wesentliche passiert bereits beim Laden des Formulars:

```
    Protected Overrides Sub OnLoad(e As EventArgs)
        Dim conn As New SqlConnection()
        conn.ConnectionString =
            "Provider=SQLOLEDB.1;Data Source=.\SQLEXPRESS;Database=Northwind;Integrated Security=SSPI"
```

Die Batch-Abfrage kapselt zwei SELECT-Anweisungen in einem String:

```
        Dim sqlBatch As String = "SELECT CustomerID, CompanyName, ContactName, ContactTitle " & _
                                 "FROM Customers WHERE CustomerID = 'ALFKI'; " & _
                                 "SELECT OrderID, OrderDate, RequiredDate, ShippedDate, Freight " & _
                                 "FROM Orders WHERE CustomerID = 'ALFKI'"
        Dim cmd As New SqlCommand(sqlBatch, conn)
        cmd.UpdatedRowSource = UpdateRowSource.None
        Dim da As New SqlDataAdapter(cmd)
```

Wenn Sie die folgenden beiden Anweisungen weglassen, generiert der *DataAdapter* zwei Tabellen mit den Namen *Table* und *Table1*, was wenig aussagekräftig wäre:

```
da.TableMappings.Add("Table", "Customers")
da.TableMappings.Add("Table1", "Orders")
ds = New DataSet()
Try
    da.Fill(ds)
Catch ex As Exception
    MessageBox.Show(ex.Message)
End Try
DataGridView1.DataSource = ds

MyBase.OnLoad(e)
End Sub
```

Die *Customers*-Tabelle anzeigen:

```
Private Sub Button1_Click(sender As Object, e As EventArgs) Handles Button1.Click
    DataGridView1.DataMember = "Customers"
End Sub
```

Die *Orders*-Tabelle anzeigen:

```
Private Sub Button2_Click(sender As Object, e As EventArgs) Handles Button2.Click
    DataGridView1.DataMember = "Orders"
End Sub
End Class
```

Test

Sofort nach Programmstart sehen Sie nur das leere Datengitter. Anschließend können Sie sich die Ergebnisse beider Abfragen anzeigen lassen:

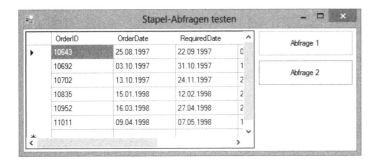

Abbildung 8.67 Laufzeitansicht

Bemerkungen

- Wenn Sie die *UpdatedRowSource*-Eigenschaft des *Command*-Objekts auf ihrem Standardwert (*Both*) belassen, hat dies eine kleine Zeiteinbuße zur Folge, da das *Command*-Objekt eine Überprüfung auf eventuelle Rückgabewerte vornimmt wie sie z.B. dann möglich sind, wenn in der Stapel-Abfrage auf einen UPDATE-Befehl ein SELECT-Befehl folgt.

- Leider unterstützt Microsoft Access keine Batch-Abfragen, sodass ein äquivalenter Code für den Zugriff auf *Nordwind.mdb* nicht funktionieren würde.

8.8 ... Query Notifications einrichten und auswerten?

SqlDependency-Klasse: *Start-*, *Stop*-Methode; *OnChange*-Ereignis; *System.Security.Permissions*-Namespace; UI-Thread;

Der SQL Server bietet auch die Möglichkeit, Benachrichtigungen über Datenänderungen (QueryNotifications) sofort an den Client zu übertragen. Dieses Beispiel zeigt, wie unter Verwendung der Klasse *Sql-Dependency* Ihr Client sofort benachrichtigt wird, wenn in der *Customers*-Tabelle der *Northwind*-Beispieldatenbank Daten geändert wurden.

Prinzip

Zu Beginn muss der Client beim SQL Server sein Interesse an der Beobachtung einer bestimmten Datenmenge anmelden. Treten Veränderungen in dieser Datenmenge auf (Ändern, Hinzufügen und Löschen von Datensätzen), löst das *SqlDependency*-Objekt das *OnChange*-Ereignis aus, sodass der Client »weiß«, dass er die Daten erneut abrufen sollte um wieder auf dem aktuellen Stand zu sein.

> **HINWEIS**   Query Notifications machen das zyklische Abfragen (Polling) der Datenbank überflüssig und führen damit zu einer geringen Netzwerkbelastung, da es nur im Fall von Datenänderungen zu Benachrichtigungen kommt.

Oberfläche

Auf dem Startformular *Form1* platzieren Sie ein *DataGridView*, eine *ListBox*, einen *Button* und ein *Status-Strip*-Komponente mit einem *StatusLabel* (siehe Laufzeitabbildung).

Quellcode

```
Imports System.Data.SqlClient
Imports System.ComponentModel
Imports System.Security.Permissions

Public Class Form1
```

Bei Instanziierung der *SqlDependency*-Klasse ist ein *SqlCommand*-Objekt zu übergeben, dessen SELECT-Befehl die zu überwachende Datenmenge repräsentiert. Dem Tabellennamen ist ein »dbo.« voranzustellen.

```
    Private Const SQLSTR As String = "SELECT CustomerID, CompanyName, ContactName, ContactTitle " & _
                                     "FROM dbo.Customers ORDER BY CompanyName"
    Private csb As SqlConnectionStringBuilder
    Private conn As SqlConnection
    Private cmd As SqlCommand
    Private ds As DataSet
    Private count As Integer
    Private Const msg As String = "{0} Änderungen sind aufgetreten."
```

Um die Klasse *SqlDependency* nutzen zu können, muss unsere Anwendung über eine *SqlClientPermission* verfügen:

```
    Private Function canRequestNotifications() As Boolean
        Try
            Dim perm As New SqlClientPermission(PermissionState.Unrestricted)
            perm.Demand()
```

```
            Return True
        Catch
            Return False
        End Try
    End Function
```

Beim Laden des Formulars sind auch einige Startaktivitäten zu erledigen:

```
    Protected Overrides Sub OnLoad(e As EventArgs)
```

Clientberechtigung prüfen:

```
        Button1.Enabled = canRequestNotifications()
```

Verbindungszeichenfolge zusammenbauen:

```
        csb = New SqlConnectionStringBuilder()
        csb.DataSource = ".\SQLEXPRESS"
        csb.IntegratedSecurity = True
        csb.InitialCatalog = "Northwind"

        MyBase.OnLoad(e)
    End Sub          }
```

Die folgende Methode sorgt für die Anmeldung der Benachrichtigungen beim Server sowie für das Laden und die Anzeige der Daten:

```
    Private Sub getData()
        ds.Clear()
```

Sicherstellen, dass das *Command*-Objekt nicht bereits mit einer Notification verknüpft ist:

```
        cmd.Notification = Nothing
```

Ein *SqlDependency*-Objekt erzeugen und mit dem *Command*-Objekt verbinden:

```
        Dim dep As New SqlDependency(cmd)
```

Eventhandler anmelden:

```
        AddHandler dep.OnChange, AddressOf Me.dep_OnChange
```

Daten laden und anzeigen:

```
        Dim da As SqlDataAdapter = New SqlDataAdapter(cmd)
        da.Fill(ds, "Customers")
        DataGridView1.DataSource = ds
        DataGridView1.DataMember = "Customers"
    End Sub
```

Die Schaltfläche »Mit SQL Server verbinden«:

```
    Private Sub Button1_Click(sender As Object, e As EventArgs) Handles Button1.Click
        count = 0
        ToolStripStatusLabel1.Text = String.Format(msg, count)
```

Eine existierende *Dependency*-Connection anhalten und neu starten:

```
SqlDependency.Stop(csb.ConnectionString)
SqlDependency.Start(csb.ConnectionString)
If IsNothing(conn) Then conn = New SqlConnection(csb.ConnectionString)
If IsNothing(cmd) Then cmd = New SqlCommand(SQLSTR, conn)
If IsNothing(ds) Then ds = New DataSet()
getData()
End Sub
```

Der Knackpunkt unserer Anwendung ist der *OnChange*-Eventhandler:

```
Private Sub dep_OnChange(sender As Object, e As SqlNotificationEventArgs)
```

Da das *OnChange*-Event nicht im Thread der Benutzerschnittstelle (UI Thread), sondern in einem anderen Thread (Benachrichtigungsthread aus dem Threadpool) auftritt, ist ein Aktualisieren der Benutzerschnittstelle zunächst nicht möglich. Der folgende Code führt die notwendigen Aktionen aus, um zum UI Thread umzuschalten und die Ereignisbehandlung erneut zu registrieren:

```
Dim isi As ISynchronizeInvoke = CType(Me, ISynchronizeInvoke)
```

Falls gilt *InvokeRequired = True*, wird der Code im Benachrichtigungsthread ausgeführt:

```
If isi.InvokeRequired Then
```

Delegate für Thread-Schalter erzeugen:

```
Dim tmpDeleg As New OnChangeEventHandler(AddressOf Me.dep_OnChange)
Dim args() As Object = {sender, e}
```

Daten-Marshalling vom Arbeitsthread zum UI Thread:

```
isi.BeginInvoke(tmpDeleg, args)
Return
End If
```

»Der Mohr hat seine Schuldigkeit getan!« – unser Notification-Handler wird nicht mehr benötigt:

```
Dim dep As SqlDependency = CType(sender, SqlDependency)
RemoveHandler dep.OnChange, AddressOf Me.dep_OnChange
```

Der Code wird nun im UI Thread ausgeführt:

```
count += 1
ToolStripStatusLabel1.Text = String.Format(msg, count)
ListBox1.Items.Clear()
ListBox1.Items.Add("Type: " & e.Type.ToString)
ListBox1.Items.Add("Source: " & e.Source.ToString)
ListBox1.Items.Add("Info: " & e.Info.ToString)
```

Geänderte Daten laden und anzeigen:

```
getData()
End Sub
```

Abschließende Aktivitäten:

```
Protected Overrides Sub OnClosed(e As EventArgs)
    SqlDependency.Stop(csb.ConnectionString)
    If Not IsNothing(conn) Then conn.Close()
    MyBase.OnClosed(e)
End Sub

End Class
```

Test

Starten Sie die Anwendung und stellen Sie die Verbindung zum SQL Server her. Haben Sie die *Northwind*-Beispieldatenbank vorschriftsmäßig installiert, ist der SQL Server gestartet und stimmt der Connectionstring, so dürfte es keine Probleme bei der Anzeige der *Customers*-Tabelle geben.

HINWEIS   Um Veränderungen der Daten »life« beobachten zu können, müssen Sie mit einer zweiten Client-Anwendung Datensätze der *Customers*-Tabelle manipulieren (ändern, hinzufügen, löschen).

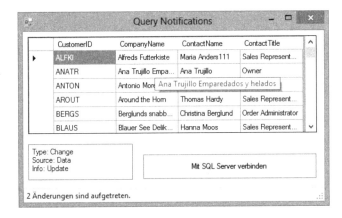

Abbildung 8.68 Laufzeitansicht

HINWEIS   Sie werden feststellen, dass die an der Datenbank vorgenommenen Änderungen sofort angezeigt werden. Außerdem erhalten Sie weitere Informationen, die in der *ListBox* und in der Statusleiste erscheinen.

Ärger mit dem SQL Server Service Broker

Sollte die Anwendung bereits beim Start ihren Dienst verweigern und mit folgendem Fehler stoppen, muss für die betreffende Datenbank der SQL Server Service Broker erst noch aktiviert werden.

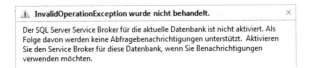

Abbildung 8.69 Fehler beim Programmstart

Abhilfe schafft folgendes T-SQL-Skript, das Sie für die betreffenden Datenbank im SQL Server Management Studio ausführen:

```
USE master;
GO
ALTER DATABASE northwind SET ENABLE_BROKER;
GO
USE northwind;
```

Hilfsclient zum Datenbank-Update

Wer auf Anhieb kein geeignetes Clientprogramm zur Datenbankmanipulation zur Hand hat, kann sich als Behelfslösung ein neues Windows Forms-Projekt erstellen, dessen Startformular lediglich mit einem *DataGridView* und einer *Update*-Schaltfläche bestückt ist:

```
Imports System.Data.SqlClient
...
Public Class Form1
    Dim da As SqlDataAdapter
    Dim ds As DataSet

    Protected Overrides Sub OnLoad(e As EventArgs)
        Dim conn As SqlConnection = New SqlConnection(
                "Data Source=.\SQLEXPRESS; Initial Catalog=Northwind; Integrated Security=sspi;")
        Dim cmd As SqlCommand = New SqlCommand("SELECT * FROM Customers", conn)
        da = New SqlDataAdapter(cmd)
        Dim cb As New SqlCommandBuilder(da)
        ds = New DataSet()
        da.Fill(ds, "Customers")
        DataGridView1.DataSource = ds
        DataGridView1.DataMember = "Customers"
        MyBase.OnLoad(e)
    End Sub
```

Die »Update«-Schaltfläche:

```
    Private Sub Button1_Click(sender As Object, e As EventArgs) Handles Button1.Click
        da.Update(ds, "Customers")
    End Sub

End Class
```

Nach Start dieses Programms können Sie direkt im *DataGridView* Datensätze hinzufügen, löschen oder ändern und diese mittels *Update*-Schaltfläche in die Datenbank befördern.

> **HINWEIS**   Um den Originalinhalt der *Northwind*-Datenbank nicht zu zerstören, sollten Sie nur solche Datensätze manipulieren, die Sie vorher selbst hinzugefügt haben!

8.9   ... die MARS-Technologie kennen lernen?

Connection-Objekt: *MultipleActiveResultSets*-Eigenschaft; *Command*-Objekt: *ExecuteReader*-Methode, *Parameters*-Auflistung; *DataReader*-Objekt: *Read*-Methode;

Durch MARS wird es z.B. möglich, dass auf einer Verbindung mehrere *DataReader* gemeinsam betrieben werden können.

Das Beispiel demonstriert, wie eine einzelne Bestellung aus der *Orders*-Tabelle von der *Northwind*-Datenbank gelesen und benutzt wird, um den *UnitsOnOrder*-Bestand des Artikels (*Products*-Tabelle) entsprechend der verkauften Anzahl (*Quantity*) zu erhöhen.

- Die typische Lösung (ohne MARS) erfordert zwei aufeinanderfolgende Verbindungen zur Datenbank, eine zum Lesen der Anzahl des verkauften Artikels und eine zum Aktualisieren der bestellten Einheiten. Außerdem müssen die gelesenen Daten zwischengespeichert werden.

- Die Lösung mit MARS braucht nur eine einzige Verbindung und kommt ohne Datencache aus.

> **HINWEIS**   Um den Originalinhalt der *Northwind*-Datenbank des SQL Servers nicht zu zerstören, verwenden wir für unsere Experimente die Datenbankdatei *Northwind.mdf*, die vorher in das Anwendungsverzeichnis zu kopieren ist (siehe Begleitdateien).

Oberfläche

Auf *Form1* setzen Sie zwei *Button*s (zum Starten der Varianten »Ohne MARS« und »Mit MARS«) und ein *DataGridView* (zur Kontrollanzeige).

Quellcode (ohne MARS)

```
Imports System.Data.SqlClient

Public Class Form1
```

Es beginnt mit einigen globalen Konstanten, die für beide Varianten (ohne und mit MARS) Gültigkeit haben. Die Datenbankdatei *Northwind.mdf befindet* sich im Anwendungsverzeichnis:

```
Private Const CONNSTR As String = "Data Source=.\SQLEXPRESS;AttachDbFilename=|DataDirectory|" &
                                  "\Northwind.mdf;Integrated Security=True;User Instance=True"
```

Die *OrderID* einer gültigen Bestellung (standardmäßig zwischen 10248 ... 1069):

```
Private Const OID As String = "10250"
```

Dieser SQL-Befehl selektiert alle Bestelldetails für die festgelegte *OrderID*:

```
Private Const SQL1 As String = "SELECT * FROM [Order Details] WHERE OrderID = " & OID
```

Dieser SQL-Befehl aktualisiert die *Product*-Tabelle, wobei als Parameter die Anzahl (*Quantity*) und die *ProductID* übergeben werden:

```
Private Const SQL2 As String = "UPDATE Products SET UnitsOnOrder=UnitsOnOrder & @anz " &
                               "WHERE (ProductID=@pid)"
```

Es kann losgehen:

```
Private Sub Button1_Click(sender As Object, e As EventArgs) Handles Button1.Click
```

Ein *DataReader* liest *ProductID* und *Quantity* aus der *Order Details*-Tabelle in den Datencache. Als Zwischenspeicher wird jeweils eine *ArrayList* verwendet:

```
Dim aIDs As New ArrayList()
```

```
    Dim aQts As New ArrayList()
    Dim conn1 As New SqlConnection(CONNSTR)
    conn1.Open()
    Dim cmd1 As New SqlCommand(SQL1, conn1)
    Using reader As SqlDataReader = cmd1.ExecuteReader()
        While reader.Read()
            aIDs.Add(reader("ProductID"))
            aQts.Add(reader("Quantity"))
        End While
    End Using
    conn1.Close()
```

In einem zweiten Durchlauf wird die *Products*-Tabelle mit den Werten des Datencache aktualisiert:

```
    Dim conn2 As New SqlConnection(CONNSTR)
    conn2.Open()
    Dim cmd2 As New SqlCommand(SQL2, conn2)
    cmd2.Parameters.Add("@anz", SqlDbType.SmallInt)
    cmd2.Parameters.Add("@pid", SqlDbType.Int)
    For i As Integer = 0 To aIDs.Count - 1
        cmd2.Parameters("@anz").Value = aQts(i)
        cmd2.Parameters("@pid").Value = aIDs(i)
        cmd2.ExecuteNonQuery()
    Next i
    conn2.Close()
    showResults()
    conn1.Close()
End Sub
```

Quellcode (mit MARS)

```
    Private Sub Button2_Click(sender As Object, e As EventArgs) Handles Button2.Click
```

Durch das Anhängen eines Eintrags wird der Connectionstring »MARS-fähig« gemacht:

```
    Dim conn As New SqlConnection(CONNSTR & ";MultipleActiveResultSets=True")
    conn.Open()
    Dim cmd1 As New SqlCommand(SQL1, conn)
    Dim cmd2 As New SqlCommand(SQL2, conn)

    cmd2.Parameters.Add("@anz", SqlDbType.SmallInt)
    cmd2.Parameters.Add("@pid", SqlDbType.Int)
```

Ein Durchlauf des *DataReader*s genügt, um die *Order Details*-Tabelle auszulesen und gleichzeitig die *Products*-Tabelle zu aktualisieren, ein Datencache wird nicht benötigt:

```
    Using reader As SqlDataReader = cmd1.ExecuteReader()
        While reader.Read()
            cmd2.Parameters("@anz").Value = reader("Quantity")
            cmd2.Parameters("@pid").Value = reader("ProductID")
            cmd2.ExecuteNonQuery()
        End While
    End Using
    conn.Close()
    showResults()
End Sub
```

Quellcode (für Kontrollanzeige)

Der folgende Code hat mit MARS nichts zu tun, wir wollen uns lediglich vergewissern, ob die *Products*-Tabelle tatsächlich aktualisiert worden ist. Die folgende Methode zeigt die Spalten *Quantity* (Tabelle *Order Details)* und die Spalten *ProductName* und *UnitsOnOrder* (Tabelle *Products*) im *DataGridView* an:

```
Private Sub showResults()
    Const SQL As String = "SELECT ProductName, Quantity, UnitsOnOrder " &
                          "FROM Products, [Order Details] " &
                          "WHERE ([Order Details].OrderID = " & OID & ") " &
                          "AND (Products.ProductID = [Order Details].ProductID)"
    Dim da As New SqlDataAdapter(SQL, New SqlConnection(CONNSTR))
    Dim dt As New DataTable()
    da.Fill(dt)
    DataGridView1.DataSource = dt
End Sub
```

Test

Natürlich sollte der SQL Server gestartet sein. Auf welche der beiden Schaltflächen Sie nach dem Programmstart klicken ist egal – das Ergebnis bleibt dasselbe. Sie werden feststellen, dass sich bei jedem Klick die Werte der *UnitsOnOrder*-Spalte um den Betrag der Werte der *Quantity*-Spalte erhöhen.

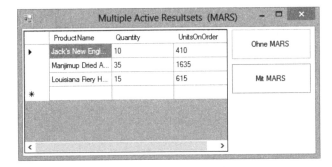

Abbildung 8.70 Laufzeitansicht

Bemerkungen

- Das Beispiel hat gezeigt, dass ohne MARS die Ergebnisse der ersten Abfrage in einem Zwischenspeicher abgelegt werden müssen, um sie dann in der zweiten Abfrage verwenden zu können. Das kann bei einer hoch frequentierten Website einen erheblichen Mehraufwand an Arbeitsspeicher bedeuten.

- Das Problem ließe sich auch mit zwei gleichzeitig geöffneten Verbindungen lösen, aber auch das bedeutet eine Verschwendung von Ressourcen.

- MARS bietet die beste Lösung des Problems, denn Sie benötigen nur eine geöffnete Verbindung und brauchen auch keinen Arbeitsspeicher für die Zwischenablage von Abfrageergebnissen zu vergeuden. Außerdem ist der MARS-Code deutlich kürzer und übersichtlicher, was der Wartbarkeit des Programms zugute kommt.

- Wer das Programm noch komfortabler gestalten möchte, kann die Werte der *OrderID* mittels einer *NumericUpDown*-Komponente variabel einstellen. Bei einer standardmäßigen *Northwind*-Datenbank käme dafür der Bereich zwischen 10248 und 11069 infrage.

8.10   ... Row-Constructors verwenden?

Seit der Einführung des SQL Servers 2008 gibt es auch die Möglichkeit, komplette Tabellendaten mittels Row-Constructor zu erzeugen bzw. mehrere Zeichen gleichzeitig per INSERT INTO in eine Tabelle einzufügen.

BEISPIEL

Erzeugen von Tabellendaten per Row-Constructor

```
SELECT * FROM
 (VALUES
   (1,'Manfred','Müller',5122.12),
   (2,'Otto','Buchfink',3452.12),
   (3,'Paul','Huhn',2172.7),
   (4,'Thomas','Gewinnus',1099.1)
 )
AS Mitarbeiter(Id, Vorname, Nachname, Gehalt)
```

Das Ergebnis ist folgende zurückgegebene Tabelle (z.B. aus einer Gespeicherten Prozedur):

	Id	Vorname	Nachname	Gehalt
1	1	Manfred	Müller	5122.12
2	2	Otto	Buchfink	3452.12
3	3	Paul	Huhn	2172.70
4	4	Thomas	Gewinnus	1099.10

Abbildung 8.71   Abfrageergebnis

Diese Vorgehensweise funktioniert auch beim Einfügen in Tabellen, wie es das folgende Beispiel zeigt.

BEISPIEL

Row-Constructors für INSERT INTO verwenden

```
INSERT INTO
    [NEWS] (Kurztext, Datum)
VALUES
    ('Haus überflutet','1.1.2008'),
    ('Baum umgefallen','17.4.2008'),
    ('Auto gestohlen','8.8.2008')
```

Das Ergebnis zeigt die Abbildung 8.72.

Abbildung 8.72   Tabelleninhalt nach der Ausführung

Damit steht Ihnen neben den Table Value-Parametern (siehe Seite 538) eine weitere Möglichkeit zur Verfügung, mehrere Datensätze in einem Schwung zum Server zu übertragen.

SQL Server Compact

In diesem Kapitel:

Einsatzszenarien	626
Installation	628
Datenbanken erstellen, verwalten und einbinden	632
Zusammenarbeit mit dem DataSet	640
Datenzugriff mit SqlCeResultSet	640
Zugriff mit LINQ to SQL	646
Zugriff per Entity Data Model	649
Der Einsatz als Local Database Cache	650
Tipps & Tricks	657
Fazit	664

Nachdem wir Sie in den vorhergehenden Kapiteln mit den bekannteren Microsoft-Datenbanken vertraut gemacht haben, wollen wir es nicht verpassen, Ihnen auch eine in vielen Fällen sinnvolle Alternative vorzustellen.

Sehr zu Unrecht fristet der schon seit längerem erhältliche *SQL Server Compact* ein Schattendasein, das er nicht verdient hat. Viele Entwickler setzen für Ihre Produkte lieber auf den SQL Server Express, was jedoch nicht in jedem Fall angebracht ist.

> **HINWEIS**   In letzter Minute haben wir noch die Information gefunden, dass der SQL Server Compact 4.0 SP1 in dieser Form wohl »am Ende seines Lebens angekommen ist«, d.h. die Entwicklung eingestellt wird. Betrachten Sie das vorliegende Kapitel also als Umstiegshilfe bzw. Referenz für Altprojekte. Eine komplette Anpassung der Buchtexte an diesem Umstand war aus Zeitgründen leider nicht mehr möglich. Wir empfehlen als vollwertigen Ersatz SQLite, siehe dazu Kapitel 10.

Einsatzszenarien

Bevor wir uns der Verwendung des Microsoft SQL Server Compact zuwenden, wollen wir zunächst einen Blick auf die Fähigkeiten und natürlich auch die Beschränkungen werfen. Letzteres stellen wir ausnahmsweise voran, da es einen wesentlichen Unterschied zum SQL Server Express gibt.

Einschränkungen

Beim SQL Server Compact handelt es sich um eine Datenbankengine, die ausschließlich für lokale, d.h. Desktop-Anwendungen entwickelt wurde. Die Datenbankengine läuft nicht als eigenständiger Dienst sondern wird in Form einiger DLLs direkt mit Ihrer Anwendung verknüpft und läuft deshalb auch nur im Kontext der jeweiligen Datenbank-Applikation.

Die weiteren relevanten Limits sind eine Beschränkung auf maximal 256 gleichzeitige Verbindungen (empfohlen max. 100) sowie eine Größenbeschränkung auf 4 GB große Datenbanken. Letzteres sind schon 2 GB mehr als bei den Access-Datenbanken, wie sie sonst sehr häufig im Desktopbereich genutzt werden.

> **HINWEIS**   Wem die Beschränkung auf 4 GB nicht mehr ganz zeitgemäß erscheint, der findet mit SQLite eine sinnvolle Alternative zum SQL Server Compact. Siehe dazu auch das Fazit am Ende des Kapitels.

Im Unterschied zu den großen Brüdern aus dem Hause Microsoft unterstützt die Compact-Version kein(e):

- Procedurales T-SQL
- Distributed Transactions
- Native XML, XQuery/QPath
- Stored Procedures
- Views
- Trigger
- User- und Rechteverwaltung
- Datenbankdiagramme

Insbesondere der letzte Punkt ist beim Entwurf neuer Datenbanken etwas hinderlich, Sie sehen immer nur eine Tabelle mit ihren Abhängigkeiten und nie einen Gesamtüberblick. Aber für riesengroße Projekte ist die Compact-Version ja auch nicht gedacht.

Die »tolle« neue Version 4.0

Sie ahnen es vielleicht schon, die Microsoft-Entwickler sind wieder einmal aufgebrochen, Neues zu entwickeln. Das kann gut oder auch schlecht für Sie als Programmierer ausgehen, wir tendieren eher zur Meinung, dass es sich um eine Verschlimmbesserung handelt[1].

Zunächst die guten Nachrichten: SQL Server Compact 4.0 kann als Datenbankengine für ASP.NET-Webanwendungen und -Websites verwendet werden, es gibt einige kleine API-Verbesserungen und OFFSET/ FETCH können genutzt werden.

Jetzt die weniger guten Nachrichten:

- Version 3.5 wird nicht von Visual Studio 2012 unterstützt[2]

- das Dateiformat hat sich geändert, Datenbanken müssen konvertiert werden (keine Abwärtskompatibilität)

- die Version 4.0 funktioniert nur in Verbindung mit dem ADO.NET Entity Framework ab 4 (ab .NET Framework 4)

- keine Replikation per Sync Framework, Mergereplikation oder Remotedatenzugriff

- keine Unterstützung für SQL Server Integration Services

- keine Unterstützung in SQL Server Management Studio

- kein LINQ to SQL

- keine Version für Windows Mobile-, Windows Phone- oder Windows CE-Geräte.

Tja, was soll man dazu sagen? Vermutlich ist einigen Entscheidern wieder mal die Phantasie durchgegangen, anders ist dieses »Massaker« wohl kaum erklärbar. In großen Teilen ist die Version 4.0 einfach »kastriert« worden. Das Ganze vermutlich nur, damit die Datenbank auch in ASP.NET-Anwendungen mit den entsprechenden Rechten laufen kann. Für eine Unterstützung in WinRT-Anwendungen hat es dann folgerichtig nicht mehr gereicht, ach ja, *System.Data* fehlt da ja ganz.

Wer jetzt auf die aktuelle Version 4.0 umschwenkt bzw. neu anfängt, muss sich darüber im Klaren sein, dass er auf obige Features verzichten muss. Wir gehen jedoch davon aus, dass bestehende Projekte wohl kaum portiert werden, obige Einschränkungen wiegen da viel zu schwer.

> **HINWEIS** Aus diesem Grund stellen wir in diesem Kapitel sowohl die »alte« Version 3.5 als auch die neue Version 4.0 vor. Auf entsprechende Einschränkungen machen wir jeweils aufmerksam.

Wer noch schwankt, sollte besser einen Blick auf das Kapitel 10 (SQLite) werfen, vielleicht ist das die Lösung für Sie. Doch jetzt genug der Einschränkungen, sehen wir uns nun die Vorteile an.

---

[1] Mittlerweile wissen wir, dass es sich vermutlich um die letzte Version handelt (siehe Hinweis am Kapitelanfang).

[2] Version 4.0 wird ab Visual Studio 2010 SP1 unterstützt, Sie können zwischen 3.5 und 4.0 wählen.

Fähigkeiten/Vorteile

Der sicher größte Vorteil dieser Datenbankengine ist ihr kompakter Aufbau (die nötigen DLLs erfordern weniger als 2 MB) und die moderaten Anforderungen an den Arbeitsspeicher. Beides ist sicher auch der Grund dafür, dass der SQL Server Compact (3.5) ebenfalls unter Windows Mobile lauffähig ist. Am anderen Ende des Spektrums steht die native 64-Bit Unterstützung zum Beispiel unter Windows 2012 Server oder auch auch Windows 8 (nur für Desktop-Anwendungen)). In jedem Fall ist Ihre Anwendung jedoch unabhängig von extra zu installierenden Serveranwendungen.

Da es sich um eine rein datei-basierte Datenbank handelt, sind sowohl die Weitergabe, das Backup als auch die Wartung recht einfach realisierbar. Zusammen mit der Unterstützung für das ADO.NET Sync-Framework (nur Version 3.5) bietet sich ebenfalls die Möglichkeit, diese SQL-Serverversion als lokalen Datenbank-Zwischenspeicher zu verwenden und so offline umfangreiche Datenbestände verfügbar zu machen.

> **HINWEIS**   Wer sich Sorgen um die Datensicherheit macht (User- und Rechteverwaltung) kann immer noch von der möglichen Dateiverschlüsselung profitieren, um unliebsame Blicke in die Datenbank zu verhindern.

Auch um den Datentransfer zwischen SQL Server Compact und den großen Brüdern brauchen Sie sich dank Unterstützung für Mergereplikation und Remotedatenzugriff (RDA) keinen Kopf zu machen (nur Version 3.5). Da sich der SQL Server Compact in weiten Teilen wie die »echten« SQL Server ansprechen lässt, ist der Migrationsaufwand in die eine oder andere Richtung recht gering, sieht man einmal von den oben genannten Einschränkungen ab.

Die umfassende Unterstützung für das ADO.NET Entity Framework ermöglicht Ihnen auch den Entwurf komplexerer Anwendungen die von LINQ-Ausdrücken Gebrauch machen[1].

Last but not least, wird der SQL Server Compact von Microsoft kostenlos angeboten und kann ohne Lizenzgebühren verwendet werden.

Installation

Arbeiten Sie mit Visual Studio 2012 ist die aktuelle Version (derzeit SQL Server Compact 4.0 SP1) bereits auf Ihrem PC installiert, alternativ finden Sie die Installationsdateien unter folgender Adresse:

> **WWW**   http://www.microsoft.com/de-de/download/details.aspx?id=30709

Herunterladen können Sie ein x86 und ein x64-Installationspackage, abhängig von Ihrer Entwicklungsumgebung. Beachten Sie, dass Sie auf 64-Bit-Systemen beide Versionen installieren, andernfalls kommt es zu Problemen mit möglicherweise bereits vorhandenen Applikationen. Dies gilt auch, wenn Sie später eine entsprechende Setup-Applikation für Ihre Anwendung erstellen. In diesem Fall nehmen Sie beide Packages in Ihr Setup auf.

---

[1] Die Verwendung von LINQ to SQL ist ebenfalls möglich, eine Designer-Unterstützung haben Sie in diesem Fall jedoch nicht.

Books Online

Die Dokumentation (*Books Online*) finden Sie unter folgender Webadresse:

WWW   http://www.microsoft.com/de-de/download/details.aspx?id=21880

Nach der Installation haben Sie über das Startmenü (SQL Server Compact 4.0) Zugriff auf die gewünschten Hilfeseiten:

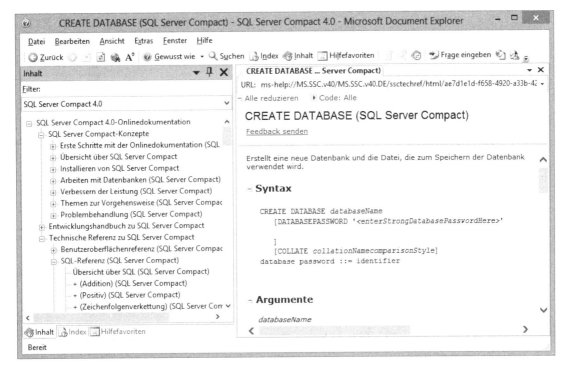

Abbildung 9.1   Books Online

SQL Server Compact 3.5 SP2

Möchten bzw. können Sie nicht auf die Features der alten SQL Server Compact Version verzichten, können Sie entweder einen PC mit Visual Studio 2010 SP1 nutzen oder Sie laden sich die Version unter folgender Adresse herunter:

WWW   http://www.microsoft.com/de-de/download/details.aspx?id=5783

Diese Version sollten Sie auch installieren, wenn Sie die im folgenden beschriebene SQL Server Compact Toolbox einsetzen wollen. Dieses ermöglicht die Parallelnutzung von 3.5 und 4.0 Datenbanken in der Visual Studio 2012-IDE.

SQL Server Compact Toolbox

Zwar bietet Visual Studio per Server-Explorer eine rudimentäre Integration für SQL Server Compact-Datenbanken, doch der Profi wird viele Funktionen vermissen. In diese Lücke springt die SQL Server Compact Toolbox, die Sie unter folgender Adresse kostenlos herunterladen können:

WWW	http://sqlcetoolbox.codeplex.com

Zwei Versionen bieten sich an:

- ein Add-In für Visual Studio (Version 3.5 und 4.0)
- oder eine Standalone-Version für SQL Server Compact 4.0.

Letzteres können Sie als Immer-Dabei-Werkzeug oder als Ersatz für das SQL Server Management Studio verwenden.

Wie Abbildung 9.2 zeigt, bietet die Toolbox eine reiche Palette von Funktionen, die in der täglichen Arbeit mit Datenbanken anfallen:

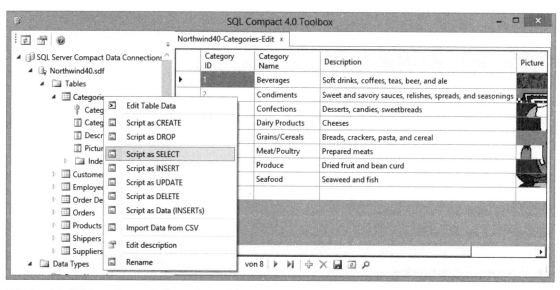

Abbildung 9.2 SQL Server Compact Toolbox in der Standalone-Version

Während Sie in obiger Abbildung neben dem Editor lediglich die Tabellen-spezifischen Funktionen sehen, stehen weiterhin auch Datenbank-spezifische Funktionen zur Verfügung. Abbildung 9.3 zeigt das entsprechende Menü.

Interessant sind vor allem die Möglichkeiten zum direkten Export der Datenbank (Schema und Daten) für verschiedene Zielplattformen. Die erzeugten SQL-Skripte lassen sich gegebenenfalls anpassen, so können auch andere SQL Server mit den Daten gefüllt werden.

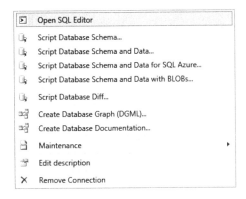

Abbildung 9.3 Funktionen in SQL Server Compact Toolbox

Wem im Zusammenhang mit den SQL Server Compact-Datenbanken die Datenbank-Diagramme gefehlt haben, findet auch hier einen teilweisen Ersatz. Über die *Create Database Graph (DGML)*-Funktion lässt sich eine grafische Übersicht der aktuell geöffneten Datenbank erzeugen:

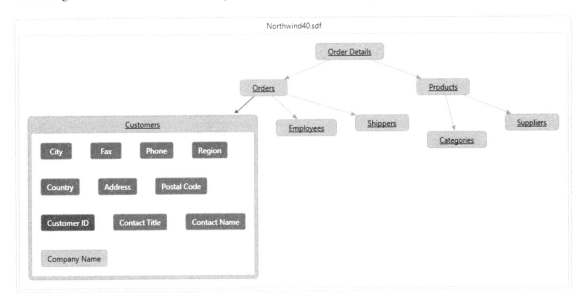

Abbildung 9.4 Das erzeugte Datenbankdiagramm

Mit *Create Database Documentation* erstellen Sie auf einfache Weise eine übersichtliche HTML-Dokumentation der Datenbank.

> **HINWEIS** Derzeit noch in der Testphase ist eine Funktion zum Export von SQL Server-Datenbanken in das SQL Server Compact-Format.

Alles in allem handelt es sich um ein Must-Have-Tool für den Compact-Entwickler.

Weitere Downloads

Den Microsoft SQL Server Compact 3.5 Service Pack 2 für Windows Mobile finden Sie hier:

WWW	http://www.microsoft.com/de-de/download/details.aspx?id=8831

Wer gerne spielt und ein paar Daten zum Testen benötigt, findet diese in Form der bekannten *Northwind*-Datenbank in den Begleitdateien oder bereits auf der Festplatte (Verzeichnis *Program Files (x86)\Microsoft SQL Server Compact Edition\v4.0\Samples*). Wir werden in einigen Kapitel-Beispielen auf diese Datenbank zugreifen.

Datenbanken erstellen, verwalten und einbinden

Für das Erstellen einer neuen SQL Server Compact-Datenbank bieten sich vier Varianten an:

- Visual Studio 2012 (SQL Server Compact 4.0)
- Visual Studio 2010 SP1 (SQL Server Compact 3.5 und 4.0)
- das SQL Server Management Studio (nur SQL Server Compact 3.5)
- und natürlich der »steinige« Weg über die Programmierung mit VB

Alternativ verweisen wir Sie auf das Kapitel 10 (SQLite) dort wird mit *DataBase .NET* ein All-in-One-Tool vorgestellt, das ganz nebenbei auch SQL Server Compact-Datenbanken in den Formaten 3.5 und 4.0 erstellen kann.

Visual Studio

Über den Menüpunkt *Projekt/Neues Element hinzufügen/Lokale Datenbank* fügen Sie Ihrem Projekt eine neue Datenbank hinzu. Wie Sie die folgende Frage des Assistenten nach einem zugeordnetem DataSet oder einem Entity Data Model beantworten, hängt nicht zuletzt von Ihren Prämissen ab. Im weiteren Verlauf des Kapitels gehen wir auf beide Varianten ein.

Nach erfolgreichem Abschluss des Assistenten finden Sie im Server Explorer die neue Datenbank mit den beiden Rubriken *Tabellen* und *Replikation* vor:

Abbildung 9.5 Neue SQL Server Compact-Datenbank

HINWEIS   Der Verzicht auf das Datenbankdiagramm ist zwar schmerzlich und der Übersicht nicht gerade dienlich, aber wir wollten ja eine auf das Wesentliche beschränkte Datenbank einsetzen.

Leider hat die o.g. Vorgehensweise einen kleinen Nachteil: Sie haben keinen Einfluss auf die Sortierfolge, die Beachtung der Groß-/Kleinschreibung, das optionale Kennwort und, ebenfalls optional, die Verschlüsselung. Deshalb bietet sich in den meisten Fällen der direkte Weg über den Server-Explorer an.

Wählen Sie im Server-Explorer die Schaltfläche *Mit Datenbank verbinden* und legen Sie über die Schaltfläche *Ändern* die Datenquelle auf *Microsoft SQL Server Compact 4.0* bzw. *3.5* fest. Nachfolgend ändert sich die Ansicht des Dialogs und Sie haben die Möglichkeit, über die Schaltfläche *Erstellen* eine neue Datenbankdatei zu erzeugen. Der dabei angezeigte Dialog (siehe Abbildung 9.3) ermöglicht unter anderem die Auswahl der Sortierfolge, das Festlegen eines Passworts und der Verschlüsselung.

> **HINWEIS**   Für das Kennwort sollten Mindestanforderungen erfüllt sein (mindestens 6 Zeichen, Buchstaben, Ziffern und Sonderzeichen).

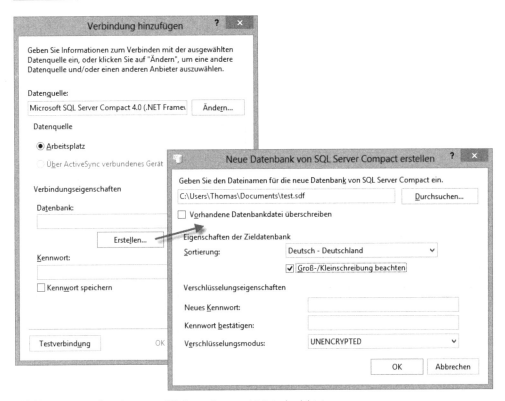

Abbildung 9.6   Erstellen einer neuen SQL Server Compact 4.0-Datenbankdatei

Für die Testphase können Sie das Kennwort im Connectionstring belassen, später sollten Sie dieses eingeben lassen oder verschlüsselt in der Config-Datei ablegen.

> **HINWEIS**   Ein entsprechendes Beispiel finden Sie unter How-to 3.9.

Über die Taste *Erweitert* können Sie noch einige zusätzliche Optionen festlegen (wann wird die Datendatei verkleinert (*Autoshrink Threshold*), wo werden temporäre Daten abgelegt (*Temp File Directory*), welche maximale Datenbankgröße ist zulässig (*Max Database Size*).

Ist die Datenbank erstellt und verbunden, können Sie problemlos neue Tabellen und Indizes mit Visual Studio erstellen.

SQL Server Management Studio

Wem die Arbeit mit Visual Studio nicht zusagt, der kann alternativ auch das frei erhältliche SQL Server Management Studio (z.B. von der Express-Version) verwenden.

> **HINWEIS** Diese Variante funktioniert nur mit dem SQL Server Managemnt Studio 2008 und SQL Server Compact 3.5-Datenbanken.

Die Vorgehensweise ist allerdings etwas gewöhnungsbedürftig, müssen Sie die neue Datenbank doch bereits im Anmeldedialog erzeugen:

Abbildung 9.7 Erstellen einer neuen Datenbank

Wählen Sie als Servertyp *SQL Server Compact Edition* und suchen Sie unter *Datenbankdatei* den Eintrag *Neue Datenbank*. Es erscheint der bereits aus Abbildung 9.6 bekannte Dialog zum Erstellen einer neuen Datei.

Haben Sie den Dialog wie gewünscht ausgefüllt und abgeschlossen, können Sie wie gewohnt Tabellen und Indizes erstellen, Daten eingeben und auch gleich erste Abfragen testen. In diesem Zusammenhang lassen sich auch die entsprechenden Ausführungspläne anzeigen, so steht einer Optimierung Ihrer Abfragen nichts mehr im Weg.

> **HINWEIS** Leider können Sie die Abfragen nicht als Views in der Datenbank ablegen, da diese nicht unterstützt werden.

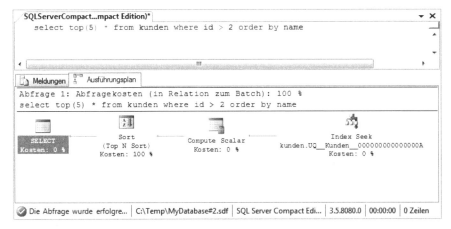

Abbildung 9.8 Beispielabfrage mit zugehörigem Ausführungsplan

Codebasiert mit VB

Wer jetzt mit seinen SQL-Kenntnissen prahlen will, kann diese zunächst wieder vergessen, ein CREATE DATABASE ist zwar möglich, setzt allerdings eine geöffnete Connection voraus und diese wiederum erfordert eine bestehende Datenbank. Wir werden uns also wohl oder übel zunächst nicht mit SQL sondern mit den Klassen der *SqlServerCe*-Library auseinandersetzen müssen.

Die prinzipielle Vorgehensweise zeigt das folgende Beispiel.

BEISPIEL

Erstellen einer neuen SQL Server Compact-Datenbank

Öffnen Sie ein neues Projekt und fügen Sie einen Verweis auf die *Library System.Data.SqlServerCe* hinzu.

Die erforderlichen Namespaces einbinden:

```
...
Imports System.Data.SqlServerCe
Imports System.IO
...
```

Der eigentliche Aufruf:

```
Private Sub Button1_Click(sender As Object, e As EventArgs) Handles Button1.Click
    Dim engine As SqlCeEngine = Nothing
    Dim conn As SqlCeConnection
```

Zunächst eine Connection zuweisen:

```
Using conn As New SqlCeConnection("Data Source=|DataDirectory|\xyz.sdf")
```

Ist die Datenbank noch nicht vorhanden, werden wir sie erzeugen:

```
If Not File.Exists(conn.Database) Then
```

```
        engine = New SqlCeEngine(conn.ConnectionString)
        engine.CreateDatabase()
    End If
```

Jetzt können wir die Verbindung öffnen und Elemente in der Datenbank erzeugen:

```
    conn.Open()
    Using cmd As New SqlCeCommand()
        cmd = New SqlCeCommand(
                "CREATE TABLE kunden (" &
                "   ID   int IDENTITY PRIMARY KEY, " &
                "   Name  nvarchar(100), " &
                "   Telefon nvarchar(15))", conn)
        cmd.ExecuteNonQuery()
    End Using
End Using
```
...

HINWEIS   Ist die Datenbank bereits vorhanden, schlägt ein Aufruf von *CreateDatabase* fehl!

Zusätzliche Parameter im Connectionstring

Haben Sie sich obiges Beispiel näher angesehen, werden Sie sicher auch bemerkt haben, dass die Möglichkeit besteht, mittels »|DataDirectory|« auf das aktuelle Anwendungsverzeichnis zu verweisen.

Welche weiteren Parameter Sie per Connectionstring auswählen können, zeigt folgende Tabelle.

Parameter	Bedeutung/Beispiel
AutoShrink Threshold	Wie viel Prozent freier Speicher ist erlaubt, bevor die Datenbank automatisch komprimiert wird (Standard = 60)?
	Data Source=xyz.sdf;AutoShrink Threshold=30
Default Lock Timeout	Wie lange wartet eine Transaktion auf einen Lock?
Max Database Size	Maximale Datenbankgröße (MB) festlegen:
	Data Source=xyz.sdf;Max Database Size=512
Max Buffer Size	Maximale Puffergröße (KB) festlegen bevor Daten auf die Festplatte geschrieben werden:
	Data Source=xyz.sdf;Max Buffer Size=1024
File Mode	Read Only (nur Lesezugriff auf die Datenbank)
	Read Write (Standard)
	Exclusive (exklusiver Zugriff, kein Zugriff für andere Prozesse)
	Shared Read (exklusiver Zugriff, andere Prozesse können lesend zugreifen)
	Data Source=xyz.sdf;File Mode=Shared Read
Password	Das optionale Datenbankpasswort
	Data Source=xyz.sdf;Password=geheim
Temp File Directory	Verzeichnis für temporäre Daten

Tabelle 9.1 Wichtige Parameter für Connectionstring

HINWEIS   Wie Sie einige der obigen Parameter im Zusammenhang einsetzen zeigt Ihnen der Abschnitt Tipps & Tricks ab Seite 657.

Tabellen und Referenzen erstellen

Hier können Sie sich entweder mit Ihren SQL-Kenntnissen austoben (CREATE TABLE ...) oder Sie nutzen Visual Studio/SQL Server Management Studio. .NET-Klassen zum Erstellen von Tabellen und Indizes werden nicht angeboten, wollen Sie die Objekte zur Laufzeit erzeugen, müssen Sie also T-SQL verwenden.

HINWEIS   An dieser Stelle wollen wir es bei einigen kleinen Beispielen belassen, wesentlich ausführlichere Informationen zu T-SQL finden Sie im Kapitel 17.

BEISPIEL

Erzeugen von zwei Tabellen () mit einer Referenz

```
Imports System.Data.SqlServerCe
...
    Private Sub Button2_Click(sender As Object, e As EventArgs) Handles Button2.Click
```

Connection herstellen:

```
        Using conn As New SqlCeConnection("Data Source=|DataDirectory|\xyz.sdf")
```

Command-Objekt erzeugen:

```
            Using cmd As New SqlCeCommand()
                cmd.Connection = conn
```

Erste Tabelle erzeugen:

```
                cmd.CommandText = "CREATE TABLE Lieferanten (" &
                            "   Id  int IDENTITY PRIMARY KEY, " &
                            "   Name  nvarchar(100), " &
                            "   Telefon nvarchar(15));"
                conn.Open()
                cmd.ExecuteNonQuery()
```

Zweite Tabelle mit Referenz erzeugen:

```
                cmd.CommandText = "CREATE TABLE Ansprechpartner (" &
                            "   Id  int IDENTITY PRIMARY KEY, " &
                            "   Nachname nvarchar(20), " &
                            "   Vorname nvarchar(20), " &
                            "   Telefon nvarchar(15)," &
                            "   Firma int REFERENCES Lieferanten(Id));"
                cmd.ExecuteNonQuery()
            End Using
        End Using

    End Sub
```

Ein Blick mit Visual Studio hinter die Kulissen zeigt uns die erstellten Objekte:

Abbildung 9.9 Datenbankaufbau

HINWEIS   Testen Sie die T-SQL-Anweisungen im Visual Studio, bevor Sie diese mühevoll in Ihr VB-Programm integrieren. So sparen Sie sich unnötige Versuche und können sich gleich in der Datenbank vom Erfolg überzeugen.

Welche Datentypen Ihnen im Vergleich zum »großen« SQL Server zur Verfügung stehen, zeigt die folgende Tabelle 9.2.

SQL Server	SQL Server Compact 3.5
bigint	*bigint*
binary(n)	*varbinary*
bit	*bit*
char(n)	*nchar*(n) oder *ntext*
CLR-benutzerdefinierte Typen	–
date	*nchar*(27)-Wert im Format 'jjjj-mm-tt'
datetime	*datetime*
datetime2	*nchar*(27)-Wert im Format 'jjjj-mm-tt hh:mm:ss:nnnnnnn'
datetimeoffset	*nvarchar*(34)-Wert im Format 'jjjj-mm-tt hh:mm:ss:nnnnnnn [+/-] hh:mm'
decimal	Wird nicht unterstützt. Verwenden Sie *numeric*.
double	*double*
float	*float*

Tabelle 9.2 Vergleich der Datentypen

SQL Server	SQL Server Compact 3.5
geography	*image*
geometry	*image*
hierarchyid	–
image	*image*
int	*int*
money	*money*
nchar(n)	*nchar*(n)
ntext	*ntext*
nvarchar(n)	*nvarchar*(n)
nvarchar(max)	*ntext*
numeric	*numeric*
real	*real*
smalldatetime	*datetime*
smallint	*smallint*
smallmoney	*money*
sql_variant	*ntext*
text	*ntext*
time	*nvarchar*(16)-Wert im Format 'hh:mm:ss:nnnnnnn'
tinyint	*tinyint*
uniqueidentifier	*uniqueidentifier*
varbinary(n)	*varbinary*(n)
varbinary(max)	*image*
varchar(n)	*nvarchar*(n) oder *ntext*
varchar(max)	*ntext*
xml	*ntext*

Tabelle 9.2 Vergleich Datentypen *(Fortsetzung)*

Sie sehen es sicher selbst, die Mehrzahl der Datentypen werden 1:1 abgebildet, allerdings ist die Liste der nicht bzw. nur teilweise unterstützten Datentypen mit den letzten SQL Server-Versionen größer geworden, der SQL Server Compact hat einfach nicht nachgezogen.

Zusammenarbeit mit dem DataSet

Sind Sie an dieser Stelle angekommen, können wir Sie zunächst beruhigen, auch im Zusammenhang mit dem SQL Server Compact ist die Verwendung des DataSets kein Problem, wie es auch die folgende Abbildung zeigt:

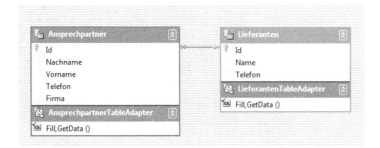

Abbildung 9.10 Von Visual Studio erzeugtes DataSet für unsere Beispieldatenbank

Doch bevor Sie jetzt der Versuchung erliegen, Ihre im Kapitel 4 erworbenen Fähigkeiten zu nutzen, sollten Sie den Sinn des DataSets im Zusammenhang mit einer lokalen Datenbank hinterfragen.

Ein DataSet lädt die Daten von einer externen Datenquelle in den Arbeitsspeicher(!) und verwendet die zwischengespeicherten Daten für lokale Aktionen (Lesen, Schreiben, Löschen). Ein Binden der Daten an die Oberfläche ist dadurch problemlos möglich. Abschließend müssen die Daten mit der eigentlichen Datenquelle abgeglichen werden, eventuelle Probleme durch den gleichzeitigen Zugriff mehrerer Anwender müssen Sie entsprechend behandeln.

An dieser Stelle sollten Sie sich fragen, ob es das ist was Sie wollen:

- Wenn ja, können Sie später fast problemlos auf den »großen« SQL Server migrieren, die Codeanpassungen halten sich in Grenzen, Sie profitieren von allen Vor- und Nachteilen der DataSet-Programmierung (weitere Informationen siehe Kapitel 4).

- Wenn Sie sich bewusst gegen das DataSet entscheiden, werden Sie mit einem schnellen, ressourcensparenden Programm belohnt, das meist auch noch wesentlich übersichtlicher und einfacher zu programmieren ist. Ein wichtiger Helfer wird Ihnen dabei das im folgenden Abschnitt vorgestellte *SqlCeResultSet* sein.

Datenzugriff mit SqlCeResultSet

Mit der *SqlCeResultSet*-Klasse steht Ihnen ein aktualisierbarer, scrollfähigen Cursor zur Verfügung, mit dem Sie direkt auf die Datenbank zugreifen können. Das Zwischenschalten eines *DataSet*-Objekts ist in diesem Fall überflüssig, was sich positiv auf die Performance und den Ressourcenverbrauch auswirkt. Sie werden auch feststellen, dass Sie mit wesentlich weniger Code auskommen und vieles intuitiver ist.

HINWEIS   Veteranen der Datenbankprogrammierung werden an dieser Stelle sicher »feuchte Augen« bekommen, so etwas hatten wir vor vielen, vielen Jahren schon einmal unter dem Namen *RecordSet* kennengelernt. Wahrscheinlich haben die Entwickler bei Microsoft mitbekommen, dass nicht immer mit Offline-Datenbanken gearbeitet wird.

Datenbindung

Bevor wir zu den Methoden der *SqlCeResultSet*-Klasse kommen wollen wir Ihnen zeigen, wie Sie eine Datenbindung realisieren können.

Vielleicht wollen Sie wie folgt vorgehen:

```
Using conn As New SqlCeConnection("Data Source=|DataDirectory|\xyz.sdf")
    Using cmd As New SqlCeCommand()
        cmd.Connection = conn
        conn.Open()
        cmd.CommandText = "SELECT * FROM Lieferanten"
        Dim rs As SqlCeResultSet = cmd.ExecuteResultSet(ResultSetOptions.Updatable Or
                                                        ResultSetOptions.Scrollable)
        DataGridView1.DataSource = rs
    End Using
End Using
```

An dieser Stelle werden Sie jedoch scheitern, da Sie das Grundprinzip nicht verstanden haben. Der Fehler ist die »DataSet«-Vorgehensweise, bei der Sie die Daten einmal laden und dann im Speicher verarbeiten. Dabei muss die Verbindung nur kurzzeitig hergestellt werden.

Das ist hier grundsätzlich anders. Bei der Arbeit mit dem *SqlCeResultSet* öffnen Sie die Verbindung mit dem Start der Anwendung und lassen diese solange geöffnet, wie auf die Daten zugegriffen wird. Sie benötigen für eine Datenbindung also in jedem Fall ein **globales** *SqlCeConnection*- und ein *SqlCeResultSet*-Objekt.

Zweiter Versuch:

```
Imports System.Data.SqlServerCe
Imports System.IO
...
Public Class Form1
```

Unsere globalen Objekte:

```
    Private ceconn As SqlCeConnection
    Private cers As SqlCeResultSet
...
    Private Sub Button4_Click(sender As Object, e As EventArgs) Handles Button4.Click
```

Verbindung öffnen:

```
        ceconn = New SqlCeConnection("Data Source=|DataDirectory|\xyz.sdf")
        Using cmd As New SqlCeCommand()
```

Daten auswählen:

```
            cmd.Connection = ceconn
            ceconn.Open()
            cmd.CommandText = "SELECT * FROM Lieferanten"
```

SqlCeResultSet erzeugen:

```
        cers = cmd.ExecuteResultSet(ResultSetOptions.Updatable Or
                                    ResultSetOptions.Scrollable Or
                                    ResultSetOptions.Sensitive)
        DataGridView1.DataSource = cers
    End Using
End Sub
```

Führen Sie obiges Beispiel aus, werden Sie zunächst mit einem leeren *DataGridView* konfrontiert (unsere Datenbank ist ja auch noch leer), in das Sie jedoch sofort Daten eingeben können:

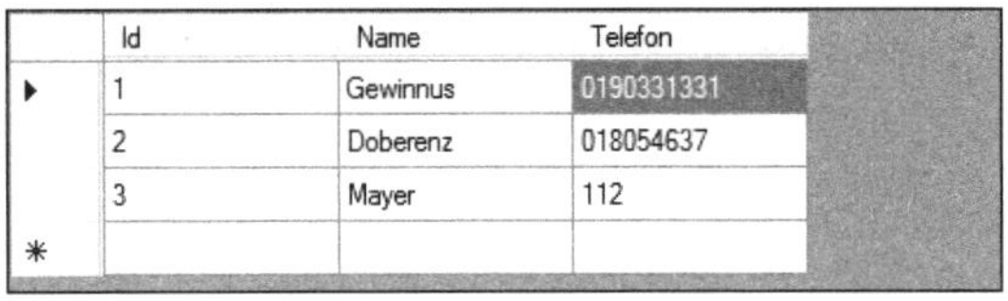

Id	Name	Telefon
1	Gewinnus	0190331331
2	Doberenz	018054637
3	Mayer	112
*		

Abbildung 9.11 Das gebundene *DataGridView*

Wer aufmerksam ist wird feststellen, dass die Identity-Spalte (*Id*) automatisch die neuen Werte anzeigt, es ist nicht nötig, sich mühevoll den entsprechenden Wert vom SQL Server zu holen.

Und was ist mit dem Speichern?

Schließen Sie einfach die Anwendung! Alle obigen Eingaben sind bereits persistent, wenn in der Zeile etwas eingegeben wurde. Behaupten Sie jetzt bitte nicht, dass Sie mit einem DataSet ähnlich einfach zum gleichen Ergebnis kommen!

HINWEIS   Arbeiten Sie mit der kompletten Tabelle, können Sie das *SqlCeResultSet* auch wie im folgenden Beispiel gezeigt erzeugen.

BEISPIEL

Komplette Tabelle für das *SqlCeResultSet* verwenden

```
Using cmd As New SqlCeCommand()
    cmd.Connection = ceconn
    ceconn.Open()
    cmd.CommandText = "Lieferanten"
    cmd.CommandType = CommandType.TableDirect
    cers = cmd.ExecuteResultSet(ResultSetOptions.Updatable Or
                                ResultSetOptions.Scrollable)
...
```

HINWEIS   Der obige Ansatz ist die schnellste Variante, z.B. viele Datensätze in die Tabelle zu importieren. In diesem Fall sollten Sie noch zusätzlich auf die Option *Scrollable* verzichten.

Das ResultSet konfigurieren

Sicher ist Ihnen schon aufgefallen, dass beim Ausführen der *ExecuteResultSet*-Methode zusätzliche Parameter übergeben wurden die bestimmen, welche Art von Cursor erstellt wird.

> **HINWEIS** Beachten Sie, dass der Cursor langsamer wird, je mehr Features dieser unterstützen muss. Wählen Sie also nur die Optionen die Sie auch wirklich benötigen.

Die folgende Tabelle zeigt die möglichen Werte:

Member	Beschreibung
Insensitive	Das *ResultSet* erkennt keine an der Datenquelle vorgenommenen Änderungen
None	Es sind keine Optionen für das *ResultSet* angegeben
Scrollable	Im *ResultSet* kann sowohl ein Vorwärts- als auch ein Rückwärtsbildlauf ausgeführt werden
Sensitive	Das *ResultSet* erkennt an der Datenquelle vorgenommene Änderungen
Updatable	Das *ResultSet* lässt Datenänderungen zu

Tabelle 9.3 *ResultSetOptions*

Einen Unterschied zwischen *Sensitive* und *Insensitive* sowohl bei *TableDirect* als auch bei einer SQL-Abfrage konnten die Autoren nicht feststellen. In beiden Fällen wurden Änderungen innerhalb der Datensätze erkannt. Ein Ereignis für die Auswertung einer Änderung steht nicht zur Verfügung.

Datensätze löschen

Nein, Sie werden jetzt nicht ein *Command*-Objekt erstellen und mittels DELETE entsprechende Änderungen an der Datenbank vornehmen! Da Sie mit einem ResultSet beglückt sind, können Sie durch einfachen Aufruf der *Delete*-Methode den gleichen Effekt erreichen.

> **BEISPIEL**
>
> Datensatz löschen
>
> ```
> cers.Delete()
> ```

> **HINWEIS** Möchten Sie alle Datensätze löschen, sind Sie nach wie vor mit T-SQL besser bedient.

> **BEISPIEL**
>
> Alle Datensätze löschen
>
> ```
> Dim cmd As SqlCeCommand = ceconn.CreateCommand()
> cmd.CommandText = "DELETE FROM Lieferanten"
> Dim anz As Integer = cmd.ExecuteNonQuery()
> MessageBox.Show("Es wurden " & anz.ToString() & " Datensätze gelöscht")
> ```

Datensätze einfügen

Verwenden Sie einfach die *Insert*-Methode, um ein *SqlCeUpdatableRecord*-Objekt einzufügen.

BEISPIEL

Einen neuen Datensatz in das geöffnete ResultSet einfügen

```
Private Sub Button5_Click(sender As Object, e As EventArgs) Handles Button5.Click
```

Neuen Datensatz erzeugen:

```
Dim rec As SqlCeUpdatableRecord = cers.CreateRecord()
```

Werte eintragen:

```
rec("Name") = "Müller"
rec("Telefon") = "87473248274"
```

Datensatz in die Datenbank einfügen:

```
cers.Insert(rec)
End Sub
```

HINWEIS   Lassen Sie die letzte Anweisung weg, wird der Einfügevorgang abgebrochen.

Datensätze bearbeiten

Arbeiten Sie ohne Datenbindung und wollen Sie direkt Werte in den einzelnen Tabellenspalten ändern, werden Sie mit einer recht skurrilen Syntax konfrontiert. Ursache ist der Schreibschutz für den Spaltenindexer.

Das geht nicht:

```
cers("Name") = "Müller-Grube"
```

Aber das:

```
cers.SetString(1, "Müller-Grube")
```

Abschließend muss die *Update*-Methode aufgerufen werden.

BEISPIEL

Den aktuellen Datensatz ändern:

```
cers.SetString(1, "Müller-Grube")
cers.SetString(2, "4711")
cers.Update()
```

Navigation zwischen den Datensätzen

Da wir bei Verwendung eines ResultSets auch mit einem aktuellen Datensatz arbeiten (dieser wird mit *Delete* und *Update* beeinflusst), brauchen wir natürlich auch Methoden, um zwischen den einzelnen Datensätzen zu navigieren.

Die folgende Tabelle 9.4 zeigt eine Übersicht:

Methode	Beschreibung
Read	Nächsten Record lesen
ReadAbsolute	Springt zum spezifizierten Record
ReadFirst	Springt zum ersten Record
ReadLast	Springt zum letzten Record
ReadPrevious	Springt zum vorhergehenden Record
ReadRelative	Bewegt den Zeiger relativ zum aktiven Record
Seek	Springt auf den per Index spezifizierten Record

Tabelle 9.4 Navigationsmethoden

HINWEIS   Obige Methoden haben keinen Einfluss auf datengebundene Controls!

BEISPIEL

Alle Datensätze durchlaufen und den Inhalt auslesen

Sprung auf den ersten Datensatz:

```
cers.ReadFirst()
Do
    MessageBox.Show(cers("Name").ToString())
Loop While cers.Read()
```

HINWEIS   Voraussetzung für die Verwendung von *Seek* ist ein vorher spezifizierter Index.

Natürlich können Sie auch ganz normal mit einem *BindingNavigator* arbeiten, die *Satzzeigerposition* von *SqlCeResultset* und *BindingNavigator* laufen synchron.

BEISPIEL

Verwendung *BindingNavigator*

```
...
    Dim bs As New BindingSource()
...
        bs.DataSource = cers
        BindingNavigator1.BindingSource = bs
        DataGridView1.DataSource = bs
```

Zugriff mit LINQ to SQL

Grundsätzlich sollten Sie prüfen, ob Sie an dieser Stelle nicht »mit Kanonen auf Spatzen schießen«, geht es beim SQL Server Compact doch eigentlich darum, möglichst sparsam mit den Ressourcen des Systems zu haushalten. In vielen Fällen dürfte deshalb die im vorhergehenden Abschnitt gezeigte Vorgehensweise mittels *SqlCeResultSet* wesentlich effizienter und schneller sein.

Wollen Sie allerdings mit den »echten« SQL Servern kompatibel bleiben und liegt Ihnen viel an einem objektorientierten Zugriff auf die Daten, so sind Sie bei LINQ to SQL richtig, auch wenn die Bedeutung zu Gunsten des Entity Frameworks schwindet.

Bevor Sie sich jetzt in diesen Abschnitt vertiefen, eine wichtiger Hinweis:

HINWEIS LINQ to SQL wird vom SQL Server Compact 4.0 nicht unterstützt. Sie können jedoch im Zusammenhang mit dem Visual Studio 2010 und SQL Server Compact 3.5 nach wie vor LINQ to SQL nutzen.

Prinzipiell können Sie mit LINQ to SQL genauso auf eine SQL Server Compact-Datenbank zugreifen wie auf eine SQL Server (Express)-Datenbank. Natürlich werden Sie keine Unterstützung für Stored Procedures realisieren können, diese werden ja vom SQL Server Compact nicht unterstützt.

Auch hier besteht die Möglichkeit

- entweder für eine bestehende Datenbank ein Modell zu erstellen und aus diesem die Mapperklassen zu generieren
- oder ein bestehendes Modell zum Erstellen der Datenbank zu nutzen

HINWEIS Grundlegenden Informationen zum Thema »LINQ to SQL« finden Sie im Kapitel 18. An dieser Stelle wollen wir lediglich SQL Server Compact-spezifische Probleme besprechen.

Anbinden einer vorhandenen Datenbank

Leider wird die Freude über die LINQ to SQL-Unterstützung recht schnell getrübt wenn Sie versuchen, für eine vorhandene SQL Server Compact Edition-Datenbank (**.sdf*) die Mapperklassen mit dem LINQ to SQL-Designer zu erstellen:

Abbildung 9.12 Fehler beim Erstellen der Mapperklassen

Einen Ausweg bietet in diesem Fall das wenig geliebte Kommandozeilen-Tool *SQLMetal.exe*, das Sie im Verzeichnis *\Program Files\Microsoft SDKs\Windows\v7.0A\bin* finden.

Aufruf von *SQLMetal.exe* für die vorhandene Datenbank *School.sdf*

```
SqlMetal.exe northwind.sdf /dbml:northwind.dbml /namespace:TestDB /pluralize
```

Fügen Sie nach dem Ausführen obiger Anweisung die erstellte *School.dbml*-Datei Ihrem aktuellen Projekt hinzu und Sie können diese wie gewohnt im Designer bearbeiten bzw. die jetzt von Visual Studio automatisch erstellten Mapperklassen in Ihrer LINQ-Anwendung nutzen (siehe folgende Abbildung 9.13).

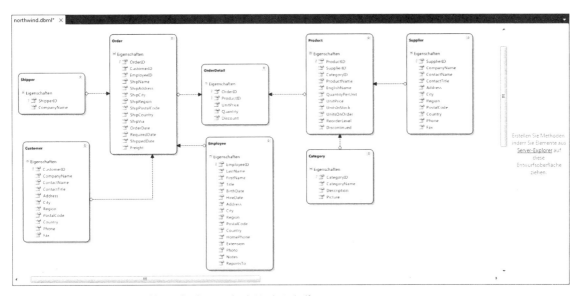

Abbildung 9.13   Erzeugte Mapperklassen für die Datenbank *Northwind.sdf*

Die Verwendung der obigen Klassen ist recht problemlos, wie es auch das folgende Beispiel zeigt.

Abrufen aller Kunden die mit »B« beginnen

```
...
Public Class Form1
```

Verbindung zur Datenbank aufbauen (hier müssen Sie eventuell auch ein Passwort übergeben, wenn die Datenbank verschlüsselt ist):

```
Private db As New TestDB.Northwind("Data Source=|DataDirectory|\Northwind.sdf")
```

Datenauswahl und Datenbindung an ein *DataGridView*:

```
Private Sub Button2_Click(sender As Object, e As EventArgs) _
                    Handles Button2.Click
    Dim cust = db.Customers.Where(Function(c) c.CompanyName.StartsWith("B"))
    DataGridView1.DataSource = cust
End Sub
End Class
```

Erstellen einer neue Datenbank

Etwas anders gehen Sie vor, wenn Sie die Compact Edition-Datenbank erst zur Laufzeit erzeugen wollen. In diesem Fall erstellen Sie mit dem LINQ to SQL-Designer wie gewohnt das Schema und speichern dieses ab. Der einzige Unterschied zu einer »echten« SQL Server-Datenbank ist der Connectionstring beim Erstellen der Datenbank.

Statt zum Beispiel

```
dbTest = New TestDataContext("Data Source=.\SQLEXPRESS;AttachDbFilename=Northwind.mdf;" &
                             "Integrated Security=True;User Instance=True")
```

... schreiben Sie einfach

```
dbTest = New TestDataContext("Data Source=|DataDirectory|\Northwind.sdf")
```

Das eigentliche Erstellen erfolgt nach dem Zuweisen des Connectionstrings mit Hilfe der *CreateDatabase*-Methode.

BEISPIEL

Erstellen einer neuen SQL Server Compact-Datenbank aus einem vorhandenen Modell.

```
Imports System.IO
...
    Dim dbNeu As New TestDB.Northwind("Data Source=|DataDirectory|\NorthwindNeu.sdf")
```

Nur erzeugen, wenn die Datenbank nicht vorhanden ist:

```
        If Not File.Exists(AppDomain.CurrentDomain.BaseDirectory + "NorthwindNeu.sdf") Then
            dbNeu.CreateDatabase()
            MessageBox.Show("Datenbank NorthwindNeu erstellt!")
        End If
        Dim cust = dbNeu.Customers
        DataGridView1.DataSource = cust
    End Sub
...
```

Vielleicht wird mancher sich wundern, warum wir *File.Exists* verwendet haben und nicht die vorhandene Methode *dbNeu.DatabaseExists*. Die Antwort: diese Methode funktioniert nicht im Zusammenhang mit dem Ausdruck »|DataDirectory|«, der Rückgabewert ist immer *False*.

Alternativ können Sie auch wie im folgenden Beispiel gezeigt vorgehen.

BEISPIEL

Korrekte Verwendung von DataBaseExists

```
...
Dim dbNeu As New DataClasses1DataContext(AppDomain.CurrentDomain.BaseDirectory &
                             "NeueDatenbank.sdf")
If Not dbNeu.DatabaseExists() Then
...
```

Ergänzungen

Haben Sie das Modell einmal erzeugt und die Datenbank angebunden, werden Sie keine relevanten Unterschiede zur Arbeit mit einer »echten« SQL Serverdatenbank feststellen. Wir können Sie also problemlos an das Kapitel 18 verweisen.

Wer es gern etwas komfortabler hätte, kann sich eine grafische Oberfläche für *SqlMetal.exe* unter folgender Adresse herunterladen:

WWW	http://sqlmetalosui.codeplex.com/

Zugriff per Entity Data Model

Wie auch im vorhergehenden Abschnitt im Zusammenhang mit LINQ to SQL bereits bemerkt, sollten Sie zunächst prüfen, ob es unbedingt das EDM sein muss, wenn Sie mit dem SQL Server Compact arbeiten.

Haben Sie sich für das Entity Framework entschieden, können Sie in weiten Teilen, wie vom »großen« SQL Server gewohnt, per Entity Framework auf Ihre lokale Datenbank zugreifen.

Im Folgenden finden Sie einige Einschränkungen bei der Zusammenarbeit von SQL Server Compact und dem Entity Framework. Die Ursache für viele Einschränkungen ist in den Restriktionen und Fähigkeiten von SQL Server Compact begründet:

- Keine Unterstützung für Stored Procedures und Views
- Ausschließliche Unterstützung für Unicode-Zeichenfolgen
- Keine Query- oder Command-Timeouts
- Keine Unterstützung für servergenerierte Werte (Ausnahme *Identity*)
- Keine Unterstützung für *Skip*
- Kein FULL OUTER JOIN
- keine COLLATE-Unterklauseln
- keine Modulo-Operationen
- kein DISTINCT in Aggregat-Funktionen

Wie Sie sehen, sind die Einschränkungen nicht allzu groß.

HINWEIS	Die weitere Arbeit mit dem Entity Data Model wird in Kapitel 12 ausführlich beschrieben.

Der Einsatz als Local Database Cache

Nachdem wir im vorliegenden Kapitel bereits einige Informationen zur SQL Server Compact Edition geliefert haben, wollen wir uns nun anschauen, wie Sie diesen »Mini SQL Server« als komfortablen Datenbank-Cache in einer »mobilen« Anwendung einsetzen können. Doch der Reihe nach.

HINWEIS   Diese Funktionalität wurde mit der Version 4.0 gestrichen, die folgenden Ausführungen beziehen sich also auf Visual Studio 2010 und den SQL Server Compact 3.5.

Mit dem ADO.NET Sync-Framework, das in Visual Studio durch eine eigene Vorlage (*Local Database Cache*) unterstützt wird, ist es möglich, eine lokale Datenbank (z.B SQL Server Compact Edition oder SQL Express) mit einer Server-Datenbank zu synchronisieren. Der Vorteil: Ihre Anwendung muss nicht dauernd mit dem Server verbunden sein, die Daten werden lokal vorgehalten und stehen entsprechend schnell zur Verfügung. Im Zusammenhang mit der Compact Edition ist ein Szenarium mit mobilen Geräten denkbar, die ihre Daten nur während der Synchronisation vom Server erhalten und ansonsten autark agieren.

Wir werden die Vorgehensweise an einem praktischen Beispiel demonstrieren, das wir schrittweise erweitern. Allerdings können und wollen wir an dieser Stelle nicht auf alle im Zusammenhang mit dem ADO.NET Sync-Framework stehenden Klassen eingehen. Wer weitere Informationen benötigt, findet diese unter der folgenden Adresse:

WWW   http://msdn.microsoft.com/de-de/library/cc307159(en-us).aspx

Beispiel Einweg Synchronisation

Als Erstes wollen wir uns an einem recht einfach gehaltenen Beispiel die Einweg-Synchronisation, d.h. das reine Herunterladen der aktuellen Daten vom SQL Server in einen lokalen Datenbank-Cache (in diesem Fall eine Local Database Cache-Datenbank), zu Gemüte führen.

Wie schon erwähnt, bietet Visual Studio für diese Aufgabenstellung einen eigenen Assistenten, den Sie als Vorlage über *Neues Element hinzufügen/Cache für lokale Datenbanken* erreichen. Vergeben Sie beispielsweise den Namen *NWCache.sync*.

Abbildung 9.14 Lokalen Datenbankcache erstellen

HINWEIS   Zu diesem Zeitpunkt benötigen Sie noch keine eingerichtete Client-Datenbank, diese wird automatisch vom Assistenten erzeugt.

Nachfolgend wird der Assistent für die Datensynchronisierung gestartet (siehe Abbildung 9.15). Tragen Sie zunächst die Verbindung zum Server ein (Herkunft der Daten) und legen Sie eventuell nachfolgend eine lokale Datenbank als Ziel fest.

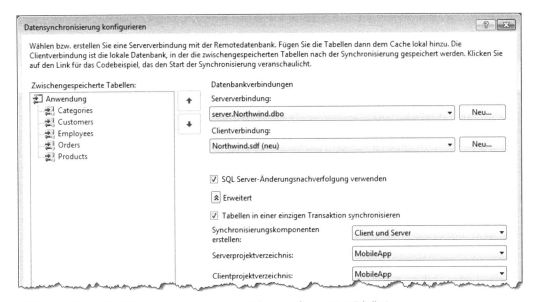

Abbildung 9.15 Assistent für Datensynchronisierung (nach dem Hinzufügen einiger Tabellen)

Nach dem Klick auf die Schaltfläche *Hinzufügen* können Sie die gewünschten Tabellen auswählen:

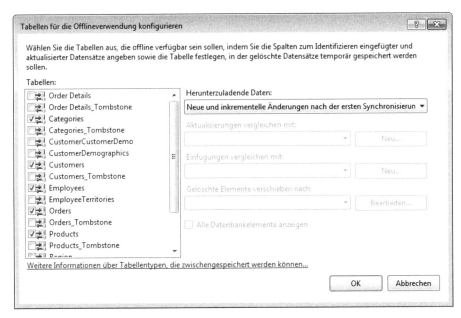

Abbildung 9.16 Auswahl der Tabellen

Wählen Sie, wie in Abbildung 9.16 gezeigt, einige Tabelle aus der Datenbank *Northwind* aus.

Abschließend erhalten Sie noch die Möglichkeit, das Tabellenlayout auf dem Server anzupassen sowie SQL-Skripte für die spätere Verwendung im Projekt zu speichern.

Der Assistent ändert beim Schließen das Tabellenlayout wie folgt:

Änderung	Erklärung
Hinzufügen Spalte *LastEditDate*	Jede zu synchronisierende Tabelle erhält eine derartige Spalte vom Typ *DateTime*. Der Wert wird bei der Synchronisation mit der gleichnamigen Spalte auf dem Client (Cache) verglichen, um Änderungen an den Datensätzen zu ermitteln.
Hinzufügen Spalte *CreationDate*	Jede zu synchronisierende Tabelle erhält eine derartige Spalte vom Typ *DateTime*. Der Wert wird bei der Synchronisation mit der gleichnamigen Spalte auf dem Client (Cache) verglichen, um Datensätzen zu ermitteln, die seit der letzten Synchronisation hinzugefügt wurden.
Hinzufügen eines InsertTriggers	Mit diesem Trigger wird die Spalte *CreationDate* aktualisiert.
Hinzufügen eines UpdateTriggers	Mit diesem Trigger wird die Spalte *LastEditDate* aktualisiert.
Hinzufügen Tabelle für gelöschte Zeilen	In diese zusätzliche Tabelle werden die gelöschten Datensätze kopiert, um diese bei einer Synchronisation abgleichen zu können.
Hinzufügen DeletionTrigger	Mit diesem Trigger werden die zu löschenden Datensätze aus der Originaltabelle in die jeweilige Tabelle für gelöschte Datensätze kopiert.

Tabelle 9.5 Änderungen an der Remote-Datenbank

Nach Abschluss des Assistenten und der dabei erfolgten Änderungen in der Remote-Datenbank wird Ihr Visual Studio-Projekt um eine Reihe neuer Dateien bereichert:

Abbildung 9.17 Änderungen am aktuellen Projekt

Northwind.sdf ist eine lokale SQL Server Compact-Datenbank, die bereits alle Tabellen, die im Synchronisationsassistenten ausgewählt wurden, enthält. Über *NWCache.sync* können Sie den Assistenten erneut starten, in der Datei *NWCache.Designer.vb* finden Sie die automatisch erzeugten Mapperklassen, die auch die Metadaten für die Synchronisation enthalten.

Ganz nebenbei wird auch für die lokale Datenbank ein eigenes DataSet oder ein Entity DataModel erzeugt, wir haben uns für letzteres entschieden.

Starten des Synchronisierungsprozesses in einer Anwendung

Nachdem wir mit den Vorbereitungen fertig sind, sollten wir uns nun anschauen, wie wir eine Synchronisation realisieren können. Dazu benötigen wir jedoch wenigstens eine Möglichkeit für die Datenanzeige. Erstellen Sie also ein einfaches Formular und nutzen Sie das Datenquellen-Fenster, um per Drag & Drop ein *DataGridView* sowie einen *BindingNavigator* für die Tabelle *Products* zu erstellen. Die zusätzlich benötigten Komponenten wie *BindingSource* etc. dürften danach bereits automatisch erstellt worden sein.

BEISPIEL

Synchronisation über eine zusätzliche Schaltfläche auslösen

```
Private Sub Button1_Click(sender As Object, e As EventArgs) Handles Button1.Click
```

Wir erzeugen eine Instanz des SyncAgents

```
Dim syncAgent As New NWCacheSyncAgent()
```

... und starten die Synchronisation:

```
Dim syncStats As Microsoft.Synchronization.Data.SyncStatistics = syncAgent.Synchronize()
```

Nach der Ausführung müssen wir noch dafür sorgen, dass die aktuellen Daten aus der lokalen Datenbank in das *DataGridView* geladen werden (der Datenabgleich erfolgt direkt zwischen beiden Datenbanken):

```
DataGridView1.DataSource = db.Products
End Sub
```

Nach dem ersten Start des Beispielprogramms werden Sie feststellen, dass zu diesem Zeitpunkt bereits die entsprechenden Daten vom Server vorliegen. Der erste Abgleich wurde vom Assistenten durchgeführt.

Für einen Test editieren Sie beispielsweise den ersten Datensatz der Tabelle *Products* auf dem Server (z.B. per Server Explorer in Visual Studio) und geben dem Artikel einen anderen Namen. Nach dem Ausführen der obigen Anweisungen sollte die Änderung auch auf dem Client sichtbar werden. Auf eine Verbindung zum eigentlichen Server können Sie ab jetzt verzichten, der Client läuft mit den Daten der lokalen Compact-Datenbank.

HINWEIS Nehmen Sie einige Änderungen auf dem Client vor und versuchen Sie, diese per Sychronisation zum Server zu übertragen. Sie werden feststellen, dass dies nicht funktioniert, da im vorliegenden Zustand die Anwendung für einen reinen Download der Daten konfiguriert ist. Die für eine bidirektionale Synchronisation erforderlichen Einstellungen müssen Sie per Code vornehmen, der nächste Abschnitt zeigt wie es geht.

Bidirektionale Synchronisation

Wollen wir auch eine bidirektionale Aktualisierung erreichen, müssen wir uns etwas näher mit den Mapperklassen, die der Assistent erzeugt hatte, beschäftigen. Als Eigenschaften des SyncAgents findet sich für jede zu synchronisierende Tabelle ein entsprechendes Objekt, über welches auch die Synchronisationsoptionen geändert werden können.

BEISPIEL

Realisierung einer bidirektionale Aktualisierung für die Tabelle *Products*

Zunächst sichern wir unsere Änderungen aus dem *DataGridView* in der lokalen Datenbank:

```
db.SaveChanges()
```

Jetzt den *SyncAgent* erzeugen:

```
Dim syncAgent As New NWCacheSyncAgent()
```

Synchronisationsrichtung festlegen:

```
syncAgent.Products.SyncDirection = Microsoft.Synchronization.Data.SyncDirection.Bidirectional
```

Synchronisierung auslösen:

```
Dim syncStats As Microsoft.Synchronization.Data.SyncStatistics = syncAgent.Synchronize()
```

Anzeige der Änderungen:

```
ListBox1.Items.Add("TotalChangesDownloaded : " & syncStats.TotalChangesDownloaded.ToString)
db.Refresh(System.Data.Objects.RefreshMode.StoreWins, db.Products)
DataGridView1.DataSource = db.Products
```

Nachfolgend werden Änderungen in beide Richtungen übertragen, die jeweils letzte Änderung überschreibt vorhergehende Änderungen.

Anzeige von Statusänderungen

Nun bietet unser Beispiel ja nicht unbedingt riesige Datenmengen, die abgeglichen werden müssen. Ist dies jedoch der Fall, wäre sicher eine Fortschrittsanzeige und eine Anzeige von Statusmeldungen angebracht. Die letzte Etappe unseres Beispiels zeigt, wie Sie an die entsprechenden Informationen/Ereignisse herankommen.

BEISPIEL

Ereignisauswertung

Ereignishandler anbinden:

```
Private Sub Button1_Click(sender As Object, e As EventArgs) Handles Button1.Click
    Dim syncAgent As New NWCacheSyncAgent()
```

An dieser Stelle weisen wir einen Ereignishandler für eine Fortschrittsanzeige zu:

```
AddHandler syncAgent.SessionProgress, AddressOf syncAgent_SessionProgress
```

Allgemeine Statusänderungen auswerten:

```
AddHandler syncAgent.StateChanged, AddressOf syncAgent_StateChanged
```

Hier können wir detaillierte Statusmeldungen über einzelne Tabellen etc. abrufen:

```
AddHandler TryCast(syncAgent.RemoteProvider, DbServerSyncProvider).SyncProgress,
                AddressOf Form1_SyncProgress
```

Ab hier folgt die normale Synchronisation:

```
Dim syncStats As Microsoft.Synchronization.Data.SyncStatistics = syncAgent.Synchronize()
DataGridView1.DataSource = db.Products
End Sub
```

Zunächst den *ProgressBar* aktualisieren:

```
Private Sub syncAgent_SessionProgress(sender As Object,
                        e As Microsoft.Synchronization.SessionProgressEventArgs)
    progressBar1.Value = e.PercentCompleted
End Sub
```

Allgemeine Meldungen ausgeben:

```
Private Sub syncAgent_StateChanged(sender As Object,
                        e As Microsoft.Synchronization.SessionStateChangedEventArgs)
    ListBox1.Items.Add(e.SessionState.ToString())
End Sub
```

Und hier gehen wir ins Detail:

```
Private Sub Form1_SyncProgress(sender As Object,
                        e As Microsoft.Synchronization.Data.SyncProgressEventArgs)
    Dim msg As String = ""
```

Auswerten der Aktion (welche Richtung, welche Aktion):

```
Select Case e.SyncStage
```

Der Client fügt Datensätze auf dem Server ein:

```
Case SyncStage.ApplyingInserts
    If e.TableProgress.Inserts > 0 Then
        msg = "INSERT: Client -> Server " & e.TableMetadata.TableName &
                "[" & e.TableProgress.Inserts.ToString() & "]"
    End If
```

Der Client ändert Datensätze auf dem Server:

```
Case SyncStage.ApplyingUpdates
    If e.TableProgress.Updates > 0 Then
        msg = "UPDATE: Client -> Server " & e.TableMetadata.TableName &
                "[" & e.TableProgress.Updates.ToString() & "]"
    End If
```

Der Client löscht Datensätze auf dem Server:

```
Case SyncStage.ApplyingDeletes
    If e.TableProgress.Deletes > 0 Then
```

```
              msg = "DELETE: Client -> Server " & e.TableMetadata.TableName &
                                 "[" & e.TableProgress.Deletes.ToString() & "]"
        End If
```

Serverdatensätze werden auf dem Client hinzugefügt:

```
        Case SyncStage.GettingInserts
            If e.TableProgress.Inserts > 0 Then
                msg = "INSERT: Client <- Server " & e.TableMetadata.TableName &
                            "[" & e.TableProgress.Inserts.ToString() & "]"
            End If
```

Serverdatensätze werden auf dem Client geändert:

```
        Case SyncStage.GettingUpdates
            If e.TableProgress.Updates > 0 Then
                msg = "UPDATE: Client <- Server " & e.TableMetadata.TableName &
                               "[" & e.TableProgress.Updates.ToString() & "]"
            End If
```

Serverdatensätze werden auf dem Client gelöscht:

```
        Case SyncStage.GettingDeletes
            If e.TableProgress.Deletes > 0 Then
                msg = "DELETE: Client <- Server " & e.TableMetadata.TableName &
                               "[" & e.TableProgress.Deletes.ToString() & "]"
            End If
    End Select

    If msg <> "" Then
        ListBox1.Items.Add(msg)
    End If

    Application.DoEvents()

End Sub
...
```

Ändern Sie zum Test Datensätze in beiden Datenbanken und starten Sie die Synchronisation. Das Resultat dürfte ähnlich aussehen, wie in der folgenden Abbildung gezeigt:

```
Synchronizing
UPDATE: Client -> Server Products[2]
UPDATE: Client -> Server Products[2]
UPDATE: Client <- Server Products[4]
Ready
TotalChangesDownloaded : 4
```

Abbildung 9.18   Beispiel für die Ausgabe

Tipps & Tricks

Migration von Version 3.5 auf 4.0

Verwenden Sie ältere Datenbanken bzw. öffnen Sie ein älteres Projekt und versuchen Sie auf die Datenbank per Server-Explorer in Visual Studio zuzugreifen, werden Sie mit folgender Meldung beglückt:

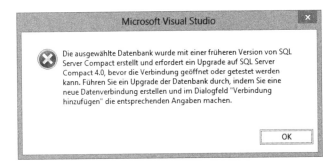

Abbildung 9.19 Hinweis in Visual Studio

Nach dem Öffnen des Verbindungsmanagers klicken Sie bei gleichen Einstellungen einfach wieder auf die *OK*-Schaltfläche. Sie werden daraufhin gefragt, ob die Datenbank aktualisiert werden soll:

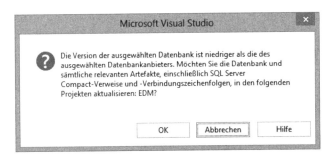

Abbildung 9.20 Sicherheitsabfrage

Nachfolgend liegt die Datenbank im Format 4.0 vor.

HINWEIS   Erstellen Sie besser ein Backup, bevor Sie gleich komplett umsteigen. Der Weg zurück ist nur per SQL-Script möglich und diese Arbeit wollen Sie sich sicher nicht machen.

Eine Alternative für Datenbanken in der »freien Wildbahn« ist die Methode *Upgrade* der *SqlCeEngine*-Klasse. Leider hat Microsoft mal wieder nur »von Zwölf bis Mittag« gedacht, es fehlt eine Eigenschaft/ Methode, mit der Sie die aktuelle Version der Datenbank bestimmen können. Hier hilft ein Blick auf die folgende Seite, die eine Not-Lösung für dieses Problem bereithält:

WWW   http://erikej.blogspot.de/2010/08/how-to-upgrade-version-3x-database-file.html

Auf einen Abdruck des Listings verzichten wir aus naheliegenden Gründen.

Datenbank auf Remotelaufwerk nutzen

Grundsätzlich ist es kein Problem, ein Remotelaufwerk für die Datenbank zu verwenden, solange Sie nicht auf die verwegene Idee kommen, mit mehr als einer Instanz auf die Datenbank zuzugreifen. In diesem Fall wird die zweite Instanz eine entsprechende Fehlermeldung ausgeben.

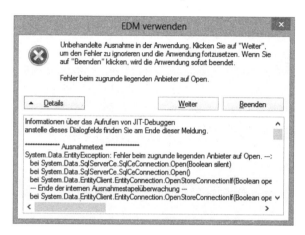

Abbildung 9.21   Fehler bei gleichzeitigem Zugriff auf eine Remotedatenbank

Wer jetzt auf die Idee kommt darauf zu warten, dass die vorhergehende Anwendung die Verbindung schließt, sollte sich auch den folgenden Abschnitt durchlesen. Connections zu SQL Server Compact-Datenbanken sollten nicht für einzelne Operationen geöffnet und geschlossen werden, sondern stattdessen sollten Sie die Verbindung länger geöffnet halten.

HINWEIS   Wenn Sie einen (kostenlosen) SQL Server für den Zugriff durch mehrere Anwendungen von verschiedenen Arbeitsstationen benötigen, verwenden Sie besser den Microsoft SQL Server Express.

Performance verbessern

Arbeiten Sie mit dem SQL Server Compact, so sollten Sie in einigen Punkten umdenken, um auch ein Optimum an Performance aus Ihrer Anwendung herauszuholen:

- In Schreibszenarien sollten Sie in jedem Fall vermeiden, die Connection für jede Operation zu öffnen und zu schließen. Da der SQL Server Compact kein direktes Connection Pooling unterstützt, entspricht jedes Öffnen dem kompletten Laden der SQL Serverengine.

- Verwenden Sie das *SqlCeResultSet* für ein Maximum an Performance (siehe Seite 640) und nutzen Sie nur die Cursor-Features, die Sie unbedingt benötigen.

- Nutzen Sie für wiederkehrende Abfragen/Anweisungen ein Command-Objekt, das Sie zwischenzeitlich nicht verwerfen, Command-Caching wird nicht durch die Engine, sondern durch das Objekt bereitgestellt. Setzen Sie auch den Parametertyp, -größe und -genauigkeit.

Weitere Tipps zur Optimierung (Indizes etc.) finden Sie unter folgender Adresse:

WWW   http://msdn.microsoft.com/library/ms172434.aspx

Datenbank von schreibgeschütztem Medium starten

Wenn wir schon eine Mini-Datenbank haben, wollen wir natürlich auch deren Vorteile nutzen. Was Sie mit einem SQL Server wohl nie hinbekommen werden, ist mit dem SQL Server Compact kein Problem: Starten der Datenbank von einem schreibgeschütztem Medium (z.B. einer DVD).

BEISPIEL

Datenbank von schreibgeschütztem Medium starten

Alles was Sie machen müssen, ist das Anpassen des Connectionstrings an die recht ungewöhnliche Umgebung für die Datenbank. Zum einem müssen Sie den Mode »Read Only« setzen, zum anderen ist es erforderlich einen Pfad für die temporären Dateien anzugeben:

```
Dim connstr As String = String.Format("Data Source = |DataDirectory|\xyz.sdf;" &
                                      "Mode = Read Only;Temp Path={0}", Path.GetTempPath())

Dim conn As SqlCeConnection
conn = New SqlCeConnection(connstr)
Using conn
    conn.Open()
...
```

HINWEIS   Sinnvollerweise sollten Sie Schreibzugriffe auf diese Datenbank besser vermeiden!

Datenbankinformationen abrufen

Informationen über die per *SqlCeConnection* geöffnete Datenbank erhalten Sie über die INFORMATION_SCHEMA-Views. Folgende Views werden unterstützt:

View	Bemerkung
COLUMNS	verfügbare Spalten aller Tabellen in der Datenbank
INDEXES	vorhandene Indizes
KEY_COLUMN_USAGE	Schlüssel in der aktuellen Datenbank
PROVIDER_TYPES	unterstützte Datentypen
TABLES	vorhandene Tabellen
TABLE_CONSTRAINTS	definierte Constraints
REFERENTIAL_CONSTRAINTS	Fremdconstraints

Tabelle 9.6 Mögliche INFORMATION_SCHEMA-Views

BEISPIEL

Anzeige der Tabellen in der Datenbank

```
ceconn = New SqlCeConnection("Data Source=|DataDirectory|\northwind.sdf")
ceconn.Open()
```

Für die Abfrage nutzen wir ein *SqlCeCommand*:

```
Dim cmd As SqlCeCommand = ceconn.CreateCommand()
cmd.CommandText = "SELECT Table_Name FROM INFORMATION_SCHEMA.TABLES"
DataGridView1.DataSource = cmd.ExecuteResultSet(ResultSetOptions.Scrollable)
```

Datenbank reparieren

Ja, auch das ist manchmal unumgänglich, und so bietet die Datenbankengine auch gleich eine entsprechende Funktion an (externe Tools für den SQL Server Compact sind kaum verfügbar).

Überprüfen können Sie die Datenbank zunächst mit *SqlCeEngine.Verify*. Dabei sind eine Standardvariante (nur Prüfsummentest) und eine erweiterte Version (Prüfsumme und Indexprüfung) verfügbar.

Fällt die Prüfung negativ aus, d.h., es wurde ein Fehler gefunden, so können Sie einen Rettungsversuch mit der *Repair*-Methode starten.

BEISPIEL

Datenbank prüfen und gegebenenfalls reparieren

```
Dim engine As New SqlCeEngine("Data Source=|DataDirectory|\northwind.sdf")
If Not engine.Verify(VerifyOption.Enhanced) Then
```

Übergabewerte sind die Zieldatenbank (alternativ null) und die Reparaturoption:

```
    engine.Repair("Data Source=|DataDirectory|\northwindNeu.sdf", RepairOption.RecoverAllOrFail)
    ...
End If
```

Für *Repair* stehen Ihnen folgende Optionen zur Verfügung:

RepairOption	Bemerkung
DeleteCorruptedRows	Alle fehlerhaften Einträge werden gelöscht, es wird kein Reparaturversuch unternommen
RecoverAllOrFail	Die »Alles oder Nichts«-Variante. Schlägt die Reparatur fehl wird ein Fehler ausgelöst
RecoverAllPossibleRows	Alle fehlerfreien Daten werden erhalten
RecoverCorruptedRows	Versuch, defekte Einträge zu reparieren

Tabelle 9.7 *RepairOption*-Member

HINWEIS   Eventuell sollten Sie nach einem Reparaturversuch mit *RecoverAllOrFail* etwas selektiver vorgehen und eine der anderen Varianten ausprobieren.

Verwenden Sie *RecoverCorruptedRows* können Sie meist mehr Daten erhalten, es ist aber nicht sicher, ob alle Daten fehlerfrei sind.

Datenbank komprimieren

Wird die Datenbank nicht nur für Lesevorgänge genutzt, sondern werden auch Datensätze gelöscht, bleibt es nicht aus, dass die Datei mit der Zeit fragmentiert, d.h., es entstehen leere Datensätze und letztendlich leere Seiten (eine Seite hat 4 KB). Zwei bzw. drei Optionen bieten sich an, um den »verlorenen« Platz wieder für andere Anwendungen freizugeben:

- komprimieren mit der *Compact*-Methode
- verwenden der *Shrink*-Methode
- verlassen auf die *AutoShrink*-Funktion

Compact

Dies ist die gründlichste Variante, sie hat allerdings den Nachteil, dass Sie temporär Platz für zwei Datenbanken benötigen, da sowohl die eigentlichen Daten als auch die Indizes komplett kopiert werden. Durch dieses Kopieren werden auch Fragmentierungen innerhalb der Seiten komplett behoben, die neue Datenbank ist nach dem Ausführen der Methode optimal defragmentiert.

BEISPIEL

Verwendung von *Compact* um die aktuelle Datendatei zu komprimieren

```
Dim engine As New SqlCeEngine("Data Source=xyz.sdf")
engine.Compact(Nothing)
```

Shrink/AutoShrink

Dies ist die Variante für »Dünnbrettbohrer«, da in diesem Fall nur komplett unbenutzte Seiten an das Ende der Datendatei kopiert und abgeschnitten werden. Im Gegensatz zur vorherigen Variante wird allerdings nur mit einer Datei gearbeitet, es wird also kein zusätzlicher Platz auf dem Datenträger benötigt. Fragmentierungen innerhalb der Seiten und in den Indizes werden durch diese Variante nicht beseitigt.

BEISPIEL

Verwendung von *Shrink* zum expliziten Defragmentieren der Datenbank

```
Dim engine As New SqlCeEngine("Data Source=xyz.sdf")
engine.Shrink()
```

Im Gegensatz zu *Shrink*, das Sie explizit aufrufen müssen, ist die *AutoShrink*-Funktion über den Connectionstring parametrierbar und wird später selbsttätig ausgelöst.

BEISPIEL

Connectionstring, mit welchem die Datenbank ab 20% freiem Seitenspeicher komprimiert wird

```
Data Source=xyz.sdf;AutoShrink Threshold=20
```

HINWEIS   Ein Wert von 100 deaktiviert die *AutoShrink*-Funktion!

Die Datenbank nachträglich verschlüsseln

Möchten Sie per Code eine Datenbank nachträglich verschlüsseln, verwenden Sie dazu einfach die *Compact*-Methode und übergeben Sie im neuen Connectionstring (Zieldatei) Ihr gewünschtes Passwort:

BEISPIEL

Verwendung von *Compact* um die aktuelle Datendatei zu verschlüsseln

Verbindung zur bisherigen Datei herstellen:

```
Dim engine As New SqlCeEngine("Data Source=xyz.sdf")
```

Datenbank verschlüsseln:

```
engine.Compact("Data Source=;Password=geheim")
```

Ein Datenbank-Backup realisieren

Bevor Sie jetzt an große Programmierorgien denken, vergessen Sie es gleich wieder, eine Datenbank-Backup/-Restore ist mit dem SQL Server Compact eine der leichtesten Übungen:

- Schließen Sie einfach alle offenen Verbindungen und kopieren Sie die .sdf-Datei, d.h. die komplette Datenbank, auf Ihr Sicherungsmedium (maximal 4 GByte dürften problemlos auf DVD oder USB-Stick passen)

- Zum Wiederherstellen überschreiben Sie einfach die Datenbankdatei mit der gesicherten Datei

Fehler in der Visual Studio-IDE vermeiden

Vielleicht haben Sie sich schon einmal beim Test mit einer SQL Server Compact-Datenbank gewundert, dass nach dem Neustart alle Änderungen an den Datensätzen »verlorengegangen« sind. Die Ursache ist vermutlich ein kleiner Konfigurationsfehler in der Visual Studio IDE:

Vermutlich haben Sie für die Datendatei die Eigenschaft *In Ausgabeverzeichnis kopieren* auf *Immer kopieren* festgelegt. In diesem Fall wird Ihre Datendatei im Anwendungsverzeichnis bei jedem Kompilieren durch die Datendatei aus dem Projektverzeichnis überschrieben.

Distribution

Irgendwann kommt der Punkt, wo Sie Ihr Projekt auf dem Zielsystem installieren wollen. Neben der »ganz normalen« Voraussetzung eines installierten .NET Frameworks benötigen Sie jetzt auch noch die SQL Server Compact-Assemblies.

An dieser Stelle wollen wir Ihnen zeigen, wie Sie Ihre Anwendung konfigurieren müssen, damit diese auf einem Zielsystem mit installiertem Framework, aber ohne SQL Server Compact, lauffähig ist[1].

---

[1] Bei den neueren Systemen können Sie zumindest von .NET 2 bzw. 3.5 ausgehen.

> **HINWEIS**   Verzichten wir im Weiteren auf die Verwendung eines Installationspakets für den SQL Server Compact hat dies den Vorteil, dass die Installation unserer Anwendung auf dem Zielsystem keine Administratorenrechte erfordert.

Distribution SQL Server Compact 3.5

1. Assembly-Referenz hinzufügen und konfigurieren
   Fügen Sie Ihrem Projekt eine Referenz auf die Assembly *System.Data.SqlServerCe* hinzu und setzen Sie die Eigenschaft *Lokale Kopie* auf *True*.

2. Hinzufügen der Assemblies
   Erzeugen Sie in Ihrem Projekt ein Unterverzeichnis x86 und fügen Sie die Dateien *sqlcecompact35.dll*, *sqlcese35.dll*, *sqlceqp35.dll* und *sqlceme35.dll* als Link hinzu (Menüpunkt *Hinzufügen/Vorhandene Elemente*, siehe Abbildung).

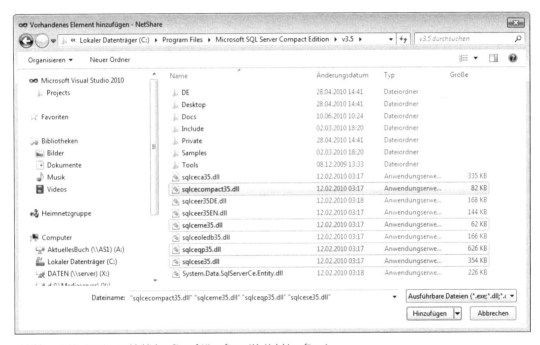

Abbildung 9.22   Dateiauswahl (klicken Sie auf *Hinzufügen/Als Link hinzufügen*)

Wählen Sie abschließend für die vier hinzugefügten Dateien die Eigenschaft *Ins Ausgabeverzeichnis kopieren* und legen Sie diese auf *Kopieren wenn neuer* fest.

> **HINWEIS**   Wollen Sie eine 64-Bit Installation realisieren, verwenden Sie bitte die entsprechenden Dateien aus dem Verzeichnis *C:\Program Files\Microsoft SQL Server Compact Edition\v3.5* nicht *C:\Program Files (x86)\Microsoft SQL Server Compact Edition\v3.5* und kopieren diese in ein Verzeichnis *AMD64*.

Damit steht einer Distribution Ihrer Anwendung per *XCopy* nichts mehr im Weg, ist das Framework in der benötigten Version (siehe Projekteinstellungen) auf dem Zielsystem vorhanden, können Sie einfach Ihre Projektdateien (Verzeichnis *\\bin\Debug* bzw. *\\bin\Release*) kopieren.

Sollten Sie eine Distribution erstellen, vergessen Sie nicht, das Paket »SQL Server Compcat SP2« aus der Liste der erforderlichen Komponenten zu entfernen.

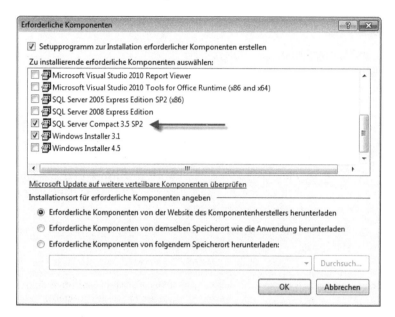

Abbildung 9.23   Diesen Eintrag entfernen

Distribution SQL Server Compact 4.0

Hier vereinfacht sich die Installation etwas, kopieren Sie einfach den Inhalt des Ordners

```
\\Program Files (x86)\Microsoft SQL Server Compact Edition\v4.0\Private
```

in das Anwendungsverzeichnis. Gleichzeitig legen Sie für den Verweis *System.Data.SqlServerCe* die Eigenschaft *Lokale Kopie* auf *True* fest, andernfalls wird dieses im GAC gesucht.

Damit haben Sie schon die komplette Installation für x86- und x64-Anwendungen hinter sich, Ihre Anwendung läuft auf beiden Plattformen.

Fazit

Als quasi Desktop-Datenbank muss sich der SQL Server Compact an anderen Desktop-Datenbanksystemen messen. Da wir in diesem Buch auch SQLite vorgestellt haben (siehe Kapitel 10) bietet sich hier ein Vergleich an. Wer das Kapitel aufmerksam studiert hat, wird sicher auch über den Zeittest gestolpert sein, bei dem es darum ging, 10.000 Datensätze in einer einfachen Tabelle zu speichern. Ohne die Verwendung einer Transaktion erreichte SQLite nur unterirdische Schreibraten, erst mit einer expliziten Transaktion zeigte SQLite seine volle Leistungsfähigkeit. Dieses Verhalten zeigt der SQL Server Compact nicht. Hier ist aus Performancegründen egal, ob Sie eine Transaktion verwenden oder nicht. Allerdings spielt der Zugriffsmodus für die Zugriffszeiten eine bedeutende Rolle:

Provider	Zeitbedarf	Beschreibung
SQLite	279 ms	*SQLiteCommand* mit Parametern in einer Transaktion
SQL Server CE	1300 ms	*SqlCeCommand* mit Parametern in einer Transaktion
SQL Server CE	360 ms	*SqlCeResultSet* (*ResultSetOptions.Updatable*) mit Option *TableDirect*

Tabelle 9.8 Performance-Test

HINWEIS Um die Werte etwas realistischer zu gestalten, wurden die Tests auf einem Laptop ohne SSD durchgeführt. Es wurden jeweils 10.000 Datensätze in eine vorher geschlossene Datenbank geschrieben.

Sie sehen es sicher auch, mit einem *SqlCeCommand* sind Sie zwar »kompatibler«, d.h. Sie können die Anwendung leichter migrieren, aber Geschwindigkeitsrekorde werden Sie damit nicht aufstellen. Erst ein *Sql-CeResultSet* bringt Sie hier weiter. Wichtig ist die Verwendung eines Vorwärtscursors und die Option *TableDirect*, andernfalls sind Sie genauso langsam wie bei einem *SqlCeCommand*. Doch auch dann liegen Sie immer noch einige Millisekunden hinter SQLite (ca. 25% langsamer).

Doch auch beim Funktionsumfang spricht mehr für SQLite:

Feature	SQL Server Compact	SQLite
maximale Datenbankgröße	4 GB	**theoretisch 140 TByte, praktisch Begrenzung durch das jeweilige Dateisystem (maximale Dateigröße)**
Trigger	nein	**ja**
Userdefinierte Funktionen	nein	**Skalare- und Aggregat-Funktionen**
Volltextsuche	nein	**ja**
InMemory-Datenbank	nein	**ja**
Plattformunabhängigkeit	nein	**ja**
Mergereplikation	nein (SQL Server Compact 4.0) **ja (SQL Server Compact 3.5)**	nein
Cross-Database-Querys	nein	**ja**
Paging	OFFSET/FETCH	LIMIT/OFFSET
Management Software	ab SQL Server Compact 4.0 keine Unterstützung im SQL Server Management Studio	**ja (Free und Shareware)**
Visual Studio Integration	**ja**	**ja (teilweise noch in Entwicklung)**
Migration SQL Server	**einfach, wenn keine ResultSets verwendet werden**	mittel bis schwer (Datentypanpassungen, SQL-Inkompatibilitäten)
Distribution	ca. 6 MB (x86 und x64)	**ca. 1,2 MB (x86 oder x64)**
Lebenserwartung	Entwicklung eingestellt	**sehr gut**

Tabelle 9.9 Feature-Vergleich

Die in letzter Minute eingefügte unterste Zeile in der obigen Tabelle dürfte Ihnen wohl schnell die Entscheidung abnehmen. Entweder Sie setzen auf einen SQL Server LocalDB oder Sie bleiben bei einer Desktop-Datenbank und verwenden SQLite.

Kapitel 10

SQLite – Ein Mini ganz groß

In diesem Kapitel:

Was ist eigentlich SQLite?	668
Vorbereitungen	670
Datenbank-Tools	672
Praktische Aufgabenstellungen	677
SQLite – die Datenbank für Windows Store Apps	695
Tipps & Tricks	703
Fazit	715

In diesem Kapitel wollen wir Ihnen eine sinnvolle Alternative sowohl für den meist überdimensionierten Einsatz des Microsoft SQL Servers, egal ob Express oder LocalDB, als auch für die Verwendung von Microsoft Access-Datenbanken als lokale Datenspeicher vorstellen.

Die Hauptforderungen nach

- einfacher Installation/Distribution

- Unterstützung bekannter Technologien (ADO.NET, LINQ to SQL, Entity Framework)

- Aufhebung der Restriktionen bezüglich der maximalen Datenbankgröße[1]

- Unterstützung für Datenbindung

- gute Performance

- Plattformunabhängigkeit des Datenformats

- und, last but not least, die Datensicherheit

werden von dem im Folgenden vorgestellten SQLite in jedem Fall erfüllt. Das hat mittlerweile auch Microsoft erkannt – SQLite fungiert neuerdings als Mini-Datenbank für die Windows Store Apps[2]. Grund für diesen Rückgriff auf eine externe Lösung ist der gänzliche Mangel an hauseigener Datenbankunterstützung für diese Apps, die vorhandene IndexedDB ist für VB-Apps derzeit nicht nutzbar.

HINWEIS   Wir beschränken uns an dieser Stelle ganz bewusst auf lokale Datenspeicher, viele Anwendungen erfordern nach wie vor keine Server-Infrastruktur und werden mit viel zu viel Ballast (zusätzliche Dienste, Probleme mit UAC, Datensicherung etc.) beim Kunden »abgeworfen«. Administratoren und Anwender sind Ihnen sicher dankbar dafür, wenn Sie eine einfach installierbare Anwendung anbieten, die nicht gleich das gesamte System »umgräbt«, um ein paar Datensätze zu speichern. Vielfach reicht auch schon eine XML-Datei, aber das ist eine andere Geschichte.

Was ist eigentlich SQLite?

Bei SQLite handelt es sich um eine Desktop-Datenbankengine, die im Gegensatz zum SQL Server ohne eine extra Server-Anwendung auskommt. Die komplette Funktionalität wird von **einer** DLL bereitgestellt, die Anwendung greift direkt auf den eigentlichen Datenspeicher zu. Der Clou an dieser Lösung: Sie können trotz allem mit SQL als Abfragesprache arbeiten, müssen sich also nicht erst an eine neue Schnittstelle gewöhnen[3].

Einen grundsätzlichen Überblick zum Datenformat, zur verwendeten SQL-Syntax und zur DLL-Schnittstelle bietet Ihnen die folgende Website

WWW   http://www.sqlite.org/

---

[1] Insbesondere dieser Punkt dürfte für viele Programmierer von Interesse sein, ist doch das Datenlimit von 2 GByte bei Access-Datenbanken nicht mehr zeitgemäß.

[2] Zumindest so lange, bis Microsoft endlich eine eigene Lösung auf die Beine gestellt hat.

[3] Am besten können Sie SQLite noch mit dem SQL Server Compact vergleichen, beide haben einen konzeptionell ähnlichen Ansatz.

Im Folgenden wollen wir Ihnen mit einer unverbindlichen Gegenüberstellung der Vor- und Nachteile die Entscheidung für oder gegen SQLite erleichtern.

Vorteile

Davon bietet SQLite jede Menge:

- Die Datenbankengine ist winzig im Vergleich zu den etablierten Produkten (die DLL hat lediglich eine Größe von ungefähr 1 MB).

- Es ist keinerlei administrativer Aufwand notwendig, wenn Sie mal vom Speichern der eigentlichen Datendatei absehen.

- Das Format ist ideal für die Verwendung im Zusammenhang mit dem Compact Framework, da geringer Ressourcenbedarf.

- Alle Daten sind in einer Datei zusammengefasst, endlose Dateilisten, wie bei dBase oder Paradox, sind nicht zu befürchten.

- Die komplette Engine befindet sich in einer bzw. zwei Dateien (Compact Framework).

- SQLite implementiert eine Großteil der SQL92-Spezifikation, Sie können also Ihre SQL-Know-How weiter nutzen und müssen nicht umlernen.

- SQLite-Datenbanken sind plattformkompatibel, d.h., Sie können die Datei problemlos mit anderen Systemen auslesen und bearbeiten. Für fast jede Plattform und Programmiersprache werden entsprechende Schnittstellen angeboten. Dies ist im Zusammenhang mit dem Datenaustausch zu Android- und iOS-Anwendungen interessant.

- SQLite ist in einigen Punkten schneller[1] als eine entsprechende SQL Server Compact-Datenbank und die Dateien sind kleiner. Im Gegensatz zum SQL Server Compact kann man bei einer maximalen Datenbankgröße von 2 Terabyte kaum noch von einer Größenbegrenzung sprechen.

- Datenbanken können verschlüsselt werden.

- Unterstützung für Trigger, Views und Constraints.

- SQLite unterstützt verschiedene Formen der Volltextsuche, ein Feature, auf das wir z.B. bei Access-Datenbanken schon lange warten.

- Es sind ADO.NET 2.0 Provider verfügbar, auch die Verwendung des Entity Frameworks ist möglich.

- Optional ist auch ein Zugriff per ODBC-Treiber möglich.

- SQLite ist komplett kostenlos, der Quellcode ist ebenfalls verfügbar.

- **SQLite ist eine der wenigen Datenbankengines, die Sie derzeit in einer WinRT-App überhaupt zum Laufen bekommen.**

HINWEIS Insbesondere der letzte Punkt ist ein echtes »Killerfeature«, wir gehen ab Seite 695 auf die spezifische Lösung im Rahmen von WinRT ein.

---

[1] Hier kommt es jedoch auf eine sinnvolle Indizierung der Tabellen an, andernfalls bricht die Performance recht schnell ein.

Nachteile

Jede Medaille hat zwei Seiten und so müssen Sie auch bei SQLite mit einigen Einschränkungen und Nachteilen leben.

- Grundsätzlich sollten Sie immer das Konzept als Desktop-Datenbank im Auge behalten. Sie können zwar mit mehreren Anwendungen auf die Datendatei zugreifen, allerdings ist der Schreibmechanismus der Engine etwas eigenwillig, nur ein Prozess kann exklusiv auf die Datenbank zugreifen, Lesezugriffe werden in dieser Zeit geblockt.

- Keine Unterstützung für Stored Procedures und UDFs, Sie können jedoch eigene Scalar- und Aggregat-Funktionen schreiben, die als Callback in Ihrer Anwendung abgelegt sind.

- Es sind keine geschachtelten Transaktionen möglich.

- Keine direkte Replikationsunterstützung, Sie können jedoch eine zweite Datenbank mit ATTACH einbinden und nachfolgend die Daten mit einer Abfrage über die betreffenden Tabellen synchronisieren.

- Keine Unterstützung für Nutzer- und Rechteverwaltung, es handelt sich um eine Desktop-Datenbank, die Sie jedoch verschlüsseln können.

Vorbereitungen

Haben Sie sich für SQLite als Datenformat entschieden, ist der nächste Schritt die Auswahl eines geeigneten Datenproviders, der uns auch unter .NET wie gewohnt zur Verfügung steht.

Download/Installation

Die Autoren haben sich in diesem Fall für *System.Data.SQLite*, einen kostenlosen Wrapper und ADO-.NET 2.0/3.5-Provider, entschieden, da dieser sehr gut dokumentiert und auch aktuell ist. Ganz nebenbei ist auch eine entsprechende Integration in Visual Studio vorhanden. Sie können also die Datenbanken, wie vom Microsoft SQL Server gewohnt, in der Visual Studio-IDE bearbeiten und abfragen (Server-Explorer).

Herunterladen können Sie die Installation unter der Adresse:

WWW	http://system.data.sqlite.org/

Laden Sie das *Setup for 32-bit Windows (.NET Framework 4.5)* herunter, wenn Sie über Visual Studio 2012 verfügen, für Visual Studio 2010 nutzen Sie das *Setup for 32-bit Windows (.NET Framework 4.0)*.

HINWEIS	Achten Sie darauf, für welche Framework-Version Sie die Installation herunterladen!

Nach dem Download führen Sie das Setup-Programm aus, um die Designtime-Unterstützung in Visual Studio zu integrieren.

Die Besonderheit dieses Projekts ist eine Unterstützung sowohl für das komplette, als auch für das Compact-Framework. Arbeiten Sie mit dem normalen Framework, wird für Ihr Projekt bzw. das Zielsystem lediglich die Datei *System.Data.SQLite.DLL* benötigt, in dieser befindet sich die SQLite-Engine und der für uns wichtige .NET-Wrapper. Für den Einsatz mit dem Compact Framework müssen Sie die Dateien *System.Data.-SQLite.DLL* (Unterordner *CompactFramework*) und *SQLite.Interop.066.DLL* auf dem Zielsystem bereitstellen.

HINWEIS *System.Data.SQLite* ist »lediglich« ein .NET-Wrapper für die originale SQLite-Engine (aktuell 3.7.15.2), Sie profitieren also auch automatisch von Verbesserungen und Neuerungen an der SQLite-Engine.

Mehr über die SQLite-Engine erfahren Sie unter folgender Adresse:

WWW http://www.sqlite.org/docs.html

Integration in Ihr VB-Projekt

Möchten Sie den Provider in Ihr Projekt integrieren, fügen Sie zunächst einen Verweis auf die Assembly *System.Data.SQLite* hinzu und legen die Eigenschaft *Lokale Kopie* auf *True* fest. Benötigen Sie zusätzlich auch Unterstützung für LINQ, fügen Sie noch die Assembly *System.Data.SQLite.Linq* hinzu.

Der einfachste Weg zur Integration in Ihr VB-Projekt führt jedoch über den NuGet-Manager. Wählen Sie eines der vier möglichen Pakete und klicken Sie auf *Installieren*:

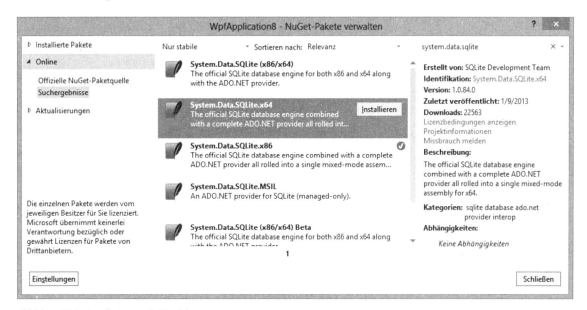

Abbildung 10.1 Installation per NuGet-Paket

Sollten Sie das Paket *System.Data.SQLite (x86/x64)* gewählt haben, werden Ihrem Projekt zwei Unterverzeichnisse *x86* und *x64* hinzugefügt, in denen jeweils die plattformspezifische *SQLite.Interop.dll* abgelegt ist. Im Hauptverzeichnis finden Sie die Assembly *System.Data.SQLite.dll*.

Datenbank-Tools

Eine Datenbank-Engine ist ja gut und schön, aber wer hat schon Lust, Datenbanken ausschließlich per Code zu erstellen bzw. zu administrieren? Aus diesem Grund möchten wir zunächst einen Blick auf einige der verfügbaren Werkzeuge werfen, bevor wir auf die Details der Programmierung mit VB eingehen.

Verwalten von SQLite-Datenbanken mit Visual Studio

Dank vollständiger Integration in die Visual Studio-IDE stellt es kein Problem dar, über den Server-Explorer eine neue Datenbank zu erzeugen. Wählen Sie einfach im Server-Explorer die Schaltfläche *Mit Datenbank verbinden* und ändern Sie die Datenquelle in *SQLite Database File.* Der dazugehörige Datenanbieter *.NET Framework DataProvider for SQLite* ist bereits automatisch ausgewählt (siehe folgende Abbildung).

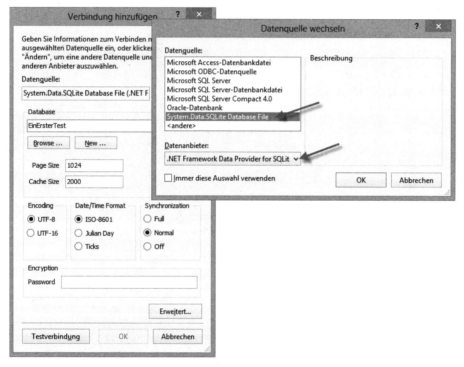

Abbildung 10.2 Neue SQLite-Datenbank erzeugen

Im eigentlichen Verbindungsdialog können Sie jetzt die neue Datenbank erzeugen. Legen Sie hier auch Page-Size und Cache-Size fest. Das Date-/Time-Format belassen Sie am besten bei *ISO-8601* (formatierte Zeichenkette). Mit *Synchronisation* ist das Verhalten beim Speichern von Änderungen gemeint:

■ die Einstellung *Normal* führt dazu, dass Änderungen immer dann geschrieben werden, wenn kritische Codeabschnitte durchlaufen werden

■ *Full* führt zu Schreibzugriffen bei jeder Änderung und

■ *Off* bedeutet, dass die Schreibpuffer nicht explizit geschrieben werden

Welche Datei-Extension Sie für die Datenbank verwenden ist egal, empfehlenswert ist *.db* oder *.db3.*

Optional haben Sie die Möglichkeit, die Datenbank mit einem Passwort zu schützen, versprechen Sie sich davon aber bitte nicht eine extreme Sicherheit, es handelt sich lediglich um einen RC4-Algorithmus mit 128 Bit-Schlüssel.

Schließen Sie den Dialog ab, können Sie sich mittels Server-Explorer um die inneren Werte der Datenbank kümmern, d.h. Tabellen und Sichten erstellen, Trigger und Check-Einschränkungen festlegen und, last but not least, auch Indizes erzeugen.

Abbildung 10.3 SQLite-Beispieldatenbank *NorthwindEF* im Server-Explorer

Der Editor für das Bearbeiten von Tabellenlayouts ist leider noch nicht ausgereift, da fehlen noch einige Funktionen. Wir verweisen Sie deshalb besser an das im Folgenden vorgestellte Tool.

Database .NET

Mit diesem Programm, quasi der »eierlegenden Wollmilchsau« des Datenbankentwicklers, haben Sie unter anderem auch Ihre SQLite-Datenbanken voll im Griff.

Laden Sie sich die frei verfügbare Anwendung unter folgender Adresse herunter:

http://fishcodelib.com/Database.htm

Nach dem Download und dem Entpacken der einzigen EXE-Datei können Sie bereits loslegen, eine Installation oder Registrierung ist nicht nötig. Damit eignet sich das Programm auch phantastisch für den USB-Stick zum Mitnehmen, vor allem deshalb, weil neben SQLite auch noch folgende Datenbanken unterstützt werden:

- Microsoft Access, Microsoft Excel
- Firebird
- dBase, FoxPro
- OData, Generic OLE DB, Generic ODBC

- SQL Server, LocalDB, SQL Server Compact, SQL Azure

- MySQL

- Oracle

- IBM DB2

- IBM Informix

- PostgreSQL

- Sybase ASE

HINWEIS   Wer mag, kann auch eine Pro-Version erwerben, diese bietet einen erweiterten SQL-Editor, Datenbankdiagramme, einen Profiler etc.

Doch zurück zum Programm. Öffnen Sie eine bestehende SQLite-Datenbank über den Menüpunkt *Datei/
VerbindenSQLite*, bzw. erstellen Sie auf diesem Weg auch eine neue Datenbank. Nachfolgend können Sie
sich entweder im SQL-Editor oder per Assistent an der Datenbank austoben.

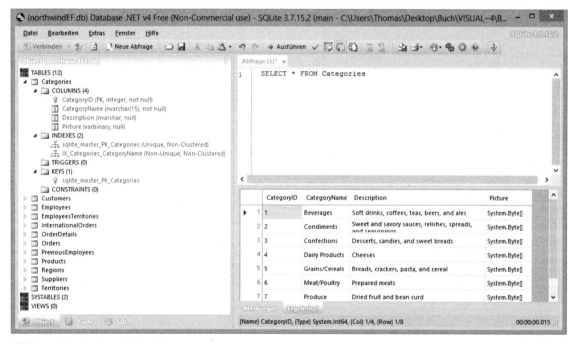

Abbildung 10.4 *Database .NET* in Aktion

Für die Bearbeitung des Tabellenlayouts steht Ihnen ein leistungsfähiger Editor zur Verfügung, Sie müssen
also nicht umständlich mit endlosen CREATE TABLE-Statements herumhantieren:

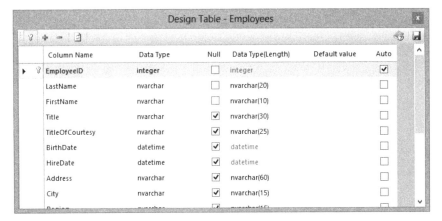

Abbildung 10.5 Entwurf des Tabellenlayouts in *Database .NET*

Ein recht praktisches Feature, Sie können sich aus der fertigen Datenbank auch ein SQL-Skript erstellen lassen, um die Datenbank beispielsweise erst beim Kunden per Skript zu generieren:

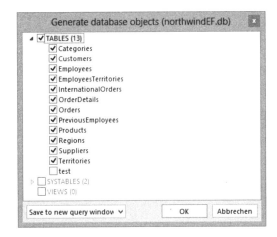

Abbildung 10.6 SQL-Skript generieren
(Sie können einzelne Tabellen auswählen)

HINWEIS	*Database .NET* unterstützt beide Versionen der Volltextsuche von SQLite (FTS3/FTS4).

SQLite Administrator

Ein weiteres empfehlenswertes Tool ist *SQLite Administrator,* das Sie kostenlos unter folgender Adresse herunterladen können:

WWW	http://sqliteadmin.orbmu2k.de/

Entpacken Sie einfach den Inhalt der heruntergeladenen ZIP-Datei in ein Verzeichnis Ihrer Wahl und starten Sie die Datei *sqliteadmin.exe*. Nach Beantwortung der Frage nach der gewünschten Anzeigesprache können Sie auch schon loslegen:

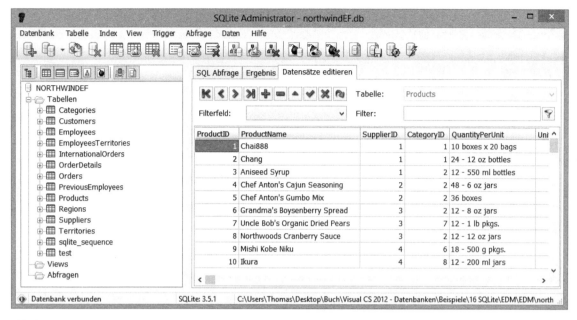

Abbildung 10.7   Der *SQLite Administrator* in Aktion

Wer kein großer Freund von SQL ist, kann hier auch auf recht einfache Art und Weise eigene Trigger und Sichten definieren:

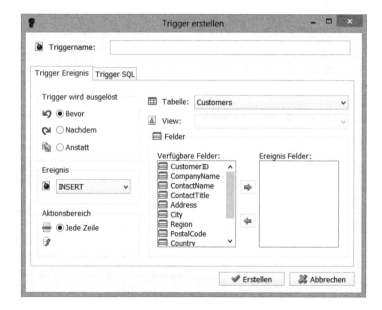

Abbildung 10.8   Neuen Trigger erstellen

Die allgemeine Programmbedienung sollte Sie vor keine allzu großen Herausforderungen stellen, wir gehen deshalb nicht weiter darauf ein.

Praktische Aufgabenstellungen

Da wir ja mit einem ADO.NET-Provider arbeiten, treffen die Ausführungen der ADO.NET-Kapitel 3 und 4 im Grunde auch auf SQLite-Datenbanken zu, wir wollen deshalb hier auf Wiederholungen verzichten.

Auch SQL steht nicht im Mittelpunkt dieses Abschnitts, sondern ist lediglich Mittel zum Zweck. Wir beschränken uns im Weiteren auf einige SQLite-spezifische Aufgabestellungen und Besonderheiten.

Datenbank/Datenbankobjekte per Code erstellen

Hier sind wir endlich an einem der interessantesten Punkte für den Programmierer angelangt. Wie erstelle ich zur Laufzeit meine Datenbank-Objekte? Anhand einiger kleinerer Beispiele zeigen wir Ihnen die grundsätzliche Vorgehensweise.

> **HINWEIS**   Voraussetzung für die folgenden Beispiele ist die Einbindung des Wrappers *System.Data.Sqlite* (siehe dazu Seite 670).

BEISPIEL

Erzeugen einer neuen, leeren Datenbank

```
...
Imports System.Data.SQLite
...
    Private Sub Button1_Click(sender As Object, e As EventArgs) Handles Button1.Click
```

Mit der statischen *CreateFile*-Methode erzeugen Sie im Anwendungsverzeichnis eine neue Datenbank *test3.db3*:

```
        SQLiteConnection.CreateFile(AppDomain.CurrentDomain.BaseDirectory & "test.db3")
        End Sub
```

> **HINWEIS**   Der Wrapper unterstützt nicht die Angabe »|DataDirectory|\«, verwenden Sie deshalb in diesem Fall die Eigenschaft *BaseDirectory*.

BEISPIEL

Mögliches Zugriffspasswort für die Datenbank festlegen

```
...
Imports System.Data.SQLite
...
    Private Sub Button2_Click(sender As Object, e As EventArgs) _
                        Handles Button2.Click
```

Öffnen der Verbindung (mehr zum Connectionstring siehe Seite 678):

```
        conn = New SQLiteConnection("Data Source=" & AppDomain.CurrentDomain.BaseDirectory &
                            "test.db3")
        conn.Open()
```

Passwort festlegen:

```
conn.ChangePassword("geheim")
```

Verbindung schließen:

```
conn.Close()
```

Vor dem erneuten Öffnen der Datenbank ist jetzt die Angabe des Passwortes erforderlich, andernfalls tritt ein Laufzeitfehler auf

```
        conn.SetPassword("geheim")
        conn.Open()
        conn.Close()
    End Sub
```

HINWEIS　　Die Fehlermeldung *File opened that is not a database file, file is encrypted or is not a database* ist vielleicht etwas missverständlich, fangen Sie mögliche Fehler also ab und geben Sie eine eigene Meldung an den Anwender aus.

BEISPIEL

Wer es gern übersichtlicher hat, kann auch einen *SQLiteConnectionStringBuilder* verwenden:

```
...
        Dim csb As New SQLiteConnectionStringBuilder()
        csb.DataSource = AppDomain.CurrentDomain.BaseDirectory + "test.db3"
        csb.Password = "geheim"
        SQLiteConnection.CreateFile(csb.ConnectionString)
...
```

Mögliche Connectionstring-Parameter

Als Ergänzung zum vorhergehenden Abschnitt wollen wir Ihnen im Folgenden noch die wichtigsten Parameter für den Connectionstring vorstellen (siehe Tabelle 10.1).

Parameter	Bedeutung	Standard
Data Source	Kompletter Datenbankpfad inklusive Dateiname	
UseUTF16Encoding	Welche Kodierung soll verwendet werden (True/False)	False
DateTimeFormat	Das verwendete Datumsformat (Ticks/ISO8601)	ISO8601
BinaryGUID	Speicherformat für GUID-Spalten (True = Binär, False = Text)	True
Cache Size	Cachegröße in Bytes	2000
Synchronous	Wann wird der Puffer geschrieben (Normal/Full/Off)	Normal
Page Size	Seitengröße in Bytes	1024
Password	Optional eine Passwortangabe	
Pooling	Verwendet Connection Pooling (True/False)	False

Tabelle 10.1 Die wichtigsten Connectionstring-Parameter

Parameter	Bedeutung	Standard
FaillfMissing	True – ist die Datenbank nicht vorhanden, wird ein Fehler ausgelöst False – ist die Datenbank nicht vorhanden, wird sie automatisch erzeugt	False
Max Page Count	Beschränkung der Seitenzahl (und damit der Datenbankgröße)	0 = keine
Legacy Format	True – verwendet das kompatiblere 3.x Datenbankformat False – verwendet das neuere 3.3x Datenbankformat mit besserer Kompression	False
Default Timeout	Timeout in Sekunden	30
Journal Mode	Delete – Löschen des Journals nach einem Commit Persist – Das Journal wir geleert und verbleibt auf der Festplatte Off – Das Journal wird nicht erzeugt Memory – Das Journal wir d im Speicher gehalten WAL – Es wird ein Write-Ahead-Log verwendet (erst ab Version 3.7.0)	Delete
Read Only	True – Datenbank schreibgeschützt öffnen False – Datenbank mit Schreib-Lesezugriff öffnen	False
Max Pool Size	Connectionpool-Größe	100

Tabelle 10.1 Die wichtigsten Connectionstring-Parameter *(Fortsetzung)*

Tabellen erzeugen

Nach dem Erzeugen der Datenbank herrscht noch gähnende Leere, dem wollen wir jetzt abhelfen. Erster Schritt ist meist das Erstellen neuer Tabellen, alle anderen Objekte bauen ja mehr oder weniger darauf auf.

BEISPIEL

Erzeugen einer neuen Tabelle

```
Private Sub Button3_Click(sender As Object, e As EventArgs) Handles Button3.Click

    conn = New SQLiteConnection("Data Source=" & AppDomain.CurrentDomain.BaseDirectory &
                                "test.db3")
    conn.Open()
```

Die folgende Zeilen dürften Ihnen bereits bekannt vorkommen (ADO.NET-Kapitel 3).

Mittels *SQLiteCommand*-Objekt wird ein SQL-Statement an die Datenbankengine geschickt, um die gewünschte Tabelle zu erstellen:

```
    Dim cmd As SQLiteCommand = conn.CreateCommand()

    cmd.CommandText = "CREATE TABLE IF NOT EXISTS kunden (" &
                      "      Id INTEGER NOT NULL PRIMARY KEY AUTOINCREMENT," &
                      "      Vorname VARCHAR(50) NOT NULL," &
                      "      Nachname VARCHAR(50) NOT NULL," &
                      "      Telefon VARCHAR(50)" & " );"
    cmd.ExecuteNonQuery()
    cmd.Dispose()
    conn.Close()
End Sub
```

HINWEIS   Auf dem gleichen Weg können Sie auch alle anderen Datenbankobjekte (Views, Trigger etc.) erzeugen, die Vorgehensweise unterscheidet sich nicht von der bei einem *OleDBCommand*- oder einem *SQLCommand*-Objekt. Über die zulässigen SQL-Befehle und deren Syntax klärt Sie die Hilfedatei zum »System.Data.SQLite«-Wrapper auf.

Bitte umlernen – Datentypen einmal anders

Kommen wir noch einmal zu den obigen Datentypen zurück. Grundsätzlich kennt SQLite nur die folgenden Datentypen:

- NULL
- INTEGER (1, 2, 3, 4, 6 oder 8 Bytes, je nach Subtyp)
- REAL (8 Byte IEEE-Fließkommazahl)
- TEXT (UTF-8, UTF-16BE oder UTF-16LE)
- BLOB

Alle anderen Datentypen, die Sie angeben, werden intern einem der obigen Datentypen zugeordnet. Geben Sie also beispielsweise NVARCHAR(25) an, ist das zwar recht vorbildlich, intern können Sie aber in der erzeugten TEXT-Spalte speichern so viel Sie wollen. Hier hilft dann nur eine Constraint weiter.

Bevor wir Sie jetzt mit endlosen Zuordnungslogiken verwirren, werfen Sie lieber einen Blick auf die folgende Tabelle, die für Sie als VB-Programmierer sicher wesentlich aufschlussreicher ist.

SQL-Datentyp	System.Data.SQLite-Datentyp
TINYINT	*DbType.Byte*
SMALLINT	*DbType.Int16*
INT	*DbType.Int32*
COUNTER, AUTOINCREMENT, IDENTITY, LONG, INTEGER, BIGINT	*DbType.Int64*
VARCHAR, NVARCHAR, CHAR, NCHAR, TEXT, NTEXT, STRING, MEMO, NOTE, LONGTEXT, LONGCHAR, LONGVARCHAR	*DbType.String*
DOUBLE, FLOAT	*DbType.Double*
REAL	*DbType.Single*
BIT, YESNO, LOGICAL, BOOL	*DbType.Boolean*
NUMERIC, DECIMAL, MONEY, CURRENCY	*DbType.Decimal*
TIME, DATE, TIMESTAMP, DATETIME, SMALLDATE, SMALLDATETIME	*DbType.DateTime*
BLOB, BINARY, VARBINARY, IMAGE, GENERAL, OLEOBJECT	*DbType.Binary*
GUID, UNIQUEIDENTIFIER	*DbType.Guid*

Tabelle 10.2 Datentypen SQL versus System.Data.SQLite-Provider

HINWEIS   Die Datentypen TEXT und BLOB haben eine maximale Kapazität von 1.000.000.000 Bytes.

Einschränkungen definieren

Wie schon erwähnt, können Sie sich nicht darauf verlassen, dass sich die Datenbankengine auch darum kümmert, dass in eine NVARCHAR(25)-Spalte auch nur 25 Zeichen eingegeben werden können. Wer hier für Konsistenz und Ordnung sorgen will, kommt um eine ganze Reihe von Constraint bzw. CHECK-Klauseln nicht herum.

BEISPIEL

Verwendung von CHECK-Klauseln

```
CREATE TABLE test (
```

Speichert Zeichenkette mit maximal 10 Zeichen:

```
    Spalte1 VARCHAR(10) CHECK (LENGTH(Spalte1) < 11),
```

Speichert Zeichenkette mit den zulässigen Werten *Mann* und *Frau*:

```
    Spalte2 VARCHAR(4)  NOT NULL CHECK (Spalte2 IN ('Mann', 'Frau')),
```

Speichert Gleitkommazahl mit den zulässigen Werten *NULL* oder *größer 5*:

```
    Spalte3 REAL NULL CHECK (Spalte3 > 5)
);
```

Wir könnten sicherlich noch viele weiteren Möglichkeiten aufzeigen, aber da verweisen wir Sie besser an die Dokumentation auf der SQLite-Website.

Datenbankzugriff per DataSet realisieren

Haben Sie die Datenbank mit den entsprechenden Datenbankobjekten erzeugt, wollen Sie sicher auch auf die Tabellen und Abfragen zugreifen. Nichts leichter als das, denn haben Sie Kapitel 4 (*DataSet*-Objekt) eingehend studiert, werden Sie keine Probleme haben, auch auf SQLite-Datenbanken zuzugreifen.

Zwei kleine Beispiele zeigen den Zugriff auf die Tabelle *Kunden*, die wir im vorhergehenden Beispiel erstellt hatten.

BEISPIEL

Laden der Daten in ein *DataSet*

```
Imports System.Data.SQLite
...
Public Class Form1

    Private conn As SQLiteConnection
    Private ds As DataSet
    Private da As SQLiteDataAdapter
    Private Sub Button4_Click(sender As Object, e As EventArgs) Handles Button4.Click
```

Verbindung öffnen:

```
conn = New SQLiteConnection("Data Source=" & AppDomain.CurrentDomain.BaseDirectory &
                            "test.db3")
conn.Open()
```

Datenauswahl:

```
da = New SQLiteDataAdapter("SELECT * FROM kunden", conn)
```

Wir wollen automatisch im *DataSet* neue Ids vergeben:

```
da.MissingSchemaAction = MissingSchemaAction.AddWithKey
```

DataSet füllen:

```
ds = New DataSet()
da.Fill(ds, "Kunden")
```

DataGridView anbinden:

```
DataGridView1.DataSource = ds
DataGridView1.DataMember = "Kunden"
```

Wir können die Verbindung schließen:

```
conn.Close()
End Sub
```

Das dürfte Ihnen je recht bekannt vorkommen, lediglich die Klassenbezeichner unterscheiden sich etwas (aus *OleDbDataAdapter* wird ein *SQLiteDataAdapter* etc.).

Abschließend sollen die Daten auch aus dem *DataSet* in die Datenbank zurückgeschrieben werden.

BEISPIEL

Zurückschreiben der Änderungen in die SQLite-Datenbank

```
Private Sub Button5_Click(sender As Object, e As EventArgs) Handles Button5.Click
```

Wir erzeugen die nötigen UPDATE-, INSERT und DELETE- Statements per *CommandBuilder*:

```
Dim cb As New SQLiteCommandBuilder(da)
conn.Open()
```

Änderungen schreiben:

```
da.Update(ds, "Kunden")
conn.Close()
End Sub
```

HINWEIS   Alternativ können/sollten Sie ein typisiertes Dataset verwenden, auch dieses wird unterstützt.

Besonderheit: InMemory-Datenbank

Auf eine Besonderheit der SQLite-Engine wollen wir an dieser Stelle noch einmal getrennt eingehen. Die Rede ist von der Möglichkeit, SQLite-Datenbanken komplett im Arbeitsspeicher abzulegen. Alle Abfragen funktionieren wie bekannt, es wird jedoch nichts auf die Platte ausgelagert.

> **HINWEIS** Dass Sie an dieser Stelle nicht von der maximalen Datenbankgröße von 2 TB Gebrauch machen können, dürfte Ihnen sicher auch klar sein.

Ein Beispiel zeigt die Vorgehensweise.

> **BEISPIEL**

Erzeugen einer InMemory-Datenbank und Verwendung mittels *DataSet*-Objekt

```
Imports System.Data.SQLite
...
Public Class Form1
```

Die zentralen Zugriffsobjekte:

```
    Private conn As SQLiteConnection
    Private ds As DataSet
    Private da As SQLiteDataAdapter

    Private Sub Button8_Click(sender As Object, e As EventArgs) Handles Button8.Click
```

Datenbank im Speicher erzeugen:

```
        conn = New SQLiteConnection("Data Source=:memory:")
        conn.Open()
```

Objekte auf die bekannte Weise erstellen:

```
        Dim cmd As SQLiteCommand = conn.CreateCommand()
        cmd.CommandText = "CREATE TABLE IF NOT EXISTS kunden (" &
                    "    Id INTEGER NOT NULL PRIMARY KEY AUTOINCREMENT," &
                    "    Vorname VARCHAR(50) NOT NULL," &
                    "    Nachname VARCHAR(50) NOT NULL," &
                    "    Telefon VARCHAR(50)" & " );"
        cmd.ExecuteNonQuery()
```

Daten abfragen und anzeigen:

```
        da = New SQLiteDataAdapter("SELECT * FROM kunden", conn)
        da.MissingSchemaAction = MissingSchemaAction.AddWithKey
        ds = New DataSet()
        da.Fill(ds, "Kunden")
        DataGridView1.DataSource = ds
        DataGridView1.DataMember = "Kunden"
    End Sub
```

> **HINWEIS** Beachten Sie, dass die Connection in diesem Fall nicht geschlossen wird! Die Datenbank ist sonst »futsch«.

Daten vom *DataSet* in die InMemory-Datenbank zurückschreiben:

```
Private Sub Button9_Click(sender As Object, e As EventArgs) Handles Button9.Click
    Dim cb As New SQLiteCommandBuilder(da)
    da.Update(ds, "Kunden")
End Sub
```

Hier fragen wir probeweise noch einmal etwas andere Daten aus der InMemory-Datenbank ab:

```
Private Sub Button10_Click(sender As Object, e As EventArgs) Handles Button10.Click
    Dim cmd As SQLiteCommand = conn.CreateCommand()
    da = New SQLiteDataAdapter("SELECT nachname FROM kunden", conn)
    ds = New DataSet()
    da.Fill(ds, "Kunden")
    DataGridView1.DataSource = ds
    DataGridView1.DataMember = "Kunden"
End Sub
```

```
End Class
```

HINWEIS   Leider wird durch SQLite keine Cursor-Programmierung und damit möglicherweise ein Recordset-artiges Konstrukt angeboten. So werden die Daten teilweise doppelt im Speicher gehalten (InMemory-Datenbank und DataSet).

Datenzugriff mit dem Entity Framework

Auch hier werden Sie nicht von großartigen Neuigkeiten überrascht, Sie können problemlos für eine SQLite-Datenbank ein passendes Entity Data Modell erstellen und mit diesem wie gewohnt arbeiten.

HINWEIS   Voraussetzung dafür ist allerdings die korrekte Installation des SQLite-DataProviders (siehe dazu Seite 670).

Der grundsätzliche Ablauf ist auch hier:

1. Wählen Sie in einem vorhandenen Projekt den Menüpunkt *Projekt/Neues Element hinzufügen/Daten/ ADO.NET Entity Data Model*.

2. Mit *Generate from DataBase* rufen Sie den *Enity Data Model Wizard* auf. Hier klicken Sie auf *New Connection*.

3. Wechseln Sie im nächsten Dialog die Datenquelle und wählen Sie *System.Data.SqLite Database File*.

4. Nach einem Klick auf *OK* können Sie bereits die Verbindung zur gewünschten SQLite-Datenbank herstellen.

5. Wählen Sie nun die Tabellen aus, die in das Datenmodell eingeschlossen werden sollen.

Die folgende Abbildung 10.9 zeigt das Ganze noch einmal in einer Übersicht.

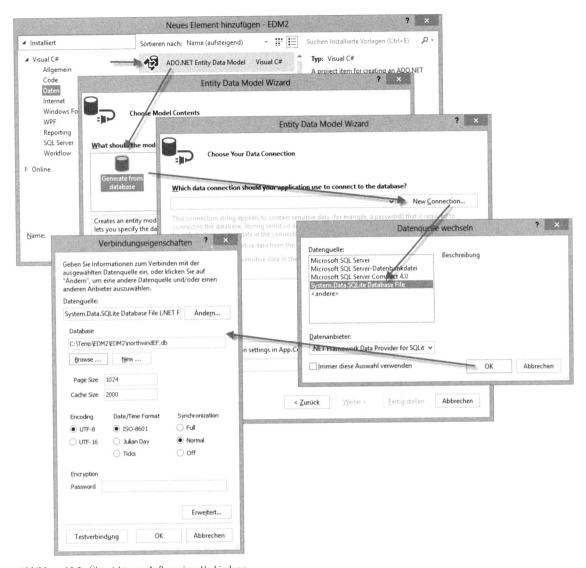

Abbildung 10.9 Übersicht zum Aufbau einer Verbindung

Leider wird das *|DataDirectory|*-Konstrukt im Connectionstring in diesem Fall nicht unterstützt, der Pfad zur Datenbank ist hart kodiert. Machen Sie es sich leicht und editieren Sie nach dem Erstellen des Modells die Datei *App.Config*. Ersetzen Sie die Pfadangabe zum Beispiel durch »XXXX«. Zur Laufzeit ersetzen wir diese Angabe mit dem Pfad zur eigentlichen Datenbankdatei.

BEISPIEL

Dynamisches Anpassen des Connectionstrings

```
Imports System.Configuration
...
```

```
Private Sub Button1_Click(sender As Object, e As EventArgs) Handles Button1.Click
    Dim connstr As String =
            ConfigurationManager.ConnectionStrings("northwindEFEntities").ConnectionString
    connstr = connstr.Replace("XXXX", AppDomain.CurrentDomain.BaseDirectory & "northwindef.db")
    db = New northwindEFEntities(connstr)
    DataGridView1.DataSource = db.Products
End Sub
```

Der zugehörige Connectionstring in der Datei *App.config*:

```
<connectionStrings>
  <add name="northwindEFEntities" connectionString="metadata=res://*/NWModel.csdl|
res://*/NWModel.ssdl|res://*/NWModel.msl;provider=System.Data.SQLite;provider connection string='data
source=&quot;XXXX&quot;'" providerName="System.Data.EntityClient" />
</connectionStrings>
```

Arbeiten Sie mit einem *DbContext* (statt mit einem *ObjectContext*, wie im obigen Beispiel), müssen Sie zur Anpassung des Connectionstrings wie folgt vorgehen, da Sie dem Konstruktor keinen Connectionstring übergeben können.

BEISPIEL

Connectionstring für *DataContext* anpassen

...

```
        db = New northwindEFEntities()
        connstr = db.Database.Connection.ConnectionString
        connstr = connstr.Replace("XXXX", AppDomain.CurrentDomain.BaseDirectory +
                        "northwindef.db")
        db.Database.Connection.ConnectionString = connstr
```

Daten lokal laden:

```
        db.Products.Load()
```

Datenanbindung an die lokalen Daten (WPF):

```
        Me.DataContext = db.Products.Local
```

...

HINWEIS   Weitere Informationen zur Arbeit mit dem Entity Framework siehe Kapitel 12.

Die Bedeutung von Transaktionen bei SQLite

Sicherlich haben Sie schon etwas mit den SQLite-Klassen herumgespielt. Solange Sie aber nur einige wenige Datensätze zwischen Programm und Datenbank austauschen, werden Sie kaum über einen der größten Fallstricke von SQLite stolpern. Doch wehe, Sie möchten in einem Schwung zum Beispiel 10.000 Datensätze aus einer XML-Datei oder einer anderen Quelle importieren. In diesem Fall werden Sie zunächst maßlos enttäuscht sein. So benötigt der Import obiger 10.000 Datensätze auf einem schnellen Rechner sage und schreibe 90 Sekunden, ein Wert der wohl nicht mehr ganz zeitgemäß ist.

An dieser Stelle lohnt es sich, einen Blick auf die Abläufe beim Speichern von Datensätze in SQLite-Datenbanken zu werfen. Fügen Sie Daten in eine SQLite-Datenbank ein, und ist dieses INSERT-Statement nicht in einer Transaktion gekapselt, wird intern automatisch eine Transaktion gestartet (verbunden mit dem Erstellen einer Journaldatei), die INSERT-Anweisung ausgeführt und die Transaktion abgeschlossen (COMMIT). Das Ganze erfolgt 10.000 Mal, der immense Zeitbedarf dürfte damit klar erkennbar sein.

Die Lösung: Eine explizite Transaktion für den kompletten Einfügevorgang.

BEISPIEL

Einfügen von Datensätzen per Transaktion

```
...
    Private watch As New Stopwatch()
...
    Private Sub Button9_Click(sender As Object, e As EventArgs) Handles Button9.Click
        watch.Reset()
        watch.Start()
        Using conn As New SQLiteConnection("Data Source=" & AppDomain.CurrentDomain.BaseDirectory &
                                            "test.db3;Journal Mode=WAL;")
            Try
                conn.Open()
```

Transaktion starten:

```
                Using trans As SQLiteTransaction = conn.BeginTransaction()
                    Using cmd As SQLiteCommand = conn.CreateCommand()
                        cmd.CommandText =
                            "INSERT INTO Kunden (Vorname, Nachname) VALUES (@vorname, @nachname)"
                        cmd.Parameters.Add("@vorname", System.Data.DbType.[String], 50)
                        cmd.Parameters.Add("@nachname", System.Data.DbType.[String], 50)
                        cmd.Prepare()
                        For i As Integer = 0 To 9999
                            cmd.Parameters("@vorname").Value = "xxxxxxxxxxxx" & i.ToString()
                            cmd.Parameters("@nachname").Value = "yyyyyyyyyy" & i.ToString()
                            cmd.ExecuteNonQuery()
                        Next
                    End Using
```

Datenübernahme:

```
                    trans.Commit()
                End Using
            Catch ex As SQLiteException
                MessageBox.Show(ex.Message, "Fehler")
            End Try
        End Using
        watch.Stop()
        MessageBox.Show("Zeit: " & watch.ElapsedMilliseconds.ToString() & " (ms)")
    End Sub
```

Auf dem gleichen PC benötigt obiges Beispiel nur noch 99 Millisekunden für das Einfügen der Daten.

SOUNDEX verwenden

Im Unterschied zum SQL Server Compact bietet die SQLite-Engine auch eine *SoundEx*-Funktion:

BEISPIEL

Verwendung von SOUNDEX

```
SELECT
        SOUNDEX(ProductName) AS SoundExValue
FROM             Products
```

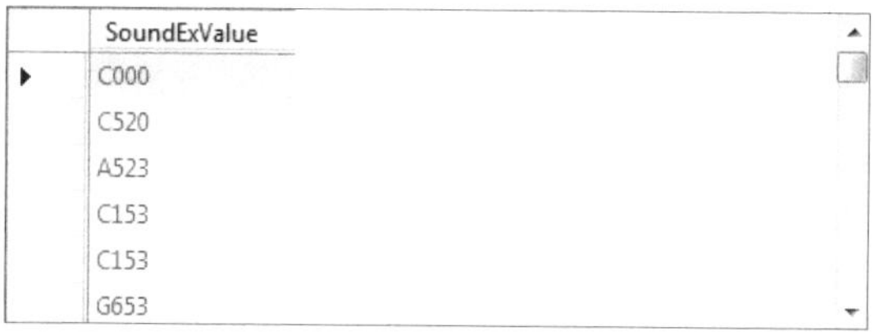

SoundExValue
C000
C520
A523
C153
C153
G653

Abbildung 10.10 Ergebnis obiger Abfrage

Volltextabfragen realisieren

Auch hier bietet SQLite mehr als der SQL Server Compact[1]. Sie können für entsprechend erzeugte Tabellen problemlos Volltextabfragen mit MATCH realisieren.

Die Verwendung ist für den gestandenen SQL Server-Programmierer allerdings etwas »merkwürdig«. So wird nicht etwa eine bestehende Tabelle für die Volltextsuche genutzt, sondern Sie erstellen eine neue »virtuelle« Tabelle, bei der Sie auch noch eine recht eigenartige Syntax verwenden.

Doch der Reihe nach, ein Beispiel sagt uns nicht nur in diesem Fall mehr als tausend Worte.

BEISPIEL

Volltextsuche für E-Mails realisieren (das komplette Beispiel finden Sie in den Begleitdateien)

Zunächst die Namespaces einbinden:

```
Imports System.Data.SQLite
Imports System.IO

Public Class Form1
```

Die nötigen Objekte für die Arbeit mit einem *DataSet* bereitstellen:

```
    Private conn As SQLiteConnection
    Private ds As DataSet
    Private da As SQLiteDataAdapter
```

---

[1] Der SQL Server Express kann mit Volltextsuche installiert werden, aber da sind wir schon fast wieder bei einem kompletten SQL Server mit Diensten etc.

Hier erstellen wir zunächst die Datenbank:

```
Private Sub Button1_Click(sender As Object, e As EventArgs) Handles Button1.Click
    If File.Exists(AppDomain.CurrentDomain.BaseDirectory & "test.db3") Then
        File.Delete(AppDomain.CurrentDomain.BaseDirectory & "test.db3")
    End If
    SQLiteConnection.CreateFile(AppDomain.CurrentDomain.BaseDirectory & "test.db3")
```

Jetzt können wir die Verbindung öffnen und die neue Tabelle erzeugen:

```
conn = New SQLiteConnection("Data Source=" & AppDomain.CurrentDomain.BaseDirectory &
                            "test.db3")
conn.Open()
Dim cmd As SQLiteCommand = conn.CreateCommand()
cmd.CommandText = "CREATE VIRTUAL TABLE EMails USING FTS3(Betreff, Body);"
cmd.ExecuteNonQuery()
```

Was passiert hier im Detail? Eine Tabelle *Emails* wird unter Verwendung der Volltextsuche (FTS3) mit den beiden Spalten *Betreff* und *Body* erzeugt. Vermutlich vermissen Sie die Typangaben bei dieser Art von Tabellendefinition, aber das wäre unnötige »Folklore«, die Werte würden in jedem Fall ignoriert. Spalten werden immer als Text interpretiert, eine ID benötigen Sie nicht, die wird automatisch über eine interne RowId bereitgestellt. Eine Abfrage à la »SELECT rowid, betreff, body FROM emails« ist also problemlos realisierbar.

Jetzt fügen wir einfach ein paar Datensätze in die Tabelle ein:

```
cmd.CommandText = "INSERT INTO EMails (Betreff, Body) values (@betreff, @body);"
cmd.Parameters.Add("@betreff", DbType.AnsiString)
cmd.Parameters.Add("@body", DbType.AnsiString)

cmd.Parameters("@betreff").Value = "Buch fertig"
cmd.Parameters("@body").Value = "Nach ja, es sind noch zwei Wochen!"
cmd.ExecuteNonQuery()

cmd.Parameters("@betreff").Value = "Rechung schreiben"
cmd.Parameters("@body").Value =
        "Sehr geehrte Damen und Herrn, wie Sie vielleicht befürchtet haben ..."
cmd.ExecuteNonQuery()

cmd.Parameters("@betreff").Value = "Zwei Tage Zeit"
cmd.Parameters("@body").Value = "Bis Mittwoch sollten Sie fertig sein!"
cmd.ExecuteNonQuery()
```

Wir fragen die Tabelle ab und zeigen diese per *DataSet* in einem *DataGridView* an:

```
da = New SQLiteDataAdapter("SELECT * FROM emails", conn)
ds = New DataSet()
da.Fill(ds, "emails")
DataGridView1.DataSource = ds
DataGridView1.DataMember = "emails"
conn.Close()
End Sub
```

So weit so gut, doch nun schreiten wir zu Abfrage. Ausgehend von den Eingaben einer *TextBox* (der zukünftige SQL-String) erstellen wir ein zweites *DataSet*, das wir in einem weiteren *DataGridView* anzeigen:

```
Private Sub Button2_Click(sender As Object, e As EventArgs) Handles Button2.Click

    conn = New SQLiteConnection("Data Source=" & AppDomain.CurrentDomain.BaseDirectory &
                                "test.db3")
    conn.Open()
```

Sicherheitshalber eine kleine Fehlerbehandlung, falls wir wider Erwarten einen falschen SQL-Befehl eingeben:

```
    Try
        da = New SQLiteDataAdapter(TextBox1.Text, conn)
        ds = New DataSet()
        da.Fill(ds, "emails")
        DataGridView2.DataSource = ds
        DataGridView2.DataMember = "emails"
    Catch ex As Exception
        MessageBox.Show(ex.Message)
    End Try
    conn.Close()
    End Sub
End Class
```

Eine erste Beispielabfrage zeigt die folgende Abbildung:

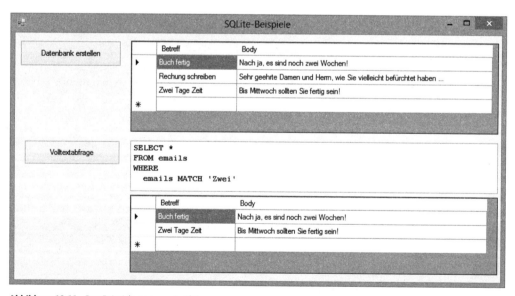

Abbildung 10.11 Das Beispielprogramm in Aktion

Vermutlich wird sich mancher die Augen reiben, fragen wir doch mit

```
... WHERE emails MATCH 'Zwei'
```

eine eigentlich nicht vorhandene Tabellenspalte ab. Sie vermuten richtig, wenn Sie davon ausgehen, dass in diesem Fall alle Spalten abgefragt werden.

Alternativ können Sie auch einen einzelnen Spaltennamen angeben:

```
... WHERE body MATCH 'Zwei'
```

Geht es darum, einen Fund davon abhängig zu machen, dass zwei Wörter nahe beieinander stehen, können Sie NEAR verwenden. Standardmäßig dürfen die Wörter nicht weiter als zehn Terme voneinander entfernt sein, Sie können jedoch auch einen anderen Wert festlegen.

BEISPIEL

Verwendung von NEAR

Maximal 10 Terme Abstand:

```
SELECT *
FROM
    emails
WHERE
    emails MATCH 'ja NEAR Zwei'
```

Maximal 25 Terme Abstand:

```
SELECT *
FROM
    emails
WHERE
    emails MATCH 'ja NEAR/25 Zwei'
```

Neben dem zusätzlichen Operator NEAR können Sie auch AND, OR oder NOT einsetzen, mehrere Token einzeln angeben, Fundstellen lokalisieren etc. Weitere grundlegende Informationen zur Volltext-Engine und deren Syntax finden Sie unter folgender Adresse:

WWW   http://www.sqlite.org/fts3.html

Recht interessant ist auch die Möglichkeit, Teile der Fundstelle als Suchergebnis abzurufen. Nutzen Sie dazu die Funktion *Snippet*:

BEISPIEL

Ausschnitt der Fundstelle anzeigen:

```
SELECT
    Snippet(emails)
FROM
    emails
WHERE
    emails MATCH 'Damen'
```

HINWEIS   Geben Sie für die *Snippet*-Funktion die virtuelle Spalte mit dem Namen der Tabelle an.

Zurückgegeben wird ein HTML-Fragment, das die Umgebung der Fundstelle zeigt. Der eigentliche Suchtext wird mit <b></b> fett hervorgehoben (HTML-Ansicht vorausgesetzt), lange Texte werden mit »...« abgeschnitten.

Abbildung 10.12 Der Rückgabewert

HINWEIS Wer weitere Informationen über die Funde abrufen will (Offset, Tabellenspalte etc.), kann dies mit den Funktionen *Offsets* und *Matchinfo* tun.

Noch eine kleine Ergänzung zum Schluss: Neben dem oben schon beschriebenen FTS3-Suchmodul wird mittlerweile auch ein FTS4-Modul unterstützt, das einige zusätzliche Informationen für die *Matchinfo*-Funktion bereitstellen kann. Diese zusätzlichen Informationen erfordern intern zwei weitere Tabellen, was sich auch in einem etwas erhöhten Platzbedarf niederschlägt. FTS4 unterstützt zusätzlich Hooks für das Komprimieren bzw. Dekomprimieren der Daten.

Für neue Projekte wird FTS4 empfohlen, das Verfahren ist in einigen Fällen signifikant schneller, Altprojekte belassen Sie aus Kompatibilitätsgründen am besten bei FTS3.

Und wie nutzen wir nun das FTS4-Modul? Ganz einfach, verwenden Sie im einfachsten Fall statt »FTS3« die Angabe »FTS4«:

```
CREATE VIRTUAL TABLE EMails USING FTS4 (Betreff, Body);
```

Eigene skalare Funktionen in VB realisieren

Nichts leichter als das, auch hier sind SQLite sowie der Wrapper recht komfortabel. Mit Hilfe der Klasse *SQLiteFunction* haben Sie im »Handumdrehen« eine eigene Funktion für Ihre SQL-Abfragen realisiert. Sie müssen lediglich die entsprechende Methode überschreiben.

BEISPIEL

Eine Levenshtein-Funktion[1] realisieren, welche die »Distanz« zwischen zwei Strings berechnet. Dazu werden Einfüge-, Lösch- und Ersetzungsvorgänge bewertet.

Mit den Attributen steuern wir die wichtigsten Eigenschaften der Funktion (Name, Argumentzahl (-1 = beliebig), Funktionsart (in diesem Fall eine skalare Funktion). Der Name der Klasse ist irrelevant.

```
<SQLiteFunction(Name:="Levenshtein", Arguments:=2, FuncType:=FunctionType.Scalar)>
Class myLevenshtein
    Inherits SQLiteFunction
```

[1] Gefunden unter *http://dotnetperls.com/levenshtein*

Durch Überschreiben der *Invoke*-Methode realisieren Sie bereits die gewünschte Funktion:

```
Public Overrides Function Invoke(args() As Object) As Object
```

Argumente auswerten:

```
Dim s As String = args(0).ToString
Dim t As String = args(1).ToString
```

Hier folgt der Algorithmus:

```
Dim n As Integer = s.Length
Dim m As Integer = t.Length
Dim d(n, m) As Integer
Dim cost As Integer
If n = 0 Then Return m
If m = 0 Then Return n
Dim i As Integer = 0
For i = 0 To n
    d(i, 0) = i
Next
Dim j As Integer = 0
For j = 0 To m
    d(0, j) = j
Next
For i = 1 To n
    For j = 1 To m
        cost = If(t.Chars(j - 1) = s.Chars(i - 1), 0, 1)
        d(i, j) = Math.Min(Math.Min(d(i - 1, j) + 1, d(i, j - 1) + 1), d(i - 1, j - 1) + cost)
    Next j
Next i
```

Funktionsergebnis zurückgeben:

```
        Return d(n, m)
    End Function
End Class
```

Das folgende Beispiel zeigt, wie Sie die Funktion *Levenshtein* in einer Abfrage verwenden können:

BEISPIEL

Verwendung der obigen Funktion

```
Private conn As SQLiteConnection
Private ds As DataSet
Private da As SQLiteDataAdapter
...
    conn = New SQLiteConnection("Data Source=" & AppDomain.CurrentDomain.BaseDirectory &
                            "northwindef.db")
    conn.Open()
    da = New SQLiteDataAdapter("SELECT lastname, Levenshtein(lastname, 'Bucha') " &
                            "As Distanz FROM employees", conn)
    ds = New DataSet()
    da.Fill(ds, "Mitarbeiter")
...
```

Das Ergebnis der Abfrage:

	LastName	Distanz
▸	Davolio	7
	Fuller	5
	Leverling	9
	Peacock	6
	Buchanan	3
	Suyama	4
	Callahan	6
	Dodsworth	9
✱		

Abbildung 10.13   Der Rückgabewert unserer Abfrage

Eigene Aggregat-Funktionen in VB realisieren

Auch in diesem Fall hilft uns die Klasse *SQLiteFunction* weiter, überschreiben Sie einfach die Methoden *Step* und *Final*, um eine eigene Aggregatfunktion zu realisieren.

BEISPIEL

Eine *MaxLenght*-Funktion implementieren (die maximale Stringlänge bestimmen)

```
Imports System.Data.SQLite
...
```

Per Attribut bestimmen wir die Funktionsparameter:

```
<SQLiteFunction(Name:="MaxLength", Arguments:=-1, FuncType:=FunctionType.Aggregate)>
Class MyMaxLength
    Inherits SQLiteFunction
```

Diese Methode wird für jeden übergebenen Datensatz aufgerufen (Argumente sind die Feldwerte, der wievielte Aufruf und eine interne Verwaltungsvariable in der wir das Zwischenergebnis speichern):

```
Public Overrides Sub [Step](args() As Object, nStep As Integer,
                    ByRef contextData As Object)
```

Den Feldwert auslesen:

```
Dim s As String = args(0).ToString()
```

Die interne Verwaltungsvariable initialisieren:

```
If contextData Is Nothing Then
    contextData = 0
Else
```

Zwischenschritt berechnen:

```
contextData = Math.Max(CInt(Fix(contextData)), s.Length)
    End If
End Sub
```

Das Endergebnis zurückgeben:

```
Public Overrides Function Final(contextData As Object) As Object
    Return contextData
End Function
End Class
```

Zum Abrufen des Ergebnisses verwenden wir ein *Command*-Objekt:

BEISPIEL

Die Verwendung im Detail

```
...
        conn = New SQLiteConnection("Data Source=" & AppDomain.CurrentDomain.BaseDirectory &
                                    "northwindef.db")
        conn.Open()
        Dim cmd As SQLiteCommand = conn.CreateCommand()
        cmd.CommandText = "SELECT MaxLength(lastname) FROM employees"

        Dim i As Integer = Convert.ToInt32(cmd.ExecuteScalar())
        MessageBox.Show("Ergebnis = " & i.ToString())
...
```

Der Rückgabewert wird in unserem Beispiel »9« sein, »Dodsworth« ist der längste Eintrag.

SQLite – die Datenbank für Windows Store Apps

Im Eifer des Gefechts haben die Microsoft-Entwickler wohl eine »Kleinigkeit« vergessen. Prinzipiell steht Ihnen derzeit »ab Werk« keine Datenbankengine für Ihre App zur Verfügung! Das dürfte zunächst ein kompletter Show-Stopper für viele Anwendungen sein, die derzeit noch um eine lokale Desktop-Datenbank herum aufgebaut sind. Schnelle und vor allem einfache Abhilfe ist hier nicht in Sicht. Mittlerweile scheint aber Microsoft zur Einsicht gelangt zu sein, dass hier eine gewaltige Lücke klafft.

Auf der Website

WWW   http://timheuer.com/blog/archive/2012/06/05/howto-video-using-sqlite-in-metro-style-app.aspx

wird eine Lösung vorgestellt, die allerdings nicht von Microsoft stammt.

Für alle, die sich jetzt voller Euphorie auf die SQLite-Entwicklung stürzen wollen, gleich ein beachtlicher Dämpfer:

HINWEIS   In WinRT steht Ihnen ADO.NET nicht zur Verfügung. Also keine DataSets etc., wie im bisherigen Kapitel beschrieben, alle Zugriffe erfolgen über SQLite-spezifische Methoden, der Portierungsaufwand einer bisherigen ADO.NET-Anwendung sollte also nicht unterschätzt werden!

Installation in einem WinRT-Projekt

Mit der SQLite-DLL allein ist es nicht getan, wir benötigen zusätzlich noch einen Wrapper, der uns die Library-Funktionen in ein halbwegs nutzbares Format überträgt. Hilfreich dabei ist die von Frank Krueger erstellte *sqlite-net*-Library.

Sehen wir uns zunächst die Installationsschritte an, bevor wir zur Verwendung der Library kommen:

1. Laden Sie die eigentliche SQLite-DLL herunter. Gegen Sie dazu auf folgende Adresse:

W W W	http://www.sqlite.org/download.html

In der Rubrik *Precompiled Binaries **for Windows Runtime*** wählen Sie entweder die x86- oder die x64-Version (wir verwenden die x86-Version).

2. Entpacken Sie die heruntergeladene ZIP-Datei.

3. Erstellen oder öffnen Sie jetzt ein App-Projekt und kopieren Sie die *sqlite3.dll* aus der ZIP-Datei in Ihr Projekt. Setzen Sie für die DLL die Eigenschaft *In Ausgabeverzeichnis kopieren* auf *Immer kopieren*.

4. Erstellen Sie einen Verweis auf das Microsoft *Visual c++ Runtime Package*:

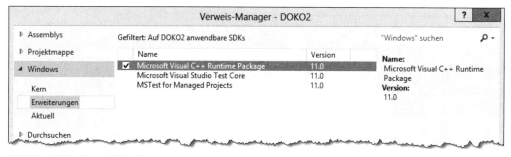

Abbildung 10.14   Verweis hinzufügen

Nach Einfügen des Verweises werden Sie feststellen, dass dieser mit einem kleinen Warnhinweis versehen ist. Ursache ist, dass wir jetzt nicht mehr plattformunabhängig sind, d.h., wir müssen das Projekt-mappenausgabeziel anpassen (von *Any CPU* auf *x86*).

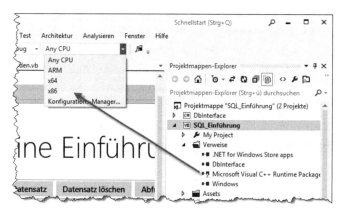

Abbildung 10.15   Anpassen der Zielplattform

5. Erstellen Sie zunächst ein weiteres Projekt (innerhalb der Projektmappe) vom Typ *C# Klassenbibliothek (Windows-Store-Apps)* und setzen Sie den Zieltyp ebenfalls auf x86.

Achten Sie darauf, dass es sich um ein C#-Projekt handelt.

6. Klicken Sie im Menü *Projekte* auf den Punkt *NuGet-Packete* verwalten. Geben Sie in der Suchmaske des folgenden Dialogs *sqlite-net* ein, um das Paket zu suchen. Wählen Sie dann die Schaltfläche *Installieren*:

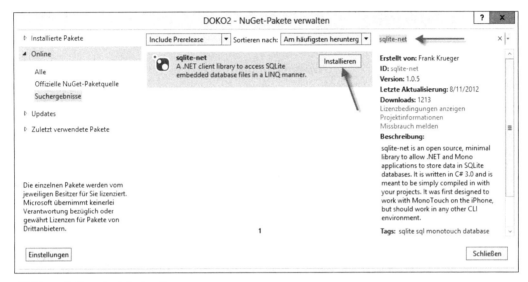

Abbildung 10.16 NuGet-Paket installieren

Nachfolgend wird Ihr Klassenbibliothek-Projekt um zwei Wrapperdateien (*SQLite.cs* und *SQLite-Async.cs*) erweitert. Sie können jetzt die Klassenbibliothek kompilieren.

7. Wechseln Sie jetzt wieder in Ihre VB-App-Projekt und binden Sie die gerade erstellte Klassenbibliothek ein.

Damit sind alle Vorbereitungen abgeschlossen und wir können uns der eigentlichen Programmierung zuwenden.

Erstellen der Datenbank

Drei grundsätzliche Varianten bieten sich bei der vorliegenden SQLite-Lösung an:

- Sie erstellen die Datenbank per Code aus vorhandenen Klassen.
- Sie nutzen SQL-Befehle zum Aufbau der Datenbank (oder führen ein Skript aus).
- Sie liefern eine leere Datenbank mit, die Sie beim ersten Start in das App-Datenverzeichnis kopieren (Sie denken bitte daran, dass Sie auf das Installationsverzeichnis nur lesend zugreifen dürfen).

Die folgenden Beispiele zeigen die Grundansätze.

Erstellen der Datenbank aus VB-Klassen zur Laufzeit

```
Imports System.Threading.Tasks
...
Public NotInheritable Class BasicPage1
    Inherits Common.LayoutAwarePage
```

Unsere Verbindung zur Datenbank:

```
Private db As SQLiteConnection

Private artikeltabelle As TableQuery(Of Artikel)

Public Sub New()
    Me.InitializeComponent()
    AddHandler Loaded, AddressOf BasicPage1_Loaded
End Sub
```

Mit dem Laden der Seite wird auch die Datenbank im App-Datenverzeichnis erstellt (ist diese bereits vorhanden, wird sie automatisch geöffnet):

```
Private Async Sub BasicPage1_Loaded(sender As Object, e As RoutedEventArgs)
    db = New SQLite.SQLiteConnection(
                Path.Combine(Windows.Storage.ApplicationData.Current.LocalFolder.Path,
                "firma.db"))
```

Erstellen einer Tabelle:

```
db.CreateTable(Of Artikel)()
```

Im Hintergrund wird der Befehl CREATE TABLE IF NOT EXISTS ausgeführt, die Tabelle wird also nicht überschrieben. Die Spalteninformationen und Attribute werden intern anhand des übergebenen Typs bestimmt, an dieser Stelle haben Sie also recht wenig Arbeit.

...

Ganz anders ist das in der Klasse, die später die Datenbank-Entitäten repräsentieren soll. Hier definieren Sie zunächst Eigenschaften wie Sie es gewohnt sind. Nachfolgend steuern Sie über zusätzliche Attribute, welche Eigenschaften die aus den Properties der Klasse generierten Spalten haben sollen:

```
Imports SQLite
...
```

Unsere Beispiel-Klasse *Artikel*:

```
Public Class Artikel
    Implements INotifyPropertyChanged

    Public Sub New()

    End Sub
```

Ein Konstruktor zum einfachen Erstellen neuer Instanzen:

```
Public Sub New(bezeichnung As String, preis As Double)
```

```
        Me._bezeichnung = bezeichnung
        Me._preis = CSng(preis)
        Me._anzahl = 0
        Me._ausverkauft = True
    End Sub
```

Unser Primärschlüssel (ein Zählerwert):

```
    Private _id As Integer
    <SQLite.AutoIncrement, PrimaryKey> _
    Public Property Id() As Integer
        Get
            Return _id
        End Get
        Set(value As Integer)
            _id = value
            Me.NotifyPropertyChanged("Id")
        End Set
    End Property
```

Ein indiziertes Textfeld in der Datenbank mit der Länge 100:

```
    Private _bezeichnung As String
    <Indexed, MaxLength(100)> _
    Public Property Bezeichnung() As String
        Get
            Return _bezeichnung
        End Get
        Set(value As String)
            _bezeichnung = value
            Me.NotifyPropertyChanged("Bezeichnung")
        End Set
    End Property
```

Ein *Single*-Feld:

```
    Private _preis As Single
    Public Property Preis() As Single
        Get
            Return _preis
        End Get
        Set(value As Single)
            _preis = value
            Me.NotifyPropertyChanged("Preis")
        End Set
    End Property
```

Ein *Integer*-Feld:

```
    Private _anzahl As Integer
    Public Property Anzahl() As Integer
        Get
            Return _anzahl
        End Get
        Set(value As Integer)
            _anzahl = value
```

```
            Me.NotifyPropertyChanged("Anzahl")
        End Set
    End Property
```

Ein *Boolean*-Feld:

```
    Public Property Ausverkauft() As Boolean
        Get
            Return _ausverkauft
        End Get
        Set(value As Boolean)
            _ausverkauft = value
            Me.NotifyPropertyChanged("Ausverkauft")
        End Set
    End Property
```

Dieses Feld wird nur in der App benötigt, es gibt keine Entsprechung in der Datenbank:

```
    <Ignore> _
    Public ReadOnly Property ID_Bezeichnung() As String
        Get
            Return _id.ToString() & "_" & Bezeichnung
        End Get
    End Property
```

Für die Anzeige im Listenfeld eine überschriebene *ToString*-Methode:

```
    Public Overrides Function ToString() As String
        Return String.Format("Id:{0} Bez:{1} Preis:{2}", _id, _bezeichnung, _preis)
    End Function
...
```

Wie Sie sehen, besteht Ihre Hauptarbeit im Definieren der Mapperklassen, folgende Attribute sind verfügbar:

- *PrimaryKey*
  Kennzeichnet das Feld als Primärschlüssel.

- *AutoIncrement*
  Erstellt ein Zählerfeld (meist gleichzeitig der Primärschlüssel).

- *Indexed*
  Das Feld soll indiziert werden.

- *MaxLength(<anzahl>)*
  Das Textfeld soll eine maximale Länge von <anzahl> haben. Der Standardwert sind 140 Zeichen.

- *Ignore*
  Dieses Feld wird nicht in der Datenbank gespeichert

Folgende Datentypen werden durch den Mapper unterstützt:

- Integer

- Boolean (intern Integer mit 1=*True*)

- Enumerations (intern *Integer*)

- Gleitkommawerte (intern als *float*)

- String (intern *varchars* mit durch *MaxLength* festgelegter Länge)

- *DateTime*

Ja, ja, einen Enterprise-SQL-Server können Sie so nicht ersetzen, aber das dürfte in den meisten Fällen auch gar nicht Ihr Ziel sein.

Neben obigem Weg gibt es auch einen anderen: Sie erstellen die Datenbank bereits fix und fertig und liefern eine leere Version davon mit der App aus. Diese Datenbank befindet sich zunächst im Installationsverzeichnis der App, das bekanntermaßen schreibgeschützt ist. Sie müssen also nur Sorge dafür tragen, diese Datei in das App-Datenverzeichnis zu kopieren.

BEISPIEL

Datenbank-Vorlage aus dem Installations- in das Datenverzeichnis kopieren

```
Imports SQLite
Imports Windows.ApplicationModel
Imports Windows.Storage
Imports System.Threading.Tasks
...
    Private Async Sub BasicPage1_Loaded(sender As Object, e As RoutedEventArgs)
        If Not Await ApplicationData.Current.LocalFolder.FileExistsAsync("firma.db") Then
            Dim file As StorageFile = Await _
                Package.Current.InstalledLocation.GetFileAsync("Vorlage_firma.db")
            Await file.CopyAsync(ApplicationData.Current.LocalFolder, "firma.db")
        End If

        db = New SQLite.SQLiteConnection(Path.Combine( _
            Windows.Storage.ApplicationData.Current.LocalFolder.Path, "firma.db"))
...
```

Vermutlich werden Sie vergebens nach der Methode *FileExistsAsync* Ausschau halten, denn diese schreiben wir uns selbst:

```
Imports Windows.Storage
Module Erweiterungsmethoden
    <System.Runtime.CompilerServices.Extension> _
    Public Async Function FileExistsAsync(folder As StorageFolder,
                                          filename As String) As Task(Of Boolean)
        Try
            Await folder.GetFileAsync(filename)
            Return True
        Catch generatedExceptionName As Exception
            Return False
        End Try
    End Function
End Module
```

HINWEIS
Mit dem SQLite-Administrator (siehe *http://sqliteadmin.orbmu2k.de/*) können Sie die Datenbanken komfortabel entwerfen.

Daten einfügen, lesen und abfragen

An dieser Stelle halten wir uns mit weitschweifigen Ausführungen zurück, ein kleines Beispiel soll genügen.

BEISPIEL

Manipulieren der SQLite-Datenbank

```
...
    Private Async Sub BasicPage1_Loaded(sender As Object, e As RoutedEventArgs)
...
        db = New SQLite.SQLiteConnection(Path.Combine(
                Windows.Storage.ApplicationData.Current.LocalFolder.Path, "firma.db"))
        db.CreateTable(Of Artikel)()
```

Wir fragen die Anzahl der Datensätze in der Tabelle *Artikel* ab:

```
        Dim anzahl As Integer = db.ExecuteScalar(Of Integer)("SELECT COUNT(*) FROM artikel")
```

Sind keine Datensätze vorhanden, erstellen wir vier neue Einträge:

```
        If anzahl = 0 Then
            db.RunInTransaction(Sub()
                                    db.Insert(New Artikel("Kuchenhörnchen", 1.45))
                                    db.Insert(New Artikel("Brötchen", 0.46))
                                    db.Insert(New Artikel("Brot", 1.99))
                                    db.Insert(New Artikel("Eis rot", 1.35))
                                End Sub)
        End If
```

Wir fragen die komplette Tabelle ab und zeigen diese an:

```
        artikeltabelle = db.Table(Of Artikel)()
        ListBox1.ItemsSource = artikeltabelle
    End Sub
...
```

Einen einzelnen Artikel einfügen und die Tabelle erneut abfragen:

```
    Private Sub Button_Click_2(sender As Object, e As RoutedEventArgs)
```

Artikel erzeugen:

```
        Dim art As New Artikel("Weissbrot", 1.66)
```

In der Datenbank speichern:

```
        db.Insert(art)
```

Den Autowert abfragen:

```
        Debug.WriteLine("Der neue Autowert ist: " & art.Id.ToString())
        artikeltabelle = db.Table(Of Artikel)()
        ListBox1.ItemsSource = artikeltabelle
    End Sub
```

Wir löschen den ersten Artikel in der Liste:

```
Private Sub Button_Click_3(sender As Object, e As RoutedEventArgs)
    db.Delete(artikeltabelle.First())
```

Tabelle erneut abfragen und anzeigen:

```
    artikeltabelle = db.Table(Of Artikel)()
    ListBox1.ItemsSource = artikeltabelle
End Sub
```

Wir fragen alle Artikel ab, die einen Preis größer 1,4 Euro haben:

```
Private Sub Button_Click_4(sender As Object, e As RoutedEventArgs)
    ListBox1.ItemsSource = db.Query(Of Artikel)(
                    "SELECT * FROM artikel WHERE preis > 1.4")
End Sub
...
```

Tipps & Tricks

Im Folgenden zeigen wir Ihnen einige interessante Lösungen und Möglichkeiten mit und für SQLite.

Für Liebhaber der Kommandozeile – Sqlite3.exe

Unter der Adresse

> **WWW**   http://www.sqlite.org/download.html

finden Sie in der Rubrik *Precompiled Binaries For Windows* das gewünschte Tool *sqlite3.exe* (siehe *sqlite-shell-win32-x86-3071502.zip*). Laden Sie die ZIP-Datei herunter und entpacken Sie den Inhalt (eine EXE) in ein Verzeichnis Ihrer Wahl.

Möchten Sie eine Datenbank öffnen genügt es, wenn Sie die betreffende Datenbank per Drag & Drop auf die EXE ziehen.

Abbildung 10.17 Abfragen per Kommandozeilentool

Nachfolgend können Sie schon Ihre SQL-Kenntnisse prüfen, alternativ stehen Ihnen auch einige zusätzliche Kommandos zur Verfügung. Über deren Verwendung informieren Sie sich bitte in der Onlinehilfe.

Im Folgenden zeigen wir Ihnen an einem kleinen Beispielskript, wie Sie einen Datenbankexport im SQL-Format realisieren können.

BEISPIEL

Ein Mini-Skript *ExportSQLite.cmd*

```
sqlite3.exe %1 .dump >> output.sql
```

Ziehen Sie jetzt eine Datenbank per Drag & Drop auf dieses Skript, so wird die komplette Datenbank im SQL-Format ausgegeben (Abbildung 10.18).

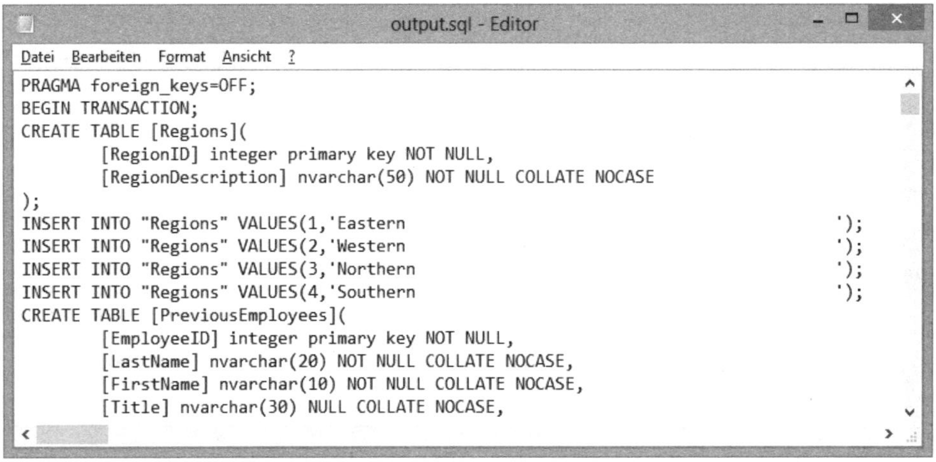

Abbildung 10.18 Ausschnitt aus der Datei *output.sql*

Diese Funktionalität dürfte vor allem beim Exportieren der Daten in Fremdformate recht nützlich sein, einige kleine Anpassungen genügen meist und Sie können das Skript beispielsweise auf einen Microsoft SQL Server einspielen.

Eine SQLite-Datenbank reparieren

Mit dem blöden Spruch, dass eine Sicherungskopie immer der bessere Weg zu einer intakten Datenbank sei, ist Ihnen nicht geholfen, wenn keine Sicherungskopie existiert bzw. wenn diese zu alt ist. Wenn also »das Kind in den Brunnen gefallen ist« und Ihre App mysteriöse Fehler[1] produziert, sollten Sie sich mit dem Gedanken anfreunden, dass die Datenbank beschädigt ist.

Mit dem im vorhergehenden Abschnitt vorgestellten Programm *sqlite3.exe* können Sie zunächst eine Fehlerprüfung realisieren:

---

[1] z.B. *The database disk image is malformed.*

C:\Temp\AAAAAAAAAA\sqlite3.exe
SQLite version 3.7.15.2 2013-01-09 11:53:05
Enter ".help" for instructions
Enter SQL statements terminated with a ";"
sqlite> pragma integrity_check;
Error: file is encrypted or is not a database
sqlite>

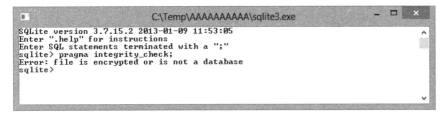

Abbildung 10.19 Integrität der Datenbank prüfen

Mit

```
pragma integrity_check;
```

starten Sie eine Integritätsprüfung, die in obigem Beispiel leider negativ ausfällt. Jetzt gilt es zu retten, was zu retten ist.

Zwei Varianten bieten sich an:

- Sie verwenden den *.restore*-Befehl von *sqlite3.exe*
- Sie exportieren die defekte Datenbank im SQL-Format

Die folgende Abbildung zeigt die erste Variante in Aktion:

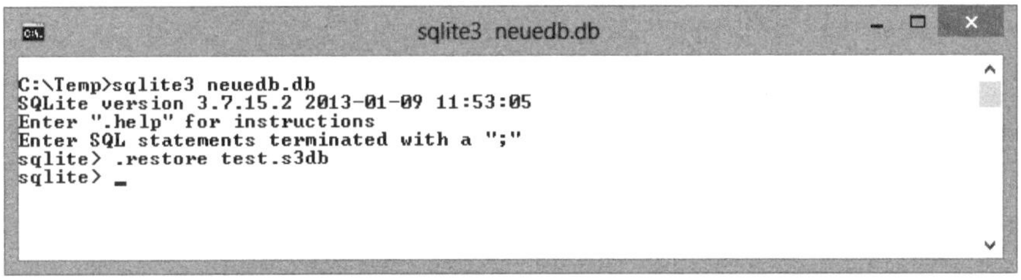

sqlite3 neuedb.db
C:\Temp>sqlite3 neuedb.db
SQLite version 3.7.15.2 2013-01-09 11:53:05
Enter ".help" for instructions
Enter SQL statements terminated with a ";"
sqlite> .restore test.s3db
sqlite> _

Abbildung 10.20 Wiederherstellen einer Datenbank

Nun zu Variante 2: Mit dem Skript aus dem vorhergehenden Abschnitt können Sie ein SQL-Skript der kompletten Datenbank erstellen. Dieses kann nachbearbeitet und später ausgeführt werden. Abschließend sollten Sie wieder eine funktionstüchtige Datenbank besitzen.

HINWEIS Eine Garantie, dass mit den beiden obigen Verfahren die Datenbank in jedem Fall wiederhergestellt werden kann, lässt sich nicht geben. Hier bleibt als Rettungsanker letztendlich nur die Sicherungskopie.

Eine Beispieldatenbank herunterladen

Für erste Tests eignet sich nach wie vor die *Northwind*-Datenbank recht gut. Eine entsprechende Portierung in das SQLite-Format finden Sie unter der Adresse:

WWW http://sqlite.phxsoftware.com/forums/t/1377.aspx

Eine Datenbank ver- und entschlüsseln

Wie Sie eine Datenbank verschlüsseln, haben wir Ihnen ja bereits ab Seite 677 gezeigt, an dieser Stelle nur noch mal ein kurzer Auszug.

BEISPIEL

Datenbank verschlüsseln

```
Imports System.Data.SQLite
...
            conn = New SQLiteConnection("Data Source=test.db3")
            conn.Open()
            conn.ChangePassword("geheim")
```

Wie Sie sehen verwenden wir *ChangePassword* um eine unverschlüsselte Datenbank zu verschlüsseln. Auf gleichem Weg können Sie diese Datenbank auch wieder entschlüsseln.

BEISPIEL

Datenbank entschlüsseln

```
Imports System.Data.SQLite
...
            conn = New SQLiteConnection("Data Source=test.db3")
            conn.SetPassword("geheim")
            conn.Open()
            conn.ChangePassword("")
            conn.Close()
```

Eine verschlüsselte Datenbank öffnen

Hier haben Sie drei Möglichkeiten:

- Sie übergeben das Passwort im Connectionsstring:

```
conn = New SQLiteConnection("Data Source=test.db3; Password=geheim")
```

- Sie verwenden die *SetPassword*-Methode mit einem String:

```
conn.SetPassword("geheim")
```

- Sie übergeben der *SetPassword*-Methode ein Byte-Array:

```
cnn.SetPassword(New Byte() { &HFF, &HEE, &HDD, &H10, &H20, &H30 })
```

Testen ob Tabelle vorhanden ist

Möchten Sie prüfen, ob eine spezifische Tabelle in der Datenbank bereits vorhanden ist, nutzen Sie folgende Hilfsfunktion:

```
Private Function TableExists(tblName As String) As Boolean
    Return (conn.GetSchema("Tables").Select("Table_Name = '" & tblName & "'").Length > 0)
End Function
```

Die Verwendung zeigt das folgende Beispiel:

BEISPIEL

Test auf vorhandene Tabelle

```
If TableExists("Kunden") Then MessageBox.Show("Tabelle ist vorhanden!")
```

Die Datenbank defragmentieren

Wie auch bei jedem anderen Datenbanksystem wird die Datendatei durch Löschvorgänge und Änderungen mit der Zeit fragmentiert, d.h., es verbleiben »Leerstellen« in der Datei und diese wächst immer mehr an. Um es kurz zu machen: SQLite stellt die SQL-Anweisung VACUUM zur Verfügung, um die Datenbank zu reorganisieren.

BEISPIEL

Datenbank defragmentieren

```
conn = New SQLiteConnection("Data Source=" & AppDomain.CurrentDomain.BaseDirectory & "test.db3")
conn.Open()
Dim cmd As SQLiteCommand = conn.CreateCommand()
cmd.CommandText = "VACUUM;"
cmd.ExecuteNonQuery()
```

Mehrere Datenbanken verknüpfen

Möchten Sie Abfragen über mehrere Datenbankdateien realisieren, hilft Ihnen die ATTACH-Anweisung weiter. Führen Sie diese in einer geöffneten Verbindung aus, wird eine weitere Datenbankdatei eingebunden. Sie haben nachfolgend die Möglichkeit, Abfragen über Tabellen aus zwei verschiedenen Datenbanken zu realisieren.

BEISPIEL

Öffnen der Testdatenbank *test.db* und Datenbank *Northwindef.db* anhängen

```
conn = New SQLiteConnection("Data Source=" & AppDomain.CurrentDomain.BaseDirectory &
                            "test.db3")
conn.Open()
```

Jetzt wird die Datenbank angehängt, wir vergeben den Aliasnamen »XYZ«:

```
Dim cmd As SQLiteCommand = conn.CreateCommand()
cmd.CommandText = "ATTACH DATABASE 'northwindef.db' AS XYZ;"
cmd.ExecuteNonQuery()
```

Ab sofort können Sie über die Connection auch *Northwind*-Tabellen abfragen:

```
da = New SQLiteDataAdapter("SELECT * FROM XYZ.products", conn)
ds = New DataSet()
da.Fill(ds, "Produkte")
DataGridView1.DataSource = ds
DataGridView1.DataMember = "Produkte"
conn.Close()
```

HINWEIS   Zusammen mit der Anweisung INSERT INTO können Sie mit SQL auf diese Weise Tabellendaten zwischen zwei Datenbanken austauschen.

Testen, ob eine Tabelle vorhanden ist

Möchten Sie eine Tabelle löschen, wenn diese bereits existiert, nutzen Sie folgende SQL-Anweisung:

```
DROP TABLE IF EXISTS [TabellenName];
```

Nachfolgend können Sie die Tabelle dann neu erstellen:

```
CREATE TABLE [TabellenName] (
    ...
);
```

Möchten Sie prüfen, ob eine spezifische Tabelle in der Datenbank bereits vorhanden ist, nutzen Sie folgende Hilfsfunktion:

```
Function TableExists(tblName As String) As Boolean
    Return conn.GetSchema("Tables").Select("Table_Name = '" + tblName + "'").Length > 0
End Function
```

Die Verwendung zeigt das folgende Beispiel:

BEISPIEL

Test auf vorhandene Tabelle

```
If (TableExists("Kunden")) Then MessageBox.Show("Tabelle ist vorhanden!")
```

Eine Abfrage/Tabelle kopieren

SQLite stellt »ab Werk« keine SELECT INTO-Abfrage zur Verfügung (Einfügen von Abfragewerten in neue Tabelle) und so bleibt nichts anderes übrig, als dies mit zwei Abfragen zu »simulieren«.

BEISPIEL

Das Abfrageergebnis soll in eine neue Tabelle *Abfragedaten* kopiert werden. Ist die Tabelle nicht vorhanden, soll Sie erstellt werden.

```
CREATE TABLE IF NOT EXISTS Abfragedaten AS SELECT * FROM Products;
```

```
INSERT INTO Abfragedaten SELECT * FROM Products;
```

Die erste Anweisung erstellt die Tabellenstruktur (ohne Index, Contraints etc.), die zweite Anweisung kopiert die Daten.

HINWEIS Sie können beide Anweisungen mit einem *SQLiteCommand*-Aufruf ausführen, vergessen Sie jedoch das Semikolon nicht!

Backup/Restore implementieren

Prinzipiell genügt es, wenn Sie im unbenutzten Zustand die komplette Datenbank-Datei einfach kopieren, es sind alle Informationen enthalten. Doch wie wollen Sie zum Beispiel einen InMemory-Datenbank kopieren? Hier hilft Ihnen die Backup-API von SQLite weiter.

BEISPIEL

Backup und Restore für eine InMemory-Datenbank implementieren

```
...
Imports System.Data.SQLite
...
```

Reguläres Erstellen der Speicherdatenbank:

```
Private conn As SQLiteConnection
Private ds As DataSet
Private da As SQLiteDataAdapter

Private Sub Button8_Click(sender As Object, e As EventArgs) Handles Button8.Click
    conn = New SQLiteConnection("Data Source=:memory:")
    conn.Open()
    'Objekte auf die bekannte Weise erstellen:
    Dim cmd As SQLiteCommand = conn.CreateCommand()
    cmd.CommandText = "CREATE TABLE IF NOT EXISTS kunden (" &
                "   Id INTEGER NOT NULL PRIMARY KEY AUTOINCREMENT," &
                "   Vorname VARCHAR(50) NOT NULL," &
                "   Nachname VARCHAR(50) NOT NULL," &
                "   Telefon VARCHAR(50)" & " );"
    cmd.ExecuteNonQuery()
    'Daten abfragen und anzeigen:
    da = New SQLiteDataAdapter("SELECT * FROM kunden", conn)
    da.MissingSchemaAction = MissingSchemaAction.AddWithKey
    ds = New DataSet()
    da.Fill(ds, "Kunden")
    dataGridView1.DataSource = ds
    dataGridView1.DataMember = "Kunden"
End Sub
```

Sichern der Speicherdatenbank:

```
Private Sub Button12_Click(sender As Object, e As EventArgs) Handles Button12.Click
    Dim ziel As New SQLiteConnection("Data Source=" &
```

```
                                        AppDomain.CurrentDomain.BaseDirectory &
                                        "Backup.db")
        ziel.Open()
        conn.BackupDatabase(ziel, "main", "main", -1, Nothing, 0)
        ziel.Close()
    End Sub
```

Nach diesem Aufruf finden Sie im Anwendungsverzeichnis die Datei *Backup.db*. Diese enthält die komplette Struktur und alle Daten der Quell-Datenbank, in diesem Fall die Speicherdatenbank.

Wiederherstellen der Speicherdatenbank:

```
    Private Sub Button13_Click(sender As Object, e As EventArgs) Handles Button13.Click
```

Im Zweifel wird eine bestehende Speicherdatenbank gelöscht und neu erzeugt:

```
        If (conn IsNot Nothing) Then conn.Close()
        conn = New SQLiteConnection("Data Source=:memory:")
        conn.Open()
```

Daten von der Platte laden:

```
        Dim quelle As New SQLiteConnection("Data Source=" &
                                AppDomain.CurrentDomain.BaseDirectory &
                                "Backup.db")
        quelle.Open()
        quelle.BackupDatabase(conn, "main", "main", -1, Nothing, 0)
        quelle.Close()
        'Daten abfragen und anzeigen:
        da = New SQLiteDataAdapter("SELECT * FROM kunden", conn)
        da.MissingSchemaAction = MissingSchemaAction.AddWithKey
        ds = New DataSet()
        da.Fill(ds, "Kunden")
        dataGridView1.DataSource = ds
        dataGridView1.DataMember = "Kunden"
    End Sub
```

Haben Sie größere Datenmengen zu bewältigen, können Sie auch eine Callback-Routine ansteuern, die den Fortschritt visualisiert:

BEISPIEL

Verwendung eines Callbacks

```
    ...
    Private Function SQLiteBackupCallback(source As SQLiteConnection, sourceName As String,
                                destination As SQLiteConnection, destinationName As String,
                                pages As Integer, remainingPages As Integer,
                                totalPages As Integer, retry As Boolean) As Boolean

        ListBox1.Items.Add("Pages " & pages.ToString() & "  remainingPages " &
                remainingPages.ToString() & "  totalPages " & totalPages.ToString())
        Return True
    End Function
```

Beim Backup aktualisieren wir die Anzeige bei jeder geschriebenen Seite:

```
...
    conn.BackupDatabase(ziel, "main", "main", 1, AddressOf Me.SQLiteBackupCallback, 0)
...
```

Beim Restore aktualisieren wir nur bei jeder fünften Seite:

```
...
    quelle.BackupDatabase(conn, "main", "main", 5, AddressOf Me.SQLiteBackupCallback, 0)
...
```

```
Pages 5  remainingPages 402 totalPages 407
Pages 5  remainingPages 397 totalPages 407
Pages 5  remainingPages 392 totalPages 407
Pages 5  remainingPages 387 totalPages 407
Pages 5  remainingPages 382 totalPages 407
Pages 5  remainingPages 377 totalPages 407
Pages 5  remainingPages 372 totalPages 407
Pages 5  remainingPages 367 totalPages 407
Pages 5  remainingPages 362 totalPages 407
Pages 5  remainingPages 357 totalPages 407
```

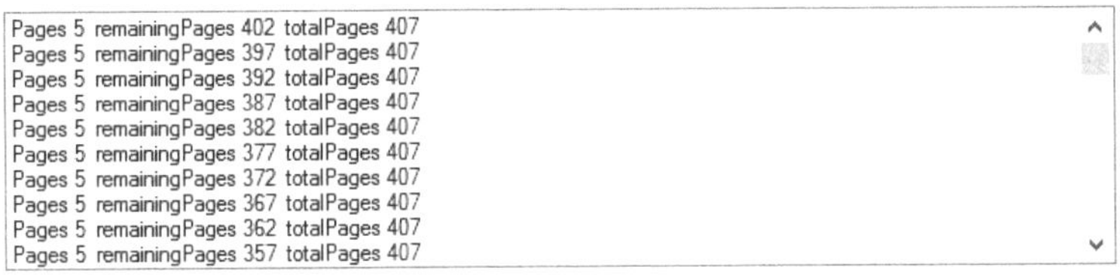

Abbildung 10.21 Anzeige in der *ListBox*

Tabellen zwischen Datenbanken kopieren

Wie im Beispiel »Mehrere Datenbanken verknüpfen« (Seite 707) gezeigt, lassen sich weitere Datenbanken per ATTACH in eine bestehende Connection einbinden. Über den Aliasnamen können Sie die Tabellen der beiden Datenbanken auseinanderhalten. Verbinden Sie dieses Möglichkeit mit der im Beispiel »Eine Abfrage/Tabelle kopieren« (Seite 708) gezeigten Vorgehensweise, steht dem Kopieren einzelner Tabellen bzw. Abfragen in eine weitere Datenbank nichts mehr im Weg.

BEISPIEL

Tabelle zwischen Datenbanken kopieren

Ausgehend von einer geöffneten Verbindung zur *Ziel*-Datenbank binden wir die Datenbank *Northwind-ef.db* ein:

```
ATTACH DATABASE 'northwindef.db' AS NW;
```

Falls noch nicht vorhanden, erstellen wir die Zieltabelle:

```
CREATE TABLE IF NOT EXISTS Ziel.Abfragedaten AS SELECT * FROM NW.Products;
```

Abschließend kopieren wir die Daten:

```
INSERT INTO Ziel.Abfragedaten SELECT * FROM NW.Products;
```

Ersatz für TOP

Als T-SQL-Programmierer ist Ihnen sicher die TOP-Klausel ein Begriff, damit haben Sie die Möglichkeit, die Anzahl der Datensätze, die als Abfrageergebnis zurückgegeben werden, zu beschränken.

SQLite kennt diese Klausel nicht, Sie müssen stattdessen die LIMIT-Klausel verwenden.

BEISPIEL

Aus

```
SELECT TOP 10 * FROM Products
```

wird

```
SELECT * FROM Products LIMIT 10
```

Metadaten auswerten

Wer mehr über eine SQLite-Datenbank erfahren möchte, kann einen Blick in die System-Tabelle *sqlite_master* werfen:

```
SELECT * FROM sqlite_master
```

Die Anweisung zaubert folgende Daten auf den Bildschirm[1]:

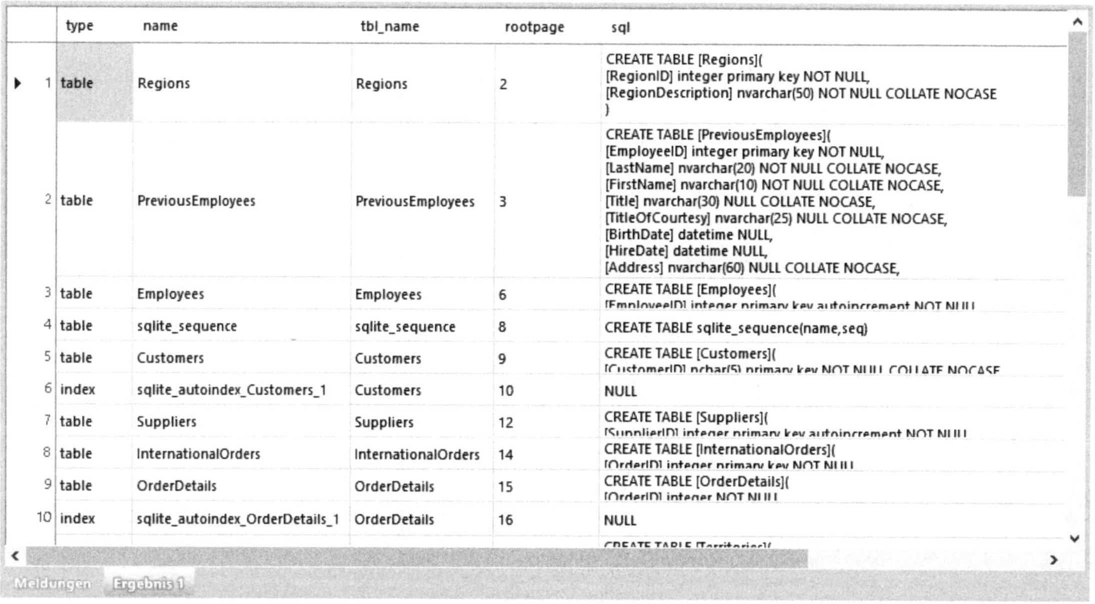

	type	name	tbl_name	rootpage	sql
1	table	Regions	Regions	2	CREATE TABLE [Regions]([RegionID] integer primary key NOT NULL, [RegionDescription] nvarchar(50) NOT NULL COLLATE NOCASE)
2	table	PreviousEmployees	PreviousEmployees	3	CREATE TABLE [PreviousEmployees]([EmployeeID] integer primary key NOT NULL, [LastName] nvarchar(20) NOT NULL COLLATE NOCASE, [FirstName] nvarchar(10) NOT NULL COLLATE NOCASE, [Title] nvarchar(30) NULL COLLATE NOCASE, [TitleOfCourtesy] nvarchar(25) NULL COLLATE NOCASE, [BirthDate] datetime NULL, [HireDate] datetime NULL, [Address] nvarchar(60) NULL COLLATE NOCASE,
3	table	Employees	Employees	6	CREATE TABLE [Employees]([EmployeeID] integer primary key autoincrement NOT NULL
4	table	sqlite_sequence	sqlite_sequence	8	CREATE TABLE sqlite_sequence(name,seq)
5	table	Customers	Customers	9	CREATE TABLE [Customers]([CustomerID] nchar(5) primary key NOT NULL COLLATE NOCASE
6	index	sqlite_autoindex_Customers_1	Customers	10	NULL
7	table	Suppliers	Suppliers	12	CREATE TABLE [Suppliers]([SupplierID] integer primary key autoincrement NOT NULL
8	table	InternationalOrders	InternationalOrders	14	CREATE TABLE [InternationalOrders]([OrderID] integer primary key NOT NULL
9	table	OrderDetails	OrderDetails	15	CREATE TABLE [OrderDetails]([OrderID] integer NOT NULL
10	index	sqlite_autoindex_OrderDetails_1	OrderDetails	16	NULL

Abbildung 10.22 Ansicht der Daten

Wie Sie sehen, ist für jedes Objekt die komplette DDL-Anweisung gespeichert, Sie können diese Informationen entsprechend parsen.

Eine etwas übersichtlichere Variante für die Darstellung der Tabelleneigenschaften bietet sich an mit der Anweisung

```
pragma table_info([<Tabellenname>])
```

[1] bzw. in einen *DataReader* (hier verwenden wir *Database .NET* zur Abfrage)

Die zurückgegebene Tabelle entspricht im Wesentlichen der Darstellung in einem Tabellen-Layout-Editor:

	cid	name	type	notnull	dflt_value	pk
1	0	ProductID	integer	1	NULL	1
2	1	ProductName	nvarchar(40)	1	NULL	0
3	2	SupplierID	integer	0	NULL	0
4	3	CategoryID	integer	0	NULL	0
5	4	QuantityPerUnit	nvarchar(20)	0	NULL	0
6	5	UnitPrice	money	0	0	0
7	6	UnitsInStock	smallint	0	0	0
8	7	UnitsOnOrder	smallint	0	0	0
9	8	ReorderLevel	smallint	0	0	0
10	9	Discontinued	bit	1	0	0
11	10	DiscontinuedDate	datetime	0	NULL	0

Abbildung 10.23 Rückgabewert für die Tabelle *Products*

Möchten Sie die letzten Werte der Autoinkrement-Felder für einzelne Tabellen abrufen, nutzen Sie die Tabelle *sqlite_sequenz*:

	name	seq
1	Employees	9
2	Orders	11077
3	Products	77
4	Suppliers	29
5	Categories	15
6	test	3
7	NULL	NULL

Abbildung 10.24 Abfrage der Zählerfelder

Mit diesen drei Anweisungen können Sie schon eine ganze Menge über unbekannte Datenbanken herausfinden, für weitergehende Informationen verweisen wir Sie wieder an die SQLite-Dokumentation im Internet.

Timestamp als Defaultwert verwenden

Da die Syntax etwas gewöhnungsbedürftig ist, wollen wir noch auf einen Spezialfall eingehen. Möchten Sie das aktuelle Datum als Default-Wert für eine Tabellenspalte verwenden, definieren Sie die Spalte bitte wie folgt:

```
CREATE TABLE Test (
    Id INTEGER NOT NULL PRIMARY KEY AUTOINCREMENT,
    Eingabedatum DATETIME DEFAULT (datetime('now')),
    ...
);
```

Übergeben Sie keinen Wert an die Spalte, trägt die SQLite-Engine automatisch das aktuelle Datum und die Zeit in die Spalte ein.

Export in XML-Format

Direkte Unterstützung für einen XML-Export bietet SQLite nicht, mit Hilfe einer *DataTable* haben Sie aber auch dieses Problem schnell gemeistert:

BEISPIEL

Exportieren von Abfragedaten im XML-Format

```
Private Sub Button12_Click(sender As Object, e As EventArgs) Handles Button12.Click
    da = New SQLiteDataAdapter("SELECT * FROM kunden", conn)
    da.MissingSchemaAction = MissingSchemaAction.AddWithKey
    ds = New DataSet()
    da.Fill(ds, "Kunden")
```

DataTable abrufen:

```
    Dim dt As DataTable = ds.Tables("Kunden")
```

Daten exportieren:

```
    dt.WriteXml(AppDomain.CurrentDomain.BaseDirectory + "Kunden.xml")
End Sub
```

Das Ergebnis ist folgende ineffiziente Struktur, die recht viel Speicher belegt:

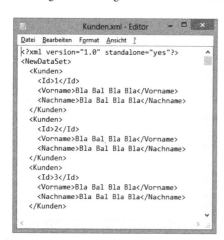

Abbildung 10.25 Die erzeugten XML-Daten

Besser und vor allem platzsparender ist die Verwendung von Attributen für das Mapping der einzelnen Tabellenspalten.

```
...
    Dim dt As DataTable = ds.Tables("Kunden")
    For Each dc As DataColumn In dt.Columns
        dc.ColumnMapping = MappingType.Attribute
    Next
    dt.WriteXml(AppDomain.CurrentDomain.BaseDirectory + "Kunden.xml")
...
```

Das sieht doch schon besser aus:

Abbildung 10.26 XML-Daten mit Attributen

Sicher könnten wir hier noch reichlich Informationen zu SQLite-Datenbanken und deren Verwendung hinzufügen, aber leider fehlt uns dafür wie immer der Platz[1]. Was bleibt ist ein finales Fazit.

Fazit

Sie haben es sicher bemerkt, SQLite ist – sowohl was die Distribution als auch die Features anbelangt – die ideale **Desktop-Datenbank**. Gerade solche Funktionen, wie Volltextsuche und InMemory-Datenbank, sucht man bei Microsoft in dieser Rubrik vergeblich. Die gegenüber Access-Datenbanken nicht vorhandene Einschränkung bei der maximalen Dateigröße ist ein weiteres gewichtiges Argument.

Auch wer an der Verbindung zu mobilen Lösungen (iOS, Android) arbeitet, wird mit diesem Datenformat seine Freude haben. Sie können eine Datenbank problemlos zwischen den Plattformen austauschen, Sie müssen nicht mal die Indizes neu aufbauen.

Die Kompatibilität zu den Microsoft-Technologien ist dank ADO.NET-Datenprovider hervorragend gelöst, was aber auch gleich zu einer Einschränkung führt: Im Zusammenhang mit dem in diesem Kapitel vorgestellten Provider *System.Data.SQLite* wird mancher die Unterstützung für eine Cursor-Programmierung vermissen. Gerade im Desktop-Bereich bzw. bei Verwendung einer InMemory-Datenbank ist es recht sinnfrei, mit einem *DataSet* zu arbeiten, denn so halten Sie die Daten zweimal im Speicher. Ein Pendant zum bekannten *SqlCeResultSet* werden Sie also nicht finden.

Natürlich hat die Beschränkung auf *DataReader*, *DataSet* und *DataCommand* auch ihre Vorteile: Sie kommen erst gar nicht in die Versuchung, wieder mit Cursorn zu programmieren. Damit ist Ihr Programm später wesentlich einfacher in Richtung SQL Server zu migrieren. Allerdings haben die Microsoft Produkte hier die Nase vorn, stimmen doch die Datentypen bei SQL Server und SQL Server Express überein.

Einen Einsatz im Netzwerk würden wir aus prinzipiellen Gründen (Sicherheit, Locking etc.) nicht empfehlen. Da sind Sie mit einem echten SQL Server viel besser beraten.

---

[1] Es mussten ohnehin schon viel zu viele Kapitel in das E-Book ausgelagert werden.

Kapitel 11

Datenbanken in der Cloud

In diesem Kapitel:

Einführung in SQL Azure-Datenbanken   718

Einrichten des Servers   723

Administrieren von Azure SQL-Datenbanken   731

Praktische Umsetzung in einer VB-Anwendung   741

Abschließende Hinweise   759

Haben wir uns in den bisherigen Kapiteln meist auf dem aktuellen PC bzw. in der näheren Umgebung, d.h. dem LAN, »herumgetrieben«, so wollen wir nun unseren Blick in die Ferne schweifen lassen. Gemeint ist die Cloud, bzw. *Windows Azure*[1], die Microsoft-Variante davon.

Windows Azure wird von Microsoft als Plattform für eine ganze Reihe von Diensten vermarktet, so unter anderem für

- Webseiten

- Virtuelle Computer

- Mobile Services

- Cloud-Dienste

- Big Data

- Medien ...

Aus diesem riesigen Fundus von Möglichkeiten greifen wir uns im vorliegenden Kapitel eine recht spezielle Funktion heraus, die für den Datenbankprogrammierer sehr interessant ist. Die Rede ist von »SQL Azure«, das sind SQL Server-Datenbanken, die direkt in der Cloud gehostet werden und die Ihnen auch in Ihren VB-Anwendungen zur Verfügung stehen.

> **HINWEIS**   Auf der Azure-Plattform verwendet Microsoft neuerdings die Bezeichnung »SQL-Datenbank«, eine Marketing-Worthülse ohne Informationsgehalt. Im vorliegenden Kapitel belassen wir es lieber beim alten Bezeichner »SQL Azure-Datenbank«, um Verwechslungen mit den lokalen SQL-Server-Datenbanken zu vermeiden.

Einführung in SQL Azure-Datenbanken

Grundsätzlich können Sie sich eine SQL Azure-Datenbank zunächst als ganz normalen SQL-Server vorstellen, der sich jedoch nicht auf Ihrem PC oder in Ihrem Netzwerk, sondern in der berühmt berüchtigten Cloud befindet (*Database as a Service*). Im Unterschied zu einer lokalen Lösung sind Ihre SQL Azure-Datenbanken jedoch nicht die einzigem auf diesem Server, was im Weiteren zu einigen funktionalen Unterschieden zum lokalen SQL Server führt.

> **HINWEIS**   Sie mieten in diesem Fall keinen eigenen Server, auf dem eine eigenständige SQL Server-Instanz läuft, sondern lediglich den Zugriff auf eine Reihe von Datenbanken.

Das Grundprinzip der »Webdatenbank«

Zunächst werfen wir noch einmal einen Blick auf den »Normalfall«, wie Datenbank-Server schon seit Jahren betrieben werden. Abbildung 11.1 zeigt diese Konstellation, bei der sich der Datenbank-Server im lokalen Netzwerk befindet. Den Extremfall, bei dem dieser mit dem PC des Endanwenders identisch ist (LocalDB/SQL Server Express) lassen wir hier einmal außen vor.

---

[1] Ähnliche Dienste werden auch von Amazon und diversen anderen Anbietern bereitgestellt. Aus naheliegenden Gründen beschränken wir uns hier aber auf die Microsoft-Welt.

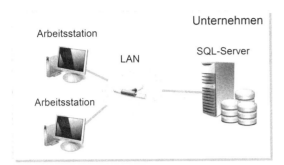

Abbildung 11.1 Im LAN betriebener SQL-Server

Per TCP/IP greifen die Clients mittels TDS-Protokoll[2] auf die zentralen Datenbanken im LAN zu. Im Normalfall haben Sie kaum Probleme, die Firewalls der einzelnen PCs sind für den entsprechenden Datentransfer freigegeben. Je nach Serverinstallation und Anwendungsfall können Sie die integrierte Sicherheit oder die SQL Server-Sicherheit für die Autorisierung der Clients nutzen.

Möchten Sie von anderen Unternehmensteilen oder von mobilen Clients auf die Datenbank zugreifen, müssen Sie eine eigene Lösung (Remotezugriff) realisieren, bei der zunächst ein Zugriff auf Ihr lokales Netzwerk und damit auch der Zugang zur Datenbank freigegeben wird.

Ganz anders stellt sich die Situation bei einer SQL Azure-Datenbank dar. Abbildung 11.2 zeigt zunächst eine grobe schematische Übersicht:

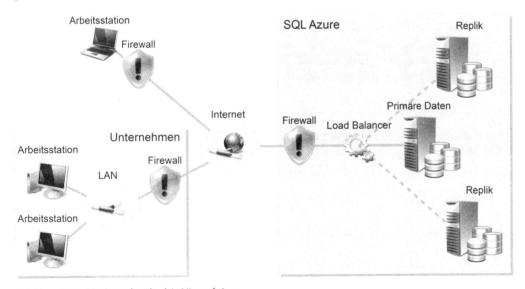

Abbildung 11.2 SQL Serverdatenbank in Microsoft Azure

Der Endverbraucher kann jetzt sowohl ein oder mehrere Unternehmensnetzwerk(e) als auch eine freie Anzahl mobiler Clients sein, die sich per Internet mit den SQL-Server-Datenbanken verbinden können. Einleuchtend ist die Verwendung von Firewalls sowohl auf Seiten des Clients als auch auf Seiten des Servers. Zusätzlich ist der Datentransfer zwischen den Endpunkten verschlüsselt, um Lauschangriffe zu unterbin-

---

[2] *Tabular Data Stream*-Protokoll

den. Allerdings führen all diese Sicherheitsmaßnahmen auch dazu, dass Ihre Anwendung nicht mehr ganz so einfach eine Verbindung zum SQL Server aufnehmen kann.

Die grundsätzliche Voraussetzung:

> **HINWEIS**   Sie müssen sicherstellen, dass eine TCP/IP-Kommunikation per SSL über den Port 1433 realisiert werden kann.

Ist diese Hürde genommen, kommt auf Seiten des Servers noch eine weitere Sicherheitsstufe hinzu: ein IP-Filter, der nur Clients mit zugelassener IP-Adressen durchlässt. Insbesondere diese Stufe wird Ihnen gelegentlich noch »viel Freude« bereiten, vor allem dann, wenn Ihre Clients mit dynamischen IP-Adressen arbeiten[1].

> **HINWEIS**   Dass auf diesem Weg noch entsprechende Anmelde-Credentials für eine korrekte Anmeldung erforderlich sind, setzen wir als bekannt voraus. Allerdings befinden wir uns jetzt nicht mehr in unserem Netzwerk, und damit endet natürlich auch der Komfort, sich am SQL Server per integrierter Sicherheit anmelden zu können. Sie arbeiten also ausschließlich mit der bekannten SQL Server-Authentifizierung.

Der Azure-Server

Nachdem Sie die Hürde mit der reinen Datenverbindung genommen haben, erwartet Sie aus administrativer Sicht eine etwas andere Konstellation, als Sie es gewohnt sind. Abbildung 11.2 zeigte dies schematisch. Ein Load Balancer sorgt dafür, dass eingehende Anfragen so auf die vorhandenen Server aufgeteilt werden, dass zum einen die gleichmäßige Auslastung, zum anderen die Verfügbarkeit der Server sichergestellt ist. Ihre Datenbanken finden sich jetzt neben anderen Datenbanken auf den SQL-Servern. Entsprechende Backup-Repliken stehen für den »Notfall« bzw. den »Überlastfall« zur Verfügung.

Einschränkungen

Aus dieser Konstellation ergeben sich allerdings auch einige grundsätzliche Unterschiede zum SQL Server, wie Sie ihn bisher kennen:

- Sie haben es nicht mit einem eigenen exklusiven Server zu tun.

- Sie können den SQL Server nicht administrieren, sondern lediglich Ihre eigene(n) Datenbank(en).

Diese mehr grundsätzlichen Einschränkungen werden begleitet von einer recht langen Liste von Server-Funktionen, die (derzeit) nicht unterstützt werden[2]:

- Backup und Restore

- Replikation

- Erweiterte Stored Procedures

- SQL Server Agent/Jobs

- Volltextsuche

---

[1] Hier hilft dann eigentlich nur die Brechstangenlösung mit der Freigabe des gesamten IP-Bereichs. Wir kommen später darauf zurück.

[2] Diese Liste ist dauernden Änderungen unterworfen, es kann also sein, dass einige Funktion zu einem späteren Zeitpunkt verfügbar sind.

- Filestream-Daten

- Verschlüsselung und Datenkompression

- Common Language Runtime (CLR) und CLR User-Defined Types

- ...

Wir hoffen, die Liste ist nicht zu lang und damit ein Ausschlusskriterium für Sie.

HINWEIS   Über die vollständige Liste informieren Sie sich bitte auf den entsprechenden Microsoft-Webseiten.

Features

Bevor Sie jetzt vor lauter Einschränkungen resignieren, die gute Nachricht: Es werden so gut wie alle Datentypen der bekannten Microsoft SQL Server unterstützt. Eine vollständige und aktuelle Liste finden Sie hier:

WWW   http://msdn.microsoft.com/en-us/library/windowsazure/ee336233.aspx

---

Beim Erstellen der Tabellen müssen Sie jedoch darauf achten, dass diese über einen Clustered Index verfügen, eine unbedingte Voraussetzung für die Verwendung auf dem Azure-Server. Gerade bei der Umstellung bzw. beim Export alter Datenbanken werden Sie damit noch reichlich Arbeit haben.

Auch bei den bekannten SQL-Datenmanipulationsbefehlen (DML) müssen Sie sich nicht einschränken, hier arbeiten Sie wie gewohnt mit SELECT, DELETE, INSERT etc. Die berühmte Ausnahme bildet die schon angesprochene Volltextsuche, ein späteres CONTAINS oder FREETEXT ist nicht möglich, die bekannte LIKE-Klausel steht natürlich zur Verfügung.

Wer gern programmiert, kann sich wie gewohnt mit eigenen Stored Procedures austoben. IF, ELSE, BEGIN, DECLARE, CASE ... und auch die komplette Fehlerbehandlung funktionieren genauso wie auf einem lokalen SQL Server. Gleiches trifft auf die Aggregat-Funktionen zu.

Welche weiteren Funktionen zur Verfügung stehen, verrät Ihnen die folgende Website:

WWW   http://msdn.microsoft.com/en-us/library/ee336248.aspx

Wer es vor einiger Zeit schon einmal versucht hatte, vermisste sicher die Möglichkeit, Daten zwischen den eigenen Servern und den Azure-Datenbanken zu synchronisieren. Seit Ende 2012 steht endlich eine entsprechende Funktionalität zur Verfügung, um Datenbanken zeitgesteuert abzugleichen. Auf der Client-Seite (Ihrem lokalen SQL-Server) müssen Sie dazu einen »SQL Azure Data Sync Agent« installieren, den Sie unter folgender Adresse herunterladen können:

WWW   http://www.microsoft.com/en-us/download/details.aspx?id=27693

Damit wollen wir es an dieser Stelle zunächst belassen, im weiteren Verlauf des Kapitels gehen wir an der einen oder anderen Stelle auf weitere Unterschiede bei der Verwendung von SQL-Azure-Datenbanken ein.

Die Frage nach den Kosten

Nein, auch wenn vieles im Internet auf den ersten Blick nichts kostet[1], umsonst bzw. kostenlos ist die Nutzung der Azure-Dienste nicht. Im Gegensatz zur lokalen Verwendung eines SQL Servers, bei der Sie sich mit

- einem Server und dessen laufenden Kosten
- einem Server-Betriebssystem
- einem SQL-Server
- und den nötigen Client-Zugriffslizenzen

beschäftigen müssen, stehen bei einer SQL Azure-Datenbank nur drei Einflussfaktoren auf Ihrer Liste:

- die Datenbankanzahl
- die Datenbankgröße
- und die Bandbreite, d.h. die Menge der **heruntergeladenen** Daten

Beim Ermitteln der Kosten hilft Ihnen auf einfache Weise die folgende Seite:

WWW   http://www.windowsazure.com/de-de/pricing/calculator/

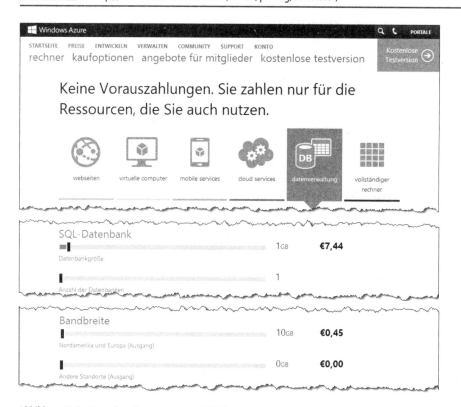

Abbildung 11.3 Kostenberechnung per Azure-Website

---

[1] Im Zweifel bezahlen Sie mit Ihrem guten Namen oder Ihren persönlichen Daten. Alternativ auch mit Ihren Nerven, wenn die Werbung unerträglich wird. Auf Dauer will jeder Anbieter mit Ihnen Geld verdienen.

Wie Sie Abbildung 11.3 entnehmen können, zahlen Sie im Fall einer 1 GByte großen SQL-Serverdatenbank aktuell 7,44 €/Monat. Darin enthalten sind bereits 5 GByte Bandbreite für den ausgehenden Datentransfer (die andere Richtung, d.h. das Befüllen, ist kostenlos). Bei einem zusätzlichen Traffic von weiteren 5 GByte kommen Sie damit derzeit auf lediglich 0,45 €/Monat.

HINWEIS Die Preismodelle sind starken Änderungen unterworfen, die verschiedenen Anbieter graben sich derzeit gegenseitig das Wasser ab.

Einrichten des Servers

Vor den Erfolg haben die Götter den Schweiß gesetzt, und so bleibt es nicht aus, dass Sie sich zunächst um einen entsprechenden Azure-Account bemühen müssen. Im zweiten Schritt warten dann die Mühen des Einrichtens auf Sie, was zumindest ein grundlegendes Verständnis der internen Struktur voraussetzt.

Die zentrale Organisationsstruktur

Ausgehend von Ihrem Account bei Windows Azure (dieser ist rein administrativ), quasi der obersten Ebene der Verwaltungsstruktur, können Sie unter anderem einen oder mehrere »Server« erstellen und verwalten. »Unter anderem« deshalb, weil Sie neben Servern auch die anderen Azure-Dienste (Websites, Cloud-Dienste etc.) nutzen können, die wir aber hier nicht betrachten wollen.

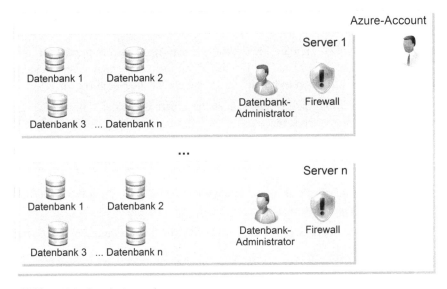

Abbildung 11.4 Organisationsstruktur

Den Begriff »Server« sollten Sie in diesem Zusammenhang allerdings nicht allzu ernst nehmen, handelt es sich doch nicht um ein physisches Gerät oder eine virtuelle Maschine, sondern lediglich um eine organisatorische Gruppe von Datenbanken, einen Datenbank-Administrator und eine Firewall.

Wesentlichster Aspekt des Servers ist die zugehörige Firewall, in der Sie die IP-Zugriffsregeln für alle in diesem Server enthaltenen Datenbanken festlegen.

> **HINWEIS** Sowohl die Server mit der Firewall und dem Datenbank-Administrator, als auch die einzelnen Datenbanken erstellt der Azure-Account. Der Datenbank-Administrator ist nur für die Inhalte, d.h. auch die entsprechenden Nutzer und deren Rechte zuständig.

Abbildung 11.4 zeigt noch einmal die grundsätzliche Gliederung. Dort sehen Sie auch, dass jedem Server ein eigener Datenbank-Administrator-Account zugeordnet ist, dieser hat nichts mit dem Azure-Account zu tun.

Im Folgenden wollen wir die ersten Schritte anhand einer einfachen Datenbanklösung demonstrieren.

Einen Server und eine Datenbank erstellen

Der erste Schritt zum Erstellen Ihrer Datenbanken ist zunächst das Einrichten eines Microsoft-Kontos (z.B. Windows Live) oder eines Office 365-Kontos. Für einen ersten Test genügt auch die bereitgestellte 90-Tage-Testversion, die Sie über folgende Website aufrufen können:

> **WWW** http://www.windowsazure.com/de-de/pricing/free-trial/

Die Testversion hat neben ihrer zeitlichen Begrenzung auch eine mengenmäßige Beschränkung auf eine Datenbank (1 GByte), 10 Websites etc. Achten Sie beim Arbeiten mit möglichen Testdaten also auf diese Beschränkungen.

Verfügen Sie über ein passendes MSDN-Abo, können Sie auch darüber einen Azure-Account erzeugen und nutzen. Beachten Sie jedoch, dass Sie auch in diesem Fall Ihre Kreditkarteninformationen eingeben müssen. Geht die Nutzung über das Kontingent des MSDN-Abos hinaus, fallen entsprechende Gebühren an.

Verfügen Sie bereits über eine Azure-Anmeldung bzw. wollen sich später erneut anmelden, können Sie die administrative Oberfläche über folgende Adresse erreichen:

> **WWW** https://manage.windowsazure.com

Nach erfolgreicher Anmeldung finden Sie sich in Ihrer Azure-Schaltzentrale wieder (siehe folgende Abbildung 11.5). Zunächst dürften Sie keine Objekte vorfinden.

Auf der linken Seite sind die verschiedenen Azure-Services aufgelistet, die uns interessierenden Datenbanken stehen in der Rubrik *SQL-Datenbanken*.

> **HINWEIS** Auch wenn Sie am Anfang von diversen Assistenten »an die Hand genommen werden«, der reguläre Weg zu neuen Datenbanken und anderen Objekten führt über die *Neu*-Schaltfläche in der linken unteren Ecke. Gleiches trifft auch für weitere Aktionen zu (z.B. Sichern etc.), auch hier finden Sie die entsprechenden Schaltflächen am unteren Bildschirmrand, was zumindest teilweise gewöhnungsbedürftig ist.

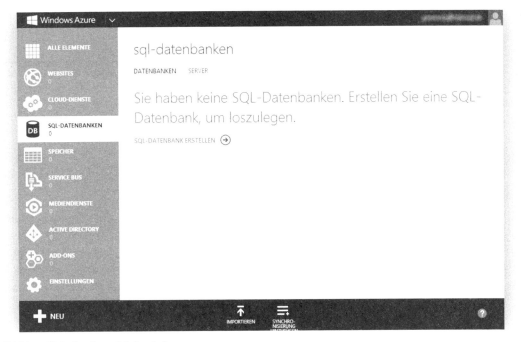

Abbildung 11.5   Ihre Azure-Schaltzentrale

Nutzen wir jetzt jedoch den Assistenten und klicken auf *SQL-Datenbank erstellen*.

Abbildung 11.6   Datenbank-Assistent (erster Schritt)

Wie Abbildung 11.6 zeigt, können Sie jetzt bereits einen Namen, die Art und Größe der Datenbank, sowie die Sortierfolge bestimmen.

HINWEIS   Achten Sie insbesondere auch auf die letzte Option *Server*. Hier erstellen Sie den administrativen Rahmen für Ihre Datenbanken. Fügen Sie später weitere Datenbanken hinzu, müssen Sie sich entscheiden, ob diese zum gleichen Server oder zu einem neuen Server hinzugefügt werden. Einen direkten Menüpunkt zum Erstellen von Servern werden Sie nicht finden.

Zu den einzelnen Optionen:

- *Name*
  Unter diesem Namen greifen Sie später auf die Datenbank zu (Teil des Connectionstrings)

- *Edition*
  Wählen Sie hier *Web*, kann Ihre Datenbank eine Endgröße von 1 GB oder 5 GB haben. *Business*-Datenbanken lassen sich in den Größen 10, 20, 30, 40, 50, 100, 150 GB erzeugen. Sie können die Größe und den Typ der Datenbank später jederzeit ändern, belassen Sie es also zunächst bei einer Web-Datenbank mit 1GB-Größe[1].

- *Sortierfolge*
  Diese orientiert sich an den vom Microsoft SQL Server bekannten Sortierfolgen. Sie können den eingestellten Wert *SQL_Latin1_General_CP1_CI_AS* beibehalten.

Abbildung 11.7 Datenbank-Server erstellen

---

[1] Achtung: Haben Sie nur einen MSDN-Account, belassen Sie es in jedem Fall bei nur einer Web-Datenbank, andernfalls haben Sie spätestens am nächsten Tag ein Problem, da Ihr Account aus Sicherheitsgründen gesperrt ist (aktive Kostenkontrolle).

Erstellen Sie Ihre erste Datenbank, oder haben Sie in der letzten Option die Einstellung *Neuer Datenbank-server* gewählt, werden Sie im folgenden Schritt des Assistenten nach den Daten des neuen Servers gefragt (Abbildung 11.7). Alternativ können später neue Datenbanken auch zu schon vorhandenen Servern hinzugefügt werden.

> **HINWEIS** Der hier vergebene Anmeldename und das Anmeldekennwort sind die Administrator-Zugangsdaten für den SQL Server bzw. die Datenbanken. Über diesen Account erstellen Sie später weitere Nutzer mit eingeschränkten Rechten. Schreiben Sie sich die Daten also gut auf.

Die letzte Option auf dieser Seite ermöglicht es internen Azure-Diensten auf die betreffenden Datenbanken zuzugreifen. Hosten Sie später also eine Website oder eine Anwendung per Azure, können diese auf die Datenbank zugreifen.

Nach dem erfolgreichen Abschluss des Assistenten landen Sie auf einer ersten Übersichtsseite:

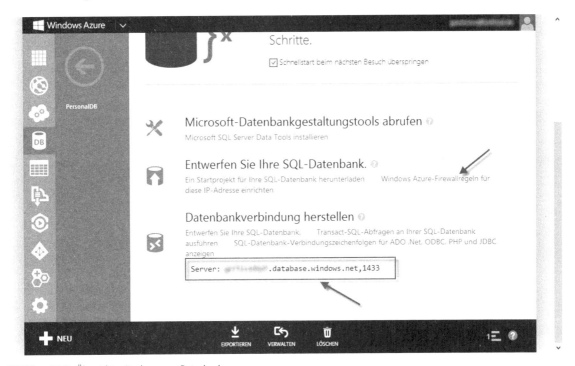

Abbildung 11.8 Übersichtsseite der neuen Datenbank

Die zwei wichtigsten Informationen der Seite haben wir bereits hervorgehoben:

■ Über den Link *Windows Azure-Firewallregeln für diese IP-Adresse einrichten* können Sie Ihre aktuelle IP-Adresse für den Zugriff auf den Server und alle enthaltenen Datenbanken freischalten. Der Klick auf diesen Eintrag ist unbedingt nötig, andernfalls können Sie keine Verbindung zur Datenbank aufbauen.

■ Die zweite wichtige Information ist der Name des Servers, eine Buchstaben/Ziffern-Kombination (hier unkenntlich gemacht), erweitert um ».database.windows.net« und die Portadresse 1433. Diese Angabe ist auch später Bestandteil des Connectionstrings für den Zugriff per ADO.NET.

HINWEIS   Vergessen Sie also nicht, Ihre Client-IP für den Datenbankzugriff freizuschalten, andernfalls werden Sie später »viel Spaß« bei der Fehlersuche haben.

IP-Filter konfigurieren

Doch was ist, wenn Sie sich nicht den Luxus einer statischen IP-Adresse leisten können, weil Sie es zum Beispiel auch mit mobilen Clients (Einwahl) zu tun haben? Dann hilft nur die Freigabe eines Adressbereichs, was jedoch der Sicherheit nicht zuträglich ist. Wählen Sie dazu den Menüpunkt *Dashboard* und klicken Sie auf der folgenden Seite auf den Eintrag *Zulässige IP-Adressen verwalten*.

HINWEIS   Auch wenn es zunächst so aussieht: Sie verwalten hier die IP-Adressen für den Server, nicht für die einzelne Datenbank.

Abbildung 11.9   IP-Filter konfigurieren

Am oberen Rand der Seite steht der Name des Servers, im unteren Bereich können Sie die zulässigen IP-Adressbereiche angeben. Im obigen Fall haben wir eine Regel »Alle« erstellt, die den Filter komplett deaktiviert, da jede mögliche IP-Adresse freigegeben ist.

HINWEIS   Achten Sie unbedingt auf den unteren Bildschirmrand, dort befinden sich die Schaltflächen zum *Speichern* und *Abbrechen*.

Alternativ können Sie als Datenbankadministrator später auch die Stored Procedure *sp_set_firewall_rule* verwenden, um obige Regeln zu erstellen.

Bemerkungen zum neu erstellten Account

Wir haben es bereits mehrfach erwähnt: Der im Zusammenhang mit dem Server erstellte Account ist der spätere Datenbankadministrator für die Datenbanken dieses Servers.

Entsprechend einer lokalen Lösung kann der Administrator alle Datenbanken, d.h. auch die *Master*-Datenbank, verwalten. Ist dieser Account per VB-Programm, SQL Server Management Studio oder per administrativer Weboberfläche mit dem Server verbunden, können Sie neben den ganz normalen Datenbankzugriffen per DML auch

- Datenbanken erstellen
- Datenbanken löschen
- sowie die komplette Nutzerverwaltung erstellen und administrieren

Es dürfte schnell klar werden, dass Sie sehr sorgfältig mit diesem Account umgehen müssen. Das Erstellen weiterer Accounts mit weniger umfassenden Rechten dürfte zu einer der ersten Aufgaben zählen, die Sie umzusetzen haben. Wir kommen später noch darauf zurück.

Die drei konzeptionellen Zugriffsmodelle

Die Datenbank in der Cloud ist im Rahmen einer Anwendung nur ein Aspekt (Back-end). Hinzu kommt im einfachsten Fall noch das Userinterface bzw. der Client (Front-End). Soweit so gut, doch wie passt dies mit einer im Web gehosteten Datenbank zusammen? Drei Zugriffsmodelle bieten sich an:

- das Code-Far-Modell
- das Code-Near-Modell
- und diverse Mischvarianten

Sehen wir uns das etwas genauer an:

Code-Far-Modell

Beim Code-Far-Modell greift Ihre VB-Anwendung (oder auch ein anderes Clientprogramm, z.B. das SQL Server Management Studio) mittels SQL Server Datenbank-Treiber per verschlüsselter TCP/IP-Verbindung (SSL über Port 1433) direkt auf die Azure-Datenbank zu.

Da hier der Code (Anwendung) und die Daten per Internet räumlich getrennt sind, spricht man auch vom Code-Far-Modell:

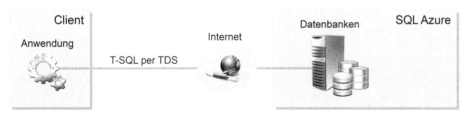

Abbildung 11.10   Code-Far-Modell

Um das Verbindungshandling etc. brauchen Sie sich nicht zu kümmern, das ist Aufgabe des Treibers. Für Sie interessant: Es werden die gewohnten T-SQL-Anweisungen an den Server übertragen und die Server-antworten zurückgegeben. Um Timing oder Verbindungsprobleme müssen Sie sich kümmern.

Code-Near-Modell

Beim Code-Near-Modell wird die Anwendungslogik ebenfalls in der Cloud gehostet, d.h. in diesem Fall als weiterer Azure-Dienst. Damit besteht quasi eine »räumliche« Nähe von Code (dies ist die ASP.NET-Anwendung) und Daten.

HINWEIS   Jetzt wissen Sie auch, warum beim Erstellen der Datenbank die Frage gestellt wurde, ob diese für Azure-Dienste zur Verfügung stehen soll.

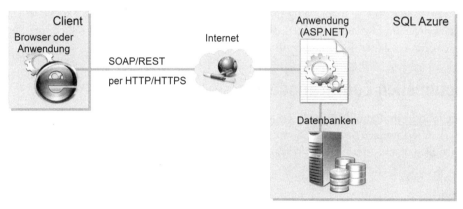

Abbildung 11.11 Code-Near-Modell

Ob die in Azure gehostete APS.NET-Anwendung lediglich Daten per Webdienst oder WCF weitergibt oder gleich als komplettes Front-End im Browser fungiert, hängt vom jeweiligen Anwendungsfall ab. Fakt ist, der Client (Ihre VB-Anwendung oder der ganz normale Browser) hat keinen direkten Zugriff auf die Daten. Die Kommunikation wird jetzt per HTTP-/HTTPS-Protokoll abgewickelt. Dies hat den angenehmen Neben-effekt, dass Sie sich jetzt nicht mehr mit den leidigen Firewall-Problemen (SSL-Kommunikation per Port 1433 und IP-Freigabe auf dem Server) herumärgern müssen. Accounts werden, soweit sie nicht vom Client durchgereicht werden, ausschließlich auf dem Server verwaltet und genutzt. Da auch keine T-SQL-Befehle Richtung Server gesendet werden, erhöht sich gleichzeitig die Datensicherheit.

HINWEIS   Um mögliche SQL-Injection in der ASP.NET-Anwendung müssen Sie sich jedoch nach wie vor kümmern.

Misch-Variante

Die reine Lehre gibt es in den seltensten Fällen, und so bleibt es nicht aus, dass Sie eventuell auch von diver-sen Misch-Varianten Gebrauch machen müssen. Abbildung 11.12 zeigt ein mögliches Szenario, das zum einen

- die Code-Far- und die Code-Near-Variante vereint,

- gleichzeitig aber auch einen zusätzlichen SQL-Server auf der Client-Seite ins Spiel bringt.

Ersteres bietet mehr Flexibilität, z.B. Sie laden die Daten per ADO.NET-Anwendung auf den Server, nutzen diese später aber per Browser-Anwendung und umgehen damit die sonst nötige IP-Freigabe auf dem Azure-Server. Letzteres stellt ein mögliches Offline-Szenario dar, in dem die Daten zwischen lokalem und externem SQL-Server abgeglichen werden.

Allerdings sollten Sie bei dieser Misch-Form die Datensicherheit nicht aus den Augen lassen, denn hier geht die Übersicht schnell verloren.

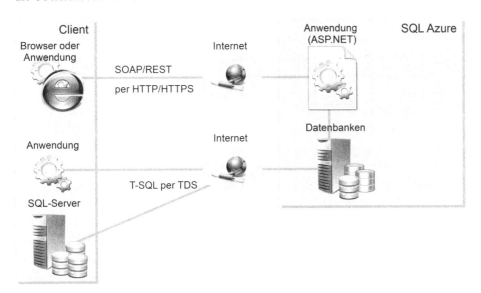

Abbildung 11.12 Misch-Modell

Im weiteren Verlauf des Kapitels beschränken wir uns auf den direkten Datenzugriff (Code-Far-Modell), die Darstellung der Arbeit mit den Azure ASP.NET-Websites würde an dieser Stelle zu weit führen.

Administrieren von Azure SQL-Datenbanken

Im vorliegenden Abschnitt wollen wir uns administrativen Aufgabenstellungen zuwenden, vor denen Sie bei der Arbeit mit Azure-Datenbanken unweigerlich stehen werden:

- Arbeiten mit dem SQL Server Management Studio
- und Datenbankadministration per Visual Studio

Zugriff mit dem SQL Server Management Studio

Arbeiten Sie mit Microsoft SQL Server-Datenbanken, ist das Management Studio ein unverzichtbarer Helfer bei der Administration. Dies gilt auch für den Zugriff auf die SQL Azure-Datenbanken, alle wesentlichen Voraussetzungen sind mit dem Management Studio bzw. dem SQL Server-Client bereits auf Ihrem PC installiert. Alternativ finden Sie die nötigen Installationsdateien unter folgender Adresse:

WWW   http://www.microsoft.com/de-de/download/details.aspx?id=29062

Bevor Sie »des Wahnsinns fette Beute« werden, sollten Sie sich unbedingt vergewissern, ob Ihr aktueller PC auch über die die nötige IP-Freigabe auf dem Azure-Server verfügt. Andernfalls werden Sie gleich beim ersten Login-Versuch scheitern:

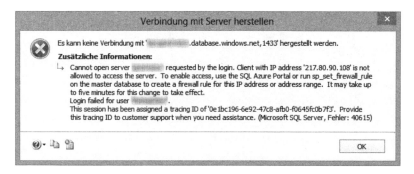

Abbildung 11.13 Abbruch der Verbindung wegen fehlender IP-Freigabe

Doch was müssen Sie den nun in den Anmelde-Dialog vom SQL Server Management Studio eigentlich alles eintragen? Die folgende Abbildung gibt Auskunft:

Abbildung 11.14 Anmelden an der Azure-Datenbank

Wie auch in einem lokalen Szenario benötigen Sie den Namen des Servers, diesen erfahren Sie in der administrativen Oberfläche von Microsoft Azure, wenn Sie auf *Dashboard* klicken bzw. sich in der Übersichtsseite die möglichen Connectionstrings anzeigen lassen[1].

Das Muster für den Servernamen:

```
tcp:<Name des Server>.database.windows.net,1433
```

Das Muster für den Anmeldenamen:

```
<Name des Administators>@<Name des Servers>
```

---

[1] Diese werden für ADO.NET, ODBC, PHP und JDBC angezeigt.

HINWEIS   Als Authentifizierung müssen Sie in diesem Fall natürlich *SQL Server-Authentifizierung* auswählen.

Das Kennwort selbst haben Sie beim Erstellen der ersten Datenbank vergeben und hoffentlich noch nicht vergessen, geben Sie dieses ebenfalls ein.

Nachfolgend können Sie auf *Verbinden* klicken, nach wenigen Sekunden haben Sie die gewohnte Übersicht aller Datenbanken vor sich:

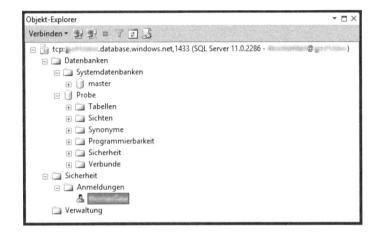

Abbildung 11.15 Nach der erfolgreichen Anmeldung am Server

Neben Ihrer ersten Datenbank (im obigen Fall *Probe*) finden Sie auch die *master*-Datenbank vor. Die einzige definierte Anmeldung ist zu diesem Zeitpunkt Ihr Administrator-Account. Weitere Objekte sind erwartungsgemäß nicht zu finden.

Soweit so schön, doch wenn Sie Ihre Neugier nicht bremsen können und zum Beispiel auf *Tabelle/Neue Tabelle* klicken, werden Sie rasch wieder in die Realität zurückgeholt. Statt eines entsprechenden Editors finden Sie sich unverhofft in einer T-SQL-Vorlage wieder, die Sie erst mit Leben erfüllen müssen. Gleiches trifft später auch auf Änderungen etc. zu. Wer häufig mit T-SQL arbeitet, wird sich gleich zu Hause fühlen, mit einer kurzen Anweisung haben Sie bereits Ihre erste Tabelle in der Cloud erstellt:

```
CREATE TABLE ProbeTabelle
(
    Id int IDENTITY(1,1),
    Vorname nvarchar(50),
    Nachname nvarchar(50),
    CONSTRAINT PK PRIMARY KEY (Id)
)
```

Bis zum ersten Datensatz ist es jetzt nicht mehr weit, rufen Sie einfach die folgende Anweisung auf:

```
INSERT INTO ProbeTabelle(Nachname, Vorname) Values('Mayer','Hans')
```

Das war es schon, Sie haben eine Datenbank mit einer Tabelle erstellt und einen neuen Datensatz erzeugt. Von irgendwelchen Protokollen, Verschlüsselungen etc. haben Sie nichts mitbekommen, darum hat sich der Datenbanktreiber gekümmert. Sicher könnten wir an dieser Stelle noch weitere Objekte erzeugen etc., aber das finden Sie alles bereits im Kapitel 8 bzw. 17.

HINWEIS   Verlieren Sie nicht die Einschränkungen von Azure SQL-Datenbanken aus den Augen!

Und noch etwas sollten Sie bereits zu diesem Zeitpunkt nicht vergessen: Sie arbeiten die ganze Zeit mit dem Administrator-Account, der den Vollzugriff auf alle Datenbanken des aktuellen Azure-Servers ermöglicht.

Weitere Accounts erstellen

Folgende Schritte zu mehr Datensicherheit und einer möglichen Aufgabenverteilung sind erforderlich:

1. das Erzeugen eines neuen Login-Accounts
2. das Erzeugen eines neuen Datenbank-Nutzers
3. das Zuweisen von Rechten.

Neuen Login-Account erzeugen

Wechseln Sie zunächst in die master-Datenbank und führen Sie folgende T-SQL-Anweisung aus:

```
CREATE LOGIN Consumer WITH password='geheim!1';
```

HINWEIS   Das Passwort muss neben einer vorgegebenen Länge auch mindestens eine Ziffer und ein Sonderzeichen enthalten.

Aktualisieren Sie nach erfolgreicher Ausführung der Anweisung den Baumzweig *Sicherheit/Anmeldung*, sollte der neue Login auch angezeigt werden:

Abbildung 11.16   Unser neuer Account

Dieser Account ist zunächst an keine Datenbank gebunden und bisher auch nicht mit irgendwelchen effektiven Rechten versehen.

Neuen Datenbank-Nutzer erzeugen

Wählen Sie nun Ihre eigentliche Datenbank aus und setzen Sie folgende T-SQL-Anweisung ab:

```
CREATE USER Anwender FROM LOGIN Consumer;
```

Damit ist ein entsprechender Datenbank-Nutzer ohne jeden Zugriff auf die Datenbankobjekte erstellt. Theoretisch könnten sich sich bereits einloggen, dies hat jedoch keinerlei Sinn, da Sie keine Objekte abfragen können.

Zuweisen von Rechten

Letzter Schritt ist das Zuweisen der erforderlichen Rechte. Verwenden Sie dazu zum Beispiel die Stored Procedure *sp_addrolemember* und übergeben Sie den Rollen-Bezeichner und den schon definierten Nutzer:

```
EXEC sp_addrolemember 'db_datareader', 'Anwender';
```

Die Rolle *db_datareader* ermöglicht Lesezugriff für alle Datenbankobjekte.

Alternativ könnten Sie auch mit

```
GRANT SELECT ON ProbeTabelle TO Anwender
```

die Leserechte gezielt nur für den Nutzer *Anwender* und die Tabelle *ProbeTabelle* einräumen.

Jetzt dürfen Sie bereits mit dem Management Studio einen ersten Test wagen. Trennen Sie dazu die Verbindung und loggen Sie sich mit dem neuen Login-Account (*Consumer@<Servername>*) ein. Vermutlich wird dieser Versuch zunächst fehlschlagen, da Sie für die *master*-Datenbank keine Rechte haben, Management Studio diese Datenbank jedoch zunächst abfragt.

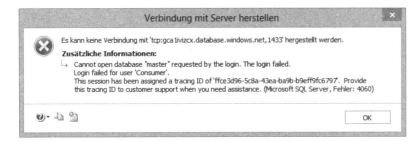

Abbildung 11.17 Keine Rechte für die master-Datenbank vorhanden

Für einen erfolgreichen Login müssen Sie im Anmelde-Dialog die Schaltfläche *Optionen* auswählen und unter *Verbindungseigenschaften* als Datenbank unsere *Probe*-Datenbank auswählen.

Nachfolgend können Sie mit

```
SELECT * FROM ProbeTabelle
```

bereits Daten abfragen.

Versuchen Sie jetzt jedoch ein

```
INSERT INTO ProbeTabelle(Nachname, Vorname) Values('Mayer','Hans')
```

auszuführen, wird Ihr Versuch, Daten in die Tabelle einzufügen, verhindert:

Abbildung 11.18 Fehlende Rechte für den Nutzer *Anwender*

HINWEIS   Falls es dennoch klappt, Daten zu verändern oder zu löschen, sollten Sie einen Blick auf die Kopfzeile des Management Studios werfen. Wird dort als Connection vielleicht noch der Administrator angezeigt? Die Autoren hatten mit diesem Login-Problem einige Zeit zu kämpfen. Beenden Sie in diesem Fall am besten das Management Studio komplett und starten es neu.

Zum jetzigen Zeitpunkt verfügen Sie über eine Datenbank nebst Tabelle und einigen Datensätzen in der Cloud, gleichzeitig haben Sie einen Nutzer erstellt, der lediglich Lesezugriff auf diese Tabelle hat.

HINWEIS   Zum Löschen von Nutzern und Logins können Sie statt der T-SQL-Anweisungen auch das Management Studio verwenden, selektieren Sie einfach die entsprechenden Baumknoten und klicken Sie auf die Entf-Taste.

Lokalen Datenbanken mit dem Management Studio migrieren

Dass ein kompletter Datenbankentwurf per T-SQL wohl eher unpraktikabel ist, dürfte selbst dem härtesten T-SQL-Entwickler einleuchten. Ganz abgesehen davon, dass wohl in den seltensten Fällen ein Projekt gänzlich neu gestartet wird. Gehen wir also davon aus, dass Sie lokal entweder bereits über eine komplette Datenbank verfügen, oder dass Sie Ihre neue Datenbank zunächst lokal entwerfen. In diesem Fall ist natürlich das Testen im Zusammenhang mit Ihrer VB-Anwendung zunächst etwas einfacher. Trotzdem kommt irgendwann der Zeitpunkt, wo Sie die Datenbank in die Cloud transferieren müssen.

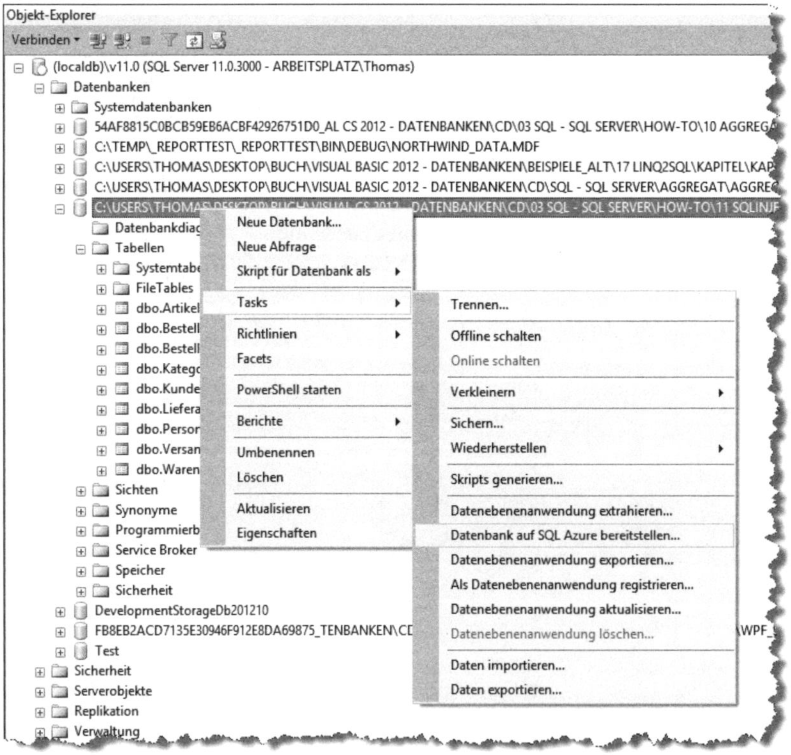

Abbildung 11.19   Datenbank in die Cloud mirgieren

Ein Tool, dass Sie bei der Migration unterstützt, ist auch wieder das *SQL Server Management Studio.* Unter dem Menüpunkt *Tasks/Datenbank auf SQL Azure bereitstellen* finden Sie den gewünschten Assistenten (siehe obige Abbildung 11.19).

Ausgehend von der geöffneten lokalen Datenbank müssen Sie sich zunächst am Azure-Server anmelden (Admin-Account). Nachfolgend führt Sie ein Assistent durch die erforderlichen Schritte:

Abbildung 11.20 Datenbank migrieren

Wählen Sie einen freien Datenbanknamen und legen Sie die maximale Datenbankgröße fest. Nach dem Klick auf *Weiter* und nachfolgend auf *Fertigstellen* wird ein Export-Versuch unternommen. Handelt es sich um eine ältere Datenbank, werden Sie vermutlich auch durch folgende Fehlermeldungen erschreckt:

Abbildung 11.21 Fehler beim Datenbanktransfer

Das zentrale Problem sind in diesem Fall die fehlenden gruppierten Indizes, eine unbedingte Voraussetzung für alle Azure SQL-Datenbanken.

Sie können diesen Index auch nachträglich erstellen, z.B. mit:

```
CREATE CLUSTERED INDEX CI_Mitarbeiter_ID ON Mitarbeiter (Id)
```

Ist das Datenbanklayout kompatibel, verrichtet der Assistent seine Dienste und wird, je nach Datenbankgröße und Internetanbindung, nach einiger Zeit den Erfolg melden:

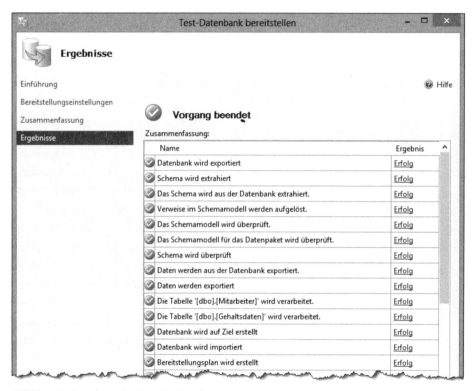

Abbildung 11.22 Erfolgreicher Datenbanktransfer

Alternativ können Sie auch den *SQL Database Migration Wizard* nutzen, der optional auch per Kommandozeile in Aktion tritt. Den Download finden Sie unter:

WWW   http://sqlazuremw.codeplex.com/

Natürlich könnten Sie auch nur das Schema per T-SQL-Script kopieren, beachten Sie aber, dass in diesem Fall umfangreichere Anpassungen am T-SQL-Skript notwendig werden können.

Weitere Alternativen für den Daten- bzw. Schema-Transfer sind *bcp*, die *SQL Server Integration Services* (SSIS) oder der *SQL Server Import und Export Wizard*. Je nach Tool können Sie nur Daten oder nur das Schema transferieren, informieren Sie sich bitte in der Dokumentation zu den jeweiligen Anwendungen oder in der folgenden Tabelle 11.1.

Tool	Schema-Transfer	Daten-Transfer
BCP	–	Ja
SQL Server Management Studio Script-Wizard	Ja	Ja (langsam)
SQL Server Import und Export Data	–	Ja
SSIS	–	Ja
SQL Database Migration Wizard	Ja	Ja
DAC	Ja	–
DAC Database Import/Export	Ja	Ja
SQL Azure Database Copy	Ja	Ja

Tabelle 11.1 Mögliche Tools für die Datenbank-Migration

Visual Studio 2012 als Management-Tool

Das Lieblings-Tool des VB-Programmierers ist sicher immer noch Visual Studio und so stellt sich die Frage, wie man aus Visual Studio heraus Azure SQL-Datenbanken administrieren kann.

Prinzipiell ist in Visual Studio 2012 bereits die nötige Azure-Unterstützung eingebaut, Sie sollten dennoch die jeweils aktuellste Version der *SQL Server Data Tools* auf Ihrem System installieren. Über folgende Webadresse können Sie gegebenenfalls ein Update herunterladen:

WWW   http://msdn.microsoft.com/de-de/data/tools.aspx

Haben Sie dieses installiert, steht der Verbindung zum Server nichts mehr im Weg. Über den *SQL Server-Objekt-Explorer* erstellen Sie mit Ihren Anmeldedaten eine Verbindung zur Azure SQL-Datenbank. Nachfolgend finden Sie die enthaltenen Objekte in der Baumansicht vor.

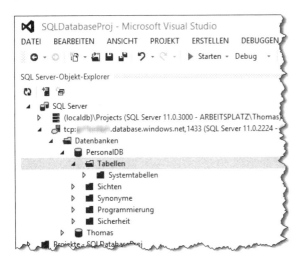

Abbildung 11.23   Geöffnete Azure SQL-Datenbank in Visual Studio

Im Unterschied zum SQL Server Management Studio können Sie jetzt jedoch das Tabellenlayout per Editor bearbeiten und müssen nicht komplett mit T-SQL vorlieb nehmen (siehe Abbildung 11.23). Dazu ruft der Editor zunächst die vorhandene Definition der Tabelle vom Server ab und zeigt diese sowohl in einer Tabellenansicht als auch in der T-SQL-Syntax an.

Nehmen Sie jetzt Änderungen an diesem Objekt vor, können Sie beobachten, wie sich die T-SQL-Anweisung entsprechend ändert. Wer viel Erfahrung mit T-SQL hat, kann auch in dieser Ansicht Änderungen vornehmen, diese wirken sich auch auf den Editor aus.

Haben Sie die Tabellendefinition abgeschlossen, können Sie auf die Schaltfläche *Aktualisieren* klicken[1]:

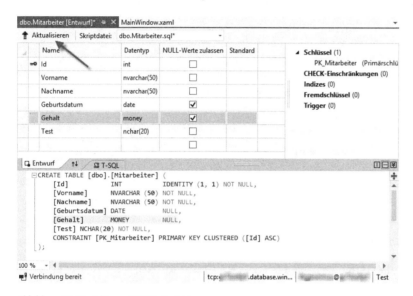

Abbildung 11.24   Editor und T-SQL-Ansicht

Ist die Syntax korrekt, die Änderung zulässig und die Serververbindung stabil, sollte die Änderung an der Datenbank ausgeführt werden:

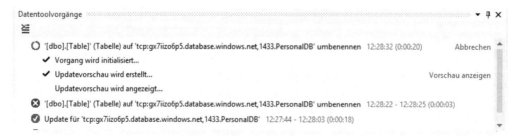

Abbildung 11.25   Protokoll der Änderungsübernahme auf dem Azure SQL-Server

---

[1] Dank der »genialen« Farbgebung in Visual Studio 2012 finden Sie diese Schaltfläche natürlich mühelos ... (in Visual Studio 2014 haben wir dann vielleicht nur noch hellgraue Schrift auf grauem Grund).

Praktische Umsetzung in einer VB-Anwendung

Bisher haben wir uns um den praktischen Feldeinsatz der Azure SQL-Datenbanken im Rahmen einer VB-Anwendung herumgedrückt. Doch vor der Kür kommt die Pflicht und so war ein Blick auf die administrativen Grundlagen sicher unumgänglich.

Wie kommen wir nun aus VB an die Daten in der Cloud? Nichts einfacher als dies, verspricht die Werbung, und so bietet Microsoft folgende Möglichkeiten an:

- der .NET Framework-Datenanbieter für SQL Server (System.Data.SqlClient) ab .NET 3.5 SP 1

- der SQL Server 2008 R2 Native Client-ODBC-Treiber

- das Entity Framework ab .NET 3.5 SP 1

Die PHP- bzw. JDBC-Treiber interessieren uns an dieser Stelle nicht weiter, viel eher dürfte der eine oder andere den OLE DB-Treiber vermissen.

HINWEIS   Vergessen Sie OLE DB! Microsoft scheint derzeit mal wieder in der »Selbstfindungsphase« zu sein und so verwundert es nicht, dass »alten« Technologien zu neuem Leben verholfen wird. In diesem Fall ist es das gute alte ODBC, das das Rennen gemacht hat[1].

Die Wahl des Datenbank-Anbieters dürfte bei den ersten beiden Varianten von den bisherigen Vorlieben abhängen, während die dritte Variante etwas für den OOP-Entwickler unter den Datenbankprogrammierern ist. Letztendlich basiert Variante 3 jedoch auch nur auf Variante 1.

Was wollen wir uns im Folgenden näher ansehen? Zunächst bleibt es nicht aus, dass man sich mit der Datenbank verbinden muss. Dies ist prinzipiell recht einfach machbar, die Fallstricke zeigen sich jedoch wie üblich später im Detail. Anschließend stehen diverse Datenbankzugriffe per T-SQL, ADO.NET und dem Entity-Framework auf dem Programm.

Verbindung aufbauen

Grundsätzlich ist es recht einfach, sich mit der Azure SQL-Datenbank zu verbinden, die dafür erforderlichen Connectionstrings finden Sie auf der Dashboard-Seite der jeweiligen Datenbank unter *Verbindungszeichenfolgen anzeigen*:

ADO.NET:

```
Server=tcp:        .database.windows.net,1433;Database=Probe
;User ID=        @        ;Password=
{Ihr_Kennwort_hier_eingeben};Trusted_Connection=False;Encrypt=
True;Connection Timeout=30;
```

ODBC:

```
Driver={SQL Server Native Client
10.0};Server=tcp:        .database.windows.net,1433;Database
=Probe;Uid=        @        ;Pwd=
{Ihr_Kennwort_hier_eingeben};Encrypt=yes;Connection
Timeout=30;
```

Abbildung 11.26 Beispiel für angezeigte Verbindungszeichenfolgen

---

[1] Bei WinRT feiert gerade COM seine Wiederauferstehung.

Also frisch ans Werk und einen ersten Test gewagt:

BEISPIEL

Verbindung mit einer vorhandenen Azure SQL-Datenbank herstellen

```
Imports System.Data.SqlClient
...
    Private Sub Button_Click_1(sender As Object, e As RoutedEventArgs)
        Dim connStr As String = "Server=tcp:<Ihr Servername>.database.windows.net,1433;" &
                                "Database=<Ihr Datenbankname>;" &
                                "User ID=<Ihr NutzernameID>@<Ihre Servername>;" &
                                "Password=<Ihr Passwort>;Trusted_Connection=False;Encrypt=True;" &
                                "Connection Timeout=30;"

        Using conn As New SqlConnection(connStr)
            Try
                conn.Open()
                ListBox1.Items.Add("Verbindung erfolgreich hergestellt!")
            Catch ex As SqlException
                MessageBox.Show(ex.Message, "Fehler")
            Finally
                conn.Close()
                ListBox1.Items.Add("Verbindung abgebaut!")
            End Try
        End Using
    End Sub
```

HINWEIS   Sie müssen die oben fett hervorgehobenen Einträge durch Ihre Login-Daten ersetzen!

Haben Sie alles korrekt eingegeben, dürfte einer erfolgreichen Verbindung zur Datenbank (diese sollte natürlich vorhanden sein) nichts mehr im Wege stehen. Achten Sie auch darauf, dass es sich um eine verschlüsselte Verbindung handelt (*Encrypt=True*).

Leider hat obige Lösung den Nachteil, recht unübersichtlich zu sein, besser Sie verwenden einen *ConnectionStringBuilder*. Dies kann zentral erfolgen, da Sie später nur den jeweiligen Connectionstring abrufen.

BEISPIEL

Verwendung des ConnectionStringBuilders

```
...
    Private strBuilderMaster As New SqlConnectionStringBuilder()
...
    Public Sub New()
        InitializeComponent()
        strBuilderMaster.DataSource = "tcp:<SERVERNAME>.database.windows.net,1433"
        strBuilderMaster.InitialCatalog = "master"
        strBuilderMaster.Encrypt = True
        strBuilderMaster.TrustServerCertificate = False
        strBuilderMaster.UserID = "<USERNAME>@<SERVERNAME>"
        strBuilderMaster.Password = "<IHR PASSWORT>"
    End Sub
...
```

```vb
Private Sub Button_Click_2(sender As Object, e As RoutedEventArgs)
    Using conn As New SqlConnection(strBuilderMaster.ConnectionString)
        Try
            conn.Open()
            ListBox1.Items.Add("Verbindung erfolgreich hergestellt!")
        Catch ex As SqlException
            MessageBox.Show(ex.Message, "Fehler")
        Finally
            conn.Close()
            ListBox1.Items.Add("Verbindung abgebaut!")
        End Try
    End Using
End Sub
```

Einige Hinweise:

- Gerade im Zusammenhang mit den nur per Internet verbundenen Datenbanken kommt es darauf an, die Verbindung nur so kurz wie möglich geöffnet zu halten.

- Wichtig ist auch, dass Sie innerhalb Ihrer Anwendung immer den gleichen Connectionstring verwenden, um die Vorteile des standardmäßigen Verbindungspoolings nutzen zu können.

- Beachten Sie weiterhin, dass eine Sitzung seitens des Servers nach spätestens 30 Minuten Leerlauf getrennt wird.

- Schließen Sie im Datenbankoperationen in *Try-Catch*-Blöcke ein, die im Fehlerfall komplett rückgängig gemacht werden können.

- Vermeiden Sie unnötige Mehrfachanfragen, wenn Sie dieses auch mit einer Anfrage und mehreren Befehlen realisieren können.

- Nutzen Sie MARS, die entsprechende Option (*MultipleActiveResultSets=True*) können Sie im Connectionstring verwenden.

- Reagieren Sie aktiv auf Verbindungsabbrüche und versuchen Sie die Verbindung erneut aufzubauen (wir kommen später darauf zurück).

- Behalten Sie ganz nebenbei im Hinterkopf, dass unnötig heruntergeladene Daten in diesem Fall nicht nur Zeit sondern auch Geld kosten.

Sie sehen schon, es ist einiges zu beachten. Doch nicht genug der Pein, Sie müssen sich ab sofort auch wesentlich intensiver mit diversen Fehlermeldungen herumplagen, die teilweise auch ihre Ursache in der Verwendung der Cloud haben:

- die wohl jedem bekannten Netzwerkprobleme

- fehlerhafte Konfiguration der Firewalls

- überlastete Server

- Verbindungsabbruch wegen mehrfacher Fehlanmeldung über eine IP-Adresse

- Verbindungsabbruch wegen Wechsel der Serverdatenbank (im Fehlerfall wird auf die Kopien zurückgegriffen)

- zu hoher Speicherbedarf auf der Serverseite

- maximale Datenbankgröße oder -anzahl überschritten

- Connection-Timeouts

- zu große TempDB

- diverse Transaktionsprobleme ...

Eine gezielte und umfassende Fehlerbehandlung ist also unabdingbar.

Datenbank erstellen

Abgesehen von der ersten Azure SQL-Server-Datenbank, bei der auch der Server und der zugehörige Administrator erstellt werden, ist es sicher von Interesse, auch per Client-Anwendung weitere Datenbanken zu erstellen.

Sie benötigen:

- einen entsprechenden Account (Server) mit den nötigen Rechten (*dbmanager*)

- ein Azure-Abo mit mehr als einer Datenbank

- eine Verbindung zur *master*-Datenbank des betreffenden Servers

BEISPIEL

Neue Datenbank erstellen

```
Private Sub Button_Click_3(sender As Object, e As RoutedEventArgs)
    Using conn As New SqlConnection(strBuilderMaster.ConnectionString)
        Try
            Using cmd As SqlCommand = conn.CreateCommand()
                conn.Open()
                cmd.CommandText = "CREATE DATABASE test1"
                cmd.ExecuteNonQuery()
                ListBox1.Items.Add("Datenbank erfolgreich hergestellt!")
            End Using
        Catch ex As SqlException
            MessageBox.Show(ex.Message, "Fehler")
        Finally
            conn.Close()
            ListBox1.Items.Add("Verbindung abgebaut!")
        End Try
    End Using
End Sub
```

Wie Sie sehen, werden lediglich die Verbindung zur master-Datenbank geöffnet und ein *SQLCommand* ausgeführt.

Obiges T-SQL-Statement entspricht beim Azure SQL-Server der folgenden ausführlicheren Anweisung:

```
CREATE DATABASE test1 (EDITION='WEB', MAXSIZE=1GB)
```

Optional können Sie MAXSIZE auf einen der folgenden Werte festlegen: 1, 5, 10, 20, 30, 40, 50, 100, 150. Beachten Sie jedoch die jeweilige Kombination mit dem Datenbanktyp (EDITION = web/business).

Die Sortierfolge können Sie ebenfalls optional über das Argument COLLATE einstellen.

Es wird nur der belegte Speicherplatz berechnet, obige Werte sind Maximalgrößen der Datenbank.

Ist die Datenbank schon vorhanden?

Eingefleischte T-SQL-Programmmierer werden jetzt sicher gleich ein ellenlanges SQL-Statement im Kopf haben, mit dem sowohl die Existenz einer Datenbank geprüft, als auch das Erzeugen realisiert wird. Leider aber wird dies so nicht funktionieren.

Für CREATE/ALTER/DROP DATABASE und CREATE/ALTER/DROP LOGIN gilt, dass diese Anweisungen **nicht** zusammen mit anderen Anweisungen in einem Batch verarbeitet werden können! Dieses Anweisungen können auch **nicht** im Rahmen einer Parameterabfrage ausgeführt werden (keine *Parameters* beim *SqlCommand* zulässig)[1].

Tja, da ist dann erst einmal die Luft raus und Sie müssen etwas mehr Code produzieren:

BEISPIEL

Prüfen, ob die Datenbank schon vorhanden ist

```
Using conn As New SqlConnection(strBuilderMaster.ConnectionString)
    Try
        Using cmd As SqlCommand = conn.CreateCommand()
            conn.Open()
```

Abfrage, ob ein gleichnamiges Objekt vorhanden ist:

```
cmd.CommandText = "SELECT COUNT(*) FROM sys.sysdatabases where name='test1'"
Dim res As Integer = CInt(cmd.ExecuteScalar())
```

Falls nein, erzeugen wir dieses:

```
If res = 0 Then
    cmd.CommandText = "CREATE DATABASE test1"
    cmd.ExecuteNonQuery()
    ListBox1.Items.Add("Datenbank erfolgreich hergestellt!")
Else
    ListBox1.Items.Add("Datenbank schon vorhanden!")
End If
            End Using
        Catch ex As SqlException
            MessageBox.Show(ex.Message, "Fehler")
        Finally
            conn.Close()
            ListBox1.Items.Add("Verbindung abgebaut!")
        End Try
End Using
```

Im obigen Fall fragen wir zunächst ab, ob eine gleichnamige Datenbank bereits existiert und erstellen dieses nur, wenn sie noch nicht vorhanden ist.

---

[1] Die Angst vor dem Gespenst der SQL-Injection geht um ...

Den aktuellen »Füllstand« abrufen

Bevor wir weitere Objekte erstellen, wollen wir zunächst noch einige Aufgaben rund um die Datenbank besprechen. Was lokal meist keine Rolle spielt, ist bei einer Azure SQL-Datenbank von Interesse: der aktuelle Füllstand. Zwei Gründe sprechen dafür:

- Sie bezahlen Ihre Datenbank je nach Größe

- Azure Datenbanken sind für eine maximale Größe eingerichtet

Um mehr über die Datenbank zu erfahren, bieten sich verschiedene Ansätze an, die wir Ihnen in den folgenden Beispielen vorstellen wollen.

BEISPIEL

Abfrage des Editionstyps und der maximalen Datenbankgröße für die **aktuelle** Datenbank

```
SELECT
    DATABASEPROPERTYEX (db_name(),'Edition') AS Edition,
    CAST(DATABASEPROPERTYEX (db_name(),'MaxSizeInBytes') AS int) / 1024 /1024 /1024 AS [max Size in GB]
```

Im Ergebnis erhalten Sie zum Beispiel folgende Werte:

Abbildung 11.27 Abfrageergebnis

HINWEIS   Lassen Sie einfach eine Division durch 1024 weg, um den Wert in MB umzurechnen. In diesem Fall haben Sie einen direkten Vergleichswert mit dem folgenden Beispiel.

BEISPIEL

Die Größe der aktuellen Datenbank in MB abfragen

```
SELECT
    SUM(reserved_page_count) * 8.0 / 1024 AS [Size in MB]
FROM
    sys.dm_db_partition_stats
```

Mit beiden obigen Abfragen können Sie schon recht gut einschätzen, wann Sie die Datenbank eventuell vergrößern müssen. Wer jedoch etwas genauere Informationen über die aktuelle Datenbank wünscht, kann auch dies realisieren.

BEISPIEL

Belegungsgröße nach Tabellen in der aktuellen Datenbank

```
SELECT
    so.name AS [Table],
    st.row_count AS [Rows],
    SUM(reserved_page_count) * 8.0 / 1024 AS [Size in MB]
```

```
FROM
    sys.dm_db_partition_stats AS st,
    sys.objects AS so
WHERE
    st.object_id = so.object_id
GROUP BY
    so.name, st.row_count
```

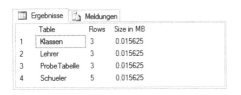

Abbildung 11.28 Das Abfrageergebnis zeigt jetzt den Objektnamen, die Anzahl der Zeilen und die Belegungsgröße

Damit dürften Sie jederzeit auf dem Laufenden sein, was den aktuellen Füllstand anbelangt. Im nächsten Schritt kümmern wir uns darum, wie die Datenbank gegebenenfalls zu vergrößern ist.

Was passiert, wenn die Datenbank zu klein wird?

Lokal wird dieses Problem wohl eher selten auftreten, aber bei einer Webdatenbank mit ihrer begrenzten Größe stehen Sie früher oder später vor dem Problem, dass die Datenbank zu klein ist. Eine entsprechende Fehlerbehandlung ist also ratsam.

BEISPIEL

Prüfung auf zu großen Füllstand

```
Try
...
Catch ex As SqlException
    Select Case ex.Number
...
        Case 40544
...
    End Select
End Try
```

Hinter der Fehlernummer 40544 versteckt sich die folgende Meldung: *The database has reached its size quota. Partition or delete data, drop indexes, or consult the documentation for possible resolutions. Code: 524289.*

Hier hilft Ihnen ALTER DATABASE weiter, wie es das folgende Beispiel zeigt:

BEISPIEL

Datenbank nachträglich vergrößern

```
ALTER DATABASE
    Schule
MODIFY (EDITION='business', MAXSIZE=150GB)
```

Doch Achtung:

Der Aufruf muss aus einer Connection zur *master*-Datenbank erfolgen, die obige Anweisung kann nicht mit anderen Anweisungen kombiniert werden und die Verwendung von Parametern ist unzulässig. Ganz nebenbei muss natürlich auch der Vollzugriff auf die gewünschte Datenbank möglich sein.

Die letzte Voraussetzung stellt in vielen Fällen Ihre Geduld als Programmierer auf die Probe, gibt es doch potenziell viele Nutzer, die sich ebenfalls gerade an der Datenbank austoben. Eine entsprechende Retry-Logik ist an dieser Stelle unvermeidlich.

Eine Datenbankkopie erstellen

Last, but not least, wollen noch auf einen kleinen Spezialfall eingehen. Die Rede ist von einer Form des Backups, die ausschließlich auf dem Server stattfindet. Erstellen Sie einfach eine Kopie der Datenbank unter einem neuen Namen. Da diese Datenbank ebenfalls redundant in den Microsoft-Rechenzentren gespeichert wird, verringert sich zum einen die Ausfallwahrscheinlichkeit, zum zweiten haben wir auch eine Sicherheitskopie die hilft, eventuelle logische Fehler an der Datenbank (Nutzerfehler) wieder rückgängig zu machen.

An dieser Stelle müssen Sie sich bei den Kosten keine allzu großen Sorgen machen, Sie bezahlen lediglich den Speicherplatz der neuen Datenbank, der Traffic, der beim Kopieren entsteht, ist »hausintern« kostenlos.

BEISPIEL

Kopieren der Datenbank *test1* auf dem gleichen Server

```
Private Sub Button_Click_4(sender As Object, e As RoutedEventArgs)
    Using conn As New SqlConnection(strBuilderMaster.ConnectionString)
        Try
            Using cmd As SqlCommand = conn.CreateCommand()
                conn.Open()
                cmd.CommandText = "CREATE DATABASE test1Kopie AS COPY OF test1"
                cmd.ExecuteNonQuery()
```

Die obige Anweisung wird asynchron ausgeführt, Sie können den Kopierprozess nur überwachen, indem Sie die beiden Views *sys.databases* und *sys.dm_database_copies* auswerten.

```
                ListBox1.Items.Add("Datenbank wird kopiert ...")
            End Using
        Catch ex As SqlException
            MessageBox.Show(ex.Message, "Fehler")
        End Try
    End Using
End Sub
```

Rufen Sie nach obigem Statement die folgende SQL-Anweisung auf, wird Ihnen der Status der neuen Datenbank angezeigt.

Abrufen der Statusinformationen (COPYING, SUSPECT oder ONLINE) über die neue Datenbank

```
SELECT
  name, state, state_desc
FROM
  sys.databases WHERE name = 'test1kopie'
```

Während des Kopierens erfahren Sie mit

```
SELECT * FROM
  sys.dm_database_copies copies Inner JOIN sys.databases databases ON
  copies.database_id = databases.database_id
WHERE databases.name = 'test1kopie';
```

mehr über den aktuellen Kopiervorgang.

HINWEIS   Sie können auch Datenbanken in einen anderen Server kopieren, in diesem Fall müssen beide Server über den gleichen Login verfügen. Den Quellserver legen Sie mit *<Quellserver>.<Datenbankname>* fest, das Statement wird im Kontext der Ziel-master-Datenbank ausgeführt.

Tabelle(n) erstellen

Unsere neue Datenbank ist noch recht leer, und so wollen wir uns nun um die gewünschte Datenstruktur kümmern.

HINWEIS   Grundsätzlich können Sie sich zu diesem Thema auch im Kapitel 8 informieren, wo die CREATE TABLE-Anweisung wesentlich ausführlicher abgehandelt wird.

Tabelle erstellen

Achtung – jetzt müssen Sie sich mit der Zieldatenbank verbinden, nicht mit der master-Datenbank:

```
...
        strBuilderTest1.ConnectionString = strBuilderMaster.ConnectionString
        strBuilderTest1.InitialCatalog = "test1"
...
    Private Sub Button_Click_5(sender As Object, e As RoutedEventArgs)
        Using conn As New SqlConnection(strBuilderTest1.ConnectionString)
            Try
                Using cmd As SqlCommand = conn.CreateCommand()
                    conn.Open()
```

Tabelle erzeugen:

```
                    cmd.CommandText = "CREATE TABLE ProbeTabelle(Id int IDENTITY(1,1), " &
                                      "Vorname nvarchar(50), Nachname nvarchar(50), " &
                                      "CONSTRAINT PK PRIMARY KEY (Id))"
```

```
                    cmd.ExecuteNonQuery()
                    ListBox1.Items.Add("Tabelle wird erstellt ...")
                End Using
            Catch ex As SqlException
                MessageBox.Show(ex.Message, "Fehler")
            End Try
        End Using

    End Sub
```

Nach dem Aufruf obiger Anweisung sollte die Tabelle erzeugt werden.

Der eine oder andere Leser hat sich vielleicht gemerkt, dass wir bereits mehrfach darauf hingewiesen haben, unbedingt einen gruppierten Index zu verwenden, da anderenfalls kein Schreibzugriff möglich ist. Davon ist zwar oben nichts zu sehen, aber es gilt:

HINWEIS   Wenn Sie eine PRIMARY KEY-Einschränkung erstellen, wird automatisch ein eindeutiger gruppierter Index erstellt, wenn noch kein gruppierter Index für die Tabelle vorhanden ist und Sie keinen gruppierten Index angeben.

Ein

```
CREATE TABLE Test (Spalte1 int, Spalte2 int)
```

funktioniert zwar, ein Einfügen von Daten in diese Tabelle wird jedoch nicht möglich sein. Dazu müssen Sie erst

```
CREATE CLUSTERED INDEX Test_Indexsp1 ON Test(Spalte1)
```

aufrufen.

Welche Einschränkungen beim Erstellen von Tabellen noch bestehen, zeigt die folgende Website:

WWW   http://msdn.microsoft.com/de-de/library/windowsazure/ee336258.aspx

Daten schreiben/lesen

Nach dem Erstellen der Tabelle ist das Schreiben neuer Datensätze wahrscheinlich der nächste Schritt (vom Erstellen einer sinnvollen Nutzerverwaltung mal abgesehen).

Grundsätzlich erwartet Sie hier als Programmierer nichts Neues. Ob Sie die Daten per *SqlCommand*, Entity-Framework oder *DataAdapter* zum Server schaufeln, der Grundansatz entspricht dem eines ganz normalen lokalen SQL Servers.

Im vorliegenden Fall beschränken wir uns auf ein Beispiel mit einem *SqlCommand*-Objekt.

BEISPIEL

Tabelle per *SQLCommand* füllen (ganz nebenbei messen wir die dafür erforderliche Zeit)

```
...
    Private watch As New Stopwatch()
```

...

Start der Zeitmessung:

```
Private Sub Button_Click_6(sender As Object, e As RoutedEventArgs)
    watch.Reset()
    watch.Start()
```

Verbindung öffnen:

```
Using conn As New SqlConnection(strBuilderTest1.ConnectionString)
    Try
        Using cmd As SqlCommand = conn.CreateCommand()
            conn.Open()
```

INSERT-Anweisung definieren:

```
            cmd.CommandText = "INSERT INTO ProbeTabelle (Vorname, Nachname) " & 
                              "VALUES (@vorname,@nachname) "
```

Zwei Parameter definieren und parametrieren:

```
            cmd.Parameters.Add("@vorname", System.Data.SqlDbType.NVarChar, 50)
            cmd.Parameters.Add("@nachname", System.Data.SqlDbType.NVarChar, 50)
```

Abfrage vorbereiten:

```
            cmd.Prepare()
```

100 Datensätze zum Server schicken:

```
            For i As Integer = 0 To 99
                cmd.Parameters("@vorname").Value = "xxxxxxxxxxxxxxxxxxxxxxx" & 
                                                   i.ToString()
                cmd.Parameters("@nachname").Value = "yyyyyyyyyyyyyyyyyyyyyyyy" & 
                                                    i.ToString()
                cmd.ExecuteNonQuery()
            Next
        End Using
    Catch ex As SqlException
        MessageBox.Show(ex.Message, "Fehler")
    End Try
End Using
```

Zeitmessung beenden und Zeit anzeigen:

```
    watch.Stop()
    ListBox1.Items.Add("Zeit: " & watch.ElapsedMilliseconds.ToString() & " (ms)")
End Sub
```

Wie lange es bei Ihnen dauert, bis die 100 Datensätze gespeichert sind, hängt zunächst vor allem von Ihrer Internetverbindung ab. Bei den Autoren dauerte es im Schnitt 4,8 Sekunden für obige 100 Datensätze. Natürlich werden auch Sie sich in vielen Fällen mit einem ähnlichen Wert abfinden, aber Ihr Ehrgeiz als Programmierer ist damit sicher noch nicht befriedigt, vor allem wenn es sich um das zyklische Übertragen größerer Datenmengen handelt.

Asynchrone Ausführung

Ein Blick ins obige Beispiel zeigt uns, dass eine der Schwachstellen die *ExecuteNonQuery*-Anweisung ist. Diese arbeitet synchron und liefert uns als Rückgabewert die Anzahl der betroffenen Datensätze, eine Information, die wir an dieser Stelle kaum benötigen. Neu seit .NET 4.5 ist die Möglichkeit, diese Methode gleich asynchron aufzurufen.

BEISPIEL

Asynchroner Aufruf

```
...
    cmd.ExecuteNonQueryAsync().ContinueWith(Sub()
```

Hier könnte Ihre Auswertung stehen ...

```
                End Sub)
...
```

Dieses Variante reduziert den Zeitbedarf schon mal auf unter 2 Sekunden, was in vielen Fällen ausreichend sein sollte.

Einfügen großer Datenmengen

Doch was ist, wenn Sie nicht 100 sondern 10.000 Datensätze übertragen sollen? Nach obigem Modell sind wir da schon bei 200 Sekunden, was hier vielleicht noch geht, aber bei einer Steigerung der Datensatzanzahl schnell zum Fiasko ausartet.

In diesem Fall sollten Sie darüber nachdenken, die Daten zunächst lokal in ein möglichst optimales XML-Format zu bringen, dann komplett per Parameter an eine Stored Procedure auf den Server zu übertragen und dort in die gewünschte Tabelle einfügen zu lassen.

BEISPIEL

Datentransfer per XML-Daten

Wir belassen es bei unserer simplen Tabelle *probetabelle* und erzeugen zusätzlich auf dem Server folgende kleine Stored Procedure, die das Einfügen und Mappen der XML-Daten übernimmt:

```
CREATE PROCEDURE InsertRows @xmldata xml
AS BEGIN
   SET NOCOUNT ON;
   INSERT INTO Probetabelle(Vorname, Nachname)
   SELECT r.value('@Vorname', 'nvarchar(50)') AS Vorname,
          r.value('@Nachname', 'nvarchar(50)') AS Nachname
   FROM @xmldata.nodes('/Daten/Zeile') T(r)
END
```

HINWEIS   Wer mehr dazu erfahren möchte, sollte sich mit der XML-Verarbeitung auf dem SQL Server vertraut machen.

Unser Clientprogramm muss nun zunächst XML-Daten erzeugen (diese Aufgabe beziehen wir nicht mit in die Zeitberechnung ein, da die Daten vielfach schon in entsprechenden Formaten vorliegen):

```
...
Imports System.Xml.Linq
...
    Private Sub Button_Click_8(sender As Object, e As RoutedEventArgs)
        ListBox1.Items.Add("XML-Daten erzeugen ...")
        Dim xe As New XElement("Daten")
```

Dem Root-Element *Daten* werden weitere *Zeile*-Elemente hinzugefügt, in deren Attributen die eigentlichen Daten stehen.

```
        For i As Integer = 0 To 9999
            xe.Add(New XElement("Zeile",
                New XAttribute("Vorname", "aaaxxxxxxxxxxxxxxxxxxxx" & i.ToString()),
                New XAttribute("Nachname", "bbbxxxxxxxxxxxxxxxxxxxx" & i.ToString())))
        Next
```

HINWEIS   Sollten die Daten von einem lokalen SQL-Server stammen, können Sie diese bereits mit einer entsprechenden SELECT-Anweisung in das gewünschte XML-Format transferieren, alternativ bietet sich hier LINQ to XML zum Konvertieren von Daten an.

```
        ListBox1.Items.Add("Starte ...")
        watch.Reset()
        watch.Start()
        Using conn As New SqlConnection(strBuilderTest1.ConnectionString)
            Try
                Using cmd As SqlCommand = conn.CreateCommand()
                    conn.Open()
```

Parametrieren der Stored Procedure:

```
                    cmd.CommandText = "InsertRows"
                    cmd.CommandType = System.Data.CommandType.StoredProcedure
```

Datenübergabe:

```
                    cmd.Parameters.AddWithValue("@xmldata", xe.ToString())
```

Start:

```
                    cmd.ExecuteNonQuery()
                End Using
            Catch ex As SqlException
                MessageBox.Show(ex.Message, "Fehler")
            End Try
        End Using
        watch.Stop()
        ListBox1.Items.Add("Zeit: " & watch.ElapsedMilliseconds.ToString() & " (ms)")
    End Sub
```

Folgende Daten werden übertragen:

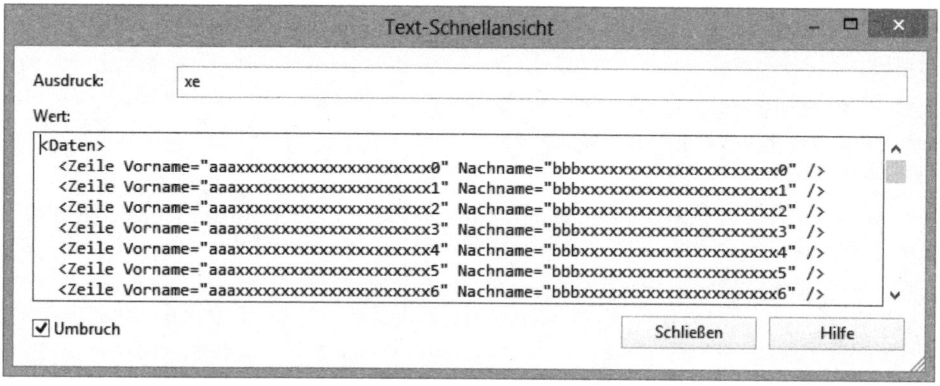

Abbildung 11.29 Ein Blick auf die erzeugten XML-Daten:

Obwohl wir es jetzt mit 10.000 Zeilen zu tun haben, d.h. der 100fachen Datenmenge, waren die Daten in 10 Sekunden übertragen. An dieser Stelle spielt eigentlich nur noch die Uploadgeschwindigkeit eine wesentliche Rolle.

HINWEIS   Wer Transfer-Volumen einsparen möchte, kann auch die Element- und Attribut-Bezeichner in den XML-Daten kürzer gestalten (z.B. <D>, <Z> bzw. @V und @N).

Lesen der Daten

An dieser Stelle können wir Sie problemlos an die entsprechenden Kapitel 17 (T-SQL), 3 (ADO.NET) bzw. 4 (DataSet) verweisen. Die dortigen Ausführungen treffen auch auf den Datenzugriff in der Cloud zu, die Vorgehensweise unterscheidet sich bis auf den geänderten Connectionstring nicht.

Allerdings sollten Sie sich bei größeren Datenmengen auch darauf einstellen, dass es etwas dauern kann und Sie gegebenenfalls von asynchronen Entwurfsmustern Gebrauch machen müssen. Hier helfen Ihnen beispielsweise die neuen Async-Methoden des *SqlCommand*-Objekts weiter.

BEISPIEL

Asynchrones Abrufen von Datensätzen per *SqlDataReader*

```
Private Async Sub Button_Click_9(sender As Object, e As RoutedEventArgs)
```

Wir müssen die Schaltfläche jetzt sperren, da sonst ein Mehrfachaufruf möglich ist:

```
Button9.IsEnabled = False
watch.Reset()
watch.Start()
Using conn As New SqlConnection(strBuilderTest1.ConnectionString)
    Try
        Using cmd As SqlCommand = conn.CreateCommand()
            cmd.CommandText = "SELECT * FROM ProbeTabelle"
            conn.Open()
            Using reader = cmd.ExecuteReader()
```

Bis hierher finden Sie nichts Neues, ab hier geht es asynchron weiter:

```
        While Await reader.ReadAsync()
            ListBox1.Items.Add(reader(0).ToString())
        End While
        reader.Close()
      End Using
    End Using
  Catch ex As SqlException
    MessageBox.Show(ex.Message, "Fehler")
  End Try
End Using
watch.Stop()
ListBox1.Items.Add("Zeit: " & watch.ElapsedMilliseconds.ToString() & " (ms)")
```

Und die Schaltfläche wieder freigeben:

```
  Button9.IsEnabled = True
End Sub
```

> **HINWEIS** Sie werden nach dem Aufruf feststellen, dass die Schaltfläche einige Zeit zwar nicht freigegeben ist, Sie aber das Formular problemlos verschieben bzw. bearbeiten können[1].

Womit wir auch schon zum nächsten Thema übergehen können.

Stored Procedures

Wie der vorhergehende Abschnitt gezeigt hat, konnten wir durch den geschickten Einsatz einer Stored Procedure die Datenzugriffsgeschwindigkeit beim Einfügen von Datensätzen um den Faktor 20 steigern. Dies wird nicht immer möglich sein, zeigt aber das Potenzial dieser Technologie. Was schon beim lokalen SQL Server gilt – lassen Sie die Daten auf dem Server – gilt erst recht in einer Umgebung mit dem Internet als Flaschenhals. Zum einen wirkt sich die »langsame« Datenverbindung auf die Ausführungszeiten aus, zum anderen kostet Sie auch der Datentransfer zum Client richtig Geld.

Investieren Sie also in Ihr T-SQL-Know-how und erstellen Sie möglichst intelligente Stored Procedures, die Ihnen Berechnungen, Datenmanipulationen etc. auf dem Server abnehmen. Ganz nebenbei verlagern Sie damit auch die Rechenlast auf den Server.

Beachten Sie jedoch, dass mit zunehmender Komplexität der Stored Procedures auch ein Augenmerk auf die Fehlerbehandlung gelegt werden sollte, andernfalls endet Ihre Anwendung im Chaos.

> **HINWEIS** Wer jetzt der Versuchung erliegen sollte, CLR-Routinen auf dem Server zu erstellen – dies ist mit Azure SQL-Datenbanken **nicht** möglich!

Weitere Informationen zu Stored Procedures finden Sie in Kapitel 8.

---

[1] Sollte der Aufruf zu schnell gehen, sollten Sie vorher ein paar Datensätze einfügen (z.B. 100.000).

Implementieren einer temporären Fehlerbehandlung

Wir hatten es bereits angedeutet, mit der MUPS-Methode[2] kommen Sie bei Azure SQL-Datenbanken nicht sehr weit. Einen großen Teil der Fehler hatten wir in unseren bisherigen Beispielen einfach abgefangen und als Meldungen angezeigt. Das aber dürfte dem Endanwender kaum weiterhelfen. Was nützt es ihm zu wissen, dass jetzt die Ausnahme *4711* aufgetreten ist, weil Server *abc* gerade wegen Wartungsarbeiten umgeschaltet wird. Eine Endlosschleife trägt in diesem Fall sicher auch nicht zur Lösung des Problems bei.

Hier hilft nur das sehr gezielte Auswerten der Fehlerursache und die sinnvolle Reaktion darauf. Doch Hand aufs Herz, wer möchte sich schon die Arbeit machen, für jedes Login, jeden Befehlsaufruf etc. eine eigene Logik mit möglichen Wiederholungsschleifen zu implementieren? Diese Frage müssen sich auch die Microsoft-Entwickler gestellt haben, und so wurde im Laufe der Zeit ein entsprechendes Framework, der *Transient Fault Handling Block*, bereitgestellt.

Installieren können Sie sich die nötigen Libraries per NuGet, geben Sie einfach *Enterprise.WindowsAzure* ein, um die Library zu suchen:

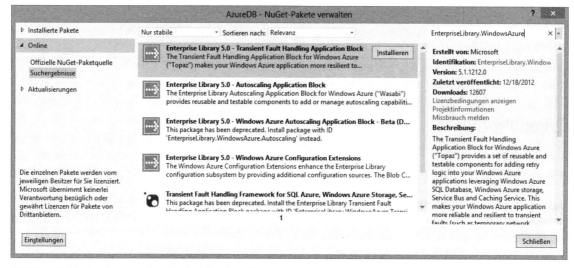

Abbildung 11.30 Installieren des *Transient Fault Handling Block*

Nachfolgend können Sie schon mit der Anpassung an Ihre Anwendung beginnen.

BEISPIEL

Implementieren einer temporären Fehlerbehandlung

Einbinden der Namespaces:

```
Imports Microsoft.Practices.EnterpriseLibrary.WindowsAzure.TransientFaultHandling.SqlAzure
Imports Microsoft.Practices.TransientFaultHandling
...
```

---

[2] Methode des unbekümmerten Probierens

Wir nutzen erneut das Beispiel zum Laden von Tabellendaten:

```
Private Sub Button_Click_10(sender As Object, e As RoutedEventArgs)
```

Zunächst erstellen wir eine so genannte *RetryPolicy*, die einen Typ mit dem Interface *ITransientErrorDetectionStrategy* nutzt. Als Parameter geben Sie die Anzahl der Wiederholungen (Versuche) sowie die Zeitspanne zwischen diesen Wiederholungen an (hier 3 mal bzw. 30 Sekunden):

```
Dim myrp As RetryPolicy = New RetryPolicy(Of RetryLogik)(3, TimeSpan.FromSeconds(30))
```

Mit dieser *RetryPolicy* können Sie eine *ReliableSqlConnection* erstellen:

```
Using conn As New ReliableSqlConnection(strBuilderTest1.ConnectionString, myrp, myrp)
    Try
        Using cmd As SqlCommand = conn.CreateCommand()
            cmd.CommandText = "SELECT * FROM Probetabelle1"
            conn.Open()
```

Beim Ausführen des Commands verwenden wir jetzt statt der Methode *ExecuteReader* die Methode *ExecuteReaderWithRetry*, diese bietet ebenfalls ein fehlertolerantes Verhalten:

```
            Using reader = cmd.ExecuteReaderWithRetry(myrp)
                While reader.Read()
                    ListBox1.Items.Add(reader(0).ToString())
                End While
                reader.Close()
            End Using
        End Using
    Catch ex As SqlException
        Debug.WriteLine(DateTime.Now.ToString() & ": (Anwendung) " & ex.Message)
    End Try
End Using

End Sub
```

HINWEIS   Wie Sie sehen, unterscheidet sich der Quellcode kaum von den bekannten Programmen. Lediglich einige Methoden bzw. das Connection-Objekt müssen ausgetauscht werden. Schleifen, zusätzliche Fehlerbehandlungen etc. brauchen Sie nicht.

Doch auf welche Fehler soll eigentlich reagiert werden? Dafür ist die schon oben genutzte Klasse *RetryLogik* zuständig. Unsere Implementierung dieser Klasse:

```
Imports Microsoft.Practices.TransientFaultHandling
Imports System
Imports System.Data.SqlClient
Imports System.Diagnostics

Public Class RetryLogik
    Implements ITransientErrorDetectionStrategy
```

Sie müssen die Methode *IsTransient* implementieren:

```
Public Function IsTransient(ex As Exception) As Boolean Implements
                        ITransientErrorDetectionStrategy.IsTransient
```

Handelt es sich um eine *SqlException*?

```
If ex IsNot Nothing AndAlso TypeOf ex Is SqlException Then
```

Wenn ja, für alle Fehler:

```
For Each fehler As SqlError In TryCast(ex, SqlException).Errors
```

Je nach Fehler können Sie bestimmen, ob die Retry-Logik greift oder nicht (*return true/false*):

```
        Select Case fehler.Number
            Case 40615
                Debug.WriteLine(DateTime.Now.ToString() & ": (Retry) " & fehler.Message)
                Return True
            Case Else
                Debug.WriteLine(DateTime.Now.ToString() & ": (Retry) " & fehler.Message)
                Return True
        End Select
    Next
End If
' In allen anderen Fällen kein Retry.
Return False
    End Function
End Class
```

Im obigen Fall wird bei **allen** Serverfehlern angenommen, dass diese bei einer Wiederholung der Aufgabe nicht erneut auftreten.

HINWEIS   In der vorliegenden Form ist die Fehlerbehandlung recht sinnfrei, ein falscher Login-Name führt hier auch zu einer Wiederholung des Login-Vorgangs, was natürlich wieder fehlschlagen muss. Wir nutzen dieses Verhalten jedoch, um auf einfache Weise zu zeigen, wie die Fehlerbehandlung greift. Dazu sperren wir zum einen die IP-Adresse des Clients, zum anderen werden Sie feststellen, dass wir den Tabellennamen der Abfrage falsch geschrieben haben. Beides setzt später zur Laufzeit die Retry-Logik in Gang.

Sperren Sie also die IP des Clients auf dem Azure-Server und setzen Sie das Programm in Bewegung.

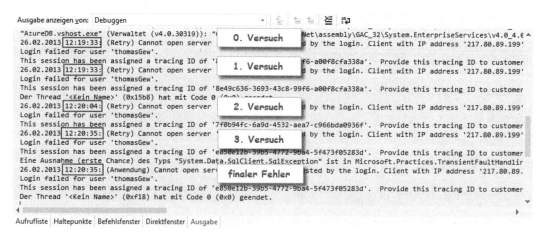

Abbildung 11.31 Fehlerliste bei fehlender IP-Freischaltung

Obiger Ablauf sollte sich im Ausgabefenster zeigen. Mit dem nullten Versuch (erster Verbindungsversuch) beginnt die Logik zu arbeiten. Da der auftretende Fehler in diesem Fall zu den zu behandelnden Fehlern zählt, startet jetzt ein neuer Versuch (1). Nach jeweils weiterer 30 Sekunden starten Versuch 2 und 3. Erst wenn die drei Versuche fehlgeschlagen sind, greift die Fehlerbehandlung des Anwenderprogramms. Geben Sie die Client-IP innerhalb der Versuche (90 Sekunden sind Zeit) frei, läuft das Programm ohne Fehler weiter. Allerdings scheitert in unserem Fall der Versuch, die Tabelle abzufragen, da wir den Tabellennamen falsch geschrieben habe. Auch hier werden drei Versuche zur erneuten Ausführung unternommen.

> **HINWEIS** Da es recht aufwändig ist, die einzelnen Fehler zusammenzusuchen, stellt Microsoft bereits eine für den Azure SQL Server angepasste Klasse *SqlAzureTransientErrorDetectionStrategy* zur Verfügung. Nutzen Sie diese, müssen Sie keine eigene Klasse mit dem Interface *ITransientErrorDetectionStrategy* bereitstellen.

> **BEISPIEL**
>
> Verwendung von *SqlAzureTransientErrorDetectionStrategy*

```
Dim myrp As RetryPolicy = New RetryPolicy(Of SqlAzureTransientErrorDetectionStrategy)(3,
                                            TimeSpan.FromSeconds(30))
```

> **HINWEIS** Alternativ zur oben gezeigten Vorgehensweise können Sie auch die ganz normalen Klassen aus dem Namespace *SqlClient* verwenden und die Erweiterungsmethoden *OpenWithRetry*, *ExecuteScalarWithRetry* etc. nutzen.

Eine weitere recht interessante Verwendung der *RetryPolicy* ist die Methode *ExecuteAsync*, mit der Sie eigene Routinen erneut ausführen können, wenn diese einen Fehler auslösen. Doch an dieser Stelle wollen wir Schluss machen, auch wenn es noch reichlich Stoff zu diesem Thema gibt.

Abschließende Hinweise

Natürlich wollen wir es nicht unterlassen, Sie noch kurz auf einige Punkte hinzuweisen, die im Zusammenhang mit Azure SQL-Datenbanken von besonderer Relevanz sind.

Synchronisieren

Häufig besteht der Wunsch, Daten zwischen SQL Servern abzugleichen bzw. zu synchronisieren. Zwei wesentliche Szenarien sind relevant:

- Datenabgleich zwischen Azure SQL Servern bzw. -datenbanken
- Datenabgleich zwischen einer Azure SQL-Datenbank und einer lokalen Datenbank

Für ersteres erstellen Sie auf dem Azure Server eine Synchronisierungsgruppe, der Sie die gewünschten Datenbanken hinzufügen. Gleichzeitig legen Sie den Konfliktlösungsmodus (Client gewinnt, Hub gewinnt) und den Synchronisierungsmodus (Bidirektional, zum Hub, vom Hub) fest. Ist die Gruppe erstellt, können Sie die Synchronisierungshäufigkeit sowie eigene Synchronisierungsregeln festlegen. Das Aktivieren der automatischen Synchronisation setzt zu den gewählten Zeitpunkten den Datenabgleich in Gang.

Etwas komplexer ist das Szenario, wenn Sie eine lokale Datenbank einbeziehen möchten. In diesem Fall müssen Sie zunächst den *SQL Azure Data Sync Agent* installieren, den Sie unter folgender Adresse finden:

WWW	http://www.microsoft.com/en-us/download/details.aspx?id=27693

Leider ist damit Ihr Leidensweg noch nicht zu Ende. Obiges Paket benötigt noch aus dem Microsoft SQL Server 2012 Feature Pack

- die *Microsoft SQL Server 2012 Shared Management Objects*

- und die *Microsoft System-CLR-Typen für Microsoft SQL Server 2012*

Wir haben an dieser Stelle aufgegeben, um das Buch noch halbwegs rechtzeitig fertig zu stellen. Das Grundprinzip dürfte jedoch klar sein – mit Hilfe des lokalen SQL Azure Data Sync Agent, den Sie beim Azure Server anmelden, ist dann auch ein Datenabgleich zwischen Cloud und Client-PC möglich.

Noch ein letzter frustrierender Hinweis:

HINWEIS	Wer jetzt vielleicht auf die Idee kommt, die Cloud-Daten in einer SQL Server Compact-Datenbank zu cachen (es soll auch Offline-Clients geben), sollte diesen Gedanken schnell wieder fallen lassen. Seit SQL Compact Edition 4.0 wird das Sync Framework offiziell nicht mehr unterstützt[1].

Performance-Tipps

Kommen wir noch zu einem recht diffizilen Thema im Zusammenhang mit Azure SQL Datenbanken, der Performance und deren Verbesserung. Einige Punkte wie

- die Verwendung von Stored Procedures

- den Datentransfer per XML-Daten

- asynchrone Befehlsausführung

etc. haben wir im Laufe des Kapitels bereits erwähnt. Wir wollen dieser Liste noch einige Anregungen hinzufügen:

- Parametrieren Sie die Server so, dass diese auch regional liegen, dies verringert die Zugriffszeiten über das Internet (Sie entscheiden beim Erstellen des Servers, in welcher Region dieser stehen soll).

- Benötigen Sie weltweiten Zugriff ist es ratsam, mehrere Server in unterschiedlichen Regionen zu betreiben und diese zu synchronisieren.

- Arbeiten Sie mit sich selten ändernden Daten und legen Sie Wert auf eine maximale Anbindungsgeschwindigkeit, können Sie die Serverdaten auch spiegeln und durch mehrere parallele Verbindungen abrufen lassen.

---

[1] Bei allem Respekt finden die Autoren das andauernde Hin und Her bei den Microsoft-Technologien mittlerweile nur noch lästig. Was heute richtig scheint, ist morgen schon obsolet. Produkte werden halbgar auf den Markt geworfen und reifen später als Bananensoftware beim Kunden. Gipfel dieses heillosen Durcheinanders sind endlose Installationsorgien von Tools und Libraries, die voneinander abhängen, aber natürlich ihrerseits auch dauernd in neuen Versionen verbreitet werden...

- Verarbeiten Sie die Daten möglichst auf dem Server. Dies kann zum einen mit den schon erwähnten Stored Procedures erfolgen, zum anderen auch über ASP.NET-Websites, die Sie ebenfalls in Azure hosten. Die Anbindung Ihrer Clients kann dann per WCF-Dienst erfolgen.

- Benötigen Sie die Daten für einen Bericht, sollten Sie darüber nachdenken, diesen am besten gleich per Azure SQL Server Reporting Services zu erstellen. Das dafür nötige Dataset wird in diesem Fall auf dem Server verwaltet, Sie erhalten den fertigen Bericht.

- Nutzen Sie im Zusammenhang mit dem Entity Framework Eager Loading, statt Lazy Loading. Letzteres erfordert viele Roundtrips, die unnötig Zeit kosten.

- Entwerfen Sie potenzielle Azure SQL-Datenbannken zunächst lokal und testen bzw. optimieren Sie diese auch lokal. Abschließend können Sie die Datenbanken in die Cloud migrieren. Grund für dieses Vorgehen ist das Fehlen des SQL Profilers.

- Nutzen Sie Caching wo immer es geht.

> **HINWEIS** Sie können natürlich nicht davon ausgehen, aus Azure SQL einen High Performance Server zu machen!

Die Firewall per T-SQL konfigurieren

Im vorliegenden Kapitel haben wir ja schon lang und breit von den IP-Firewall auf Seiten des Azure Servers berichtet. Wie Sie die Firewall für die jeweiligen Server per Website konfigurieren und welche Bedeutung diese hat, dürfte nach Lektüre dieses Kapitels klar sein. Wir wollen uns nur noch kurz damit befassen, wie Sie die Firewall-Regeln auch von einer Client-Anwendung aus ändern bzw. abfragen können.

> **BEISPIEL**

Die aktuellen Regeln abfragen

Verbinden Sie sich dazu mit der jeweiligen master-Datenbank und setzen Sie folgende SQL-Abfrage ab:

```
SELECT * FROM sys.firewall_rules
```

Abbildung 11.32 Rückgabewerte der obigen Abfrage

Wie Sie sehen, sind dies die gleichen Informationen, die auch auf der Website zu sehen sind.

> **BEISPIEL**

Eine neue IP-Regel definieren

Verbinden Sie sich mit der master-Datenbank und rufen Sie folgende Stored Procedure auf:

```
sp_set_firewall_rule N'MeineRegel', '192.178.168.5', '192.178.168.10'
```

HINWEIS   Natürlich können Sie sich hier nicht wie Münchhausen selbst aus dem Sumpf ziehen, Sie können also nicht Ihre aktuelle IP-Adresse freigeben, da Sie sich mit dieser gar nicht erst einloggen können!

BEISPIEL

IP-Regeln löschen

Rufen Sie aus der master-Datenbank die folgende Stored Procedure auf:

```
sp_delete_firewall_rule N'MeineRegel'
```

Arbeiten mit sqlcmd

Für Freunde der Kommandozeile haben wir eine gute Nachricht: Sie können natürlich auch mit *sqlcmd* auf Ihre Azure SQL-Datenbank zugreifen.

Nutzen Sie dazu folgende Syntax

```
sqlcmd -U <Nutzername>@<Servername> -P "<Kennwort>," -S <Servername>.database.windows.net
       -d <Datenbankname>
```

HINWEIS   Die USE-Anweisung steht Ihnen nicht zur Verfügung, loggen Sie sich also gleich mit dem richtigen Datenbank-namen ein. Lassen Sie diesen weg, handelt es sich um die master-Datenbank des betreffenden Servers

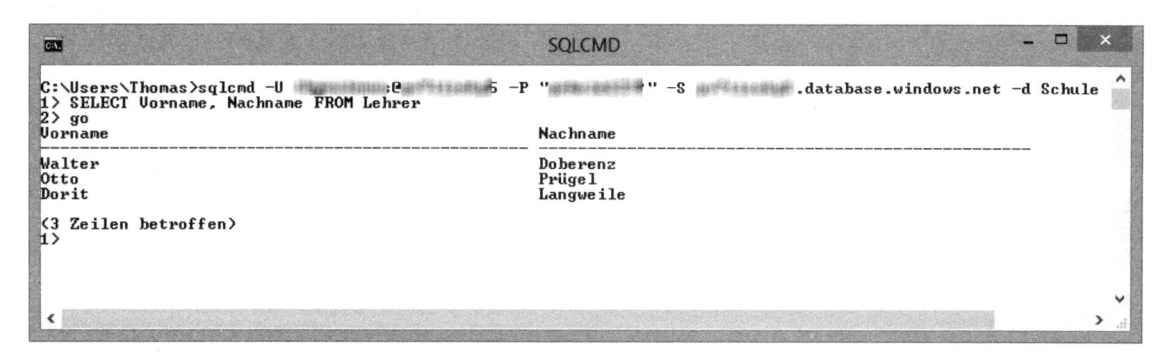

Abbildung 11.33 Eine Azure SQL-Tabelle per *sqlcmd* abrufen

Migrieren von Access-Datenbanken

Zu guter Letzt möchten wir noch ein Tool für die notorischen Access-Programmierer unter den Lesern vor-stellen. Es handelt sich um den *Microsoft SQL Server Migration Assistant for Access*, der einen einfachen Weg darstellt, Ihre bestehenden Access-Daten in die Cloud zu migrieren. Dabei werden nicht nur das Datenbank-Schema, sondern auch der (komplette) Datenbestand übertragen.

HINWEIS   Auf Wunsch können abschließend die bisherigen Tabellen in der Datenbank durch Links auf die Cloud-Daten ersetzt werden.

Die Vorgehensweise im Einzelnen:

1. Laden Sie sich das Tool unter folgender Adresse herunter:

WWW	http://www.microsoft.com/en-us/download/details.aspx?id=28763

2. Entpacken Sie nach dem Download der ZIP-Datei die enthaltene EXE[1] und starten Sie diese. Die Installation ist nach wenigen Sekunden abgeschlossen.

3. Nach erfolgreicher Installation müssen Sie sich noch eine entsprechende Lizenz (kostenlos) per Microsoft-Website besorgen und diese im Programm zuweisen (nach dem Registrieren laden Sie eine Lizenzdatei herunter).

4. Damit können Sie schon ein erstes Projekt erstellen. Wählen Sie zunächst das Installationsziel, d.h. in unserem Fall *SQL Azure*. Alternativ stehen Ihnen hier auch die diversen Microsoft-SQL-Server zur Verfügung.

5. Wählen Sie nachfolgend die gewünschte Access-Datenbank aus (*.mdb* oder *.accdb*).

6. Der Assistent ermöglicht es Ihnen, einzelne Tabellen und Abfragen gezielt auszuwählen, Sie müssen also nicht alles migrieren (siehe Abbildung 11.34).

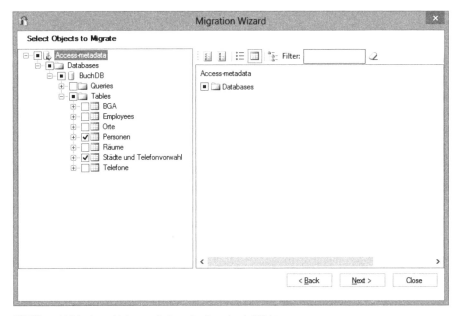

Abbildung 11.34 Auswahl der zu migrierenden Datenbank-Objekte

7. Bestimmen Sie im folgenden Schritt, ob Sie die Daten in eine bestehende Azure-Datenbank oder in eine neue kopieren möchten. In jedem Fall benötigen Sie jetzt die nötigen Account-Informationen:

---

[1] Unfassbar: Eine Microsoft-Anwendung, die nur aus einer einzigen EXE besteht, keine Zusatztools, keine Service Packs etc. – es geschehen noch Zeichen und Wunder ...

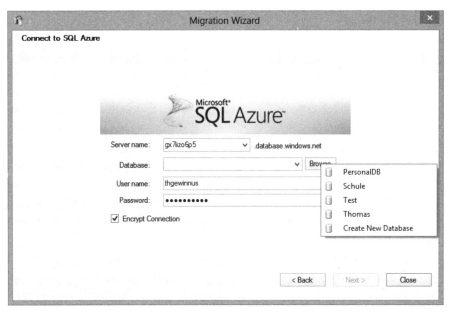

Abbildung 11.35 Auswahl der Azure-Zieldatenbank

Wählen Sie *CreateNew Database*, können Sie die maximale Größe der Datenbank wie gewohnt festlegen.

8. Damit ist der Assistent durchlaufen und die Synchronisation zwischen Quell- und Zieldatenbank kann starten. Das Programm ermittelt dazu die erforderlichen Aktionen und zeigt diese an, bevor Sie den eigentlichen Datentransfer starten.

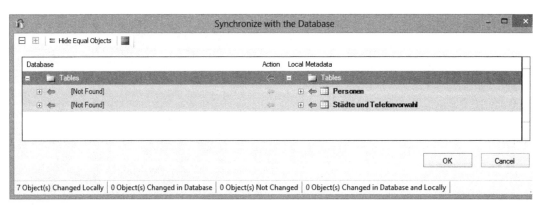

Abbildung 11.36 Anzeige der Synchronisations-Aktionen

HINWEIS   Wer Änderungen am Datentyp-Mapping vornehmen möchte, bricht an dieser Stelle ab und editiert zunächst das Mapping-Schema (siehe folgende Abbildung).

Abbildung 11.37 Standard-Mapping der Datentypen

9. Je nach Datenmenge benötigt der Assistent einige Zeit. Die Zwischenschritte (Erstellen der Struktur etc.) werden Ihnen dabei detailliert angezeigt. Am Ende sollte Ihre Datenbank erfolgreich in der Cloud angelangt sein.

Kapitel 12

Arbeiten mit dem Entity Framework

In diesem Kapitel:

Das Grundkonzept	768
Die Entwurfsmöglichkeiten im Überblick	775
Überblick zu den Neuigkeiten für Umsteiger	778
Der Database-First/Model-First-Entwurf	780
Code-First – Ein erster Einstieg	801
Einsatz des EntityClient für die Datenabfrage	811
Verwenden der Objektdienste	814
Kurzeinführung in Entity SQL (eSQL)	819
Praktisches Arbeiten mit dem EDM	827
How-to-Beispiele	860

Im vorliegenden Kapitel möchten wir Ihnen zunächst eine Übersicht zu den Konzepten des nunmehr gereiften ADO.NET Entity Frameworks vermitteln. Anschließend werden wir uns

- mit den drei verschiedenen Varianten des Modell-Entwurfs

- den Neuigkeiten der Versionen 5 und 6

- dem »Low-Level«-Zugriff per EntityClient

- der Datenabfrage mit dem neuen eSQL (Entity SQL) sowie

- dem Datenzugriff per LINQ to Entities

beschäftigen, bevor wir einigen praktischen Fragestellungen nachgehen.

Zunächst aber werfen wir einen Blick auf das Gesamtkonzept und die allgemeinen Zusammenhänge im ADO.NET Entity Framework, um die Vielzahl neuer Verfahren und Begriffe einordnen zu können.

HINWEIS   Dieses Kapitel kann nur einen rudimentären Überblick zur Arbeit mit dem Entity Framework bieten, für die Details müssen wir Sie auf die Spezialliteratur zum Thema verweisen (z.B. die Titel von Julia Lerman aus dem O'Reilly-Verlag).

Das Grundkonzept

Mit dem ADO.NET Entity Framework stellt Microsoft eine umfassende Datenzugriffs-API zur Verfügung, die im Gegensatz zu den bisherigen Modellen einen konzeptionellen Ansatz verfolgt.

»Konzeptioneller Ansatz« bedeutet, dass die Datenstrukturen als Entitäten mit entsprechenden Attributen und Abhängigkeiten beschrieben werden. Das Ganze wird allgemein als *Entity Data Model* (EDM) oder speziell als Entity-Relationship-Model (ERM) bezeichnet, die Beschreibung kann mit UML erfolgen (*Unified Modeling Language*).

HINWEIS   Das Entity Framework ist keine komplette Neuentwicklung, sondern baut auf dem vorhandenen ADO.NET-Providermodell auf. Die vorhandenen Provider wurden lediglich etwas erweitert, um die Entity Framework-Funktionalität zu unterstützen.

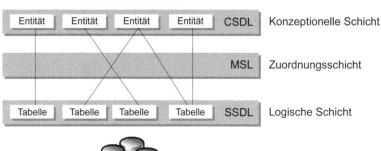

Abbildung 12.1 Grundprinzip des EDM-Modells

Im Gegensatz zum reinen Datenmodell, das bei LINQ to SQL Verwendung findet, stellt das konzeptionelle Modell nicht zwingend eine 1:1-Abbildung der physikalischen Datenstruktur dar. So kennt das ERM z.B. auch n:m-Beziehungen, die mit nur zwei Klassen beschrieben werden können (in relationalen Datenbanken ist dafür neben den beiden eigentlichen Tabellen noch eine Interselektionstabelle notwendig). Für das Zusammenführen der beiden Modelle sind entsprechende Mapping- bzw. Zuordnungsschichten verantwortlich.

Das ADO.NET Entity Framework kennt insgesamt drei Schichten auf dem Weg von den physikalischen Daten bis zum Objektmodell der Anwendung:

- Konzeptionelle Schicht
- Zuordnungsschicht
- Logische Schicht

Diese Schichten werden im Entity Framework mit Hilfe spezieller XML-Dateien[1] definiert.

Konzeptionelle Schicht

Die konzeptionelle Schicht (bzw. das Datenmodell) wird mit der Schemadefinitionsprache CSDL (*Conceptual Schema Definition Language*) beschrieben. CSDL definiert die jeweiligen Entitäten und Beziehungen, so wie es die Geschäftsebene Ihres Programms erfordert.

> **HINWEIS** Beachten Sie jedoch, dass es sich beim ADO.NET-EDM um einen sehr persistenzorientierten Ansatz handelt. Der Entwurf beginnt meist mit einem SQL Server-Datenmodell (vorhandene Datenbank), das als direkte Vorlage für die logische Schicht dient. Daraus lässt sich schon ableiten, dass sich Ihre konzeptionelle Schicht stark an diesem Modell orientieren wird, das Mapping kann auch keine Wunder vollbringen, um gänzlich verschiedene Strukturen zusammenzuführen.

Das Entity Framework kennt in dieser Schicht *EntityContainer*, *EntitySets*, *EntityTypes* und *Associations*.

> **BEISPIEL**
>
> Auszug aus einer CSDL-Datei (für *Northwind*-Datenbank, Tabellen *Orders, Order_Details, Products*)
>
> Die Sammlung aller Entitäten:

```
<EntityContainer Name="northwindEntities">
```

Die einzelnen Entitäten:

```
<EntitySet Name="Order_Details" EntityType="northwindModel.Order_Details" />
<EntitySet Name="Orders" EntityType="northwindModel.Orders" />
<EntitySet Name="Products" EntityType="northwindModel.Products" />
...
```

Die Beschreibung der Abhängigkeiten zwischen den Entitäten:

```
<AssociationSet Name="FK_Order_Details_Orders"
      Association="northwindModel.FK_Order_Details_Orders">
...
```

---

[1] Diese sind allerdings in einer *.edmx*-Datei zusammengefasst.

```
        <AssociationSet Name="FK_Order_Details_Products"
...
    </EntityContainer>
```

Es folgt die Liste der oben verwendeten Typen mit den einzelnen Eigenschaften, Schlüsseln und Navigationseigenschaften:

```
    <EntityType Name="Order_Details">
      <Key>
        <PropertyRef Name="OrderID" />
        <PropertyRef Name="ProductID" />
      </Key>
      <Property Name="OrderID" Type="Int32" Nullable="false" />
      <Property Name="ProductID" Type="Int32" Nullable="false" />
      <Property Name="UnitPrice" Type="Decimal" Nullable="false" Precision="19" Scale="4" />
      <Property Name="Quantity" Type="Int16" Nullable="false" />
      <Property Name="Discount" Type="Single" Nullable="false" />
      <NavigationProperty Name="Orders"
            Relationship="northwindModel.FK_Order_Details_Orders"
            FromRole="Order_Details" ToRole="Orders" />
...
```

> **HINWEIS**   Die Navigationseigenschaften ermöglichen das Abrufen von verknüpften Daten aus anderen Entitäten.

Das damit beschriebene Modell zeigt die folgende Abbildung:

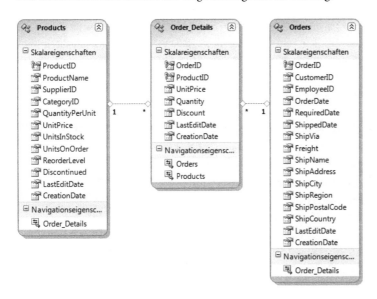

Abbildung 12.2   Durch CSDL beschriebenes Datenmodell

Wie Sie sehen, arbeiten Sie auf dieser Ebene mit .NET-Datentypen, verwenden Constraints und stellen mit Associations Verbindungen zwischen den Entitäten her. Eine direkte Verbindung zur physikalischen Struktur in der Datenbank existiert auf dieser Ebene nicht mehr.

Die CSDL-Datei wird beim Database-First-Entwurf durch direktes 1:1-Mapping in den Programmcode der jeweiligen Programmiersprache umgewandelt. Aus den Entitäten werden echte Klassen, die Sie in Ihrem Code verwenden können. Bitte verwechseln Sie dies nicht mit den Abläufen bei LINQ to SQL. Dort entsprechen die Klassen direkt den einzelnen Tabellen in der Datenbank, nicht den Entitäten in einem konzeptionellen Modell!

Logische Schicht

Die logische Schicht wird mit einer SSDL-Datei (*Store Schema Definition Language*) beschrieben. Diese Datei entspricht dem zugrunde liegenden Datenbankschema der jeweiligen Datenbank.

BEISPIEL

Auszug aus einer SSDL-Datei

```
...
        <EntityContainer Name="dbo">
          <EntitySet Name="Order Details" EntityType="northwindModel.Store.Order Details" />
          <EntitySet Name="Orders" EntityType="northwindModel.Store.Orders" />
          <EntitySet Name="Products" EntityType="northwindModel.Store.Products" />
...
        <EntityType Name="Order Details">
          <Key>
            <PropertyRef Name="OrderID" />
            <PropertyRef Name="ProductID" />
          </Key>
          <Property Name="OrderID" Type="int" Nullable="false" />
          <Property Name="ProductID" Type="int" Nullable="false" />
          <Property Name="UnitPrice" Type="money" Nullable="false" />
          <Property Name="Quantity" Type="smallint" Nullable="false" />
          <Property Name="Discount" Type="real" Nullable="false" />
        </EntityType>
...
        <EntitySet Name="Summary of Sales by Year"
              EntityType="northwindModel.Store.Summary of Sales by Year">
          <DefiningQuery>SELECT
[Summary of Sales by Year].[ShippedDate] AS [ShippedDate],
[Summary of Sales by Year].[OrderID] AS [OrderID],
[Summary of Sales by Year].[Subtotal] AS [Subtotal]
FROM [dbo].[Summary of Sales by Year] AS [Summary of Sales by Year]</DefiningQuery>
        </EntitySet>
...
```

Wie Sie sehen, werden hier bereits spezifische SQL Server-Datentypen/-Schlüssel definiert, auch komplette Abfragen (Views) mit den zugehörigen SQL-Anweisungen, sowie Stored Procedures und Funktionen, tauchen in dieser Datei auf.

Diese Datei ist das Abbild der physikalischen Datenbankstruktur, nicht deren Vorbild. Weicht die physikalische Struktur von obiger Definition ab, wird zur Laufzeit ein Fehler ausgelöst.

Zuordnungsschicht

Wie es der Name schon andeutet, wird der Zusammenhang zwischen der logischen und der konzeptionellen Schicht mit einer weiteren Zuordnungsschicht hergestellt. Diese wird in einer MSL-Datei (*Mapping Schema Language*) definiert.

In der Datei werden die genauen Zusammenhänge zwischen den Tabellen/Spalten einerseits und den Entitäten/Eigenschaften andererseits dargestellt.

BEISPIEL

Auszug aus einer MSL-Datei

```
<EntityContainerMapping StorageEntityContainer="dbo"
               CdmEntityContainer="northwindEntities">
  <EntitySetMapping Name="Order_Details">
    <EntityTypeMapping TypeName="IsTypeOf(northwindModel.Order_Details)">
      <MappingFragment StoreEntitySet="Order Details">
        <ScalarProperty Name="OrderID" ColumnName="OrderID" />
        <ScalarProperty Name="ProductID" ColumnName="ProductID" />
        <ScalarProperty Name="UnitPrice" ColumnName="UnitPrice" />
        <ScalarProperty Name="Quantity" ColumnName="Quantity" />
        <ScalarProperty Name="Discount" ColumnName="Discount" />
      </MappingFragment>
    </EntityTypeMapping>
  </EntitySetMapping>
...

  <AssociationSetMapping Name="FK_Order_Details_Products"
    TypeName="northwindModel.FK_Order_Details_Products" StoreEntitySet="Order Details">
    <EndProperty Name="Products">
      <ScalarProperty Name="ProductID" ColumnName="ProductID" />
    </EndProperty>
    <EndProperty Name="Order_Details">
      <ScalarProperty Name="OrderID" ColumnName="OrderID" />
      <ScalarProperty Name="ProductID" ColumnName="ProductID" />
    </EndProperty>
    <Condition ColumnName="ProductID" IsNull="false" />
  </AssociationSetMapping>
</EntityContainerMapping>
```

Da es sich um ein recht einfaches Modell handelt, erfolgt in obigem Beispiel ein 1:1-Mapping zwischen konzeptionellem und logischem Modell.

Wie erstelle ich die Schema-Dateien?

Hierzu bieten sich zwei Varianten an:

- Sie generieren die drei Schemadateien aus einer bestehenden Datenbank mit Hilfe des Kommandozeilentools *edmgen.exe*, bzw. mittels des Templates *ADO.NET Entity Data Model*, aus Visual Studio 2012 heraus

- Sie erstellen mit dem Entity Data Model-Designer ein neues Datenmodell, im Hintergrund werden automatisch die Daten für die drei Schichten erzeugt

Mehr zum Entity Data Model-Designer finden Sie ab Seite 785.

Das Gesamtmodell im Überblick

Die folgende Abbildung 12.3 zeigt noch einmal die Einordnung der drei Schichten innerhalb des Microsoft ADO.NET Entity Frameworks, sowie die verschiedenen Schnittstellen zwischen den einzelnen Modellen. Im Vorgriff auf den folgenden Abschnitt wird auch deutlich, wie Sie auf die einzelnen Schichten aus Ihrer Anwendung heraus zugreifen können. Auch der »gute alte« SQLClient ist in diesem Zusammenhang zu finden, hier erfolgt der Zugriff per SQL bekanntermaßen direkt auf die logische Schicht, d.h. auf die physikalische Datenbank.

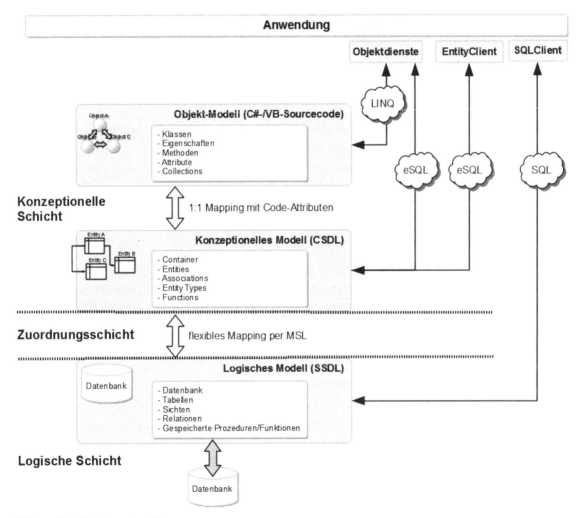

Abbildung 12.3 EDM-Gesamtmodell

Wie kann mit dem EDM gearbeitet werden?

Nachdem die Datenmodelle mit den drei Schemadateien beschrieben und zugeordnet wurden, bleibt noch die alles entscheidende Frage, wie Sie als Programmierer mit diesem Modell arbeiten können.

Das ADO.NET-Entity Framework bietet dafür im Wesentlichen zwei Schnittstellen an:

- den EntityClient
- und die Objektdienste

EntityClient

EntityClient ist ein Datenprovider, wie z.B. auch SQLClient, mit dem Unterschied, dass dieser Provider auf den Entitäten und nicht auf den zugrunde liegenden Tabellen aufsetzt. Die Abfrage der Daten erfolgt mit Entity SQL (kurz eSQL), einer an das EDM angepassten speziellen SQL-Syntax. Die eSQL-Abfragen werden anschließend vom Entity Framework in SQL-Anweisungen des jeweiligen SQL Servers umgesetzt. Die Programmierung erfolgt also systemneutral.

Der Unterschied zur bisherigen Programmierung liegt in der Abstraktion von der zugrunde liegenden Datenbank. Ohne Code-Änderung kann die logische Schicht, d.h. die Datenbank, getauscht werden. Zusätzlich bietet eSQL die Möglichkeit, auf umständliche Joins etc. zu verzichten, die Verbindung zwischen den Entitäten ist ja bereits komplett im Modell beschrieben.

HINWEIS   Der EntityClient ist derzeit nur für den lesenden Zugriff auf die Datenbank nutzbar. Wollen Sie einen Schreibzugriff realisieren, müssen Sie mit den Objektdiensten arbeiten.

Mehr zur Programmierung finden Sie ab Seite 811.

Objektdienste

Die Objektdienste bieten die Möglichkeit, die im EDM definierten Entitäten und Beziehungen als Objekte und Assoziationen abzurufen und zu verarbeiten. Als Programmierer arbeiten Sie mit stark typisierten Objekten, was die Übersicht erhöht und dabei hilft, lästige Tippfehler zu vermeiden.

Hier wiederum bieten sich zwei Varianten des Zugriffs an:

- Direktes Abrufen von Objektlisten mit Entity SQL (eSQL), diese Befehle müssen (wie auch bei SQL-Anweisungen) als Zeichenketten übergeben werden
- Verwenden von LINQ to Entities, mit allen Vorteilen von LINQ, wie Syntax-Prüfung etc.

Im Gegensatz zu LINQ to Entities bietet sich die Verwendung von eSQL immer dann an, wenn Sie zur Laufzeit Abfragen dynamisch zusammenstellen wollen.

HINWEIS   Beide Zugriffsvarianten ermöglichen zunächst ebenfalls nur einen Lesezugriff auf die Datenbank. Im Zusammenhang mit dem übergeordneten *ObjectContext/DbContext* (ähnlich *DataContext* bei LINQ to SQL) können jedoch auch Einfüge-, Änderungs- und Löschanweisungen realisiert werden.

Mehr zur Verwendung der Objektdienste finden Sie ab Seite 814.

Die Entwurfsmöglichkeiten im Überblick

Das mittlerweile in der Version 6 vorliegende Entity Framework bietet dem Entwickler drei grundsätzliche Wege zum funktionsfähigen Datenzugriffsmodell mit passender Datenbank:

- Database-First
- Model-First
- Code-First

Wir werden im Folgenden den Versuch unternehmen, Ihnen einen Überblick und eine Empfehlung für das eine oder andere Verfahren zu geben. Dass diese Wertung immer recht subjektiv ist, hängt auch mit den Vorkenntnissen des jeweiligen Programmierers zusammen.

Database-First

Ausgangspunkt dieses Entwurfsmodells ist eine komplett definierte Datenbank, für die ein EDM-fähiger Datenprovider zur Verfügung steht. Mittels Entity Data Model-Assistent erstellen Sie, basierend auf den Informationen der Datenbank, das EDM. Dieses können Sie nachfolgend mit dem EDM-Designer an Ihre Bedürfnisse anpassen (Mapping, Ein-/Ausblenden von Entitäten, Stored Procedures etc.).

Ausgehend von diesem Modell können mit Hilfe der entsprechenden T4-Templates POCO-Klassen[1] erstellt werden, die den einzelnen Entitäten entsprechen. Möchten Sie Änderungen an diesen Klassen vornehmen, können Sie entweder die T4-Templates anpassen oder mittels partieller Klassen Ergänzungen vornehmen.

Die Vorteile:

- Nehmen Sie Änderungen am Datenbankdesign vor, kann Ihr Modell (und damit schlussendlich auch die Klassen) problemlos aktualisiert werden.

- Dieser Weg ist nach wie vor die unkomplizierteste Vorgehensweise, haben Sie doch vollen Einfluss auf das Datenbankdesign (hier nutzen Sie die Server-Tools Ihrer Wahl) und alle Sicherheitsrichtlinien.

- Letzteres ist teilweise von grundsätzlicher Bedeutung, erfordern doch die beiden anderen Entwurfsverfahren weitgehenden Vollzugriff des Entwicklers auf die Datenbank, was in vielen Fällen ein Ausschlusskriterium ist. Bei Database-First kann der Datenbank-Administrator dem Entwickler lediglich einen kleinen Teilausschnitt der Datenbank freigeben bzw. die Rechte an den Tabellen/Sichten anpassen.

Einige Einschränkung müssen wir allerdings treffen:

- Bei diesem Verfahren müssen Sie sich auf der Datenbankseite um die Versionierung (Einspielen von Datenbankänderungen) kümmern, dies kann Ihnen das VB-Programm nicht abnehmen.

- Es besteht weiterhin die Gefahr, dass Ihr Datenbanklayout zu stark an die Features eines speziellen SQL-Servers angepasst ist. Eine Migration auf andere Server wird so wesentlich schwerer[2].

- Sie müssen Ihr Programm an die Datenbank anpassen, nicht umgekehrt. Die erfordert teilweise ein Umdenken bei den Arbeitsabläufen.

---

[1] *Plain-old CLR objects* (d.h. ganz normale Klassen)

[2] Wir denken, dieser Punkt wird meist stark überbewertet. Eine Portierung der Datenbank auf ein gänzlich anderes System dürfte wohl kaum der Normalfall sein, eher wird da schon die Entwicklungssprache für die Clients ausgetauscht (sorry liebe VB-Programmierer, aber es gibt auch gute Alternativen).

Model-First

Seit Visual Studio 2010 bzw. dem Entity Framework 4 besteht auch die Möglichkeit, basierend auf einem reinen Datenmodell die zugehörige Persistenzschicht, d.h. die Datenbank, zu erstellen.

Verwenden Sie den EDM-Designer, um zunächst die Entitäten und deren Beziehungen zu definieren. Abschließend können Sie aus dem Designer heraus ein Server- bzw. Datenprovider-spezifisches SQL-DDL-Skript erstellen, das alle SQL-Anweisungen enthält, um in einer bestehenden Datenbank die erforderlichen Objekte (Tabellen, Schlüssel, Referenzen etc.) zu erzeugen.

Die Vorteile:

- Sie entwickeln komplett und systemneutral in Visual Studio
- Sie können das Modell mittels grafischem Editor erstellen

Die Nachteile:

- Sie sind auf Gedeih und Verderb auf den Model-Designer von Visual Studio[1] angewiesen. Wenn Sie einen Blick auf die Werkzeuge des EDM-Designers werfen und dies mit den Möglichkeiten eines SQL Servers vergleichen, wird Ihnen sicher schnell klar werden, dass dieser Weg nur für ziemlich rudimentäre Projekte sinnvoll ist. Wir erwähnen an dieser Stelle mal kurz Stored Procedures, Userverwaltung, Funktionen, Trigger etc. Sie sehen schon, fast die ganzen »Folterwerkzeuge« des Datenbank-Administrators für eine sichere und konsistente Datenbank fehlen bei diesem Entwurfsmodell.

- Änderungen am Model wirken sich sowohl auf die Datenbank, als auch auf die erstellten VB-Klassen aus, d.h., Sie müssen sich um zwei Baustellen kümmern. Im Zweifel muss die Datenbank per SQL-Skript komplett neu aufgebaut werden, die Daten gehen dabei natürlich auch verloren.

- Sicherheitsrichtlinien für die Datenbank sind bei Model-First ein Fremdwort.

Kurz und gut: Die Autoren empfehlen keinesfalls den Einsatz von Model-First, dieses »Spielzeug« bleibt dem akademischen Publikum vorbehalten. Nutzen Sie hier besser Database-First, nach dem Erzeugen des Modells ist die Vorgehensweise dieselbe.

Code-First

Kommen wir nun zur dritten Variante. Mit Code-First bietet sich dem VB-Entwickler ein großes Betätigungsfeld, entwerfen Sie doch Ihr komplettes Datenmodell mit normalen VB-Klassen. Damit haben Sie die volle Kontrolle über den erzeugten Code und müssen diesen nicht im Nachhinein an die Datenbank anpassen. Die Datenbank ist für Sie lediglich eine Speicherlösung (quasi Blackbox) ohne eigene Logik.

Gesteuert wird das Erzeugen von Datenbank-Objekten über Code-Konventionen (ID-Feld → Primärschlüssel), Attribute und/oder die Fluent-API (wenn alles nichts hilft auch per T-SQL).

Die Vorteile:

- Sie können auf die Einschränkungen von Designern verzichten und arbeiten mit dem Code-Editor.
- Sie müssen sich nicht um ein Modell kümmern, dieses wird zwar intern als Bindeglied zwischen VB-Klassen und der Datenbank erzeugt, Sie haben jedoch keine direkte Berührung damit.

---

[1] Ob dieser nicht irgendwann mal dem Rotstift zum Opfer fällt, ist nicht sicher. Der XML-Schema-Editor ist auch sang- und klanglos verschwunden.

- Gute Eignung für Einzellösungen, Ihre Anwendung erzeugt beim ersten Start die Datenbank und Sie können loslegen, ohne umständlich SQL-Skripts einspielen zu müssen.

- Diese Lösung bietet mittlerweile eine gute Unterstützung für das Erstellen diverser Datenbankobjekte und deren Konfiguration.

- Sie können sehr gezielt eine Versionierung Ihrer Anwendung mit der Versionierung der Datenbank verbinden, Code-First unterstützt dies mittlerweile recht gut.

Auch wenn dieses Modell von Microsoft (bzw. den Entwicklern des Entity Frameworks) recht stark favorisiert wird, hier ein paar relativierende Hinweise der Autoren:

- Vergessen Sie als VB-Programmierer nicht, dass es auch noch eine Welt außerhalb von VB gibt. In den meisten Fällen ist Ihre VB-Anwendung nur ein kleiner Baustein in einem großen Konzept. Die Datenbank ist quasi das Bindeglied und die gemeinsame Basis, auf die alle Front-Ends aufbauen. Hier den Ansatz zu vertreten, dass die VB-Anwendung das Datenbanklayout bestimmt, weil Sie so Ihre Klassen optimal anpassen können, ist reichlich naiv.

- In Zeiten von Big-Data dürfte wohl eher der Datenbank-zentrierte Ansatz, mithin Database-First, zum Zuge kommen. Dies vor allem, wenn Sie dem Datenbank-Server auch Aufgaben wie Reporting und Business Intelligence übertragen wollen.

- Ein weiteres gewichtiges Argument gegen den Code-First-Ansatz ist die Datensicherheit. Die komplette Logik der Datenbank ist in Ihrer Anwendung gespeichert, um diese bei Gelegenheit zum Erstellen der Datenbank zu nutzen. Wer schon einmal einen Blick per IL-Spy in eine fertige EXE geworfen hat weiß, dass dies eben kein »Buch mit sieben Siegeln ist«, sondern ein gut lesbarer Quelltext. Derart grundlegende Kenntnisse bieten reichlich Ansätze für gezielte Angriffe auf den Server.

- Seien Sie mal ganz ehrlich, wenn Sie schon mal mit Code-First gearbeitet haben: Haben Sie immer auf T-SQL verzichtet, nie Stored Procedures oder Schemas von Hand erzeugt? Wohl kaum oder wenn, dann war es ein kleines Projekt. Viele Code-First-Projekte sehen später aus wie ein Flickenteppich, immer wieder stellt man fest, dass mit einer Zeile SQL-Code viele geschachtelte VB-Anweisungsblöcke ersetzt werden können. Teilweise erschließt sich dem Außenstehenden kaum der Sinn aberwitziger Konstrukte, bis man dahinterkommt, dass der Entwickler Performance-Probleme lösen wollte, die sich aus dem Code-basierten Ansatz ergeben. Daten und Code sauber zu trennen funktioniert eben nur in der Theorie und nicht immer sinnvoll, wenn zwischen Datenbank und Client ein Netzwerk liegt. Der SQL-Server ist und bleibt nun mal ein relationaler Ansatz und das EDM ist nur eine Schicht, die ziemlich wackelig darüber liegt.

- Vergessen Sie nicht, dass sowohl LINQ to Entities als auch Entity SQL derzeit keine DML-Befehle unterstützen. Sie müssen Änderungen also an Einzel-Entitäten auf dem Client vornehmen (die Performance bei Massenänderungen können Sie sich vorstellen). Wer jetzt an Stored Procedures denkt, ist schon wieder beim Datenbank-zentrierten Ansatz angelangt.

Gehen Sie jedoch davon aus, dass Ihre VB-Anwendung bzw. Ihr VB-Business-Layer der Mittelpunkt ist und Sie von obigen Problemen nicht betroffen sind, spricht nichts dagegen, die Datenbank als reine Persistenzschicht zu betrachten, und damit die Datenbank per Code-First-Modell zu erzeugen.

Summa summarum werden Sie jetzt zu Recht vermuten, dass die Autoren nicht unbedingt zu den Verfechtern von Code-First gehören. Ja, mit einigem Aufwand können viele der obigen Probleme umgangen werden, die Frage ist nur, warum einfach, wenn es auch kompliziert geht. Jede zusätzliche Codezeile ist letztendlich auch eine potenzielle Fehlerquelle.

Trotzdem stellen wir Ihnen ab Seite 801 natürlich auch Code-First vor, damit Sie sich selbst ein Urteil bilden können.

Noch ein Wort zur Code-Erzeugung

Mit den erstellten Modellen bei Model-First und Database-First ist es für Sie als Entwickler nicht getan, Sie benötigen in jedem Fall noch entsprechende Mapperklassen, die uns die eigentliche Funktionalität des EDM in unseren Programmen zur Verfügung stellen. Im Gegensatz zur Visual Studio 2008 mit seinem statischen Code-Generator bieten Visual Studio 2010/2012 einen gänzlich neuen Ansatz. Mit Hilfe des Visual Studio *Text Template Transformation Toolkit* (kurz T4) können Sie die Codeerzeugung an Ihre eigenen Bedürfnisse anpassen und müssen die geänderte bzw. zusätzliche Funktionalität nicht mühsam über die partiellen Klassen hinzufügen.

Beachten Sie an dieser Stelle, dass mit dem Wechsel von Visual Studio 2010 auf 2012 eine wichtige Änderung eingetreten ist:

HINWEIS   Neue Entity Framework-Projekte in Visual Studio 2012 erstellen automatisch ein *DbContext*-Objekt als Bindeglied zwischen den jetzt einfachen POCO-Klassen, nicht mehr einen *ObjectContext*, der *EntityObject*-Objekte verbindet. Altprojekte werden nicht automatisch umgestellt, es bleibt beim *ObjectContext*.

Diese Änderung bei der Code-Generierung führt an einigen Stelle zu Problemen, wenn Sie *ObjectContext*-Konzepte auf den neuen *DbContext* übertragen wollen. Wir empfehlen Ihnen dennoch eine Umstellung, da sich einige Aufgaben mit dem *DbContext* und den POCO-Mapper-Klassen wesentlich einfacher realisieren lassen.

HINWEIS   Im Rahmen dieses Kapitels gehen wir nicht auf die T4-Codeerzeugung bzw. deren Anpassung ein.

Überblick zu den Neuigkeiten für Umsteiger

HINWEIS   Dieser Abschnitt ist zunächst nur für Leser interessant, die bereits mit dem Entity Framework gearbeitet haben, da wir an dieser Stelle nicht auf die Grundlagen der einzelnen Verfahren eingehen. Neueinsteiger sollten sich zunächst mit den Abschnitten ab Seite 780 (Der Database-First/Model-First-Entwurf) beschäftigen und dann hierher zurückkehren.

Das Entity Framework scheint neben der WinRT-Entwicklung eine der wenigen aktiven Baustellen bei Microsoft zu sein. In kaum einem anderen Bereich finden Sie so schnell so grundlegende Änderungen. Nach der Veröffentlichung des Entity Framework 5 im August 2012 steht mittlerweile (März 2013) bereits die Version 6 (noch im Alpha-Stadium) in den Startschuhen. Dass sich die Entwicklungszyklen von Visual Studio abgekoppelt haben, ist ja mittlerweile schon bekannt. Neu ist hingegen, dass Microsoft das Entity Framework ab Version 6 als Open-Source-Projekt (Apache-Lizenz v2) veröffentlicht:

WWW   http://entityframework.codeplex.com/

Dies ist einerseits gut für die schnelle Beseitigung von Fehlern und die Beteiligung der Entwicklergemeinde, andererseits stellt sich die Frage, ob hier nicht schon wieder ein neues Abstellgleis gebaut wird. Microsoft hat jedoch versprochen, die Entwicklung weiter aktiv zu betreiben.

Doch jetzt zu den eigentlichen Neuigkeiten des Entity Framework.

Entity Framework 5

Hier die wichtigsten Änderungen in Kürze:

- das EF 5 benötigt Funktion des .NET-Frameworks 4.5[1]

- Enums werden endlich in den Entity-Klassen unterstützt, Enum-Typen werden in der Datenbank als Integer abgelegt und vom EDM gemappt

- bei Database-First können Sie auf TVFs (Table-Valued-Functions) zugreifen

- alle drei Entwurfsvarianten unterstützen jetzt die geografischen Datentypen (*DbGeography*, *DbGeometry*)

- beim Zugriff auf Stored Procedures werden jetzt *Multiple Result Sets* (MARS) unterstützt.

- der Designer unterstützt jetzt das Verteilen der Entitäten auf mehrere Diagramme (auch mehrfaches Vorkommen) sowie weitere Detailverbesserungen

- Vom EF-Designer wird ab sofort standardmäßig kein *ObjectContext*-Objekt erzeugt, sondern ein *DbContext*. Die Mapperklassen für die Entitäten sind jetzt POCOs, d.h., diese sind nicht mehr von *EntityObject* abgeleitet. Die Umstellung alter Projekte erfolgt nicht automatisch, ein Wechsel zwischen beiden Code-Generierungen ist aber jederzeit und in jede Richtung möglich.

- bei Code-First wird nun beim Erstellen der Datenbanken automatisch zwischen LocalDb und SQL Express unterschieden (Preferenz LocalDB)

- einfachere Validierung dank *GetValidationErrors*-Methode, Unterstützung für das Validieren vor einem *SaveChanges*

- Code-First erstellt fehlende Tabellen in vorhandenen Datenbanken

- und natürlich diverse Performance-Verbesserungen

Entity Framework 6

Die (voraussichtlichen) Änderungen[2]:

- Unterstützung für die neuen Async-Features von .NET 4.5 beim Abfragen und Speichern von Daten (*FindAsync*, *ForEachAsync*, *ToArrayAsync*, *ToListAsync*, *SaveChangesAsync* ...)

- eigene Code-Konventionen beim Code-First-Entwurf

- das Mappen von Insert-/Update-/Delete-Stored Procedures beim Code-First-Entwurf

- Code-basierte Konfiguration bei Code-First

---

[1] Damit bleiben XP-Anwendungen auf der Strecke.

[2] Aktuell können wir uns nur auf die Alpha 2 beziehen.

- Wiederaufnahme der Verbindung bei Unterbrechungen

- Konfigurierbare Migrations-Tabelle

- Mehrere Context-Instanzen pro Datenbank

- Integration der Entity Framework Power Tools in den Entity Framework Designer

- Unterstützung von Enums und Geodatentypen in .NET 4.0, daraus resultieren auch einige Umstellungen bei den Namespaces

- …

Lassen Sie sich überraschen.

Der Database-First/Model-First-Entwurf

Bisher haben wir uns noch recht abstrakt mit dem Thema Entity Framework beschäftigt, nun aber wollen wir uns ganz praktischen Fragestellungen widmen. Dazu müssen wir uns zunächst um das entsprechende Modell kümmern und was liegt näher, als eine schon bestehende Lösung (Datenbank) mit diesem Model abzubilden?

Wir fassen den Database-First- und den Model-First-Entwurf in einem Abschnitt zusammen, da es sich hier im Wesentlichen um die Arbeit mit dem EDM-Designer dreht. Im ersten Fall bekommen Sie nach dem Import des Datenmodells bereits ein erstes Entity-Modell zur Überarbeitung, im zweiten Fall beginnen Sie bei Null.

HINWEIS   Wer sich gleich für Code-First interessiert, sei auf Seite 801 verwiesen, in diesem Fall kommen Sie ganz ohne Entity-Modell aus.

Unsere Beispieldatenbank

An dieser Stelle wollen wir uns zunächst eine kleine Pause gönnen und uns um eine praktisch nutzbare Beispieldatenbank für unsere weiteren EDM-Experimente kümmern. Aus Sicht der Autoren kranken viele Beispiele an zu komplexen Datenstrukturen, die außer den Entwicklern keiner mehr versteht (z.B. *Adventure Works*).

»In der Kürze liegt die Würze« und so wollen wir uns auf das absolute Minimum beschränken, was jedoch nicht heißt, dass wir mit unserer Datenbank auf Spezialfälle verzichten.

Das Datendiagramm

Der Hauptteil unserer Beispieldatenbank besteht aus den drei miteinander verknüpften Tabellen *Vereine*, *Mitglieder* und als Interselektionstabelle *Mitgliedsliste*. Wie Sie der folgenden Abbildung 12.4 entnehmen können, haben wir mit einer solchen »Vereinsverwaltung« auch gleich zwei Fliegen mit einer Klappe geschlagen: zum einen haben wir mit dem Vereinsvorsitzenden bereits ein gutes Beispiel für eine 1:n-Beziehung (ein Element der Liste *Mitglieder* kann n-mal als Vorsitzender fungieren), zum anderen wird über die Interselektionstabelle *Mitgliedsliste* eine wunderschöne m:n-Beziehung zwischen den Tabellen *Mitglieder* und *Vereine* aufgebaut.

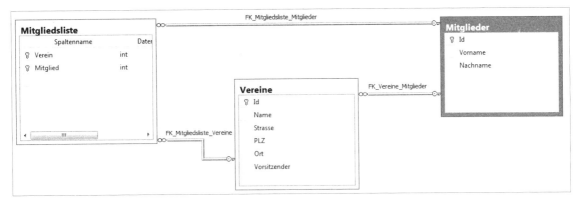

Abbildung 12.4 Datendiagramm unserer Beispieldatenbank (Ausschnitt zur »Vereinsverwaltung«)

Insbesondere die m:n-Beziehung ist im Zusammenhang mit dem EDM von Interesse, Sie werden sehen, dass wir in diesem Fall problemlos mit zwei Mapper-Klassen (Entitäten) auskommen werden. Alle drei Tabellen ermöglichen uns ausgiebige Experimente mit den Navigationseigenschaften der Entitäten und bieten ebenfalls gute Vorlagen für das Hinzufügen und Löschen von verknüpften Datensätzen.

Neben obigem zusammenhängenden Beispiel wollen wir uns mit zwei weiteren Tabellen noch um Detailprobleme kümmern, die vom EDM gelöst werden.

HINWEIS Diese Tabellen stehen in keinem logischen Zusammenhang mit obiger »Vereinsverwaltung« und werden nur aus Experimentiergründen mit in unsere Datenbank aufgenommen!

Tabelle TestTabelle

Mit dieser trivialen Tabelle demonstrieren wir später, wie sich statt des direkten Zugriffs auf eine Tabelle drei eigene Stored Procedures (INSERT, UPDATE, DELETE) nutzen lassen. Wir belassen es bei einer Identitätsspalte und einem Feld.

Abbildung 12.5 *TestTabelle*

Die drei Schnittstellen-Prozeduren auf dem Server:

BEISPIEL

Schnittstellenprozedur für das Einfügen eines Datensatzes (Entität):

```
ALTER PROCEDURE INSERT_TestTabelle  ( @Testdaten nchar(10) )
AS
   INSERT INTO TestTabelle (Testspalte) VALUES (@Testdaten);
   SELECT SCOPE_IDENTITY() AS NewId
RETURN
```

HINWEIS Mit *SELECT SCOPE_IDENTITY()* ... wird der neue Zählerwert an das aufrufende Programm zurückgegeben.

BEISPIEL

Schnittstellenprozedur für das Aktualisieren eines Datensatzes

```
ALTER PROCEDURE UPDATE_TestTabelle
  (
  @Id int,
  @TestDaten nchar(10)
  )

AS
   UPDATE TestTabelle SET Testspalte=@TestDaten WHERE Id=@Id
RETURN
```

BEISPIEL

Schnittstellenprozedur für das Löschen eines Datensatzes

```
ALTER PROCEDURE DELETE_TestTabelle
  (
  @Id int
  )

AS
   DELETE FROM TestTabelle WHERE Id = @Id
RETURN
```

Tabelle Fahrzeuge

Diese Tabelle soll uns als Vorlage für Beispiele mit der Vererbung unter dem EDM dienen. Ausgehend von einem Basis-Typ *Fahrzeuge* wollen wir abgeleitete Typen *(Kleinwagen, Mittelklasse, Van ...)* bilden, die über spezielle Eigenschaften verfügen.

Wesentlich für das Tabellenlayout ist das Vorhandensein einer Spalte *(Fahrzeugtyp)*, die für die spätere Bestimmung des Typs verantwortlich ist. Die restlichen Spalten dienen lediglich der Anschauung.

Abbildung 12.6 Tabelle *Fahrzeuge*

HINWEIS   Seit dem SQL Server 2008 bietet sich die Möglichkeit, SPARSE-Spalten für die einzelnen Attribute der Entitäten zu verwenden. Diese verbrauchen nur unwesentlich Speicher, heben aber die Beschränkung auf 1024 Spalten pro Tabelle auf.

Damit wir mit der Tabelle sofort arbeiten können, haben wir bereits einige mehr oder weniger sinnvolle Datensätze eingefügt[1].

---

[1] Nein, nein, das ist keine Werbung für einen bestimmten Autohersteller und wir bekommen auch kein Geld dafür ...

Id	Fahrzeugtyp	Bezeichnung	Sitzplätze	Maximalgewicht	Zuglast
1	1	Ka	5	1200	*NULL*
2	1	Fiesta	5	1300	*NULL*
3	1	Fusion	5	1500	*NULL*
4	1	Focus	5	1600	*NULL*
5	1	C-Max	5	2100	*NULL*
6	2	Mondeo	5	2400	*NULL*
7	3	S-Max	7	2500	2000
8	3	Galaxy	7	2500	2000
9	4	Kuga	5	2300	1800

Abbildung 12.7 Beispieldatensätze in der Tabelle *Fahrzeuge*

Damit haben wir zunächst das Fundament gelegt, auf dem wir unser Entity Data Model mit Visual Studio 2012 aufbauen werden.

HINWEIS   Im Folgenden werden wir uns ausschließlich auf die Möglichkeiten des EDM-Designers beschränken, Änderungen an den XML-Quelltexten werden wir nicht vornehmen, da dies die weitere Verwendung des grafischen EDM-Designers ausschließt. Mehr dazu am Ende des Abschnitts.

Der EDM-Assistent

Falls Sie die Beispieldatenbank nicht bereits in einem Visual Studio Projekt entworfen haben, fügen Sie diese per Drag & Drop in ein neues Windows Forms-Projekt ein. Nachfolgend erscheint bereits der *Entity Data Model Wizard*:

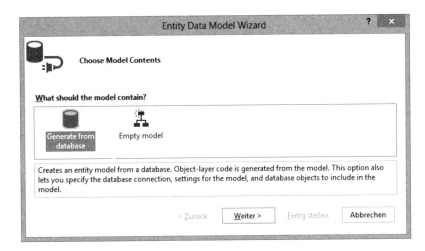

Abbildung 12.8 Modell aus der Datenbank erzeugen oder leeres Modell erzeugen

Die Auswahl entspricht auch schon dem Unterschied zwischen Database-First und Model-First. Wir entscheiden uns für die Variante *Generate from Database*.

Alternativ können Sie auch mit der Vorlage *ADO.NET Entity Data Model* den Assistenten für das Generieren des EDM aufrufen.

Erster Schritt innerhalb des Assistenten ist zunächst die Auswahl der gewünschten Datenbank:

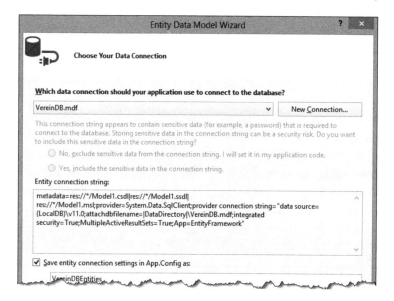

Abbildung 12.9   Auswahl der Datenbank

Angesichts der Länge der Verbindungszeichenfolge werden Sie sicher feststellen, dass es empfehlenswert ist, diesen String in der *App.Config* abzulegen. Beim späteren Aufbauen der Verbindung genügt die Angabe des Verbindungsnamens (in diesem Fall *VereinDBEntities*).

Bevor das Modell endgültig erstellt werden kann, müssen wir uns noch darum kümmern, welche Datenbankobjekte aufgenommen werden sollen (Abbildung 12.10):

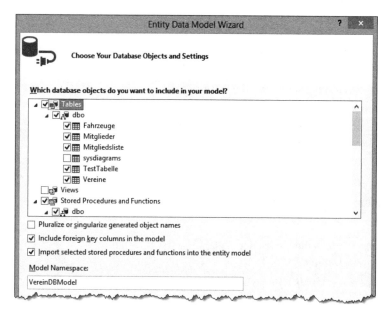

Abbildung 12.10   Auswahl der Datenbankobjekte

Wer sich Abbildung 12.10 genauer ansieht wird feststellen, dass eine Option *Fremschlüsselspalten in das Modell einbeziehen* Einzug gehalten hat. In diesem Fall werden bereits die ersten OOP-Restriktionen wieder über Bord geworfen, Sie können bei Aktivierung direkt mit den Fremdschlüsseln der Tabellen arbeiten und diese damit verknüpfen[1].

Nach einigem Festplattengeklapper hat der Assistent im Hintergrund die CSDL-, SSDL- und MSL-Daten (alle in einer *.edmx*-Datei) für die ausgewählten Datenbankobjekte erstellt:

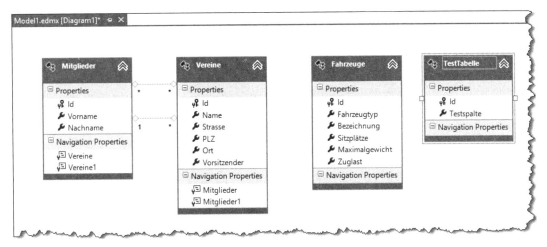

Abbildung 12.11 Ausschnitt aus unserem EDM

Der EDM-Designer

Wie Sie bereits der Abbildung 12.11 entnehmen können, bleiben von unserer m:n-Beziehung zwischen den Tabellen *Mitglieder* und *Vereine* nur zwei Klassen übrig, die über zwei Beziehungen verfügen. Bei der oberen der dargestellten Beziehungen handelt es sich um die m:n-Beziehung, bei der unteren um die 1:n-Beziehung für den Vorsitzenden des Vereins[2].

Diese Beziehungen schlagen sich auch in jeweils zwei Navigationseigenschaften nieder, die für das spätere Navigieren zwischen den einzelnen Collections genutzt werden können. Leider sind diese in der vorliegenden Form nicht sehr übersichtlich, da die Bezeichner nicht eindeutig sind. Doch kein Problem, über den Designer können Sie den Navigationseigenschaften einfach einen neuen Bezeichner zuweisen (das trifft natürlich auch auf die Entitäten und die anderen Eigenschaften zu), wie es auch Abbildung 12.12 zeigt.

Sie können die Member über das Kontextmenü (Eintrag *Rename*) umbenennen.

Aus den neuen Definitionen dürfte schneller klar werden, wohin die jeweiligen Navigationseigenschaften führen und welche Daten wir später darüber abrufen können.

---

[1] Ja, ja, so ist das mit der »reinen Lehre« in der harten Praxis. IDs lassen sich nun mal leichter verwalten als komplette Objekte (z.B. bei Auswahllisten in ASP.NET).

[2] Bereits hier sehen Sie einen der wichtigsten Unterschiede zum Mapping in LINQ to SQL, wo in diesem Fall drei Klassen zur Darstellung benötigt werden.

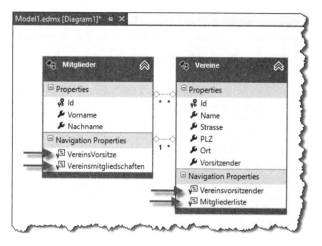

Abbildung 12.12   Entitäten mit geänderten Navigationseigenschaften

Zuordnungsdetails

Haben Sie Mühe, die richtige Zuordnung zu erkennen, hilft Ihnen das Fenster *Mapping Details weiter*, das uns die im Hintergrund verknüpften Spalten anzeigt (Abbildung 12.13).

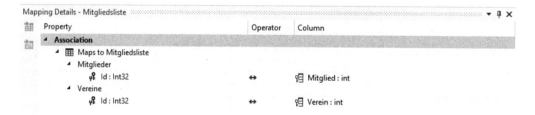

Abbildung 12.13   Beispiel Zuordnungsdetails für *Vereine.Mitgliederliste*

Eigenschaftenfenster

Alternativ können Sie auch eine der Navigationseigenschaften auswählen und sich im Eigenschaftenfenster über die Hintergründe informieren (Eigenschaft *Rückgabetyp*):

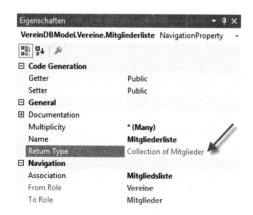

Abbildung 12.14   Beispiel Eigenschaften für *Vereine.Mitgliederliste*

Wie Sie in Abbildung 12.14 sehen, wird von der Navigationseigenschaft *Mitgliederliste* eine Collection von *Mitglieder*-Objekten zurückgegeben. Interessant ist jetzt ein Blick auf die Navigationseigenschaft *Vereinsvorsitzender*, die auf die 1-Seite der 1:n-Beziehung verweist:

Abbildung 12.15   Beispiel Eigenschaften für *Vereine.Vereinsvorsitzender*

Hier bekommen wir keine Collection, sondern eine Instanz der *Mitglieder-Klasse* zurückgeliefert.

Zuordnen von Stored Procedures

Haben wir uns bisher auf unsere »Vereinsverwaltung« beschränkt, müssen wir uns nun noch den restlichen Tabellen unserer Beispieldatenbank zuwenden.

Zunächst gilt unsere Aufmerksamkeit der Tabelle *TestTabelle*, an der wir demonstrieren wollen, wie Sie statt der standardmäßig erfolgenden SQL-Zugriffe mit INSERT, UPDATE, DELETE auch eigene Schnittstellen-Prozeduren (Stored Procedures) verwenden können. Dies dürfte auch eher dem Ablauf in realen Großprojekten entsprechen, bei denen der Datenzugriff auf diese Weise sauber eingeschränkt werden kann.

Wählen Sie also im Arbeitsbereich des Designers die Tabelle *TestTabelle* aus und rufen Sie über das Kontextmenü *Stored Procedure Mapping* auf:

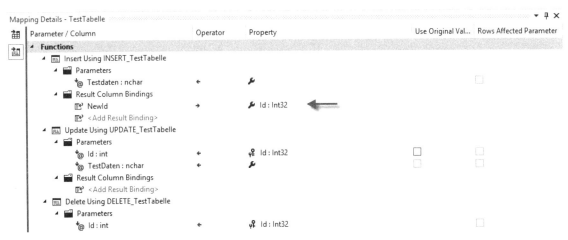

Abbildung 12.16   Zuordnung der Stored Procedures

Im Fenster *Mapping Details* haben Sie jetzt die Möglichkeit, die einzelnen Prozeduren mit den Operationen Einfügen, Aktualisieren und Löschen zu verknüpfen, wählen Sie jeweils eine Zeile aus und ordnen Sie über die DropDown-Liste in der Spalte *Parameter* eine Entitäteneigenschaft zu.

Die Einfüge-Operation erfordert besondere Sorgfalt, müssen Sie doch in diesem Fall auch den Rückgabewert der Prozedur auswerten, um den Identity-Wert zu ermitteln (gleiches trifft auf Spalten zu, die Sie z.B. automatisch mit Werten aus dem SQL Server füllen). Unter *Result Column Bindungs* müssen Sie dazu »zu Fuß« den entsprechenden Parameter (in diesem Fall die Spalte *NewId*) einfügen und mit der *Id-Spalte* verknüpfen.

Einfacher gestalten sich Änderungs- und Lösch-Operationen, bei denen Sie nur die neuen Werte bzw. die Id zur Identifikation des zu löschenden Datensatzes übergeben müssen.

HINWEIS   Sie müssen bei Verwendung von Stored Procedures immer alle Operationen zuweisen, es genügt nicht, wie bei LINQ to SQL, z.B. nur die Lösch-Operation per Stored Procedure zu realisieren.

Damit haben wir eine Entität mit Schnittstellen-Prozeduren versehen, spätere Zugriffe auf die entsprechenden Daten werden nun immer über die o.g Prozeduren abgewickelt, lediglich der Datenabruf im Hintergrund erfolgt nach wie vor per automatisch generiertem SQL[1].

Weitere Fenster des EDM-Designers

Neben den bereits beschriebenen bietet der Designer noch weitere Fenster an, über die Sie tiefe Einblicke in die erzeugten Klassenstrukturen gewinnen können.

Klassenansicht

Im Fenster *Klassenansicht* können Sie sich eine Übersicht der erzeugten Klassen mit allen Methoden und Eigenschaften sowie den jeweiligen Basistypen anzeigen lassen (Abbildung 12.17).

Wie Sie in der Abbildung sehen, finden sich im neu erzeugten *VereineDBEntites*-DbContext neben den einzelnen Entitäten auch zusätzliche Methoden für den Zugriff auf die Stored Procedures.

HINWEIS   Umsteiger von früheren Versionen werden vermutlich die Mapper-Methoden für das Hinzufügen neuer Instanzen vermissen. Diese sind bei einem *DbContext* überflüssig, Sie nutzen ganz normal die *Add*-Methode, um ein neues Objekt in die Collections aufzunehmen (wir kommen später darauf zurück).

---

[1] Wie die SQL-Abfrage aussieht hängt davon ab, ob auch die Detail-Datensätze geladen werden oder nicht.

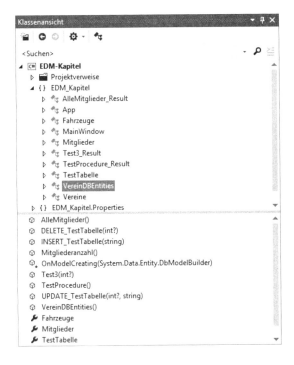

Abbildung 12.17 Klassenansicht mit den enthaltenen Membern

Modellbrowser

Weitere Einblicke in das Entitätsmodell gewährt Ihnen der Modellbrowser, der neben der Darstellung der einzelnen Entitätsklassen auch die eingebundenen Stored Procedures sowie die Einschränkungen und Zuordnungen des Modells darstellt (siehe Abbildung 12.18).

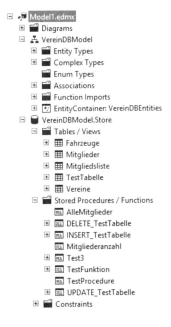

Abbildung 12.18 Modellbrowser

Ganz nebenbei und fast nicht zu bemerken findet sich hier auch eine Rubrik *Function Imports*, die aber von nicht zu unterschätzender Bedeutung ist, lassen sich doch auf diese Weise Funktionen bzw. Stored Procedures der Datenbank als Methoden des *DbContext* einbinden:

Abbildung 12.19   Funktionsimporte

Stored Procedures importieren

Haben Sie beim Durchlauf des EDM-Assistenten auch Stored Procedures ausgewählt, lassen sich diese über den Modellbrowser als Methoden einbinden. Wählen Sie dazu im Kontextmenü der Rubrik *Funktions-importe* den Menüpunkt *Funktionsimport erstellen* (Abbildung 12.20), legen Sie im Dialog die gewünschte Prozedur fest und weisen Sie einen Rückgabetyp zu:

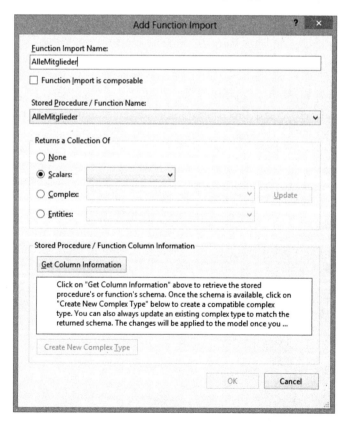

Abbildung 12.20   Beispiel Import einer Stored Procedure

Vom Erfolg können Sie sich später in der Klassenansicht überzeugen (siehe Abbildung 12.17).

Doch was ist, wenn die Stored Procedure Daten zurückgibt, die nicht mit einer Entität unseres Datenmodells übereinstimmen?

Auch dies ist kein Problem, in diesem Fall hilft Ihnen der Import-Assistent weiter, der nach dem Abrufen der Spalteninformationen (siehe Abbildung 12.21) einen neuen komplexen Typ erstellen kann, der nachfolgend auch für die Typisierung genutzt wird.

BEISPIEL

Ausgangspunkt ist folgende Stored Procedure

```
ALTER PROCEDURE dbo.TestProcedure
AS
    SELECT Id, nachname + ', ' + vorname FROM mitglieder
RETURN
```

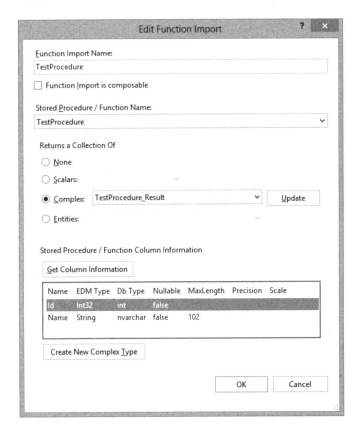

Abbildung 12.21   Neuen komplexen Typ für den Rückgabewert der Stored Procedure erzeugen

HINWEIS Mehr zum Aufruf von Stored Procedures finden Sie ab Seite 844. Die Besonderheiten bei der Verwendung von Server-Funktionen werden ab Seite 847 beschrieben.

Komplexe Typen

Neben den bereits beschriebenen Möglichkeiten, Entitäten zu vererben und zu modifizieren, steht dem Entwickler mit den »komplexen Typen« eine weitere Möglichkeit zur Verfügung, etwas mehr Übersicht in die erzeugten Datenstrukturen zu bringen.

Ähnlich wie in einem normalen VB-Programm werden mit diesen Typen ähnliche Informationen (z.B. Adressdaten, Kontoinformationen) in einer Eigenschaft der Entität zusammengefasst.

BEISPIEL

LINQ-Abfrage mit komplexem Typ *(Kontoinformationen)*

```
Dim query = From m In myentities.Mitglieder
            Where m.Kontoinformationen.BLZ = "1234567890"
            Select m
```

HINWEIS Bei *Kontoinformationen* handelt es sich nicht um eine weitere Entität, sondern lediglich um eine Eigenschaft von komplexem Typ.

Doch wie erstellen Sie einen komplexen Typ? Visual Studio 2008-Anwendern blieb hier nur der frustrierte Blick in den XML-Quellcode der *.edmx*-Datei, nach erfolgten Änderungen in dieser Datei war der Designer nicht mehr nutzbar. Hier hatte sich mit dem Erscheinen von Visual Studio 2010 viel getan, der Entwurf von komplexen Typen erfolgt komplett im Designer bzw. im Modellbrowser-Fenster (Rubrik *Komplexe Typen*).

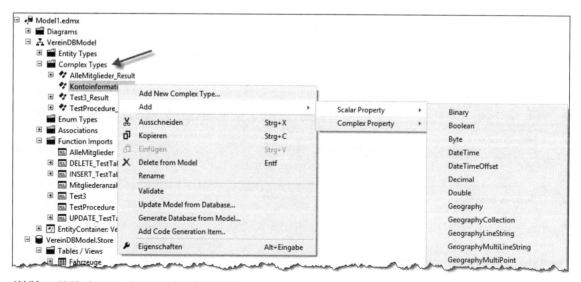

Abbildung 12.22 Erzeugen eines neuen komplexen Typs

Es ist auch möglich, dass Eigenschaften komplexer Typen wiederum auf anderen komplexen Typen basieren.

Möchten Sie beispielsweise die in unserer Vereinstabelle befindlichen Spalten *Strasse, PLZ, Ort* in einem komplexen Typ zusammenfassen, markieren Sie diese einfach im Designer und wählen per Kontextmenü die Funktion *In neuen komplexen Typ umgestalten*.

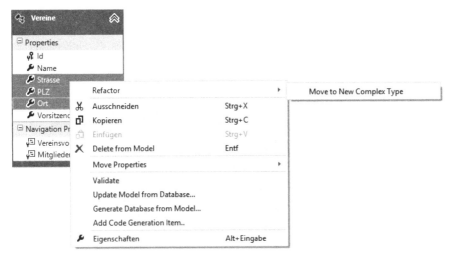

Abbildung 12.23   Entität umgestalten

Nachfolgend können Sie sowohl der Eigenschaft als auch dem komplexen Typ einen Namen geben. In den Mapping-Details taucht jetzt auch die entsprechende Zuordnung auf:

Abbildung 12.24   Mapping bei Verwendung komplexer Typen

Ein späterer Zugriff auf die PLZ erfolgt jetzt mit *Vereine.**Adresse**.PLZ*.

Bevor Sie das Modell jetzt speichern, kontrollieren Sie die Änderungen genau, da das Umgestalten nicht so einfach rückgängig gemacht werden kann (Sie müssen die Eigenschaften löschen und neu hinzufügen).

Verwendung von Enums

Für den Programmierer ein bekanntes Konstrukt, für den Model- und den Datenbank-Designer bisher ein Fremdwort – seit dem Entity Framework 5 steht Ihnen jetzt auch dieses Möglichkeit zur Verfügung, um Ihre Programme beim Zugriff auf die Entitäten übersichtlicher zu gestalten. Doch Vorsicht:

> **HINWEIS**   In der Datenbank werden nur Integer-Werte gespeichert, was an sich kein Problem darstellt. Eine Verifizierung, ob diese dem Bereich Ihrer Enum entsprechen, erfolgt seitens der Datenbank nicht. Werden die Werte also von Fremdprogrammen gespeichert und versuchen Sie diese in Ihre Anwendung einzulesen, kommt es zum Problem. Hier helfen dann nur echte 1:n-Beziehungen.

Erstellen können Sie Enumerationstypen über das Kontextmenü des Model-Designers oder den Model Browser.

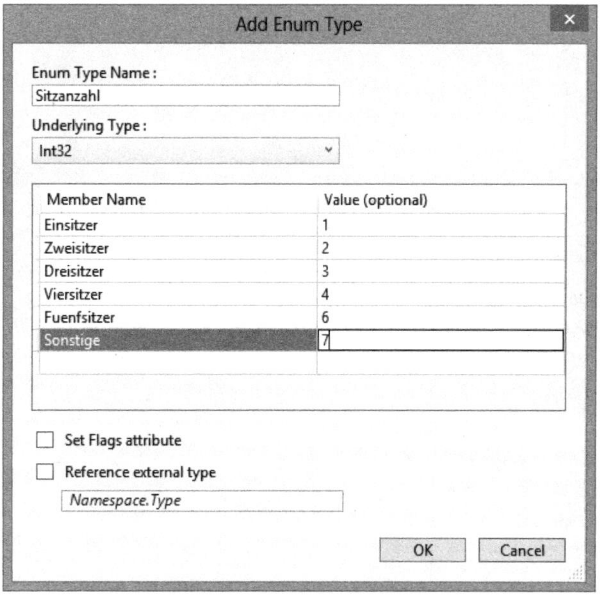

Abbildung 12.25 Erzeugen von Enums

Spezifizieren Sie zunächst einen Namen und legen Sie nachfolgend den Datentyp (Int16, Int32, Int64, Byte und SByte) fest. In der Liste geben Sie jetzt die gewünschten Einträge ein, optional können Sie auch den *Value* festlegen.

Mit der Option *Flags-Attribut* bestimmen Sie, ob die Enum wie ein binär kodierter Wert behandelt wird, bei dem einzelne Bits gesetzt werden können (die Values entsprechen dann der Folge 0, 1, 2, 4, 8 ...).

BEISPIEL

Die erzeugte VB-Enum

```
Public Enum Sitzanzahl As Integer
    Einsitzer = 1
    Zweisitzer = 2
```

```
        Dreisitzer = 3
        Viersitzer = 4
        Fuenfsitzer = 6
        Sonstige = 7
End Enum
```

```
Dim sa As Sitzanzahl
sa = |
```

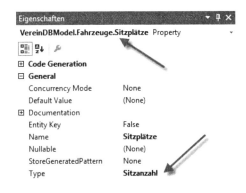

```
        sa
    ⊡   Sitzanzahl.Dreisitzer
    ⊡   Sitzanzahl.Einsitzer
    ⊡   Sitzanzahl.Fuenfsitzer
    ⊡   Sitzanzahl.Sonstige
    ⊡   Sitzanzahl.Viersitzer
    ⊡   Sitzanzahl.Zweisitzer
        Allgemein   Alle
```

Abbildung 12.26   Verwendung einer reinen Enum im Quellcode

Eigenschaften   ▼ ⏸ ✕

VereinDBModel.Fahrzeuge.Sitzplätze Property   ▾

⊞ Code Generation	
⊟ General	
Concurrency Mode	None
Default Value	(None)
⊞ Documentation	
Entity Key	False
Name	**Sitzplätze**
Nullable	(None)
StoreGeneratedPattern	None
Type	**Sitzanzahl**

Abbildung 12.27   Zuweisen der Enum als Datentyp für den Member
Fahrzeuge.Sitzplätze im Eigenschaftenfenster

BEISPIEL

Die erzeugte Enum für Flags

```
<Flags>
Public Enum Ausstattung As Long
        Sitzheizung = 0
        Automatik = 1
        Xenon = 2
        Allrad = 3
        Leder = 4
        Schiebedach = 5
End Enum
```

```
Dim sa As Ausstattung
sa = Ausstattung.Allrad or Ausstattung.Automatik or Ausstattung.Xenon or |
```

```
    ⊡   Ausstattung.Allrad
    ⊡   Ausstattung.Automatik
    ⊡   Ausstattung.Leder
    ⊡   Ausstattung.Schiebedach
    ⊡   Ausstattung.Sitzheizung
    ⊡   Ausstattung.Xenon
```

Abbildung 12.28   Verwendung von Flags

Beachten Sie im obigen Fall, dass bei einer frisch initialisierten Variable immer der Wert für *Sitzheizung* initialisiert ist (0), dies ist die Folge, wenn Sie die Werte automatisch zuweisen lassen.

Die erzeugten Klassen/partielle Klassen

Nun ist das Modell ja nur die eine Seite der Medaille und für viele ist es sicher auch interessant, welcher Code denn vom EDM-Designer im Hintergrund generiert wurde. Ein Blick in die *.edmx.Designer*-Datei zeigt uns, im Gegensatz zu den Vorgänger-Versionen, nichts mehr. Alle Entitäten bzw. deren Mapper-Klassen sind jetzt unter dem Knoten *<Modellname>.tt* in einzelnen Dateien gespeichert. Dies ist vor allem der Übersicht zuträglich (kein endloses Suchen der Klassen in einer endlosen Quelltextdatei). Das Bindeglied zwischen diesen Klassen, den *DbContext*, finden Sie unter dem Knoten *<Modellname>.Context.tt*:

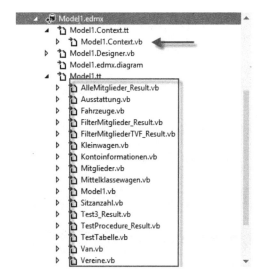

Abbildung 12.29 Die erzeugten Mapperklassen im Projektmappen-Explorer

---

HINWEIS   Alle Klassen sind als *partial* deklariert, so haben Sie unabhängig von diesen Dateien die Möglichkeit, Erweiterungen an der Klasse vorzunehmen (Geschäftslogik), ohne dass diese von Änderungen im Designer betroffen sind. Mehr zu dieser Thematik ab Seite 858. Direkte Bearbeitungen der Dateien sind nicht empfehlenswert, nach Änderungen im Modell werden diese wieder überschrieben.

BEISPIEL

Einige Auszüge aus den generierten Dateien

Bindeglied zwischen den einzelnen Klassen ist der *DbContext*, dieser ist die eigentliche Schnittstelle zur Datenbank.

```
Partial Public Class VereinDBEntities
    Inherits DbContext

    Public Sub New()
        MyBase.New("name=VereinDBEntities")
    End Sub
```

Wird das Model wie bei Code-First aufgerufen (keine Datenbank) wird folgende Ausnahme generiert:

```
Protected Overrides Sub OnModelCreating(modelBuilder As DbModelBuilder)
    Throw New UnintentionalCodeFirstException()
End Sub
```

Die einzelnen Entitäten unseres Modells werden als *DbSet<>* verwaltet:

```
Public Property Fahrzeuge() As DbSet(Of Fahrzeuge)
Public Property Mitglieder() As DbSet(Of Mitglieder)
Public Property TestTabelle() As DbSet(Of TestTabelle)
Public Property Vereine() As DbSet(Of Vereine)
```

Damit ist aus inhaltlicher Sicht schon der größte Teil des Modells implementiert, es bliebt die Verbindung zu den einzelnen Funktionen/Stored Procedures:

```
Public Overridable Function AlleMitglieder() As ObjectResult(Of AlleMitglieder_Result)
    Return DirectCast(Me, IObjectContextAdapter).ObjectContext.ExecuteFunction(
                        Of AlleMitglieder_Result)("AlleMitglieder")
End Function
```

Eine unserer Schnittstellen-Methoden (Sie sehen die typisierte Übergabe der Parameter und den Rückgabewert):

```
Public Overridable Function DELETE_TestTabelle(id As Nullable(Of Integer)) As Integer
```

Hier sehen Sie recht schön die Übergabe der Werte an die basierende Stored Procedure:

```
    Dim idParameter As ObjectParameter = If(id.HasValue,
        New ObjectParameter("Id", id), New ObjectParameter("Id", GetType(Integer)))

    Return DirectCast(Me, IObjectContextAdapter
                    ).ObjectContext.ExecuteFunction( "DELETE_TestTabelle", idParameter)
End Function
...
```

HINWEIS   Wer bereits mit dem Enity Framework in früheren Versionen gearbeitet hat, wird sicher die *AddTo...*-Methoden vermissen, mit denen neue Entitäten hinzugefügt wurden. Im Zug der Umstellung auf den *DbContext* sind diese ersatzlos entfallen, Entitäten werden ganz normal mit *Add* hinzugefügt, wie bei jeder anderen Collection auch.

Die recht überschaubare Klasse *Mitglieder* (Mapper für die Entität *Mitglieder*):

```
Partial Public Class Mitglieder
```

Unsere Felder:

```
Public Property Id As Integer
Public Property Vorname As String
Public Property Nachname As String
```

Die beiden Navigationseigenschaften (ein Mitglied kann mehrere Vereinsvorsitze haben und gleichzeitig Mitglied in beliebig vielen Vereinen sein):

```
Public Overridable Property VereinsVorsitze As ICollection(Of Vereine) = New HashSet(Of Vereine)
```

```
    Public Overridable Property Vereinsmitgliedschaften As ICollection(Of Vereine) = New HashSet(Of
Vereine)

End Class
```

Interessant an der Klasse *Fahrzeuge* ist die Eigenschaft *Sitzplätze*, die wir in eine Enum umgewandelt haben:

```
Partial Public MustInherit Class Fahrzeuge
    Public Property Id As Integer
    Public Property Bezeichnung As String
    Public Property Maximalgewicht As Nullable(Of Integer)
    Public Property Zuglast As Short
    Public Property Sitzplätze As Sitzanzahl
End Class
```

Auch *Vereine* zeigt recht schön den Unterschied zwischen Datenmodell und Programmiermodell:

```
Partial Public Class Vereine
    Public Property Id As Integer
    Public Property Name As String
    Public Property Vorsitzender As Integer
```

Statt der Einzelangaben (Straße, PLZ, Ort) haben wir es jetzt mit der Adresse zu tun:

```
    Public Property Adresse As Adresse = New Adresse
```

Hier wieder die Navigationsmethoden zu den anderen Entitäten:

```
    Public Overridable Property Vereinsvorsitzender As Mitglieder
    Public Overridable Property Mitgliederliste As ICollection(Of Mitglieder) =
                New HashSet(Of Mitglieder)

End Class
...
```

HINWEIS   Im Lauf des Kapitels kommen wir auf die Verwendung der obigen Klassen im Detail zurück.

Aktualisieren des Modells

So schön, einfach und überschaubar unsere neuen Klassen auch sind (viel schöner werden diese bei Code-First auch nicht), stellt sich doch die Frage, wie sich Datenbankänderungen auf unser Modell auswirken. Diese zu ignorieren, dürfte wohl kaum zu einem tragfähigen Modell führen, und so bleibt es nicht aus, dass Sie sich nach einiger Zeit im Model-Designer wiederfinden.

Über den Kontextmenüpunkt *Modell aus Datenbank aktualisieren* gelangen Sie in einen entsprechenden Assistenten, der es Ihnen ermöglicht,

- neue Objekte hinzuzufügen
- bestehende Objekte zu aktualisieren
- oder bestehende Objekte zu löschen

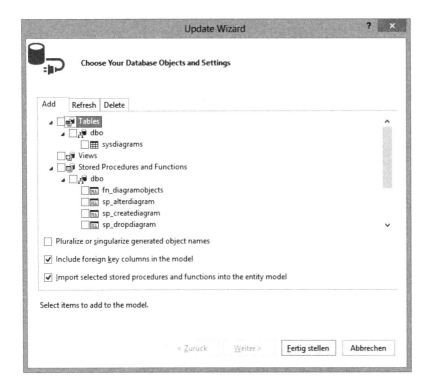

Abbildung 12.30 Assistent zum Aktualisieren des Modells

Alle drei Operationen können gezielt für einzelne Objekte ausgewählt werden, Sie müssen also nicht Ihr komplettes Modell »durcheinanderwürfeln«.

Besonderheit des Model-First-Entwurfs

Stillschweigend sind wir im vorhergehenden Abschnitt davon ausgegangen, dass eine entsprechende Datenbank mit vorhandenen Schemainformationen bereits vorliegt. Das Entity Framework gestattet es jedoch auch, ausgehend von einem Modell eine dazugehörige Datenbank bzw. ein DDL-SQL-Skript zu erstellen, mit dem die Datenbank erzeugt werden kann.

> **HINWEIS** Bevor Sie jetzt voller Enthusiasmus Modelle entwickeln sollten Sie kurz auf Seite 776 nachschlagen, wo wir uns mit den Entwurfsmöglichkeiten und dem Model-First-Entwurf bereits kurz beschäftigt haben. Neben den dortigen Ausführungen sollten Sie auch beachten, dass der Model-First-Entwurf nicht für die kontinuierliche Entwicklung geeignet ist. Haben Sie ein Modell erzeugt, können Sie aus diesem eine DDL-SQL-Skript generieren, das alle Anweisungen für das Erstellen der Datenbankobjekte enthält. Bestehende Objekte und Daten werden durch dieses Skript überschrieben bzw. gelöscht.

Haben wir Sie immer noch nicht von dieser Entwurfsform abgehalten, wollen wir Ihnen im Folgenden die wichtigsten Schritte vom Modell zur Datenbank aufzeigen:

- Wählen Sie in Visual Studio den Menüpunkt *Hinzufügen neues Element/ADO.NET Entity Data Model*.

- Entscheiden Sie sich im ersten Schritt des Assistenten für ein *Leeres Modell*.

- Im anschließend geöffneten Model-Designer entwerfen Sie Ihr Modell, indem Sie aus dem Werkzeugkasten Entitäten in den Designer einfügen und diese gegebenenfalls mittels Zuordnung miteinander verknüpfen.

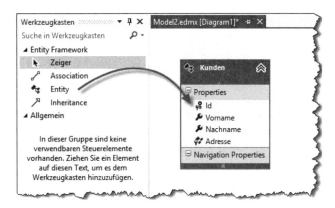

Abbildung 12.31 Beispiel für ein einfaches Modell mit komplexem Typ (Adresse)

- Über das Kontextmenü des Designers erreichen Sie den Menüpunkt *Datenbank aus Modell generieren*. Hier werden Sie zunächst nach den Verbindungsinformationen, d.h. schlussendlich nach dem Daten Provider gefragt (SqlClient).

- Geben Sie im Dialog einen Datenbanknamen an, der noch nicht existiert, wird diese Datenbank auf Nachfrage erstellt, der Connectionstring wird in der Datei *App.Config* gespeichert.

- Bis zum jetzigen Zeitpunkt ist noch nichts erstellt, der Assistent hat Ihnen lediglich eine *.edmx.sql*-Datei mit den nötigen DDL-Befehlen hinterlassen. Diese können Sie im Fall des Microsoft SQL Servers zum Beispiel mit dem SQL Server Management Studio ausführen und so die finale Datenbank auf einem anderen SQL Server erstellen:

```
-- -----------------------------------------------5
-- Entity Designer DDL Script for SQL Server 2005, 2008, and Azure
-- -----------------------------------------------
-- Date Created: 03/12/2013 09:13:00
-- Generated from EDMX file: C:\Users\Thomas\Desktop\Buch\Visual CS 2012 -
Datenbanken\BeispielNeu\EDM-Kapitel\EDM-Kapitel\Model2.edmx
-- -----------------------------------------------

SET QUOTED_IDENTIFIER OFF;
GO
USE [test];
GO
IF SCHEMA_ID(N'dbo') IS NULL EXECUTE(N'CREATE SCHEMA [dbo]');
GO


-- -----------------------------------------------
-- Dropping existing FOREIGN KEY constraints
-- -----------------------------------------------
-- Dropping existing tables
-- -----------------------------------------------


-- -----------------------------------------------
-- Creating all tables
```

```
-- --------------------------------------------------

-- Creating table 'Entity1Set'
CREATE TABLE [dbo].[Entity1Set] (
    [Id] int IDENTITY(1,1) NOT NULL,
    [Nachname] nvarchar(max)  NOT NULL
);
GO


-- --------------------------------------------------
-- Creating all PRIMARY KEY constraints
-- --------------------------------------------------


-- Creating primary key on [Id] in table 'Entity1Set'
ALTER TABLE [dbo].[Entity1Set]
ADD CONSTRAINT [PK_Entity1Set]
    PRIMARY KEY CLUSTERED ([Id] ASC);
GO
...
```

- Alternativ können Sie auch per ADO.NET die Datenbank auf dem Ziel-PC erzeugen und dann obiges Skript ausführen.

Dabei wollen wir es im Weiteren belassen, wie Sie sicher schon gelesen haben, zählen die Autoren nicht unbedingt zum Freundeskreis dieser Entwurfsart. Diese Situation könnte sich vielleicht einmal ändern, wenn auch auf dem SQL Server mit Entitäten statt mit Tabellen gearbeitet wird, aber bis dahin ist es sicher noch ein weiter Weg.

Code-First – Ein erster Einstieg

Nach Database-First und Model-First wollen wir auch einen ersten Blick auf den dritten im Bunde, d.h. Code-First werfen. Dabei interessiert uns vor allem die prinzipielle Vorgehensweise beim Erstellen der Klassen und deren Eigenschaften. Dass Sie nicht einfach drauflos programmieren und jedes VB-Objekt mit einer Zeile Code in der Datenbank speichern können, dürfte schnell klar werden. Code-First erwartet von Ihnen als Programmierer ein Höchstmaß an Disziplin bei der Einhaltung von Konventionen, andernfalls erhalten Sie nicht das gewünschte Ergebnis.

Da sich dieser Entwurfsweg an den Programmierer wendet (einen Designer werden Sie nicht finden und auch nicht benötigen), verzichten wir auf endlose theoretische Erörterungen und zeigen das Konzept am Beispiel.

HINWEIS   Nein, an dieser Stelle finden Sie keine Komplettübersicht zum Thema »Code-First-Entwurf«. Diesen Umfang kann ein einzelner Abschnitt gar nicht leisten, dies ist vor allem der Komplexität der Materie und der raschen Entwicklungsfolge geschuldet.

Vom Code zur Datenbank – unser erster Versuch

Erstellen Sie zunächst ein neues WPF-Projekt (oder auch Windows Forms) und fügen Sie einfach eine neue Klasse hinzu. Bevor Sie jetzt »drauflos coden«, müssen wir zunächst noch einige Hinweise loswerden:

- Sie benötigen für jede Entität eine Klasse

- Sie müssen eine übergeordnete Klasse vom Typ *DbContext* bereitstellen, die den Zusammenhalt Ihres Modells sicherstellt, das Tracking und die Verbindung zur Datenbank übernimmt etc.

- Ihre Klassen müssen mindestens über eine Schlüsseleigenschaft mit der Bezeichnung *Id* oder *<Enitäts-name>Id* verfügen (Sie ahnen es sicher, dass wird der spätere Primärschlüssel in der Datenbank)

Das war es zunächst, die Liste ist recht kurz und wir können ans Werk gehen. Unser Beispiel soll eine kleine Kursverwaltung sein, die sowohl die Teilnehmer als auch die verwendeten Programmiersprachen verwalten soll. Das Schema dürfte nach dem Studium des folgenden Quellcodes recht schnell erkennbar sein.

```
Imports System.Data.Entity

Imports System.ComponentModel.DataAnnotations
Imports System.ComponentModel.DataAnnotations.Schema
Imports System.Data.Common
```

Wir erzeugen zunächst eine Klasse *Kurs*, der eine Reihe von noch zu definierenden *Personen*-Objekten zugeordnet werden sollen:

```
Class Kurs
```

Initialisieren der *Personen*-Liste:

```
    Public Sub New()
        Teilnehmer = New List(Of Person)()
    End Sub
```

Die bekannte Schlüsselspalte:

```
    Public Property Id() As Integer
```

Ein paar Felder für den Kurs:

```
    Public Property Name() As String
    Public Property Datum() As DateTime
    Public Property Stunden() As Integer
```

Die Programmiersprache soll mit einer eigenen Klasse abgebildet werden:

```
    Public Property Programmiersprache() As SpracheTyp
```

Jeder Kurs hat eine Reihe von Teilnehmern (1:n-Beziehung):

```
    Public Property Teilnehmer() As List(Of Person)
```

Jeder Kurs hat aber auch eine Leiter, d.h., es handelt sich um eine 1:1-Beziehung (oder auch eine 1:n-Beziehung, eine Person kann n-Lehrgänge betreuen):

```
    Public Property Leiter() As Person
End Class
```

Die Klasse *Sprache*:

```
Class SpracheTyp
    Public Property Id() As Integer
```

```
    <Required, MaxLength(50)> _
    Public Property Name() As String
End Class
```

Unsere *Person*-Klasse:

```
Class Person
    Public Property Id() As Integer
    Public Property Nachname() As String
    Public Property Vorname() As String
    Public Property Telefon() As String
End Class
```

Das war alles bisher nichts Neues, so würden Sie vermutlich auch ein datenbankunabhängiges Programm entwerfen. Unser zentrales Bindeglied zwischen den Klassen und der späteren Datenbank ist die Klasse *LehrgangsContext*, diese stellt uns drei DbSets für die Personen, Kurse und Sprachen zur Verfügung:

```
Class LehrgangsContext
    Inherits DbContext

    Public Property Kurse() As DbSet(Of Kurs)
    Public Property Teilnehmer() As DbSet(Of Person)
    Public Property Sprachen() As DbSet(Of SpracheTyp)
End Class
```

Damit ist unser erster Entwurf abgeschlossen und wir können bereits zum Testen übergehen. Nehmen Sie dazu in das Startformular eine Schaltfläche auf und weisen Sie folgende Ereignismethode hinzu:

```
Private Sub Button_Click_1(sender As Object, e As RoutedEventArgs)
```

Wir erzeugen zunächst einen neuen Kurs und initialisieren diesen:

```
Dim NeuerKurs As New Kurs() With {
    .Name = "Spracheinführung und OOP",
    .Datum = New DateTime(2013, 11, 11, 11, 11, 0),
    .Programmiersprache = New SpracheTyp() With {.Name = "C#"}}
```

Diesem Kurs weisen wir zunächst drei Teilnehmer zu:

```
NeuerKurs.Teilnehmer.Add(New Person() With {
    .Vorname = "Hans",
    .Nachname = "Mayer"})

NeuerKurs.Teilnehmer.Add(New Person() With {
    .Vorname = "Wilhelm",
    .Nachname = "Grünberg"})

NeuerKurs.Teilnehmer.Add(New Person() With {
    .Vorname = "Otto",
    .Nachname = "Schmidt"})
```

Wir brauchen noch einen Kursleiter, auch diesen erzeugen wir an dieser Stelle:

```
NeuerKurs.Leiter = New Person() With {
    .Vorname = "Walter",
    .Nachname = "Doberenz"}
```

Bis jetzt haben wir mit reinen VB-Objekten gearbeitet, die sich lediglich im Speicher befinden. Den Übergang zur Persistenz ermöglicht uns unser *DbContext*.

```
Using ctx As New LehrgangsContext()
```

Wir fügen unseren neuen Kurs mit den Teilnehmern und dem Lehrgangsleiter hinzu:

```
ctx.Kurse.Add(NeuerKurs)
```

Wir speichern die Daten:

```
ctx.SaveChanges()

    End Using
End Sub
```

Halt, halt, wann und wo erzeugen wir die Datenbank mit den Tabellen und deren Inhalten? Lassen Sie sich überraschen. Nach dem Start des Programm rasselt kurz die Festplatte (oder die SSD geht ihrer geräuschlosen Tätigkeit nach) und Sie werden feststellen, dass die Anwendung ohne Fehlermeldung beendet wird.

Gönnen Sie sich jetzt mal eine Blick in das SQL Server Management Studio (eventuell nachinstallieren, Sie werden es immer wieder benötigen):

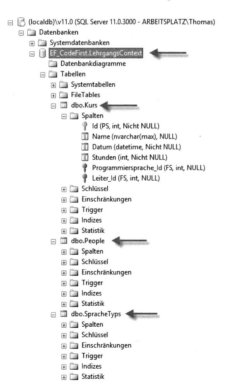

Abbildung 12.32   Die neu erzeugte Datenbank

Interessant, nicht wahr? Sie finden eine neue Datenbank mit dem Namen *<Projektname>.<DbContextname>* vor, in der sich für jede Klasse, die im Zusammenhang mit dem *DbContext* steht, eine Tabelle befindet. Die Tabellen enthalten, auf entsprechende Abfrage, bereits die Daten, die Sie Ihren Klassen übergeben haben.

HINWEIS   Haben Sie sowohl SQL Server LocalDb als auch Express installiert, wird vom Entity Framework die SQL Server Express-Variante bevorzugt.

Erstellen Sie ruhig einmal ein Datenbankdiagramm für die neue Datenbank. Ihnen dürfte sich folgendes Bild bieten:

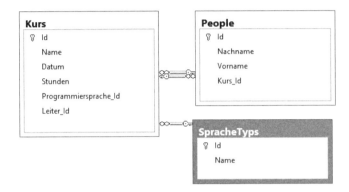

Abbildung 12.33 Das Datenbankdiagramm

Wie Sie sehen, sind alle Beziehungen zwischen den Tabellen (Klassen) fein säuberlich als Referenzen abgebildet (1:n, n:1 zwischen *Kurs* und *People*, sowie n:1 zwischen *Kurs* und *SpracheTyps*).

Was an dieser Stelle lediglich auffällt, ist die recht merkwürdige Benennung der Tabellen, hier hat die automatische Vergabe des Plural »s« zugeschlagen. Ein weiteres Problemchen sind die Datentypen bzw. die Wertebereiche (siehe Abbildung 12.32). Doch woher soll das Framework eigentlich wissen, dass zum Beispiel der Name des Kurses maximal 150 Zeichen lang sein soll?

Doch damit haben wir auch schon den Übergang zum nächsten Thema gefunden.

Wir machen es besser und nutzen Annotations

Es stellte sich bereits die Frage nach dem Einfluss des Programmierers auf die Kreativität des Frameworks bei der Namensvergabe und der Datentypbestimmung. Die offensichtlichste Form haben Sie bereits kennen gelernt, die Klassennamen werden in Pluralform für die Tabellennamen genutzt und Member-Bezeichner werden einfach übernommen. Zwei weitere Möglichkeiten der Einflussname bieten sich dem Programmierer an:

- Konfiguration über Annotationen
- Konfiguration über Fluent API

Wir beschränken uns zunächst auf die erste Variante, die recht intuitiv, dafür aber auch schreibaufwendig ist. Anhand mehrerer Änderungen an unseren bisherigen Klassen (diese heben wir fett hervor), zeigen wir Ihnen beispielhaft, welche Möglichkeiten bestehen (dies ist allerdings nur ein kleiner Teil).

...

Für die Annotations müssen wir zusätzliche Namespaces einbinden:

```
Imports System.ComponentModel.DataAnnotations
Imports System.ComponentModel.DataAnnotations.Schema
Imports System.Data.Common

Namespace MeinDatenModell

    Class LehrgangsContext
        Inherits DbContext

        Public Property Kurse() As DbSet(Of Kurs)
        Public Property Teilnehmer() As DbSet(Of Person)
        Public Property Sprachen() As DbSet(Of SpracheTyp)
    End Class
```

Wir bestimmen gezielt den Namen der zugeordneten Tabelle:

```
    <Table("Kurse")> _
    Class Kurs

        Public Sub New()
            Teilnehmer = New List(Of Person)()
        End Sub

        Public Property Id() As Integer
```

Die folgenden Felder müssen initialisiert sein (kein Null-Values), der Name darf maximal 150 Zeichen haben:

```
        <Required, MaxLength(150)> _
        Public Property Name() As String
        Public Property Datum() As DateTime
        Public Property Stunden() As Integer
        <Required> _
        Public Property Programmiersprache() As SpracheTyp
        Public Property Teilnehmer() As List(Of Person)
        <Required> _
        Public Property Leiter() As Person
    End Class
```

Auch hier bestimmen wir den Tabellennamen:

```
    <Table("Programmiersprachen")> _
    Class SpracheTyp
        Public Property Id() As Integer
        <Required, MaxLength(50)> _
        Public Property Name() As String
    End Class

    <Table("Personen")> _
    Class Person
        Public Property Id() As Integer
        <Required> _
        Public Property Nachname() As String
```

```
        <Required> _
        Public Property Vorname() As String
        Public Property Telefon() As String
```

Vielleicht haben Sie sich schon gefragt, ob immer alle Felder in der Datenbank abgebildet werden? Im Prinzip ist dies so, aber über die folgende Annotation können Sie Felder von dieser Regel ausnehmen:

```
        <NotMapped> _
        Public ReadOnly Property Name() As String
            Get
                Return Vorname & " " & Nachname
            End Get
        End Property
    End Class
...
```

Nach dem Löschen der Datenbank wird Sie ein Test davon überzeugen, dass obige Anmerkungen zu entsprechenden Änderungen im Datenbanklayout geführt haben.

Annotations sind eine recht einfache Möglichkeit, Einfluss auf das Datenbanklayout zu nehmen, der Sinn erschließt sich meist bereits aus dem Bezeichner:

- <Key>

- <MinLength(5), MaxLength(10), ErrorMessage="<Ihre Fehlermeldung")>

- <NotMapped>

- <ComplexType>

- <Timestamp>

- <Column("<Spaltenname in der Datenbank", TypeName="<Datentyp>")>

- ...

BEISPIEL

Zusammengesetzter Index (Spalte1, Spalte2):

```
Class MeineKlasse

    <Key, Column(Order = 0)>
    Public Property Spalte1 As Integer

    <Key, Column(Order = 1)>
    Public Property Spalte2 As Integer
...
End Class
```

Weitergehende Möglichkeiten der Einflussnahme bietet die Fluent-API, auf die wir jedoch aus Platzgründen nicht eingehen. Dennoch möchten wir noch einen anderen wichtigen Punkt ansprechen, die Auswahl der Zieldatenbank.

Festlegen der Zieldatenbank

Bisher bestimmte allein das Entity Framework, wo unsere Datenbank gespeichert werden soll, und unter welchem Namen dies erfolgt. Es ist sicher naheliegend, dass auch Sie hier eine Einflussmöglichkeit haben müssen.

Den Namen der Datenbank können Sie relativ einfach festlegen, es genügt, wenn Sie der *DbContext*-Klasse folgenden zusätzlichen Konstruktor hinzufügen:

```
Class LehrgangsContext
    Inherits DbContext

    Public Sub New()
    End Sub

    Public Sub New(DbName As String)
        MyBase.New(DbName)
    End Sub
...
```

Später können Sie beispielsweise folgenden Aufruf starten:

```
...
    Using ctx As New LehrgangsContext("BuchBeispiel")
        ctx.Kurse.Add(NeuerKurs)
        ctx.SaveChanges()
...
```

Etwas anders liegt der Fall, wenn Sie beispielsweise die Daten in einer SQL Server Compact-Datenbank speichern möchten:

■ Binden Sie in diesem Fall zunächst das NuGet-Package *EntityFramework.SqlServerCompact* ein.

■ Erweitern Sie die *DbContext*-Klasse um folgenden Konstruktor:

```
        Public Sub New(conn As DbConnection)
            MyBase.New(conn, contextOwnsConnection:=False)
        End Sub
```

■ Das Speichern in der neuen Datenbank erfolgt jetzt über eine zuvor initialisierte Connection:

```
...
Imports System.Data.SqlServerCe
...
    Private Sub Button_Click_3(sender As Object, e As RoutedEventArgs)
        Using conn = New SqlCeConnection("Data Source=|DataDirectory|\BeispielDB.sdf")
            Using ctx As New LehrgangsContext(conn)
...
                ctx.SaveChanges()
            End Using
        End Using
    End Sub
...
```

- Nach dem Start finden Sie im Projektverzeichnis die gewünschte *BeispielDb.sdf*-Datei vor, die alle obigen Definitionen enthält.

Natürlich gibt es auch die Unverbesserlichen, die noch Ihre SQL-Kenntnisse beim Erstellen der Datenbank nutzen wollen. Hier bietet es sich an, den Konstruktor des *DbContext*-Objekts entsprechend zu erweitern, d.h., ist die Datenbank frisch erstellt, wird ein SQL-Statement an die Datenbank abgesetzt:

```
Class LehrgangsContext
    Inherits DbContext
...
    Public Sub New(conn As DbConnection)
        MyBase.New(conn, contextOwnsConnection:=False)
        If Me.Database.CreateIfNotExists() Then
            Me.Database.ExecuteSqlCommand("CREATE TABLE test (id INTEGER, spalte NVARCHAR(50))")
        End If
    End Sub
```

Damit schließen wir die Ausführungen zum Thema »Initialisieren der Datenbank« und sehen uns noch ein interessantes Tool an.

Entity Framework Power Tools

Es ist Ihnen sicher nicht verborgen geblieben, dass Sie ganz nebenbei gewaltige Berge an Quellcode produzieren, der sich letztendlich um das spätere Datenbankabbild dreht. Wer sich gern kasteit, dem sei dieser Weg empfohlen. Für die nicht ganz linientreuen Programmierer bieten sich die Entity Framework Power Tools an, die uns etwas Arbeit abnehmen können.

Herunterladen können Sie das Visual Studio Add-In unter folgender Adresse:

WWW   http://visualstudiogallery.msdn.microsoft.com/72a60b14-1581-4b9b-89f2-846072eff19d

Nach der Installation haben Sie zwei grundsätzliche Optionen:

- Für vorhandene Projekte können Sie über das Kontextmenü POCO-Datenklassen und *DbContext*-Objekte erstellen lassen. Alle Informationen der Datenbank werden entsprechend ausgewertet. Zusätzlich können Sie ein T4-Template für das Reverse-Engeniering installieren.

- Für Projekte mit vorhandenem *DbContext* können Sie das Datenbank-SQL-Skript abrufen, das Datenmodell in der XML-Ansicht betrachten und eine schreibgeschützte Ansicht des Datenmodells im Designer bewundern.

BEISPIEL

Das erzeugte T-SQL-Script für unsere Beispieldatenbank aus dem letzten Abschnitt

```
CREATE TABLE "Kurse" (
    "Id" int not null identity,
    "Name" nvarchar(150) not null,
    "Datum" datetime not null,
    "Stunden" int not null,
    "Programmiersprache_Id" int not null,
    "Leiter_Id" int not null,
```

```
    PRIMARY KEY ("Id")
);
CREATE TABLE "Programmiersprachen" (
    "Id" int not null identity,
    "Name" nvarchar(50) not null,
    PRIMARY KEY ("Id")
);
CREATE TABLE "Personen" (
    "Id" int not null identity,
    "Nachname" nvarchar(4000) not null,
    "Vorname" nvarchar(4000) not null,
    "Telefon" nvarchar(4000) null,
    "Kurs_Id" int null,
    PRIMARY KEY ("Id")
);
ALTER TABLE "Kurse" ADD CONSTRAINT "Kurs_Programmiersprache" FOREIGN KEY ("Programmiersprache_Id")
REFERENCES "Programmiersprachen"("Id") ON DELETE CASCADE;
ALTER TABLE "Kurse" ADD CONSTRAINT "Kurs_Leiter" FOREIGN KEY ("Leiter_Id") REFERENCES "Personen"("Id")
ON DELETE CASCADE;
ALTER TABLE "Personen" ADD CONSTRAINT "Kurs_Teilnehmer" FOREIGN KEY ("Kurs_Id") REFERENCES
"Kurse"("Id");
```

HINWEIS   Beachten Sie, dass die per Code erzeugten SQL-Statements natürlich nicht in in diesem Skript auftauchen. Diese werden ja auch erst nach dessen Ausführung aufgerufen.

Wer schon immer wissen wollte, wie unser Code-First-Modell aussieht, hier die Antwort:

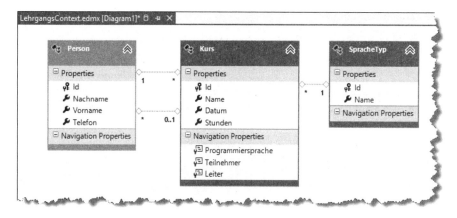

Abbildung 12.34 Das schreibgeschützte Modell unseres Code-First-Entwurfs

Ach ja, vielleicht haben Sie es noch gar nicht bemerkt, wir hatten es eigentlich immer nur mit zwei Schichten zu tun, dem Code und der Datenbank. Wo aber ist eigentlich das Datenmodell? Dieses existiert nur dynamisch im Arbeitsspeicher und basiert auf den per Annotations bzw. Fluent-API gemachten Vorgaben. Als Programmierer kommen Sie damit überhaupt nicht in Berührung.

Soweit zunächst zum Code-First-Entwurf, wir könnten noch endlos über Versionierung, Fluent-API etc. herumschwatzen, aber unsere Datenmodelle stellen keinen Selbstzweck dar und so wollen wir endlich auch einen Blick auf die Verwendung werfen.

Einsatz des EntityClient für die Datenabfrage

Nach endlosen Entwürfen und Modifikationen am EDM haben Sie es endlich geschafft, Sie besitzen ein abfragefähiges Datenmodell, das zum einen weitgehend Ihre Geschäftsmodelle unterstützt, zum anderen aber auch mit der relationalen Datenbankstruktur Ihres SQL Servers klar kommt. Doch das Modell ist kein Selbstzweck und so steht sicher schnell die Frage im Raum, was Sie damit überhaupt anfangen können.

Ein Überblick

Wie bereits in der Einführung beschrieben, stehen dem Programmierer zwei grundsätzliche Schnittstellen für den Zugriff auf das EDM zur Verfügung. Wir wollen uns im Weiteren zunächst mit dem EntityClient beschäftigen, quasi die Low-Level-Version des Datenzugriffs im Entity Framework.

> **HINWEIS** Gleich vorweg ein kleiner Dämpfer, bevor Sie sich voller Elan auf diese Form des Datenzugriffs stützen: Der EntityClient bietet lediglich einen Lesezugriff auf die Daten.

Die Verwendung des EnityClients entspricht dem Datenzugriff in einem ganz normalen ADO.NET-Programm (per *Connection, DataReader*) mit einem wesentlichen Unterschied: statt der bisher üblichen Vorgehensweise, native SQL-Abfragen an den Server zu senden, verwenden Sie in diesem Fall die neue Sprache Entity SQL, um Abfragen gegen das Entity Data Modell zu schreiben (konzeptionelles Modell). Das Entity Framework sorgt dafür, dass diese Befehle in die spezifischen SQL-Anweisungen des angeschlossenen SQL Servers übersetzt werden.

> **HINWEIS** Wer jetzt denkt, bei Verwendung der Entitäten in der Abfrage werden auch Entitäten durch den EntityClient zurückgegeben, der irrt. Rückgabewerte der DataReader sind Zeilen- und Spaltensätze, oder alternativ komplexere hierarchische Daten.

Einsatzbeispiel

Die mit diesem Provider zum Einsatz kommenden Klassen dürften für den erfahrenen ADO.NET-Programmierer recht schnell verständlich sein, Abfragen realisieren Sie mit einem *EntityCommand*-Objekt, für die Verbindung ist ein *EntityConnection*-Objekt verantwortlich. Die Rückgabewerte der Abfragen liefern einen *DbDataReader*.

> **BEISPIEL**
>
> Abfrage der Vereinsmitglieder aus unserem Beispiel

```
Imports System.Data.EntityClient
...
Public Class Form1

    Private Sub Button1_Click(sender As Object, e As EventArgs) Handles Button1.Click
```

Eine *EntityConnection* erzeugen und öffnen:

```
Using conn As New EntityConnection("Name=VereinDBEntities")
    conn.Open()
```

Ein *EntityCommand* erzeugen, parametrieren und ausführen:

```
Dim cmd As EntityCommand = conn.CreateCommand()
```

Die folgende ESQL-Abfrage dürfte für den gestandenen SQL-Programmierer leicht verständlich sein:

```
cmd.CommandText = "SELECT VALUE m FROM VereinDBEntities.Mitglieder AS m" &
                  " ORDER BY m.Nachname"
Dim dr As DbDataReader = cmd.ExecuteReader(CommandBehavior.SequentialAccess)
```

Daten mittels *DbDataReader* abrufen:

```
While dr.Read()
    ListBox1.Items.Add(dr("Nachname").ToString())
End While
dr.Close()
        End Using
    End Sub
...
End Class
```

Der Unterschied zur bisherigen Programmierung liegt in der Abstraktion von der zugrundeliegenden Datenbank. Ohne Code-Änderung kann die logische Schicht, d.h. die Datenbank, getauscht werden. Zusätzlich bietet eSQL die Möglichkeit, auf umständliche Joins etc. zu verzichten, die Verbindung zwischen den Entitäten ist ja bereits komplett im Modell beschrieben.

HINWEIS   Beachten Sie die eSQL-Anweisung »SELECT VALUE ...«. Nur mit dem Zusatz »VALUE« werden die Daten in die gewohnte Tabellenform projiziert. Andernfalls gibt die Abfrage eine Collection von *BridgeDataRecord*-Objekten zurück.

Alternativ zum vorhergehenden Beispiel ist es natürlich auch möglich, dass Ihre Abfrage lediglich einen skalaren Rückgabewert enthält. In diesem Fall verwenden Sie die *ExecuteScalar*-Methode des *EntityCommand*-Objekts (siehe folgendes Beispiel).

BEISPIEL

Skalarer Einzelwert als Ergebnis der Abfrage

```
Using conn As New EntityConnection("Name=VereinDBEntities")
    conn.Open()
    Dim cmd As EntityCommand = conn.CreateCommand()
    cmd.CommandText = "SELECT COUNT(m.id) FROM VereinDBEntities.Mitglieder AS m"
    MessageBox.Show("Mitglieder: " & cmd.ExecuteScalar().ToString())
End Using
```

HINWEIS   In diesem Fall können Sie VALUE in der eSQL-Abfrage weglassen.

Connection aufbauen

Wie gerade gezeigt, sind wir bei der Verwendung des EntityClients wieder auf dem Stand des guten alten ADO.NET angekommen, Begriffe wie *Connection*, *DataReader* und *Command* sollten Ihnen deshalb geläufig sein (siehe dazu Kapitel 3).

Wie bei einer normalen SQL Server-Connection müssen wir auch in diesem Fall dem entsprechenden *EntityConnection*-Objekt klar machen, woher die Daten kommen. Doch halt, ganz so einfach ist es in diesem Fall nicht, geht es doch darum, neben den reinen Verbindungsdaten (Servername, Timeout, Catalog, Anmeldeinformationen) auch die entsprechenden EDM-Mapping und -Metadaten zu spezifizieren.

All diese Aufgaben übernimmt ein recht komplexer Verbindungsstring für dessen Erstellung/Verwaltung sich zwei Varianten anbieten:

- Ablegen der Informationen in einer Anwendungskonfigurationsdatei (*App.Config*) und Zuweisen des Connection-Namens per *Name*-Schlüsselwort (dies ist standardmäßig der Fall)

- Verwendung des *EntityConnectionStringBuilder* beim Zusammenbau des Connectionstrings

BEISPIEL

Connectionstring für unsere lokal abgelegte Beispieldatenbank

Die Metadaten für das OR-Mapping:

```
metadata=res://*/VereinModel.csdl|res://*/VereinModel.ssdl|res://*/VereinModel.msl;
```

Der Provider:

```
provider=System.Data.SqlClient;
```

Die providerspezifischen Informationen, wie Sie es auch von einer *SqlConnection* kennen:

```
provider connection string=&quot;Data Source=.\SQLEXPRESS;AttachDbFilename=|
DataDirectory|\VereinDB.mdf;Integrated Security=True;User
Instance=False;MultipleActiveResultSets=True&quot;;
```

Mehr über Connectionstrings finden Sie im How-to-Teil dieses Kapitels bzw. unter der folgenden Adresse:

WWW   http://msdn.microsoft.com/en-us/library/cc716756.aspx

Parameterabfragen realisieren

Wer aus der ADO.NET-Welt kommt, hat sicher auch mit Parameterabfragen gearbeitet. Diese haben den wesentlichen Vorteil, gegen SQL-Injection immun zu sein, da es nicht möglich ist, komplette SQL-Anweisungen in einen SQL-String einzubauen, wie dies bei einer reinen Stringaddition problemlos möglich ist.

Auch in eSQL werden die Abfrageparameter mit einem »@« gekennzeichnet, den Parameter-Wert selbst können Sie später zum Beispiel mit der *AddWithValue*-Methode übergeben.

BEISPIEL

Übergabe eines Parameters an die eSQL-Anweisung

```
Using conn As New EntityConnection("Name=VereinDBEntities")
    conn.Open()
    Dim cmd As EntityCommand = conn.CreateCommand()
    cmd.CommandText = "SELECT VALUE m FROM VereinDBEntities.Mitglieder AS m " & _
                      "WHERE m.Nachname LIKE @Nachname"
    cmd.Parameters.AddWithValue("Nachname", "Ge%")
    Dim dr As DbDataReader = cmd.ExecuteReader(CommandBehavior.SequentialAccess)
    Do While dr.Read()
        ListBox1.Items.Add(dr("Nachname").ToString)
    Loop
    dr.Close()
End Using
```

Wann sollten Sie diese Variante nutzen?

Haben Sie sich das Beispiel auf Seite 811 zu Gemüte geführt, kommt sicher schnell die Frage auf, welchen Nutzen diese Form des Datenzugriffs überhaupt hat und wann Sie den EntityClient verwenden sollten.

Verwenden Sie diese Möglichkeit des Datenzugriffs nur dann, wenn Sie Ihr EDM in bestehende Projekte (die mit DataReader etc. arbeiten) integrieren wollen oder wenn Sie das Letzte an Geschwindigkeit aus Ihrer Anwendung herauskitzeln wollen. Allerdings können Sie in diesem Fall wohl besser gleich auf die Verwendung des EntityClients verzichten und direkt mit den alten ADO.NET-Objekten arbeiten, dann entfällt auch die Einarbeitung in die neue eSQL-Syntax (SQL müssen Sie wohl oder übel können, wie wollen Sie sonst die Datenbank und deren Schnittstellen erzeugen?).

Die Einschränkungen von Entity SQL, in Bezug auf Einfüge-, Update- und Löschabfragen machen es sicher leicht, in naher Zukunft auf den EntityClient zu verzichten – wer mischt in seinen Programmen schon gern zwei verschiedene Abfragesprachen (SQL/ eSQL) und Technologien (EntityClient/SQLClient)?

Eine Übersicht zu eSQL in der aktuellen Version finden Sie unter folgender Adresse:

WWW   http://msdn.microsoft.com/en-us/library/bb399560.aspx

Mehr zum Thema »Entity SQL« finden Sie ab Seite 819.

Wer sich dafür interessiert, welcher SQL-Befehl basierend auf einer eSQL-Abfrage an den Server gesendet wird, der findet im How-to-Teil des Kapitels die Antwort.

Verwenden der Objektdienste

Nachdem wir uns kurz mit der Low-Level-Variante des Datenzugriffs mit Hilfe des Entity Frameworks beschäftigt haben, steigen wir jetzt in höhere Gefilde der Programmierung auf. Mit den Objektdiensten bietet sich die Möglichkeit, die im EDM definierten Entitäten und Beziehungen als Objekte und Assoziationen abzurufen und zu verarbeiten. D.h., Sie verwenden typisierte Objekte, die auch über sinnvoll benannte Eigenschaften verfügen, und müssen nicht wie beim EntityClient »im Blindflug« mit den Collections hantieren.

Eine Übersicht

Wie so oft im Microsoft-Universum gibt es auch hier wieder zwei Varianten des Datenzugriffs, deren Endergebnis aber in jedem Fall eine Liste von Entitäts-Objekten ist, d.h., sind die Daten einmal abgerufen, gestaltet sich die weitere Arbeit gleich:

- Direktes Abrufen von Objektlisten mit Entity SQL (eSQL), diese Befehle müssen (wie auch bei SQL-Anweisungen) als Zeichenketten übergeben werden

- Verwenden von LINQ to Entities, mit allen Vorteilen von LINQ, wie Syntax-Prüfung etc.

Warum jetzt noch eSQL? Stellen Sie sich vor, Sie müssen eine Abfrage von bestimmten Nutzereingaben abhängig machen (Sortierfolgen, Filterkriterien etc.). Nur mit eSQL ist es schnell und problemlos möglich, den übergebenen String an die neuen Gegebenheiten anzupassen. Eine LINQ-Abfrage hingegen ist, von einzelnen Bedingungen abgesehen, doch recht statisch.

Im vorhergehenden Abschnitt haben wir Sie darüber belehrt, dass Sie mit eSQL, bzw. dem EntityClient, keine Änderungen an der Datenbank vornehmen können, lediglich der Lesezugriff ist realisierbar. Die gleiche Aussage können wir an dieser Stelle wieder treffen, allerdings mit einer wesentlichen Einschränkung:

HINWEIS   Einfüge-, Änderungs- und Löschabfragen werden zwar nicht per eSQL/LINQ to Entities unterstützt, jedoch bietet der alles umgebende *DbContext* genügend Möglichkeiten, um diese Aufgaben zu realisieren (siehe Seite 827).

Verwendung von eSQL

Sehen wir uns zunächst ein erstes Beispiel für die Verwendung von eSQL im Zusammenhang mit den Objektdiensten an.

HINWEIS   Verwechseln Sie diese Abfrage nicht mit dem Zugriff auf den EntityClient. Dieser kann nur einen *DataReader* zurückgeben und nutzt eine *Connection* statt des *DbContext*.

BEISPIEL

Verwendung von eSQL (alle Elemente aus der Liste *Mitglieder* abrufen)

```
   ...
   Private Sub Button2_Click(sender As Object, e As EventArgs) Handles Button2.Click
```

Einen neuen *ObjectContext* erzeugen:

```
      Dim ctx As New VereinDBEntities()
```

Die Abfrage selbst wird als String an die Methode *CreateQuery* übergeben, den Rückgabetyp müssen Sie selbst angeben:

```
      Dim ctx As New VereinDBEntities()
      Dim query = CType(ctx, IObjectContextAdapter).ObjectContext.CreateQuery(Of Mitglieder)(
               "SELECT VALUE m FROM VereinDBEntities.Mitglieder AS m ORDER BY m.Nachname")
      DataGrid1.DataContext = query
   End Sub
   ...
```

Wie Sie sehen, wird die eSQL-Anweisung als Zeichenkette übergeben, den Rückgabewert (*ObjectQuery* *(Of Mitglieder)*) können Sie zum Beispiel direkt an ein *DataGridView* binden:

Id	Vorname	Nachname	Vereins Vorsitze	Vereins Mitgliedscha
11	Walter	Doberenz		
10	Thomas	Gewinnus		
7	Hans	Glück		
8	Paul	Waldner		
9	Werner	Wiesengrün		

Abbildung 12.35 Ausgabe des Beispiels

HINWEIS   Lassen Sie das Schlüsselwort VALUE in der Abfrage weg, liefert die Abfrage *DbDataRecord*-Objekte mit den enthaltenen Daten.

Auch wenn der Aufwand für die Abfrage gegenüber dem alten ADO.NET-Code schon drastisch gesunken ist, stellt sich vielleicht die Frage, wozu jetzt eSQL statt SQL verwendet wird.

Neben der Plattformunabhängigkeit der Sprache erschließt sich ein anderer Vorteil erst bei weiteren Experimenten, wenn Sie zum Beispiel verknüpfte Daten abfragen.

BEISPIEL

Abfrage aller Vereine deren Vorsitzender »Gewinnus« heißt[1]

```
...
    Dim ctx As New VereinDBEntities()
        Dim query = CType(ctx, IObjectContextAdapter).ObjectContext.CreateQuery(Of Vereine)(
                    "SELECT VALUE v FROM VereinDBEntities.Vereine AS v" +
                    " WHERE v.Vereinsvorsitzender.Nachname == 'Gewinnus'")
        DataGrid1.DataContext = query
```

Wer sich als alter SQL-Programmierer jetzt auf einen schönen Join gefreut hat, dürfte enttäuscht sein, es musste keine Verbindung erzeugt werden, da ja schon alles im ERM definiert ist – Abfragen leicht gemacht!

HINWEIS   Die Microsoft-Entwickler haben den *ObjectContext* mittlerweile recht gut versteckt, angeblich soll nicht jeder auf dessen Methoden zugreifen.

Verwendung von LINQ to Entities

Im Vergleich zur Abfrage der Datenbank per eSQL bietet die LINQ to Entities-Variante eigentlich »nur« dem Programmierer einen Nutzeffekt, kann er doch zum einen von der IntelliSense und der damit einhergehenden Typprüfung sowie von einer wesentlich vereinfachten Syntax profitieren. Da Sie als Leser dieses Buchs wahrscheinlich eher dem Programmiererumfeld zuzuordnen sind, dürfte diese Variante auch die am häufigsten genutzte sein, es sei denn, Sie müssen sich mit dynamisch erstellten eSQL-Anweisungen herumplagen.

Im Folgenden finden Sie die bereits aus dem Vorgängerabschnitt bekannten Abfragen, diesmal jedoch als LINQ-Abfragen realisiert.

---

[1] Nein, diese Abfrage ist rein fiktiv ...

Verwendung von LINQ to Entities (alle Elemente aus der Liste *Mitglieder* abrufen)

```
...
  Dim ctx As New VereinDBEntities()
  Dim query = ctx.Mitglieder
  DataGrid1.DataContext = query
...
```

... wird nicht funktionieren:

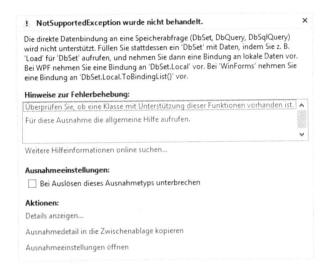

Abbildung 12.36 Problem seit der Einführung des *DbContext*

Ein

```
        Dim ctx As New VereinDBEntities()
        Dim query = ctx.Mitglieder
        For Each item In query
            ListBox1.Items.Add(item.Nachname)
        Next
```

hingegen schon. Entgegen der bisherigen Vorgehensweise beim Binden der zurückgegebenen Daten müssen Sie einen kleinen Umweg nehmen, der aber auch von einem angenehmen Nebeneffekt begleitet wird:

```
...
Imports System.Data.Entity
...
        Dim ctx As New VereinDBEntities()
        ctx.Mitglieder.Load()
        DataGrid1.DataContext = ctx.Mitglieder.Local
```

Mit der Erweiterungsmethode *Load* werden die Daten der Abfrage in den lokalen Speicher des *DbContext* (Eigenschaft *Local*) geladen. Ein Blick auf den Datentyp dürfte für WPF-Programmierer ein Grund zur Freude sein, handelt es sich doch um eine *ObservableCollection*. Damit steht einer professionellen Datenbindung nichts mehr im Weg, Änderungen in der Collection wirken sich sofort auf die Oberfläche aus und umgekehrt.

Soll die Liste sortiert sein, genügt folgende Erweiterung:

```
Dim ctx As New VereinDBEntities()
ctx.Mitglieder.OrderBy(Function(m) m.Nachname).Load()
DataGrid1.DataContext = ctx.Mitglieder.Local
```

Alternativ geht es auch so:

```
Dim ctx As New VereinDBEntities()
ctx.Mitglieder.Load()
DataGrid1.DataContext = ctx.Mitglieder.Local.OrderBy(Function(m) m.Nachname)
```

Doch Achtung:

HINWEIS   Die erste Variante sortiert mit Hilfe des Servers und stellt mit *Local* eine editierbare *ObservableCollection* zur Verfügung. Die zweite Variante wird auf dem Client ausgeführt und stellt lediglich einen schreibgeschützten *IOrderedEnumerable* bereit

Diese Zugriffsvarianten dürften deutlich lesbarer sein als das entsprechende eSQL-Beispiel, was bei umfangreichen Datenmodellen sicher eine Erleichterung ist. Auf einen Syntax-Fehler brauchen Sie auch nicht bis zum ersten Testlauf zu warten, hier meckert der Compiler bereits, wenn etwas nicht der LINQ-Syntax entspricht oder Sie sich bei einem Bezeichner verschrieben haben[1].

BEISPIEL

Abfrage aller Vereine deren Vorsitzender »Gewinnus« heißt

...
```
Dim ctx As New VereinDBEntities()
Dim query = (From v In ctx.Vereine
                   Where v.Vereinsvorsitzender.Nachname = "Gewinnus"
                   Select v).ToList()
DataGrid1.DataContext = query
```
...

Alternativ:

```
Dim ctx As New VereinDBEntities()
Dim query = ctx.Vereine.Where(Function(v) v.Vereinsvorsitzender.Nachname = "Gewinnus")
DataGrid1.DataContext = query.ToList()
```

Wem das immer noch nicht reicht, hier mal eine kurze Abfrage über **drei** Tabellen:

BEISPIEL

Anzeige aller Vereine in denen »Gewinnus« Mitglied ist

```
Dim ctx As New VereinDBEntities()
Dim query = ctx.Vereine.Where(Function(v) v.Mitgliederliste.Any(
                                   Function(m) m.Nachname = "Gewinnus"))
DataGrid1.DataContext = query.ToList()
```

---

[1] Wer schon einmal umfangreichere eSQL-Abfragen erstellt hat, kann ein Lied davon singen ...

Bitte jetzt nicht behaupten, dass Sie diese Abfrage in T-SQL auch mit so wenigen Anweisungen hinbekommen hätten. Da wären Sie schon ein paar Minuten mit den Joins über die drei beteiligten Tabellen beschäftigt gewesen.

Bevor wir uns im Weiteren mit praktischen Aufgabestellungen beschäftigen werden, wollen wir noch kurz die wichtigsten Grundlagen von Entity SQL in einem Abschnitt zusammenfassen.

Kurzeinführung in Entity SQL (eSQL)

Im Folgenden wollen wir mit einer kurzen und sicher auch nicht vollständigen Übersicht die wichtigsten Fragen zum Thema »Entity SQL« beantworten. In jedem Fall ist es für den Leser empfehlenswert, wenn er bereits über Grundlagen der Programmierung mit SQL/T-SQL verfügt, handelt es sich doch bei eSQL ebenfalls um eine strukturierte Abfragesprache.

HINWEIS   In diesem Fall liegt die Betonung eindeutig auf Abfragesprache, es gibt keine Konstrukte zum Erstellen von Datenbanken/Datenbankobjekten, Einfügen, Ändern oder Löschen von Daten bzw. zum Verwalten von Nutzern.

Für den Umsteiger: Unterschiede zu T-SQL

Zunächst ein Wort vorweg: Keine Sorge, eSQL wird SQL in naher Zukunft nicht ersetzen, ganz im Gegenteil, aus jedem eSQL-Statement wird durch das Entity Framework und den entsprechenden Datenbankprovider wieder eine server-spezifische SQL-Abfrage erzeugt, die an den Datenbankserver abgesetzt wird.

Allerdings ergeben sich aus dem grundsätzlich anderem Ansatz von eSQL auch einige wesentliche Unterschiede, die Sie beachten müssen:

- Grundsätzlich wird nicht mit Tabellen, sondern mit den Entitäten Ihres Objektmodells gearbeitet.

- Für die eindeutige Identifizierung des Enititätsmodells müssen Sie dieses beim Spezifizieren von Entitäten mit angeben, gleichzeitig müssen für alle Entitäten Alias-Bezeichner mittels AS-Klausel eingeführt werden (siehe Abbildung 12.38).

- Der Zugriff auf Eigenschaften muss über den zugehörigen Alias erfolgen.

- Sie können auf das beliebte SELECT * FROM verzichten. Da Sie ohnehin auf den Alias der Entität verweisen, werden in diesem Fall alle Eigenschaften zurückgegeben, andernfalls müssen Sie eine Liste der gewünschten Eigenschaften erstellen.

  Also entweder:

```
SELECT VALUE m FROM VereinDBEntities.Mitglieder AS m
```

  oder

```
SELECT m.Nachname, m.Vorname FROM VereinDBEntities.Mitglieder AS m
```

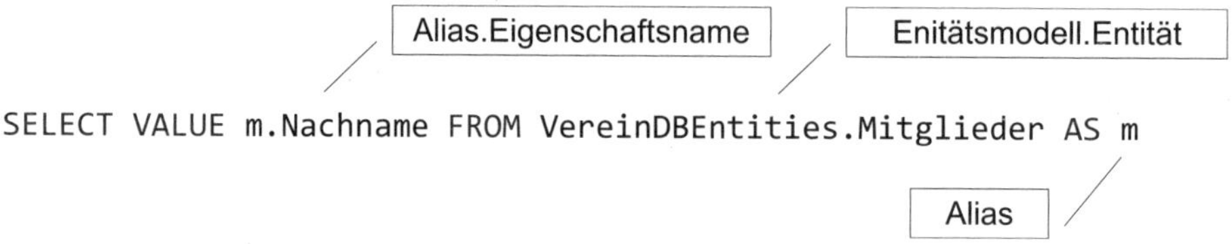

| Alias.Eigenschaftsname | Enitätsmodell.Entität |

```
SELECT VALUE m.Nachname FROM VereinDBEntities.Mitglieder AS m
```

| Alias |

Abbildung 12.37 Die wichtigsten Unterschiede für den SQL-Programmierer auf einen Blick

Eine umfassende Liste der Unterschiede finden Sie unter

| WWW | http://msdn.microsoft.com/en-us/library/bb738573.aspx |

Für den Einsteiger

In loser Folge stellen wir Ihnen hier die wichtigsten Sprachkonstrukte kurz vor.

HINWEIS   Bevor Sie jetzt versuchen, die Beispiele mühsam in einem eigenen Programm zu realisieren, möchten wir Sie auf die Anwendung *LINQPad* verweisen, mit der Sie problemlos und interaktiv auf das von Ihnen erstellte Datenmodell zugreifen und auch Abfragen in eSQL frei ausprobieren können. Ganz nebenbei erhalten Sie auch Einblick in die generierte T-SQL-Anweisung, Sie können also schnell überprüfen, ob die eSQL-Abfrage auch zum gewünschten (optimalen) Ergebnis führt. Mehr dazu siehe How-to-Teil am Ende des Kapitels.

Kommentare

Auch wenn Sie in eSQL nicht allzu lange Anweisungen realisieren werden, ist es doch teilweise sinnvoll, Anmerkungen zu hinterlassen. Diese können Sie, wie auch in T-SQL, mit zwei Minuszeichen einleiten.

BEISPIEL

Kommentare

```
-- Testabfrage
SELECT VALUE m.Nachname
-- ein Kommentar
FROM VereinDBEntities.Mitglieder AS m
```

Zeichenketten

Zeichenketten sollten Sie in einfache Anführungszeichen einschließen[1], so umgehen Sie gleich noch die Probleme, die Sie sonst in VB mit den Stringbegrenzern hätten.

BEISPIEL

Zeichenketten

```
SELECT VALUE m FROM VereinDBEntities.Mitglieder AS m WHERE m.Nachname = 'Gewinnus'
```

---

[1] Es gehen auch die doppelten.

Datum-/Zeitangaben

Datums- und Datumszeitwerte müssen im Format DATETIME'YYYY-MM-DD' hh:mm angegeben werden, auch wenn es sich um einen reinen Datumswert handelt. YYYY entspricht dem vierstelligen Jahreswert, es folgt ein zweistelliger Monatswert und eine zweistellige Tagesangabe. Stunden- und Minuten sind ebenfalls zweistellig anzugeben.

BEISPIEL

Vergleich mit Datums-/Zeitwert (*Northwind*-Datenbank)

```
SELECT VALUE o FROM NorthwindEntities.Orders AS o WHERE o.OrderDate = DATETIME'2006-05-13 00:00'
```

Zeitwerte müssen dem Format TIME'HH:MM[:SS[.fffffff]]' entsprechen, der Sekunden-Wert und der Sekundenbruchteil sind optionale Angaben.

BEISPIEL

Zeitangaben

```
... WHERE t.Abfahrt = TIME'19:30'
... WHERE t.Abfahrt = TIME'19:30:05.1234567'
```

Zahlen

Decimal-Werte kennzeichnen Sie durch ein angehängtes »M«, Float und Double-Werte sind am Trennpunkt oder einem nachfolgenden »f« erkennbar.

BEISPIEL

Formatierung von Zahlenwerten

```
... WHERE p.unitprice = 19.45M    -- Decimal
... WHERE p.unitprice = 19.45     -- Double
... WHERE p.unitprice = 19.45f    -- Double
```

Parameter

Parameter werden mit einem »@« gekennzeichnet. Zur Laufzeit können Sie den Parametern über die *Parameters*-Auflistung die gewünschten Werte zuweisen.

BEISPIEL

Parameter

```
Using conn As New EntityConnection("Name=VereinDBEntities")
    conn.Open()
    Dim cmd As EntityCommand = conn.CreateCommand()
```

Parameter definieren:

```
cmd.CommandText = "SELECT VALUE m FROM VereinDBEntities.Mitglieder AS m " &
            "WHERE m.Nachname LIKE @Nachname"
```

Dem Parameter einen Wert zuweisen:

```
cmd.Parameters.AddWithValue("Nachname", "Ge%")
Dim dr As DbDataReader = cmd.ExecuteReader(CommandBehavior.SequentialAccess)
Do While dr.Read()
Loop
End Using
```

Projektion

Im Gegensatz zur Verwendung von LINQ to Entities, das im Falle einer Projektion einen anonymen Typ zurückgibt, müssen wir bei einer eSQL-Projektion per EntityClient oder Objektdienst uns mit der späteren Verwendung der *DBDataRecord*-Objekte bescheiden.

BEISPIEL

Projekt in eSQL

```
Dim ctx As New NorthwindEntities()
    Dim query As ObjectQuery(Of DbDataRecord) = CType(ctx, IObjectContextAdapter)
                .ObjectContext.CreateQuery(Of DbDataRecord)()
                ("SELECT p.ProductName, p.UnitPrice FROM NorthwindEntities.Products AS p")
    For Each record As DbDataRecord In query
        Console.WriteLine("{0} {1}", record("ProductName").ToString().Trim(),
                                    record("UnitPrice").ToString().Trim())
    Next record
```

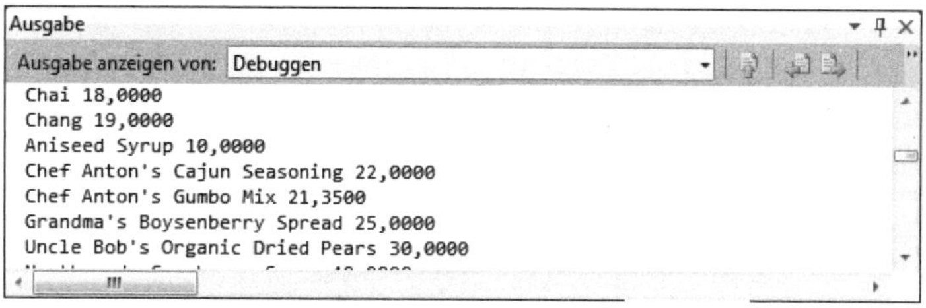

Ausgabe	▼ ⇄ ×
Ausgabe anzeigen von: Debuggen ▼	🔄 🔄 🔄
Chai 18,0000	
Chang 19,0000	
Aniseed Syrup 10,0000	
Chef Anton's Cajun Seasoning 22,0000	
Chef Anton's Gumbo Mix 21,3500	
Grandma's Boysenberry Spread 25,0000	
Uncle Bob's Organic Dried Pears 30,0000	

Abbildung 12.38 Ergebnis

HINWEIS   Einfacher ist es in diesem Fall, eine View in der Datenbank zu erstellen und für diese eine passende Entität im Modell zu erzeugen.

BEISPIEL

Zugriff auf eine View, die in das Datenmodell eingebunden ist

```
Dim ctx As New NorthwindEntities()
```

Variante 1:

```
Dim query = CType(ctx, IObjectContextAdapter).ObjectContext.CreateQuery(
                Of Current_Product_List)("[Current_Product_List]")
```

Variante 2:

```
Dim query = CType(ctx, IObjectContextAdapter).ObjectContext.CreateQuery(Of
        Current_Product_List)("SELECT VALUE p FROM NorthwindEntities.Current_Product_List AS p")
```

Sortieren

Hier erwartet Sie nicht viel Neues, auch eSQL kennt die ORDER BY-Klausel. Optional können Sie mit ASC/DESC Einfluss auf die Sortierrichtung nehmen.

BEISPIEL

Sortieren

```
SELECT VALUE p FROM NorthwindEntities.Products AS p ORDER BY p.ProductName
```

Sortierfolge umkehren:

```
SELECT VALUE p FROM NorthwindEntities.Products AS p ORDER BY p.ProductName DESC
```

▲ Result Set (77 items)

ProductID	ProductName	QuantityPerUnit	UnitPrice ≡	UnitsInStock ≡	UnitsOnOrder ≡	ReorderLevel ≡	Discontinued
17	Alice Mutton	20 - 1 kg tins	39,0000	0	0	0	True
3	Aniseed Syrup	12 - 550 ml bottles	10,0000	13	70	25	False
40	Boston Crab Meat	24 - 4 oz tins	18,4000	123	0	30	False
60	Camembert Pierrot	15 - 300 g rounds	34,0000	19	0	0	False
18	Carnarvon Tigers	16 kg pkg.	62,5000	42	0	0	False
1	Chai	10 boxes x 20 bags	18,0000	39	0	10	False
2	Chang	24 - 12 oz bottles	19,0000	17	40	25	False

Abbildung 12.39 Ergebnis

Gruppieren

Verwenden Sie zum Gruppieren die GROUP BY-Klausel.

BEISPIEL

Gruppieren (Anzahl der Artikel in der jeweiligen Produktgruppe)

```
SELECT
    p.Categories.CategoryName,
    COUNT(p.ProductId) AS Anzahl
FROM
    NorthwindEntities.Products AS p
GROUP BY
    p.Categories.CategoryName
```

▲ Result Set (8 items)

CategoryName	Anzahl ≡
Beverages	12
Condiments	12
Confections	13
Dairy Products	10
Grains/Cereals	7
Meat/Poultry	6
Produce	5
Seafood	12
	77

Abbildung 12.40 Ergebnis

Filtern

Hier haben wir es mit der altbekannten WHERE-Klausel zu tun, Sie können mehrere Bedingungen mit AND und OR verknüpfen.

BEISPIEL

Filtern mit WHERE

```
SELECT
  VALUE p FROM NorthwindEntities.Products AS p
WHERE
   (p.UnitPrice > 10) AND (p.UnitsInStock > 20)
```

▲ Result Set (39 items)

ProductID	ProductName	QuantityPerUnit	UnitPrice ≡	UnitsInStock ≡	UnitsOnOrder ≡	ReorderLevel ≡	Discontinued
1	Chai	10 boxes x 20 bags	18,0000	39	0	10	False
4	Chef Anton's Cajun Seasoning	48 - 6 oz jars	22,0000	53	0	0	False
6	Grandma's Boysenberry Spread	12 - 8 oz jars	25,0000	120	0	25	False
9	Mishi Kobe Niku	18 - 500 g pkgs.	97,0000	29	0	0	True
10	Ikura	12 - 200 ml jars	31,0000	31	0	0	False
11	Queso Cabrales	1 kg pkg.	21,0000	22	30	30	False

Abbildung 12.41   Ergebnis

Beschränken

Möchten Sie die zurückgegebene Datenmenge beschränken, bieten sich zwei Wege an:

- Verwendung von TOP

- Verwendung von LIMIT im Zusammenhang mit der ORDER BY-Klausel

Wie schnell ersichtlich, ist die Verwendung von LIMIT an eine sortierte Datenmenge gebunden, bei TOP steht es Ihnen frei eine Sortierfolge anzugeben.

BEISPIEL

Die zehn teuersten Artikel (zwei Versionen)

```
SELECT VALUE p FROM NorthwindEntities.Products AS p ORDER BY p.UnitPrice DESC LIMIT(10)
SELECT VALUE TOP (10) p FROM NorthwindEntities.Products AS p ORDER BY p.UnitPrice DESC
```

▲ Result Set (10 items)

ProductID	ProductName	QuantityPerUnit	UnitPrice ≡	UnitsInStock ≡	UnitsOnOrder ≡	ReorderLevel ≡	Discontinued
38	Côte de Blaye	12 - 75 cl bottles	263,5000	17	0	15	False
29	Thüringer Rostbratwurst	50 bags x 30 sausgs.	123,7900	0	0	0	True
9	Mishi Kobe Niku	18 - 500 g pkgs.	97,0000	29	0	0	True
20	Sir Rodney's Marmalade	30 gift boxes	81,0000	40	0	0	False
18	Carnarvon Tigers	16 kg pkg.	62,5000	42	0	0	False
59	Raclette Courdavault	5 kg pkg.	55,0000	79	0	0	False
51	Manjimup Dried Apples	50 - 300 g pkgs.	53,0000	20	0	10	False
62	Tarte au sucre	48 pies	49,3000	17	0	0	False
43	Ipoh Coffee	16 - 500 g tins	46,0000	17	10	25	False
28	Rössle Sauerkraut	25 - 825 g cans	45,6000	26	0	0	True
			876,6900	287	10	50	

Abbildung 12.42   Ergebnis

Paging

Gerade bei großen Datenmengen ist es wichtig, mittels Paging Teile der Ergebnismenge abrufen zu können. Dabei wird ein Startwert mittels SKIP festgelegt, die Anzahl bestimmen Sie mit LIMIT.

BEISPIEL

Realisierung von Paging (5 Elemente überspringen, 5 Elemente abrufen)

```
SELECT
    VALUE p
FROM
    NorthwindEntities.Products AS p
ORDER BY
    p.UnitPrice SKIP(5) LIMIT(5)
```

ProductID	ProductName	QuantityPerUnit	UnitPrice ≡	UnitsInStock ≡	UnitsOnOrder ≡	ReorderLevel ≡	Discontinued
75	Rhönbräu Klosterbier	24 - 0.5 l bottles	7,7500	125	0	25	False
23	Tunnbröd	12 - 250 g pkgs.	9,0000	61	0	25	False
19	Teatime Chocolate Biscuits	10 boxes x 12 pieces	9,2000	25	0	5	False
47	Zaanse koeken	10 - 4 oz boxes	9,5000	36	0	0	False
45	Rogede sild	1k pkg.	9,5000	5	70	15	False
			44,9500	252	70	70	

Result Set (5 items)

Abbildung 12.43 Ergebnis

UNION

Möchten Sie zwei Ergebnismengen verbinden, können Sie den UNION-Operator verwenden, beachten Sie jedoch, dass einzelnen SELECT-Statements in Klammern einzuschließen sind.

BEISPIEL

Verwendung UNION (die fünf teuersten und fünf billigsten Artikel)

```
(SELECT VALUE p FROM NorthwindEntities.Products AS p ORDER BY p.UnitPrice DESC LIMIT(5))
UNION ALL
(SELECT VALUE p FROM NorthwindEntities.Products AS p ORDER BY p.UnitPrice ASC LIMIT(5))
```

ProductID	ProductName	QuantityPerUnit	UnitPrice ≡	UnitsInStock ≡	UnitsOnOrder ≡	ReorderLevel ≡	Discontinued
38	Côte de Blaye	12 - 75 cl bottles	263.5000	17	0	15	False
29	Thüringer Rostbratwurst	50 bags x 30 sausgs.	123.7900	0	0	0	True
9	Mishi Kobe Niku	18 - 500 g pkgs.	97.0000	29	0	0	True
20	Sir Rodney's Marmalade	30 gift boxes	81.0000	40	0	0	False
18	Carnarvon Tigers	16 kg pkg.	62.5000	42	0	0	False
33	Geitost	500 g	2.5000	112	0	20	False
24	Guaraná Fantástica	12 - 355 ml cans	4.5000	20	0	0	True
13	Konbu	2 kg box	6.0000	24	0	5	False
52	Filo Mix	16 - 2 kg boxes	7.0000	38	0	25	False
54	Tourtière	16 pies	7.4500	21	0	10	False
			655,2400	343	0	75	

Result Set (10 items)

Abbildung 12.44 Ergebnis

HINWEIS   Beachten Sie die ALL-Option. Lassen Sie diese weg, sind die Daten unsortiert, doppelte Elemente werden aus-
gelassen.

BEISPIEL

Einfluss von ALL

Führen Sie folgende Abfrage mit ALL aus, werden 100 Datensätze zurückgegeben, die Ergebnismenge enthält doppelte Werte, da insgesamt nur 77 Datensätze vorhanden sind.

```
(SELECT VALUE p FROM NorthwindEntities.Products AS p ORDER BY p.UnitPrice DESC LIMIT(50))
UNION ALL
(SELECT VALUE p FROM NorthwindEntities.Products AS p ORDER BY p.UnitPrice ASC LIMIT(50))
```

Führen Sie die Abfrage ohne ALL aus, werden auch nur 77 Datensätze zurückgeben, die Daten sind unsortiert.

Verwendung von Aggregat-Funktionen

Auch in eSQL stehen Ihnen die bekannten Aggregatfunktionen (AVG, MIN, MAX, COUNT, BIGCOUNT,
STDEV, SUM) zur Verfügung.

BEISPIEL

Verwendung von Aggregatfunktionen

```
SELECT
    AVG(p.UnitPrice) AS Durchschnittspreis,
    MAX(p.UnitPrice) AS Maximalpreis,
    MIN(p.UnitPrice) AS Minimalpreis
FROM
    NorthwindEntities.Products AS p
```

▲ Result Set (1 item)		
Durchschnittspreis	Maximalpreis	Minimalpreis
28,8663	263,5000	2,5000

Abbildung 12.45   Ergebnis

Zugriff auf Detaildaten

Gerade hier profitieren Sie von den detaillierten Informationen über die Zusammenhänge zwischen den
Entitäten, da diese bereits im Modell komplett beschrieben sind. Nutzen Sie einfach die Navigationseigenschaften der jeweiligen Entität um auf die Detaildaten zuzugreifen.

BEISPIEL

Abfrage aller Bestellungen bei denen der Kundenname mit »A« beginnt

```
SELECT
    o.OrderID, o.Customers.CompanyName
FROM
    NorthwindEntities.Orders as o
WHERE
    o.Customers.CompanyName LIKE 'A%'
```

OrderID	CompanyName
10643	Alfreds Futterkiste
10692	Alfreds Futterkiste
10702	Alfreds Futterkiste
10835	Alfreds Futterkiste
10952	Alfreds Futterkiste
11011	Alfreds Futterkiste
10308	Ana Trujillo Emparedados y helados
10625	Ana Trujillo Emparedados y helados
10759	Ana Trujillo Emparedados y helados
10926	Ana Trujillo Emparedados y helados

▲ Result Set (30 items)

Abbildung 12.46 Ergebnis (Auszug)

Damit wollen wir unseren Ausflug in die Sprache eSQL beenden, wir könnten sicher ein komplettes Buch damit füllen, aber es warten ja noch andere interessante Themen auf Sie.

Praktisches Arbeiten mit dem EDM

Die folgenden Abschnitte widmen sich der praktischen Arbeit mit den per eSQL oder LINQ to SQL erzeugten Datenmengen im EDM (*Entity Data Model*). Dabei werden wir uns vordergründig mit einzelnen Aufgabenstellungen beschäftigen, die bei der täglichen Arbeit anfallen.

HINWEIS   Dieser Abschnitt überschneidet sich teilweise mit Inhalten des Kapitels 18 (LINQ to SQL). Das aber haben wir im Interesse der Übersichtlichkeit bewusst in Kauf genommen. Bei Aufgabenstellungen, die mit dem Entity Framework genauso wie bei LINQ to SQL gelöst werden, verweisen wir einfach auf das entsprechende Kapitel, um nicht komplett denselben Code und Text nochmals abdrucken zu müssen.

Skalare Werte abfragen

Wie auch bei LINQ to SQL profitieren Sie beim Arbeiten mit dem EDM von der Verwendung anonymer Typen, Sie können also im einfachsten Fall immer mit dem *var-Schlüsselwort* arbeiten.

Rechnen Sie bereits mit einem bestimmten Rückgabedatentyp, können Sie diesen natürlich auch entsprechend definieren (z.B. für das Ergebnis einer Aggregat-Funktion).

BEISPIEL

Abfrage der Anzahl von Mitgliedern mit »G«

```
Dim ctx As New VereinDBEntities()
Dim i = ctx.Mitglieder.Where(Function(m) m.Nachname.Contains("G")).Count()
```

Alternativ:

```
Dim i As Integer = ctx.Mitglieder.Where(Function(m) m.Nachname.Contains("G")).Count()
MessageBox.Show("Mitglieder mit 'G':" & i.ToString())
```

BEISPIEL

Abfrage des ersten Nachnamens der »G« enthält

```
Dim ctx As New VereinDBEntities()
Dim s As String = ctx.Mitglieder.Where(Function(m) m.Nachname.Contains("G")).Select(
                  Function(m) m.Nachname).First()
MessageBox.Show("Erstes Mitglied mit 'G':" & s)
```

HINWEIS　　Nur durch Verwendung von *First* erhalten Sie einen einzelnen Wert und nicht ein *IQueryable(Of String)*!

Abfrage mit Projektion

Gleich vorweg ein wichtiger Hinweis:

HINWEIS　　Wie auch bei LINQ to SQL gilt allgemein: Verwenden Sie Projektionen in Ihrer LINQ-Abfrage, sind die zurückgegebenen Daten schreibgeschützt, da nur einzelne Eigenschaften und nicht die komplette Entität zurückgegeben wird.

BEISPIEL

Anzeige der Mitgliedernamen in einem Listenfeld (Rückgabewert = *IQueryable(Of String)*)

```
Dim ctx As New VereinDBEntities()
Dim mitg = ctx.Mitglieder.Select(Function(m) m.Nachname & ", " & m.Vorname)
ListBox1.DataSource = mitg
```

Etwas anders sieht es aus, wenn Sie eine eigene Klasse erzeugen und eine typisierte Liste zurückgeben.

In diesem Fall ist die Liste editierbar, Datenänderungen werden aber nicht vom *DbContext* registriert und damit auch nicht mit einem *SaveChanges* in die Datenbank geschrieben (kein Change Tracking und kein Identity Management).

BEISPIEL

Erzeugen einer editierbaren Liste *List(Of String)*

```
Dim mitg As List(Of String) = ctx.Mitglieder.Select(Function(m) m.Nachname & ", " &
                              m.Vorname).ToList()
Debug.WriteLine(mitg(1))
```

Das ist möglich (wenn der Datensatz vorhanden ist):

```
mitg(1) = "Bla Bla"
Debug.WriteLine(mitg(1))
```

Detaildaten/Verwendung der Navigationseigenschaften

Sicher ist Ihnen bei einem Blick auf das EDM auch schon aufgefallen, dass die einzelnen Entitäten über so genannte *Navigationsmethoden* verfügen. Dies ist immer dann der Fall, wenn Entitäten (Tabellen) miteinander in Beziehung stehen. Doch wie können Sie diese Navigationseigenschaften eigentlich nutzen?

Abfrage aller Vereine, die mehr als ein Mitglied haben (*Mitgliedsliste* ist die Navigationseigenschaft)

```
Dim ctx As New VereinDBEntities()
Dim q = From v In ctx.Vereine
        Where v.Mitgliedsliste.Count() > 1
        Select v
DataGrid1.DataContext = q.ToList()
```

Im obigen Beispiel handelt es sich bei *Mitgliedsliste* um eine Collection von *Mitglieder*-Objekts (die klassische 1:n-Beziehung). Alternativ können Navigationseigenschaften aber auch einzelne Objekte zurückgeben, wie es im folgenden Beispiel der Fall ist.

Abfrage der Vereine in denen »Gewinnus« der Vereinsvorsitzende ist

```
Dim ctx As New VereinDBEntities()
Dim q = ctx.Vereine.First().Vereinsvorsitzender
MessageBox.Show(q.Nachname)
```

Hier gibt *Vorsitzender* ein *Mitglieder*-Objekt zurück.

Doch wie sieht es eigentlich mit den Navigationseigenschaften nach dem Laden der Daten aus? Können wir, wie in LINQ to SQL, direkt zu den gewünschten Detaildaten wechseln? Die Antwort gibt der folgende Abschnitt.

Lazy Loading

Vielleicht sind Sie an der einen oder anderen Stelle schon über den Begriff »Lazy Loading« gestolpert, hier wollen wir uns im Detail damit beschäftigen.

Das Grundprinzip des Lazy Loading (übersetzt etwa »faules bzw. verzögertes Laden«) lässt sich am einfachsten mit einem kleinen Beispiel demonstrieren.

Wir rufen die Vereine ab und möchten die Namen der Vorsitzenden anzeigen.

```
Dim ctx As New VereinDBEntities()
ctx.Configuration.LazyLoadingEnabled = False
Dim vereine = ctx.Vereine
MessageBox.Show(vereine.ToString())
For Each v In vereine
    MessageBox.Show(v.Name)
```

In der folgenden Zeile wird ein Fehler auftreten (siehe Abbildung 12.47):

```
    MessageBox.Show(v.Vereinsvorsitzender.Nachname)
Next v
```

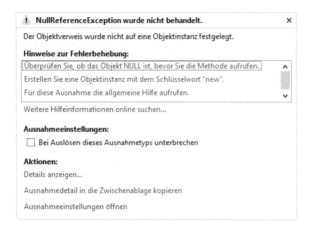

Abbildung 12.47   Reaktion ohne Lazy Loading

Der Grund für dieses Verhalten: Mit der Aufruf *ctx.Vereine* wird lediglich die Tabelle *Vereine* abgefragt:

```
SELECT
[Extent1].[Id] AS [Id],
[Extent1].[Name] AS [Name],
[Extent1].[Strasse] AS [Strasse],
[Extent1].[PLZ] AS [PLZ],
[Extent1].[Ort] AS [Ort],
[Extent1].[Vorsitzender] AS [Vorsitzender]
FROM [dbo].[Vereine] AS [Extent1]
```

Abbildung 12.48   Die T-SQL-Abfrage

Die Eigenschaft *VereinsVorsitzender* ist zu diesem Zeitpunkt deshalb zwangsläufig mit *null* belegt, da diese Daten nicht vom Server abgerufen wurden.

Ganz anders, wenn Sie die Option *LazyLoadingEnabled* auf *True* gesetzt haben. In diesem Fall wird zwar auch nur die Tabelle *Vereine* abgefragt, beim Zugriff auf die Eigenschaft *VereinsVorsitzender* wird jedoch eine weitere T-SQL-Abfrage zum Server gesendet, um die jetzt nötigen Daten für diese Eigenschaft aus der Tabelle *Mitglieder* abzurufen. Im Weiteren können dann alle Eigenschaften von *VereinsVorsitzender* abgefragt werden.

HINWEIS   Lazy Loading ist also nichts anderes als eine Möglichkeit, Detaildaten automatisch erst dann abzurufen, wenn sie benötigt werden.

So weit so gut, aber ...

Kommen wir noch einmal auf unser vorhergehendes Beispiel zurück. In einer Schleife wollen wir für alle Vereine die Namen der Vorsitzenden ausgeben. Sehen Sie sich gleichzeitig obige Ausführungen genau an werden Sie feststellen, dass der Detaildatenabruf für jedes Element der Vereinsliste getrennt erfolgt. Enthält diese Liste also 10.000 Vereine, werden auch 10.000 einzelne Abfragen an den Server gesendet, um die Detaildaten zu laden. Ein wohl kaum erwünschter Effekt.

Aus gutem Grund war deshalb in der ersten Version des Entity Frameworks Lazy Loading nicht implementiert, der Programmierer sollte selbst erkennen, wann Detaildaten nachgeladen werden sollen/müssen. Mit der vorliegenden Version wurde dieses Verhalten geändert. Werden aus einer Datenbank neue Modelle erzeugt, ist die Eigenschaft *LazyLoadingEnabled* standardmäßig auf *True* gesetzt.

> **HINWEIS**   Bei konvertierten Projekten der Vorgängerversion ist Lazy Loading deaktiviert und muss entweder im Modell oder per Code aktiviert werden.

Wann sollte man Lazy Loading aktivieren? Hier kann es eigentlich keine eindeutige Antwort geben. Iterieren Sie häufig über lange Listen von Entitäten um auf Detaildaten zuzugreifen, sollten Sie in jedem Fall Lazy Loading deaktivieren und sich mit dem vorzeitigen Laden (Eager-Load) näher beschäftigen (siehe dazu Seite 832).

Alternativ bietet sich auch das explizite Laden an, womit wir bereits beim nächsten Thema angelangt wären.

Wie funktioniert das explizite Laden?

Kam Ihnen die Variante mit dem Lazy Loading etwas zu »leichtsinnig« vor? Wenn ja, dann sollten Sie sich eingehender mit dem expliziten Laden beschäftigen.

> **HINWEIS**   Explizites Laden ist nur erforderlich, wenn Lazy Loading deaktiviert ist!

Wir sehen uns zunächst das letzte Beispiel erneut an und suchen eine Möglichkeit, wie die Fehlermeldung beim Zugriff auf die Eigenschaft *VereinsVorsitzender* vermieden werden kann. Wir erweitern dieses Beispiel um einen späteren Zugriff auf die Detaildaten (wir wollen den Vornamen des Vorsitzenden ermitteln).

BEISPIEL

Nachladen der *Mitglieder*-Entität (Navigationseigenschaft *Vereinsvorsitzender)*

```
Dim ctx As New VereinDBEntities()
ctx.Configuration.LazyLoadingEnabled = False
Dim vereine = ctx.Vereine
MessageBox.Show(vereine.ToString())
For Each v In vereine
    MessageBox.Show(v.Name)
```

Hier laden wir explizit die nötigen Daten nach:

```
    ctx.Entry(v).Reference("Vereinsvorsitzender").Load()
    MessageBox.Show(v.Vereinsvorsitzender.Nachname)
Next v
```

Ähnlich sieht es aus, wenn Sie beispielsweise alle Vereine abrufen und später deren Mitglieder auflisten wollen.

BEISPIEL

Abfrage aller Vereine, deren Mitglieder auflisten

```
Dim ctx As New VereinDBEntities()
 ctx.Configuration.LazyLoadingEnabled = False
Dim q = ctx.Vereine
```

Abrufen der Vereine:

```
For Each v As Vereine In q
   ListBox1.Items.Add(v.Name)
```

Abrufen der jeweiligen Mitglieder:

```
   For Each m In v.Mitgliederliste
      ListBox1.Items.Add("   " + m.Nachname)
   Next m
Next v
```

Das Ergebnis:

```
Taubenzüchter
VB-Freunde 2008 e.V.
```

Es werden keine Detaildatensätze ausgegeben, da wir diese auch nicht mit *Load* geladen haben.

Die geänderte Routine:

```
Dim ctx As New VereinDBEntities()
ctx.Configuration.LazyLoadingEnabled = False
Dim q = ctx.Vereine
For Each v As Vereine In q
   ListBox1.Items.Add(v.Name)
   ctx.Entry(v).Collection(Function(n) n.Mitgliederliste).Load()
   For Each m In v.Mitgliederliste
      ListBox1.Items.Add("   " + m.Nachname)
   Next m
Next v
```

Die neue Ausgabe dürfte schon eher unseren Erwartungen entsprechen:

```
Taubenzüchter
   Glück
VB-Freunde 2008 e.V.
   Gewinnus
   Doberenz
```

Doch auch hier kann es unweigerlich zum Performance-Gau kommen, wenn Sie z.B. tausende Master-Datensätze durchlaufen. Wie auch beim Lazy Loading wird für jeden Detaildatensatz (bei jedem *Load*) eine SQL-Anweisung an den Server abgesetzt, was wohl in diesem Fall nicht der Weisheit letzter Schluss sein kann. Allerdings haben Sie es bei dieser Variante selbst in der Hand, wann die Daten geladen werden, ein »versehentliches« Laden der Daten ist nicht möglich, ein Performance-Problem werden Sie so sicher eher entdecken. Wie es besser geht, zeigt der folgende Abschnitt.

Was passiert beim vorzeitigen Laden (Eager-Load)?

Da wir bereits festgestellt haben, dass die *Load-Methode* nicht in allen Fällen für eine optimale Abfrage-Performance taugt, müssen wir uns nach einer Alternative umschauen. Diese findet sich in Gestalt der *Include*-Anweisung, die bereits beim Erstellen der Abfrage verwendet werden kann.

Optimieren des letzten Beispiels durch Verwenden von *Include*

```
Dim ctx As New VereinDBEntities()
```

Bereits hier wird das Framework über unsere Wünsche informiert, die daraus resultierende Abfrage schließt jetzt auch die Mitgliederdaten ein:

```
Dim q = ctx.Vereine.Include(Function(v) v.Mitgliederliste)
For Each v  In q
    ListBox1.Items.Add(v.Name)
    For Each m In v.Mitgliederliste
        ListBox1.Items.Add("    " + m.Nachname)
    Next m
Next v
```

HINWEIS   Sie können auch nur den Namen der Eigenschaft angeben, es gibt dann aber keine Typ-Prüfung durch den Compiler.

```
Dim q = ctx.Vereine.Include("Mitgliedsliste")
```

Die folgenden beiden Abbildungen zeigen den Unterschied bei den generierten T-SQL-Anweisungen.

```
SELECT
[Extent1].[Id] AS [Id],
[Extent1].[Name] AS [Name],
[Extent1].[Vorsitzender] AS [Vorsitzender],
[Extent1].[Strasse] AS [Strasse],
[Extent1].[PLZ] AS [PLZ],
[Extent1].[Ort] AS [Ort]
FROM [dbo].[Vereine] AS [Extent1]
```

Abbildung 12.49   Ohne *Inlude*

```
SELECT
[Project1].[Id] AS [Id],
[Project1].[Name] AS [Name],
[Project1].[Vorsitzender] AS [Vorsitzender],
[Project1].[Strasse] AS [Strasse],
[Project1].[PLZ] AS [PLZ],
[Project1].[Ort] AS [Ort],
[Project1].[C1] AS [C1],
[Project1].[Id1] AS [Id1],
[Project1].[Vorname] AS [Vorname],
[Project1].[Nachname] AS [Nachname]
FROM ( SELECT
        [Extent1].[Id] AS [Id],
        [Extent1].[Name] AS [Name],
        [Extent1].[Strasse] AS [Strasse],
        [Extent1].[PLZ] AS [PLZ],
        [Extent1].[Ort] AS [Ort],
        [Extent1].[Vorsitzender] AS [Vorsitzender],
        [Join1].[Id] AS [Id1],
        [Join1].[Vorname] AS [Vorname],
        [Join1].[Nachname] AS [Nachname],
        CASE WHEN ([Join1].[Verein] IS NULL) THEN CAST(NULL AS int) ELSE 1
END AS [C1]
        FROM  [dbo].[Vereine] AS [Extent1]
        LEFT OUTER JOIN  (SELECT [Extent2].[Verein] AS [Verein], [Extent3].[Id]
AS [Id], [Extent3].[Vorname] AS [Vorname], [Extent3].[Nachname] AS [Nachname]
                FROM  [dbo].[Mitgliedsliste] AS [Extent2]
                INNER JOIN [dbo].[Mitglieder] AS [Extent3] ON [Extent3].[Id]
= [Extent2].[Mitglied] ) AS [Join1] ON [Extent1].[Id] = [Join1].[Verein]
) AS [Project1]
ORDER BY [Project1].[Id] ASC, [Project1].[C1] ASC
```

Abbildung 12.50   Mit *Include*

HINWEIS   Haben Sie mehr als eine Verknüpfung, können Sie weitere *Include*-Anweisungen anhängen, allerdings sollten Sie es mit dem pauschalen Laden der Daten auch nicht übertreiben, irgendwann ist eben auch »Speicherende«.

Ein kleiner Test soll die »Intelligenz« dieses Verfahrens testen.

BEISPIEL

Zusätzliche Abfrage des Vorsitzenden

```
Dim ctx As New VereinDBEntities()
ctx.Configuration.LazyLoadingEnabled = False
Dim q = ctx.Vereine.Include("Mitgliedsliste")
For Each v As Vereine In q
    ListBox1.Items.Add(v.Name)
    For Each m As Mitglieder In v.Mitgliedsliste
        ListBox1.Items.Add("    " + m.Nachname)
    Next m
    ListBox1.Items.Add("Vorsitzender: " & v.Vereinsvorsitzender.Nachname)
Next v
```

Obwohl wir »nur« die Mitgliederliste abfragen, lässt sich problemlos auch die Navigationseigenschaft *VereinsVorsitzender* auswerten. Der Grund dürfte schnell ersichtlich sein, auch diese Eigenschaft verweist auf die Entität *Mitglieder*, die wir über *Mitgliederliste* bereits geladen haben.

Für die Wahl zwischen *Load* und *Include* sollten Sie in schwierigen Fällen den *SQL Server Profiler* verwenden, um die Häufigkeit der SQL-Abfragen auszuwerten.

Delay Loaded

Wer bereits mit LINQ to SQL gearbeitet hat, wird vielleicht auch die Option *Delay Loaded* für die einzelnen Eigenschaften einer Entität kennengelernt haben. Das Grundprinzip: Ist die Option für die Eigenschaft auf *True* gesetzt, wird die Eigenschaft erst mit Daten gefüllt, wenn auf diese zugegriffen wird. Ein gutes Beispiel ist in diesem Fall die Tabelle *Employees* aus der *Northwind*-Datenbank. Ein intern gesendetes

```
SELECT * FROM Employees
```

beim Abrufen aller Angestellten ist zwar auf den ersten Blick sinnvoll, ein näherer Blick auf das Tabellenschema enthüllt aber, dass in diesem Fall auch die Bilder (Spalte *Photo*) gleich mit übertragen werden. Ein sicher sinnloses Unterfangen. Hier hilft eigentlich Delay Loaded weiter. Ist für die Eigenschaft *Photo* die Option auf *True* gesetzt, werden die Bilddaten zunächst nicht übertragen, dies erfolgt erst, wenn Sie explizit auf diese Eigenschaft lesend zugreifen.

HINWEIS   Das Entity Framework unterstützt kein Delay Loaded, als Alternative wird ein Aufsplitten der Tabellen mittels 1:1-Beziehung empfohlen[1].

---

[1] Hoffentlich ist in einer der nächsten Versionen diese Funktion enthalten.

Zugriff mit Paging

Wie auch in LINQ to SQL findet sich über die Erweiterungsmethoden *Skip* und *Take* ein einfacher Weg, um gezielt einzelne Datenpakete aus großen Listen abzufragen. Soweit die Theorie, doch versuchen Sie die beiden Methoden anzuwenden, werden Sie schnell mit einer kleinen Besonderheit des Entity Frameworks Bekanntschaft machen:

> **HINWEIS**   Die Methode *Skip* lässt sich nur auf sortierte Daten anwenden, es muss also vorher die *OrderBy*-Methode aufgerufen werden!

> **BEISPIEL**
>
> Zwei Datensätze überspringen, drei abrufen
>
> ```
> Dim ctx As New VereinDBEntities()
> Dim q = ctx.Mitglieder.OrderBy(Function(m) m.Nachname).Skip(2).Take(3)
> ```

Auch beim Entity Framework gilt:

> **HINWEIS**   Die Datenauswahl (Filtern) erfolgt auf dem Server, nicht auf dem Client, von diesem werden wirklich nur die gewünschten Datensätze verarbeitet.

Abrufen einzelner Entitäten

Neben dem Abrufen von skalaren Werten und Entitätslisten ist es in einigen Fällen auch erforderlich, einzelne Entitäten vom Server abzurufen. Allerdings ist die Verwendung der in diesem Zusammenhang möglichen Methoden auch mit einigen Fallstricken versehen.

Single/First

Auf den ersten Blick bieten sich die beiden Erweiterungsmethoden *Single* und *First* an. *Single* liefert das einzige Element einer Auflistung, *First* das erste Element einer Auflistung.

> **BEISPIEL**
>
> Verwendung von *First*
>
> ```
> Dim ctx As New VereinDBEntities()
> ctx.Configuration.LazyLoadingEnabled = False
> Dim verein = ctx.Vereine.First()
> MessageBox.Show(verein.Name)
> ```

> **HINWEIS**   Doch Vorsicht: Beide Methoden lösen ein Exception aus wenn kein Element vorhanden ist. Bei *Single* wird zusätzlich ein Exception ausgelöst wenn mehr als ein Element vorhanden ist.

SingleOrDefault/FirstOrDefault

Die Lösung für diesen möglicherweise unerwünschten Fehler sind die Methoden *SingleOrDefault* und *FirstOrDefault*, die zwar grundsätzlich das gleiche Verhalten haben, bei keinen vorhandenen Entitäten jedoch einen null-Wert zurückgeben.

BEISPIEL

Verwendung von *FirstOrDefault*

```
Dim ctx As New VereinDBEntities()
ctx.Configuration.LazyLoadingEnabled = False
Dim verein = ctx.Vereine.Where(Function(v) v.Id = 200).FirstOrDefault()
If verein IsNot Nothing Then MessageBox.Show(verein.Name)
```

Find (GetObjectByKey)

Wer es gern »nicht objektorientiert« mag, der kann auch direkt mit den Schlüsseln auf einzelne Entitäten zugreifen. In den Vorgängerversionen (*ObjectContext*) konnten Sie dazu die Methode *GetObjectByKey* bzw. *TryGetObjectByKey* des *ObjectContext* verwenden. Der neue *DbContext* realisiert dies mit der einfacher verwendbaren *Find*-Methode.

BEISPIEL

Abrufen des Mitglieds mit der ID 8

```
Dim ctx = New VereinDBEntities()
ctx.Configuration.LazyLoadingEnabled = False
Dim mitglied = ctx.Mitglieder.Find(8)
MessageBox.Show(mitglied.Nachname)
```

Die alte Version:

```
...
Dim mitglied = CType(ctx.GetObjectByKey(New EntityKey("VereinDBEntities.Mitglieder", "Id", 8)),
...
```

HINWEIS   *Find* gibt Null zurück, wenn die Entität nicht gefunden wurde.

Lokale Datenaktualisierung per DbContext

Wie schon erwähnt, werden Daten, die bereits einmal vom SQL Server angerufen wurden, aus dem lokalen Cache (verwaltet vom *DbContext*) bereitgestellt. Es genügt also nicht, wenn Sie versuchen, mit einer erneuten Abfrage die Inhalte von Steuerelementen zu aktualisieren, um zum Beispiel die Änderungen anderer Nutzer sichtbar zu machen. Zwei Lösungsmöglichkeiten bieten sich an:

- Sie erzeugen einen neuen *DbContext* und rufen die Daten erneut ab
- Sie verwenden die *Refresh*-Methode des *ObjectContext,* um gezielt bestimmte Collections mit den neuen Datenwerten zu aktualisieren

Im Zusammenhang mit der *Refresh*-Methode treffen wir auf die *RefreshMode*-Enumeration, die auch bei der Aktualisierung von Datensätzen eine Rolle spielt. Mit dieser können Sie entscheiden, ob die lokalen Cache-Daten

- überschrieben (*RefreshMode.StoreWins*)
- oder komplett beibehalten (*RefreshMode.ClientWins*)

werden. Weiterhin können Sie an die Methode auch die gewünschten Objekte/Collections übergeben, für die Sie die Aktualisierung erreichen möchten.

BEISPIEL

Aktualisieren der im *DataGridView* angezeigten Mitglieder mit den Werten aus der Datenbank

```
...
    CType(ctx, IObjectContextAdapter).ObjectContext.Refresh(
            System.Data.Objects.RefreshMode.StoreWins, ctx.Mitglieder)
    ctx.Mitglieder.Load()
    DataGrid1.DataContext = ctx.Mitglieder.Local
...
```

Doch dazu einige Anmerkungen:

- Der lokale Datenspeicher enthält nach dieser Aktion alle neuen Datensätze des Servers, nicht jedoch Änderungen in bestehenden Datensätzen.
- Ein weiteres Problem sind in diesem Zusammenhang die auf dem Server gelöschten Datensätze. Diese werden durch ein *Refresh* **nicht** in der Clientdatenmenge gelöscht, sie stehen also weiter für die Bearbeitung zur Verfügung. Der Versuch, einen solchen Datensatz zu aktualisieren, wird mit einem Laufzeitfehler belohnt, da dieser Datensatz nicht mehr in der Tabelle existiert.

Die ebenso universelle wie brachiale Lösung für dieses und andere Probleme:

HINWEIS   Erzeugen Sie einen neuen *DbContext* und rufen Sie die Daten erneut ab.

Einfaches Einfügen von Datensätzen

In der ersten Version des Entity Frameworks gehörte dieses Thema zu den weniger schönen »Highlights«, da das Hinzufügen neuer Entitäten an den *ObjectContext* gebunden war. Dieser verfügte über einen »Sack« voller automatisch generierter Methoden (*AddToMitglieder, AddToVereine ...*).

Wesentlich intuitiver ist die aktuelle Vorgehensweise (*DbContext*) mit einem normalen *Add*, wie Sie es bei allen anderen Collections auch gewohnt sind.

BEISPIEL

Verwendung von *Add*

```
ctx.Mitglieder.Add(New Mitglieder() With {.Vorname = "Paul", .Nachname = "Waldner"})
```

Eine weitere Variante bietet sich mit einer überladenen statischen Methode für die Klasse Mitglieder an. Hier zunächst die Überladung:

```
Partial Public Class Mitglieder

    Public Sub New()
    End Sub

    Public Sub New(nachname As String, vorname As String)
        Me.Nachname = nachname
        Me.Vorname = vorname
    End Sub

    Public Shared Function Neu(vorname As [String], nachname As [String]) As Mitglieder
        Dim mitglieder As New Mitglieder(nachname, vorname)
        Return mitglieder
    End Function

End Class
```

Jetzt geht es so:

```
ctx.Mitglieder.Add(New Mitglieder("Waldner", "Paul"))
```

oder so:

```
ctx.Mitglieder.Add(Mitglieder.Neu("Waldner", "Paul"))
```

HINWEIS　　　Nach Ausführung obiger Anweisungen sind die Daten zunächst lokal zwischengespeichert. Erst der Aufruf der *DbContext*-Methode *SaveChanges* überträgt die Daten zur angeschlossenen Datenquelle.

Abrufen eines Identity-Wertes nach dem Einfügen

Der passionierte SQL-Programmierer wird jetzt sicher schon daran denken, wie er den Identity-Wert des neuen Datensatzes in Erfahrung bringen kann. Vergessen Sie alle Überlegungen dieser Art, darum kümmert sich der *ObjectContext*, wenn Sie die Daten per *SaveChanges* übernehmen.

BEISPIEL

Bestimmen des Werts der Identity-Spalte

```
Dim ctx As New VereinDBEntities()
```

Neue Instanz erzeugen:

```
Dim m As New Mitglieder("Hermann", "Burgdorfer")
```

Dem *DbContext* hinzufügen:

```
ctx.Mitglieder.Add(m)
MessageBox.Show("Vor SaveChanges:" + m.Id.ToString())
```

Daten übertragen:

```
ctx.SaveChanges()
```

Im Hintergrund ermittelt der ObjectContext die neue Id und Sie können diese direkt nutzen:

```
MessageBox.Show("Die neue ID:" & m.Id.ToString())
```

Abbildung 12.51 Die Ausgabedaten des Beispiels

Einfügen von Datensätzen in 1:n/m:n-Beziehungen

Wie die beiden vorhergehenden Beispiele gezeigt haben, scheint es kein Problem zu sein, neue Datensätze auf dem Server zu erzeugen. Doch wie sieht es mit verknüpften Daten aus? Ein etwas komplexeres Beispiel zeigt, dass auch dies problemlos realisierbar ist.

BEISPIEL

Erzeugen eines neuen Vereins und Zuweisen des Vereinsvorsitzenden (1:n-Beziehung) und eines Vereinsmitglieds (m:n-Beziehung)

```
Dim ctx As New VereinDBEntities()
```

Der neue Verein:

```
Dim v As New Vereine()
v.Name = "Taubenzüchter"
v.Adresse.Ort = "Bad Taubhausen"
v.Adresse.PLZ = "12345"
v.Adresse.Strasse = "Bienengasse 333"
```

Hier wird ein Mitglied zugewiesen, das bereits vorhanden ist:

```
v.Mitgliederliste.Add(ctx.Mitglieder.Where(Function(m) m.Nachname = "Glück").First())
```

Hier wird einem Mitglied ein Vereinsvorsitz zugewiesen:

```
ctx.Mitglieder.Where(Function(m) m.Nachname = "Glück").First().VereinsVorsitze.Add(v)
```

Mit einem abschließenden *SaveChanges* werden die Änderungen in die Datenbank übertragen.

HINWEIS   Da der Vereinsvorsitzende bereits als Entität vorhanden ist, wirkt sich eine Verknüpfung mit dem POCO-Objekt *Vereine* auch auf dieses aus.

Das folgende Beispiel ist schon etwas komplexer, wir erzeugen einen Verein mit ein paar Mitgliedern.

Verein mit zwei Mitgliedern erzeugen

Erst der Verein:

```
Dim v As New Vereine()
v.Name = "VB-Freunde"
v.Adresse.Ort = "Frankfurt"
v.Adresse.PLZ = "54321"
v.Adresse.Strasse = "Programmiererweg 5"
```

Dann die Mitglieder:

```
v.Mitgliedsliste.Add(Mitglieder.Neu(0, "Thomas", "Gewinnus"))
v.Mitgliedsliste.Add(Mitglieder.Neu(0, "Walter", "Doberenz"))
```

Den Vorsitzenden dürfen wir natürlich nicht vergessen:

```
v.Vereinsvorsitzender = v.Mitgliederliste.Where(Function(m) m.Nachname = "Gewinnus").First()
```

Und zum Schluss alles in die Vereinsliste einfügen:

```
ctx.Vereine.Add(v)
```

Wer dies mit dem Aufwand eines normalen ADO.NET-Programms vergleicht, dürfte schon einige Erleichterungen feststellen, vor allem die m:n-Beziehung mit den drei beteiligten Tabellen würde uns sonst das Leben schwer machen.

Bearbeiten von Entitäten

Wie auch bei LINQ to SQL gilt: verwenden Sie einfach die Eigenschaften des jeweiligen Objekts und weisen diesen neue Werte zu.

Ändern eines Vereinsnamens

```
Dim ctx As New VereinDBEntities()
```

Wir fragen gezielt ein Objekt ab:

```
Dim ver As Vereine = ctx.Vereine.First(Function(v) v.Name.Contains("C#"))
```

Wir ändern den Wert:

```
ver.Name = "VB-Freunde"
ctx.SaveChanges()
```

HINWEIS   Änderungen, und dazu zählen Hinzufügen, Löschen und Editieren, werden nur übertragen, wenn Sie die *SaveChanges*-Methode des übergeordneten *DbContext*-Objekts aufrufen.

Übernahme der Daten mit SaveChanges

Wie schon in den letzten Beispielen erwähnt, werden die eingefügten (und auch geänderten) Daten erst mit einem abschließenden *SaveChanges* in die Datenbank zurückgeschrieben. So weit so gut, doch grau ist alle Theorie und so zeigt sich in der Praxis recht schnell, dass in Multiuser-Umgebungen konkurrierende Änderungen auch von anderen Usern vorgenommen werden können.

Wie reagiert hier das Entity Framework?

BEISPIEL

Ändern eines Mitgliedsnamens

```
Dim ctx As New VereinDBEntities()
Dim m = ctx.Mitglieder.First()
m.Nachname = DateTime.Now.ToString()
```

Zeitlich später...

```
ctx.SaveChanges()
```

Starten Sie das Programm zweimal und überlappen sich die Lese- und Schreibvorgänge beider Instanzen, so passiert nichts. Die Daten des letzten Zugriffs werden ordnungsgemäß in der Datenbank abgelegt, als ob es keine weiteren Zugriffe gegeben hätte.

Dies ist ein grundlegender Unterschied zu LINQ to SQL, wo in diesem Fall standardmäßig ein Laufzeitfehler auftritt, den Sie entsprechend behandeln müssen.

Doch wie bringen wir unser EDM dazu, auf Änderungen anderer Instanzen zu reagieren? Hier hilft nur ein Blick in das Datenmodell und dort speziell auf die Eigenschaft *ConcurrencyMode* (diese existiert für jedes Attribut einer Entität). Setzen Sie den Wert auf *Fixed*, werden Änderungen anderer Nutzer berücksichtigt und führen zu einem Laufzeitfehler.

Rufen Sie jetzt das vorhergehenden Beispiel in zwei Instanzen auf und überlappen sich Lese- und Schreibvorgänge, führt dies zum Laufzeitfehler (siehe Abbildung 12.52):

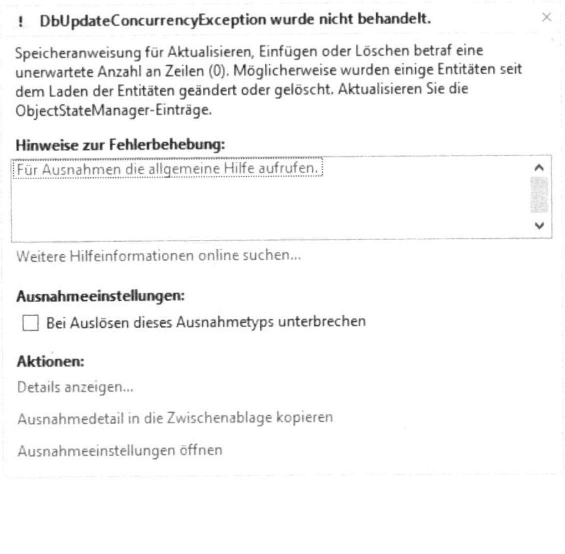

Abbildung 12.52 Laufzeitfehler beim Aufruf von *SaveChanges*

Lösung per ObjectContext

Zwei Lösungen bieten sich an:

- Die auf dem Client zwischengespeicherten Daten werden in jedem Fall gesichert:

```
Try
    ctx.SaveChanges()
Catch ex As OptimisticConcurrencyException
    CType(ctx, IObjectContextAdapter).ObjectContext.Refresh(
        System.Data.Objects.RefreshMode.ClientWins, ctx.Mitglieder)
    ctx.SaveChanges()
End Try
```

- Die auf dem Server gespeicherten Daten werden übernommen, Clientänderungen werden ignoriert:

```
Try
    ctx.SaveChanges()
Catch ex As OptimisticConcurrencyException
    CType(ctx, IObjectContextAdapter).ObjectContext.Refresh(
        System.Data.Objects.RefreshMode.StoreWins, ctx.Mitglieder)
    ctx.SaveChanges()
End Try
```

Lösung per DbContext

Alternativ können Sie auch wie folgt vorgehen:

1. Die auf dem Client zwischengespeicherten Daten werden in jedem Fall gesichert:

```
Try
    ctx.SaveChanges()
Catch ex As DbUpdateConcurrencyException
```

Wir laden die neuen Datenbankwerte als Alt-Werte in die Einträge, beim Speichern sind jetzt keine Probleme zu erwarten:

```
    For Each entry In ex.Entries
        entry.OriginalValues.SetValues(entry.GetDatabaseValues())
    Next
    ctx.SaveChanges()
End Try
```

2. Die auf dem Server gespeicherten Daten werden übernommen, Clientänderungen werden ignoriert:

```
Try
    ctx.SaveChanges()
Catch ex As DbUpdateConcurrencyException
    For Each entry In ex.Entries
```

Wir übernehmen die Altwerte und die Neuwerte vom Server und setzen den Bearbeitungsstatus zurück:

```
        entry.OriginalValues.SetValues(entry.GetDatabaseValues())
```

```
            entry.CurrentValues.SetValues(entry.GetDatabaseValues())
            entry.State = EntityState.Unchanged
        Next
    End Try
```

Welche der beiden Möglichkeiten Sie in Betracht ziehen, hängt nicht zuletzt von der jeweiligen Aufgabenstellung ab.

Sind die Datenänderungen auf den Server geschrieben bzw. die neuen Entitäten übertragen worden, wird der *EntityState* für diese Entitäten auf *Unchanged* geändert.

HINWEIS Eine Bemerkung ganz nebenbei: Der Rückgabewert von *SaveChanges* gibt darüber Auskunft, wie viele Datensätze verändert wurden.

Löschen von Daten

Einen »einfachen« Datensatz (ohne Relationen) löschen Sie mit der *Remove*-Methode der jeweiligen Collection. Auch hier wird der Datensatz erst mit dem abschließenden *SaveChanges* an den SQL-Server übertragen. Die eventuell vorhandenen *Local*-Collections werden automatisch aktualisiert, Sie sehen bei einer Datenbindung also sofort das Ergebnis.

BEISPIEL

Löschen eines einzelnen Datensatzes

```
Dim ctx As New VereinDBEntities()
Dim mit As Mitglieder = ctx.Mitglieder.First(Function(m) m.Nachname = "Wiesengrün")
ctx.Mitglieder. Remove(mit)
ctx.SaveChanges()
```

So weit so gut, doch was passiert, wenn wir beispielsweise »Gewinnus« löschen wollen (Vorsitzender eines Vereins)? Der Versuch endet abrupt mit folgender Fehlermeldung:

```
"Die DELETE-Anweisung steht in Konflikt mit der REFERENCE-Einschränkung 'FK_Vereine_Mitglieder'. Der
Konflikt trat in der 'C:\...\VEREINDB.MDF'-Datenbank, Tabelle 'dbo.Vereine', column 'Vorsitzender'
auf.\r\nDie Anweisung wurde beendet."
```

Die Lösung: Entweder der komplette Verein wird gelöscht, oder Sie ernennen einen neuen Vorsitzenden und löschen nachfolgend »Gewinnus«. Doch ganz nebenbei ist »Gewinnus« auch noch Mitglied des Vereins, auch diese Mitgliedschaft müssen wir vor dem Löschen beenden.

BEISPIEL

Löschen von verknüpften Datensätzen

```
Dim ctx As New VereinDBEntities()
```

Zu löschenden Datensatz abrufen:

```
Dim mit As Mitglieder = ctx.Mitglieder.First(Function(m) m.Nachname = "Gewinnus")
```

Einen neuen Vorsitzenden zuweisen:

```
Dim mit2 As Mitglieder = ctx.Mitglieder.First(Function(m) m.Nachname = "Doberenz")
```

Den gewünschten Verein ermitteln:

```
Dim ver = ctx.Vereine.First(Function(v) v.Name.Contains("C#"))
```

Den Vorsitzenden neu zuweisen:

```
ver.Vorsitzender = mit2
ver.Mitgliederliste.Remove(mit)
ctx.Mitglieder.Remove(mit)
```

Diese Änderungen übertragen:

```
ctx.SaveChanges()
```

Ja, das sieht schon recht aufwändig aus und der passionierte SQL-Programmierer denkt sich jetzt sicher auch seinen Teil und schreibt schnell eine Stored Procedure, die Ihm diese Arbeit abnimmt (Übergabe zweier IDs genügt). Alternativ kann je nach Anwendungsfall auch die »Delete Rule« der Fremschlüssel-Einschränkung auf »Cascade« angepasst werden, um korrespondierende Datensätze automatisch zu löschen, was in unserem Fall aber wohl nicht ganz sinnvoll wäre.

Und damit haben wir bereits unser Stichwort für den nächsten Abschnitt.

Verwendung von Stored Procedures

Das Entity Framework bietet mittlerweile mehrere Varianten der Einbindung von Stored Procedures an:

- Mapping der Insert-, Update-, Delete- Routinen für einzelne Entitäten (siehe dazu auch Seite 790)
- Funktionsimport mit der Rückgabe von vordefinierten Entitäten
- Funktionsimport mit der Rückgabe von skalaren Werten
- Funktionsimport mit der Rückgabe von komplexen Typen
- Unterstützung für Table-Valued Functions (TVF)

Während die Rückgabe vordefinierter Entitäten kein Problem ist, müssen in den beiden anderen Fällen erst die Typen zugewiesen bzw. erzeugt werden.

Komplexe Typen

Haben Sie zunächst die Stored Procedure per Assistent in das Storage-Model importiert, müssen Sie teilweise noch den erforderlichen komplexen Typ erzeugen und den Funktionsimport vornehmen (*Modellbrowser/Funktionsimporte/Funktionsimport erstellen*). Dazu steht Ihnen ein eigener Assistent zur Verfügung:

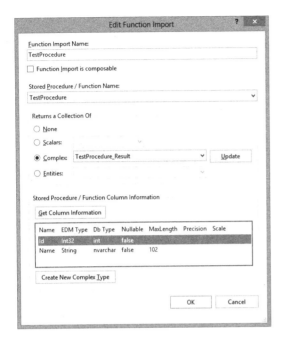

Abbildung 12.53 Funktionsimport mit komplexem Typ erstellen

Klicken Sie nach Auswahl der Prozedur zunächst auf die Schaltfläche *Spalteninformationen abrufen* und nachfolgend auf *Neuen komplexen Typ erstellen*.

BEISPIEL

Import und Verwendung einer Stored Procedure mit komplexem Rückgabewert

Die zugehörige T-SQL-Prozedur:

```
ALTER PROCEDURE dbo.TestProcedure
AS
    SELECT Id, nachname + ', ' + vorname AS Name FROM Mitglieder
RETURN
```

Die Verwendung im Programm erfolgt über einen Methodenaufruf des *ObjectContext*:

```
VereinDBEntities ctx = New VereinDBEntities()
Dim m = ctx.TestProcedure()
DataGrid1.DataContext = m.ToList()
```

HINWEIS   Vergeben Sie in jedem Fall Alias-Namen für neu erzeugte Spalten, andernfalls kommt es später zu Problemen mit dem Rückgabewert der Prozedur bzw. den erzeugten komplexen Typen.

Skalare Rückgabewerte

Hier gehen Sie wie oben beschrieben vor, wählen jedoch aus der Liste der skalaren Rückgabewerte den geeigneten Typ aus.

BEISPIEL

Import und Verwendung einer Stored Procedure mit skalarem Rückgabewert

Die zugehörige T-SQL-Prozedur:

```
ALTER PROCEDURE dbo.Mitgliederanzahl
AS
 SELECT COUNT(*) FROM mitglieder
 RETURN
```

Die Verwendung im Programm ist etwas gewöhnungsbedürftig, da ein *ObjectResult(Of Integer?)* zurückgegeben wird:

```
Dim ctx As New VereinDBEntities()
Dim res As ObjectResult(Of Integer?) = ctx.Mitgliederanzahl()
```

Umwandeln in einen »normalen« nullable Typ:

```
Dim i? As Integer = res.FirstOrDefault()
```

Anzeige:

```
MessageBox.Show(i.ToString())
```

Alternativ können Sie auch eine eigene Methode per partieller Klasse erstellen.

Table-Valued Functions (TVFs)

TVFs sind Funktionen, die als Rückgabewert eine Tabelle liefern, die Sie wiederum in einer weiteren Abfrage nutzen können. Wo ist der Vorteil?

Sehen wir uns zunächst eine Stored Procedure-Lösung an, bei der die Mitglieder in Abhängigkeit einer Filterbedingung zurückgegeben werden:

```
CREATE PROCEDURE FilterMitglieder (@Namensfilter nvarchar(10))
AS
SELECT * FROM Mitglieder WHERE Nachname LIKE @Namensfilter
```

Die spätere Abfrage kann mit

```
Dim ctx = New VereinDBEntities()
Dim q = ctx.FilterMitglieder("%")
DataGrid1.DataContext = q.ToList()
```

erfolgen.

Doch was ist, wenn wir zusätzlich noch eine beliebige weitere Filterbedingung nutzen wollen? Zum Beispiel:

```
Dim q = ctx.FilterMitglieder("%").Where(Function(m) m.Nachname.StartsWith("W"))
```

Das Entity Framework wird einen Aufruf an den Server senden, bei dem lediglich die Filterbedingungen der Stored Procedure berücksichtigt werden, die LINQ to Enities-Abfrage wird in obigem Fall komplett auf dem Client ausgeführt, d.h., mit bereits geladenen Daten.

Ganz anders bei einer TVF. Hier das Pendant zu obiger Stored Procedure:

```
CREATE FUNCTION FilterMitgliederTVF (@Namensfilter nvarchar(10))
RETURNS TABLE
AS
RETURN SELECT * FROM Mitglieder WHERE Nachname LIKE @Namensfilter
```

Der Aufruf erfolgt wie beim obigen Beispiel:

```
Dim q = ctx.FilterMitgliederTVF("%").Where(Function(m) m.Nachname.StartsWith("W"))
```

Die angezeigten Datensätze entsprechen genau dem Stored Procedure-Beispiel. Doch jetzt besteht ein großer Unterschied, denn an den Server wird eine Abfrage gesendet, in der bereits die Where-Klausel aus unserer LINQ to Entities-Abfrage berücksichtigt ist, d.h., der Server sendet auch nur noch die angezeigten Werte.

Die Serverabfrage bei der Stored Procedure:

```
exec [dbo].[FilterMitglieder] @Namensfilter=N'%'
```

Die Serverabfrage bei der TVF:

```
exec sp_executesql N'SELECT
1 AS [C1],
[Extent1].[Id] AS [Id],
[Extent1].[Vorname] AS [Vorname],
[Extent1].[Nachname] AS [Nachname]
FROM [dbo].[FilterMitgliederTVF](@Namensfilter) AS [Extent1]
WHERE [Extent1].[Nachname] LIKE N''W%''',N'@Namensfilter nvarchar(4000)',@Namensfilter=N'%'
```

Haben Sie Abfragen, bei der die LINQ to Enities-Klauseln recht restriktiv sind, kann es zwischen beiden Abfrageformen wesentliche Performance-Unterschiede zugunsten der TVF geben (weniger Daten, kürzere Zeit, geringerer Speicherbedarf).

Funktionsimporte

Etwas anders als bei den Stored Procedures verhält es sich mit SQL-Server-Funktionen. Wollen Sie beispielsweise eine TSQL-Funktion auch in eSQL bzw. in LINQ to Entities-Abfragen verwenden, müssen Sie neben dem reinen Import der Funktion auch noch eine eigene Mapper-Methode erstellen. Das folgende Beispiel zeigt, wie es geht.

BEISPIEL

Import einer Server-Funktion

Die Funktion auf dem SQL-Server[1]:

```
ALTER FUNCTION dbo.TestFunktion (@Parameter1 VARCHAR(50), @Parameter2 VARCHAR(50) )
RETURNS VARCHAR(100)
```

---

[1] Die Funktion verkettet Vor- und Nachname und kürzt den Vornamen auf den ersten Buchstaben ein.

```
AS
  BEGIN
  DECLARE @Ausgabe VARCHAR(100)
  SET @AUSGABE = RTRIM(SUBSTRING(@Parameter1, 1, 1) + '.' + @Parameter2)
  RETURN @AUSGABE
  END
```

Was jetzt folgt ist »Handarbeit«, wir erstellen einen Methodenrumpf für den Funktionsimport:

```
...
Imports System.Data.Objects.DataClasses
...
Partial Public Class VereinDBEntities

    <EdmFunction("VereinDBModel.Store", "TestFunktion")>
    Public Function TestFunktion(Parameter1 As String, Parameter2 As String) As String
        Throw New NotImplementedException("Kein direkter Aufruf möglich!")
    End Function

End Class
```

Nachfolgend ist es kein Problem, die Server-Funktion zum Beispiel in einer LINQ-Abfrage zu verwenden:

```
Dim ctx As New VereinDBEntities()
Dim query = From m In ctx.Mitglieder
            Select New With {Key .Name = ctx.TestFunktion(m.Vorname, m.Nachname),
                             Key .Vorname = m.Vorname}
DataGrid1.DataContext = query.ToList()
```

Doch warum führt die Verwendung der Methode nicht zu einem Laufzeitfehler? Hier ist etwas Trickserei im Spiel, basierend auf dem *EdmFunction*-Attribut wird der Aufruf entsprechend in den zu erzeugenden SQL-String eingebaut.

Verwenden des ChangeTrackers

In den bisherigen Beispielen haben wir fleißig Objekte (Entitäten) erstellt, geändert und gelöscht. Doch woher weiß eigentlich der *DbContext* welche Änderungen gemacht wurden bzw. welche Änderungen an den Server zu übertragen sind? Die einzelnen POCO-Objekt helfen Ihnen da nicht weiter, es sind nun mal einfache Objekte. Doch bei einem Blick auf den *DbContext* fällt die Eigenschaft *ChangeTracker* auf. Dieser verwaltet quasi die Liste der Änderungen an den einzelnen Entitäten per Entry-Liste[1].

BEISPIEL

Wir fügen ein paar Einträge zur *Mitglieder*-Liste hinzu und sehen uns die Reaktion in der Entries-Liste an.

```
Dim ctx = New VereinDBEntities()

ctx.Mitglieder.Add(Mitglieder.Neu("Thomas", "Hansen"))
ctx.Mitglieder.Add(Mitglieder.Neu("Franz", "Lang"))
ctx.Mitglieder.Add(Mitglieder.Neu("Otto", "Kurz"))
DataGrid1.DataContext = ctx.ChangeTracker.Entries()
```

---

[1] Das ist die Snapshot-Methode, es gibt auch noch eine Proxy-Variante, auf die wir hier nicht eingehen.

Entity	State	CurrentValues	OriginalValues
EDM_Kapitel.Mitglieder	Added	System.Data.Entity.Infrastructure.DbPropertyValues	
EDM_Kapitel.Mitglieder	Added	System.Data.Entity.Infrastructure.DbPropertyValues	
EDM_Kapitel.Mitglieder	Added	System.Data.Entity.Infrastructure.DbPropertyValues	

Abbildung 12.54 Die Anzeige im DataGrid

Für jeden der neuen Einträge in der Mitglieder-Liste ist ein Eintrag hinzugefügt worden, der den Status *Added* hat (über *CurrentValues* haben Sie Zugriff auf die aktuellen Werte, *OriginalValues* ist Null, da die Datensätze neu erstellt wurden). Andere Entries sind nicht vorhanden, wir haben ja auch keine Daten vom Server geladen.

BEISPIEL

Wir laden zunächst die Datenbankeinträge auf den Client (in den lokalen Cache) und fügen dann drei Einträge hinzu:

```
Dim ctx = New VereinDBEntities()
ctx.Mitglieder.Load()
ctx.Mitglieder.Add(Mitglieder.Neu("Thomas", "Hansen"))
ctx.Mitglieder.Add(Mitglieder.Neu("Franz", "Lang"))
ctx.Mitglieder.Add(Mitglieder.Neu("Otto", "Kurz"))
DataGrid1.DataContext = ctx.ChangeTracker.Entries()
```

Jetzt sieht das Ganze schon etwas anders aus:

Entity	State	CurrentValues	OriginalValues
EDM_Kapitel.Mitglieder	Added	System.Data.Entity.Infrastructure.DbPropertyValues	
EDM_Kapitel.Mitglieder	Added	System.Data.Entity.Infrastructure.DbPropertyValues	
EDM_Kapitel.Mitglieder	Added	System.Data.Entity.Infrastructure.DbPropertyValues	
System.Data.Entity.Dynam	Unchanged	System.Data.Entity.Infrastructure.DbPropertyValues	System.Data.Entity.Infrastructure.DbPropertyValues
System.Data.Entity.Dynam	Unchanged	System.Data.Entity.Infrastructure.DbPropertyValues	System.Data.Entity.Infrastructure.DbPropertyValues
System.Data.Entity.Dynam	Unchanged	System.Data.Entity.Infrastructure.DbPropertyValues	System.Data.Entity.Infrastructure.DbPropertyValues
System.Data.Entity.Dynam	Unchanged	System.Data.Entity.Infrastructure.DbPropertyValues	System.Data.Entity.Infrastructure.DbPropertyValues
System.Data.Entity.Dynam	Unchanged	System.Data.Entity.Infrastructure.DbPropertyValues	System.Data.Entity.Infrastructure.DbPropertyValues

Abbildung 12.55 Jetzt finden Sie alte und neue Datensätze in der Liste vor

Würden Sie einen Alt-Datensatz bearbeiten, ändert sich der betreffende *State*-Eintrag in *Modified*. Weitere Werte zeigt die folgende Tabelle 12.1:

Eigenschaft	Bemerkung
Detached	Das Objekt wird nicht von den Objektdiensten überwacht. Ein Objekt kann diesen Status haben, bevor es zu einer Auflistung hinzugefügt wird bzw. wenn es mit *Detach*-Methode vom *ObjectContext* abgekoppelt wurde.
Unchanged	Das Objekt ist unverändert seit dem letzten Laden bzw. seit dem letzten *SaveChanges*
Added	Es handelt sich um ein neues Objekt, das noch nicht mit *SaveChanges* übertragen wurde
Deleted	Es handelt sich um ein zu löschendes Objekt, die Änderung wurde noch nicht mit *SaveChanges* übertragen
Modified	Seit dem letzten Laden bzw. dem letzten *SaveChanges* wurden Änderungen am Objekt vorgenommen

Tabelle 12.1 Werte für *State*

Doch was hat es mit *CurrentValues* und *OriginalValues* auf sich? Hier werden zum einen die neuen Werte und zum anderen die Orinalwerte der Datenbank zwischengespeichert, um bei Änderungen an den Objekten entsprechende SQL-Abfragen für den Server generieren zu können (UPDATE ... WHERE oldvalue = ...).

Ein kleines Beispiel zeigt, wie Sie für einen Entry auf diese Werte zugreifen können. Behilflich dabei ist die *Entry*-Methode des *DbContext*:

BEISPIEL

Arbeiten mit *CurrentValue* und *OriginalValue*

```
Dim ctx = New VereinDBEntities()
```

Einen einzelnen Eintrag abrufen:

```
Dim mit = ctx.Mitglieder.Where(Function(m) m.Nachname = "Gewinnus").First()
```

Wir zeigen den Originalwert an (*Gewinnus*):

```
MessageBox.Show("CurrentValue.Nachname = " & ctx.Entry(mit).Property(
                                Function(m) m.Nachname).CurrentValue)
```

Wir zeigen den Wert von *IsModified* an (*False*):

```
MessageBox.Show("IsModified = " & ctx.Entry(mit).Property(
            Function(m) m.Nachname).IsModified.ToString())
```

Ändern des Namens:

```
mit.Nachname = "Neuer Name"
```

Wir zeigen den aktuellen Wert an (*Neuer Name*):

```
MessageBox.Show("CurrentValue.Nachname = " & ctx.Entry(mit).Property(
            Function(m) m.Nachname).CurrentValue)
```

Wir zeigen den Originalwert an (*Gewinnus*):

```
MessageBox.Show("OriginalValue.Nachname = " & ctx.Entry(mit).Property(
            Function(m) m.Nachname).OriginalValue)
```

Wir zeigen den Wert von *IsModified* an (*True*):

```
MessageBox.Show("IsModified = " & ctx.Entry(mit).Property(
            Function(m) m.Nachname).IsModified.ToString())
```

Wir überschreiben die lokalen aktuellen Werte mit den aktuellen Datenbankeinträgen:

```
ctx.Entry(mit).CurrentValues.SetValues(ctx.Entry(mit).GetDatabaseValues())
```

Wir zeigen den aktuellen Wert an (*Gewinnus*):

```
MessageBox.Show("CurrentValue.Nachname = " & ctx.Entry(mit).Property(
            Function(m) m.Nachname).CurrentValue)
```

Wir zeigen den Originalwert an (*Gewinnus*):

```
MessageBox.Show("OriginalValue.Nachname = " & ctx.Entry(mit).Property(
                Function(m) m.Nachname).OriginalValue)
```

Wir zeigen den Wert von *IsModified* an (*True*, wir müssen den Wert explizit zurücksetzen):

```
MessageBox.Show("IsModified = " & ctx.Entry(mit).Property(
                Function(m) m.Nachname).IsModified.ToString())
```

Wir zeigen die Entries-Liste des ChangeTrackers an (ein Eintrag mit Status *Modified*):

```
DataGrid1.DataContext = ctx.ChangeTracker.Entries()
```

Laden Sie Datensätze in den lokalen Cache (*Load*) und arbeiten Sie im Weiteren mit der per *Local* verfügbaren *ObservableCollection* (z.B. per Datenbindung), wirken sich Änderungen in der Collection natürlich auch auf die Entries-Liste aus.

Die folgende Abbildung 12.56 zeigt die Auswirkung, wenn jeweils ein Datensatz hinzugefügt, gelöscht und bearbeitet wurde.

Entity	State	CurrentValues	OriginalValues
EDM_Kapitel.Mitglieder	Added	System.Data.Entity.Infrastructure.DbPropertyValues	
System.Data.Entity.DynamicProxie:	Modified	System.Data.Entity.Infrastructure.DbPropertyValues	System.Data.Entity.Infrastructure.DbPropertyValue
System.Data.Entity.DynamicProxie:	Deleted		System.Data.Entity.Infrastructure.DbPropertyValue
System.Data.Entity.DynamicProxie:	Unchanged	System.Data.Entity.Infrastructure.DbPropertyValues	System.Data.Entity.Infrastructure.DbPropertyValue
System.Data.Entity.DynamicProxie:	Unchanged	System.Data.Entity.Infrastructure.DbPropertyValues	System.Data.Entity.Infrastructure.DbPropertyValue
System.Data.Entity.DynamicProxie:	Unchanged	System.Data.Entity.Infrastructure.DbPropertyValues	System.Data.Entity.Infrastructure.DbPropertyValue

Abbildung 12.56 Die Entries-Liste nach den Änderungen

HINWEIS Sie können diese Art der Überwachung einschränken, indem Sie *DbContext.Configuration.AutoDetectChangesEnabled* auf *False* setzen. Dies kann z.B. nützlich sein, wenn Sie große Datenmengen in das Modell importieren, da damit der Zeitbedarf drastisch sinkt. Final ist es allerdings erforderlich, mit *DbContext.ChangeTracker.DetectChanges* Änderungen zu erkennen, da sonst bei einem *SaveChanges* keine Änderungen an den Server übertragen werden.

Anhängen von Objekten

Erstellen Sie das EDM in komplexeren Anwendungen, kommt schnell der Wunsch auf, Objekte unabhängig vom *DbContext* zu verarbeiten (Geschäftslogik) oder zu übertragen (Webdienste). In derartigen Fällen müssen Sie die einmal getrennten Objekte (detached) bzw. die extern erstellten Objekte auch wieder mit einem aktiven *DbContext* verbinden.

Mehrere Varianten kommen in Betracht:

- Verwenden von *Add* um neue Objekte hinzuzufügen

- Verwenden von *Attach*, um Objekte hinzuzufügen, die zwar in der Datenquelle, aber nicht im *DbContext* existieren

- Verwendung von *Entry().State = Modified*, um Eigenschaftsänderungen angehängter Objekte auf die Datenbank anzuwenden

Ein kleines Beispiel zeigt die Vorgehensweise.

BEISPIEL

Anwenden externer Änderungen auf eine vorhandene Entität

Ausgangspunkt ist zunächst die bestehende Enität, wir rufen einen Verein ab, der »VB« im Namen enthält:

```
ctx = New VereinDBEntities()
Dim ver As Vereine = ctx.Vereine.First(Function(v) v.Name.Contains("C#"))
MessageBox.Show(ver.Name & ": " & ctx.Entry(ver).State.ToString())
```

Wir schließen den *DbContext*, das Objekt *ver* ist jetzt unabhängig vom *DbContext*:

```
ctx.Dispose()
```

Wir ändern die Eigenschaft *Name* des Objekts:

```
ver.Name = "VB-Freunde 2012 e.V."
MessageBox.Show(ver.Name & ": " & ctx.Entry(ver).State.ToString())
```

An dieser Stelle könnten wir auch das Objekt serialisieren und übertragen (Webdienst) bzw. in Dateien speichern etc.

Irgendwann später erzeugen wir wieder einen *DbContext*:

...

```
Dim ctx = New VereinDBEntities()
```

Und wir fügen unser geändertes Objekt in den *DbContext* ein:

```
ctx.Vereine.Attach(ver)
```

Als Änderung kenntlich machen:

```
ctx.Entry(ver).State = EntityState.Modified
```

Sichern der Änderungen:

```
ctx.SaveChanges()
```

Alternativ können wir beim neuen Connect auch wie folgt vorgehen:

```
ctx = New VereinDBEntities()
```

Den alten Eintrag suchen:

```
Dim verold As Vereine = ctx.Vereine.Find(ver.Id)
```

Die neuen Werte übernehmen:

```
ctx.Entry(verold).CurrentValues.SetValues(ver)
```

Sichern der Änderungen:

```
    ctx.SaveChanges()
End Sub
```

Arbeiten mit Vererbung

Um Ihnen einen ersten Eindruck von den Möglichkeiten der Vererbung im Entity Framework zu geben, hatten wir in unsere Beispieldatenbank eine Tabelle *Fahrzeuge* aufgenommen (siehe Seite 780), die über ein entsprechendes Attribut (*Fahrzeugtyp*) den Typ der späteren Entität bestimmen sollte.

HINWEIS Mit diesem Attribut kann der OR-Mapper eine »Table-per-hierarchy« (TPH) Vererbung realisieren[1].

Arbeit mit dem Designer

Nach Durchlauf des EDM-Assistenten findet sich auch die Entität *Fahrzeuge* in unserem Model-Designer wieder, von Vererbung ist zunächst noch nichts zu sehen – woher soll der Assistent auch diese Informationen nehmen?

Unser Ziel ist ein Schema wie in Abbildung 12.57:

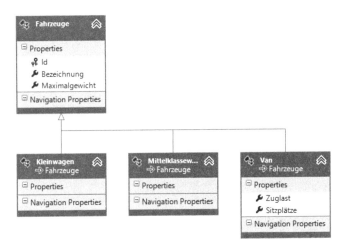

Abbildung 12.57 Vererbte Entitäten

Der weitere Ablauf, um das gezeigte Schema zu erzeugen:

1. Setzen Sie zunächst die Eigenschaft *Abstrakt* für die Entität *Fahrzeuge* auf *True*.

2. Löschen Sie die Eigenschaft *Fahrzeugtyp* aus der Entität *Fahrzeuge*, da der Entitätstyp mit diesem Wert bestimmt wird.

3. Löschen Sie die Eigenschaften *Zuglast* und *Sitzplätze* aus der Entität *Fahrzeuge*. Auf diese Eigenschaften wollen wir nur im Typ *Van* zugreifen, für *Kleinwagen* und *Mittelklasse* sollen die Informationen nicht zur Verfügung stehen.

4. Fügen Sie per Designer-Kontextmenü eine neue Entität hinzu und bestimmen Sie den Basistyp wie in Abbildung 12.58 gezeigt.

---

[1] Es gibt auch noch die Möglichkeit, eine Type-per-Type Vererbung (TPT) zu realisieren, wir gehen darauf nicht weiter ein.

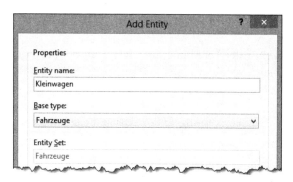

Abbildung 12.58 Erzeugen der ersten Ableitung

5. Nachdem wir über die neue Entität verfügen, müssen wir noch klären, welche Objekte dieser Entität hinzuzufügen sind. Rufen Sie dazu die Zuordnungsdetails von *Kleinwagen* auf (siehe Abbildung 12.59) und erzeugen Sie die Bedingung *When Fahrzeugtyp = 1*:

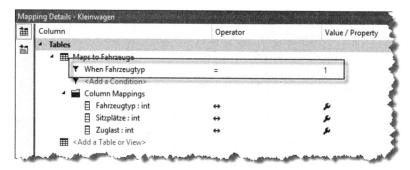

Abbildung 12.59 Zuordnen der Objekte über den Fahrzeugtyp

6. Das gleiche Vorgehen gilt auch für die beiden Typen *Mittelklassewagen* (*When Fahrzeugtyp = 2*) und *Van* (*When Fahrzeugtyp = 3*).

7. Abschließend erzeugen Sie für *Van* noch die Eigenschaften *Zuglast* und *Sitzplätze* und verknüpfen diese per Zuordnungsdetails mit den entsprechenden Eigenschaften der Basisklasse:

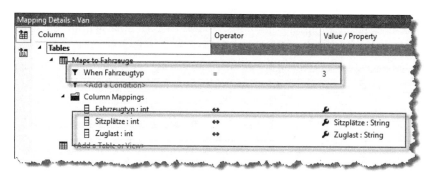

Abbildung 12.60 Zuordnung der Eigenschaften für *Van*

Damit ist der Entwurf im Designer abgeschlossen und wir können uns dem Quellcode zuwenden.

Verwendung der Vererbung

Sicher fragen Sie sich auch, was wir eigentlich mit der Vererbung der Klasse *Fahrzeuge* erreichen wollen bzw. wie wir die neuen Klassen *Kleinwagen, Mittelklasse* und *Van* eigentlich verwenden können.

Wer jetzt vermutet, die abgeleiteten Klassen stehen direkt über den *DbContext* als Eigenschaften zur Verfügung, der irrt sich.

BEISPIEL

Verwendung der Vererbung im Programm

Statt mit

```
Dim ctx As New VereinDBEntities()
DataGridView1.DataSource = ctx.Kleinwagen ' => FEHLER
```

... greifen Sie über folgendes Konstrukt auf die Daten der abgeleiteten Entitäten zu:

```
Dim ctx As New VereinDBEntities()
DataGridView1.DataSource = ctx.Fahrzeuge.OfType(Of Kleinwagen)()
```

Die folgende Abbildung 12.61 zeigt uns die Rückgabewerte für unsere Beispieldatenbank. Wie Sie sehen, werden je nach Entitätstyp unterschiedliche Daten angezeigt. *Fahrzeuge* enthält zwar alle Datensätze, aber nicht die Eigenschaften *Zuglast* und *Sitzplätze*[1], in *Kleinwagen* sind nur die Kleinwagen enthalten, in *Van* die beiden entsprechenden Datensätze, aber diesmal mit den Eigenschaften *Zuglast* und *Sitzplätze*.

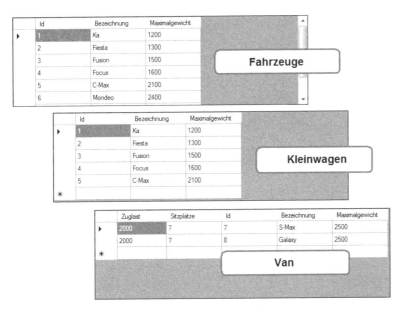

Abbildung 12.61 Beispieldaten für die jeweiligen Entitäten (Klassen)

Wie Sie neue Objekte erzeugen und zuordnen können, zeigt das folgende Beispiel.

---

[1] Diese Eigenschaften hatten wir per Designer aus der Entität gelöscht.

BEISPIEL

Einfügen eines neuen Fahrzeugs (Typ *Van)*

```
Dim ctx As New VereinDBEntities()
Dim v As New Van()
v.Bezeichnung = "Super-Van"
ctx.Fahrzeuge.Add(v)
ctx.SaveChanges()
```

Der Typ *Van* bestimmt intern den Wert der Spalte *Fahrzeugtyp*, damit kann dann auch die Datenbank etwas anfangen.

HINWEIS   Wer den Versuch unternimmt, ein neues Objekt vom Typ *Fahrzeuge* zu erzeugen, der dürfte schnell scheitern, Sie erinnern sich, dass wir diesen Typ als *Abstract* definiert hatten.

Validierung

Und damit sind wir auch schon bei einem für den Programmierer recht unerfreulichem Thema angekommen, der Validierung und logischen Fehlerprüfung.

Grundsätzlich bietet ja unsere Datenbank die Gewähr dafür, dass Fehleingaben und der »Einfallsreichtum« des Programmnutzers nicht in einer Katastrophe enden, allerdings hat diese Variante der Validierung einen entscheidenden Nachteil, denn erst mit dem Datenabgleich per *SaveChanges* werden auch entsprechende Fehlermeldungen auf dem Server generiert. Wir müssen uns also bemühen, schon vorher ein Auge auf die zu übertragenden Daten zu werfen.

Aus einer ganzen Palette von Möglichkeiten, die nicht zuletzt auch vom Entwurfsmodus (Database-First/Code-First) abhängen, wollen wir Ihnen folgende Varianten vorstellen:

- manuelle Prüfung eines Objekts
- manuelle Prüfung aller Entries
- automatische Prüfung beim *SaveChanges*

BEISPIEL

Manuelle Validierungsvariante

```
ctx = New VereinDBEntities()
```

Neues Mitglied erzeugen (Name zu lang):

```
Dim newmit = New Mitglieder("012345678901234567890123456789012345678 9", "Peter")
```

Wir prüfen dieses Objekt, bevor es eingefügt wird:

```
Dim res = ctx.Entry(newmit).GetValidationResult()
If res.IsValid Then
    MessageBox.Show("Mitglied ist Valid")
Else
    MessageBox.Show("Mitglied ist Invalid")
    For Each Er In res.ValidationErrors
```

```
                MessageBox.Show(Er.PropertyName & " :   " & Er.ErrorMessage)
        Next
    End If
```

Manuelle Prüfung aller Entries

```
        ctx = New VereinDBEntities()
        ctx.Mitglieder.Load()
        Dim newmit = New Mitglieder("012345678901234567890123456789", "Peter")
        ctx.Mitglieder.Add(newmit)

    For Each er In ctx.GetValidationErrors()
        For Each detail In er.ValidationErrors
            Debug.WriteLine(detail.PropertyName & "   " & detail.ErrorMessage)
        Next
    Next
```

Automatische Prüfung beim *SaveChanges*

```
        ctx = New VereinDBEntities()
        ctx.Mitglieder.Load()
        Dim newmit = New Mitglieder("01234567890123456789", "Peter")
        ctx.Mitglieder.Add(newmit)
        Try
            ctx.SaveChanges()
        Catch ex As DbEntityValidationException
            For Each er In ex.EntityValidationErrors
                For Each detail In er.ValidationErrors
                    Debug.WriteLine(detail.PropertyName & "   " & detail.ErrorMessage)
                Next
            Next
        End Try
```

Alle drei obigen Varianten würden zunächst nur den Fehler finden, dass der Nachname zu lang ist (für das Datenbankfeld sind maximal 50 Zeichen zulässig). Doch was, wenn Ihnen diese Regeln, die bei Database-First aus den Datenbank-Metadaten generiert wurden, nicht reichen?

In diesem Fall können Sie die *DbContext*-Klasse per partieller Klasse um eine eigene Prüflogik erweitern:

```
Partial Public Class VereinDBEntities
    ...
    Protected Overrides Function ValidateEntity(entityEntry As DbEntityEntry,
                                    items As IDictionary(Of Object, Object)) As
                                    DbEntityValidationResult

        Dim result = MyBase.ValidateEntity(entityEntry, items)
```

Wir unterscheiden zunächst die POCO-Klassen:

```
        If TypeOf entityEntry.Entity Is Mitglieder Then
            ' evtl. auch entityEntry.State = EntityState.Added
            Dim newmit = TryCast(entityEntry.Entity, Mitglieder)
```

Jetzt können wir nach Herzenslust die Felder auswerten und eigene Logik implementieren:

```
        If newmit.Vorname.ToUpper() = "PETER" Then
            result.ValidationErrors.Add(New DbValidationError("Vorname",
                                              "Peter wollen wir nicht!"))
            ' ...
        End If
        If (entityEntry.State = EntityState.Deleted) Then
            result.ValidationErrors.Add(New DbValidationError("",
                                        "Mitglieder werden nicht gelöscht!"))

        End If
...
        End If

        Return result
    End Function
End Class
```

Obige Methode wird von den drei Validierungsvarianten, die wir Ihnen vorgestellt haben, intern verwendet, Sie haben also eine Logik für alle Anwendungsfälle.

HINWEIS   Bei Code-First können Sie noch reichlich Annotations bzw. die Fluent-API zur Validierung einsetzen.

Verwenden der partiellen Klassen

Glücklicherweise sind alle vom Entity Framework generierten Klassen als *Partial* deklariert, was es uns leicht macht, eigene Lösungen zu implementieren, die die Arbeit mit den Entitäten wesentlich komfortabler gestalten.

Im Weiteren beschränken wir uns auf einige wichtige Lösungsansätze, Sie finden sicher noch weitere sinnvolle Möglichkeiten.

DbContext erweitern

Klinken Sie sich hier in einige Ereignisketten ein:

BEISPIEL

Verwendung von *DbContext* erweitern

```
Partial Public Class VereinDBEntities
```

Vor dem Speichern Aktionen durchführen:

```
    Public Overrides Function SaveChanges() As Integer
        ' ...
        Return MyBase.SaveChanges()
    End Function
```

Das Verhalten der integrierten Fehlerprüfung (nur bei Add bzw. Update aktiv) ändern:

```
    Protected Overrides Function ShouldValidateEntity(entityEntry As DbEntityEntry) As Boolean
```

```
    ' ...
    Return MyBase.ShouldValidateEntity(entityEntry)
  End Function
```

Entitäts-Konstruktoren überladen

Beispielsweise können Sie auch eigene Konstruktoren realisieren, die Eigenschaftswerte initialisieren oder übergebene Werte den Eigenschaften entsprechend zuordnen.

Erweiterung der Klasse *Mitglieder*

```
Partial Public Class Mitglieder
```

Zusätzlicher Konstruktor:

```
    Public Sub New(nachname As String, vorname As String)
        Me.Nachname = nachname
        Me.Vorname = vorname
    End Sub
```

Statische Methode der Klasse zum Erzeugen neuer Einträge:

```
    Public Shared Function Neu(vorname As [String], nachname As [String]) As Mitglieder
        Dim mitglieder As New Mitglieder(nachname, vorname)
        Return mitglieder
    End Function
End Class
```

Eigene Eigenschaften und Methoden realisieren

Nutzen Sie eigene Eigenschaften, um beispielsweise Eigenschaften zusammenzufassen, zu berechnen etc. Es ist auch denkbar, dass Sie mit eigenen Eigenschaften ein »delayed Loading« implementieren, bei dem die Werte beispielsweise per Stored Procedure intern nachgeladen werden, wenn auf die Eigenschaft zugegriffen wird.

Eine »berechnete« Eigenschaft definieren

```
Partial Public Class Mitglieder
...
    Private _Mitgliedsname As String = ""
    Public ReadOnly Property Mitgliedsname As String
        Get
            Return _Mitgliedsname
        End Get
    End Property
...
End Class
```

Abschließender Hinweis

Sollen die Änderungen in den partiellen Klassen bzw. den eigentlichen Entity-Klassen durchgehend und übergreifend realisiert werden, bietet es sich an, direkt in die T4-Codeerzeugung einzugreifen und das entsprechende Template an die eigenen Bedürfnisse anzupassen. So werden Ihre Anpassungen automatisch bei jedem Generieren der Mapperklassen automatisch mit implementiert, ohne dass Sie noch einmal »Hand anlegen« müssen.

Sie finden die Templates als *<Modelname>.Context.tt* bzw. *<Modelname>.tt* in Ihrem Projekt. Nehmen Sie hier Ihre Erweiterungen/Änderungen vor und speichern Sie die Dateien ab. Beim Neugenerieren des Projekts werden auch die Klassen entsprechend der neuen Templates erzeugt.

HINWEIS	Auf weitere Ausführungen zu diesem Thema müssen wir aus Platzgründen leider verzichten.

How-to-Beispiele

12.1   ... den ConnectionString anpassen?

Nicht immer werden Sie mit dem einmal erstellten Connectionstring der EntityConnection auskommen. Sei es, dass Sie den Pfad oder den Server anpassen wollen, oder dass Nutzerinformationen geändert werden müssen. Das folgende Beispiel zeigt exemplarisch, wie Sie beispielsweise den Pfad zur Datenbankdatei dynamisch anpassen können.

BEISPIEL

Ändern Pfad zur Datenbankdatei

```
...
Imports System.Data.EntityClient
Imports System.Data.Metadata.Edm
Imports System.Data.Objects.DataClasses
Imports System.Configuration
Imports System.Data.SqlClient
...
```

Aktuellen Connectionstring aus der *App.Config* auslesen:

```
Dim conns As String =
        ConfigurationManager.ConnectionStrings("VereinDBEntities").ConnectionString
```

EntityConnectionStringBuilder erstellen:

```
Dim csb As New EntityConnectionStringBuilder(conns)
```

Aktuellen Providerstring anzeigen:

```
MessageBox.Show(csb.ProviderConnectionString)
```

SqlConnectionStringBuilder erstellen um den Providerstring zu bearbeiten:

```
Dim sb As New SqlConnectionStringBuilder(csb.ProviderConnectionString)
```

Wir ändern den Datenbankpfad:

```
sb.AttachDBFilename = "|DataDirectory|\db\VereinDB.mdf"
```

Neuer Providerstring:

```
csb.ProviderConnectionString = sb.ToString()
```

Anzeige:

```
MessageBox.Show(csb.ProviderConnectionString)
```

Test:

```
Dim db As New VereinDBEntities()
db.Database.Connection.ConnectionString = csb.ProviderConnectionString
DataGridView1.DataSource = db.Mitglieder
```

Vergessen Sie nicht, für *System.Configuration* die gleichnamige Assembly einzubinden.

> **HINWEIS**　Alternativ können Sie in der *App.Config* auch mehrere Connectionstrings ablegen und beim Erstellen des ObjectContext über die Auswahl des Namens eine andere Connection nutzen.

BEISPIEL

Auswahl der Connection über den Namen

Die App.Config:

```
<?xml version="1.0" encoding="utf-8"?>
<configuration>
...
  <connectionStrings>
    <add name="VereinDBEntities" connectionString="metadata=res://*/Model1.csdl|res://*/Model1.ssdl|
res://*/Model1.msl;provider=System.Data.SqlClient;provider connection string=&quot;data
source=(LocalDB)\v11.0;attachdbfilename=|DataDirectory|\VereinDB.mdf;integrated
security=True;MultipleActiveResultSets=True;App=EntityFramework&quot;"
providerName="System.Data.EntityClient" />
    <add name="VereinDBEntitiesFinal" connectionString="metadata=res://*/Model1.csdl|
res://*/Model1.ssdl|res://*/Model1.msl;provider=System.Data.SqlClient;provider connection
string=&quot;data source=(LocalDB)\v11.0;attachdbfilename=|DataDirectory|\final\VereinDB.mdf;integrated
security=True;MultipleActiveResultSets=True;App=EntityFramework&quot;"
providerName="System.Data.EntityClient" />
  </connectionStrings>
...
  </entityFramework>
</configuration>
```

Der Zugriff auf den zweiten Connectionstring:

```
Dim ctx As New VereinDBEntities("VereinDBEntitiesFinal")
DataGrid1.DataContext = db.Mitglieder.ToList()
```

Bevor Sie sich jetzt »einen Wolf« suchen, obigen Konstruktor müssen Sie erst erstellen:

```
Partial Public Class VereinDBEntities

    Public Sub New(name As String)
        MyBase.New(name)
    End Sub
...
End Class
```

12.2   ... ChangeTracking deaktivieren?

Können Sie auf die Dienste des *ChangeTracker*-Objekts verzichten, weil Sie lediglich schreibgeschützte Daten abrufen wollen, dann ist es sinnvoll, die Methode *AsNoTracking* zu verwenden.

BEISPIEL

Deaktivieren des *ObjectStateManager* für die Entität *Mitglieder*

```
...
        Dim ctx As New VereinDBEntities()
        Dim q = ctx.Mitglieder.AsNoTracking()
        DataGrid1.DataContext = q.ToList()
...
```

Neben dem reduzierten Speicherbedarf werden Sie auch mit einer etwas höheren Performance belohnt. Doch Achtung: ein Aktualisieren der Datensätze ist jetzt nicht mehr möglich!

Alternativ können Sie die Rechenlast auch für einen kompletten *DbContext* reduzieren, setzen Sie dazu die Eigenschaft *DbContext.Configuration.AutoDetectChangesEnabled* auf *False*.

12.3   ... Objekt per Schlüssel löschen, ohne diese zu laden?

Im Normalfall rufen Sie erst eine Entität vom Server ab, um diese dann mit *Remove* zu löschen und mit einem *SaveChanges* auf den Server zurückzuschreiben. Das funktioniert so auch ganz gut, hat aber den Nachteil, dass bei zunehmender Datensatzanzahl auch der Netzwerktraffic entsprechend ansteigt.

Ist der Schlüssel bekannt, funktioniert dies alternativ auch durch ein *Attach* und nachfolgendes Löschen des POCO-Objekts im *DbContext*:

```
        Dim ctx As New VereinDBEntities()
        Dim m = New Mitglieder() With {.Id = 7}
        ctx.Mitglieder.Attach(m)
        ctx.Mitglieder.Remove(m)
        ctx.SaveChanges()
```

HINWEIS   *ConcurrencyMode* muss für alle Eigenschaften *None* sein, d.h., es wird lediglich der Schlüssel verwendet.

12.4 ... LINQPad verwenden?

Ist es Ihnen zu mühsam, in Ihrem Programm die LINQ- bzw. eSQL-Abfragen zu erstellen und zu testen, dann sollten Sie einen Blick auf das Tool LINQPad werfen, mit dem Sie diese Aufgaben im Handumdrehen erledigen können.

Download/Installation

Sie können das Programm unter folgender Adresse kostenlos[1] herunterladen:

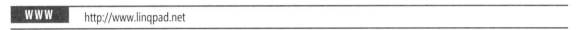

WWW	http://www.linqpad.net

Es genügt, wenn Sie die geladene Datei auspacken, diese enthält die EXE und eine Config-Datei. Damit ist das Programm auch schon bereit für den ersten Start.

Anbinden Ihres Objektmodells

Sinn und Zweck das Programm ist ja in unserem Fall der Test von LINQ- bzw. eSQL-Abfragen gegen **unser** Entity Data Model. Aus diesem Grund müssen Sie LINQPad auch mitteilen, wo sich Ihre Assembly mit dem enthaltenen Datenmodell befindet. Nutzen Sie dazu die *Add connection*-Schaltfläche in der linken Baumansicht.

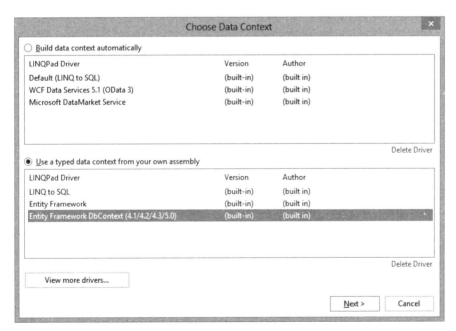

Abbildung 12.62 Auswahl des DataContext-Typs

Nachfolgend können Sie das Modell in der Assembly auswählen, im folgenden Dialog (Abbildung 12.63) bestätigen Sie noch einmal welcher Connectionstring und welche Datenbank genutzt werden sollen.

---

[1] Die kostenpflichtige Version bietet zusätzlich IntelliSense.

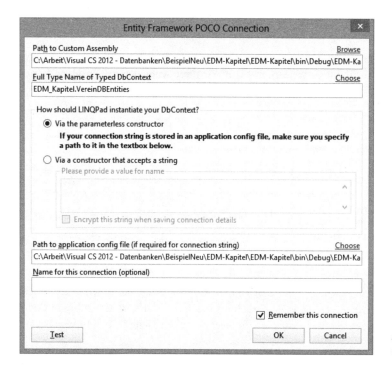

Abbildung 12.63 Auswahl der Assembly und des *DbContext*

Abschließend sollte das Datenmodell auch in der Baumansicht (links) angezeigt werden:

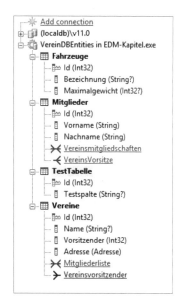

Abbildung 12.64 Ausschnitt aus dem eingelesenen Datenmodell

Und damit können Sie sich schon mit dem Abfragend des Modells beschäftigen, geben Sie Ihre Anweisung im Query-Fenster auf der rechten Seite ein.

Beispiel eSQL

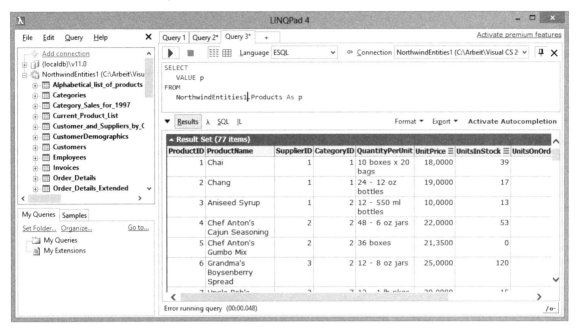

Abbildung 12.65 Ausführen einer eSQL-Abfrage gegen *NorthwindEntities* (siehe Begleitdateien)

Bei LINQ to Entities können Sie auf das Instanziieren des *ObjectContext*/*DbContext* verzichten und direkt mit den Eigenschaften arbeiten. Die Ausgabe realisieren Sie mit *.Dump* (siehe folgende Abbildung).

Abbildung 12.66 Resultat einer LINQ to Entities-Abfrage

12.5 ... die Entity Framework Extended Library verwenden?

Sind Sie es auch leid, beim Löschen oder Aktualisieren von Datensätzen diese erst per LINQ to Entities abzurufen und dann die Lösch- bzw. Änderungsbefehle einzeln wieder zum Server zu schicken? Wer häufig Daten aktualisiert, wird sicher bemerkt haben, dass Microsoft hier etwas vergessen hat.

Wie es scheint, haben sich auch andere mit dieser Thematik beschäftigt, und so findet sich im Internet auch eine Lösung für dieses Problem, die *Entity Framework Extended Library*, die Sie hier herunterladen können:

WWW	https://github.com/loresoft/EntityFramework.Extended

Die Installation nehmen Sie am einfachsten per NuGet vor, geben Sie einfach *EntityFramework.Extended* in das Suchfeld ein. Nach der Installation müssen Sie nur noch den Namespace hinzufügen und schon können Sie loslegen:

BEISPIEL

Aktualisierungs- und Löschabfragen

```
Imports EntityFramework.Extensions
...
    Dim ctx As New VereinDBEntities()
```

Gewinnus einen neuen Vornamen zuweisen:

```
ctx.Mitglieder.Update(Function(m) m.Nachname = "Gewinnus",
                Function(m_new) New Mitglieder() With {.Vorname = "Paul"})
```

Bei Gewinnus den bestehenden Vornamen verändern:

```
ctx.Mitglieder.Update(Function(m) m.Nachname = "Gewinnus",
                Function(m_new) New Mitglieder() With {.Vorname = m_new.Vorname & "##"})
```

Bei allen Mitgliedern den bestehenden Vornamen verändern:

```
ctx.Mitglieder.Update(Function(m_new) New Mitglieder() With {.Vorname = m_new.Vorname & "##"})
```

Gewinnus löschen

```
ctx.Mitglieder.Delete(Function(m) m.Nachname = "Gewinnus")
```

Datenübernahme:

```
ctx.SaveChanges()
```

Wie Sie sehen, können Sie die Operation auf die gesamte Menge anwenden (Lambda-Ausdruck für Filter entfällt), oder Sie geben optional einen Filterausdruck an. Der Bearbeitungsausdruck kann auch auf die Ursprungswerte verweisen (z.B. bei Preiserhöhungen), Ihnen stehen also alle Optionen einer UPDATE- oder DELETE-Anweisung zur Verfügung.

Neben Update und Delete werden auch noch andere Features von der Library unterstützt, so lassen sich beispielsweise mehrere Operationen zu einem Roundtrip zusammenfassen.

12.6 ... SQL-Anweisungen analysieren?

Möglicherweise wird es Ihnen etwas flau im Magen, wenn Sie sich LINQ to Entities-Statements ansehen bzw. eSQL-Abfragen erstellen und Sie nicht wissen, welche finale SQL-Anweisung sich eigentlich dahinter verbirgt. In LINQ to SQL ist diese Problematik recht sinnvoll gelöst, dort können Sie sich z.B. mit dem *Query Visualizer* recht tiefe Einblicke verschaffen.

Im Entity Framework (ab 4.1) sind Sie ohne die Hilfe des *SQL Server Profilers* meist recht schnell am Ende Ihrer Künste angelangt. Für einfache Abfragen genügt jedoch der Griff zur bekannten *ToString*-Methode:

BEISPIEL

Anzeige des erzeugten SQL-Statements

```
Dim ctx As New VereinDBEntities()
Dim q = ctx.Vereine
MessageBox.Show(q.ToString())
```

Abbildung 12.67 zeigt das generierte SQL-Statement.

Abbildung 12.67 Ergebnis der Methode *ToTraceString*

Doch nicht immer funktioniert dieser Weg, in solchen Fällen nutzen Sie bitte den SQL Server Profiler, der auch mit dem *Microsoft SQL Server Management Studio Express* installiert wird.

12.7 ... direkte SQL-Statements an den Server senden?

Ja, auch das funktioniert, obwohl es den Anhängern der »reinen Lehre« ein Dorn im Auge sein wird: Sie können mit den Methoden *ExecuteSQLCommand* und *SqlQuery* SQL-Anweisungen direkt an den Server senden. Selbstverständlich müssen Sie in diesem Fall den jeweiligen SQL-Dialekt des Servers verwenden, und Sie arbeiten wieder mit Tabellen und nicht mit Entitäten.

BEISPIEL

Ausführen eines UPDATE-Statements

```
Dim ctx As New VereinDBEntities()
ctx.Database.ExecuteSqlCommand("UPDATE Mitglieder SET Vorname = {0} WHERE Nachname = {1}",
                               "Hansi", "Gewinnus")
```

Alternativ geht es auch so:

```
Dim sql As String = "UPDATE Mitglieder SET Vorname = @vorname WHERE Nachname = @nachname"
ctx.Database.ExecuteSqlCommand(sql,
                               New SqlParameter("@vorname", "Paule"),
                               New SqlParameter("@nachname", "Gewinnus"))
```

Die Einsatzgebiete für *ExceuteSqlCommand* dürften klar ersichtlich sein: schnelle DELETE-Abfragen, UPDATE-Anweisungen, Aufrufe von Stored Procedures etc.

BEISPIEL

Ausführen einer SELECT-Abfrage

```
Dim ctx As New VereinDBEntities()
Dim res = ctx.Database.SqlQuery(Of Mitglieder)(
                          "SELECT * FROM Mitglieder WHERE Nachname LIKE {0}", "G%")
DataGrid1.DataContext = res.ToList()
```

bzw.

```
Dim sql As String = "SELECT * FROM Mitglieder WHERE Nachname LIKE @suchstring"
Dim res = ctx.Database.SqlQuery(Of Mitglieder)(sql, New SqlParameter("@suchstring", "g%"))
DataGrid1.DataContext = res.ToList()
```

bzw. auch so, hier definiert den Typ das übergeordnete Objekt:

```
Dim sql As String = "SELECT * FROM Mitglieder WHERE Nachname LIKE @suchstring"
Dim res = ctx.Mitglieder.SqlQuery(sql, New SqlParameter("@suchstring", "g%"))
DataGrid1.DataContext = res.ToList()
```

Den Rückgabetyp müssen Sie vorher deklariert haben, andernfalls können Sie nicht auf die Ergebnisse zugreifen.

Reporting Services

In diesem Kapitel:

Übersicht   870

Einführungsbeispiele   871

Unsere Werkzeuge für den Berichtsentwurf   880

Sortieren, Gruppieren und Filtern von Datensätzen   889

Kreuztabellenberichte   895

Bilder im Bericht anzeigen   898

Diagramme darstellen   900

Parameter anwenden   904

Berichtsvariablen   907

Master-Detail-Reports   908

Noch mehr Reporting   908

Hinzufügen von benutzerdefiniertem Code   912

Ergänzungen zum ReportViewer   914

How-to-Beispiele   917

Übersicht

Microsoft Visual Studio stellt mit den Reporting Services (RS) eine moderne Report-Technologie zur Verfügung. Die Reports sind XML-Dateien und auf dem besten Weg, den in die Jahre gekommenen Crystal Report zu verdrängen[1].

Schwerpunkt dieses Kapitels ist der Einsatz des Report Designers und des ReportViewers im lokalen Modus.

Mit der zunehmenden Verbreitung von Webdatenbanken wird natürlich auch die Bedeutung serverbasierter Reports in ein neues Licht gerückt.

HINWEIS   Es dürfte keine allzu große Einschränkung sein, wenn wir uns in diesem Kapitel auf lokale Reports konzentrieren, da Server-Reports nach den gleichen Prinzipien erstellt werden.

Report Designer

Reports werden in einem XML-Dokument gespeichert, das dem Schema der *Report Definition Language* (RDL) entspricht. Ein lokaler Report kann entweder direkt in die Assembly Ihrer Anwendung als Ressource eingebettet werden, oder aber auch als separate *.rdlc*-Datei vorliegen.

Visual Studio enthält eine etwas abgespeckte Version des Report Designers, den wir genauer genommen als »lokalen Report Designer« bezeichnen müssen. Im Unterschied zu seinem größeren Bruder, dem »RS Report Designer«, fehlen ihm aber einige Features. So ist eine Datenvorschaufunktion zur Entwurfszeit nicht möglich, da der lokale Report Designer nicht »weiß«, woher die Daten kommen (im lokalen Modus werden Daten und Parameter erst zur Laufzeit durch die Anwendung übergeben).

Report Viewer

Das *ReportViewer*-Control ist nicht Bestandteil des .NET Frameworks, es wird aber zu Visual Studio mitgeliefert (außer Express-Edition), und es gibt eine WinForms- und eine ASP.NET-Version.

Eigenschaften

Die folgende Aufzählung umfasst die wichtigsten Eigenschaften, wie sie im lokalen Modus relevant sind:

- Effektive Datenverarbeitung bei Filtern, Sortieren, Gruppieren und Aggregation
- Viele Möglichkeiten der Datenpräsentation wie Listen, Tabellen, Charts, Matrizen bzw. Kreuztabellen
- Variables visuelles Erscheinungsbild mit Fonts, Farben, Umrandungen oder Hintergrundbildern
- Interaktives Verhalten bei Dokumentenmappe, Sortieren, Lesezeichen, zusammenklappbare Sektionen
- Unterstützung bedingter Formatierungen, wie z.B. Ausdrücke in den Report einfügen, um das Aussehen dynamisch in Abhängigkeit von den Daten zu verändern
- Druck- und Druckvorschau-Funktion
- Datenexport im Excel-, Word- und PDF-Format

---

[1] Die schleppende Umsetzung des Crystal Reports auf Visual Studio 2012 dürfte diese Vermutung bestätigen.

Betriebsarten

Der *ReportViewer* kennt zwei Betriebsarten:

- **Local Mode**
  Verarbeitung eines in Ihre Applikation eingebetteten oder als separate Datei mitgeführten *.rdlc*-Reports unter Verwendung der eingebauten Reporting-Engine

- **Server Mode**
  Anzeige von *.rdl*-Reports, die von einem Report Server bereitgestellt werden

Die Beispiele dieses Kapitels beziehen sich auf den *Local Mode*.

Wichtige Änderungen gegenüber der Vorgängerversion

Schon wieder hat Microsoft, aus welchen Gründen auch immer, die IDE für die Reporting Services umgekrempelt, die Menüführung und -beschriftung wurde teilweise völlig verändert. In den Werkzeugkasten hielten einige neue Steuerelemente Einzug (*Karte*, *Datenbalken*, *Sparkline*, *Indikator*) und das *Diagramm*-Steuerelement glänzt mit einem anderen Designer, nur um einige von vielen, größtenteils marginalen, Änderungen zu nennen.

> **HINWEIS** Wer seine alten (lokalen) Berichte auch unter Visual Studio 2012 weiter pflegen möchte, muss im Projektmappen-Explorer zunächst die nicht mehr funktionierenden Verweise auf die veralteten Assemblies *Microsoft.ReportViewer. Common* und *Microsoft.ReportViewer.WinForms* entfernen und durch Verweise auf die aktuelle Version 11 ersetzen. Das ist teilweise auch dadurch möglich, dass man den alten *ReportViewer* löscht und an seine Stelle einen neuen *ReportViewer* aus dem Werkzeugkasten setzt.

Leider ist der neue Reportgenerator nicht völlig fehlerfrei[1], sodass die absurde Situation auftreten kann, dass unter bestimmten Bedingungen Ihre alten Berichte zwar unter Visual Studio 2012 fehlerfrei funktionieren, neu erstellte Berichte jedoch nicht (siehe Hinweis Seite 932).

Einführungsbeispiele

Allgemein kann man den Entwurf eines lokalen Reports in drei Etappen aufteilen:

- Erzeugen einer Datenquelle (falls nicht bereits im Projekt enthalten)

- Report entwerfen und seine Elemente mit den Feldern der Datenquelle verbinden

- *ReportViewer* hinzufügen und mit dem Report verbinden

Ähnlich wie bei Windows- oder Webanwendungen steht auch für den Reportentwurf ein visueller Designer zur Verfügung. Dabei ziehen Sie die Report-Elemente von einem Werkzeugkasten auf die Oberfläche des Designers und setzen die Eigenschaften so, wie Sie es von Windows- oder Web-Oberflächen gewöhnt sind.

Jeder Report bezieht seine Daten aus einer Datenquelle, in der Regel ist dies ein typisiertes DataSet. Woher wiederum dieses seine Daten erhält (SQL-Server, Access-Datenbank, XML-Datei, Objekt-Datenquelle, Webdienst...) ist zweitrangig und kein Schwerpunkt des vorliegenden Kapitels (siehe Kapitel 3 und 4).

---

[1] Das galt zumindest bis zum Zeitpunkt der Drucklegung dieses Buchs (Visual Studio 2012 SP1).

Einfachheitshalber haben wir für die Beispiele dieses Kapitels als Datenbasis vorgefertigte XML-Dateien oder die Access-Datenbank *Nordwind.mdb* verwendet, die sie in den Begleitdateien finden. Wollen Sie stattdessen Berichte für die *Northwind*-Datenbank des SQL-Servers erstellen, ist die Vorgehensweise ab DataSet absolut identisch. Sie müssen sich im ersten Schritt lediglich darum kümmern, das typisierte DataSet mit einer anderen Datenquelle bzw. SQL-Abfrage zu füllen.

Der erste Bericht – so einfach geht das!

Um einen ersten Eindruck zu gewinnen, wollen wir die *Kunden*-Tabelle aus der Datenbank *Nordwind.mdb* in einer *ReportViewer*-Komponente anzeigen.

Datenquelle erzeugen

- Erzeugen Sie ein neues Projekt vom Typ *Windows Forms-Anwendung.*

- Ziehen Sie per Drag & Drop die Datenbank *Nordwind.mdb* vom Windows-Explorer in den Projektmappen-Explorer (die Datenbank erscheint dann dort als kleine schwarze Tonne).

- Ungefragt meldet sich der *Assistent zum Konfigurieren von Datenquellen* zu Wort und fordert Sie zur Auswahl der Datenbankobjekte auf. Markieren Sie die Tabelle *Kunden*, belassen Sie es bei *DataSet-Name = NordwindDataSet* und klicken Sie auf die *Fertigstellen*-Schaltfläche.

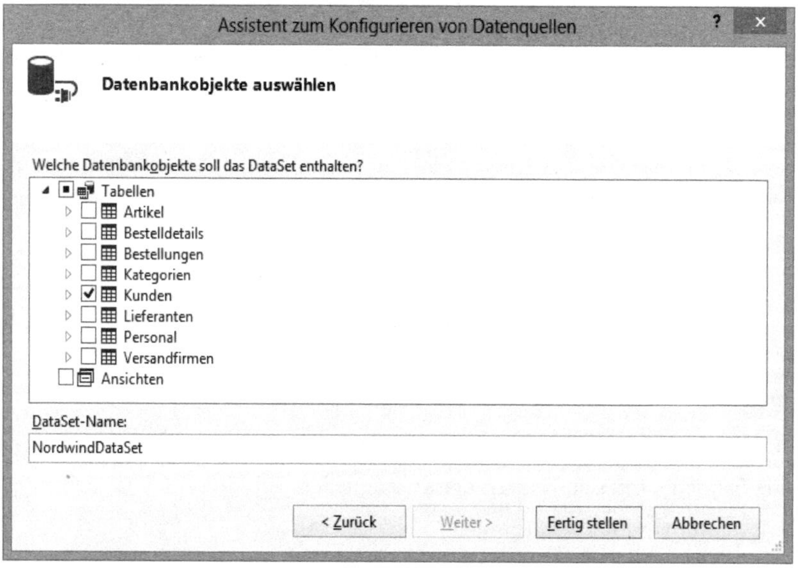

Abbildung 13.1 Auswahl der Datenbanktabelle

Report entwerfen

Über das Menü *Projekt/Neues Element hinzufügen...* wählen Sie die Vorlage *Bericht*, wobei Sie den Standardnamen *Report1.rdlc* für die Reportdatei in *Kunden.rdlc* ändern sollten.

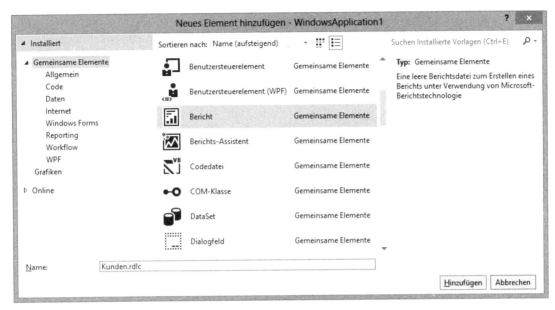

Abbildung 13.2 Hinzufügen eines Berichts zum Projekt

Es erscheint der Report-Designer, auf dessen Oberfläche Sie ein Element vom Typ *Tabelle* vom Werkzeugkasten absetzen. Falls der Werkzeugkasten nicht zu sehen ist, wählen Sie zunächst das Menü *Ansicht/Werkzeugkasten.*

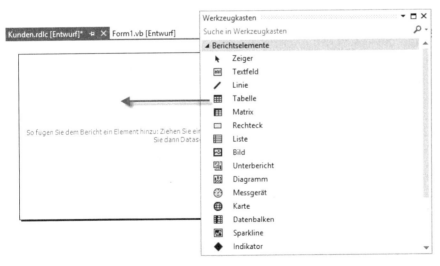

Abbildung 13.3 Absetzen einer Tabelle auf dem Berichts-Designer

Nachfolgend öffnet sich ein neuer Assistent, mit dem Sie zunächst eine Datenquelle für den Report erstellen bzw. zuweisen. Diese spezielle *Report-Datenquelle* schiebt sich quasi zwischen das DataSet Ihres Programms und den Report.

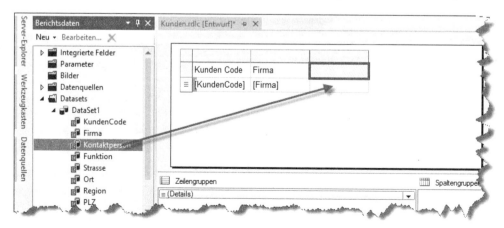

Abbildung 13.4 Reportdatenquelle erzeugen

Belassen Sie es beim standardmäßig vergebenen Namen *DataSet1* für die Report-Datenquelle. Wählen Sie in der Auswahlliste der Datenquellen das schon vorhandene *NorthwindDataSet* aus und nutzen Sie die untere Dropdownliste, um die Tabelle *Kunden* zu spezifizieren.

Über das Menü *Ansicht/Berichtsdaten* bringen Sie das *Berichtsdaten*-Fenster zur Ansicht, in welchem nun das *DataSet1* zu sehen sein müsste. Per Drag & Drop ziehen Sie die gewünschten *Kunden*-Felder auf die *Detail*-Zeile (die untere Zeile) der Report-Tabelle, wobei die Kopfzeile automatisch ergänzt wird.

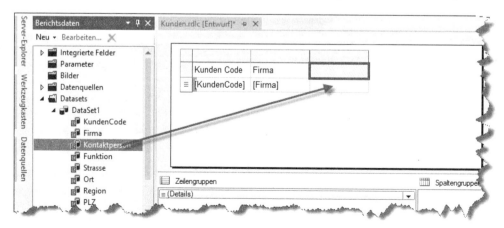

Abbildung 13.5 Die Felder der Report-Datenquelle werden per Drag & Drop in den *Detail*-Abschnitt der Report-Tabelle gezogen

> **HINWEIS** Da eine Tabelle standardmäßig mit drei Spalten erzeugt wird, müssen Sie über das Kontextmenü gegebenenfalls weitere Spalten hinzufügen.

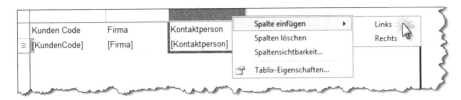

Abbildung 13.6 Hinzufügen einer Spalte

Formatieren Sie die Zellen der Report-Tabelle, z.B. die Schriftart, nach eigenem Ermessen über das Eigenschaftenfenster (*F4*) bzw. einen Eigenschaftendialog. Die Spaltenbreite stellen Sie mit der Maus ein.

Report mit ReportViewer verbinden

Auf dem Startformular *Form1* platzieren Sie eine *ReportViewer*-Komponente aus der Sektion *Berichterstellung* des Werkzeugkastens. Setzen Sie deren *Dock*-Eigenschaft auf *Fill*.

Im Aufgaben-Menü der *ReportViewer*-Komponente (klicken Sie auf das winzige schwarze Dreieck in der rechten oberen Ecke) wählen Sie jetzt die Reportdatei *Kunden.rdlc* aus. In der Folge werden die Instanzen *NordwindDataSet*, *KundenBindingSource* und *KundenTableAdapter* erzeugt und im Komponentenfach sichtbar.

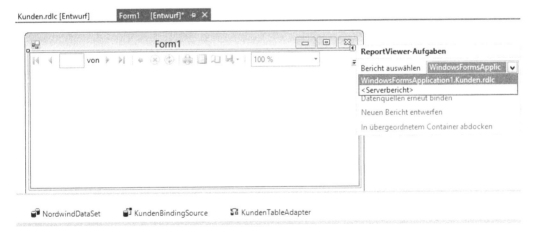

Abbildung 13.7 Dem *ReportViewer* wird der Bericht *Kunden.rdlc* zugewiesen

Der *ReportViewer* ist nun bereit für die Anzeige der *Kunden*-Tabelle. Starten Sie das Programm (*F5*). Je nach Umfang des Reports dauert es ein kleines Weilchen, bis der Report generiert ist. Über die Navigatorleiste haben Sie jetzt die Möglichkeit, durch den Report zu blättern, den Report auszudrucken, die Seite einzurichten (z.B. Querformat), das Seitenlayout anzuzeigen, den Report im Excel oder PDF-Format zu exportieren, die Größe der Anzeige zu ändern oder nach Text zu suchen.

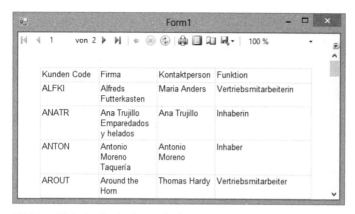

Abbildung 13.8 Anzeige des Reports im *ReportViewer*

Bemerkungen

- Interessant ist ein Blick auf den *Load*-Eventhandler von *Form1*, den der im Hintergrund agierende Assistent beim Verbinden der *ReportViewer*-Komponente mit der Datenquelle mit den hier fett gedruckten Zeilen besetzt hat:

```
Public Class Form1

    Private Sub Form1_Load(sender As Object, e As EventArgs) Handles MyBase.Load

        Me.KundenTableAdapter.Fill(Me.NordwindDataSet.Kunden)
        Me.ReportViewer1.RefreshReport()
    End Sub

End Class
```

- Die interne Sprache des Report-Designers ist das alte Visual Basic. Bis jetzt brauchten Sie allerdings nicht selbst Hand anzulegen, das hat Ihnen der Report-Designer abgenommen (siehe Zelleninhalte der Detailzeile der *Tabelle*). Ziehen Sie beispielsweise das Feld *Kontaktperson* aus dem Datenquellen-Fenster in ein *Textfeld*, so wird automatisch der folgende Visual Basic-Code in das *Textfeld* eingetragen:

```
=First(Fields!Kontaktperson.Value)
```

> **HINWEIS**　　Mehr dazu finden Sie im Abschnitt »Programmieren mit Visual Basic« (ab Seite 912).

Ein zweiter Bericht – weg mit dem Assistenten!

Im obigen Einführungsbeispiel hatten wir die Datenbindung des *ReportViewers* einem Assistenten überlassen, und auch das typisierte DataSet *NordwindDataSet* wurde mit Assistentenhilfe generiert.

So schön und bequem die Verwendung von Assistenten auch sein mag, dem Lernenden bleiben dabei die Details des Zusammenspiels der Objekte verborgen und ihm wird damit die Möglichkeit genommen, auf bestimmte Anforderungen flexibel mit eigenem Code zu reagieren.

Im Folgenden wird das gleiche Problem wie im Vorgängerbeispiel ohne Assistentenhilfe, also in »Handarbeit« gelöst. Sie werden selbst feststellen, dass der zusätzliche Aufwand gar nicht so groß ist und die Zusammenhänge dafür umso klarer hervortreten.

Vorbereitungen

Erzeugen Sie eine neue Windows Forms-Anwendung und setzen Sie einen *ReportViewer* auf das Startformular. Über das Menü *Projekt/Neues Element hinzufügen...* fügen Sie ein (typisiertes) *DataSet* hinzu und geben ihm den Namen *NordwindDataSet*.

Es öffnet sich der XSD-Designer. Klicken Sie auf die leere Fläche und fügen Sie per Kontextmenü eine neue (leere) *DataTable* hinzu:

Abbildung 13.9 Hinzufügen einer *DataTable*

Es dürfte für Sie kein Problem sein, die DataTable in *Kunden* umzubenennen und mittels *Hinzufügen*-Kontextmenü mit Spalten (*KundenCode, Firma, Kontaktperson, Funktion, Strasse, Ort ...*) und einem Primärschlüssel entsprechend der folgenden Abbildung auszustatten. Da der Datentyp aller Spalten standardmäßig *System.String* ist, brauchen Sie hier die Datentypen nicht zu ändern.

Abbildung 13.10 Aufbau der *Kunden*-Tabelle im typisierten DataSet

Ein Klick auf das Menü *Ansicht/Weitere Fenster/Datenquellen* beweist, dass unser typisiertes DataSet jetzt als Datenquelle zur Verfügung steht (siehe Abbildung 13.11).

Abbildung 13.11 Unser typisiertes DataSet als Datenquelle

Bericht entwerfen

Über das Menü *Projekt/Neues Element hinzufügen...* fügen Sie einen (leeren) *Bericht* mit dem Namen *Kunden.rdlc* hinzu, den Sie mit einer *Tabelle* bestücken. Der weitere Drag & Drop-Entwurf unterscheidet sich nicht vom ersten Einführungsbeispiel, weshalb wir auf überflüssige Erklärungen verzichten wollen.

ReportViewer anbinden

Nun müssen wir den *ReportViewer* nur noch mit dem Report und diesen mit seiner Datenquelle verbinden, diesmal allerdings nicht per Aufgaben-Menü des *ReportViewers*, sondern per Code:

Zunächst ist der folgende Namespace einzubinden:

```
Imports  Microsoft.Reporting.WinForms

Public Class Form1
```

Die erforderlichen Arbeiten werden beim Laden des Formulars erledigt:

```
    Private Sub Form1_Load(sender As Object, e As EventArgs) Handles MyBase.Load
```

Eine Instanz des typisierten DataSets erzeugen:

```
        Dim nwDS As New NordwindDataSet()
```

Anstatt direkt aus der Datenbank *Nordwind.mdb* wollen wir das DataSet diesmal ressourcenschonend aus der Datei *Kunden.xml* laden, die wir vorher per Drag & Drop in den Projektmappen-Explorer gezogen haben:

```
        nwDS.ReadXml("Kunden.xml")
```

Nun müssen wir aus dem typisierten DataSet unsere Report-Datenquelle erzeugen (der im Konstruktor der *ReportDataSource* übergebene Namen *NordwindDataSet_Kunden* entspricht der von uns vergebenen Bezeichnung, siehe Menü *Ansicht/Berichtsdaten* des Report-Designers):

```
        Dim rds1 As New ReportDataSource("NordwindDataSet_Kunden")
```

Nun die Zuweisung der konkreten Tabelle:

```
        rds1.Value = nwDS.Kunden
```

Jetzt endlich kann der *ReportViewer* mit seiner Datenquelle verbunden werden:

```
        ReportViewer1.LocalReport.DataSources.Add(rds1)
```

Wir müssen den *ReportViewer* aber nicht nur mit seiner Datenquelle, sondern auch noch mit seiner Report-Ressource verbinden:

```
        ReportViewer1.LocalReport.ReportEmbeddedResource = "WindowsApplication2.Kunden.rdlc"

        Me.ReportViewer1.RefreshReport()
    End Sub

End Class
```

Test

Unsere ehrliche Handwerksarbeit hat sich ausgezahlt – wir kommen zum gleichen Ergebnis wie im Vorgängerbeispiel.

Bemerkungen

- Damit die Datei *Kunden.xml* gefunden wird, setzen Sie im Projektmappen-Explorer deren Eigenschaft *In Ausgabeverzeichnis kopieren* auf *Immer kopieren*.

- Es scheint zunächst etwas verwirrend zu sein, dass wir wir es beim Report-Entwurf mit zwei Typen von Datenquellen zu tun haben: Die »normalen« typisierten DataSets (hier *NordwindDataSet*, siehe Menü *Ansicht/Weitere Fenster/Datenquellen* oder *Datenquellen*-Register am linken Rand) und die Report-Datenquellen (hier *NordwindDataSet_Kunden*, Menü *Ansicht/Berichtsdaten*). Letztere werden in der XML-Datei abgelegt und sind nach allen Änderungen an der Projekt-Datenquelle ebenfalls zu aktualisieren.

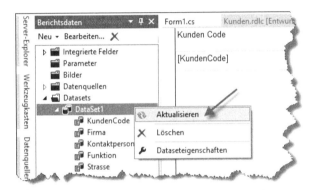

Abbildung 13.12 Berichtsdatenquellen aktualisieren

- Die Report-Datei *Kunden.rdlc* ist standardmäßig eine eingebettete Ressource (*Embedded Resource*). Sie können sich davon überzeugen, wenn Sie im Projektmappen-Explorer (über Kontextmenü) das *Eigenschaften*-Fenster dieser Datei betrachten.

Abbildung 13.13 Eigenschaftenfenster der Report-Datei *Kunden.rdlc*

Wenn Sie die Reportdatei nicht als Ressource einbetten, sondern als separate Datei mitführen wollen, müssen Sie die *ReportEmbeddedResource*- durch die *ReportPath*-Eigenschaft ersetzen und dieser anstatt den Resourcennamen den Dateipfad zuweisen:

BEISPIEL

Variante 1 (als Ressource)

```
ReportViewer1.LocalReport.ReportEmbeddedResource = "WindowsApplication2.Kunden.rdlc"
```

BEISPIEL

Variante 2 (als separate Datei im Projektverzeichnis)

```
ReportViewer1.LocalReport.ReportPath = "Kunden.rdlc"
```

HINWEIS　　　Während es bei Variante 2 genügt, wenn nur der der Name der Reportdatei (*Kunden.rdlc*) angegeben wird, muss bei Variante 1 der volle Namen (*WindowsApplication2.Kunden.rdlc*) spezifiziert werden, ansonsten wird die Ressource nicht gefunden!

Übrigens: Wenn Ihnen ganz am Rand auch die Frage »Wie erzeuge ich denn die im obigen Beispiel verwendete Datei *Kunden.xml*?« keine Ruhe lässt, zeigt Ihnen der folgende Code eine Lösung:

BEISPIEL

XML-Daten erzeugen

```
Imports System.Data.OleDb
...

Dim connStr As String = "Provider=Microsoft.Jet.OLEDB.4.0; Data Source=Nordwind.mdb"
Dim conn As New OleDbConnection(connStr)
Dim cmdSel As New OleDbCommand("SELECT * FROM Kunden", conn)
Dim da As New OleDbDataAdapter(cmdSel)
Dim ds As New DataSet()

da.Fill(ds, "Kunden")
ds.WriteXml("Kunden.xml", XmlWriteMode.WriteSchema)
...
```

Unsere Werkzeuge für den Berichtsentwurf

Nachdem wir nun ein gewisses Gefühl für die Report-Entwicklungsumgebung gewonnen haben, können wir uns den Einzelheiten zuwenden und die Bestandteile eines Reports genauer unter die Lupe nehmen.

Oberfläche des Report-Designers

Die Entwurfsoberfläche des Berichtsdesigners besteht aus drei Sektionen:

- Textkörper
- Kopfzeile (optional)
- Fußzeile (optional)

Textkörper

Dieser repräsentiert den eigentlichen Bericht, der dann zur Laufzeit in einzelne Seiten aufgelöst wird.

Kopfzeile und Fußzeile

Ein Bericht kann eine Kopfzeile und eine Fußzeile enthalten, die jeweils am oberen bzw. unteren Rand jeder Seite angezeigt werden.

> **HINWEIS** Kopfzeile und Fußzeile gehören standardmäßig nicht zur Entwurfsoberfläche, sondern müssen über das *Bericht*-Menü hinzugefügt werden.

Eine Kopf-/Fußzeile kann lediglich statische Texte, Bilder, Linien, Rechtecke, Rahmen, Hintergrundfarben und Hintergrundbilder enthalten.

Es ist nicht möglich, datengebundene Felder oder Bilder direkt hinzuzufügen. Sie können jedoch einen Ausdruck schreiben, der indirekt auf ein datengebundenes Feld oder Bild verweist, das Sie in einer Kopf- oder Fußzeile verwenden möchten.

> **HINWEIS** Eine Berichtskopfzeile bzw. -fußzeile ist nicht zu verwechseln mit einer Kopf- oder Fußzeile in einer Tabelle oder Gruppe!

Werkzeugkasten

Die zur Gestaltung des Reports zur Verfügung stehenden Komponenten sind im Werkzeugkasten versammelt und stehen bereit, um per Drag & Drop auf dem Report-Designer abgesetzt zu werden.

Abbildung 13.14 Der Werkzeugkasten des Report-Designers

Anschließend können Sie das *Berichtsdaten*-Fenster öffnen und – ebenfalls per per Drag & Drop – bestimmte Felder in bestimmte Zellen ziehen. Jedes Element auf der Entwurfsoberfläche hat Eigenschaften die sich per Eigenschaften-Fenster ändern lassen.

Beschreibung

Die folgende Tabelle enthält eine Kurzbeschreibung der einzelnen Komponenten des Werkzeugkastens.

Komponente	Beschreibung
Textfeld	... zeigt Bezeichnungen, Felder oder aus Ausdrücken berechnete Werte an
Linie	... zeichnet eine Linie von einem Punkt zu einem anderen
Tabelle	... zeigt Daten in einem Raster mit fester Spaltenzahl und variabler Zeilenzahl an
Matrix	... verknüpft Zeilen oder Spalten zu einer gitterförmigen Datenstruktur
Rechteck	... umgrenzt ein Feld als Container für andere Elemente des Berichts
Liste	... zeigt einen Satz von Berichtselementen an, der für jede Datengruppe oder Zeile wiederholt wird
Bild	... zeigt ein als Bitmap verfügbares Bild an
Unterbericht	... zeigt einen im aktuellen Bericht eingebetteten Unterbericht an
Diagramm	... zeigt Daten grafisch in Balken-, Kreis- und anderen Diagrammtypen an
Messgerät	... zeigt Daten in Form von Skalen/Messgeräten an
Karte	... zeigt räumliche Daten an
Datenbalken	... zeigt Daten als Balken oder Säulen an
Sparkline	... zeigt Daten als Sparklines an
Indikator	... zeigt einen Wert, Ausdruck oder ein Feld als Statusindikator an

Tabelle 13.1 Zusammenstellung der Berichts-Komponenten

HINWEIS Die Elemente *Tabelle*, *Matrix* und *Liste* basieren alle auf einem so genannten *Tablix* und stellen lediglich Templates dar, also spezielle Formen des *Tablix*. Im Weiteren belassen wir es jedoch bei den bisher üblichen Bezeichnern.

Wichtige Hinweise zur Programmierung

Obwohl das Angebot an Reportkomponenten überschaubar scheint, verbirgt sich dahinter doch eine meist recht komplexe Funktionalität. Die teilweise ziemlich trickreiche Programmierung erschließt sich anhand praktischer Beispiele weitaus besser, als durch endlose Tabellen- und Feature-Auflistungen. Stattdessen einige Hinweise:

- In der Entwurfsansicht einer *Tabelle* gibt es zwei Darstellungen, die durch Klick in die linke obere Ecke bzw. auf eine Zelle wechseln. Die Anordnung der Zellen können Sie verändern, indem Sie zuerst in die Zelle klicken und diese dann an ihrem grauen Rand an die neue Position ziehen. *Textfeld* und *Tabelle* wurden in den beiden Einführungsbeispielen bereits grundsätzlich beschrieben.

- Eine *Liste* stellt eine alternative Lösung zu einer *Tabelle* dar, nur dass man die Zellen selbst entwirft (meist als *Textfelder*). Setzen Sie ein *Textfeld* in eine *Liste* werden Sie feststellen, dass der Report Designer diesmal das Feld nicht mit der *First()*-Funktion kapselt. Bei Aufruf des Reports werden alle Zeilen der Datenquelle angezeigt. Eine komplette Anwendung, die den Einsatz von *Liste* und *Tabelle* demonstriert, finden Sie im How-to 13.3 »... eine Rechnung anzeigen?«.

- Ein *Unterbericht* ist nichts weiter als ein Platzhalter für einen separat zu erstellenden Bericht, seine wichtigsten Eigenschaften sind *ReportName* und *Parameters*-Auflistung. Die Datenquelle wird dynamisch im *SubReportProcessing*-Event des *ReportViewer*s zugewiesen. Das How-to 13.2 »... einen Unterbericht einsetzen?« enthält dazu ein komplettes Beispiel.

- Eine *Matrix* ähnelt einer Kreuztabelle in Access oder einer Pivot-Tabelle in Excel. Eine Serie von Beispielen zum Einsatz der *Matrix* ist im Abschnitt »Kreuztabellenberichte« (Seite 895) enthalten.

- Ein *Bild* kann entweder direkt im Report eingebettet sein, oder aber auch von einem Datenbank oder einer externen Datenquelle stammen. Datengebundene Bilder können aus Binärdaten (BLOB) einer Datenbank gewonnen werden. Externe Bilder sind als URL spezifiziert, die auf eine Imagedatei verweist. Weitere Beispiele und Infos finden Sie im Abschnitt »Bilder anzeigen« (Seite 898).

- Beim Entwurf von *Diagramm*en kann man aus einem reichhaltigen Angebot schöpfen, wobei viele Diagrammtypen über zusätzliche Entwurfszeitunterstützung verfügen, wie z.B. Daten-, Reihen- und Kategorienfelder mit Drag & Drop-Funktionalität. Mehr Beispiele und Infos siehe Abschnitt »Diagramme darstellen« (Seite 900).

- Mit dem *Messgerät* können Sie problemlos Messwerte, Prozente etc. optisch »anspruchsvoll« darstellen. Mehr dazu im How-to 13.5 »... das Messgerät zur Anzeige nutzen?«.

Bericht-Menü

Das *Bericht*-Menü steht Ihnen nur bei geöffnetem Report-Designer zur Verfügung.

HINWEIS Wenn das *Bericht*-Menü nicht zu sehen ist, klicken Sie mit der Maus auf die Entwurfsoberfläche!

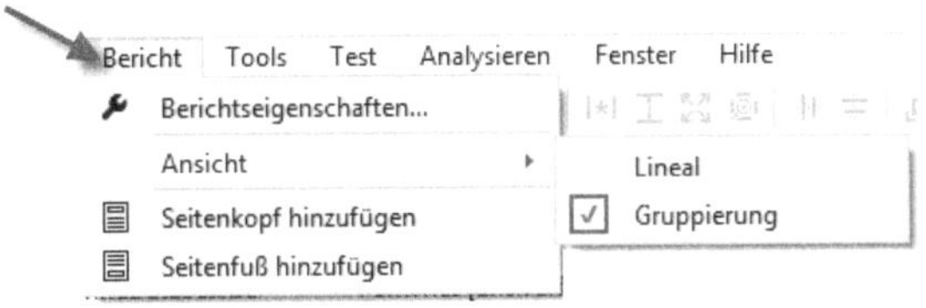

Abbildung 13.15 Das *Bericht*-Menü

Die über das *Bericht*-Menü vorgenommenen Eintragungen schlagen sich unmittelbar im XML-Code der Reportdefinition (.*rdl*/.*rdlc*-Datei) nieder und betreffen die Berichtseigenschaften sowie die Anzeige von Kopf- und Fußzeile.

Berichtseigenschaften

In diesem mehrseitigen Dialog werden diverse Report-Einstellungen vorgenommen (Seitenlayout, Code, Verweise, Variablen).

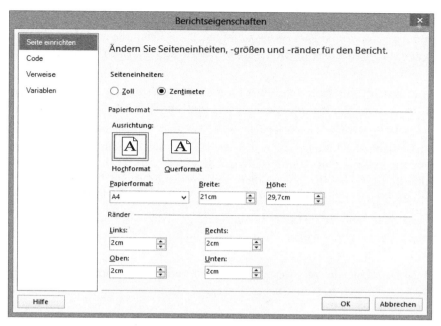

Abbildung 13.16 Seitenlayout festlegen

Für die Programmierung benutzerdefinierten Codes sind die Seiten *Code* und *Verweise* von besonderem Interesse, können Sie damit doch eigenen **Visual-Basic**-Code hinzufügen oder sogar Assemblies einbinden, die Sie in VB.NET (oder einer anderen .NET-Programmiersprache) geschrieben haben.

HINWEIS   Mehr dazu finden Sie im Abschnitt »Hinzufügen von benutzerdefiniertem Code« (Seite 912).

Kopf-/Fusszeile ein-/ausblenden

Die Bedeutung dieser Menüpunkte dürfte klar ersichtlich sein.

Gruppierung

Blendet den Gruppierungsbereich im unteren Teil des Designers ein-/aus.

Berichtsdaten-Fenster

Dieses Fenster können Sie über den Menüpunkt *Ansicht/Berichtsdaten* ein-/ausblenden. Dazu muss der Eingabefokus auf dem Designer liegen (Alternativ *Strg+Alt+D*). Die wichtigsten Funktionen dieses Fensters sind das Verwalten der Datenquellen und Bilder, das Definieren von Parametern sowie das Bereitstellen reportinterner Felder.

Integrierte Felder

Nutzen Sie diese Felder (Textfeld-Templates mit vorgegebenen Ausdrücken), um reportrelevante Informationen im Bericht auszugeben:

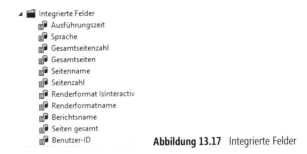

Abbildung 13.17 Integrierte Felder

Leider hat man mit obigen eingedeutschten Bezeichnern dem Anwender wiedermal einen »Bärendienst« erwiesen, intern basieren die Felder auf folgenden Ausdrücken, die Sie auch beim Erstellen eigener Ausdrücke verwenden müssen.

- *Globals!ExecutionTime*

- *Globals!PageNumber*

- *Globals!ReportFolder*

- *Globals!ReportName*

- *Globals!ReportServerUrl*

- *Globals!TotalPages*

- *User!UserID*

- *User!Language*

Mehr dazu siehe Seite 886.

Berichtsparameter

Hier definieren Sie die Parameter, die der Report verwenden soll. Mehr dazu erfahren Sie ab Seite 904.

Eingebettete Bilder

Alle Bilder, die man direkt in den XML-Code der Reportdefinition einbetten möchte, werden hier verwaltet. Mehr dazu ab Seite 898 (»Bilder anzeigen«).

DataSets

Über diesen Rubrik verwalten Sie die im Bericht verwendeten Report-Datenquellen. In der Regel erfolgt der Eintrag automatisch durch den Report-Designer, wenn Sie per Drag & Drop Tabellen/Listen in den Report Designer ziehen.

HINWEIS Verwechseln Sie eine Report-Datenquelle nicht mit der Projekt-Datenquelle. Letztere wird im *Datenquellen*-Fenster angezeigt, welches über das Menü *Ansicht/Weitere Fenster/Datenquellen* (oder über den *Datenquellen*-Reiter am linken Rand der IDE) aufzurufen ist.

Die Benennung der Report-Datenquelle kann über den Eigenschaften-Dialog frei festgelegt werden.

Neben den »automatisch« erzeugten Datenquellen steht es Ihnen natürlich auch frei, über das Berichtsdaten-Fenster weitere Datenquellen in den Bericht einzufügen.

Die Daten können dem Report über den *ReportViewer* entweder als Objekt, als *DataTable* oder auch als *IEnumerable* zur Verfügung gestellt werden. In jedem Fall müssen zwei Schritte ausgeführt werden, um den Report mit Daten zu versorgen:

- Hinzufügen einer Datenquelle (DataSet, Klassen, LINQ to SQL-DataContext, EDM-DataContext) zum Projekt
- Hinzufügen dieser Datenquelle zum Report

HINWEIS　　　Wie Sie zum Beispiel eine LINQ to SQL-Klasse im Report nutzen bzw. wie Sie diese Daten zur Laufzeit übergeben, zeigt der Abschnitt »Übersicht Datenbindung« ab Seite 915.

Programmieren mit Visual Basic

Fast jede Eingabemöglichkeit in ein Report-Control oder in einen Report-Dialog verfügt über das Kontextmenü *Ausdruck....* Dieses öffnet den Ausdrucks-Editor, mit dessen Hilfe Sie einfachen Visual Basic Code schreiben können, der direkt in den Report eingebettet wird und dessen Verhalten steuern kann.

HINWEIS　　　Den Ausdrucks-Editor können Sie auch durch Klick auf die kleine Schaltfläche *fx* öffnen, die sich neben den meisten Eingabefeldern befindet.

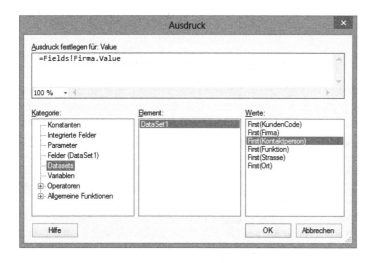

Abbildung 13.18　Ausdrucks-Editor

Konstanten

Zu dieser Kategorie werden Ihnen nur dann Konstanten zur Auswahl angeboten, wenn Sie den *Ausdruck* für eine bestimmte Eigenschaft zuweisen wollen.

Die Eigenschaft *BackgroundColor* der Zeilen einer *Tabelle* wird so eingestellt, dass die Farbe zwischen Weiß und Hellgelb wechselt.

```
=iif(RowNumber(Nothing) mod 2, "White", "#ffffc0")
```

HINWEIS   Obiges Beispiel ist Teil des How-to 13.3 »... eine Rechnung anzeigen?«.

Integrierte Felder

Die hier versammelten Eigenschaften betreffen allgemeine Informationen über den Bericht. Die folgende Tabelle zeigt eine Übersicht.

Eigenschaft	Beschreibung
ExecutionTime	Datum und Uhrzeit der Ausführung des Berichts
PageNumber	Aktuelle Seitennummer des Berichts (nur für Seitenkopf oder -fuß)
ReportFolder	Pfad zum Ordner, in dem der Bericht enthalten ist
ReportName	Name des Berichts

Tabelle 13.2 Globale Eigenschaften

Eigenschaft	Beschreibung
TotalPages	Gesamtanzahl der Seiten des Berichts (nur für Seitenkopf oder -fuß)
UserID	ID des Benutzers, der den Bericht ausführt
Language	Sprachen-Kürzel des Clients, auf dem Bericht ausgeführt wird

Tabelle 13.2 Globale Eigenschaften *(Fortsetzung)*

Im Seitenkopf wird die Seitenzahl als z.B. »Seite 5 von 12« in einem *Textfeld* angezeigt.

```
="Seite " & Globals!PageNumber & " von " & Globals!TotalPages
```

Parameter

Falls Sie für Ihren Bericht Parameter definiert haben (siehe Dialog *Berichtsdaten/Parameter...*), werden diese hier erscheinen, ansonsten bleibt das Angebot leer.

Felder und DataSets

Der Ausdrucks-Editor listet hier alle Felder bzw. DataSets auf, die die Report-Datenquelle anbietet.

Die Abbildung 13.19 zeigt die Datenfelder der Report Datenquelle *NordwindDataSet_Rechnungen* (siehe How-to 13.3 »... eine Rechnung anzeigen?«).

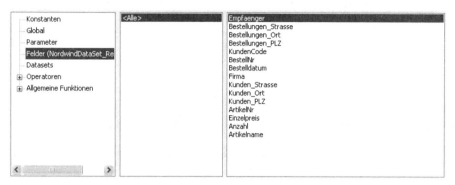

Abbildung 13.19 Der Ausdrucks-Editor listet die verfügbaren Felder der Report-Datenquelle auf

Variablen

Hier finden Sie alle Variablen, die Sie über die Berichtseigenschaften selbst definiert haben.

Operatoren

Viele der Operatoren dürften Ihnen bekannt vorkommen. Die folgende Tabelle 13.3 gibt eine Übersicht.

Bereich	Operatoren	Bemerkung
Arithmetisch	^, *, /, \ , Mod, + , -	Potenz, Multiplikation, Division, Integer-Division, Restwert-Division, Addittion, Subtraktion
Vergleich	< , <= , > , >= , = , <>, Like, Is	kleiner, kleiner als, ... Zeichenfolgenvergleich, Objektvergleich
Verkettung	&, +	Zeichenfolgenaddition
Logisch/Bitweise	And, Not, Or, Xor, AndAlso, OrElse	... , verkürzte logische Konjunktion/Disjunktion
Bitverschiebung	<< , >>	bitweise Links- bzw. Rechtsverschiebung

Tabelle 13.3 Die verfügbaren Operatoren

Allgemeine Funktionen

Hier stehen zahlreiche Visual Basic-Funktionen zu den Bereichen *Text* (Stringverarbeitung), *Datum und Uhrzeit, Mathematik, Überprüfung, Programmfluss, Aggregat, Finanzen, Konvertierung, Sonstiges* zur Verfügung. Die meisten dieser Funktionen sind selbsterklärend. Eine Kurzbeschreibung der jeweiligen Funktion wird im Ausdrucks-Editors angezeigt (rechts daneben). Ansonsten sei auf die Online Hilfe verwiesen.

Häufig haben Sie bis jetzt bereits von den Funktionen *First* und *Sum* aus dem Bereich *Aggregat* Gebrauch gemacht, welche den ersten Datensatz bzw. die Summe der Werte aller Datensätze ermitteln.

Die Anwendung der *First*-Funktion

=First(Fields!Kunden_PLZ.Value) & " " & First(Fields!Kunden_Ort.Value)

Abbildung 13.20 Anzeige von Postleitzahl und Wohnort in einem *Textfeld*

HINWEIS   Wie Sie umfangreichen Code, auf den der Report zur Laufzeit zugreifen kann, in Visual Basic oder auch in C# schreiben können, wird im Abschnitt »Hinzufügen von benutzerdefiniertem Code« (Seite 912) erläutert.

Sortieren, Gruppieren und Filtern von Datensätzen

Der Report Designer bietet umfangreiche Möglichkeiten zum Sortieren, Gruppieren und Filtern von Datensätzen, die wir anhand eines lebendigen Beispiels »Autoverkäufer« erkunden wollen.

Vorbereitungen

Die Beispiele dieses Abschnitts werden von einem *DataSet*-Objekt gespeist, welches zur Laufzeit mit den Daten der Datei *Verkäufe.xml* gefüllt wird. Diese Datei finden Sie in den Projektdaten, sie wird einfach per Drag & Drop in den Projektmappen-Explorer gezogen.

HINWEIS   Setzen Sie im Projektmappen-Explorer die Eigenschaft *In Ausgabeverzeichnis kopieren* der Datei *Verkäufe.xml* auf *Immer kopieren*!

Jeder Datensatz der DataTable *Verkäufe* widerspiegelt einen einzelnen Verkaufsvorgang (Transaktion) und hat die Felder *Verkäufer, Produkt, Preis, Datum*.

Abbildung 13.21 Die Datenquelle im DataSet-Designer

Die weitere Vorgehensweise entspricht im Großen und Ganzen der bei unserem zweiten Einführungsbeispiel. Wir fügen also einen neuen Bericht zum Projekt hinzu und setzen auf diesen eine *Tabelle* ab, wobei wir en passant eine neue *Berichtsdatenquelle* erstellen. Zwecks Berechnung des Gesamtpreises fügen wir zur *Tabelle* eine weitere Zeile über ein entsprechendes Kontextmenü hinzu und tragen in das Feld den Ausdruck *[Sum(Preis)]* ein.

Abbildung 13.22 Entwurfsansicht des Reports

Zwecks Formatierung von Datum und Preis markieren Sie das entsprechende Feld, sodass dessen Eintrag blau hinterlegt ist und rufen das Kontextmenü *Platzhaltereigenschaften...* auf. Hier haben Sie Zugang zu diversen Dialogen, wie es zum Beispiel die folgende Abbildung zeigt. Auch Schriftart, Textausrichtung etc. können Sie hier einstellen.

Abbildung 13.23 Währungsformat einstellen

Sortieren

Einen Zugang zu den Sortier- und Gruppier-Dialogen erhalten Sie nicht über das Eigenschaften-Fenster (F4), sondern über das *Eigenschaften*-Kontextmenü der entsprechenden Reportkomponente (*Tabelle*, *Liste*, *Matrix*).

Markieren Sie diese Komponente und klicken Sie mit der rechten Maustaste auf den breiten grauen Rand.

Wählen Sie das Kontextmenü *Tablix-Eigenschaften...*, im gleichnamigen Dialog findet sich unter anderem auch eine Seite für das Sortieren. Klicken Sie hier auf die Schaltfläche *Hinzufügen*.

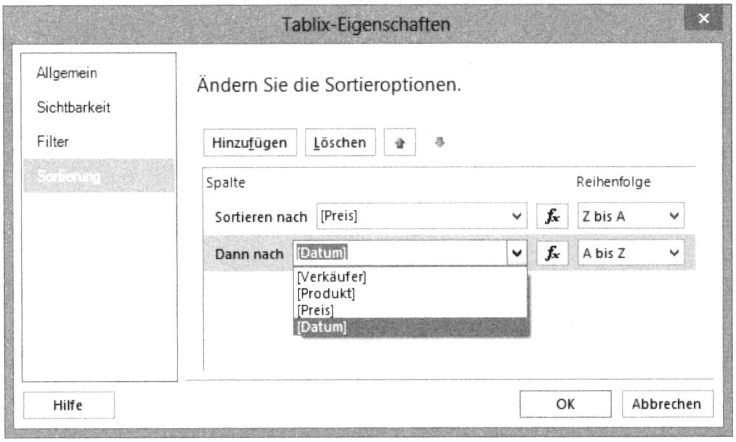
Tablix-Eigenschaften
Allgemein
Sichtbarkeit
Filter
Sortierung
Ändern Sie die Sortieroptionen.
Hinzufügen
Löschen
Spalte
Reihenfolge
Sortieren nach
[Preis]
Z bis A
Dann nach
[Datum]
A bis Z
[Verkäufer]
[Produkt]
[Preis]
[Datum]
Hilfe
OK
Abbrechen

Abbildung 13.24 Auswahl der Sortierreihenfolge

Sie haben die Möglichkeit, mehrere Sortierausdrücke einzugeben und die Sortierrichtung (aufsteigend/-absteigend) festzulegen. Im einfachsten Fall stellen Sie als Sortierausdruck den Bezeichner einer bestimmten Spalte ein, wobei die möglichen Alternativen in einer Klappbox angeboten werden. Sie können aber auch mit dem Ausdrucks-Editor ein Sortierkriterium frei bestimmen.

Gemäß der Abbildung 13.25 wird nach den Werten der Spalte *Preis* in absteigender Reihenfolge (größter Wert zuerst) sortiert.

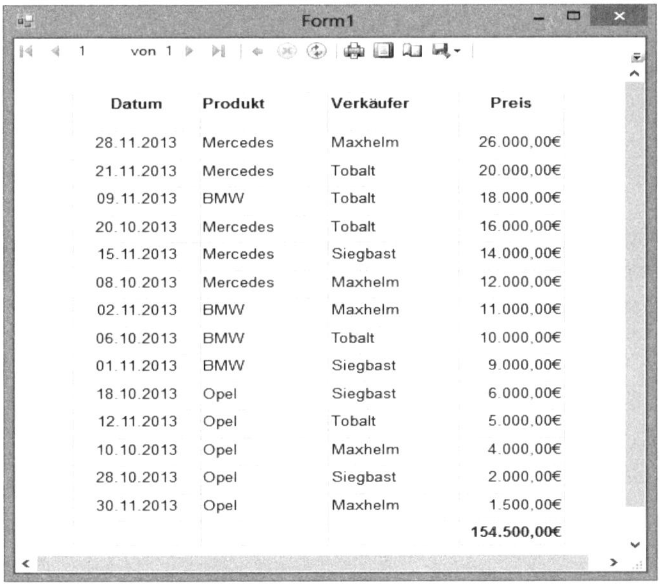
Form1
1 von 1
Datum Produkt Verkäufer Preis
28.11.2013 Mercedes Maxhelm 26.000,00€
21.11.2013 Mercedes Tobalt 20.000,00€
09.11.2013 BMW Tobalt 18.000,00€
20.10.2013 Mercedes Tobalt 16.000,00€
15.11.2013 Mercedes Siegbast 14.000,00€
08.10.2013 Mercedes Maxhelm 12.000,00€
02.11.2013 BMW Maxhelm 11.000,00€
06.10.2013 BMW Tobalt 10.000,00€
01.11.2013 BMW Siegbast 9.000,00€
18.10.2013 Opel Siegbast 6.000,00€
12.11.2013 Opel Tobalt 5.000,00€
10.10.2013 Opel Maxhelm 4.000,00€
28.10.2013 Opel Siegbast 2.000,00€
30.11.2013 Opel Maxhelm 1.500,00€
154.500,00€

Abbildung 13.25 Nach dem Preis sortierter Verkaufsbericht (siehe Beispiel)

Gruppieren

Ein Bericht wie in obiger Abbildung ist nicht sehr übersichtlich. Ein Gruppieren der Datensätze nach dem Verkäufer oder nach dem Produkt würde die Aussagekraft deutlich steigern, und deshalb soll unser Beispielbericht nach dem Verkäufer gruppiert werden.

Am unteren Rand des Report-Designers finden Sie den Bereich *Zeilengruppen*. Fügen Sie per Kontextmenü eine *Übergeordnete Gruppe* hinzu:

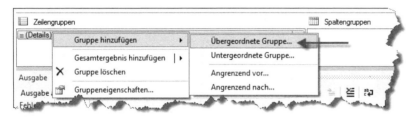

Abbildung 13.26   Hinzufügen einer übergeordneten Gruppe

Wählen Sie hier die Gruppierung nach dem *Verkäufer* und fügen Sie Gruppenkopf und -fuß hinzu.

Abbildung 13.27   Neue Gruppe erzeugen

Tragen Sie in den Gruppenfuß den Ausdruck für die Gesamtsumme in die Tabelle ein: *[Sum(Preis)]*. Außerdem wählen wir über das Kontextmenü *Gruppeneigenschaften...* eine Sortierung nach dem Datum.

Abbildung 13.28   Entwurfsansicht der Tabelle mit den Zeilen für Gruppenkopf und -fuß

HINWEIS   Um Einzelzellen zu vereinigen, markieren Sie diese (bei gedrückter *Strg*-Taste) und wählen dann im Kontextmenü den Eintrag *Zellen zusammenführen*.

Damit innerhalb der Gruppe der Name des Verkäufers sich nicht ständig wiederholt, haben wir einfach die betreffende Spalte gelöscht.

Verkäufer	Datum	Produkt	Preis
Maxhelm			
	08.10.2013	Mercedes	12.000,00€
	10.10.2013	Opel	4.000,00€
	02.11.2013	BMW	11.000,00€
	28.11.2013	Mercedes	26.000,00€
	30.11.2013	Opel	1.500,00€
			54.500,00€
Siegbast			
	18.10.2013	Opel	6.000,00€
	28.10.2013	Opel	2.000,00€
	01.11.2013	BMW	9.000,00€
	15.11.2013	Mercedes	14.000,00€
			31.000,00€
Tobalt			
	06.10.2013	BMW	10.000,00€
	20.10.2013	Mercedes	16.000,00€
	09.11.2013	BMW	18.000,00€
	12.11.2013	Opel	5.000,00€
	21.11.2013	Mercedes	20.000,00€
			69.000,00€
	Gesamtsumme:		**154.500,00€**

Abbildung 13.29 Der nach Verkäufern gruppierte und nach dem Datum sortierte Verkaufsbericht

Auf zum Vorgängerbeispiel völlig analoge Weise kann der Bericht natürlich auch nach dem Produkt gruppiert werden (Abbildung 13.30):

Produkt	Datum	Verkäufer	Preis
BMW			
	06.10.2013	Tobalt	10.000,00€
	01.11.2013	Siegbast	9.000,00€
	02.11.2013	Maxhelm	11.000,00€
	09.11.2013	Tobalt	18.000,00€
			48.000,00€
Mercedes			
	08.10.2013	Maxhelm	12.000,00€
	20.10.2013	Tobalt	16.000,00€
	15.11.2013	Siegbast	14.000,00€
	21.11.2013	Tobalt	20.000,00€
	28.11.2013	Maxhelm	26.000,00€
			88.000,00€
Opel			
	10.10.2013	Maxhelm	4.000,00€
	18.10.2013	Siegbast	6.000,00€
	28.10.2013	Siegbast	2.000,00€
	12.11.2013	Tobalt	5.000,00€
	30.11.2013	Maxhelm	1.500,00€
			18.500,00€
	Gesamtsumme:		**154.500,00€**

Abbildung 13.30 Der nach Produkten gruppierte Verkaufsbericht

Filtern

Wollen Sie die Anzeige bestimmter Datensätze in Abhängigkeit von einer bestimmten Bedingung unterdrücken, so verwenden Sie einen Filterausdruck.

In unserem Beispiel sollen nur die Datensätze angezeigt werden, deren Preis oberhalb 10.000 Euro liegt:

Öffnen Sie die Seite *Filter* im Dialog *Tablix-Eigenschaften* und tragen Sie die folgende Bedingung in die Filterliste ein:

- Ausdruck: = *Fields!Preis.Value*

- Operator: >

- Wert: = *10000*

Abbildung 13.31 Eintragen der Filterbedingung

Das Ergebnis zeigt die Abbildung 13.35.

Datum	Produkt	Verkäufer	Preis
08.10.2013	Mercedes	Maxhelm	12.000,00€
20.10.2013	Mercedes	Tobalt	16.000,00€
02.11.2013	BMW	Maxhelm	11.000,00€
09.11.2013	BMW	Tobalt	18.000,00€
15.11.2013	Mercedes	Siegbast	14.000,00€
21.11.2013	Mercedes	Tobalt	20.000,00€
28.11.2013	Mercedes	Maxhelm	26.000,00€
Gesamtsumme:			**117.000,00€**

Abbildung 13.32 Der Verkaufsbericht berücksichtigt nur Produkte mit einem Preis höher als 10.000 Euro

Achtung: Sie können auch Filterbedingungen für die jeweiligen Gruppen festlegen, in diesem Fall werden aber nur die Datensätze herausgefiltert, die Gruppensummen bleiben bei den alten Werten.

HINWEIS   Den kompletten Code finden Sie in den Begleitdateien!

Kreuztabellenberichte

Um unseren Verkaufsbericht einmal nach dem Verkäufer und ein anderes Mal nach dem Produkt zu gruppieren, haben wir bislang zwei verschiedene Berichte gebraucht, was ziemlich aufwändig und auch nicht besonders bequem war. Als Lösung des Problems bietet sich ein so genannter »Kreuztabellenbericht« an, wie er sich im Report Designer relativ leicht mittels einer *Matrix*-Komponente realisieren lässt.

Einfache Matrix

Verwenden Sie für den neuen Report dieselbe Datenquelle wie für die Vorgängerbeispiele.

Ziehen Sie vom Werkzeugkasten eine *Matrix* auf den Report-Designer.

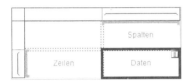

Abbildung 13.33 Eine leere Matrix in der Entwurfsansicht

Öffnen Sie nun das das *Berichtsdaten*-Fenster und ziehen Sie das Feld *Verkäufer* in die *Zeilen*-Zelle, das Feld *Produkt* in die *Spalten*-Zelle und das Feld *Preis* in die *Daten*-Zelle. Nehmen Sie die notwendigen Formatierungen (*BackgroundColor*, *Format*, *Font*, *TextAlign* ...) über das Eigenschaftenfenster vor.

	[Produkt]
[Verkäufer]	[Sum(Preis)]

Abbildung 13.34 Anbinden der Matrix an die Felder der Report-Datenquelle

Das Ergebnis zeigt, dass Zeilen und Spalten zu Daten verknüpft wurden:

	BMW	Mercedes	Opel
Maxhelm	11.000,00 €	38.000,00 €	4.000,00 €
Siegbast	9.000,00 €	14.000,00 €	8.000,00 €
Tobalt	28.000,00 €	36.000,00 €	5.000,00 €

Abbildung 13.35 Laufzeitansicht des einfachen Kreuztabellen-Reports

Zeilen- und Spaltensummen anzeigen

Obwohl die einfache Kreuztabelle alle Informationen bereits in komprimierter Form darstellt – so richtig zufrieden ist der Chef damit noch nicht, will er doch den »besten Verkäufer« und das »meistverkaufte Auto« auf einen Blick erfassen. Eine Lösung ist die Anzeige von Gesamtwerten bzw. Teilergebnissen.

Um Gesamtwerte für Zeilen und Spalten anzuzeigen, klicken Sie mit der rechten Maustaste zunächst auf die bestehende Gruppe im Bereich *Gruppeneigenschaften* und wählen den Menüpunkt *Gesamtergebnis hinzufügen/Nach*.

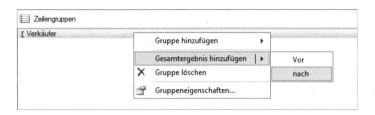

Abbildung 13.36 Hinzufügen einer Zeile für ein Gruppenergebnis

Es entsteht eine zusätzliche und mit »Gesamt« beschriftete Zeile. Gleiches gilt, wenn Sie für die Spalten-gruppe ein Gesamtergebnis hinzufügen:

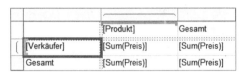

Abbildung 13.37 Entwurfsansicht der Matrix mit Zeilen- und Spaltensumme

	BMW	Mercedes	Opel	Gesamt
Tobalt	28.000,00 €	36.000,00 €	5.000,00 €	69.000,00 €
Maxhelm	11.000,00 €	38.000,00 €	5.500,00 €	54.500,00 €
Siegbast	9.000,00 €	14.000,00 €	8.000,00 €	31.000,00 €
Gesamt	**48.000,00 €**	**88.000,00 €**	**18.500,00 €**	**154.500,00 €**

Abbildung 13.38 Laufzeitansicht des Reports

Zusätzliche berechnete Spalten einfügen

Wäre es nicht schön, wenn unsere Matrix nicht nur die Preise anzeigen würde, sondern auch noch die Anzahl der von Maxhelm, Siegbast und Tobalt verkauften Autos? Auch das ist kein Problem.

Im Kontextmenü der *Daten*-Zelle wählen wir den Eintrag *Spalte einfügen/Innerhalb von Gruppe rechts*. Dadurch wird eine weitere *Daten*-Zelle hinzugefügt, in welche wir den Ausdruck *=CountRows()* eingeben müssen. Damit ermitteln wir, wie viele Autos jeder Verkäufer pro Typ verkauft hat.

Den Kopf der neuen Zelle beschriften wir mit »Anzahl«:

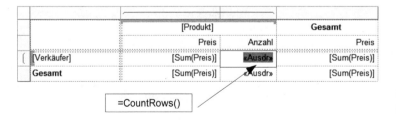

Abbildung 13.39 Entwurfsansicht der erweiterten Matrix

Auch für die Gesamtspalte können Sie eine weitere Spalte *Anzahl* erzeugen, auch hier nutzen Sie den Aus-druck *=CountRows()* um die Summe für alle Spalten zu berechnen.

Das Ergebnis (Abbildung 13.40) kann sich sehen lassen.

	BMW		Mercedes		Opel		**Gesamt**	
	Preis	Anzahl	Preis	Anzahl	Preis	Anzahl	Preis	Anzahl
Tobalt	28.000,00 €	2	36.000,00 €	2	5.000,00 €	1	69.000,00 €	5
Maxhelm	11.000,00 €	1	38.000,00 €	2	5.500,00 €	2	54.500,00 €	5
Siegbast	9.000,00 €	1	14.000,00 €	1	8.000,00 €	2	31.000,00 €	4
Gesamt	48.000,00 €	4	88.000,00 €	5	18.500,00 €	5	154.500,00 €	14

Abbildung 13.40 Laufzeitansicht des Reports mit zusätzlichen berechneten Feldern

Matrix mit zwei Zeilengruppen

Eine Matrix ist nicht nur auf die eindimensionale Verknüpfung von Zeilen und Spalten beschränkt. So können wir in unserem Beispiel die Daten zusätzlich auch noch monatsweise gruppieren.

Wählen Sie im Kontextmenü der bisher existierenden Zeilengruppe (Zeilengruppenbereich) den Kontextmenüpunkt *Gruppe hinzufügen/Übergeordnete Gruppe*. Der Dialog *Tablix-Gruppe* erscheint, in welchen Sie den Ausdruck *=Fields!Datum.Value.Month* eintragen.

Abbildung 13.41 Einfügen einer Gruppe, die nach Monaten gruppiert

Das Ergebnis ist eine neue zeilenübergreifende Zelle am linken Rand sowie eine zusätzliche Zeile (Gruppenfuß). Wollen Sie dass die Gruppe mit den Monatsnamen beschriftet wird, tragen Sie in die neue Zelle den folgenden Ausdruck ein: *=MonthName(Fields!Datum.Value.Month, true)*. Die weiteren Änderungen entnehmen Sie der folgenden Abbildung:

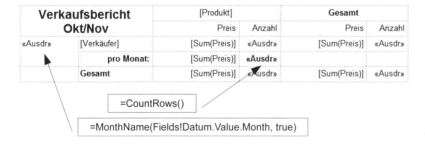

Abbildung 13.42 Entwurfsansicht

Nun liegt ein bezüglich Inhalt und Optik doch schon recht anspruchsvoller Bericht vor (Abbildung 13.43).

Verkaufsbericht Okt/Nov		BMW		Mercedes		Opel		Gesamt	
		Preis	Anzahl	Preis	Anzahl	Preis	Anzahl	Preis	Anzahl
Okt	Tobalt	10.000,00 €	1	16.000,00 €	1		0	26.000,00 €	2
	Maxhelm		0	12.000,00 €	1	4.000,00 €	1	16.000,00 €	2
	Siegbast		0		0	8.000,00 €	2	8.000,00 €	2
	pro Monat:	10.000,00 €	1	28.000,00 €	2	12.000,00 €	3		
Nov	Siegbast	9.000,00 €	1	14.000,00 €	1		0	23.000,00 €	2
	Maxhelm	11.000,00 €	1	26.000,00 €	1	1.500,00 €	1	38.500,00 €	3
	Tobalt	18.000,00 €	1	20.000,00 €	1	5.000,00 €	1	43.000,00 €	3
	pro Monat:	38.000,00 €	3	60.000,00 €	3	6.500,00 €	2		
	Gesamt	48.000,00 €	4	88.000,00 €	5	18.500,00 €	5	154.500,00 €	14

Abbildung 13.43   Laufzeitansicht des mit zwei Zeilengruppen ausgestatteten Reports

Bilder im Bericht anzeigen

Bilder eines lokalen Reports werden meist in den Report eingebettet und dann referenziert. Das Speichern der Bilddaten erfolgt dann immer innerhalb der Reportdefinition (*.rdlc*-Datei) und nicht als separate Bilddatei.

Solche eingebetteten Bilder sind zwar immer für den Report verfügbar, aber sie können nicht gemeinsam von mehreren Reportdefinitionen benutzt werden und blähen so die *.rdlc*-Datei unnötig auf. Haben Sie ein Bild eingebettet, wird der Report Designer eine MIME[1]-Kodierung des Bildes durchführen und es dann als Text in die Reportdefinition einlagern.

> **HINWEIS**   Sie können keine Bilddateien verwenden, die einfach zum Projekt hinzugefügt wurden.

Ein Bild einbetten

Neue Bilder (JPEG, BMP, GIF, PNG) betten Sie über das Fenster *Berichtsdaten* in Ihren Report ein:

Abbildung 13.44   Einbetten von Bildern

> **HINWEIS**   Eine Möglichkeit, die Bilder nachträglich zu betrachten, ist nicht vorhanden, vergeben Sie also möglichst sinnvolle Bezeichner für die Dateien.

Ziehen Sie eine *Bild*-Komponente vom Werkzeugkasten auf die Oberfläche des Report-Designers. Im sich automatisch öffnenden Dialog wählen Sie einfach eines der angebotenen Bilder aus.

Alternativ nutzen Sie die *Value*-Eigenschaft zur Auswahl eines Bildes.

---

[1] *Multipurpose Internet Mail Extensions* = Standard für Medientypen wie Grafiken, Audio- und Videodaten, ...

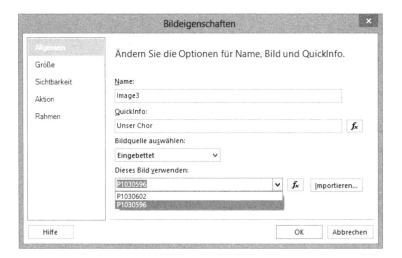

Abbildung 13.45 Bildauswahl per Assistent

Bilder aus einer Datenbank

Wenn die *Source*-Eigenschaft der *Bild*-Komponente auf *Database* gesetzt ist, muss die *Value*-Eigenschaft auf das Feld verweisen, welches die binären Bilddaten enthält. Solange es sich dabei um die MIME-Typen JPG, PNG oder BMP handelt, dürfte das kein größeres Problem sein. Falls aber das Bild als Binärobjekt (BLOB) vorliegt, müssen Sie selbst einen Ausdruck schreiben, der das Bild in den geforderten Typ konvertiert.

HINWEIS Die *MIMEType*-Eigenschaft ist nur dann von Bedeutung, wenn die *Source*-Eigenschaft auf *Database* gesetzt ist, in den anderen Fällen (*External* oder *Embedded*) wird der Wert von *MIMEType* ignoriert.

Externe Bilder

Die Verwendung externer Bilder in einem *ReportViewer*-Report ist standardmäßig nicht möglich (Sicherheitsrisiko). Sie müssen erst die *EnableExternalImages*-Eigenschaft von *ReportViewer.LocalReport* im Code auf *true* setzen. In Abhängigkeit von der Netzwerkkonfiguration könnte es aber trotzdem passieren, dass Sie die Proxy-Settings umgehen müssen, um das externe Bild nicht zu blocken.

HINWEIS Nähere Informationen entnehmen Sie bitte der Online-Dokumentation.

Hintergrundbilder

Hintergrundbilder können Sie für den Textkörper, den Seitenkopf oder den Seitenfuß verwenden, außerdem in den Komponenten *Textfeld*, *Rechteck*, *Liste*, *Matrix* oder *Tabelle*. Ein Hintergrundbild hat dieselben Eigenschaften wie ein normales Bild, zusätzlich können Sie spezifizieren, wie sich das Bild wiederholen soll um den Hintergrund zu füllen (*Repeat*, *NoRepeat*, *RepeatX*, *RepeatY*, benutzerdefiniert).

Diagramme darstellen

Das *Diagramm*-Steuerelement bietet eine fast schon erdrückende Vielfalt von Möglichkeiten zur grafischen Präsentation von Berichtsdaten.

Diagrammtypen

Nachdem Sie ein *Diagramm* vom Werkzeugkasten auf die Oberfläche des Report-Designers gezogen haben, müssen Sie zunächst über das Kontextmenü den gewünschten Typ festlegen (siehe Abbildung 13.46).

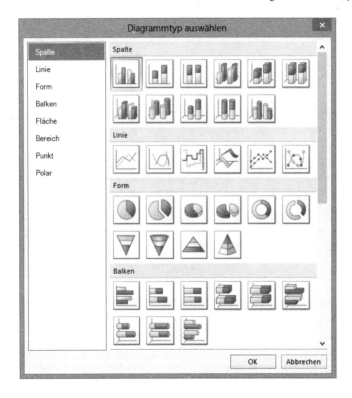

Abbildung 13.46   Diagramm-Auswahl (Ausschnitt)

Säulendiagramm

Jedes Diagramm verfügt über seinen eigenen kleinen Designer, wie es die Abbildung 13.47 am Beispiel des Typs *Spalte* (ein einfaches Säulendiagramm) verdeutlicht.

Der Rechtsklick auf das Diagramm öffnet ein umfangreiches Kontextmenü sowie das *Diagrammdaten*-Fenster mit drei Bereichen:

- Werte
- Kategoriengruppen
- Reihengruppen

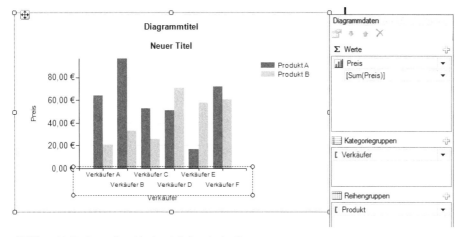

Abbildung 13.47 Entwurfsansicht des einfachen Säulendiagramms

Die Bedeutung der einzelnen Bereiche wird am Beispiel unserer drei Autoverkäufer am ehesten deutlich. Klicken Sie auf das grüne Plus-Symbol und treffen Sie die folgenden Zuordnungen (siehe Abbildung 13.48):

- Werte → *Preis*
- Kategoriegruppen → *Verkäufer*
- Reihengruppen → *Produkt*

... und schon ist (bis auf wenige kosmetische Korrekturen) unser Diagramm funktionsfähig!

Um die y-Achse in Euro zu beschriften und zu skalieren, verwenden Sie die Seite *Nummer* des umfangreichen Dialogs, wie er über das *Eigenschaften*-Kontextmenü zu öffnen ist:

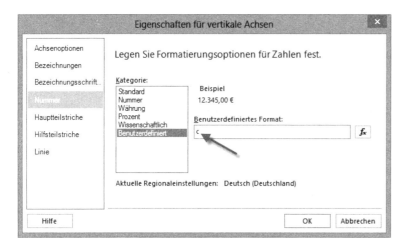

Abbildung 13.48 Eintragen des Formatcodes für die Y-Achse

Das Ergebnis zur Laufzeit zeigt, welche Preise die drei Verkäufer insgesamt pro Autotyp erzielt haben (Abbildung 13.49).

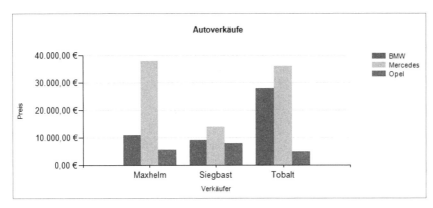

Abbildung 13.49 Laufzeitansicht des einfachen Säulendiagramms

Weitere Gruppen hinzufügen

Um auch den Verkaufsmonat im Diagramm auszuwerten, ziehen Sie das Feld *Datum* aus dem Berichts-datenfenster in den Bereich *Kategoriengruppen*.

Über das Kontextmenü rufen Sie den Dialog *Kategoriegruppeneigenschaften...* auf, in welchem Sie über den Ausdruckseditor die Bezeichnung *=Fields!Datum.Value* mit dem Ausdruck *=MonthName(Fields!Datum.-Value.Month, true)* überschreiben, um das Datum nach Monaten zu gruppieren (der Parameter *true* bedeu-tet, dass die kurze Schreibweise für den Monatsnamen anzuwenden ist).

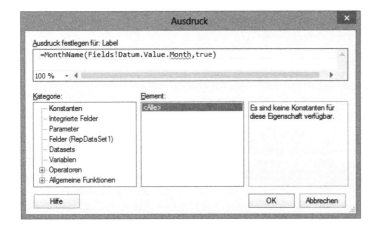

Abbildung 13.50 Gruppierung nach dem Verkaufsmonat

Das Ergebnis (siehe Abbildung 13.51) beweist anschaulich, dass Siegbast im Oktober nicht besonders gut drauf war.

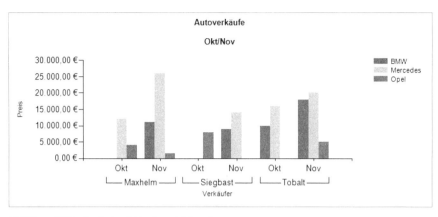

Abbildung 13.51 Laufzeitansicht mit zwei Kategoriengruppen

Weitere Diagramme

Jeder, der das einfache Säulendiagramm einigermaßen beherrscht, wird keine Schwierigkeiten bei der Verwendung der anderen Diagrammtypen haben, sodass hier wohl auf weitere Erklärungen verzichtet werden kann.

Beispielsweise entsteht das folgende explodierte Kreisdiagramm einfach dadurch, indem aus dem Fenster *Berichtsdaten* die Felder *Preis* und *Verkäufer* in die Bereiche *Werte* und *Kategoriegruppen* gezogen bzw. direkt dort ausgewählt werden.

Da in unserem konkreten Fall der Bereich *Reihengruppen* leer geblieben ist, zeigt die Laufzeitansicht des Diagramms (Abbildung 13.52) nur den Anteil der drei Verkäufer am Gesamtumsatz.

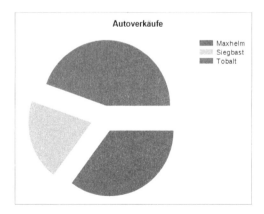

Abbildung 13.52 Laufzeitansicht des Kreisdiagramms

Parameter anwenden

Mit Parametern können Sie Ihren Bericht zur Laufzeit flexibel gestalten. Nach der Übergabe an den Report lassen sich diese dann in bestimmte Ausdrücke einbauen oder zum Filtern der Datenmenge verwenden.

Da – im Unterschied zum Server Report – ein lokaler Report über keine eigene Eingabemöglichkeit für Parameter verfügt, müssen Sie eine Schnittstelle in Ihre Anwendung einbauen, die die Parameterwerte vom Benutzer entgegen nimmt. Optional lassen sich Parameterwerte auch per Programmcode zuweisen.

Um einen Parameter einzubinden sind folgende Schritte auszuführen:

- Definition des Parameters (Name, Datentyp)
- Einbau des Parameters in den Berichtsentwurf
- Übergabe des Parameterwertes von der Anwendung an den Bericht

Während die ersten beiden Schritte im Report-Designer durchzuführen sind, wird der letzte Schritt im Programm, welches den Report aufruft, erledigt.

Im Folgenden wollen wir dies an einem konkreten Beispiel, basierend auf der *Nordwind*-Datenbank, erläutern. Ein Bericht soll die von einem bestimmten *Kunden* aufgegebenen *Bestellungen* anzeigen, wobei vorher der *KundenCode* vom Anwender abzufragen ist.

Parameterdefinition

Zur Definition von Parametern dient der *Berichtsparametereigenschaften*-Dialog, den Sie über das Fenster *Berichtsdaten* öffnen.

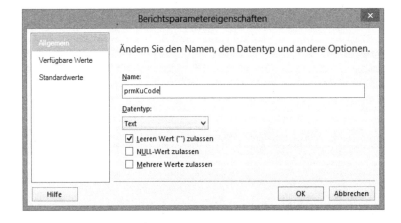

Abbildung 13.53 Der *Berichtsparameter-eigenschaften*-Dialog mit dem Parameter *prmKuCode*

Zunächst eine kurze Erklärung der wichtigsten Elemente des Dialogs *Berichtsparameter*:

Allgemein

Legen Sie hier Name, Datentyp sowie die Einschränkungen (NULL-Werte etc. fest). Wie die Abbildung 13.53 zeigt, haben wir für unser Beispiel den Parameter *prmKuCode* mit dem Datentyp *Text* eingetragen.

Verfügbare Werte

Von Interesse dürfte in manchen Fällen noch die Liste *Verfügbare Werte* sein. Hier können Sie statische Werte oder aber auch Ausdrücke vordefinieren, die dann als Name-Wert-Paare zur Auswahl bereitstehen.

Standardwerte

Ähnlich wie bei den *Verfügbaren Werten* können Sie hier statische Werte oder die Ergebnisse von Abfragen nutzen um Standardwerte vorzugeben.

Einbau von Parametern in den Berichtsentwurf

Der Zugriff auf einen bestimmten Parameter erfolgt über die *Parameters*-Auflistung des Berichts, wobei – analog zur *Fields*-Auflistung – die berichtsinterne Visual Basic-Syntax zu verwenden ist.

Wir wollen, entsprechend der Abbildung 13.56, in unserem Beispiel eine *Tabelle* verwenden, um die Bestellungen eines Kunden anzuzeigen.

Parameter direkt eintragen

Oberhalb der *Tabelle* haben wir ein einzelnes *Textfeld* eingefügt, welches eine variable Überschrift für unseren Bericht anzeigen soll. Um hier den bereits definierten Parameter direkt zu verwenden, tragen Sie den folgenden Ausdruck ein: =*"Bestellungen von " & Parameters!prmKuCode.Value*.

Abbildung 13.54   Verwendung eines Parameter-Ausdrucks

Parameter mit Ausdruck-Editor zuweisen

Unsere *Tabelle* benötigt einen Ausdruck, welcher den Parameter *prmKuCode* benutzt, um nur die Bestellungen des betreffenden Kunden herauszufiltern.

Auf der *Filter*-Seite des *Tablix-Eigenschafte*n-Dialogs ist der folgende Filterausdruck einzustellen:

```
Ausdruck:   =Fields!KundenCode.Value
Operator:   =
Wert:       =Parameters!prmKuCode.Value
```

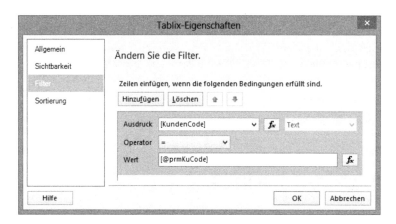

Abbildung 13.55 Zuweisen des Filterausdrucks

Parameterwerte an Bericht übergeben

Wir gehen davon aus, dass im Hauptprogramm bereits eine *ReportViewer*-Instanz vorhanden ist.

Allgemeine Syntax

Zunächst ist ein Array vom Typ *ReportParameter* (Namespace *Microsoft.Reporting.WinForms* einbinden!) zu erstellen und mit den Name-Wert-Paaren der zu übergebenden Parameter zu instanziieren:

```
Dim prms() As ReportParameter = { New ReportParameter("ParameterName1", Wert),
                                  New ReportParameter("ParameterName2", Wert), ...}
```

Nachdem ein *ReportViewer* mit dem Bericht verbunden wurde, kann das Parameter-Array an dessen *Set-Parameters*-Methode übergeben werden:

```
ReportViewer.LocalReport.SetParameters(prms)
```

Parameterübergabe

In unserem Beispiel ist als einziger Parameter der Kundencode zu übergeben, dieser wird in einer *Combo-Box* ausgewählt. Füllen Sie also vorher die *Items*-Auflistung der *ComboBox* mit einigen Kundencodes.

BEISPIEL

Übergabe der Parameter

```
Imports Microsoft.Reporting.WinForms
...
Private Sub ComboBox1_SelectedValueChanged(sender As Object, e As EventArgs) _
                                           Handles ComboBox1.SelectedValueChanged

    Dim prms() As ReportParameter = {New ReportParameter("prmKuCode", ComboBox1.Text)}
    ReportViewer1.LocalReport.SetParameters(prms)
    ReportViewer1.RefreshReport()

End Sub
```

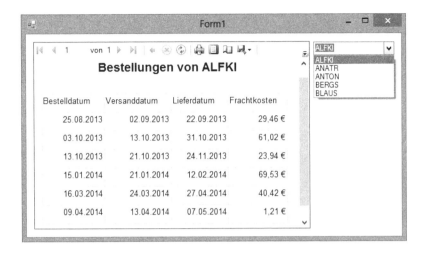

Abbildung 13.56 Das Ergebnis im ReportViewer

Berichtsvariablen

Die Reporting Services bieten auch die Möglichkeit, Berichtsvariablen innerhalb des Reports zu definieren und später für die Ausgabe zu nutzen. Der Sinn dieser Variablen erschließt sich am ehesten im Zusammenhang mit umfangreichen Berechnungen (z.B. in externen Assemblies). Ist der Wert einmal zugewiesen, können Sie über die *Variables*-Auflistung mit Hilfe von Ausdrücken jederzeit auf diesen zugreifen.

Neue Berichtsvariablen definieren Sie über den Menüpunkt *Bericht/Berichtseigenschaften/Variablen*.

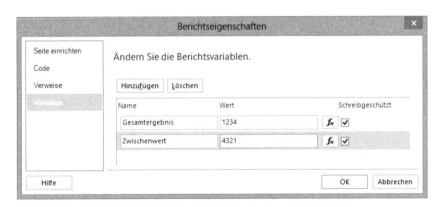

Abbildung 13.57 Definieren von Berichtsvariablen

In Ausdrücken können Sie später zum Beispiel wie folgt darauf Bezug nehmen:

```
="Gesamt: " & Variables!Gesamtergebnis.Value & "  Zwischenwert: " & Variables!Zwischenwert.Value
```

HINWEIS   Für die Übergabe von Werten aus Ihrem VB-Programm an den Report verwenden Sie bitte Parameter (siehe Seite 904).

Master-Detail-Reports

Es gibt zwei Möglichkeiten für die Anzeige von Master-Detail-Berichten:

- *Subreports*
  Dies ist die einzige (und leider relativ umständliche und langsame) Möglichkeit, wenn Master- und Detaildatensätze nicht in einem einzigen DataSet zusammengefasst werden können

- *Eingebettete Datenregionen*
  Falls Master- und Detaildatensätze in einem einzigen DataSet vereint werden können, bietet diese Lösung die bessere Performance

Subreports

Wenn Sie Master-Detail-Datensätze unter Verwendung von Subreports anzeigen wollen, verwenden Sie eine *Liste* für die Masterzeilen. Ein in die *Liste* eingefügter *Unterbericht* zeigt die Detailzeilen an.

Da der *Unterbericht* in der *Liste* enthalten ist, wird auch der Unterbericht für jede Masterzeile neu ausgegeben. Der Primärschlüssel der Masterzeile wird an den Unterbericht als Reportparameter übergeben. Der Unterbericht filtert dann nur die die Detailzeilen heraus, die mit dem übergebenen Primärschlüssel übereinstimmen.

HINWEIS   Ein ausführliches Beispiel liefert das How-to 13.2 »... einen Unterbericht einsetzen?«.

Eingebettete Datenregionen

Diese Variante ist deutlich schneller als die Verwendung von Unterberichten. Um sie aber nutzen zu können, müssen zuerst Master- und Detaildatensätze in ein gemeinsames DataSet zusammengeführt werden. Falls dies auf einfache Weise nicht möglich ist (z.B. wenn die Daten nicht von einer SQL Datenbank kommen) dann verwenden Sie besser Unterberichte.

Eine *Liste* wird benutzt, um die Masterzeilen anzuzeigen. Dann wird eine andere Datenregion, z.B. *Tabelle* oder *Liste*, in die Master-*Liste* eingebettet um die Detailzeilen anzuzeigen.

HINWEIS   Ein ausführliches Beispiel liefert das How-to 13.3 »... eine Rechnung anzeigen?«.

Noch mehr Reporting

Im beschränkten Rahmen dieses Kapitels konnten wir leider nicht auf alle Aspekte des Report-Entwurfs eingehen. Vieles was an theoretischem Background noch fehlt wird in den abschließenden How-to-Beispielen quasi en passant vermittelt.

Auf weitere, unserer Meinung nach besonders interessante, Features und Informationen wollen wir aber im Folgenden noch kurz eingehen.

Hyperlink realisieren

Um von einem *Textfeld* oder von einem *Bild* aus zu einer Webseite zu springen, müssen Sie über das Kontextmenü *Eigenschaften* die Seite *Aktion* öffnen und dort die Hyperlinkaktion *Gehe zu URL* aktivieren. Darunter muss eine gültige URL eingetragen werden (oder ein Ausdruck, der eine URL zurückgibt).

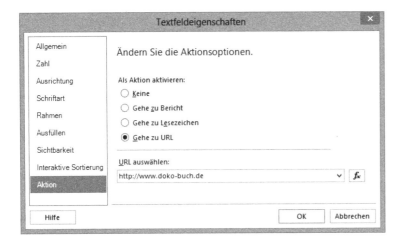

Abbildung 13.58 Eintragen eines Hyperlinks zu einer URL

Zusätzlich ist die *EnableHyperlinks*-Eigenschaft des *ReportViewer*s im Eigenschaftenfenster oder per Code zu aktivieren.

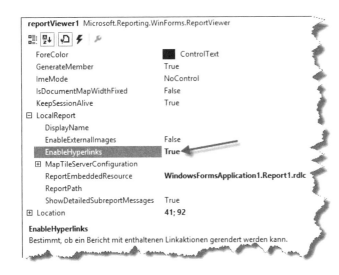

Abbildung 13.59 Aktivieren von *EnableHyperlinks* im Eigenschaftenfenster des ReportViewers

Für die Hyperlinkaktion eines *Textfeld*es wird die URL *http://www.doko-buch.de* eingetragen. Nach Ergänzen der fettgedruckten Codezeile kann zur Laufzeit auf die Webseite zugegriffen werden.

```
Private Sub Form1_Load(sender As Object, e As EventArgs) Handles MyBase.Load
    ReportViewer1.LocalReport.EnableHyperlinks = True
    ReportViewer1.RefreshReport()
End Sub
```

HINWEIS   Vergessen Sie bei der Angabe der URL nicht das Protokoll (*http://...*)!

Verwenden von ReportViewer-Ereignissen

Der *ReportViewer* stellt eine Anzahl von Ereignissen zur Verfügung, die zur Laufzeit behandelt werden können. Besonders nützlich sind die folgenden zwei Ereignisse:

- *Drillthrough*
- *Hyperlink*

Beide Ereignisse treten im Zusammenhang mit einer »Hyperlinkaktion« auf, wie Sie im Eigenschaftendialog eines *Textfeld*es oder eines *Bild*es auf der Seite *Aktion* eingestellt werden kann.

Drillthrough-Event

Dieses Ereignis »feuert« dann, wenn der Benutzer auf eine *Textfeld* oder *Bild* klickt, für welches die Option *Zu Bericht springen:* eingestellt wurde. Das *Drillthrough*-Ereignis wird häufig dann benötigt, wenn Sie in einem Master-Report auf ein bestimmtes Feld klicken wollen und sich daraufhin ein anderer Report öffnen soll, der die zugehörigen Detaildaten anzeigt. In diesem Kontext dürfte auch der martialische Bezeichner »Drillthrough« verständlich sein, denn man meint damit bildlich das »Durchbohren« von einem Master- zu einem Detailreport.

Nach Klick auf den *KundenCode* in einem Bericht *Kunden.rdlc* wird der Detailbericht *Bestellungen.rdlc* aufgerufen, welcher die Bestellungen des Kunden anzeigt.

```
Imports Microsoft.Reporting.WinForms
...
Dim nwDS As New NordwindDataSet()

Private Sub ReportViewer1_Drillthrough(sender As Object,
                        e As DrillthroughEventArgs) Handles ReportViewer1.Drillthrough

  Dim locRep As LocalReport = CType(e.Report, LocalReport)
  locRep.DataSources.Add(New ReportDataSource("NordwindDataSet_Bestellungen", nwDS.Bestellungen))
End Sub
```

HINWEIS   Den kompletten Code finden Sie im How-to 13.4 »... das Drillthrough-Event behandeln?«.

Hyperlink-Event

Das Ereignis wird beim Klicken auf eine *Textfeld* oder *Bild* dann ausgelöst, wenn für dieses Control die Hyperlinkaktion *Gehe zu URL* eingestellt wurde.

Zum Aufruf einer Webseite wird das *Hyperlink*-Ereignis in der Regel nicht benötigt (siehe obiges Beispiel zum Hyperlink). Man kann es aber dazu verwenden, um den Bericht mit interaktivem Verhalten auszustatten, sodass nach Klick auf ein *Bild* oder *Textfeld* kein Aufruf einer Webseite erfolgt, sondern stattdessen irgendeine andere Aktion ausgeführt wird.

BEISPIEL

In einem Bericht *Rechnung.rdlc* wollen Sie auf einen bestimmten Artikelnamen klicken und es soll ein Meldungsfenster erscheinen, welches die zugehörige Bestellnummer anzeigt.

Zunächst tragen Sie für das *Textfeld*, welches den Artikelnamen innerhalb der Report-Tabelle anzeigt, die folgende URL ein:

```
="BestellNr:" & Fields!BestellNr.Value

Imports Microsoft.Reporting.WinForms
...
```

Der Handler für das *Hyperlink*-Event:

```
Private Sub ReportViewer1_Hyperlink(sender As Object, e As HyperlinkEventArgs) _
                                    Handles ReportViewer1.Hyperlink
```

Die aktuelle URL herausfiltern:

```
    Dim mUri As New Uri(e.Hyperlink)
    If mUri.Scheme = "einzelpreis" Then
        e.Cancel = True
```

Einzelpreis anzeigen, der Teil der URL ist:

```
        MessageBox.Show("Einzelpreis = " & mUri.Segments(0))
```

Das Auffrischen des Reports ist nur dann erforderlich, wenn auch die Datenquelle geändert wurde:

```
        ' Dim rv As ReportViewer = CType(sender, ReportViewer)
        ' rv.RefreshReport()
    End If
End Sub
```

Vergessen Sie nicht, im Eigenschaftenfenster des *ReportViewers* die *Local.EnableHyperlinks*-Eigenschaft auf *True* zu setzen.

HINWEIS
Das komplette Beispiel finden Sie in den Begleitdateien!

Hinzufügen von benutzerdefiniertem Code

Beim Kompilieren des Projekts wird auf folgende Assemblies automatisch verwiesen:

- *Microsoft.VisualBasic*
- *System.Convert*
- *System.Math*

Reicht Ihnen dieses Angebot nicht aus, so können Sie eigenen Code hinzufügen. Hierfür gibt es prinzipiell zwei Möglichkeiten:

- Einbetten eigener Visual Basic-Funktionen in den Bericht
- Verweis auf Methoden in einer benutzerdefinierten Assembly

Die erste Variante ist dann von Interesse, wenn in einem Bericht Methoden, Variablen oder Konstanten global zur Verfügung stehen sollen und wenn Sie keine Berührungsängste mit Visual Basic haben. Auf die zweite Variante greifen Sie dann zurück, wenn Sie umfangreicheren Code in der Ihnen vertrauten Sprache C# erstellen wollen. Außerdem hat eine benutzerdefinierte Assembly den Vorteil, dass von mehreren Berichten des Projekts darauf zugegriffen werden kann.

Variante 1: Eingebetteter Visual Basic-Code

Wählen Sie das Menü *Bericht/Berichtseigenschaften...* und tragen Sie den Code auf der Seite *Code* ein. Die Methoden werden dem Report über ein global definiertes *Code*-Element zur Verfügung gestellt.

BEISPIEL

Wir schreiben eine Funktion, die das Alter einer Person ermitteln soll, wobei als Parameter das Geburtsdatum und das aktuelle Datum zu übergeben sind. Die einfache Differenzbildung der Jahreszahlen reicht nicht aus, denn sie führt nur dann zum richtigen Ergebnis, wenn die Person im aktuellen Jahr bereits Geburtstag hatte, ansonsten würde ein Jahr zu viel berechnet werden.

Der folgende Visual Basic Code löst das Problem und kann so wie er ist (also auch mit Kommentaren!) in die *Code*-Seite kopiert werden:

```
Function berechneAlter(gebTag As DateTime, heute As DateTime) As Integer
    Dim gebTagDJ As DateTime                        ' diesjähriges Geburtstagsdatum
    Dim alter As Integer = heute.Year - gebTag.Year ' grobe Altersbestimmung
```

Das Datum des diesjährigen Geburtstags wird aus »Einzelteilen« zusammengesetzt:

```
    gebTagDJ = Convert.ToDateTime(gebTag.Day.ToString + "." + gebTag.Month.ToString + "." + _
                           heute.Year.ToString)
```

Alter korrigieren, falls Person in diesem Jahr noch nicht Geburtstag hatte:

```
    If gebTagDJ > heute Then alter = alter - 1
    Return alter
End Function
```

Die Funktion *berechneAlter* verwenden wir in einem Bericht, welcher neben den Feldern *Vorname*, *Nachname* und *Geburtsdatum* auch das *Alter* aus der Tabelle *Personal* von *Nordwind.mdb* anzeigt.

Der für die Spalte *Alter* einzutragende Ausdruck ist:

```
=Code.berechneAlter(Fields!Geburtsdatum.Value, Today)
```

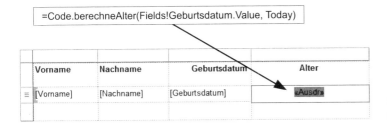

Abbildung 13.60 Verwendung einer benutzerdefinierten Funktion in einem Ausdruck

Die Laufzeitansicht des Reports:

			13.09.2010
Vorname	Nachname	Geburtsdatum	Alter
Nancy	Davolio	08.12.1968	41
Andrew	Fuller	19.02.1952	58
Janet	Leverling	30.08.1963	47

Abbildung 13.61 Report (siehe Beispiel)

HINWEIS   Das komplette Beispiel finden Sie in den Begleitdateien!

Variante 2: Benutzerdefinierte Assembly

Eine benutzerdefinierte Assembly wird meist als separate Klassenbibliothek (*.dll*) erstellt, die Sprache (C#, Visual Basic) ist dann natürlich egal. Anschließend fügen Sie im Bericht einen Verweis auf die Assembly hinzu, indem Sie das Menü *Bericht/Berichtseigenschaften...* und dort die Seite *Verweise* aufrufen.

Falls es sich um statische Klassen bzw. Methoden handelt, genügt der Eintrag des Assemblynamens, die untere Liste *Klassen* bleibt leer.

Auf statische Methoden können Sie in Ausdrücken über den Namespace, die Klasse und den Methodennamen zugreifen, während für instanzbasierte Methoden – ähnlich wie bei eingebettetem Visual Basic-Code – ein globales *Code*-Objekt zur Verfügung steht.

HINWEIS   Um dem Report den Zugriff auf eine benutzerdefinierte Assembly zu erlauben, muss die *AddFullTrustModuleInSandboxAppDomain*-Methode des *ReportViewers* aufgerufen werden!

Ergänzungen zum ReportViewer

Der *ReportViewer* ist die zentrale Komponente zum Anzeigen von Berichten, egal ob diese von einem Report-Server oder aus einer lokalen Datenquelle kommen. Allerdings haben wir uns in diesem Kapitel ausschließlich auf den lokalen Modus (Local Mode) des *ReportViewers* beschränkt, sodass es an der Zeit ist, beide Betriebsarten einem Vergleich zu unterziehen.

Local Mode versus Server Mode

Im lokalen Modus verwandelt sich der *ReportViewer* in einen Mini-Report Server. In dieser Konfiguration führt er die Verarbeitung und Darstellung des Reports aus, nicht der Report Server. Wenn Sie ausschließlich den Local Mode verwenden wollen, brauchen Sie überhaupt keine *Reporting Services* (weder zur Entwurfs- noch zur Laufzeit), weil das *ReportViewer* Control in keiner Weise vom Report Server abhängig ist.

Der Local Mode bietet die folgenden Vorzüge:

- Einfache Verteilung der Reports
  Sie können die Reportdateien zusammen mit Ihrer Anwendung vertreiben, ohne dass der Benutzer des Programms einen Report Server installieren müsste.

- Flexible Szenarien der Datenbindung
  Ihre Applikation kann den lokalen Report an ein ADO.NET-Dataset oder an ein Geschäftsobjekt binden. Demgegenüber ist das direkte Binden von DataSets an Server Reports nicht möglich und erfordert zusätzlichen Aufwand.

Bevor Sie aber zu früh jubeln, weil Sie weder Report Server noch SQL Server Lizenz benötigen, sollten Sie Local und Server Mode etwas genauer unter die Lupe nehmen. Dann kommen Sie nämlich zu der Erkenntnis, dass Sie den lokalen Modus des *ReportViewers* leider nicht als vollwertigen Ersatz für den Report Server betrachten können, da dieser Vergleich nur bezüglich Verarbeitung und Darstellung der Reports gilt.

In Ermangelung eines Report Servers muss der *ReportViewer* die Daten von der Anwendung holen. Im lokalen Modus ist deshalb Ihre Anwendung für die Bereitstellung des notwendigen Report-Inputs zuständig, denn der *ReportViewer* bietet keinerlei Eingabemöglichkeiten von Parametern für lokale Reports. Parameter und Daten sind aus Sicht des *ReportViewers* extern. Auch gibt es im Local Mode weder Report Catalog noch Caching, keine abonnierte Verteilung, keine Sicherheitseinstellungen etc. Die Export-Formate sind auf PDF, Word und Excel beschränkt.

RDL- versus RDLC-Format

Beide Formate haben dasselbe XML-Schema. In RDLC-Dateien können z.B. einige Ausdrücke leer sein, d.h., sie sind nicht sofort bereit um von einem Report Server verarbeitet zu werden. Die fehlenden Werte können beim Öffnen der Datei mittels der SQL Server Version des Report Designers übergeben werden (vorher *.rdlc* zu *.rdl* umbenennen).

HINWEIS   RDL-Dateien werden von der SQL Server Version des Report Designers erzeugt, RDLC-Dateien hingegen von der Visual Studio Version des Report Designers.

Durch das Ausgliedern der Logik für das Anbinden an eine Datenbank oder zum Ausführen von Abfragen ist der *ReportViewer* kompatibel zu allen Datenquellen, also nicht nur zu Datenbanken. Dies hat zur Konsequenz, dass bei Verwendung einer RDL-Datei durch den *ReportViewer* die SQL bezogenen Infos der RDL-Datei einfach ignoriert werden. Es ist Sache der Anwendung, sich mit der Datenbank zu verbinden, Abfragen auszuführen und dem *ReportViewer* die Daten zu übergeben.

Übersicht Datenbindung

In vielen der vorhergehenden Beispiele haben wir Ihnen bereits gezeigt, wie Sie die Daten Ihrer Anwendung an den lokalen Report übergeben. An dieser Stelle möchten wir noch einmal mit einigen Kurzbeispielen auf dieses Thema eingehen, bieten sich doch mittlerweile mit LINQ to SQL bzw. dem Entity Framework sowie Webdiensten und SharePoint-Listen weitere Möglichkeiten.

Anbindung DataSet

Verfügt Ihr Programm bereits über ein DataSet genügt es, wenn Sie im Report (Fenster *Berichtsdaten*) ein neues Report-DataSet erzeugen und dabei auf das bereits vorhanden DataSet verweisen. Alternativ besteht auch die Möglichkeit, ein gänzlich neues DataSet zu erzeugen.

Mit den Daten des Report-DataSets können Sie wie gewohnt den Report entwerfen. Zur Laufzeit ist es jedoch Ihre wichtigste Aufgabe, das DataSet des Reports mit den entsprechenden Daten Ihres Programms zu füllen. Nutzen Sie dazu das Aufgabenmenü des ReportViewers, werden automatisch ein *DataSet*, eine *BindingSource* sowie ein *TableAdapter* im Formular erstellt. Die Datenbindung selbst ist teilweise in der *.Designer.vb*-Datei definiert, was die Übersicht nicht leichter macht. Besser Sie erstellen die Datenbindung auf gewohnte Weise, ohne den Assistenten:

```
Imports Microsoft.Reporting.WinForms
...
    Private Sub Form1_Load(sender As Object, e As EventArgs) Handles MyBase.Load
```

DataSet erzeugen:

```
    Dim nwDS As New NordwindDataSet()
```

TableAdapter erzeugen:

```
    Dim ta As New NordwindDataSetTableAdapters.ArtikelTableAdapter()
```

Daten ins *DataSet* laden:

```
    ta.Fill(nwDS.Artikel)
```

Daten an den Report übergeben:

```
    Me.ReportViewer1.LocalReport.DataSources.Add(New ReportDataSource("DataSet1",
                                CType(nwDS.Artikel, DataTable)))
```

Report auswählen:

```
    Me.ReportViewer1.LocalReport.ReportEmbeddedResource = "WindowsFormsApplication16.Report1.rdlc"
```

Anzeige:

```
      Me.ReportViewer1.RefreshReport()
  End Sub

End Class
```

Alternativ nur mit einer *DataTable*:

```
...
    Dim dt As NordwindDataSet.ArtikelDataTable = New NordwindDataSet.ArtikelDataTable()
    Dim ta As New NordwindDataSetTableAdapters
    ta.ArtikelTableAdapter().Fill(dt)
    Me.ReportViewer1.LocalReport.DataSources.Add(New ReportDataSource("DataSet1",
                                                 CType(dt, DataTable)))
...
```

Anbindung Objekte (LINQ to SQL, Entity Framework, Webdienste)

Wählen Sie im Report (Fenster *Berichtsdaten*, *DataSet hinzufügen*) den Datenquellentyp *Objekt* und suchen Sie in der Liste die gewünschten Entitäten/Klassen aus.

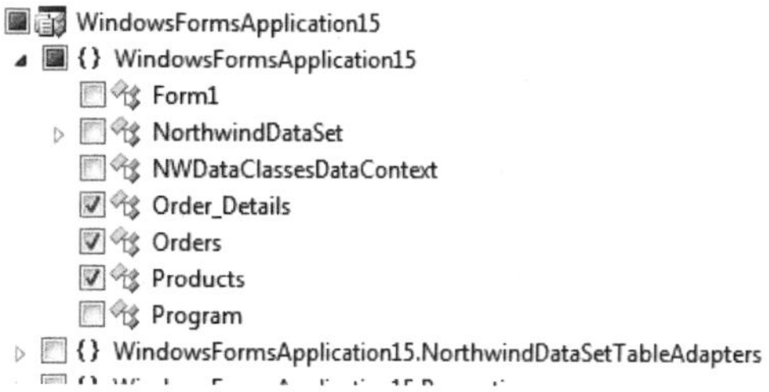

Abbildung 13.62 Auswahl der Objekte

Nachfolgend verfügt Ihr Report über das nötige DataSet und Sie können den Entwurf wie gewohnt realisieren. Bei der späteren Anbindung des Reportviewers mittels Aufgabenmenü wird im Fenster eine *BindingSource* erzeugt, an die Sie zur Laufzeit Ihre Daten-Objekte binden müssen. Allerdings wird hier wieder einmal der Code vor dem Programmierer versteckt: In der *Form1.Designer.vb*-Datei finden Sie folgende Verbindung zwischen *BindungSource* und *ReportViewer*:

```
...
    reportDataSource1.Name = "DataSet1"
    reportDataSource1.Value = Me.OrdersBindingSource
    Me.ReportViewer1.LocalReport.DataSources.Add(reportDataSource1)
    Me.ReportViewer1.LocalReport.ReportEmbeddedResource = "WindowsFormsApplication15.Report5.rdlc"
...
```

Das alles sieht nicht nur unschön aus, es ist auch wenig übersichtlich. Verzichten Sie deshalb besser auf die Hilfe des Aufgabenmenüs und weisen Sie dem *ReportViewer* die Eigenschaften zur Laufzeit zu:

```
    Private Sub Form1_Load(sender As Object, e As EventArgs) Handles MyBase.Load
```

Datenkontext erzeugen:

```
Dim db As New NWDataClassesDataContext()
```

Datenquelle für den Report hinzufügen:

```
ReportViewer1.LocalReport.DataSources.Add(New ReportDataSource("DataSet1", db.Orders))
```

Report zuweisen:

```
ReportViewer1.LocalReport.ReportEmbeddedResource =
                        "WindowsFormsApplication15.Report5.rdlc"
```

Anzeige:

```
ReportViewer1.RefreshReport()
End Sub
```

Diese Vorgehensweise dürfte wesentlich übersichtlicher sein als die Stückelei mit der *BindingSource*.

How-to-Beispiele

13.1 ... einen Bericht mit dem Berichtsassistenten erstellen?

Report Designer; Berichts-Assistent; Templates

Der Report-Designers bietet die Möglichkeit, sofort mittels Assistent einen kompletten Report zu erstellen, ohne sich große Sorgen um Design oder Daten machen zu müssen. Notwendige Anpassungen können Sie im Anschluss daran vornehmen.

Vorbereitung

Erstellen Sie zunächst eine neue Windows Forms-Anwendung und schieben Sie eine *Nordwind*-Datenbank per Drag & Drop in den Projektmappen-Explorer. Die Frage des Assistenten nach dem Datenmodell beantworten Sie mit *DataSet*.

Im folgenden Dialog wählen Sie lediglich die Tabelle *Artikel* aus.

Reportentwurf mit Assistent

Wählen Sie den Menüpunkt *Projekt/HinzufügenNeues Element/Berichts-Assistent*.

Der erste Schritt ist die Auswahl der Datenbasis für den Report. Wir erstellen an dieser Stelle eine Verbindung zu unserem schon bestehenden DataSet *NordwindDataSet* und der enthaltenen *DataTable Artikel*.

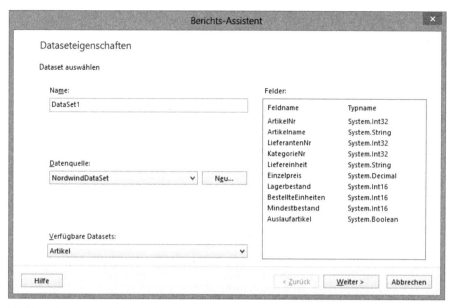

Abbildung 13.63   Auswahl der Datenbasis für den Report

Anschließend geht es um die Zuordnung der Daten. Ziehen Sie die Felder per Drag & Drop in die gewünschten Listen.

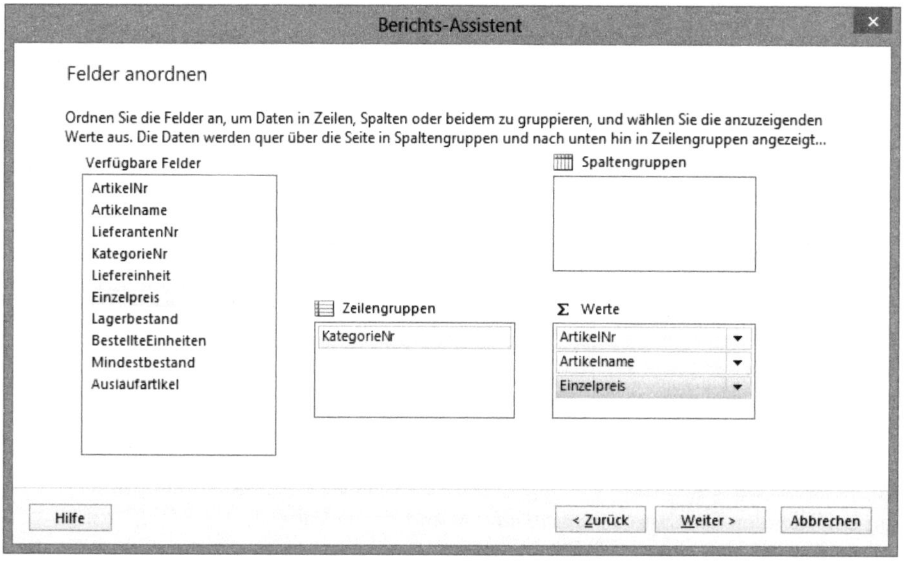

Abbildung 13.64   Zuordnen der Daten

> **HINWEIS** Beachten Sie, dass bei *ArtikelNr* und *Einzelpreis* automatisch eine Aggregatfunktion (*Sum*) zugeordnet wird, über das Kontextmenü können Sie diese gleich wieder entfernen (Häkchen herausnehmen).

Der dritte Schritt ermöglicht Ihnen das Anpassen der Gruppierungen (Teilergebnisse und deren Position):

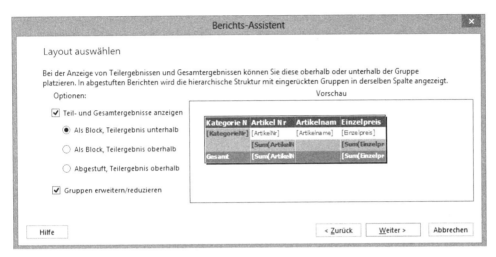

Abbildung 13.65 Anpassen der Gruppierung

Letzter Schritt ist das Zuweisen des Layouts:

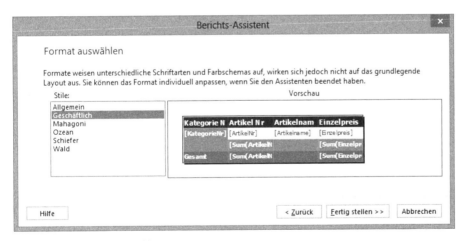

Abbildung 13.66 Layout-Auswahl

Damit ist der Reportentwurf abgeschlossen, Sie können ihn evtl. noch in Bezug auf Spaltenbreiten, Schriftarten etc. anpassen und abschließend speichern.

Anzeige per ReportViewer

Fügen Sie in das Formular eine *ReportViewer*-Komponente ein und weisen Sie dieser per Aufgabenmenü den gerade erstellten Report zu. Danach können Sie Ihr Programm starten.

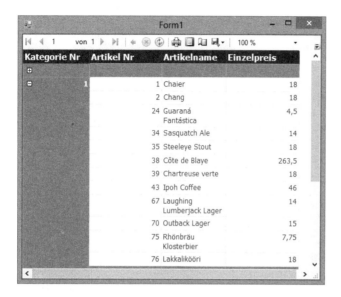

Abbildung 13.67 Laufzeitansicht des Berichts

HINWEIS Die Sichtbarkeit der Gruppendaten lässt sich über die Gruppeneigenschaften (Rubrik *Sichtbarkeit*) ändern. Sollen die Werte innerhalb der Gruppe immer angezeigt werden, wählen Sie die Option *Anzeigen* statt der vom Assistenten festgelegten Option *Ausblenden*.

13.2 ... einen Unterbericht einsetzen?

Report Designer: *Liste, Tabelle, SubReport;* ReportViewer-Control: *ReportDataSource*-Objekt, *ReportEmbeddedResource*-Eigenschaft, *RefreshReport*-Methode, *SubreportProcessing*-Ereignis; *TableAdapter*-Control: *Fill*-Methode; Parameterübergabe, Gruppieren und Filtern

Master-Detail-Beziehungen lassen sich mit einem im Hauptbericht eingebetteten Unterbericht darstellen. Wir wollen das am Beispiel der Kunden der Datenbank *Nordwind* demonstrieren. Für jeden Kunden sollen die zugehörigen Bestellungen (ohne Artikeldetails) in einem Unterbericht aufgelistet werden.

Datenquelle erstellen

Ein typisiertes DataSet *NordwindDataSet* dient uns als Datenquelle für den Report. Im vorliegenden Beispiel soll für die Tabellen *Kunden* und *Bestellungen* jeweils ein *TableAdapter* zum Einsatz kommen, was den Vorteil hat, dass flexible SQL-Anweisungen für die Datenbankabfrage möglich sind und dass automatisch Methoden zum Füllen der Tabellen generiert werden.

1. Öffnen Sie eine neue Windows Forms-Anwendung.

2. Über das Menü *Projekt/Neues Element hinzufügen...* erzeugen Sie eine Vorlage für ein (typisiertes) *DataSet* unter dem Dateinamen *NordwindDataSet.xsd*.

3. Im DataSet-Designer fügen Sie einen *TableAdapter* hinzu.

4. *Im TableAdapter-Konfigurations-Assistenten* stellen Sie zunächst eine Datenverbindung zu einer vorhandenen *Nordwind.mdb*-Datenbank her.

5. Lassen Sie es zu, dass der *NordwindConnectionString* in der Anwendungskonfigurationsdatei gespeichert wird (OK-Button des Dialogs).

6. Tragen Sie die folgende SQL Anweisung ein: *SELECT * FROM Kunden.* Es steht Ihnen aber frei, die Auswahl der Felder zu beschränken.

7. Als zu generierende Methode wird nur die *Fill*-Methode gebraucht (bei den anderen Methoden Häkchen entfernen).

8. Nach Klick auf die Schaltfläche *Fertigstellen* erscheint das *NordwindDataSet* mit der Tabelle *Kunden* im Datenquellen-Fenster.

9. Fügen Sie im DataSet-Designer auf völlig analoge Weise einen weiteren *TableAdapter* für die Tabelle *Bestellungen* hinzu (*SELECT * FROM Bestellungen* etc.).

10. Schließlich sollten Datenquellen-Fenster und DataSet-Designer einen Anblick gemäß Abbildung 13.68 bieten (falls im DataSet-Designer zwischen beiden Tabellen eine Verbindungslinie/Relation zu sehen ist, können Sie diese löschen).

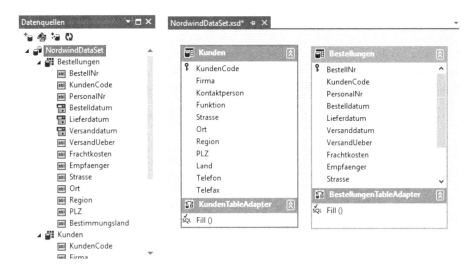

Abbildung 13.68 Datenquellen-Fenster und DataSet-Designer nach Fertigstellen der Datenquelle

Unterbericht entwerfen

Über das Menü *Projekt/Neues Element hinzufügen...* fügen Sie die Vorlage für einen *Bericht* mit dem Dateinamen *Bestellungen.rdlc* hinzu und ziehen vom Werkzeugkasten eine *Tabelle* auf die Oberfläche des Report-Designers. Im folgenden Fenster zur Auswahl der Datenquelle wählen Sie unser bereits erstelltes *NordwindDataSet* und dort die Tabelle *Bestellungen* aus und vergeben dafür den Namen *NordwindDataSet_Bestellungen*.

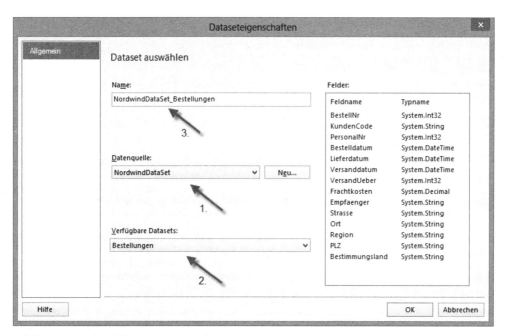

Abbildung 13.69 Auswahl der Report-Datenquelle

Per Drag & Drop ziehen Sie die Felder *Bestelldatum, Versanddatum, Lieferdatum* und *Frachtkosten* aus dem
Fenster *Berichtsdaten* in die untere Zeile der *Tabelle*, fügen eine weitere Zeile hinzu (Kontextmenü *Außerhalb von Gruppe - Unterhalb*) und tragen dort den Ausdruck für die Frachtkostensumme ein.

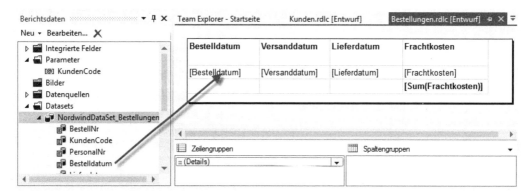

Abbildung 13.70 Entwurfsansicht des Unterberichts

Um eine formatierte Anzeige von Datum und Währung zu erreichen, setzen Sie im Eigenschaftenfenster
(F4) die *Format*-Eigenschaft der drei Datumsfelder auf *d* und die des Währungsfelds auf *c*.

Parameter und Filter zum Unterbericht hinzufügen

Dem Unterbericht muss vom Hauptbericht als Parameter der *KundenCode* übergeben werden, damit dieser
als Filterbedingung für die anzuzeigenden Bestellungen dienen kann. Über den *Parameter*-Knoten im Fens-

ter *Berichtsdaten* und das Kontextmenü *Parameter hinzufügen...* öffnen Sie den Dialog *Berichtsparametereigenschaften*, klicken auf die *Hinzufügen*-Schaltfläche und tragen den Namen (*KundenCode*) des Parameters und den Datentyp (*Text*) ein.

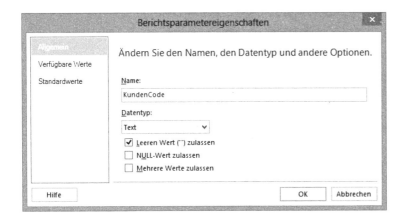

Abbildung 13.71 Der Parameter *KundenCode* wird hinzugefügt

Über das *Tablix-Eigenschaften*-Fenster der *Tabelle* (F4) öffnen Sie den *Filter*-Dialog. Die Auswahlbox hilft Ihnen beim Einstellen des Ausdrucks *[KundenCode]*, während Sie den unten stehenden Wert für den Parameter (*=Parameters!KundenCode.Value*) selbst eintragen müssen.

Abbildung 13.72 Filterbedingung zuweisen

Hauptbericht entwerfen

Über das Menü *Projekt/Neues Element hinzufügen...* fügen Sie die Vorlage für einen weiteren *Bericht* mit dem Dateinamen *Kunden.rdlc* hinzu und ziehen vom Werkzeugkasten eine *Liste* auf die Oberfläche des Report-Designers. Als Datenbasis dient uns ebenfalls *NordwindDataSet*, die Data Table ist in diesem Fall jedoch *Kunden*. Als Name der Berichtsdatenquelle vergeben wir *NordwindDataSet_Kunden*.

HINWEIS Im Gegensatz zum Unterbericht sind im *Berichtsdaten*-Fenster des Hauptberichts keine Parameterdefinitionen enthalten!

In der *Liste* platzieren wir drei *Textfeld*er und einen *Unterbericht*, dem wir im Eigenschaftenfenster als *ReportName*-Eigenschaft den Namen *Bestellungen* zuweisen.

Vom *Berichtsdaten*-Fenster ziehen wir die Felder *KundenCode*, *Firma* und *Kontaktperson* in die Textfelder.

Abbildung 13.73 Die *Liste* des Hauptberichts mit eingebettetem Unterbericht
in der Entwurfsansicht

Klicken Sie unterhalb des Berichts im Bereich *Zeilengruppen* auf *Details* und rufen Sie über das Kontext-menü den Dialog *Gruppeneigenschaften* auf. Weisen Sie hier über die Klappbox den Gruppierausdruck *[KundenCode] zu.*

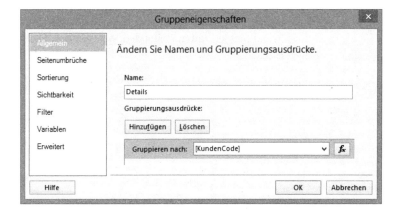

Abbildung 13.74 Einstellen der
Gruppierungseigenschaften

Bis jetzt »weiß« der im Hauptbericht eingelagerte *Unterbericht* noch nicht, für welchen Kunden er denn die Bestellungen anzeigen soll. Dazu muss ihm der aktuelle *KundenCode* als Parameter übermittelt (d.h. zu sei-ner *Parameters*-Auflistung hinzugefügt) werden.

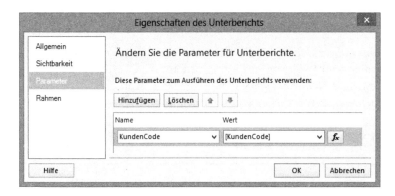

Abbildung 13.75 Dialog zur Übergabe der
Parameterliste an den Unterbericht

Klicken Sie auf *Parameter* im Eigenschaftenfenster des Unterberichts (*F4*). Im zugehörigen Dialog tragen Sie den Parameternamen *KundenCode* und den Parameterwert*[KundenCode]* ein.

ReportViewer anbinden

Bis jetzt sind wir ohne eine einzige Codezeile ausgekommen! Das ändert sich aber, nachdem wir eine *ReportViewer*-Komponente auf das Startformular *Form1* gesetzt haben. Aus gutem Grunde rühren wir diesmal das Aufgaben-Menü des *ReportViewer*s nicht an, denn die automatisch generierten Komponenten zur Datenbindung wären einerseits unvollständig und würden andererseits nur für Verwirrung sorgen. Stattdessen werden wir den *ReportViewer* komplett per Handarbeit anbinden.

Der Code von *Form1*:

```
...
Imports Microsoft.Reporting.WinForms
```

Der Zugriff auf die automatisch generierten *TableAdapter*-Klassen ist nur über deren eigenen Namespace möglich:

```
Imports WindowsApplication2.NordwindDataSetTableAdapters

Public Class Form1
```

Eine globale Instanz unseres typisierten DataSets erzeugen, die allerdings noch leer ist:

```
    Private nwDS As New NordwindDataSet()
```

Beim Laden von *Form1* gibt es allerhand zu tun:

```
    Private Sub Form1_Load(sender As Object, e As EventArgs)  Handles MyBase.Load
```

Anmelden eines Eventhandlers für das SubReportProcessing-Ereignis, in welchem die Report-Datenquelle für den Unterbericht dynamisch zugewiesen wird:

```
        AddHandler ReportViewer1.LocalReport.SubreportProcessing,
                            AddressOf LocalReport_SubreportProcessing
```

Beide *TableAdapter* instanziieren und die Tabellen des typisierten DataSets aus der Datenbank füllen:

```
        Dim kta As New NordwindDataSetTableAdapters.KundenTableAdapter()
        kta.Fill(nwDS.Kunden)
        Dim bta As New NordwindDataSetTableAdapters.BestellungenTableAdapter()
        bta.Fill(nwDS.Bestellungen)
```

ReportViewer mit Reportdatenquelle und Reportressource verbinden:

```
        Dim rdsKunden As New  ReportDataSource("NordwindDataSet_Kunden")
        rdsKunden.Value = nwDS.Kunden
        ReportViewer1.LocalReport.DataSources.Add(rds.Kunden)
        ReportViewer1.LocalReport.ReportEmbeddedResource = "WindowsApplication2.Kunden.rdlc"
        ReportViewer1.RefreshReport()
    End Sub
```

Der Eventhandler für das Zuweisen der Datenquelle des Unterberichts:

```
Private Sub LocalReport_SubreportProcessing(sender As Object,
                                    e As SubreportProcessingEventArgs)

    Dim rdsBestellungen As New  ReportDataSource("NordwindDataSet_Bestellungen")
    rdsBestellungen.Value = nwDS.Bestellungen
    e.DataSources.Add(rdsBestellungen)
  End Sub
End Class
```

Test

Je nach Anzahl der Datensätze kann es eine ganze Weile dauern, bis der ziemlich umfangreiche Report fertig ist. Aber dann, beim Durchblättern der Kunden, erscheinen im Unterbericht alle vom Kunden aufgegebenen Bestellungen, sowie die Frachtkosten.

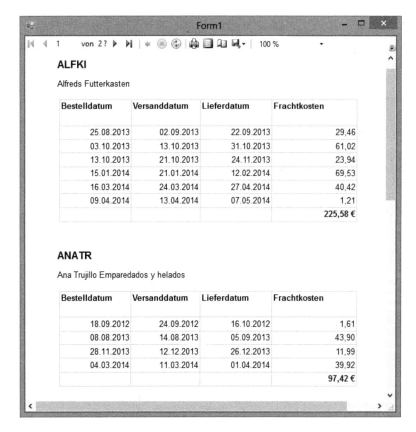

Abbildung 13.76 Der Report mit Unterbericht zur Laufzeit

13.3 ... eine Rechnung anzeigen?

ReportViewer-Control: *LocalReport.DataSources*-Auflistung, *RefreshReport*-Methode; Report-Designer: *Liste*, *Tabelle*; *TableAdapter*-Control: *Fill*-Methode; SQL: INNER JOIN

Die Ausgabe von Rechnungen gehört wohl mit zu den häufigsten Aufgaben, die ein Report erfüllen muss. Wir wollen dies anhand einer abgespeckten Version der Datenbank *Nordwind* demonstrieren.

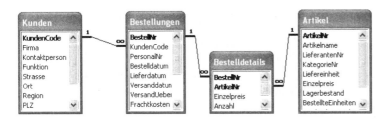

Abbildung 13.77 Datenbankstruktur

Wie die Abbildung zeigt, sind an unserem Report vier Tabellen beteiligt, denn auf der Rechnung sollen die Anschrift des Kunden, Bestellnummer und Bestelldatum sowie die Bestelldetails (Artikelname, Einzelpreis, ...) erscheinen.

Die nahe liegende Idee, es wie im Vorgängerbeispiel mit einem Unterbericht zu versuchen, scheitert an der miserablen Performance dieser Lösung, denn es dauerte einfach viel zu lange, bis ein solcher Report »zu Stuhle« kommt, da jede Menge interner Datenverarbeitung durchzuführen ist (Verknüpfen von vier Tabellen!).

Also versuchen wir es diesmal mit einer eingebetteten Datenregion, die auf ein einziges DataSet zugreift, wobei wir die Datenselektion durch eine SQL-Anweisung bereits im Vorfeld erledigen, sodass sich der Report auf seine eigentliche Aufgabe, die Anzeige der Daten, beschränken kann.

Datenquelle erstellen

Nicht nur hier werden Sie feststellen, dass es viele Analogien zum Vorgängerbeispiel gibt. Allerdings arbeiten wir nicht mit zwei, sondern nur mit einer Tabelle nebst zugehörigem *TableAdapter*.

1. Öffnen Sie ein neues Projekt vom Typ Windows Forms-Anwendung und fügen Sie über *Projekt/Neues Element hinzufügen...* ein *DataSet* unter dem Dateinamen *NordwindDataSet.xsd* hinzu.

2. Im DataSet-Designer fügen Sie einen *TableAdapter* mit dem Namen *Rechnungen* hinzu.

3. Im *TableAdapter-Konfigurations-Assistenten* stellen Sie zunächst eine Datenverbindung zu einer vorhandenen *Nordwind.mdb*-Datenbank her.

4. Tragen Sie die folgende SQL Anweisung ein (für das Verständnis sind die Kenntnisse des SQL-Kapitels 16 unabdingbar, denn diese mit INNER JOINs gespickte Abfrage erstreckt sich über vier Tabellen!):

```
SELECT
    Bestellungen.Empfaenger, Bestellungen.Strasse, Bestellungen.Ort, Bestellungen.PLZ,
    Bestellungen.KundenCode, Bestellungen.BestellNr, Bestellungen.Bestelldatum,
    Kunden.Firma, Kunden.Strasse, Kunden.Ort, Kunden.PLZ,
    Bestelldetails.ArtikelNr, Bestelldetails.Einzelpreis, Bestelldetails.Anzahl,
    Artikel.Artikelname
```

```
FROM Kunden INNER JOIN (Bestellungen INNER JOIN
     (Artikel INNER JOIN
          Bestelldetails ON Artikel.ArtikelNr = Bestelldetails.ArtikelNr) ON Bestellungen.BestellNr
          = Bestelldetails.BestellNr) ON Kunden.KundenCode = Bestellungen.KundenCode
```

5. Als zu generierende Methode brauchen wir nur die *Fill*-Methode (bei den anderen Methoden Häkchen entfernen).

6. Nach dem Klick auf die Schaltfläche *Fertigstellen* erscheint das *NordwindDataSet* mit der Tabelle *Rechnungen* im Datenquellen-Fenster, außerdem wurde ein *RechnungenTableAdapter* (inklusive *Fill*-Methode) erzeugt der bereit ist, die Tabelle *Rechnungen* mit dem Ergebnis der zugrundeliegenden SQL-Datenbankabfrage zu füllen.

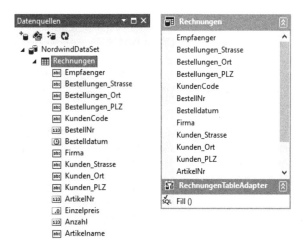

Abbildung 13.78   Datenquellen-Fenster und DataSet-Designer

Report entwerfen

1. Über das Menü *Projekt/Neues Element hinzufügen...* erzeugen Sie eine *Bericht*-Vorlage mit dem Dateinamen *Rechnung.rdlc*.

2. Setzen Sie eine *Liste* auf den Report. In diesem Zusammenhang können Sie bereits per Assistent die Report-Datenquelle *NordwindDataSet_Rechnungen* erzeugen (auf Basis des gerade erstellten DataSet mit der DataTable *Rechnungen*). Die entsprechenden Felder sind nachfolgend im Berichtsdaten-Fenster verfügbar[1].

3. Wählen Sie im Bereich *Zeilengruppen* die vorhandene Gruppe und legen Sie per Kontextmenü die Gruppeneigenschaften fest. Wählen Sie als Gruppierungsausdruck *Fields!BestellNr.Value* (Abbildung 13.79).

HINWEIS   Vergessen Sie auch nicht, in der Rubrik *Seitenumbrüche* das Häkchen für Seitenumbruch bei *Zwischen den einzelnen Instanzen einer Gruppe* zu setzen!

---

[1] Bitte dazu Bemerkung am Schluss beachten!

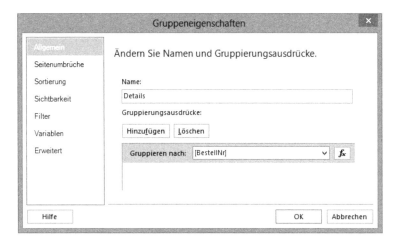

Abbildung 13.79 Gruppeneigenschaft
en festlegen

4. Im oberen Teil der *Liste* ist Platz für *Textfeld*er mit der Überschrift (»Rechnung«) und dem aktuellen Datum (Kontextmenü *Ausdruck.../Allgemeine Funktionen/Datum und Uhrzeit*). Damit die lästigen Sekunden verschwinden, setzen Sie die *Format*-Eigenschaft des betreffenden Textfeldes auf *d*. Darunter finden mehrere gebundene *Textfeld*er ihren Platz. Öffnen Sie das Berichtsdatenfenster und ziehen Sie per Drag & Drop die benötigten Kundeninformationen aus den Feldern *Firma* und *Kunden_Strasse* der *Rechnungen*-Tabelle in die entsprechenden Textfelder. Ergänzen Sie gegebenenfalls die *First*-Funktion per Hand.

5. Den Inhalt des Textfelds für *Kunden_PLZ* und *Kunden_Ort* können Sie direkt per Hand oder aber mit Hilfe des Ausdrucks-Editors eintragen. Die erforderliche Syntax bedarf wohl keiner weiteren Erklärungen. Die im mittleren Teil befindlichen Textfelder für *BestellNr* und *Bestelldatum* werden auf analoge Weise besetzt.

6. Platzieren Sie im unteren Teil der *Liste* eine *Tabelle*, welche als Datenregion für die Bestelldetails fungiert und ziehen Sie aus dem Datenquellen-Fenster die Felder *Artikelname*, *Einzelpreis* und *Anzahl* auf die mittlere Zeile.

7. Fügen Sie über das Kontextmenü der Tabelle eine weitere Spalte *Preis* hinzu und belegen Sie das Detailfeld mit dem Ausdruck »*=Fields!Einzelpreis.Value * Fields!Anzahl.Value*«.

8. Fügen Sie eine Fußzeile hinzu und weisen Sie dem Summenfeld den Ausdruck *=Sum(Fields!Einzelpreis.Value * Fields!Anzahl.Value)* zu.

9. Formatieren Sie die Tabellenzeilen nach Bedarf (*Font*- und *BackgroundColor*-Eigenschaft. Eine *Euro*-Anzeige der Währungsfelder erreichen Sie durch Zuweisen der Formateigenschaft »*c*«.

10. Öffnen Sie das Startformular *Form1* in der Entwurfsansicht und setzen Sie eine *ReportViewer*-Komponente (unterhalb des Knotens *Berichterstellung* des Werkzeugkastens) auf das Formular. Über den Smart Tag (*ReportViewer-Aufgaben*) wählen Sie den Bericht aus (*Rechnung.rdlc*) und lassen den *ReportViewer* an das Formular andocken.

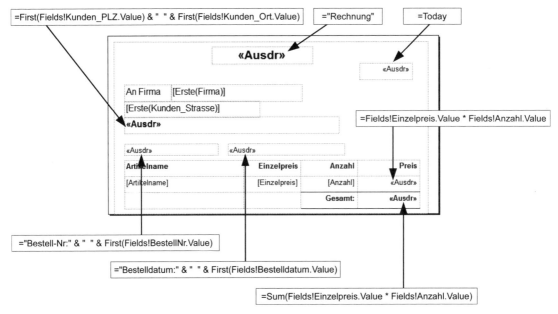

Abbildung 13.80   Entwurfsansicht des in eine Liste eingebetteten Reports mit den zugehörigen Ausdrücken

Jetzt dürfen Sie sich entspannt zurücklehnen, denn der *ReportViewer* erledigt automatisch alle für die Datenbindung erforderlichen Restaufgaben (siehe Komponentenfach).

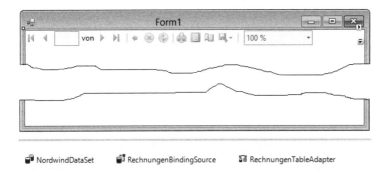

Abbildung 13.81   Entwurfsansicht des *ReportViewers* mit den automatisch generierten Komponenten

Test

Ohne dass wir eine einzige Zeile VB-Quellcode geschrieben haben, liegt bereits eine fertige Anwendung vor, die in der Lage ist, untereinander die Rechnungen für alle Kunden aus *Nordwind* anzuzeigen und fein säuberlich auszudrucken.

Abbildung 13.82 Laufzeitansicht des Reports

Bemerkungen

- Um den Preis einer ziemlich aufwändigen SQL-Abfrage haben wir den Report-Entwurf gegenüber der Verwendung eines *Unterberichts* deutlich vereinfacht und die Geschwindigkeit des Reportaufbaus drastisch gesteigert.

- Um die Übersichtlichkeit nicht zu gefährden, haben wir die Funktionalität des Reports auf ein Minimum beschränkt, d.h., es werden untereinander alle Rechnungen, geordnet nach Bestellnummern, angezeigt. Sinnvoll wäre z.B. die Einführung von Parametern in der SQL-Anweisung, welche die Nummern oder den Zeitraum der Rechnungen einschränken.

- Anstatt einer *Tabelle* als eingebettete Datenregion hätten wir auch eine zweite *Liste* nehmen können, was allerdings wegen der vielen einzeln hinzuzufügenden *Textfeld*er etwas mehr Aufwand erfordert hätte.

- Würden wir die Datenbindung nicht über das Aufgaben-Menü des *ReportViewer*s erledigen lassen, sondern komplett selbst in die Hand nehmen, hielte sich der zusätzliche Aufwand in Grenzen und hätte darüber hinaus den Vorteil der Transparenz:

```
Imports Microsoft.Reporting.WinForms

Public Class Form1

    Dim nwDS As New NordwindDataSet()

    Private Sub Form1_Load(sender As Object, e As EventArgs) Handles MyBase.Load

        Dim rta As New NordwindDataSetTableAdapters.RechnungenTableAdapter()
        rta.Fill(nwDS.Rechnungen)
```

```
        Dim rdsRechnungen As New  ReportDataSource("NordwindDataSet_Rechnungen")
        rdsRechnungen.Value = nwDS.Rechnungen
        ReportViewer1.LocalReport.DataSources.Add(rdsRechnungen)

        ReportViewer1.LocalReport.ReportEmbeddedResource = "WindowsApplication3.Rechnung.rdlc"

        ReportViewer1.RefreshReport()
    End Sub

End Class
```

Böse – ein Bug im Report Designer

Ein schwer auffindbarer Fehler[1] beim Einbinden der Report-DataSets in den XML-Code der Reportdatei hat die Autoren fast an den Rand der Verzweiflung getrieben. Er tritt nur bei kombinierten Feldern auf, wie zum Beispiel *Bestellungen_Strasse*, die durch einen INNER JOIN entstanden sind. Erst durch einen genauen Abgleich mit Reportdateien der Vorgängerversion (Visual Studio 2010) konnte die Ursache fixiert werden:

Im *<DataSets>*-Abschnitt des XML-Codes werden vom Visual Studio 2012-Reportdesigner fälschlicherweise die *<DataFields>*-Bezeichner *Bestellungen.Strasse, Bestellungen.Ort, Bestellungen.PLZ, Kunden.Strasse, Kunden.PLZ, Kunden.Ort* angelegt, diese werden aber vom ReportViewer offensichtlich nicht erkannt. Nach Laden der Datei *Rechnung.rdlc* in einen Texteditor und Ersetzen der Punkt-Trennzeichen durch einen Unterstrich lief endlich alles normal.

```
<DataSets>
  <DataSet Name="NordwindDataSet_Rechnungen">
    <Query>
      <DataSourceName>NordwindDataSet</DataSourceName>
      <CommandText>/* Local Query */</CommandText>
    </Query>
    <Fields>
      <Field Name="Empfaenger">
        <DataField>Empfaenger</DataField>
        <rd:TypeName>System.String</rd:TypeName>
      </Field>
      <Field Name="Bestellungen_Strasse">
        <DataField>Bestellungen_Strasse</DataField>
        <rd:TypeName>System.String</rd:TypeName>
      </Field>
      <Field Name="Bestellungen_Ort">
        <DataField>Bestellungen_Ort</DataField>
        <rd:TypeName>System.String</rd:TypeName>
      </Field>
      <Field Name="Bestellungen_PLZ">
        <DataField>Bestellungen_PLZ</DataField>
        <rd:TypeName>System.String</rd:TypeName>
      </Field>
      <Field Name="KundenCode">
        <DataField>KundenCode</DataField>
        <rd:TypeName>System.String</rd:TypeName>
```

Abbildung 13.83 Korrigierter XML-Code der Report-Datei, die Punkte wurden durch Unterstriche ersetzt

---

[1] Es bleibt zu hoffen, dass dieser Fehler inzwischen behoben ist ...

13.4   ... das Drillthrough-Event behandeln?

ReportViewer-Control: *ReportDataSource*-Objekt, *Drillthrough*-Ereignis; Master-/Detail-Report; Report-parameter

Um Master- und Detail-Report mit Drillthrough-Funktionalität auszustatten, sind folgende Schritte erforderlich:

- Vorbereitung des Detail-Reports (Übergabeparameter definieren und einbauen)
- Vorbereitung des Master-Reports (Hyperlinkaktion einbauen, Parameter übergeben)
- *ReportViewer* mit Master-Report verbinden (Report-Datei und Report-Datenquelle zuweisen)
- *Drillthrough*-Event des *ReportViewers* auswerten (Datenquelle für Detail-Report zuweisen)

Wir wollen diese Schritte anhand eines Beispielprojekts erklären, welches die lokalen Reports *Kunden.rdlc* und *Bestellungen.rdlc* enthält. Beim Klick auf den Kundencode im *Kunden*-Bericht soll sich automatisch der *Bestellungen*-Bericht öffnen und die Bestellungen des Kunden anzeigen.

> **HINWEIS**   Datenbasis dieses Beispiels ist eine Datenquelle *NordwindDataSet* mit den Tabellen *Kunden* und *Bestellungen*, deren Erzeugung keine Besonderheiten bietet (per Drag & Drop die Datei *Nordwind.mdb* in den Projektmappen-Explorer ziehen und im Assistenten die benötigten Tabellen markieren).

Detail-Report vorbereiten

Der Detail-Report wird unabhängig vom Master-Report entworfen, wobei meistens ein oder mehrere Parameter einzubauen sind, die beim Aufruf vom Master-Report übergeben werden. In unserem Beispiel ist *Bestellungen.rdlc* der Detail-Report, den Sie zunächst zum Projekt hinzufügen. Ein Parameter *prmKuCode* wird für die Überschrift und zum Filtern der Datenmenge benötigt. Öffnen Sie das *Berichtsdaten*-Fenster, klicken Sie mit der rechten Maustaste auf den *Parameter*-Knoten und fügen Sie diesen Parameter (Datentyp *Text*) hinzu.

Schieben Sie ein *Textfeld* und eine *Tabelle* auf die Oberfläche des Report-Designers. Fügen Sie eine Spalte und eine Zeile (*Außerhalb von Gruppe – Unterhalb*) hinzu. Mittels Drag & Drop aus dem *Berichtsdaten*-Fenster und mittels Ausdruck-Editor gestalten Sie die in Abbildung 13.84 gezeigte Oberfläche.

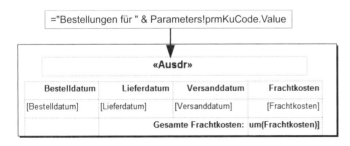

Abbildung 13.84   Detail-Report mit einem Parameter (Entwurfsansicht)

Master-Report vorbereiten

Erzeugen Sie einen weiteren Bericht *Kunden.rdlc*, den Sie ebenfalls mit einer Tabelle bestücken, deren Felder Sie gemäß Abbildung 13.85 zuweisen. Damit ein Feld im Master-Report für Mausklicks sensibilisiert werden kann, muss eine *Aktion* eingefügt werden. Öffnen Sie dazu über das *Eigenschaften*-Kontextmenü den Dialog *Textfeldeigenschaften*.

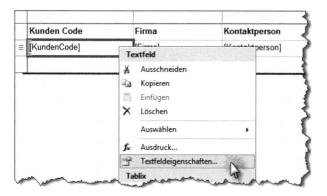

Abbildung 13.85 Entwurfsansicht des Master-Reports und Aufruf des Eigenschaftendialogs für das Hyperlink-Feld

Wählen Sie die Registerseite *Aktion* und setzen Sie die Option *Gehe zu Bericht*. Geben Sie in das Textfeld *Bestellungen* ein:

Abbildung 13.86 Auswahl des Detailberichts und Parametereingabe

Fügen Sie unten den zu übergebenden Parameter hinzu (siehe Abbildung 13.86). In unserem Beispiel verfügt der Bericht *Bestellungen* nur über den Parameter *prmKuCode* dem hier der Wert *Fields!Kunden-Code.Value* des *Kunden*-Berichts zugewiesen wird.

ReportViewer mit Master-Report verbinden

Die Verbindung des *ReportViewer*-Controls mit dem Master-Report unterscheidet sich nicht von der herkömmlichen Verfahrensweise (siehe fettgedruckte Passagen im folgenden Code).

```
Imports Microsoft.Reporting.WinForms
Imports NordwindDataSetTableAdapters

Public Class Form1
```

Die globale Datenquelle instanziieren:

```
    Private nwDS As New NordwindDataSet()
    Private Sub Form1_Load(sender As Object, e As EventArgs) Handles MyBase.Load
```

DataSet aus Datenbank befüllen:

```
        Dim kta As New KundenTableAdapter()
        kta.Fill(nwDS.Kunden)
        Dim bta As New BestellungenTableAdapter()
        bta.Fill(nwDS.Bestellungen)
```

Master-Report mit *ReportViewer* verbinden und anzeigen:

```
        Dim rdsKunden As New  ReportDataSource("NordwindDataSet_Kunden")
        rdsKunden.Value = nwDS.Kunden
        ReportViewer1.LocalReport.DataSources.Add(rdsKunden)
        ReportViewer1.LocalReport.ReportEmbeddedResource = "WindowsApplication1.Kunden.rdlc"
        ReportViewer1.RefreshReport()
    End Sub
```

Drillthrough-Event auswerten

Erst jetzt – also ganz zum Schluss – kommen wir zur Auswertung des *Drillthrough*-Events. Über die Ereignisliste des *ReportViewer*-Controls lassen wir uns den Rahmencode erzeugen. Der Zielreport wird im *DrillthroughEventArgs*-Argument übergeben.

```
Private Sub ReportViewer1_Drillthrough(sender As Object, e As _
            DrillthroughEventArgs) Handles ReportViewer1.Drillthrough
        Dim locRep As LocalReport = CType(e.Report, LocalReport)
        Dim rdsBestellungen As New  ReportDataSource("NordwindDataSet_Bestellungen")
        rdsBestellungen.Value = nwDS.Bestellungen
        locRep.DataSources.Add(rdsBestellungen)
End Class
```

Test

Nach dem Programmstart erscheint zunächst nur der Master-Bericht. Fahren Sie aber mit der Maus über den Report, so ändert sich die Gestalt des Mauszeigers (Hand-Symbol), sobald er sich über einem *Kunden-Code*-Feld befindet.

Nach dem Klick auf einen bestimmten *KundenCode* erscheint der Detailbericht im *ReportViewer*.

HINWEIS   Die Rückkehr zum übergeordneten Report ist durch Klick auf den kleinen blauen Pfeil in der Mitte der Navigatorleiste des *ReportViewers* möglich!

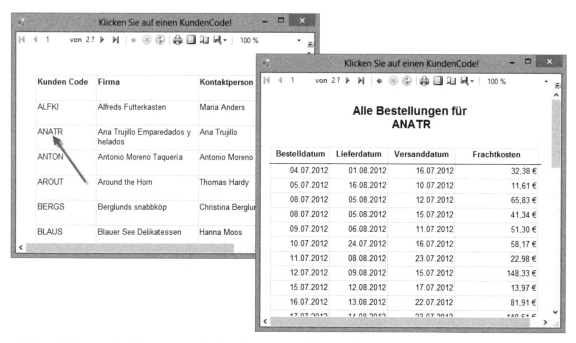

Abbildung 13.87   Laufzeitansichten der mittels »Drilltrough« verbundenen Master- und Detail-Reports

13.5   ... das Messgerät zur Anzeige nutzen?

GaugePanel; Visualisierung

Lassen Sie uns abschließend einen Blick auf eine recht »verspielte« Komponente werfen, ein *Messgerät*, das wohl überwiegend für Analphabeten etc. gedacht ist. Aus diesem Grund belassen wir es auch bei einem nicht ganz ernst gemeinten Beispiel, bei dem wir für die *Nordwind*-Mitarbeiter einen »Gehaltstest« mit rotem Warnbereich[1] realisieren wollen.

Vorbereitung

Erstellen Sie eine Windows Forms-Anwendung, in die Sie die Datenbank *Northwind.mdb* einfügen (einfach in den Projektmappen-Explorer ziehen). Lassen Sie sich vom Assistenten ein dazu passendes *DataSet* erzeugen, das lediglich die Tabelle *Personal* enthält.

---

[1] Rot = drohende Entlassung, da zu teuer ...

Reportentwurf

Fügen Sie Ihrem Projekt einen neuen Bericht hinzu. Ziehen Sie eine *Tabelle*-Komponente in die Designer-Fläche und nutzen Sie den sich automatisch öffnenden Assistenten, um eine Berichtsdatenquelle zu erzeugen, die die Tabelle *Personal* enthält.

Ziehen Sie die Felder *Nachname* und *Name* aus dem *Berichtsdaten*-Fenster in die ersten beiden Spalten der Tabelle, in die dritte Spalte fügen Sie ein *Messgerät* vom Typ *Linear, horizontal* ein.

Klicken Sie nachfolgend doppelt auf das Messgerät, um den Ausdruck für die Zeigerposition festzulegen:

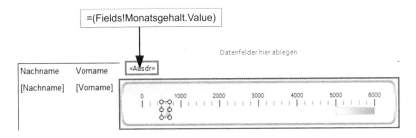

Abbildung 13.88 Festlegen der Zeiger-position (in Abhängigkeit des Gehalts)

Markieren Sie nun die eigentliche Skala in der Mitte und rufen Sie über das Kontextmenü das *Skalierungseigenschaften*-Fenster auf. Legen Sie hier das Maximum auf 6000 fest, mehr sollte kein Mitarbeiter verdienen.

Mit einem Klick auf den kleinen roten Markierungsbereich können Sie auch diesen konfigurieren (*Bereichseigenschaften*). Setzen Sie den Startwert auf 5000 und den Endwert auf 6000 um visuell zu veranschaulichen, wer auf der »Abschussliste« steht.

Anzeige

Haben Sie den Reportentwurf abgeschlossen, fügen Sie in *Form1* einen *ReportViewer* ein und verbinden diesen mit dem gerade erstellten Report. Danach können Sie den Report bereits anzeigen[1]:

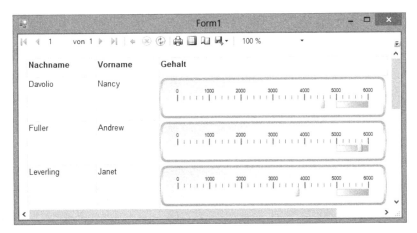

Abbildung 13.89 Laufzeitansicht des Berichts

---

[1] Armer Andrew Fuller: der Zeiger steht tief im roten Bereich, da kann es nur noch wenige Tage bis zur Entlassung dauern.

Das Microsoft Chart-Control

In diesem Kapitel:

Allgemeine Chart-Features   940

Einführung in die Chart-Datenbindung   947

Spezielle Chart-Datenbindungsmethoden   950

How-to-Beispiele   959

Das auch für ASP.NET verfügbare *Microsoft Chart Control* ermöglicht die grafische Präsentation von Daten auf vielfältige Weise.

So lassen sich damit 35 verschiedene Diagrammtypen in 2D/3D-Darstellung anzeigen, Sie als Programmierer haben Einfluss auf Farben, Schatten etc., es dürfte für jeden Anspruch bzw. Geschmack etwas dabei sein.

> **HINWEIS**   Gemäß der Zielstellung dieses Buchs richtet sich unser Fokus auf die *Chart*-Features zur Datenbindung. Das vorliegende Kapitel kann deshalb keine umfassende Beschreibung der *Chart*-Controls liefern.

Mehr zum *Chart*-Control siehe

> **WWW**   http://code.msdn.microsoft.com/mschart

Allgemeine Chart-Features

Da ein *Chart*-Control ein ziemlich komplexes und tief gestaffeltes Objektmodell hat und eine verwirrende Vielfalt von Datenbindungsmethoden anbietet, sollen zunächst einige Grundbegriffe geklärt und das Funktionsprinzip anhand der simplen *Points.AddXY*-Methode erläutert werden.

> **HINWEIS**   Im Weiteren beschränken wir uns auf die Darstellung des *Charts* für Windows Forms-Anwendungen. Wie das How-to 14.3 »... mit ASP.NET und Entity Framework ein Diagramm anzeigen?« beweist, ist es problemlos möglich, dieses Wissen auch im Rahmen einer ASP.NET-Anwendung zu nutzen, ohne große Änderungen vornehmen zu müssen.

Serien/Reihen und Datenpunkte direkt erzeugen

Von zentraler Bedeutung für die Diagrammdarstellung sind die Begriffe der Serien bzw. Reihen und der Datenpunkte.

> **HINWEIS**   Eine *Serie* bzw. *Reihe* besteht aus mehreren *Datenpunkten*, von denen jeder einzelne durch einen *X*- und einen *Y-Wert* festgelegt ist. Jeder Datenpunkt kann z.B. durch eine bestimmte Säule eines Balkendiagramms dargestellt werden.

Wenn Sie ein *Chart*-Control vom Werkzeugkasten abziehen und auf dem Formular absetzen, verfügt es bereits über eine Standard-Serie, die Sie aber, beispielsweise mittels der *Points.AddXY()*-Methode, noch mit Datenpunkten füllen müssen. Weitere Serien können Sie durch Aufruf der *Series.Add()*-Methode hinzufügen.

> **BEISPIEL**
>
> Ein einfaches Balkendiagramm mit zwei Serien erzeugen
>
> Die Standard-Serie erhält eine neue Bezeichnung:

```
Chart1.Series(0).Name = "Umsätze Kühlschränke"
```

Fünf Datenpunkte zuweisen:

```
Chart1.Series(0).Points.AddXY(2008, 10)
Chart1.Series(0).Points.AddXY(2009, 25)
Chart1.Series(0).Points.AddXY(2010, 75)
Chart1.Series(0).Points.AddXY(2011, 110)
Chart1.Series(0).Points.AddXY(2012, 130)
```

Die zweite Serie wird hinzugefügt:

```
Chart1.Series.Add("Umsätze Waschmaschinen")
```

Fünf Datenpunkte erzeugen:

```
Chart1.Series(1).Points.AddXY(2008, 150)
Chart1.Series(1).Points.AddXY(2009, 75)
Chart1.Series(1).Points.AddXY(2010, 25)
Chart1.Series(1).Points.AddXY(2011, 10)
Chart1.Series(1).Points.AddXY(2012, 15)
```

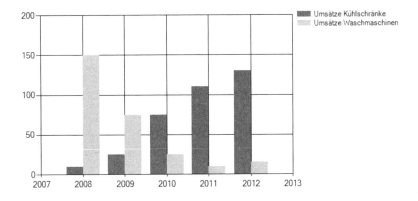

Abbildung 14.1 Das Anzeigeergebnis

Den Diagrammtyp ändern

Standardmäßig wird jede Serie als Balkendiagramm (*ChartType = Column*) angezeigt. Die Umstellung auf einen anderen Diagrammtyp ist für jede Serie einzeln vorzunehmen und kann entweder zur Entwurfszeit oder aber per Code erfolgen.

Es gibt insgesamt 35 Diagrammtypen für die unterschiedlichsten Ansprüche, man kann sie zur Entwurfszeit bequem im *Series-Auflistungs-Editor* zuweisen (erreichbar über die *Series*-Eigenschaft).

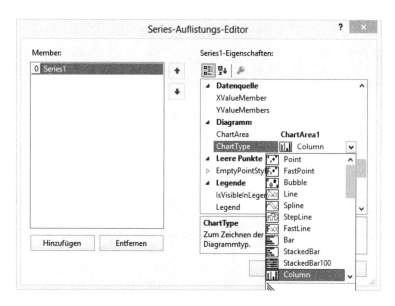

Abbildung 14.2 Auswahl des Diagrammtyps

Überschaubarer und vor allem auch zur Laufzeit änderbar ist eine Zuweisung des Diagrammtyps per Code.

BEISPIEL

Das Vorgängerbeispiel soll als Liniendiagramm dargestellt werden. Es wird lediglich der ergänzende Code gezeigt:

```
Imports System.Windows.Forms.DataVisualization.Charting
...
```

Zwecks besserer Optik wird die Linie verstärkt:

```
Chart1.Series(0).BorderWidth = 5
```

Das Zuweisen des neuen Diagrammtyps:

```
Chart1.Series(0).ChartType = SeriesChartType.Line
...
```

Dasselbe für die zweite Serie:

```
Chart1.Series(1).BorderWidth = 5
Chart1.Series(1).ChartType = SeriesChartType.Line
```

Das Ergebnis zeigt die Abbildung 14.3.

HINWEIS   Wie Sie sehen, werden bei einem Liniendiagramm die einzelnen Datenpunkte einer Serie/Reihe miteinander verbunden.

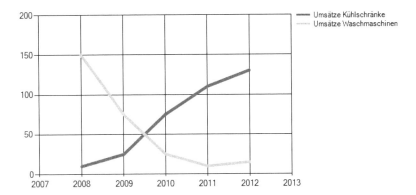

Abbildung 14.3 Ausgabeergebnis

Soll der Diagrammtyp für alle Serien gleichzeitig geändert werden (das ist meistens der Fall), so kann der Code mit einem Schleifenkonstrukt vereinfacht werden (siehe folgendes Beispiel):

BEISPIEL

Die Serien des Vorgängerbeispiels werden als Flächendiagramme dargestellt

```
For Each ser As Series In Chart1.Series
    ser.ChartType = SeriesChartType.Area
Next ser
```

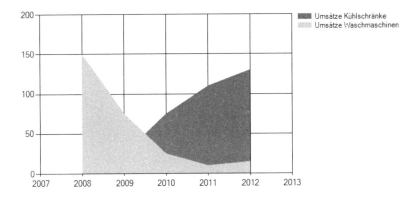

Abbildung 14.4 Laufzeitdarstellung des Diagramms

3D-Darstellung

Alle Diagrammtypen lassen sich in der Regel auch räumlich darstellen. Sie können dazu den *Chart-Area-Auflistungs-Editor* verwenden, mit welchem allgemeine Eigenschaften eines Diagramms (Achsenbeschriftungen etc.) zugewiesen werden können[1].

---

[1] In einem *Chart* können auch mehrere Diagramme (*ChartAreas*) gleichzeitig dargestellt werden, z.B. untereinander.

BEISPIEL

Das Vorgängerbeispiel in 3D-Darstellung

```
Chart1.ChartAreas(0).Area3DStyle.Enable3D = True
```

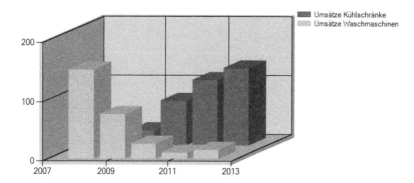

Abbildung 14.5　Ausgabeergebnis

Farben für Serien und Datenpunkte

Das *Chart*-Control bietet verschiedene Wege, um Farben für Serien und Datenpunkte zuzuweisen.

Farbpalette auswählen

Es gibt 12 eingebaute Paletten, von denen jede einzelne etwa 10 unterschiedliche Farben aufweist.

Abbildung 14.6　Übersicht Farbpaletten

Chart-Typen, wie beispielsweise *Column* und *Line*, weisen jeder Serie automatisch eine bestimmte Farbe aus der gewählten Palette zu. Wenn das Angebot erschöpft ist, wird wieder von vorn begonnen.

BEISPIEL

Zuweisen einer Farbpalette

```
Imports  System.Windows.Forms.DataVisualization.Charting
...
Chart1.Palette = ChartColorPalette.EarthTones
```

Ein *Chart*-Typ wie beispielsweise *Pie* (Tortendiagramm) verwendet für jeden einzelnen Datenpunkt eine bestimmte Farbe. Hier können Sie nach wie vor die *Palette*-Eigenschaft verwenden, oder aber Sie definieren unterschiedliche Paletten für unterschiedliche Serien mittels der *Series.Palette*-Eigenschaft.

Benutzerdefinierte Paletten

Falls Ihnen keine der Standard-Paletten gefällt, können Sie auch eigene Paletten mit beliebig vielen Farben erzeugen.

BEISPIEL

Zuweisen einer benutzerdefinierten Farbpalette

```
Chart1.Palette = ChartColorPalette.None
Chart1.PaletteCustomColors = New Color() {Color.Red, Color.Blue, Color.Green}
```

Color-Eigenschaft

Sie haben, unabhängig von den bisher beschriebenen Techniken, immer die Möglichkeit, die *Color*-Eigenschaft für eine Serie oder einen einzelnen Datenpunkt direkt zu setzen.

BEISPIEL

Farbe für die gesamte Serie zuweisen

```
Chart1.Series(0).Color = Color.Blue
```

BEISPIEL

Farbe für einen einzelnen Datenpunkt setzen

```
Chart1.Series(0).Points(5).Color = Color.Yellow
```

HINWEIS Um wieder auf die Paletten-Farben umzuschalten, müssen Sie die *Color*-Eigenschaften der Serien und Datenpunkte auf *Color.Empty* setzen.

Leere Datenpunkte

Wenn Sie *DBNull*-Werte an die *Chart* binden wollen, werden die Datenpunkte automatisch als »empty points« markiert. Sie können das auch selbst tun, indem Sie Datenpunkte mittels der *DataPoint.IsEmpty*-Eigenschaft setzen. Jeder leere Datenpunkt verwendet die in der *Series.EmptyPointStyle*-Eigenschaft definierten visuellen Attribute.

BEISPIEL

Alle leeren Datenpunkte einer Serie werden versteckt, indem sie transparent gemacht werden.

```
Chart1.Series(0).EmptyPointStyle.Color = Color.Transparent
```

Diagramm drucken

Ein Diagramm auf dem Bildschirm – gut und schön, doch in vielen Fällen soll das Ergebnis auch zu Papier gebracht werden. Das ist kein Problem, über die *Printing*-Eigenschaft des *Chart*-Controls werden alle Aktivitäten rund um die Druckausgabe gebündelt.

Folgende Methoden stehen zur Verfügung:

Methode	Beschreibung
PageSetup	... zeigt den bekannten Pagesetup-Dialog an
Print	... druckt das vorliegende Diagramm. Übergeben Sie als Parameter *True*, wird. Der bekannte Druckdialog zur Druckerauswahl angezeigt.
PrintPaint	Ausgabe des Diagramms auf einem *Graphics*-Objekt.
PrintPreview	Statt der direkten Druckauswahl wird eine Druckvorschau angezeigt

Tabelle 14.1 Methoden zur Druckausgabe

BEISPIEL

Eine einfache Druckvorschau ist mit

```
Chart1.Printing.PrintPreview()
```

realisierbar.

Diagramm exportieren/abspeichern

Mit der *SaveImage*-Methode können Sie Ihr Diagramm in insgesamt 8 verschiedenen Bildformaten exportieren bzw. abspeichern: *Bmp, Emf, EmfDual, EmfPlus, Gif, Jpeg, Png, Tiff*.

BEISPIEL

Die *Chart* wird als Bitmap-Datei im Anwendungsverzeichnis abgelegt.

```
Chart1.SaveImage("Chart1.bmp", ChartImageFormat.Bmp)
```

BEISPIEL

Die *Chart* wird in einem *MemoryStream*-Objekt gespeichert und dann als *Byte*-Array zurückgegeben.

```
Private Function GetChart() As Byte()
    ...
    Using chartImage = New System.IO.MemoryStream()
        Chart1.SaveImage(chartImage, ChartImageFormat.Png)
        Return chartImage.GetBuffer()
    End Using
End Function
```

Einführung in die Chart-Datenbindung

Wie bereits in der Einführung gezeigt, verfügen Sie mit der *Points.AddXY*-Methode über ein einfaches und universelles Werkzeug, um beliebige Diagramme darzustellen. Damit lassen sich, quasi »in mühevoller Handarbeit«, auch beliebige Datenbankinhalte an das *Chart* anbinden.

Nachdem wir diese Technik am Beispiel demonstriert haben, wollen wir uns einen Überblick über die verfügbaren speziellen Datenbindungsmethoden verschaffen, mit welchen die Arbeit des Programmierers teilweise drastisch vereinfacht werden kann.

Manuelle Datenbindung mittels Points.AddXY-Methode

Sie haben immer die Möglichkeit, die *Chart* manuell anzubinden, indem Sie über die Datenquelle iterieren und die einzelnen Datenpunkte zu den Serien nach Bedarf selbst hinzufügen.

Dies gilt insbesondere auch für die Auswertung von Datenbankinhalten.

BEISPIEL

Eine Access-Datenbanktabelle *PKW_Verkauf* hat die Spalten *Verkäufer* und für die Jahre 2002 ... 2012 jeweils eine weitere Spalte, in welcher die pro Jahr erzielten Verkaufssummen enthalten sind:

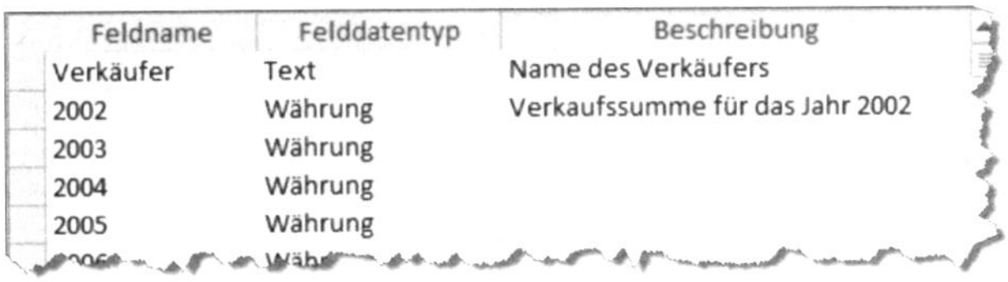

Feldname	Felddatentyp	Beschreibung
Verkäufer	Text	Name des Verkäufers
2002	Währung	Verkaufssumme für das Jahr 2002
2003	Währung	
2004	Währung	
2005	Währung	

Abbildung 14.7 Tabellenlayout

Gewünscht wird ein Diagramm, welches je nach Verkäufer die Abhängigkeit der Verkaufssumme von der Jahreszahl zeigt.

Zunächst lesen wir auf gewohnte Weise die gewünschten Daten in eine *DataTable* ein:

```
Dim sql As String = "SELECT * FROM PKW_Verkauf"

Dim conn As New OleDbConnection(connStr)
Dim cmd As New OleDbCommand(sql, conn)
Dim da As New OleDbDataAdapter(cmd)
Dim ds As New DataSet()

conn.Open()
da.Fill(ds, "query1")
conn.Close()

Dim dt As DataTable = ds.Tables("query1")
```

Alle Verkäufer durchlaufen:

```
For Each row As DataRow In dt.Rows
```

Pro Verkäufer eine neue Serie hinzufügen:

```
Dim serName As String = row("Verkäufer").ToString()
Chart1.Series.Add(serName)
```

Jeder Verkäufer = eine Serie von Punkten = eine Linie:

```
Chart1.Series(serName).ChartType = SeriesChartType.Line
Chart1.Series(serName).BorderWidth = 5
```

Alle Jahres-Spalten durchlaufen:

```
        For colNr As Integer = 1 To dt.Columns.Count - 1
```

Pro Jahres-Spalte den Y-Wert als Punkt hinzufügen:

```
            Dim YVal = CDec(row(colNr))
```

Für X-Achse (Beschriftung!):

```
            Dim colName = dt.Columns(colNr).ColumnName
            Chart1.Series(serName).Points.AddXY(colName, YVal)
        Next colNr
Next row
```

Kontrollanzeige der *DataTable* im Datengitter:

```
DataGridView1.DataSource = ds
DataGridView1.DataMember = "query1"
...
```

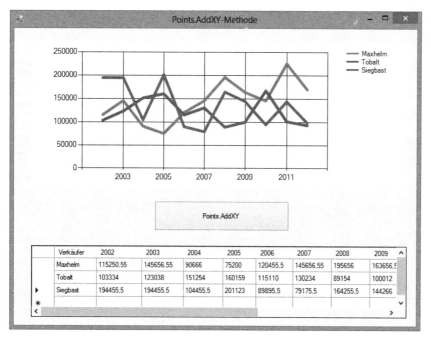

Abbildung 14.8 Laufzeitansicht des Beispiels

HINWEIS Die Verwendung der Methode *Points.AddXY* ist auch dann zu empfehlen, wenn die Daten der Serien mittels Formeln berechnet wurden.

Übersicht über die speziellen Datenbindungsmethoden

Wie Sie obigem Beispiel entnehmen können, ist der Programmieraufwand bei manueller Datenbindung (Methode *Points.AddXY*) doch ziemlich erheblich, denn Sie müssen Ihre Serien Punkt für Punkt selbst zusammenbauen. Damit Sie sich diese mühevolle Handarbeit sparen können, verfügt das *Chart*-Control über eine Reihe spezieller Datenbindungsmethoden, die das Erzeugen von Serien und Datenpunkten für unterschiedliche Datenquellen mehr oder weniger automatisieren.

Die folgende Tabelle gibt einen Überblick über die speziellen Datenbindungsmethoden des *Chart*-Controls:

Bindungsoption	Vorteile	Nachteile
DataBindTable-Methode	Einfaches Binden für X und Y Werte	Keine mehrfachen Y-Werte pro Serie
	Automatisches Erzeugen von Serien, basierend auf der Spaltenanzahl der Datenquelle	Alle Serien haben denselben X Wert, oder der ist nicht gesetzt
		Keine Bindung für erweiterte *Chart*-Eigenschaften wie z.B. Tooltips
DataBind-Methode und *DataSource*-Eigenschaft	Können bereits zur Entwurfszeit verwendet werden	Keine Bindung für erweiterte *Chart*-Eigenschaften, wie z.B. Tooltips
	Unterstützen mehrfache Y-Werte	
Points.DataBind(X)Y	Unterstützt multiple Datenquellen, inklusive separate Datenquellen für X und Y Werte.	Keine Bindung für erweiterte *Chart*-Eigenschaften, wie z.B. Tooltips
	Unterstützt multiple Y Werte. Ist flexibler als obige Methoden.	
Points.DataBind	Wie oben, plus Bindungen für erweiterte *Chart*-Eigenschaften wie z.B. Tooltips	Unterstützt keine unterschiedlichen Datenquellen für X- und Y-Werte von Serien
DataBindCrossTab	Für jeden eindeutigen Wert in spezifizierten Spalten werden Serien automatisch erzeugt um die Daten zu gruppieren	Nur Gruppieren auf einem Level (Single Level Grouping) wird unterstützt

Tabelle 14.2 Datenbindungsmethoden

Unterstützte Datenquellen

Von den *Chart*-Bindungsmethoden wird eine Vielfalt von Datenquellen unterstützt:

- *OleDbDataReader/SqlDataReader*
- *OleDbCommand/SqlCommand*
- *OleDbDataAdapter/SqlDataAdapter*
- *DataView*
- *DataSet/DataTable*
- *List/Array*
- alle Objekte die *IEnumerable* implementieren

> **HINWEIS**   Nicht alle Bindungsmethoden unterstützen alle Datenquellen-Typen. So eignen sich *DataSet/DataTable*, *Sql-Command/OleDbCommand* und *SqlDataAdapter/OleDbDataAdapter* nur für Datenbindung per *DataSource*-Eigenschaft!

Spezielle Chart-Datenbindungsmethoden

In diesem Abschnitt wollen wir jede der *Chart*-Bindungsmethoden näher erläutern und am konkreten Beispiel demonstrieren.

Die DataBindTable-Methode

Diese Methode ermöglicht eine verblüffend einfache Datenbindungstechnik. Es kommt allerdings nur eine einzige Datenquelle infrage. Die Serien werden automatisch erzeugt, basierend auf der Anzahl von Spalten in der Datenquelle (eine Serie pro Datenspalte). Jeder Spalteneintrag erzeugt einen Datenpunkt in der entsprechenden Serie und wird für den ersten Y Wert des Punkts verwendet. Um eine Spalte für die X-Werte aller Serien zu spezifizieren verwendet man die überladene Methodendefinition, die einen *xField*-Parameter enthält.

> **HINWEIS**   Diese Methode durchfährt die Datenquelle nur einmal, um alle Daten zu binden.

Syntax:

```
Public Sub DataBindTable (dataSource As IEnumerable, xField As String)
```

Zu den Parametern:

dataSource: Datenquelle – ein beliebiges Objekt, welches *IEnumerable* implementiert.

xField: Name der Spalte für die X-Werte der Serien.

> **HINWEIS**   Jede Tabellenspalte wird zu einem Y-Wert einer Serie. Außerdem kann das Feld für den X-Wert bereitgestellt werden.

BEISPIEL

Die folgende Tabelle *PKW_Verkauf* mit den Spalten *Verkäufer*, *Mercedes*, *BMW*, *Opel*, *Ford*, *Mazda* und *Toyota* gibt an, wie viele Autos eines bestimmten Typs von einem bestimmten Verkäufer verkauft worden sind:

Verkäufer ·	Mercedes ·	BMW ·	Opel ·	Ford ·	Mazda ·	Toyota ·
Maxhelm	12	9	6	10	4	5
Tobalt	8	2	7	5	3	9
Siegbast	5	5	8	11	5	7

Abbildung 14.9 Tabellenlayout

Nachdem Sie eine *Chart*-Komponente auf dem Formular abgesetzt haben, sind zunächst die ADO.NET-typischen Vorbereitungen (Erzeugen von *Connection*- und *Command*-Objekten, Öffnen der *Connection*, Erzeugen des *DataReader*) vorzunehmen:

```
Imports System.Data.OleDb
...
Dim connStr = "PROVIDER=Microsoft.Jet.OLEDB.4.0;Data Source=ChartTest.mdb"
Dim sql = "SELECT * FROM PKW_Verkauf_1"
Dim conn As New OleDbConnection(connStr)
Dim cmd As New OleDbCommand(sql, conn)
cmd.Connection.Open()
Dim dr As OleDbDataReader = cmd.ExecuteReader(CommandBehavior.CloseConnection)
```

Erst jetzt kommen wir zum interessanten Teil, dem Anbinden des *Chart*-Controls: Da ein *DataReader* die Schnittstelle *IEnumerable* implementiert, kann er, zusammen mit dem Namen der Spalte *Verkäufer* die als X-Wert dient, direkt an die *DataBindTable*-Methode übergeben werden:

```
Chart1.DataBindTable(dr, "Verkäufer")
dr.Close()
conn.Close()
```

Das Ergebnis als standardmäßiges Balkendiagramm:

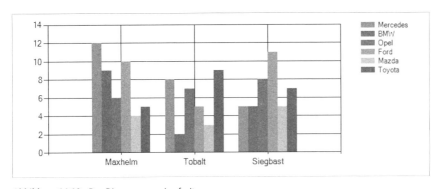

Abbildung 14.10 Das Diagramm zur Laufzeit

Wie Sie sehen, zeigt die Spalte *Verkäufer* die Werte auf der (horizontalen) X-Achse. Die übrigen sechs Spalten (PKW-Typen) bilden die Serien, die auf der (vertikalen) Y-Achse dargestellt werden. Jeder der sechs PKW-Typen (bzw. Serien) hat eine bestimmte Farbe, die Zuordnung ist auf den Legenden (rechts oben) ersichtlich.

BEISPIEL

Anstatt eines *DataReader* wollen wir diesmal eine generische Liste als Objektdatenquelle verwenden, welche wir äquivalent zur Datenbanktabelle *PKW_Verkauf* des Vorgängerbeispiels erstellen.

Die Elemente der Liste sind Objekte des Typs *CVerkäufer*:

```
Public Class CVerkäufer
  Public Property Name() As String
  Public Property Mercedes() As Integer
  ...
End Class
```

Die generische Liste (per Typinferenz) erzeugen:

```
Dim verkäufe = New List(Of CVerkäufer)
```

Liste füllen:

```
verkäufe.Add(New CVerkäufer With {.Name = "Maxhelm", .Mercedes = 12, .BMW = 9, .Opel = 6,
                           .Ford = 10, .Mazda = 4, .Toyota = 5})
verkäufe.Add(New CVerkäufer With {.Name = "Tobalt", .Mercedes = 8, .BMW = 8, .Opel = 7,
                           .Ford = 5, .Mazda = 3, .Toyota = 9})
...
```

Anbinden des *Chart*-Controls:

```
Chart1.DataBindTable(verkäufe,"Name")
```

Das Ergebnis ist äquivalent zum Vorgängerbeispiel. Damit es uns aber nicht zu langweilig wird, wollen wir diesmal anstatt des standardmäßigen Balkendiagramms einen der zahlreichen anderen Diagrammtypen zeigen, wie wäre es mit *Bubble*? Hierfür ist allerdings etwas zusätzlicher Programmieraufwand erforderlich, da der neue Diagrammtyp jeder einzelnen Serie extra zugewiesen werden muss:

```
For Each ser As Series In Chart1.Series
    ser.ChartType = SeriesChartType.Bubble
Next ser
```

Überflüssige Legende für Standardserie ausblenden:

```
Chart1.Series(0).IsVisibleInLegend = False
```

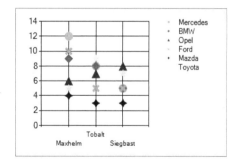

Abbildung 14.11 Ausgabeergebnis

DataBind-Methode/DataSource-Eigenschaft

Wollen Sie die *DataBind*-Methode verwenden, so müssen Sie noch diverse andere Eigenschaften des *Chart*-Controls setzen. Am wichtigsten ist die *DataSource*-Eigenschaft, sie bietet die einzige Möglichkeit, das *Chart* bereits zur Entwurfszeit anzubinden, ihr können alle oben aufgeführten Datenquellen direkt zugewiesen werden. Im Unterschied zur *DataBindTable*-Methode müssen Sie die Serien selbst erzeugen und deren *YValueMembers*- und optional *XValueMember*-Eigenschaften festlegen.

In den folgenden Beispielen verzichten wir im Interesse der Transparenz auf mögliche Vorteile der Entwurfszeit-Datenbindung mittels der verschiedenen, über das Eigenschaftenfenster erreichbaren, Auflistungs-Editoren und nehmen eine komplette Laufzeit-Anbindung vor. Die Ergebnisse jedes der Beispiele sind identisch und entsprechen den Vorgängern, weshalb wir auf Abbildungen verzichten können.

Eine alternative Realisierung des Vorgängerbeispiels mit einem *DataReader* als Datenquelle (der Vorbereitungscode, bis einschließlich dem Öffnen der *Connection*, ist identisch).

Der Datenquelle wird direkt der *DataReader* zugewiesen:

```
Chart1.DataSource = cmd.ExecuteReader(CommandBehavior.CloseConnection)
```

Im Unterschied zum Vorgängerbeispiel müssen wir uns nun um die sechs Serien selbst kümmern.

Die erste Serie ist zwar bereits vorhanden, allerdings müssen wir noch die Namen der entsprechenden X- und Y-Werte setzen:

```
Chart1.Series("Series1").XValueMember = "Verkäufer"
Chart1.Series("Series1").YValueMembers = "Mercedes"
```

Auch um die Anzeige/Beschriftung der Legende müssen wir uns selbst kümmern:

```
Chart1.Series("Series1").IsVisibleInLegend = True
Chart1.Series("Series1").LegendText = "Mercedes"
```

Dasselbe ist für die restlichen Serien zu tun, diese müssen zunächst mittels *Add()*-Methode zur *Series*-Collection hinzugefügt werden:

```
Chart1.Series.Add("Series2")
Chart1.Series("Series2").XValueMember = "Verkäufer"
Chart1.Series("Series2").YValueMembers = "BMW"
Chart1.Series("Series2").LegendText = "BMW"
...
```

Den analogen Code für die übrigen PKW-Typen (Opel, Ford, Mazda, Toyota) sparen wir uns (siehe Begleitdateien).

Nun erst kann das *Chart* an die Datenquelle gebunden werden:

```
Chart1.DataBind()
conn.Close()
```

Das Resultat ist identisch zum Vorgängerbeispiel, der Codeaufwand ist allerdings größer.

Das im Vorgängerbeispiel verwendete *Command*-Objekt wird direkt als Datenquelle eingesetzt.

```
...
Dim conn = New OleDbConnection(connStr)
Dim cmd = New OleDbCommand(sql, conn)
Chart1.DataSource = cmd
...
Chart1.DataBind()
...
```

BEISPIEL

Ein *DataAdapter*-Objekt als Datenquelle

```
...
Dim da = New OleDbDataAdapter(cmd)
Chart1.DataSource = da
...
Chart1.DataBind()
...
```

BEISPIEL

Auch der etwas umständlichere Weg über eine *DataTable* ist möglich.

```
...
Dim da = New OleDbDataAdapter(cmd)
Dim dt = New DataTable()
da.Fill(dt)
Chart1.DataSource = dt
Chart1.DataBind()
...
```

HINWEIS   Das *Chart* bindet sich noch vor dem Rendering automatisch an die spezifizierte Datenquelle. Sie können aber durch Aufruf der *DataBind()* Methode erzwingen, dass sich das *Chart* in einem beliebigen Moment anbindet.

Die DataBindCrossTable-Methode

Diese Methode unterscheidet sich von allen anderen Bindungsmethoden darin, dass sie das Gruppieren eindeutiger Werte in einer Spalte erlaubt. Jeder eindeutige Wert in der spezifizierten gruppierten Spalte führt zum Erzeugen von Datenserien. Weiterhin können erweiterte Datenpunkt-Eigenschaften (also nicht nur X- und Y Werte) gebunden werden.

Die Syntax:

```
Public Sub DataBindCrossTable(dataSource As IEnumerable, seriesGroupByField As String,
                        xField As String, yFields As String, otherFields As String,
                        sortingOrder As PointSortOrder)
```

Parameter	Bedeutung
dataSource	Die Datenquelle
seriesGroupByField	Der Name des Felds zum Gruppieren von Daten in die Serien
xField	Der Name des Felds für die x-Werte
yFields	Eine durch Trennzeichen separierte Liste von Namen der Felder für y-Werte
otherFields	Weitere Datenpunkteigenschaften (*AxisLabel, Tooltip, Label, LegendText, LegendTooltip* und *CustomPropertyName*)
sortingOrder	Serien werden nach Gruppenfeldwerten in der angegebenen Reihenfolge sortiert

Tabelle 14.3 Parameter der *DataBindCrossTable*-Methode

Gegeben sei die folgende Datenbanktabelle, in welcher die jährlichen Verkaufssummen und Provisionen unserer drei Autoverkäufer enthalten sind:

Name	Jahr	Verkaufssumme	Provision
Maxhelm	2007	145.656,55 €	20.699,33 €
Tobalt	2007	103.334,00 €	22.299,00 €
Siegbast	2007	194.455,50 €	33.636,00 €
Maxhelm	2008	189.783,00 €	24.355,00 €
Tobalt	2008	81.999,00 €	12.487,00 €
Siegbast	2008	156.449,00 €	19.794,00 €
Maxhelm	2009	162.994,00 €	23.593,00 €
Tobalt	2009	124.993,00 €	22.599,00 €
Siegbast	2009	178.993,00 €	25.852,00 €
Maxhelm	2010	120.567,00 €	8.234,00 €
Tobalt	2010	56.789,00 €	5.239,00 €
Siegbast	2010	151.421,00 €	17.345,00 €

Abbildung 14.12 Ausgangstabelle

```
Dim conn = New OleDbConnection(connStr)
Dim cmd = New OleDbCommand("SELECT * FROM PKW_Verkauf", conn)
cmd.Connection.Open()
Dim dr = cmd.ExecuteReader(CommandBehavior.CloseConnection)
```

Wir wollen nach der *Name*-Spalte gruppieren, d.h., pro Verkäufer wird eine Datenserie erzeugt. Die X-Werte werden an die *Jahr*-Spalte gebunden, die Y-Werte an die Spalte *Verkaufssumme* und die *Label*-Eigenschaft der resultierenden Datenpunkte (einer pro Datensatz) an die Spalte *Provision*.

```
Chart1.DataBindCrossTable(
            dr,
            "Name",
            "Jahr",
            "Verkaufssumme",
            "Label=Provision{C}")

dr.Close()
conn.Close()
```

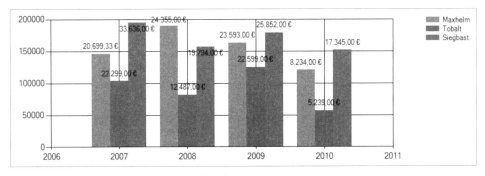

Abbildung 14.13 Die Standarddarstellung als Balkendiagramm:

Eine von vielen weiteren Möglichkeiten wäre die alternative Darstellung als Liniendiagramm:

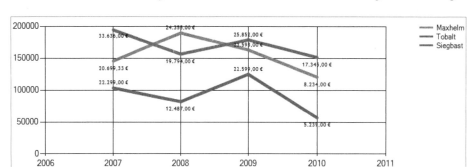

Abbildung 14.14 Alternative Darstellung als Liniendiagramm

Wie Sie sehen, werden die Serien automatisch zum *Chart* hinzugefügt, abhängig von der Anzahl eindeutiger Werte in der durch den Parameter *seriesGroupByField* spezifizierten Spalte der Datenquelle.

Als Datenquelle kommen *DataReader*, *DataView*, *DataSet* oder *DataRow* infrage, sowie alle Auflistungen, die *IEnumerable* implementieren

> **HINWEIS**   Das *DataTable*-Objekt können Sie mit der *DataCrossTable*-Methode nicht verwenden, da es kein *IEnumerable*-Interface besitzt. Benutzen Sie stattdessen einen *DataView*.

Die Points.DataBind-Methode

Die *Points.DataBind*-Methode fügt Punkte zu einer spezifischen Serie hinzu, sie ermöglicht es, neben den X- und Y-Werten auch andere Properties an die Datenspalten zu binden. Zu diesen Properties gehören *Label*, *AxisLabel*, *Tooltip*, *LegendText*, *LegendTooltip* und *CustomPropertyName*, wie wir sie bereits als *otherFields*-Parameter aus der *DataBindCrossTable*-Methode kennen (diese Methode splittet *automatisch* Daten in Serien auf, basierend auf einem bestimmten Gruppierungsfeld).

> **BEISPIEL**
>
> Aus der Datenbanktabelle (*PKW_Verkauf_2*) des Vorgängerbeispiels werden nur die Verkäufe für das Jahr 2010 abgefragt. Die X- und Y-Werte der Serie werden den Spalten *Name* bzw. *Verkaufssumme* zugeordnet. Die Properties *Tooltip* und *Label* der resultierenden Datenpunkte werden mit den Spalten *Jahr* und *Provision* verbunden.

```
...
Dim cmd = New OleDbCommand("SELECT * FROM PKW_Verkauf WHERE Jahr=2010", conn)
cmd.Connection.Open()
Dim dr = cmd.ExecuteReader(CommandBehavior.CloseConnection)
Chart1.Series("Series1").Points.DataBind(
                        dr,
                        "Name",
                        "Verkaufssumme",
                        "Tooltip=Jahr,
                         Label=Provision{C}")
...
```

Was Sie jetzt sehen, ist gewissermaßen ein Ausschnitt aus dem Diagramm des Vorgängerbeispiels (es wird nur eine einzige Serie angezeigt). Das Zuweisen der *Tooltip*-Eigenschaft bewirkt, dass beim Verweilen des Mauszeigers auf einem Balken das Jahr *2010* als Quickinfo angezeigt wird.

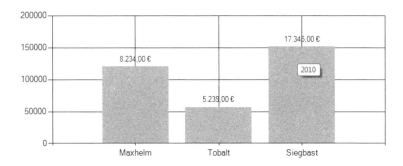

Abbildung 14.15 Ausgabeergebnis

Die Points.DataBind(X)Y-Methoden

Die *Points.DataBind*-Methode erlaubt es nicht, verschiedene Datenquellen für die X- und Y-Werte einer Serie festzulegen, eine Lösung bieten die *DataBind(X)Y*-Methoden.

Points.DataBindXY

Die *Points.DataBindXY*-Methode ermöglicht das Binden von X- und von Y-Werten einer Serie. Dabei können auch unterschiedliche Datenquellen verwendet werden.

BEISPIEL

Zwei DataReader

```
...
Dim cmd = New OleDbCommand( "SELECT Name, Provision FROM PKW_Verkauf WHERE Jahr = 2010", conn)
cmd.Connection.Open()
Dim dr = cmd.ExecuteReader(CommandBehavior.CloseConnection)
Chart1.Series(0).Points.DataBindXY(
                    dr,
                    "Name",
                    dr,
                    "Provision")
...
```

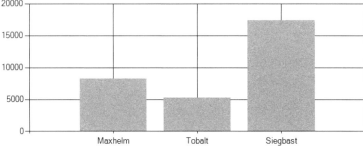

Abbildung 14.16 Diagramm-Ausgabe

BEISPIEL

Ein einfaches Diagramm

Array für X-Werte initialisieren:

```
Dim xval() = {"Maxhelm", "Siegbast", "Tobalt", "Friedhelm", "Susanne"}
```

Array für Y-Werte initialisieren:

```
Dim yval() As Double = {1, 6, 4, 5.35, 8}
```

Anbinden des Y-Arrays an die Punkte der Y-Achse der Standard-Datenserie:

```
Chart1.Series(0).Points.DataBindXY(
                xval,
                yval)
```

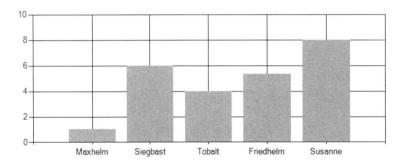

Abbildung 14.17 Diagramm-Ausgabe

Points.DataBindY

Im Unterschied zur *DataBindXY*-Methode bindet *DataBindY* nur Y-Werte.

BEISPIEL

Eine Spalte *Verkaufssumme* der Datenbanktabelle *PKW_Verkauf* hat 12 Datensätze, sie wird mit den Y-Werten der Standard-Punkteserie verbunden. Die X-Achse ist mit den laufenden Datensatznummern beschriftet.

```
Dim cmd = New OleDbCommand("SELECT * FROM PKW_Verkauf", conn)
cmd.Connection.Open()
Dim dr = cmd.ExecuteReader(CommandBehavior.CloseConnection)

Chart1.Series("Series1").Points.DataBindY(
                        dr,
                        "Verkaufssumme")
```

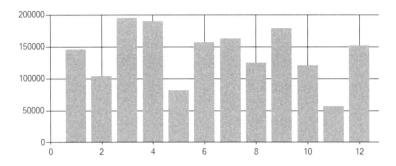

Abbildung 14.18 Ausgabeergebnis

Einfacher geht es wohl kaum noch: eine Punkteserie an ein *Double*-Array binden

Array initialisieren:

```
Dim dArr() As Double = { 2, 4, 6, 8, 3, 5, 7, 9, 19 }
```

Array an die Punkte der Y-Achse der Datenserie binden:

```
Chart1.Series("Series1").Points.DataBindY(dArr)
```

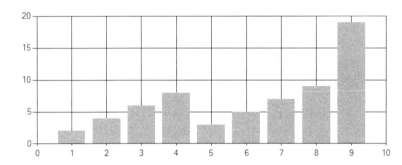

Abbildung 14.19 Diagramm-Ausgabe

How-to-Beispiele

14.1   ... das Chart-Control zur Laufzeit mit Daten füllen?

Chart-Control: *DataSource*-Eigenschaft, *DataBind*-Methode; *DataSetBindingSource*-Objekt: *ListChanged*-Ereignis:

An einem einfachen Beispiel wollen wir Ihnen den interaktiven Einsatz des *Chart*-Controls demonstrieren, d.h., Sie können zur Laufzeit Einträge hinzufügen und ändern. Um mit möglichst wenig Quellcode auszukommen, nutzen wir ein *DataSet* als Datenspeicher, an das wir ein *DataGridView* zur Eingabe und ein *Chart*-Control zur Ausgabe anbinden.

Dataset entwerfen

Nachdem Sie eine neue Windows Forms-Anwendung erstellt haben, fügen Sie dem Projekt zunächst ein neues *DataSet* hinzu (*Projekt/Neues Element hinzufügen*). Erstellen Sie im DataSet-Designer eine Tabelle *Umsatzentwicklung* mit folgendem Aufbau:

Abbildung 14.20　Das DataSet-Layout

Speichern Sie das *DataSet* ab.

Oberfläche

Fügen Sie *Form1* zunächst einen *SplitContainer* hinzu, dessen *Orientation*-Eigenschaft Sie auf *Horizontal* setzen. Um das Control im Formular auszurichten, legen Sie *Dock* auf *Fill* fest. In den oberen Teil des *Split-Containers* fügen Sie ein *DataGridView*, in den unteren Teil ein *Chart*-Control ein.

Über das Aufgaben-Menü des *DataGridView* weisen Sie unser *DataSet* als Datenquelle zu, es werden automatisch ein *DataSet* und eine *BindungSource* in das Fenster eingefügt. Legen Sie für die *BindingSource* die *DataMember*-Eigenschaft auf *Umsatzentwicklung* fest. Damit ist das *DataGridView* mit dem *DataSet* verbunden.

Nachfolgend können wir uns dem *Chart*-Control zuwenden. Legen Sie zunächst *DataSource* auf die bereits vorhandene *BindingSource*-Komponente fest. Nun lassen sich auch die einzelnen Datenreihen an die Tabellenspalten binden.

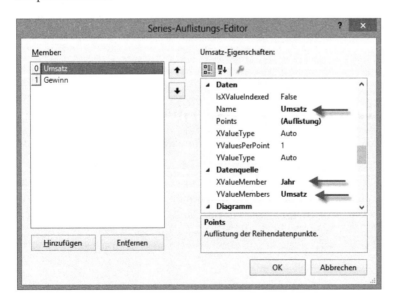

Abbildung 14.21　*XValueMember* und *YValueMember* festlegen

Öffnen Sie dazu den *Series*-Editor und legen Sie sowohl den *XValueMember* als auch den *YValueMember* entsprechend Ihren Wünschen fest (Abbildung 14.21).

Die Beschriftung der Datenreihe wird über die *Name*-Eigenschaft bestimmt.

Da wir zwei Datenreihen anzeigen wollen, müssen wir im obigen Editor noch eine weitere Datenreihe einfügen und entsprechend konfigurieren.

Quelltext

Leider aktualisiert das *Chart*-Control nicht automatisch die Anzeige und so bleibt uns nichts anderes übrig, als eine »umfangreiche« Ereignisbehandlung für die *BindingSource* zu realisieren:

```
Private Sub DataSet1BindingSource_ListChanged(sender As Object,
            e As ListChangedEventArgs) Handles DataSet1BindingSource.ListChanged
    Chart1.DataBind()
End Sub
```

Das obige Ereignis wird bei jeder Datenänderung im *DataSet* ausgelöst.

Test

Nach Programmstart erwartet Sie zunächst ein ziemlich leeres Formular. Nun können Sie Werte in das Datengitter eingeben und die Reaktionen des Diagramms unmittelbar beobachten (Abbildung 14.22).

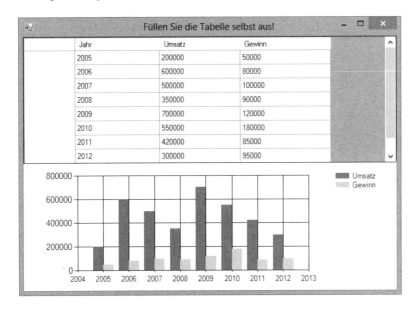

Abbildung 14.22 Laufzeitansicht

14.2   ... das Chart mit einer LINQ to SQL-Abfrage verbinden?

Chart-Control: *Titles*-Collection, *SaveImage*-Methode; *ChartAreas*-Collection: *AxisX*-, *AxisY*-, *BackColor*-, *LabelStyle.Font*-, *LabelStyle.Angle*-Eigenschaften; *Series*-Collection: *IsVisibleInLegend*-Eigenschaft

Mit dem *Chart* wollen wir das Ergebnis einer verknüpften Abfrage der Tabellen *Employees* und *Orders* der *Northwind*-Datenbank des SQL-Servers grafisch auswerten. Die Verbindung zwischen Datenbank und *Chart* wird unter Verwendung von LINQ to SQL (siehe Kapitel 18) realisiert.

Oberfläche

Öffnen Sie eine neue Windows Forms-Anwendung.

Basis für den Einsatz von LINQ to SQL ist immer ein so genannter Datenkontext (*DataContext*). Da dessen Erzeugung bereit im Einführungsbeispiel 1.3 »... eine einfache LINQ to SQL-Anwendung schreiben?« ausführlich beschrieben wurde, können wir uns hier kurz fassen:

- Ziehen Sie die Datenbankdatei *Northwind.mdf* auf den Projektmappen-Explorer (Assistent abbrechen!)

- Fügen Sie eine neue *LINQ to SQL*-Klasse hinzu (Menü *Projekt/Neues Element hinzufügen ...*)

- Öffnen Sie den Server Explorer (Menü *Ansicht/Server-Explorer*) und ziehen Sie die Tabellen *Employees* und *Orders* auf die Oberfläche des LINQ to SQL-Designers

- Im Eigenschaftendialog des Designers ändern Sie den Namen des Datenkontexts in *NWDataContext*

Wechseln Sie nun in die Entwurfsansicht von *Form1* und setzen Sie ein *Chart*-Control und einen *Button* auf das Formular.

Quelltext

```
Imports System.Windows.Forms.DataVisualization.Charting

Public Class Form1

    Private Sub Button1_Click(sender As Object, e As EventArgs) Handles Button1.Click
```

Unser Datenkontext:

```
        Dim db = New NWDataContext()
```

Die folgende LINQ-Abfrage liefert einen anonymen Typ welcher die Angestellten (*Employee*-Objekte) enthält, zusammen mit der Anzahl der von ihnen generierten Bestellungen (*Orders*).

```
        Dim query = From o In db.Orders
                    Group o By o.Employees
                    Into g = Group
                    Select New
                    With {Key .Employee = Employees, Key .NoOfOrders = g.Count()}
```

Einige Properties für das Rendering der *Chart* werden gesetzt, wir beginnen mit der Überschrift:

```
        Chart1.Titles.Add("Sales By Employees")
        Chart1.Titles(0).Font = New Font("Arial", 16f)
```

Die Bezeichnungen für X- und Y-Achse werden unserer Diagrammfläche (ChartArea[1]) zugewiesen:

```
Chart1.ChartAreas(0).AxisX.Title = "Employee"
Chart1.ChartAreas(0).AxisY.Title = "Sales"

Chart1.ChartAreas(0).AxisX.TitleFont = New Font("Arial", 12f)
Chart1.ChartAreas(0).AxisY.TitleFont = New Font("Arial", 12f)

Chart1.ChartAreas(0).AxisX.LabelStyle.Font = New Font("Arial", 10f)
```

Der Schriftwinkel für die Beschriftung der X-Achse soll um 45 Grad geneigt sein:

```
Chart1.ChartAreas(0).AxisX.LabelStyle.Angle = -45
```

Die Hintergrundfarbe:

```
Chart1.ChartAreas(0).BackColor = Color.LightYellow
```

Die Legende ist hier überflüssig, da nur eine Serie vorhanden ist:

```
Chart1.Series(0).IsVisibleInLegend = False
```

Die resultierenden Daten der LINQ-Abfrage werden mittels *AddXY()*-Methode an das *Chart* gebunden:

```
For Each q In query
    Dim Name = q.Employee.FirstName & " "c & q.Employee.LastName
    Chart1.Series(0).Points.AddXY(Name, Convert.ToDouble(q.NoOfOrders))
Next q
```

Ein kleines Schmankerln zum Schluss, die *Chart* wird als Bilddatei abgelegt:

```
        Chart1.SaveImage("ChartTest.bmp", ChartImageFormat.Bmp)
    End Sub
End Class
```

Test

Das Diagramm zeigt die Anzahl der von jedem Verkäufer insgesamt betreuten Bestellungen.

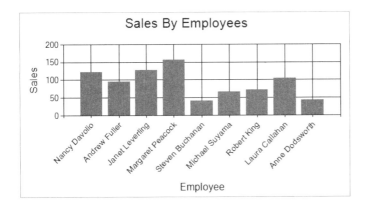

Abbildung 14.23 Laufzeitansicht

---

[1] Ein *Chart*-Control kann mehrere Diagramme gleichzeitig anzeigen, die alle in der *ChartAreas*-Collection enthalten sind. Normalerweise arbeiten wir aber immer nur mit einem einzigen Diagramm (*ChartAreas(0)*).

14.3   ... mit ASP.NET und Entity Framework ein Diagramm anzeigen?

Chart; Entity Framework; Stored Procedures als Funktionsimport

Das *Chart*-Control findet sich nicht nur im Werkzeugkasten für Windows Forms-, sondern auch in dem für ASP.NET-Anwendungen. An einem relativ einfachen Beispiel wollen wir Ihnen demonstrieren, wie Sie per Entity Framework auf eine vorhandene Stored Procedure zugreifen und deren Daten für die Diagrammanzeige verwenden können.

Oberfläche

Erzeugen Sie zunächst eine neue leere ASP.NET Website (*Datei/Neu/Web Site ...*) und legen Sie als Ziel *Dateisystem* fest. Fügen Sie dem Projekt ein neues *Web Form* hinzu (Kontextmenü *Neues Element hinzufügen*).

Als Datenquelle soll uns die schon bekannte Datenbank *Northwind.mdf* dienen. Bevor Sie die Datei per Drag & Drop in den Projektmappen-Explorer ziehen, erzeugen Sie zunächst noch einen Ordner *App_Data* (Kontextmenü *ASP.NET-Ordner hinzufügen*) in welchem wir die Datei ablegen werden.

Nachfolgend sollte das Projekt folgende Struktur haben:

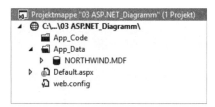

Abbildung 14.24 Projektstruktur

Datenzugriff realisieren

Für unser Beispiel wollen wir das Entity Framework als Datenzugriffstechnologie verwenden. Erzeugen Sie deshalb ein neues *ADO.NET Entity Data Model* (Kontextmenü *Hinzufügen neues Element*) mit dem Namen *NWModel.edmx*.

> **HINWEIS**   Das Modell muss bei einem Website-Projekt im Unterordner *App-Code* abgelegt werden, da sonst kein Zugriff auf die erzeugten Klassen möglich ist. Der Assistent wird einen entsprechenden Hinweis anzeigen.

Im Assistenten für das Entity Data Model wählen Sie die bereits eingefügte Datenbank *Northwind.mdf* aus, unsere Daten wollen wir aus der Stored Procedure *Ten Most Expensive Products* beziehen, wählen Sie diese in der Liste der zu importierenden Datenbankobjekte aus (siehe folgende Abbildung 14.25).

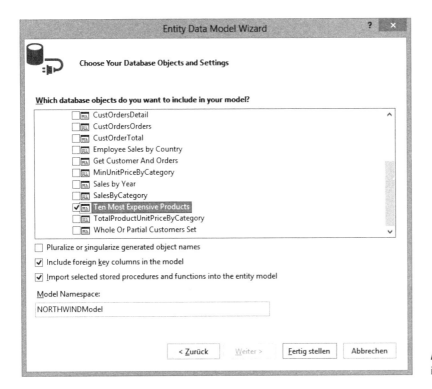

Abbildung 14.25 Auswahl der zu importierenden Datenbankobjekte

Nachfolgend finden Sie ein scheinbar leeres Entity Data Model vor, lassen Sie sich davon nicht täuschen, ein Blick in den Modellbrowser zeigt in der Rubrik Gespeicherte Prozeduren unsere importierte Stored Procedure *Ten Most Expensive Products*. Wollen wir diese auch in unserem Programm nutzen, ist es erforderlich, dass der Funktion ein komplexer Typ als Rückgabewert zugeordnet ist (bei neueren Projekten sollte dies der Fall sein).

Falls nötig, können Sie mit einem Assistenten auch einen neuen Typ, basierend auf den Spalteninformationen, erzeugen. Kompilieren Sie nachfolgend das Projekt um sicherzustellen, dass das Datenmodell auch erzeugt wird und wir im Weiteren von der IntelliSense Gebrauch machen können.

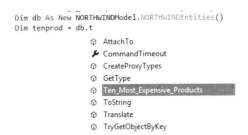

```
Dim db As New NORTHWINDModel.NORTHWINDEntities()
Dim tenprod = db.t
```

Abbildung 14.26 So einfach ist jetzt der Zugriff auf die Stored Procedure!

Bevor wir uns um den Quelltext kümmern, müssen wir noch ein *Chart*-Control in unser neu erzeugtes Web Form (*Default.aspx*) einfügen. Sparen Sie nicht mit der Größe, die inneren Ränder des Diagramms sind später recht groß.

Quelltext

Mit dem Laden des Formulars rufen wir zunächst die Daten per Entity Data Model ab und »basteln« uns dann das Diagramm nach unseren Wünschen zusammen.

Der Namenspace für die Elemente unseres Diagramms:

```
Imports System.Web.UI.DataVisualization.Charting

Partial Class _Default
    Inherits System.Web.UI.Page

    Protected Sub Page_Load(sender As Object, e As EventArgs) Handles Me.Load
        Dim db As New NORTHWINDModel.NORTHWINDEntities()
        Dim tenprod = db.Ten_Most_Expensive_Products()
```

Wir löschen die bereits vorhandenen *ChartAreas* und *Series*:

```
        Chart1.ChartAreas.Clear()
        Chart1.Series.Clear()
```

Zuweisen der Datenquelle:

```
        Chart1.DataSource = tenprod
```

Wir erzeugen ein neues *ChartArea*, konfigurieren dieses und fügen es der Auflistung hinzu:

```
        Dim chartArea1 As New ChartArea()
        chartArea1.Name = "ChartArea1"
        chartArea1.Area3DStyle.Enable3D = True
        chartArea1.Area3DStyle.Inclination = 5
        chartArea1.Area3DStyle.Rotation = 10
        chartArea1.AxisX.Interval = 1
        Chart1.ChartAreas.Add(chartArea1)
```

Eine Legende erzeugen:

```
        Dim legend1 As New Legend()
        legend1.Name = "Legend1"
        Chart1.Legends.Add(legend1)
```

Die eigentlichen Daten werden per Series-Objekt zugewiesen:

```
        Dim series1 As New Series()
```

Horizontale Balken:

```
        series1.ChartType = SeriesChartType.Bar
        series1.ChartArea = "ChartArea1"
        series1.Legend = "Legend1"
        series1.Name = "Die teuersten Produkte"
```

Hier wird die Brücke zu den beiden Spalten unserer Auflistung geschlagen:

```
        series1.XValueMember = "TenMostExpensiveProducts"
        series1.YValueMembers = "UnitPrice"
```

HINWEIS   Da es sich um den Typ *Bar* handelt, sind X- und Y-Achse vertauscht!

Hinzufügen der Serie:

```
Chart1.Series.Add(series1)
```

Datenbindung:

```
Chart1.DataBind()
    End Sub
End Class
```

Das war doch recht einfach, wer es komfortabler mag, kann auch eine *ObjectDataSource* verwenden und dann das *Chart* per Assistent konfigurieren.

Test

Ein Start der Anwendung sollte zum folgenden Ergebnis führen:

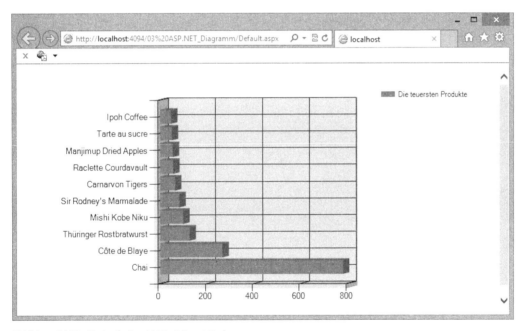

Abbildung 14.27   Die Laufzeitansicht im Internet Explorer

Anhang A

Glossar

Begriff	Bedeutung	Bemerkung
ACE	Access Control Entries	Einträge in einer ACL
ACL	Access Control List	Zugangskontrollliste, dient der Rechteverwaltung
ADO	ActiveX Data Objects	ältere Datenzugriffstechnologie von Microsoft
ADO MD	ActiveX Data Objects Multidimensional	Objekte für Zugriff auf mehrdimensionale Datenstrukturen
ADO.NET		Datenzugriffstechnologie von Microsoft für .NET
ADS	Active Directory Service	Verzeichnisdienst
ANSI	American National Standard Institute	US-amerikanische Standardisierungsbehörde
API	Application Programming Interface	allgemeine Schnittstelle für den Anwendungsprogrammierer
ASCII	American Standard Code for Information Interchange	klassisches Textformat
ASP	Active Server Pages	Webseiten mit serverseitig ausgeführten Skripten
BLOB	Binary Large Object	binäres Objekt, z.B. Grafik
BO	Business Object	Geschäftsobjekt
CAO	Client Activated Objects	vom Client aktiviertes Objekt (.NET Remoting)
CGI	Common Gateway Interface	Möglichkeit für die Verarbeitung von Anfragen auf einem Webserver
CLI	Common Language Infrastructure	Standard für alle .NET-Programmiersprachen
CLR	Common Language Runtime	virtuelle Umgebung von .NET
COD	Click Once Deployment	Distributionsmöglichkeit
COM	Common Object Model	allgemeines Objektmodell von Microsoft
CRUD	Create Retrieve Update Delete	Abkürzung für die allgemeinen Datensatzoperationen
CSDL	Conceptual Schema Definition Language	Schemadefinitionssprache für Datenmodell (LINQ to Entities)
CSV	Comma Separated Variables	durch bestimmte Zeichen getrennte Daten (meist Komma)
CTS	Common Type System	Datentypen, die von .NET unterstützt werden
DAO	Data Access Objects	klassische Datenzugriffsobjekte
DC	Device Context	Gerätekontext
DCOM	Distributed Component Object Model	auf mehrere Rechner verteiltes COM
DES	Data Encryption Standard	Standard für die Verschlüsselung von Daten
DISCO	WebService Discovery	XML-Protokoll zum Aufsuchen von Webdiensten
DLL	Dynamic Link Library	Laufzeitbibliothek, die von mehreren Programmen benutzt werden kann
DQL	Data Query Language	Untermenge von SQL zur Datenabfrage
DDL	Data Definition Language	Untermenge von SQL zur Datendefinition
DML	Data Manipulation Language	Untermenge von SQL zur Datenmanipulation
DMO	Distributed Management Objects	Objekte z.B SQLDMO zum Administrieren des SQL Servers
DNS	Domain Name Service	Umwandlung von Domain-Namen in IP-Adresse
DOM	Document Object Model	objektorientiertes Modell für den Zugriff auf strukturierte Dokumente

Begriff	Bedeutung	Bemerkung
DSN	Data Source Name	Name einer Datenquelle
DTD	Document Type Definition	Definition der XML-Dokumentenstruktur
DTS	Data Transformation Services	SQL-Server-Dienst, zum Transformieren von Daten
EDM	Entity Data Model	Konzeptionelles Modell des ADO.NET Entity Framework
ERM	Entity Relationship Model	Datenzugriffs-API im EDM
ESQL	Entity SQL	Abfragesprache für das Entity-Datenmodell
FCL	Framework Class Library	.NET-Klassenbibliothek
FSM	Finite State Machine	Endlicher Zustandsautomat
FTP	File Transfer Protocol	Internet-Protokoll für Dateitransfer
FQDN	Full Qualified Domain Name	Host-Name des Servers in URL
FSO	File System Objects	Objektmodell für Zugriff auf Laufwerke, Verzeichnisse und Dateien
GAC	Global Assembly Cache	allgemein zugänglicher Speicherbereich für Assemblies
GC	Garbage Collection	»Müllsammlung« (Freigabe von Objekten)
GDI	Graphical Device Interface	Grafikfunktionen der Windows API
GDI+	Graphical Device Interface	Grafikklassenbibliothek von .NET
GLS	Gleichungssystem	Begriff der numerischen Mathematik
GUI	Graphical User Interface	grafische Benutzerschnittstelle
GUID	Global Unique Identifier	eindeutiger Zufallswert (128 Bit) zur Kennzeichnung von Klassen
HTML	Hypertext Markup Language	Sprache zur Gestaltung statischer Webseiten
HTTP	Hypertext Transfer Protocol	Protokoll für Hypertextdokumente
ICMP	Internet Control Message Protocol	Nachrichtenprotokoll im Internet
ID	Identifier	Identifikationsschlüssel
IDC	Internet Database Connector	... enthält Infos zum Herstellen einer Verbindung bzw. Ausführen von SQL
IDE	Integrated Development Environment	Integrierte Entwicklungsumgebung
IE	Internet Explorer	... oder Internet Browser
IIS	Internet Information Server	... oder Internet Information Services
IL	Intermediate Language	Zwischencode von .NET
ISAM	Indexed Sequence Access Method	indexsequenzielle Zugriffsmethode
ISAPI	Internet Server API Interface	Web-Anwendung (DLL) für IIS und IE
Jet	Joint Engineers Technology	lokales Datenbanksystem von Microsoft
JIT	Just In Time	Compilieren zur Laufzeit
JRO	Jet and Replication Objects	ADO-Zusatzbibliothek
LAN	Local Area Network	lokales Rechnernetzwerk
LINQ	Language Integrated Query	Eine in die jeweilige Programmiersprache integrierte Abfragesprache für unterschiedlichste Arten von Daten (XML, Objektlisten, ...)

Begriff	Bedeutung	Bemerkung
LocalDB		kostenlose Desktop-Version des SQL Servers ab Version 2012
MARS	Multiple Active Results Sets	Mehrfachverwendung einer Connection (ab SQL Server 2005)
MDA	Model Driven Architecture	Anwendungsentwicklung auf Basis von Modellen
MDAC	Microsoft Data Access Components	Datenzugriffskomponenten (ab Version 2.6), müssen auf Zielcomputer installiert sein
MEX	Metadata Exchange	Austausch von WCF-Metadaten
MIME	Multipurpose Internet Mail Extensions	standardisierte Dateitypen für Internet-Nachrichten
MMC	Microsoft Management Console	Rahmenanwendung für administrative Aufgaben
MS	Microsoft	Software-Gigant
MSDE	Microsoft Data Engine	abgerüstete SQL Server-Datenbank-Engine
MSDN	Microsoft Developers Network	eine (fast) unerschöpfliche Informationsquelle für den Windows-Programmierer
MSIL	Microsoft Intermediate Language	Zwischencode für .NET
MSL	Mapping Schema Language	Beschreibungssprache für Zuordnungsschicht (LINQ to Entities)
MSXML	Microsoft XML Core Services	
ODBC	Open Database Connectivity	allgemeine Datenbankschnittstelle
OLAP	On-Line Analytical Processing	
OLE	Object Linking and Embedding	Microsoft-Technologie zum Verknüpfen und Einbetten von Objekten
OLE DB		Schnittstelle für den universellen Datenzugriff
OOP	Object Oriented Programming	Objektorientierte Programmierung
ORM	Object Relational Mapping	Objektrelationales Mapping
PAP	Programmablaufplan	
POP3	Post Office Protocol Version 3	Posteingangsserver
RAD	Rapid Application Development	schnelle Anwendungsentwicklung
RDBMS	Relational Database Management System	Relationales Datenbank-Management-System
RDL	Report Definition Language	XML-basierte Beschreibungssprache für Microsoft Reporting Services
RDS	Remote Data Services	Objektmodell für Datenverkehr mit Remote Server
RPC	Remote Procedure Call	Aufruf einer entfernten Methode
RTF	Rich Text Format	allgemeines Format für Austausch von Texten
RTL	Runtime Library	Laufzeitbibliothek
SAO	Server Activated Object	vom Server aktiviertes Objekt (.NET Remoting)
SDK	Software Development Kit	Entwickler-Tools
SGML	Standard Generalized Markup Language	Regelwerk zur Definition von Auszeichnungssprachen für Dokumente
SMO	SQL Management Objects	managed Code-Libraries zur Verwaltung und Analyse des SQL Servers
SMTP	Simple Mail Transport Protocol	TCP/IP-Protokoll für die Übertragung von Nachrichten zwischen einzelnen Computern
SOAP	Simple Object Access Protocol	Protokoll zum XML-basierten Zugriff auf Objekte

Begriff	Bedeutung	Bemerkung
SOM	Schema Object Model	zusätzliche APIs für den Zugriff auf XML Schema-Dokumente
SQL	Structured Query Language	Abfragesprache für Datenbanken
SQLDMO	SQL Distributed Management Objects	Library für Verwaltung des MS SQL Servers
SSDL	Store Schema Definition Language	Beschreibungssprache für logische Schicht (LINQ to Entities)
SSL	Secure Socket Layer	Sicherheitsprotokoll für Datenübertragung
SSPI	Security Service Provider Interface	API für Authentifizierung und Vergabe von Zugriffsberechtigungen
TCP/IP	Transmission Control Protocol/Internet Protocol	Netzwerkprotokoll zum Datentransfer, IP-Adresse ist 32-Bit-Zahl
TPH	Table-per-hierarchy	Umsetzung von Vererbungsbeziehungen (LINQ to Entities)
UDDI	Universal Description, Discovery and Integration	Technologie zum Durchsuchen nach Webdiensten
UDF	User Defined Function	benutzerdefinierte Funktion (SQL Server)
UDL	Unified Data Link	standardisierte Datenverbindung
UDP	Unified Data Protocol	standardisiertes Datenprotokoll
UI	User Interface	Benutzerschnittstelle
UML	Unified Modelling Language	Sprache zur Beschreibung von Objektmodellen
UNC	Uniform Naming Convention	System zur Benennung von Dateien in vernetzten Umgebungen
URL	Uniform Resource Locator	Web-Adresse
WCF	Windows Communication Foundation	moderne Technologie für Datenaustausch zwischen Anwendungen
WMI	Windows Management Instrumentation	Klassen zur Windows-Administration
WPF	Windows Presentation Foundation	Framework für das erstellen interaktiver Oberflächen (langfristiger Nachfolger für Windows Forms)
WSDL	Web Services Description Language	XML-basierte Beschreibungssprache für Webdienste
WSE	Webservice Enhancements	Webdienst-Erweiterungen von Microsoft
WWW	World Wide Web	Teil des Internets
XAML	eXtensible Application Markup Language	XML-Beschreibung für Windows-Oberflächen
XML	Extensible Markup Language	universelle textbasierte Beschreibungssprache
XSD	XML Schema Definition Language	XML-Dialekt zur Beschreibung von Datenstrukturen
XSLT	Extensible Stylesheet Language Transformations	Technologie zum Transformieren der Struktur von XML-Dokumenten

Wichtige Dateiendungen

Extension	Beschreibung
.ascx	Web-Benutzersteuerelemente
.asp	Active Server Pages
.aspx	Webform
.aspx.vb	Quellcode für Webform
.cd	vom Klassen Designer angelegte Datei
.config	Konfigurationsdatei der Anwendung
.vbproj	VB-Projektdatei
.css	StyleSheet
.dbml	LINQ to SQL Schemabeschreibung
.deploy	Dateien für Click Once Deployment
.designer.vb	LINQ to SQL-/EDM-Mapperklassen
.disco	Static Discovery File
.dll	Assembly (Klassenbibliothek)
.edmx	Schemabeschreibung für Entity-Relationship-Modell
.exe	Assembly (ausführbare Datei)
.htm	HTML-Datei
.manifest	Deployment Manifest
.pdb	Debug-Infos (Program Debug Database)
.resources	Ressourcen-Datei
.resx	Ressourcen-Datei (Xml)
.rdl	Xml-Report (Reporting Services)
.rdlc	lokaler Xml-Report
.rpt	Crystal Report
.settings	Anwendungseinstellungen (Visual Studio Settings)
.sln	Visual Studio Projektmappe
.suo	Benutzereinstellungen Visual Studio
.vb	VB-Quellcodedatei
.vshost.exe	Visual Studio Host zum Laden der Assembly
.wsf	Skript für Windows Scripting Host
.xsd	XML Schema für XML-Dokumente
.xslt	XML-Transformationsdatei
default.aspx	Standardseite für Web
global.asax	Globale Ereignisse für die Webanwendung
web.config	WEB-Konfiguration
web.sitemap	Inhaltsverzeichnis des Webs für die Navigation

Stichwortverzeichnis

@@ERROR 511, 567
@@ROWCOUNT 512, 542
<Column> 807
<ComplexType> 807
<Key> 807
<MinLength> 807
<NotMapped> 807
<Required> 807
<Timestamp> 807
1:1-Beziehung 58
1:n-Beziehung 59

A

Abbrechen 319
Abstrakte Klasse 340
AcceptChanges 201, 234, 253, 377
AcceptRejectRule 242
Access 196
Access-Datenbank 64
Add 319, 851
Added 849
AddNew 319, 347, 353
AddWithKey 173
Administratorenrechte 213
ADO.NET 132
ADO.NET Entity Framework 768
ADO.NET Sync-Framework 650
ADO.NET-Klassen 136
ADO.NET-Objektmodell 133
AdornedElementPlaceholder 434
AdventureWorks 481
Aggregatfunktionen 588, 826
Aggregatspalte 239
Aktionsabfrage 191
Aktualisieren 319
AllowDBNull 273
AllowUserToOrderColumns 323
ALTER DATABASE 513
ALTER TRIGGER 541
AlternatingRowsDefaultCellStyle 369
Analysis Services 483
Annotation 805
Anonyme Typen 101
Anwendungseinstellungen 149
Anwendungsmanifest 213
app.config 784
App.config 149

Arbeitsmappen 175
Architektur 44
AsDataView 269, 302, 304
AsEnumerable 269
AsNoTracking 862
Assembly 576
AssociationSet 769
AssociationSetMapping 772
Async 187, 214, 701
asynchrone Befehlsausführung 572
asynchrone Programmierung 187
Attach 851, 862
ATTACH 707
Auflistungszuordnung 340
Auswahlabfrage 196
AutoDetectChangesEnabled 862
AutoGenerateColumns 441
AutoIncrement 273
AutoResizeColumn 325
AutoResizeColumns 324
AutoResizeRow 326
AutoResizeRows 325
AutoShrink 661
AutoSizeColumnsMode 324
AutoSizeMode 325
AutoSizeRowsMode 325
Await 187, 214, 701
Azure 718
Azure-Server 720

B

BackColor 369
Backend 44
Backup 561, 662
BACKUP DATABASE 562
BackupDatabase 710
BEGIN CATCH 568
BEGIN TRY 568
BeginEdit 353, 410
BeginExecuteNonQuery 572
BeginningEdit 445
BeginTransaction 148, 687
Beispieldatenbank 780
Benutzerdefinierte Assembly 913
Benutzerdefinierte Funktion 581
Berechnete Spalten 239
Berechtigungsebene 591

Berichtseigenschaften 883
Beschränken 824
BETWEEN 198
Beziehungsdiagramm 60
Bidirektionale Synchronisation 653
Bilder 898
Binärdatei 273
BinaryFormatter 340
BinaryReader 273
BinaryWriter 273
Binding 314, 347, 390
BindingBase 431
BindingGroup 410
BindingNavigator 208, 318, 319, 336, 340, 358
BindingSource 208, 313, 336, 340, 347, 358, 361
Bindungsarten 391
Bitmap 374

C

CancelEdit 319, 353, 410
CanChangeLiveFiltering 418
CanExecute 457
Cascade 241
CASE 512
Cast 125
ChangeDatabase 147
ChangePassword 678, 706
ChangeTracker 848
ChangeTracking 862
Chart 940
Chart-Datenbindung 947
ChartArea 943
ClientWins 837
Clone 233
Close 147
Cloud 718
CLR-Integration 575
Clustered 525
Codd 54
Code-Erzeugung 778
Code-Far-Modell 729
Code-First 776, 801
Code-Near-Modell 730
Collections 400
CollectionView 414
CollectionViewSource 412
Column 508, 531
ColumnChanging 255
ColumnName 247
Columns 189, 238, 247, 328, 369
ComboBox 281, 346, 358
Command 150, 165, 189, 193, 223
CommandBuilder 159, 201, 226, 353
CommandText 151, 189, 191, 614
CommandTimeout 152

CommandType 153, 196, 609
Commit 687
CommitEdit 410
Compact 661
Conceptual Schema Definition Language 769
ConcurrencyMode 841
Connection 137, 151, 189, 223
ConnectionString 145, 149
ConnectionString anpassen 860
ConnectionStringBuilder 149, 289
ConnectionTimeout 146, 606
Constraint 241
CONTAINS 543, 546
CONTAINS FILEGROUP 549, 550
Convert 429
ConvertBack 429
Copy 232
CopyToDataTable 304
CREATE DATABASE 522
CREATE FULLTEXT CATALOG 546
CREATE FULLTEXT INDEX 546
CREATE PROCEDURE 536
CREATE TABLE 526
CREATE TRIGGER 539
CREATE VIEW 534
CreateCommand 147, 151
CreateConstraints 244
CreateDatabase 636, 648
CreateDataView 257
CreateIfNotExists 809
CreateTable 698
CRUD 86, 217, 302
CSDL 769
CurrentCell 328
Current 340
CurrentCellAddress 328
CurrentChanged 340
CurrentChanging 411
CurrentItem 413
CurrentPosition 413
CurrentRow.Index 353
CurrentValues 843, 850

D

DAL 217
DataAdapter 164, 189, 198, 201, 225, 353, 614
Database 145, 606
Database .NET 673
Database-First 775, 780
DatabaseOptions 522
DATABASEPROPERTYEX 746
Databases 505
DataBindCrossTable 954
DataBindings 314, 340, 347, 358, 382
DataColumn 238, 273, 307

DataContext 423
DataFile 521
DataGrid 277, 321, 441
DataGridCheckBoxColumn 441
DataGridTextColumn 441
DataGridView 191, 321, 353, 369, 377
DataGridViewButtonColumn 332
DataGridViewCellStyle 329
DataGridViewCheckBoxColumn 333
DataGridViewColumn 328
DataGridViewComboBoxColumn 332
DataGridViewImageColumn 334
DataGridViewRow 328
DataGridViewTextBoxColumn 369
DataLoadOptions 424
DataMember 191
DataReader 162, 217, 225, 285, 371
DataRelation 235, 243, 277
DataRepeater 386
DataRow 189, 287, 308
DataRowState 353
DataRowVersion 206, 254
DataRowView 259, 281, 353, 374
DataSet 189, 230, 305
DataSetBindingSource 959
DataSource 145, 191, 289, 336, 340, 346, 606
DataTable 237, 273, 277, 281, 285, 306, 346, 347
DataTableReader 260, 285
DataTables 189
DataTemplate 405
DataType 531
DataView 279, 309, 346, 353
DataView 256
date 527
Dateigruppe 549
Datenänderungen 574
Datenbank defragmentieren 707
Datenbank-Nutzer 734
Datenbank-Prototyp 61
Datenbankdatei 70, 140
Datenbankdiagramm 532
Datenbankkopie 748
Datenbankschema 185
Datenbankstruktur 514
Datenbanktheorie 53
Datenbindungsmethoden 949
Datendiagramm 780
Datenebene 44
Datenformatierung 330
Datenkonsument 132
Datenkontext 72, 382
Datenprovider 133, 774
Datenprovider 132
Datenpunkte 940, 945
Datenquelle 361
Datenquelle einrichten 64
Datenquelle erstellen 920, 927

Datenquelle erzeugen 64, 70
Datenquellen 336
Datenquellen-Konzept 265
Datensicherheit 490
Datentypen 222, 527
Datenzugriff 43
datetime2 527
datetimeoffset 527
dbcreator 493
DbDataReader 811, 812
DbProviderFactories 135
DbProviderFactory 186, 377
DbUpdateConcurrencyException 842
DDL-Trigger 539
Debugging 604
DefaultCellStyle 369
DefaultValue 273
DefaultView 346, 403, 419
Delay 393
Delay Loaded 834
Delete 252, 353
DELETE 193, 201
DeleteCommand 161, 165, 170, 201
deleted 540
Deleted 849
Deserialize 340
Detached 353, 849
Detail-Benutzerschnittstelle 70
Detaildaten 826, 828
Diagramm 882, 900
Diagramm drucken 946
Diagramm exportieren 946
Diagrammtyp 941
Direction 159, 371, 609
diskadmin 493
DisplayIndex 324, 369
DisplayMember 346, 358
DisplayMemberBinding 408
DisplayMemberPath 405
Dispose 156
DML-Trigger 539
DMO 486
Drag & Drop-Datenbindung 318, 366
Drillthrough 910, 933
Dritte Normalform 56
DROP INDEX 511

E

Eager-Load 832
EditCellOnEnter 334
EDM 768
EDM-Assistent 783
EDM-Designer 785
EDM-Gesamtmodell 773
edmgen.exe 772

edmx.Designer 796
Einführungsbeispiele 64
Eingabeprüfung 336
Eingabevalidierung 334
Eingebettete Datenregion 908
Einschränkungen 481
Einweg-Synchronisation 650
ELEMENTS 596
EnableCollectionSynchronization 452
EndEdit 319, 347, 353
EndExecuteNonQuery 572
EnforceConstraints 241
Entität 768
Entitäts-Konstruktor 859
Entity Data Model 445, 768
Entity Framework 5 779
Entity Framework 6 779
Entity Framework Extended Library 866
Entity Framework Power Tools 809
Entity SQL 774, 815, 819
Entity-Relationship-Model 768
EntityClient 774, 811
EntityCommand 811, 812, 814
EntityConnection 811, 812, 813
EntityContainer 769, 771
EntityContainerMapping 772
EntitySet 769, 771
EntitySetMapping 772
EntityType 770
Entries 842
Entry 856
Entwurfszeit-Datenbindung 317
Enum 794
EnumAvailableSqlServers 506
ERM 768
ErrorTemplate 434
Erste Normalform 54
Erweiterungsmethoden 95, 102, 107
eSQL 774, 812, 815, 819
Excel 175
Excel 2007 177
Execute 457
EXECUTE 499
ExecuteDbDataReaderAsync 187
ExecuteNonQuery 150, 154, 193, 217, 530
ExecuteNonQueryAsync 187, 752
ExecuteReader 150, 155, 162, 371, 620
ExecuteReaderAsync 187, 214
ExecuteReaderWithRetry 757
ExecuteResultSet 642, 643
ExecuteScalar 150, 155
ExecuteScalarAsync 187
ExecuteSqlCommand 809, 868
ExecuteSQLCommand 867
ExecuteXmlReaderAsync 187
ExecutionTime 887
Exist 599

explizites Laden 831
Explizites Laden 831
Expression 239
Expression Tree 95
Extension Method Syntax 106, 123
Extension Method-Syntax 107
Extension Methods 95
External_access 591

F

FallBackValue 465
Fehlerbehandlung 335, 566, 570, 756
Fehlermodell 566
Field 269
FieldCount 163
FileExistsAsync 701
FILEGROUP 556
Fileserver 475
FileStream 273, 340, 374
FileStream-Storage 548
FileStream-Storage aktivieren 549
FileTable 554
Fill 166, 189, 201
Filter 415
Filtern 257, 414, 824, 889, 894, 920
Find 248, 281, 836
FindResource 395, 397
FindRows 281
Firewall 723, 761
First 835
FirstOrDefault 428, 836
Fixed 841
For Each 189
FOR XML 594
ForeignKeyConstraint 241
Format 347, 369, 429
formatieren 320
FREETEXT 543, 546
From 123, 128
Frontend 44
Frozen 324
FTS3 692
Füllfaktor 525
Function 103
Funktionsimport 847, 964
Funktionsimporte 847
Fußzeile 881

G

GaugePanel 936
generische Liste 336, 340
geography 528
geometry 528
Geschäftsebene 44

Geschäftsobjekt 433
Gespeicherte Prozeduren 535
GetChanges 233, 377
GetChildRows 244
GetDatabaseValues 842
GetDefaultView 402, 412, 428
GetFactoryClasses 135
GetObjectByKey 836
GetSchema 208
GetValidationErrors 779
GetValidationResult 856
GetValue 164
GetValues 164
GetXml 235
GetXmlSchema 235
Globale Tabelle 516
GRANT 499
GRANT INSERT 501
GridView 74
GridViewColumnHeader 408
Größenanpassungen 324
GroupStyle 415
Gruppen 493
Gruppieren 823, 889, 892, 920

H

HasChanges 201
HasVersion 254
HeaderText 324
Hierarchische Daten 596
hierarchyid 528
Hintergrundbild 899
Hintergrundthread 449
Hinzufügen 319
HTML-Fragment 692
Hyperlink 909, 911

I

IDataErrorInfo 439
IDataReader 285
Identity 524, 531, 838
IDENTITY 516
IdentityIncrement 508, 531
IdentitySeed 508, 531
IDisposable 156
IList 340
Image 374
ImportRow 246
Include 427, 832
IndexedColumns 508, 531
IndexKeyType 508, 531
Indizes 525
InfoMessage 148, 517
Information_Schema 507

INFORMATION-_SCHEMA 659
InitialCatalog 289
InMemory-Datenbank 683
INNER JOIN 927
INotifyCollectionChanged 401
INSERT 193, 201
INSERT INTO 513
InsertCommand 161, 165, 170, 201
inserted 540
InstanceName 571
Integer-Array 123
IntegratedSecurity 289
Integration Services 483
Internet Explorer 74
Interop 183
InvalidOperationException 404
IObjectContextAdapter 842
IP-Filter 728
IP-Freigabe 732
ISABOUT 548
IsAsync 465
IsClosed 164
IsClustered 571
IsCurrentAfterLast 403, 413
IsCurrentBeforeFirst 403, 413
IsLiveFiltering 418
IsNull 270
IsSynchronizedWithCurrentItem 404
IsSystemObject 505
IsValid 856
Item 163, 346, 440
ItemsSource 408, 419
ITransientErrorDetectionStrategy 757
IValueConverter 429

J

Jet-Engine 474

K

Klassenansicht 788
Klassendesigner 340
Komplexe Typen 792, 844
Konkurrenzmodell 161
Konzeptionelle Schicht 769
Kopfzeile 881
Kreuztabellenbericht 895

L

Lambda Expression 95
Lambda-Ausdrücke 103, 107, 123
Language 887
Language Integrated Query 90

Lazy Loading 829
LazyLoadingEnabled 829
Leerzeichen 511
Length 273
Let 119
Levenshtein 692
LIKE 283
LIMIT 712, 824
LINQ 90
   Abfrageoperatoren 108
   Aggregatoperatoren 116
   AsEnumerable 118
   Count 116
   GroupBy 114
   Gruppierungsoperator 114
   Join 115
   Konvertierungsmethoden 118
   OrderBy 112
   OrderByDescending 112
   Restriktionsoperator 112
   Reverse 113
   Sortierungsoperatoren 112
   Sum 117
   ThenBy 112
   ToArray 118
   ToDictionary 118
   ToList 118
   ToLookup 118
   Verzögerte Ausführung 118
   Where 112
LINQ Flavour 72
LINQ to DataSet 268, 300
LINQ to Entities 816
LINQ to Objects 106
LINQ to SQL 72, 382, 420
LINQ-Abfrage 123
LINQ-Architektur 96
LINQ-Beispiel 92
LINQ-Implementationen 96
LINQ-Query 302
LINQPad 863
ListBox 346
ListChanged 959
ListControl 346
ListSortDirection 414
ListView 79, 371, 408
ListViewItem 371
Live Shaping 417
LiveFilteringProperties 418
Load 217, 261, 427, 831
LoadOption 261
LoadOptions 424
LoadWith 424
Local Database Cache 650
Local Mode 871, 914
LocalDB 470, 474, 504
LocalReport.DataSources 927

Login-Account 734
Logische Schicht 771
Lokale Tabelle 516
Löschen 319
Löschweitergaben 603
LTRIM 511

M

m:n-Beziehungen 839
Manuelle Datenbindung 313, 316
Mapping Schema Language 772
MARS 574, 620
Massenkopieren 559
master 481
Master-Detail-Report 908, 933
Master-Detailbeziehung 277, 366
Matchinfo 692
Matrix 882, 895, 897
MemoryStream 291, 296
Merge 201, 234, 377
MessageBox 353
Metadaten 712
Microsoft.SqlServer.Management.Common 520
Microsoft.SqlServer.Management.Smo 520
Microsoft.SqlServer.Server 579
Microsoft.SqlServer.SqlEnum 521
MinimumWidth 324
MissingSchemaAction 172, 201, 377
Model 453, 481
Model-First 776, 780
Model-First-Entwurf 799
Modellbrowser 789
Modified 849
modify 598
MoveCurrentTo 413
MoveCurrentToFirst 403, 413
MoveCurrentToLast 403, 413
MoveCurrentToNext 403, 413
MoveCurrentToPosition 413
MoveCurrentToPrevious 403, 413
MoveFirst 347
MoveLast 347
MoveNext 347
MovePrevious 347
msdb 481
MSDN-Abo 724
MSL 772
Multiple Active Resultsets 574
MultipleActiveResultSets 620
MVVM-Pattern 452

N

n:m-Beziehung 59
Navigationseigenschaften 828

Netzwerkzugriff 502
NewRow 246, 273, 281
NextResultAsync 187
nichtgenerische Collection 125
nodes 598
NON_TRANSACTED_ACCESS 556
Normalisieren 53
Northwind 481, 606
Northwind.accdb 42
NotifyOnValidationError 439
NTFS 548
Null-Value 464
Null-Werte 63
Nullable-Typen 99

O

O/R-Designer 72
ObjectContext 842
ObjectStateManager 862
Objekt-Initialisierer 100, 126, 336
Objektdienste 774, 814
Objektmodell 230
ObservableCollection 401, 411
Office 365 724
OLE-Automation 183
OleDbCommandBuilder 347
OleDbConnection 138, 347
OleDbDataAdapter 347
OleDbType 201
OneTime 391
OneWay 391
OneWayToSource 391
OnRowUpdating 173
OOP-Modell 90
Open 147
OpenAsync 187
OperationContract 82
OptimisticConcurrencyException 842
Order By 123
OrderBy 123, 818, 835
OriginalValues 842, 850
Outfit 330
Output-Parameter 537
OUTPUT-Parameter 583

P

PageNumber 887
Paging 825, 835
Parameter 157, 196, 224, 371, 583, 821, 904
Parameterabfragen 813
Parameterdefinition 904
ParameterName 158
Parameters 198, 609, 620
Parameterübergabe 920

Parse 347
partielle Klassen 796
PATH 595
Performance 760
PictureBox 374
Pipe 585
Platzhalter 512
Platzhalterzeichen 283, 510
PLINQ 120
Points.AddXY 947
Points.DataBind(X)Y 957
PositionChanged 374
pragma table_info 712
Präsentationsebene 44
Primärschlüssel 240
PrimaryKey 240
PRINT 517
processadmin 493
Professional-Edition 41
Projektion 822, 828
PropertyChanged 392, 436
PropertyGroupDescription 415, 416
PropertyRef 770
Provider 138, 145, 768
Providerfabriken 186

Q

query 598
Query 598
Query Analyzer 479
Query Expression-Syntax 106, 107, 123
Query Notification 574
QueryNotifications 616

R

RAISEERROR 567
RDL 914
RDLC 914
Read 371, 645
ReadAbsolute 645
ReadAsync 187
ReadDecimal 273
ReadFirst 645
ReadInt32 273
ReadLast 645
ReadPrevious 645
ReadRelative 645
ReadXml 235, 277, 291, 296
ReadXmlSchema 235
Rechnung 927
Recordset 45
Referenzielle Integrität 61
RefreshMode 842
RefreshReport 920, 927

Reihen 940
RejectChanges 201, 234, 253
Relationen 243, 366
ReliableSqlConnection 757
Remotezugriff 502
RemotingFormat 262, 289
Remove 252, 319
RemoveAt 319
RemoveCurrent 319, 347
RemoveFilter 319
Report Designer 870, 880
ReportDataSource 920, 933
ReportEmbeddedResource 879, 920
ReportFolder 887
Reporting Services 482, 870
ReportName 887
Reportparameter 933
ReportPath 879
ReportViewer 870, 875, 910, 914, 920
Resizable 324
RESTORE DATABASE 563
Resultset 537, 586
ResultSetOptions 642
RetryPolicy 757
Return 538
REVOKE 499
Rollen 493
ROOT 595
Row 206, 353
Row-Constructor 624
RowChanging 256
RowDetailsTemplate 444
RowDetailsVisibilityMode 444
RowFilter 258, 279, 283, 346
Rows 189, 247, 328
RowsDefaultCellStyle 369
RowState 252, 353
RowUpdated 173
RowUpdating 173, 206
RowUpdatingEventArgs 173
RTRIM 511
Rückgabewerte 583

S

Safe 591
Säulendiagramm 900
SaveChanges 838, 841
ScalarProperty 772
Schema 208, 597
Schema-Dateien 772
Schweregrade 566
Scrollable 643
securityadmin 493
Seek 296, 645
Sekundärindex 62

Select 123, 128, 248
SELECT 196, 201
SELECT TOP 206
SELECT VALUE 819
SelectCommand 165, 198, 201, 537
SelectedCells 327
SelectedColumns 327
SelectedIndex 406
SelectedItem 406
SelectedRows 327
SelectedValue 358, 407
SelectedValueChanged 346
SelectedValuePath 407
Selektieren 326
SendResultsRow 587
SendResultsStart 587
Sensitive 643
Serialisierung 262
Serializable 340
Serialize 340
Serien 940
Server Mode 871, 914
ServerName 571
ServerVersion 146, 606
ServiceContract 82
SET ROWCOUNT 509
SetDefault 241
SetNull 241
SetPassword 678, 706
SetSqlDouble 587
setupadmin 493
SetValues 842
Shrink 661
Sicherheitsmodell 491
Sichten 533
Single 835
SingleOrDefault 836
Skalare Rückgabewerte 845
Skalare Werte 827
Skip 835
SKIP 825
SMO 487
SmoApplication 506
Snippet 691
Sort 257, 279, 281
SortDescription 414
SortDescriptions 409, 414
Sortieren 257, 823, 889, 890
SOUNDEX 688
SourceColumn 169, 201
SourceVersion 169
sp_addlogin 499
sp_addrole 500
sp_detach_db 514
sp_droplogin 500
sp_password 499
sp_rename 516

Spalteneinstellungen 323
Spaltensumme 895
Spaltentypen 331
SQL Azure 718
SQL Distributed Management Objects 486
SQL Profiler 604
SQL Server 41, 70
SQL Server 2012 472
SQL Server 2012 Express 470
SQL Server Browser-Dienst 506
SQL Server Compact 472, 626
SQL Server Compact Toolbox 630
SQL Server Express 502
SQL Server Konfigurationsmanager 480
SQL Server Management Objects 487
SQL Server Management Studio 477
SQL Server Profiler 480, 867
SQL Server-Agent 482
SQL Server-Authentifizierung 491
SQL-Datum 377
SQL-Injektion 198
SqlBulkCopy 559
SqlCeConnection 808
SqlCeEngine 636, 660
SqlCeResultSet 640
SqlCeUpdatableRecord 644
sqlcmd 762
SQLCMD 478
SqlConnection 139, 606
SqlConnectionStringBuilder 742
SqlDataRecord 587
SqlDataSourceEnumerator 571
SqlDependency 574, 616
SQLDMO 486
SqlException 570
SqlFunction 579
SQLite 668
SQLite Administrator 675
sqlite_master 712
sqlite_sequenz 713
SQLite-Datentypen 680
SQLite-DLL 696
sqlite-net 696
Sqlite3.exe 703
SQLiteBackupCallback 710
SQLiteCommand 679
SQLiteCommandBuilder 682
SQLiteConnection 677, 698
SQLiteDataAdapter 682
SQLiteTransaction 687
SqlNotificationRequest 574
SqlPipe 586
SqlQuery 867
SqlServerCe 635
SqlString 579
SqlXml 601
SSDL 771

Stapel-Abfrage 614
State 146
StateChange 148
StatementType 206
StaticResource 397, 431
Status 174
StatusStrip 377
Store Schema Definition Language 771
Stored Procedure 535, 582, 609, 790, 844
Stored Procedures 755
StoredProcedure 153
StoreWins 837
StringFormat 431
StringReader 291
strong name 48
SubItems 371
SubmitChanges 382
Subreport 908, 920
SubreportProcessing 920
SUBSTRING 510
Suchen 258
Synchronisation 650
Synchronisationsassistent 652
Synchronisieren 759
sysadmin 493
System.Data.SqlClient 530
System.Nullable 99

T

Tabelle 507, 524, 882
Tabellenblatt 179
Tabellenspalte 516
Table 531
Table Value Parameters 538, 612
Table-per-hierarchy 853
Table-Valued Function 846
TableAdapter 266, 361, 920
TableDirect 153, 643
TableExists 708
TableMappings 614
TableName 247
Tables 287
Take 835
TargetNullValue 464
TCP/IP-Protokoll 503
Teilstrings 510
tempdb 481
Temporäre Tabellen 530
TextBox 347
Textfeld 882
time 527
TimeSpan 287
Timestamp 713
ToList 125
TOP 509, 824

TotalPages 887
TPH 853
Transaktionen 144
TransientFaultHandling 756
Trigger 539, 590
TVF 846
TVP 538, 612
TwoWay 391
TypeOf 125
Typinferenz 97
Typisierte DataSets 263

U

UDF 581
UI-Thread 616
UI-Virtualisierung 445
UML 768
Unchanged 849
Unified Modeling Language 768
UNION 825
UniqueConstraint 241, 242
uniqueidentifier 527
UNIQUEIDENTIFIER 551
Unsafe 591
Unterbericht 882, 920
Updatable 643
Update 160, 167, 201, 866
UPDATE 191, 201, 361
UpdateCommand 161, 165, 168, 201
UpdatedRowSource 153, 614
UpdateSourceTrigger 392, 436
UserID 887

V

VACUUM 707
Validate 437
ValidateEntity 857
ValidatesOnDataErrors 440
ValidatesOnExceptions 434
Validation.Error 439
ValidationErrors 856
ValidationRule 437
ValidationStep 438
Validieren 433
Validierung 856
value 598
Value 158, 600, 609
ValueConverter 415
ValueMember 346, 358
varbinary 528
Verbindungspooling 143
Vererbung 853
View 371, 453, 533

ViewModel 453
VirtualizingStackPanel 445
Visible 324
Visual Studio 2012 49
Visual Studio 2012 Express 38
Visual Studio 2012 Professional 39
Visualisierung 936
Volltextabfragen 543, 688
vorzeitiges Laden 832

W

WCF-Dienst 82
Webdatenbank 718
Website 74
WEIGHT 548
Where 123, 128
Windows Azure 718
Windows Live 724
Windows Runtime 696
Windows Store App 695
Windows-Authentifizierung 491
WinRT 696
WinRT-App 669
WITH ENCRYPTION 534
WPF-Anwendung 79
WPF-Wertkonvertierer 429
WriteXml 235, 277, 291, 296
WriteXmlSchema 235

X

XML 235
XML-Abfragen 598
XML-Daten 594, 752
XML-Datentyp 593
XML-Export 714
XML-String 291
XMLDATA 597
XmlTextWriter 291
XmlWriteMode 277
XSD-Designer 877

Z

Zeichenketten 820
Zeilenansicht 259
Zeilenstatus 252
Zeilensumme 895
Zeilenversion 252
Zellenformatierung 330
Zuordnen von Stored Procedures 787
Zuordnungsdetails 786, 854
Zuordnungsschicht 772
Zweite Normalform 55

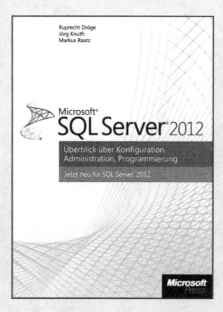